[内部资料　注意保密]

CHINA CONSTRUCTION BANK ALMANAC

中国建设银行年鉴

2007

中国金融出版社

责任编辑：张翠华　王素娟
责任校对：李俊英
责任印制：裴　刚

图书在版编目（CIP）数据

中国建设银行年鉴．2007（Zhongguo Jianshe Yinhang Nianjian. 2007）/中国建设银行年鉴编辑委员会编．—北京：中国金融出版社，2009. 7
ISBN 978 -7 -5049 -4975 -2

Ⅰ．中…　Ⅱ．中…　Ⅲ．建设银行—中国—2007—年鉴　Ⅳ．F832. 33 -54

中国版本图书馆 CIP 数据核字（2009）第 020451 号

出版发行　中国金融出版社
社址　北京市广安门外小红庙南里 3 号
邮编　100055
印刷　北京佳信达欣艺术印刷有限公司
尺寸　205 毫米 ×280 毫米
印张　46. 25
插页　20
字数　1406 千
版次　2009 年 7 月第 1 版
印次　2009 年 7 月第 1 次印刷
印数　1—3500
定价　139. 80 元
ISBN 978 -7 -5049 -4975 -2/F. 4535
如出现印装错误本社负责调换　联系电话(010)63263947

《中国建设银行年鉴2007》编委会

《中国建设银行年鉴2007》编辑部

本年鉴数据使用责任说明

本年鉴为中国建设银行股份有限公司内部刊物，不对外发行，本年鉴中的部分数据在使用之初仍处于审计过程中，为了在年鉴中真实体现当时数据使用环境的历史面貌，我们保留了这些数据。这些数据与本行公布的招股说明书、定期报告和临时公告有差异的，应以招股说明书、定期报告和临时公告的数据为准。因此，本年鉴使用者不得以任何形式复制、打印、转发、分发或以其他任何方式使用这些数据。如有违反，责任自负。

卷 首 语

2006年，中国建设银行资产质量和盈利水平稳步提高，结构优化初见成效，机构改革向纵深推进，金融创新活力显现，战略合作不断深入，为股东创造了丰厚的价值，国有股权实现较大幅度增长。在英国《银行家》2006年“中国银行业100强”排行榜中，中国建设银行位居榜首；《福布斯》在2006年按照销售额、利润、资产和市值四项指标排名的“全球上市企业2 000强”排名中，中国建设银行名列第65位，在中国公司中排名第二；在《亚洲金融》2006年按照净收入排名的“亚洲银行100强”中，中国建设银行列第一位，并入选2006年“最佳管理公司”、“最佳派息承诺公司”、“最佳公司管治公司”排行榜；中国建设银行被中国扶贫基金会授予“第二届中国消除贫困特别贡献奖”和“2006最具责任感企业奖”；中国建设银行为首家晋身恒指的H股蓝筹公司，迈进全球市值前十大银行之列。我们的成绩，得到国际资本市场、金融同业以及社会各界的肯定。

——公司治理不断完善

2006年，董事会审议议案数十个，涉及发展战略、董事和高管人员聘任、激励约束机制、股权收购、公司治理文件修订、预算及业绩审查、外部审计师聘用等各类重大事项；通过完善授权制度、改进工作机制和方法、不断提升决策能力以及自觉接受监督等多种途径，进一步完善了公司治理。

——着力推进发展战略的研究与实施

2006年，董事会安排多次会议，分别对信息科技、业务流程改革、区域发展战略、海外发展战略、分支机构改革、宏观经济变化的影响、产品创新机制等战略问题进行讨论；适时作出战略转型的决定，提出批发业务向批发业务与零售业务并重、利差收入向利差收入与中间业务收入并重、国内业务向境内业务与境外业务并重的转型，以及传统业务向传统业务与投资银行、消费金融、小企业金融、资产管理、金融市场等新兴业务并重的转型；提出通过兼并收购、自设机构等多种方式发展境外业务的战略思路，明确“以香港地区为重点，实现业务的突破性发展”的中期目标和“植根本土，面向全球，为客户提供境内外全方位金融服务”的长期目标；适时提出“逐步发展投资银行、保险、证券、基金等混合金融业务，不断拓展业务领域”的综合化经营目标，并恢复投资银行部，整合并拓展承销、资产证券化、财务顾问和项目融资等投资银行业务。

——机构管理与业务流程改革成效显著

积极推进从总行到基层分支机构的改革，实现改革的上下联动，整体推进。各级分支机构在机构设置、网点管理、客户服务等方面大胆改革创新，向客户和社会展示了建设银行全新的形象。大力推动网点转型与业务流程改造，成效显著。

——贯彻宏观调控政策坚决有力

2006 年，建设银行自觉服从国家宏观调控大局，很好地遵从了国务院和相关监管机构的各项要求，有效地把握住了信贷节奏，各项贷款保持了稳定有序的增长。截至 2006 年底，客户贷款及垫款总额为 27 531 亿元，新增额居国内同业首位，增幅为 16.77%。

——结构调整取得突破

一是资产结构不断改善。个人类贷款的新增、发放、余额三项指标均居同业第一。个人贷款新增超过全部贷款新增总量的三分之一。

二是客户结构继续优化。2006 年，中国建设银行高信用等级客户贷款占比上升，A 级（含）以上对公客户贷款占比为 83.56%，比上年提高了 5.7 个百分点。

三是负债结构更趋合理。一般性存款高速增长，增量与增速均创近 5 年新高。截至 2006 年底，一般性存款余额达 47 212.56 亿元，增速为 17.85%。

四是收入结构明显改善。中间业务有了超常规、跨越式的发展。净手续费及佣金收入为 135.71 亿元，增幅达 60.51%，在全行主营业务净收入中的占比达 8.95%，比上年提高了 2.38 个百分点。

——转变经营模式取得实效

近两年，建设银行在建立“以客户为中心、以市场为导向”的理念和机制方面取得了很大成绩，业务发展形势很好，结构调整成效显著。2006 年，负债业务不仅增长较快，而且结构得到优化，定期存款的比重下降了 3%；贷款业务重点突出，个人贷款余额为 5 850.85 亿元，增长 28.9%，小企业贷款增长 26.43%，中长期贷款增长 20.4%。

——自主创新活力显现

零售业务创新效果明显，率先在同业中开通全国范围内的人民币个人存款通存通兑业务，与美国银行合作推出 ATM 免费取现和直联汇款业务；理财业务创新起步良好，利润大幅增长。

——质量效益稳步提高

利润大幅增长。2006 年，全行实现净利润 463.19 亿元，较上年增长 70.71 亿元，增幅为 18.02%。平均资产回报率为 0.92%。

资产质量不断提升。经过全行努力，不良贷款额和不良贷款率实现“双降”。截至 2006 年底，不良贷款额为 943.99 亿元，较上年减少 0.70 亿元，不良贷款率为 3.29%，同比下降 0.55 个百分点。

——体制改革向纵深推进

积极推进风险管理体制改革。形成首席风险官领导下由一级分行风险总监、二级分行风险总管，以及风险经理组成的垂直管理、平行作业的风险管理体系。

进一步深化审计体制改革。实现了审计分部与所在地一级分行总审计室整合，理顺了垂直管理模式。打破多年来的审计辖区概念，交叉开展全面业务审计项目，内部审计工作集约化水平和审计能力持续增强。

资产保全业务单元制改革成效显著。强化了一级分行资产保全部门直接经营职能，不良贷款集中经营度达到 80%。不良资产催收处置工作创近年最好水平，对全行实现不良贷款“双降”起到了重要作用。

稳妥推进会计、营运体制和资金条线改革。推进前、中、后台分离，后台相对集中，促进批量业务专业化、后台化，简化前台业务操作，大大提高了全行运营效率。

网点战略布局积极推进，加强了自助渠道建设。

推进人力资源管理改革，健全激励约束机制。员工总量得到控制，结构得到优化，素质有一定程度的提高，对客户服务的水平和效率不断改善。

——基础管理有所加强

加强制度建设。实行了先评价、后授权的方法，进一步加强了授权的差别化、精细化管理。

信息技术开发能力和应用水平有所提高。全年续建和新建项目127个，其中50个项目已正式交付运行。持续开展核心业务系统的优化工作，个贷系统成功上线，ERP系统、数据仓库一期上线试点。在22个分行完成了对公信贷流程系统（CLPM）推广上线。

商业贿赂专项治理工作扎实推进，案件专项治理工作取得新成效。

——与战略投资者的合作取得实质性进展

协助型项目进展顺利。2006年，中国建设银行引入“六西格玛”管理方法，与美国银行重点在零售业务、风险管理和IT方面实施了14个协助型项目，零售网点转型等6个首期协助项目均已完成，成效显著。

广泛开展经验分享和业务合作。学习分享了美国银行、淡马锡在风险管理、资金交易、全球现金管理等方面的管理经验。

成绩的取得来之不易。我们要凝聚精神，坚持科学发展，夯实管理基础，提升经营水平，在迈向国际一流现代商业银行奋斗目标的进程中取得新的进展！

2009年3月

董事长　郭树清

行长　张建国

监事长　谢渡扬

2006年3月23日，董事长郭树清在沈阳出席辽宁省人民政府与中国建设银行银政合作协议签字仪式。

2006年4月3日，董事长郭树清在广州市出席广东省人民政府与中国建设银行支持重点项目和企业战略合作签约仪式。

2006年6月13日，董事长郭树清一行到陕西省重点企业——西飞公司调研。

2006年7月29日，董事长郭树清在山东省分行济南市开元支行视察基层网点。

2006年12月，董事长郭树清在上海出席中国建设银行与宝钢集团有限公司举行的银企合作协议签约及“宝钢龙卡”发卡仪式。

2006年1月23日，行长常振明在石家庄出席河北省人民政府与中国建设银行银企合作协议签约仪式。

2006年2月26日，行长常振明出席在包头市举行的包钢龙卡揭牌仪式。

2006年3月2日，行长常振明到北京大学进行营销活动。

2006年6月8日，行长常振明在北京出席中国国际旅行社总社与中国建设银行国旅龙卡首发仪式。

2006年8月29日，行长张建国在贵阳市出席贵州省部分重点企业与中国建设银行银企合作协议签约仪式。

2006年11月23日，行长张建国在北京出席中国建设银行与中国化工集团银企合作协议签约仪式。

2006年11月24日，行长张建国在北京出席中国建设银行与中国广东核电集团有限公司战略合作协议签约仪式。

2006年12月3日，行长张建国到天津市分行慰问参加年终决算的员工。

2006年1月20日，监事长谢渡扬在香港出席亚洲金融2005年颁奖典礼。

2006年7月4日，监事长谢渡扬深入西藏分行基层网点调研。

2006年12月6日，监事长谢渡扬在建设银行广西壮族自治区分行调研。

2006年5月17日，副行长赵林在沈阳市出席辽大龙卡揭幕仪式。

2006年6月，副行长赵林在北京出席中国建设银行首届职工羽毛球比赛闭幕式。

2006年2月23日，中国建设银行与江苏省人民政府在南京举行支持重点项目和企业战略合作签约仪式。副行长罗哲夫代表建设银行签字。

2006年3月10日，副行长罗哲夫在深圳市出席华润总公司与中国建设银行战略合作协议签署仪式。

2006年10月26日，副行长罗哲夫出席深圳大铲湾货柜码头项目一期工程银团贷款签约仪式。

2006年，副行长辛树森在山东省分行调研。

2006年8月28日，副行长、纪委书记辛树森在深圳市出席中国建设银行一级分行纪委书记培训班开班仪式。

2006年11月，副行长辛树森代表中国建设银行向清华大学捐赠学生奖助学金。

2006年1月20日，副行长陈佐夫在深圳市分行样板网点调研。

2006年3月16日，副行长范一飞为“95533”成都中心揭牌。

2006年7月28日，副行长范一飞在济南市出席国内首张名城卡-泉城龙卡首发仪式。

2006年11月8日上午，副行长范一飞出席深圳港盐田港区三期扩建工程银行贷款签约仪式。

“全国五一劳动奖”获奖单位

上海宝钢宝山支行

“全国五一劳动奖章”获得者

河北省分行营业部和平东路支行　鲁国平

河北省分行衡水红旗支行　张铖

湖北省黄冈分行　李芳

湖南省分行　龚蜀雄

湖南省郴洲市分行　周沨

浙江省分行　王天龙

山东省枣庄分行　郝子建

中国建设银行支持建设的天津市污水处理厂。

中国建设银行支持建设的厦门市环岛路，总投资38亿元。

中国建设银行提供贷款等金融服务的厦门市“未来海岸”住宅项目。

中国建设银行贷款支持建设的长春城市轻轨项目。

中国建设银行为举世瞩目的三峡水电枢纽工程建设提供了全方位金融服务。

中国建设银行支持建设的西藏羊八井地热发电站，现已成为中国工业化利用地热资源的试验基地，在世界久负盛名。

中国建设银行为国家西气东输项目建设提供了全方位的金融服务

目 录

中国建设银行年鉴

2007

CHINA 中国建设银行年鉴 2007
CONSTRUCTION BANK ALMANAC

第一部分 战略决策与战略管理

董事会的改革与成就

2006年，建设银行董事会依法履职尽责，在完善公司治理、推进战略转型、制订年度经营方针与计划以及深化内部体制机制改革等方面发挥了重大决策作用。

一、完善公司治理

2006年，董事会共召开会议13次，审议议案48个，议案材料合计达56万字，召集股东大会会议2次，涉及发展战略、董事和高管聘任、激励约束机制、股权收购、公司治理文件修订、预算及业绩审查、外部审计师聘用等各类重大事项。董事会5个专门委员会全年共召开会议40次，预审或听取汇报的议题达108个。经过不断实践和探索，股东大会、董事会、监事会和管理层之间权责划分更加清晰，公司治理运转更加顺畅。

（一）完善授权制度

根据2006年实施的新《公司法》，结合建设银行股份有限公司成立一年多的运行情况，董事会向股东大会提议修订公司章程和议事规则，将发行债券、处置资产、债券投资、修订部分公司治理文件等权限授予董事会决定，并适度对管理层的授权进行了调整。

（二）改进工作机制和方法

为快速高效运作，董事会采取了灵活多样的会议形式。对重大经营决策事项，董事会都通过现场会议审议决定，同时，还根据议案特点和紧迫性，以通讯方式召开董事会会议7次；在正式会议召开前，董事们与管理层对拟审议议案进行多层面、多形式的沟通和讨论，全年共组织召开各种专题座谈会、沟通会和研讨会90余次，使董事会决策效率大为提高。

董事会审计委员会改变传统做法，以市场化手段公开选聘外部审计师，强化了外部监督，并实行与外部审计师召开“闭门会议”的制度，定期与外部审计师单独交流；风险委员会与审计委员会实行协同工作制度，共同推动内控体系评价，联合听取违规及案件情况等；关联交易委员会讨论重大关联交易时，邀请所有独立董事参会并发表意见。

（三）不断提升决策能力

董事会经常邀请境内外律师、会计师、专业咨询公司等专业机构或人员，就境内外法律法规、上市规则、会计准则等提供专业意见，不断提高董事履职水平。

董事会增选英国保险业专家彼得·列文勋爵（Lord Peter Levene）为独立董事，进一步提高董事会成员的专业决策水平。

董事会成员深入全国 21 个省、市分行，进行了 20 多次专题调研，深入实际，了解各级分支机构贯彻落实发展战略、风险内控、激励约束机制等的进展情况，为董事会科学决策奠定了良好基础。

（四）自觉接受监督

董事会及时向国家有关部门汇报建设银行业务发展和改革进展情况，积极接受监督与指导。

董事会主动接受监事会监督，邀请监事参加董事会及专门委员会会议，认真听取监事会的监督建议。

董事会高度重视职工代表大会提出的意见和建议。建设银行建立了董事会与各级分支机构及基层员工的经常沟通渠道，通过各种正式与非正式途径了解职工意见，并尽可能及时回复，许多合理化建议在改革和经营决策中予以采纳。

二、发展战略研究与实施

（一）修订完善发展战略，推进战略转型

董事会根据国民经济发展和市场变化情况，适时作出建设银行实行战略转型的决定，提出从批发业务向批发业务与零售业务并重、从利差收入向利差收入与中间业务收入并重、从境内业务向境内业务与境外业务并重，以及从传统业务向传统业务与投资银行、消费金融、小企业金融、资产管理、金融市场等新兴业务并重的转型。

董事会积极推动业务结构调整和战略转型，全力促进零售业务、中间业务、中小企业贷款业务的拓展；推动网点功能转型、机构扁平化、会计业务改革、个人业务单元试点以及设立个贷中心、小企业中心、财富中心等诸项改革；从资源配置、激励机制等各方面给予倾斜，加大网点改造和信息技术投入力度；支持管理层大胆进行产品创新，打破固有观念，提倡交叉营销和综合服务，适时推出微小企业贷款、“速贷通”等创新产品，全行零售业务取得飞跃发展。

（二）确立海外发展战略

董事会提出通过兼并收购、自设机构等多种方式发展海外业务的战略思路，明确“以香港地区为重点，实现业务的突破性发展”的中期目标和“植根本土，面向全球，为客户提供境内外全方位金融服务”的长期目标。年内实施了对美国银行（亚洲）有限公司全部股权的收购，使得建设银行在香港的银行业务规模显著扩大，一跃成为当地按资产总额与客户贷款总额排名均列第九的银行。

（三）探求综合经营之路

董事会适时提出“逐步发展投资银行、保险、证券、基金等混合金融业务，不断拓展业务领域”的综合化经营目标，并恢复设立投资银行部，整合并拓展承销、资产证券化、财务顾问和项目融资等投资银行业务。

三、制订年度经营方针和计划

董事会在制订全行年度经营方针和计划上把关定向，督促全行自觉服从国家宏观调控大局，遵从国务院和相关监管机构的各项政策要求，着力控制向产能过剩行业和限制行业的贷款投放，加大对基础设施建设、能源、中小企业信贷、教育助学和新兴科技等国家鼓励行业的信贷支持力度，努力调整产业信贷结构。

董事会根据经济形势的变化，坚决贯彻国家宏观调控政策的各项要求，适时调整年度综合经营计划，合理控制信贷总量，在满足客户和市场需求、积极支持国民经济发展的同时，全年贷款新增控制在 3 800 亿元的调整计划之内。同时，贷款结构进一步优化，A 级以上客户的贷款比重上升到 83.56%，比上年提高了 5.7 个百分点。

四、健全风险内控机制

2006 年，董事会进一步推进风险管理体制改革，聘任首席风险官，总行向 38 个一级分行派出风险总监，各二级分行和县支行的风险主管和风险经理也陆续到位。建设银行在国内银行中率先形成了垂直的风险管理“负责报告线”、风险经理和客户经理“平行作业”的机制。

董事会成立内控体系评价工作领导小组，组织建立内部控制体系评价标准和程序，对内部控制环境、风险识别与评估、内部控制措施、信息交流与反馈、监督评价与纠正等内容进行评估，矫正和完善内部控制体系，以有效防范金融风险，实现合规经营与持续稳定发展。

董事会督促管理层组织研究实施《巴塞尔新资本协议》的整体规划，审定了合规政策；定期评估资产质量和风险管理状况，关注集团客户授信和资金业务风险管理；要求管理层改进经济资本管理方法，强化市场风险和信用风险管理；持续跟踪、评价建设银行资产质量和风险状况以及案件专项治理工作。

五、推动完善薪酬分配制度

董事会修订完善董事、监事和高级管理人员薪酬分配考核制度及实施细则，对执行董事、高级管理人员进行目标考核；改变传统的按职级平均分配的办法，建立了与岗位职责、业绩考核紧密关联的浮动薪酬制度。

董事会要求管理层将工资费用向一线倾斜，适当提高基本工资的比重，增强工资对基层员工的保障功能；推行中长期劳动合同制员工收入不低于当地社会平均工资标准、各类员工的收入水平不低于当地最低工资标准的工资保障线；薪酬分配与业绩挂钩考核，探索试行产品销售挂价现买单、奖金直接兑付个人等分配措施。

董事会高度重视长期激励机制的建立，提出了面向广大员工的职工持股计划，并于2006年底启动实施了员工持股首期工作。

六、全面深化战略合作

建设银行引入美国银行作为战略投资者，并全面开展战略合作，学习借鉴美国银行的管理经验，提高建设银行的管理水平。围绕战略转型和关键领域的管理需求，建设银行引入了“六西格玛”管理方法，重点在零售业务、风险管理和信息科技管理方面实施了协助项目和经验分享项目共28个，当年完成20个。全年建设银行员工约300人次访问美国银行，超过1 300人次接受各类相关培训；美国银行员工约150人次到建设银行开展经验分享与培训。

双方在零售网点转型、个贷中心项目和呼叫中心改进项目上共梳理了105项业务，引进33个新的管理工具；网点转型项目对岗位设置和业务流程实施了32项改革。在全球现金管理（GTS）和合格境内机构投资者（QDII）领域，双方深入开展业务合作并取得初步成果。

七、推动信息披露工作的规范化

遵循上市公司信息披露的相关国际准则与惯例，董事会建立了与投资者的双向交流机制。一年来，董事长、副董事长和其他执行董事亲自参加业绩发布会和路演活动，董事会办公室组织高管人员参加大型投资者会议近20次，接受电话咨询300多次，接待全球投资者与分析师来访400多人次，解答投资者的疑问，聆听投资者的意见和建议，初步树立了公司良好的资本市场形象。

八、积极履行社会责任

董事会坚持科学发展观，强调建设银行发展既要实现股东利益最大化和员工发展最优化，同时着眼于建立和谐社会，主动承担起企业公民的社会责任。

2006年，董事会审议通过多项公益捐赠议案。成立“职工互助基金”，2006年累计给予特困员工救助金共407万元；通过“爱心基金”、中华见义勇为基金会等向社会捐款捐物，包括支持贫困地区脱贫致富、资助贫困大学生、援建希望小学和灾区重建。2006年，建设银行荣获中国扶贫基金会年度最高奖——“2006扶贫中国行年度贡献奖”，作为唯一一家银行入选“2006最具责任感企业”。

董事会办公室

审稿人：徐漫霞

监事会的改革与成就

2006年，监事会依据法律法规和银行章程，认真履行监督职责，着力创新监督方法和手段，进一步强化和落实对董事会、高级管理层及其成员履职尽职的监督，突出重点、深入地开展对财务和内部控制的监督检查。监督工作的针对性、及时性和有效性明显提高，促进了公司治理的良好运作和业务的健康发展。

一、严格遵循公司治理相关规定，整体运作情况良好，监督工作的效率与质量不断提高

2006年，监事会共召开6次会议，审议通过20项议案，其中包括《中国建设银行股份有限公司第一届监事会2005年度工作情况及相关监督意见》、《中国建设银行股份有限公司监事会对董事会、高级管理层及其成员的监督办法》等议案，研究讨论了《关于进一步做好中国建设银行股份有限公司监事会监督工作的意见》、《信贷投放调研分析报告》、《信息技术工作调研报告》等议题。监事会履职尽职监督委员会召开4次会议，审议议案10项。财务与内部控制监督委员会召开6次会议，审议议案8项。

根据我国《公司法》关于职工代表监事比例不得低于1/3的规定，《中国建设银行股份有限公司章程》作了相应修订。据此，监事会增选了2名职工代表监事，监事由原来的7名增加至9名。同时，监事会履职尽职监督委员会、财务与内部控制监督委员会分别增补了委员，充实了力量。

作为监事会的下属工作机构，监事会办公室努力做好监事会助手的角色，认真筹备和组织历次监事会会议以及专门委员会会议，负责完成监事会与内设部门、外部监管机构和相关单位的联系与协调工作，积极为监事会、监事会各专门委员会和监事提供工作支持和服务，较好地完成了监事会各项监督检查和调研的协助、配合工作。

监事会议事和决策程序严格遵循公司治理文件及相关制度的规定，整体运作情况良好，效率与质量不断提高，同时也体现了及时性、重要性的原则。两个专门委员会各有侧重地开展对专门领域的监督指导，加强对外工作沟通，组织开展专题调研与检查，较好地发挥了各自的职能作用。在谢渡扬监事长的领导下，全体监事勤勉尽职、团结协作，以严谨认真的态度参与和组织监督工作。专职监事、职工代表监事和外部监事发挥各自优势履行监督职责，展现出较高的职业水准。各位监事注重对银行业务、公司治理和监督工作的学习和研究，努力提高监督能力，促进了监事

会整体监督水平的进一步提高。

二、以履职尽职监督和财务与内控监督为主线，认真履行监督职责，积极提出监督意见、提示与建议

（一）履职尽职监督

1. 在日常监督过程中，根据监督需要，监事列席了公司历次的股东大会、董事会会议以及董事会各专门委员会会议，列席了经营管理层的相关工作会议；扩大了调阅公司内部文件的覆盖面，提高了调阅频率，进一步充实和丰富了履职尽职监督档案的内容，对涉及全行利益和声誉的重要事项进行跟踪监督；有效履行了对公司的决策事项，运作程序，重大经营管理活动以及董事、高级管理人员个人履行职务情况的监督。

2. 在年度监督工作中，监事会分别与专职董事、独立董事、境外董事、高级管理层、部分分行行长和部分总行部门负责人进行了工作座谈和访谈，在一定范围内组织了监督测评、自评，结合日常监督情况，形成了对董事会及其专门委员会、高级管理层年度履职情况的监督意见，以及对董事、高级管理人员个人年度尽职情况的监督意见。监督意见充分肯定了取得的工作成绩，中肯地指出了存在的问题和不足，提出了意见与建议。年度监督意见是监事会履职尽职监督工作的集中体现，对于督促董事会、高级管理层及其成员认真履行自身职责、提高工作绩效发挥了作用。

（二）财务与内控监督

1. 突出重点，深入开展调研。2006 年建设银行信贷投放呈现一些新特点，监事会就此组织非现场监测与分析，并进行了现场调研检查，形成了《关于信贷投放调研报告》，指出信贷运行中存在的问题和风险，建议建设银行高度重视并积极采取措施，确保信贷业务持续健康发展。监事会对建设银行信息技术管理工作进行了调研检查，形成了《信息技术工作调研报告》，指出信息技术工作存在的主要问题，建议要慎重、科学地确定信息技术的总体规划和布局，加强科技队伍建设，建立信息项目建设的成本管理与后评估机制。

2. 有针对性地进行专项检查与调研。监事会组织了对香港外币资金风险管理和内部控制情况的专项调研；对天津市分行和厦门市分行的风险管理与内部控制情况进行了调研检查；对总行本级采购中介服务事项进行了调研检查；聘请了两家会计师事务所，分别对天津市分行和厦门市分行的公司类信贷资产风险分类情况进行了现场抽样检查。

3. 关注和分析全行的财务报表，注意研究财务指标变化和经营中可能存在的问题。就遵守财务制度和会计准则的问题，多次与行内相关部门进行工作座谈，与公司外聘审计师进行工作沟通，对财务审计的主要结果、信贷资产抽样样本的充足性、执行会计准则的保证措施等进行了解，并提出相关监督建议。按照相关规定，监事会开展了对公司 2005 年决算、利润分配方案、年度财务报表、年度报告和 2006 年中期报告的审阅工作，认真履行了财务监督职责。

（三）监督提示与建议

1. 在监督检查、调研的基础上，监事会对一些涉及全局性、趋势性的重要问题和需要引起关注的事项，及时以提示函、建议函的形式进行提示、建议。如针对第一季度信贷投放偏快、行业投向不够合理的情况，及时向高级管理层发出《关于一季度信贷投放的提示》。对照香港联交所有关规定，向董事会发出《关于遵循境外有关规则完善公司治理的提示》。就建立健全资本充足率管理制度、规范资本充足率的计算口径、完善资本充足率的信息披露机制等问题，向董事会、高级管理层提出了《关于对我行资本充足率的监督建议》等。

2. 监事会成员在列席会议时积极主动就相关问题提出意见和建议。例如，针对董事会提交股东大会审议的有关议案，提出授权方案应严格遵循《公司法》和银行章程的相关规定。在董事会专门委员会有关会议上提出，应注意借新还旧贷款不良率偏高的问题等。在建设银行经营形势分析会上提出部分分行贷款余额超出风险限额、行业结构不尽合理等问题，建议管理层给予重视和研究。

董事会和管理层对监督建议作出了及时回应和跟进，责成相关部门认真研究，在充分吸纳监督建议的基础上采取了相应的改进措施。实践证明，监事会的提示和建议是一种行之有效的监督方式，同时也是提高监督效能的一个有效渠道，促进了公司决策工作和经营管理工作的改进和提高。

（四）指导审计工作

监事会认真履行对内部审计工作的指导职责，在谢渡扬监事长的组织领导下，2006 年，建设银行继续深化审计体制改革、优化审计运行机制，对 8 个审计分部和驻地总审计室实施了整合，推行审计集约化管理，审计队伍专业化建设取得了新的进展。

内审系统加大全面审计和专项审计的工作力度，全年共完成审计项目 3 352 项次，发现各类问题 70 800 多个，提出审计建议 16 800 多条，建议采纳率达到 71%，审计深度和质量较以往均有提高。例如，针对上年银行票据业务市场暴露出的管理不严、违规操作的问题，谢渡扬监事长多次强调要加强对票据业务风险的防范，并指示将其作为 2006 年内部审计的一个重点。在监事长的指导下，内部审计检查发现了某分支机构违规经营银行承兑汇票的重大问题。一系列重要审计发现和相关审计信息，特别是揭示出的多项重大风险隐患，引起了总、分行领导的重视，管理层针对这些问题制定整改、查防措施，有效遏制违规问题的蔓延，保障了经营管理工作的健康开展。

三、完善监督制度，加强沟通宣传，在促进自身建设的同时营造良好的监督环境

根据上市公司的标准和监督工作的需要，监事会进一步完善监督制度办法，研究拟定《关于进一步做好中国建设银行股份有限公司监事会监督工作的意见》，进一步强化对股东大会和董事会决议执行情况、董事会决策程序和内容的合法合规性、高级管理层组织经营管理活动的合法合规性等方面的监督。修订完善《中国建设银行股份有限公司监事会对董事会、高级管理层及其成员的监督办法》，进一步规范履职尽职监督工作流程，充实履职尽职监督内容，改进和丰富履职尽职监督手段。制定了《中国建设银行股份有限公司监事业绩考核暂行办法》。配合董事会共同制定了《中国建设银行股份有限公司高级管理人员违规失职行为问责办法（试行）》，对违规失职行为的问责范围、程序、措施等作出了规定。此外，还对部分规章制度及时进行了修订完善。

在不断加强自身建设的同时，监事会主动加强与股东单位、外部监管机构的工作联系，增加与董事会、高级管理层及其成员的工作沟通，并多次与分行及部门的负责人举办工作座谈会，听取大家对监事会工作的意见和建议，介绍监事会工作进展情况。2006 年，监事会适度增加对监督活动的宣传报道，配合完成了《经济日报》、《金融时报》对建设银行监事会创新监督方法、落实监督措施情况的专题报道。工作沟通和宣传工作的加强，有助于建设银行上下加深对监督制衡机制的了解和认识，监督工作得到了各方面的理解、支持和配合，促进了良好监督环境的形成。

四、注重制度和方法创新，积极探索监事会的监督路子

国有控股商业银行的内部监督是一项具有挑战性和创新性的工作，尤其在对董事、高级管理人员个人履职尽职监督方面，需要在《公司法》和公司治理文件的原则规定基础上，不断进行制度与方法的创新。监事会注重对履职尽职监督创新的研究和实践，逐步建立起一套比较完整的监督评价办法。比如，对董事会、高级管理层履职尽职的监督，除通过列席会议实施监督之外，还加大了对依法合规情况和内部控制有效性的监督，把对事的监督和对人的监督结合起来进行综合评估。扩大对非现场监测分析手段的利用范围，在非现场监测分析的基础上确定监督重点，有的放矢地组织现场调研检查和工作沟通。多种监督方式的配合使用，有效提高了监督工作的及时性、针对性和全面性。在全年监督基础上，本着慎重严谨的态度，监事会分别对董事会、高级管理层及其成员履职尽职的情况和表现形成了年度监督意见，并提出相关建议。对于这项具有开创性的监督工作，被监督者和主要股东单位均给予了充分肯定。

五、不断深化对公司治理监督制衡的认识，进一步提高履职的自觉性和主动性

建立健全公司治理是国有商业银行改革的核心和关键。作为公司内专门行使监督职责的机构，监事会具有其他监督主体不可替代的监督优势和重要作用。在新的形势下，监事会不断深化对公司治理监督制衡的认识，进一步明晰自身监督的职责定位，抓住投资者最关注的一些问题开展监督，以依法合规、风险防范、资产质量等为重点，把日常监督和年度监督，履职尽职监督和财务、内控监督紧密结合起来。经过积极探索、不懈努力，监事会监督思路日趋清晰，监督方法日益完善成熟，建立起较为完整的监督制度和程序，监督工作不断深入推进。目前，监事会在公司治理中的地位与作用得到了董事会和经营管理层的肯定与重视，同时也受到包括主要股东、独立董事、外籍董事在内的各方面的普遍认可。

监事会办公室
执笔人：毛　可
审稿人：车新亭

CHINA 中国建设银行年鉴 2007
CONSTRUCTION BANK ALMANAC

第二部分　战略部署暨文献资料

与境外机构负责人座谈时的讲话要点

——摘自2006年建设银行秋季行长会议纪要

(2006年1月18日)

郭树清

一、我行要高度重视国际业务和境外业务，进一步加大国际业务和境外业务的发展力度，努力向“国际一流银行”的战略愿景迈进。近年来，我行外汇资产在全行总资产中的占比不断提高，特别是股改上市后，我行的资金实力进一步提升，各项业务指标不断改善，有能力支持国际业务和境外业务的进一步发展。中央“十一五”规划纲要提出的积极实施“走出去”的战略和全面增强自主创新能力的要求，也为我行国际业务和境外业务提供了良好的发展机遇。因此，我行应当尽快研究并制定境外业务发展战略，明确我行境外业务的发展目标和方向，合理规划境外机构网络布局，加快我行境外业务发展步伐。

二、人才是我行业务持续发展的关键。目前我行急需精通国际惯例、国际金融知识和境外经营管理的专业人才。为满足国际业务和境外业务发展对人才的需要，我行应进一步建立健全对相关专业人才的选拔、培养机制和交流培训制度。

三、境外机构的发展应当在全行境外业务发展战略的指引下统一规划，特别是在重要的国际金融中心，我行必须设立自己的经营机构，但进入形式可根据当地市场准入情况具体研究。各境外机构应积极加强自身建设和管理，提高资金运用效率，加大相互之间以及与境内总、分行之间的协调、联动和信息沟通，同时将境外的先进经验、创新产品和最新动态等信息及时介绍给境内总、分行。

四、国际业务部作为我行国际业务和境外业务的牵头部门，在我行国际业务和境外业务的发展中应当充分发挥牵头管理作用，总行各部门和各分行也应当积极支持与配合，共同推动我行国际业务和境外业务的发展。

全面提高建设银行的市场竞争力

——在中国建设银行工作会议上的讲话

（2006年1月23日）

郭树清

同志们：

紧张喜悦的一年过去了，更加繁忙的一年到来了。

2005年我们初步建立起现代银行的治理结构，成功实现了境外发行和上市，建设银行作为一个新的公众公司在国际资本市场上勇敢起航。按1月18日收市价计算，我行市值近870亿美元，全球银行排名第10位。2005年，我们完善了业务发展战略，提出了符合实际的战略愿景和市场定位，为实现业务转型指明了方向。倡导和实践“以客户为中心”的经营理念，优化业务流程，提高服务质量，获得了社会的普遍赞誉。深化各项内部改革，转变经营机制，明显增强了执行能力和市场反应能力。加强风险管理与内控合规体系建设，开展案件专项治理工作，案件数量和涉案金额稳步下降。加快了科技开发和金融产品创新，数据集中工程圆满完成，为今后的业务发展提供了强有力的技术支撑。加强党的建设，结合实际开展先进性教育活动，全行员工队伍的精神面貌焕然一新。资产质量和经营效益得到进一步提高，主要指标均创历史最好水平。

上述这一切都已成为历史。这次工作会议标志着新的起点、新的开始。在这次会议上，常振明行长将对去年经营情况进行全面总结，对今年经营目标和任务作全面部署。我先就当前形势、工作重点和组织保障讲几点意见。

一、关于当前的经济金融形势

我们来看国际经济。据联合国、国际货币基金组织、世界银行等机构预测，2006年世界经济将稳定增长，但增速将有所放缓。

现在的世界经济与过去相比有了很大的不同，由美国、日本、欧盟主宰全球的格局正在发生变化。中国经济开始成为世界经济增长的主要引擎之一。东亚和南亚，特别是印度经济增长势头强劲，对世界的影响不容低估，俄罗斯和东中欧地区经济都在恢复，巴西和南美洲地区近年来也出现了长期停滞后的复苏，可以预料这些地区今年将继续保持这种趋势。当然，美国经济仍是引领世界经济增长的主力。2005年美国经济增长比上年有所放慢，但随着美国财政刺激措施逐步奏效以及飓风灾后重建投入的增加，会刺激美国国内需求回升和就业增加。特别是制造业明显回升，美元汇率较为稳定，使经济增长的环境明显改善。这些有利因素将使美国经济继续处于3%～4%的平稳增长期。随着日本银行业好转、信息技术等领域调整取得进展，个人消费和民间设备投资开始复苏，日本经济也有可能继续保持回升势头。欧元区失业率居高难下，消费需求不振，加之国际原油价格持续上涨和欧元贬值，今年欧元区经济增长仍将乏力。

2006年世界经济面临的不确定性因素依然较多，主要是国际原油价格、世界性的房地产泡沫、禽流感以及近年来频繁发生的恐怖袭击事件和自然灾害。特别是国际原油价格如果继续大幅攀升，将给世界经济增长带来明显不利的影响。禽流感可能造成的损失也被估计得很高。尽管世界经济增长的不确定性有所增加，但世界经济多元驱动的格局会进一步加强，有利因素明显超过不利因素，这将为我国经济发展创造良好的国际环境。

从国内经济来看，最近三年的增长速度平均已达到10%以上，2005年比前两年有所回落，但仍然达到9.9%。2006年会继续前一年的走势，各方面的指标进一步降低，但是估计变化不会特别显著。根据中央经济工作会议的部署，今年的宏观经济政策取向是在继续保持连续性、稳定性的同时，针对供给和需求两方面出现的新问题，采取灵活的微调措施，使经济在供需基本平衡的基础上实现快速增长。

国家确定的宏观调控政策有以下几个要点：一是实施稳健的货币政策，既要保持货币信贷投放对经济的支持力度，维护总量平衡，又要优化信贷结构，通过信贷政策来引导商业银行区别对待不同地区、不同行业、不同企业的贷款需求。二是实施稳健的财政政策，调整和优化政府收支结构，进一步理顺收入分配关系，促进消费增长，推动投资、消费和出口健康发展。三是加快转变外贸增长方式，优化进出口商品结构，改善贸易不平衡状况。四是通过市场、行政和法律等多种手段，鼓励企业提高资源利用效率，发展循环经济，走新型工业化道路。五是全面增强自主创新能力，不断推进产业结构调整和优化升级。六是健全完善区域协调互动机制，逐步缓解区域经济发展不平衡的问题。七是积极稳妥地推进城镇化建设，促进大中小城市和小城镇协调发展。八是加快政府职能转变，深化财税等各项体制改革，为经济发展创造良好的环境。

综合分析，今年的固定资产投资在较大的惯性推动和宏观调控力度不减的相互作用下，仍将保持较高的增长速度。出口在人民币升值预期及劳动力价格提高等因素的作用下，增长速度可能会有所放缓，但净出口仍将在高位运行。国民收入稳步提高，拉动内需的政策效应逐步显现，消费增长平稳。预计今年经济增长仍将保持9%左右的较高水平。

2006年我国经济金融运行中有几个问题值得我们高度关注。

一是产能过剩。虽然2005年中央对固定资产投资的调控力度不减，但各地加大投资，依托投资拉动经济增长的冲动依然十分强烈。巨额投资在拉动经济增长的同时，也使产能过剩问题日益突出。据有关部门分析，目前钢铁、电解铝、铁合金、焦炭、电石、汽车、铜冶炼行业都存在着严重的产能过剩问题。例如，钢铁产业生产能力已经大于市场需求1.2亿吨，还有在建和拟建能力1.5亿吨；汽车行业产能800万辆，超过销售量200万辆，还有在建和拟建能力1 000多万辆。当然，在市场经济条件下，总会有新的投资发生，这也是调整结构，提高质量，促进技术进步的必然，但是由此产生的市场和信用风险是实实在在的，我们必须认真对待。

受产能集中释放与原材料价格上升的挤压，企业利润会进一步下滑。统计显示，2005年11月底，我国规模以上工业企业实现利润同比增长20.1%，增幅比前年下滑近18.66个百分点，而亏损企业的亏损额增长了58.5%，增幅同比扩大49.43个百分点。由于前期投资形成的产能持续释放及宏观调控政策自身的时滞性，预计今年产能过剩的问题仍将很突出，由此可能引发的部分产品价格下跌、企业利润减少、亏损面扩大、银行不良贷款增多等一系列问题应密切关注。

二是房地产行业的发展态势。近两年，受宏观调控影响，房地产行业投资增幅持续下降，从2003年的29.7%下降到2005年11月的22.2%；房价涨幅稳步回落，从2004年涨幅10.8%下降到2005年10月的6.6%。调控政策在有效地抑制了房地产投资过热和房价涨幅的同时，也造成市场的观望气氛和交易量下降。但是，从全国来看，房地产价格水平上涨速度仍然大大超过消费物价和批发物价。预计今年国家对房地产业的调控政策将以推进结构调整优化、引导总量稳步增长、保证价格平稳运行为着力点，促进房地产业平稳、健康发展。

三是今年的利率走势。去年，美联储连续加息的举动受到国际金融市场的广泛关注，日本和欧洲一些国家被迫跟进。对我国而言，目前的利率水平处于历史的低点。经过20多年的改革开放，国内经济与国际经济已融为一体，在整个世界金融市场利率进入上升通道的情况下，国内利率有上升的因素。利率的市场化改革，也可能引起市场利率的小幅波动，使利率水平逐步接近资本的真实价格。但是，我国持续的国际收支顺差，大幅增长的国家外汇储备，导致人民币基础货币迅猛扩张。在流动性过多的情况下，货币市场的利率很难上扬。而且人民币加息将给宏观经济运行带来一些不利影响。比如，加大人民币升值的压力，增加企业经营困难，使股票市场受到抑制，增加股权分置改革的困难，等等。因此，央行提高基准利率的可能性较小，市场利率平均水平有望保持稳定，但是利率结构有可能发生较大变化。

四是金融市场深化所产生的影响。2005年，我国金融市场发展较快。债券市场上，公司债、机构债发行量稳步增长，发行利率不断走低，央行在公开市场的操作力度加大，银行间国债和政策性金融债交易比重上升。股票市场信心开始恢复，股市市价总值、流通市值和股票成交额都有所回升。货币市场上，企业短期融资券密集发行，其在节约企业财务成本、拓宽企业融资渠道中的优势不断显现；票据市场在规范中快速发展，票据融资在企业资金来源中的比重不断上升，其地位和作用不断增强；受流动性普遍过剩影响，银行间拆借市场交易量有所减少，拆借利率仍在低位徘徊。信托市场发展很快，仅去年前九个月，即发行109只信托基金，同比增长31.33%，募集资金114.3亿元，同比增长75.76%。外汇市场的结构和机制也正在发生深刻变化。

从目前情况看，相对于我国经济总体改革的进展，金融市场的发展仍明显滞后，未来几年必然会有很大变化。金融市场的发展会给商业银行带来新的机遇与挑战。一方面，允许符合条件的商业银行设立基金管理公司、承销短期融资券以及资产证券化发行，打开了我国银行业综合经营的窗口，为银行业务的全方位拓展提供了前所未有的良好机遇。另一方面，短期融资券的不断升温，信托基金的强劲增长以及改革后股市融资渠道的重新开放，也对银行的传统盈利模式形成更大的挑战。新形势下，如何依托金融市场的发展，提高我行在企业直接融资中的作用和地位；如何发挥我行网点众多、客户资源丰富的优势，探索开拓货币市场基金业务；如何找准切入点，进行综合经营的筹划与探索，以便把握时机，抢占制高点等问题，都值得我们深入研究。

在新的一年里，行业内外还会发生许多有可能对建设银行造成实质性影响的变化。例如，我国经济的国际化程度还会进一步提高，跨境贸易、投资、商务和旅游活动高速增长，将创造出更多的金融服务需求；信息技术和商业形态的变化，将使得某些传统的银行业务可能演变成简单的附加服务，如各种形式的代收代缴、电子货币、支付结算等；商业银行之间的竞争更趋激烈，许多银行加快更新技术和产品，同业提供的金融服务精彩纷呈；到今年底加入世界贸易组织后过渡期正式结束，外资银行可以经营所有人民币业务，国内银行业将面临新的竞争压力。这些情况，都需要我们有清醒的认识。

总之，我们要密切关注经济金融走势，加强研究，掌握主动，妥善应对，赢得先机。

二、关于2006年全行主要工作任务

2006年是我行公开上市后的第一年。作为一家投资者遍布全球的公众公司，我们将更多地感受到来自20多万个国内外股东的投资回报压力，更多地感受到规范经营、信息透明的压力，更多地感受到提高资产质量、提升服务效率、改进管理水平的压力。我们需要以更强的使命感和责任感，以更高的起点和标准，研究安排全行的目标和任务。

2006年全行工作的总体要求是，认真贯彻中央经济工作会议精神，落实科学发展观，转变业务增长方式，以客户为中心，以市场为导向，深化改革，完善机制，加强管理，提高效率，全面增强建设银行的竞争能力和盈利能力。

（一）加强市场营销，促进收入稳步增长

市场营销是商业银行最基本、最重要的业务活动，商业银行必须把商业经营放在第一位。只有加强市场营销，才能实现收入和利润的稳步增长，才能为股东提供满意的回报。营销能力不强是国有银行的先天不足，因为过去是客户求银行，后来好一些，是客户找银行。虽然这种情况现在有了很大的改变，但“官商”、“坐商”的习气依然根深蒂固。抓营销就是抓我们的薄弱环节，实质也是抓转换机制，抓转变观念。做好营销，最根本的是了解客户的核心利益，满足客户最迫切的需求，解决他们最关心的问题，实现客户与银行的“双赢”。我们应当从这个角度来思考和改进工作。不要把营销简单化为自我赞扬、高声吆喝、发放广告、请客送礼。成功的、高超的营销是科学和艺术的结合，需要有金融、财会、法律知识，需要懂得心理学、管理学，还需要了解社会状况、风土人情。

要将全行资源向经营工作倾斜。各分支机构要把业务经营作为中心任务，主要负责人一定要将主要精力用于研究市场，研究客户，并直接参与对大客户的市场营销。人力、财务资源配置要

优先满足市场营销的需要，资本性支出、费用安排、关键业绩指标考核设计都要体现向前台倾斜、向基层倾斜。机构设置、班子配备、干部选拔、人员调剂、收入分配、业务培训都要优先考虑一线。要大力充实客户经理、产品经理和风险经理，把最强的人员配置到直接和客户打交道的团队和网点，通过多种激励机制的作用，引导分支行本部人员、管理部门人员向一线流动。

要完善营销服务机制。增加客户、增加交易是我们的基本目标，这也是发展中间业务和低风险业务，实现结构转型的必然要求。虽然增加存款不应成为我们的重点，但是没有新开账户，没有新的客人，我们的业务必然会萎缩。要抓住四个转变。一是要从以基层行为主的营销转变为多级营销和上下联动营销。总行、一级分行要更多地肩负营销和经营责任，更多地介入大客户营销，从源头、从上游抓客户，减少内部传递环节，提高服务效率和服务水平。要完善总分行，前、后台，跨区域和境内外联动营销机制，提高全行整体作战能力。二是要从单一化营销转变为差别化营销。针对优质客户需求个性化、便捷化和效益化的特点，从机制、手段、效率、价格、产品等方面落实差别化服务。三是要从分散化营销转变为整体营销和交叉销售。要利用遍布全国的机构网点和拥有巨量客户信息的强大优势，加强理财、个贷、公积金、信用卡、代理业务的交叉销售，强化批发业务和零售业务之间的联合营销。四是要从个人关系营销转变为公共关系营销。全行上下都要认真研究国内外企业成功营销的案例，既要研究花旗银行、汇丰银行、平安保险、招商银行等金融企业的经验，也要研究海尔、海信、麦当劳、沃尔玛等非金融企业的做法。这种研究要养成习惯，成为建行文化的一个组成部分。

必须加快产品创新。产品是银行竞争的武器，是满足客户需求、赢得商业机会的载体，是实现收益的工具，卓越的产品创新和推广能力是银行市场竞争力的主要体现。我行产品开发和创新能力还相对落后，组织机构、职能分工不尽合理，研发力量严重不足，与我们全球市值第十的位置很不相称。因此，完善产品研发体系和研发机制，建立专业化的产品研发队伍，全面增强产品创新能力，是摆在我们面前一项十分迫切的任务。各级机构都要贴近市场，了解客户，增加对客户需求信息的采集、分析和快速反应的能力。总行和分行在产品开发中都必须发挥积极作用。一方面，我们要继续推进全行的标准化，保证产品和服务的同等质量；另一方面，我们要充分调动基层的积极性，及时收集客户信息，最大限度地适应市场需要。要研究借鉴国内外同行的成功经验，充分发挥产品开发团队的作用。

（二）再造业务流程，为客户提供更好的服务

业务流程是企业的生命线，是保证运行效率的决定性因素。自去年春季分行行长座谈会上提出“以客户为中心”的经营理念以来，各分行非常重视，在改造业务流程、提高服务效率方面做了许多工作，收到了很好的市场反响。但与国际先进银行相比，我们在运行机制和业务组织等方面仍然有很大的差距。20 世纪 90 年代以来，国外先进银行创造性地应用信息技术进行了“以客户为中心”的业务流程再造，在成本控制、质量保证、满足客户差别化需求和提高市场反应速度等方面取得了巨大成功。国内银行在相当长时期内没有引起足够的重视，往往是先调整机构和部门，再根据内部管理需要去调整流程，习惯于以提高本部门工作效率为目标，很少从整体上去检讨流程的合理性和服务的有效性。管理环节过多、流程周期过长的问题没有得到解决。从我行来看，流程再造的任务仍然非常艰巨，我们在机制上、系统支持上、理念上都还没有真正做到“以客户为中心”。我认为当前对建设银行最重要、最急迫的改革，就是业务流程再造。2006 年我们一定要花最大的力气来全面检讨流程，提高效率。

再造业务流程，着眼点在于，要有利于节约客户的时间和成本，有利于满足客户多样化的需求，有利于提高我们处理交易的能力和效率，从而促进扩大业务规模，控制和收缩各种风险。核心是要真正从客户的视角来审视我们的业务流程，我们要与先进银行认真比较，对现行的流程进行全面、根本的改造。今年全行要围绕提高服务效率，重点对零售、中间业务和产品开发流程进行优化改造，在缩短服务时间、推进差别化服务方面实现突破。各级机构、各部门都要根据总行的统一部署，制定明确的工作目标和工作任务，扎扎实实地对每项业务流程和环节进行梳理，提出全面优化改造的意见，使我行业务流程有一个质的飞跃。

改造业务流程要讲究策略和方法，找准风险点和关键环节。对不必要的审查、复核和检查环节进行删减，对重复、功能相近的工序进行合并，尽量简化那些占据大量人力物力的非核心业务流程。要借助信息技术手段改进业务流程，提高服务效率。各业务部门要积极主动地把大量标准化、规范化的交易业务迁移到电子银行渠道上办理，大幅度提高电子银行处理业务能力和交易比例，依托电子银行渠道开拓市场，减轻有形网点柜面人员的压力，分流业务，降低成本，改善服务，提高效率。

（三）改进基础管理，提高业务发展水平

基础管理作为企业经营管理的根本性要素，是支撑企业稳步发展的基石。基础管理对银行业有着更重要的作用和意义。《巴塞尔新资本协议》提出了三大支柱，最低资本要求、监管当局的监督检查和市场纪律。该协议在计算资本充足率时，不仅考虑了信用风险，还增加了市场风险和操作风险，同时对商业银行的信息披露、风险暴露及处理方式都提出了新的要求。我行成功在香港公开上市后，对内部控制体系建设、信息管理、质量管理、贷后管理等基础管理工作提出了更高的要求。我们要用国际标准和管理规范来加强基础管理，实现管理的科学化、精细化，为建设银行的健康、持续、快速发展提供坚实的平台。

尽管我们已经取得很大进步，但仍然存在制度建设滞后，有章不循，违规操作，办事凭经验、靠感觉的现象。一方面，总行各部门要牵头梳理完善各项规章制度。制度要具体、明确、简单、可操作，并支持业务的创新和发展。另一方面，要严格规章制度的执行。没有严格的执行，再好的制度也失去了意义。因此，必须重申“三铁”纪律，采取必要的教育、奖惩等手段，确保政策制度得以准确统一的贯彻执行。当前，要重点加强贷款基础管理工作，研究形成全行统一的贷后管理制度，规范贷后管理的工作程序、操作标准，彻底改变“重贷轻管”的现象。各级行要积极支持配合审计、监察、合规部门的工作，充分发挥后台监督部门的检查督导作用。

加强基础管理，要借鉴运用科学的方法。前不久，总行请美国银行的有关高级管理人员进行了“六西格玛”讲座，我本人的收获很大。美国银行从2001年开始运用“六西格玛”的实施工具和技术方法，经过5年的探索，有效地改进了客户满意度，提升了美国银行的运行质量，成功地将这一生产性企业的管理模式移植到了金融服务企业。总体来看，“六西格玛”强调把以数据为依据、以客户为本，作为质量控制的关键要素，这与我行的经营管理理念是吻合的，也是我们需要进一步加强的地方。应当在美国银行专家的帮助下，把“六西格玛”逐步应用到我行日常的经营管理工作中，运用标准化的控制手段规范各项基础管理工作。具体如何实施，总行还会统一研究部署。

（四）深化风险管理体制改革，稳步提高资产质量

风险管理体系是现代商业银行有效运行的基础，是提升银行价值创造力、打造核心竞争力的保障。去年，全行在打造规范、有效的风险管理与内控体系方面，做了大量有益的探索，但仍存在诸多亟待解决的问题。特别是全面风险管理的理念有待深化，风险管理尚未全面融入业务流程，风险控制过于关注结果而忽视过程，科学的计量工具对业务决策的支持还相当欠缺。

在总结去年试点经验的基础上，今年要在全行系统内推出风险管理体制改革。改革的目标是构建集中、垂直的风险管理体制，形成覆盖商业银行各种风险的全面风险管理体系，建立有效平衡风险与回报的内控和运行机制。近期，要在现行的经营管理架构条件下，先行实施风险管理垂直化，加强总行对风险管理工作的集中领导，组成向行长直接报告的专业、独立的条线，统一风险管理政策、制度、标准，强化信贷审批和风险监控等工作。在流程控制上，积极推行风险管理融入业务流程的平行作业机制，前移风险管理关口。在技术支持上，设立专门的风险计量部门加强计量工具、分析模型的开发应用，实现风险管理的专业化、精细化。风险管理体制改革涉及我行经营管理的各个层次和各个方面，是一项艰巨复杂的系统工程，既要明确方向，积极推进，也要分步实施，平稳过渡，不能指望一蹴而就。

在推进风险管理体制改革过程中，要进一步深化全面风险管理理念。全面风险管理要求银行对各类业务蕴涵的各种风险加以识别，贯穿于业务流程的各个关键环节，体现在每个员工的每项业务活动之中。全行要通过科学合理的权责分工和适当的利益协调分配机制，建立前台与中台的合作伙伴关系，实现以促进发展为根本的增值型风险管理。

有效风险管理的核心是了解市场、了解客户，把握风险点，把“以客户为中心”的理念体现在业务经营管理和风险控制过程之中。只有贴近客户，进行客观的分析评价，才能提高决策的准确性，做到风险与收益的有效平衡。建设银行多年来培养了一批专业化的项目评估队伍，应该进一步加强这方面的优势，充分发挥评估人员的专业技能，增强对客户风险防范的前瞻性和主动性，为客户经理提供更加专业化、建设性的评估意见。

（五）继续推进机构改革，提高市场反应能力和管理效率

合理高效的组织架构，有利于商业银行更好地协调各个层级、各个部门和各种资源，为客户提供更好的金融服务。与市场化的商业银行运营模式相比，我行还存在管理层次多、机构臃肿、职责不清、人浮于事的现象，深化机构改革是一项长期的工作任务。机构改革不能为了改革而改革，更不能直接照搬照抄国外的模式，而要真正建立以客户为中心、适应现实金融生态、适合业务发展、有利于价值创造的组织架构，切实有效地解决管理体制和运行机制中存在的问题。

组织结构的设计可以有多种模式，每种模式都有其实施的内外部条件，每种模式也各有优劣，没有哪一种模式是绝对合理的。一般来说，任何成功的组织，都应当是能够把等级制、团队、网络三种方式有效结合起来，使之相互兼容。等级制是组织规模不断扩大、管理跨度受到限制的必然产物，只有设置必要的管理层级才能有效解决管理任务急剧增加的问题。团队是一种以任务为导向的组织模式，强调业务条线的垂直管理和专业化运作。网络是由可以独立经营、具有很大自主权、只需相互提供信息的分支机构组成的实体。建设银行是一个拥有38个一级分行，多个海外机构，14 000个营业网点的庞大组织，从总体上看，我们是层级制架构，但也有团队和网络的影子。

今年的组织机构改革要突出两个重点。一是在技术和管理能力允许的基础上积极推进扁平化改革，压缩中间管理层次。尤其要先在城市分行进一步实施机构扁平化，实现“分行直接到网点”的两级管理。暂不具备条件的城市分行，可以实行“二级半”的过渡模式，或者先由部分支行代管临近的网点，或者设立几个区域主管代替支行来管理网点，区域主管可以是一个人，也可以配备一两个助手。一些特大城市分行网点较多，也可以采取先由一个或几个部门集中管理储蓄所的方式实施平稳过渡，其他支行都转变成经营性网点或专业服务中心。总行拟选择部分业务发展潜力大的非省会中心城市行进行直管，省分行也可以试验选择发展前景特别突出且所在地市分行难以有效兼顾的县级支行进行直接管理，以更好地响应市场需求，优化资源配置，提升整体竞争力。二是要积极探索业务单元制，实施团队化管理。在资金交易、基金托管、信用卡等业务相对单一、对分支机构依赖较少的领域进行利润中心试点，扩大资产保全业务单元制改革范围。对于上下联动要求比较高的公司业务，要加大业务条线营销组织和资源配置力度，加强对营销团队的考核和激励，提高公司业务整体竞争力。个人业务则要加强计算机信息的集中和加工，加强统一的贷款审批和监控及后台支持服务。通过机构改革，要使批发业务和零售业务相对分离，批发业务的重心进一步上移，零售业务的重心进一步下移，中、后台管理职能向上集中，使各级各类机构的功能更加明确、更加专业，流程和效率得到改善。

机构改革既要明确方向，还需要兼顾现实情况和工作习惯，通过设定不同阶段的分步目标，实现平稳过渡。我国地域广阔，各地经济发展很不平衡，金融市场发育状况、金融资源和市场环境差异很大，各分行经营管理水平和业务发展优势也各不相同，在具体的机构改革模式和实施安排上，我们不搞“一刀切”、“齐步走”，而要结合自身实际、业务特点设置适当的组织结构和运行模式。即使在将来，我国商业银行的组织架构可能仍然需要充分考虑地区差异而有所不同。

（六）健全激励约束机制，增强队伍战斗力

近几年，我行在用人制度、用工制度、薪酬制度和培训体制改革等方面取得了阶段性的成果。但深化人力资源管理改革，建立市场化的人力资源管理体制，任务仍然十分艰巨。今年要重点做好以下几项工作。

一是完善人力资源配置机制，优化人员结构。我行人力资源配置不尽合理的现象仍很突出，中、后台部门人员还是偏多，在部分中西部地区分行面临人员分流压力的同时，沿海地区分行存在着合理的人员需求难以满足的问题。今年要加快人员配置的结构调整，重点是引导中、后台人员向前台流动。按照收缩性调整与发展性调整并重的原则，进一步提高经济金融发达地区和金融资源丰富的中心城市行人员的占比；进一步缩减行政管理、党群、后勤保障等部门人员的数量，充实客户经理、产品经理和风险经理的数量。

二是完善激励约束机制，优化员工薪酬构成。按照以岗定薪的原则构建分级分类的薪酬制度体系，依据岗位性质和岗位等级确定绩效工资占比，将绩效工资分配与价值创造直接挂钩。财务资源配置要坚持向业务和营销部门、向基层和一线倾斜的原则，充分调动直接从事客户服务、市场营销工作人员开拓业务、创造收入的积极性，有效解决“逆向选择”的问题。积极研究建立中长期激励计划，建立面向广大员工的职工持股计划，探索面向中高层管理人员和核心人才的期权激励计划，鼓励他们长期在建设银行服务。

三是大力加强培训，提高员工素质和履岗能力。我行上市之后，面临着市场环境、体制机制和人员素质这三项最主要的挑战。比较起来，最困难的、最根本的还是如何提高员工队伍的整体素质。因此，培训是我们非常重要的一项工作，必须高度重视。要加大培训的投入，要使培训成为一项制度化、经常化的工作，每个人都要定期或不定期地参加培训。尤其是要强化各级管理人员、专业技术人员、一线业务骨干和关键经办岗位人员培训。要加快建立学习型组织，构建科学高效的学习平台，营造“人人需要学习、人人有机会学习、人人主动学习”的良好局面。

四是积极稳妥地推进总行本部人力资源管理改革。总行本部是全行的指挥决策中心，要完成建设银行的战略目标，必须加强总行本部的战略管理能力、市场快速响应能力、资源统筹配置能力、服务产品创新能力。与这样的要求相比，总行本部还存在人浮于事、效率不高、高层次人才缺乏的问题。今年要在总行本部推行岗位管理，建立明确的内部授权体系，压缩内部的汇报层级，提高本部工作效率。要在员工工资结构中，引入岗位工资要素，并逐步提高岗位工资的比重。要建立员工能进能出的机制，完善待岗培训、员工交流制度，使需要的人才进得来、不适应的人才出得去。

（七）加快信息科技建设，抢占业务制高点

银行业是与IT业联系非常紧密的行业，银行的服务与产品对信息技术的依赖性不断增强，信息科技建设已成为支持银行业务发展、防范风险和提高服务质量与效率的关键。美国著名咨询公司埃森哲的一份报告指出，全球银行业员工从事直接面对客户营销工作与从事后台工作的时间比为62:38，而我国的这一比率只有52:48。这说明国内银行在利用信息技术提高业务处理和管理效率、减少后台管理压力方面仍存在较大差距。近年来，我行信息科技建设有了长足的进步，但在支持差别化服务，优化业务流程，提高生产效率，量化风险管理方面的作用还远没有充分发挥。我们讲业务转型，大力发展零售业务、中间业务，在很大程度上都要依靠信息技术支持。

2006年，全行要按照“业务驱动”的原则，加强信息科技建设。重点是加快优化核心业务系统，整体推进公司业务、个人业务、渠道建设等应用方面的功能实现，支持战略性业务的快速发展；加快关键系统的改造，支持服务方式、业务流程的改进，提高风险管理、财务管理能力和信息披露质量；加快灾备工程和信息安全服务体系建设，提高安全运营能力。全行的信息技术资源不仅要服务于管理部门，更多的是要服务于前台业务部门，服务于基层一线。在选择和优先推进科技项目时，关键要看项目是否能够简化操作程序，提高服务效率，为客户提供快捷和周到的服务。

（八）抓紧实施与美国银行的合作，提升关键领域业务水准

从去年9月份战略协助项目正式启动以来，已有近40位美国银行专家来到我行工作，集中力量推进了零售银行业务、电子银行业务等重点项目的实施，并对我行中高级管理人员进行了4批培训。总地看来，我们与美国银行的战略协作进展比较顺利，今年要继续加强这方面工作。

一是要结合我行业务发展战略和近期工作重点，把握各项战略协助工作的优先次序。我们去年把零售业务确定为重要战略性业务，今年首先要在这方面加强与美国银行的合作，大力推进个贷中心建设、信用卡业务等重点项目，切实提高我行在这些业务领域的市场竞争力。其次，要加强风险管理领域的战略合作，提高我行的风险管理水平。

二是要积极学习、借鉴美国银行具有突出优势领域的先进经验，"取人所长、为我所用"，争取跨越式发展。比如，美国银行的电子银行服务是全美银行中最强的，我们要通过与美国银行进行呼叫中心、网上银行等项目的合作，确保在国内同业中的领先地位。美国银行在全球现金管理（GTS）方面也独具特色，处于全球领先地位，我们要学习美国银行GTS业务的产品和技术，将其融入到我行的重要客户系统、客户结算网络和核心业务处理系统之中，研究开发适合我国国情的GTS产品。另外，要大力加强业务合作和联合营销，引进先进产品和分享客户资源，满足在华外资企业、在美中资企业等对公客户以及个人客户的交易需求，增加收入，提升国际竞争力。

此外，要加快推进与淡马锡和亚洲金融的业务合作。合作领域主要集中在美国银行未能合作的政府与机构客户业务、资产负债管理、市场风险管理等领域。

三、关于加强和改进组织领导

为了全面完成今年的各项工作任务，促进资产质量和经营效益稳步提高，必须在提高战略管理能力、健全公司治理机制、加强党组织建设、构建和谐建行等方面狠抓落实，调动各方积极因素，为我行改革发展提供强有力的保障。

（一）借鉴国际一流银行的先进经验，提高全行的战略管理能力

作为一家全球性公众上市银行，必须要有战略眼光，要有长期发展的思想。不仅要了解现在的市场，也要对市场未来的走势有正确的判断。对国际银行业的发展趋势、中国银行业的发展前景，应当进行深入的研究和分析。至少要考虑5年以后、10年以后的情势，争取能看20到30年的发展，总之必须要有前瞻性。这样，才能积极主动地贯彻"以市场为导向"的要求，真正引领市场，而不是被市场"牵着鼻子走"。

去年，我行在集中全行智慧、深入分析研究国内外经济金融形势、银行业发展趋势、结合建行实际情况的基础上，制订了新的业务发展战略，提出了我行的战略愿景，即为客户提供最佳服务，为股东创造最大价值，为员工提供最好发展机会的国际一流商业银行。另外，我们还提出了市场定位、客户战略、产品战略、区域战略和渠道战略等事关我行全局的重大战略构想。但要清醒认识到，建行的现状与我们提出的战略构想还有很大差距。要改变目前我行业务结构不合理、经济发达地区市场竞争力不强等现状，归根结底在于提高我们的战略管理能力。这主要关系到三个方面问题。

一是要了解市场，分析市场，提高市场敏感性。我国的市场发育目前还不成熟，金融分业经营的制度也比较严格，但我们不能老是抱怨。在同样的外部环境下，我们的不少同业在金融产品创新方面做得非常出色，推出的产品深受客户喜爱。如招商银行率先推出的本外币一卡通、工商银行的网上交易、交通银行的太平洋卡等都有值得我们学习的地方。实际经济生活中有大量的金融服务需求得不到满足，而我们在这方面关注得很不够，调查研究花的功夫还很有限。全行要加强对产品开发的中长期规划，重视产品的自主创新，形成产品开发、推广、培育、淘汰的体系，在实施产品战略方面一定要闯出新路来。

二是要加强区域经济研究，合理配置全行各种资源，提高价值创造力。我国经济发展程度在区域间很不平衡，地区差异比较明显，这种状况在短期内难以改变，造成了银行资源投入—产出在区域间的差别。从我行来看，中西部地区分行的市场占比虽然较高，但利润贡献度较低，而东部沿海地区分行利润贡献度普遍较高，如果业务发展潜力得到充分发挥，则对全行利润贡献会有新的飞跃。2005年，长三角的两省一市5家分行，实现的考核利润就占全行的29.70%，经济增加值占37.81%，而中西部19个省市20家分行合计的这两个比例分别只占28.94%和18.88%。因此，我们在实施区域战略时，一定要从我国经济的现实出发，进一步加大资源向重点区域倾斜的力度，促进重点区域分行加快业务转型，提高市场竞争力。中西部地区分行在当地经济较快发展中，也有很多发展机会，要寻找和抓住机遇，优化资源配置，争取形成后发优势。

三是加快营销渠道建设，要争取达到引领市场的水平。一方面，要加强有形网点和客户经理队伍建设，丰富网点的服务功能，提高客户经理队伍的营销能力，使我行产品为更多的客户所运用；另一方面，要加快电子渠道建设，使尽可能多的交易活动通过电子手段来进行。工商银行北京市分行去年的利润为100多亿元，存款余额为1万多亿元，其交易量的48.9%是通过非柜台渠道完成的。我们必须奋起直追。要加快信息技术应用的创新，特别是做好业务团队和科技开发团队有机结合这篇文章，提高科技开发的效率，支持全行发展战略的实施。

（二）进一步理顺关系，完善公司治理机制

去年，我们初步理顺了股东大会、董事会、高管层、监事会之间的关系，建立了全行系统的职工代表大会制度，现代公司治理结构初步形成，依法明确了各方的职责定位，建立了正常的沟通渠道和运行机制。从一年来的运转情况看，股东大会、董事会、监事会与管理层都能依法发挥作用。但与国际规范的公司治理机制相比，我行的公司治理结构还存在差距。作为公众银行，如何高效发挥公司治理架构中各方面的职能及相互制约、相互配合的作用，需要认真加以研究与解决，在实践中及时总结和不断完善。

完善我行公司治理结构，现阶段面临许多任务，继续完善统一法人体制，真正形成业务经营和风险控制的一体化，仍然是最要紧的事情。在公司治理机制建设方面，最主要的环节是搞好董事会建设。董事会是公司的决策机构，对长远发展和总体状况负责。作为国有控股商业银行的董事会，必须对国家和股东负责，坚持把国家、资本、利润三位一体置于最高位置。董事会应当紧紧抓住银行发展的战略性问题，一定要避免陷入事务之中，造成“捡了芝麻，丢了西瓜”的后果。因此，如何提高董事会对市场的熟悉程度，如何提高董事会对重大业务问题的驾驭能力，如何提高董事会全面的工作水平，是摆在我们面前的一项艰巨任务。与此同时，需要加强高管层建设，进一步明确其职责和权限，补充增加高级专业主管人员，充分发挥管理层的自主经营功能。监事会也要按照新修改的《公司法》进行人员补充和制度完善。

完善公司治理还需要理顺多方面的关系。一是进一步理顺董事会和股东大会的关系。对于年度经营计划与预算、发行金融债券、聘请外部审计师等银行日常经营活动事项，应提请股东大会授权董事会决策，以适应上市后的要求。二是进一步理顺董事会与管理层的关系，特别是要进一步强化董事会与高管层之间的协调配合和有效监督制约机制，制定和完善对管理层的问责和考评制度。三是进一步理顺监事会与董事会、高管层的关系，协调好外部审计机构的监督与监事会对董事会、高管层的监督，科学合理地发挥监事会在公司治理结构中的作用。四是进一步理顺董事会与职工代表大会及工会的关系，既要保障员工依法充分行使应有的权力，又要保障公司按照股东价值最大化的原则运作，使董事会、职工代表大会及工会的职能都能得到充分发挥。

全行员工要进一步提高上市公司意识，自觉遵守香港地区有关上市公司的法律法规，特别是有关公司治理、业务运行和信息披露的规定。要虚心听取内地和香港监管部门的意见和建议，主动接受监管部门的监督。在企业文化建设以及广告设计方面，一定要充分考虑作为全球性大银行、国际性上市公司、中国的国有控股特大型金融企业的实际，树立并维护建设银行良好的企业形象和声誉。

（三）加强党组织建设，提高干部和领导班子素质

建设银行的党建工作要适应国有商业银行改革发展的要求，围绕建立完善现代公司治理结构这条主线来进行。从参与决策、谋划全局、把握方向、掌握原则的要求出发，进一步探索和完善我行党的领导工作机制和方式，着力提高贯彻科学发展观的能力、驾驭全局的能力、处理利益关系的能力和务实创新的能力，为我行改革与发展提供坚强的组织保证。

党组织建设要重点抓好几件事。一是把选准配强各级领导班子，作为我行党建工作的头等大事来抓。要切实执行党管干部的原则，坚持德才兼备，履行规定的各项程序。党管干部要与市场化选拔人才机制结合起来，与坚持民主集中制原则、完善领导班子议事程序和决策机制结合起来。按照经营管理需要，真正落实能上能下、能进能出的原则，2006年要迈出重要步伐。二是加强思想政治工作。要坚持以人为本，把思想教育和严格管理结合起来。在酝酿、策划和实施重大改革方案时，要同步策划公共关系工作方案，把宣传和教育工作做在前面。要加强和改进对广大员工的思想教育和职业道德教育，弘扬爱岗敬业、艰苦奋斗的精神。三是要落实各级领导班子和党员领导干部抓基层党建工作的目标责任、措施办法。定期开展组织生活，改进和完善“三会一课”制度，提高基层党组织生活会和领导班子民主生活会质量。四是按照建设学习型党组织的要求，制定党员学习培训规划，落实学习制度。进一步完善中心组学习制度，使其规范化、制度化。五是建立健全党员保持先进性的长效机制，加强检查和评估，把长效机制建设的各项任务落到实处，力求取得实效。

（四）持之以恒地抓好党风建设和反腐败工作

去年，我行虽然在加强党风建设和反腐败工作方面取得了新的成效，但仍然存在一些问题：一是少数分行管理松弛，监督不力，案件和重大违规问题时有发生。二是少数领导人员不能严格执行廉洁自律有关规定，艰苦奋斗、勤俭办行的意识不强，讲排场、比阔气，奢侈浪费现象还比较严重。三是某些负有领导责任、掌握一定职权的同志，对公私分开、亲友回避的规定理解不深，认识不清，在一些方面仍然存在着以权谋私，甚至是权钱交易的现象。四是规章制度执行不力，严重违规违纪行为给我行造成了巨大损失和恶劣影响。这些现象务必引起我们的高度重视。

最近召开的中央纪委第六次全会对切实维护党的纪律，推动党风廉政建设和反腐败工作的深入开展作出了部署。各级党组织和广大党员要深入学习贯彻中央纪委六次全会精神，认真学习、自觉遵守、坚决维护党章，自觉遵守党风廉政建设和反腐败工作的各项规定。要认真执行总行党委提出的“廉洁自律六条规定”和《中国建设银行领导人员廉洁从业若干规定》，加强教育和监督，严格查处违纪违规行为，自觉廉洁从业，坚持勤俭办行。按照中央纪委和银监会的统一部署，做好治理商业贿赂工作，加大案件防查力度，抓好基础管理和基层机构网点及其负责人管理。尽快出台对领导人员全面问责和对重大违规事件的处理办法，严格责任追究。

（五）做好员工队伍稳定工作，努力构建和谐建行

当前，我们正处在从国有独资商业银行向国际先进水平的股份制银行转变的重要时刻，随着改革的深入推进，原有的利益关系必然要经历深刻的变化，各类矛盾会以各种形式表现出来，构建和谐环境的任务十分繁重。

各级分支机构要把员工的职业生涯规划作为一项重要的工作抓好、抓实，积极为广大员工营造友好、和谐的工作环境。要改变过去那种用行政手段管人、用人的方式，学会用人性化的科学方法来进行管理，引导和帮助广大员工做好职业生涯规划，努力提供最好的职业发展机会，让员工和建行的事业一同成长。要重视解决广大员工最为关心的问题和现实困难，依法保障广大员工的合法权益，努力创造公平、公正的工作环境。要保证困难职工的基本生活和基本医疗，合理确定保障的标准和方式，尽力为他们解除后顾之忧。要建立健全各种行之有效的机制和制度，引导广大员工正确对待改革和利益关系的调整，善于运用教育、协调、调解等方法，稳定情绪，协调关系，努力化解矛盾。要发挥各级工会、团组织、职工代表大会的作用，及时、有针对性地做好疏导化解、心理咨询等工作，努力形成共谋发展、共建和谐、共享改革成果、共创美好生活的良好局面。

同志们，今年是建设银行全面接受国际资本市场检验的开局之年，也是在境内外树立良好上市公司企业形象的关键之年。全行上下要紧密团结，埋头苦干，加快改革，锐意进取，确保完成各项工作任务和经营目标，为实现建设银行的战略愿景而努力奋斗！

加强党风建设和反腐倡廉工作为建设国际一流商业银行提供保障

——在中国建设银行纪检监察工作会议上的讲话

（2006年2月23日）

郭树清

同志们：

过去的一年，建设银行按照党中央、国务院、中央纪委以及银监会的部署，紧密联系实际，深入推进党风建设和反腐倡廉工作，取得了较好成效：一是按照中央的统一部署，全行各级党组织认真组织开展了保持共产党员先进性教育活动，联系实际解决了在党组织和党员中存在的群众反映较多、影响改革和发展的突出问题，促进了党风建设，带动了行风好转。二是对领导人员严格要求，严格教育和监督，除了执行党中央、国务院和中央纪委的有关规定外，总行党委特别补充制定了“廉洁自律六项要求”。三是按照银监会的统一部署，全行扎扎实实地组织开展了案件专项治理活动，实现了案件数量、涉案金额、大案要案、新发案件“四个下降”的目标。四是强化了问责制。五是认真核查信访举报和投诉，妥善处置群体性上访事件。六是加快了教育、制度、监督并重的惩治和预防腐败体系建设，信贷、财务、人事等重要环节的权力运行进一步规范，反腐败抓源头工作取得了新的进展，一些防范风险的长效机制开始发挥作用。党风建设和反腐倡廉工作的深入推进，为建设银行成功上市和业务健康发展提供了保障。以上成绩的取得，是全行各级党委加强领导，各部门密切配合、积极主动开展工作的结果。全行各级纪委和纪检监察部门的工作人员恪尽职守、求真务实、开拓进取，协助党委做了大量工作。我代表总行党委向全行纪检监察工作人员表示诚挚的感谢！

在这次会议上，辛树森同志要作工作报告，对全行党风建设和反腐倡廉工作进行安排和部署。辛树森同志的工作报告是经过总行党委同意的，各级党组织要认真贯彻执行。我就几个突出问题先讲几点意见。

一、建设银行上市后，要加强党风建设和反腐倡廉工作

建设银行上市后，已经迅速进入全球市值最大银行的前10位。在国家注资以后、上市之前，我行一级资本在全球银行排位是第25位。上市以后，市价就开始上升。上市的时候市净率将近2倍，市盈率超过14倍。今年初，我行市值接近了全球前10位。最近一个时期，我行的股票又涨了很多，国外很多有名的大银行被我们超过了。当然，我们知道，我们实际的经营管理水平和国际一流银行还有很大差距。市值上涨说明一点问题，说明投资者对建设银行看好，对我们过去的工作有一定的认可。但是中国整个经济发展前景好，人民币汇率的升值潜力大，对市值上涨可能也起了很重要的作用。

上市以后，我们仍然是国家绝对控股的企业。现在，包括中央汇金公司在内，一共有5家国有公司持股74.2%，加上在香港公开上市时候购买我行股票的一些国有公司，国有股的份额就更大了，国家控股是绝对保证的。

建设银行上市后，为什么要加强党风建设和反腐倡廉工作？一方面，党中央、国务院、中央纪委和银监会对国有金融企业加强党风建设和反腐倡廉工作有明确要求；另一方面，加强党风建设和反腐倡廉工作，是建设银行在新形势下练内功、树形象、促发展的需要。

加强党风建设和反腐倡廉工作，有助于提升建设银行的内控管理水平。第一，加强党风建设和反腐倡廉工作，是从严治党、

从严治行的要求，也是上市银行规范经营管理行为的需要。通过加强党风建设和反腐倡廉工作，把各种权力置于严格的监督之下，可以使权力运行更加规范，从而减少决策失误和以权谋私等消极腐败现象的发生。第二，加强党风建设和反腐倡廉工作，是建设高素质员工队伍的需要。良好的员工队伍素质是搞好经营管理的基础。银行员工除了具备较好的业务素质外，还必须具备较好的道德素质、思想素质和政治素质。我们加强党风建设和反腐倡廉工作，就是要造就一支能够廉洁从业、诚信经商、遵纪守法、爱岗敬业的员工队伍，就是要造就一支思想过硬、作风优良、纪律严明、不谋私利、能够担当管理重任的领导人员队伍。

加强党风建设和反腐倡廉工作，有助于树立建设银行的品牌形象。社会形象、市场形象对于上市银行来说，可以说是性命攸关，直接影响到公众对银行的信心和客户对银行的忠诚。社会形象、市场形象好，可以使顾客盈门，可以看到股价上涨。这个效应在建设银行还是很明显的。去年以来，在党中央、国务院、中央纪委和银监会的支持、督促下，我们做了很多改善内控管理、加强反腐倡廉的工作，社会效应和市场反映非常好。我们的网点比有的银行少一倍，我们提供服务的能力应该说也不是最强的，但今年以来，我行在股价上涨的同时，存款、贷款增长速度和增长规模都在同业领先，说明投资者、消费者都对建设银行充满信心。所以，社会形象、市场形象非常重要。每一个上市企业都把好的形象看做资源、看做投资环境、看做企业的竞争力，并在资本运作时量化为一种无形资产算到账上。社会形象、市场形象一旦出了问题，上市银行就可能受到重创，最敏感的是股价会迅速下跌，最严重的是出现客户大规模挤兑现象，导致银行发生信用危机。我行上市后，来自香港和内地的银行监管当局、证券监管当局和审计部门的监督会更加严格，来自境外战略投资者、国内大股东的监督会更深入，来自散户持股人、潜在投资者、金融消费者以及社会公众和新闻媒体的监督会更全面。加强党风建设和反腐倡廉工作，有利于发挥党在企业中的政治优势，把党的全心全意为人民服务、不谋私利、艰苦奋斗、纪律严明、求真务实等优良传统和作风带到我们经营的企业当中去。我行有各级党组织8 000多个，在职员工中有近十万名党员，占在职员工总数的三分之一。加上离、退休人员，我们共有13万名党员。绝大多数领导人员都是党员，党组织是建设银行的政治领导核心，党员是建设银行的中坚力量。如果我们的各级党组织都能成为坚强堡垒，全体党员都能发挥先锋模范作用，就会带好整个员工队伍，使全行的党风和行风不断向好，使建设银行在公众面前树立良好的品牌形象。

加强党风建设和反腐倡廉工作，有助于促进建设银行的长远发展。对建设银行来说，发展是第一位的。搞好市场营销和客户服务，继续增加资产负债业务总量，加快发展零售业务，大力拓展低风险、高盈利的中间业务，不断提高盈利能力，是建设银行发展的战略重点。加强内部管理，强化监督制约，制止腐败行为，防范案件和其他风险，在规范经营情况下开拓业务市场，在风险可控情况下提高盈利能力，是保证建设银行能够健康、持久发展的基础。科学发展观的提出，是我们党对执政理论的一大贡献。建设银行的发展也必须坚持科学的发展观，在处理业务发展和防范风险的关系上，必须兼顾两个方面。2005年，建设银行制定了新的发展战略，明确了我行的战略愿景是："为客户提供最佳服务，为股东创造最大价值，为员工提供最好发展机会的国际一流商业银行。"这个战略愿景兼顾了各方，充分体现了以人为本的思想和长远发展的思想。加强党风建设和反腐倡廉工作，有助于更好地实现这一战略愿景。从客户的角度看，我们搞好党风建设和反腐倡廉工作，是为客户提供最佳服务的前提。从股东的角度看，我们搞好党风建设和反腐倡廉工作，是对股东权益的维护。因为银行如果发生违法违纪案件或者其他腐败行为，就会侵蚀股东利益，直接造成股价下跌。从员工的角度看，加强党风建设和反腐倡廉工作，是对员工的关心和爱护。一方面，任何贪污腐败行为，都是对全体员工的冒犯，是对员工利益的侵害；另一方面，员工是建设银行发展的宝贵财富，员工不涉案、不出现违纪违规，才会有美好前途。

加强党风建设和反腐倡廉工作，也是解决现实问题的需要。我们现在还存在一些突出的问题。有的分支机构管理松弛，规章制度执行不力，监督制约形同虚设，导致案件时有发生。特别是银监会、审计署等外部监管部门连年检查发现我行一些分支机构存在重大违规问题，造成损失和不良影响非常严重。有的领导班子一把手违反民主集中制原则，我行我素，一个人说了算，应该集体讨论的重大事项由个人决定。有的违反财经纪律，以改善员工福利、拓展业务营销为名，私设“小金库”。有少数领导人还动用企业的资源为自己操办家事。有的违反廉洁从业规定，利用贷款或业务往来的便利，长期借用客户和关联企业的轿车。有的领导人员打着营销、公关旗号，用公款请客送礼，实则为个人拉关系或办私事。有的艰苦奋斗、勤俭办行的意识不强，浪费办公资源，内部大吃大喝，公务活动超标准住宿，花钱大手大脚、讲排场、比阔气，铺张浪费现象严重。有的领导人员在公务或个人活动中，不注意个人形象，造成了不良的社会影响。这些问题会侵蚀建设银行的资产，损害建设银行的形象，败坏建设银行的风气。根据纪检监察部门统计，2005 年全行共受理各种来信来访 3 234 件次，其中总行纪检监察部门受理了 1 483 件次。我到建设银行后不到一年就收到了许多群众来信，我直接批转到纪检监察部门的就有 262 件。当然，大家也要实事求是地看待信访，不是说来信来访反映的都是真实情况，也有一些是捏造的、虚假的。但是，一个行如果党风建设和反腐败工作搞得不好，那么肯定信访、案件数量就多。

二、认真学习贯彻党章，做遵守党章和遵纪守法的表率

2006 年，全行各级党组织要把学习党章、遵守党章、贯彻党章、维护党章作为党建工作的重点。党章是我们把握正确政治方向的根本准则，是坚持从严治党方针的根本依据，是党员加强党性修养的根本标准。胡锦涛总书记在中央纪委六次全会上强调，通过学习贯彻党章，要做到：进一步坚定理想信念，进一步加强道德修养，进一步发展党内民主，进一步严明政治纪律，进一步强化制约监督，进一步加强制度建设。

通过学习贯彻党章，领导人员要带头遵纪守法。各级领导人员要严格遵守“四大纪律八项要求”，把党的政治纪律、组织纪律、经济工作纪律和群众工作纪律作为我们的生命线；把同党中央保持高度一致、遵守民主集中制、依法行使权力、廉洁奉公、管好配偶子女和身边工作人员、公道正派用人、艰苦奋斗、务实为民作为我们的行为准则。全行各级领导人员必须认真贯彻党和国家的金融方针政策，切实执行总行党委的重大决策和部署，带头遵守党纪国法，带头执行建设银行的规章制度，保证政令畅通，严禁有令不行、有禁不止。

通过学习贯彻党章，要进一步强化监督。《中国共产党党内监督条例（试行）》明确了党内监督的重点对象、重点内容，各级党组织和党员的监督职责、监督的制度和保障措施，为我们做好监督工作指明了方向和途径。我们要联系建设银行的实际，深入贯彻落实《党内监督条例》。在监督对象上，要重点加强对各级领导人员，特别是对各级领导班子主要负责人的监督。在监督部位上，要重点加强对信贷、财务、人事等部位的监督。在监督内容上，要重点加强对遵守党纪国法和建设银行规章制度情况的监督。在监督制度上，要坚持领导班子民主生活会制度、重大决策征求意见制度、重要情况通报制度、行务公开制度、职工代表大会制度、信访核查制度、对一级分行的巡视制度、对领导人员提醒谈话和诫勉谈话制度、对领导人员问责制度、领导人员重大事项报告制度、领导人员述职述廉制度、领导人员任期和离任经济责任审计制度、领导人员定期交流制度等。在监督力量上，要借助大小股东、国家监督管理部门、新闻媒体及其他社会监督力量，并充分发挥企业内部党委会、董事会、监事会、职代会以及组织人事、纪检监察、审计、风险管理、合规、法律等部门的监督作用。要把内部监督和外部监督结合起来，把组织监督、群众监督、上下级和同级相互监督结合起来，形成监督合力。各级领导人员和领导班子主要负责人要以身作则，严格要求自己，自觉接受党组织、全体党员、全体员工以及国家监管部门和社会各界的监督。

三、结合建设银行实际，进一步推进廉洁从业

作为境外上市的国有控股商业银行，我们必须考虑市场经济的要求和遵循国际惯例，紧密结合商业银行经营管理的实际推进廉洁从业。

这里，我想强调两个方面。

第一，要根据商业银行的实际需要，进一步推进领导人员廉洁自律，努力减少腐败行为。中央纪委、中央组织部、监察部、国资委共同制定了《国有企业领导人员廉洁从业若干规定》，我行

制定了《中国建设银行领导人员廉洁从业若干规定》。加强领导人员廉洁自律，防止领导人员特别是高管人员出现腐败问题，对于股改上市的银行十分重要。去年，我行处在股改上市的关键时期，我们根据中央的有关规定，联系建设银行实际，提出了“廉洁自律六项要求”。“六项要求”下发后，总体落实情况不错，各级行领导人员廉洁自律意识有所增强，形象有所改善，从业行为进一步规范，在社会上和行内都引起较好的反响。但是，“六项要求”下发后，我们做了一些调查和检查，发现还是有个别领导人员在招投标工作中对下打招呼，等于是干预按正常程序集中采购；在处理上下级关系上，请客送礼，搞内部公关、内部营销的情况还是有的；在公务接待上，打“擦边球”，虽然到机场、车站、码头迎送的少了，但是在中途迎送的多了。这些问题看似“小事”，但影响不好，有损领导人员的形象。作为一名领导人员，如果自身不能廉洁自律，没有良好的形象，怎么能抓好管好下属？所以，我们说，主要还是要抓好领导人员，特别是一把手。领导人员不廉洁自律，不是个人问题，会导致所在机构或部门出问题。

全行各级领导人员要进一步提高对“廉洁自律六项要求”的认识和理解，以增强廉洁从业的自觉性。“六项要求”的核心是公私分开。公私分开，大家说这个事不好做呀！很多时候公事和私事是一起做的，下班的时候坐公车去买一趟菜，是不是不允许啊？我们指的不是这个意思。我们要求亲友回避，是不是亲戚朋友都不能到建设银行存款、贷款，办理各种金融业务？也不是这个意思，而是说你自己不要和亲友直接做生意，包括同学、同事都不能直接做生意，目的就是为了要公私分开。实在不能回避的就要登记，就要增加透明度，让别人来监督。属于人事问题的，就要在人力资源部门登记备案，留下你签署的意见，声明你和亲属的关系；属于住房贷款的，你就要在住房贷款部门留下你的记录。介绍客户在商业银行是不可避免的，而且我们也是提倡的，大家都去全面营销嘛。但是有一条要求，介绍客户一定要遵守我们的规定，属于亲戚朋友的，要事先声明。集中采购如果只是推荐参加招投标的，这个我们不算是打招呼，但是也要登记，留下文字记录。打招呼是要求照顾，那就不行。贷款或处理资产收好处费，人事上拿原则做交易，为各种“跑官要官”、变相的“买官卖官”提供方便，就是属于严重的公私不分，都是应该严格禁止的，这些做法容易酿成重大案件。商业交易要遵循公正原则，不能搞利益输送，这是我们要强调的最重要的一个问题。如果在商业交易中，掺杂私人因素，搞利益输送，就会扭曲交易行为，发放贷款的，就可能使本息不能回收；处理资产的，就可能让国有资产大量流失。在廉洁自律问题上，商业银行与党政机关有相同的地方，也有不一样的方面。但实质的问题是一个，不能化公为私或以权谋私。商业银行的特点是有大量的交易活动。通过交易活动给某些人以特殊的利益输送，往往比直接的贪污、盗窃更隐蔽，更有危害性。因此，在商业活动中，公私分开是我们廉洁自律的重点。我们有 30 多万人，很难绝对避免贪污、盗窃这类案件的发生。但是，我们可以做到把这类案件的危害控制到很小。去年，我行的案件比前年少了 1 件，涉案金额少了 50% 多，案件造成的危害越来越小，说明我们的监督管理、我们的各种制度、我们的业务管理部门和审计、风险管理、纪检监察、安全保卫等部门都发挥了作用。今后，越来越多的不是直接贪污、盗窃这类问题了，而是采取利益输送等比较隐蔽的形式。比如通过介绍客户、介绍关系，搞特殊关照、不平等交易，私订协议、好处分成。我们的金融产品越来越丰富，特殊利益输送的方式会越来越多。利益输送是很严重的问题，对此我们必须有很高的警惕性。

我们要和各种客户来往，我们提倡广交朋友，要多方利用社会关系促进营销，还要与客户及同业吃饭，这都是正常活动，这又怎么做到公私分开？从商业银行的工作实际来看，真正做到公私分开，不仅要靠制度规定，靠监督，更要靠自觉，靠自我约束，靠自己划线。这也是一个衡量领导人员思想觉悟和工作水平的尺度。很多事情需要自己把握，别的人也可以监督，特别是到问题很严重的时候，各种监管、法律可以制约你。但更多的时候，对大量的人来说是自己把握，自己划线，因为在实际生活中，有许多事情没有那么严格清晰的界限。例如出国、出差，都要靠我们领导人员的自觉性，都要靠大家对公与私的掂量和把握。我们现在有很多出国的机会，特别是总行，到国外出差、开会，很多是可去可不去的。如果是从公家的利益出发，对建设银行市场营销有好处，学习先进经验有好处，提升内部管理水平有好处，提高员工素质有好处，那我们就去，或者是好处大于成本、费用，就是说值得去的我们就去。如果没什么太大的作用，那出国就变成公费旅游了。所以，这个界限不可能靠总行党委给大家划定，要靠我们各级领导人员来掌握。在国内或辖区内出差也是这样。还有各种名义的研讨会、报告会、招待会、酒会、庆祝会，很多社会活动，我们都不能统一规定大家去还是不去，很多时候靠各级领导部门、领导人员自己来把握。“公”和“私”说到底，对绝大多数人来说，在绝大多数时候，是你自己来把握和评判的，要靠自己监督自己。

公私分开的另外一个关键领域是干部和人事。在这个方面，“六项要求”也是试图从小事入手解决大的问题。比如，我们规定，下级机构不能对上级机构的领导人员搞请客送礼、部门之间不搞请客送礼，公务活动中也不搞迎来送往，这样的活动为什么要限制呢？因为这样的活动如果允许的话，就会越搞越复杂，越搞越滥，不仅影响领导人员的形象，而且影响干部人事制度的正确执行和有关资源的合理分配。我们过去讲，实际也有这样的现象：“接待出干部”、“接待出政绩”，就是因为迎来送往，赠送礼品、纪念品，就可能影响对领导人员的正确考核和对单位业绩的正确评价。有的机构、有的部门工作做得很好，但对总行或上级行来的领导和检查人员接待得一般；有的工作做得不怎么样，但对总行或上级行来的人员接待得挺好。最后在总行或上级行的评价倒过来了，业绩好的没有得到表扬、鼓励，业绩差的反倒得到赏识了。这种事情不能说没有。对人事问题、干部问题，反腐倡廉是非常重要的，在各个部门、各个行业都一样。对我们内部的财务资源分配，也有“跑部钱进”的现象，也会影响我们合理的、客观的按照我行的发展战略来分配资源，使我们的资源分配不能产生“奖优罚劣”的正向激励作用。所以对上级领导迎来送往，不是一件小事。去年以来，总行的做法还是比较好的，我们按照有关的规定，党委同志介绍人才、专业人士、干部到总行，一般都声明和我们本人的关系，介绍到人力资源部，由人力资源部来统一考虑。希望各级分行也能做到这一点。介绍干部，中央有规定，要有书面的推荐，就是落实责任。你不能代替和包办。你介绍干部，你要对介绍本身负责。我们各级领导同志都可以介绍人员、介绍干部来，行内行外的都行。我们不是广开门路吗，招聘贤才吗？这都没有问题，就是有一条，要出以公心，要透明。有一些从工作、从大局需要考虑，应该在同等情况下给予照顾的，不是绝对不可以。但是要透明，个人要声明。

除了贯彻“六项要求”之外，还要高度重视信访核查和其他检查发现的突出问题。本次会议上我们还要进一步强调：严格禁绝“小金库”和账外资产，发现一起，严肃处理一起；禁止向企业和下属机构借用汽车；公务活动中要注意个人行为举止，不得发生有损建设银行形象的行为。向企业和下属机构借用汽车这个问题，从我们这次会议之后一律禁止。我们知道总行过去有这样的问题，现在已经基本解决了。各分行、支行，大家回去自己检查，凡是发现了这样的问题，作为重大的违规来处理。

借这次全系统视频会议，代表总行党委全体同志，我们还要郑重声明一下：凡是打着总行党委同志的旗号，自称是总行党委某某同志的亲属或朋友，到建设银行要求贷款、承包工程或科技项目、收购资产、推销商品或劳务等情况的，请我们各级机构的有关同志一律不予理睬，而且应该及时向总行行长办公室报告。总行党委的同志决不会支持自己的亲属和朋友到建设银行谋求特殊利益。

第二，要按照上市银行的要求，认真做好信息披露工作，自觉接受有关方面的监督。作为上市银行，必须按有关规定进行信息披露，增加经营管理的透明度。我们这个银行将来要越来越透明，因为在境外市场上市了。及时、完整、准确地了解上市企业的信息，不但是普通股民买卖股票的需要，也是社会有关方面包括公众加强监督的需要。同时，在内部管理上，对一些重大事项，也需要在一定范围内公开信息，或者叫内部信息披露，以增加工作的透明度，防止暗箱操作导致腐败现象产生和问题积累。内部透明度也非常重要，我们反复讲要加强监督，如果信息不透明，监督就没有意义，也无从监督。如果要实实在在地落实监督，那必须信息透明。当然，工作的性质不同，所处理事务的性质不同，透明的范围、方式也必须讲究。总之，监督的前提是必须有信息，没有信息是没法监督的。关联交易必须按照商业公正原则进行。

员工的亲戚朋友与建设银行做交易时，双方都要一视同仁对待对方，不能有特殊照顾或利益输送。按规定应对外披露信息的，必须及时、完整、准确地对外披露。我们的年报、季报怎么披露都有法律规定，我们不能随便说我们的利润是多少，随便透露我们的经营预测，因为这都有可能影响到股价。做好信息披露工作，提高经营管理工作透明度，目的是要使我们的有关机构、部门和领导人员更好地接受行内行外各方面的监督，从而减少腐败行为的发生。

去年9月，董事会通过的《中国建设银行股份有限公司信息披露办法》，讲的是对外的信息披露，全行要认真执行这个办法。作为上市银行，我们要高度重视信息披露工作。信息披露工作如果做得不好，不仅会直接影响我行的股价，同时还有可能招致监管机构的公开谴责，甚至停牌处罚，引发危机事件，严重影响建设银行的对外形象和业务发展。董事、监事、高管人员及其他接触到应披露信息的工作人员，对股价敏感资料，务必要严格按照规定，承担在信息披露前的保密义务。要加强自我约束，谨慎地处理股价敏感信息，不得擅自接受媒体、分析师及投资者的采访；不得随意向亲朋好友透露我行商业秘密、重大信息或关键信息，包括利率调整、买卖基金等信息。以后我们的理财产品更多了，我们如果向亲戚朋友不恰当地提前透露一些信息，就是一种利益输送，就是对其他消费者、其他客户的一种利益侵犯和不公平待遇。对我们来说，有意识这样做就是一种腐败行为。对外部需要和可以进行披露的信息，要充分体现公开、公平、公正、透明的披露原则，要保证披露信息的真实性、准确性、完整性、可比性、适当性和及时性。对失职渎职造成泄密或违规披露信息的，要按照有关规定对责任人进行严肃处理。

四、认真开展治理商业贿赂工作，加大案件和重大违规事件防范力度

2005年，胡锦涛总书记就对治理商业贿赂作出了重要批示，今年在中央纪委六次全会上又进一步强调，要认真开展治理商业贿赂专项工作，坚决纠正不正当交易行为，依法查处商业贿赂案件。我行要按照中央纪委和银监会的统一部署，认真开展好治理商业贿赂专项工作。第一，各级行领导要提高对治理商业贿赂工作重要性的认识。在市场经济条件下，银行处在国民经济的核心地位。经营资金的企业属性和与社会各界人士广泛交往的特点，决定了银行容易发生商业贿赂现象。因此，银行必然会被作为治理商业贿赂的一个重点。开展好治理商业贿赂工作，是规范经营行为、创建诚信企业、加强行风建设、树立良好形象的需要。从前些年银行发生的一些重大案件看，许多都有商业贿赂的影子，都是社会上的不法之徒给我们银行的管理人员行贿，送你几十万元、几百万元，甚至几千万元，然后从银行拿到几倍、几十倍，甚至几百倍贷款，给国家、给银行造成了重大损失。银行发生商业贿赂的危害是非常严重的。第二，要紧密联系建设银行的实际来开展好治理商业贿赂工作。商业贿赂一般是在个别人之间进行，具有较强的隐秘性，因此，要对其产生的特点、规律等进行分析，有方向、有重点、有的放矢地进行治理。第三，要加强对这项工作的组织领导。全行要在总行行长领导下，由纪检监察部门牵头，各部门密切配合，有计划、有步骤、有措施、有政策地组织好治理商业贿赂工作。第四，要加大对商业贿赂案件的查处力度。对腐败分子必须严惩不贷。第五，要通过专项治理，建立起预防商业贿赂发生的长效机制。尤其要通过健全规章制度、完善业务流程、加大科技运用、加强稽核审查等途径，来强化对各种权力运行的监督制约，审计部门在这方面负有非常重要的责任。随着管理体制的改革、信息技术的发展和业务流程的再造，我行的许多决策权力逐步走向集中，我们必须认真吸取历史的教训，加强对集中决策的管理，严密操作程序，规范权力运作，完善监督制约机制，防止集中决策而产生新的腐败现象。

建设银行上市后，防范案件和重大违规事件的任务更加繁重，防范案件和重大违规事件的工作更为迫切。全行各级领导人员对此要有清醒的认识，一把手要负起总责，班子成员要对分管工作负责，部门领导要对条线负责。要把防范案件和重大违规事件情况，纳入对领导班子和领导人员考核的内容。在今年1月全行工作会议上，我们强调，要推进业务流程再造、完善基础管理、深化机构改革、加强风险内控制度建设、完善激励约束机制、加快信息科技建设、实施与外方投资者的战略合作。这些工作我们要

系统地安排好。落实好这些工作，就会大大提高我们防范案件和重大违规事件的能力。要真正把案件和重大违规事件防范工作做好，还需要依靠全体员工。有的国外银行防范风险有一个简单的做法，就是每个月让每位员工提出在经营管理方面有什么缺失、缺点或者不足，应当改进的问题，每个人提一个或几个，集思广益、研究对策，使风险防范水平不断提高。应该说这个办法对我们还是适用的，我们应该借鉴。坚持走群众路线是我们党的优良传统，在防范案件、重大违规事件以及做其他任何工作中，我们都必须坚持这条路线。我们不但要通过监督检查和加大执规执纪力度，使防范案件和重大违规事件的责任落实到每位员工，还要通过激励措施，把每位员工防范案件和重大违规事件的积极性充分调动起来。

要加大问责力度，增强领导人员责任意识。2005 年，总行制定并实施了《关于追究案件发生机构及其上级机构领导人员责任的规定》。这一做法，开了我国金融领域对发生案件的上级机构主要负责人进行问责的先河，在内部，推进了各级行领导人员管理责任意识和领导责任意识的增强；在外部，得到了银监会首肯和社会各界的正面评价。追究案件发生机构及其上级机构领导人员的责任，还只是初步的、内容单一的问责制度，2006 年，总行还要制定一个内容更加全面、规则更加完善的对领导人员的问责办法。建立问责制度的道理和意义，我就不展开说了，大家都会理解。加大问责力度，对领导人员也是一种爱护、保护和鞭策，可以促使各级领导人员带头遵纪守法、廉洁自律、勤勉敬业、加强管理，既管好自己，保一人的平安和顺利，又管好所属，保一方的安全和稳定。

搞好党风建设和反腐倡廉工作，是各级党委的一项重要职责，也是全行的一项重要任务。各级党委要高度重视，加强领导，党委一把手作为第一责任人，要对所辖机构的党风建设和反腐倡廉工作负总责，要亲自抓党风建设和反腐倡廉工作部署，经常听取相关汇报，认真研究解决党风建设和反腐倡廉工作中出现的重大问题。各业务部门要联系实际，抓好本部门的党风建设和反腐倡廉工作，同时抓好本系统的业务发展和防范风险工作。其他部门都要密切配合。

纪检监察部门是协助党委抓好党风建设和反腐倡廉工作的职能部门，也是全行加强内控管理的一个重要部门。总行党委、董事会、监事会和高管层都高度重视加强纪检监察队伍建设。按照中央纪委的有关规定，特别是关于“股份制改造要做到三个加强：纪检监察机构加强、纪检监察力量加强、纪检监察工作加强”的要求，2005 年，我们专门制订了《中国建设银行纪检监察组织机构设置方案》和《中国建设银行纪检监察特派员管理办法》，我们要进一步贯彻落实这两个文件。纪检监察部门要全面履行党章和本行赋予的职责，切实担当起维护党规党纪和行规行纪的责任。

最后再强调一点，建设银行要进一步提倡勤俭办行、艰苦奋斗，努力做节约型企业。党和国家提出要构建节约型社会，建设银行作为国家控股的上市公司，责无旁贷，要响应党和国家的号召。作为一个企业，我们也需要节约我们的经费，节约我们的成本。要节约每一分钱、每一张纸、每一度电、每一滴水。真正做到勤俭办行、艰苦奋斗。现在，建设银行业务规模越做越大，利润数量也越来越多，但这不能成为我们大手大脚花钱的理由。我顺便说说，对出差、住宿、吃饭，我们要尽可能地节约，避免一切铺张浪费。我们的生活水平逐步提高，开会、出差支出的标准也越来越高，这有正常的一方面，我们不可能再回到过去战争年代或者五六十年代的标准，但是不要浪费。去年以来总行做得不错，办公用纸节约比较明显，复印文件背面都用上了，包括办公室人走关灯，都看到明显的成效。我们该付的工资、奖金，逐年提高，我是一点不反对，人力成本应该是提高的，但该节约的一定要节约。我出差有时提前打招呼，有时没有提前打招呼，到那个地方房子已经安排好了，不好临时改了，有时候安排的住房达一两百平方米。我有一次去一个省里出差，住房卧室里有两个大吊灯。要那么大房子干什么！要那么多吊灯干什么！确实没什么必要，住那个房子也很不舒服。住那个十几平方米的房子挺好。有时考虑到有同志来访、谈话，有一个小会客室也可以。搞个四五间特别大的房子，会议室又不开会，能坐 20 人，有必要吗？没必要。我想，我们各级的同志就用这个标准：“按实际需要来把握”，我看就可以节约很多钱。很多事都可以节约，比如出差，每到一地，都给我们发洗漱用具，以后最好还是自己准备好，不要开一次会，发一次洗漱用具。即使一次性牙刷、毛巾，乱扔也不好，对环境破坏也很厉害，国外发达国家已经没有一次性的，主要是不好处理。虽然没多少钱，但我们还是要带头节约，带头不污染环境。建设银行以后不发一次性的用具。你出差没有带，使用宾馆的也可以，没有必要行里买。这些事情都是很小的问题，但是体现我们的思想、我们的作风、我们银行的习惯。这也是我们企业文化的一个组成部分。建设节约型社会必须首先建设节约型的企业。既要提倡通过改进经营管理、增加科技含量、提高办事效率来提高企业的盈利水平，也要提倡减少投入、减少浪费。这样才能更好地为股东创造价值，为客户提供满意服务，为员工提供更大的发展机会。节省每一笔开支，节约每一个单位的能源和原材料，对全行来说，涉及14 000多个机构、32万人，那就是一笔非常可观的数字。省下来的钱做什么？可以用于增加员工培训支出，可以用于改善员工福利，可以加大科技投入，可以提高对股东的回报等。总之，我们要提倡勤俭办行、艰苦奋斗，做节约型企业，这不仅是对社会负责，也是对企业负责、对股东负责和对每一位员工负责。

国有商业银行改革：方向正确　成效显著

——访中国建设银行董事长郭树清委员

（《人民日报》专访2006年3月8日）

"《政府工作报告》中专门有一段话谈到，要坚定不移地推进国有商业银行股份制改革。我们感到说得很及时很准确。要坚定推进改革就必须正确认识改革。"中国建设银行董事长郭树清委员一语吐露心声。

的确，虽然建行上市的锣声已渐行渐远，但对国有商业银行改革的一些议论却依然时聚时消。

一、建行重组从一开始就希望引进国内投资者，但由于种种原因，投资并不积极

一种议论叫"崇洋论"。有人说，国有商业银行热衷于引进境外战略投资者、到境外上市，这种"眼睛向外"的模式，厚外薄内，有"崇洋"之嫌，对内地投资者和内地资本市场也不公平。郭树清笑着说，建行重组从一开始就希望引进国内投资者，事实上，股份公司的发起人就是5家国内公司，包括国家电网、上海宝钢、长江电力等。当初人们对建行并没有很大把握，而且国内企业自有资金都非常有限，监管机构也限制可能的关联交易，因此投资并不积极。而引进战略投资者目的是改善股权结构，引进成熟的经验和技术，结成长期业务合作关系。"建行曾制定过战略投资者的标准，并在全球范围内筛选，结果也只有约20家国际大银行入围。"郭树清坦言。

"考虑到国内外股市的实际情况，从公司利益最大化的角度考虑，建行选择了在香港上市。香港已经回归祖国，支持香港作为国际金融中心的繁荣和稳定也义不容辞。我相信，内地市场在解决了股权分置等问题之后，也会为银行上市创造更好条件。"郭树清说。

二、目前建行市值已居全球银行第六位或第七位，国家保持绝对控股，是最大赢家

一种议论是"贱卖论"。有人说，建行在香港的公开发行价格是每股2.35港元，而此前出售给战略投资者——美国银行的价格仅为每股1.19元人民币，是"贱卖"了。郭树清说，价格高低永远是不同的人有不同的感觉，严格说来，市场交易没有贵贱问题，只有是否合法、是否透明、是否公平的问题，或者是否存在商业贿赂、利益输送的问题。战略合作不是一般的股票买卖，不能简单比较，而且外方入股价格还是个复合价格，重组上市是个环环

相扣的整体计划，不能割裂，不能孤立。此外，时间有价值，风险有价格，这是经济学的基本原理，先来者与后来者的价格不一样无疑是很正常的。

郭树清说，境外资本市场十分成熟，如果我们对投资者有不公平之处，肯定会有强烈反响。恰恰相反，全球20多万个投资者都对美国银行、淡马锡入股建行表示赞赏。事实上，这是他们迅速认可建行、追捧建行股票的重要原因之一。目前建行市值已居全球银行第六位或第七位，国家股本价值增加约2.7倍，增值超过5 000亿元。由于占比达74%以上，保持绝对控股，因此，国家是最大赢家。

三、排斥外来投资、外来经验和外国专业人士对于维护国家金融安全没有任何益处

还有一种议论叫“威胁论”。有人说，国有商业银行纷纷引进境外战略投资者有可能影响到我国的金融安全。对此，郭树清认为，金融安全问题确实需要高度关注，但是影响金融安全的内外两种因素中，内部的风险隐患是主要的。经济结构不合理，银行经营机制不健全，核心竞争力比较弱，社会信用缺失，等等，是银行体系脆弱的主要原因，不解决这些问题，我国金融安全的基础就很不稳固。对于外部的不稳定因素，如外债增长、短期资本流动、跨境投机交易等，我们也要始终保持警惕。但是外因是通过内因而起作用的，有史以来的金融危机几无例外。所有金融机构都要引进外资，甚至让外资控股，既无可能也无必要，盲目迷信外国不可取。但是排斥外来投资、外来经验和外国专业人士是危险的、有害的，这对维护国家金融安全没有任何益处。

“综上所述，国有商业银行改革方向正确、成效显著。展望未来，建设国际一流商业银行依然任重道远。”郭树清说。

风险管理要放在第一线，融入全过程

——在全行风险管理暨体制改革工作会议上的讲话

（2006年3月29日）

郭树清

近几年来，全行风险管理和信贷审批部门在提高资产质量、加强体系制度建设、夯实管理基础、严格内部控制以及推进管理方法和技术创新等方面，做了大量深入、细致且卓有成效的工作。与国内其他银行相比，我行在风险管理方面一直处于领先地位，最突出的表现是最早实施了独立的信贷审批人制度，最早实施了经济增加值和经济资本的管理办法。其他银行从去年开始也在逐步实施这些管理制度。我们的风险预警系统和内部评级系统也是有一定优势的。这些卓有成效的工作，对控制经营过程中的风险，保证建设银行资产质量具有非常重大的意义。在改制上市过程中，风险管理成为建设银行上市过程中的亮点之一，得到了监管部门、国内外投资者和社会舆论的一致肯定。在此，我代表总行党委、董事会，向全行风险管理和信贷审批工作人员表示诚挚的慰问和衷心的感谢。

关于风险管理工作的总结和部署，常行长和哲夫副行长还要作详细的报告，这里我先讲四个方面的问题。

一、上市后，风险管理面临的主要压力

实现境外上市后，我们已成为一家总市值排名列入世界前十位，拥有十多万名国内外股东，在国际金融市场具有一定影响力的商业银行。目前建设银行的市值与J. P. 摩根（J. P. Morgan）和瑞士联合银行（UBS）等不相上下，确实是已经跻身于世界大银行之列了，不过从风险管理能力来说，我们恐怕与国际一流商业银行还有不小差距。对于我们这样一家受传统观念和体制束缚较

强的国有大银行来说，改制上市给风险管理带来了一些新的压力和挑战。

管理理念方面。风险管理是一门科学，也是一门艺术，不是说管理越多越好，制度规则越多越好，风险控制必须抓住要害环节和关键风险点。过去，我们国有商业银行风险与收益有效平衡的理念不够清晰，管理失控和管理过度的情况在一定范围内还同时存在。尽管过去几年在管理失控方面有很大改善，但在经营管理标准和制度方面还不统一，各地自行操作、自行规定的东西还是太多。管理过度方面集中表现在我们的文件太多，会议太多，要求也过多，特别烦琐。这种状况不利于上市后提高经营管理的质量和效率，不利于树立“以客户为中心”的理念，也不利于建设银行企业愿景的实现。

基础管理方面。上市后，对我行内部控制体系建设、信息管理、质量管理、贷后管理等基础性工作提出了更高的要求。国内外投资者要求我们具有与经营规模相适应的基础管理能力和风险管理水平，我们要用国际标准和管理规范来加强基础管理，实现管理的科学化、精细化，为建设银行的健康、持续、快速发展提供坚实的平台。最近，我们去江苏省和辽宁省两家分行调研，其中一个专题就是贷后管理。我们去了解和走访的单位管理得都不错，但不是说江苏省和辽宁省两家分行的所有单位都能达到被走访单位的管理水平。就全行范围来说，要彻底提高基础管理水平还需要各级机构今后下更多功夫，作出更多努力。

资本回报方面。上市后，我们直接面对的是市场提出的资本回报要求。这种资本回报，不仅是通过简单会计核算反映的利润，更是考虑所有风险调整因素后的收益，要求我们在提高风险管理能力的前提下保持持续的价值创造能力。中国的银行有一个特点，就是经营利润数字不错，但是真正的净利润不多。去年，高的上千亿元，少的也有几百亿元，但这种经营利润是没有经过拨备，没有考虑资产减值损失，没有进行风险因素调整的。这种经营利润没什么意义，以后我们尽可能不用这个指标，就用实实在在的税前、税后利润和净利润指标。

全面提升风险管理能力方面。过去风险管理的主要精力放在对信用风险的管理上，而信用风险管理的经验也主要集中在公司业务方面。在改制上市后，注资的225亿美元外汇，加上去年上市募集的外汇资金总共有300多亿美元，全行外汇资产规模一下子就比过去增大了很多倍。为了防止风险我们做了期权互换的安排，但期权互换安排是需要费用的，今年在财务上就要减少50亿元左右的收入。在国内资金市场，去年下半年以来净利差在缩小，我们的净利息收益率从2.82%变到2.78%，主要原因是存款结构变化了，定期存款比例上升，货币市场利率发生了变化，我们经营管理的1万多亿元资金的成本在上升而收益在下降。这些情况需要引起全行，包括风险管理部门的高度重视。特别是随着利率市场化趋势进一步加快及人民币汇率改革的继续深化，怎样运用好风险管理工具安排好风险敞口，有效规避外汇和利率风险，转变经营模式和增长方式的任务显得更为迫切。在这个过程中，除了继续加强公司贷款业务的风险管理外，还亟须提升全行外汇业务、资金业务、个人业务和中间业务的风险管理能力。

监管约束方面。上市前，我行经营管理的国际化水平不高，主要面对的是国内监管部门的监管。上市后，我们不仅要严格遵循国内各项监管制度，还必须服从香港地区证券和银行监管所体现的国际规则，接受法律监督、行政监督、市场监督、媒体监督的全面约束。大家不能小看媒体监督，一定要重视，媒体监督非常广泛而且非常有效，记者可以随时到任何一个网点去了解我们的任何一项业务。应该说，全方位的监管约束对风险管理的科学性、全面性、规范性和透明度提出了更高要求。

二、风险管理也要树立“以客户为中心”的理念

国有商业银行的改革目标很明确，就是建立现代企业制度，建立现代商业银行制度。改革进展和成效如何，有没有客观的标准？我认为有，标准有两个，一是客户服务水平，另一个是风险管理水平。银行能不能提供好的客户服务，就像农民能不能种出好庄稼、工厂能不能生产出好产品、军队能不能打胜仗一样，都是硬指标、硬标准、硬杠杠。所以，我们必须始终把客户服务放在第一位，这是银行有没有生产力、竞争力的一个根本标准。如果不能提供优质、高效的服务，你说得天花乱坠，标签贴得再多都不管用。还有一个标准就是风险管理。只有把各种不确定因素所造成的损失降到最低限度，才能保证低投入、高产出。客户服

务和风险管理都是硬指标，两者之间不是完全相互独立的，而是相互作用、相互制约的。搞好客户服务意味着必须搞好风险管理，反过来说，做好客户服务也有利于做好风险管理，二者不矛盾。只要我们去研究事物相互的内在联系，就会发现做好客户服务的要求是了解客户、了解市场，只有对市场和客户有全面、细致的把握，才能做好客户服务。这一点也正是风险管理所要求的。如果我们对国内外市场和对服务对象没有全面、深刻、系统的了解和把握，怎么能控制风险呢？我们还提出一个重要的原则，那就是商业银行经营必然会有风险，风险是消灭不掉的。我们应当尽可能规避风险，减少风险造成的损失。控制风险的意义就是通过我们的经营管理活动产生的收益来覆盖风险造成的损失。从这个意义来说，两者之间的关系也是非常密切的。商业银行的硬功夫不仅表现为二者都强，而且表现为二者有机统一在一起，且贯穿在整个商业银行的所有经营管理活动中。我在年初工作会议中提出，要将全行资源向经营工作倾斜。风险管理资源同样也必须向经营工作倾斜，向前台、向市场第一线倾斜。在风险管理工作中树立“以客户为中心”的理念，具体体现在客户、产品和流程三个方面。

客户服务方面。首先，不同客户群体给银行带来的收益是有差别的，在资源投入有限的情况下，识别那些最能够给银行带来价值的客户群体，有效细分市场就是取得竞争优势的第一步。风险管理可以运用掌握的经验、技术和信息，判断不同客户的交易风险程度，为市场细分和差别化管理提供依据。其次，商业银行的风险定价能力是决定客户服务能力的最重要因素之一，风险管理要为提高客户定价能力多作贡献。比如前面提到的利差问题，我们就可以按照央行政策在存款利率下浮方面进行一些探索。不是所有存款利率都降低，但是当我们的存款占有了一定市场份额的时候就可以考虑降低利率。目前资金运用的压力比较大，有些地区的分行可以探索利率进一步下浮，这是我们已经获得的自主权。此外，在为特殊群体、中小企业客户提供贷款等服务，风险比较大的时候，我们就可以把价格定得高一点。此外，如果我们具备了高超的风险管理技巧，不仅可以很好地管理自己的风险，也可以更好地管理客户风险，拓宽服务范围和客户基础，扩大收入来源并提高银行声誉。

产品创新方面。掌握不同客户群体的风险偏好是产品创新的基础；熟悉法律法规和监管规则，对市场主体设定业务边界是产品创新的前提；控制好产品风险是客户营销顺利进行和市场推广的基本保障。1997 年诺贝尔经济学奖得主哈佛大学教授罗伯特·默顿预测说，“金融服务创新的新趋势在于为客户（从家庭到政府机构）提供综合的风险管理产品”。这些风险管理产品，或者说给客户提供的投资产品，很可能就是建设银行未来重要的利润增长点。在上述几个领域，风险管理都大有作为。

流程再造方面。首先，风险管理和信贷审批部门要充分重视流程再造，与业务部门一道，充分运用前期的工作成果，认真系统地对产品和服务流程进行梳理，关注流程中的风险点和控制措施，并对这些控制措施的有效性和控制是否适当进行评估，对于控制过度或环节重复的予以减少或改正。最近，总行在多方征求意见的基础上，已经拿出了一个会计管理制度改革的方案，一定要抓紧研究，细化具体的实施步骤，及早启动。在此过程中，也要防止单纯强调提高服务质量和效率而忽略风险控制的倾向。一旦流程再造使必要的风险控制环节缺失，则会导致操作风险进而造成损失，给银行的声誉及长远发展带来损害，最终危及客户利益及其对银行的信心。因此，必须将二者紧密结合，以达到银行内部管理和外部满意的均衡。其次，我们还要加大流程控制的技术含量。要借助信息技术手段改进业务流程的过程控制，尽快实现过程控制的技术化和规范化。最后，要推行精细化管理。风险管理和信贷审批部门要善于找准风险点和关键环节，不断对控制方法和措施进行比对和筛选，从中选择出成本最低、操作最简单、最能满足客户需求、效率最高的风险控制方法，支持流程的不断优化。

三、准确领会风险体制改革的实质内容

胡锦涛总书记指出，创新是一个民族发展的不竭动力。建设银行作为一个处于国际资本市场的大型商业银行，更需要瞄准国际一流银行标准，不断进行体制和机制的创新。这次风险体制改革是我们上市后在管理体制创新方面的一个重要举措，关系建设银行未来的发展走向，对实现建设银行的战略目标以及体制转型

和业务转型必将产生深远影响。

这次风险管理体制改革的实质意义，主要有以下四个要点。

第一，实施风险管理体制改革是完善公司治理机制的重要内容。改革上市后，我们已经初步建立起比较完善的公司治理结构，董事会、监事会和管理层在经营管理方面职责比较清晰，运作情况良好。我们还需要进一步规范各个业务条线的组织架构、管理方式、业务流程和报告路径，发挥现代公司治理结构在有效控制风险方面的作用，完善公司治理机制。

第二，实施风险管理体制改革是维护全体股东利益的内在要求。从亚洲金融危机和一些大型金融机构倒闭的教训中，市场已经认识到风险是银行从事业务活动所必须花费的成本，良好的风险管理能力是实现股东资产保值增值的重要保障。

第三，实施风险管理体制改革是打造核心竞争力的重要保障。风险管理体制改革就是要借鉴国际先进商业银行风险管理先进经验，结合建设银行实际，将风险管理能力培育成建设银行的核心竞争力。

第四，实施风险管理体制改革是落实全行发展战略的重要步骤。现在银行业务发展遇到很多困难，也有很多机遇，经济和社会的发展对银行服务提出了很多要求。在调研中发现，我们常说没有好的项目，没有好的客户，其实是因为我们对市场不够了解，不能把握。分支机构有很多探索做得非常好。我去年去了江西南昌，南昌县支行发放了六七千万元个人助业贷款，没有一笔坏账。最近去了辽宁，铁岭市分行与经销商合作发放农民购车贷款，已经做了七年，卖了约六七千辆车，金额达7亿多元，没有一笔坏账。这都很有说服力，说明即使在目前信用环境有问题的情况下，控制风险还是有办法的。当然，即使这样，这些分支机构也一刻不能掉以轻心。要实现建设银行的发展战略，关键要掌握业务营销的办法和管理风险的要害。风险是永恒存在的，而且还会不断变化，过去看没有风险，现在可能产生新的风险。只要我们认真探索，即使金融生态不好或市场环境有问题，还是可以大有作为。国际上也是这样，比如渣打银行，在世界上很多发展中国家做得非常成功。虽然它的不良资产率比其他国际一流银行要高一点，但它的风险定价水平也高，并不妨碍其获得很高的净利润。

我们这次改革的目的是建立一个既全面又专业，既融入业务活动全过程又相对独立的风险管理体系。充分发挥风险管理对业务发展的重要作用，是这次改革的核心和要害。风险管理不是站在业务活动的后边，也不是站在业务活动的旁边，而是必须站在业务活动的中间，跟踪客户，跟踪市场。风险管理应当融入到每一个业务环节，从客户调查、市场调查开始，就要有风险管理的专职人员介入其中，而贷后管理对风险管理来说更是义不容辞。风险管理体制的完善，内控能力的提升，将有力地保障和促进各项业务的健康发展。因此，可以讲，风险管理体制改革是落实我行发展战略的重要举措，是实现我行市值长期稳定增长的重要途径。

从工作层面上看，这次风险管理体制改革的要害之处就是平行作业和垂直管理。平行作业的目标是实现风险关口的前移，打通前、中、后台在业务流程中既相互制衡又相互促进的运行环节，使操作风险管理的要求融入到业务流程的每一个环节，以保障业务运行质量，促进业务运行效率，实现业务发展与风险控制在业务过程中的有机统一。垂直管理的目的是要建立起比较完备、独立和权威的风险管理体制。分行风险总监的配备要越早越好，虽然在起步阶段会遇到一些困难，但还是要抓紧，这样从一开始就可以使风险管理在相对独立的基础上运行，就可以与其他经营活动和其他管理人员相对分离出来。虽然我们整个组织架构仍然以层级管理为主，但风险管理确实需要先行一步。只要我们出以公心，大家认真负起责来，就不会造成太大的损失，也不会有太大矛盾。

四、结合推进风险管理体制改革，进一步加强贷后管理

我们在贷前调查和审批方面投入了很大力量，这些工作还需要继续加强，特别是在市场调查、了解新客户方面还有很多工作要做，这些都是我们永恒的工作。这些年，贷款审批制度执行下来效果应该说是很好的，特别是总行审批通过的项目，出问题比率确实微乎其微。不过，要保持优良资产质量，除了严把贷前调查和信贷审批关，从源头上把住风险外，还必须切实重视改进贷后管理。贷后管理一直是我们的薄弱环节，也可以说是国内银行信贷管理的薄弱环节。上市后我们在这个方面必须有明显改进，关键是要结合体制改革，更新观念，完善体制，再造流程。

强化贷后管理的实质是要处理好信贷增量和存量的关系。我们今年的经营活动有很大的压力，一方面是来自股东的要求，股东要求我们增加利润，去年预测今年收益率要保持2004年、2005年的势头，最终结果不能差距太大；另一方面，从我们内部来说也有很大压力，存款增长很快，存贷比下降，节余出来的资金拿到货币市场去运作，收益率是下降的。由于市场变化很多，今年有些不确定因素，比如前两年没有完全反映出来的产能过剩问题今年可能比较突出；利率和汇率风险问题，今年也会有进一步的变化。所以，对新增贷款规模不能像过去一样作为指令性计划去落实，要根据具体市场变化情况来确定。目前新增贷款计划大概是2 900亿元，如果形势好我们也可以多放一点。按新增2 900亿元贷款计算，与存量贷款规模26 000多亿元相比，差不多就是1比10的关系。增量固然是改善结构、增进效益的重要途径，但存量更是获取稳定收益并保持适度资产规模的根基。因此，我们既要确保增量贷款质量，也要切实管好存量贷款的风险，把贷后管理放到应有的重要位置。全行要统一认识，强调贷后管理对于全行资产安全的重要意义，在体制和机制安排上，在资源投入和配置上满足加强贷后管理工作的基本要求。

体制和制度安排方面要强化贷后管理的导向。由于过去没有明确区分市场拓展和客户维护岗位，相关职责不够清晰明确。在刚性的市场拓展任务面前，客户维护的工作很容易被弱化，从风险管理角度看，这种弱化恰好是风险产生的根源。因此，强化贷后管理的核心在于着力改变这种体制安排，合理区分市场拓展和客户维护的岗位和职责。制度安排上，要建立统一的贷后管理制度体系，明确操作标准。同时，在业绩评价考核等配套制度措施方面也要对贷后管理予以应有的重视。

提高贷后管理的精细化水平。这次风险管理体制改革推出的平行作业机制，是要提高信贷经营效率和过程控制。通过发挥平行作业的机制优势，在贷后管理中实现风险关口的前移，提高贷后管理的专业化和精细化程度。通过全行上下持之以恒的努力和深入细致的工作，真正将存量资产管理的每个工作环节处理好，每个风险点判断好、控制好，这样就可以保证全行总体资产质量始终处于较好的水平。

同志们，风险管理是广大股东和全行员工重点关注、董事会和总行党委高度重视并寄予厚望的工作。希望大家再接再厉，积极推进体制改革，继续发扬自主创新精神，为把风险管理能力培育成建设银行的核心竞争力作出更大的贡献！

中国有能力建设国际一流商业银行

——专访中国建设银行股份有限公司董事长

（《经济日报》专访2006年4月7日）

郭树清

［编者按：一年来，建行的改革备受瞩目，尤其是2005年10月27日，建行在香港成功挂牌上市，这对国有商业银行乃至中国银行业的改革来说，是一个具有里程碑意义的事件。但是，银行改革的内容和任务，远非上市可以涵盖与实现，内部变革、机制转换是更为紧要和迫切的要求。特别是到2006年底，加入世界贸易组织过渡期将结束，中国金融业的大门将向所有合格的国际金融机构敞开。在改革开放中成长、在市场风雨中历练的中国国有商业银行准备好了吗？我们有能力建设国际一流商业银行吗？步入新的一年的郭树清近日接受了本报记者独家采访，就此作了坦率而真诚的分析和阐述。］

建行上市为什么说是“成功”的？

这次改革不是在形式上从“老三会”变成“新三会”，而是有内部实质性的变革和机制上的转换，上市也不是从形式上把股票卖出去了，而是国际投资者和全球市场认可了你们的改革。

（记者旁白：身着深灰色的夹克，郭树清从从容容地走过来。身后报春图上怒放的红梅，越发衬出他素有的淡定和沉静。坐在北京人民大会堂的大厅里，我们的采访开始了。）

随着社会上对几大银行重组上市关注的升温，不少业界和媒体的朋友都在问这样一个问题：国有商业银行改革取得突破或成功，究竟最主要表现在哪些方面？这个问题也可以转换为另一种表述方式：国有商业银行改革的目标是建立现代银行制度，也就是金融业的现代企业制度，那么现在离这个目标还有多远呢？

在回答这个问题之前，先来看看原来的情况。过去，整个国有商业银行在国际资本市场上的认可度究竟怎样，我们是没有概念的。在一段时间里，国有商业银行的资本充足率完全是负数、不良贷款率在30%左右。国际机构和知名学者认为，中国的金融体系随时都有爆发全面危机的可能，这确实不是危言耸听，因为国际上类似情形的国家，几乎无一幸免。幸运的是党中央、国务院从1997年以来，把深化金融改革、防范金融风险放到突出的优先的战略地位上来，情况开始逐步扭转。1998年，财政部发行特别国债，向四大国有商业银行注资2 700亿元充实资本金；1999年，成立四大资产管理公司剥离1.4万亿元不良资产；2004年和2005年，国家先后选择建行、中行和工行进行股份制改革试点，并从外汇储备中先后拿出600亿美元注入这三家银行，共剥离7 300多亿元可疑类贷款和核销4 300亿元损失类贷款。通过一系列政策措施，这三家银行的资本充足率都达到9%以上，不良贷款率降到5%以下。

如果只看一时的财务指标，确实并不能说明有实质性转变，人们会担心，这是国家帮扶政策的结果，但是中行、建行注资已两年多了，迄今为止走势是令人鼓舞的。我认为，衡量一家商业银行办得好坏，有两个最基本、最客观的尺度，一是客户服务水平，二是风险管理能力。这两个方面都是硬标准，用来评估国有银行改革的实际成效也是非常合适的。以这两条标准来衡量建行的改革，尽管与国际一流银行相比还有很大差距，但是过去两年都有了长足的进步。变化可以说是实质性的、历史性的。这两个方面都是核心竞争力的体现，它们的背后是经营理念、企业文化、产品开发、业务流程、信息技术、组织架构以及人力资源配置等多种要素，建行在所有这些领域都发生了实质性变化。

国际投资者最关心的几个问题，他们都看到了较满意的答案。一是现代公司治理结构，建行董事会、监事会、管理层的运作严格依照法律和公司章程，尽职尽责的认真程度，一些分析人士认为，甚至超过了国外某些知名银行；二是风险内控，从1999年就开始实行独立的审批人制度，国内第一家银行实行经济资本和经济增加值管理办法，去年又进行了审计垂直化和风险管理改革试点；三是业务流程改造，着手全面落实“以客户为中心，以市场为导向”的经营理念；四是劳动用工和薪酬制度改革，力度之大，工作之细，任务之重，在其他国家也是很少见的。其他如领导人员问责制、廉洁从业规范、组织机构改革，计算机网络建设，与美国银行的业务合作，几乎在所有方面都在扎扎实实地向前推进。总之，国际投资者看到，建行的改革、管理和发展确实动了真格的。

如果投资者对你没信心，还会担心不良率再度上升。因此，这次的改革，不是在形式上从“老三会”变成“新三会”，而是有内部实质性的变革和机制上的转换；上市也不是从形式上把股票卖出去了，而是国际投资者和全球市场认可了你的改革，相信你将来不大可能再出现以前那种不良资产无限制膨胀的风险了。金融是现代经济的核心，银行是金融的核心。因此，银行改革的重要性和复杂性毋庸置疑。这就是为什么中央如此重视银行改革，为什么温家宝总理说这是背水一战，是输不起的改革，只能成功不能失败。正是从这个意义上说，工行、中行、建行三家银行股改的启动和建行上市的成功，确实是国有商业银行改革的一项重大突破。第一，标志着我国国有商业银行在目前阶段上已初步摆脱了系统性风险；第二，标志着我国金融体系从最危险的状况中脱离出来，把可能导致金融危机的巨型炸弹的“引信”拆除了，这对国家金融和经济的稳定至关重要；第三，标志着我国银行体系开始融入国际金融市场。

建行上市还创造了国有资产保值增值的新范例。从两年前不被投资者看好，到今天国有股增值约2.6倍，增加市值约5 000亿元，在世界范围也是非常罕见的。从另一方面来看，建行上市成功也为其他国有商业银行探索了路子，为后来者的国际定价提供了参照。建行股票的市净率（股票价格与每股净资产的比值）最高时为2.57倍，市盈率（股票价格与每股收益的比值）为18.9倍。就是上市之初的定价，其市净率、市盈率也达到甚至超过许多国际先进银行的水平。建行的定价把国企上市的价格拉起来了，为我们政府部门和公司以后在国际市场上发债、筹资、融资，树立了一个高水平的基准和起点，这对改善整个中国银行界和企业界的信用评级都有积极意义。

（记者旁白：对于国有商业银行上市的重大意义，金融界人士自豪地描述为“神六上天，建行上市”。2005年10月14日，建行开始在香港招股，很凑巧，那天清晨，神舟六号的两名航天员巡天时，正飞过香港，鸟瞰香江。更凑巧的是，神舟六号飞船降落回收的地方内蒙古四子王旗红格尔草原，正是郭树清1974年8月至1978年2月插队的地方。）

股票定价为什么会敢于“冒险”？

外国的金融专家告诫我们说，这样做是要吃苦头的，“你以为你是花旗吗?”我笑着告诉他们，“建行确实不是花旗，但我们有潜力有能力达到花旗的水平!”

发行定价着实冒了一定的风险。按照国际惯例，银行定价参照的是上市股票价格相当于净资产比率多少倍（市净率），通常初步上市能定到1.6倍就不错了，因为世界最好银行的平均水平也就在2倍左右。许多知名银行上市时定的价格都没有超过1.6倍，而建行根据对市场的把握，一开始就定在1.65~1.82倍，然后又提高到1.96倍，超过了亚洲先进银行平均水平，也超过了美国银行、汇丰银行的水平。

国际市场最初对此并不完全认可。华尔街的不少权威机构和媒体都认为我们定得贵了。香港许多大公司、大财团撤了订单，它们这样做是完全可以理解的。上市后股价连续十几天一点没涨，有一天收市时还小幅地跌破了发行价格2.5分。外国的金融专家当初告诫我们说，这样做是要吃苦头的，“你以为你是花旗吗?”国内也有朋友关心地问我，那段时间是不是经常失眠，心理压力是不是特别大。我笑着告诉他们，“建行确实不是花旗，但我们有潜力有能力达到花旗的水平!”诚然，在经营管理水平和运行机制方面，我们与国际一流银行之间存在着差距，这是毋庸讳言的。但中国的宏观经济持续向好，中国政府改革的决心和我们已采取的行动有目共睹，中国银行业的增长前景胜过外国同行，还有人民币走势坚挺，这些都是我们定价的有利因素。

（记者旁白：记得在去年9月间，正是建行备战上市最紧张的时候，出现在公众场合的郭树清谈笑风生，但闭口不谈任何有关上市的事情，他说是投资商和监管机构的要求。从他坚定的态度中，记者能够感受到一种说不出的压力，而从他那神思敏捷、从容流畅的应对中，更能捕捉到一种胸有成竹的自信。）

事实证明，我们的判断是正确的，价格定得非常恰当和成功。首先表现在我们一下子就定到了国际一流银行的水准上；其次是股价在一段时间的平稳运行之后开始上升，价值约12亿美元的超额配售成功实现，总筹资额达715.8亿港元。业内人士认为，发行价那么高，上市后很难稳住。在国际资本市场上也很少见到这么大一个盘子不往下走的。有外国朋友问我，你们怎么能对市场估计得这么准确呢？我开玩笑说，我们使用了每秒100亿次的计算机。是天时、地利、人和多种条件汇合在一起才形成了这个结果。

回想起从上市、定价到发行的整个过程，建行的团队确实做得很完美，无可挑剔。我们的团队接触了许多潜在的战略投资者，对所有可能涉及的问题都做了全面深刻的了解，尤其精于计算。坦率地说，我有时甚至有点担心我们过于精明了，因为生意场上谁也不比谁差多少。你在某一方面占了便宜，也许就会在其他某一方面吃亏。招股说明书修改几十次，路演会见了几百家机构，还有几十家投资银行和基金公司的专业分析师各自独立写出研究报告，可以说把我们每项长处和短处都翻腾了许多遍。后来我们看到有的朋友写文章说，建行上市可能没有考虑到自己有庞大的网络，建行的网络是很值钱的。说实话，这让我们哭笑不得。

上市过程就是一个公开化、透明化的过程，对我们来说当然是一个宣传自己营销自己的过程。事实上我们找出了所有的有利因素。如果不把这些有利因素说出来，怎么能说服外国投资者作出合理决策呢？外方对我们的情况十分了解，他们在谈判时更愿意列举我们的不利因素，例如，历史上各级政府干预多、企业还款意愿差、坏账两次剥离、资本金两次补充、主要负责人连续两任出问题等。我们对所有真实的情况都不否认、不回避，同时对任何虚假臆造的东西也并不客气。不亢不卑，建行团队做得极好。从一开始我们就坚持一条，必须保证让投资者看到一个完整的、客观的图景，怎么评估、怎么判断是每个参与者自己的事情。就这一点而言，我感到十分满意。

（记者旁白：郭树清曾赴英国牛津大学作访问研究，行长常振明、副行长陈佐夫、范一飞等人都曾留学美国。他们都能用英语与基金经理们交流。“建行管理层在推介会上表现出来高水准的专业素养，极具特色的个人风格，都给我留下了深刻印象。他们还很风趣幽默，这很出乎我的意料，也改变了我对中国国有企业管理层的一贯看法。他们确实让我耳目一新。”美国纽约的一位基金经理如是说。）

也有朋友对建行引进战略投资者提出质疑。事实证明我们的抉择是正确的。目前我行与美国银行的 20 个业务合作项目正在展开，有的已速见成效。例如，培训项目从去年下半年已经全面展开；电子银行和信息技术也进行了多次交流；全球大公司现金管理系统已经解决了许多问题；从今年 4 月 1 日起，双方部分客户就可以在对方的 ATM 上取款。美国银行承诺不在中国市场上与建行开展业务竞争，关闭其已开办的零售网点；但是不限制建行在美国市场开办分支机构及收购兼并。与淡马锡的合作也已启动，最近将有一批人员赴新加坡培训。

尤其让人欣慰的是，建行的成功上市让国际市场和业内人士对中国国有商业银行刮目相看。建行这次股票发行创造了很多“第一”，华尔街和欧美商学院纷纷将其作为案例进行研究。去年底和今年初，国际金融界和媒体给建行和我本人授予了二十多个奖项，虽然我一次也没去领过，但心里是高兴的，因为这至少可以节约银行一笔可观的广告营销费用。前些时候，有人批评建行引进投资者只重视外国机构，这是不符合事实的。我们的发起人股东就是五家中国公司，而且另外还有几家公司犹豫过很长时间，最后一刻也没有批准出资，有的公司在建行改制后不久提出入股，我们说可否增加几分钱，以示与发起人有区别，结果对方认为价格太高，撤回动议。还有人说，当时有多家外资机构争抢以战略投资者身份参股建行，这也完全不是事实。当时，真正有诚意有能力的银行非常少。今天建行在国际市场上受欢迎的程度与昨日相比，确实有恍如隔世之感。

（记者旁白：2005 年，建行获英国《银行家》杂志“中国最佳银行”称号，《亚洲风险》杂志 2005 年度中国内地最佳金融风险管理大奖，是本年度中国银行业中唯一获上述殊荣的银行；获《亚洲金融》“2005 年年度最佳交易、最佳股权交易、最佳首次公开发行、最佳股份化和中国最佳交易”等多项国际性大奖，郭树清获“年度资本市场风云人物”奖；……2005 年 11 月 21 日，惠誉首次给予建行 A－的长期外币评级，评级展望为稳定，短期外币评级为 F2，支持评级为 1，同时将建行的个体评级从 D/E 上调至 D。）

今年内，中国银行和中国工商银行将相继上市，许多记者都提一个问题：建行先行一步对它们有何借鉴？我们在上市路演时多次说过，几家银行各有所长，历来都是互相学习、互相支持的。建行从工行、中行、农行以及交行、招行、民生银行以及其他许多内外资银行都学到过有益的做法。作为国有商业银行，四家大行有共同的难题，共享的经验，但大量存在的还是各家的特殊情况。像我们的网点分布不科学、人力资源配置不合理问题，就比中行和工行严重得多。银行改革方面，国务院确定的方针是“一行一策”，因此，需要根据各自的“行”情和特点，探索出实事求是、“因行制宜”的改革和发展模式。

为什么有信心建一流商业银行？

客观、历史地看待国有商业银行极其重要，“好得很”与“糟得很”的观点都不对，都失之偏颇。中外资银行各有自己的优势，但是，中国的银行在中国市场竞争不过外国银行，是没有道理的。

上市以前，社会上对国有商业银行的评价普遍偏低，成功上市以后又满目皆是国有商业银行资产如何优质等。在我看来，客观、历史地看待国有商业银行非常重要，“好得很”与“糟得很”的观点都可能有点失之偏颇。有利和不利、优势和不足、取得的成绩和存在的困难，都要看到。建行上市前后，我们都反复强调，建行与国际先进银行相比，差距和不足太多了。

首先，经营理念还没有真正转变到“以客户为中心、以市场为导向”，这是最根本的问题。

（记者旁白：2005 年 6 月 23 日，郭树清在《建设银行报》发表署名文章《建立以客户为中心的理念和机制是股份制改造的中心内容》，指出“国有独资商业银行股份制改造面临着多方面的任务，但是最关键的是转变经营机制，真正建立起‘以客户为中心’的企业文化。能否为客户提供最好的银行服务是衡量改革成败的最重要标准”。这个衡量标准的提出，让建行员工深受触动。）

经营理念的转变仍然是一个艰巨的任务。“以客户为中心、以市场为导向”绝不是泛泛而谈，它体现在每一个工作流程和环节、每一个产品、每一项服务以及每一名员工的言行。一年来，建行的员工已经感受到了翻天覆地的变化，但我觉得还不够。过去，所有的工作都是从自己方便出发，一旦从客户角度考虑，什么时间开门关门、客户想要什么产品和服务，等等，问题马上不一样了。原来，很多人对让客户排队等待习以为常，现在发现不对了，如果自己是客户，当然希望有所改善。过去为客户服务时，如果计算机系统出了毛病，觉得这是不可抗拒因素，好像交易失败天经地义，现在就不可能这么看了。风险控制也是如此。我们的风险管理制度要比欧美银行复杂得多，条例印出来有好几本，都是从自己方便出发，怕出问题，各级机构和每个环节都往上加规定，看似很“安全”，可实际操作性很差。真要照此操作，不仅风险控制不住，而且客户可能全跑光了。

其次，我们应对市场风险和汇率风险的能力还比较差。世界一流银行的风险管理很完善，不良率在1%以下。建行目前的不良贷款率已经较低，出现不良贷款的概率也变得很小。但是，我们是处在一个相对确定的货币市场之中，利率还没有完全市场化，汇率刚开始有一点浮动。随着改革向纵深发展，未来面临的市场风险会逐步加大，国有商业银行必须尽快提高应对市场风险的能力。

最后，在产品开发上，我们距离适应市场的需求还差得很远。此外，员工队伍的素质、组织架构、人力资源管理等方面都还有很大差距。

尽管如此，我对中国建成世界一流商业银行非常有信心。最近很多人都在问，今年加入世界贸易组织过渡期将结束，中外银行将面对面竞争，我们有信心吗？尽管外资银行有许多优势，但是，中国的银行在中国的市场竞争不过外国银行，是没有道理的。

为什么这样说呢？放在国际背景下，我们熟悉中国市场、熟悉中国文化、熟悉我们的客户。几大国有商业银行拥有庞大的网络和众多的客户，像建行有 1.3 亿多个个人客户，和几乎所有的中国大公司都有业务往来。更为重要的是，不管是国际还是国内，不管是宏观还是微观，有许多有利因素支持着我对中国建成世界一流商业银行的信心：

信心来自国家良好的经济发展趋势。改革开放 28 年来，我国经济长期高速增长，充满活力，企业生机勃勃。

信心来自中央倡导的科学发展观和以人为本的理念，这些已深入到我们的基层机构，在员工的头脑中开始扎根。

信心来自我们以开放的心态对待商业银行改革，善于学习世界上先进的东西。

信心来自过去 10 多年银行改革过程中，特别是最近两三年改革所取得的快速进步。

信心来自外国投资者和国际资本市场对中国银行业的认可。

……

（记者旁白：说到这个地方时，一向以冷静著称的郭树清在言语间忽然多了几许激情和诗意，记者不由得被这种情绪所感染。看到身边越来越多的建行广告“中国建设银行建设现代生活”，不少街头的大型广告牌上出现了建行赞助大型公益活动的标识，确实令人有一种今日建行非昨日建行的感受。）

事实上，这些年来，国有商业银行的改革确实取得了实质性的进展，运行机制有了根本性的变化。

比如说，在建行上市的过程中，不断有外国投资者问我们两个最为关键的主要问题：一是你们的银行差在什么地方？二是你们怎样来控制风险？怎么保证不出呆坏账？

我先回答第二个问题。在控制风险方面，建行已经有了很大进步。建行最早建立起独立信贷审批人制度，独立信贷审批人不受各级行长制约，他们不受任何影响和干预地进行贷款审批。我们还采用了国际上最先进的经济资本、经济增加值管理办法，以此来考核分支机构是否创造效益，引导它们把各种成本考虑进去，包括风险成本和机会成本。这使我们比较早地有效地控制风险。建行受这一轮宏观调控的影响很小，因为我们已经把先进的管理办法运用起来了。

再回答第一个问题。我们对投资者没有隐瞒自身的不足，最主要的不足是，还没有完全建立起“以客户为中心、以市场为导向”的经营理念和运行机制。已经做了，但还不够。投资者相信，如果一个商业银行清醒地认识到自己的不足并采取措施，是能够得到客户认可的。问题存在不可怕，关键在于解决问题的办法。只要有解决方案，就可以得到投资者的信任。

以客户还是以自己为中心？这不是一个简单的问题，而是一场革命性的变革。国有商业银行改革的难点不少，比如说体制机制的遗留问题等，但更主要的还是在观念、理念、文化上离现代商业银行的要求还存在差距。真正转变到“以客户为中心”，我们过去的很多东西都需要彻底改变，包括规章制度、业务规范、产品说明，甚至员工和客户打交道时的言谈举止。客户最需要的不是你在他面前满脸堆笑，他希望得到的是你用最有效、最有利的方式来解决他的金融问题，满足他的需求。

很多不知内情的人都以为我们去年决策管理层的工作重心是抓上市，其实我们80%以上的时间和精力花在了抓内部改革和管理上。倡导服务理念的转变是我最重要的工作，目前已经收到了实实在在的效果。像营业网点的布置，过去70%～80%的面积给了公司机构客户，剩下30%左右给个人客户，因为大家想当然地认为对公业务赚钱多，要给客户更大的空间。这显然是不合理的。又如个人账户资金往机构账户转账，过去不能直接做，理由是防止公私混淆，这意味着如果你从公司买房、买汽车，不能使用转账支付，你给希望小学捐款也不能使用转账支付，你不觉得荒唐吗？再如，夫妻双方使用公积金贷款买房，还款时一个人还要每月去取现金，然后放到另一个人的账户里，这不仅增加客户的麻烦，也增加了柜面的压力，完全可以签约后自动划转。类似的影响服务效率、服务质量的问题，去年梳理出来几十个大的方面，多数已得到解决或开始解决。我们对所收到的投诉处理都非常认真，效果很好，渐渐地，我收到的表扬开始超过了投诉。不过，问题仍然不少。

（记者旁白：点击建行的网站首页，最引人注目的就是一句话：“建行帮您实现。”人民币升值了，你手中的美元该如何处理？我们提供咨询和理财；你想提前购买自己的汽车和住房，但没存那么多钱？我们的服务帮您实现梦想……网页上无处不在的服务理念和服务产品，让人们看到了一个转型中的现代商业银行。）

与现代商业银行相适应的人力资源管理改革也在强力推进。3年间，建行分流了七八万人，近3万个网点减少到1.4万个，撤并了很多布局不合理、金融资源不匹配、长期亏损的网点。这个工作量非常大，也是我国特殊的国情。国外的商业银行可能也没有一家经历过我们这样大规模的人员调整。但我们做的基本上是平稳的，没有出大的问题。有记者问我是怎样做到这一点的？我想，首先一条就是要“出以公心，平等待人”。商业银行管理需要“在商言商”，公事公办，该怎么办就怎么办。但是对分流员工必须多理解、多尊重，设身处地为他们着想。这些同志绝大多数都很为国家着想，为银行着想，建行有今天的成绩，他们是作出贡献和牺牲的。以我的体会，这些年国有银行改革的外部环境确实大有好转，政府的干预越来越少了，比如对贷款活动的直接干预已经非常罕见了。但是，各级政府对银行的困难更关心了，做好机构、人员调整工作，离不开地方政府的大力支持和积极配合。

为什么我们欢迎更加充分的竞争？

目前国有商业银行改革的一举一动都成为社会热点，这反映出人们对“十一五”期间国家金融业发展趋势的高度关注。我相信，通过深化改革，国有商业银行风险控制能力会更强，服务水平会更高，不良资产率会更低，产品创新会更快，恶性案件会更少，特别是案件造成的损失会更小。1996年以来，建行每年发生的案件数量呈明显的急剧下降之势。更应引起重视的不是案件发生的数量，而是案件造成的损失。外国银行的案件不比我们少，例如美国银行仅信用卡业务一年发生的欺诈案件就有几十万起。但有本质的不同，就是它每个案件涉及的金额少，一般在几百几千美元上下，而我们的涉案金额动辄百万元、千万元甚至几亿元，国外极少有这样的情况，这就是制度和机制上的差别。我们要进一步加强内控制度改革，找准风险点，虽然不能完全杜绝案件的发生，但是要保证大的案件不发生，发生案件后能及时发现，及时制止，及时控制损失。

很多朋友善意地为我们面对日趋激烈的竞争而担心，不过从宏观上说，从实现改革目标来看，现在的问题不是竞争对手太多，而是竞争对手太少！希望能有更多的多种所有制和各种形态的金融机构出现。特别是在农村地区，更要大力发展多种所有制金融企业，只要严格控制资本充足率、从业人员资格审查，安排好存款保险问题，就不会发生大的风险。居民和企业对金融服务的需求很大、很急迫，现有的所有金融机构只能满足实际需要的1/3，其中银行服务也只能满足50%。许多企业找不到融资的渠道，很多企业重组、兼并、换股的想法都因为缺少金融工具无法实现，可供选择的个人理财产品也很少。现在什么地方排队？银行排队，买国债排队，买企业债排队，买基金排队，这充分说明银行业、金融业的供给不足。

实际上，竞争对手不怕多。外资银行进来，同台竞技，新经验、新产品普及会更快，我们银行的技术水平会提高得更快，金融市场会成熟得更快，金融生态会改善得更快。充分的竞争有利于我们做大做强，降低风险，因为企业直接融资多了，自有资金多了，转嫁给银行的风险就会减少。而且小的金融机构一方面是我们的对手，另一方面也是我们的客户，它也有支付、结算的需求，我们可以为其提供服务，这反而增加了我们的业务机会。

但是，创造公平竞争的环境还是很大的问题。目前，中外资银行在税收负担上是严重不平等的，应当尽快结束所谓“超国民待遇”。法治方面、信用环境方面也存在类似问题，对外资外债态度就认真，对内资内债就不太当回事。前些时候，人们担心引进战略投资者会对国有商业银行安全构成威胁，说外资银行会不会拿走我们的客户资料，其实目前每天都在发生的损失是，国有银行的业务骨干和客户经理不断流向外资银行和其他金融机构。这是真正会影响我们客户资源、市场安全的主要问题。人才流动是市场经济的必然。建行有许多优秀员工目前就职于交通银行、招商银行、民生银行等机构，我们感到很骄傲，流向外资银行也不应当限制。但是，国有银行必须在工资制度、用人制度上有同样的灵活性和自主权，否则我们在人才市场、就业市场上还将处于严重的不平等竞争状态。

不下水游泳，永远学不会游泳。在竞争中把中国的银行建设成为世界一流的商业银行，是中国银行家的梦想。5年规划，10年远景，建设银行一定能够建成国际一流的现代商业银行。那时的建行，将自立于全球现代商业银行之林，活跃于国际金融舞台，建行品牌将风靡天下。

（记者旁白：虽然意犹未尽，但我们的采访不得不结束了。一年时光飞逝，两鬓华发渐生，中国银行业面临的改革、发展任务的繁重，恐怕只有身在其中者才会有最深切的感受，而经历山重水复之后豁然开朗、渐入佳境的那种惬意感，也只有亲历者才能真实地体会。正是在坚定不移的努力中，具有国际一流水平的中国现代商业银行渐行渐近。）

在中国建设银行分行行长（春季）座谈会结束时的讲话

（2006年4月27日）

郭树清

这两天开了一个非常紧张的会议。这次会议的形式与以往有些不同，主要采取了交流讨论的方式，这很好，今后要坚持。大家在工作中有很多体会、很多认识，有很多话要讲，座谈会就是提供一个机会，请大家讲一讲，而且要互相问答评论。因为时间紧，一些同志没有发言，希望下次开会时主动争取早讲、多讲，特别是敢于讨论。座谈会务必要解放思想，畅所欲言。下面，我讲几个问题。

一、关于收益和风险平衡的问题

今年第一季度银行贷款猛增1.2万亿元，建行新增是最多的，达到近2 500亿元，在四大银行中占比为40%。这就提出一个问题，是不是我们又出现了盲目扩张，会不会再发生“一放就乱”的问题，资产质量过些时候会不会又开始下降？

我们不能回避自己的缺点和不足，我们不敢打包票。当然，改制以后各方面的管理水平都有了很大提高，应当说有了质的飞跃。但是，这种转变还远没有完成。我们还是一辆有许多毛病的汽车，不能开得太快，太快就会出问题。即使改制完成了，收益和风险还会有替代关系或平衡关系，股东或投资者不能不有所抉择。实践表明，投资者的行为容易短期化，年度利润少几亿元与多几亿元就很不一样。在2005年度业绩路演过程中，投资者关心的热点问题主要有两个：一个是税收优惠问题，国家对建行的税收优惠还有没有，有多少；另一个是汇兑损失，去年我们汇兑损失13亿元，外界怀疑是外汇交易形成的损失，其实不是，主要是我们有自有外汇六七十亿美元，折合人民币五六百亿元，汇率升值1%，就损失5亿元，升值2%，就是10亿元。还有一个原因是，国家对我们注资225亿美元、上市筹集的89亿美元，分别买了期权和做了掉期，要交费，要花钱，造成了一些损益。

增加利润肯定是我们追求的一个重要目标，但是一定要记住，提高资产质量，继续降低不良资产率同样是一个重要的目标，这两个目标分不开。今年把利润做上去了，明年不良资产率上来了，马上拨备就会增加，利润就会减少。把收益和风险平衡好，这是对国家负责、对股东负责的应有态度，大家一定要深刻地认识这一问题。建行第一季度新增贷款份额太大，四大商业银行一共才新增6 000多亿元，建行就新增了2 500亿元。当然，也不能说占比高了就是坏事，这里面有合理的因素，但毕竟我们还有没有把握的地方。这也可以说明，转变业务结构已经迫在眉睫，我们稍微一抓创收、营销，就是放贷款，而且主要是对公司贷款，新的业务领域和产品太少。收费业务也有所增长，但没有那么理想，有些分支行的中间业务收入甚至出现了萎缩。对这个问题，希望大家正确认识、正确把握。

二、要特别重视产品创新的问题

我们的银行要继续办好，回报要继续提高，必须拓展新的业务领域，创造和开发新的产品。去年以来，全行贯彻“以客户为中心”的经营理念，应该说有了实质性的进展，“以客户为中心”的理念已经深入人心，大家接受的程度超出我的预料。从去年下半年上市以来，我差不多每个月都要跑几家分行。最近两个月，去了十多家国内、海外分行，跟基层员工进行了交谈，发现“以客户为中心”的理念已经深入到每一个员工头脑中去了，但是是否已经落实到每个人的行动之中还是一个问题。大家已经普遍意识到了这一点，觉得办商业银行就是这么回事，应该这么做，已经开始调整和反思过去的一些做法。围绕“以客户为中心”，业务流程再造也迈开了很好的步伐，但没有完全解决，或者说大部分问题还没有解决，下一步要加快，很多问题还需要很好地讨论。

前不久，人民银行召开了今年第一季度货币政策委员会会议。那次会上我作了一个发言，主要是吁请央行和其他金融监管部门支持银行进行产品创新、业务创新，特别是与综合经营有关的产品创新。产品开发创新方面，我行与国际一流银行相比有很大差距，谁在做这个工作，责任在哪里，我们不是太清楚。好像是以分行为主，很多产品是广东、上海、四川、深圳、厦门等分行开发的，也有一些是总行统一开发的。今后怎么搞，还要请大家共同研究。建议今年的夏季行长座谈会将如何开发、研究和推广新产品作为一个讨论重点。

我认为，产品开发有几个重点或原则要考虑。

一是使支付结算更加便利化。如招商银行一卡通、交通银行太平洋卡，他们的产品有多少高科技含量很难说，但在支付的便利方面我们还有不足。比如招商银行的卡，建议个人银行委员会的同志每人都办一张，一定要知道人家有什么，我们有什么。昨天庞秀生说，现在我们的产品是人有我有。这可能还不准确，人有我无的还很多。海外分行要注意把好的产品、好的服务及早介绍给国内分行，及早输送进来，这是你们的一个重要工作内容。境内外分行都要积极主动，将产品创新工作做好。

二是使存贷款产品更加个性化。不能一说到贷款就是公司贷款，一个住房抵押贷款就覆盖了所有人群。我想住房抵押贷款应该有多个不同的产品，以适应不同人群、不同年龄、不同结构和不同地区。关于大学老教授贷款难的问题，总行作了改进，凡是我行优质客户都放宽了条件，问题是优质客户不一定要贷款。如何扩大客户和需求面，还要研究。存款现在也面临问题，就是存款利率下浮。所有的存款利率都下浮是不可能的，这有一个稳定客户和维护我行社会形象的问题，但有的存款产品可以研究降低利率，扩大利差。范一飞副行长谈到的提高小额储蓄账户收费门槛的问题，我觉得可以研究。我行存款增长较快，货币市场利率一直很低，我们面临很大压力，要考虑对存贷款产品作更多调整。

三是理财产品要多样化。比如，我们的外汇产品主要还是简单照搬国外的，存在一定风险。没有好的理财产品怎么能够吸引高端客户、增加收入？原来想把一部分国家开发银行的贷款转过来做理财产品，放到表外去，但银监会限制从其他银行购买贷款，如果拿我们自己的贷款做行不行，把高收益的产品让渡给客户。房地产投资信托基金，许多商业银行正在做，我们也可以尝试，但是必须将风险让投资者自己承担。

四是要增强定价能力。要争取实现自主定价，不能老是跟着同业走，产品要有吸引力，有独特设计。

五是要能够化解市场风险。主要是利率风险和汇率风险，设计任何产品都要同时考虑这两个风险。现在人民银行放开了商业银行代客境外投资业务，这必须考虑汇率风险。人民币升值压力在相当长时间内都会存在，当然贬值的风险也存在，但在相当一段时间内升值是主要风险。总之，不要鼓励投资者去换汇投资，要把汇率风险揭示清楚。可以代客理财，但不要看着现在美元利率高，就诱导别人去换美元，一旦人民币升值了，就会给客户造成损失。

六是要特别重视确实能够拓展新业务领域的产品。如中介业务、咨询业务、解决方案等。京沪高速铁路项目给银行提出了很多要求，甚至提到了引进境外投资者和其他融资工具等，这是过去没想到的。我们对市场要有敏锐性，市场需求的成长比预想的要快，中国企业的模仿能力很强，一定要抢在对手前面拓展这个领域，才能将产品开发出来，使产品有竞争力和生命力。但是，在过渡时期也可以考虑吸收别人好的经验做法，好的产品能够拿来，从实用角度出发，在商言商，不拘泥于俗套，该学习就学习，该照搬就照搬。

三、关于联动的问题

大家普遍认识到，商业银行的营销活动、经营管理需要方方面面的联合行动和协调配合。首先是前、中、后台，其次是银行内部各个业务部门，特别是公司业务和个人业务部门。总行的两个委员会已经互相列席会议，采取这种形式来联动，各分行可以根据自己的情况去摸索。做公司业务一定要考虑到同时推介、协助个人业务，做个人业务也要考虑到有利于公司业务的拓展。银行内部各支持保障部门也要联动，包括风险管理的平行作业，审计部门也可以有重点地促进新兴业务的发展，其他部门如科技部门、信息部门也要联动。特别是在综合经营方面，商业银行业务和投资银行业务要配合，如协助内地企业到境外上市、代企业发债、提供财务顾问以及兼并收购等业务都要去探索。

从横向来说，还有地区、区域之间的协调联动问题。以前地区之间有珠江三角洲、长江三角洲联席会议等，现在各一级分行之间基本上互不来往。建议一是恢复原来的做法，二是探索新的做法。现在很多大客户都是跨区域甚至是全球化经营，如上海的企业在江苏、浙江投资很普遍，江浙很多企业的融资是在上海解决的，其中需要的中间服务也很多，而我们离它们的需求还差得太远。我们在一个分行内部也是互不往来，各做各的。北京、上海等分行市场大、机构多，基本都是独立营销。北京有 20 多个大的管理型支行，实际相当于二级分行，机构规模大、覆盖范围广，内部协调却很少。地方越大，机构越多，越有这个问题。其实在北京地区，有的营销是需要总行行长、副行长或公司业务部来出面的，有的是需要市分行出面的，有的是需要支行来做的。现在的障碍主要是机制方面的问题，包括考核、绩效、工资、奖金等，都是分灶吃饭、分级核算。改变这种状况需要有个过渡阶段，但为了提高市场竞争力，必须解决这个问题，才能真正做到联动。

现在许多地区都在搞区域经济协作，如“长三角”、“珠三角”等，我们作为一个统一的法人实体更应该容易做到。现在各地的跨地区投资很多，一定要把客户的投资业务经营活动搞清楚。比如，浙江省分行应该对全系统负责，因为浙商在全国各地都有，连贵州都有浙商协会，以温州客商为主，把这些市场和客户的情况都摸清楚，我们的营销服务才能有针对性。这也是我们了解企业、防范风险的一个重要手段。会后，有关部门特别是公司业务部门要研究一下。又比如，新疆特变电公司就在辽宁投资，企业很大，对这些客户做好服务非常重要，因为国内其他的商业银行，特别是另外三家国有商业银行都和我们在一个起跑线上，但还没太认识到这个问题的重要性。总行部门和一级分行、二级分行直到支行，不同区域、不同地区都要设计一套模式出来。还有境内外分行联动的问题。对于国内分行来说，大都跟境外分行在国际贸易、国际融资上相关联，加强联动，可以创造效益，创造竞争力。

加强营销联动，要继续推进机构扁平化和业务单元制的改革。另外，可以按项目、按客户组织一些临时性的工作团队，可以叫做协调办公室或其他名称。

四、关于激励机制的问题

第一，要重视选拔任用年富力强、敢于创新的青年骨干到领导岗位上来。我走访了不少分行，发现员工和在领导岗位的人员年龄普遍偏大。主要是因为控制人员总量后，新录用的人员减少。还有就是在用人机制上、待遇上、绩效考核上，对年轻人、专业人员的吸引力不够。事业留人是第一位的，感情留人也很重要，当然还要有一定的待遇。所谓事业留人，就是要让年轻人看到希望。现在我们有很多事情要做，包括加强管理、推进改革、发展业务，现在正是用人之际。我们这几年，青年干部提拔得不够快，总分行都有这个问题。作为一个商业机构，在用人方面应该更具灵活性，比政府机构、党团组织有更大的活力。要解放思想，本着对建行事业负责的态度，把确实有培养前途的年轻人提拔到领导岗位上来。对年轻人不要求全责备，我们都是从年轻走过来的，不能要求他们所有方面都完美无缺，那是不可能的。只要大的方面好，有培养前途，就可以提拔到合适的岗位上来。当然，我们要尽量避免或减少在用人方面的失误。另外，有的同志在一个岗位上工作时间过久，如果确实交流有困难，工作有困难，是否可以转任一个别的职务，比如资深专家等。如果没有适用的职务，可以再设计几个新的职务。这样，这些同志还可以继续工作，做一些力所能及的工作。一般来讲，在一个岗位上连续工作的时间太长了，精神状态就不那么好了，因为新鲜感就没有多少了，生机活力就差了，要有所调整。

第二，工资分配、绩效评定要进一步完善。有的分行收入分配差距比较大，绩效工资占的比重过高，职工收入波动过大，要有所改进。从国外的经验看，绩效工资大体上是全部收入的一半左右，不宜定得太高。

第三，对分行的考核评级要研究改进。在评级的时候，要把客观条件的因素考虑足，主要考核主观经营、主观努力的情况，不能完全不考虑市场条件等因素。发达地区经营指标肯定要好一些、人员素质肯定要高一些，但要尽量使开富矿和开贫矿的团队能够在同一个起跑线上，做到大体上公平，评价要朝这个方向努力。历史遗留问题不可能完全脱钩，但要有所调整，有所改进。

第四，关于期权和员工持股计划。我们正在研究股权激励计划，就是对建行有突出贡献者，实行期权激励。对于员工持股计划，去年我们已经在招股说明书里披露，引起了国内外的广泛关注，有赞同的，也有持不同意见的。我们的绝大部分员工是赞成的，盼望早日出台。从理论界到国有商业银行改革领导小组办公室、汇金公司都是支持的。要按照上次董事会的决议继续探索，将方案设计好。

有人提出能否再加一个补充养老保险计划，这件事可以讨论。这是计财部同志提出的建议，主要想法是，另外建立一个补充保险账户，现在每人每年都交一些钱，公司再补一点，将来退休人员除了拿正常养老金以外，一次性从这个账户拿到一笔钱，可能相当于在职时工资的4－5倍。我们认为这需要精确计算，因为目前每年的退休人数与将来某些年份会差别很大，可能有一些高峰年份，难以平衡下来。就是说，需要计算后才能得出结论，需要多大投入，可行不可行。

第五，要抓紧面向市场引进人才。在这里就不展开说了。

第六，要继续做好分流富余人员的工作。

五、关于加强内控的问题

基础管理薄弱依然是一个大问题，这些年出的案件，一拨一拨的，存款业务出问题，票据业务出问题，而且是几家银行一起出，暴露的问题都差不多，这可能与各家银行加大管理力度有关，与加强管理的重点、步伐都有关。在这方面我们应该虚心一点，我们做得不如工商银行，工商银行的人员和网点都比我们多，但案件比我们少。我们在大部分城市的服务质量、服务效率似乎比工商银行要好，但是基础管理方面要向人家学习，如工商银行的 IT 系统就比我们强。要落实平行作业机制，进一步加大交叉审计力度，落实问责制。纪检监察部门正在对去年的案件、责任事故案件进行总结，该怎么处理就怎么处理。全行上下要分析检查薄弱环节，抓住系统性的风险点，比如承兑汇票，当然还有其他问题。首先风险管理委员会要弄清这个问题，有针对性地进行防范。在组织领导上要重点加强薄弱机构、薄弱分行，如橙色预警、蓝色预警的分行。有的分行长期以来班子配备不齐全，人力资源部要尽快理一下，要马上充实班子人员，不要再耽误，来不及考察就先平级调动，不能把风险敞口长期放在那里。工作上必须有人落实，没有人就落实不了。对一级分行的班子应当配齐一正四副，此外还应有纪检书记、工会主任、行长助理等。一个班子少一两个人可以，但不能缺得太多。如甘肃省分行，相当长一段时间只有一个行长，两个副行长，而且其中一人还请了病假，我说了许多次，去年底才配了一个总行的干部。我们都知道甘肃省分行是经营管理最弱的分行之一，去年发生了很大的损失。一个班子长期配不齐，党委要检查，我和常行长要负责，推动得还不够。领导班子每个人的积极性都要调动起来，不适应工作的，要及时调整。要留住人才，思想工作是一个方面，另一个方面是待遇跟市场差得不能太远。在这方面增加一点支出是完全必要的，否则会造成更大的损失，无论是发生风险的损失还是错失市场机会的损失。

六、需要注意的几个问题

一是要加强学习和研究。各级领导班子要加强学习，全行系统要加强学习。总行设立了研究部，现在人员还不足，要加大力度引进人才。分行是否要设立研究部门还有待讨论，但所有部门都要加强学习研究。

二是要加大培训工作力度。总行党委对这个问题已经讨论了三次，培训工作有所改善，但力度还是太小。培训是多形式的，或是在内地，或是到中国香港、新加坡和欧美等地进行培训，要舍得花力气、花代价、花经费，而且要制度化。到香港学习很有利，培训力度要成倍扩大。可以依托深圳，办班就放在深圳，讲课请人过来，然后去香港实地培训。现在讲竞争，大楼、计算机、硬件，可能已经都不是问题，主要还在于人才、技术、经验、文化等软件。要狠抓软件，加强企业文化建设，增强凝聚力。

三是在作风建设方面，要进一步强调务实高效，不要搞形式主义。我们跑了很多分行，形式主义还比较多。今后，总行领导到分行检查工作，内部不要搞列队欢迎，就餐不搞特殊待遇，吃饭就到职工食堂，与职工一起吃。还有，以后内部开会千万不要摆水果，没有必要，这可能还是短缺经济的产物。除非是春节搞联欢，与老同志举办茶话会，可以上点水果、瓜子。这些问题，看起来很小，改起来却很难。现在，总行领导出差，分行领导不去机场迎接了。境外机构的情况有所例外，它们没有办公室主任，但也得改进，一定要把业务工作摆在第一位。存在的那些具体问题，包括食宿标准问题，不要再按政府机构管理，要按商业机构来处理，请国际部研究具体措施。

四是要高度重视广告宣传。在大的城市、繁华地段，设立网点本身就是广告。我们要做好个人银行业务，广告很重要，如花旗银行在有网点的地方，广告都做得很好。广告应当由总行统一制作，统一推介，这对分行营销很有帮助，企业文化部要研究改进。

最后一点，就是要学习同业。招行、工行、国开行、中行、交行，无论哪家银行，只要有一技之长的就值得我们学习，但不能简单模仿照搬，要分析比较。我看了今年的年报，交通银行几乎所有的指标都比我们好，包括不良资产率、利润增长率；中国银行的指标也很好，财务指标非常优秀，这些银行确实有值得我们研究学习的地方。在固定资产投资、基础设施建设、住房按揭贷款方面，我们比他们强，但他们有他们的长处，如外汇业务、中心业务方面，他们做得比我们好，一定要虚心向人家学习。

建设银行董事长郭树清谈未来发展：打造一流零售银行

（《经济日报》专访2006年4月27日）

自4月7日开始，建设银行又开始了新一轮的路演。与5个月前的那次路演不同的是，此次是向投资者汇报2005年经营业绩。董事长郭树清和行长常振明分别带队，赴全球各地对部分重要的国际投资者进行一对一业绩路演。路演是按香港上市公司的惯例进行的，在持续近两周时间的路演中，投资者对建行业绩表示满意。就在路演开始之际，郭树清在香港接受了本报记者的采访。

记者：建行刚刚发布了2005年年报，最让您满意和最不尽如人意的都是哪些数据？

郭树清：我对所有的数据都满意。但是，建行离国际一流银行还有相当差距，比如在理念、人才、专业知识和创新能力上。建行有30多万名员工，人力资源格局有待调整，我们的知识结构和人力资源配置结构需要优化。在外部环境方面，中国银行业也面临着诸多难题，如信用缺失、税收不平等、法律制度不完善等。

记者：有没有回内地市场上市的计划？

郭树清：A股上市在我们上市之前也是有考虑的，由于种种原因，条件不具备，所以就在香港上市。

上市后，建行资本充足率比较高，近期没有融资计划。因为资本太多会造成一定闲置，这对股本回报率、盈利水平都有影响。但我们非常希望内地资本市场能够加快改革和发展。成熟的资本市场对于建设银行这样的商业银行好处很多。因为直接融资比例大了，有助于降低银行风险，促进银行发展中间业务。当然在条件成熟时，我们不排除在内地资本市场上市的可能。

记者：我们最近也注意到建行连续和各地政府签订了不少银政协议。建行签订这种协议，是出于地方政府公关的目的，还是真的寻找一些贷款对象？

郭树清：我们不是出于跟地方政府公关的目的签订这些合约的。银政合作协议实际上是市场化的做法，虽然是和地方政府合作，但我们首先是把地方政府看成一个客户，是银行与大客户的平等互利的协作，这是第一条。

第二条，双方也非常明确，这里面包含的项目、贷款的程序、审批的办法、对风险的管理，完全按规定运作。签订的协议里，有的附了项目的名单，有的不附。但无论附还是不附，都不带指令性色彩，或绝对性承诺，还是要逐个按授信、评估、调查的程序来操作，符合条件的才发放贷款。

第三条，签订这样的协议，除了能让银行较早接触到地方政府对基础设施建设的规划外，还有一个好处，就是使地方政府更加明确它们在发展当地经济和金融业务时，需要承担的责任。这个责任就是打造诚信的城市，建设金融安全区，营造良好的金融生态环境。建行和所有政府谈的时候几乎都涉及这个内容。

我们选择合作对象很慎重，只有在上述问题上和我们存在共识的地方政府才会成为建行的签约对象。政府在维护金融秩序、市场规则和法制秩序中扮演重要角色。如果政府不发挥积极的作用，银行很难做好。我觉得这是双赢的合作。

记者：中行和工行今年也要先后上市了，会不会对建行股价有影响？

郭树清：我预计会有影响，但不会有太大的影响。各家银行都各有所长，而且中国金融业还比较落后，老百姓的金融服务需求还有相当一部分得不到满足，所以每一家银行都有广阔的舞台、巨大的潜力。中国的银行办不好，只能是自己打垮自己。你自己不正视自己的缺点，先进的不学，落后的不改，肯定是不行的。

记者：到今年底人民币业务就全面对外开放，建行的零售业务有什么优势？

郭树清：我们有信心把建行建设成一流的零售银行。去年我来建行后，提出"以客户为中心"的经营理念，现在全行实施得比较顺利。比起国外银行，我们的优势很多，比如我们的网点比它们多，更贴近老百姓，而且和公司客户有长期往来，因为公司业务往往和个人业务密不可分。

另外一个优势，我们毕竟是国有控股的大型商业银行，客户是信任我们的。但是，这并不能自然形成我们在零售业务方面的优势，还是得靠我们创新服务和产品，靠我们提供更人性化、更细致的服务，更先进、更便利的产品。

记者：从年报数据看，目前市场风险是不是越来越大了？

郭树清：市场风险，一个是利率的变化，还有一个是汇率的波动。当然，还有行业产能过剩、行业供求的变化，国际上原材料价格的变化等。目前对我们来说，最大的问题就是，怎么适应利率市场化和汇率的波动。

我们已经采取了很多措施，比如说，在存款、贷款方面，安排合理的利率政策。从去年开始建行对小额账户除了收取管理费以外，还把利率降到了最低。以后存款产品可以分得更细一点，利率差别更大一点，贷款也要进行差别化的风险定价。汇率方面，对国家注资、上市筹资都安排了期权和互换，但是还有一部分自有外汇找不到对冲工具。

我们还要发展中间业务产品，特别是风险比较大、客户又有偏好的产品。比如房地产，我们可以设想发展一个基金，从中赚取稳定的手续费。很多民营企业和个人对金融服务的需求很多，我觉得，只要企业和个人的信息是真实的，有抵押，有担保，就没有问题。

在银政合作中追求双赢效果

（原载《金融时报》2006 年 5 月 16 日）

郭树清

在带队赴国外进行业绩路演并与美国银行董事会就业务合作举行会谈之后，建设银行董事长郭树清又马不停蹄前往海南，参加博鳌论坛。虽然身为"中国银行业的改革和开放进程"分会的主持人而非演讲者，郭树清还是受到了与会代表和记者的特别关注。回顾过去，展望未来，他对中国银行业改革和建行发展又有什么新观点？本报记者对郭树清进行了采访。

记者：国家统计局公布的数据显示，第一季度银行放贷规模达到 1.26 万亿元人民币，超过全年贷款 2.5 万亿元预期目标的 50%。我们也注意到，最近一段时间建行和许多地方政府签署了一些银政合作协议。建行签署此类协议是出于什么考虑？如何避免这种贷款可能带来的风险？

郭树清：从建行的情况来看，我们这样做不是给地方政府授信，不是签订贷款合同，更不是打包放贷。银政合作协议实际上是市场化的做法，虽然是和地方政府合作，但我们首先是把地方政府看成一个客户，是银行与大客户的平等互利的协作。此外，双方也非常明确，即项目本身、贷款程序、审批办法、对风险的管理，要完全按有关监管规定和建行有关信用风险管理制度办法的要求来做。这些协议不是指令性的，所有项目都要按建行的程序来授信、评估、调查，符合条件才能发放贷款。一句话，在商言商，建行的商业利益不会因此受损。

签署这样的协议，一个重要的目的是推动地方建设金融生态安全区，这对地方和银行都关系根本利益。只有在这个问题上有清楚认识的地方政府，建行才会和它签约。我们在每个地方，都要把共同建设信用省市、法治省市作为协议的内容。这样的合作有助于地方政府努力改善信用环境，这将进一步从整体上改善银行业的经营条件。现在，地方政府一方面主导了很多基础设施和公益事业项目的投资，比如能源、交通、城市建设、供水、供电、教育等，加强与地方政府的沟通和联系，有助于银行了解、评估和参与其规划和建设；另一方面，政府也肩负着维护金融市场秩序的重任。在这样的银政合作中，我们和地方政府追求的是双赢的效果。

另外，签署协议也是为了建行能得到相关保障。去年的诉讼案件中，建行胜诉97%，但是执行率只有30%左右，这一问题的解决需要政府的协助。支持地方经济发展，服务地方企业、居民个人包括政府机构，是我们天然的义务，但前提是我们的正当权益要得到保障。我们要杜绝的是不正当的、在法律之外的、干扰法律执行的因素。

记者：地方政府有各自的任期，其更替会不会影响协议的执行？

郭树清：我们和地方企业有着良好的合作关系，比如地铁公司、供电公司、高速公路公司等，这是我们建行在基础设施建设方面特有的优势，我们不会轻易放弃。在基础设施建设信贷方面，我们具备一流水平，我们对合作的企业伙伴也比较了解，对它们的资信和现金流状况也比较清楚。而且我们也要相信地方政府，它要维护它的信誉，要为一方的经济发展负责。政府官员也有其公众影响，人大、政协在监督他们，他们必须替未来考虑，所以我们在这方面也不太担心。

记者：您一直在各种场合强调“以客户为中心”的理念，股改上市有一段时间了，这一理念在建行上下有了哪些具体表现？

郭树清：我现在比较高兴地看到，“以客户为中心”的理念在全行上下已深入人心，大家形成了统一的认识。

去年遇到了一些问题，现在都在采取措施，积极改进。比如我刚来建行的时候，营业网点的大部分面积是为公司客户准备的，但这些柜台的客户实际上很少；相反，个人客户柜台前人很多，排队很长。原来的理由是，公司客户带来了70%贷款利润，所以应该给他们安排较多的柜台，提供最好的服务。事实上，公司客户业务属批发性质，他们并不需要来柜台办理很多交易。更重要的是，在未来，个人越来越多地变成金融主体，既是储蓄者，又是投资者，也是消费者，公司在银行业务中的比重会下降，特别是直接融资增多的情况下。所以，我们需要进行战略转变。即使没有这个转变，我们也要对客户一视同仁，因为公司客户到柜台办理业务的次数很少，不应该占用那么多的面积。在统一认识后，这一问题较好地得到了解决。

另外，我们自己内部原因也会带来一些失误或是延误，比如计算机系统传输出问题了、停电了等。以前觉得这是理所当然的，因为这是不可抗拒的外部因素。但现在我们会认为，这100%是我们的责任。这就是根本性的理念转变。建行全行上下配备了大堂经理，主动询问客户的需求，处处为客户着想。我们已经取得了很大进步，但不能满足现状，还有很多地方需要改进。

记者：最近两年，中国银行业发生了一些大案要案。最近我们也看到，建行正在全面推行风险管理体制改革。您对风险问题有什么评价？

郭树清：首先要明确一个事实，那就是外国银行发生的案件数量不见得比中国少。我们曾经拜访过一家有名的银行，一年信用卡欺诈案件高达80万起，可是银行照样办得很好，而且客户仍然十分方便，没有像我们一样处处设防，重重设防。我感到很奇怪，同样是以客户为中心，给客户提供最大的便利，但是它有办法同时控制风险。那么发达国家银行的情况有什么不同呢？外国银行的案件和我们有本质区别，即每一个案件损失很小。虽然案件很多，但每一起可能只欺诈几十美元、几百美元，最多几千美元，且很快就能发现。而我们不一样，案件次数少得多，但有些性质非常恶劣，数额特别巨大。由此看来，银行发生案件也许是不可避免的，关键是能够有效控制，控制住要害的地方，这样，一旦发生案件就能及时发现，及时止损，而且同样重要的是，可以减少内外勾结作案的可能性。

我们正在进行会计制度等方面的流程改革，涉及记账、核算、核对、审核、批准等方面。我们将积极稳妥地分步改革会计流程。控制风险是必要的，而且必须控制在风险点上。

记者：建行有哪些具体措施识别并控制风险？

郭树清：市场风险主要包括利率变化和汇率波动，还有行业产能过剩、行业供求的变化、国际上原材料价格的变化等。就目前来说，最大的问题是如何适应利率市场化和汇率的波动。我们已经采取了很多措施，比如说，在存、贷款方面，安排合理的利率政策。建行从去年开始对小额账户收费，除了收取管理费以外，还把利率降到了最低。以后存款产品可能需要分得更细一点，利率差别更大一点。贷款也是一样，也要有更大的差别。我们还要发展中间业务产品，特别是风险比较大的，客户又有偏好的，比如房地产。我们可以设想发展基金，从中赚取稳定的手续费。很多民营企业和个人对金融产品有较大需求，但我们以前没有很好研究怎么给这些群体提供融资服务。我觉得，只要弄清贷款人的真实情况，有抵押，有担保，就没有问题。

记者：接下来，中行、工行都将陆续上市，建行作为四大行中唯一一家上市公司的优势将不复存在。另外，中国银行业将在年底全面对外开放，外资银行届时可以享受国民待遇。您怎么看待可能到来的竞争？

郭树清：我们非常欢迎兄弟行上市。各家银行都有自己的长处，都有自己的优势。更重要的是，中国金融业还比较落后，服务还比较差，老百姓的金融服务需求都得不到很好的满足。你看，现在老百姓买什么东西排队？只有银行办业务排队、买国债和企业债排队。所以，每一家银行都有巨大的舞台和很大的发展潜力。中国的银行办不好肯定是自己的责任，不是外国银行的责任；能打垮你的不是外国银行，而是你自己。

建立以客户为中心的理念和机制是股份制改造的中心内容

（原载《中国金融》2006 年第 5 期）

郭树清

国有独资商业银行股份制改造面临着多方面的任务，但是最关键的是转变经营机制，真正建立起以客户为中心的经营理念和机制。因为保持对客户的吸引力和客户的满意度，是商业银行竞争力的最终体现。只有这项工作做好了，才能保证商业银行稳定、健康、快速发展。因此，商业银行各项改革的最终着力点就是建立起一套能够为客户提供最佳服务的机制和体制。

一、能否为客户提供最好的银行服务是衡量改革成败的最重要标准

客户是银行的衣食父母。股份制改造后，要想成为最具价值创造力的银行，最重要的一条就是，要为客户提供最好的银行服务。如果我们能够为客户提供最好的银行服务，就能够成为最具价值创造力的银行。因此，衡量银行改革成败的最重要的标准是看银行能否在市场竞争中发展壮大，说到底，就是要看能不能为客户提供最好的银行服务。我们提了许多目标和口号，最根本的就是这样一句：中国建设银行能为客户提供最好的银行服务。

股份制改造的重点是转变经营机制，其核心是提供最好的银行服务，这也是我们面临的最大挑战。相比之下，财务重组、公司架构、发行上市等都要容易得多。包括引进战略投资者在内的股份制改造中的所有工作，都要围绕为客户提供最好的服务这个核心来展开。银行一定要通过股份制改革，给社会、消费者、客户展示一个全新的形象，将长期以来没有解决，又能够解决的服务问题，逐步加以解决。否则，改革就没有意义。

二、国内银行的客户服务大有潜力可挖

中国经济经过 20 多年的快速发展，经济模式正在由投资主导型向消费主导型转变，居民个人家庭的金融资产增长很快，收入、储蓄结构也处于变化之中，金融服务需求巨大。目前中国银行业与很多国家的银行业不一样，就是金融服务不仅没有饱和，而且

远远不能满足市场的有效需求。我个人判断，目前的金融服务只满足了三分之一的需求，银行服务最多可能只满足了二分之一的需求。所以说，银行的金融服务就好比是一座金矿，开发、挖掘的潜力很大，大有可为。而且，这种金融需求如果长期不能得到有效满足，将严重制约经济的进一步发展。

三、改进客户服务要彻底转变服务理念

国有商业银行改革最难的就在于彻底转变我们的服务理念，改变“官商”作风，将“以客户为中心”落到实处。建设银行有30多万名员工，若30多万人的观念都能转变到适应市场经济的观念上来，我们的改革就成功了。

转变观念之所以难，难就难在要切实把这一理念落实在每个部门、每个地方、每个员工的日常工作行为上。当然还有社会环境，包括信用环境和法律环境，这些都是制约我们理念转变的因素。但是，我们必须从自身找原因。如果每个员工都能从客户、消费者的角度反观我们的服务，进行“换位思考”，就可以找出成千上万的薄弱环节或“官商表现”，可以形成成千上万的合理化建议，可以提出成千上万的改进措施。

转变观念包括很多方面的内容，其实质就是培育建设银行新的企业文化，重点是真正树立“以客户为中心，以市场为导向”的经营理念。建设银行在发展过程中提出过很多很好的服务理念，比如，“要买房，找建行”、“中国建设银行，建设现代生活”、“卓越的银行源于卓越的服务，卓越的服务源于卓越的员工”、“令人信赖的服务质量、令人赞许的服务效率、令人满意的服务态度”，等等。但存在的主要问题是各级管理层没有长期一贯地采取切实有效措施，在坚持以身作则的基础上，将这些理念灌输给每一位员工，并体现在员工的服务行为上。

基层机构及网点转变观念尤其关键。因为我们面对的市场是千变万化的，客户的需求也是千差万别的，大量的服务不是仅仅按照总行制定的操作流程去做就能做出来的，而是要靠每一位员工去创造，只有全行每一位员工都确立起以客户为中心的理念，新的服务措施、服务工具、服务手段和办法才会不断被创造出来。

四、改进客户服务要全面推行差别化服务

有些基层负责人提出，控制风险与提高效率、改进服务之间存在矛盾关系，强调服务就可能削弱内控。但我认为从根本上说，这并不矛盾。处理好这两个方面的关系，有一个要害，一个关键，就是积极推进差别化服务。所谓差别化服务，就是把银行提供服务的地区、产业、客户加以区别，提供有针对性的服务。如何区分？各类地区、产业、客户的风险等级不同，发展前景不同，对金融服务的需求也不相同。这些差别就是我们区分的标准。

我们的有些制度是笼而统之的，不够具体，难以执行。如个人住房贷款，各个地区、各类客户的审查程序、条件、要求都是相同的。但实际上可以进行大致分类，例如，对国家公务员等优质客户，对大学教师、工程师、医生等高级知识分子可以简化程序；在一些客户违约率很低的地区，也可以简化程序。对于简化程序可能带来的风险损失，可以采用适当增加一点收费的办法来弥补，所谓风险升水、贴水，就是用来拉开价格差别的。房地产开发类贷款也要考虑地区差别，对可能存在泡沫的一些地区，要区别对待。实行差别化服务，要上下沟通，将发展与安全、速度与效益统筹考虑，将控制风险和提高工作效率结合起来，将严格执行规章制度和贴近市场、提高服务水平协调起来，要以全面推行差别化服务为突破口，转变经营方式。

在差别化服务的过程中，首先要抓好高中端客户的服务工作。但爱富也不能嫌贫，对大众客户要在良好沟通的基础上，合理引导他们到低成本的服务渠道，但服务效率和标准不能降低。同时，要致力于成为客户成长的忠实伙伴，通过我们的服务，帮助一部分大众客户成长为高中端客户，为构建和谐社会作出应有的贡献。

差别化服务不仅是针对个人客户，也包括公司客户和机构客户。服务国家大型基础设施项目，是建设银行的优势，在做好大型基础设施项目服务的同时，也要选择一些符合环保标准、发展前景良好、风险较小的工业项目，加大营销力度。还要对一些在社会上有影响的大学、医院、出版社等文教卫生单位进行营销。

五、改进客户服务要以人为本，调动所有员工的积极性

改进客户服务不是哪一个人的事，也不是哪一级机构、哪一

个部门的事，而是全行每一位员工工作的核心内容。一方面，基层一线员工要做好直接的客户服务工作；另一方面，各级管理层和后台员工也要有强烈的服务意识，为基层和一线提供最好的服务。

要建立完善的、能够调动所有人积极性的薪酬、奖励和激励机制，逐步变身份管理为岗位管理，实现同工同酬，把所有员工的积极性调动起来。这方面必须要有所突破。

要结合具体业务去检查客户对服务的满意度，注意征求客户的意见，切实提高我们的服务质量并见到明显效果。

六、改进客户服务要加强创新，简化程序，尽快解决瓶颈问题

目前，社会对金融服务的需求是巨大的、多样的，但银行能够提供的服务是有限的，品种也不够多样，供需之间的矛盾十分突出。我们必须转变经营方式，改进服务方式，提高服务水平，来满足市场巨大的、多样化的金融需求。

银行要在合法合规的框架下，大力推进业务和服务创新，满足客户日益增长的多种多样的金融服务需求，利用自身优势，突出有特色的重点业务和特色服务。

要抓住一些特殊的、能够促进提高服务质量的“瓶颈”问题，认真加以解决。如个人客户排队的问题，可以采取调整个人业务和对公业务的营业场地、分流非现金业务等措施来解决；实在免不了要排队的，要采取大堂经理引导或向客户发放顺序牌的办法，加以解决。又如支付结算、收费服务的问题，要多采用电子化手段等便利的办法。还有公积金问题，在这一市场上建行占有领先优势，拥有丰富的经验，但不应该因为服务质量跟不上市场发展需要而出现业务流失的现象，应该根据客户的需求来改进公积金业务的服务。

银行业是服务性行业，就是要为人民服务。但银行又是商业机构，服务不是无偿的，是有成本的，需要收取适当的费用，这也是市场经济原则的要求。但服务价格要与服务质量相配，优质价格应该对应优质服务，否则就等于搞假冒伪劣，就是坑害消费者。

从现实出发，稳步提高全行风险管理水平

——在全行风险总监培训班上的讲话

（2006 年 6 月 12 日）

郭树清

同志们：

今年前五个月，全行认真贯彻年初工作会议和春季分行行长座谈会精神，积极推进和落实各项改革，总体经营形势很好。截至 5 月末，全行境内机构贷款余额为 27 547.6 亿元，比年初增加 3 285.65 亿元；不良贷款额为 902.68 亿元，比年初减少 55.29 亿元；不良贷款率为 3.28%，比年初下降 0.61 个百分点。在推动结构调整和坚持合理贷款投向的同时，全行保持了较好的业务增长质量和风险控制水平，实现了不良贷款额和不良贷款率“双下降”。同时，我们也要保持警惕，年初以来新投放的贷款比较多，可能有些风险还没有暴露，对此我们必须保持非常清醒的头脑。

自今年 3 月份启动风险管理体制改革以来，总行新的风险管理机构框架已经建立，有关部门负责人已基本就位，各分行在体制调整和平行作业方面也做了大量工作。新组建的总行风险管理与内控委员会已开展工作三个月了，最近银监会又正式批准朱小黄同志担任建设银行的首席风险官，希望这些都能有助于从根本上提高我行的风险管理水平。

一级分行风险总监的任命和到位履职，是风险管理体制改革的关键环节，标志着改革进入全面实施阶段，表明建设银行风险

管理工作开始实现重要体制转变。今天是全行风险总监培训班开班的第一天，很高兴有这个机会和大家见面。对风险总监工作的具体要求，常行长还要做详细部署，我先讲五点意见。

一、密切关注经济金融形势，切实做好年初确定的各项工作

（一）当前主要经济金融形势。从宏观经济形势看，第一季度GDP同比增长10.2%，增幅提高0.3个百分点；工业增加值同比增长16.7%，增幅比上年同期提高0.5个百分点；全社会固定资产投资同比增长27.7%，增速加快5.4个百分点。到5月份，工业增加值和固定资产投资增速都没有放缓。2006年以来国民经济总体保持稳定增长态势，但一些消极变化开始显露，部分行业产能过剩、能源价格高企、环境生态恶化、部分城市房地产价格上涨过快等问题，给未来经济走势带来了一些不确定性。

从金融运行情况看，今年前4个月货币供应量继续较快增长，人民币各项贷款增加较多，居民储蓄存款增速较高。4月末，全部金融机构各项贷款本外币并表余额为22.21万亿元，同比增长14.8%，比去年同期高2.3个百分点；全部金融机构各项存款余额为32.28万亿元，同比增长18.5%，比上年同期高2.4个百分点。4月28日起，人民币贷款基准利率上调0.27个百分点。从5月份数据看，四家国有银行贷款5月份新增1 072亿元，仅为前4个月增长水平的15%左右，其中，农业银行新增贷款400多亿元，排在第一位，我们新增304亿元排在第二位，工商银行和中国银行分别新增了近200亿元。国家宏观调控政策已经显现成效。

（二）积极应对各种挑战。建设银行是一家有50多年历史的大型国有银行，改革开放以来一直走在行业领先的位置，但由于受传统观念和体制束缚，在金融开放提速和传统银行业务萎缩的环境下，面临着很大的内外部压力，很多重要的体制机制问题还没有彻底解决。上市以后我们还有很多问题需要加快步伐来解决：业务拓展和风险控制之间矛盾突出，业务流程改造的任务依然十分艰巨，资产负债结构、收入结构、业务结构与市场发展趋势之间还存在明显差距。

今年4月我们公布2005年年报后，国内外投资者对我行的利润增长、贷款投放、净利息差额、非利息收入及贷款质量稳定性等方面都非常关注，提出了一些问题。我们已充分感受到，建设银行上市后按市场规则运作、接受市场规则约束，必须确保发展战略持续稳定，必须郑重履行对全球投资者的承诺。最近，监管部门就进一步贯彻国务院第132次常务会议精神、落实银行业宏观调控措施提出了一些具体要求，这是控制金融风险、确保银行业务持续健康的指导规则，也是商业银行必须执行的政策性要求。我们看到，无论是央行还是银监会，采取的调整措施更加符合市场经济规范，对各家银行的约束并不简单一致，不是简单地“一刀切”，而是强调贷款增长要和资本充足率、拨备覆盖率、不良贷款率等指标相一致。换句话说，如果资本比较充足、拨备比较充分、不良贷款增长比较少，就可以多放些贷款；如果情况相反，就必须少放贷款。全行系统要认真学习国务院第132次常务会议精神，领会银监会监管措施的实质，积极主动做好当前工作。

面对当前复杂的市场形势，我们不能怨天尤人，不能束手束脚，更不能盲目蛮干，要坚定不移地贯彻年初工作会议精神，切实把改革放到突出位置，努力完成全年的工作任务。今年以来，我们市场营销力度加大，效果也是非常明显的。到目前为止，建设银行公司贷款、个人贷款和信用卡新增额都是最大的，可以说综合竞争力、市场营销能力、盈利能力和风险控制能力都是最强的，在这四个方面我们目前都是第一。但我们也不能松劲、不能骄傲，不能满足于“四个第一”，应该看到我们还存在很多问题。如果我们不能解决改革和体制问题就保持不住“四个第一”。为此，全行重点要解决以下几个方面问题。

第一，加快体制改革和机制创新。按照“以客户为中心、以市场为导向”的原则进行风险管理等内部组织机构调整，在管理机制方面尽快向国际先进银行靠拢，形成发展速度、业务规模、经营效益与风险控制约束之间的良好平衡，按照《巴塞尔新资本协议》要求提高风险管理水平，提升组织机构的适应能力。当前特别要注意处理好速度、质量和效益的关系，保持贷款投放的平稳增长，防止信贷资产规模的盲目扩张。

第二，推进业务结构和盈利结构调整。我们现在还主要依赖存贷款，依赖对大企业放贷款。近几年来，随着大客户融资渠道

不断拓宽，其产品议价能力越来越强，而且宏观经济调控后部分行业大客户风险比较集中，如果全行还简单地奉行“大户”战略、过度依赖存贷差收入，我们的业务增长能力和市场发展机会将会出现比较大的危机。各部门和各级机构要积极调整优化经营结构、业务结构、收入结构和客户结构，按照总行战略部署大力发展中间业务、零售业务和有效益的中小企业贷款，尽快向利差和非利息收入并重的盈利结构转变。在资金业务方面，也要根据市场情况多想办法，在风险可控条件下逐步提高收益水平。

第三，大力推进产品创新。这个问题是非常重要的，我们过去在这方面吃过不少苦头，也尝到了一些甜头。最近全行业务发展形势比较好，跟我们最近推进产品创新是有一定关系的。今年夏季行长座谈会我们准备把产品创新列为一个重点议题，请有关部门和机构及早做好准备。针对目前产品创新方面存在的问题，我们要尽快改变产品雷同、低层次价格竞争的状况，组织力量认真分析市场和客户需求，注意开发面向不同客户群的产品，实现产品定位差异化，提高建设银行产品定价能力。当前要重点加快中间业务、零售业务产品的开发和推广，增强客户服务能力和市场竞争能力。

第四，加强风险管理与控制。前台业务部门和风险管理部门都要跟踪分析国家产业政策，认真研究宏观调控行业风险情况，增强风险预警和风险应对处置能力。主动查找和分析业务运行中的主要风险因素和薄弱环节，做到对潜在风险早发现、早处理。当前特别要加强票据业务、房地产贷款的风险控制和检查监督，确保资产质量稳步提高。当然，在落实宏观经济调控措施方面，我们还是要坚持市场化原则，坚持“区别对待、有保有压”，做到既认真落实国家政策，合理控制信贷增长，又为优质客户提供有力的金融支持，不断提高客户服务水平。

（三）加快风险体制改革。风险体制改革有四个方面需要特别重视：第一，尽快形成风险管理工作的程序规则。各分行要依据风险管理体制改革方案要求和有关规定，尽快形成风险管理条线开展工作的具体流程，重点明确和细化风险总监与分行领导班子在工作联系方面的具体规则，强化各业务条线的风险管理职责，按照改革方案的要求建立责任明确、边界清晰的报告路径和工作程序。第二，加快风险主管选配和队伍建设。风险总监在培训结束后要立即回到分行开始工作，并立即着手安排二级分行风险主管的选派工作，争取在7月底之前完成所有风险主管的任命。各分行要为风险条线队伍建设提供充分支持，分行主要负责人要亲自负责协调，尽快完成风险主管选配工作。总行计划第三季度对风险条线人员进行上岗培训，充实队伍，提高人员素质。第三，尽快落实境外分行改革实施方案。境外分行与境内分行的业务管理模式、组织架构设计及外部监管环境等方面有较大的差别，需要根据方案精神，另行制订境外分行风险管理改革的实施方案。境外分行归口管理部门要尽早组织研究，并积极推动实施。第四，稳妥推进平行作业。平行作业是这次风险管理体制改革的一个“重中之重”。如果平行作业不落实，仅仅是机构进行调整，就没有达到改革的目的。各分行要按照改革方案及相关规定要求，从提高业务办理效率和加强风险控制的角度尽快完成风险经理的配备，要结合现有人员素质和业务量大小研究落实操作方案，防止出现管理真空。

二、推行全面风险管理，落实风险垂直体系，建立矩阵式组织结构

上市以后，我们要尽快形成适合建设银行业务发展特点和需要的全面风险管理体系，这应当是一个覆盖信用风险、市场风险、操作风险、流动性风险和合规法律风险等全部银行风险，实施经济资本管理，真正体现和落实“以客户为中心”理念，从而实现银行价值最大化的整体风险管理架构。全面风险管理要求全行共同承担整体风险管理目标，所有机构和部门都要明确风险管理职责，是涉及各个业务条线、各项业务流程及环节、全员参与的风险管理模式。在我行全面风险管理体系中，上至董事会下至每一名员工都应当明确相应风险管理方面的职责。不仅风险管理条线要管理和控制好风险，前台业务条线、计划财务和会计部门、合规法律、审计监察部门以及信息技术部门也要履行好与职责要求一致的风险控制职能。风险管理是银行经营管理的核心和基本工作内容之一，涉及银行运营的方方面面，不应该也不可能由一个或几个部门包办。去年以来，我们一直强调“三道门槛”、“四道

防线”的要求，就是要在全行尽快树立全面风险管理观念，逐步形成统一、集中和整体的全面风险管理体系。

全面风险管理，要求建立符合银行管理规律的风险管理组织体系。但是，长期以来国有银行实行的都是一种“条块结合、以块为主”的层级管理组织体制。各级行不仅是一级成本中心、利润中心，在很多情况下还是投资中心、决策中心，但全部经营风险却由总行统一承担。当然总行承担也就是国家承担。事实证明，管理层级过多使统一的风险标准在执行中大打折扣，影响了决策效率和市场反应速度，也不利于准确识别和及时控制风险。层级越多权力越大，委托—代理环节就越多，信息耗损和失真情况就越严重，信息不对称的问题就越突出，逆向选择和道德风险等问题就会大量产生。近些年来，全行投入大量资源进行环节控制和纵向监督检查，但仍不能从根本上解决问题，反而造成部分业务流程烦琐、业务环节重复的状况，既浪费了大量管理资源，也不符合客户的利益，制约了我们提升客户服务水平的努力。

国外先进银行目前大多实行矩阵式组织体系，我们正在进行的风险管理体制改革就是要在银行全面风险管理的框架内，形成一种既符合现代银行组织体系规律又考虑建设银行现有条件的组织结构。风险垂直管理要在保持层级积极性和灵活性的同时，尽早解决风险控制薄弱这个系统性问题。

第一，风险垂直管理是完善公司治理机制的重要措施。商业银行的公司治理结构不仅要解决产权约束和利益分配问题，还要解决好内部控制和激励机制问题，要将提高风险控制能力纳入改进治理机制的范围。风险垂直管理后，董事会确定的风险战略和风险偏好可以更有效地贯彻到每个经营单位的业务环节中去，有利于客观评估全行风险状况、准确反映经营绩效，并实施更加科学合理的激励约束。最近，银监会在国有商业银行公司治理的指引文件中也明确提出，要逐步建立起风险管理“业务垂直化的管理体系”，我们进行的也正是落实监管部门要求的一项改革。

第二，风险垂直管理是促进银行经营机制转变的重要手段。在经营机制方面，我们距离国际先进银行还有很大差距：以客户为中心的营销机制不够完善；业务流程设计中过多考虑自己管理便利，未能体现“以客户为中心”的理念；激励约束没有充分考虑风险调整因素，不符合市场化要求；风险管理机制还基本停留在过去被动的管理方式中，与国际先进银行主动的、价值创造式的管理机制还有不小差距。由于经营机制不完善，我们在收益与风险、市场与管理、拓展与控制、集中与效率、流程与部门等一些重要关系的平衡方面还存在很多矛盾和问题。风险垂直管理是解决这些经营机制问题的重要一步，要通过垂直管理提升风险管理技术，统一风险标准，形成客观准确的风险判断，提高全行风险管理能力。同时，将垂直风险管理逐步融入到业务环节，可以有效改变部门相互分割的业务流程机制，提高客户服务能力和市场营销能力。

第三，风险垂直管理有助于形成更为有效的人力资源管理体制。我们三十多万名员工的素质和水平是决定事业成败的关键。在层级管理体制下，人力资源格局和配置结构还存在一些问题，主要是人才专业化水准不够，在一些核心业务领域缺乏精通业务和掌握复杂技术技巧的高质量专业人才，激励约束也失之过粗、缺乏个性化的职业生涯规划。风险垂直管理将有助于形成专业化人才的培养和培训机制，按照风险控制类型、专业岗位和机构层次的多维结构形成一支高素质、专业化的风险管理人队伍。

第四，风险垂直管理有利于转变传统风险管理模式。垂直的风险管理体系将促进建设银行转变被动式的风险管理模式，尽快把风险管理回归到现代商业银行主动管理和经营风险的轨道上去。形成集中的风险管理系统后，可以更好地推动风险管理战略优化，在风险偏好管理、经济资本计量和分配、授权管理模式、产品定价管理等方面尽快向国际先进商业银行水平看齐。

目前，层级体制还在建设银行经营管理中发挥着主要作用，推进风险垂直管理可能会遇到一些矛盾和困难。这里我强调几点：首先，各分行党委要顾全大局，全力支持风险总监的工作。在分行设立风险总监，实施集中风险管理不是简单的收权或放权，不是简单利益格局的调整，而是朝向全行未来发展方向的机制转变，是改善分行经营环境、提高管理效率的重要措施。我想，各分行党委应该都是有这个觉悟的，经过学习，认识到改革必要性以后，这个觉悟应当更高。分行党委要从大局出发，从有利于建设银行长远发展和整体利益的角度出发，按照总行要求落实好风险总监负责风险管理及信贷审批工作的权力，在工作程序、信息沟通、财务人力资源配置等方面提供充分保障。其次，各业务部门要加强配合，共同维护新的风险管理体制。垂直风险管理体制建立后，部分业务流程将发生改变，会相应调整原有的工作方法和报告路径。总行各业务部门必须认真落实改革方案，特别是前台业务部门要积极配合风险条线的工作，共同做好推行平行作业过程中的人员配备、程序梳理工作，与风险部门一同维护好新的风险管理体制。再次，各级机构要认真领会改革精神实质，主动落实改革措施。风险管理体制改革涉及全行各个层级，各级机构负责人要认真学习改革方案和有关文件，掌握新体制下风险管理的基本要求和工作规则，全力支持风险总监、风险主管和风险管理部门的工作，主动化解改革推进过程中可能出现的各种问题和矛盾。最后，风险管理条线也要贯彻“以客户为中心”的理念。只有了解市场、熟悉客户，才能最有效地管理和化解风险。在市场经济中，掌握了客户就拥有了市场，拥有了市场才可能创造效益。随着今年底我国按加入世界贸易组织的承诺全面开放银行业，外资银行在国内的业务发展将进入新的阶段，无论是公司业务、个人业务，它们在对优质客户的服务和维护方面都比我们更有经验。如果我们不在客户营销和市场竞争方面提高自己，在竞争中就肯定会处于下风。实施风险垂直管理，绝不意味着风险管理可以放松对市场和客户的考虑，必须把客户需要、市场要求以及风险管理部门为前台业务部门服务的能力放到突出位置。这样，才能更好地平衡风险和收益，获取较好的利润回报。否则，就可能造成风险失控，最终不得不放弃市场。

三、积极关心和参与业务流程再造，把风险管理改革与会计体制改革紧密结合起来

经过一年多的体制改革和观念更新，全行已经逐步认识到客户就是我们最重要的资源。业务流程再造的本质就是提升服务能力和相应的风险管理水平。推动业务流程再造是要根据客户的不同需求，将原本分散在各职能部门的工作，按照最有利于客户价值创造的业务流程进行重组，使建设银行充分适应市场要求。国外银行的实践已经证明，以客户为导向的内部流程再造对商业银行的发展产生了积极的影响。根据有关统计资料，美国实施流程再造的银行，平均资本收益率增长了约6%，成本—收益比下降了7~8个百分点甚至十多个百分点，平均资产收益率增长了约0.5个百分点。

最近，我们正在推进业务流程再造和会计体制改革。会计体制改革是建设银行业务流程再造方面一个非常重要的大工程，涉及问题非常多、非常复杂。这里特别要求风险管理部门和风险管理人员要高度重视这项改革，积极参与这项改革，最低要求就是要了解这项改革，要把风险管理体制改革和会计流程改革紧密结合起来。

从建设银行自身情况看，随着我们目标市场客户金融知识、产品议价能力和金融需求层次的提高，在流程再造方面我们必须有紧迫感，要彻底根除过去那种“以我为主”、“等客上门”的部门银行模式，尽快向流程银行转变。这次会计体制改革主要目的就是要优化柜面业务流程，充分发挥网点在营销和服务中的作用，同时，建立垂直管理的营运管理体系，提高服务效率和规模效益。会计体制改革的基本要求是一要便利客户，二要加强风险控制。会计体制改革在广义上也是风险管理的重要措施，尤其对防范操作风险具有重要意义。一方面，会计制度的改革要贯彻和落实风险管理的要求，为全行操作风险管理水平的提升提供基本保障；另一方面，这次风险管理体制改革，也要通过落实垂直管理和平行作业，配合会计体制改革推动全行业务流程再造。在推进垂直管理和平行作业过程中，风险管理条线、各业务条线以及计划财务、会计、人力资源等部门都要认真研究落实业务流程再造的职责，制定与业务流程改进方案相配套的组织结构、人力资源配置和业务规范改进规划，形成系统的业务流程重组方案。

当然，推进业务流程再造的一个基本原则是不能放松基本管理，不能放弃对主要风险点和关键环节的有效控制。在流程再造中，既要追求服务质量和发展速度，也要兼顾风险控制的要求，处理好提高客户服务水平和提高经营管理效率的关系。同时，各分行还要兼顾内部资源条件和员工素质的提高，对各类业务流程的重组要统一安排和设计，循序渐进，不搞不切实际的“一哄

而上”。

加快发展个人业务、新的公司业务和投资理财业务，必须建立在科学、合理、完善的业务流程基础上，而业务流程又必须建立在先进的信息技术和计算机系统基础上。无论是国内还是国外的银行，凡是业务做得好的、竞争力强的、风险控制好的、案件发生率低的、案件发生后造成损失少的，没有一个不是IT先进、计算机系统组织得好的。国内的工商银行，尽管资产规模最大、网点最多，但已经连续两年案件最少，这不能不归结于工行的业务流程和计算机系统比较先进。搞风险管理的人，一定要高度重视流程控制，重视计算机技术。

我们的经营活动一刻也不能停止，不能把业务停下来搞体制改革，不能把风险管理和IT系统搞好了以后再开展业务，改革和业务发展必须结合起来。经营活动和营销活动还要加大力度，要处理好风险管理体制改革和其他改革的关系，处理好风险控制和业务发展的关系。就目前而言，我们风险管理总的形势不错，但新的风险隐患要引起高度重视。下一步贷款投放的重点是基础设施领域，包括公路、铁路、电网、电信、电站、城市基础设施等，这些行业违约率比较低，造成严重损失的可能性也比较小。第二个重点领域是个人贷款，重点是个人住房贷款和个人助业贷款，只要抵押担保条件落实，对借款人非常了解，不会发生“假个贷”现象，就应当能够较好地控制风险。此外，还包括小企业贷款。我们上年推出了“速贷通”，但各地发展不平衡，进展不是特别快。个人贷款风险控制的重点不在于区分“公”和“私”，这种区分对控制风险起不了作用，也不是风险控制重点，关键要落实借款人偿债能力，落实抵押和担保，掌握是不是有违约记录、犯罪记录，经营风险如何等情况。当前我们要适度控制流动资金贷款增长。有些同志认为房地产开发贷款违约率高，但有房产和地产作抵押，所以贷款损失率不高。这里的关键在于房产土地抵押能不能落实，权证是不是齐全，权属是不是有争议，土地出让金是不是已经缴付，否则就会有很大风险。所以，在风险防范措施没有落实前，我们对房地产开发贷款必须慎之又慎。总之，我们在信贷方面要注意运用自己的优势，拓展自己能够把握的领域，充分发挥我们在基础设施、工程建设贷款和个人住房抵押贷款等方面的长处。

四、提高风险总监业务素质，加强风险管理队伍建设

风险总监是这次风险体制改革中的重要制度设计，是确保新体制运行的关键岗位。今天在座的38名风险总监，都是通过严格选拔程序由总行党委慎重讨论后确定的，总行党委和董事会对风险总监在促进业务机制转换和提升经营管理水平中的重要作用寄予厚望。

胡锦涛总书记多次强调，共产党的领导干部必须做到“为民、务实、清廉”。风险总监是建设银行一级分行副行长级高级管理人员，应当把这“六字要求”作为个人政治思想和品德作风的基本守则。这里再对风险总监提出三方面的要求。

第一，恪尽职守，不辱使命。建设银行完成改制上市以后，各方面对我们提高风险管理能力都提出了很高要求。这次风险管理体制改革就是瞄准国际先进银行风险管理水平，在风险管理体制、业务运行机制和流程方面进行的重大制度调整。风险总监开始工作后必定会面临体制改革后的新形势、新任务和新环境，要直接面对外部经营环境和内部体制转换带来的挑战。风险总监在全行风险管理体系中处于承上启下的重要地位，要认真履行职责、加强沟通，既要认真执行总行的经营战略和统一风险标准，也要积极配合分行经营策略的实施。

第二，加强学习，提高素质。风险总监作为一家分行风险管理团队的最高领导者，不仅要提高领导协调能力、决策控制能力，也要提高自身业务素质，善于把握和分析宏观经济金融形势，不断补充新知识和新技术，努力成为专家型的领导者。要学会把握住风险关键点和主要风险环节，而不是眉毛胡子一把抓，否则对业务发展就会造成很大影响。《巴塞尔新资本协议》体现了先进的风险管理理念原则和技术，是建设银行未来风险管理框架的基本依据，大家应当认真学习、悉心掌握。最近监管部门提出“高度关注宏观经济金融形势，合理控制信贷增长”的要求，大家应当具备分析当前经济金融形势和分行自身问题的能力，对所在区域的行业、产业和主要企业的风险动态有客观及时的把握，对房地产等主要产品市场有跟踪、有分析，并结合实际情况把政策要求落实到管理过程中去，确保资产质量，保证资产安全。

第三，廉洁自律，用权为公。风险总监负责分行风险管理和信贷审批工作，掌握着重要的管理资源和权力，是确保建设银行资产安全的重要岗位。风险总监的主要职责就是管理好风险。因此，在廉洁自律方面必须有更高要求，工作中要切实履行公正、公平、公开、透明的规则，做到廉洁自律，确保用权为公。《论语》中说“其身正，不令而行；其身不正，虽令不从”。风险总监要成为遵循职业操守的模范，以身作则，带出一支有较强战斗力的风险管理团队。

五、在继承和借鉴的基础上，形成建设银行独具特色的风险文化

作为通过经营风险来获取收益的企业，风险文化对银行的经营理念、经营风格，甚至经营策略等都产生重要影响。决定风险管理水平的因素是很多的，包括市场环境、管理体制、业务流程、人员素质、技术手段等内外部条件，但是最重要的还是风险文化。风险文化具有长期性和相对稳定性等特点，是银行的“软实力”，对实施有效风险管理具有基础性的保障作用，能有效增强员工风险控制的主观能动性和积极性，是确保各种风险管理战略、制度、流程和技术真正发挥作用的决定性因素。建设银行在发展过程中有着较为深厚的风险文化积累，特别是近些年来我们通过“审贷分离”、“前、后台相互约束”、经济资本管理等改革创新，逐步形成了以重视价值创造、安全运行、稳健经营、审慎决策为主要内容的风险文化，对提高银行核心竞争能力发挥了基础性作用。在新的金融环境下，建设银行面临着前所未有的市场机遇，也要应对更为严峻的内外部压力。我们除了需要大胆借鉴国外先进商业银行的风险管理方法和技术外，还必须注意学习和吸收先进的风险文化，通过继承发扬自身优良的文化积累和借鉴国外先进的风险理念，形成适合建行长远发展需要的“土洋结合”的具有独特价值的风险文化。国外银行的一些模型、技术很先进，但拿到国内以后还有很大局限性。其中一个原因是国内情况变化太快，不能完全适用，而且我们过去没有那么多的数据积累，或者数据本身也不够规范。因此，我们在学习“洋”东西的时候，要强调一些“土”办法，还是要靠大家对事业的忠诚、对建行的忠诚，靠大家合作、团结和团队精神，靠建设银行长期积累的好做法和优良传统。

美国管理学家彼得·德鲁克曾经说过，“风险是可控的，关键在于我们能否找到有效的途径，而有效的途径是以文化为基础的”。全行都要将风险文化建设作为一项长期工作任务来落实，风险条线的管理干部，包括风险总监更应当成为良好风险文化的积极倡导者、建设者、维护者和传播者。这里，我要强调建设银行风险文化的五个重要元素，就是“统一、独立、真实、坦诚、务实”。

第一是统一，全行上下要形成统一的价值取向。建立健全统一法人制度，仍然是中国银行业面临的艰巨任务。不论银行有几个层级，有多少个分支机构，必须不折不扣地统一决策权，统一风险收益的平衡管理。银行前、中、后台的职责重点、观察角度可以不一样，但方向必须一致。全行的价值取向要统一到战略愿景上来，统一到银行价值最大化的目标上来，统一到“以客户为中心”的理念上来。

第二是独立，要坚持独立的风险判断。我行内部不论是哪个岗位、哪个部门、哪个层级，在业务发展问题上，特别是在风险问题上，都要坚持自己独立的判断。在现行的层级管理体制框架下，要通过积极推行风险垂直管理体制改革，逐步增强风险管理的独立性和有效性，保证各级行风险管理人员能够独立作出风险判断，最大限度地减少来自外部因素的影响，保障总行统一的风险政策和制度得以准确执行。

第三是真实，要鼓励暴露风险，确保信息真实。信息的真实性是保证各项业务决策科学性、合理性的前提条件。在风险管理工作中，尤其保证上下级信息传递的有效性、及时性和真实性，彻底杜绝假信息，最大限度地解决信息不对称问题。全行要形成鼓励报告和传播风险事件的氛围，这样有助于及早采取风险控制措施，有助于其他机构或人员引以为戒。

第四是坦诚，内部要建立坦率沟通的风险管理环境。讨论和解决内部问题，都要提倡直言不讳，直指问题，不能搞一大堆客套话，那样会误人误事。坦诚沟通的目的是保证企业能最快获得必要和有益的信息。坦诚的沟通，要求沟通的过程中尽可能用最短的时间、最简约的方式，传达最真实、准确的信息。

第五是务实，风险管理工作必须脚踏实地。不能说得天花乱

坠，实际工作却没有指导、没有控制、没有约束。风险管理政策、技术和措施既不能脱离实际，也不能迁就实际；既要注意借鉴和吸收国际先进商业银行的管理方法和技术，又要充分考虑中国的实际情况和建行的自身特点。检验建设银行风险管理工作的基本标准，始终是我们的实际工作成效和企业价值的实现程度。

在推进今年各项改革过程中，各级机构要继续大力加强反腐倡廉工作，坚定不移地抓好商业贿赂专项治理。党中央、中央纪委和国务院前一个时期对治理商业贿赂都进行了反复强调和部署，各级行要按照中央办公厅、国务院办公厅《关于开展治理商业贿赂专项工作的意见》和总行工作部署，落实好治理商业贿赂的各项工作。在银行领域，商业贿赂是腐败现象的最主要表现。全行要将治理商业贿赂工作与保证建设银行业务安全运行紧密结合起来，通过深入细致的工作彻底改进全行工作作风，提升内部管理水平，增强遵纪守法意识，防范案件和违规风险，树立建设银行良好社会形象。这里要再次提醒各分支机构特别注意，对于任何打着总行领导或分行领导旗号联系生意或要求照顾的人要高度警惕，绝不能给予任何特殊优惠。不论这些人以什么形式和什么名目，各级机构要严格按制度要求公事公办，对这样的人不仅不能够给予特殊照顾，而且要加以特殊防范。全行在这方面一定要有严格要求，分行就这个问题也要对下级行进行一次部署，各级机构的同志谁做谁就要承担责任。

同志们，你们是建行历史上的第一批风险总监，肩负着推进风险管理体制改革、提升风险管理水平和保障业务安全运行的重要使命，承载着总行党委、董事会推动全行体制革新和机制转变的希望。希望你们认真贯彻总行加强风险管理工作的要求，不断开拓创新，为尽快把建设银行建成具有国际先进银行水平的风险管理体系而努力奋斗！

（根据录音整理）

在中国建设银行先进基层党组织、优秀共产党员和优秀党务工作者表彰大会上的讲话

（2006年6月27日）

郭树清

今天，我们在这里隆重集会，热烈庆祝伟大的中国共产党建党85周年，表彰全行先进基层党组织、优秀共产党员和优秀党务工作者。首先，我代表总行党委，向全行各级党组织和广大共产党员致以节日的问候！向受到表彰的先进基层党组织、优秀共产党员和优秀党务工作者表示热烈的祝贺！

近几年来，全行各级党组织坚持以马克思列宁主义、毛泽东思想、邓小平理论和“三个代表”重要思想为指导，认真贯彻科学发展观，团结带领广大党员和职工群众解放思想，开拓进取，艰苦奋斗，发挥了坚强的领导核心作用和战斗堡垒作用。全行广大共产党员立足岗位，勤奋工作，淡泊名利，乐于奉献，在平凡的岗位上创造了不平凡的业绩，展现了新时期共产党员的风采，体现了共产党员的先进性。今天荣获表彰的集体和个人就是全行各级党组织和广大党员的优秀代表。全行各级党组织和广大共产党员要向这些先进集体和优秀个人学习，学习他们开拓创新、忘我工作、争创一流的先进事迹；学习他们始终保持共产党人一身正气、谦虚谨慎、克己奉公的高尚情操，使党的组织和党员队伍更加具有生机和活力。

高度重视和不断加强党的自身建设，是我们党从小到大、由弱到强，从挫折中奋起，在战胜困难中不断成熟的一大法宝。随着股改后成功上市，我行已经进入了一个新的发展阶段。在参与

全球竞争中，我们要克服前进中的困难和挑战，把建设银行建设成为“为客户提供最佳服务，为股东创造最大价值，为员工提供最好发展机会的国际一流商业银行”，必须高度重视党的建设，充分发挥我们的政治优势。我们一定要按照党中央的要求，以提高党的执政能力为重点，以加强党的先进性建设为主题，坚持党要管党、从严治党的方针，全面推进党的建设新的伟大工程，为加快全行的改革发展提供坚强的政治保证和组织保障。

一、深入学习贯彻科学发展观，大力加强思想政治建设

思想政治建设是党的建设的核心。把思想政治建设放在首位，是我们党自身建设的一条基本经验。加强思想政治建设，最重要的是坚持用邓小平理论、“三个代表”重要思想和科学发展观武装头脑。当前，尤其要深入学习贯彻科学发展观。要借鉴先进性教育活动抓好理论学习的经验，采取规定阅读书目、组织中心组学习和开展专题研讨等方式，有计划地组织党员干部进行深入学习。要紧紧抓住领导干部这个重点，引导各级领导干部学在前、用在前，在学习中当模范、做表率。要坚持理论联系实际，积极引导广大党员干部用科学发展观来研究本单位本部门改革发展稳定中的具体问题，不断提出解决问题的新举措、新办法，推动工作的创新和发展。要坚持改造主观世界与客观世界相结合，以科学发展观、正确的政绩观和社会主义荣辱观来加强党员干部的党性修养和思想道德修养。要加强对理论学习的督促、检查，把学习情况特别是运用理论解决实际问题的能力作为考察干部和评价党员的重要内容，推动全行理论学习的深入开展。

二、以提高领导能力为重点，大力加强领导班子建设

建设国际一流商业银行的目标能不能实现，我们能不能在激烈的竞争中始终立于不败之地，关键要看我们能不能把各级领导班子建设好。如果这个问题解决得不好，我们就很难经受住各种困难和风险的考验，难以实现既定的奋斗目标。各级党委要充分认识加强领导班子和干部队伍建设的极端重要性，把这项工作抓紧抓实。要选好配强各级领导班子，尤其要选好配强一把手，优化领导班子的结构，增强领导班子的整体功能。要按照“集体领导、民主集中、个别酝酿、会议决定”的方针，进一步完善领导班子的决策制度和议事规则，把民主讨论、集体决策与明确分工、落实责任结合起来，提高贯彻民主集中制原则的水平，不断增强领导班子的团结和活力。要改进领导干部的培训方式，提高培训工作的针对性和有效性，进一步加大对领导干部的培训力度，不断提高领导干部的素质和能力。要积极推进总行各部门之间、总行与各分行之间和各分行之间的干部交流，在交流中考察和锻炼干部。要做好后备干部队伍的调整充实工作，特别是要充实一批近期能够进班子的优秀后备干部，发现一批适应中长期领导班子建设需要的更加年轻的后备干部。要进一步深化人力资源管理改革，切实转变领导班子和领导干部的管理方式，围绕职责管理这个中心，建立健全领导干部的评价、任用、考核、监督、奖惩制度，强化工作问责制。要根据中央的统一部署，继续深入开展以“政治素质好、经营业绩好、团结协作好、作风形象好”为主要内容的“四好”领导班子创建活动，推动全行领导班子整体素质的提高。

三、着眼于增强凝聚力和战斗力，大力加强基层党组织建设

党的基层组织是表现党的全部工作和战斗力的基础。基层党组织建立在基层，同广大职工群众有着广泛的、直接的联系。我们一定要坚持围绕中心、服务大局，拓宽领域、强化功能的总体要求，进一步加强基层党组织建设。随着改革的深入，全行管理体制和组织机构将发生重大的调整和变化，要按照“有利于业务工作开展、有利于党组织的管理、有利于党员参加组织生活”的原则，积极探索和创新基层党组织的设置形式，及时建立健全基层党组织，不断扩大党组织的覆盖面，努力做到：哪里有机构，哪里就有党的工作；哪里有党员，哪里就有党的组织。要结合巩固和扩大先进性教育活动成果工作，进一步完善基层党组织的各项制度，保证基层党组织功能的正常发挥。要引导基层党组织紧紧抓住业务经营这个中心，进一步解放思想，理清发展思路，抢抓发展机遇，解决发展难题，增强发展优势，提高发展能力，团结和带领职工群众积极完成各项经营任务。要进一步规范基层党组织的工作程序，改进基层党组织的思想、政治、组织领导的方式，找准工作的着力点，更好地适应股份制改造后全行各项工作

的需要。要根据基层党组织的不同情况，加强分类指导，对处于先进、中间、后进状态的基层党组织，分别采取不同措施，有针对性地做好工作。要继续广泛深入地开展以“创建先进基层党组织、争做优秀共产党员”为主要内容的“创先争优”活动，推动全行基层党组织整体建设水平的提高。

四、以保持党员先进性为核心，大力加强党员队伍建设

党员是党的肌体的细胞和党的行为主体，党的先进性最终要通过每个党员的先进性体现出来。我们全行共有 134 370 名党员，其中，在职党员 99 462 名，在职党员占全行在职员工总数的 29.8% 。党员是我们各单位的骨干。把这支队伍教育管理好了，作用发挥好了，就能有效地带动全行各项工作的开展。去年，根据中央的统一部署，我们分两批在全行系统广大党员中开展了保持共产党员先进性教育活动，广大党员经受了一次深刻的党性锻炼，思想政治素质有了明显提高，但与保持先进性的要求相比还存在差距。因此，各级党委要继续高度重视加强党员队伍建设。要认真做好党员发展工作，在保证质量的前提下要进一步突出发展重点，特别要加强在基层一线、青年骨干和女职工中发展党员工作，高度重视做好在短期劳动合同员工和劳务派遣制员工中发展党员工作，努力改善党员队伍的结构和分布。要认真落实“三会一课”制度，对党员实行严格教育、严格管理和严格监督。要以提高党员素质、增强党员意识为重点，认真抓好党员的学习培训，帮助党员进一步坚定中国特色社会主义信念，提高党员立足本职岗位发挥先锋模范作用的能力。要大力推广建立“党员责任区”、“党员先锋岗”、“党员示范岗”等活动，为党员发挥作用提供载体和平台。要认真贯彻《中国共产党党员权利保障条例》，尊重党章规定的党员各项权利，发扬党内民主，不断提高党员参与党内事务的热情。要建立经常性地了解党员学习、工作、生活情况的制度，通过谈心、走访、慰问、解决实际问题等方式，为党员的学习、生活和工作提供服务。要积极开展民主评议党员活动，大力表彰优秀共产党员，严肃处置不合格党员，保持党员队伍的纯洁性和先进性。

五、坚持从严治党的方针，大力加强党风廉政建设

加强党风建设和反腐倡廉工作，对我们银行来讲具有特别重要的意义。各级党组织要认真贯彻今年 3 月召开的全行纪检监察工作会议精神，进一步加大党风建设和反腐倡廉工作力度。要进一步加强对各级领导干部的廉洁从业教育，增强领导干部合规经营意识、廉洁从业意识、勤勉敬业意识、诚实守信意识，打牢拒腐防变的思想道德基础。要加强对领导干部在资金运用、经营管理、招标采购、收入分配和选人用人等重大问题上的监督，完善对权力运行的监督制约机制。要进一步做好对一级分行的巡视工作，加强对一级分行领导班子及其成员的监督。要严格落实案件防查责任制，加大案件责任追究力度，按照《中国建设银行工作人员违规行为处理办法》和《中国建设银行领导人员问责办法》等有关规定，严肃追究领导干部、管理人员和经办人员的责任。要加强信访工作，对内容具体、线索清楚特别是署真实姓名等可查性强的信访举报，要组织力量认真核查。要建立健全预防和处理群体上访的工作机制，对群体上访苗头要按照中央“发现得早，化解得了，控制得住，解决得好”的要求，努力把问题解决在基层和萌芽状态，维护全行稳定的良好局面。

加强党建工作，是一项长期的战略任务，是全行的大事。各级党委对此一定要高度重视，纳入重要日程，抓在手上。特别是党委书记要切实负起第一责任人的责任，经常过问党建工作，推动党建工作的开展。

同志们，再过几天就是我们党 85 周年生日了。我们要以纪念中国共产党成立 85 周年为契机，以这次表彰的先进基层党组织、优秀共产党员和优秀党务工作者为榜样，进一步认清形势，振奋精神，增强信心，努力工作，把建设银行党建工作提高到一个新的水平，为把我行建设成为具有国际一流水平的现代股份制商业银行提供坚强有力的组织保证。

在"学业务、比服务、创品牌""95533"客户服务业务知识竞赛上的讲话

（2006 年 7 月 19 日）

郭树清

同志们：

今天我们在这里举行"学业务、比服务、创品牌""95533"客户服务业务知识竞赛。这个活动非常好，举办得非常成功。在此，我代表总行党委、董事会、监事会和高管层向你们表示衷心的感谢！

"95533"是我行一个非常重要的窗口，也是一个非常重要的服务平台，是 8 小时以外我行唯一的人工服务窗口，它的作用会越来越大。随着现代生活和金融服务业的发展，越来越多的客户知道通过电话这个便捷的途径来办理银行业务，特别是银行业务咨询、投诉和求助处理等问题。

目前，全行从事客户服务工作的队伍已达 1 500 人。这个队伍对过去几年我行电子银行业务的发展和客户服务业务的发展发挥了巨大的作用。在这里特别感谢从事"95533"客户服务工作的同志们，你们辛苦啦！

借此机会，我想强调几点。

首先，"95533"客户服务这项业务还处于大发展的时期，电子银行业务也需要进一步发展，我们每一个人、每一位同志都肩负着非常重要的任务。我祝贺大家在电子银行业务的发展中取得的成绩，也祝愿大家在今后的工作中得到更好的发展。

其次，"95533"客户服务是一项非常辛苦的工作，面对的是千家万户、各种各样的客户。有的客户说话口音比较清楚，有的说话就不那么好理解，带着浓重的地方口音；有的客户耳朵不太好使，我们的同志说了很多遍都没听清楚；还有的客户比较挑剔，有时我们的同志解释了一遍又一遍，客户还是不太满意。大家在工作中承受了很多委屈，但我们的同志能以大局为重，以建行的利益为重，不顾个人工作的辛苦，不管个人受多大的委屈，都能够耐心细致地解释，这种精神是全行都应该提倡的，是值得全行员工学习的！

最后，"95533"客户服务工作不是简单地接听电话，"95533"的员工应当全面掌握银行业务、精通业务知识。坦白地说，今天赛场上的很多问题我是答不上来的，恐怕很多客户经理和产品经理也不一定能答得上来。"95533"客户服务工作要求是非常高的，大家需要付出艰苦的努力，需要学习并掌握这些服务的本领。你们今天奠定了很好的基础，在今后的职业生涯中就会有更好的发展。不是说一辈子都干座席员这一项工作，但是树立长期从事这项工作的思想准备也是必要的。我认为，做这项工作是非常光荣的，也是非常幸福的。

我希望从总行层面开始重视这项工作，重视这项业务，重视这个岗位，给予"95533"战线上的同志更多的精神鼓励和物质鼓励。对于表现特别优秀的员工，应该考虑授予建设银行特殊贡献奖。获特殊贡献奖的范围应该包括"95533"战线的同志。请大家放心，总行党委、董事会、监事会、高管层一致认为这项工作是非常重要的，对大家的工作是充分肯定的。

（根据录音整理）

建设银行要成为国内领先的创新型银行

——在中国建设银行分行行长夏季座谈会上的讲话

（2006 年 7 月 25 日）

郭树清

当今世界，科技活动和企业经营都在飞速变化，一个再优秀的企业，如果不能创新，也只能消亡。对中国的商业银行来说，创新的要求更为迫切，任务也更为繁重。首先是体制创新和制度创新，同时也必须进行产品、技术、流程的创新。体制改革和机制转换是我们历次会议的主要内容。关于流程问题，我们去年已经反复讨论，有些改造已经启动，这次会后还要举办专门的质量效率管理研究班，流程再造将会成为我行的重点工作，也会成为不间断的工作。管理技术问题，包括风险控制、关键业绩指标、经济增加值，我们也多次涉及并逐渐落实到改革实践中。这次会议，我们重点讨论产品创新问题。

一、为什么产品创新刻不容缓

强调产品创新，起因于我们面临的宏观经济政策环境、同业竞争态势以及自身战略的调整，根源于上市后建设银行面临的机遇和挑战。我们的内外部环境正在发生着深刻的变化，这要求我们必须加快产品创新的步伐。

（一）中国经济的增长带动金融需求快速升级

从 1995 年到 2005 年的 10 年间，中国经济持续高速增长，年均增长率接近 10%。经济增长的速度比我们想象的要快，使我们有措手不及之感。2005 年中国 GDP 总量已经列世界第四位，成为对世界经济影响最主要的国家之一。人均 GDP 达到 1 703 美元，如果按照购买力平价计算，已达到 5 000 美元左右。中国经济正在经历从量变到质变的过程，主要表现在四个方面。

一是工业化进入新的阶段。2005 年全国工业增加值 8.6 万亿元，占 GDP 的比重为 47.3%，远远超过农业的 12.4%，说明我国的工业化正在进入中后期。伴随着行业结构的变化和国内外市场竞争的深入，相关的金融需求日益多样化和复杂化，企业对融资、贸易、分销、资本运作等方面的金融服务要求远远超过几年前的想象；中小企业、民营经济、新兴行业等的兴起，更需要银行等金融机构持续不断地降低交易成本和信息成本。

二是城市化进程加快。过去的二十多年间，中国的城市化率由 20% 左右提高到 43%，但仍显著低于世界同等国家水平。今后 10 年是我国城市化进程的重要时期，必将大大带动相关金融产品发展。城市基础设施建设的加速，养老、住房、医疗、教育、文化、体育以及其他消费需求的不断升级，产生大量新的金融服务需求。长三角、珠三角、环渤海等经济发达地区，城市中产阶层的消费力量正在形成，消费习惯和消费方式正在急剧发生变化。未来一些年，将是消费信贷类产品和理财类产品发展的黄金时期，有可能实现爆炸式增长。

三是市场化的影响更加深远。商品、服务和资本、土地、外汇的市场化速度不断加快。市场化使金融的触角深入到生产、生活的各个角落，极大促进了金融产品创新。尤其是未来几年利率和汇率改革的加速，将对商业银行的盈利模式和利润结构产生实质影响，客户规避利率风险、汇率风险的需求将大幅增加，银行理财的手段和渠道也会相应增加，对银行创新提出很高的要求。

四是国际化影响扩大。2005 年中国进出口总额达到14 221 亿美元，与 GDP 的比例为 64%，成为全球第三大贸易国。企业对外直接投资和居民出境旅游支出也出现了飞跃式增长的势头，中国的企业、个人正以前所未有的速度进入国际舞台。伴随着外向型经济的发展，银行客户的需求也越来越显现出多样性和复杂性。

客户的境外融资和顾问需求，贸易融资需求，外汇避险、外汇理财需求成倍增加。这些都将成为银行产品创新的重要推动力量。

总之，工业化、城市化、市场化、国际化的发展把经济的结构、规模提升到更高水平，把客户的需求推向更高层次，要求我们不断进行产品创新，适应经济运行方式的深刻变化，把“以客户为中心”真正落到实处。

（二）资本市场的超常规发展使我们面临重大机遇和挑战

目前，中国的股票市值大约为5万亿元人民币，占GDP的比重不到30%，而美国、日本、英国等金融市场发达的国家已达到100%以上。2005年中国的直接融资比例仅为9%左右，比起美国的59%，日本的41%，韩国的45%，有着较大的差距。中国的资本市场未来将会高速发展。前不久中行上市，中国股市市值立即上升了20%，工行上市后预计市值也会大幅度攀升。资本市场徘徊调整了大约四五年，最近几年通过实施股改、整顿、监管加强、制度规范、法制落实等措施，现在到了一个历史性的转折关头，很快会出现大踏步的发展。大量企业已等待多年准备上市，一大批优质蓝筹股也将相继上市，中国股票市场的市值在未来几年很有可能翻番前行。债券市场的规模扩展也很快，去年人民银行推出了企业融资券，一年发行了2 800亿元。

资本市场的发展有其合理性和客观必然性。所谓的脱媒化，有两方面的含义：一方面，我们的资产方，即贷款客户中最优质的群体，比如中石油、中海油、中国移动，它们的信用评级与我们差不多，可以在资本市场以低于银行贷款利率获得融资，这在国际上也是一个通常现象。随着商业票据发行以及股市债市融资便利程度的提高，未来银行贷款只是企业若干融资渠道之一，大企业纷纷去资本市场融资的趋势还将继续。另一方面，我们的负债方，即存款客户的金融意识在日益增强；不再满足于存款的低收益，而愿意寻求高收益的理财产品。

金融脱媒化给我们带来两个挑战：第一，大企业需要的银行贷款少了，我们给它们提供什么服务，才能留住这些客户？第二，银行的钱不贷给大企业了贷给谁？对于这两个问题，我们应该从以下两个方面着手：一是要积极介入资本市场业务，加大投资银行、理财产品等的发展力度，满足客户直接融资需求。国外银行已经经历了这一变化，哪些银行能够积极应对资本市场的发展，哪些银行就能在竞争中保持不败。2005年，投资银行相关业务占全部收入的比重花旗集团为34%、美国银行为16%、巴黎银行为29%、德意志银行为62%。二是要深入研究中小企业贷款和个人消费贷款，为资金寻找新的出路。要通过流程和服务的创新，为客户提供更好的融资便利，降低融资成本，提高它们对银行融资的依赖度。由于中小企业贷款和个人消费信贷的贷款利率较高，如果控制好风险，贷款收益比较可观，很可能在今后几年成为我们利润的增长点。

资本市场的发展既是机遇，又是挑战，抓好了就是我们业务结构调整的重要机遇，抓得不好对我们来说则是一个很大的威胁。如果不争第一，就有可能落为最后。

（三）同业竞争的加剧要求我们加快创新步伐

近年来，金融市场日益开放和活跃，使银行面临的同业竞争越来越激烈。到今年12月11日，中国加入世界贸易组织承诺的五年过渡期就要结束，外资银行可以全面地经营人民币和外币业务，不再受地域和客户的限制。外资银行是有备而来，竞争必然加剧。客观地说，外资银行产品研发能力比我们强得多，尤其是在投资银行、理财、现金管理等高端产品方面。以理财产品为例，花旗、汇丰等外资银行拥有数十年成熟经验，已形成一套完善的设计、生产、销售流程，每年可以推出数十个与股票、货币、利率、信贷、商品、衍生产品等挂钩的产品，产品储备则达到几百个，能满足客户的多样化需要。而我们的理财产品近两年刚刚起步，至今只推出了“利得盈”、“汇得盈”等少数几期产品。我们只有不断地提高产品创新的能力，充分发挥自身优势，才能抵挡并战而胜之。

国内银行竞争也非常激烈。工行、中行、交行、招行都有自己的拿手好戏。中国银行的资产规模和我们差不多，上市以后，其资产收益率、股本回报率都比我们低得多，但股票价格和我们差不多。一个重要的原因，就是市场认为其收入来源多元化，中国银行在境外拥有很多机构，收费收入占比较高。在备受关注的信用卡业务领域，几个月前招商银行双币种贷记卡发卡量突破了500万张，已经把我们甩在了后面。我们的产品创新状况如果不能有效改观，将逐步丧失在中高端客户市场的竞争地位。

证券公司、保险公司、信托公司、租赁公司、基金公司、汽车金融公司等非银行金融企业的快速成长，也占有一定的市场份额。比如，我们的理财产品除了要和银行同业竞争外，也要和证券公司、保险公司、信托公司、基金公司的类似产品竞争，甚至非金融企业也在想方设法进入银行的传统领地。目前一些药店已经开始办理代收费业务，包括水费、电费、煤气费、电话费等，实际上是把银行的一部分功能替代了。

在激烈的市场竞争面前，不是要不要创新的问题，而是创新够不够快的问题。产品创新如果跟不上市场竞争的节奏，就会被市场淘汰。“快鱼吃慢鱼”的现象不仅存在于高科技企业，同时也存在于金融行业。

（四）建设银行业务结构的转型对产品创新提出了新的要求

低风险、稳定增长的收入结构，是银行长期价值得以实现的基础。建设银行上市路演时，国际投资者极为看重的，不仅是过去几年我们的高额利润和丰厚的股东回报，更看重的是国内潜力巨大的收费业务市场。

目前我们的收费业务还存在很多不足。首先，非利息收入占比过低。目前收入结构中存贷利差仍占90%以上，非利息收入占比不到10%，与国外银行差距很大。根据2005年年报数据，苏格兰皇家银行收费类收入占全部收入的62%，汇丰银行占49%，渣打银行占37%。受制于我们的市场，我们的业务结构不可能与它们一样，但90%靠存贷款吃饭，肯定是不行的。其次，收费业务收入比较单一，大部分是依附于存贷业务的结算、代理、承诺等收入。再分析一下我行的战略投资者美国银行，2005年其收费类收入占总收入的一半左右，其中账户服务收入占24%、信用卡收入占34%、经纪业务收入占5%、投资银行业务收入占12%、资产管理收入占8%，其余占17%。利润呈多元分布。最后，与国内同业比我们也不占优势。近年我行收费业务实现了超常规发展，今年上半年增速达到了57.89%，但就市场份额而言，相对工行和中行，我们还处于劣势。

强调风险防范，保持稳定成长、审慎经营，必须调整业务结构。首先，是分散风险的需要。单一依靠存贷利差的收入，使银行发展很大程度上受制于借款人财务状况，形成巨大的系统性风险，2003年和今年宏观调控的影响就是极好的证明。其次，利率自由化后存贷款利率将迅速向市场利率靠拢，银行传统依靠存贷款利差作为收入主要来源的盈利模式将受到根本性挑战。商业银行只有加大力度发展收费业务，才能使整体业务不受到大的冲击，使股东利益得到有效保护。再次，从维系客户的角度看，收费业务主要依靠增值服务取得收入，收入稳定性高，而且容易与客户开展多方面合作，提高客户忠诚度。最后，是应对同业激烈竞争的需要。国内收费业务市场的发展前景被境内外同业一致看好，在未来的竞争中得收费业务者得天下。如果现阶段我行不能通过产品创新及时提高市场竞争力，市场将会抛弃我们。我们有些分支机构的管理人员，认为收费业务拓展初期投入成本高，即期贡献少，不如贷款业务直接有效。这种缺乏远见、忽视市场变化的观念必须改变。

业务结构的转型绝不是一朝一夕的事。当前，我们的收费业务产品品种还不够多，不但制约了收费业务收入的提高，而且影响了股东价值的提升。因此，我们必须加强收费业务产品的创新，加快收费业务的发展，从总行到各部门到各分行都要从建行发展的大局出发，真正负起责任来。

综上所述，我们面临的经营环境正在发生着深刻的结构性变革。市场在变，客户在变，需求在变，要求我们的产品也与时俱进。我们强调创新，就是为了适应这些变化。

近年来，国家法律法规、政策环境的变化以及金融监管的逐步放宽，为我们的创新提供了巨大的空间。2003年、2005年，《商业银行法》、《证券法》的先后修订，为商业银行的综合化经营留下了空间。在综合化经营正式破题之前，产品的渗透已经发生，各种资金资本市场类产品，例如企业短期融资券、资产证券化、个人理财业务、代客境外理财业务等金融新品种在政策引导中相继诞生。与此同时，监管部门的态度也正在向鼓励探索、积极试点的方向转变。去年10月，银监会专门成立了业务创新监管协作部，目的是在有效监管、防范风险的前提下，促进银行业的金融创新，提高国际竞争力。建设银行应该抓住有利的政策环境机遇，积极加快产品创新。

二、建设银行需要什么样的创新

前几天，美国排名前三位的银行，花旗集团、美国银行、摩根大通银行，先后公布了第二季度的季报。我们的战略合作伙伴美国银行主要依靠信用卡业务的大幅增长，第二季度税后利润达到54亿美元，超过了花旗集团的52.6亿美元，成为美国盈利能力最强的金融集团。摩根大通银行的第二季度税后利润达到了35.4亿美元，其中投资银行产生的利润占23.7%、零售金融服务占24.5%、信用卡占24.7%、主要针对公司企业的商业银行业务仅占8.0%、国债和证券服务占8.9%、资产和财富管理占9.7%、其他占0.5%。可以看出国外先进商业银行的主要利润来源已不再是传统的存款、贷款，而是新兴的投资银行、信用卡和零售金融服务。

当然，我们的情况和欧美发达国家有些不同。在欧美，基础设施、房地产早已经过了大发展时期，而在中国这些项目的投资正方兴未艾。建行的基建贷款等传统优势产品还可以维持一段时间，没必要现在就砍下来。但要充分意识到银行业务未来的发展方向，做到未雨绸缪、防患于未然。具体而言，建设银行下一阶段的创新重点应该放在以下五个方面。

（一）为公司客户提供综合化的金融解决方案

我们要根据不同客户的不同需求提供不同的产品和服务。大企业有多元化的产品需求，银行要站在企业投资、融资、运营和财务管理的角度，为企业设计一揽子解决方案。这方面我们已经有一定基础，比如说重要客户服务系统，但还不够。要调整以往只提供单一产品的思路。企业特别是大企业迫切希望得到一个综合性、多样化、低成本的融资方案。过去企业只有银行贷款一个融资途径，现在就需要我们帮助其设计发行长短期债券、引进战略性投资者、发行股票等。我们要从大企业、中型企业开始，对客户进行排队梳理，提供综合性的投资、融资、现金管理等服务。如果做不到，就首先从融资方案着手。另外对企业来说，套期保值等汇率、利率避险工具的应用也非常紧迫。我们自己就深有体会，我行的外汇风险敞口为四五十亿美元，一年下来损失很大，人民币升值3%，我们的损失就是12亿元人民币。创造12亿元利润谈何容易。企业在这方面的需求和我们一样。因此，我们一定要研究如何提供避险工具。

中小企业由于缺乏资源和专门知识，倾向于使用组合产品、捆绑式的产品。例如，对于产品主要出口境外的中小企业，把外汇风险管理和有特色的现金管理服务打包，就能受到它们的欢迎。事实上，很多成功的产品并不一定是复杂的产品，而是在某一时期符合了某类客户切身需要的产品。这一领域建设银行相对比较落后，我们的“产品套餐”、“产品包”太少。我们不能像国外银行一样推出那么多新产品，企业目前也不需要，关键要适应市场需求。

今年4月份以来，总行召开了三次产品座谈会，我也进行了实地调研。从调研情况看，近期要从租赁、信托、产业基金等领域取得突破。银监会要求我们马上成立租赁公司，以适应12月份人民币业务对外资银行全面开放的形势需要。这三个领域都是成熟的金融市场中不可缺少的环节，是各具独特功能的金融工具。如果能够有效使用，可以极大地拓展我们产品创新的空间。最近我拜访了我行的重要股东和大客户国家电网，也走访了西安航空集团。它们都提出了要我们提供租赁服务的要求。例如，国家电网要求为它提供一个租赁方案，希望由我们建设变电站等设施，租给它们使用。这种操作对它们的好处，就是提高实际融资能力，满足快速发展的要求；对我们的好处，则是可以降低贷款的规模和比重，减少风险。当然这里也有很多风险点需要控制。又如，最近几年房地产开发项目普遍缺乏资本金，如果我们为它设计一个信托产品，既可以解决房地产项目资本金不足的问题，也可以为我们的客户提供更多的理财产品。这些领域都值得我们深入研究。在综合化经营取得突破之前，可以通过与信誉良好的信托公司、租赁公司建立战略合作关系，共同为客户提供服务。

政府机构也有大量新的需求，比如在农村基础设施建设中，有一些非公益性、具有补偿机制的项目，我们可以介入。最近上海提出建设新郊区、新农村。对大城市的郊区、经济比较发达省份的农村基础设施建设，商业银行是完全可以介入的。还有土地储备、教育助学，以及文化场馆、博物馆等公益性设施，也是我们机构业务需要研究的。对于既能够满足需求又能够控制风险的，我们就要积极探索。

（二）投资银行业务必须迎头赶上

在投资银行方面，建设银行过去还比较领先，成立了中金公司。但目前在几大银行中，我们几乎落到了最后，中行、工行、交行在香港都有比较庞大的机构。投资银行业务由于资本市场的发展，潜力很大，有可能未来成为我行一个重要的利润增长点，带来丰厚的回报。这方面也有一系列问题需要研究。

商业银行开展投资银行业务具有其独特的优势。我们在长期经营过程中形成的资金实力、客户资源、机构网络、信誉等优势，是其他金融机构所无法比拟的，为我们开展直接融资、兼并收购、财务顾问等投资银行业务带来得天独厚的便利。同时，我们与企业有密不可分的天然联系，对企业的经营状况、管理水平、市场前景、财务状况等情况了如指掌，完全可以利用这种优势主动参与企业的各种金融活动，积极拓展投资银行业务。此外，我们在银团贷款、短期融资券、资产证券化、财务顾问、项目融资等多项业务方面已经很有基础。作为第一家上市的国有商业银行，我们拥有一定资本市场运作的经验和知识，这些都是我们开展投资银行业务的优势所在。

最近，我们成立了投资银行部，目的是要利用我们良好的网络和客户基础，为投资者、融资者提供全面的服务。在中国资本市场大发展的背景下，我们应当把为证券投资者、筹资者、券商、交易所及其他中介机构的服务，包括证券发行、证券交易、融资融券、委托—代理等一系列的服务，作为今后一段时期内产品创新的重点。

我们的投资银行业务要取得成功，还需要在管理模式上进行适当的创新。一是必须充分利用全行优势，整合内部资源。包括网络、客户、分销力量、信息、相关业务基础。二是在时机成熟的情况下建立独立的专业平台，以突破体制、机制和监管方面的限制。三是系统内的组织体系要打破多层管理、分散经营、各自为战的模式，还要形成产品经营单元和利润中心，理顺与其他业务条线和分行的关系，实现一体化经营和联动交叉销售。

（三）为个人客户提供理财服务和消费金融产品

在个人金融领域，随着客户的不断成熟，客户分层的不断明显和细化，银行的发展重点要从单个的消费者逐步转移到以家庭为中心的服务上来。因为住房、汽车、教育等主要金融需要总是以家庭为单元作出规划和财务安排的。这要求我们站在家庭客户立场上作出相应产品和服务安排，实现理念的更新。

产品创新的方向之一是针对家庭财产的积累和增值提供有特色的理财产品，包括与股票、货币、利率、信托等市场工具挂钩的理财产品。近期以满足高端客户为主，随着产品的丰富，可以扩展到中端的大众富裕客户。近两年，我们陆续推出了几期“汇得盈”和“利得盈”产品，市场反响良好，产品供不应求，客户普遍希望我们能多推出类似产品。理财产品的研发，应该作为今后几年创新的重中之重，一定要下力气抓好。

需要强调的一点是，从银行业总体来看，发展理财产品对存款的冲击是有限的，只是造成存款账户结构、期限结构的变化，或存款在银行间的转移，对整个银行体系的货币创造过程，对存款总量不会有实质性的影响。能够从存款市场中多分得一份的，应该是那些积极推出好的理财产品、不断满足客户需要的银行，而不是因为害怕存款流失而不去销售理财产品的银行。对此，我们一定要有清醒的认识。当然，对于个别分行、个别网点、个别客户经理来说，销售理财产品可能会使利益受到一定的影响。这就要求我们从考核、激励机制方面进行适当的调整，提高我们的分行、网点、一线业务人员销售的积极性。

产品创新的另一方向是作为消费者的银行，通过不断推出信用卡和其他消费信贷类产品，为客户的住房、汽车、子女教育等消费活动提供灵活的信用支持。随着生活水平的提高，居民的消费习惯正在逐渐发生改变。尤其在年轻一代中先消费再还钱的观念正在形成，未来消费信贷市场将有大的发展，存在着巨大的商机。从国外的经验来看，消费信贷市场具有良好的盈利潜力，花旗银行在全球和在亚洲的利润有三分之一是来自消费金融。

今年以来，我们个人客户的消费信贷和理财业务做得不错，有很大的起色，上半年在四行中的占比最高，与其他商业银行相比也很不错。这与各个分行的积极开拓和在产品创新方面的努力是分不开的，需要再接再厉。

（四）加强支付结算和账户服务的创新

支付结算、账户服务是银行最基础的业务，也是我们的服务深入社会方方面面的触角。要加强这方面的研究。首先，要掌握与城市管理、社会管理、政府活动有关的支付结算需求，围绕提高社会各个方面交易的方便性开发新产品。这里我举几个例子，并不全面，有待大家去挖掘，去研究。

例如，交通收费的结算问题。国外大城市为控制汽车的流量，对汽车的出行时间、地段分别计费，目前在新加坡等国际城市就是采取这种方法。我国的有关部门和城市也在研究这种做法的可行性，是否实施还不知道。但是我们应当超前做些研究，力争能够在新政策出台前提出一个好的解决方案。只有这样，才能赢得新的商机，才能引领市场。

再比如，目前国内大量商贸市场交易还是现金交易，实际上对客户不便利，对税务、工商、公安、司法、金融、外汇管理等部门的管理也不便利。其中原因很复杂，既有偷税漏税的问题，也确实有我们银行自身研究不够、服务不到位的原因。

还有，现在具有电子货币性质的卡多得不计其数，实际上替代了银行的部分功能。这是银行市场服务跟不上客户需求的突出表现。所以我们要积极研究消费者的行为、经营者的行为、政府的行为，设计出对消费者、经营者、政府都适用的方案。即使不能引导它们的行为模式，至少要跟上其发展变化，否则我们就要落伍，客户就会自己去开发产品、建设系统。

账户服务类产品也是我们的短腿。美国银行账户服务收入2005年达至79亿美元，占非利息收入的24%，收入相当可观。我们能不能对账户管理收费，这是可以探讨的。关键是不能简单地对每一个账户都去收费。如果我们为客户提供新的优质服务、新的产品，收费就比较容易被接受。比如国外个人账户透支收费很高，美国银行透支每笔收费35美元，还要收利息。但是从客户角来看，账户透支实际上给了客户贷款的便利，也是对客户的极大信任，因此收取一定的费用是能够接受的。有人对建行收费很有意见，主要是由于我们的账户服务太简单，只能提供基本的开户、转账、消户、代付款、代发工资等服务，许多功能还没有开发出来。要尽可能避免在新的服务还没有推出，老的服务也没有改善的情况下，全面提高服务收费而引发社会和消费者的不满。加强账户服务产品的研究和开发，拓展我们的服务收费渠道，也要作为我们下一阶段产品创新工作的一个重点。

（五）积极关注新的消费领域及伴生的新兴业态

随着国民经济快速发展和人民生活水平不断提高，消费需求总体水平高速增长，生存型消费已退居二线，健康服务和精神服务等已逐渐成为消费主流。适应消费市场的快速发展，新的经济业态迅猛发展，教育、医疗、体育、文化、信息、艺术等服务业中个体私营经济蓬勃发展，方兴未艾。服务业相对工业而言，起步较晚，但发展后劲更大。比如医疗服务，2004年在美国占GDP的16%，这是非常惊人的，在我国这一比重也越来越高。这是个巨大的高成长性市场，尽管其构成是大量分散的小型或微型企业或机构。小企业、小机构、个体户、私营业主等都应当进入我们的视野，抓住了这些小企业，就是抓住了中国人的消费趋向，抓住了未来。

小企业创业初期投入资金不足和营运资金匮乏，融资性需求旺盛。但小企业规模小、信用等级低、担保不足，难以满足银行的信贷条件。以牙科诊所为例，北京作为一个医疗发达的地区，每5 000名牙病患者才有一名具有注册资格的牙医。全国人口的龋齿总数约为25亿颗，现有牙医要治疗完所有牙病至少需要200年，可见牙科诊所的社会需求量非常大。我们需要研究如何进入这个市场、挖掘这个市场，提前做好准备。能否考虑与有关单位和人员挂上钩，例如口腔医院、口腔医学院等，开个座谈会，探讨如何共同开发这个市场。牙科诊所只是一个例子，诸如此类的市场机会还很多，如文化公司、健身房、俱乐部、幼儿园、出版社，甚至画廊等。这些业态在发展初期没人关注，无法筹资。其中的问题很复杂，也存在风险点。比如牙科诊所的设备问题、消毒问题等，这些问题我们一开始就要考虑到。这种产业不是大工业，不是制造业，甚至也不是商业，过去我们无法介入，但其增长最快、潜力最大、盈利机会最多，需要我们去发掘。要先行一步，抢占市场先机。服务型、科技型、外向型、专业特色型的小企业是我们主抓的方向，如何评价这些小企业的风险，开发适销对路的金融产品，是当前急需研究的重要领域。

三、如何加快产品创新

加快建设银行的产品创新，应该做好四个方面的结合：

一是产品创新和服务改进相结合。任何产品都只是为客户提供服务的工具和手段。如果我们没有“以客户为中心”的服务理念，不从客户需求出发切实改进服务态度、服务流程、服务方式、服务质量与效率，再好的新产品都不可能取得预期的市场效果。

二是产品创新和机构改革相结合。产品创新需要组织机构具有高度的灵活性和迅速适应环境变化的能力。组织机构的层级化、复杂化，职能部门间壁垒森严，不利于信息的流通，不利于创新活动的开展。这就要求我们积极推动业务单元制的改革，进一步深化管理机构的扁平化改革，为产品创新建立宽松的组织环境。

三是产品创新和流程改造相结合。在提倡产品创新的同时，不能忽视现有产品流程的改造。我们目前不少流程的设计过多地从内部管理方便和风险控制的角度考虑问题，而不是站在客户的角度考虑问题，没有真正做到"以客户为中心"。流程的改造，可以在有效控制风险的基础上去掉一些不必要的环节，多给客户提供一些便利，从而提高客户的满意度和忠诚度。金融产品是一种特殊的产品，很少能获得专利或知识产权的保护，因此，产品的创新可能很快被同业模仿，但流程的创新模仿难度要大得多，是我们保持持久竞争力的有效手段。

四是产品创新和风险控制相结合。建立全面风险管理，提升风险控制能力，是我行实现发展战略的重要举措之一。但由于产品创新存在难度大、成功率低等特点，应该倡导一种宽松的环境，不宜过分强调风险。传统上，我们因过分强调风险失去了一些创新的机会，也使部分新产品无法满足客户的需要。要在有效控制风险的基础上，鼓励各部门、各分行去尝试、去实践，让创新源源不断地产生出来。

建设银行产品创新工作的中期目标是：深入了解客户需求，把握市场发展方向，有步骤、分层次地改进、扩充和创新产品，形成较强的产品竞争力，在三到五年内逐步形成国内领先的自主创新能力。为实现这一目标，需要从五个方面努力。

（一）有步骤、分层次地组织新产品开发

产品创新是创造性的过程，同时也是在日常经营活动中逐步挖掘和总结提炼的过程，是全行全系统的工作，是各级机构的责任。实际上建设银行的创新工作从未停顿过，但缺乏系统性、专业性和规范化，每个人对产品创新含义的理解并不相同。金融企业的产品创新和其他企业的产品创新一样，也分为三个层次：累进型、扩展型和战略型。累进型创新是指对现有产品的优化和改进，以增加产品的方便性、灵活性和适用性。比如前一段时间，深圳发展银行推出的个人住房贷款的"双周供"，是对还款方式进行了一定的调整，属于一种典型的累进型创新。扩展型创新是银行在已有产品类别中增加了新的品种。比如在已有银行卡类别的基础上，推出专门针对商务差旅用的商务卡，就是属于扩展型创新。战略型创新是产品创新的更高层次，指银行发展出不同以往的新的产品门类，或产品流程和服务方式有了根本性变化。比如把银行业务扩展到证券、保险、信托、租赁等领域就属于战略型创新。按照国外的经验，累进型创新属于最为活跃的创新，一般占所有创新的85%～90%，扩展型创新占10%左右，战略型创新不到5%。

对不同类型的创新应该根据不同的特点，采取集中和分散相结合的方式，有步骤、分层次地组织开发，明确职能分工。累进型创新发生频率高、难度和复杂程度相对较低，这类创新往往要求有较快的市场反应能力，使产品适应快速变化的客户需求。累进型创新如果不涉及信息系统修改，可以采取分散的组织模式，总行各业务条线、各分行都应该负起责任自行组织开发。当然要确保总行的统筹、协调，避免重复开发和资源浪费。扩展型、战略型创新发生的频率比较低，难度相对较高，而且往往涉及向监管部门报批，应由总行统一开发。总行正在考虑机构方面如何落实。公司业务部按产品组织了十个团队，主要负责营销服务的工作，也包括开发工作。个人委也正在筹建个人产品研发中心。公司业务是否也设立研发中心，还需要研究。一种意见主张设立，由两个产品中心分别负责无法归属到现有业务条线的扩展型创新以及所有战略型创新。当然不是说一定要成立一个部门，商业银行应该更灵活地适应市场，最好以任务型团队的方式进行产品开发。

（二）建立全员参与、积极合作的创新文化

总行和分行在产品创新中都必须发挥积极作用。创新不是一件高不可攀、遥不可及的事情，好的产品创意，尤其是累进型创新的创意往往来自基层、来自客户。根据埃森哲的一项研究，银行新产品创意来自各级管理人员的占23%、来自网点和一线营销人员的占48%、来自其他员工的占14%、来自客户和其他渠道的占15%，这是国外的数字，建设银行的情况可能不一样，但确实大量的产品创新都是来自一线。所以，我们从去年夏季行长座谈会开始，就请一线员工、基层网点的同志来参加会议。这次以产品创新为主题的会议又请了一些基层同志来参加，这符合银行产品创新的实际。各分行要利用贴近市场、贴近客户的优势，积极收集客户的需求信息，为建设银行的产品创新提供源源不断的产品创意。事实上，我们的好多创新都是从分行开始的。例如“汇得盈”产品，最初是在上海市分行开始的。要充分调动各级员工创新的积极性和热情，尤其是基层行员工的热情。总行要建立有效的渠道收集来自各方面的产品创意信息，进行必要的整理、总结、提炼、评估，确保信息的有效利用。为鼓励创新，总行要成立专门的奖励基金，对提出好创意的人员进行奖励，对于创意转化为产品，产生效益的，要按照收益的一定比例进行奖励。

建立积极合作的创新文化，产品开发团队不仅要包括产品经理，根据需要还应包括客户部门、支持部门和分行相关人员。支持部门要改变工作作风，变事后审查为过程参与。财务、风险、法律、信息技术、质量效率部门要设立产品创新支持岗位，选拔具备相当经验的人员，积极配合产品研发中心和业务部门研发团队工作，全程参与产品开发工作。

（三）把“以市场为导向”、“以客户为中心”的理念贯彻到创新的全过程

只有能经受市场检验，受广大客户欢迎的产品才是好的产品。产品创新过程中要时刻牢记“以市场为导向”的理念。从产品的可研阶段就应该对未来的销售进行初步规划，在产品开发过程中要逐步细化营销计划、培训计划、资源投入计划，对新产品的市场营销要统筹安排。产品正式投放市场前要进行试点，以接受客户和市场的检验。对于预计市场销售达不到一定水平的新产品可以先储备起来，等时机成熟后再行投放；对于明显不符合市场需要的产品，要坚决退出。改变不尊重市场规律、不考虑成本—收益盲目进行新产品开发和推广的做法。

从2005年倡导“以客户为中心”的经营理念以来，各级行的服务理念有所加强、服务质量有所提高，获得了社会的普遍赞誉。产品开发只有始终坚持“以客户为中心”的理念，想客户所想、急客户所急，新产品才能真正满足客户的需要。美国银行在产品开发过程中设置了“客户之声”环节，通过多种方式向外部客户和内部客户，也就是一线销售人员，了解对新产品的反馈，并根据他们的意见对产品进行必要的调整。这是一种很好的做法，值得我们学习和借鉴。

（四）加强产品创新的规划，建立相应的激励考核机制

要加强产品创新的规划。各产品部门、产品开发中心、各分行要尽快制定出未来三到五年新产品发展规划。要建立产品创新的费用预算，加大投入力度，逐步提高新产品收入占全行营业收入的比重。要尽快建立成本—收益的理念，实现分产品的利润核算，一定要把账算清楚。

要建立有效的考核激励机制，确保全行上下把注意力集中到有利于创新的活动中来。计财部、人力资源部尤其要重视这方面的事情，尽快落实。首先，要加强创新组织、团队和领导人在创新过程中的责任，根据创新所产生的收益对它们进行考核和激励。其次，对创新参与人员进行必要的奖励，通过物质奖励、精神奖励和职务激励等多种渠道，提高创新参与人员的责任心和成就感。最后，实施对新产品销售人员的奖励政策。要认真研究证券公司、保险公司、基金公司等金融同业对销售人员的奖励模式，设计出适合商业银行的新产品销售激励政策。内部资金转移价格和经济资本的制定要适当向新产品倾斜，提高各级行销售新产品的意识和积极性，减少分行和销售人员对“销售新产品投入回报不成比例”或“新产品挤占传统产品收入”的错误认识，促进新产品的销售并拉动创新。

（五）培养一支高素质的创新队伍，全面加强产品创新能力

在知识经济社会，人才是比资本、设备、技术更加重要的生产力要素。要努力建立一支一流的产品开发管理团队，按“六西格玛”的原则对产品创新的流程进行梳理，提高产品创新的专业性，提高产品开发的效率和效益。建立一支专业化的产品专家团队，服务于产品改进、销售、服务和经营管理，各产品线、各分行都要注重产品专家的培养。建立一支高水准的创新支持团队，提高新产品开发过程中市场分析、盈利预测、产品定价、风险控制、信息技术应用的专业水准。要为专职从事产品开发、产品管理、创新支持的专业人员创造顺畅的专业技术晋升通道，使他们把更多的精力投入到产品创新的事业中去。

全面加强产品创新能力。逐步掌握复杂产品的设计、定价、交易管理和风险控制等核心金融技术，培养并造就相关领域高端专业人员自主创新的素质和能力。形成较强的政策研究能力、市场研究能力、快速的市场反应能力和产品投放时机的把握能力。提高产品创新的前瞻性，逐步建立三至五年的新产品储备。逐步形成国内领先、国际一流的具有自主创新能力的银行。

在中国建设银行分行行长夏季座谈会结束时的讲话

（2006 年 7 月 26 日）

郭树清

同志们：

两天的会议很快就要结束了，同志们在会上都做了很好的发言。目前，建设银行无论是内部改革还是市场营销，各方面的任务都很繁重，市场变化也很快。有同志提出，这种季度座谈会要不要开下去？如果照本宣科、讲套话、讲官话，不研究实际问题，这种会议就没有必要。从我们的实际情况来看，采用座谈会这种形式来交流情况、交流经验、交流思想，在将来相当长的时间内仍然是十分必要的。我们要进一步解放思想，适应会议的新形式。充分交流、反映情况。不要怕有什么不同意见，不要怕问题提得多么尖锐，只要是为了工作，就不会挨批评受非议。就要鼓励大家讲真话、讲实话。我们开的是内部会议，要畅所欲言、充分交流。有些问题可能比较敏感，不便在会上讨论，可以通过会下的多种渠道，例如一日三餐、晚上散步，进行沟通和交流。

这次座谈会我们还请了基层的一些年轻同志参加，他们的发言都经过了精心准备，思想很活跃，内容很丰富。建议会后把大家的发言内容采取某种形式在全系统通报一下，比如公布到我们的内部网站上，或者发表在《建设银行报》上。去年的座谈会，我们也请了一些客户经理参加，他们的发言一部分写成文章在《建设银行报》上发表了，一部分可能没有发表。这个问题要研究一下，一方面，要使各位代表在会上介绍的经验、反映的问题在全行最大范围内得以学习、借鉴和讨论；另一方面，也要确保我行商业机密的安全。下面，我着重讲三个方面的问题。

一、关于信贷投放

常行长、赵副行长、朱小黄首席风险官在会上已讲了很全面的意见，我完全同意，这里补充强调三点。

一是正确认识中央实施宏观调控的必要性。最近一个时期，国务院、人民银行、货币政策委员会、国家发改委的会议都反复讲到宏观调控的问题。虽然有一些经济学家对宏观调控的必要性还有不同意见，但是我们认为采取政策措施是完全必要的。从经济增长的速度上看，上半年增长速度达到了 10.3%，这已经是一个很高的速度了。从传统的衡量经济是否过热的几个指标来看，虽然消费物价不太高，但是资产价格中的房地产价格已经很高了。从环境、资源的可持续角度来看，以每年十点几的增长速度，电力消耗的增长就要达到 15% 左右，其他矿产资源、水资源、土地资源都要消耗很大，特别是生态环境加剧恶化，长期下去，确实难以为继。所以说，国家进行调控是完全必要的。我们要充分领会中央实施的宏观调控决策的意图，坚决贯彻中央的精神。

二是注意结构的调整和优化。我们说的调控不是简单地控制总量，更要注意结构的调整和优化。由于各家银行的资本充足率、风险控制能力、资产质量不一样，建设银行各项改革走到前面，相对来说发展得快一点也是符合实际的。但是，也要看到我们贷款增长快确实也有不合理的地方。从去年到今年初的会议我们说过多次，现在还要强调一下。票据贴现业务增长过快，1—5 月份增加了近 900 亿元，占用了贷款规模，收益率也不太高，而且还有一定的风险。流动资金贷款增加了六七百亿元，也是太高。房地产开发贷款的问题比较复杂，各个地方都不太一样，但总体上也是增长得太快。不过一个有利的因素是，我们今年的基础设施贷款和个人住房抵押贷款也相应地增长较快。

三是今年下半年要适当压缩总量，进行结构调整。下半年，要适当增加基础设施贷款，继续保持中间业务、收费业务的快速发展，继续加大国际结算、信用卡、个人贷款等业务的拓展力度。

顺便说一下，今年我们的市场营销广告宣传力度比去年要大得多，但是各地发展还是不平衡。各分行要充分重视这项工作，多动动脑筋，宣传我们的企业文化，宣传我们的产品。

二、如何当好第一把手

关于这个问题，中央有很多文件，中央领导也有很多系统的论述，我们也多次学习过，“如何当好党委书记”、“如何搞好四好班子建设”等，我觉得还必须继续学习，而且要善于结合我们的现实。这次会上印发了毛泽东同志许多年前写的《党委会的工作方法》，请大家认真阅读一遍。结合建行实际，我再讲两个方面的体会。

（一）第一把手需要具备的基本素质

结合我们建设银行实际，第一把手需要具备的基本素质可以概括为五个字。

第一是“正”。古人云：“政者，正也。”作为党委书记、行长，从政治的角度说是政治家，首要的素质就是“正”。具体来说，一是政治思想要正确，要认真贯彻中央的路线、方针和政策，不能有丝毫偏差。二是所在单位的业务要正常，要步入正轨，既要符合市场意志，又要符合法律法规。这不是低标准，这是高要求，很高的要求。三是作风要正派，就是说要为人正直、处事公正。一把手本人要正派，领导班子也要正派。作为一个党委书记也好，行长也好，作风不正派，所在单位正气就树不起来。

第二是“实”。是指诚实、务实、实在、实干、实学，核心是实事求是。这是一把手应该具备的重要素质，特别是在银行系统。银行与资金和数字打交道，要经营，要服务，要创造利润，不能夸夸其谈，不能搞花架子，所有工作必须落在一个“实”字上。

第三是“明”。这是很重要的，就是要有知识、有文化、有思想，要明白事理，明辨是非，做明白人，办明白事。这个不容易。党委书记、行长是一把手，必须要“明”。“明”包括对事物全面的认识，能够把握大局，还包括知人之明、自知之明。做一把手，知人之明和自知之明两个都很重要。没有知人之明怎么当好一把手？没有自知之明更当不好一把手。大家可以结合自己的情况自省一下，如果哪个方面弱一点，必须加以弥补。

第四是“清”。就是清白、清廉，做人要清澈透明。作为一把手这是非常重要的，不清廉就带不好队伍。“清则明，清则刚”，只有自己清，对别人、对下级才有说服力，大家才能心悦诚服。“清生廉，廉生威”就是讲的这个道理。

第五是“稳”。就是稳健、稳妥、稳当、平稳、沉稳，稳扎稳打。商业银行的领导者特别是一把手，要“稳”。如果听风就是雨，不弄清情况和问题，就慌慌张张做决断，就做不到“正”和“明”。另外，“稳”还有一个沉稳低调的意思。我们讲低调，不是说工作不积极、不主动。该上的要上，该说的要说，该宣传的要宣传，但是尽可能地要低调一些，不要突出自己，突出个人。低调行事有利于凝聚人心，团结同志。什么事情调子都唱得很高，功劳都是自己的，错误都是别人的，这就很难团结群众。有一句古话：“长江之为百川之首，因其善低也。”为什么长江是中国最大的河流呢？因为长江比其他的河更低，这是很有道理的。反过来讲，高也是因为低，最高的往往因为原来是最低的。例如喜玛拉雅山很高，但原来是海面，科学的解释是，印度板块与东亚板块相撞后，边缘部分崛起为高峰。

（二）第一把手需要特别注意处理好的八个问题

一是要处理好党委内部成员之间的关系。毛主席在七届二中全会作总结的时候讲了 12 条，讲得非常具体，核心是要贯彻民主集中制。第一条是党委书记要善于当班长，第二条是把问题摆在桌面上，接下来还有互通情报、发安民告示、团结和自己意见不一致的同志、自己不懂的问题要问下级，等等。

毛泽东同志的《党委会工作方法》，对指导我们商业银行党委的工作有特别的现实意义。党委会和行长办公会不一样，行长办公会的特点是行政的、决策的，要有效率，实行行长负责制。党委会内部要强调民主集中制，要把问题摆出来，开会研究、反复讨论，统一认识，形成决议。有一些问题，个别同志有不同的意见，只要时效性不是很强，我们都可以放一放，直到大家的意见基本统一。党委会内部，党委书记、副书记和成员之间必须是平等关系，讨论问题、进行决策，必须是少数服从多数。战争年代，军政机关的党委书记可能需要集中一定的权力，现在是和平时期，我们又是商业性机构，拿到党委会上的事情又多是宏观战略，没必要提“指挥”，必须有更多研讨。

二是要学会全面辩证地分析和处理问题。领导班子每个成员发表意见，总是有一定的根据、有一定的合理性，完全不着边际的情况很少，问题在于一把手怎样全面地把握这些问题，辩证地处理这些问题。事物往往有两面性，只强调其中的一个方面，那就是片面性。复杂事物可能不仅是两面性，往往具有多面性，我们都要把握好。要花大量的时间和精力来认真分析，权衡利弊。不要简单地判定正确或错误，绝对正确和绝对错误在实际中都是很少见的。所以，我们党委会的工作也好，我们的行政决策也好，一定要注意这个问题，不要走极端，不要说绝对的话。否则，不但不能解决问题、不能反映实际情况，而且会伤害同志感情。我们多做比较、多做分析，看事情可能就更全面一些，做决策就更容易一些。所以，我们各级领导班子的一把手，全面地、辩证地分析和处理问题是很重要的，这反映了领导艺术和领导水平。

三是要注意研究把握精神的、情感的、心理的规律。过去我们比较关注自然界、社会的规律，很少强调人的心理、精神、情感的因素。实际上研究把握精神的、情感的、心理的规律，对我们的工作有很大的帮助。所以，就需要有专门的机构研究心理学、搞心理咨询。班子内部闹矛盾很多时候就是因为沟通上有问题，互相不理解，这里面就有心理上的问题，情绪上的问题。这个问题处理不好，小矛盾可能变成大矛盾。要多研究思想感情的问题，加强相互理解，换位思考，设身处地为别人着想。比如一些老同志有不满情绪，除了内部环境、外部环境的变化以外，心理上也有变化，得考虑这个现实，不能采用对待年轻同志一样的办法。又比如告状信，真正反映严重问题的并不多，绝大多数是因为告状的人心理上不平衡、情感上受了伤害。所以，我们提倡大家在研究自然、社会、经济、金融问题的同时，研究一点精神心理的问题。有的人由于工作压力大，各种问题和矛盾没有处理好，情绪得不到疏解，就容易产生心理疾病。因此，对我们的同事，特别是对下级、对部属，要多一点关心、多一点理解，这样工作就容易开展。

四是要创造性地贯彻和落实上级党委的决策和部署。要把保持平稳和创新、开拓与守成、创业与守业、改革与稳定之间的关系处理好，哪一个方面都不能偏废，必须从本部门、本地区的实际情况出发，创造性地贯彻落实上级党委的决策和部署。各地的市场环境、内部管理千差万别，要做好工作，解决实际问题，绝不能照本宣科，生搬硬套。

五是要把做好工作与加强学习有机结合起来。怎么处理好政治与业务、工作与学习的关系？有些员工提出来要出国进修、要脱产读学位，我们是不是都要简单地解除劳动关系？这些问题我们要好好研究。我们现在培养人才，最主要的还是靠自学、在岗学习、在职学习。有条件的，也可以脱产学习一段时间，我看各种形式都可以。我们可以一起研究，看有多大的利弊，是不是会影响我们的工作？是不是会造成人才流失？党委成员、班子成员必须有人经常性地脱岗学习。中央党校每年有一个学习的名额，中组部现在办了很多班，我们的高管、董事、监事都可以去。“磨刀不误砍柴工”嘛！但是不能因为学习的问题闹意见、闹矛盾，更不能影响正常的工作。

六是要正确对待外部条件的变化，增强应对变化的能力。外部的变化每日每时都在发生，上级领导的调整变化、政策的调整变化、市场变化、政府行为方式的变化，等等。这些变化对我们的工作环境、经营环境都会产生重大影响。应对好各种变化，是考验我们一把手领导能力的重要方面。昨天一个青年同志讲新产品创新的时候，提到了要建立危机处理机制。我觉得讲得很好，说明这个同志考虑问题很全面，值得大家学习。我们讲产品创新，不要只看到新产品可以赚钱、可以扩展市场、增加竞争力、提高盈利能力，同时还要看到新产品有一定的风险，因此必须考虑周全，出了问题要有解决的办法，有应急预案。

出了问题是一种变化，出了成绩、出了荣誉也是一种变化。有的人能正确对待错误、对待危机，但是不能正确对待成绩。不幸的事情能够处理，太幸运的事情却处理不了。作为领导，不要被突如其来的胜利冲昏头脑，要防止骄傲、防止自满，这也是非常重要的。特别是一把手，除了自己不能骄傲，班子的人也不能骄傲，要经常保持清醒的头脑。要在名誉、利益、奖金方面甘心吃亏，保持心态平和。

七是要廉洁自律，公私分明。这个问题我们已经反复强调，制定了六条措施，取得了很大进步。再重申一下，领导班子最重要的就是要公私分开，防止利益输送，防止商业贿赂。我们的认识在提高，但是还不够，处理这些问题的自觉性有必要进一步加强。

八是要客观全面地评价每一个人，做到知人善用。作为一把手一定要客观、全面地评价班子里的每一个同志和下级部属。过去都提倡“严于律己、宽以待人”，这也是一个重要的领导方法，是一个领导应该具有的基本素质。对其他同志，特别是青年干部，不要求全责备，要积极善意地帮助他们成长。好多事情自己干也许更顺手，为了帮助他人成长，让他们干一干。可能干得不是那么顺手，花的时间长了一点，出了一点毛病，也是正常的，这个代价也是应该付出的。好多干部工作辛辛苦苦，不放手，不能发挥别人的作用，不能培养干部。有些干部很优秀，干得很好，他一退，业绩马上下来了，原因就是他没有培养别人。这样的同志为建行做了很多的工作，我们非常感谢他，但是如果他能放手培养好年轻干部，对我们的长远事业就更加有利了。

三、关于人才培养

关于培养人才的问题，我们议论过很多次，总行也发了不少文件，但是从现在的工作来说，在各项改革推开之后，我们还是感到人才问题是制约发展的一个根本性问题。产品创新方面，比如一些收费产品、中间业务产品，我们面临的首要问题就是人才缺乏。资金业务方面，我们现在只有八九十人，按国际标准，至少要有八九百人，才有能力做研究，进行专业化经营。在资本市场服务方面，如股票发行、融资融券、基金研究等更需要人才。

（一）我行人才培养取得的主要成绩

最近一年多来，总行党委、董事会、管理层对人才培养非常重视，做了很多工作。关于领导班子建设、人才培养、培训工作，我们反复研究，提了很多意见，人力资源部门和其他部门也做了大量的工作，正逐步走向比较正常的轨道。

一是人才培养、备用结合的机制开始形成。培训工作的力度大大加强，正向国外现代银行培训工作的水平和方向迈进。我们的培训形式多样化，行内外的、国内外的，短期的、中期的，多种形式相结合。特别是对核心人才队伍、对一级分行、部门总经理的培训做得很不错。

二是加大人才引进力度。我们从市场、从境外、从同业引进了大量急需的人才。最近三年，我行从美国和中国香港地区引进了七名总行部门总经理助理级以上的高级管理人才，通过企事业单位调入、国家机关调入、留学归国人员录用的人才共有 240 多人。树立了建设银行引进人才、聚集人才的良好形象，我们对优秀人才的吸引力增强了。最近，还有一些离开建行的优秀干部要求返回建行。

三是加快后备人才储备。目前，我们队伍的后备人才是培养取得了一定的成绩。有一级分行副行级领导人员后备人员 246 人，有一级分行部门级、二级分行支行级后备人员 3 215 人，有二级分支行部门级、县支行行领导后备人员 4 855 人。尽管我们在人才培养方面取得了一些成绩，但是也要承认，我们的人才还是严重不足。领导人才、专业人才都还很缺乏。

（二）人才培养工作中还存在的主要问题

一是人员结构还不合理。为全行创造利润 70% ~80% 的“两洲一海”地区，所占人员比例只有 45%，客户经理和市场营销人员比重过低，会计、稽核人员比例过高。我们 30 多万人中 10% 以上是管理人员，这个结构对不对？我们还要研究。

真正符合实际需要、适应市场变化的专业人才太少了。比如资金管理业务，我们和国际先进银行比起来差得太远，还在粗放经营的阶段，还不能精耕细作，归根到底人才问题是最大制约。要大力发展收费业务、资产管理、融资理财等投资银行业务，要成立合资的保险公司、基金公司、租赁公司，这些都需要人才队伍的支持。

无论是公司业务条线还是个人业务条线，专业人才都比较少。全行客户经理数量，占公司和个人业务条线总人数的比例不足35%。全行划分管理、专业和经办三个岗位，经办人员占36.7%，管理人员占15.4%，专业人员只占8.7%。前、中、后台人员占比分别为66.5%、17.3%、16.4% 前台占比还是很低。前台占66.5%的绝对量看起来也不少，但是20多万人都是经办人员，专业人员太少。在个人条线上，客户经理、大堂经理这样的业务人才占比只有20%。

二是年龄老化的问题。目前，全行员工平均年龄是38岁，而美国银行员工的平均年龄大约是36岁。商业银行的行业性质决定了员工的总体年龄不能太大。这么多年我们都在强调减员，总量上不能不卡死，这样一来，需要的人才也进不来。去年以来，我们的思想解放多了，比如北京市分行去年考虑总行用人需求，安排新进了300多人。我们已经做了很大的努力，但是和我们业务发展的需要比起来，还有一定距离。人员结构老化和知识结构老化是相伴的，虽然我们尽可能让大家都有机会培训、提高、适应新的形势，但是平均年龄低一些，整个组织的学习能力就可以得到提升。这也是个客观规律。

三是培训机制还比较落后。总体上说，我们参考借鉴了很多的国际先进经验，各项培训有很大的进步。但是和国际大公司的培训比较，我们的培训机制还比较落后。国际上的大公司，包括一些非银行金融机构，都有人力资源主管，有的公司甚至专门设置培训主管。我们的培训总体上力度还很不够，需要我们继续努力。

四是人才流失的问题。2003年到2005年，由于个人原因调离建行的人员分别是1 146人、713人和430人。趋势上来看，流失的人才少了，但是也要具体分析业务结构和知识结构，低层次的操作人员和高层次的专业人员不能简单地相加。对于人才流失，我们要建立一个预警机制。人才流失，甚至是整个团队的流失，我们不能不闻不问，无动于衷。外资银行马上就要进来，优秀人才流失会不会更严重，甚至我们的高级管理人员都有可能被挖走，这绝不是危言耸听。在人才问题上，全行上下一定要有危机感、紧迫感。竞争最核心的问题就是人才问题，有没有核心竞争力就看有没有人才。

（三）关于改善我们人才培养工作的几点意见

一是要抓紧干部队伍的专业化。专业化人才，特别是中高级人才，靠自己培养需要一个过程，短期内必须靠外部引进。各个部门要随时了解、把握全行各个业务条线的专业人才情况，及时反映到总行的决策和管理部门。人才培养的专业化，最重要的是怎么把我们现有的员工培训、转变、提高，变成专才。我们现在的人员压力很大，30多万人的格局恐怕不能长久维持，还得分流、还得调整。但是完全采取过去的办法可能也行不通，要多种途径分流人员，除协议解除劳动关系外，能不能和我们的业务发展、市场营销和条线管理结合起来，把大量相对富余的人员转岗去从事市场营销，去宣传产品、宣传服务。要引进年轻的、专业的人才，充实“95533”、信用卡等业务扩展迅速的部门。要加大培训力度，境内的、香港的、美国的、新加坡的和大学结合的等各种培训项目和培训方式，要继续加强。

二是要高度重视员工年轻化，要从领导班子开始年轻化。今年我们对年轻化准备开始采取一些措施，包括一级分行的领导班子、部门班子。总行今年马上要搞新的岗位薪酬改革，改革的力度会很大。借这个机会，部门领导班子和一级分行领导班子要年轻化。我们现在的一级分行的领导班子的平均年龄是50.3岁，还是偏大了。我们恐怕要研究个规划，能不能今后几年领导班子的平均年龄每年都降低一两岁。专业部门、管理部门人员也要年轻化。市场化、国际化竞争日益激烈，我们的老同志要从国家金融事业发展、从建行长远事业的角度，有意识地培养造就年轻干部。但是，不能搞拔苗助长，要考虑工作经历、工作经验、工作能力。

三是人才配置要逐步市场化。选拔任命、招聘、薪酬管理、人员流动等工作要逐步市场化。虽然不能一步到位，但是要加快市场化步伐。首先，要逐步建立起内部的人才市场机制，在我们内部形成正常的、正效应的人才流动，使得人尽其才。当然，不能鼓励伸手要官，两边套利，防止这种现象也不难。其次，加大引进人才的工作力度。今年底，外资银行都可以做人民币业务了，我们面临的竞争压力是很大的。比如说，我们在香港地区聘任的交易员，他的实际收入要超过董事长、超过行长，这在相当一段时间内都是必要的。又比如，对境外事业部、投资银行部的建立，也要有一些特殊的政策，才能把人才引进来。当然市场化并不是说光给钱，市场化的约束也是很强的，要订合同，要有承诺，权利、义务、责任都是对等的。

四是人才培养要起步国际化。我们是国际性商业银行，有外资入股、在境外上市，有很多业务要开拓，人才国际化的要求已经提出来，在人才培养方面要开始国际化。英语能力要逐步加强，逐步提高。对国际经验、国际通行的规则、国际上流行的商业银行业务也都要有所了解。

五是人才开发、人力资源管理方法要科学化。各级党委和人力资源部门要多留心、多学习、多研究，使我们的人力资源管理首先达到国际上最先进的水平，这样我们才能够达到一个国际一流商业银行的水平。

（根据录音整理）

以流程再造实现建行再造

——在“六西格玛”研究班上的总结讲话

（2006年7月30日）

郭树清

同志们：

在盛夏酷暑的季节，天气最热的时候，美国银行专家不远万里来给我们讲课，非常辛苦。在座的诸位也很辛苦，平时工作都很忙，来这里学习意味着要给自己额外增加负担。从我的工作经历来看，这样高层次的集中培训不多见，学习的效果确实很好，很成功。我们全体学员和美国银行的朋友一道，在这里学习了质量管理、流程再造和“六西格玛”方法，这会在我们建设银行历史上写下一个重要的篇章。我和大家一样有许多体会，借此机会谈几点想法，与大家一起探讨。

一、“六西格玛”方法能促进我行管理文化发生革命性的变革

为什么说学习运用“六西格玛”方法是个历史性的转折点，是建设银行历史上的一个重要篇章呢？我认为，这次培训将有可能促使我行的管理文化发生革命性的变革，至少是加快某种革命性变革。

去年我们提出了“以客户为中心”的经营理念，提出要改革体制机制，再造业务流程。今年1月份总行就开始学习“六西格玛”质量管理方法，这次在济南又组织这样的研讨，在全行一级分行行长及总行部门总经理中普及这个方法。这一切都标志着我们的管理思想和实践正开始经历一场重大的转变。“六西格玛”管理方法在美国银行已经得到了成功的实践，从某种意义上说，对我们建设银行可能更加重要，为什么这么说，我讲几点理由。

第一，我们传统的思维方式有许多优点，但是缺乏微观量化分析的习惯，需要在实证和精细化方面获得有益补充。我们中国有非常优秀的文化，非常优秀的哲学思想，我们很骄傲，也值得骄傲，但是我们也有不足。传统的思维方式和思想文化强调天人合一，强调整体性，强调系统性，认识世界的时候，我们更多地强调感悟、体验、想象。当然这并非意味着就不科学，感悟、体验、想象，也是科学的有益的工具。但相比较，西方文化更强调事实、实验、分析、逻辑推理，对一个事物要强调切割、解剖、追根溯源。我们也对单个事物进行分析，也去观察，比如中国传统哲学中有“格物致知”，哲学家坐在一棵树底下，一坐三天三夜，他坐在那里不是观察、解剖，做物理、化学、生物学的实验，他是坐在那里体验、感悟，对细小的事情进行琢磨、推敲。我们

有诸子百家，非常伟大，但是我们不太重视实证科学，形式逻辑也不完整。我们的医学、绘画、音乐、建筑都有非常辉煌的成就，至今影响着人类的文明，但是显然和西方不一样，走的不是一条道路。中医和西医不一样，中国画和西洋画不一样，音乐也不一样，音乐从中国古代开始就强调整体，乐器中的编钟，从高到低是排列的，单个的乐器似乎很少。建筑也不一样，我们讲究对称、平缓、圆润、与环境的和谐，西方更倾向于独立、张扬、挺拔、与上天紧密相接。这些方面，我都不是专家，只是想说明一点，那就是我们与西方文明有不同之处。

总的来说，中西方的思维模式各有所长，不能简单地评判孰优孰劣。但是我们确实更缺乏深入细致、精益求精的观念和精细化操作的作风，我们的传统思维似乎更适合于处理宏观问题、战略问题，更适合于某些艺术，不太适合应对战术性的、细节性的任务。我们办企业、办银行，如果仅仅秉承传统的哲学和传统的思维方式，大而化之、笼统模糊、不甚了了，可能会带来严重的后果。同志们在课下都连发感慨，我们平常想问题办事情很少有美国人这种精神，缺乏连问几个为什么，打破砂锅问到底的精神。可能是因为砂锅很有用，很好看，舍不得打破吧。这当然不是说中国人不能办企业、办银行，过去我们很多钱庄票号办得也很好，很多细节处理得很好，如山西日升昌的汇票，密押天衣无缝，没出过操作风险。不是说我们绝对没有关注过细节，而是从总体上讲我们比较欠缺。而"六西格玛"方法，正好触动了我们根深蒂固的传统思想方式、思维方式。掌握这种方法，形成我们自己缜密的、实证的思想认识和工作习惯，我们的能力就会有质的飞跃。

第二，真正做到一切从实际出发，除了有理念和愿望之外，还必须依赖合适的工具和手段。今天反对实事求是的人是没有的，可能过去也不多。问题在于，每个人都说从实际出发，谁都不会承认自己是主观臆断，每个人可能也确实都抓住了某些事实，抓住了事物的某些方面，或者事实的某个片断，结果是整天争论，意见得不到统一。无休无止地争论，既浪费时间又浪费精力，有的时候还会伤害感情。你觉得你实事求是，我觉得我更实事求是。所以，沟通协调无疑是需要的，但有没有一个共同的、可靠的工具来衡量谁究竟更符合实际，不知道怎么做才是解决争论的关键。

这次学习，美国银行的专家告诉我们，从事实出发，需要具体的事例、证据、数据。在定义和测量的过程中，不是主观判断，以我之心度客户所想。主观想象有的可能对，有的也可能错，还有的可能错得很离谱，"矢之毫厘，谬以千里"。美国银行的专家告诉我们的就是这样一个方法，必须首先倾听客户的声音，客户是怎么说的，客户是怎么想的，有什么要求。昨天我参加了 ATM 组演练，大家都说 ATM 利用率不高，解释的原因五花八门，好像也都是从客户出发的，有的说 ATM 功能不全，功能多才行，不仅能取款，最好还能存款，有的说摆放的地点有问题，不安全，所以大家不敢去使用。这些说法都需要分析，究竟是我们的想法还是客户的想法。客户是否需要你的功能越多越好，这值得怀疑。功能越多，操作越复杂，很多客户害怕，就更不敢使用了。又比如说，过去我们认为 ATM 交易量增长，柜台交易就会减少，其实也是我们想象的。海伦女士说美国银行自助设备交易量增长，网点交易量也在增长，这其中原因很多，但两者不存在简单的替代关系。因为交易种类不一样，小额现金交易确实转移替代了，网点却可能面对更多的咨询或其他服务。总之，在使用科学的工具以后，在我们有数据、有事实的时候，就比较容易统一思想，减少许多无谓的争论。

过去我们在管理过程中，包括我自己，恐怕有时候也是主观臆测的。以前没有数据，也没有"六西格玛"，只能凭主观臆测，没有其他选择。但是我们从现在开始要认识到这个问题的严重性，以后不能再这样去思考，去下结论，去指挥别人。这就是很大的进步。即使某个事情必须当机立断、不能拖延，但是如果没有调查数据的支持，你也应知道这不是百分之百有把握，这和你有完全的把握去做还是会有差别的，至少会留一点余地。

真正做到一切从实际出发，其实是非常难的。外国人总是说中国人缺乏自由，实际上，我们在某些方面的自由度比他们大。我们工作中的人为性、随意性、臆测性太多了，太自由了，这个自由导致了我们不能实事求是。就像我们上班的时候可以穿着牛仔服一样，这在美国政府部门和大银行是不可想象的。所以一切从实际出发，还要克服我们中国人已习以为常的随意性、自由度，这是我们需要认真解决的问题。

第三，落实以客户为中心，从根本上铲除“官商”习气需要有效的途径。与美国银行相比，研究和推广“六西格玛”的方法，对我们来说可能更有现实意义。我们是从一个官办银行、政府机构转变过来的，身上带有或多或少的官商习气。美国银行专家讲解“六西格玛”的定义和测量阶段，给我们讲的是大量的客户之声，它发挥的重要作用、它的调查方法，考虑问题的周密、细致，确实是我们过去没有的。我们也做客户调查，回过头来看一看，很多是很不细致、很不认真的。

在会上具体介绍合作项目的同志告诉我们，美国银行专家指导他们做客户调查时，要求非常严格，时间、地点、人物必须卡死，收集的反映、意见必须原汁原味，不能带任何推断想象，调查人员必须客观中立。

美国银行推行“六西格玛”方法，说到底就是把“以客户为中心”通过业务流程落实到经营管理之中。他们的经验和理念都十分清楚，没有合理的流程，“以客户为中心”是无法真正落实的，不是靠服务态度、精神面貌就能解决质量和效率及市场竞争力问题的。

第四，尊重客观规律，包括主观的认识规律，做事情要循序渐进。办商业银行尤其需要这样。我们“讲效率”，有时候有点“只争朝夕”，早上布置的工作，晚上就恨不得看到结果，毛毛躁躁、急于求成。当然，确实有很多事情不能拖，必须快。但很多事情不能快，想快也快不了，必须有一个过程。这次培训给我们的冲击很大，在跟美国银行专家讨论时，咱们的同志就说了，他们搞个项目怎么要花这么长的时间，九个月，效率太低，我们最多三个月就搞定，甚至三个星期就搞定。这反映出我们之间的文化差异的确很大。他们运用“六西格玛”方法，确实尊重客观规律，尊重人的主观认识的规律。每项事情，都是纷繁复杂的，不是一下子就能把握住主要问题的。我们银行服务方面存在的任何一个质量问题，画一个鱼骨图，这个鱼都可能非常大，甚至比美国朋友们昨天晚上吃的那条很大的鱼还要大。我们吃鱼不能着急，着急就有可能被刺卡着。解决问题也是如此，快慢要适当，既要强调只争朝夕、快马加鞭，又要强调按部就班、循序而行。

另外，这次培训还提示我们，工作方法上要转变。比方说，我们过去在时间精力上的配置是，调查研究像“十月怀胎”，解决问题像“一朝分娩”。可是“六西格玛”告诉我们的不是这样，解决问题没那么快，调查研究也不是那个方法，不是像过去简单地开几个座谈会就算调查研究了，这个方法可能更适合于过去战争年代，也可能更适合于党和政府部门的工作，对银行和企业来说是不够的。对此，要有深刻的改变，决策的准备，决策的制定、执行，以及执行以后的跟踪和控制，都是很重要的，所以，“定、测、析、改、控”这五个阶段一个都不能少。

第五，从部门架构到流程银行是一个组织变革，也是一个组织的革命。这包括扁平化，包括团队、矩阵，打破部门的分割，都非常重要。现在，我们还是部门银行，不是流程银行。就流程而言，要求每一个环节无缝隙，部门之间则要求无边界，这对我们的启发非常深刻，只有这样才是真正体现“始于客户，终于客户”。

从这个角度来看，我们的机构改革、组织调整还有非常艰巨的任务。我们也不可能一步过渡到完全的业务单元制，还需要矩阵式架构，但是，我们完全可以着手建立团队，改善部门之间、上下级机构之间的联系，完全可以加快全行的一体化。

第六，流程再造，质量管理，是一个历程，或者说是没有终点的旅途。银行要不断地发展和进步，实施流程再造、提高质量是永无止境的。道理很简单，流程的内在条件、外在条件，也就是环境因素都会发生变化，客户市场也会发生变化。一切事物都是一个流程，事物永远处于变化之中，所以我们不会一劳永逸，哪个项目都做不到永远，过一阵子我们就要重新研究、重新改革。重要的是要学会这种思维方式，把握这些工具和手段，不断地发现问题、不断地研究问题、不断地跟踪解决问题，并且控制对这个问题的解决过程。对我们已经改进完善得很好的流程也要不断地提出疑问。胡适之写过一副对联，好像是说，做人要于可疑处不疑，这指的是相信群众，当然不能理解为放弃内控；做事、做学问要于不疑处设疑，对待流程恐怕也应这样，对很好的、很完善的也要提出疑问，这样才有一个不断进步的过程，我们的工作才能做好。

二、引进“六西格玛”方法，保证我们的发展战略付诸实施

发展战略的制定很不容易，花了很多时间和精力，但是制定

出来之后往往束之高阁。这在全球企业中都是带有普遍性的问题。《财富》杂志问卷调查发现，被调查的企业中，只有10%的企业真正实施了它们的战略。同时还发现，失败的企业70%不是因为战略本身有问题，而是因为战略的执行，只有30%是战略不对。所以，执行能力是非常重要的，我们的执行就靠在座各位。詹姆斯先生这个讲座里面也提到，他对美国了解的情况是，只有5%的员工了解本公司的战略，60%的公司预算与发展战略是脱节的，发展战略是一回事，而公司预算又是另一回事，85%的高管人员每个月讨论战略问题不超过1小时，一年也就是不超过12小时。我们去年制定战略，讨论的时间多一些，今年研究的许多问题也是战略问题，因此，时间上大大超过这个数字。当然不是说接下来我们就可以不讨论战略问题了。另外，他们发现，只有25%的经理的激励机制与战略落实是挂钩的。我们的情况怎么样呢？这个问题非常值得我们重视。我们的战略不能制定完毕后，与我们的实际根本不挂钩，与我们的考核及工资、奖金没关系。

落实发展战略就要强调落实在业务流程中，识别出核心流程。詹姆斯先生告诉我们，核心流程主要是与战略目标实现关系最密切的流程。这与我们常说的要抓住主要矛盾，道理是一样的。核心流程应具体化，要把核心流程识别出来确实有难度，这个问题必须大家一起来动脑筋，我们建设银行的核心流程是什么？这个问题这次解决不了，把问题布置给大家，下次开会再讨论。要抓准核心流程，落实发展战略。

"六西格玛"有一个方法也是非常重要的，就是画"帕累托图"，"帕累托图"就是20%与80%的定理，这个定理符合中国传统思维，是个模糊数学的概念，非常重要。80%的利润来自20%的客户，20%的问题可能造成80%的麻烦，20%的产品、20%的流程可能会带来80%的收益。还有就是"鱼骨图"，也要求在众多的原因中把主要的原因找出来，永远要抓住主要矛盾。这与毛泽东同志讲的工作方法是一致的，就是弹钢琴，十个指头和一个指头的关系，要抓住重点。所以，从总行的每一个机构开始，包括董事会、监事会都要经常想想这样的问题，我们是否抓住了主要矛盾，是否抓住了主要问题，是不是把时间和精力都放在关键问题上？我们是否存在轻重错位、主次颠倒的问题？对此我其实也很有体会。监事会每次列席董事会后都给我们提一个意见，就是会议的时间太长，有时讨论的问题和银行战略、价值目标不太相关。换句话说，有些时候我们扯了一些鸡毛蒜皮的事。对此，我首先向大家检讨，董事会确实不应当这样，董事长负有责任，但每一个董事也都有责任。每个人的兴奋点不一样，如果你不从大处着眼，抓住主要矛盾，抓住银行战略问题，就会老扯一些鸡毛蒜皮的事。那么，我们的分行是不是也有这样的问题呢？我们下面的机构是不是也有这样的问题呢？我看恐怕还是有的。当然，不能简单化，还要看具体的问题。有的小问题不认真处理有可能酿成严重的后果。例如一个员工上访，你不管，来十个、一百个你才管，这样肯定不行，有些问题是需要及早重视的。

落实发展战略还要发扬打破砂锅问到底的精神，任何事情问了五个"为什么"以后，大概都搞清楚了，就容易准确地解决问题。这一点一定要贯彻到我们的工作中去。

三、实现价值最大化有了工具和手段

除前面讲的识别核心流程以外，"蝴蝶图"的绘制我觉得非常好，唯一困难的是"蝴蝶图"里面使用的统计方法，统计方法的科学性和可靠性如何，客户的满意度究竟是3.2还是2.8，有许多时候要靠大家评分、画勾，可能不好比较，不好硬性评判。但是，"蝴蝶图"给了我们很好的启发，就是所有的事情你先排一排，先从那个效益最大的、成本最小的入手，不要眉毛胡子一把抓。最近我们发生的几起事情在社会上引起了很大的争论，外部有些负面效应，小额账户收费、小额账户降息、跨行查询，我们成了被告。如果我们早知道这些事情，资债部以及其他的部门做做分析，把这个"蝴蝶图"画一画，算一算，究竟这个跨行查询的收益有多少，支出是多少，支出中除了有形支出外，无形支出是多少。现在消费者、社会舆论都在批评银行，对我们的形象损害很大。如果我们能收益几十亿元，倒也值了，问题是没有那么多，跨行查询的收益是很少的，本行查询还是免费的，大部分客户还是到本行查询，现在能收多少钱？当然，跨行查询收费不是建设银行发起的。但是，我们是银联成员之一。资债部的同志回去把这个事再分析一下，把我们启动的收费项目分别都画个“蝴蝶图”，看看利润贡献有多大，学了就要用。

要明白，客户的需求永远不可能全部满足，必须进行排序梳理，分清哪些是根本性的，哪些不是根本性的，哪些是银行能够做到的，哪些是银行不能做到的。比如现金服务方面，小商贩每天收摊时把一袋子零钱拿到银行存款，往那一放，说“我不数了，我相信你”。他自己怕麻烦，但银行必须给他数。第二天早上他又来了，要提款，因为他做生意要拿零钱，存取自由。但是，事实上银行为他提供了额外的服务，包括整理零钱、剔除残币等，不能用存款来涵盖。这是个非常典型的例子。这种服务恐怕你就不好无条件满足他。所以，我们要研究，是否至少有一个门槛的问题。还要强调差别化服务、个性化服务，把差别化服务、个性化服务模式具体化。

另外，每个项目设定它的整体效益，特别是要分主要目标和次要目标，第一目标和第二目标，而且强调在改善第一目标的同时，对第二目标的消极影响最小化。这个构想非常好，这样就能使价值最大化，优化我们的资源配置，特别是人力资源的配置，也可以放在价值最大化中进行。美国银行对员工上岗工作有很多排班、倒班的计划，给我们很大的启发，不一定马上照着去做，因为中国的情况不一样，但是有值得借鉴的地方。比如，我们不管业务量的高峰期、低谷期，都是按一个模式，一个标准来配备人员，从早上7:30一直干到下午17:30，一直是这么多人，而没有考虑交易量的波动。这当然是个通病，调查发现，旅游服务部门就业的员工的休假高峰正好也是其他单位的休假高峰，也就是说正好要他们服务的时候，他们也休假去了。如果别的单位员工70%在7月份休假，旅馆饭店员工也是7月份70%休假，那就麻烦了。

我们建设银行可能也有这样的问题。回去我们研究研究，是否启动一个项目，考虑人员配置问题的改进。比方说，有一些年纪比较大的同志，有些生了孩子或需要照顾家庭的同志，每个人上班5个小时行不行，4个小时行不行，发基本工资，再给一些绩效。我觉得也是可行的，也是可以探讨、试验的。再比方，大量富余人员能不能在给基本工资的同时，让他们做市场营销去，去推销产品，到市场上营销保险，营销基金，营销住房贷款，营销信用卡，然后和完成任务创造的效益挂钩，采取这种灵活就业方式，这个我们得探讨。

还有一个问题，我们利润最大化、价值最大化的取向引起了社会质疑。最近，我看了一篇网上的文章，讲建设银行被《亚洲周刊》评为亚洲最赚钱银行后，有人说你们银行赚的钱都是老百姓的血汗钱。我想大家应该解释宣传，就是我们的银行是高度重视社会价值的，我们赚的钱多，而且我们还要赚更多的钱，但是我们给社会作贡献了。首先，33%的所得税直接进入国库，还有相当于利润12%的营业税也得交，一年合计交税近300亿元。其次，我们要给汇金公司分红，国有股股东分红比例是74%，相当于我们税前利润的20%左右，一年大约为150亿元。最后，未分配利润也是股东的权益，其中74%属于国家，又是150多亿元。粗略算下来，建设银行每挣10元钱，大约8.5元要贡献给国家，贡献给全国人民。此外，我们还有公益事业捐赠，我们刚给5个受灾地区捐了450万元。另外，我们还解决了社会就业。大家应宣传，我们非常重视银行的社会价值，我们赚钱，与社会利益是高度一致的，建设银行赚钱越多，国家和每个公民得到的实惠就越多。所以，可以理直气壮地说，建设银行价值最大化，对全社会只有好处，没有害处。但是我们对有关的收费问题确实要比较，要权衡，不能因小失大，收得客户都发毛了，这是不行的。

四、学习借鉴“六西格玛”管理思想，并不排斥我们学习其他优秀先进的管理思想

借鉴这种科学管理思想，并不排斥我们借鉴其他的管理思想，也就是说，要学习各种优秀的管理思想和方法。没有任何一种科学是包罗万象的、包治百病的或是万能的。这是一和多的关系，是一个相互融合、借鉴、继承的关系。每一种管理思想和方法都是相对的，我们过去讲全面质量管理、XYZ管理理论、ISO9000，这些都是有用的。我们要汲取它们合理的东西，从我们的实际出发，千万不要对立起来。科学不是迷信，不能走极端。过去有种说法，叫做“半部论语治天下”，只要你把《论语》背好了，就没问题了。文化大革命时说，只要我们把毛主席语录背好就行了，看来都不行。对“六西格玛”理论方法也不要迷信，否则势必出

现偏差。事实上，“六西格玛”也不排斥其他的管理方法，其中有很多方法引用了其他优秀的管理思想。我要特别提醒大家，不要把“六西格玛”管理简单化、庸俗化，这本身就违反了它的科学本质。生搬硬套不行，搞一阵子轰轰烈烈，过一阵子冷冷清清也不行，必须要有一个科学的态度。

在座各位年龄在40多岁的人可能还记得，“文革”时期，忽然流行说注射鸡血可以强壮身体、去除百病，幸亏当时没有“非典”和禽流感；过了一阵子，又说红茶菌可以消病健身，许多老干部、老知识分子都信了，每天都泡水喝；再过一些时候，开始刮特异功能的风、练气功的风，一直到“法轮功”。养生不能刮一阵风、搞运动，管理企业更不能刮一阵风、搞运动。

顺便说说现代智能理论在公司管理中的重要性。20世纪60年代，科学家们就提出了横向思维理论，到80年代则提出了系统智能理论。这个理论认为，人的智能有8种。以前认为，一个人聪明不聪明，主要看智商高低，智商主要是指数学和逻辑能力。系统的智能理论认为，人的智能不仅仅是数学逻辑，还有语言能力、音乐、空间感、肢体运动的能力，还有非常重要的处理人际关系的能力、自我反省的能力，也是人的一种智能。我们好多事情搞不好，协作搞不好，团队搞不好，大家不能共同进步，就是自我反省能力弱。如果一部分人或者大部分人自我反省搞不好，就会乱套，银行就搞不下去。还有一种是对自然界的感悟能力。总之，是多方面的。最新的发展是所谓情绪智能理论，认为情商（EQ）与智商（IQ）同等重要，甚至更重要。它把情绪智能分为三个层次，首先是对自我的把握能力，包括自我认识、管理情绪、自我激励等；其次是对他人的感知能力，包括同情心、对他人情绪的敏感性等；最后是与他人的交往能力，包括领导、受欢迎程度等。这些对我们做好管理都很有参考意义。

五、切实加强质量效率管理工作

质量效率管理工作的安排，包括机构、工作方式，才刚刚起步。“六西格玛”管理方法究竟怎么做，项目是总行统一做，还是分行做，二级分行要不要做，等等问题，大家都很关心。现在还没有现成的答案，需要大家一起研究，一起探索。

首先，现在主要还是普及思想和理念的过程。马上要进行质量效率专家即所谓绿带培训，应该在我们的管理层把“六西格玛”理念扎扎实实，一级一级地普及开来。让每个管理人员，甚至每个专业人员，掌握了解“六西格玛”最基本的概念、方法、手段。其次，结合现在的工作运用这些方法。方法问题说难也不难，一切从事实出发，从数据出发，从客户出发，这样的基本观念和基本方法是可以很快运用的。具体的项目，则要认真研究，论证后专门立项，需要考虑到资源的稀缺性，不可能搞很多项目。

质量改进、流程改进、流程再造，不能放下当前业务来做，必须要兼顾，确保业务完成。同时，这也不可能一蹴而就。但我想，只要理念和大的方法掌握以后就会有改善，至少今年工作采取的方法要比去年好一点，失误要少一些，失误少了就是进步。一下子做不到“六西格玛”，达到三四个西格玛也行啊，精细得有个过程。在现阶段，粗放的东西我们还一下子摆脱不了，有些猜测、判断也还是有道理的，这些也不必然都是主观臆断，也是根据事实、其他银行的实践经验，对感性认识的总结得来的，现在还能用得上。比方说我们去年以来要求一律配备大堂经理，这个措施目前的分析表明，在改善柜台服务因素里排位最高，打分为182分。去年我们拍脑袋，下决心配备了大堂经理，找一个熟悉业务的优秀员工，最好就是网点负责人，客户一进大堂就开始服务，流程就开始了，效果很好。如果我们再做大堂经理这个项目，就要拖很长时间，损失会很大。对大堂经理的服务要求、标准可以再统一和提高，有问题改进就是了，但配与不配就不一样，差别很大。

现在除了普及观念工作，还可以进一步搞好全方位、多渠道的客户调查。认识到客户意见的重要性，以后大家对客户的重视程度会大大提高，我们要多做一些这方面工作。多渠道、多途径地进行客户调查，记录一些资料，不一定忙着解决问题，不一定忙着应用。首先收集客户资料，同时，要利用好现有的数据，挖掘好现有的数据。质量效率部提供的材料中提到几个数据：截至今年6月底，我行拥有个人存款账户3.5亿户，公司类存款账户322万户，个人贷款账户408万户，对公贷款账户46万户，贷记卡447万张。建设银行自己的数据仓库，从今年5月份积累数据，总量是300GB，每天处理的增量是15－20GB。我们目前的数据利用率还很低，应该把这个事做好。质量效率其他方面的工作我们都可以探讨研究。我建议有关部门拿一个意见，在行长办公会上汇报讨论，觉得有必要的话，也可以拿到董事会的战略委员会讨论一次。

六、关于当前的一些具体工作

（一）关于信贷投放

贯彻落实中央宏观调控的政策，就必须加大金融结构调整力度。以后我们对于收回再贷，至少要从统计上、数字上反映出来。今年以来的新发放贷款，实际可以被用于新项目建设，数量很大，但是从大家的材料和发言中提到的很少，似乎地方政府、商业银行、中央银行也都没有这个概念。从理论上来说，收回再贷完全可以投放给新的客户。因此，新增的作为一个指标，收回再贷的加上新增的，应该有一个当月的累计投放的指标，而且这样可以维护好和客户的关系，既可以贷给老客户也可以投到新项目。

（二）关于利差、利息收益率的差额问题

经过讨论，大家一致认为净利差这个指标很重要，需要各级部门的高度关注，这个指标对于建设银行来说是一个核心流程中的核心指标，要控制成本和费用水平，不能任其继续下降。至于作不作硬性考核指标，还要请资债委、资债部、计财部讨论研究，由行长办公会来决定，总之，需要大家高度重视这个问题。

（三）关于干部和人才问题

后备干部的补充和调整，各分行尽快向人力资源部报告、交流、协商。专业干部也是同样，特别是国际业务方面的干部，具备条件，能够派出的，我们应该建立一个人才库，首先从分行国际业务方面选拔一些人才放到人才库中，同时从海外招聘。分行领导班子的调整，大家必须要有思想准备，工作进行调整交流，非常正常，都是从建设银行利益最大化的角度出发，当然也需要考虑每个人的具体情况，也会征求大家的意见，但是大家遇到调整的时候，应以大局为重。

（四）做好两个会议的准备工作

我们上半年业绩报告出来以后，8月份要在香港召开业绩董事会，请相关部门配合好。10月份召开全行分行行长（秋季）座谈会时，还将召开职工代表大会，还要讨论职工持股计划等问题，大家要做好准备工作。

把建设银行办成国际一流的商业银行

（原载《中国政协》2006年第8期）

郭树清

中国建设银行作为四大国有独资商业银行中最早启动股份制改造和率先上市的银行，自实施股改试点以来，始终坚持改革与管理并重，重点突出公司治理建设，在公司治理架构、风险内控机制、业务和管理流程再造、人力资源管理等多方面都发生了重大变化。体制、机制、管理创新取得积极成效。

建立规范的公司治理结构，确保各方独立运行有效制衡

建行在进行股份制改造中，特别注重从维护国家根本利益出发，坚持国家绝对控股的基本原则，审慎选择境外战略投资者。特别是在香港成功上市以来，公司治理职能得到加强，建立了较为完善的决策、执行和监督机构，各方独立运行，有效制衡。从近一年来的运转情况看，建行的公司治理结构已经发生了脱胎换骨的变化，股东大会、董事会、监事会与管理层都能依法遵章履职，保证了决策的科学透明，推动了各项业务稳健持续发展。

“完善公司治理结构是改革的核心和关键”。建行按照银监会

对国有商业银行改革目标和任务的要求，进一步理顺多方面的关系。一是进一步理顺了董事会和股东大会的关系。对年度经营计划与预算等日常经营活动事项，提请股东大会授权董事会决策，以适应上市后的要求；二是进一步理顺了董事会与管理层的关系，特别是进一步强化董事会与高管层之间的协调配合和有效监督制约机制，制定和完善对管理层的问责和考评制度；三是进一步理顺了监事会与董事会、高管层的关系，协调好外部审计机构的监督与监事会对董事会、高管层的监督，科学合理地发挥监事会在公司治理结构中的作用；四是进一步理顺了董事会与职工代表大会及工会的关系，既保障员工依法充分行使应有的权力，又保障公司按照股东价值最大化的原则运作，使董事会、职工代表大会及工会的职能都能得到充分发挥。

确立以客户为中心的经营理念，提供一流银行服务

国有商业银行股份制改造面临着多方面的任务，但最关键的是转变经营机制，真正建立起“以客户为中心”的经营理念。能否为客户提供最好的银行服务，是衡量改革成败的最重要的标准。我们提倡以客户为中心，就是要体现在每一个工作流程和环节、每一个产品、每一项服务，以及每一名员工的言行中。

我多次强调，一家商业银行经营得如何，最重要的是看两个方面，一是客户服务，二是风险管理。银行作为一个提供金融服务的机构，做好服务是银行的看家本领。去年初，我们提出了“以客户为中心”的经营理念，全行上下非常重视，在改造业务流程、提高服务效率方面做了许多工作，收到了很好的市场反响。但与国际先进银行相比，我行在运行机制和业务组织等方面仍然有很大的差距。我认为当前对建设银行最重要、最当务之急的改革，就是业务流程再造，提高对客户的服务能力。其着眼点在于，要有利于节约客户的时间和成本，有利于满足客户多样化的需求，有利于提高我们处理交易的能力和效率。其核心是要真正从客户的视角来审视我们的业务流程，按照国际先进银行的标准，对现行的流程进行全面、根本的改造。全行将围绕提高服务效率，重点对零售、中间业务和产品开发流程进行优化改造，在缩短服务时间、推进差别化服务方面实现突破，使我行业务流程和服务质量有一个质的飞跃。

深入推进风险管理体制改革，探索国际一流管理模式

风险管理体系是现代商业银行有效运行的基础，是提升银行价值创造力、打造核心竞争力的保障。近年来，我行在提高资产质量、加强体系制度建设、夯实管理基础、严格内部控制以及推进管理方法和技术创新等方面，做了大量深入细致且卓有成效的工作，最突出的表现是最早实施了独立的信贷审批人制度，最早实施了经济增加值和经济资本的管理办法。我行的风险预警系统和内部评级系统也有一定优势，是建行改革的亮点之一，得到了国家监管部门、境内外投资者和社会舆论的一致肯定。

实现境外上市后，建行已经跻身于世界十大银行之列。但从风险管理能力来说，我行与国际一流商业银行还有不小差距。今年我们要在全行系统全面推行风险管理体制改革。这次改革关系建行未来发展走向，对实现建行的战略目标以及体制转型和业务转型必将产生深远影响。改革的目的是要建立以客户经理与风险经理平行作业、垂直管理为主的风险管理体制，把风险管理的关口前移，使风险管理融入业务经营活动的全过程。实施风险管理垂直化，加强总行对风险管理工作的条线领导，形成各分行风险总监向首席风险官直接报告的专业独立条线。建立以纵向的“负责报告线”为主、以横向的“报告线”为辅的矩阵报告线路。目前，我行正在整合全行资源，构建新的风险管理体制，以形成覆盖商业银行各种风险的全面风险管理体系。

首次召开职工代表大会，重视发挥员工智慧才能

党中央提出的要树立科学发展观，以人为本，稳定金融，发展循环经济，构建社会主义和谐社会和全面建设小康中国的战略思想和目标，对建行的改革发展也具有很强的现实指导作用。一个企业，特别是金融企业，实力如何，前途如何，主要是由其员工队伍的素质决定的。银行的资源中，最具价值创造力的是人而不是资本。构建和谐建行，实行民主管理，调动全体员工的积极性，仍然是当前最紧迫的任务。建行在境外上市后不久就召开了职工代表大会，这在业内上市公司中是第一家，也是一个非常重

要的探索。在这次会议上，共收到各类提案937件，总行党委督促工会认真进行归纳整理，提交有关部门研究、答复并予以解决。我们一直强调，股份制公司、境外上市公司不仅要发挥职工积极性、主动性，更应该很好地研究如何发挥职工的创造性。面对激烈的市场竞争，我们取胜的力量源泉是30万名广大员工。由此，我们要建立健全职代会和工会制度，要积极组织广大员工参与建行的民主决策、民主管理和民主监督。高度重视人才的培养、选拔和任用，打破论资排辈，大胆起用能干的、有业绩的、群众满意的年轻人，真正把年轻有为的提拔到各级领导岗位。创新员工职业生涯规划管理工作，为员工提供最好的职业发展机会，积极营造友好、和谐的工作环境。努力形成共谋发展、共建和谐、共享改革成果、共创美好生活的良好局面。

金融体制改革是国之大计。把国有商业银行打造为具有国际竞争力的现代化股份制商业银行，是党中央和国务院作出的重大决策。2006年是我国金融业全面对外开放的第一年，也是建行在海内外树立良好上市公司形象的关键之年。建行将按照现代金融企业制度的要求，继续推进公司治理结构改革，转换经营机制，创新经营模式，着力提高市场竞争力和抗风险能力，加快建设具有国际竞争力现代商业银行的步伐，继续保持快速成长和高速发展的势头，担当重任，彰显优势，为我国构建社会主义和谐社会，全面建设小康中国，作出独有的更大的贡献。

在北京市分行领导人员聘任任命大会上的讲话

（2006年10月25日）

郭树清

同志们：

北京市分行领导班子调整是总行党委非常重视的一项工作，在慎重考虑和反复研究的基础上，征求了中组部、银监会党委的意见，最终形成了这个安排。同时，北京市分行的领导班子也是非常具有特殊性的，由总行副行长直接兼任分行行长，由总行部门的负责同志在分行党委和行政领导班子兼职，在各分行现在的组织架构里，只此一家。希望大家能够充分认识到新一届领导班子的构成，是总行从全行工作全局和战略高度考虑的结果。希望大家能够支持新一届领导班子尽快进入角色，做好各方面的工作，不辜负总行党委和北京市分行全体员工的期望。建国同志对北京市分行的工作也非常关心，非常重视，并且主动提出担任总行“对口支援北京市分行工作小组”的组长。党委同志一致认为北京市分行非常重要，工作中也作出很大成绩。我今天来，首先要给大家鼓鼓干劲，同时，谈一谈北京市分行存在的问题和今后的工作。

一、正确认识北京市分行的地位和优势

北京市分行不是一般意义上的分行，北京市分行所处的地位和区域是非常特殊的。北京是首都，是全国政治、文化中心，是不是经济中心？不能简单地下定义。北京不提工业和制造业中心可以，但是从金融、财政乃至整个宏观经济而言，势必还是中心。

第一，北京集中了全国主要的大公司、大企业、大金融机构的总部，这是历史形成的，与西方发达国家不同。西方发达国家，有首都经济占一国经济半壁江山的英国、法国，也有未占据一国经济绝对优势的美国和澳大利亚。美国首都华盛顿只是行政中心，经济、金融中心在纽约、芝加哥和洛杉矶等地区；澳大利亚的首都是堪培拉，而经济最发达的城市和中央银行所在地却是悉尼。我国过去长期处于国有经济为主导的计划经济体制下，工业部门都集中在北京。后来分化出的全国性大公司总部也大多在北京，

这个格局也许将来会变，但是在相当长时期内不会改变。

第二，北京是全国金融资源最丰富的地区。金融资源对于商业银行的发展至关重要，全国整体的存款规模大约有30多万亿元，北京占3万多亿元，大体相当于中西部十几个省的存款规模之和。上海的存款余额大概是2万多亿元，广东的存款余额大概为3万亿元，但是在广东地区我们有广东和深圳两个分行。因此，可以说北京是全国金融资源最丰富和金融服务潜力最大的地区。

第三，北京是环渤海金融市场的中心。尽管金融市场不能完全按照地理位置来定义，特别是在金融市场中，外汇和债券等许多市场都是无形的，很难说具体在某个地方，但是至少在有形市场方面，北京是环渤海地区的龙头。

第四，北京是全国科技、教育、文化的中心。过去，我们不把科技、教育、文化列入经济范畴，所谓经济中心，往往是指工业和制造业中心。但是，在现代经济中，科技、教育、文化产业的作用已经超过了制造业。制造业在中国经济中的比重很高，大约占40%以上，在美国经济中的比重不到20%，但是为什么美国经济还是最强的？原因就是以科技、教育、文化为代表的服务业在经济发展中占据了极大比重，发挥了很大作用。目前，全世界约40%的水泥和近30%的钢铁消耗在中国，我国的很多工业指标排在全球第一，但是我们并不是经济最发达的国家，这就说明了科技、教育、文化产业在现代经济中的重要意义。

从这些角度看，北京是全国经济的核心地区。北京市分行处于这样一个地区，势必具有一些特殊的区位优势，这个区位优势不仅表现在丰富的金融资源上，而且表现在市场竞争制高点的位置上。如果我们在北京地区能够占据领先地位，那么在很大程度上，我们就会居于全国市场的领先地位。因为我国的经济结构、企业组织架构、金融市场架构是按照上述特点分布的。所以说，北京市分行的市场营销工作做好了，就意味着总行开拓市场的一半工作做好了，全行开拓市场的一半工作做好了。把北京的财政资源、企业资源、大集团资源、高端个人客户抓住了，建设银行在全国就有压倒性的竞争优势。

当然，在正确认识北京市分行区位优势的同时，我们也不能忽视北京市分行现状中的很多不足和所面临的很多挑战。北京地区不仅市场资源丰富，同时也是竞争最激烈的地区：中资银行的总部绝大部分在北京，银行网点总量比上海多；年底前向外资银行开放人民币业务，北京也势必成为最先面临国际一流商业银行竞争压力的地区。面对新的竞争压力，我们要有足够的估计，我所说的压力不仅来自于外部市场，更重要的是对我们内部的挑战。

近年来，北京市分行的各项业务都得到了很好的发展，成绩是主要的。对比2000年的一些数据，我们无论是存款、贷款，还是中间业务，都有很大的进步：中间业务收入原来排在地区同业的第三位，现在提高到第二位；贷款余额原来排在第二位，现在提高到第一位。在市场营销和客户服务方面，去年以来北京市分行也做了大量工作，变化是非常深刻的，有些网点我明察暗访过几次，确实体会到变化和进步。在风险管理、内控工作以及合规经营方面，也都有很大进步，特别是上市以来，进步非常明显。北京市分行原来的领导班子，包括前任行长张民同志，是做了大量工作的，必须给予充分的肯定。北京市分行的高级管理人员和中坚力量，都付出了辛勤的汗水，作出了努力和贡献。总行党委对大家表示衷心的感谢！

同时我们要看到，北京市分行的各项工作，与市场的要求和客户的需要相比，还有很大的距离。比如客户服务质量，我们与国内先进银行和国外一流银行相比，还是有明显差距的。北京银监局最近搞服务质量暗访评比，结果建设银行不算好，招商银行很好，工商银行也不错。大家都不服气，说工商银行排队现象严重，网点装修和营业环境差，很多网点不如建设银行。不服气不行，监管机构的测评是客观、公正的，是对综合水平的检验，查了我们八个网点，其中两台ATM不能用，比例是很高的。去年上市前夕，香港《明报》的记者到王府井的网点采访，写了篇报道，说我们服务不如中国银行和交通银行，总行和分行的同志都不服气，后来我们希望人家再去看看，结果还是不理想。我们总是认为，我们有很多好的网点你怎么不去看啊？这样的观念必须转变。国际先进银行的服务必须是一致和同质的，只要有一个网点达不到一流的服务水平，就是建设银行整体达不到一流服务水平，这就是“短板原理”。

又如，我们的风险管理和内控建设，审计部门查出来很多问题值得我们深思。我们有的支行发生了合伙骗取银行利息的事情，表面上看是政策制定的问题，但实质是以权谋私的问题。一般客户这样做，无可非议，但是作为银行员工，在明知道增加银行价值与减少银行价值有实质区别的情况下，利用内部信息，钻政策空子，获取非法利益，性质完全不一样。所以说，在风险和内控方面，我们还有很大的改进余地。

第五，历史遗留的包袱比较沉重。对过去的问题必须认真对待，特别是违法违纪问题，不能马虎，责任不能不追究。对于有问题的不良资产和不良贷款，不能采取简单的归大类或一风吹的态度，也不能无限上纲，一味批评和指责，这样不解决问题。总之，对历史遗留问题要有清醒的认识，不要怨天尤人，我们必须积极面对。凡是有问题、有瑕疵的贷款，都要以积极的态度，千方百计地加强管理，提高回收的比例，保全我们的资产，这是分行新的领导班子面临的一个艰巨任务。总行党委和高管层对此有足够的认识，我们一起开展工作，必须尽最大努力去保全和维护我们的权益。

二、北京市分行要坚持以改革促发展

北京市分行在既有很多有利条件，又存在一些不利因素的环境里，在国内外金融市场和金融体系日益一体化、紧密化的背景下，在各家商业银行加快改革发展步伐的形势下，要做好业务和发展工作，就必须把改革放在非常突出的地位，甚至是中心的地位，以改革统筹各项工作。比如在市场营销方面，再用以往的方法会越来越难，况且还会带来很多风险隐患。因此，就必须有新的思路、新的措施，而且要在体制和机制上创新。体制和机制的创新就是改革。

第一是运行机制改革和业务流程改造。我们要清醒地看到北京市分行现有的运行机制和业务流程还很不适应市场，在全国各一级分行中仅处于中等水平。当然，按照总行的统一部署，北京市分行做了很多改革工作，比如在会计体制改革方面，北京市分行就做得很好，推进速度比较快。我认为，明年的改革压力是很大的，在业务流程的优化上，整个建设银行系统的任务非常艰巨。去年我们提出“以客户为中心，以市场为导向”的经营管理理念以来，大家对运行机制和业务流程改革都有了很深的体会，全行上下的观念转变和认识提高的速度，比我预想得要快。大家对“以客户为中心”的认识是比较清楚的，但是在具体工作中，要把这种理念落实贯穿到每一个产品、每一个流程中，我们还有很多事情要做。

第二是组织架构的改革。我们提出“扁平化”管理有很多年了，具体要求是在一个城市里面要达到两级管理，管理型支行不能再像过去那样，保留庞大的机构和内部众多的部门。我们提出要从“部门银行”变为“流程银行”，就是要从组织机构上解决管理层级多的问题，打通总行和分行，不搞那么多程序，不搞互相封闭。如果支行都是利润中心，考核利润和效益工资挂钩，势必有独立利益，这和“一级法人”、“流程银行”、“无缝隙链接”等现代商业银行的管理理念是完全不相融的，等于是以小农经济的方式来搞现代化农业。我们和美国银行相比，他们的年人均利润是十几万美元，而我们只有十几万元人民币，原因不是美国银行员工的素质有多高，而是他们的管理层级少，各种资源的配置更有效。美国银行不仅是在一个城市，而是在全球都实现了扁平化。相比之下，我们的网点负责人绝大部分时间都用于内部管理，而不是用于营销。即便如此，我们的内部管理还是屡屡发生问题，防不胜防。我们把大量时间和物力都投入到了内部开会和发文件之中，而不是去开展市场营销和进行有效的风险控制。因此，组织架构不做调整，我们的效率就无法提高，我们的市场竞争力就无法提高。组织架构的调整要从北京市分行做起，利用总行的优势，优先推进纵向业务条线联系以及横向无边界合作和无缝隙链接，打破过去部门审批、检查那种下指令、下文件方式，组织总、分、支行联动的团队，开展总、分、支行联动的客户营销，总行的公司部、集团部、高端客户部等都要下来，考核评价体系也要向下倾斜。

第三是人力资源配置的改革和调整。关于人事改革，包括薪酬制度和激励约束机制的改革，总行已经做了一些安排，北京市分行要按总行的统一部署进行落实，同时要考虑到自身的特殊情况，加快改革步伐，加大改革力度。在这方面，北京市分行有非常有利的条件，人员总量不多，不像全行系统要面临很大的人员富余压力。但是，北京市分行在人员结构上的压力和全行是一样的，很多工作没人做，很多人没事做，在分支行的部门中普遍存在这个问题。一方面，不是每个员工都能够高效运转和充分发挥潜能，很多人的有效工作时间非常短；另一方面，有很多人是忙得抬不起头来。所以，人员结构的调整已经迫在眉睫，不调整怎么提高服务质量？不调整怎么提高工作效率？当然，人事工作很敏感、很复杂，维护稳定是我们开展人力资源配置方面改革和调整的前提，在深化改革过程中，也要把握好“推”和“拉”的关系，既要给予压力，又要给予引导。在经济资源配置和收入分配制度方面，要与产品营销、价值创造紧密相连，要体现社会主义按劳分配原则，公平、公正地对待我们的每一位员工。如果不能体现按劳分配，我们优秀的员工得不到激励和足够的鼓励，就会使我们在日益激烈的竞争中流失人才。今年暑期培训的时候，美国银行的专家给我们讲了人才价值 20% 与 80% 的关系，即 80% 的企业价值创造是由 20% 的员工完成的，其他 80% 的员工发挥了补充和辅助的作用，但是没有这 80%，也没有那 20%。所以说，我们一定要把所有员工的积极性调动起来，特别是，我们一定要把最优秀员工的潜能充分挖掘出来。中央提出要建立和谐社会，很多人误以为强调和谐社会就是讲平均主义。不是这样的，和谐社会是要强调活力的，充满活力的社会才是和谐社会。没有差别，没有激励，怎么能够有活力呢？北京市分行在激励约束和劳动用人制度改革方面，还有很多工作要做。

三、北京市分行要全面加强管理

首先是基础性管理。市场调查、客户调查，贷前、贷中、贷后的管理，工作日志、档案材料这些方面，都要逐一进行检查，逐一加以落实。建设银行历史上是从财政部门分出来的，专做基本建设投资的资金管理，没有做全面商业银行业务的经验，也没有这方面的人才和知识储备，虽然在开办储蓄业务以后发展非常快，但工商银行原来在人民银行内部一直做支付结算和储蓄业务，应该承认在一般银行业务的基础管理方面我们和工商银行是有差距的。另外，我们的 IT 系统和工商银行相比也有差距，所以基础管理方面我们不是很强。以案件数量来说，最近几年建设银行案件特别是发生在基层的负债业务的案件尽管总的趋势是下降的，但数量仍超过工商银行，有的案件性质很恶劣，影响很不好。工商银行的网点比我们多，人也比我们多，但发生的案件数量比我们少，这个现实必须承认。

金融风险是客观存在的，如果我们不严格要求、严格管理、严格按照制度办事，随时会出问题。所以，大家一定要高度警惕，首先各级领导要高度重视，头脑里这根弦不能放松；再就是技术支持要跟上。“假个贷”是怎么发生的？首先是因为基础管理不扎实。“假个贷”其实很容易发现，只要坚持面谈，当面核对，当面签订协议，99% 能防治，甚至可以说百分之百。这里先不要考虑还有违规、内外勾结、违法犯罪，就从形式上的管理来说，只要坚持制度，怎么会出现那么多“假个贷”？如果有人犯案、内外勾结、诈骗，那也是因为我们管理不严格，存在漏洞。所以，抓基础性管理，必须非常严格，落实到每个环节、每个人，不能有例外。否则势必出问题，今天不出问题，明天也会出问题。

其次是风险管理，必须进一步加强。通常风险管理有三个方面：一是体制方面，我们现在已经实行了垂直的报告路线，风险总监、风险主管、风险经理这些独立的专业人士已到位了，实施平行作业，这是制度上的安排；二是技术方面，预警系统、内部评级系统、包括经济资本及经济增加值考核，这是业务和风险管理技术方面的安排，具有很好的约束作用；三是风险文化方面，这对我们最重要。我们的风险防范是全系统、全方位的，人人都要发挥作用，就是说要建立一个时时刻刻、全员、全方位的风险防范体系。从考察客户、开拓市场开始，我们就要把风险防范放在非常突出的位置，只有这样才能防范风险。我们说商业银行“以客户为中心”，强调主要是做好服务，但同时也要做好风险防范，最重要的是要真正地了解市场、了解客户。只有了解客户，才能够防治信用风险以及其他的很多风险。在这方面还有很多事情需要我们来研究，来提高管理水平。

再次是妥善处理历史遗留问题。历史遗留问题是我们很大的包袱，但是我们不得不正视它。把矛盾揭露出来，把问题摆到明处，这样有利于我们提高认识、统一思想、有针对性地研究解决的办法。但是，处理历史遗留问题不是简单地把它翻出来往总行一报，跟总行的部门一沟通，今年我们翻多少，明年翻多少，这样去处理历史遗留问题，不是科学的态度，不是负责的态度，也不是审慎的态度。我们要研究一个综合全面、充分发挥我们主观能动性、最低限度付出成本的办法，也就是最大限度地提高我们资产保全水平的办法。这需要一事一议，一笔业务要有一队人马，非常细致地开展工作。干商业银行，就要有耐心，要勇于吃苦，把业务做精细，这样才能赚钱，也能有好的收益，不能靠冒险、投机，也不能靠一锤子买卖。

最后，在管理方面，我想结合北京市分行的情况与特点再谈谈人员方面的管理。北京市分行地处北京，距离总行和国家部委很近，市场发展、市场营销需要和很多部委包括北京市政府、区县、大公司、大客户联系开展工作，势必有很多人要往来，方方面面都会向我们推荐人才，推荐大学毕业生和研究生。我们也接触了很多推荐人选，应该说总的情况是好的，作用也是积极的，但是也加大了我们管理方面的难度，这个问题必须正视。总的要求，我们要逐步规范，统一标准，公开化、透明化。我们欢迎社会各界包括我们的客户、政府官员、社会名流、人大代表、政协委员推荐优秀人才，但是必须要符合我们的要求，严格遵照我们的程序，同等条件下给予照顾。这是一个透明的政策、阳光的政策，也符合国际惯例、符合商业银行的做法。不能在不同等条件下给予照顾，否则后患无穷。人员进来了，必须按建设银行的规矩办，作为建设银行的员工，是长期还是短期合同工，在内部评级、晋升、考核都必须按照我们的标准、按照我们的制度，不能搞任何特殊员工。最近上海社保出了很大的问题，我想除了其他原因外，就是人际关系太复杂。总是搞特殊化，要求照顾，就会出现很多问题，制度、法律最后就会形同虚设，我们自己也无法控制。

我们要树立这样一个观念，就是我宁可少做一笔生意，也不能牺牲原则、牺牲制度。能兼顾当然最好，但是不能兼顾的时候，我们必须坚持制度、坚持原则，否则后患无穷。而且从市场趋势、行业趋势看，今后从各个方面限制关联交易、反对内幕交易、反对商业贿赂将越来越严格，我们要适应这个市场。客户也会在内部加强管理，不可能财务主管或者他的亲戚朋友就可以决定公司的资金存在哪家银行，生意要与谁做，不规范的现象会越来越少。所以，不要寄很大希望于营销关系户，这不符合潮流，更不符合现代商业银行的做法。况且你今天营销了，明天人家变了，你怎么办？这个问题我们要给予充分的重视。

四、北京市分行必须在产品和技术创新方面走在前列

今年的分行行长夏季座谈会我们专门讨论了产品创新问题，其意义就不多说了。我想强调的是，北京市分行要利用好自身优势。我知道分行有一批很优秀的员工，在研究分析市场方面已经做了很多工作；我也知道总行抽调了很多北京市分行表现好、能力强、身体健康的员工，这是个长期存在的问题，今后我们要尽量避免。我认为，根本的出路在于把总行和分行打通。建设银行在北京，不是说北京有两个建设银行，一个总行、一个分行，将来我们应该是一个统一的整体，人员的流动应该更及时、充分，因为总行和分行的好多工作是在一起完成的。我们要组成团队，比如营销客户的团队、产品服务的团队，应该是总行和分行结合在一起，包括科技队伍和人力资源也应该尽可能地统一，应该能够提供综合解决方案。希望北京市分行还要进一步发挥优势，加强市场研究分析，发挥优秀员工的作用。在产品技术创新方面，需要特别考虑细分市场和细分客户，也就是我们去年说的差别化管理、差别化服务。这个问题，对于我们拓展新业务，在市场上获得新的竞争优势、确立优势地位、提高核心竞争力是非常重要的，也可以说是根本性的。只有把市场定位好，才能建立核心竞争力，树立竞争优势。现在我行在向零售业务转型，由于前些年我们占据了住房抵押贷款龙头的地位以及作为公积金归集、管理的主办银行，所以具备了很好的基础，这是一个非常有利的条件。但是和先进银行比，我们确实还有很多不足。

去年去美国银行考察，发现美国银行在细分市场、细分客户方面做得非常独特。今年去英国访问了美国银行信用卡中心在欧洲的总部，这家公司用五六年的时间，从市场占有率为零开始做到现在15%的市场份额，是英国市场占比最大的信用卡公司。其市场份额都是从其他成熟的公司手里拼抢来的，多家英国和美国的信用卡公司都被它们打败了，就是因为它们的客户定位很准确，这给了我很大的启发。其实，美国银行在技术层面和我们差不多，

但是在市场定位、市场分析方面确实有独到之处。简单说，它们的定位就是：要找到需要借钱的人，同时还要找到借了钱还愿意还钱的人。对美国银行的访问及对其信用卡中心的访问，使我改变了观念。我原来以为信用卡主要是赚消费者和商户的钱，其实从美国银行的情况看，信用卡利润来自于对一些个人客户的融资和信贷，该公司在英国的信用卡透支余额为200多亿英镑，平均收取的利息达到10%以上，因此，其一年信用卡收入为20多亿英镑。对他们来说，最好的客户不是最有钱的人，也不是非常穷的人，而是中等收入人群。在中等收入人群中，它们重点选择教师、医生、律师、体育教练、健身教练、自由职业者作为客户群体。这些人收入水平比较高，又特别重视自身社会形象，它们出于业务拓展、全家度假或者投资考虑，往往需要三至五万英镑的短期银行融资。北京也有大量的这类客户，这就需要我们去发现，用心找出那些有借钱需要而又愿意还钱的客户。

获诺贝尔奖的孟加拉国乡村银行的创始人尤努斯在那么贫穷落后的地区，照样可以赚穷人的钱，他是做银行，不是做慈善机构，对我们也是一个启示。他给什么人放款？首先是妇女，绝大部分贷款发放给妇女，因为妇女还款意识和责任意识更强；第二个标准是贷给家中烧开水喝的人，因为在热带地区这样的生活方式比较健康，不容易得病；还有个条件，就是十人一组互相担保。这些标准都是做了非常细心的分析、观察，总结出来的。同时尤努斯的贷款利率很高，平均达到23%，其中可能也有通货膨胀的因素。所以，我想强调一点，就是不要小看小客户，实际上他们的增值潜力很大，个体户、民营企业，甚至是农民都是非常重视信誉的。在中国，个人信用实际上是很好的，不能说百分之百都是借钱会还，至少相当大的比例借钱会还，找出这样的客户应该说不太困难。

总之，细分市场、细分客户是我们产品技术创新的核心问题、要害问题。要尽早把对什么客户群体提供什么服务、解决什么问题搞清楚。不是简单地追求发卡越多越好，存款越多越好，贷款越多越好。而是必须抓住对我们效益最好、增加值最多的客户，北京市分行一定要带这个头。过去我们算总账，每年加在一起说北京市分行利润最多，这意义不大，因为北京是金融富矿，和穷矿不能比。今后我们的考核指标要逐步把外部市场优劣的条件加进去，这样才可比。所以，如果产品不创新，技术不创新，北京市分行很可能就会滑坡，经济增加值上不去，加上如果管理不好，多出点案件，多出点不良贷款，那北京市分行的排名就会迅速落后。

五、北京市分行要加强领导班子建设

一是要坚持和维护民主集中制原则，领导班子必须讲团结，讲合力，要发挥好每个同志的作用，真正形成集体领导，不能搞“一言堂”；二是要努力转变工作作风；三是要加强学习，不断提高领导班子的整体素质；四是加强思想政治建设，创建“四好”班子；五是加强内部监督，切实保证领导人员廉洁从政。反腐倡廉的工作我们做得不少，总行党委廉洁自律的规定也是非常清楚的，其实我们触及的是最根本的问题，就是我们这些国有商业银行过去长期存在的内部公关问题，表面看是送点纪念品，实际上慢慢会变成买官、卖官，没有限度。希望北京市分行加大力度，坚定不移地贯彻落实总行的规定，内部不搞公关，同时在外部要摆正位置，不要利用银行的资源，搞个人关系，反过来再干预我们银行自己的经营管理，这是绝对不允许的。这不是一个正常规范的组织所应有的现象，就是小公司也不能这样。一定要把界限分清楚，首先从我们领导班子带头，切切实实地把廉洁自律的要求落到实处。

今年以来，全行的经营情况还是很好的，势头也是继续上升的。我相信北京市分行在新的党委班子的领导下，一定能够把各项工作做好，不辜负党中央、国务院对国有商业银行改革发展的期望，不辜负总行党委和高管层对我们的期望，我希望能够很快看到北京市分行各项工作有新的起色、新的进步。

在中国建设银行分行行长秋季座谈会上的讲话

（2006年10月30日）

郭树清

这次会议开得很好，会议形式也不错，我们一个季度开一次会，就是要针对过去一个季度各方面工作的进展情况和取得的成绩，尤其是存在的问题，及时交流，及时研究，这对改进我们的工作大有帮助。座谈会还可以开得更活跃一些，无论是董事、监事、管理层，还是各个分行、各个部门的同志，都要积极准备，主动发言。我们座谈会从去年开始，与会人员有些扩展，增加了计划单列中心城市行行长，有时还有一线员工的代表，会议的名称是否可以改一改？现在叫“分行行长座谈会”，一是名字太长，二是好像只有分行行长才能发言，我看改为“中国建设银行座谈会”就行。

昨天会议开始时，建国行长已全面分析了今年以来的工作，报告了前三个季度的经营业绩，指出了存在的不足和改进的要求。今天我借这个机会讲几点意见，首先是当前工作需要注意的几个问题，其次是信息科技工作，最后是电子银行业务的发展。

一、当前工作中需要注意的几个问题

（一）坚持科学发展观，加大业务结构调整力度

昨天，建国行长在报告当中讲到，我们在业务调整方面有很好的进展，取得了很大的成效，但是和市场比、和同业比、和我们原来的计划和设想比，还不同程度地存在着差距。在业务结构调整上我们要把握好几个关系。

1. 关于批发业务与零售业务

去年以来，在上市之前，我们就反复强调发展零售业务的重要性。从前三个季度的情况看，这方面的情况还是不错的。人民币个人存款新增占四大银行市场总份额的29.32%，较上年同期提高7.61个百分点；个人贷款余额为5 524亿元，比年初新增1 025.84亿元，居同业首位；住房按揭贷款新增在四大银行也位居第一。这都说明我们工作是努力的。但要注意一个问题，四大银行新增第一，不一定在整个市场中是表现最好的，因为小银行发展速度也很快，市场份额在上升。所以，以后进行市场比较时恐怕要用两个数，一个是整个金融同业占比，再一个才是四大银行占比。如果建行在四大银行中的占比是上升的，而四大银行的总体份额是下降的，这就有问题，会对我们的决策产生一些错觉。

个人银行业务，以及中小企业业务，去年的季度座谈会上我们都作为专题进行过讨论，大家已经有了较为深刻的认识，但还有必要再进行强调，因为个人银行业务，或者说零售业务是一项非常重要的、具有战略意义的业务，为什么这么说呢？和其他银行比，我们盈利的相对水平是最高的，绝对水平也是数一数二的。今年第三季度就增加了200亿元的利润。但是，如果只依靠大企业、大项目，这种情况是不可能长期持续下去的，因为各地大规模的投资增长是难以长久维持的。中西部地区，基础设施投资还会增长，城市化进程还会加快，但是沿海地区、发达地区，固定资产投资增长就没有那么快了。比如上海，今年的投资增长只有8%左右。更重要的是，项目融资的方式正在快速发生变化。所有的单位、企业、项目都在追求效益，千方百计降低成本，所以将来大的公司和项目不会保持现在这么高的贷款比例，我们势必不得不寻求新的出路。这个出路就是发展零售业务，发展中小企业业务。如果能把个人业务、中小企业业务做好，我们会有非常广阔的前景。虽然过去几年里，我们分流了约10万人，但是与同业的人均指标比，我们仍然不占优势。如果我们能够把中小企业业务、个人业务做到像发达国家、发展比较快的发展中国家那样的市场渗透率，那样的开发程度的话，我们的减员压力就会大大

减轻。

孟加拉国有一个叫穆罕默德·尤努斯的人，搞乡村银行，非常成功，获得了诺贝尔和平奖，我想这对全世界都有很大的启示。其实他和我们的理念、要求的做法是一样的，就是细分客户、了解客户。乡村银行贷款给最穷的人，帮助他们脱贫致富，但是它有一系列的条件把风险了解得很透，把防范工作做得很扎实，违约损失率很低。第一，只选定一些需要借钱而且也愿意还钱、信誉比较好的人。什么人？农村家庭里的妇女。在孟加拉国妇女是较为理性的，是过日子的，是考虑摆脱穷困的，所以它们绝大多数的客户是妇女。第二，借款者的生活方式必须是比较文明的，一个重要的标志是水是烧开了喝的，这样他们家人不会得传染病，或者得传染病的几率比较小。第三，5 个人或者 10 个人一组，互相担保，一个人还款有问题，其他人要负责任。第四，利率非常高，平均大概是 23%，足以弥补坏账损失。孟加拉国不是发达国家，它的客户也不是那么富裕，大多是穷人，但是乡村银行能够通过商业贷款解决他们的融资需要、发展需要。而我国的情况要比他们好得多。所以说，市场不是问题，问题是我们怎样去了解客户、细分客户，怎样去有效地进行贷前调查和控制风险。

小企业和个人客户比较分散，需要投入大量的精力，但收益率可以高一些，给银行创造的价值相对说来比大客户要多。而且实际上，如果真正把这些客户了解清楚，风险防范也是比较容易的。中国人个人赖账是很少的，问题是要落实个人责任，在贷前要做大量的工作。必须看到像过去那样与大客户一签就是几十亿元贷款的情况会越来越少，所以，我们一定要把中小企业、个人客户、零售业务，确确实实作为一个战略业务来发展。不要看现在一年只能增加几百亿元贷款，对全行利润贡献还不大，但是可以锻炼队伍，提高技能，抢占市场，获得将来业务发展的主动性。我们的住房抵押贷款和公积金委托贷款合计在一起市场占比同业第一，这是一个非常有利的条件，是占领个人银行业务、零售业务市场的一个制高点。个人消费贷款、助业贷款、教育贷款，其他各类贷款和理财产品都要利用这个制高点。住房贷款是我们办的，我们比其他银行更了解大众富裕客户的情况，因而我们就可以更有针对性地提供更多的金融服务，而且可以更有效地控制风险。客户信息一定要充分开发利用，大力进行交叉销售，推动各项零售业务共同发展，使零售业务对全行的利润贡献在将来占到三分之一，甚至二分之一的比重。

这里有一个突出的问题，请大家一起研究。小企业究竟是对公业务还是对私业务，应该放在网点来做，还是放在其他地方？我们现在的划分是对公和对私两类，好像国外没有这样的划分。这个划分可能需要调整，还是要回到批发和零售的概念上来，单笔的、小额的、几百万元以下的，就算零售业务，就可以放到网点去做。因为个体的、民营的、自己就业的客户，很难按大客户或者中型企业来对待。我们现在搞会计改革、网点转型、后台分离，公司业务向上收，个人业务向下沉，有些地方的网点不办对公业务了，造成一些中小企业客户的流失，这也需要网点承担起对小企业的服务工作。去年，我们推出了“成长之路”和“速贷通”业务，“速贷通”放到营业网点去，很有成效。大家要根据各地的具体情况，一起来研究解决这个问题，也不一定要一个模式，允许大家从各自情况出发，允许有几种过渡形式。

2. 关于制造业与其他行业贷款

截至 8 月底，各金融机构对制造业贷款余额合计为49 122.02亿元，占全部公司类贷款的 25.9%。制造业贷款占公司类贷款的比率。工行是 27.4%，农行是 32.8%，中行是 36.4%，建行是 25.8%，四大银行平均为 30.6%，比较起来我们是最低的。但是值得注意，工行只有 27.4%，可见，工行结构调整的力度非常大，从制造行业退出的速度非常快。截至 9 月底，我行制造业不良贷款额为 279.5 亿元，比年初新增 28.89 亿元，不良率为 4.71%，高出全行不良率 1.38 个百分点。

在十大产能过剩和潜在过剩行业中，我们的增速并不低，是 16.74%，比年初新增 711.36 亿元。这个问题每个分行行长都得想一想，是不是我们在营销上做得太马虎，为了扩张贷款不考虑质量、不考虑成本？我们在年初说得很清楚，去年开会也反复强调过，制造业的比重要下来，流动资金贷款比重要下来，因为制造业、流动资金贷款的不良率是很高的。到 9 月末流动资金贷款不良率仍高达 5.89%。这里给大家特别提出来，每个分行回去都要认真进行检查和分析，这些贷款怎么会增长那么快？

房地产贷款比年初增加443.2亿元，增速为17.14%，增长也很快。由于现在整个房地产的走势、房地产的价格，从大部分城市来说还是上升的，所以矛盾不突出，但是不等于没有风险。有同志说，房地产业是高不良率低损失率，目前看也许还说得过去，但是如果遇到低谷，情况就很不一样了。

贷款结构问题非常重要，对现在控制不良率反弹影响很大，对我们未来的资产质量和国际资本市场表现也必将产生深远的影响。请大家一起来考虑这个问题，一定要拿出控制产能过剩行业、制造业、房地产业、流动资金贷款增长的有效措施。除了严格审核标准，合理控制新增贷款投向，还要加强贷后管理和回收再贷工作，建立有效退出机制。

3. 关于地区发展战略的贯彻

虽然我们一再强调业务发展的三大重点区域的比重要提高，中心城市的比重要提高，但是执行的情况并不太好。9月底，“两洲一海”地区公司类贷款全行占比为59.36%，比年初下降了0.6个百分点；100个中心城市行公司类非贴现贷款占比为79.99%，比年初下降0.47个百分点。我想可能有两方面的原因。一方面，国家投资重心转移了，东部的增长速度普遍不如中西部。从这个角度讲，我们的区域结构变化也许有积极的、正常的因素，我们不是非要逆趋势而动，中部、西部有发展机遇，不去抓住，光一味地强调提高东部地区的比例。另一方面，可能与我们工作的力度有关，与我们经营管理、市场营销的力度有关。不管怎么说，东部地区金融资源和中西部的差距是非常大的，不是短期能够改变的。比如北京市金融机构的存款余额是3.2万亿元，相当于中西部许多个省的总和。从利润贡献来看，部分中西部地区分行的经济增加值还比较低，其中，8个分行还是负数。对这个形势必须认识清楚，我们的资源配置、人力资源分布与市场要求相比还有很大的差距。

4. 关于传统业务与新兴业务

今年以来，总行围绕发展新兴业务、中间业务做了大量的工作，提出优先发展中间业务，要设立一些新的机构来促进这些业务的发展，包括信托、租赁、保险、投资理财，都取得了一些进展。我们和信达、中金、中建投以及它们的下属公司开过一次联席会议，共同营销，机会共享，为客户提供综合服务，会议开得很好。虽然我们中间业务发展也不错，速度也很快，到9月末增长了48.5%，但是和同业比并不明显领先。同期工行、农行、中行的增幅分别为57.53%、48.45%和33.62%。工行总量大、也比我们快，农行和我们差不多，中行因为中间业务基数就比较高，比我们慢一点。总之，我们没有什么优势。

这里也有一个提高认识的问题，有一个主动培育市场的问题。比如今年的贷款新增计划只有3 800亿元，我们能不能把一部分贷款转为理财，不仅公司客户，而且个人客户也有这个需求，今年我们做了一些，但量还很小。可能大家觉得把贷款转出去，本来我们有四五个点的收入，现在变成一两个点不合算。这个恐怕要有正确的认识，把贷款转出去，一是可以增加中间业务收入，对我们营销市场、维护客户、培养自己的队伍都有好处；二是公司贷款、个人贷款不是没有指标了吗？特别是个人贷款、住房贷款还要按计划增长，把贷款转出去，就可以腾出空间做更多的业务，总的收益率可以更高。理财、信托业务也是一个战略制高点，我们也应该尽快去占领。开始的时候可能成本高一点，收益率低一点，但我们要算大账，算长远账。

5. 关于信用卡业务发展的数量与质量

目前我行信用卡的发卡量不小，累计发卡517万张，比年初新增205万张，同比增长88%。但是，信用卡的质量还有待提高，交易还不太活跃，这里有一个客户如何定位、市场如何定位的问题。

最近，去美信银行欧洲总部考察，给了我很大的启发。美信银行在英国设立只有5年多的时间，但做到了市场第一，占有15%的份额，那么成熟的市场，那么激烈的竞争，做到这样很不容易。我们了解到它们的信用卡不是简单的消费结算，而是提供融资，满足一些中等收入人士发展业务、发展事业和家庭消费的需要，而且是需要周转的那种，实际上是给客户提供了不需要担保、不需要办理抵押手续、非常灵活、随时可以使用的一个额度授信，一个信贷准入证。最富的人不是他们的主要客户，富人都有现金，不用借钱，最穷的人也不是他们的客户，主要客户就是中产阶级，最多的是教师、医生、律师、工程师、演员、体育运动员和体育爱好者等。还有就是完全以客户为中心，在所有的办公室、工作间门上的显著位置，都有一条标语：“假定你是客户。”它的营销方法、风险控制都有很多东西值得我们学习，发卡是通过中介机构进行的，这就是大量的协会，比如医生协会、牙医协会、律师协会、各种体育爱好者协会，他们和全国的几百个这样的协会都有合作，很容易就取得了有效客户的相关信息，判断出谁需要借钱，谁能够还钱。

我行信用卡的发展确实到了一个非常关键的时期，我们现在发了500多万张卡，但还不能做到收支平衡。信用卡在数量上还需要扩展，这有一个占领市场、赢得客户的问题，但提高质量更为重要，不能光做一些数量，而要锁定合适的人群，让他们多用卡，找我们借钱，找我们透支，我们为他们提供服务，满足他们的需求，同时他们也给银行作贡献。

（二）对照年初工作安排，检查各项改革进展情况

一是流程再造和会计改革。我们在年初的工作安排中，提出了要在全行开展流程再造，随后在全行启动了会计和营运管理体制改革。现在从总体上看进展是顺利的，但也有一些问题。比如信息系统的支持，上午我在河南省分行就了解到，如果把一个公司客户调整到另一个机构，或者说网点搬迁、改个名字，必须要求客户先销户，再重新开户，非常麻烦。希望信息科技部门能够尽早解决这个问题。类似的问题也需要全行各个部门、各个分行及时研究，加以解决，否则业务流程的改革就不能达到预期的效果。

二是风险管理体制改革。风险体制改革是今年的重点改革内容之一，改革的主要思路是“垂直管理”和“平行作业”。现在派出风险主管、风险经理的工作完成得怎么样呢？平行作业在各分行进展得怎么样呢？派出风险主管、风险经理，要抓紧时间，没有到位的要赶紧到位，培训是需要的，但是也需要在工作中学习、在工作中提高，先把他派到那个位置上，一边工作一边学习和提高。

三是机构扁平化改革。我们要求城市行的机构今年都要做到两级、“两级半”，现在很多地方还没有落实，在城市里面还有很多管理型的支行。北京、上海这些大的城市尤其突出，有十几个二级管理行，管理的责任也比较多，一个支行有十几个部门，几百人，当然有一些是做前台业务的，比如个贷中心、公司客户部等。不进行深入的机构改革，我们的效率就很难提高，服务水平就很难提高，风险防范也上不去，人员就裁不下来。机构改革尽管有一些困难，但必须迈出这个步伐。

四是人力资源管理改革。在年初工作安排中，我们提出要进一步完善人力资源配置机制，各分行要继续推进人员分流和结构调整，引导中、后台人员向前台流动，充实客户经理、产品经理和风险经理的数量。效果如何？人力资源部和各分行要进行定期分析。

五是薪酬分配体制改革。从去年我们就提出收入分配向一线倾斜，要鼓励人员多到基层工作，一线的分配要更好地与销售业绩相挂钩。今年进一步提出了优化员工薪酬构成、推进员工持股计划、建立长期激励机制的安排。明天召开的职代会，将对员工股权激励实施方案进行说明。各方面要继续加大工作力度，使股权激励方案尽早付诸实施。

（三）彻底转变经营文化，真正做到精细化管理

我们的管理在很多方面还停留在粗粗拉拉、大而化之的状态。最近发生的一系列案件和问题，充分反映了这一点。出问题的都不是什么高难度的技术原因，都是基础管理不到位，最基本的管理不到位。我听到大家介绍情况，香港分行的美元债券损失很大，我感到很费解，因为这个风险是一般的市场风险。政府债券和公司债券都有一个市场利率风险的问题，只要利率一提高，债券价格就会下跌，就有一块损失，我们应该是能够防范的。最近山东省分行发生的案件，一个储蓄员作案两个多月，手法很简单，表现为保留在她名下的现金库存极高，达到1 600多万元。有七八道关都没有发现，真是让人匪夷所思。

我们确实涉及一个彻底转变经营观念的问题。7月份在济南研讨班上我讲了这个问题，我们企业管理的文化，与中国传统文化一样有很多好的方面，但是也有很不好的方面。我们讲发展战略、营销策略、讲易经、讲老子，都是头头是道，孙子兵法都可以拿来用于管理，但就是日常的管理、基础的管理不扎实。过去说中国人画画，叫“大处天马行空，细处密不透风”，这两条都得讲，比较起来我们在后一个方面更欠缺，精细化管理很不足。

今年在美国银行帮助下，我们进行了“六西格玛”培训。尽管目前我们的管理水平还比较低，但要彻底转变经营文化，真正做到精细化管理，必须坚持高起点、严要求。“六西格玛”的精髓是精益求精的观念和深入细致的微观量化分析，这恰好是我们传统思维方式、工作习惯所不具备的。我们要善于向国际先进银行学习，不要再去想象能创造一个什么新理论、新方法，灵丹妙药，完全是新的，就是中国式的，就把企业办好了。脱离世界企业经营的历史和经验，没有成功的，这在中国的一些昙花一现的“著名”企业已经得到验证。

（四）适应经济和市场环境的转变，增强合规经营观念

我们要充分认识到我国市场经济已经越来越规范，企业的行为、政府的行为、法制意识越来越强，合规性要求也越来越高。我们过去那种营销方式、那种市场拓展方式和客户维护方式、内部处理这些问题的方式，都需要转变，适应新的形势。上海发生的社保基金案，对我们金融业是一个很好的警示。为了拉存款、为了拉委托贷款业务，也许就卷进违纪违法案件、官员腐败或商业贿赂中去了。现在，我们一些分支机构的很多业务还是这么做的，为拉生意不计成本、不择手段，而且我们还在表扬、鼓励这种做法，这个意识恐怕要认真改一改了。当然，我们不是生活在真空里，不是说不需要去联络客户，不需要去跟人家发展关系，但是必须明辨是非，认清大局，符合法律的底线。

一家银行要得到长期持久的发展，终究要靠产品创新、业务创新、优质服务来吸引客户、拓展客户。过去那种忽视风险、只顾眼前利益的做法不行了。靠非正常手段拉客户，项目拿到手了，可能过几天就是一个隐患、一个炸弹。看看内幕交易的案件、收不回来的贷款、造成很大损失的，都跟使用不正当的手段拉关系，公私混淆，江湖义气，违反国家法律政策有关。所以，合规意识必须进一步加强，要靠有效的解决方案，替客户着想的理财方案，靠专业技能，动用我们一切的专业知识、技术手段、人才队伍，去赢得市场，赢得客户。

二、加强信息科技工作

信息技术对商业银行、对金融机构来说是致命的。将来商业银行的竞争靠什么？一靠人才，二靠技术。第一，银行为客户服务离开了信息技术就寸步难行，你要把客户服务做好，没有技术支持是做不到的。第二，信息技术是资源优化配置的支持手段，更对银行的运营模式、资源占用、劳动组合、人员配置带来重大变革，为优化银行资源配置提供了前所未有的广阔空间。第三，风险管理和内控精细化也是以信息技术为前提的。工行的人比我们多，资产业务比我们多，网点比我们多，可是案件发生率、案件总数比我们少。一个是它们的基础管理做得比较好，再一个就是靠信息技术。所以，信息技术也是保证我们风险控制的手段。第四，信息技术也是提高工作效率的手段，其重要性不言自明。

总的说来，我行信息技术取得了很大的成绩，但问题还是比较多的，我认为主要表现为以下几个方面。

一是服务能力弱，不能适应业务发展的要求。尽管我们做了很多工作，科技建设有了很大的进步，但总体上还不能完全适应业务发展的要求，这是一个突出的问题。与国外先进银行相比，我们在硬件技术上已经没什么差距了，我们的一些硬件甚至比国外银行的还要好，但在硬件的管理和标准化上，则要落后大约五年，还没有一个全行的管理和监控体系来保证硬件设备的标准化和有效使用；在应用软件上，我们近两年采购的应用软件也是国际一流的，但在软件的有效使用和业务价值的体现上，还需要五年甚至更长的时间。比如客户信息的采集和分析、风险管理、境外业务的发展支持等，特别是对财富管理等新业务的支持几乎是空白；在信息技术管理方面，包括架构和安全管理、开发和运行管理、业务连续性管理，大约也有4~5年的时间差距。

二是信息技术发展战略连续性不够强。从分散到集中我们走了将近10年，规划实施步骤、技术方向、系统实施方案，几经反复，减缓了信息技术发展的步伐，造成了一定程度上的浪费。这里有一个原因，可能是由于过去主要领导人换得太频繁，思路也不太一样，所以规划的实施几经反复。但是我们不能过多地强调过去的原因，主要是要总结经验，研究现在怎么做好工作。今后不能再来回“翻烙饼”、瞎折腾。

三是信息技术体系分散，不利于产品创新和资源的有效利用。从总分行的层面看，数据集中工程以及总行近几年建设的应用项目，完成了大部分业务处理的集中，但仍有一部分中间业务、特色业务系统分布在分行，而且版本不统一。总行科技规划中要求集中到总行的部分应用系统还没有完成集中，使得全行的部分产品和服务流程不能统一，影响产品创新和推向市场的速度，增加了信息处理成本。在总行层面，以部门为单位分割系统，导致系统间功能重复、流程不衔接，甚至相互冲突的问题依然存在，重复录入数据，数据不一致问题也比较突出。

系统开发和设备资源也较为分散。每年分行上报的项目1 000多个，重复建设的占相当大的比例。另外，大部分二级分行都有机房，配有专人运行维护，24小时值班，这些资源需要尽快整合起来。

四是信息技术队伍人员匮乏，素质不高，结构不合理。和国外先进银行比，和国内银行比，我们科技人员的数量都比较少。美国银行去年夏天时有12万名员工，科技人员1万多名，占10%以上。我行员工总数为33万名，科技人员只有6 500人，占2.0%，工商银行的这一比例为3%。全行信息技术人员有一半以上分布在二级分行和支行，人员技能也有待提高，人才老化也比较突出。随着全行数据大集中的完成，信息技术更多地需要向客户、渠道、业务和管理全方位渗透，而现在的信息技术人员在这方面的知识和经验还相当缺乏。另外，信息技术发展日新月异，信息技术人员的知识和技能也需要不断更新。

了解了我们的现状，就会认识到今后努力的方向，我想以下几条是比较重要的。

第一，全行对信息技术的认识要有足够高度，要把信息技术真正摆在突出的战略地位。信息技术已经渗透到银行经营的各个领域，贯穿银行的整个流程，与业务融为一体，不可分割。我们的交易处理、产品创新、业务核算、风险管理，甚至公文运转都离不开信息技术支持，信息技术已经成为全行战略管理和战略实施的有机组成部分。要切实认识到我们信息技术方面存在的不足，将重视信息技术体现在我们一切工作当中去。各级领导一方面要善于思考各种业务和内部管理问题的解决中需要采取的信息技术措施，能够更准确地提出需求；另一方面，要理解信息技术对业务模式产生的影响，鼓励创新，支持信息技术带来的管理和流程变革，引导信息技术与业务战略更好地融合。

第二，做好整体规划不摇摆，不间断。原来我们总要讨论哪个技术路线是正确的，哪个是不正确。现在看来这个问题并不是那么重要，"条条道路通罗马"。美国银行累计兼并了上千家的小银行，这些小银行大多有自己的信息系统，现在美国银行整合得非常好。所以不一定要花很多时间讨论我们的技术路线，只要大的方向没有问题，就要一步一步坚定地往前走，就能够实现整合，建起新的网络，把管理和运营效率提高到新的水平。

第三，统一资源管理。信息技术系统将来的方向是全行统一，垂直管理，但一步完成恐怕做不到。因为现在还有一些开发和系统维护任务，如一些客户特殊性的、有特色的服务需求，一段时间内可能还需要分行来实施。我们要仔细分析，有多大的特殊性和必要性是必须放在下面去做的，是必须由分行来开发、维护的，如果不是那么重要，集中后总的效果会更好。即使在统一的信息技术框架下，特殊的客户需要还是可以考虑，从理论上说，如果这个需求能提出来，在一般上加特殊是不难的。要从实际出发，分步骤地把科技资源管理统一起来，逐步集中管理全行信息技术的人员、设备、软件和财务，统一全行信息技术的政策、标准、流程和架构。

第四，加快人才的培养和引进。人才是第一位的。我们的章程里设了首席信息官这个职务，但一直还没有特别合适的人选，还有很多高级的工程师、技术人员都需要引进，这方面我们要进一步解放思想。在引进人才方面，我们有经验，也有教训。有个别引进的人工作表现不太好，还提出许多无礼要求，到处捣乱。但是我们不能停止引进人才，不能停止从境外引进人才，而是要完善我们的制度，完善我们的程序，保证引进更合适的人才。当然，我们首先要将现有的人才用好，再根据需要从外面引进。

三、加快发展电子银行业务

发展电子银行业务的重要性是毋庸置疑的。大家讨论得很好，我再简单说几点。一是大力发展电子银行是客户和银行的共同需要。电子银行之所以能在如此短的时间里突飞猛进，主要是由其自身特点和优势决定的。从客户的角度看，电子银行全天24小时服务，不受时空限制，省时、省力，方便、快捷，特别是网上银行，交易明细一目了然，清清楚楚，互动性好，客户坐在家里就可以进行交易操作。从银行的角度看，电子银行是银行与客户共建的渠道，银行不用购买、租赁营业场所，相比营业网点，电子银行渠道的营运成本和管理成本总体上是低的。二是大力发展电子银行符合中国国情。中国现在经济社会发展的总体水平还是落后的，但在通讯方面的发展是跨越式的。20 世纪 90 年代初的电话交换机的先进程度就超过美国，现在我们的手机、电话用户都是世界最多的，网民有 1.2 亿户，可能也是世界第一。因此，电子银行业务使最有条件、最有可能与国际接轨，最有潜力取得突破的。建设银行要建成国际一流商业银行，电子银行要率先建成国际一流。

电子银行作为全行重要的分销渠道和一项战略性业务，必须动员全行力量，财务资源、人力资源投入都要有所增加。

第一，全行上下都要高度重视。各级、各部门都要比过去花更多的时间、更多的精力来研究电子银行业务发展问题，改进我们各方面的工作。在投入上要大力扶持，要舍得花钱。到现在为止，我的印象电子银行还是比较省钱的，我们的投入还是比较有限的。今后几年，资本性投入、营销费用都要向电子银行倾斜，同时要建立健全电子银行业务的考核激励机制。

第二，要加强队伍建设。我们这么大的客户规模，电子银行的服务人员现在才 2 000 多人，座席人员才1 500人，“95533”我们搞得还是不错的，但是和我们的业务规模确实不相适应，需要加快发展。包括信用卡“800”的电话座席，我们的发展速度很快，客户很多，电话老打不进来，等待时间太长，接通率不高，服务质量当然上不去。请各个部门一起抓紧时间研究协调，把座席员的数量增长制订出一个计划来。我们去年已经强调过多次，就是派遣制员工必须由入口转为合同工，对座席员也一样，一定要给他们一个向上发展的机会。目前各地做法不统一，有情况不同的原因，可能也有认识不同的原因，大家要考虑这些问题，不要把它变成一个长期解决不了、影响我们竞争力的问题。

第三，电子银行要走集约化发展道路。电子银行本身就是银行追求集约化目标的结果，具有实现集约化发展的优势。国内金融同业电子银行集约化发展的趋势越来越明显。招商银行几年前就建立了全国集中的客户服务中心，由全行唯一的客户服务中心向客户提供标准统一的服务，总行统一开发产品，统一投放广告。工商银行数据集中彻底，数据整合度高，客户服务中心实现“2 + 6”模式（全行在北京和上海建有两个客户服务总中心，在另外 6 个省分行建有独立模式的客户服务中心），手机短信金融服务平台全行统一。

我行与同业相比集约化程度还不够，必须加快步伐。一是系统建设该集中的集中，该上收的上收，不搞遍地开花。二是产品开发要加快集约化步伐。原则上自助服务、标准化服务及面向全行客户推出的服务应由总行统一开发。三是广告宣传要加快集约化步伐。广告设计和品牌推广应由总行统一策划。近两年全行要把电子银行作为对外营销宣传的重点之一。

第四，加强渠道互动，强化市场营销。电子银行渠道和营业网点都是建设银行的分销渠道、交易平台和服务窗口，两者相辅相成，互为补充，不存在孰重孰轻的问题。电子银行渠道和营业网点渠道向客户提供的服务内容、服务标准应该保持一致性。在推出非现金、非实物单证类新产品、新功能时，要做到电子银行渠道与营业网点渠道同步实现。要整合开户和签约流程，在开户环节增加电子银行渠道签约内容，做到开户与签约同步。

营业网点、网上银行、电话银行、手机银行、ATM、自助终端渠道建设成本、运营维护成本、投入的人力成本不同，分销的产品和服务不同，给客户带来的体验和创造的价值也不一样。因此，各渠道分销的产品和服务的定价要有所区别，通过价格杠杆引导客户选择最适合的服务渠道，银行要使用最经济的渠道分销最合适的产品和服务。要把渠道定价策略作为一个专题进行研究，拿出鼓励电子银行业务发展的定价方案。

电子银行业务几乎涉及所有银行业务，必须动员全行的力量，加强部门联动。客户部门经常与客户打交道，最了解客户需求，在市场营销方面应发挥主导作用。今后个人业务条线和公司业务条线的市场营销都要增加电子银行内容。

各分行是电子银行市场营销的中坚力量，要承担好市场营销的职责。要发挥好全行 14 000 个营业网点的营销作用，充分调动客户经理、网点柜员和大堂经理营销电子银行业务的积极性。

第五，加强电子银行产品和技术创新。在夏季分行长座谈会上，我们集中研究了产品创新问题。关于创新，我认为电子银行最具优势。营业网点有的功能，电子银行渠道原则上都要有。但电子银行还不能仅仅局限于营业网点的服务功能，局限于简单的柜面移植，要根据电子银行渠道特点，大胆创新。总行已决定在广州成立电子银行研发中心，要尽快把机构建起来，把人员配备好，早出成果。电子银行发展水平最能反映一家银行科技实力和水平。未来2～3年，科技部门要把建设和完善电子银行渠道作为重中之重的工作来抓。对客户集中反映的网上银行系统不稳定、运行速度慢等突出问题，要认真研究解决，确保电子银行渠道畅通无阻。

最后，再特别强调一下提高全行执行力的问题。张行长昨天也讲了这个问题。我们的执行力总体还是比较弱，制定了许多好的设想、好的规划、好的战略、好的改革方案，但是执行得不够好。个人银行业务、公司银行业务、投资理财业务，我们有一些设想，有的方案行长办公会讨论通过了，但执行起来比较慢，起色不大。有一些有特殊的原因，有一些可能没有什么特殊的原因，像产品研发、工作团队，完全可以从总行到分行打破过去的部门界限。我们是一家企业，必须求真务实，讲究效率，切实提高执行力。

进一步发挥全行员工的积极性和创造性 全面建设和谐企业与现代银行

——在第一届职工代表大会第二次会议上的讲话

（2006年10月31日）

郭树清

同志们：

这次职工代表大会，是在党的十六届六中全会刚刚胜利闭幕、我行成功实现境外发行上市一周年之际召开的。这次会议对我们更好地贯彻落实以人为本的科学发展观，统筹协调股东、员工、企业、客户等各方面的利益，调动和凝聚一切有利于企业和谐的积极因素，建设国际一流商业银行，具有重要意义。

上市一年来，我们提出了符合实际的战略愿景和市场定位，积极倡导“以客户为中心，以市场为导向”的经营理念，通过机构改革、流程再造及产品创新，努力为广大客户提供全面优质的金融服务，建设银行已经成为国内服务质量最好、盈利能力最强、最具市场竞争能力和风险控制能力的商业银行之一，得到了社会各界和国际资本市场的肯定。先后被英国《银行家》杂志评为“2005中国最佳银行”，香港《亚洲周刊》杂志评选为“亚洲最赚钱银行”，在2006年美国《福布斯》杂志公布的全球上市企业2 000强中名列第65位。

以上成绩和荣誉的取得，是全行30多万名员工团结奋斗的结果。广大员工在过去一年改革发展中表现出的主人翁精神和昂扬斗志，创造的丰硕成果和巨大成就，在建设银行50多年的史册上写下了浓墨重彩的一页。事实再一次证明，建设银行的员工队伍是一支特别能吃苦、特别能奉献、特别能学习、特别能战斗的队伍！我们为有这样的员工队伍而感到无比骄傲、无比自豪！

一、全行员工在参与建设银行改革发展和自身发展方面都取得了巨大成绩

建设银行所进行的改革是一项群众性很强的事业，广大员工既是改革方案的设计者和监督者，又是改革工程的参与者和实践者，更是改革成果的创造者和受益者。

去年以来，我们反复强调股份制改造不仅是总行的事情，而是全行每一个员工共同的事情，只有全行员工的共同参与，我们的股份制改造才能顺利进行并取得最终成功。因此，总行党委始终把全行员工看做是建设银行最宝贵的财富，积极调动和激发广

大员工把支持改革、拥护改革的热情，转化为参与改革、投身改革的工作热情。

全行广大员工在这场脱胎换骨的深刻变革中，围绕“以客户为中心，以市场为导向”的经营理念，结合先进性教育，落实为人民服务宗旨，更新观念，与时俱进，自我加压，争先创优，积极参与直接面对客户的产品、业务、流程和管理制度的改进和创新，促进了全行服务水平的明显提高，向投资者、客户、社会展示了全新的建设银行形象。

尤其是在柜面操作系统优化的工作中，广大员工直接参与了改革方案的设计和完善，提出了一系列切实可行的意见建议。例如，加强大堂经理主动服务作用，将小额现金业务分流到自助银行，实行窗口弹性排班等措施，灵活有效地解决了个人客户排队问题。再如，通过调整交易复核额度授权、减少柜员重复操作、将需要客户填写的多联式凭证和申请书改为无炭复写纸、合并手工登记簿等措施，解决了转账业务手续烦琐的问题。这些建议和措施的付诸实施，无不闪烁着广大员工的智慧和汗水。

对于在境外资本市场上市的公司，还要不要强调职工民主管理的重要作用，如何发挥职工的重要作用，在社会上、企业界和学术界似乎一度成了问题。但是，在建设银行这不是个问题。我们是社会主义国家的现代企业，我们有《宪法》、法律规定的职工民主管理的权利，有党和政府明确的政策。当然，作为新设立的现代股份制公司，我们必须探索一系列具体做法，必须处理好各种问题和困难。过去一年多的实践表明，发挥员工的主动性创造性，与加强现代企业的约束机制，完全可以并行不悖。

建立高度的企业民主，能够使我们的改革发展更加符合广大员工的意志、利益和需要，增强大家的主人翁责任感。这也是贯彻党中央提出的建设和谐社会、和谐企业的内在要求。我行股份制改革的经验证明，只有在民主和自下而上的监督下，才能更加有效地推进全行改革和发展，增强决策的科学性和有效性。

实际上，即使在西方国家，企业员工的作用也越来越受到重视。2004 年经合组织对公司治理指引又做了一次修改，主要强调了这样几方面的内容：一是应该明确提出发展和提高员工参与的程度和机制，员工应该能够自由地表达他们的看法，员工表达的看法和员工表达看法的权利应该受到重视和保护，要建立信息安全送达董事会的渠道。二是提高参与机制，使员工掌握的特殊技能快捷地为公司所用，从而提高公司的直接和间接收益。因此，员工在现代公司治理结构中正发挥越来越重要的作用。美国银行对员工已经不用“雇员”（Employee）这个词，改称为 Associate，就是“伙伴”或“参与者”的意思。

总之，无论是作为一家国际性上市公司，还是作为一家社会主义国家控股公司，我们都有责任和义务把员工参与民主管理的工作做得更好。

一年来，我们按照有关法律规定在全行建立健全了职代会和工会制度。去年上市后不久，我们就召开了全行系统第一届职工代表大会，对代表的提案，党委督促有关职能部门认真进行了回复和处理。先后制定了《中国建设银行职工代表大会规范》、《中国建设银行职工代表大会议事规则》等一系列操作性指导文件。各级分行也普遍建立了行务公开制度、职代会联席会议制度、职工代表巡查制度、劳动争议预警制度。建立了职工监事制度，在职代会闭会期间，专门召开了联席会议，选举产生了两名新的职工监事，审议通过了《企业年金方案》、《企业年金理事会章程》，推选产生了企业年金理事会职工理事。职工监事的增加，有利于把职代会对重大决策、重要事项的审议意见、表决结果和职工群众普遍关心的问题，以及职工代表有关要求和建议，及时传达到董事会、监事会和高管层，并参与对重大决策和重要事项的决定，使广大职工参政议政的合法权益更为直接、更为有效。

我们在理顺股东大会、董事会、监事会、经营管理层之间的关系和工作机制基础上，建立了董事会、监事会、高管层与各级分支机构、基层员工的经常沟通渠道，使董事、监事、高管人员能够全面了解全行经营管理信息，及时掌握基层行的运营状况。就重大决策事项充分听取分支行和基层员工的意见，已成为我行董事会、监事会和高管层的工作惯例。从去年至今，董事、监事、高管人员几乎走遍了 38 个一级分行，与广大员工就业务发展、体制改革、风险内控等重大问题展开了广泛讨论。全行上下的充分交流，不仅提高了我行决策的科学性和监督的有效性，而且直接推动了总行重大决策在各级分支行更好地贯彻落实。

拓展员工表达意愿的渠道，能够集中广大员工的智慧，使行政管理与民主管理有机协调。相比过去，现在广大员工向总行和分行反映意见和建议，表达自己意愿的渠道更加畅通了。上市以来，我和其他总行领导收到了许多来自基层员工的电子邮件和信件，大家提出了不少好的意见和建议。我们通过不同形式，对大部分来信作了回复，有的还在《建设银行报》上公开答复。许多分行通过行长公开接待日、行长信箱、行长电话、职工座谈会、内部网站等形式，认真收集和听取基层员工的心声，建立健全了员工意见反馈工作机制，形成了团结协作、共谋发展的良好局面。

建设银行要实现发展战略目标，首要任务是提高员工队伍整体素质。总行党委高度重视和加强员工培训工作和人才引进工作，特别是上市以来，不断加大培训资源的投入，培训形式越来越多，培训范围和渠道越来越广，形成了多梯次、多批次、多形式的全员培训格局。同时，引进了一批急需的管理和技术人才。

今年以来，总行坚持培训资源向一线倾斜，着力提高现有员工的技能和水平。截至目前，总行和各级分支行通过各类培训项目培训各类人员 29.94 万人次，包括 11 期公司和个人业务客户经理培训班 960 人次，大堂经理近 1 万人次。

今年总行首次采用香港地区与深圳培训联动的方式，加强境外培训，举办了 9 期大堂经理、个人理财人员、基层网点负责人培训班，培训了 360 名基层业务骨干。今年还选派了 22 名优秀业务骨干赴境外分行定岗实习培训。通过经验分享、协助项目、顶岗培训等多种方式加强与美国银行和淡马锡的培训合作，发挥了战略投资者的作用和优势。今年与美国银行和淡马锡合作，完成培训项目 32 个，培训人员1 037人次。

随着人员素质的不断提升，广大员工为建设银行事业贡献聪明才智的舞台更加广阔。通过不断完善和拓宽晋升渠道，为每个员工提供公平的竞争机会，一大批素质优秀的业务人员被提拔到重要岗位，为我行的持续和稳健发展提供了重要保证，增强了员工对建设银行的认同感和归属感。

勇于创新并善于创新，才能更好地迎接激烈的市场竞争，为我行的持续发展注入源源不断的活力。全行各级组织围绕“以客户为中心，以市场为导向”的经营理念和全行发展战略，采取多种形式，鼓励和发动广大员工贴近市场、贴近客户、不断思变、大胆创新。总行多个部门围绕提高服务效率和服务质量，组织开展了征集合理化建议、柜面劳动服务竞赛、评选百佳客户经理和百佳网点负责人、“比服务、比效率、比质量”等活动。各分行也以多种形式开展了丰富多彩的创新实践活动，营造了良好的创新氛围。

为了激励和调动核心人才的工作积极性和创造性，总行专门研究了对有突出贡献的优秀员工进行奖励的办法，设置了“突出贡献奖”，作为对作出特别贡献的员工的综合性表彰和鼓励。我们以前设置的大部分奖项都侧重于荣誉称号和精神奖励，这次设立的“突出贡献奖”在荣誉称号之外，特别增加了物质奖励。在此次会议上，我们将对首次评选出来的 12 名荣获首届“中国建设银行突出贡献奖”的员工进行表彰并给予重奖。这次表彰的 12 名员工，是经各级行严格评选出来的，他们在不同的工作领域为建设银行作出了特别贡献，这些贡献有的是可测量的，有的是不可测量的，是建设银行宝贵的无形财富，他们所作出的贡献的价值也不是这些奖金可以衡量的。

与此同时，我们加大了对特困员工的扶助力度，帮助他们解决实际困难，改善生活困境。总行倡导成立了“职工互助基金”，在全行形成了团结互助、扶贫济困的良好风尚。今年初，在“两节”期间发放困难员工慰问补助金 130 万元；3 月，总行对全行系统 12 名特困员工给予 120 万元的救助。最近，我们又批准了第二批救助方案，决定救助特困员工 20 人，救助金额为 157 万元。各分行也高度重视对特困员工的帮扶工作，建立特困员工档案，制订本行的救助方案，及时把集体和社会的温暖落实到处于逆境的员工身上。

二、我行改革发展仍然面临诸多挑战

党的十六届六中全会决定指出：“构建社会主义和谐社会是一个不断化解社会矛盾的持续过程。”从股份制改造尤其是去年上市以来，我们取得了辉煌成就，受到了社会各界的高度赞扬，同时也切实感受到了来自方方面面的压力和挑战。之所以在这里专门讲一讲我们面临的问题，是要让广大员工充分了解改革发展的困难所在，切实增强忧患意识，更加积极主动地正视矛盾、化解矛盾，动员全系统的一切积极因素，更快更好地实现我们建立现代银行的目标。

（一）运营模式和组织架构尚不适应市场需要

近年来，我们在机构改革中，围绕建立合理高效的组织架构，进行了持续不懈的探索，取得了一些成效。但层级过多、机构臃肿、行政队伍庞大的问题仍然十分严重。从总行到基层网点，中间存在着一级分行、二级分行、支行三个管理层级，各级行政管理部门一级管一级，层层设置的中、后台部门占用了大量人员，而客户经理、风险经理等前台人员严重不足。目前各级行本部人员数量占全行的比例为59%，管理人员明显偏多。

今年我行与美国银行合作，在江苏、四川两家分行进行了零售网点转型试点。项目小组对两个零售网点柜员工作时间进行了量化分析。测量发现柜员用于销售的时间很少，分别只有2.44%和0.27%的时间用于销售，柜员的大部分时间是在操作电脑。除了销售和服务时间，两个试点网点的柜员都有20%以上的时间用于处理内部管理事项。国外先进银行除柜员进行销售外，还有大堂经理和客户经理负责销售，网点整体用于销售的时间可以达到20%。

（二）人员总量和结构不适应市场要求

近年来，我行在推进人力资源管理改革方面做了大量工作，先后分流了几万人，网点从近3万个减少到1.4万个，撤并了很多布局不合理、与金融资源不匹配、长期亏损的网点，其力度和工作量在同业中是不多见的。当然这有我国的特殊国情，国外的商业银行也没有哪一家经历过我们这样大规模的人员调整。目前我们虽然已经取得了积极成效，但和资产规模及同业情况相比较，我行的人员总量还是偏多。截至今年9月底，全行用工总量为333 015人。我行与中国银行的资产总额和存贷款总额相近，但中行人员总数比我们少10万多人。与花旗银行相比，建行资产额为花旗银行的三分之一，存贷款总额为其二分之一，但人员总量却多出其25%。与资产规模相仿的美联银行相比较，建行人数为其3倍。与国内银行比较，从人均净利润、人均营业净收入来看，建行仅高于农业银行，约为股份制银行平均值的四分之一。而且，我行的工资性支出占成本的比例已达到国内银行的较高水平。

更重要的问题是人力资源的结构不能适应形势发展的要求。我们缺乏大量的专业人员，包括客户经理、产品经理、风险经理、理财师、信息工程师，相反有过多的人员从事着一般性管理工作。美世咨询公司的调查显示：美国20家综合性银行、大型州立银行前台直接从事客户销售服务的人员占比达到50%～60%以上；国内多数股份制银行的前台人员占比高于45%，部分超过50%；建行目前的前台人员比例为36.2%，低于国内外同业。美国20家银行的中、后台人员比例从20%～40%不等，某些银行中、后台人员的比例甚至低至10%；国内股份制银行的中、后台人员比例为25%～28%，建行中、后台人员包括管理人员的比例却高达63.8%。因此，必须通过对人员分类管理，加快推进后台业务同城、跨区、跨行的集中，把人力资源从后台和传统柜面业务中解脱出来，充实到前台从事客户营销、产品服务、贷款催收等岗位上来，尽快适应战略转型的目标要求。

从区域来看，长三角、珠三角、环渤海三大重点区域的存贷款总额为其他区域的1.7倍，贡献了全行近三分之二的营业净收入、70%以上的利润。但三大区域对应的人员总量仅为全行的三分之一。因此，建行的人力资源配置，与区域发展战略还不甚一致，与价值创造水平也不够对称。

（三）激励约束机制不健全

目前存在的问题主要表现在：一是职务能上能下的机制不健全，缺乏准确衡量各级管理人员和各类专业技术人员业绩和能力的考核评价体系；二是薪酬与责任、贡献不对称，收入的增减机制不健全，核心人才的薪酬未很好体现人力资本的要素分配，分配水平与市场价位差距较大，人才难进来，也难留得住；三是员工能进能出的机制不健全，人力资源的结构性矛盾依然突出；四是育人与用人一致的培训体制不健全，未能很好把培训作为对人才的投资手段和激励手段；五是收入分配向一线倾斜还不够，基层操作员工"同工不同酬"问题虽然已有实质性好转，但还有待进一步解决。这些问题的存在，削弱了建设银行对核心人才的吸引力，直接影响到建设银行竞争力提升及可持续发展。

（四）风险管理面临较大压力和挑战

近年来，全行业务经营、风险管理和信贷审批部门在提高资产质量、加强体系制度建设、夯实管理基础、严格内部控制以及推进管理方法和技术创新等方面，做了大量深入细致和卓有成效的工作。但我们的风险管理能力与国际一流商业银行比，还有不小差距，提高资产质量，稳步实现“双降”的压力很大。目前，特别是在操作风险的防范上，还存在着明显的薄弱环节。有章不循、违章操作的现象屡见不鲜，各类案件时有发生，有的涉案金额巨大，性质很严重，而且负债业务操作风险有上升趋势，值得我们高度重视。全行一定要加强基础管理、基层管理，防范操作风险。

（五）外部法制和信用环境尚不完善

目前，各级政府对银行信贷的干预已大大减少，但外部环境不合法的情况仍时有发生，给银行的经营活动带来较大的困难。特别是一些法律制度尚不完备，有关部门执法不严，使债务人、担保人容易逃避债务责任。银行起诉的案件胜诉率比较高，但执行率很低，同样的案件一跨省和地区就不行了，银行与其他企业、机构的法律地位严重不对称。去年我行共结办各类民事诉讼案件近1.5万件，按金额计算胜诉率为97.02%，但回收率仅为22.31%。

以上存在的问题和面临的挑战是严峻的，也是回避不了的，但也绝不是不能解决的。只要我们团结一致，万众一心，没有克服不了的困难。要从现实问题入手，分阶段、分步骤地推进，最终要靠深化改革、促进发展、加强管理，才能解决，要靠全行员工一起努力，共同出主意、想办法来解决。比如，如何解决人员总量偏多的问题，是下岗分流，还是实行内退，内退的条件和标准如何确定，也需要大家讨论。另外，就是开辟新的业务领域，让更多的富余人员从事创造有价值的工作。现在许多居民个人和中小企业贷款难，这是一个非常有前景的大市场。如果我们的员工能从办公室和后台走出来，深入到社区中去，认识客户，了解客户，把工作做到家，真正掌握客户的第一手情况，把风险防范和信贷服务做好做实，针对小企业和居民户及各种自我就业人员的零售业务是可以很好地开展起来的。还有，可以探索实行新的上班制度，有全日制的，也可以有半日制的，或非全日制的，按劳取酬，绩效挂钩，既要符合市场规则，又能适应员工不同的职业选择，适合家庭生活的灵活安排，体现以人为本的理念。这些问题，希望大家都来思考，找出新的办法，以新的视角、用新的思路去迎接我们面临的各种挑战。

三、员工关心的实际问题

第一来谈谈工资问题。近年来，建设银行经营效益持续增长，全行工资总量和人均收入也有相应增长。2004年全行工资总额为138.7亿元，2005年为166.5亿元，今年预算安排约187亿元，近三年平均增幅达到13.6%。从人均工资情况来看，2005年人均税前为5.5万元，相当于各省社会平均工资的2.3～4.6倍。从上述数据看，我行员工的工资水平还是具有一定市场竞争力的，当然与国内中小股份制商业银行还不具可比性。但从另一方面看，大银行和小银行的职业稳定性不同，小银行资本实力弱，抵御风险的能力较低，较高的收入水平代表了对较高职业风险的补偿。这一点，在西方发达国家也一样，小银行职员的收入普遍高于大银行。建设银行作为一家国有控股的大型商业银行，能够提供给员工的职业发展机会，是远远大于小银行的。在这个问题上，大家要进行综合、客观的比较。

对于工资结构，目前我行员工基本工资与绩效工资大体为四六开。基本工资比重过低，会弱化对员工的生活保障功能，在绩效考核体系尚不健全的情况下，容易造成激励过度与激励不足并存。根据去年的统计，全行仍有1万名员工的收入低于当地社会平均工资水平，我们及时采取措施进行了调整。在下一步的工资结构调整中，我们应该区分员工的岗位性质，实行不同的工资结构。比如，高职员工、市场营销岗位员工，绩效工资应占大头，而基层操作岗位员工的基本工资应占大头。

我们实行的是按劳分配的工资制度，劳动有简单复杂之分，有脑力体力之分，各个人对价值创造的贡献率也不同，所以工资必然有着差别。对于不同岗位的收入差距问题，由于不同岗位的任职资格和能力要求不同，岗位价值也有相应的市场比较，而市场是客观供求关系长期反复作用的结果，不是哪个部门、哪个行业或哪个个人可以决定和改变的。希望广大员工正确对待这个问题。当然，在市场化初期，在全行整体收入水平还没有达到一定高度的情况下，我们拉开收入差距还要考虑员工的承受能力。

工资分配的地区差距，区域间存在的收入差距，是社会经济发展不平衡在收入分配领域的体现。我国幅员辽阔，地区发展不平衡，如人均GDP，上海为5.1万元，贵州仅为0.5万元，相差10倍；职工平均工资，上海为3.4万元，江西为1.4万元，相差2.5倍。各分行在不同经济环境下经营，价值创造也相差悬殊。2005年，境内38家分行中经济增加值排名前20位的分行，创造了全行效益贡献总量的94%；排名靠后的8家分行，经济增加值为-7.4亿元。各分行员工的收入水平事实上远小于经济增加值创造的差距。

总体来看，我们目前的分配体系还是以职务和资历为基础的，我们正在咨询公司的帮助下进一步深化人力资源改革，逐步建立以岗位为核心，按岗付薪、按绩付薪、按能付薪相结合、分级分类的薪酬制度。在总量增长方面，我们将按照上市公司要求，与业务收入以及利润的增幅保持衔接，合理地、渐进地安排增长速度。员工个体的收入还得根据所在机构、部门、团队的效益情况和个人绩效表现。在改革过程中，我们要保证基层员工的基本生活保障，努力构建围绕战略、面向市场、和谐公正、促进价值创造的分配体系。

第二是福利问题。员工福利作为薪酬制度中的重要组成部分，在很大程度上成为体现企业文化、吸引和留住优秀人才、激励和调动员工积极性、提升企业竞争力和影响力的重要手段。目前我行员工的福利包括法定福利和企业福利两部分，涵盖了员工养老、医疗、住房、交通等方面的福利待遇。

近年来，我们在政策许可的范围内，结合建设银行实际自主建立了一些福利项目，例如，在去年的职代会上，我们就审议通过了启动企业年金单位缴费的有关政策，同时实施了住房货币化补贴。从员工的角度讲，福利项目越多越好，标准越高越好，这些都可以理解。但从企业的角度看，福利费用属于用工成本的一部分，所以，要遵循量入为出、量力而行的原则。事实上，根据银行的承受能力，近年来我们持续加大了福利费用资源投入。2004年全行福利费用总额为68亿元，2005年为90亿元，2006年预计为106亿元。福利费用占人力费用的比例也由2004年的30%上升到36%。

也许有的员工会说，企业的福利应主要发挥劳动保障功能，就应该平均分配，其实这是不准确的。福利具有保障员工权益和激励员工的双重作用，福利分配也是薪酬分配的重要组成部分，应该坚持“效率与公平并重”的分配原则。一方面，法定福利作为员工的基本劳动保障，既是国家对劳动者权益的保护，也是企业的基本责任，各级机构应该依法合规、及时足额为员工提供。另一方面，企业福利是对工资激励作用的有效补充，共同发挥着各自的功能与效用。增加工资一般会提高员工的满意度，但是当工资增加到一定程度后，又会出现边际效能递减的现象，在此情况下，福利水平及其管理绩效的高低一般来说更能体现出企业的发展力和竞争力。因此，企业福利应该更多地为战略愿景服务、为人才战略导向服务，分配上也应该允许合理拉开差距，体现员工岗位与绩效差异。

在福利项目的具体设计上，要以人为本，尊重员工的个性化需求。总行正在探索建立弹性福利计划，就是在整合我们现有福利资源的基础上，考虑员工不同年龄、性别和兴趣爱好，给员工提供一份列有各种福利项目的“菜单”，员工在分配的费用限额内从中选择。我认为这个计划可以探索，不一定增加福利成本，在现有资源情况下也可以做，在依法合规、总量控制的前提下给员工更多的自主选择权。

第三是员工持股问题。股权激励是我们一项重要的改革探索，目的是把股东的利益与员工的利益更好地结合起来，形成一种长期激励机制，可以说是我们建立现代银行机制的一个组成部分。目的是使广大员工更好地关心企业的经营发展和效益，与目标管理、绩效考核及个人利益密切地结合起来，促进企业发展目标的实现。但是，这件事非常复杂，是否有消极影响也很难确定，总之是一种探索。中国历史上有过类似的做法。一百多年前的山西票号已经出现了根据每个人的职务、工作年限和表现的“身股”，“身股”可参加分红，这在当时产生了相当明显的激励作用。

去年8月，我行股东大会审议通过了管理层股票增值权政策和员工股权激励政策；今年6月，董事会审议通过了具体的员工股权激励实施方案，已经上报有关部门审批。这次职代会也将有关方案列入了议题，人力资源部将向各位代表就有关方案进行说明，大家对方案有什么意见都可以提出来，以使方案更加完善，充分体现广大员工的利益。

总体来看，我们的股权激励方案有以下几个特点：一是参与员工范围广，强调员工与管理层同步实行。据我们了解，国内其他上市银行目前大多制订了高级管理层的股权激励方案，西方国家的股权激励也重点针对高管。我们始终强调要充分考虑员工利益，调动最广大员工的积极性，坚持员工与管理层股权激励方案同步设计、同步实施。二是强调员工激励机会公平，但不搞人人有份、不搞平均主义，强调激励与约束相统一，不搞变相提高收入。方案既对员工在建行的工作时间有要求，也对损害建行利益的员工有排除规定，同时股份奖励的对象重点是业绩优秀者、有突出贡献者。三是强调自愿参加，风险自担。我们的股权激励由员工自愿认购和有条件奖励两部分股份构成。个人要出资，而且要出大头，既然是股票投资，就不能保证回报，就有市场风险。认购股份是有风险的，这一点一定要跟大家讲清楚。奖励股份要满足董事会规定的业绩条件方可提取激励基金购股分配，提取规模要控制在公司的财务承受能力之内，不能损害公司和股东利益。持股计划建立初期，股票数量及收益水平可能达不到员工的期望，但重要的是，我们正在尝试建立一种新的激励机制。

第四是员工发展问题。大家可能知道管理学上著名的“霍桑实验”。霍桑工厂的照明条件、休息时间以及薪资待遇与工作效率的相关性较弱，而工厂的群体气氛和工人的工作情绪、责任感与工作效率的相关程度反而较高。这一实验说明，所有的员工都希望受到尊重，希望在社会认同、自我实现等高层次需求上得到满足，而不仅是获得优厚的物质待遇。美国心理学家赫茨伯格也有类似的研究成果，他指出：能给人们带来工作满意的是成就感、工作成绩得到认可、工作责任、晋升等因素，即所谓的“激励因素”；而使人们觉得工作不满意的却是另外一些特定因素，如公司的政策、行政管理、工作条件等，即所谓的“保健因素”。企业即使在保健因素方面有很大的改善，也只能安抚员工，减少他们的不满意，却不能激励他们，使他们满意。因此，赫茨伯格建议管理者要更加注重员工的成就感、工作责任和发展机会。

尽管人们对上述理论仍存在一定的争论，但已有越来越多的国际企业更加关心员工的成长进步，培养员工的企业荣誉感、归属感。我们谈激励约束机制建设，不能总是谈工资、奖金、福利，而要综合考虑薪酬福利、员工职业生涯发展、对员工的奖励和肯定、培训计划等各方面要素，而且要把员工成长发展、学习培训、成就感和责任感放在更突出的位置，建立全方位的激励机制。

要积极学习借鉴国际先进现代企业在员工职业生涯发展中运用的手段和方法，综合运用人力资源管理的多种政策工具，把沟通、评价、培养、选拔、使用等各个环节有机结合，提高人才资源开发和使用的水平。要围绕发展战略，在创建学习型组织、培养专业型人才、科学设计型员工职业生涯方面下更多的功夫。

培训工作要有更高的标准和要求，要按照岗位能力要求和员工职业生涯发展规划，强化业绩导向，突出对现代商业银行专业技能的系统性培训，突出对关键岗位核心人才的培养，加大对一线业务人员的培训力度。同时，积极倡导广大员工利用业余时间自主参加各种学历教育、证书培训和考试，通过多种形式和渠道丰富知识、提高才能。我曾多次收到员工要求参加学历教育的来信，感到我们广大员工的学习热情很高。对此，我们要提倡和鼓励，可以研究根据学习情况给予一次性奖励，并适当提高奖励的比例。对于员工自主脱产参加学历教育，今后应当根据即将出台的新的劳动合同法的相关要求，规范员工脱产学习期间的劳动关系。比如，在脱产学习期间可以中止劳动合同，但保留在建行工作的机会，学成后可以继续在建行工作。当然，也可以根据员工的年龄、工龄、对建行的贡献及岗位的特性等因素，来区别对待，形成制度。

要进一步增进民主管理和民主监督，真正尊重劳动，尊重知识，尊重人才，尊重创造，重视每一位员工的意见和建议，增强大家的主人翁责任感，增强对建设银行的认同感和归属感。在管理方式上，要有罚有奖。对渎职失德、违规违纪的，要认真查处，不能手软；对兢兢业业、作出成绩的，则要及时表扬和奖励。奖励要强调精神奖励的重要性，同时也要把物质奖励和精神奖励尽可能地统一起来。各级领导对下属、上级机构对下级机构，要多理解、多支持、多鼓励、多肯定，增强员工的成就感、满足感，使大家在建设银行和谐、快乐地工作。

同志们，党的十六届六中全会绘就了构建和谐社会的美好前景，建设银行在国际资本市场上正在乘风远航。我们有着难得的发展机遇，也面临艰巨的任务和挑战。全行广大员工要肩负起神圣的责任和使命，保持和弘扬主人翁精神，积极参与建设银行改革发展大业，争取早日把我行建设成为国际一流的商业银行。

发展零售业务是战略转型的重中之重

——在全行个人银行业务工作会议上的讲话

（2006 年 11 月 30 日）

郭树清

个人银行业务条线的负责同志集中在一起开会，在最近两年里还是第一次，这个会议非常重要。我讲一个开场白，主要是谈点体会和认识。然后，张行长有个书面讲话，一飞副行长有个工作报告，都是经过精心准备的，将对工作做具体的布置，希望大家认真学习和贯彻执行。我粗略地讲三点意见。

一、零售业务决定建设银行未来的生死存亡

自去年春季座谈会以来，我行在零售业务方面确实取得了很大成绩，进步是非常明显的。今年，全行个人类贷款新增市场占比第一，个人存款、银行卡业务居同业第二，信用卡发卡量在四大银行中名列首位，在全国 16 家发卡机构中名列第二，在各家银行中率先实现了全国跨一级分行通存通兑，绝大多数网点配备了大堂经理，柜面交易流程改进效果显著，网上银行改版成功，个人理财服务水平进一步提高，总体的客户满意度创造了新的纪录。只要保持这个势头，我相信建设银行完全有希望做到国内第一，甚至跨入世界最先进零售银行的行列。在去年以来的几次会议上，我们反复强调过零售业务的战略重要性。这里，我再讲一讲，希望引起大家的重视。

为什么说零售业务是战略制高点，是发展重点？因为零售业务势必成为未来商业银行的主要收入来源和利润来源。原因有四个方面。

第一，是经济发展使然。改革开放以来，我国经济实现 28 年的高速增长，GDP 平均年增幅在 9% 以上，这对一个 13 亿人口的大国，非常不容易，创造了世界奇迹。但目前我国经济增长到了一个新的阶段，从主要依靠投资出口带动经济增长逐步转变为以消费带动经济增长，也就是说，经济最有活力的动力将从投资和出口转向消费。当然，不是说投资不搞了，出口不出了，而是说消费的作用会越来越大。在产业结构方面，以工业为主逐步转向以服务业为主。现在工业在 GDP 中的比重大概是 50%，第三产业是 40%，农业是 10%，但工业对整个经济发展的贡献度会逐步降低，就像农业的比重会逐步下降一样，而服务业的贡献度会逐步上升。在人口结构方面，以农村人口为主会向以城镇人口为主转变。去年底我国城镇人口占比为 43%，这个数据与国际统计口径相比可能有些保守。我国主要看户籍制度，流动人口要求居住在某城市半年以上才计算到城市人口之内，而外来工流动性较强，统计到城市人口之中的很少，还有许多早已事实城镇化的乡村，其人口也没有计算进来。如华西村号称“天下第一村”，人口 6 万多人，工业产值 300 多亿元，在国外都算一个相当大的城市了，但我们还是叫“村”，而且在很多方面还按过去的农村在管理。我国每年有上千万名农民进入城市。如果加上还有相当部分农村地区工业化以后，农村转变为城镇，特别是在南方地区，珠江三角洲、长江三角洲，有很多乡村产业结构发生变化后，当地居民实际上也是城镇人口了，这样考虑下来，估计每年至少有 2 000 万农村人口转为城镇人口，或迟或早城镇人口肯定会超过农村人口。

因此，我国的消费群体、居民金融服务需求仍处于爆发性增长时期。

第二，是经济体制转轨使然。我国经济不仅是落后的经济向发达的经济过渡，还是由传统的计划经济体制向市场经济体制的全面转轨，从商品市场到要素市场，到产权市场，各方面的市场都在深化。商业、旅游业、交通业、通讯业虽然都是很传统的产业了，但是它们的业态，即其组织方式、营销方式、服务模式、盈利模式每日每时都在变化。单以金融市场而言，变化速度就非常之快。就是最近一两年，企业融资结构发生了多大的变化？企业债券，特别是短期融资券一放开，翻了好几番。股票市场曾经长期低迷，前年还跌破了1 000点，但今年已经两次超过2 000点了，一下子许多基金发行起来了，我们银行上个月的储蓄存款就因此下降了。企业融资方式、资本市场格局变化还会进一步加快。市场深化还表现在个人的经济活动方式也发生了根本性转变。过去购物、交费、出差都是拿现金，使用银行交易工具的很少，现在使用借记卡、贷记卡、转账、网上银行、电话银行，已经非常普遍。全国个人住房贷款已经达到2万多亿元，而在1998年住房制度改革之初尚不足1 000亿元，八年增长了20多倍，消费需求高速增长势头可见一斑。不仅仅是消费，个人创业、经营、投资，乃至教育、旅游这些我们过去认为与金融，甚至与经济不太相关的行业，都向银行提出了金融服务需求，而且这些需求正处于快速增长之中。

第三，是市场竞争使然。随着开放力度的不断加大，特别是12月中旬我国将全面向外资银行开放人民币业务，银行竞争将更加激烈。公司业务的竞争将会白热化，特别是大客户贷款，我们的议价能力很低。个人金融服务日趋复杂化，要求越来越高，领域越来越广泛，你提供不了，其他银行可以提供，中国的银行提供不了，外国的银行可以提供。直接融资和间接融资的竞争越来越激烈，国内银行和国外银行的竞争越来越激烈，国内同业的竞争也越来越激烈。几家大的银行，都在引进技术，创新产品，都有战略投资者，具有自己独特的优势。股份制银行和中小银行发展非常快，过去我们不够重视，比如民生银行的零售业务，几个业务主管都是从花旗银行聘请过来的。我们现在的业务收入来源50%左右来自公司业务，30%左右来自资金运作，20%不到来自个人银行业务，这种结构非常脆弱。利率放开以后，公司业务收入下降5~8个百分点是很容易的，如果要保持较高的盈利水平，零售业务就必须迅速补上。外资银行在零售业务领域，尤其是在高端客户营销服务、产品创新方面比我们占据优势，在其全面进入后，形势就将更加严峻。

第四，是自身状况使然。建行自身状况决定了我们要把零售业务放在最突出的位置来抓。我们有优势，主要是网点、规模的优势，在这方面仅次于工行、农行。我们的住房抵押贷款做得最早，投资理财也有一点基础，这些有利方面都要发扬光大。别小看住房贷款，是非常重要的业务品种，客户在建行有住房贷款，我们就可以向他推荐理财、信用卡、电子银行等多种产品，客户的稳定性就会非常强。从劣势来说，一是风险控制水平不高。不搞零售业务，不良率很难降下来。第三季度末公司类贷款和个人类贷款的不良率分别为3.81%和1.69%，二者相差2个多百分点，而我们的净利差也就在2.7%~2.8%的水平。而且，尽管我们的个人银行业务还不是很强，管理水平也不高，“假个贷”搞得我们很头疼，但迄今为止，非常赚钱。住房抵押贷款累计发放1万多亿元，不良额只有100多亿元，不良率在1%左右。由此可见，我们风险控制能力不强，固然有经验和技术方面的问题，但也有结构的问题。如果我们30%~50%的贷款是住房贷款，那么建行现在就是世界一流的银行了。二是人员还是比较多，有30多万人。如果不把这一消极因素转化为积极因素，将会成为沉重的负担。光做公司业务，全行10万人都用不了。要使人数多成为一种优势，就要做零售业务。只有发展零售业务，才能消化吸收这么多人。另外，现在严格算起来，我们还有七八家分行不赚钱，经济增加值还是负数。零售业务是个机会，要靠发展零售业务来改变这个局面。

二、做好零售业务必须脚踏实地、大胆创新

所谓脚踏实地，就是要从实际出发，从建行的需求、从中国的国情、从当地的资源情况、从金融生态环境状况出发；大胆创新，就是要从现实中找出规律性的东西，再运用到实际业务中，实现业务的跨越式发展。

（一）国外先进银行的零售业务特征

我们要参考、借鉴别人的经验，才能更好地创新。总体上看，国外先进银行零售业务有以下几个特征。

一是差别化服务。就是细分市场，细分客户，实行业务分类经营，不是简单的厚此薄彼、要客优先。比如美国银行就将不同的客户和业务分开，在不同的区域，通过不同的渠道，为客户提供交易、销售、理财服务，而且理财业务高、中、低客户也是分开的，这才是以人为本、个性化的服务。零售业务必须考虑差异性，中国之大，地域、民族、文化、职业、性别、行为方式等都要分开来进行分析。

二是流程式管理。银行内部的服务质量、风险管理、工作效率，无不是流程的问题，这在零售业务方面表现得更为突出。要把零售业务搞好，做到运行高效，风险可控，必须要有科学、合理的流程，这是不言而喻的。

三是标准化操作。标准化操作可以避免很多个人因素造成的差异。而目前，客户在建行一个网点感受到的，与到另一个网点感受到的，可能完全不一样，这就是操作上的不标准，造成服务质量上的差异性。标准化操作还有利于加强管理，防范操作风险。

四是集中决策。贷与不贷、银行卡发与不发，不是前台、支行来决定的，由专门的机构来审批，用科学的办法来客观评价风险。这样可以避免很多问题的发生，也保证了前台标准化操作、流程化管理。前台的职责就是了解客户、营销客户，尤其是保证客户资料的真实性，后台才能作出正确的抉择。

五是全面渗透。就是交叉营销、综合服务。我们的产品分类、业务分类是割裂开来的，严重违反了市场规律，完全不考虑客户的需求。比如我们的存款客户，可能同时也有住房贷款、信用卡、电子银行业务的需求，但这些业务在营销和管理上各自为政，彼此之间缺乏关联和信息共享，而对客户来说，所有的业务需求都是一个整体。同时，我们的产品和业务有时划分过细。比如过去我们将项目贷款划分为基本建设贷款、技术改造贷款，基本建设是新项目新企业，技术改造是新项目老企业。一方面我们有时很难区分，另一方面这样的划分似乎也意义不大。个人贷款也没有必要彻底搞清楚它的用途，就像正在研究的个人信贷卡，在一定的额度下，进行滚动式的贷款，是消费、是投资，还是学习培训、搞研发、办会展，这些都不重要，重要的是要看风险点在哪里，个人信用和发展潜力如何。不是说这些划分毫无意义，它对经济学研究可能很有意义，但对商业银行的经营发展价值不大。我们的一些观念要转变，要从概念上彻底摒弃过去的计划经济、行政行为方式。

六是独立核算。国外先进银行的业务核算一般都到单元、到个人、到产品。道理很简单，必须知道什么东西赚钱，才能做到收入分配挂钩，对分支机构的考核也才能有坚实的、合理的基础。

以上这些国外银行的做法，我们要很好地参考、借鉴。

（二）我们已经进行的改革必须抓紧抓好

去年以来我们进行的改革，大部分是以个人零售业务为主体的。如流程再造、会计改革、网点转型、设立个贷中心、理财中心、零售业务与批发业务分开、机构扁平化改革等，很大程度上都是零售业务导向。资源配置改革，加大网点改造投入力度；激励机制改革，收入向一线倾斜；用工制度改革，派遣制员工开始向短期合同工转换，也都是与个人业务紧密相关的。还有，我们搞的微小企业贷款、“速贷通”走零售业务渠道的改革，个人业务单元试点等。目前这些正在推进的改革，对我们零售业务的发展都至关重要，各分行要认真落实，而且要创造性地落实，不能等，必须进行大胆探索。

（三）要研究解决好几个关键问题

一是如何更合理地划分客户群体。我们现在个人客户有 1 亿多户，公司客户 200 多万户，其中，贷款客户 6 万多户。个人客户和大型公司客户这两头好抓，风险也好控制，难以把握的是中间这部分客户，不确定因素多，风险也比较大。这些客户既无大公司的信誉、透明度，也没有个人和微型企业所承担的无限责任，而且各地的情况也不一样。这部分客户如何管理，总行正在研究。可以考虑把存款与贷款分开，更重要的是要把地区分开，经济比较发达的，社会信用环境、金融生态比较良好的，比如上海、浙江、江苏，还有广东、福建的部分地区，就可以积极一些，步子迈得大一些。总之，要从实际出发，积极探索。

二是产品如何分工。存款、理财就不讲了，主要说一说贷款。

我们给零售客户提供信贷服务，可以选择的产品还是很多的，有单笔贷款，如住房贷款、消费贷款、助业贷款等；有额度贷款，就是我们在研究的个人信贷卡，给客户一个授信额度，不管具体用途，主要是观察客户的现金流、支付状况等；还有一个，就是信用卡。我们的信用卡现在透支额度太小，只有5万元，对一些高端客户根本不够。我们能不能把上限扩大一些，好客户放大到50万元？当然，要从我们最了解的客户做起。但只要去挖掘，去想办法，就能找到赚钱的机会。如我们上次考察过的美信银行在英国的信用卡业务，诀窍就是找准客户群体，找愿意花钱的人，同时又是能还钱的人，而不一定是最有钱的人，短短几年透支余额达到200多亿英镑，效益非常好。我们的工作也是要找准客户，拓展客户。能否从大学教师、甲级医院医生、中外合资律师事务所律师、会计师事务所会计师做起？只要是愿意贷款，有还款能力的客户，我们都要主动给他贷款，对零售客户提供贷款要实行全覆盖。最近《建设银行报》登了一封客户来信，它提了许多批评意见，很多也不见得有什么道理，但有一条说大银行贷款难，特别是零售客户、小客户很难拿到贷款，还是符合实际的。的的确确，我国现阶段还有大量的贷款需求没有得到满足，这些都需要我们各级客户经理、分支机构的经营者去探索、创新。

三是要研究不同地域和客户群体存在的不同风险特征。要学习国外先进银行经验，把工作做得深入细致一些，找出不同地域和客户群体的风险特征，这对我们的业务拓展、产品定价、风险控制都至关重要。我国不同地域差别很大，比如地理相邻的山西与河北就不一样，东部的上海与西部的四川就更不一样了。又如微小企业的风险特征是个人信用，只要个人没有不良记录，有房产抵押，无不良嗜好，风险点就基本控制住了，就可以和他做业务，最多是定价可以定得高一点。我只是举个例子，不一定对，这些只有靠大家一起努力，才能搞准不同种类客户的风险特征和不同产品的风险点。

四是要善于倾听客户声音，了解市场动态。商业银行经营目的是为了赚钱，但只有关注社会、经济热点，才能从中找出商机。对于社会普遍关心的养老、住房、个人就业、个人创业，如果我们能够通过商业银行的运作，解决或部分解决这些问题，那就是利国利民、一举多赢的好事。如居民住房问题各级政府都很关心，都拿出资源来，划地、拨资金、减免税费等，花了许多的财力，但据报道，一些城市的经济适用房购买者不是中低收入者，而被另外一些人买来用于出租，由此可见，建经济适用房不一定就解决了中低收入者的住房问题。我们能否与政府探讨为中低收入者提供贷款，政府拿出一部分资金进行补贴，或者担保？如果既能解决中低收入者的实际问题，又为国家分忧，为百姓着想，还有收益，何乐而不为？

五是要探索正确的营销模式。我们要继续发挥传统的方法，如热情接待，笑脸相迎，但更重要的是要有新的途径。第一，要研究客户的关切，要知道客户想什么，关心什么。美国一家咨询公司调查显示，中国现在有30万人金融资产在100万美元以上。我想这些人的金融服务需求应该是很多的，现金管理、购买房产、投资信托、股权安排、税务规划、子女教育、个人继续教育提高、医疗保健、文化消费、出国旅游、商务活动等，这些都是我们赚钱的机会，都可以营销相应的产品。第二，要了解市场的走势，了解宏观经济。第三，要重视单位团体营销。中国人的单位观念还是很重的，去一个单位卖个人产品的成效往往是很好的，大家都有从众的心理。第四，要充分研究，发挥中介机构的作用。要考虑所有和客户联系的机构，各种协会、学会、社区、学校、医院、体育中心、俱乐部等，有很多机构是值得去联系的。我们要与这些机构一起研究，如何更好地为它的会员服务，并从中识别客户，找到商机。我希望各分行一把手回去都好好翻翻当地的电话黄页，看看都有哪些机构，能对我们的零售业务发挥点什么作用。第五，要借鉴外资银行经验，学习它们在营销模式上好的做法。

三、三年达到一流，全靠队伍建设

今年我们提出一个目标，就是要用三年时间，把建设银行的零售业务做成国内一流水平。

（一）要发动全行员工共同在零售业务发展中建功立业

不论是老年的、中年的、青年的员工，无论是长期合同工、短期合同工，还是派遣制员工，无论是领导职务，还是非领导职务，是客户经理，还是产品经理，或者什么经理都不是，只要在建行工作，现在都有一个机会，在我们发展零售业务中大显身手，一展鸿图。有本事都可以上，作出业绩，作出成就。好在我们大家的起点都差不多，现在我们的零售业务，也没那么复杂，只要努力，只要用心，肯下功夫，就一定能有回报。最简单的办法就是从现有的校友、同学、亲戚、朋友中做起，向他们推荐建行的产品，比如基金、信用卡、电子银行等。当然要充分揭示风险，不能骗人。我发现，我们营销基金，风险揭示得还不够。必须告诉客户，基金产品高收益，一定也是高风险，这是相辅相成的。有很多人说，我已经三四十岁了，也没什么成就。没关系，现在就是个机会，做得好，也许将来可以成为全国最优秀的，下次评选的“百佳个人客户经理”可能就有你。

（二）要加强学习培训

营销产品，一定要先培训，一边学一边干，要不断学习提高。而且各地情况不一样，千差万别，因此要有典型带动，点面结合。有的分行个人业务搞得很好，比如福建就搞得不错，其他分行可以派员工来，派支行领导、客户经理来学习工作一段时间。厦门、浙江也搞得不错，可以到那里开一个现场会，大家一起交流，相互启发。当然要提醒大家，各个地区情况不一样，一定要结合当地实际，不能简单照抄。

（三）大胆地选拔重用优秀人才

个人银行业务需要大量的优秀人才，不要论资排辈，需要什么样的人，就提拔什么样的人。领导干部也好、非领导职务也好、专业人员也好，不要求全责备，只要肯学习，就要加以培养，委以重用。大量选拔优秀人才，要形成机制，形成风气，让能干事的人干成事。我相信90%以上的员工，只要下决心，都能干成事。

（四）资源投入必须倾斜

人、财、物，从总行到支行网点，都要向零售业务倾斜，尤其是人力资源，要向一线倾斜。我听说现在网点留不住人，稍微好一点的客户经理，就调到支行搞管理。还是要让他们留在一线，应该鼓励上面的人往下走，不要搞那么多管理型支行，搞那么多小机关。收入分配、职称评定、职务晋升，都要向一线倾斜，这样才能形成导向，大家才愿意到一线去。特别是我们的理财室、财富中心还不够多，需要大量高素质的员工在一线为客户直接提供服务，要不然，我们靠什么留住高端客户？

（五）用工制度要改革

用工形式要灵活多样，弹性工作制、全日制、半日制都可以，一部分人可以不坐班，发基本工资，让他们去销售产品，然后按绩效付给另一部分报酬，保险公司都是这样做的。个银部提出一种新设想，也可以试点，就是与在校大学生签订协议，勤工俭学，到网点工作，按小时付报酬。这些都可以探索。

（六）引进人才要解放思想，严格执行并完善相关制度

在引进人才方面，我们有一些教训，但不能因噎废食，停止引进人才，而是要完善我们的制度，完善我们的程序，保证引进更合适的人才。在分配方面，要与绩效挂钩，激励到位。这要求搞好产品营销的定价，但不是一下子要求搞得特别精确。比如信用卡销售提成，不要搞得太复杂，在那里讨论来讨论去。不精确没关系，试验探索总有个过程，而且定价也是可以根据执行情况调整的。市场机会稍纵即逝，我们是商业银行，一定要讲效率。

最后，我要突出强调的就是，要提高执行力，提高各级分支行的执行力。发展零售业务，认识提高了，行动也要加快，要认真总结分析所辖区域零售业务的发展情况，创造性地开展工作。目前各地进展很不平衡，有的分支行对个人业务重视不够，网点改造任务完不成，新的探索就更不积极了，我们必须明确一点，业务发展上不去也要引咎辞职。希望各分行真正重视起来，迅速行动起来，努力实现我们三年做成国内一流银行的目标。

贯彻发展战略　加快战略转型　完善经营机制　全面提高住房金融与个人信贷业务的贡献度

——在2006年全行住房金融与个人信贷工作会议上的讲话

(2006年1月19日)

常振明

同志们：

新年伊始，在2006年全行工作会议之前，总行决定召开全行住房金融与个人信贷业务工作会议，充分体现了总行党委对全行个人银行业务战略转型的重视，对住房金融与个人信贷业务的重视。

过去的一年，全行住房金融与个人信贷业务经受了严峻的市场考验。在国家宏观调控和利率调整等背景下，在市场总量下降1 000多亿元的情况下，全行上下积极进取，顽强拼搏，振奋精神，克服困难，尤其是下半年通过在全行深入开展“比服务、比效率、比质量”活动，实现个人住房贷款新增459.37亿元，不仅完成全年新增计划，而且下半年的新增和发放均跃居同业第一；委托住房存款当年新增421.62亿元，公积金贷款新增228.93亿元，余额和新增继续保持同业市场第一；个人消费信贷止跌回升势头良好；证券化工作迈出坚实一步，顺利发行国内首单住房抵押贷款支持证券。这些成绩来之不易，得到了各级行领导的关心和各部门的大力支持，凝聚着同志们的心血、汗水和艰苦努力。在此，我代表总行向各级行，特别是住房金融与个人信贷条线的同志们表示衷心的祝贺和感谢！

为了开好这次会议，佐夫副行长及住房金融与个人信贷部的同志们作了认真的研究和大量的准备工作。会上要表彰2005年“三比”活动和证券化的先进集体和先进个人，佐夫副行长还要作工作报告，对今年的主要任务和措施进行详细部署。借此机会，我讲三点意见。

一、统一思想，提高认识，充分认识超常规发展住房金融与个人信贷业务的重大战略意义

去年的秋季分行行长座谈会提出了“为客户提供最佳服务，为股东创造最大价值，为员工提供最大发展机会的国际一流商业银行”的愿景，并明确把个人银行业务作为未来发展的重点和新的增长点。个人资产业务是全行个人银行业务战略转型的关键，

是发展个人银行业务的基本立足点和有力切入点。这一点已在行内形成共识，思想是统一的。树清董事长此前已多次指出，加快零售业务对建设银行发展具有至关重要的战略意义。我也在去年的个人银行业务工作会议上明确提出，大力发展个人银行业务是建设银行的立行之本和成败关键。

有鉴于此，我今天特别要和大家沟通的是：要从全行战略转型的高度，正确认识和看待住房金融与个人信贷业务的超常规发展。

2005 年 10 月 27 日，我行在香港成功上市，成为香港上市公司，跨上了国际金融舞台。大家知道，在去年我行上市路演推介会中，住房金融与个人信贷业务作为重要的卖点和亮点，始终是各界投资者长期关注的焦点。正因如此，住房金融与个人信贷业务也面临来自市场投资者、股东和公众对业绩方面更严峻的考验。我们希望，在未来 3 ~ 5 年内，个人贷款业务要以每年不低于 20% 的速度增长。如果按增长 20% 计算，2006 年的个人贷款新增将达 900 亿元，相应的贷款投放量就要达到 2 000 多亿元，这将创造建设银行个人贷款业务发展的历史新高。

必须明确，这种超常规的个人贷款发展目标是我行上市后战略转型中的一项重要战略部署。随着金融市场的迅速发展，公司大客户直接融资的渠道不断扩大，议价能力也不断增强，商业银行依托大客户维持高速增长的局面难以再现。而目前中国的个人贷款市场整体还处于快速发展和市场划分阶段，市场和客户细分工作也存在巨大的空间。因此，从稳定收益、降低风险等方面来讲，我行必须超常规加快发展个人贷款这一成长型、厚利型的产品，这是加快个人银行业务战略转型的一项重大战略任务。各级行、各部门要全力推进“转变经营模式、完善经营机制、更新管理理念、提高服务水平”等的战略转型。

二、增强加快发展住房金融与个人信贷业务的危机感、紧迫感和使命感

加快发展住房金融与个人信贷业务，不仅是我行应对客户和百姓需求以及外部市场挑战的必然要求，更是贯彻落实全行发展战略和转型的内在要求。

（一）增强危机感和紧迫感，加紧应对百姓需求和外部市场的挑战

目前，我行住房金融与个人信贷业务所面临的客户需求和外部市场环境变化很快。一方面，随着国家宏观调控政策效力的不断发挥，国内住房市场加速转型，住房金融买方市场的特征日趋明显。老百姓在选择金融服务方面具有越来越强的主动权和自由选择权，将更加关注服务质量和服务效率，并不断提出新的市场需求。这就要求我行必须不断满足百姓日益提高的各种需要。

另一方面，随着参与竞争主体的不断增加，同业对市场份额的竞争将日益激烈。人民银行统计数据显示，截至 2005 年底，四大银行之外的其他银行已占据全部个人贷款余额市场份额的 25%，四大银行只占 75%，这意味着，其他银行已经加快发展个人贷款业务，挤占传统四大银行所占领的市场。此外，随着 2006 年底我国银行业的全面对外开放，外资金融机构将获得与中资金融机构同等的国民待遇。鉴于国际银行业的发展经验和零售业务的利润贡献度，以个人贷款为核心的零售业务必将成为外资银行不断渗透的重点。

可以预见，在未来几年内，建行所面临的竞争将日益严峻。要抓住建设银行的未来，我们就必须抓好个人银行业务，抓好个人资产业务，抓好住房金融与个人信贷业务。

（二）把握发展机遇，加快提升对全行战略转型的贡献度

从风险角度来说，我行目前信贷资产结构不是很合理，个人贷款只占 18.65%，占比较小。根据总行风险部的压力测试结果，如果中国经济出现增幅减小，GDP 增幅降到 8%，我行的贷款损失率会增加 0.2% ~0.3%，不良贷款率会更高；如果 GDP 增幅降到 6%，则贷款损失率和不良率将会增加更多。由此可见，我行的贷款结构受中国经济的宏观影响非常大，大力发展个人资产业务可以减少宏观经济波动对我们整个信贷资产的影响。个人资产业务对全行的贡献度，也会随着全行信贷结构的调整而不断提升。

目前全行个人资产业务中的绝大部分（85% 以上）是个人住房贷款。因为有住房抵押，个人住房贷款的违约率和不良资产率是比较低的，只有百分之一多点。根据过去我在香港工作的经验，很多人即使在房价下跌 50%、都是负资产的情况下，也不愿因不还款而让银行追钱，尤其是住在里面，能供还是尽量供，违约率

很低。前一段时间一些外资银行在国内的发展战略也是只做个人业务，因为它们不熟悉中国的公司，但个人业务按照整个流程和数据统计就可以分析出它的风险度，符合大数定律，所以，外资银行认为做个人业务是比较放心的。

现在我们国家有巨大的市场发展潜力，个人财富迅速增长，为住房金融与个人信贷业务的发展提供了巨大的发展空间。个人贷款作为我行个人银行业务当前和未来主要的盈利来源，已经是贡献度非常高的产品。但该业务目前在我行的信贷占比还不高，如果在几年之内快速将其在全行信贷的比重提高，那么，个人贷款业务对全行的利润贡献度将进一步得到提升，我行信贷资产的风险程度将大为降低，风险控制能力和盈利能力就会明显提高。另外，住房金融与个人信贷业务具有很强的衍生性。国外很多银行，尤其是香港银行业都是以个人住房贷款作为切入点打造个人客户营销平台，发展与客户的长期关系，以实现产品间的交叉销售。因此，从实现战略转型的内在要求分析，我们必须加快提升住房金融与个人信贷业务对全行战略转型的贡献度。

三、贯彻发展战略和个人银行业务转型要求，加快做大做强做好住房金融与个人信贷业务

（一）进一步完善经营管理体制，全面提升市场竞争力

健全的经营管理体制是推动发展战略实施、贯彻落实政策要求、加强营销服务指导的基本保障。目前的关键就是各分行要按照总行在住房金融与个人信贷业务组织机构设置、经营模式和人员队伍配置等方面的要求狠抓落实，确保从以下几个方面实现几个到位。

1. 理顺组织架构，转变经营模式，加快完善适合于业务发展特点的运行机制

去年下发的《关于进一步明确住房金融与个人信贷业务组织机构等问题的通知》（第 161 号文），是总行经过慎重考虑，着眼于我行的长远发展而提出的，是适应住房金融与个人信贷业务集约化、专业化、标准化经营要求，完善服务平台，提高政策传导效率，优化业务流程，提升服务质量的重要举措。各分行须从发展战略的高度予以落实。一方面，要重点加强住房金融与个人信贷部（个人贷款中心）在中心城市行和重点二级分行的机构设置，2006 年上半年需要设置到位，确保市场竞争一线所需要的组织保障；另一方面，必须加快个人贷款经营模式的转变，加快个人贷款中心的合理布局，重点推进 100 家中心城市行和重点二级分行个人贷款中心的建设，加快推广个人贷款业务的集约化经营。今年我们和美国银行合作中的一个最重要的项目就是个人贷款中心的建立。

2. 加强从业人员配备，提升专业素质，全力打造适合市场需要的客户经理队伍

目前，全行住房金融与个人信贷从业人员不到 6 000 人，专职客户经理仅 3 300 人，人均管理贷款 1 300 多笔。从业人员绝对数量不足、专职客户经理建设严重滞后的现状既与住房金融与个人信贷业务在全行发展战略中的地位和目标要求不匹配，也不符合业务经营管理和市场竞争形势的要求，必须加快补充从业人员，特别是加强一线人员的配备。每个个人贷款中心要至少增加 5 ~ 10 人；中心城市行和重点二级分行从业人员数量争取比 2005 年翻番，专职客户经理达到 6 000 人，人均管理个贷笔数控制在 800 笔以下。这些都是一线需要的。此外，必须高度重视和加强从业人员和客户经理的培训，各营业网点和个人客户经理队伍都必须接受住房金融与个人信贷的专业培训，全面提升客户服务能力和市场竞争能力。

3. 加大资源配置力度，加快建立有利于市场竞争的有效激励机制

近期总行研究出台了一系列资源政策和激励措施，加强了对个人银行业务发展的激励，同时也将个人贷款作为全行的战略重点，强化了战略性费用的配置，加大了对个贷客户经理的激励力度，而且从明确战略导向的考虑出发，将与个人贷款有关的经济资本分配系数调到全行最低，因为开发贷款与个人住房贷款的风险系数或经济资本回报要求不同，同样做 1 亿元的开发贷款和做 1 亿元的个人住房贷款的笔数不一样，风险也不同。这些都是多年来从来没有过的政策倾斜。因此，各分行要加大总行倾斜政策的落实和贯彻执行力度，加大对住房金融与个人信贷业务的财务资源配置，尤其是要为从事个人贷款业务的客户经理提供合理职级和晋升渠道，强化人力费用的直接激励和费用投入，激发前台销售人员的积极性和内在发展潜力。

4. 强化多渠道营销模式建设，加快建立适合于营销服务和市场拓展的营销机制

一方面，要充分依托全行分支机构和网络，发挥规模优势，将各营业网点、个人客户经理队伍以及电子银行、呼叫中心等电子渠道都纳入住房金融与个人信贷业务营销服务体系；另一方面，要通过实施合理的付费机制，加强与当地公积金管理中心、楼盘销售企业、房屋中介机构、专业担保机构等外部分销渠道的合作，增强外部市场拓展力度。

（二）“以客户为中心”，借鉴国际先进经验，加快产品创新和流程改造，打造建设银行市场竞争优势

面对瞬息万变的市场，我们的服务能力还很欠缺，主动性和灵活性不够，差别化服务水平不高，在授信和审批方面与个贷业务的流程及特点不相适应，在有特色、竞争力的个人贷款组合产品研发、产品定价等方面，还有很多精细化工作要做。

1. 加快个人贷款的产品创新与整合。一方面，要充分发挥个贷业务整合优势，以“住房”为载体推广住房最高额抵押和循环额度授信等新产品，加快“存贷通增值账户”和固定利率个人贷款等新产品创新；另一方面，要加快个人消费类贷款的产品整合，将个人助业贷款作为我行拓展微小企业市场的主要切入点，坚持以个人信誉和资产抵押为基础，培育新的个贷业务增长点。从而实现从单一产品营销转向多元产品交叉营销，满足客户“住房、消费、经营”三个层次需求，整体推进个人贷款业务发展。

2. 加快个人贷款的服务流程改造，坚持差别化服务策略，提高差别化服务水平。面对不断变化的客户需求和市场环境，必须细分市场、细分客户，把方便客户、提高效率放在第一位，抓住关键环节加快改进服务流程，针对不同客户和地区在审查程序、条件和要求进行适当简化，提高服务效率，缩短审批时间；在控制风险的前提下推行因地制宜和差别化服务，将控制风险和提高工作效率结合起来，将严格执行规章制度和贴近市场、提高服务协调起来，体现建设银行的个性化和差别化服务能力，提高对客户的随需应变能力。

3. 加快改进个人贷款业务授权审批流程。个人贷款业务具有工序化、规范化、标准化、专业化的特点，个人贷款的授权审批体制必须符合个人贷款的授信流程和操作特点。为实现优化个人贷款业务流程的既定目标，一是要尽快完成个贷专职审批人的选拔与配备并派驻个人贷款中心，全面推行客户经理和专职审批人“双签”的授信流程，简化评估和审批程序，提高市场反应效率；二是要改进授权审批体制，要区分对公和对私，在授权管理上体现区域经济差异和客户需求差异，实行差别化的授权和转授权。

4. 加快与美国银行的战略合作项目。在与美国银行战略合作方面，总行已将个人信贷业务相关合作作为优先级项目，重点在个人信贷业务组织机构、经营模式、业务流程、个人信贷产品研发和市场营销、授权审批、风险管理、绩效考核、人员培训等方面开展合作研究，以加快建立适应零售业务战略转型要求的经营管理机制，加快开发和推广计算机系统的自动化审批机制和授信流程，全面提升我行个人信贷业务经营管理能力和市场竞争力。

（三）发挥信息技术优势，全力推进新一代个贷系统的开发和建设

从战略层面看，IT 发展可以影响业务模型和管理模式，实现业务操作的工序化和标准化，降低单笔业务成本，规模效应明显。为加快发展个人贷款业务，总行启动了新一代个人贷款系统的开发和建设。目的就是希望依托新一代个贷系统的支持，实施对个贷流程的全面改造，为个贷业务的持续、健康发展提供有力保障和重要支撑，为风险管理提供比较完整的流程和支持，包括贷前、贷中和贷后，尤其是贷后催收。通过前一阶段的试点，新一代个贷系统在深圳市分行的实际应用效果十分显著，理顺了个人贷款中心经营管理模式，创造了很多新产品，客户服务效率得到了很大提高。所以，总行决定，今年 9 月底要在广东、北京和深圳三家分行完成试点工作，从 10 月份开始在长三角和珠三角地区分别进行推广，争取 2007 年底实现全行上线。各相关分行和部门要早做准备，重视个贷系统的推广和实施，提前做好个贷数据梳理的准备工作。

（四）强化全行联动，以整体合力促进住房个人业务战略转型

加快个人银行业务战略转型和发展住房金融与个人信贷业务，需要整合全行客户资源，充分发挥建设银行的规模优势，形成客户营销的整体合力。各行要进一步落实总行已经提出的各项联动

营销措施，加强总分行联动和部门联动，健全联动营销机制和交叉营销机制。

1. 必须着力加强公司与个人业务的整体联动。一方面要继续加强开发贷款和个贷的上下游联动营销，加大对重点开发企业和优质项目的开发贷款投入，防止优质楼盘资源流失；另一方面，要充分利用公司机构重点客户，挖掘“批发式”的个人客户资源，探索“零售业务批发化”的运作模式，实现公私互动和联动发展。如我们前一阶段在营销“211”高校、财务公司、保险公司等机构客户时，也在同时做个人银行业务包括个人住房贷款的销售。对公对私的联动营销和交叉营销非常重要，过去我们行各个部门之间在互相交叉和互相沟通方面做得还很不够，这个问题在今年的工作会上要重点提出，希望能够得到改进。

2. 个人银行业务单元也要加强联动，共享客户资源。必须以客户为中心，加强住房金融与个人信贷、信用卡、个人负债和理财等业务之间的联动营销，促进个人银行业务各产品之间的交叉销售。

总之，面对激烈的同业竞争以及市场环境多变的压力，建设银行只有快速应对外部市场变化，抓住当前市场划分的关键时期，贴近市场，发现市场，创造市场，才能赢得市场和客户。这方面我们行具有独特优势，因为有在住房金融业务领域十多年来积累的百姓服务经验。我行积累的500多万个人住房贷款客户和3 000多万住房公积金职工客户资源已成为我们营销服务和深入客户的触角，成为我行介入百姓生活的一个重要桥梁。我行是最有条件完成个人银行业务战略转型的，我行的口号也是“中国建设银行，建设现代生活”。

同志们，当前我行加快发展住房金融与个人信贷业务的市场机遇和挑战共存，2006年的住房金融与个人信贷业务工作任务非常繁重。各分行要紧紧围绕全行战略发展和转型要求，抓住机遇，励精图治，加快发展住房金融与个人信贷业务，确保2006年各项任务的全面完成，争取向股东、董事会和市场投资者交一份满意的答卷，为建设银行的战略转型和长远发展打下坚实基础。

适应新形势　实现新变革
立足新起点　谋求新发展

——在中国建设银行工作会议上的讲话

（2006年1月23日）

常振明

同志们：

树清董事长对国内外经济金融形势进行了深入分析，对我行今年的工作进行了总体部署，对加强和改进组织领导提出了要求。下面，我就去年全行的经营状况作个总结，就今年的经营目标和工作安排作具体布置。

一、2005年经营管理情况

2005年是我行改革和发展取得突破性进展的一年。全行上下按照年初工作会议和分行行长春季、夏季、秋季座谈会的部署，推进各项管理体制改革，加强风险管理和内部控制，努力开拓市场，提高服务质量，实现了引进战略投资者及香港成功上市的目标，保持了经营效益稳步增长和各项业务健康发展的良好势头。

（一）经营效益稳步增长，财务状况进一步改善

2005年，我行境内外业务实现税前利润565.1亿元（未经审计，以下同），同口径比上年增加85.3亿元，增幅为17.8%，比年初确定的利润预算多增11亿元。其中，境内业务实现税前利润560.9亿元，境外业务实现税前利润4.23亿元。按目前政策计扣所得税后，境内外业务实现净利润431.7亿元，同口径比上年增加64.7亿元，增幅为22.4%，超额实现招股说明书中422亿元的年度盈利目标。

截至去年底，全行境内外不良资产余额为 1 320.9 亿元，比年初减少了 29.9 亿元；不良资产率为 2.87%，比年初下降了 0.59 个百分点。全行境内外不良贷款余额为 943.3 亿元，比年初增加 69.9 亿元；不良贷款率为 3.84%，比年初下降 0.07 个百分点。全行资产保全系统共处置各类不良资产 516.5 亿元。其中，处置不良贷款 355.3 亿元；现金回收不良资产 347.9 亿元，完成全年“确保”计划的 174%，完成“力争”计划的 115%。实现不良资产超值现金回收 58.3 亿元。不良贷款现金回收创历年最好水平。全行关注类贷款余额为2 923 亿元，比年初减少 791 亿元；关注类贷款比例为 12.04%，比年初下降 4.89 个百分点。

按照银监会经营绩效考评指标口径，剔除股份制改造税收优惠政策等特殊因素的影响后计算，2005 年，我行总资产净回报率为 0.83%，比上年提高 0.06 个百分点，股本净回报率为 14.91%，比上年下降 0.23 个百分点，如果将上市融资新增股本加权平均计算，股本净回报率为 16.65%，比上年提高 1.5 个百分点。成本—收入比为 38.97%，与上年基本持平。资本充足率达到 13.46%，比上年提高 2.17 个百分点，不良贷款拨备覆盖率为 73%，比上年提高 11.37 个百分点。

（二）全面提升服务水平，各项业务健康发展

2005 年，围绕建立“以客户为中心”的经营理念和机制，各级分支行以处理客户投诉为重点，不断改进直接面对客户的产品、业务、流程和管理制度，促进了我行服务水平的提高和各项业务的稳步发展。

2005 年，我行各项贷款稳步投放。截至去年底，本外币各项贷款余额为 24 262 亿元，各项贷款比年初新增 2 306 亿元，增幅为 10.5%，完成计划的 86.9%。其中，公司类贷款余额为 19 737 亿元，新增 1 877 亿元，同比多增 175 亿元；个人类贷款余额为 4 525 亿元，新增 430 亿元，同比少增 156 亿元（其中，个人住房贷款新增 459 亿元，完成计划的 101%）；个人消费贷款比上年减少 9 亿元。全行资金业务实施积极有效的投资交易策略，实现收益 451 亿元，同比增长 33%，完成全年综合经营计划的 158%。

2005 年，各项存款呈快速增长态势。截至去年底，一般性存款余额为 39 413 亿元，比年初新增 5 171 亿元，同比多增 2 107 亿元，增幅为 15.1%。其中，企业存款余额为 20 450 亿元，比年初新增 2 675 亿元，同比多增 1 174 亿元；个人存款余额为 18 963 亿元，比年初新增 2 496 亿元，同比多增 933 亿元，新增创历史最高水平。全行外汇一般性存款为 124.5 亿美元，较年初增加 4.5 亿美元。同业存款余额为 1 256 亿元，新增 371 亿元，增幅高达 41.85%。

在存贷款业务健康发展的同时，中间业务也保持了良好的发展势头。2005 年实现中间业务收入 110.9 亿元，同比增长 30.8%，完成计划的 105.8%。全行信用卡业务发展态势良好，截至 2005 年底，双币种信用卡和准贷记卡合计发卡 725 万张。其中，双币种信用卡累计发卡 312 万张；当年实现消费交易额 378 亿元，实现业务收入 6.96 亿元。对军队武警、“211”高校和三甲医院的营销取得了实质性进展。国际结算和结售汇业务快速发展。托管业务规模逐步增加，全年累计实收托管费 1.3 亿元，同比增长 14%。证券代理业务平稳发展，基金代销总量为 100.3 亿元；承销凭证式国债 280 亿元，市场占比居同业第二位；电子银行业务继续保持快速增长势头，电子银行客户新增 1 619 万户，比上年底增长 107%，实现交易额 9.4 万亿元，同比增长 97%。

（三）顺利引进战略投资者，成功完成公开发行上市

经过与大量潜在投资者进行艰苦谈判和充分论证，去年 6 月 17 日，我行选择了“存款和网上银行市场份额位居美国银行业第一位、2003 年财富杂志全球 500 强银行业排名中利润居第二位、拥有 5 900 家分行”的美国银行，并与其签署了战略投资与合作协议；7 月 4 日，我行又与新加坡淡马锡控股（私人）有限公司（简称“淡马锡”）的全资子公司亚洲金融控股私人有限公司（简称“亚洲金融”）签署了投资协议。

成功引进战略投资者特别是美国银行，对我行发展意义十分重大，不仅充实了我行的资本实力，更重要的是，我们能够与之进行广泛的业务合作，能够学习借鉴其先进的技术、经验和专门知识，有利于我行提高基础管理及风险与回报管理水平，提升业务核心竞争力。

从去年 9 月我行与美国银行战略协助项目开始以来，已有 30 多位美国银行专家陆续进驻我行，就全球现金管理（GTS）、电子银行、信息技术管理、零售产品创新、财务管理、风险管理和人力资源培训等重点项目与我行对口部门进行了沟通交流和计划协商。双方正推动在联合营销、产品开发等方面的业务合作，美国银行在华零售网点撤并工作正在进行中。美国银行已开始了对我行中高级管理人员的培训，如财务规划和管理会计及风险管理培训，第一批分行行长境外培训已在美国银行总部顺利完成。美国银行下属的美信银行（MNBA）也与我行展开了信用卡方面的战略合作谈判。目前，我行已与美国银行建立了项目办公室的联合办公机制。另外，我行与淡马锡在投资银行、资金交易及对中小企业客户服务等领域的合作正在磋商。

我行股改上市工作进展十分顺利。去年5月底，国家批准了我行首次公开发行的申请；6月22日，我行向香港联交所递交上市申请表；9月22日，我行上市项目获香港联交所聆讯原则通过。从10月5日起，从香港开始进行上市前路演，10月27日公开上市成功。本次共发行264.86亿股H股，加上超额配售39.7亿股（俗称“绿鞋”），首次公开发行总数达305亿股，筹资金额达715.8亿港元，折合92.3亿美元。这是有史以来全球银行业和中国企业最大的首次公开发行，也是全球资本市场第六大和香港历史上最大的首次公开发行，同时也创下了最近5年半以来全世界首次公开发行的最高记录。公开发行超额配售后，我行资本充足率提高了约2.05个百分点，达到约14%（按报送银监会口径，总资产以10月31日的时点数据，资本以超额配售发行完毕时点数据计算）。按发行价计算，我行市值将达到724亿美元，是亚洲市值第三大的银行，在H股企业中排名第一，具有举足轻重的市场影响。

我行在香港资本市场的成功上市，表明了国际上对我国金融改革的充分肯定，是我行迈向国际一流银行进程中具有里程碑意义的重要一步。

（四）体制机制改革稳步推进，公司治理结构逐步完善

在实现境外公开上市的同时，我行管理体制与机制的改革持续推进。一是明确提出了“以客户为中心”的经营理念，并开展了服务理念的讨论，“以客户为中心”的经营理念在全行达成共识，为落实我行的改革发展与战略目标奠定了基础。二是经董事会、战略规划委员会多次讨论研究并听取全行员工意见建议，完善了我行的发展战略纲要，进一步明确了战略愿景、使命、口号及市场定位，各分行、各部门结合自己实际，制定了各自的战略目标和计划（见会议参阅材料18）。三是有步骤地开始实施以面向市场，业绩驱动，前、中、后台分离制衡、强化风险与内控为目标的组织机构改革，推进内部审计体制改革，试点进行了风险管理、资产保全的垂直化管理改革。四是着手人力资源管理改革尝试，在总行和部分试点分行开展岗位分析评估工作，探索建立与股份制商业银行特点相适应的绩效管理体系和以关键业绩指标（KPI）为主的岗位绩效考核体系。

2005年，全行上下在构建和实践现代公司制度方面做了大量工作。第一，明晰了党委会与决策层和管理层的关系。第二，明确了经营管理层的权力与责任，落实了责任制。重点强调和落实了一把手负责制。第三，建立了董事会、监事会与高管层、各级分支机构、基层员工的经常沟通渠道，使董事、监事能够全面了解全行经营管理信息，及时掌握基层行的运营状况，充分听取基层员工在重大业务发展和改革措施上的意见建议，更有效地履行决策和监督职责。第四，成功召开了全行系统第一届职工代表大会，在各级分支机构建立健全了职工代表大会制度，促进了我行民主管理的进程。

（五）风险管理与内部控制能力进一步增强，案件专项治理工作成效明显

2005年，全行继续加大风险管理与内部控制的力度。一是把提高资产质量作为各项工作的重中之重，力争存量不良资产的盘活和新增贷款质量的提高，资产质量明显改善。二是构建了授权管理体系。颁布实施了股东大会对董事会的授权方案、董事会对行长的授权方案、董事会对行长的授权管理办法。全面完成了2005年度总行本级各职能部门、各一级分行的差别化授权与各一级分行对各分支机构的转授权工作。三是推进风险管理体制改革。对江苏、湖北、广西和厦门四个分行进行了条线管理的试点，取得了经验，为下一步推广奠定了基础。四是各级分支机构深入开展业务风险点排查和员工不良行为排查，在分支行推行会计主管委派制和风险经理制，实施基层负责人和重要岗位员工轮岗、轮调及强制性休假制度，加强了对基层机构负责人和要害岗位关键人员的监督管理。

进一步加大针对高风险领域的审计工作力度，组织实施了授权控制审计、银行卡业务审计、总行本部外汇业务审计等10类主要审计项目，共完成审计项目3 600多项次，提出审计建议17 000余条。组织了全行“拉网式”会计大检查，对10家分行的重点检查和对部分金库的特别检查，有效防范会计操作风险。

按银监会的要求，全行开展以防范操作风险和加强制度建设为主要内容的案件专项治理工作。总行成立了专项治理工作领导小组，下发了开展专项治理工作的实施意见，明确专项治理的工作目标是实现案件数量下降、涉案金额下降、大案要案下降、新发案件下降的“四个下降”。全行开展自查12万多人次，自查机构网点2万多个，派出检查组3 700多个，派出22 000多人次，检查内容320项；发现违法违规问题12万多起，已经整改9万多起；挽回经济损失1亿多元，避免经济损失4亿多元；提出整改建议近3万条，被采纳2.7万条；清理规章制度10多万个，建章立制6 000多个。

通过专项治理，全行防查案件工作效果显著。与其他国有商业银行相比，我行案件数量、涉案金额相对较少，成功堵截案件数量、自查发现案件和暴露历史陈案在案件总数中的占比相对较高。与我行历史情况相比，出现了“四高三低”的良好态势，即员工合规守法意识明显提高，堵截案件成功率明显提高，历史陈案暴露率明显提高，案件自查发现率明显提高；涉案金额明显降低，节假日作案明显降低，会计差错明显降低。

去年，因机构调整和人员分流遗留的矛盾集中显现，总行接待上访197批次、1 380人次，其中，5人以上群体上访55批次、1 174人次。有关分支机构及总行人力资源、纪检监察、安全保卫等部门做了大量工作，不断化解矛盾纠纷，群体上访得到妥善处置，维护了全行的稳定。

（六）科技开发与金融创新取得重要进展

2005年，我行努力提升科技开发及应用水平。累计建设项目85个，其中，特大项目5个、重大项目15个；累计投产项目46个。成功完成数据集中工程，我行成为国有商业银行中第二家完成全行柜面业务系统和数据集中的银行，实现了全行会计核算的统一，实现了主要银行产品交易和账务数据的集中处理，为全行业务操作提供了可即时的风险控制，为今后的IT开发提供了统一平台，为管理决策提供了大量的基础数据。同时，为进一步提高科技对业务发展的支持，数据仓库和管理信息系统、对公信贷流程系统、新一代个人贷款系统等项目的开发工作正在推进。

为有效解决窗口办理业务速度慢，客户排队等候时间长等问题，总行成立了提升柜面服务效率工作小组，对一线反映强烈、客户呼声高的问题进行了集中、快速解决（已梳理提交涉及客户申请、签约、开户、凭证、资金划转、挂失、查询、销户等多个业务环节的问题共72项，其中，27项问题已通过相关部门制度调整、系统优化等方式解决，其余问题大部分预计在春节前解决）。从北京、上海、广东、深圳、江苏等10个分行的20个监测网点反映的情况看，本次解决的问题，覆盖了分行反映的涉及柜面服务效率70%～80%的问题。这些问题的解决，将提升柜面服务效率，缩短客户等候时间，提高客户满意度。

产品创新和服务创新有所建树。率先在国内实施了小额账户收费，引导客户主动销去无效账户或归并低效账户，将会提升我行计算机系统运行效率。我行成为获准开展个人住房抵押贷款证券化业务试点的商业银行，公开发行建元2005－1个人住房抵押贷款支持证券；与美国信安金融集团、中国华电集团共同出资设立了建信基金管理公司；率先在四大商业银行中推出人民币金融衍生产品“利得盈”；依托证券业务系统向市场推出个人账户黄金交易业务；吉祥存单、金榜提名存单等个性化产品，适应了细分客户市场的需要，满足了差别化金融服务需求；“乐当家”理财卡推广至25家分行，有效发挥了理财卡的综合账户功能优势，成为中高端客户选择我行作为主办行的重要竞争手段。

（七）党员先进性教育活动圆满完成

我行顺利完成总行本部第一批和全行系统第二批保持党员先进性教育活动，全行13多万名党员普遍受到了一次深刻的党性教育，对“三个代表”重要思想的精神实质加深了理解，对加强党的先进性建设的重要性和必要性有了清醒的认识，对保持党员先进性的标准和具体要求更加明确。广大党员在本职岗位上自觉地发挥先锋模范作用，涌现出很多先进典型和先进事例。通过保持党员先进性教育活动，加强了各级党组织建设，转变了党员领导干部的思想作风，解决了一部分党员和党组织存在的突出问题及涉及群众切身利益的实际问题。

总的来看，我们出色地完成了去年的经营计划，经营管理各项工作都取得了很大成绩，这些成绩得到了国内外的广泛认可。2005 年，我行被英国《银行家》杂志评为当年唯一“中国最佳银行”。*Asia Risk* 杂志授予我行 2005 年度中国内地唯一“最佳金融风险管理”大奖。最近，我行还荣获《亚洲金融》等多家杂志 2005 年评出的多项大奖，包括“中国最佳银行”、“年度最佳交易大奖”、“年度最佳首次公开发行大奖”等。

2005 年，我们取得的这些成绩，无论是机构改革、业务发展、DCC 成功上线、专项治理，还是引进战略投资者、成功上市，都是在党委会、董事会、监事会的领导下，依靠全行广大员工辛勤努力、奋力拼搏的结果！在此，我代表总行管理层，向全行员工表示衷心的感谢！

在肯定成绩的同时，也必须清醒地看到，我们经营管理中仍然存在一些矛盾和问题。主要是：“以客户为中心”的经营理念还未真正落实到执行层面，服务的机制、流程、手段等需要改进和完善；市场竞争能力，特别是产品研发与创新及市场营销的能力亟待提高，客户细分的技术、数据的基础管理水平及差别化服务水平急需提升；新增贷款品种结构和区域结构不够理想，作为我行战略重点的个人住房贷款、个人消费贷款增长在区域结构上与我行区域战略形成反差，东部地区特别是“两洲一海”等战略重点区域个人银行资产业务增速低于全行平均水平；风险管理和内控机制有待进一步加强，不良资产处置手段和能力亟待改进与提高，不良资产反弹压力依然较大；在经营管理过程中，既存在由于规章制度、操作规程脱离实际或修订不及时而无法操作和执行的情况，同时还存在“有章不循、违规操作”的现象。

以上问题，有些是原有的问题，而有些是随着我行改革发展逐渐暴露出来的深层次问题；有些是总行的问题，有些是分行或个别分行的问题。对于这些问题，全行上下要通过深化改革、加强管理、促进发展的途径，采取有效措施，分别加以解决，推动全行在新的形势下、新的起点上实现新的变革和新的发展。

二、2006 年的经营目标和主要任务

根据全行发展战略和 2006 年工作要求，今年全行主要经营目标初步确定如下。

——关于经营效益：全行境内外业务力争实现税前利润 630 亿元，同口径增长 14.5%；总资产净回报率达 0.8%，与上年基本持平；股本净回报率达 13%。

——关于资产质量：2006 年底境内业务不良贷款率控制在 3.89% 以内；不良资产率控制在 3.3% 以内；不良贷款拨备覆盖率为 81%，提前达到银监会监管要求。

——关于资产负债：境内资产计划新增 4 670 亿元，比上年增长 10.3%；负债计划新增 4 420 亿元，比上年增长 10.4%。其中，一般性存款新增 4 427 亿元，比上年增长 11.2%；贷款新增 2 890 亿元，比上年增长 11.9%。

——关于资本充足率：资本充足率达到 13.39%，与上年基本持平。

——关于中间业务：全行中间业务收入（收费类收入）比上年增长 30%，占主营业务收入比重达 8.65%。

——关于成本支出：成本—收入比控制在 39% 左右，与上年基本持平。

要实现上述经营目标，我们面临着很大挑战。一是受宏观经济增速特别是固定资产投资增速放慢，产能过剩的行业增多等因素影响，可能导致贷款有效需求不足。二是我行信贷结构受宏观调控影响较大，需要逐步加以调整，保持资产质量稳定向好的任务十分艰巨。三是国内各商业银行均把中间业务作为战略性业务和利润增长点，竞争日益激烈，完成中间业务增长目标需要付出更大努力。

刚才，树清董事长对今年的主要工作进行了部署，主要任务是，加强市场营销，再造业务流程，改进基础管理，深化风险管理体制改革，深化机构改革，健全激励约束机制，加快信息科技建设，抓紧实施与战略投资者的合作。由于各业务条线的工作会议有的已经召开，有的即将召开，具体工作在这些会议上进行部署，这里我就今年总行安排工作的思路及重点作一强调。

（一）坚持以客户为中心，努力改进服务，提高服务水平

——要建立细分客户、对客户进行分类管理和差别化服务的机制。建立全行统一的客户分析与价值识别系统，分析不同客户群体的风险偏好、产品需求和对服务的期望程度，根据区域的特点，找出各个细分客户群最适合的产品、价格、渠道和促销组合，运用差别化服务满足客户的需求。

——要优化和再造业务流程。目前我行的业务流程是以方便内部管理为基础设计的，难以适应方便客户和更好地满足客户需求的要求。这种业务流程不改变，就难以真正做到"以客户为中心"。关于如何优化和再造业务管理流程，树清董事长刚才作了重要部署，我就不再多讲，希望全行要按照董事长的要求，认真抓好业务管理流程的优化和再造工作。

——IT的建设要适应"以客户为中心"的组织架构、经营机制和业务流程的变化。全行的IT会议已于去年12月召开，对IT工作作了部署，会议确定的工作将逐步展开。

（二）加大营销力度，拓展优质客户

——要密切关注中央和地方政府"十一五"规划的重点项目，尽早着手，选择一批好的项目，保持我行在基建行业的传统优势。

——坚持差别化服务原则，选择一批优质房地产、建筑业企业，对其实行综合营销。增强全行资源整合能力，加强全行各部门、各分支行的联合营销。在个人银行业务特别是个人资产业务上要进一步缩小与工商银行的差距，尤其是在北京、上海等重点城市要加快提升市场份额。

——大力营销机构类客户，在"211"高校、社保业务、军队武警、证券保证金、银行独立存管、财务公司等重点行业、重点业务领域实现重大突破。

——积极开发外汇存款和国际结算产品，加大外汇、结售汇业务营销力度，缩小与中国银行的差距，打造外汇业务新的利润增长点。

——稳步开展小企业业务，进一步完善和细化《发展小企业金融业务实施意见》相关政策、制度和业务流程，加大小企业产品组合和创新力度，做好"速贷通"和"成长之路"两个小企业金融服务品牌的宣传和推广。

——大力发展证券投资基金托管业务，积极配合营销企业年金、保险公司等各类机构投资者客户，拓宽托管产品服务内涵。

——密切关注国内、国际市场利率走势变化，动态调整资金经营策略，不断优化投资组合，进一步提高资金运用水平，提升资金的使用效益。

（三）加强基础管理，大力发展个人业务和中间业务

——总行今年按照"五个统筹，五个突出"的原则来配置全行资源：统筹协调各种资源配置方式，充分发挥综合经营计划综合配置资源的核心作用；统筹协调长短期效益关系，在保证实现年度经营目标的基础上突出对长期战略性业务的资源倾斜；统筹协调不同区域投入要求，在兼顾均衡的基础上突出对重点地区的倾斜；统筹协调公司银行业务、个人银行业务、资金业务三大业务条线的经营要求，突出对个人银行业务的倾斜；统筹协调条块资源配置的关系，突出向条线配置模式转变。按照以上原则，总行希望充分发挥经济资本系数和关键业绩指标的导向作用，调高了个人银行业务和中间业务关键业绩指标权重，并配置专项战略性激励费用，以便更好地引导业务发展。各分行要根据总行的资源配置原则，结合自身情况，将资源配置下去，力争做到责任到人、奖励到人。

——重点对DCC业务处理中反映的授权问题、操作流程复杂问题进行优化和改进，争取今年统一全行柜面业务流程；改善理财卡受理环境；组织个人业务高、低柜业务分流及流程改造工作。

——加大对网点的装修改造、自助银行建设及自助设备的投入，制定网点功能区分标准，组织实施网点功能转型试点，落实全行离行式自助设备的布局方案。建立客户满意度评价和考核体系，制定柜面客户投诉处理办法，推出网点分类评级办法，组织制定并实施客户经理、大堂经理考核办法。

——实现从单纯经营信贷向综合经营客户转变。加快发展结算、代理等传统收费业务；重点发展现金管理、财务顾问等收费业务；积极争取企业债券的承销资格和保险资金的托管资格。

——重视客户经理队伍的培养和发展，全面落实客户经理培训工作，尽快充实客户经理队伍，特别是个人银行客户经理。

——加强与美国银行的合作。美国银行将派专家协助我行在产品创新、网点转型、人员培训、直联汇款、借记卡存取现等业务领域开展合作。同时，我行也要选派人员到美国银行进行实地培训。

（四）继续深化体制机制改革

——加大改革探索力度，逐步向业务单元制过渡。业务单元制是国际商业银行普遍采用的组织管理体系和经营管理体制。目前，总行按条线配置资源的能力尚不具备，所以，全面实行业务单元制的条件尚不成熟。全行要做好准备，因地制宜、循序渐进地实现由总分行制层次管理模式向业务单元制管理模式的过渡和转变。今年总行部分中、后台部门将借鉴美国银行组织管理模式，在明确汇报线的基础上，将其部门的员工（包括负责人）派到前台业务部门，与业务部门一起工作，但汇报线仍在本部门。作此尝试也是向条线管理过渡的一个步骤。目的是力争克服业务流程环节过多，沟通协调机制不够顺畅，业务运行的内部协调成本过高等效率低下的弊病。如计财部将派 BFO 到科技部；风险部将派人员到公司部与机构业务部。

——各分行对分行以下各级机构，要按照总行的统一要求，坚定不移地探索并积极创造条件推进业务单元制改革，尽可能按照业务单元制和扁平化管理的要求对管辖行配置资源，提高经营管理效率。

——深化风险管理体制改革。要建立相对垂直的风险管理体系，明确总行风险部门及各分支行各自的职责和工作汇报线路。加强组织领导，各分行要成立风险管理体制改革推进工作小组，全面负责本行风险管理体制改革推进工作，确保改革不发生责任脱节的情况，相关管理不能出现真空。

——推进资产保全业务单元制改革，在总结试点经验的基础上，扩大改革范围。重点在成本—效益核算、部门绩效考核和员工薪酬分配等方面进行更灵活的尝试。

——推进信息技术管理改革。研究制订适应总、分行信息技术一体化管理模式的改革方案。尽快理顺应用需求、开发、运行、推广、维护响应的流程，提高服务和创新能力。

——继续进行绩效管理和薪酬管理改革的试点，在试点的基础上，逐步推行以岗位管理为基础的岗位、绩效、薪酬管理改革，建立岗位—绩效—薪酬一体化管理模式。以岗位为核心，参照市场薪酬，建立按岗付薪、按绩付薪和按能付薪相结合的薪酬制度。

——进一步完善用工管理制度。继续坚持人员总量控制和结构调整的政策，保持全行人员总量的负增长。调整人员结构，增加前台直接从事经营的客户经理、大堂经理等人员的总量，进一步减少省分行、二级分行的中、后台管理人员，充实一线员工队伍。适时引进建设银行急需的关键岗位核心人才。

（五）加强风险控制和资产保全工作

——完善对公信贷业务风险管理制度，搭建个人银行业务风险管理政策框架，为建立个人信贷中心提供制度保障，力争实现个人银行资产业务营销、审批、催收流程化管理。

——完善信贷资产质量监管体系，继续加大存量不良资产的压缩力度，关注各形态贷款的迁徙状况，细化非信贷资产管理，确保非信贷资产质量稳步提高。

——建立全面风险报告体系，提高风险信息披露质量。全行要高度重视数据管控工作，提高在风险计量基础上的风险识别技术，为全行业务决策提供科学依据。

——系统推进内部评级工程，抓紧推出十二级分类监管方法，加快实现消费贷款、住房贷款和信用卡三大产品池申请评分卡上线运行；进一步规范授权管理的内容、方法和程序，按照区域发展战略的要求，提高授权差别化管理水平。

——建立不良个贷催收业务流程，积极探索外委催收处置方式。继续实施以加大不良资产现金回收力度、提高以不良资产回收价值为导向的激励约束政策，加快资产保全信息管理平台建设。

——审计工作将以风险控制为导向，突出重点，兼顾全面，保证审计覆盖面，开展全面业务审计、境外分支机构审计、任期经济责任审计等审计项目。

——加强会计监督，防范会计操作风险。继续加强对营业网点、金库和核算中心的检查，确保制度执行落到实处。加强廉洁从业各项规定的教育和监督，加大案件防查力度，提高案件防查的质量和效果，重点抓好基础管理和加强基层机构网点及负责人管理，努力降低案件风险。

（六）进一步强化信息科技建设

——加快核心银行业务系统优化和应用功能的释放，提高电子渠道交付能力，优化柜面业务服务和管理流程。

——电子银行业务是我行与美国银行合作的重点。要加大对电子银行的投入力度，大幅度提高电子银行处理业务的能力和交易比例。提升网上银行技术、服务和营销能力，力争在去年的基础上再上一个台阶。

——推进管理信息系统建设。完成资产负债管理系统基础建设和内部评级等风险计量系统的开发任务与目标，加快推广会计档案管理及稽核系统，完成ERPF一期项目目标，推进总行数据仓库基础设施建设，加快整合和改善数据质量。

——建立健全信息安全服务体系。推进全行灾备工程的建设，统一全行运行维护平台。着手组织制订总行开放系统的灾备方案，明确一级分行应用系统的灾备策略。加快总行南、北数据中心大机系统灾备建设。加强信息安全政策、制度和标准规范的制定、执行，加大信息安全监督检查力度，提高信息安全技术应用水平。

（七）推进金融创新

按照中央关于“建设创新型国家”和“企业是创新的主体”的要求，在全行营造鼓励创新、支持创新的良好氛围。目前，我行在金融产品研发、服务流程改造、市场营销等方面的创新与其他银行同业存在着较大差距，全行要把创新作为提升核心竞争力的关键因素摆在突出位置，努力提升全行的创新能力。每一项业务，如企业年金、证券代理、资产证券化等，都不可能由一个部门单独完成，所以，产品开发和服务创新也需要各个部门相互配合，通力协作，联合创新。全行要将建立鼓励创新的激励机制，今年总行将设立若干奖项，鼓励员工结合本职工作开展多种多样的金融创新活动。

（八）加强党的建设和企业文化建设

刚才，树清董事长已就加强党的建设作了重要部署，希望各分行要按照董事长的要求，进一步加强各级领导班子建设和队伍建设，抓好党委中心组的学习。总结保持共产党员先进性教育活动的主要成效、收获和经验，将我行先进性教育活动的成果加以巩固提高，把各项整改措施落到实处，以良好的精神面貌推进我行的各项工作。

要加强企业文化建设，让每一位员工都了解我行的愿景和发展战略，了解所在分行的战略目标。推进“以客户为中心”的服务文化建设，部署“2006—2008服务品牌示范工程”，提高全行的服务水平，展示建行股改上市后的新形象。不断丰富服务品牌的文化内涵，创造一个和谐、进取的企业内部环境。认真做好信访工作，特别是做好群体上访人员的工作，努力维护全行稳定局面。

同志们，今年是我行成功上市后的第一年，面对更加严格的外部监管和更加激烈的市场竞争，全行上下要协同努力，锐意进取，为确保今年各项经营目标的顺利完成而努力。

在2006年全行公司及机构业务工作会议上的讲话

（2006年2月14日）

常振明

同志们：

2005年过去了，我们又迎来了充满挑战的新的一年。

回顾2005年，全行公司及机构业务战线的同志们辛勤工作，出色地完成了各项经营指标，为我行在香港联交所成功上市作出了突出贡献。在此，我代表总行党委、高管层向工作在全行公司及机构业务战线的同志们表示衷心的感谢！

展望2006年，内外部形势依然严峻，工作任务依然繁重。2006年，国内经济将保持一定速度增长，但产能过剩的问题被普遍关注；利率市场化改革的推进，银行存贷款利差有可能进一步缩小；资本市场逐步回暖，短期融资券等企业直接融资工具推陈出新，银行的传统盈利模式将面临更大挑战；今年底我国加入世界贸易组织过渡期结束，外资银行将享有国民待遇，可经营银行本外币业务，银行业将面临更激烈的竞争。作为上市公司，增加盈利、提高对股东回报的要求将会更高。按照全行发展战略，个人银行业务作为全行战略性发展业务对全行盈利的贡献将会逐步提升，但要实现这一战略转变需要一段时间。目前，公司及机构业务板块作为全行业务增长的支柱、全行利润主要来源的地位和作用不会改变。面对内外部经营压力，全行公司及机构业务系统应发挥主导作用，圆满完成全行的工作任务和目标。这次会议上，罗行长将对 2006 年全行公司及机构业务工作进行部署，在此我讲以下三点要改进和加强的工作。

一、加强主动营销，促进公司及机构业务收入的持续稳定增长

加强营销，首先要转变营销观念。我行传统的营销模式主要体现为“等客上门”和“大众营销”。随着客户经理制的普遍推行，“等客上门”的现象有所改善，但缺乏对市场、客户的细分，大多采用同一种产品满足不同客户的需求。我们需要在营销中引入现代营销理念，通过市场调研、客户细分、目标市场定位、市场策略、产品开发、产品定价、分销渠道、促销策略、售后服务等一系列密切相关的活动，来有效提升我们本外币一体化的营销能力和服务水平。

差别化营销是现代营销的一个重要特征，而差别化营销的基础是客户细分。任何一个商业银行，它所提供的产品和服务只能满足市场总体中相对有限的部分，而不可能满足全部。必须加强对客户市场的研究，根据客户的某些特征，将客户划分为若干个不同的群体，针对客户的不同需求，根据自己的成本，向选定的目标客户群体提供符合其特点的产品、服务或组合。只有这样，才能使客户需求得到更为有效的满足，才能在维持客户忠诚度的同时，不断延伸和拓展新的市场。要做好市场、客户细分工作，就要制定细分的标准，根据行业、区域、规模、信用等级等不同维度对市场、客户进行细分。在市场细分中，无论是大客户还是中小客户，都要注意以贡献度为标准进行细分，确定哪些客户对我们贡献最大，对这些客户，我们应该投入更多的资源，以获得更大的回报。要以贡献度为维度进行客户细分，必须建立贡献度的计算模型，确保贡献度计量的准确性。

产品是银行满足客户需求的载体，是银行获取收益和实现价值的工具。现在客户对银行产品的需求是比较旺盛的，尤其是优质客户的需求甚至已经超过了现在商业银行所能够提供的服务范畴。要提升产品创新能力，产品创新体制的建设是基础，是保障。目前全行还缺乏这样能够把客户需求有效转化为产品的创新体制，大量的产品创新需求还停留在客户经理手中，没有畅通的渠道进行反映。即使反映上来，对创新也缺乏明确的制度安排。要提升产品创新、管理水平，一是要建立创新需求的采集、分析、研发、试点、推广、改进为一体的产品创新体系。二是对复杂的高精尖产品要成立专门的产品经理队伍，为市场营销提供有力的产品支持；要加强产品经理和客户经理的协同合作，作为一个整体共同为客户提供高效优质服务。三是要提高产品定价能力，产品定价要引入风险计量技术，不仅要考虑成本，也要考虑风险，不仅要考虑自身的营销策略，还要考虑市场客户状况。这既是对我们的定价能力、定价技术的严峻考验，更是对我们成本控制能力的严峻挑战。

差别化营销不仅体现在产品、定价等方面，也要求我们对现在的业务流程进行再造。过去我们在业务流程的设计中，很少考虑客户的需求，往往从内部管理的要求来进行制度安排和流程设计。在流程的管理上，缺乏流程的固化，常常为了加强某一产品业务的管理，随意更改流程，增加业务处理环节，这是造成我们服务效率不高的一个重要原因。“以客户为中心”就是要站在客户的角度来审视我们的业务流程、再造我们的业务流程，要以成本控制、质量保证、满足客户差别化需求为目的，强化关键控制环节，删除、合并、简化相关的重复工序和非关键环节。流程再造要体现差别化的要求，要根据不同客户、不同产品、不同风险程度构建差别化的流程。流程再造要充分运用信息技术手段，提高电子渠道的使用率，提高业务流程的电子化处理水平。

要加强业务条线化管理，提升业务经营重心。目前我们实行的是总分行层级管理，业务条线的作用发挥还不够，承担公司及机构客户直接经营责任的多是基层行，这种经营模式在调动基层行积极性、开拓市场方面有着很大作用。但随着客户集约化经营的加强，这一经营模式的弊端日益突出。由于基层行在人、财、物、信贷授权等方面资源调配能力有限，在谈判中常常处于被动地位，营销、谈判效果差强人意。我们要借鉴国外商业银行的一些成功经验，加强业务条线管理，提升业务经营重心。通过条线化管理更好地发挥总行和一级分行的职能，特别是在牵头营销、直接经营上发挥重要作用，对业务要有全局的把握和规划，使全行上下能够统一思想，统一目标，统一规划，统一安排，统一行动。提升业务经营重心首先要加强总行、一级分行的直接经营责任，提升对重要客户的服务层次和服务效率。对于集团型客户和总部化特征客户，尤其是全国性或区域性集团客户和重要的机构客户，要充分发挥总行、一级分行的牵头营销作用，组建任务型团队，上下联动，责任共担，利益共享。重心上移并不是说基层客户经理的作用被削弱了，相反，应该是更加重要。因为他们要在整个业务链条上发挥日常维护的重要职责，基层客户经理工作的好坏将直接影响到全局服务的效果。

二、强化基础管理，加强风险监控，提升公司及机构业务的持续盈利能力

抓管理的核心就是要抓风险的识别、持续监控以及合理规避，控制资产质量，增强持续盈利能力，提升公司及机构业务的核心竞争力。

要进一步强化全过程风险管理理念。业务经营部门肩负着开拓市场、营销客户的重任，但同时业务经营部门也是风险管理的第一道关口，在积极营销优质客户，提高经营收入的同时，要牢固树立风险防范意识，力争在第一道关口就能够把客户的现实风险和潜在风险识别清楚。同时，风险管理要贯穿客户进入、维护、退出的全过程，要把客户风险总体水平始终控制在可承受的范围之内。

要不断提高风险的识别能力。广泛收集信息，减少与客户之间的信息不对称是风险识别的基础。我们要从客户的竞争者、上下游关系、利益相关者以及客户自身等方方面面收集信息，尽量涵盖客户和信贷风险的所有方面。要充分利用我行风险预警系统，从行业、区域和产品上分析，对客户的风险水平作出合理判断。

要进一步加强贷后管理。现在信贷业务管理中存在的一个主要问题是重贷前、轻贷后，在有些客户经营情况出现恶化时没能及时发现，等到想退出时已为时已晚。贷后管理缺乏统一的标准和规范，管理责任不落实，缺乏相应的考核措施。加强贷后管理，一是要加强总分行监控，客户经理要实时跟踪客户的各方面信息，早发现问题、早采取措施；二是要切实梳理贷后管理的各项工作，程序性事务集中操作；三是要管好担保人或抵质押物，及时跟踪担保人的担保能力和抵质押物的现值，确保第二还款来源的真实可靠；四是要落实贷后管理的职责和相关尽职要求，尽职免责，不尽职要承担相应责任；五是要前移风险管理重心，加强对关注类贷款的管理。要加强对关注类贷款的分析研究，在判断其变化趋势后要进行分类处理，属于暂时性的问题可以继续关注，促进其向正常贷款转化；对于极有可能恶化的贷款，要早做处理。

要加强对集团客户的风险监控。从近年来发生的德隆系、格林柯尔系等风险案件看，集团客户由于其内部股权结构、关联交易、担保关系错综复杂，对其风险监控难度较大。而且往往集团客户信贷额度巨大，一旦发生风险，银行损失惨重。在对集团客户的经营中，要严格控制单一集团客户授信集中度，严格控制单一客户贷款集中度和全部关联度三个重要指标。要充分重视对集团客户的分析研究，密切关注其购并、关联交易、集团内互保等行为的发生，不能仅仅停留在报表分析的层面，要通过各种渠道，了解其交易背后的真实目的，一旦发现风险，要争取率先行动。

要在业务管理中引入新的思想和技术。美国银行将“六西格玛”质量管理这一生产性企业的管理模式，成功地移植到了金融服务企业。“六西格玛”质量管理的核心与我行的管理理念是相通的，我们正在考虑将这一新的管理理念引入到建行的业务管理中来。

要加强信息技术的应用，提高管理的电子化水平。操作型客户关系管理系统能够实现客户关系管理的流程化、系统化操作，很多贷后管理的工作固化到了系统中，有利于实现贷后管理的规范化和标准化，有利于风险控制，今年要加快系统的推广，尽快实现全行上线运行。

三、要正确处理好几种关系

当前，公司及机构业务经营的压力很大，任务很重，要做好全年的工作，需要妥善处理好以下几种关系。

一是要处理好发展业务与防范风险、提高效益的关系。任何业务的开展必须在风险可控的前提下进行，离开风险控制，银行业务不可能得到健康发展。抓营销要紧紧围绕提高效益，没有效益的业务发展是无效的发展。在当前流动性过剩的情况下，要注意存款的主动性管理，优化存款成本结构，要特别注意提高账户的活跃度和结算量，防止不计成本、片面追求存款市场份额的倾向。提高效益要平衡好长远利益与眼前利益，有些客户可能当前不能给我们带来多大收益，但如果从长远看前景广阔，或与其合作能够扩大建行的影响，提高建行的美誉度，那么，也应维护好与这类客户的业务关系。要围绕效益提高抓整合营销，要充分挖掘客户需求，寻找商机，为客户提供一揽子金融服务，这样既能满足客户的多种需求，也能为我行增长效益。

二是要处理好经济资本约束与市场营销的关系。重点项目和优质客户资源是建设银行发展的根本，全行要持续抓好优质客户和重点项目的营销和服务。各行在配置经济资本时，要按照市场和效益原则进行分配，实事求是，哪里有市场、哪里有钱赚，就向哪里分配。增量信贷资源和调动的存量信贷资源要优先保证重点项目和优质客户的需要，充分发挥经济资本的最大效率。由于重点项目和优质客户贷款投放比较集中而引起经济资本不足时，应及时向总行反映，不能因此放弃优质客户和重点项目的营销。

与此同时，我们还要处理好其他内部管理与市场营销的关系。前台经营部门直接面对市场、面对客户，对经营绩效负责，如果缺乏后台部门的支持和配合，缺乏全行上下联动，我们的市场竞争力就不能有效提高，就不能推动全行业务的健康稳定发展。我们在组织架构设置、经营模式、授权管理、信贷审批、产品定价等内部管理中，同样要以市场为导向，要以促进业务的发展为目标。

三是要处理好当前体制改革与营销的关系。体制改革是为了提高营销能力，提升建设银行的整体竞争力，但改革不可避免地会影响到一些当期的营销活动，而且有可能会带来一定的损失，我们要努力做到的就是把这种改革成本降到最低。客户是建设银行的核心资源，推进改革时要贯彻实事求是的思想，要兼顾好现状与长远，准确把握区域的差异，准确把握基层行的实际情况，因地制宜，稳步实施。

四是要处理好经营理念的转变与提高执行力的关系。“空谈误国，实干兴邦”，从这个意义上讲，执行力决定着一个国家、一个企业的命运。去年，我们提出了全行的战略愿景，各部门、各分行也提出了自己的战略愿景，要保证战略愿景的实现，一方面，我们要增强制定发展战略的科学性；另一方面，要有具体的分阶段实施目标，要将战略愿景、战略目标落实到分年度，乃至日常的工作中。总行提出加强营销、改进管理等一系列理念和措施，是站在全行高度作出的判断和选择，要使这些措施产生效果，发挥作用，重要的就是全行的贯彻执行，全行上下只有具备了强大的执行力，才能促进各项业务的协调发展。

同志们，今年是建设银行公开上市后的第一年，全行公司及机构业务系统要紧紧围绕建设银行发展战略，扎实工作，开拓创新，全面提高市场营销能力和业务管理水平，为建设银行的改革与发展事业作出新的贡献。

努力开创集团业务工作新局面

——在全行集团业务工作会议上的讲话

（2006年3月23日）

常振明

同志们：

这次会议是集团客户部自去年6月1日成立以来的第一次工作会议。会议的主要任务是，认真贯彻落实全行工作会议和公司及机构业务工作会议精神，统一思想，明确目标，布置任务。下面我讲几点意见，供大家讨论。

一、2005年集团业务工作取得了显著成绩

在公司与机构业务板块中，集团业务是新划分出的业务单元。截至2005年底，集团业务单元经营的客户共有10 763户；贷款余额为9 499亿元，占全行公司类贷款总额的48%，占全行贷款总额的39%；不良贷款为147亿元，不良率为1.55%，占全行不良贷款总额的15.7%；存款余额为3 280亿元，占全行企业存款总额的16%。

去年，总行决定成立集团客户部，对全行经营中具有举足轻重意义的大客户进行专门的经营管理。组建集团客户部的目的，主要是因为大客户愿与总行直接来往，组建一个专门的部门有利于为大客户提供更好的服务，但实际上账还是在分行。集团客户部的主要作用，一是加强本级经营，二是协调整个系统对集团客户的服务。集团业务系统的同志们边组建，边工作，确保了业务安全有效运行，取得了良好开局。

——加大授信力度，完成年初授信计划的112%。2005年计划对547户集团客户整体授信，全年实际授信613户，完成计划的112%。对不具备集团整体授信条件的172个客户予以了单独授信。在做好授信的同时，还加强了对授信额度的分割和管理。

——加强对集团总部的营销，密切了与行业龙头企业的合作。我行继续加强对中石油、中海油、神华集团、中核集团、中国兵器、华能集团、大唐电力、中交集团、首钢集团、中国铝业、中船重工、金沙江中游水电开发、武广铁路、大秦铁路等一大批龙头企业和重大项目的营销，并取得可喜的成果，扩大了我行在优质客户中的市场份额，共向119个项目出具了意向性贷款承诺书，储备了一批优质贷款项目，在一些重点项目上打破了他行的垄断局面，取得了重大突破。

——大力组建资金结算网络，调整主办行与协办行利益。我行为中核集团、中国电信、国家电网、中国网通、中石化、铁道部、中国联通新时空、招商局集团、宝钢集团、航天科技集团等大客户制订了22个资金结算网络方案，为企业提供现金管理服务。总行安排2亿元的专项补偿费用，对资金结算网络协办行进行补偿。

——加强风险防范，确保安全平稳运行。一是通过授信额度的管理，较好地解决了贷款集中度的问题；二是贯彻国家宏观调控政策，正确把握信贷投向，没有发生违反国家有关规定的现象；三是加大了对不良贷款的化解和清收力度，对广东科龙、上海华源等问题企业及时研究，采取了化解风险的政策措施。

——加强信息交流，促进信息共享。注重了上下、横向业务信息的沟通，及时抓住了一批重要商机。总行集团客户部编发《集团业务要情》和《集团业务参考》，及时传递高层营销动态、客户信息、行业动态等，为全行搭建了信息交流的平台。

经过大半年的运行，从我们自身来看，要将集团业务做好，尚有一些问题急需研究解决。这些问题主要有以下几点。

一是联动机制和利益补偿机制尚不完善。为企业组建资金结算网络后，收益从协办行转移到了主办行。对协办行如何补偿，

是联动营销必须解决的问题，目前虽然有了一个办法，但从执行的情况看，尚有需改进的问题。对集团客户进行整体授信后，如何配置好信贷资源，调动牵头行、协办行、经办行的积极性，是需要研究解决的问题。对于其他业务联动中行际间的利益如何调整，也需要加强研究。

二是尚不能按客户进行核算。我行现有信息统计、财务核算等业务流程，是为方便银行内部管理、以产品为中心设计的。目前我们还不能依靠系统核算出客户的综合贡献度，这就影响了我们的价格谈判及整体营销方案的制订，也影响了对客户经理按贡献度进行考核与奖罚。

三是客户经理缺乏。目前对于一些重要的客户还不能保证一个客户配一名专职客户经理，一个客户经理往往要管好几户，甚至十几户，从而影响了对客户服务的质量。

四是激励机制尚未真正建立。一是资源向经营部门倾斜不够，二是大多数行对客户经理的激励尚未做到“激励到事、激励到人”，一定程度上影响了客户经理积极性的充分发挥。

五是业务系统尚缺乏有效支持。虽然 DCC、CMIS 上线后我们开展业务比以前要大为方便，但还缺乏真正具备适合信贷经营和管理功能的系统，尤其是缺乏对集团性客户赖以进行风险监控的系统。VSS 系统虽然起着重要作用，但尚不易推广。

六是基础工作比较薄弱。集团业务经营与管理等方面的规章制度等较为缺乏，信贷人员的基础工作意识不强，在基础管理方面尚有大量的工作需要我们去做。

七是集团业务与个人业务联动营销机制还不完善。如代发工资等，尚未建立对集团客户经理销售个人银行产品的培训、激励机制。

以上问题，急需我们在今后的工作中加以研究解决。

二、集团业务发展面临的形势和任务

我行发展集团业务既有有利条件，也有不利因素。

有利条件：一是“十一五”时期各地要新上一大批大型项目，为我行带来巨大商机。二是以世界 500 强为代表的跨国公司在中国投资的势头不减，中国越来越多的本土企业也发展壮大为大型集团甚至跨国集团，集团客户业务仍有较大的发展余地。三是我行的资金实力雄厚，资金宽裕，上市后资本金得到较大扩充，为发展集团业务创造了有利条件。四是我行有做大项目、与大客户打交道的经验，中长期贷款是我行的传统优势。

不利因素：一是随着资本市场特别是债券市场日益发展，大客户直接融资能力和渠道日益宽广。现在我国贷款占 GDP 的 140%，而美国只占 30%，日本只占 70%。直接融资占比上升，间接融资占比下降，这是不可阻挡的趋势。资本市场的发展对我们既是挑战，也是机遇，是中性的。二是随着利率市场化进程的加快，存贷款的利差越来越小，加之大客户议价能力增强，进一步压缩了我行的盈利空间。三是我国加入世界贸易组织过渡期即将结束，大客户业务不仅面临国内中小商业银行的竞争，而且面临外资银行的竞争。四是外部经营环境尚不尽如人意，集团客户关联风险较难控制。

根据全行业务规划及内外部综合因素，未来 3 年（2006—2008 年）集团业务的发展目标是：

——存贷款年均增长不低于我国 GDP 增长速度；

——中间业务收入年均增长率不低于 30%；

——贷款不良率低于全行业贷款不良率的 40%；

——与 500 家左右特大集团客户、2 000 家左右大型以上集团客户建立战略合作关系；

——集团客户资金结算网络年均增长 10%；

——集团客户综合授信覆盖率达到 90%。

三、2006 年集团业务目标和主要工作任务

根据全行工作会议和公司与机构业务工作会议的总体要求，2006 年集团业务工作的重点是：加强全行联动，发挥整体优势，建立信息共享机制，加大市场营销的力度，切实防范集团客户风险。

根据全行的综合经营计划和上述三年发展规划，2006 年集团业务发展指标为：

——集团业务本外币贷款新增 855 亿元，增长 9%；

——集团业务本外币存款新增 295 亿元，增长 9%；

——集团业务中间业务收入增长 30%；

——集团业务贷款不良率控制在1.5%以下；

——对1 308个集团客户进行整体授信。

需要指出的是，以上指标是底线指标，各分行均应发扬积极进取的精神，按照郭董事长要求的，只要有效益，只要能控制住风险，“能快则快，越快越好”。为实现全年的奋斗目标，2006年重点要做好以下几项工作。

（一）加大营销力度，努力拓展优质集团客户业务

一是要下大力气加强对集团客户总部和重大项目的联动营销。今年是“十一五”的开局之年，各分行要密切关注中央和地方政府“十一五”规划的重点项目，抢抓机遇，做好项目营销工作。为能抢抓到优质项目，各分行要重点加强对大客户特别是总行和分行级重点客户总部的营销，努力提高这些优质客户的市场份额，力争与世界500强的在华企业和中国500强企业建立业务合作关系。要敢于向他行垄断的企业进军，力求有所突破。为将营销工作落到实处，对于拟争取的重要项目和客户要成立专门的营销小组或谈判团队，制订明确的目标及切实可行的营销方案，责任到人。对于经济资本问题，只要有好的业务可做，原则上不受其限制。

二是要注意营销技巧，提高营销水平。营销既是一门科学，也是一门艺术，集团客户部门的负责人和广大客户经理要用心思考，加强研究，悟出门道，讲究技巧。仅仅靠传统意义上的服务态度好，是不能留住客户、获得客户、提高市场份额的。对于一些志在必得的客户和项目，要认真分析，找准切入点，同时要认真分析研究竞争对手的情况，做到知己知彼。

三是要加强客户关系的维护与管理。要注意将工作做在平时。在这方面关键是要制定统一规范的服务标准（如VSS系统），然后要求客户经理严格按照这个标准去做。

四是各级行领导都要带头抓营销。各级行要认真贯彻落实郭董事长在全行工作会上要求的“主要负责人一定要将主要精力用于研究市场、研究客户，并直接参与对大客户的市场营销。人力、财力资源配置要优先满足市场营销的需要，资本性支出、费用安排、关键业绩指标考核设计都要体现向前台倾斜”。

（二）完善联动和利益分配机制，有效调动各级行、各部门联动的积极性

一是要进一步做好资金结算网络的利益补偿工作。为了调动主办行和协办行的积极性，总行今年给集团客户部1.8亿元用于各相关行联动中的经济利益补偿。为了解决为中石化上门收款的问题，总行又拿出了7 000万元对四省（市）协办行进行补偿。对于联动中的利益调整问题，总行将继续加以研究，力争使之更加公平合理。

二是要科学合理地配置好资源，认真做好集团授信和额度分割工作。对集团客户先授信后放贷是银监会防范风险的监管要求，各分行务必予以高度重视。对集团客户进行授信无疑要加大牵头行的工作量，集团客户部可以通过内部银团贷款等方式来调节各行间的利益，但决不允许牵头行用种种理由耽搁集团客户的综合授信工作。今年全行计划对1 308户集团客户进行整体授信，其中跨区域221户，区域内1 087户，希望不折不扣地完成，力争超额完成。对已经审批的额度要加强管理，要从资源合理配置的高度进行合理分割。

三是各分行都要从大局出发。在业务联动中，各分行要考虑全行的整体利益，不要斤斤计较。我们所追求的是整个集团业务单元实现创利最大化，而不是某一个局部利益的最大化。当分行、支行的利益与全行的利益发生冲突时，要坚决服从于大局。

四是要制定部门联动的规程。要使部门联动能够成为一项经常性、常规性的联合行动，必须通过制度将其规范化。集团客户部门要加大对个人业务的联动力度。

（三）切实加强贷后管理，防范集团业务风险

在当前条件下，对于集团客户的风险防范难度较大，但外部环境已有所改善（如人民银行的征信系统）。

一是要加强对集中度的控制。要按银监会的要求，通过授信额度分配和管理手段，将单一集团客户授信集中度控制在15%以内，单一客户贷款集中度控制在10%以内。

二是加强对集团客户的风险预警监测。要充分利用人行征信系统，查询集团客户风险信息。要加强对集团客户的集中监控，建立集团客户的信息收集、汇总和处理机制，及时识别和认定集团客户的风险。集团客户部即将出台《集团客户重大信用风险事项报告规程》（待议文件之三），各分行要认真执行。要密切关注贷款的迁徙变化情况，对向下迁徙的要认真分析，及时采取应对措施。要强化集团客户信用评级和授信管理，科学评定信用等级，合理核定整体授信额度。要加强集团客户额度使用管理，防止通过不合规的展期、借新还旧等方式掩盖和积累信贷风险。

三是做好信贷结构调整。行业结构的调整主要是控制行业的总量，行业内的结构调整就是要将信贷资源向行业内的优质企业、行业的排头兵倾斜，这是结构调整的重点。因为好的行业中也有差企业，差的行业中也有好企业。在结构调整上关键要有“能进得去，也能退得出”的本领。

四是要关注汇率与利率风险。去年7月我国开始实行新的人民币汇率形成机制，去年底我国外汇储备已达8 189亿美元，未来几年人民币升值不可避免。各分行对此要密切关注，尤其是在做外汇业务时要考虑到汇率有可能变化的因素，防止20世纪80年代中期至90年代中期因汇率变动给我行带来重大损失的情况再度发生。

目前我国的利率水平相对于过去处于较低水平，央行是否调整利率还难以断定。存贷款利差稍有变化对我行的盈利就会带来很大的影响。在目前我行资金宽裕、资金市场上价位较低的情况下，不是所有的存款我们都要。目前优质大客户对贷款的议价能力较强，我们也须算账，综合算账合适就做，不合适就坚决不做。后台各有关部门对汇率、利率要加强分析研究，为前台经营部门提供有力的支撑。

（四）加强信息沟通交流，促进行际联动合作

在市场竞争中谁先了解掌握情况谁就占有主动地位，在风险防范中谁先知晓风险的发生谁就有可能减少或避免损失。我行的机构遍布全国，人员众多，目前各分行的业务资源、人脉资源还没有被我们很好的利用，更没有被全行所共享，这是极大的资源浪费。我们强调要上下、横向联动，一方面是业务上的联动，另一方面就是信息上的共享。信贷人员要增强信息意识，否则就有可能使好多重要的信息从我们眼前不知不觉地溜走。

做好信息工作一要建立正常的信息传递、处理、反馈机制。二要搭建信息平台，建立信息网。目前我们的信息渠道很多，虽然尚不能完全满足我们的需要，但只要善于运用，还是能解决一些问题的。对于重要的业务信息，要视情况及时用电话或电子邮件告诉总行或相关分行，但要注意信息的真实性、可靠性。总行集团客户部已经主办了《集团业务要情》和《集团业务参考》，各分行要充分利用好这个平台。三要建立和发挥系统作用。要充分发挥CMIS、DCC、OCRM的作用，准确及时地将客户信息输入信息系统，实现信息共享。对于总行级和分行级重点客户，今年必须全部上OCRM系统。

（五）全面推行“客户经理团组制”，促进集团客户的经营管理迈上新台阶

本次会议有两个重点，一是抓住“十一五”发展机遇，抓住一批好项目，二是推行客户经理团组制。集团客户有着点多、面广的特点，一方面大的集团客户是我行利润的贡献大户，另一方面一旦形成风险则损失巨大。为了加强对集团客户的经营管理与风险防范，根据集团客户的特点，总行推出了“客户经理团组制”，也就是将我行服务于集团客户的每个经营点上的客户经理组成一个小组，赋予这个小组一定的权利，明确其职责与义务，年度对其业绩进行考核，待条件成熟与营销费用、个人报酬等挂钩。总行集团客户部制订了《集团业务客户经理团组管理办法》（待议文件之二），待大家讨论修改后予以下发。这是今年在集团业务方面推出的一个重要举措，它对集团业务精细化经营与管理将发挥重要作用，希望各分行要认真执行好。

（六）大力发展收费业务，寻找新的利润增长点

2005年全行非利息收入118.7亿元，占主营业务收入的比重上升到9.2%，但与西方商业银行的差距还很大。美国和欧盟成员国银行业的非利息收入占比约为50%，香港地区和台湾地区也接近30%。虽然中国的情况与境外不尽相同，但总的看利差空间会越来越小，收费业务的比重会越来越大。

要抓好收费业务，首先要熟悉并应用好现有的收费业务产品；其次，要根据市场需求积极研发新的符合客户个性化要求的产品；再次，要将收费业务纳入员工的考核范围。要改变单一营销存款、贷款的习惯，大力开展综合营销，积极向客户推荐现金管理、财务顾问、审价咨询、项目融资、委托贷款、短期融资券承销、企业年金托管、结算、国际结算等收费业务。

目前出现了金融脱媒现象。在资本市场上，公司债、机构债发行量稳步增长，发行利率不断走低，在股权分置改革后股市信心可能开始恢复，一些优质集团客户可能转向资本市场筹资。在货币市场上，去年5月人民银行允许符合条件的企业发行短期融资券，预计今年发行总量将达3 000亿—4 000亿元。短期融资券与企业贷款之间如同翘翘板，存在此消彼长的关系。我们要适应金融生态环境的变化，因势利导，努力拓展企业债券发行担保、承销和投资业务。

四、做好集团业务管理工作的几点要求

（一）集团业务部门要增强责任感

集团业务在我行具有重要的战略地位。按照《中国建设银行业务发展纲要》的战略要求，在未来两年我行要“重点抓好行业垄断性集团客户、优质基础设施项目、跨国公司”，“进一步巩固我行大中型企业市场的优势地位。到2007年底，与2 000家左右的大型集团客户建立良好的战略伙伴关系。对建行利润贡献保持在66%左右”。因此，集团业务作为目前我行重要的创利部门是全行业务发展战略的要求。按照“二八定律”，大客户的业务目前乃至今后一个时期仍是我行主要的创利业务。

集团业务是我行的龙头性业务。集团业务做好了能够带动信用卡、代发工资、个人高端客户、个人住房等个人业务的发展，能够带动财务顾问、工程概预算、现金管理、企业短期融资券、企业年金等中间业务的发展。

集团业务抓好了能给我行带来巨大的无形资产。我们所经营的集团客户大都在全国乃至世界具有一定的影响力，将这些客户服务好、经营好会带来很好的广告效应。

目前存贷款的利差较大，是我们做业务的好时机。加之目前全行的资金富余，要抓住机会，能多做要尽量多做。

（二）要加强集团客户经理队伍建设

客户经理队伍是直接创利的队伍。客户经理的数量多少及素质高低，直接关系到我行在市场上的竞争力和对股东的回报。目前，我行的客户经理明显不足，尤其是高素质的大客户经理较缺乏，各分行都要按照郭董事长要求的，“把最强的人员配置到直接和客户打交道的团队和网点”，下决心将综合素质高、经营意识和能力强、精明强干的人员充实到一线去直接抓创收。为了保持和提高客户经理在市场上的竞争能力，必须有针对性、有计划地加强对客户经理的培训，努力提高客户经理的素质。

（三）充分运用好经营机制

经营结果的好坏从某种意义上来说取决于经营机制的科学、合理运用。运用科学的激励机制，一方面是为了解决经营的动力问题，另一方面是全行资源合理配置和个人收入合理分配问题。各分行要通过机制将资源向经营部门倾斜，在经营部门内部要树立按业绩、按贡献定报酬的分配理念。只有制定出的激励机制具体到事、具体到人，机制才能真正发挥作用。同时，制定出的机制要体现出直观性，也就是力争让员工大致能知道自己有多少业绩就有多少报酬，而且对其报酬要尽早兑现。

（四）前、后台要相互理解、相互支持

全行的共同目标是实现价值的最大化。从这个意义上讲，不管是前台还是后台，目标都是一致的。各部门既要履行好自己的职责，又要站在全行的角度配合、支持好其他部门工作。风险部门、审批部门要以客户为中心，积极支持前台经营部门。我们的制度是站在全行角度制定出的，很难适合各地千差万别的情况，制度又有其相对稳定性，不可能经常修订，这就决定了在一定时间内、在某些地方可能存在制度与实际业务工作不相适应的情况。这需要有一个弥补的办法，运用机制予以解决。当行内制定的制度与实际发生偏差时，可以通过委员会等形式进行研究，研究认定可以办的应予以办理。

作为前台部门要积极与后台沟通，及时将有关信息向后台反映。在重大项目、重要客户营销及商务谈判时，可以邀请后台部门特别是产品部门、技术部门联动营销与谈判。

（五）要站在全行业务发展的战略角度，在发展集团客户业务的同时加大对个人银行业务的营销

公司业务是我们的传统业务，我们在营销方面积累了一整套的宝贵经验，希望在发展个人银行业务上也能够积累更多经验，占据市场先机。

最后，我再与大家交流一下总行正在做的几件事情及有关情况。一是今年4月初我行将公布年报。上市时间不长，但我行股

票最高上涨了60%多，大大超过了账面价值，说明投资者对中国经济充满信心，对人民币充满信心，当然也对建行充满信心。按流通市值计算，上市时我行在世界银行业排名第21位，现在已上升到第七八位。二是加快推进业务单元垂直管理。今年将在风险、保全等单元实行垂直管理改革，并增大条线配置资源的比重。三是深化人力资源改革项目正在积极推进，几个月后将首先在总行推行。四是与美国银行、淡马锡合作。美国银行派了50名专家，定了五六个项目，为建行提供支持。淡马锡将在培训方面对我们予以支持。五是引进“六西格玛”管理方法，推行全面质量管理。

同志们，集团业务作为众矢之的，做业务的难度会越来越大。但是，“世上无难事，只要肯登攀”。只要我们充分发挥广大员工的聪明才智，发扬不怕苦、不畏难、敢为天下先的精神，就一定能开创集团业务工作的新局面，创造出更加辉煌的业绩！

立足改革创新　打造竞争优势
提升风险与回报管理能力

——在全行风险管理暨体制改革工作会议上的讲话

（2006年3月29日）

常振明

同志们：

刚才郭董事长的讲话，指出了全行风险管理的努力方向，对风险管理工作提出了要求，希望大家贯彻落实到实际工作中去。这次风险管理会议是今年第一季度全行的重要会议。下面，我就如何具体落实郭董事长的讲话谈几点意见。

一、对风险管理工作的总体评价

经过全行上下多年来的努力，我行在现有组织体系框架下，形成了一套风险管理的基本理念、组织架构、制度体系和技术方法，全面、独立、专业的风险管理体系已初步确立。

——建立了风险管理政策制度框架及业务管理程序，健全了信贷管理政策、制度和流程，以及信贷风险的识别、评价和准入退出标准；

——风险管理基础平台初步建立，为管理标准化、实施全面质量管理打下了基础；

——风险管理技术工具开发运用取得进展，风险预警系统已在业务运行中发挥作用，内部评级系统建设正在推进之中；

——建立了一支团结向上、甘于奉献、堪当重任的风险管理队伍；

——建立了具有独特价值的信贷审批体系以及一支高素质的专职审批人队伍；

——建立了资产保全运作模式和管理体系；

——覆盖信用、市场、操作各种风险的全面风险管理体系初具轮廓，“三道防线、四道门槛”的管理布局也在落实之中。

建设银行的风险管理体系建设做到了“高起点定位、高标准起步”，发展方向明确、管理措施得力。我们用很短的时间打开了局面。

去年的股改上市，是对全行风险管理能力的一次全面检验。在上市过程中，风险管理是个亮点，也是个卖点，得到了国际投资者的认可。到目前为止的所有上市银行中，建设银行是唯一一家在招股说明书中全面披露风险管理的银行，投资者很感兴趣，问了许多问题。他们不仅关心建设银行资产质量和风险状况，更关注银行风险管理的能力，风险管理能力强，表明银行稳健，发展前景看好。

对于建设银行的风险管理水平，银监会等监管部门评价也很高。近几年，在监管部门组织的年度考核中，建设银行都名列前茅，其中，风险管理方面指标得分较高。从监管检查情况来看，对建行总体评价是管理比较规范。以五级分类为例，监管检查表明，建行分类偏离度一直很低。对照毕马威会计师事务所的审计结论以及内部检查情况，总体来看，资产质量是可靠的，风险管理能力也是经得起考验的。

这几年来取得的成绩，可圈可点，来之不易，凝聚着全行的智慧，凝聚着大家的心血。特别值得一提的是，在重组改制过程中，风险管理部门长期加班加点，作出了突出贡献。

这几年来取得的成绩也表明，全行改革发展方向是正确的；我们完全有信心，也有能力去应对新的挑战，迈向国际一流银行的行列。

二、当前我行风险管理面临的形势

刚才郭董事长谈到了全行面临的形势，我在这里稍微再具体一点，结合形势谈谈我们面临的挑战。总体来看，作为一家在境外挂牌上市的银行，目前建设银行的风险管理面临着国内外两个市场、境内外两套标准、内外部两种压力。

（一）外部环境的挑战

1. 产业结构调整对风险管理能力的挑战。目前，我国产业结构不够合理，出现局部产能过剩、行业性亏损等问题，部分客户特别是一些大的集团客户风险在增大，对银行的贷款质量构成威胁。

这些问题给银行的风险管理能力带来挑战。因为好的行业有不好的客户，不好的行业也有好的客户，关键在于如何选择客户，把握风险。目前当务之急，是要尽快建立一套针对不同类别客户的、清晰明确的风险评价及甄别标准，确保市场营销和审批决策有一个共同的遵循标准。

2. 外资银行进入对我行核心竞争能力的挑战。按照加入世界贸易组织协议，金融业全面开放的缓冲期到今年底结束。我们过去的优势，主要体现在人民币业务垄断和网络资源上。到今年底前一个优势将不复存在，而后一个优势，外资银行也可借助资本运作的方式来弥补，例如通过参股国内银行来分享其网络资源等。

与此同时，随着金融国际化、全球化进程的加速，我们在人才方面的问题也愈显突出。这不仅表现在外资银行进入后可能“挖”走我们现有的优秀人才，更重要的是与外资银行相比，我们还缺乏一支熟悉国际市场竞争规则、具备国际化视野的人才队伍。

3. 现实金融生态对我们应对能力的挑战。当前，法制环境、诚信体系建设与成熟市场体系的要求还有很大差距，现实金融生态与银行发展要求不协调、不平衡的矛盾突出。例如，国内银行在追索不良资产中，胜诉率很高，但执行率却很低。同时，建设银行作为境外上市公司，要同时接受国际国内两套监管体系的监管，而这两套体系的差异很大。如何立足国内，同时又能适应境外监管的需要，对于我们的应对能力是一个很大的挑战。

（二）内部压力

1. 数据统计和应用渠道不畅问题。DCC 虽然已上线运行并实施了优化，但目前大量的数据信息还分散在各级行、各部门和产品条线，内部评级工程、ERP 项目也还处于建设阶段。由于目前还没有形成全行统一、完整、标准化的数据统计和应用体系，风险管理的集中性受到制约。如果缺乏数据支持，风险管理的科学化、精细化水平难以进一步提升。

当前，数据信息集中管理不仅仅是技术问题，还涉及管理体制问题。在传统层级管理模式下，信息上传下达的环节较多，传递中信息衰减、失真的现象比较严重，总行很难快速、准确地掌握基层机构的经营管理信息。同样，基层机构也很难及时、全面地了解总行的决策管理信息。

2. 队伍建设问题。目前，客户经理和风险经理在人员总量、专业素质等方面，还有不小的差距。风险管理的发展趋势是越来越专业化、计量化，我们很多同志在知识结构、专业技能方面还不适应这个要求。

3. 风险管理发展不平衡问题。长期以来，我们在对公信贷业务方面积累了很多经验，形成了一套相对成熟的风险管理制度和标准。但是，对于非信贷类业务、零售类业务的风险管理，还处于起步阶段，管理基础还相当薄弱。譬如，在零售业务产品条线，风险管理的政策及制度建设还相对薄弱。在这方面，要争取通过与美国银行的有关合作项目、业务培训，学到一些东西。

4. 风险管理理念问题。刚才董事长也指出，目前的主要问题是全面风险管理的理念还没有真正植根于全员，尤其是基层行员工心中。要落实去年秋季分行行长座谈会上提出的“三道防线、四道门槛”的风险管理安排，关键在于全面风险管理的理念要在全行上下及前、中、后台真正得以贯彻。

银行实际上是在经营风险，不产生风险是不可能的，主要是如何经营风险，即通过对风险的科学安排和精细管理，有效平衡风险和回报、收益和成本，追求价值最大化。因此，无论在什么时候，风险管理始终是商业银行的主题，是提升核心竞争力的关键所在。面对不断变化的外部环境和各种不确定性因素，我们只能不断调整自己，以更加积极的心态，更加精细的管理，更为完善的技术，来迎接和应对各种新的挑战。

三、今后一个阶段风险管理的主要任务

后面哲夫同志还要对风险管理工作做具体安排，这里，我主要谈谈基本的思路和原则。

（一）全力推进风险管理体制改革

目前已印发实施的风险管理体制改革方案，是在广泛调研、长期酝酿以及四家分行（江苏、厦门、湖北、广西）试点的基础上，经过经营管理层反复研究以及总行党委慎重决策后形成的。在改革方案出台之前，还征求了38个一级分行行长的意见，总行专门召开了行长座谈会。这次改革是全行的一项战略性举措，各分行党委、各级行领导要全面、准确地领会改革精神，积极主动地贯彻落实好改革的各项要求。对改革中遇到的问题，要及时向总行反映。

关于改革的有关工作和要求，这里我主要强调几个原则。

一是垂直体制下风险总监如何有效开展工作问题。风险垂直管理架构建立后，风险总监、风险主管等将实行双线报告制度，相应管理及考核体系也将作相应的变化。在仍以层级管理为主导的架构下，目前的体制是一个过渡性安排，风险的独立、集中化管理还有一段路要走。要一步到位也不是不行，但是我们认为，目前的改革方案相对最适应当前业务发展要求，而且能够提高业务流程的效率。下一步可以边试边改。

现阶段，风险总监如何在首席风险官的领导下，既把所在分行的风险管理及信贷审批工作有效组织起来，又能协调好与所在分行的关系，是这次改革中需要解决好的重要问题。在这个问题的把握上，我认为风险总监的首要汇报线路是首席风险官，但同时要将相关问题及时与分行一把手、负责人沟通。当然，向上报告不是说汇报给首席风险官一个人，而是首席风险官带领的整个风险管理团队。同样，风险总监与分行行长的沟通也是指行长带领下的团队。根据国外的管理经验，一个人只能接受最多10个人的直接汇报，比较科学的是7～8个人。但是，现在我们一个人要接受30多个人的汇报，实际上是顾不过来的。因此，这里所说的汇报或沟通，具体是指首席风险官或分行行长及其带领的团队，这个概念要明确。

同时，分行要支持风险总监的工作，涉及风险的会议要请风险总监参加，经营管理的相关情况也要及时、全面地向风险总监提供。这样，有了良好的沟通和支持，风险总监就能更好地开展工作。

二是人员配备问题。风险总监、风险主管的选聘工作，原则上要求上半年完成，最迟年底要到位。总行负责风险总监的配备，分行负责风险主管的配置。这项工作任务很重，必须确保人员选聘标准绝不能降低。这需要各行充分挖掘潜力，不拘一格，广开人才选拔渠道和横向交流的通道。考虑到人才培养、梯队形成需要一定时间，对于今后几年人员队伍建设的规划，各行也要抓紧研究。

三是职责分工调整问题。这次改革按照业务流程再造的要求，对现行管理架构作了整合优化，其中涉及一些部门设置和职责分工的调整，需要各相关部门和人员克服部门本位观念，从改革的大局出发，确保改革目标实现。在改革过程中，要互相支持配合，保持业务衔接，确保不出现管理真空，同时最大限度地缩短新体制运行的磨合期。

四是制度配套问题。风险管理体制改革中涉及许多配套的制度，例如风险管理条线的人力资源管理、机构和人员绩效考核以及财务管理制度等，都需要研究制定。风险管理与业务部门要密切配合，确保平行作业机制的有效运行。这其中的难点和关键点，在于要摆正风险经理和客户经理的关系，准确界定好二者的工作边界，建立起协同作业机制，要尽快拿出可操作的实施方案。

（二）推进平行作业，提高工作效率

一是人员调整问题。按照改革方案要求，目前公司业务部门从事客户信用评级和项目评估的人员，要转为负责贷前平行作业风险经理。这是很大的转变，需要做好人员调整工作，按照改革方案确定的时间表，力争在6月底前全部到位。

二是“双签”审批问题。“双签”审批是平行作业的重要内容，下一步改革的方向，是逐步扩大“双签”审批范围，促进信贷决策进一步贴近市场，提高效率。应该说，从传统的会议审批过渡到单人审批，审批人需要一个适应、学习的过程，但是更为重要的是，信贷审批的相关配套制度和政策，包括业务手册等，也需要及时调整和跟进。要建立配套制度，稳步扩大“双签”审批的范围。

三是客户经理和风险经理关系问题。风险经理的制衡作用已体现在“平行作业”的体制安排中。风险经理的职责不是“监督”客户经理，而是与客户经理从各自独立的角度，按照共同的风险标准，对风险回报进行全面把握。客户经理侧重于挖掘客户的市场价值，风险经理侧重于揭示其中的风险因素，二者是功能互补和业务协同的关系。形象地说，风险经理不是“看”客户经理，而是“四只眼”共同看客户、看市场、看风险，目的是为了提高效率。

在去年上市路演时，外界对我行专职审批人制度都是非常认可的，但也提出一个问题：专职审批人与客户不见面，怎么全面识别客户风险？如果有两个客户，一个客户是非常诚实的，报表很真实但不好看；另一个客户虽然报表不错，但可能不太诚实，或者存在其他问题，那么银行愿意贷款给哪个客户呢？因此，我们实行“平行作业”的目的，就是要进一步完善风险管理机制，通过从不同的角度来看客户，提高对客户风险的识别能力。

（三）需要再强调的几个问题

一是防止不良资产反弹。今年资产质量目标是不良资产率控制在2.81%以下，完成这个指标问题不是很大，因为今年还要处置一部分不良资产。但是，境内外不良贷款率控制在3.84%以下，总体来看，这个指标压力很大。外部宏观调控的影响，以及内部存量贷款的风险因素等，都需要通过我们自己的努力去消化。这里需要强调的是，必须强化风险监控，特别是对一些授信余额大、存在风险隐患的集团客户以及关注类贷款等，要作为重点监控对象，密切跟踪，刚才董事长也特别强调了贷后管理的要求。另外，我们要充分运用自主研发的风险预警系统等技术工具（这些技术工具已申请注册了知识产权），在资产质量管理中发挥更大的作用。

二是加强市场风险和操作风险管理。当前，随着利率、汇率市场化改革进程的加速，市场风险管理必须重点强化。目前全行的投资及货币市场资金交易类资产已经占到了总资产三分之一强，但是收益率偏低，主要原因还是对风险的承担和管理没有把握。如果我们通过提升风险管理水平，有能力去承担更大的风险，那么资金业务还有很大的利润增长空间。同时，作为上市公司，如果因操作风险管理不当导致案件或其他损失事件发生，将会受到投资者和社会公众广泛的关注。因此，需要加紧研究推进操作风险管理体系建设，逐步建立能够主动识别并有效管理风险的内部机制。最近，我行审计部门对DCC上线后的运行风险作了全面审计，提出了一些存在的隐患，需要在以后工作中加以完善。

三是健全问责机制。在集中处置不良资产阶段，我们的问责侧重于惩治那些主观故意、内外勾结、违规越权、玩忽职守等行为致使银行资产损失的责任人。在各项业务步入规范经营轨道后，问责的重心不仅要继续严惩上述类型的责任人，还要通过健全免责条款，来保护那些遵循了程序，也尽到了自己责任，但因客观条件变化造成损失的有关人员。这就是前面提到的，我们银行是经营风险的企业，没有一点点风险是不可能的。因此，要修订和完善有关办法，健全问责机制，使大家能够在统一的风险偏好下，承担一定的风险去获得收益。

最后还需要强调的是，资产保全也是风险管理体系的重要组成部分，改革文件已将其纳入风险与内控框架。鉴于资产保全工作会议已经开过，这里不再作专门部署，各行要按照保全工作会议要求认真落实。

今年是“十一五”开局之年，也是新的风险管理体制全面运行的第一年，工作任务相当艰巨，需要集中全行智慧，开拓创新，励精图治。我相信，经过大家的不懈努力，风险管理工作一定能取得更加丰硕的成果！

积极稳妥推进会计和营运管理体制改革 提升核心竞争力 促进全行业务发展

——在全行会计管理和业务营运管理体制改革工作会议上的讲话

(2006 年 5 月 29 日)

常振明

同志们：

今天召开这个会议，主要是部署会计和业务营运管理体制改革工作。这次改革涉及面广，影响深远。有关方案会前已经发给大家，会计部还要具体介绍改革方案和要求。下面，我先做个动员，供大家参考。

一、充分认识改革的必要性和重要意义

现代商业银行要求必须建立业务运行高效、风险控制严密、信息反映真实的基础保障体系。这个体系有两点很重要：一是会计管理体系，主要是保证会计信息真实、可靠；二是业务营运管理体系，主要是保障业务运行安全、高效。这几年，会计和运行部门做了大量工作，成为各项业务健康、持续和稳定发展的重要保障。但是，对照国际先进银行的标准，我们还存在很大差距，需要从组织结构、业务流程和运作方式等方面尽快进行改革。

（一）按照“以客户为中心”的经营理念，重新界定网点的功能，充分发挥网点在营销和服务中的作用

“以客户为中心”的经营理念，就是要方便客户，满足客户需求，提高效率，防范风险。营业网点的主要职能是交易、服务和营销，是服务客户的窗口。按照这个定位，要进行两方面的调整。一是业务处理模式，即通过上移网点的非交易性业务处理和会计核算，优化柜面业务流程，简化前台柜员操作，提高后台的集约化处理能力。二是逐步实现对公和对私网点分离、同一网点对公和对私业务区域分开、同一城市对公业务的集中处理。即按照差别化服务原则，发挥专业化经营优势，提高对不同客户群体的服务、营销能力。

网点功能的重新定位，要相应调整柜员的职责定位。传统上，柜员大多作为会计人员管理，更多的是侧重交易、核算和账务反映，不利于柜员作用的充分发挥。2005 年末，建设银行会计人员有 16.1 万人，其中柜台人员有 13.7 万人。因此，要推行前、后台分离，优化柜面业务流程，减轻柜员劳动强度，实现柜员向营销、服务人员的转变，充分发挥网点在产品销售、客户服务中的作用。

（二）按照集约化原则，建立垂直管理的营运管理体系，提高服务效率和规模效益

信息技术的广泛应用，对传统的运行手段、流程、方法提出了很多挑战，业务处理流程、运行模式正在发生深刻变化。运行中心组建以来，在保障业务安全运行方面起到了重要作用，但与服务、质量和效率的要求还有一定的差距。一是业务、技术运行的合并管理，不利于业务运行的统一管理和技术运行的统一管理，不利于严密内部控制；二是后台集约化处理程度不高，在简化前台操作、提高服务效率、降低操作成本等方面，作用还不明显；三是内控方式没有实现由“人控”向“机控”的根本转变，自动化水平需要进一步提高；四是营运工作管理分散，总行与分行、分行之间的组织机构、工作职责、制度体系不统一，制约了整体服务能力的发挥。

因此，要研究业务运行的方式、流程和处理规则，调整管理模式和组织架构。按照集约化的原则，建立适应形势要求的营运管理体系，集中管理后台业务，提高运作效率，提升建设银行核心竞争力。

（三）按照上市信息披露的要求，建立全过程反映和控制的会计管理体系，提高会计信息的透明度

上市后，会计工作更多地面对投资者、监管机构和内部管理要求。因此，要及时调整会计的职能定位。作为一家公众持股的上市银行，向投资者披露透明的会计信息，是我们的义务。从上市后的实际情况来看，披露的时间要求很紧，质量要求很高，监管压力和管理层的责任也越来越大。因此，要从管理、手段和控制等方面，系统解决会计信息的透明度问题。

一是要从会计政策、业务需求、财务会计报告等方面，实现统一管理；二是结合 ERPF 上线和数据集中，尽快提高报表编制的自动化水平，解决会计信息缺失和及时性的问题；三是要推行财务会计报告内控体系建设，建立从数据源头到最终发布全过程的控制流程，确保披露信息的真实性。

二、准确把握改革的总体目标和主要内容

这次改革的总体目标是：优化柜面业务流程，实现前、后台分离，建立集约化的后台处理模式，分离对公和对私交易，调整网点的功能定位，强化财务会计报告内控建设，统一业务营运模式，从而建立会计管理和业务营运两大基础管理体系。

——发挥信息技术优势，建立柜员操作简便、交易处理高效、风险控制有效、客户服务满意的柜面业务流程。

——推进前、后台分离，实现非实时性交易的集中处理，充分释放网点的产品营销和客户服务功能。

——分离对公、对私网点，逐步实现对公业务区域内横向集中，将网点划归业务条线统一管理，支持业务单元制建设。

——完善会计管理体系，强化内部控制，确保会计信息真实、完整、可靠，满足信息披露需要。

——建立垂直管理的营运管理体系，逐步扩大后台集中处理范围，上移集中管理层次，为建立区域性处理中心奠定基础。

按照上述目标要求，需要进行以下改革和调整。

（一）构筑全过程反映和控制的会计管理体系

要根据上市后信息披露的要求，充实会计部门的职责，实现各项业务的确认、计量和报告的全过程管理，实现从信息源头到最终披露的全过程控制，充分体现会计的反映和监督职能。

在会计管理体制上，要改革目前多层级的体制，压缩管理半径，总行、一级分行设立会计部门，二级分行会计部门与计财部门合并。二级分行以下要切实加强和完善会计主管委派制，加强风险防范，提高核算质量。

在职责上，改革后的会计部，要在现有的会计制度建设、对公人民币支付结算、现金出纳制度建设等基础上，重点做好以下几项工作：一是会计政策的研究、制定工作，保证合规性；二是核心业务系统需求管理，保证会计处理规则符合会计准则和信息披露的要求；三是 ERPF 运行维护和经费共享中心管理；四是会计核算组织和财务会计报告内控建设。

（二）建立以集约化运作为核心的营运管理体系

国际先进银行大多建立了功能强大的后台处理中心，分散在网点的很多工作，都集中在后台处理，以提高规模效益和网点效率。近几年，我行虽然在集中管理方面做了大量工作，但统一的营运管理体系还没有完全建立起来。

营运管理体系的建立，首先是要分离业务运行和技术运行，就是将目前运行中心负责的技术运行和维护职责，移交信息技术管理部门。在这个基础上，结合前、后台分离，建立垂直管理的营运管理部门。

总行、一级分行营运管理部下设运行中心、核算中心、稽核中心，一级分行可以根据实际情况，在分行所在城市区域设立金库管理中心。除经费核算外，省分行的营运管理部直接承担省会城市的业务集中处理工作；总行直属分行营运管理部直接承担辖内的业务集中处理工作。二级分行设置营运管理部，处理辖内前台向后台集中的业务及交易。县级支行如因区域限制或当地人民银行同城交换有特殊要求，可指定符合条件的网点，集中处理辖内网点的相关后台业务。

（三）加快前、后台分离，充分发挥网点营销渠道作用，提高后台集约化处理水平

按照贯彻“以客户为中心”经营理念，优化业务流程，方便客户的原则，将网点的非实时交易性业务、非交易性业务、批量业务、数据统计等事务性工作，交由后台集约化处理，调整会计

核算组织和运作模式，以有效提高前台交易和服务的效率，降低交易成本。

一是发挥信息技术优势，调整会计流程，减少处理层级，收缩会计机构与会计人员，组建业务处理中心，实现会计业务向集约化、自动化处理的转变。

二是合理确定前、后台界限，最大限度地分离网点的核算和交易处理，简化前台操作。

三是加快会计稽核档案系统建设，充分利用电子扫描技术，将稽核介质由纸质流向电子流转变，为后台集约化、自动化、标准化处理创造条件。今年要完成系统的建设工作。

核算组织和运作模式变革以后，网点将真正成为交易、销售、服务的渠道，其市场营销功能也将得到有效释放。

（四）逐步分离对公和对私网点，发挥业务条线优势

建立业务单元制，首先要实现网点业务的统一管理，逐步将网点管理职责移交业务部门，实现柜员、交易、营销、服务、考核及操作风险控制的统一管理，提升业务条线上下联动效果。

随着公司业务条线经营重心的上移，总行、一级分行、二级分行直接经营责任将不断增强，城区支行、县支行的对公大额度批发业务的经营职能将逐步弱化。适应这种经营模式的转变，要加强网点功能研究，分离对公、对私网点或柜台服务区，逐步实现对公业务网点区域内的横向集中，使网点大量的资源投入到个人银行业务和纳入个人银行业务管理的小型企业业务。

按照先易后难的原则，这次改革首先将会计部门管理的对私网点职责移交个人银行业务条线；待具备相应的技术条件和完善前、后台分离的运行模式后，逐步将对公营业网点移交公司业务条线管理。

对私网点统一管理后，个人银行业务条线要加强网点设计、功能区划分、操作流程、业务需求、服务质量、柜面人员、操作风险等的管理，实现客户、产品、服务、渠道和柜员的有机统一，充分发挥渠道的整合作用。

三、稳步推进各项改革措施

这次改革，是对会计和营运管理工作进行的重大调整，也是建设银行经营管理体制改革的有机组成部分，“牵一发而动全身”。因此，要充分认识到改革的复杂性和艰巨性。一是改革涉及部门多，流程调整范围广，时间跨度大，协调和组织难度大，是一项系统性的基础工程；二是与其他管理改革相比，这次改革要在日常核算和营运正常开展的同时进行，改革过程中业务不能停、核算不能乱、风险防范不能松，需要统筹兼顾；三是从改革的内容来看，会计职能、核算手段、控制方法等都会发生很大的变化，同时，要调整和扩充营运管理职能，加快营运管理体系建设，有很多基础性的工作要做。因此，要确保改革总体目标的实现，在改革的推进过程中，必须周密布置、稳步推进、分层实施。

（一）加强组织领导，分层逐级推进

这次改革，是自上而下的调整。各部门和各级行要按照总行的改革思路、实施方案和统一部署，全行一盘棋，上下联动、统筹规划。

为统一协调，总行已经成立改革领导小组，由我担任组长，人力资源、计财、会计、信息中心、个人金融、信息技术、运行中心等部门的总经理为成员。改革中涉及营运管理方面的工作由罗哲夫副行长负责协调，涉及会计管理方面的工作由范一飞副行长负责协调，涉及个人银行业务方面的工作由杜亚军常务副主任负责协调。领导小组日常协调工作由庞秀生常务副主任负责。

各行要成立相应的领导小组，一把手要亲自负责此项工作，按照总行的总体要求，结合本行实际，研究、制定实施细则和方案，协调改革中可能出现的问题，在人、财、物等方面予以支持。

此外，这次改革，尤其是前、后台分离，对公对私网点分离等措施，对财务资源和人力资源配置提出了一些新要求，需要按照对公、对私网点职责的移交进度，相应调整网点业务考核和人员管理方式。

（二）尽快落实机构、人员

会议结束以后，改革方案和实施要求将很快下发。各行要按照这次会议的精神，落实机构、人员，明确改革步骤和要求。会计部门主要集中在总行和一级分行，二级分行会计与计财合并，二级分行以下要坚持会计主管委派制，防范操作风险。营运管理部门以总行和一、二级分行三级架构为主。尽快统一业务处理中心的建设，明确业务处理中心的组织架构、业务范围和工作流程，加快分离现有系统条件下的前台业务，并建立后台处理中心的风险控制制度。

各分行在推进改革的过程中，要做好队伍建设和人员培训工作，按照机构和职责的调整要求，落实人员。人员到位后，要抓紧做好培训工作，尽快熟悉新的岗位职责、流程和具体工作要求。

（三）认真做好柜面业务流程改造工作

这次改革，不可避免地涉及管理方式、实现手段、柜面业务流程的调整。柜面业务流程改造既是这次改革的基础，也将直接体现改革的效果。因此，要从改革的整体推动角度，全面改造柜面业务流程，深化和落实改革要求，保证改革落到实处，取得实效。

为改善服务质量，降低交易成本，有效控制操作风险，今年重点要做好规范交易资料的打印、调整复核授权控制体系、整合交易单证、改造客户账户规则、优化交易码设置、整合系统交易界面等一系列改造工作。明年，要从整体架构着手，深化改造核心系统，进一步提高前台运作效率和后台集中处理能力，真正实现改革目标。

各分行在推进过程中，要充分利用信息技术，消除非增值活动，清除、简化和整合业务环节，实现自动化处理，优化业务处理流程。

（四）妥善处理改革与风险防范的关系

改革不能弱化风险控制。越是在改革的过程中，越是要加强变革管理。在流程、系统、机构、人员和职责的调整中，尤其要避免控制缺位，有效防范风险。在改革推进过程中，各部门、各级行必须妥善处理好改革与日常经营管理、风险与效率的平衡问题，按照“先立后破”的原则，确保风险可控。

从长远来看，改革的重点是要消除那些制约服务和效率提高的冗余控制，不是片面强调服务效率而忽略风险控制。效率与控制是统一的，改革就是要通过加强信息技术应用，提高自动控制能力和加强对前台的监控力度，全面增强风险控制的有效性。

（五）加快推进 DCC 系统优化建设

这次改革，很多工作都与 DCC 等系统的修改、优化紧密相关，有些改革内容，必须在系统改造完成后才能落实到位。总行会计部、信息技术管理部、运行中心及相关业务部门要加快 DCC 系统的优化改造工作，尤其是对授权、交易码整合等直接影响柜员操作效率的事项，一定要抓紧完成。

我相信，只要全行上下统一认识，高度重视，周密部署，认真实施，改革就一定能够成功，会计管理和营运管理体系必将在提高建设银行核心竞争力方面发挥重大作用。

做好新体制下的全面风险管理工作

——在全行风险总监培训班上的讲话

（2006 年 6 月 12 日）

常振明

同志们：

今天风险总监培训班开班了。总行党委对这次风险总监的选拔和培训非常重视。人力资源部调动了大量资源，在很短的时间内完成了人员考察工作。这次按照年轻化原则选拔出来的风险总监，来自各个业务经营管理部门，都非常熟悉业务。另外，这次实行人员轮岗和调动，大约 95% 的风险总监异地任职。在此，我代表总行党委和高管层，对各个分行给予的大力支持，以及在座的各位风险总监克服家庭困难支持总行工作，表示衷心的感谢！

刚才，郭董事长就当前宏观经济金融形势进行了分析，提出了在当前政策和市场环境下做好全行工作的要求，内容十分丰富，信息量很大，特别是对于目前全行风险偏好以及风险管理主要任务等各个方面，都提出了明确要求，请各分行以及培训班学员认真学习并贯彻落实。下面，我结合郭董事长的讲话精神，就新体制下的全面风险管理工作做具体部署。

一、落实好全面风险管理的要求

新的风险管理体制到位以后，“三道防线、四道门槛”的全面风险管理布局清晰了。全面风险管理体系涉及各个部门、各个业务条线以及流程的各个环节，需要全员的参与和管理，这个观念要在全行树立起来。建立集中垂直的模式强化风险管理体系，并不是弱化或者替代其他环节的风险管理职责。以信贷业务为例，经营部门直接面对市场、接触客户，对市场和风险的感知最直接，信息也最充分。因此，“第一道防线”至关重要，在风险识别和平衡风险回报能力等方面，要有更高的要求。风险经理平行作业的制度设计，实际上也是着眼于为强化“第一道防线”提供更直接、更全面风险管理技术支持和服务。

“三道防线”相对独立，各有分工和侧重，但是构成一个有机整体。在运行过程中，要做到风险偏好一致、信息传递及时、意见交流充分、流程衔接顺畅。在共同的风险偏好下，通过良好的交流和互动机制形成整体合力，这是做好全面风险管理的关键。例如，这几年审计部门经过努力建立了一套内部控制审计评价体系，内控评级范围已经覆盖到县级支行。这些内控评价结果和相关信息通过及时充分的反馈，可以为风险管理、业务经营部门有针对性地强化内控、优化改造流程，提供非常有效的支持。

集中垂直的风险管理体系，是全面风险管理体系整体架构的支点。与内部审计不同，风险管理虽然相对独立，但本身又是在业务流程之中的。要找准风险管理的定位，必须全面透彻地领会这次改革的内容，其中关键点有两个：一是垂直管理，二是平行作业。强调集中垂直，即汇报线路垂直，就是要保证风险管理的独立性，确保风险管理标准的统一；强调平行作业，就是要实现风险管理融入业务流程，使风险决策尽可能地贴近市场，提高支持和服务能力，提高效率。

通过这次改革，把全面风险管理的基本架构搭建起来，这是第一步。在此基础上，要立足于我行实际和特点，争取用3年左右的时间，初步建立适应《巴塞尔新资本协议》要求的全面风险管理体系；争取用5年左右时间，使我行的风险管理体系符合《巴塞尔新资本协议》的各项要求，特别是要形成一套覆盖信用风险、市场风险、操作风险等各类风险的经济资本管理体系，信用风险计量要达到内部评级法的初级法乃至高级法水平；等等。应该说，工作任务是相当艰巨的。

二、当前需要关注的几个问题

今年以来，全行各项业务运行平稳。到目前为止，不良贷款率、关注类贷款比率等主要风险指标都得到较好的控制，但有几个方面问题需要引起关注。

——风险偏好的传导机制问题。目前，决策层确定的风险偏好，还缺乏自上而下的准确、迅速、敏感的传导机制，在实际执行过程中，全行的风险偏好还不统一、导向不清晰。举个例子，今年上半年贷款投放较猛，第一季度完成全年新增计划的76%。虽然经过审贷的把关，大部分项目本身还不错，但是从贷款投向结构来看，没有很好体现总行关于信贷区域、行业、产品结构调整的战略导向。特别需要关注的是，一些高风险地区、行业（包括部分产能过剩行业，如房地产开发）信贷增长较快，存在一些风险隐患。

解决风险偏好传导机制问题，除了建立集中垂直的风险管理体系外，还需要将决策层确定的风险偏好，转化为便于执行的政策、指引和标准，这些工作都要逐步细化。例如，在信贷审批方面，要抓紧形成一套审批标准和指引，将各级行贷款审批人的风险偏好，统一到全行的风险偏好上来。

——经济资本管理问题。建行在同业中最早推行经济资本管理，这是非常大的进步。但是由于受客观条件限制，现行经济资本管理模式还处于比较初级的水平。比方说，对经济资本的计算，还没有完全实现基于风险计量的要求；经济资本的配置，虽然考虑了风险偏好，但传导机制还不敏感；等等。另外，一些计量数据和方法目前还在摸索过程中。例如，我行评出的3A级客户违约率大约为0.91%，2A级客户大约是1.5%；按照穆迪、标准普尔等评级机构的标准，3A级客户1年期违约率一般不超过0.03%。这方面我们还有一定差距，需要在今后实践中不断探索改进。

经济资本实质就是风险资本，也是银行风险管理的核心工具。为了进一步提高全行风险管理能力，经济资本配置要尽快与风险管理实现对接。风险管理部要抓紧研究基于风险管理要求的经济资本配置方法，提高经济资本的精细化、计量化管理水平。这是一项新的任务，也是对全行风险管理能力特别是风险计量能力提出的更高要求。今年下半年各行要申请增加经济资本，应当按照总行有关规定实事求是地掌握，申请要同时抄报总行风险管理部，风险管理部根据行业、产品、区域和客户的风险状况，提出配置经济资本的意见，参与经济资本的配置。

——风险定价问题。风险定价能力不足是目前信贷经营中的薄弱环节，定价要考虑多方面因素。一些同志说，很多产品还算不清风险成本，不知道盈亏平衡点，盲目性很大。例如，票据承兑业务，由于缺乏合理的风险定价机制，一些分支机构往往只看到业务带来的保证金存款和手续费收入，却没有考虑或者低估了潜在的风险损失，导致一些不理性的经营行为。

在贷款定价中，除了要考虑资金成本、经营管理成本、税收负担等，最关键的是要算清楚其中的风险成本。前几天有客户向我提出，银行有些合同条款不太合理，限制很多，特别是房地产贷款。当时我就跟他们解释，银行放 100 笔贷款，如果有 3 笔失败的话就不赚钱了，有 4 笔失败的话就赔本了，因为利差只有 3 个多百分点；而开发商投资 10 个项目，可能只要有 3 个项目成功就能赚钱。一个开发项目成功了，开发商可能赚到成倍的利润，而银行赚到的只是有限的利息。但是如果项目失败了，银行可能要承担很大的损失。银行要求的只是本金和利息能够安全回收，因此，合同条款中许多防控风险的要求，实际上是并不过分的。

有些同志反映，目前一些同业对小企业贷款执行基准利率上浮 20% 左右的优惠利率，而我行“成长之路”业务至少要上浮 30%（AAA 级客户），“速贷通”业务更高，在定价上难以与他们竞争。在这种情况下，特别需要保持清醒，要学会匡算盈亏平衡点。利率定低了，就是赔本的买卖；但也不是越高越好，定价太高了，把好客户都吓跑了，还可能加剧“逆向选择”现象。因此，关键是要对风险进行准确的计量。目前，我们的风险定价能力还不适应业务发展的需要，这方面要加快跟进。风险计量的研究成果和技术工具，要尽快转化为“生产力”，支持业务拓展，转化为市场竞争能力。

——流程优化问题。目前全行信贷业务流程优化已经取得一定进展，对公业务流程系统近期也已上线试运行。但是总体来看，全行对信贷业务的流程还缺乏系统性的梳理，配套机制还没有建立起来。例如，对不同客户类型、授信结构和风险程度的业务，流程设计的差别化程度不够；对新产品流程创新，风险管理的技术支持力度还不够。另外一个需要关注的问题是，由于部门职权分割造成业务流程的人为分割，在很大程度上影响了流程运行效率和资源配置的有效性。

需要强调的是，流程不变是相对的，随着业务发展，流程要不断优化改进，向“流程银行”转变不是短时间能够完成的，有很多工作要做。借这个机会，简要介绍一下目前正着手进行的几项改革：一是人力资源管理体制改革。要从目前的行政级别向岗位设置转变，同时向各业务条线直接派出人力资源管理人员，支持业务发展。二是会计管理和业务营运管理体制改革。通过后台和前台分开，建立集中、高效的后台处理中心，保障运行安全，简化前台业务流程。三是个人业务条线的流程再造。在会计管理体制改革的基础上，统一操作规则和标准，简化业务流程环节，同时实施网点改造，建立样板网点。最近，网点改造小组的几位同志从美国银行考察回来，反响很大。美国银行有几千个网点，总行能够做到直接对网点员工进行排班和轮岗，这主要得益于网点之间业务流程统一、操作标准一致。四是公司业务条线流程再造。例如，公司业务部门正在探索贷后管理和客户营销职能分离，由专门人员集中办理土地权证等抵质押手续，落实贷款条件，开展贷后监控、追账等。上述工作都在推进之中。

风险管理部门作为信贷政策和制度的主管部门，需要对业务部门的流程优化提供全面的风险内控技术支持。一是要在新产品研发阶段提前介入；二是要研究制定关于业务流程设计及调整方案合理性、风险内控有效性的评价制度和标准；三是要建立业务流程的持续改进机制，包括业务流程的风险内控后评价以及客户满意度评价、信息反馈机制等；四是要逐步打破“部门银行”格局，以业务流程为导向配置资源，精简多余的控制环节，提高IT支持能力，并尽可能采用“并行”作业模式缩短流程，提高效率。

——信息通道问题。目前风险管理的一个制约因素，就是信息传递渠道不畅，准确性、时效性不够。分支机构风险事项漏报、错报、瞒报的现象不少，有些事项发生了很长时间上级管理行还不知道，给风险处置工作带来被动。

这次风险体制改革，明确了集中垂直的风险报告线路，具体的报告内容和制度规范，还要抓紧细化和完善，争取尽快将这套垂直的报告体系运行起来。同时，要合理调整考核办法，将业绩考核和风险事项处理分开，鼓励分行充分、及时地暴露风险。当然，要注意内外有别，对外披露要严格遵循有关制度的规定。要在全行形成并大力倡导有建设银行特色的风险管理文化。风险管理部门每半年要进行一次风险状况评价并进行通报，对于存在问题的分支机构，要实事求是地点出来，不隐讳、不掩饰。全行上下要逐步适应这种工作方式和管理文化的转变。

三、风险管理部和风险监控部的职责分工

这次改革，总行决定成立风险监控部，将原来的风险管理部门分为风险管理和风险监控两大功能模块，主要是出于风险管理专业化、精细化的考虑。

在首席风险官的领导下，两个部门的职责分工是：风险管理部负责优化平行作业机制以提高效率；研究拟订风险管理政策、制度和标准；研究、规划和开发风险计量模型，利用数据进行风险计量分析以及全面风险报告。风险监控部根据上述政策、制度、标准和程序，对全行信用风险、市场风险、操作风险进行监控，对政策制度执行情况以及资产质量真实性等进行监督检查。

需要强调的是，近期改革的目标是强化风险管理政策以及制度标准的统一集中管理。这就要求风险管理部针对不同市场和客户，拟订相应的管理制度和政策，提高政策制度的针对性和有效性；风险监控部要认真履行监控职责，将执行中发现的问题及时反馈给风险管理部，以便作出相应的调整。两个部门分工不同，但工作要互动，只有这样才能维护全行政策和风险标准的统一。经过改革，在这方面一定要有新气象。

一级分行以下的风险管理部门，不需要比照总行进行部门分设，但是在具体岗位分工上，要明确职能对应关系，确保各项工作的衔接。

四、对风险总监的几点要求

这次风险总监培训是一次上岗前的全面培训。总行党委对此高度重视，以最快的速度按照风险总监的标准选拔配备干部，聘请了国际和国内著名的专家学者来授课。总行有关部门进行了精心的组织和筹备。这次培训结束后，在座的各位就要走上新的工作岗位。目前，全行风险管理工作任务繁重，风险管理体制改革也在推进过程中。因此，希望大家经过这次培训，能够尽快进入工作状态，按照郭董事长提出的要求，出色地履行好风险总监的职责。

考虑到风险总监岗位的特殊性，希望大家在工作和学习中注意培养和增强以下几个方面的能力。

——统筹能力。风险总监在首席风险官领导下，负责所在分行的全面风险管理工作，包括组织、指导、协调、监督所在分行风险管理及信贷审批工作，以及拟订、落实风险管理实施方案等，肩负的责任重大，需要具备较强的统筹协调能力。在工作中，要与分行党委密切配合，同时充分发挥风险管理与内控委员会会议这个平台的作用。总行已经明确，风险总监必须是所在分行风险管理与内控委员会的主任或者常务副主任。

各位风险总监要争取用一年左右的时间，全面了解掌握所在分行信用风险、市场风险、操作风险等各类风险的全貌，在此基础上，对本辖风险管理工作形成一个整体规划。当然，各个分行的风险状况不同，要善于抓住主要的问题和矛盾，在工作中有所侧重。对于多数分行风险总监来说，首要任务是信用风险管理，而个别基础管理比较薄弱的分行，则需要在操作风险的治理上下大功夫。

——执行能力。在新的体制中，风险总监处于承上启下的关键位置，必须具备对总行各项政策、制度准确理解和执行的能力。

这里主要强调两点：一是要严格落实总行的风险管理政策和措施，不能以地方的特殊性作为不执行总行政策制度的理由。二是要提高政策水平，做好调查研究，因地制宜，解决改革中遇到

的困难，根据本辖的实际情况和内外部条件，把握好改革推进的节奏。改革近期目标实现后，鼓励有条件的分行先行一步，按照总行确定的远期目标，积极探索推进。

——沟通能力。做好风险管理工作，沟通能力非常重要。风险经理不是简单地说“Yes”或“No”，要善于与前台部门、客户经理沟通。对同一个事情有不同的判断，这是很正常的。通过直面问题、基于事实的坦诚沟通，有助于从各个角度全面地识别和把握风险。培养这种良好的沟通能力以及主动沟通的意识，必须从在座的各位风险总监做起。

对于风险管理体制改革，各分行最关心的是效率问题。我在以前工作中也有过这方面经验。有位风险总监，经常提反对意见，后来换了个风险总监，对业务效率非常重视，善于和业务部门沟通，帮助他们完善信贷方案。例如，有个港口贷款项目，按照申报书不符合贷款审批条件，但风险总监提出来，这个港口使用最多的是高露洁牙膏，可以尝试联系高露洁公司提供担保。风险总监亲自去洽谈，后来业务谈成了，满足了贷款审批条件，风险总监帮助业务部门解决了一个难题。

从国外银行的风险管理实践来看，都很重视风险经理的沟通能力。客户经理提交的方案，风险经理可能有不同的看法，通过意见反馈和交流，可以帮助客户经理设计出更合理的业务方案，这个过程也是风险管理技能和文化的传播过程。国外一些先进银行，如澳新银行，对风险经理的考核不仅仅限于审批贷款的损失率、审批工作效率等指标，沟通能力也是其中一项重要的考核内容。

——学习能力。现代商业银行风险管理的特点，要求风险总监必须具备较为全面、扎实的专业知识和技能。平时要注意跟踪学习风险管理的最新理论和知识，例如《巴塞尔新资本协议》、COSO委员会的全面风险管理框架，以及目前国内外商业银行风险管理的最新进展等；要学习先进风险管理技术，包括信用风险内部评级法以及市场风险、操作风险计量和管理方法等。同时，要牵头组织好所在分行风险管理队伍的业务培训，总行鼓励风险总监亲自上讲台，作出表率。带出一支学习型的风险管理团队，也是风险总监的一项重要工作任务。

这次风险总监上岗培训，是个非常难得的学习机会。培训班课程设置、师资配备都经过精心的安排，授课人员都是非常有造诣的专家，包括美国银行和澳新银行的专家、银监会等有关部门的领导等。希望大家能够珍惜这次学习机会，通过学习、思考和讨论，系统地了解掌握现代商业银行风险管理的理论和方法，这对以后的工作是非常有帮助的。这样高层次的上岗培训，希望今后能定期举办，形成一个制度。

作为建设银行的第一批风险总监，你们的工作富有开拓性和挑战性，要求高、任务重，希望大家放手开展工作，争取尽快打开局面。

认清形势　提高认识　加快发展国际业务

——在2006年全行国际业务工作会议上的讲话

（2006年6月20日）

常振明

同志们：

今天，我们在这里召开全行国际业务工作会议，希望能够通过这次会议进一步推动全行国际业务的发展。赵林副行长将要对我行国际业务一年来的工作进行回顾，并对下一阶段工作进行安排，之后顾京圃总监还要讲更具体的工作。我讲话的主要内容是强调一下国际业务发展的重要性，即为什么要抓国际业务，如何抓好国际业务。

2005年是我行国际业务卓有成效的一年，全行完成了外汇业务关键业绩指标和各项业务的增长计划。今年以来，我行外汇业务继续保持快速发展的势头，市场份额稳步上升，主要业务指标再创历史新高。在国内外经济金融形势日趋复杂、同业竞争十分激烈的情况下，这样的成绩是来之不易的。

在这一过程中，总行国际业务部承担了对全行外汇业务的牵头管理职责，在各相关部门的配合下，出台了一系列政策，包括：制订《国际业务发展指导意见》和《加快外汇业务发展的政策建议》；建立外汇业务考核体系并将重要指标纳入关键业绩指标体系；将外汇业务确立为战略性业务，在资源配置和发展政策上予以倾斜；开展外汇业务评优活动，调动了全行发展外汇业务的积极性；组织外汇业务效益调研和分支机构经营管理模式的调研，为制订发展战略提供了依据；积极推动产品创新并牵头组织重要客户外汇业务产品营销，提高了我行外汇业务的市场竞争力。

另外，国际业务战线的同志在我行与战略投资者谈判、境外路演以及上市后与战略投资者的合作过程中也做了大量工作。在此，我代表总行党委和高管层，向国际业务全体员工表示衷心的感谢！

自去年10月27日我行在香港上市以来，股票走势良好，中国银行上市也获得了市场很好的评价，最近还要发行A股。这些都反映了国际投资者对中国经济和中国整体情况的认同，特别是对中国金融改革的认同。我行上市有两个突出的亮点。一是风险管理。自1994年我们从国家专业银行转变成商业银行以来，我们一步步进行风险管理的尝试，1995年开始实行总行对分行的信贷审批授权制；1999年建立了专职审批人制度，随即着手开展信贷资产五级分类；之后逐步推行经济资本管理，而且开始探索新的风险管理工具，比如信用风险评级预警系统；2004年我行进一步强化了EVA考核；2005年将质量指标纳入关键业绩指标体系。对于这一整套风险管理体系，外国投资者很是赞赏。二是收益性。去年我行税前利润为554亿元，股东权益回报率，即ROE是18%，在各家银行中是最高的。此外，我行的总资产回报率也是最高的。

与同业相比，中国银行最大的亮点就是外汇业务。中国是一个经济大国，进出口总额、外汇储备均居世界前列，随着对外开放程度的日益加深，人民币可兑换的步伐也将进一步加快。中国银行有几十年办理外汇业务的经验，在国内外汇业务的市场份额超过了50%。中国的开放将会为外汇业务带来更多的发展机会和更大的收益。因此，我们在今年初全行工作会议上，提出了“要加大外汇业务营销力度，缩小与中国银行的差距，打造外汇业务新的利润增长点”。我行外汇业务的现状与这一目标还有差距。从历史来看，中国银行自1912年成立时就以外汇业务为特色，1953年被特许为国家外贸和外汇专业银行，在长达80多年的时间里几乎垄断了国内外汇业务；而我行开办外汇业务只有近20年的历史。从境外机构和代理行范围来看，中行拥有境外机构近600家，代理行超过4 000家，服务网络遍布全球；而我行只有7家境外经营性机构、两家代表处和1 000余家境外代理行。从人员构成来看，中行早就实现了本外币一体化经营，95%的业务人员从事专职或兼职外汇业务，对外汇业务的熟悉程度非常高；而我行从事外汇业务的人员不足1%，特别是客户经理队伍中具备本外币一体化营销能力的人才很少。从业务规模上看，中行国际结算量和外汇存款余额是我行的3～4倍，要是把境外机构的业务都统计进来还远不止于此。

所以，全行上下必须正视我行外汇业务发展与同业尚有差距的事实，同时也要看到我们还有不少优势。现阶段，人民币的可兑换和可自由汇出等政策还没有放开，还有一段准备时间；同时，与美国银行的合作对于提升我行整体竞争力具有非常积极的意义。目前，美国银行占我行9%左右的股份，还有10%的期权。根据战略合作协议，在未来的7年内，美国银行每年都有50～60人来协助我们共同做项目。最近我们正在研究全球现金管理服务体系，即GTS项目。在汇款业务方面，正在开发与美国银行的个人汇款直联。在境外，我们还可以利用美国银行的网点，实现在ATM上免费提现。以上这些都是我们很强的优势。

最近郭董事长在谈到国际业务发展时提出：国际业务是我行一项十分重要的工作内容，我们要坚持走人民币业务和国际业务齐头并进的发展之路，希望大家在工作中开拓视野。为了贯彻董事长的要求，实现本外币业务协调均衡发展的目标，我认为重点要解决三个问题：一是要强调当前国际业务发展的机遇；二是要研究解决国际业务经营管理体制的问题；三是采取有效措施加快外汇业务的发展。下面，我谈几点看法。

一、要充分认识加快发展国际业务的必要性和紧迫性

2005年国务院发展研究中心对国内商业银行竞争力调查结果显示，我行综合竞争力在国内同业中排名第二位，而外汇业务的竞争力只排在第四位。我们要实现与国际接轨，要参与国际竞争，就必须加快外汇业务的发展，对外汇业务抓与不抓大不一样。

中国经济的迅猛增长为我行发展外汇业务提供了机遇。2005年我国GDP达到18.2万亿元，今后的政策走势和导向，包括对外投资政策、能源政策等都与国际市场分不开。现在中国对资源的需求很旺盛，包括矿产、石油、木材等很多资源都不能自给自足，导致我们对国际市场有较强的依赖性。因此，我国政府鼓励境外投资，但境外投资又受到很多限制。早在1997年亚洲金融危机之前，当时的人民银行副行长陈元就提出了人民币可自由兑换的问题，到现在我们还没有做到，这也是吸取了周边国家的教训。我们对人民币的放开采取了比较稳健的做法，但是这一步肯定要走。人民币可自由兑换以后，国外中央银行的外汇储备都要包含人民币，对人民币的需求将会大大增加，外汇业务和人民币业务的一体化发展也将迈向一个新的阶段。因此，现在是外汇业务发展的好时机，如果我们抓住这个时机做好准备的话就可以赚很多钱。外汇业务主要包括国际融资、贸易融资、国际结算、结售汇、QFII托管以及其他人民币和外汇相关产品。现在的企业对保值增值的产品需求很大，很多国外银行都能够提供这方面的服务，做一笔业务能赚很多钱。这方面的业务我们还没有大规模开展，但有些境外分行已经可以做，比如新加坡分行，非常希望能够到国内拓展这些业务。现在的情况是，国内企业“走出去”、国际企业“走进来”，特别是国际基金非常热衷于对中国市场的投资，这为我们的产品设计提供了很大的空间。与几年前外汇业务发展的形势相比，现在的机会非常多，大家有很多事情可以做，其中也包括个人外汇业务。今天的报纸上刊登了我行率先试点开办个人远期外汇交易的消息，这是个很好的尝试。

目前我行非利息主营业务收入的占比还比较低，只有10%左右。国际上发达国家的银行和我们的经济环境不一样，他们所受的政策限制比较少，例如汇丰、花旗、德意志银行以及美国银行等，他们的中间业务收入在整个业务收入中的占比已经超过了利差收入。外汇业务中的结算、汇款、结售汇等业务，都可以增加我们的中间业务收入。在我行外汇业务总收入中，外汇中间业务收入占比大约是三分之一，优于全行平均的收入结构。随着人民币利率市场化和汇率市场化的进程，外汇业务对全行利润的贡献度将进一步显现。发展外汇业务不仅能够提高我行整体的盈利能力，更重要的是可以调整我行业务结构，增强收入的稳定性。

二、要充分发挥各级国际业务机构对外汇业务的牵头管理作用，构建协调的外汇业务经营管理体系

（一）健全稳定的组织机构是外汇业务健康发展的重要保证

在四大银行中，中国银行是唯一一家实现本外币融合、全行办外汇的银行。中行采取这一模式主要基于以下三方面基础：第一，外汇业务是该行的传统业务；第二，外汇业务规模较大，客户基础稳固；第三，客户经理具有扎实的外汇业务产品知识和营销技能。2001—2003年，我行撤销了总行国际业务部，导致全行外汇业务下滑，市场份额萎缩，专业人员流失。所以，在目前阶段，集中专业人才，由国际业务部负责全行外汇业务的管理，对于推动外汇业务的健康发展是十分必要的。即使在以后，我认为由专门的国际业务部门来做这件事也是很有必要的。目前我行38家一级分行基本上都设立了国际业务部，大约20%的二级分行有独立的国际业务部门。我行二级分行及以下机构的外汇业务量占全行外汇业务总量的90%，外汇业务经办人员占全行国际业务人员总数的80%以上。因此，要特别重视二级分行国际业务组织机构建设。要根据总行印发的《中心城市行外汇业务发展指导意见》中提出的要求，除一级分行所在地中心城市行外，其余中心城市行均应单独设立国际业务部。外汇业务资源丰富的二级分行及综合性支行也应当设置国际业务部，并根据业务规模，配备充足的外汇业务人员。如没有设立专门机构的，必须有专人负责外汇业

务的经营、管理和操作以及与上级行的联系，岗位设置和人员配备要能够满足业务发展和风险控制的要求。

（二）在组织机构设置上要发挥总行国际业务部对全行外汇业务的牵头管理作用

总行国际业务部的主要职能之一，是要研究改进外汇业务管理方式，探索推动外汇业务发展的高效管理机制。国际业务部属公司业务委员会，但外汇业务还与个人业务委员会、资金业务委员会及资产负债委员会等密切联系。因此，总行国际业务部要做好与外汇业务相关的政策协调工作，会同总行有关部门研究解决外汇业务发展中存在的主要问题。要积极配合总行公司委、个人委和资金委开展外汇业务产品创新和研发。现在的创新工作很多，要协调和解决产品开发中的外汇政策和外汇管理问题，做好对分行的指导，并应积极参与和组织外汇业务产品营销和重要客户营销活动。总行国际部要抓紧研究“国际业务协调议事制度”并向一级分行推广，这个制度是国际业务领域贯彻落实“以客户为中心”的经营理念、加强相关部门联合营销的具体体现。现在仍有很多客户，只要涉及外汇业务就到中行去做，我们提出“以客户为中心”，就是要做到对客户提供一条龙服务，满足客户的本外币业务需求。要加强相关部门的沟通配合，编制好全行外汇业务综合经营计划，制订外汇业务费用分配方案，实施外汇业务考核激励机制。

（三）各部门要切实承担起外汇业务的经营管理职责

按照我行目前的组织机构设置，外汇业务的经营管理职能涉及多个部门，各有关部门要把发展国际业务当做自己的分内之事，提高本外币一体化经营管理能力。客户部门要切实发挥营销主渠道的作用，要把客户外汇业务承办率纳入客户经理考核指标，增强客户经理营销外汇业务的压力和动力；信贷审批部门要优化贸易融资审批流程，提高审批效率，在审批客户信贷业务时，在可能的情况下，应要求客户在我行办理外汇业务的份额不低于我行授信所占份额，加大本外币相互支持力度；风险管理部门需要针对外汇业务的特点采取差别化管理措施，提高防范风险的能力。

一级分行国际业务部要提高对外汇业务牵头管理的有效性，做好各项政策措施的组织落实工作，切实加强对辖内机构外汇业务的管理，同时积极参与重要客户营销和维护。各级国际业务机构要切实承担起本行外汇业务综合管理、市场营销和产品支持等职责，保证各项措施的有效实施。

三、继续出台有力措施，把加快国际业务发展的要求落到实处

（一）外汇业务仍然要作为全行的战略性业务大力发展

2005 年总行下发的《中国建设银行发展战略纲要》中，明确提出要把外汇业务作为四大成长型战略业务之一大力发展。为此，总行将继续在资源配置和发展政策上对外汇业务给予倾斜。2006 年从各业务条线下达的外汇业务费用是历年来最高的，今后总行对外汇业务的支持还将不断加大。总行及各分行要尽快建立切实有效的外汇业务考核激励机制，确保资源配置向基层机构、向一线人员倾斜。

（二）贯彻中心城市行发展战略，提高中心城市行在当地的外汇业务市场份额

截至 2005 年末，百家中心城市行国际结算量在全行业务总量中占比为 92%，外汇一般性存款余额占比超过 80%，对全行外汇业务发展具有显著的示范作用。但是中心城市行仍存在外汇业务市场份额偏低、市场反应速度较慢等问题。

中心城市行要根据我行区域发展战略的要求，研究制定有利于外汇业务发展的措施，鼓励中心城市行率先进行产品创新和推广；在对中心城市行考核时，要适当增大外汇业务指标权重，在切实加强风险防范的前提下，研究设置必要的市场份额指标，应要求中心城市行在当地的外汇业务市场份额高于全行平均水平。

（三）积极推动国际业务品牌建设和产品创新，提高外汇业务服务水平

要加强国际业务宣传，树立建设银行国际业务品牌形象。要让客户了解，建设银行不仅在固定资产贷款、住房信贷、个人金融等业务领域优势明显，在外汇业务方面也具有自己的特色，凡是其他银行有的产品和服务，我们都能够提供，一些外汇业务产品还处于同业领先水平。要依靠持续的产品创新、有效的营销推广和统一的市场宣传，不断提高建设银行国际业务品牌价值。

郭董事长在苏州和江苏调研时特别指出：要加大外汇业务产

品开发力度。总行国际业务部要会同公司委、个人委等有关部门，认真履行产品管理职能，积极配合或牵头制定实施外汇业务产品研发和推广规划，建立并逐步完善总分行协调联动的外汇业务产品创新机制。各分行要配合做好相关的信息收集和新产品试点工作。对于在产品创新推广过程中作出突出贡献的单位和个人要予以奖励。

（四）加强人才队伍建设，为发展国际业务提供保障

人员的数量和质量问题已经成为制约国际业务发展的瓶颈。目前全行国际业务人员较少，整体素质有待提高。人力资源部和国际部要牵头研究国际业务人才队伍建设和培养规划，并组织落实。要根据我行关于建立高效的人事激励约束机制的要求，尽快建立符合国际业务发展需要的激励约束和薪酬分配机制，真实体现国际业务人才和岗位的市场价值。建立健全外汇业务人才的选拔机制，吸引高素质的人才向国际业务岗位流动，同时也要将优秀的外汇业务人才输送到相关部门，加强本外币的人才交流，培养和储备一批高素质的复合型人才。我们现在和美国银行有 28 个合作项目，每年都要派出大量人员到美国银行去学习，最近又与新加坡淡马锡签署了合作协议，每年也会有近百人去新加坡学习。另外，郭董事长在年初明确表示，要加大培训费用的投入，尽量给大家创造机会，为外汇业务发展打好基础。

同志们，我们面临着难得的外汇业务发展机遇，希望全行员工开动脑筋，勇于创新，创出一条路子，为进一步提高我行外汇业务的市场份额而努力工作！

营造银行改革创新的良好外部环境

（原载《金融时报》2006年9月11日）

张建国

中央决定将滨海新区定位为全国综合配套改革试验区，这是对我国经济发展全局作出的重大战略部署，是对提升环渤海经济圈发展水平和竞争实力的重大规划，也为天津市和滨海新区提供了新的发展历史机遇。现在，分析中国的经济版图，在华南有深圳特区，在华东有上海浦东新区，在华北有天津的滨海新区，这三大经济区遥相呼应，就构成了全国经济的三大亮点。也正是因为滨海新区有这样一个独特的特点，滨海新区地位的确立和新一轮开发开放，为我们的商业银行改革创新提供了非常好的机遇。

一、滨海新区有条件创造依法合规、诚实守信的金融生态和金融安全环境

滨海新区的自然环境，基础设施应该说我们大家有目共睹。但是还要看到，滨海新区还是有着自己的独到的特点和优势：一是滨海新区的政府理念很新，开明高效。二是滨海新区可谓是外资企业云集，其中，国际知名企业众多、国际知名品牌林立，这是非常明显的特点，就是管理规范。三是滨海新区的人才。滨海新区聚集了一大批管理型人才、技术型人才、专家学者。可以这么说，由于曾经在这里工作过，我知道就连滨海新区外来打工人员的素质，应该说也会高于全国的平均水平，因为这个地方非常重视打工人员的技术和各方面才能的培训与培养。四是具有国际标准。由于集聚这么多优秀的人才，特别是熟悉国际交流的外商投资企业基本上都采用国际会计制度，这里最容易建立起人民银行一直强调推动的社会征信系统，等等。

二、滨海新区应争取成为银行综合化经营试点的示范区域

银行的综合化经营试点争论了十年，去年10月份，中共中央十六届五中全会作出了重大决定，推动银行的综合化经营试点。但是贯彻落实涉及法律法规、监督政策等方面的配套，应该说还比较困难。在昨天的晚宴致辞和今天早上第一个演讲当中，戴市长都曾经讲到，滨海新区应扩大直接融资，要更多地利用资本市场和资本市场上的工具和手法，充分地说明了这一点。既然在北京、在上海、在其他的地方推进综合化经营试点那么艰难，在滨海新区，在金融改革与创新、实现综合化经营试点方面，可谓能够争取到优先试点的机会。

三、滨海新区可率先实现金融企业公平竞争的氛围

比如在税收方面，中外资金融企业的所得税税率是完全不同的，差距确实很大。即使中资商业银行在境外的分支机构盈利以后，在当地交了所得税、在利润划回总行的时候，作为总行还要向国家补缴境外与国内所得税税率相差的部分。另外，在营业税税基的计算上差异很大。为了吸引更多的外资，也为了中资金融企业，在这方面创造出更好的区位优势，深圳特区、上海浦东新区已经做了有益的尝试，也令相应的中资金融企业非常满意。再如，离岸业务。离岸业务确确实实风险很大，就中资商业银行来说，到目前为止除了深圳和上海以外，还没有听说哪个城市和区域允许经营这样的业务。我认为滨海新区在金融政策方面，在离岸业务、投行业务以及其他非银行金融业务方面，在市场准入方面，都可以采取拿来主义，比照深圳和上海的做法。

四、滨海新区有能力有条件为银行实施转型和创新创造出更好的经营平台

当前，中资商业银行同质化最为明显的是中资银行的中间业务与国际优秀水平相去甚远。但就是这么一种现实，银行一谈收费就争议不断，批评之声不绝于耳。我觉得在滨海新区我们有条件推进如银行收费业务顺利开展。因为这些外资企业早就习惯于银行的服务收费，他们认为这是天经地义。这里的人员，特别是有许多高端客户，更有很多外籍和海归人士，他们也见怪不怪。

总之，中国建设银行和其他各家商业银行一样，对滨海新区打造一流的金融经营环境充满信心，愿在努力推进整体银行改革创新的过程中，作出自己的贡献。

在中国建设银行分行行长秋季座谈会上的讲话

（2006年10月29日）

张建国

同志们：

今年以来，全行上下加快转变经营理念，充分把握在国际资本市场上市带来的新契机，不断深化各项改革，细化和落实发展战略，强化风险管理和内部控制，努力开拓市场，优化业务流程，提高服务质量。全行经营效益稳步提高，各方面工作都取得了很好的成绩。

一、业务快速发展，质量效益稳步提高，全行总体经营形势良好

今年前三个季度，我行境内外业务实现税前利润532.3亿元，完成全年600亿元利润计划的88.7%，比去年同期增加55.6亿元，增幅为11.7%。税后利润达到372.6亿元，剔除去年同期重组税收优惠政策后，同比增加38.9亿元。总资产净回报率为1%，股本净回报率为16.37%。9月末全行不良贷款率为3.33%，比年初下降0.47个百分点，不良贷款拨备覆盖率达到87.04%。

这些成绩的取得，得益于中央、监管机构和我行股东的关心和领导，也得益于董事会、高管层、全行同事的共同努力。在此，我代表总行管理层向全行同事，包括在座的各位，表示真诚的谢意！

今年前9个月的经营，重点突出，特点明显，亮点很多，主要有如下几个方面。

（一）各项业务持续、快速、健康发展

到9月末，全行境内的总资产达到52 574亿元，比年初增加7 027亿元，增幅为15.43%。其中，本外币存款余额达45 453亿元，比年初增加6 039亿元，比去年同期多增1 731亿元，增幅达

到15.32%，负债业务创历史同期最好业绩。各项贷款余额为28 007亿元，比年初新增3 745亿元，增幅达到15.44%。就第三季度而言，尽管增贷空间狭小，但还是比6月末增加了320亿元。全行资产结构也进一步得到了改善。

（二）战略转型得到较好执行

今年以来，全行上下努力推进个人金融业务，正如我们去年在上市路演时向投资者、向市场承诺的那样，这项战略性业务确实发展得很好。

前9个月，个人存款增加了2 826亿元，在四大国有商业银行当中，我行新增存款占比为29.32%，比去年同期提高了7.61个百分点。9月末，个人贷款余额达到5 524亿元，比年初增加了1 025亿元，在四大银行中居于首位。

我们曾经羡慕其他银行信用卡业务发展取得的业绩，今年以来，经过全行上下努力，我行这项业务也有了长足的发展。到9月末，信用卡的发卡量达到517万张，比年初增加了205万张，增长率为88%。

国际业务方面，到9月末实现净利润15.46亿美元，占到全行利润的28.14%，比去年同期提高了7.24%，为全行效益水平的提高作出了卓越的贡献。前9个月国际结算量达到1 397亿美元，比去年同期增加了373.6亿美元，增幅达到36.49%；结售汇772亿美元，比去年同期增加了195亿美元，代客结售汇手续费收入突破了10亿元人民币大关。9月末，外币存款余额超过165亿美元，比年初增加20.85亿美元，增幅达到14.44%，也处在历史上一个非常好的时期。外币的存款总额虽然还不大，但增量在各商业银行中一枝独秀。

今年8月下旬，我行和美国银行签署了协议，以97.1亿港元收购了美国银行亚洲有限公司。这一举措使我行在香港市场的排名从第16位上升到第9位，同时对全行的国际业务尤其是境外业务发展，将会起到重大的推动作用。

今年前9个月，在代理企业短期债券发行当中，我行主承销金额超过600亿元人民币，占据了29%的市场份额，手续费收入接近1.5亿元人民币。9月末托管基金净资产达到1 234亿元人民币，比去年底增加了438亿元人民币。新代理销售基金15只，托管基金的资产净值比年初增长了55%。

推进网银业务发展是这次会议讨论的主题之一。这项业务我行市场排名第二。上半年全行网银业务总交易金额为4.15万亿元人民币，但到9月底网银业务的交易金额超过了6.79万亿元人民币，呈现出非常好的增长势头。

到9月底，全行手续费收入超过102亿元人民币，和去年同期相比，增幅高达48.5%。今年前9个月全行收入中来自于资金业务累计达到354亿元，完成年初计划的83%，其中总行资金交易收入就实现了328亿元。

资金业务取得好成绩的主要原因：一是实行了统一管理、集中经营；二是负债业务发展势头迅猛，为资金业务提供了强大的支撑。9月末，资金业务总量超过1.8万亿元，比年初增加4 300多亿元，增幅超过30%；三是资金业务收益率稳步上升，前9个月收益率达到2.86%，比去年平均水平提高了0.06个百分点。"汇得盈"、"利得盈"理财产品一共发行了24期，扩大了我行理财业务的市场知名度和品牌形象，也扩大了我行的获利空间。

（三）结构调整取得新的成效

今年前9个月，全行客户结构进一步优化。A级及以上级别的贷款客户占全行客户的比例达到82.41%，比年初提高了4.55个百分点。资产负债结构也得到了一定程度的改善，资产负债比例比较合理，资产业务中票据业务大幅减少，存款业务的斯限给构也在稳定的基础上有所改善。

机构业务结构方面。一般性存款快速增长，同业存款按照年初既定的政策得到了明显压缩，同业存款中的定期存款比例迅速下降，活期存款比例有所上升。和工行相比，我行差距最大的负债业务，一是储蓄存款，二是军队存款。到9月末，我行军队和武警部队的存款比例已由去年的4%上升到7%。

收入结构迅速改善。今年前9个月中间业务收入增长超过了48%，远远高于同期税前利润、经营收益11%的增幅，表明全行中间业务收入的比重在不断提高。

（四）贯彻落实宏观调控坚决有力

总行已经统一了认识，确定今年全行贷款的增量要控制在3 800亿元的水平。尽管下半年可使用的空间极其有限，可是全行很好地把握了节奏，后两个月我们有希望很好地执行预定的贷款计划。前不久，国务院召开常务会议，研究进一步加强和改善宏观调控，提出要控制住中长期贷款增长过快的势头。我行很好地遵从了国务院和相关监管机构提出的这些要求。回顾前9个月，我们严控了限制类贷款，坚决不向有风险提示行业的一般企业提供贷款，没有搞突击贷款，也没有发放打捆贷款。

（五）风险管理明显加强

总行关于加强风险管理和严格内部控制的体制和机制迅速建立，正在不断完善之中。今年在总行聘任了首席风险官，在一级分行、二级分行设立了风险总监和风险主管，向县支行派出了风险经理，风险经理队伍明显加强，风险管理体制明显改善。“平行作业”和“垂直管理”正在全行推广，一个既全面又专业、既融入业务活动全过程又相对独立的风险管理体系已经形成。

（六）与战略投资者的合作不断深入

今年以来，我行结合发展战略和工作重心，对与美国银行的战略协助协议进行了细化，双方重点在零售业务、风险管理和IT方面实施了14个协助型项目。其中，ATM免费取现项目已于上半年完成，零售网点转型、个贷中心项目、呼叫中心改进项目共梳理了105个业务，引进33个新的管理工具。经验分享与培训涉及财务、人力资源、资产负债、合规管理4个业务领域。接受各类相关培训的建行员工超过1 300人次。同时，双方在GTS和QDII领域深入开展业务合作，取得初步成果。

今年6月我行与亚洲金融签订了为期3年的协助协议。双方的战略合作形式主要体现为经验分享与培训。在中小企业、资金交易、资产负债管理以及机构业务方面，派员赴淡马锡旗下的银行进行考察学习和在岗培训。还派员工参加新加坡财富管理学院硕士班课程，并开始私人银行证书项目课程培训。所有考察培训交流涉及建设银行15个部门、近30个经营管理领域，接受面对面培训人员超过1 400人。

二、认真分析思考，努力查找不足，不断解决经营中存在的问题

尽管我们在前9个月的经营管理中取得了很好的成绩，但是要看到，再好的企业也会存在这样或那样的问题和不足，面临着各种各样的矛盾和困难，我行也不例外。我想有这么几个问题值得大家思考。

第一，我行各项业务总量很大，增长很快，特点突出，优势明显，但是一讲人均就明显落后。我在9月份看到一个商业银行人均占有业务资源的对比，我行的情况不但落后于中小型股份制银行，就是和几个大银行相比，特别是和工行、中行相比，也是落后的。我行与中国银行资产规模相当，但是我们有33万名员工，中国银行只有18万名员工，差距明显。

第二，贷款结构还不够理想，产能过剩行业的贷款增速较快，占比还在上升。9月末，产能过剩行业贷款余额有5 021亿元，占境内贷款余额的24.64%，比年初和6月末分别上升了0.81个百分点和0.52个百分点。有些分行在把握行业投向上存在问题，第三季度这个问题比较突出。100个中心城市行前9个月的贷款增幅比全行平均水平低了0.65个百分点，区域发展重点没有突出。

第三，风险管理和内控形势依然特别严峻。不良贷款反弹压力巨大，不良资产向下迁徙明显。另外，有一个严重情况需要引起各级领导的高度关注，就是个贷的问题开始显现。前9个月新增不良贷款当中，有相当部分来自于个贷，来自“假按揭”。最近银监会召开会议，提示委托放款业务问题很多，潜在风险非常严重，特别列举了上海社保基金这个例子，要求减少甚至有可能终止委托贷款业务的经营。在案件控制上我行面临的任务也很艰巨。今年前9个月，我行共发生各类案件42起，38家一级分行中共有22家分行发生了案件。在加强风险管理、严格内部控制方面，各级管理人员绝不能掉以轻心，这也是我行成为好银行的难点所在。

第四，基础管理工作仍待加强。我们抓住机遇，很好地化解了历史上遗留下来的问题和经营当中潜在的问题，但是老问题解决了，又出现了新问题。大家要在思想上真正统一到总行的要求上来，不要局限于本单位利益，要培养和提高政治意识、责任意识、大局意识。我看有这么一些问题：一是我们的数据信息互相矛盾，也缺乏对数据的严密管理。银行经营要搞好，数据是重要的基础。二是总行对全行的有效监控还不能做到实时，反映的问题比较滞后，对突发事件的响应也过于迟缓。三是内外部审计和其他有关方面包括监管机构，对我行进行检查提出的整改和要求，我们往往将之束之高阁，没有梳理归类，明确部门、责任到人、

定时跟踪、逐一解决。

三、继续深化改革，坚持科学发展，确保经营安全

毛泽东曾经说过："政治路线确定之后，干部就是决定的因素。"原汇丰集团主席庞·约翰爵士在今年1月初接受记者采访的时候，记者问他，汇丰在过去20年间发生了这么大的变化，一跃成为全球最著名的金融企业集团之一，你们的战略是什么？约翰爵士讲，我们作为一个成功的企业，不能总提出新的战略，如果非要讲我们的成功之道，就是我们整个集团、整个银行的同事具有强大的执行能力。

我加入到建设银行这个队伍以后，注意到我们的发展方向、市场定位、战略举措，都搞得很好，接下来要做的就是提高执行能力，提高我们在座的每一位领导的执行能力。通过在座的各位，让我们全行的同事，特别是我们的一线员工都能提高执行能力。所以，我在这里就特别强调要抓好落实，抓好执行。

（一）不断深化改革

建行成立了50多年，为什么我行在四大国有商业银行拔得头筹，成为改革的领先者？在成为上市公司以后，全行发生了积极的、深刻的变化，我们靠的是什么？就是两个字：改革。因为改革才使我们摒弃了自身长期积淀的历史沉疴，通过改革才使我们在市场上树立了新的形象，确立了新的品牌，通过改革才焕发出了经营活力，才使我们今年能够很好地把握市场机遇。今后我们还应该通过深化改革，使我行的经营管理、效益水平继续提高。

一是继续推进人力资源管理体制改革。这次会议之后，将由郭董事长主持召开总行动员大会，在总行本部正式启动人力资源改革，这是真正能使建行发生脱胎换骨变化的、众多需要配套的一项重大改革。

二是平稳地完成个人银行业务的相关改革工作。要做好在中心城市行的试点工作，力争在两三年内逐层推进个人银行事业部的改革，实现"统一条线管理、统一发展规划、统一后台支援、统一服务标准、统一考核激励"的"五统一"。

三是落实会计管理体制和业务营运管理体制改革。全行还存在改革进度不均衡的现象，各级行要坚持改革的方向不动摇，积极行动，落实改革要求，总行相关部门要及时协调解决存在的问题，确保改革目标尽快实现。

四是党的十六届五中全会通过的《中共中央关于制定国民经济和社会发展第十一个五年规划的建议》，提出要稳步推进金融业综合经营试点。我行要积极响应中央的号召，认真准备、努力争取在综合化经营方面继续引领国有商业银行改革。我们要在这些方面争取先机，以此来推动建设银行向一流国际商业银行进军。

（二）继续落实宏观调控的各项要求

国家宏观调控要求把住两个闸门，一个是信贷，另一个是土地。银行信贷是当前宏观调控最重要的工具和手段，是宏观调控的关键着力点。我行今年贷款计划是新增3 800亿元，第四季度只有55亿元的增长空间。要把全年贷款控制在计划以内，还要巩固维护好现有的客户，拓展新的优质客户，确保我们战略转型的各项业务得到落实，难度很大。各分行要认真贯彻中央宏观调控的要求，严格执行贷款计划和经济资本双线控制，采取有保有压的方针，加速贷款周转，积极盘活存量，努力满足战略性客户和优质客户的贷款需求。

我们要用科学发展观来统领全行的经营工作，进一步转变发展观念，创新发展模式。我们今后还需要保持一个比较合理的发展速度，把握好发展的节奏。前面说到，我们和绝大多数商业银行比，在人均占有资源上是落后的，解决这个问题只有两条路可走：一条路是减员增效，这项工作难度很大；另一条路就是继续健康、持续、快速发展。有个电影名叫《一个都不能少》，我们员工在我行经营困难的时候，在我行经营发展中作出过努力，在改革发展、效益水平提高、不断取得一个又一个阶段成果的时候，我们不应该让员工失去工作机会。那么，我们应该怎么办？只有把我行做好做优、做大做强，才能够改变这种状况。

（三）坚决推进业务转型

要着力发展我行战略性业务，促进业务转型。小企业业务要推动，个贷业务要保证，中间业务要竞争，国际和境外业务要联动。

个人贷款业务要针对目标客户推介重点产品，提升我行品牌形象，提供差别化服务，满足不同客户群体的消费融资需求。个人住房贷款业务要以回馈客户、服务客户为主线，持续做好营销工作。

实施境外发展战略，推进跨国经营。与中行、工行和交行相比，我行境外业务规模较小，但也表明我行发展潜力巨大。境外

业务应当成为我行未来新的业务增长点。要加强总分行联动、境内外联动和境外机构之间的联动，推进境外业务的快速发展。

要积极推动资本市场和整个金融市场业务的发展和创新。加快投资银行业务、资产管理业务、个人理财业务的发展，拓宽与证券、保险、信托、租赁业的合作空间，积累业务经验，探索证券、保险业务与银行业务的结合模式。整合并拓展债券承销、资产证券化、财务顾问和项目融资等业务。

在这里特别强调一下，就是军队和武警业务。最近，总行提出了专门针对拓展军队业务的“八一工程”。近年来，随着国防现代化建设步伐的加快，一方面，军队武警客户的金融需求在急剧扩大；另一方面，军队武警客户的特征决定了资金的效益性和业务的可拓性。地处重点拓展区域的一级分行，尤其是解放军四总部和七大军区所在地分行，应该按照全行的统一部署和要求，从产品创新、营销模式创新入手，集中力量，力争使我行军队武警业务实现有效突破。

（四）严格风险管理和风险控制

从前面对我行不良资产和风险管理方面存在问题的分析中可以看出，加强全面风险管理依然是我们工作的重中之重。下一阶段，要加强对市场环境变化的研究和宏观调控政策新动向的分析，信贷投放政策要与国家的宏观调控政策保持一致。固定资产项目贷款要确保合乎国家产业政策和环保政策等要求，同时加强对资产负债率较高行业、出口退税调整政策涉及的行业、房地产行业和产能过剩行业贷款的管理力度，确保新发放贷款质量。要做好不良贷款特别是坏账的核销工作，要运用打包处置等手段进一步化解历史遗留问题。总行相关部门要紧密配合，相应的分支行共同推动，提交到总行的材料要确保质量。

针对教育行业贷款风险隐患，总行已于日前向全行印发了风险提示，提醒分行关注此类贷款的风险。对于低等级信用客户、现金流不足客户、财务状况恶化客户或违规招生客户要抓紧清理和退出，控制贷款风险。

要多策并举，加大“假个贷”处置力度，加快还原进度。对已认定的“假个贷”项目，要采取经济、行政、法律等各种手段进行清收盘活；要根据“风险敞口不扩大”的原则，加快还原为公司类贷款的进度，争取年底前完成大部分还原工作。

很快就到岁末年初了，这是案件易发的时段。各行要高度重视，认真落实案件防查领导责任制，加强对基层机构负责人、柜员、会计主管、信贷经理等重点关键岗位人员的思想教育和管理，加强监督检查，防范操作风险和道德风险。解决内控问题，要充分利用现代工具，特别是 IT 手段，同时也要用一些现场检查这样的传统做法，及时发现潜在的问题，尽快采取亡羊补牢的措施，加强监控，搞好防范，确保安全。

四、做好旺季工作，完成今年目标，确保年尾收官、年初开门工作顺利开展

要积极开展元旦、春节期间的个人银行业务旺季营销活动。总行目前已开始着手制订旺季营销方案，对全行岁末年初的旺季营销活动做详细部署。各行要抓住业务营销旺季的有利时机，加强公私联动，挖掘优质客户资源，从单一产品营销转向多元产品交叉营销。

财务报告是投资者和监管部门判断上市公司经营业绩的最主要依据。年终决算顺利与否，直接关系到对外披露的财务报告质量和新年度顺利对外开门营业，直接影响到我行的市场形象。对这项工作，各级领导要高度重视，早作安排。要结合明年 1 月 1 日实施的新《企业会计准则》，严格按照年终决算工作安排，加强领导，统一部署，密切配合，认真做好年终决算工作，保证年终结转顺利进行，确保财务报告质量。各分行在年终决算前，要认真做好决算前的各项工作，切实做好账务核实、清理工作，确保各项数据真实、准确；要严格执行权责发生制等会计制度，增强重大财务处理事项的计划性，确保财务收支真实、规范；要严密与客户以及内部之间的账务核对手续，有效防范资金风险；要认真做好财产物资清理、盘点工作，确保各项资产安全、完整；要主动对照总结近年来内外部审计发现的问题，努力减少差错，提高工作质量；要积极做好与外部审计师的协调配合工作，确保年终决算和财务报告编制工作能够按时、高质量地完成。

在完成今年工作的同时，各分行领导要多深入基层，多深入实际，多深入客户，认真调研，在调研的基础上总结好今年工作，对明年工作作出周密筹划，提出完成好明年工作的各项举措，努力实现我行经营管理水平的持续提高。

开拓进取　扎实工作
努力向国际一流商业银行迈进

——在中国建设银行第一届职工代表大会第二次会议上的工作报告

(2006 年 10 月 31 日)

张建国

各位代表：

上午好！

今天是 10 月 31 日，4 天前也就是2006 年 10 月 27 日，是中国建设银行在香港这个国际资本市场正式挂牌交易，成为上市公司的周年纪念日。在上市一周年之际，回顾一下上市之前的两年多时间里，在党中央、国务院及有关监管机构的指导下，在总行党委、董事会领导下，在全行职工的共同努力下，我们成功实施了财务重组，引入战略投资者，在四大国有商业银行中率先实现公开上市。在成为上市公司的一年时间里，全行同事抓住机遇，深化改革，坚持科学发展观，不断推进我行的结构调整、战略转型和稳健发展，加强内部管理，严格风险控制，和我们的战略合作伙伴形成了紧密联系，不断把我行打造成国际一流的上市银行。一年来，我行的改革发展、经营管理都取得了一个又一个新的成绩。这些成绩的取得，得益于各方的关怀和领导，更得益于我行 33 万名员工的努力。在此我谨代表总行党委、董事会和高管层，向长期以来，特别是上市一年来，在一线为我行整体发展作出贡献的全体同事表示真诚的感谢！

一、一年来业务发展和管理改革情况

（一）业务发展和财务效益取得令人满意的成绩

1. 经营效益和资产质量持续改善。今年 9 月底，我行境内实现税前利润 532.2 亿元，完成全年计划 600 亿元的 88.7%，较上年同期增加 55.6 亿元，增幅为 11.7%。实现税后净利润 372.6 亿元，剔除上市前一次性税收优惠相关政策因素影响后，实际较上年同期增加 38.9 亿元。总资产回报率为 1%，较上半年增加 0.05 个百分点。净资产回报率为 16.37%，较上半年增加 0.7 个百分点。不良资产比率为 3.33%，比去年底下降 0.47 个百分点。

2. 各项业务稳健发展。今年前 9 个月，我们重点突出，特点鲜明，亮点很多。到今年 9 月底，全行境内资产总额为 52 574 亿元，较年初增长 7 027 亿元，增幅为 15.43%。存款余额为 45 453 亿元，较年初增长 6 039 亿元，比去年同期多增 1 731 亿元。贷款余额突破 28 000 亿元，较年初增长 3 745 亿元。存款、贷款增幅几乎同步超过 15%。

个人金融业务快速发展。9 月底，个人存款较年初增长 2 826.73 亿元。与历史同期比，创历史纪录。与同业相比，增量在四大银行中占 29.32%，增量的市场份额比上年同期上升 7.61 个百分点。个人贷款余额达到 5 524 亿元，较年初增长 1 025 亿元，增量居中资银行之首。其中，个人住房贷款超常规快速发展，新增额居同业第一位。截至 6 月 30 日，个人住房贷款余额为人民币 3 918.75 亿元，较年初增长 12.5%。

基本建设贷款的传统优势得到加强。截至 6 月 30 日，公司类贷款较上年末增长 12.0% 达人民币 19 890.27 亿元，其中基本建设贷款占公司类贷款新增额 44.4%。2006 年是“十一五”规划的开局之年，客户对中长期贷款需求旺盛，与本行经营特色相契合，客户贷款组合增长集中于交通运输、基础设施、能源等重点行业的优质客户。

银行卡业务大幅增长，创历史同期最好水平。上半年各类银行卡实现收入人民币 17.33 亿元，较上年同期大幅增长 30.0%。9 月底，全行累计信用卡发卡量 517 万张，仅今年前 9 个月发卡 205

万张，增幅为 88%。

国际业务形势喜人。前 9 个月，外币经营净利润 15.46 亿美元，占净利润的 28.14%，提高了 7.24 个百分点。国际结算业务总额1 397 亿美元，比上年同期增加 373.6 亿美元，增幅 36.5%。结售汇业务 772 亿美元，比去年同期增加 195 亿美元，其中，代客结售汇业务实现收入 10.12 亿元。外币存款超过 165 亿美元，较年初增加近 21 亿美元，增幅 14.44%。在国内银行中，外币存款增长势头可谓是一枝独秀。

中间业务发展势头强劲。9 月底，手续费收入实现 102 亿元，总量不大但增幅迅猛，较上年同期增长 48.5%，远远高于其他业务经营收入的增长水平。前 9 个月，作为主承销商发行短期融资券人民币 616.2 亿元，同业市场占比为 29%。继续保持同业排名第一。主承销业务获取手续费 1.46 亿元。基金托管金额达到1 500 亿元，其中，基金资产净值超过1 200 亿元，比上年底增加 438 亿元，增幅为 55%。前 9 个月，一共托管 15 只新基金。

3. 结构调整取得新成绩。到 9 月底，全行 A 级以上客户达到 82.41%，比上年底上升 4.55 个百分点。资产负债管理得到进一步改善，资产结构进一步优化，特别是对军队武警的业务有了大改观，存款占比由 4% 上升到 7%，收入结构得到改善。

4. 贯彻落实国家宏观调控政策坚决有力。今年前 9 个月，各项业务快速增长，但通过我们自身检查和监管机构的检查，我们的业务快速增长不是盲目放款和冲动型的快速膨胀，而是全体同事牢牢抓住上市所带来的品牌地位提升、竞争实力上升的机会，努力发展自己的结果。我行很好地执行了监管机构关于加强落实宏观调控政策的要求，到 9 月底，全行贷款增长 15%，全年可望控制在 16%，这样的速度，既能保证正常发展，又能保证执行中央把好信贷关口的要求。

5. 风险管理明显加强。9 月底，不良贷款率为 3.33%，较上年末下降 0.47 个百分点。成绩的取得，得益于全行在风险管理体制、机制、理念、工具等方面的实践。总行设立首席风险官，一级分行设立风险总监，二级分行设立风险主管，向县支行派出风险经理，引入国外先进的“四只眼”看客户、看市场、看风险的做法，实现业务发展与风险控制的统一。今年上半年，实施了新的风险管理体制改革，突出“垂直管理”和“平行作业”，一个既全面又专业、既融入业务活动全过程又相对独立的风险管理体系开始建立。完成了审计职能严格独立于业务线、实行纵向垂直汇报，直接对董事会、监事会和总行管理层负责的改革，各地审计机构、人员和工作报告路径已经调整到位，审计分部与所在地总审计室的整合工作已经完成，审计工作的权威性和独立性进一步增强。

6. 与战略投资者的合作不断深入。上半年，我行结合发展战略和今年工作重心，对与美国银行的战略协助协议进行了细化，制订了以零售业务为重点的年度项目计划，将战略协助工作落实为协助型、经验分享型和合作型三类，近 30 个项目。6 月与亚洲金融签订了为期 3 年的协助协议。目前，与两家境外战略投资者的战略协助工作已全面展开，进展顺利，尤其是我们开展了旨在提升全员水平的一系列培训。

（二）完善公司治理机制取得新的进展

今年我行公司治理改革的工作重点是根据国际国内法律，进一步完善治理机制，健全运行规范。

1. 完善董事会人员及结构。目前，我行董事会人员已达到 16 名，包括 4 名执行董事、12 名非执行董事（含 5 名独立非执行董事，以及 1 名美国银行股权董事）。

2. 分清职责，完善授权。为提高经营决策效率，今年上半年，股东大会加大了对董事会授权，授予董事会债券发行、债券投资全额审批等权力。董事会通过授权加大了管理层的经营自主权，提高了市场反应能力。

3. 监事会独立履行监督职责。完善了对董事、高级管理人员的离任审计办法，规范监督检查操作规程。监事会通过多种方式，对公司的决策过程、决策执行、经营活动的组织实施，财务管理、风险内控、关联交易事项，以及董事、高级管理人员个人的工作表现进行持续监督，并通过适当方式进行提示。

4. 充实高级管理层人员。为进一步完善公司治理结构，强化财务和风险的统一集中管理，强化业务条线的垂直管理，今年上半年，按照规定的程序，设立了首席财务官、首席风险官、批发业务总监、零售业务总监和投资理财业务总监。

5. 加强信息披露工作。一年来，我行致力于从内部信息报告和外部信息披露两个方面加强公司治理的透明度，已逐步建立起管理层、业务部门向董事、监事定期和不定期报告的内部信息报告制度。同时，积极规范并改进对外信息披露，信息透明度不断提高，得到国际机构的肯定与正面评价。

（三）不断深化管理体制改革，健全经营机制

1. 启动会计和营运管理体制改革。通过改革，建立起柜员操作简便、交易处理快速、风险控制有效的柜面业务流程。一方面，将对私营业网点的柜面交易、人员管理及风险控制等由会计部门管理划转个人银行业务条线管理；另一方面，将账户管理、批量业务、司法协助、内部账处理等前台业务向后台分离，实现后台集中办理，释放营业网点产品营销和客户服务功能。同时，逐步上移对公业务经营，横向集中对公业务处理，减少业务风险点，减少资源占用，提高全行对公业务集约化经营管理水平和客户服务效率。

2. 以业务单元制为方向，推进业务条线管理改革。稳步推进资产保全业务单元制改革，基本实现了不良资产“统一归口、集中经营”的阶段性目标。资产保全业务单元制改革试点已经从去年的四川、重庆2个分行扩大到20个分行。在中心城市行试行个人银行业务事业部制的改革开始起步。

3. 推进机构优化和人力资源管理改革。继续撤并精简低产低效网点，加大在三大重点区域、中心城市行的机构网点优化布局和改造力度，提升网点形象和综合服务能力，机构分布趋向合理。同时，加快营业机构由单一功能型向多功能型的转变，整体功能结构逐步完善。截至6月底，我行机构总量较年初减少130个，减幅为0.9%，单一功能的储蓄所比重由年初的20.6%下降至19.3%。

在全行人员总量控制的前提下，多渠道加快人员置换速度，降低中、后台人员占比，逐步缩减行政管理、后勤保障部门人员的数量，充实客户经理、大堂经理等人员的数量；逐步提高经济发达地区和金融资源丰富的中心城市行的人员比重。探求构建和谐劳动关系，妥善解决劳动争议，安置富余人员。积极实施员工帮助计划（EAP），解决困难员工的生活、子女教育问题。探索消除多种用工制度差别的途径，开始解决“同工不同酬”问题。

（四）采取有力措施提升服务质量和效率

我行自去年提出“以客户为中心”的经营理念以来，得到行内外各界人士的拥护和好评。今年全行进一步倡导转变服务理念，按照“以客户为中心”的要求不断提高服务效率和服务质量。

1. 大力提升零售业务服务水平。在全行制定和实施了个人客户经理及大堂经理制度。目前全行个人客户经理超过2万人，比年初增加了5 000人，大堂经理达到1.2万人，网点覆盖率达到85%，通过大堂经理引导分流客户，以及将小额现金业务分流到自助银行、实行窗口弹性排班等措施，缓解了过去普遍存在的个人客户排队问题。实行了营业网点“神秘人”检查办法，及时发现客户服务、业务流程和规章制度方面存在的问题，督促营业网点切实提高服务水平，柜面服务效率明显提高。

2. 实施零售网点转型。在四川成都、江苏常州各选择了一个支行进行对私服务网点功能、业务流程优化改造的试点。重新对岗位进行定义，明确各岗位职责；对每个岗位的操作流程进行优化，对服务和营销流程进行规范化；改进网点功能分区和内部环境等。项目试点成功后，将在明年向全行进行推广，全行零售业务服务质量和水平有望得到大幅提升。

3. 在全行推进“六西格玛”管理方法。为扎实做好客户服务和业务流程改造工作，总行新成立了质量效率管理部，在全行有计划、有步骤地推行国际先进的“六西格玛”管理方法。开始了全行客户之声（VOC）体系建设，为各级管理者发现客户和员工的关键质量特性，进而有针对性地持续改进产品和服务质量、改进内部管理、提高客户满意度和员工满意度奠定数据信息基础。

（五）从战略高度重视和推进产品创新工作

面对客户不断提高的需求层次，外资银行的全面进入，以及越来越激烈的同业竞争，我们深刻认识到产品创新能力是决定银行整体竞争力的重要因素。为此，我行在产品创新方面采取了一系列行动。

1. 明确产品创新工作方向与目标。今年以来，我行明确了产品创新工作的基本方向：为公司客户提供广泛的金融解决方案，为个人客户提供理财服务和消费金融产品，积极推进投资银行业务，加强支付结算和账户服务，关注新的消费倾向及伴生的新兴业态。制定了建设银行产品创新工作的中期目标：深入了解客户需求，把握市场发展方向，有步骤、分层次地改进、扩充和创新产品，形成较强的产品竞争力，在三到五年内逐步形成国内领先的自主创新能力，成为富有创新能力的国际一流商业银行。

2. 加强产品创新组织建设。今年7月份，我行针对专业性强、操作复杂、技术含量较高的对公产品组建了10支产品专家团队，主要任务是对相关产品进行研发，为客户经理提供产品销售支持和产品咨询服务。我行已在深圳建立全行第一个个人金融产品研发中心，全面加强个人金融产品的研发工作。

3. 积极推动产品创新机制和支持系统建设。我行成功开发了产品支持服务系统，将产品发布、营销、服务支持、信息收集、传递和加工利用、经验交流和知识共享等功能集中起来，为产品管理和创新打造了新的工作平台。积极推动产品创新基础制度建设，目前已制定《产品创新指导意见》，产品标准建设也初见成果，为分产品核算和管理分工及业绩考核奠定了基础。

今年，我行在同业中率先开通全国范围内的人民币个人存款跨一级分行通存通兑业务；推出"汇得盈"首期代客境外理财产品，实现了代客境外理财业务零的突破；推出了龙鼎金、理财卡内定期存款及证券卡的自助渠道服务、理财卡短信平台、高端客户增值服务等一系列新产品、新业务，深受客户欢迎，提高了客户忠诚度。

二、关于下一步工作安排

在取得巨大成绩的同时，应该看到建设银行仍然存在着许多问题和不足，这有待于全体员工努力，不断提高我行的整体水平。

作为管理层，我们将一如既往地认真贯彻党中央、国务院制定的方针政策，严格组织实施总行党委和董事会的战略部署和决策，以国际资本市场的监管标准规范经营行为，进一步加快改革步伐，以良好的业绩回报投资者，为全行员工提供更为宽阔的职业发展平台。

（一）坚持稳健经营，调整信贷结构

加强行业、区域风险研究，制定更为明确和刚性的行业、区域信贷风险限额，在控制信贷总量的同时，深入贯彻行业战略和区域政策，加大贷款区域、产品、客户等方面的结构调整力度。结构调整是我行的工作重点，调整得好，将使我行长期受益。

加强对产能过剩行业监控，及时掌控我行在相关行业中的最新信贷情况，按照要求对该退出的企业果断退出，及时防范和化解信贷风险。加大对不良贷款的盘活回收处置力度，加快对符合核销条件贷款的核销进度。实现不良贷款额和不良贷款率的"双下降"。

（二）实施战略转型，推进业务稳步发展

要调整资源配置，推动零售业务和中间业务跨越式发展，提高零售业务和中间业务贡献度。加快发展现金管理、资产托管、投资银行等新兴业务。巩固我行在短期融资债券、银团贷款安排、资产债券化方面的市场优势地位。适时把握综合经营机会，不断拓宽与证券业、保险业、信托业、租赁业的合作空间，积累业务经验，加快综合经营试点步伐。

落实全行境外发展战略，推进跨国经营。进一步明确境外机构的定位、经营目标和战略布局，要做强亚洲、巩固欧非、突破美澳。要密切跟踪相关国家政策、法律等各方面的变化，寻找合适的机会，采取新设、并购或合资等多种方式进入当地市场。加强总分行联动、境内外联动和区域内境外机构之间的联动，推进境外业务更快地发展。

（三）加强风险管理，严格内部控制

在全行上下牢固树立全面风险管理、风险与回报平衡的理念，把"以客户为中心"的理念体现在业务经营管理和风险控制过程中。全面落实风险管理融入业务流程的平行作业机制，拉近风险管理与市场客户的距离，实现风险关口控制前移。加快配备信贷经理和风险经理，落实对存量贷款及授信客户经营财务状况与风险变化情况等动态监控职责，提高贷后管理的专业化和精细化程度。

完善案件专项治理的长效机制，重点是防范道德风险和操作风险。认真执行会计委派制、人员轮岗和强制休假制、干部交流制，加强监督检查，特别是银企对账、定期审计、现场检查和非现场检查等，把各项风险管理工作落到实处。严格执行规章制度，银行现有的规章制度，每个工作人员都必须严格执行，不能通融，不能有例外。

（四）继续推进体制改革和机制创新，提高运营效率

深入贯彻"以客户为中心"的经营理念，把"全心全意为人民服务”的宗旨落实到为客户服务中去。落实会计营运体制改革的要求，在全行范围内对内部操作和服务流程进行梳理，真正从客户的视角审视和改造业务流程。借助信息技术手段改进业务流程，把标准化、规范化的交易业务迁移到电子银行渠道，减轻网点柜台人员的压力，提高服务效率。

进一步推进中、后台管理事项的集中，压缩中间管理层次，深化机构扁平化改革。积极探索业务单元制，实施团队化管理。通过改革，使批发业务重心进一步上移，零售业务重心进一步下移。稳步在部分中心城市行试行个人银行业务事业部制，推进组织架构由层级职能制向业务单元制过渡。

（五）大力加强产品创新，提高市场竞争力

全面加强产品创新能力。逐步掌握复杂产品的设计、定价、交易管理和风险控制等核心金融技术，培养并造就相关领域高端专业人员创新的素质和能力。形成较强的市场研究能力、快速的市场反应能力和产品投放时机的把握能力。加大研发投入，逐步提高新产品研发费用占全行营业收入的比率。提高产品创新的前瞻性，建立三至五年的新产品储备。逐步形成国内领先、国际一流的创新型银行。

建立积极合作的创新文化，产品开发团队不仅要包括产品经理，根据需要还应包括客户部门、支持部门和分行相关人员。支持部门要改变工作作风，变事后审查为过程参与。财务、风险、法律、信息技术、质量效率部门要设立产品创新支持岗位，积极配合和参与研发工作。建立成本—收益理念，实施产品创新的费用预算管理，实现分产品的利润核算。

（六）进一步强化信息科技建设，支持业务快速发展

加快推进信息技术管理改革。IT 部门要深入到业务部门，直接服务于业务部门，强调后台对前台的服务响应。推进总分行 IT 的垂直管理。一级分行 IT 预算执行要集中统一管理，逐步完成 IT 人员管理集中、开发集中，在一级分行 IT 部门建立统一的岗位管理体系。

做好核心银行业务系统优化和应用功能的释放，大幅度提高电子银行处理业务的能力和交易比例。抓紧呼叫中心和渠道整合项目群、全行客户信息和客户关系管理项目群、ERPF 和管理会计项目群、新一代个人贷款和对公信贷管理项目、内部评级系统、数据仓库和管理信息项目群等系统的推广和配套功能实施，提高使用效果。为增强全行数据处理能力、客户服务能力、业务创新能力、渠道分销能力和综合管理能力，促进机制转型和业务转型提供有力支持。

（七）深化人力资源管理改革，构建和谐建行

进一步建立和完善市场化的人力资源管理机制，引导中、后台人员向前台流动，同时提高经济发达地区和金融资源丰富的中心城市行人员占比。优化员工薪酬构成，将绩效工资分配与价值创造合理挂钩。财务资源配置继续向业务和营销部门、向基层和一线倾斜。积极研究建立中长期激励计划，建立面向广大员工的职工持股计划、面向中高层管理人员和核心人才的期权激励计划。

形成面向所有员工的职业化的人才队伍培养和选拔机制，为每个专业人员提供有吸引力的职业生涯规划，为人才成长和发挥作用创造条件。营造和谐环境，形成尊重劳动、尊重知识、尊重人才、尊重创造、诚信互助，鼓励人才干事业的良好氛围。关心员工实际困难，推行民主管理，维护员工的合法权益。大力加强培训，建立学习型组织，提高员工素质和履岗能力。

各位代表，新形势和新任务向我们提出了新的更高要求。广大职工要以主人翁的姿态更加积极主动地投身于建设银行的改革和发展大业。我坚信，只要我们紧密团结，万众一心，勤奋学习，扎实工作，就一定能把建设银行建设成为国际一流的商业银行。

在全行个人银行业务工作会议上的讲话

（2006年11月30日）

张建国

同志们：

为了具体贯彻落实建设国际一流、国内领先零售银行的战略部署，我从经营层面，强调几个重点问题。

一、创新对个人业务发展至关重要

创新，包括产品创新、机制创新、管理创新和工具创新等，对于我行的发展至关重要。总行党委、董事会已决定大力推进境外经营战略，积极拓展境外业务。我们要借鉴国外先进银行一些好的产品和先进的经营服务理念，不断丰富业务和产品种类，进一步完善产品功能，提高综合服务水平，从而加大我行的市场竞争能力。创新是一个艰苦而长期的过程，虽然不能期望我们的一些经营管理模式能在一朝一夕之间就发生改变，但全行要坚定一个信心，那就是我们一定要朝着为客户提供最佳服务，为股东创造最大价值，为员工提供最好发展机会的国际一流商业银行这个目标迈进。

1. 具体到产品创新，应该包括三个层次。一是对现有产品的梳理，勇于退出不适应市场需求的产品和服务领域，避免占用更多资源；二是对已有产品的优化，主要是对那些不能完全满足客户需求的产品和服务，经过优化和升级，提升客户需求满足程度；三是设计生产新的产品和服务。总体感觉，目前对优化和创新比较重视，对产品清理勇气不足。根据相关部门的统计，我行有十几类、200多种产品，比美国银行、汇丰银行的产品种类和数量还要多。我们的有些产品是不是过时了，没有客户买了，要认真进行梳理，该放弃的就要果断放弃，腾出资源，进行优化和创新。

产品创新中尤其要加强个人中间业务的创新。打造国际一流零售银行的重要目标就是要大力提高中间业务收入对银行利润的贡献度。近两年，我们的中间业务发展较快，但收入的增长一定程度上是在靠收费，缺乏持续增长机制。如何保持个人中间业务稳健快速发展，原动力还在于要能够不断提供满足客户需求的产品和服务。

2. 对于机制创新，紧迫的是建立有效的考核激励机制。考核是业务发展的原动力，目前我们的考核主要集中在各级机构层面，这种考核制度的主体是各个层级，主要强调区域对业务发展的拉动。随着事业部改革的推进，在强化层级考核，提高个人银行业务类指标在全行关键业绩指标中的权重的同时，要积极探索条线考核、网点及员工个人业绩考核制度。

条线考核的关键是要实现个人银行业务的效益指标和质量指标在关键业绩指标中单列。同时，要逐步建立完善内部收入归集、成本分摊和转移价格形成机制和模型，编制个人银行业务资产负债表和损益表，科学合理地核算个人银行业务的利润贡献，为条线考核建立基础。

网点及员工个人业绩考核就是要实现资源配置直接到网点，考核激励直接到个人。员工个人业绩考核可以通过“购买制”或“买单制”的方式实现，即对网点销售的所有产品进行合理定价，员工的绩效工资与产品销售量直接挂钩，真正体现鼓励销售、有效激励的目标。

3. 关于管理创新，重点是要明确个人银行业务委员会各业务的定位问题。根据业务发展的需要，为更好地服务顶端客户，总行高端客户部正在着手研究私人银行部相关事宜。在此我想重点强调以下几点：一是私人银行业务的推出和深化，要以全行战略愿景为出发点和落脚点；二是私人银行业务的渠道建设、流程设计、产品整合，要以我国高净值客户的需求为导向；三是私人银行业务的发展目标、战略规划和业务体系的制定和设计，要以国际一流私人银行业务为标准，与我行实际相结合；四是私人银行部一起步就可以探索实行事业部制，分部的人、财、物由私人银行总部直接管理。

住房金融与个人信贷业务，要围绕加快发展、力争同业第一的战略目标，强化市场拓展和流程管理。要加快产品创新、改进服务，通过有效的营销策略、销售渠道、产品推广和品牌建设，快速提升市场拓展能力，拼抢客户。加强流程管理的重点，是加快流程改造，通过把审批纳入流程，通过贷后管理的集中，在个贷中心实现个贷中、后台经营环节的流程化、集约化和标准化，通过流程控制风险、提高效率，通过中、后台集中提高对前台销售的支持能力和贷后管理质量。要加快个贷中心建设和个贷系统的上线推广，在技术和经营模式上为加强个贷流程管理提供有效的支持。

对于信用卡业务，一飞副行长在9月份部分分行信用卡业务推进座谈会上已对总、分行在信用卡业务上的职能分工进行了明确。做这样的分工，是为了更好地发挥总、分行两级各自的作用，体现信用卡业务集中管理、集中经营、集中运作的内在要求，提高我行信用卡的市场影响力、产品竞争力、客户满意度和风险控制力。总行要更加突出对信用卡业务的组织支持，集中精力抓好业务规划、产品开发与管理、营销组织和中、后台服务；分支行主要承担市场拓展、商户营销和前台服务等工作，将我行网点资源优势充分发挥出来；个人银行业务部门、公司机构业务部门作为前台营销部门，最大限度地做好联动营销工作，将我行的客户资源优势充分发挥出来；全行努力，做大做强信用卡业务，尽快实现全面赶超主要竞争对手的目标。

要将电子银行作为银行业务创新的平台。银行的传统业务、柜面业务迁移到电子银行渠道上办理，具有整合业务流程的功能，这是银行服务的创新，也是服务渠道创新。我行要大力实现个人零售业务的战略转型，必须充分利用电子银行渠道具有的独特优势，有计划、有步骤地将大量标准化、交易型业务迁移到电子银行渠道上，大幅度扩大电子银行业务规模，提高电子银行交易占比，从而使用有限的人力资源去开展市场拓展和业务营销，真正实现柜面渠道经营职能转型，为广大客户提供现代化的金融服务。

为提高个人产品的创新能力，总行个人银行业务委员会将在深圳成立个人金融产品研发中心。个人金融产品研发中心作为个人委的一个部门，主要是利用区位优势，重点开发面对高端客户的理财产品、外汇产品，与其他部门的产品研发各有侧重。

还需要强调的是，我们办零售业务，不是说仅仅零售业务部门办零售业务，而是我们整个建设银行办零售业务。目前，我们客户经理的综合销售能力、产品交叉销售能力、业务联动工作还存在明显不足，今后的销售和营销要充分利用网点、个贷中心、理财中心、“95533”、全行的客户经理和公私联动等拓展营销渠道和客户服务触角。本着“谁销售、谁受益”的原则，在双向考核基础上，将个人银行业务的收益体现在分行的经营绩效上，体现在各级管理人员上，体现在销售人员的业绩上。

个人金融部门作为网点管理部门，要充分发挥网点的销售渠道作用，加大承担贷记卡发卡任务。建立个人客户龙卡账户与公积金账户、个人贷款账户的关联对应关系，打通职工住房公积金账户、龙卡账户和个人贷款账户之间的查询和转账通道，增加个人客户龙卡账户开户和结算手续费收入；个人贷款可以把销售责任和增长目标分解落实到所有网点，分配给公司业务部门，特别是要进一步体现开发贷款与个人住房贷款的上下游联动，不能孤立地看待房地产开发贷款，要把开发贷款投放计划与个人住房贷款的增长目标挂钩，根据个人住房贷款楼盘营销需求安排开发贷款规模和投向；要在其他公私业务流程中加入信用卡销售环节，将信用卡营销发卡责任分解落实所有个人业务服务窗口，分解落实到公司机构业务部门；电子银行的考核指标应横向分解到个人、公司条线的客户部门及其客户经理，纵向分解到一级分行、二级分行、支行、网点柜台及其柜员。

二、要加强中、后台对前台的支持保障

这里包含两个层面的问题：一个是前、后台分离问题，一个是中、后台管理部门对前台部门的支持问题。

1. 为什么要搞前、后台分离，主要是解决网点向营销服务转变，解决前、后台职能错位问题

从到建行以后的调研看，一个突出问题是一线前台人员承担了大量可以在后台集中处理的事务，导致网点服务不足、服务质

量不高。从网点转型项目获得的数据来看，在为公司客户提供的金融服务中，客户必须到网点进行现场交易的仅占全部交易的10%；在对私金融服务中，需要客户到场交易的比例也就是目前交易的51%。由此可见，现在网点中大量的交易属于银行内部的账务处理，这些工作基本与客户无关。这样的交易放在前台，大量占用网点资源、占用人力和时间，每个网点都需要重复劳动，银行服务成本太高，必须进行后台集中、批量处理。与美国银行相比，我们的柜员处理的交易复杂得多、技能要求高得多。美国银行的柜员只销售三类产品，考核也是以开户数、住房贷款和贷记卡的销售量为依据。当然，这种销售模式与美国银行的市场环境和组织架构设计有关，不能完全效仿，但解放前台、简化交易是发展趋势。

前、后台分离后，释放出的人力要投入到营销服务中去。现阶段，我们的网点还是以交易核算为主，营销服务严重不足。一个38人的网点型支行，从事会计结算和柜员工作的有18人，从事营销服务的只有11人，岗位的设置还是交易占主体；在人员工作时间上，个人柜员的销售时间只有4%，公司业务的服务时间达到47%，总体来看，营销很弱。

解决上述问题的关键就是要加快推进前、后台分离，加快发展电子银行渠道，突出网点的营销服务功能。就是要将网点的非即时性交易业务、非交易性业务、批量业务、数据统计等共同的、重复的流程，由前台转移到后台集中处理，由柜面交易转移到电子银行渠道上交易，以充分释放网点的产品营销和客户服务功能，提高资源的利用效率，加大后台对前台的监控力度。同时，要将前台职责、营业网点管理职责移交前台营销部门，实现柜员、交易、服务、考核及交易风险控制的统一管理，提升业务条线上下联动的效果。前、后台分离后，要研究个人业务网点代理对公业务的流程和激励问题，提高所有产品的销售量。

2. 要加强中、后台部门对前台部门的支持力度

第一是人员方面的支持，这也是最关键的。随着近两年对个人银行业务的加大投入，网点服务环境有了很大程度的改善。但业务发展的最主要因素还是人的问题，亟待需要解决。由于历史的原因，一线储蓄岗位留不住人，表现突出的经常被“抽血”，导致零售业务领域整体人员素质偏弱。银行服务的硬环境可以靠投入解决，但软环境只能依靠人的综合素质和技能的提升来解决。希望各级人力资源管理部门，在尽可能的前提下，将优秀的、高素质的人员配置到一线、配置到个人业务岗位，提高零售业务队伍的综合能力。个人客户经理和大堂经理是提升营销和服务能力的主要力量，要加快发展壮大。要结合网点转型和业务流程再造，充实客户经理和大堂经理队伍，明确岗位职责，统一归口管理，形成发展合力。要通过前、后台分离、释放高柜人员，逐步建立专业的产品经理队伍，提升产品创新能力。

第二是资源投入方面的支持，关键是加大执行力。总行在财务资源配置上将保持现有政策，继续加大对个人银行业务领域的投入。各级行要按照总行财务资源配置的导向，加大执行力度，对于用于个人业务领域的各项费用不得挪作他用。要适度集中全行研发和广告费用，用于全行统一的个人产品研发和营销，提高资源使用效率。同时，要将个人中间业务、住房金融、银行卡和电子银行作为业务发展的战略重点，配置包括人力费用在内的专项激励费用。

第三是在业务方面的支持。最主要的是中、后台部门在制定相关政策时一定要把是否能够调动一线人员的积极性作为重要的衡量标准，在前、后台利润的分成上，要充分考虑前台员工承担的大量工作。前、后台分离后，后台对前台的支持效率高低、保障程度好坏对能否提升前台营销服务能力的影响很大。后台营运管理部门应该将前台部门的满意程度作为考核各级营运部门的参考指标，以切实提高支持保障效果。

第四是在IT方面的支持。个人银行业务要想大力发展，没有强大的系统支撑根本无法实现。IT部门对零售业务的支持不仅在生产交易系统上，更要加强后台管理系统的支持力度。我们的战略伙伴美国银行在夏洛特的总部就能够对6 000多个网点进行排班，根本原因就是因为拥有强大的网点管理信息系统。一流的零售银行离不开一流的技术支持。目前我们个人银行发展的瓶颈问题表面看是业务流程问题，但根本的还是系统支持问题。总行科技部门成立个人业务板块支持团队这一举措很好，对零售业务的支持响应速度提高很大。下一步重点是在要进一步提高对个人银

行业务部门的需求满足程度。特别是 DCC 上线后，随着业务的发展，将会不断有新业务、新需求需要改造和优化，科技部门要尽力支持。同时，要加快管理信息系统的开发进度，深化对现有数据的挖掘，为业务管理的精细化提供支持。

三、要进一步强化公私联动

从目前来看，建设银行的主要竞争优势还是在公司业务上。如何将公司业务上的竞争优势延伸到个人业务上来，关键是要强化公私联动。听大家反映，最近几年，我们曾多次强调过部门联动，但始终都未落到实处，其根本原因是没有形成公私联动的文化以及考核机制不到位，我想现在是到了非解决不可的时候了。

1. 强调公私联动，首先要建立联动文化，要把业务联动营销作为全行的经营理念，并形成我行的文化特色。这一点非常重要。

文化的形成不是一蹴而就的，需要过程。现阶段必须做的就是要将业务联动作为日常业务开展的重要内容。公司和个人业务部门应从全局出发，树立联动营销意识，自觉增强联动观念。对内分工可以有侧重，对外服务和竞争必须形成整体合力，在市场和客户营销上要体现全行一盘棋的大局观，最大限度地全面营销我行的各类产品和服务，实现对客户综合营销的价值最大化。要将业务联动营销理念融入各部门的日常工作中，各级管理人员、客户经理、产品经理和前台员工要把业务联动营销服务作为自己工作应尽的职责，自觉地相互合作，从而将业务联动作为一种企业文化不断地丰富和发展。

为保证业务联动工作的有效实施，公司和个人业务联动在不改变部门原有职责的前提下，应体现几个基本原则：一是利益一致原则，公司和个人业务部门应将建设银行的整体利益最大化，作为业务联动的目标；二是团队合作原则，公司和个人业务部门应充分发挥合作团队的作用，促进业务联动工作取得成效；三是价值补偿原则，制定合理的业务收益补偿办法，体现公司和个人业务部门对联动的贡献；四是激励到位原则，对客户经理和业务部门实行有效的激励机制，将业务联动工作落到实处。

2. 强调公私联动，关键在于怎样考核。公私联动包含两个层面：一是个人业务能够给公司业务提供哪些支持？比如对公司集团客户的中高级管理人员的个人理财服务和个人信贷服务，个人业务部门必须做到差别化，令客户满意；通过信用卡和理财卡业务的拓展，带动公司客户资金在我行的归集；对公司业务客户（如电信企业、大的房地产开发商等）提出的对个人销售其产品的需求，应为其开放销售渠道，充分利用我们的网点和客户经理队伍；要运用电子渠道为企业提供包括现金管理在内的更便捷、更高效的金融服务等。二是公司业务能够给个人业务提供哪些支持？比如在代发工资上，公司部门是否可以将基本结算户代发工资的比例由现在的 15% 提高到 50% 以上；对于代理保险业务的合作公司，可以根据我行的代销量下达一定的标准化、定制化的银行产品销售计划；公司部门在商务卡、理财卡、联名卡等业务拓展上要承担一定的任务指标；公司业务的开发商贷款要与按揭贷款在投放规模、项目和客户结构上保持联动一致，通过上下游联动获得按揭楼盘储备，封闭运作降低风险；公司业务部门要向个人客户部门提供集团富裕客户资源；对住房资金（包括住房公积金、住房维修基金等）的归集、代收代缴费业务、商户和酒店的拓展等方面，公司、机构部门都应发挥现有的优势，充分带动个人业务的发展。

当然，在公司部门为个人业务创造条件、承担业务指标的同时，计财、个人业务部门不仅要在费用配置和考核激励上对公司部门有相应的利益分配措施，而且要更多地给予公司部门利益倾斜。总行将在行长专项费用中分配部分资源给予支持，个人委可以从每年的业务费用中拿出 10%，专门用于公私联动。公司业务部门和个人业务部门要算大账，公私联动的利益分配要有灵活性，要从建行大局考虑。分支行层面要有针对客户经理交叉销售的专门费用，激励要落实到业务、落实到人。

四、要切实提高重点地区的市场竞争力

1. 重点地区个人银行业务的发展状况与区域业态不匹配。"两洲一海"地区分行和 80 个中心城市行地处当地经济金融中心，客户资源丰富，金融业态发达，具有很好的发展个人银行业务的条件，应该是全行业务发展的领头羊，其市场竞争能力的高低代表着全行个人银行业的市场实力。但从我行的实际来看，重点地区个人银行业务发展和市场竞争力总体不高。举例来说，"两洲一

海”重点地区个人中间业务收入对全行的贡献仅为52%；重点地区中间业务收入中，来源于个人类的业务收入仅为40%，低于全行平均水平5个百分点。从信用卡发卡量来看，虽然位居市场第二，但与主要竞争对手还有较大差距，主要差距是在北京、上海、广州、深圳等重点城市，有些重点城市也有扩大的趋势，要引起各行的重视。

2. 重点地区个人银行业务要充分体现区位优势。环渤海、长三角、珠三角及80个中心城市行一直是全行资源倾斜和政策支持的重点。在今年的网点资源配置上，对北京、上海、广东地区给予全额保证的原则；在业务拓展费用上，更是将大部分的费用配置到“两洲一海”地区。重点地区要本着投入—产出匹配的原则，克服经营过程中的短期行为，全面提升个人银行业务的市场竞争力。个人负债业务当前排位靠后的分行，要尽快提高位次；市场位次在前三位的分行，在保持领先优势的基础上，要逐年提高市场份额。个人住房贷款、公积金业务市场占比排名要达到前两位，并力争第一位；已经处于第一位的要巩固和保持，并不断提高市场份额。重点地区个人中间业务在全行个人中间业务收入中的占比要争取每年提高1个百分点。信用卡业务的重点地区分行在当地市场要保持前两位，力争第一位，对全行信用卡业务的贡献度要达到85%以上。

五、要全面提高个人业务的风险内控水平

个人业务从总体来看风险较低。但在强调个人银行业务发展速度的同时，对个人业务领域存在的风险不能忽视。特别是在进行前、后台分离改革的过程中，更要强化风险管理，防范管理真空。从表面看，风险和案件发生在一线，但其根本在于我们的制度、管理和流程不到位。

个人银行业务的风险控制主要是操作风险、信用风险和市场风险。

操作风险可以考虑在产品设计时重点加以防范，并落实岗位责任制。我们的一些低级错误和案件，大多数都是在柜台发生的。岗位责任制虽然建立了，但检查、督促、落实是一个薄弱环节。一定要加强检查考核的频率和力度，加大对查出的违章违纪现象的处罚，这样才能真正做到规范化操作。风险防范要注重过程的管理，注重业务流程的跟踪、监督、考核，把风险化解在业务流程的每一个操作环节中。岗位责任制就是在整个流程中有一个完善的制约。特别是在会计体制改革，前、后台分离的推进阶段，更要重视强化内控，细化管理。不能因为部门职责的交接出现风险漏洞，更不能因为改革出现管理真空。

信用风险的防范主要是加强对个人资产业务的信用风险研究和控制。我们的个人信贷业务发展时间不长，很多个人信贷政策都是从对公信贷中沿用过来的，现在我们的风险部门逐渐把个人信贷独立出来，包括信贷政策和标准、监控督导和不良贷款处置等。下一步重点就是要尽快建立和完善符合个人贷款特点的风险管理机制，包括风险标准、政策导向等。

市场风险主要是加强宏观经济环境、政策、同业及市场发展态势变化的研究和分析，及时调整业务发展和竞争策略，努力规避风险。今年个人住房贷款业务发展很快，这个过程中的风险问题不能忽视。个人贷款总体风险较低，但由于宏观调控政策带来的市场波动，房价虚高、投机客户信用风险、开发企业操作的“假个贷”风险都可能导致风险的暴露和上升。因此，我们一定要强调发展和风险两手并重，要避免在业务快速发展过程中忽视风险防范和资产质量的现象发生。

在中国建设银行工作会议结束时的总结讲话

(2006 年 1 月 25 日)

谢渡扬

同志们：

在大家的共同努力下，经过紧张的工作，2006 年中国建设银行工作会议已经完成了预定的任务，今天就要结束了。受董事长和常行长的委托，我简单地作一个总结。

一、关于这次会议的评价

这次会议是我行成功上市以后召开的第一次全行工作会议，具有特殊的意义。会议对上一年的经营情况进行了总结，肯定了取得的成绩，同时也查找了存在的不足。会议深入分析了当前的经济金融形势，从我行经营管理的实际情况与特点出发，提出了 2006 年的经营目标、主要任务和政策措施，并就今年的综合经营计划与各分行进行了深入的沟通。这次会议，对做好全年乃至今后一段时期的工作具有重要意义。与会代表畅所欲言，发表了许多很好的意见和建议。大家都反映这次会议开得很成功，有一些鲜明的特点。一是会议把握了股改上市后的新形势和新要求，立足于新的起点来分析问题、研究对策，使大家进一步增强了工作责任感和紧迫感。二是会议围绕如何增强市场竞争能力和盈利能力这条主线，对各方面的工作进行了系统的研究和部署，思路清晰，重点突出，进一步明确了今后的努力方向。三是会议对下一步的总体安排，既着眼于当前任务的完成，又兼顾到了我行战略目标的实现，具有很强的前瞻性，使大家深受鼓舞，增强了信心。四是会议在提出改革和发展目标时，特别注重和强调要循序渐进、区别对待、分类指导，体现了求真务实的作风，注重解决实际问题，具有很强的针对性。五是会议在改进基础管理、提高科技应用水平和加强组织领导等方面，发出了学习和借鉴国内外先进银行成功经验的强烈信号，对于指导全行增强创新意识和能力，加快迈向国际先进银行的步伐，必将产生现实和深远的影响。

与会同志认为，2006 年我行的经营环境既存在有利的方面，也存在一些不确定因素，在经济结构调整和市场竞争激烈的条件下，进一步防止不良资产反弹、进行结构调整、开拓有效市场和实现综合经营计划的任务十分艰巨。大家一致表示，一定要按照总行的统一部署，抓住改革和发展的大好机遇，积极迎接挑战，认真贯彻和落实这次会议提出的总体要求，力争全面完成全年经营目标，为客户提供更好的服务，给广大股东一个满意的回报。

二、正确认识当前的形势

关于建设银行目前面临的内外部形势，董事长和常行长在报告中都讲到了，我想根据这两天讨论的情况做进一步的说明。我行上市取得了巨大的成功，国内外都非常关注，全行的士气也很旺盛。昨天，我和董事长到河北省分行与分行领导班子和基层的一些同志进行了座谈，很多同志提到，社会上对我行成功上市评价很高，建设银行的社会声誉明显提升。上市成功是我们一个很大的有利条件，也是一个非常好的机遇，我们一定要紧紧抓住有利时机，把各项工作做得更好。从另一角度来讲，越是在有利的情况下越是要保持清醒的头脑。总行党委认为，在当前情况下，我们既要看到有利的因素，也要看到不利的因素，或是一些可能的不利因素。对不利的方面估计得更充分一些，分析得更透彻一些，应对措施谋划得更周全一些，可能会更为主动。

从不利的方面或不确定的方面看，主要有以下几个因素应该考虑。

第一，当前经济金融形势存在一些不确定因素：一是我国经济连续保持高增长的态势，去年GDP增长速度为9.9%，今年还会维持一个较高的速度。经济较快增长是形势好的表现，但也有一个问题要注意，就是各个方面都绷得比较紧，要随时关注一些行业可能发生的变化。二是我国外汇储备增长很快，和日本的差距已经很小了。有人估计，按照这个趋势，今年很可能要超过日本，成为世界上外汇储备最多的国家。外汇储备多，会加大人民币升值的压力。三是国内资金相对比较充裕，风险可控的有效贷款需求相对不太充足，所以各家银行包括建行在内，新增存贷比较低，银行的盈利空间将趋于缩小。

第二，从工、农、中、建四大银行情况看，中国银行上市在即，工商银行去年完成重组，发展势头和发展潜力很大。我们要对其他银行重组以后的发展潜力有充分的估计，建行有建行的优势，其他银行也有各自的优势。如工商银行总量大，过去受不良资产包袱所累，有些潜力没有发挥出来。其他银行完成重组上市后，银行间的地区份额，包括业务份额、盈利的排名等都可能会发生一些变化。对于我们面临的形势，大家必须有清醒的认识。

第三，上市以后，我行将面临更加严格的银行监管和信息披露要求。我们不仅要接受银监会的监管，作为一家在香港上市的公司，还要符合香港联交所的监管要求。在这方面，应该说我们的准备还不足，上市以后有些什么新的监管要求，我们还不是很熟悉。在总行这个层面，董事会、管理层的压力很大，作为监事长，我感觉到监事会的责任和压力也很大。分行的同志可能感觉不是很直接，实际上，上市以后的要求和过去的差别会逐步显现出来。我们在经营理念、内部管理、监督控制等方面都有大量工作要做，要按照上市银行的要求去改进和加强。比如，在市场营销方面，有些事情就不能按照过去的习惯方法去做了，对有一些风险不完全可控，回报也无法充分把握的项目就要重新考虑。另外，对于现在一些没有上市的银行可以做或是可以打“擦边球”的事情，建行就不能再做了，要主动约束自己。对于这方面的因素，我们在筹划下一步工作中要充分考虑，要有足够的估计。

第四，对不良资产反弹的问题，要高度重视，高度警惕，不能有丝毫松懈。我们的不良资产和不良贷款的水平能够降到现在这个程度，不仅是依靠我们全行的努力，在更大程度上是依靠国家政策的支持，靠重组和注资。应该说，我们的不良资产和不良贷款形成的基础性因素还没有从根本上铲除，现在我们还没有把握说以后不会再发生与过去类似的问题。无论国家、投资者还是社会公众，对建设银行最关心的问题还是不良资产问题，关心不良资产能否得到有效的控制，是否会“旧病复发”。对这个问题，我们要从以下几方面看：一是从2005年6月和12月毕马威的外部审计、银监会的外部检查、内部审计部门的检查抽查，包括监事会的抽查，信贷资产五级分类都有偏离度，都是向上偏离，向高的方向偏离。二是去年关注类贷款减少了近800亿元，但还有2 900多亿元，如果有一部分向下迁徙就会对我们的不良资产比率产生很大的影响。三是国内一些行业和企业的走向存在不确定性，有些行业的风险相对比较集中，从建行贷款看，房地产开发业贷款不良率约为7%，制造业在5%左右。另外，流动资金贷款量比较大，不少分行的同志在讨论中提到，这些贷款每年都在周转发放，万一哪个企业资金链发生问题，发生断裂，风险马上就会显现出来。总之，对不良资产和不良贷款，要保持高度的关注和重视，绝对不能松懈。

总之，我们要抓住上市以后的大好时机、大好形势，把工作做好，但同时要对存在或可能存在的不确定和不利因素有清醒的估计和分析，有相应的对策，保证全行经营能够更健康地发展。

三、会议讨论中大家比较关心的几个问题

一是经济资本的问题。这个问题实质上是贷款规模大小的问题。在贷款投放上，还要强调区别对待，要对项目本身的情况、行业的趋势、各地经济和信用环境以及分行自身的管理能力综合考虑。要承认地区之间、行际之间的差别，既不要搞一刀切，也不要攀比。经济资本分配要考虑各分行的实际情况，如果有的分行确实有很多好的项目与客户，在风险可控、回报能够覆盖风险的前提下，可以作一些适当的调整。

二是关于存款业务方面的问题。这几年资金宽裕带来的压力比较大，近期这一格局不会发生太大的变化。前几年总行已将存款新增指标作为指导性指标，而不是作为指令性的指标来考核。各业务条线、各分行对下的考核，也要采取综合考核办法。各分行要正确理解主动负债的要求，总行将通过内部利率的调整，运用利率的杠杆作用，引导分支机构吸收低成本的资金。但是，作为商业银行我们还是要按照国家的利率政策来吸收客户存款，不能将客户拒之门外。

三是机构和网点撤并的问题。总体而言，经过几年撤并压缩，现在机构总量已经不是主要矛盾，主要问题是布局不合理。有一些大城市、特大城市和沿海发达地区的机构、网点还不够多，而一些中西部地区的网点相对过多。根据这个情况，总行今年将撤并网点机构的任务作为指导性指标，而不是指令性指标来下达。各个分行要对机构网点的布局进行详细的调查，在充分论证的基础上逐步改善网点的结构，提高网点效率，降低经营管理成本。

四是关于人力资源管理问题。目前人员结构不合理的问题依然存在，下一步要通过各种方法、多种渠道来逐步加以解决。从长远来看，建设银行一定要建立起一个人员能进能出的机制，使人员的进和出成为一种常态，成为一件正常的事情。现有人员不适应或不完全适应业务的要求，就需要培训和提高。特别是一部分员工面临转岗，可能是要从二线到一线去做业务经理或客户经理，也面临着再培训、再适应的过程。所以，在人员管理方面，不仅要考虑建立进出机制，也要考虑人员培训、素质提高和岗位转换的问题。

五是关于中间业务和个人贷款增长指标的问题。不少同志提出，中间业务连续几年发展都比较快，2006 年计划安排增长 30%，比较困难。个人贷款增长安排 900 亿元，有的分行提出完成任务有点困难。加快中间业务和个人业务的发展，体现了全行战略结构调整的要求，对此，大家的认识都是一致的，要坚定不移地贯彻。比如说，中间业务发展指标，实现起来确实有一定难度，但是也有有利条件。特别是今年我们还要陆续推出一些中间业务的产品、争取提高一些业务的收费标准，这对中间业务的发展和收入的增加会起到推动作用。在个人业务特别是住房贷款业务方面，各个地区情况不完全一样，但是我们做工作的潜力还是很大的。

从去年开始，我们选择了 8 家中心城市行计划单列，今年增加到 20 个。计划单列主要是在财会和授权方面计划单列，目的是给这些分行更大的资源配置自主权，减少授权中间环节，开辟与总行直接联系的绿色通道，从整体上提高我们的市场竞争力。这些分行的日常工作还是按照原有的管理渠道，接受省分行的统一管理，经营业绩也要纳入省分行统一考核。计划单列最终采取哪种模式，总行管什么不管什么，还需要边实践、边摸索。总行会慎重对待这个问题，进行科学的论证研究，并且在决策的过程中与分行进行充分的沟通。

四、关于对会议精神的贯彻、学习和传达

2006 年全行工作的总体思路已经提出，总体目标和工作任务已经确定。关于会议精神和任务的贯彻落实，这里我想强调以下几点。

一是要认真学习和领会会议精神。这次工作会议内容十分丰富，参阅文件非常多，信息量很大。会议结束以后，各个分行、各个部门要组织对会议文件进行系统的学习和消化，透彻地领会会议精神。

二是要组织好学习传达。要利用多种形式组织各级管理人员

和员工进行传达和讨论，增强广大员工对今年全行总体要求的理解，使大家充分了解今年工作的主要任务，进一步统一思想，增强全局意识，振奋士气，树立信心，按照会议要求集中精力做好本职工作。

三是抓紧制定贯彻落实会议精神的具体措施。各分行、各部门要紧紧围绕全面提高市场竞争力的总要求，切实贯彻落实董事长讲话中提出的八项要求和常行长报告中安排的八项任务，将具体工作加以细化分解，制定相应的工作措施。工作目标要具体可行，工作措施要具有可操作性。

四是要从各地实际情况出发，因地制宜地贯彻落实会议精神。各家分行所处的环境不同，本身的情况又存在差异，要在政令统一、步调一致的前提下，客观对待、合理考虑差别性和特殊性，不要搞一刀切。要根据本地区和本部门的情况，结合分行的战略和规划，创造性地贯彻落实会议精神，找准自身工作切入点，制定符合实际的工作计划，科学地安排全年工作。

五是要保持通畅的沟通渠道，及时解决落实会议精神过程中出现的问题。对于各个分行提出的具体问题和建设性建议，总行各个部门要抓紧研究，可以解决的要抓紧解决，可以吸收的要及时吸收，进一步改进和完善工作方案。分行对工作中遇到的困难矛盾，要及时与上级领导和主管部门进行沟通，协调解决，绝对不能互相推诿扯皮，贻误战机。要有针对性地组织指导督查，强化激励约束机制，充分调动各级管理人员和全体员工的积极性和创造性。全行上下共同努力，确保今年经营目标和各项任务的顺利完成。

各分行要在2月25日以前把学习贯彻会议精神的情况上报总行。要把重点放在落实会议精神的具体思路和具体措施、具体问题方面，以便于总行决策层和管理层及时准确地了解分行工作实际情况和特点，研究存在的问题，有针对性地加以指导。

适应形势要求　发挥体制优势
把建设银行审计工作推进到一个新水平

——在中国建设银行审计工作会议上的讲话

(2006年3月9日)

谢渡扬

同志们：

这次全行审计工作会议，是在建设银行公开上市，内部审计体制改革基本完成的情况下召开的。会议将总结2005年的审计工作，贯彻落实全行工作会议精神，部署2006年审计工作。

2005年，无论是对建设银行，还是对建行审计工作来说，都是具有重要意义的一年。在过去的一年里，全行审计系统按照总行的统一部署，实施了内部审计体制改革，初步建立起垂直管理、相对独立的内部审计体制。经过总行相关部门和各分行的共同努力，改革工作进展顺利，完成了组织机构、人员和工作报告路线的调整；人、财、物、业务等方面的制度和关系已基本理顺，实现了审计工作和人员的平稳过渡；减少了机构层级和数量，提高了集约化管理程度。从去年下半年以来的实际运行结果和各方面的反映看，改革是成功的，效果已经初步显现出来。

在大力推进体制改革的同时，审计系统紧密结合全行中心工作和业务发展的需要，合理调度资源，以风险为导向，开展了全面业务审计等十大类审计项目，各级审计机构还结合辖区行的情况，组织开展了各种类型的自选审计项目，取得了比较好的审计成果。

各级审计机构以体制改革为动力，不断创新和改进审计技术方法，加强对日常工作的指导、监督、控制，加大审计人员培训力度，着力加强队伍的专业化建设，为提升审计工作的整体水平作出了积极的努力。一年来，审计方法、审计信息和审计质量等方面发生了可喜变化，审计工作的科技运用水平取得新的进展，各级审计机构报送各类审计信息的主动性、积极性显著提高，各类重大风险隐患和违规问题的报告比以往更为及时、全面，审计信息的数量和内容都有明显改善，为董事会、监事会和高级管理层全面、及时掌握我行的风险状况提供了重要的依据，对促进全行提高风险防范能力、规范经营管理发挥了不可替代的作用。

总之，去年我行审计工作的成绩是明显的，改革取得突破性进展，年初确定的工作任务圆满完成，做到了改革、业务两不误、双促进。在此，我代表总行党委，向全行审计人员，向支持审计工作的各级机构和部门表示诚挚的慰问和衷心的感谢！

根据这次会议的安排，我就当前建设银行审计工作面临的形势和 2006 年的审计工作目标谈一些原则性的意见。永顺同志还要进一步总结去年的工作，布置 2006 年的工作，有关内容是我们认真研究过的，我完全同意。

一、关于当前审计工作面临的形势

（一）公开上市以后，资本市场和外部监管对我行内部审计工作的衡量标准将更为严格

建设银行完成股份制改革和成功上市之后，进入了一个崭新的发展时期。在备受鼓舞的同时，我们深感肩负的工作责任和工作压力比以往更大了。作为一家率先实施股份制改革的国有商业银行，作为一家在境外上市的公众公司，作为一家在国际资本市场市值排名前列的上市银行，建设银行受到来自各个方面的更多关注和更为严格的监管。这个问题我在不久前召开的全行工作会议上讲过，这里还要再强调一下。在境外上市以后，建行既要接受内地银行和证券规则的监管，也要接受严格的国际规则监管。同时，将面临国内外战略投资者、各种类型的股东以及社会公众、新闻媒体的全面监督。与上市前相比，广大股东和国际资本市场，将以国际先进商业银行水平作为衡量我们的标准。股东投资回报水平期望更高，经营管理要求更加规范高效，信息披露必须真实全面，银行要为保持良好的市场和社会形象作出更多的努力。对于规范运作的问题，内部控制的问题，风险管理的问题，资产质量的问题等，都要十分注意，要保持如履薄冰、不敢懈怠的警觉态度。如果稍有不慎，就可能对建行的声誉和利益造成损害，甚至产生很严重的后果。

作为公司治理和内部控制的重要方面，内部审计的独特作用受到投资者和外部监管当局的高度关注。其中的原因就是，在国际先进商业银行的衡量标准中，在外部监管和审计的衡量标准中，直接包含了内部控制、内部审计方面的内容。要达到国际先进银行的管理水平，必须要有良好的内部控制和有效的内部审计作为保障，这就要求内部审计在新的公司治理结构运作中。具体来说，就是在内部控制等诸多方面的监督评价方面承担更多、更重要的职责。内部控制体系的有效运行必须有内部审计的充分有效参与，这已是国际管理界和内部审计界的共识。银行要实现一流的回报、提供一流的服务，要做到规范经营、信息透明，就必须要有一流的内部审计。

（二）新的公司治理结构对内部审计工作提出了更高的要求

成功上市仅仅是建设银行新的历史发展阶段的一个起点，今后改革和发展的任务仍然十分艰巨。为此，总行在深入调查研究的基础上，进一步修订和完善了全行发展战略，明确了未来的战略愿景和市场定位，提出了建设国际一流商业银行的目标。

按照这个总的目标要求，全行继续深化体制改革，加强和改进基础管理，倡导和实践"以客户为中心"的经营理念，优化业务流程，改进服务质量，拓展有效市场，大力发展战略性重点业务。在全行上下的共同努力下，体制机制改革稳步推进，公司治理结构逐步完善，风险管理与内部控制能力得到提升，财务状况持续改善，保持了各项业务健康发展和经营效益稳步增长的良好势头。

但是，经营管理中也还存在一些不容忽视的矛盾和问题，主要是："以客户为中心"的经营理念还未真正落实到执行层面，服务的机制、流程、手段等还需要改进和完善；市场竞争力，特别是产品研发、信息技术和市场营销能力亟待提高；基础管理还比较薄弱，有效防范道德风险的手段缺乏，风险管理和内控机制有待进一步加强；在经营管理过程中，有制度建设滞后带来的问题，但更多的还是有章不循、违规操作、屡查屡犯的问题。

内部审计部门与董事会、监事会和高级管理层的工作联系都比较密切，随着我行公司治理结构的逐步完善，有关机构的工作陆续启动，步入正常轨道，对审计信息的需求、对审计质量的要求将会越来越高，这是一个必然的趋势。因此，内部审计部门不仅大有可为，而且必须要有所作为。无论是董事会、监事会还是高级管理层，都对内部审计工作寄予很高的期望，给予关心和支持，从资源配置等诸多方面大力支持审计体制改革，要求各级行积极配合审计部门开展工作，要求有关机构和部门切实整改审计发现的问题。目的就是要充分发挥内部审计的作用，促进全行规范经营、防范风险和改进管理。对此，大家要有清醒的认识，要用更出色的工作来回应这种要求。

（三）内部审计工作要向国际先进水平看齐

二十多年来，伴随着建设银行改革的进程，内部审计机构从无到有、从小到大，全行上下对内部审计重要性的认识日益深化，逐步形成共识。审计系统不断拓展工作空间，提高审计效能，取得了一定的成绩，获得和积累了很多宝贵的经验，也树立了一定的权威性。特别是去年，通过新一轮的审计体制改革，我行构建了一个比较科学合理的审计工作平台，从组织架构上为进一步做好审计工作创造了良好的条件。

在充分肯定成绩的同时，也要看到，与内外部对审计工作的要求相比，特别是与国际先进的内部审计水平相比，我们的工作还有很大的差距。要充分发挥主观能动性，克服人员素质、工作条件和环境等方面的困难和问题，加快学习、借鉴国际先进经验的步伐，找准突破口，在更新审计理念，改进审计方法，提高审计人员素质和审计质量等方面狠下功夫，向国际先进审计水准的方向扎实迈进，为把建设银行建成国际先进商业银行作出自己应有的贡献。

二、关于2006年审计工作

2006年建设银行内部审计工作的总体要求是：认真贯彻全行工作会议精神，紧密围绕全行中心工作，突出重点，结合实际，全面行使审计监督、评价、建设职能，切实提高审计质量，努力提升审计价值，充分发挥内部审计的职能作用，为确保建设银行规范运行、稳健经营和各项任务的顺利完成作出贡献。

总行已经下发了全年审计工作要点和审计项目计划，明确了主要工作任务。各级审计部门要按照计划要求，抓紧做好具体实施工作，确保高质量地完成年度审计工作任务。在这里对全体审计工作人员，特别是各级审计机构的领导干部提出几点要求和希望。

一要切实维护内部审计的独立性。改革审计体制，实施总行垂直管理，根本目的在于提高审计的独立性。现在这方面应该说已经有了基本的制度和体制保障，关键是要在实际工作中切实执行好、维护好。各级审计机构负责人，特别是总审计室主要负责人，一定要以身作则，率先垂范，以严肃的态度对待和处理这个问题，坚持客观公正的原则，独立行使审计职权。有个别同志总觉得审计工作面对的是各级分行的领导，遇到问题和矛盾，往往放不下情面，不能放手工作，不敢真实反映实际存在的问题。如果持有这种态度和认识，审计的独立性就无从谈起，审计风险就会被人为地扩大，最终会对建设银行的整体利益造成损害。

审计体制改革后，总审计室不再是分行的内设部门，审计人员特别是审计机构负责人必须尽快转变角色，自觉维护审计的独立性，以高度负责的态度组织开展审计工作，真实、准确、及时、全面地报告各类审计信息。各级审计机构负责人一定要摆正位置，站在全局的高度思考问题、处理问题，这也是审计工作职业道德和职业纪律的基本要求。对角色转变不到位、违背审计独立性要求的现象，必须用组织纪律和规章制度加以约束，要加强这方面的内部监督。

二要逐步树立内部审计的权威性。审计体制改革以及各方面对审计工作的重视和支持，为提高审计的权威性创造了有利的条件。但要真正树立审计威信，关键还在于审计部门自身的努力。要提高自身素质和业务水平，扎实有效地开展审计工作，创造优良的审计业绩。为此，各级审计人员要自我加压，加强学习，熟练地掌握银行业务知识、规章制度和审计专业技术。在审计过程中，要全面了解相关情况，把握关键控制环节和主要风险点，准确查找和分析问题，揭示风险隐患，并从组织结构、运行机制、内部控制等方面提出有价值的建议。只有这样，我们的审计发现、审计报告、审计意见，才能得到审计对象和各方面的认可，得到应有的尊重和重视，从而才能真正体现审计价值。

三要切实提高工作和学习的主动性。要提高审计工作的水平，关键在于提高审计人员的素质和水准。现在有一些审计人员，甚至是审计机构的领导干部，对审计工作面临的形势认识不清，对面临的压力感受不深，缺乏工作和学习的主动性，具体表现在：对辖区行经营管理情况和内部控制的薄弱环节掌握不够，了解不全面，对重大风险事项和风险隐患敏感性不足；工作中沿袭老思路、老方法，对新业务和新的审计技术方法知之不多，用得更少；判断、分析和总结的工作做得不到位，对审计报告把关不严，有的报告质量比较粗糙。这些问题要引起大家的足够重视。在审计系统实行垂直管理以后，在某种意义上每个审计人员都代表着总行的业务水平，代表着总行的职业形象。希望审计系统的全体同志能够充分认识到所肩负的工作责任，进一步增强紧迫感、使命感和荣誉感，以良好的精神状态投入到实际工作和业务学习中去。对此，我们要进一步研究和实施有效的激励约束措施，通过完善用人制度、薪酬制度奖优罚劣，倡导恪尽职守、崇尚正气、勤奋敬业、开拓进取的良好职业风气。

四要强化审计质量意识。质量是审计工作的生命，审计工作质量的高低，关乎审计活动能否真正发挥监督、评价和建设作用。各级审计机构要对照《内部审计章程》和《内部审计准则》的要求，落实和强化各级审计人员的工作责任，层层严把审计质量关。在审计质量控制的过程中，审计机构负责人承担最终和全面责任，要牢固树立质量意识，确保审计报告依据充分、分析透彻、评价准确，提供高质量的审计成果。

为了促进审计质量的全面提高，总行正在研究建立重点审计项目汇报通过机制和考核机制，通过制度规范，加强对各级审计机构的指导和督促。总行将在以后工作中逐步引入审计风险事项问责制，对于审计过程中应当发现，而因为审计人员工作责任心不足、方法不当，未能发现的重大风险事项，造成严重后果的，要追究相关人员和领导人员的责任。

五要重视审计成果的有效转化，提高审计成果利用率。内部审计不是为了审计而审计，而是要通过实施审计事项，准确全面地了解和评价经营管理和内部控制的状况，查错纠弊，揭示经营活动和基础管理中存在的问题，促进审计对象改进工作。对于审计成果的有效利用，总行党委是非常重视的，最近，树清同志多次作出批示，要求对审计报告反映出的问题，逐一进行分析并作出处理，保证切实有效地进行整改，研究解决屡查屡犯的问题。

为了实现审计成果的有效转化，一方面，审计部门要强化对审计成果的收集整理和加工提炼，加强对典型案例和普遍性问题的分析和总结，提出现实可行和具有建设性的审计建议，为决策层、管理层科学决策和采取对策提供依据。另一方面，要重视审计追踪，督促被审计单位弥补漏洞，纠正问题和偏差，改善内部控制状况。审计目的不是发现问题，而是解决问题，在这个方面我们过去分配的力量比较少，对审计发现问题的整改追踪还要进一步加强。

六要积极争取审计对象的支持配合。内部审计部门是以相对独立的身份实施评价监督的，但无论是审计部门还是审计对象，保障和促进建设银行更好地发展，为股东创造更大价值的目标是一致的。两方面的工作职责不同，但不是对立的关系。要把审计工作真正做好，切实发挥审计的作用，审计部门与审计对象之间的相互理解、尊重和配合至关重要，构建良好的工作关系是双方共同的责任。

从审计部门的角度来看，要通过自身的工作来争取审计对象的配合。一方面，要忠实履行职责，坚持原则，敢于审计，善于审计，提供有价值的审计成果；另一方面，开展审计时也要讲究工作的技巧和艺术，注意方式方法的选择，比如，在确定各类审计项目时，要统筹规划，科学安排，避免短时间内重复进驻同一单位，给审计对象造成不必要的负担。在审计过程中，要实事求是，具体问题具体分析，深入了解问题的原因和背景。加强与审计对象的沟通和交流，增进双方的共识，消除不必要的误解。通过及时发现问题，纠正问题，帮助审计对象改善基础管理，做到防患于未然。

从审计对象的角度来看，各分行、各部门特别是各级管理人员，一定要从战略的高度出发，从维护股东利益、建设银行整体利益、客户利益的共同目标出发，充分认识内部审计的正面价值和积极意义。要以正确的态度理解审计、接受审计，支持审计工作。按照规定程序，与审计人员展开沟通，履行配合义务。对发现的问题和不足，要虚心接受，不能讳疾忌医，怨天尤人，敷衍塞责，找借口，说假话，更不能采用不恰当的方式，影响甚至阻碍审计人员正常开展工作。要主动采纳和落实审计建议，认真剖析问题根源，举一反三地进行整改。大家共同努力，确保建设银行在规范经营的基础上健康发展。

审计体制改革后，审计工作总体状况是好的，但还有需要进一步研究的问题。例如，改革后分行没有专门的审计力量，对于分行在加强管理、防范风险、加强内控等方面的审计需求，在体制改革后如何满足就是一个问题。总行在审计体制改革中已经充分注意到了这个问题，在部署工作时强调各总审计室要为满足其辖区机构的审计需求留出必要和足够的审计资源。总行安排审计项目更多是从普遍存在的共性问题考虑的，但各个分行也有其特殊性，有需要特别关注的问题，因此，各总审计室除做好分行的经济责任审计外，对其业务审计上的需求也要予以充分考虑和满足。

同志们，2006年是“十一五”规划的第一年，也是建设银行股改上市，以及内部审计体制实行垂直化管理后的第一个工作年度，我们要加快适应新形势的要求，充分发挥新体制的优势，以饱满的工作热情，再接再厉，奋发工作，把建设银行审计工作推进到一个新的水平！

建行监事会：探索监督新路

（原载《经济日报》2006年6月15日）

谢渡扬

在建设银行股改后形成的董事会、监事会、高管层这“三驾马车”中，监事会的工作似乎始终处于幕后状态，很少为人所知。6月9日，在建行总行大楼21层的办公室内，建设银行监事长谢渡扬接受本报记者采访，首次披露了建行监事会工作所取得的成效。

“在建行监事会组建不到两年的时间里，我们在特大型金融机构监事会如何运作方面作了一些有益的探索，在促进公司治理结构良好运作、确保业务健康发展方面发挥了应有的作用。”谢渡扬这样评价监事会的工作。

来自各方面的信息也证实，建行监事会在建行公司治理结构中正在扮演着独特的角色，发挥了具有建设性的监督制衡作用。

注重制度创新

2004年9月，完成财务重组的建设银行股份有限公司宣告成立，作为一种制度性安排，建行监事会也随之浮出水面。

出任监事长一职的谢渡扬，曾经长期担任中国工商银行副行长，后又被任命为国有重点金融机构监事会主席，先后出任中国人民保险公司监事会主席、中国再保险公司监事会主席、中国建设银行监事会主席。虽然同为监事长，但他在新的岗位上任伊始便感到了很大的不同，股份公司的监事会由股东大会选举产生，是公司治理架构中的一个部分。与原来外派的监事会相比，股份公司监事会的职责、任务、监督方式、人员构成等有较多的不同。也正因为此，谢渡扬认为很多开拓性工作需要监事会去探索。

根据法律、法规和公司章程规定，监事会作为直接对股东大会负责的一个独立监督机构，主要任务之一是监督董事会和高级管理层履行职责的情况，而在大型金融机构中如何履行监事会职能，这在国内外都没有成熟的经验可以借鉴。

为了有效开展监督检查工作，建行监事会首先把规范内部运作、加强制度建设作为带动全盘工作的一个突破口，在相关法律法规和公司章程规定的基础上，制定了《监事会工作制度》、《监事会对董事会、高级管理层及其成员的监督办法》、《监事业绩考核暂行办法》等一系列规章制度，拟定了相关的监督检查操作规程，对监督信息资料的记录、归档和分析工作逐步进行了规范，初步形成可以满足现阶段基本需要的制度框架。

同时，建行监事会在监督方法方面进行了有益的尝试，如根据监督事项的不同特点，分别采用列席会议、调阅文件、检查与调研、监督测评、访谈座谈等方式开展监督；尝试把对银行的财务活动、内部控制的监督与对董事会、高级管理层及其成员履职尽职的监督结合起来进行综合评估；组合利用非现场监测与现场抽查手段开展监督等。多种监督手段的引入和综合运用，有助于扩展监督工作的深度和广度，更加客观全面地作出监督评价，收到了较好的效果。

建行本届监事会现有 7 名监事，包括 4 名股东代表监事、2 名外部监事、1 名职工代表监事，他们分别具有金融监督、商业银行、公司财务、审计和法律方面的管理经验或专业背景，职业经验丰富，构成比较合理。

按照公司章程的有关规定，建行监事会成立了两个专门委员会，分别是履职尽职监督委员会和财务与内部控制监督委员会。两个专门委员会组建后分别讨论拟订了工作计划，确定了阶段性的工作重点，有步骤地指导开展监督工作。谢渡扬表示，随着专门委员会的有效运作，针对重点领域的监督工作力度有所增强，监督的专业化程度和监督质量均有所提高。

监督落在实处

建行的独立董事中，有一些来自境外的资深专家。他们没有想到，建行的监事会成员和他们当面约谈，对其履行独立董事职责实施监督。这一举动彻底打消了独立董事原先对监事会这一机构的不理解。事实上，建行董事会的全体董事、建行所有高级管理层人员，甚至包括监事会各位监事，每个人都被监事会不止一次地当面约谈。为了全面了解，准确评估董事会、高级管理层及其成员的履职尽职情况，部分总行部门和分行的负责人也被列入约谈之列。

在全球范围内，从公司内部组织结构来看，监事会是一个颇具中国特色的制度安排。在建行董事会中 3 位境外独立董事的眼里，监事会还是一个比较陌生的组织。而从国内上市公司中监事会的具体运作来看，的确还存在着很多不尽如人意之处，一些公司的监事会还没有对公司本身形成有效的监督。因此，许多人认为监事会的存在形同虚设。

但是，建行监事会却把工作扎扎实实地落到了实处。他们始终把工作重点放在监督工作的具体实施上面，尽职监督、财务监督，内部控制监督等主要监督工作已全面铺开。监事会通过列席股东大会、董事会会议以及其专门委员会会议，列席经营管理层的工作会议，调阅文件、签报等多种方式，对公司的决策过程、决策执行、经营活动的组织实施，以及董事、高级管理人员个人的工作表现等进行了持续监督，建立了个人尽职监督档案，在一定范围内对他们的工作进行测评。

在财务监督方面，建行监事会组织了针对信贷资产风险分类和拨备的监督检查，就公司财务审计的主要结果、财务报告的真实、公允性以及国内外会计准则的执行情况等问题，与外部会计师事务所进行了多次工作会谈，保持了经常性的工作接触。

股改之后，建行的内部审计部门实施了垂直管理，而监事会则对内部审计部门负有指导职能。为此，建行监事会加强与董事会及审计、风险管理等相关委员会和有关职能部门的工作联系，动态了解全行风险管理工作情况，跟踪监督董事会和高级管理层为完善内部控制所做的相关工作，就业务活动遵循既定风险控制制度的情况组织了多次专项检查和调研。他们持续关注董事会关联交易控制委员会履行职责的情况，并就相关事项与有关业务部门进行了工作访谈。

建行监事会这些卓有成效的工作，给几位独立董事留下了深刻印象，他们多次在不同场合对监事会工作表示积极肯定。

形成有效制衡

谢渡扬坦言，建设银行是四大国有商业银行中率先实行股份制改革和首家公开上市的银行，因此，建行的监事会工作没有太多成熟的做法和经验可供借鉴。建行监事会一边实践一边摸索，在实际工作中不断深化对自身职责定位的认识，较好地解决了“监督什么”、“如何监督”的问题。

尤其是在上市之后，建行加快了在公司治理结构方面改革的步伐，合理界定了股东大会、董事会、监事会、高级管理层之间的职责定位和相互关系。建行监事会在工作中特别注意处理好与股东大会、董事会、高级管理层的关系，加强沟通与协调，充分听取他们对内部监督工作的要求、意见和建议。他们从内部监督的角度积极配合股改上市等全行中心工作，提供了专业性的意见。尤其是在推进内部审计垂直化管理的改革方面，建行监事会给予了得力指导，进一步健全了全行内部控制的组织架构。

另外，建行监事会也十分注意监督方法的选择，避免重复检查，不干预正常的经营管理活动，努力做到工作到位而不越位，使监督工作成为保护和促进全行改革和发展的动力。建行监事会坚持客观、独立的原则，对监督检查过程中发现的问题，负责地向有关部门和分支机构提出意见和建议。对重要问题或需要关注的事项，及时向董事会、高管层进行提示、征询、通报。董事会、高管层对此高度重视，及时采取了相应措施改进工作，收到了较好的效果。

谢渡扬认为，从宏观的角度看，股份制银行第一线的监督在管理层，第二线的监督在董事会，监事会的监督是三线的监督，所以，监事会的意义并不完全在于找出一些细节的问题，而在于从个别看整体，从局部看全局，从苗头看趋势，把握住重点，防患于未然，这样开展监督工作，就能够得到各方面的理解，获得大家的配合和支持。

谢渡扬表示，一年多来的工作情况和实际效果表明，建行监事会在公司治理结构中的监督效能正在逐步显现，发挥了其他监督主体不可替代的作用，经过各方面的共同努力，有效制衡、良性互动的工作格局开始在建设银行初步形成。

监事会：公司治理结构中不可或缺的一环

（原载《金融时报》2006年6月15日）

谢渡扬

如果你一直关注建行的改革，你一定会对2005年4月27日建行“明苑会议”记忆犹新。那次会议的主席台上，始终只坐着三个人：建行董事长郭树清、行长常振明、监事长谢渡扬，他们三位就是股份制改革以后建行的“三驾马车”——董事会、高管层和监事会的负责人。

谢渡扬曾经长期担任中国工商银行副行长，后又被任命为国有重点金融机构监事会主席，先后出任中国人民保险公司、中国再保险公司、中国建设银行监事会主席。自2004年9月任建行监事长以来，谢渡扬还是第一次接受记者采访。在国有银行股改上市过程中，往往都是董事会和高管层成员面对媒体和投资者的追逐、关注和询问，而大多时候，监事会是在默默地履行着职责，很少被曝光。

监督什么和如何监督

2004年3月，银监会发布了《关于中国银行、中国建设银行公司治理改革与监管指引》，其中提到“应建立规范的股东大会、董事会、监事会和高级管理层制度”。2006年4月，《国有商业银行公司治理及相关监管指引》中有了对监事会的明确定义：“监事会是国有商业银行的监督机构，对股东大会负责。监事会负责对董事、高级管理人员履行职责的行为进行监督……对银行经营决策、风险管理和内部控制等经营管理行为进行监督。”即便如此，人们也很难对监事会有个清晰的认识：它是个什么样的机构？它应该发挥什么样的功能？走在股改前沿的建行该如何理解并发挥监事会在完善公司治理结构方面的功能？

“这也是我们一直关心的问题”，2000年起便从事国有重点金融机构监事工作的谢渡扬如是说。“建行是率先股改上市的国有商业银行，监事会工作在国内外都没有现成的模式和经验可以借鉴，‘监督什么’，‘如何监督’是要着重解决的问题。建行监事会一直在积极探索自己在公司治理结构中的定位和发挥职能作用的方式方法。”谢渡扬介绍说。

建行监事会现有七名监事，包括四名股东代表监事、两名外部监事、一名职工代表监事。他们分别具有金融监督、商业银行、公司财务、审计和法律方面的管理经验或专业背景，职业经验丰富。

按照公司章程的有关规定，建行监事会成立了两个专门委员会，分别是履职尽职监督委员会和财务与内部控制监督委员会。两个专门委员会组建后分别讨论拟订了工作计划，确定了阶段性的工作重点，有步骤地指导开展监督工作。谢渡扬表示，随着专门委员会的有效运作，针对重点领域的监督工作力度有所增强，监督的专业化程度和监督质量均有所提高。

建行监事会始终把工作的重心放在监督工作的具体实施方面，目前，尽职监督、财务监督、内部控制监督等各项监督工作已全面铺开。

尽职监督是监事会的一项主要工作。每位董事和高管要有年度述职报告提交监事会，同时，建行监事会通过列席会议、调阅文件、座谈访谈等多种方式开展监督。今年初，监事会分别与董事、高管和分行行长、部分总行部门负责人共 30 多人进行了访谈，并在一定范围内组织了由董事、高级管理人员、监事参加的监督测评。

“监事会对董事、高级管理人员的监督是持续进行的，还为他们建立了个人尽职监督档案。”

据介绍，在财务监督方面，监事会与外部会计师事务所进行了多次工作会谈，保持经常性的工作接触。关注点是信贷资产风险分类和拨备，以及公司财务审计、国内外会计准则的执行情况等。在内控监督方面，监事会加强了与董事会及相关委员会和有关职能部门的工作联系，就业务活动遵循既定风险控制制度的情况组织了多次专项检查和调研。

“当监督检查过程中发现问题时，我们负责地向有关部门和分支机构提出意见和建议。对重要问题或需要关注的事项，还及时向董事会、高级管理层进行提示、征询、通报。”

实际事例比工作章程更说明问题。2005 年，根据列席会议和检查调研的情况，监事会就有关事项及时向董事会、高级管理层发出了提示函和征询函。后者对此非常重视，很快采取了相应的措施。谢渡扬表示：“我们不只关注有问题的点，而是针对趋势和苗头提出意见。”

谢渡扬总结说：“从一年来的工作情况看，建行监事会在公司治理结构中的监督效能正在逐步显现，发挥了其他监督主体不可替代的作用。经过各方面的共同努力，有效制衡、良性互动的工作格局开始初步形成。”

来自独立董事的评价

从国内上市公司中监事会的具体运作来看，还存在着很多不尽如人意之处，一些公司的监事会还没有对公司本身形成有效的监督。设立监事会是我国法律在公司治理结构上的一项制度性安排，很多国家没有此项制度。起初，几位来自境外的独立董事对监事会的职责作用不够了解，但在一年多的实践后，他们的看法有了明显的变化。

这些独立董事有的是资深的金融专家，有的是知名的经济学者，在亲身感受到了监事会所作的努力后，他们向谢渡扬表示：建行的监事会发挥了实质性的重要作用，监事会的工作对公司治理和公司经营发展非常有益。

经过一年多的努力，监事会真正成为建行公司治理结构中不可或缺的一环。谢渡扬说：“从各方面的反映来看，建行监事会的工作得到了大家的肯定。公司治理结构是一个不断完善的过程，‘旁观者清’，有些事情监事会注意到了，并且及时提出来，大家认为这是好事，对建行的改革和发展有好处。”

未来的规划

2006 年 1 月 1 日起实施的新《公司法》规定，“监事会应当包括股东代表和适当比例的公司职工代表，其中职工代表的比例不得低于三分之一”。谢渡扬表示，建行的公司章程将据此进行修订，监事会中职工代表监事名额还会扩充，根据规定程序补充和增加。

在回顾过去的工作时，建行监事长谢渡扬还再三强调，监事会刚刚处在起步阶段。今后，他们要加强适应新的形势和监督要求，进一步增强责任意识，不断总结经验，提高监督能力，眼下的工作重点是加强尽职监督工作、做好财务监督检查工作以及加大对内部控制和监督力度。

一年多的时间里，建行监事会完成了寻找职能定位这道命题，有效展开了对董事会和高级管理层的监督。而在新颁布的《国有商业银行公司治理及相关监管指引》中，完善公司治理已经被上升到“改革的核心和关键”。在这样的高度下，监事会如何进一步强化职能作用，又成为摆在建行和其他国有商业银行面前的新命题。

在中国建设银行分行行长夏季座谈会上的讲话

（2006 年 7 月 26 日）

谢渡扬

这次会议开始的时候，常行长分析了上半年的经营情况，对下半年的工作任务作了部署；郭董事长就产品创新问题作了重要讲话；赵林副行长和朱小黄首席风险官、杜亚军零售业务总监也分别发表了意见。这次会议的中心围绕产品创新问题、人才培养问题和调整信贷结构、掌握好信贷投放的节奏进行了研讨。这次会议对我们总结今年上半年的工作，进一步做好下半年以至今后一个时期的工作具有很重要的意义。

下面，向大家报告三个方面的情况，顺便讲一点意见。

一、认真贯彻全国组织部长座谈会精神

6 月 30 日至 7 月 1 日，中央组织部在北京召开了全国组织部长座谈会，总行党委委托我参加了这次会议。这次会议的任务主要是，聆听和学习贯彻胡锦涛总书记在庆祝中国共产党成立 85 周年和总结保持中国共产党先进性教育活动大会上的重要讲话，研究部署做好保持共产党员先进性的经常性工作，以及贯彻落实中央《关于加强党员经常性教育的意见》等四个长效机制文件，中央组织部还安排了下半年的工作。这次会议上贺国强同志作了重要讲话，他着重提出了四点要求：第一，认真学习和领会胡锦涛总书记的讲话精神，进一步做好加强党的先进性建设的工作。第二，切实巩固和充分运用先进性教育活动取得的成果，扎实做好下一步的经常性工作。第三，要求紧密结合各个单位的实际，认真贯彻落实中央制定的四个长效机制文件，不断推进基层党建工作的制度化和规范化。第四，突出重点，统筹兼顾做好下半年的组织工作。

中央已经下发了《关于加强党员经常性教育》等四个长效机制的文件，这四个文件的正式出台，对于推进基层党建工作的制度化、规范化具有非常重要的意义。我行各级党组织要按照中央和总行党委的要求，认真组织学习这些文件，把这些文件纳入党员干部的培训内容，通过宣传和教育使广大党员和干部能够掌握这些文件的主要精神。

为了进一步巩固和扩大先进性教育成果，总行党委根据中央制定的四个文件结合建行的实际，研究起草了《关于进一步加强、改进基层党组织建设》等六个文件，这些文件经过党委研究确定以后将下发全行。全行各级党组织要结合中央的四个文件，抓好贯彻落实。当前特别要结合领导干部的理想信念教育和社会主义荣辱观教育，引导干部和党员进一步做好这方面的工作。要结合自己的实际抓好落实，巩固我行先进性教育的阶段性成果，使党员教育经常化、制度化。

二、关于内部审计工作

上半年全行内部审计工作的情况，总行已经用简报的形式印发，希望大家认真看一下，结合自己所辖的情况，进一步研究怎么做好发现问题的整改工作，进一步加强管理与防范。

去年 7 月 1 日，我行对内审体制实行垂直管理，当时我们有

38个总审计室，还有总行的8个审计分部。去年我行内审垂直体制改革是在各家国有商业银行中率先实行的，改革以后效果很好，对增强审计的独立性和权威性起到了重要的作用。这些成果在去年和今年的审计工作当中已经体现出来了。但是改革还有一些问题，就是在8个审计分部所在地，同一个城市有两个机构。去年董事会对这个问题进行了专门调研，审计委员会也对这个问题提出了建议。最近总行根据这些情况作了进一步研究，决定对审计机构作进一步的整合。

整合的情况是：8个审计分部所在地中有两个作了调整。原来我们在北京和大连设有审计分部，考虑到总行在北京，所以就不在北京设审计分部了。华北地区的面比较大，就改在天津设立审计分部。东北地区的审计分部从大连改在沈阳。整合以后，8个审计分部是沈阳、天津、上海、南京、武汉、成都、西安、广州。其中6个在原地和当地的总审计室整合在一起，另外两家就设立在沈阳和天津。这8个审计分部除了负责所在地分行的审计工作以外，还要承担总行交办的、在附近地区的一些异地的审计任务。这次整合以后，全行的审计机构一共是38个，每个一级分行的所在地有一个机构，其中8个是审计分部，另外30个是总审计室。整合以后，我们对审计分部和总审计室的领导人员也相应进行了交流，原来上海的总审计师调到南京，南京的总审计师调到武汉，武汉审计分部的主任调到成都，原来内蒙古的总审计师调到西安，天津和沈阳审计分部主任是新任的，交流力度比较大。在这次会议之前，调整方案已经实施了。这次调整也涉及一些其他人员，包括过去总审计室、审计分部的人员。希望8个分部所在地分行对这次的审计机构的进一步整合，按照总行的要求给予大力的支持，把工作做好。

各审计分部已经开了会，大家表示坚决拥护总行的决定，认为这对进一步做好审计工作是很有意义的。我们相信这次整合，会进一步推动审计工作做得更好，力量更集中。

三、监事会的工作情况

今年6月，我们召开了2005年度的股东大会，在股东大会之前还召开了年度董事会。去年监事会的工作应该说是前进了一大步，除了做好财务和内控的监督工作以外，在对董事会、高级管理层和董事、高管层成员的履职尽职监督方面做了比较多的工作。结合年报的审计，我们对30多位同志进行了访谈，包括董事长、行长、董事会的成员、高管层的成员，以及总行一些部门的负责人，部分分行行长。通过访谈和日常监督相结合的方式，对董事会、高管层和董事、高管层的成员，以及对董事会各个专门委员会都分别提出了监督意见。另外，就监督的情况向董事会作了通报，把监督的情况向所有的董事，包括海外的独立董事和高管层成员都做了逐一反馈。这项工作是第一次做，监事会对这项工作是非常认真的，监督意见形成以后，在监事会委员会和全体会议上多次讨论，并正式通过。反馈意见以后，效果很好，对于促进我行更好地经营发挥了有益的作用。

监事会在日常监督的过程中，对于一些值得关注的事项也分别做了提示，得到了董事会和高级管理层的肯定和重视，对于改进工作也发挥了应有的作用。上周，监事会又召开了一次会议，根据我们去年工作的情况和主要股东对监事会工作提出的建议，研究提出了进一步做好监事会工作的意见。主要是围绕进一步做好体制、机制监督，做好财务监督。在过去的基础上，依据《公司法》和我行《章程》的一些相关规定，又提出了进一步的考虑，相关的工作将要陆续展开。

监事会还准备结合今年的情况，在近期对贷款质量和信息系统安全问题开展一次专题调研，希望能够得到大家的支持。

总的来讲，监事会的工作是一种在现代公司治理结构有中国特点的制度安排。在今年初的巴塞尔委员会加强银行公司治理的文件当中，也把中国的这种模式纳入到里头，认为这是一种双重结构，除了董事会以外还有监事会，董事会的监督职能由监事会承担。虽然巴塞尔委员会对中国的模式没有具体展开，但是作为银行公司治理结构的一种制度安排已经纳入了其考虑的范围，并提出鼓励能强化不同结构下公司治理的各种做法。在这方面，我们要进一步探索。

对于党中央、国务院的宏观调控政策和要求，建设银行作为国有控股的商业银行应当坚决贯彻执行，这是我们的责任和义务。宏观调控的要求和我们商业银行的经营目的、对股东提供最大回报的根本要求是一致的。今年以来，总行党委对党中央和国务院宏观调控的要求，包括中央银行的要求，是坚决贯彻执行的。第一季度贷款放得比较快，第二季度以后我们采取了很多结合建设银行实际的措施，现在总的情况还是好的。我相信各分行一定会按照郭董事长和常行长的要求做好下半年的工作。

（根据录音整理）

适应建设银行发展新形势 加快培养现代商业银行高级管理人才

——谢监事长在第七期现代商业银行经营管理高级研修班开班式上的讲话

（2006年8月6日）

谢渡扬

同志们：

为贯彻总行党委关于实施人才战略的重大部署，落实行长座谈会精神，强化对我行高层次经营管理人才的培养，有效支持和服务于建设银行发展战略，积极推进建设银行股份制改革，在已举办六期研修班的基础上，由总行人力资源部和总行高级研修院共同组织的第七期现代商业银行经营管理高级研修班今天正式开班了。总行投入大量人力和物力，组织对一级分行行级、总行部门级领导人员，本期还有部分中心城市分行行长参加的培训，目的在于系统地学习现代商业银行经营管理理念、知识、方法和技术，熟悉和掌握国际先进商业银行的经营规律和运行规则，强化一级分行行级、总行部门级高层次经营管理人员以及中心城市分行行长的战略规划能力、系统思维能力、宏观决策能力和开拓创新能力，更好地适应建设银行股改上市以及发展战略对高级领导人员履岗能力的要求。下面，我就办好这次培训班讲几点意见和要求。

一、深刻认识培养现代商业银行高层次经营管理人才的必要性和紧迫性

（一）加强高层次经营管理人才培养，是加快建立现代股份制商业银行，建立国际一流商业银行客观要求

我行在香港的成功上市，使全行的改革和发展进入了一个崭新阶段。在实现上市的过程中，我行的发展战略和市场定位进一步明确。要顺利推进股份制改造，实现我行的战略愿景，首要的任务就是思想观念的转变和员工队伍整体素质的提高。建设银行员工队伍的整体素质能否适应建立新的体制和机制的要求，能否适应管理现代股份制商业银行的要求，是摆在我们面前的重要课题。当前，尤为迫切的是要加强各级领导班子建设，特别要提高领导人员的水平和素质，使我行中高级管理人员尽快熟悉资本市场的规则，深刻理解现代商业银行的经营管理理念和运行规律，学习现代商业银行的经营机制、运营方式、管理技术和方法，培养战略管理、资本管理、投资者关系管理等专业技能。有了适应现代商业银行经营管理要求的领导人员和领导班子，才能更好地带出一支高素质、能征善战的员工队伍，把我行建设成为国际一流的商业银行。

（二）加强高层次经营管理人才培养，是提升我行核心竞争力的重要措施

高层次的经营管理人才是人才队伍的骨干和中坚，国际上成功的企业都非常重视核心人才的培训，世界500强中90%的企业都有完善的培训体系培养经营管理人才，如通用电气公司有克罗顿维尔管理开发中心，集中对领导人才进行培训开发；汇丰银行建立专门体系对遍布全球的管理人员进行系统的梯次培训；摩托罗拉有针对高层经营管理人员的年度培训计划，每年就经营管理中的战略问题举办高层次经营管理人员研修班，研讨解决问题的

对策。

高层次经营管理人才是建设银行核心人才的主体，也是决定建设银行核心竞争能力的关键因素。随着银行业的进一步对外开放，我们将面临更为复杂多变的经营环境，竞争将更为激烈，同时，也对建设银行各级领导人员提出了更高的要求。只有具备现代银行家的职业素质、现代意识和国际眼光，掌握现代商业银行经营管理的方法和技能，才能使银行保持竞争力，提高价值创造力。目前，全行对一级分行行级、总行部门级领导人员以及中心城市行行长的培训与形势要求相比，还有一定的差距，在培训项目的开发、规划、实施、管理等方面，还有许多需要完善的地方。建设银行要实现股份制改造目标，增强核心竞争能力，提高价值创造力，迫切需要加强对高级领导人员的培训，在不断总结完善的基础上，使高级领导人员履岗能力的培训制度化、规范化。

（三）加强高层次经营管理人才培养，是深化改革，加快发展，加强管理，保持稳定，将建设银行股份制改革有机、整体向前推进的保证

股份制改造是一个试验、探索的过程，许多问题需要摸索，需要上下左右相互协调，相互碰撞，需要一个探索、反馈、调整的过程。我们向现代商业银行过渡，实现股份制改造，要体现到银行的服务之中，体现到日常的经营管理中，体现到我们每一个人的工作中。这就要求我们中高级管理人员首先要以身作则，切实提高自身素养，从管理上体现我行股改上市后的变化，按照现代企业制度的要求运作。今年是我行上市后的第一年，将面临更加严格的外部监管和更加激烈的市场竞争，将更多感受到国内外股东的投资回报压力。当前，建设银行正处在从国有独资商业银行向国际先进水平的股份制银行转变的重要时刻。我们要以公开上市为契机，通过完善公司治理结构，引进战略投资者，优化业务流程，转变经营机制，深化风险管理体制改革，提高资产质量，深化组织机构改革，积极推进扁平化改革，积极探索业务单元制，深化人力资源管理改革，建立市场化的人力资源管理体制等一系列改革措施，不断提高建设银行的经营管理水平。根据新的发展战略定位和上市银行的严格标准要求，我们的经营管理将面临一系列新的挑战。不仅要对股东、客户、员工和社会负责，还要妥善处理与监管部门、中介机构以及公共媒体等的关系；不仅要经营资产，还要适时地进行资本运作，将建设银行做大做强；不仅要做好本土现有业务，还要果断地出击开拓新的业务经营领域和境外新的市场；等等，对我行各级各类人员知识结构和能力素质等提出了更高要求。为此，全行上下都要加强管理理念和知识的更新，尤其是各级行的行领导和各级部门的负责人，更应带头学习掌握相关理论，了解现代商业银行运作内容，深刻领会建设银行改革的思路和方向，适应上市银行的要求。

二、围绕建设银行发展规划和改革目标，系统学习现代银行的经营管理理论与实务，努力掌握现代股份制商业银行运行规律

把大家从紧张繁忙的工作中集中起来进行两个多月的离岗培训，既体现了总行加快培养高层次经营管理人才的决心，也对我们培训班提出了更高的要求，要求大家通过培训更新理念，学习知识，提高能力，以优异的培训成果有效推动各项工作的开展。

（一）学习借鉴国际一流银行的先进经验，提高战略管理能力

我行全面开展了战略制定工作，绘就了战略愿景，明确了三年战略目标，努力为客户提供最佳服务、为股东创造最大价值、为员工提供最大发展机会，建设国际一流的商业银行。但是，目前建行尚存在业务结构不合理、产品结构不合理等矛盾和问题，与我行的战略构想还存在较大差距。行领导在年初全行工作会议上明确要求："要改变目前我行业务结构不合理的现状，归根结底在于提高我们的战略管理能力，实现业务发展战略。"要注意了解市场，分析市场，提高对市场的敏感性；要加强对区域经济的研究，合理配置资源，提高价值创造力，将我们的战略目标落实到日常经营活动中；要加快对营销渠道的建设，使我们的产品能满足更多客户的需求，争取引领市场。

为更好落实好我们的战略目标，必须注意加强学习，借鉴国际一流银行的先进经验。在前几期高级研修班上，我们就请了美国银行的专家来讲课，同时也将一批学员送到美国银行本部实地考察和学习，效果非常好，在这期培训班上，我们还要请美国银行的专家来给我们培训，希望大家要抓住机会，积极学习，借鉴

美国银行的先进经验，提升我们的战略管理能力和业务水准。

（二）树立现代商业银行经营理念

要实现建设银行发展战略目标，努力建立现代金融企业，必须理念先行，树立起符合现代商业银行经营规律要求的经营理念，要求我们的体制改革、机制转换以至所有的经营管理活动都必须符合经营理念的内在要求。

要树立“以客户为中心”的经营理念。强调以客户为中心，不只是服务态度的问题。首先，以客户为中心，是一个体制和机制的根本性问题。提倡以客户为中心，应该体现在所有的服务和产品方面。必须摆脱“官办”作风，建立以市场为导向的机制，进而实现价值创造。其次，以客户为中心，是关系到发展战略的根本性问题。业务发展战略有地区、行业、客户群体不同的区别，说到底是个细分客户的问题。例如，我们的客户不能只限于企业和个人，也要强调各种机构客户。强调机构客户就是一种细分。过去机构客户都被公司客户涵盖了，现在开始开拓财政、税收、军队武警、大学、医院等机构客户，有的做得很好。再次，以客户为中心，是关系到管理效率的根本性问题。管理怎样才能有效率，是由客户服务、市场竞争以及对风险的控制来决定的。建设银行转变为商业银行，根本性的问题就是要实现以自我为中心向以客户为中心的转变。去年底总行特别成立了提升柜面服务效率工作小组，通过两个多月的时间，提交解决方案 73 项，原先需要 3 分钟才能办理完的“速汇通”业务现在用 2 分钟就办完了，切实提高了客户的满意度。

尽管我们在改造业务流程、提高服务效率方面取得了一定成绩，但与国际先进银行相比，用以客户为中心这个标准来检验我们的工作、我们的服务、我们的流程，还是存在很多差距，还存在管理环节多、流程周期长、手续烦琐等问题。今年全行只有真正从客户的视角来审视我们的业务流程，而不是从内部管理需要调整流程，才能真正节约客户的时间和成本，提高我们的工作效率，提升我们的服务质量。

总之，要构建现代商业银行，就必须要有现代商业银行的文化理念和价值取向，核心是处理好银行和客户的关系，做到让客户满意，让客户高兴。强调以客户为中心的理念还应体现在我们内部各部门和机构间的相互支持与协助上，特别要增强上级行为下级行、后台为前台、二线为一线的服务意识，切实提高内部运营效率。

转变思想有很多方面的内容，其实质是培育建设银行新的企业文化，重点是真正树立“以客户为中心，以市场为导向”的经营理念。衡量我们改革成败的最重要标准是看建设银行能否在市场竞争中发展壮大，说到底，要看我们能不能为客户提供最好的银行服务。这涉及产品种类、操作流程、服务态度、营业环境等，最主要的是时时处处替客户着想，每项交易都尽最大可能地顺利、便利，真正做到建设银行能为客户提供最佳服务。

要树立银行价值最大化的经营理念。多年来，我们反复强调以效益为中心，追求银行价值最大化，但在实际工作中，还没有很好解决扩大业务规模与提高效益的关系，没有很好解决短期效益与长期效益的关系。究其原因，有管理和操作技术方面的原因，但根本上是没有真正树立起现代商业银行的经营理念，没有形成体现经营理念的制度保障。银行价值最大化是一个综合性的指标，它综合考虑了资金的风险和时间价值，指导银行通过合理配置资源，实现利润最优化，突出股东回报，保证资本保值增值，创造出较高的经济效益。我们要以股份制改造为契机，积极学习借鉴国际先进商业银行的管理方法和经验，运用先进管理技术，提高管理的精细化和科学化水平，搭建管理有效、操作规范、内控严密、运作有序的经营管理体系，使价值最大化的经营理念贯穿到我们日常经营活动的各个方面。

要树立稳健经营、可持续发展的经营理念。银行是高风险行业，需要在经营风险的过程中获得较好的风险回报率，注意收益和风险的平衡。要实现银行的长期可持续发展，就必须在经营中强化风险意识，建立全面风险管理模式，真正把风险管理当做一门科学，有效指导经营管理实践。要坚持审慎经营的原则，强化资本约束理念，以资本约束控制风险资本的增长，坚持业务增长与风险控制相适应、风险成本与风险收入相匹配的基本原则，在保证稳健经营的前提下，提高集约化水平，有效配置资源，实现利润最优化的目标。

要树立具有市场化、国际化竞争意识的经营理念。随着经济金融全球化趋势的不断加快，建设银行面临着日趋开放的国际市场和日益激烈的竞争环境，我们在股份制改造过程中，必须强化市场意识和竞争意识，提高市场反应的敏锐度，按照市场经济的运行规则，真正树立起市场观念、客户观念，以市场为导向，以客户为中心，积极提升服务质量与水平，不断提高企业的竞争能力，保证在激烈的市场竞争中立于不败之地。

（三）系统学习现代商业银行的经营管理理论与实务

要加强对股份制商业银行经营形势的分析和把握，增强对经营环境的理解，提高适应性。随着金融国际化进程的加快和金融体制改革的推进，建设银行将面临新的经济、政策等宏观环境以及日趋激烈的竞争环境，需要不断学习经济、金融形势以及国有商业银行改革、金融体制改革等方面的内容，掌握和了解《巴塞尔新资本协议》，银行监管等相关内容，熟知银行经营法律法规等要求。

要加强对现代股份公司经营管理理论的学习，熟悉股份公司经营管理的一般规律。系统学习公司治理、管理学、管理经济学、组织行为学、公司战略、财务管理、人力资源管理、营销管理等EMBA核心课程，学习现代公司制企业经营管理理论的主要方面。

要加强对现代商业银行核心业务知识的学习，研究与建设银行发展战略相关的业务发展问题。要学习银行服务、资产与负债管理、绩效管理、内控与风险管理、客户关系管理等现代商业银行实务，以研修讨论、交流调研等形式，探讨建设银行股份制改革后的财务管理，风险管理，人力资源管理以及公司业务发展，个人银行业务发展，信息技术与运营体系建设等问题，着力提高解决建设银行业务发展和经营管理中实际问题的能力。

（四）努力掌握现代股份制商业银行的运行规律

要学习和借鉴现代股份制商业银行营销管理的技术和方法，建立以客户为中心的市场营销服务体系和高效分销渠道，提升建设银行客户服务和市场拓展能力。要将资源向一线倾斜，加大市场研究，加大对客户的营销，充实客户经理、产品经理和风险经理等前台队伍；要完善营销服务机制，总分行一起实现多级营销、上下联动营销；对不同的客户实行差别化营销、整体营销。建立起有效的客户分析系统，全面推行客户关系管理，区分不同类别客户，运用不同的销售模式、销售队伍和销售技能，加强客户经理队伍建设；加快理财中心建设；加快网上银行、自助银行、Call Center等电子渠道的优化和推广，使其成为日常业务处理和产品分销的重要渠道；创新产品研发和管理体系，提升建设银行业务产品市场竞争能力。

要学习和借鉴现代股份制商业银行的风险管理文化、技术和方法，建立全面的风险管理体系，提升建设银行风险控制能力。风险防范很重要，但风险防范和业务发展是有机统一的整体，应强调风险与收益的平衡，不能把防范风险和业务发展割裂开来。防范风险是为了取得有效益的发展，那种不考虑市场和客户实际，片面追求风险管理和监督控制的做法是不可取的。要尽快建立符合《巴塞尔新资本协议》要求的内部评级系统和风险管理组织架构，建立健全风险预警预控制度；建立全行统一的信贷政策，改进信贷评价方法；构建全面的风险管理基础平台，加强对各类风险变动情况的实时监测分析；优化法人授权管理模式。

要学习和借鉴现代股份制商业银行管理的方法和经验，提升建设银行财务管理和资产负债管理能力。全面推行经济资本预算管理模式，建立以经济资本为核心的风险和效益约束机制；要实现财务管理职能转变，强化绩效管理和价值管理，建立完善的经济资本分配和内部资金转移价格体系，建立对各级机构、管理人员和员工的绩效评价体系。学习引进先进的资本管理技术和科学的资本运作方式，提高资本管理技能，完善资本管理机制。

要学习和借鉴现代股份制商业银行人力资源管理的经验，建立市场化人才资源管理体制和有效的激励约束机制，提升建设银行人力资源管理能力。银行的资源中，最具价值创造力的是人而不是资本。管理固然是对人的管理，但是不能只从消极防范的角度进行管理，而要将着眼点放在充分发挥员工的聪明才智和积极性上，放在制度建设和信息处理上，放在思想教育和文化建设上。要进一步深化人力资源改革，创新人才工作机制、完善人才资源管理体系、优化人才资源结构、加强核心人才队伍建设，健全以关键业绩指标为核心的考核体系和薪酬分配体系，建立完善的员工培训体系。

要学习和借鉴现代股份制商业银行科技开发的经验，提高科技应用水平，提升建设银行信息技术对管理与发展的支持保障能力。加快数据集中工程的推广，加快企业内部资源管理、客户关系管理、信贷业务和风险管理、渠道整合、综合产品服务系统等项目群组的开发和实施，逐步建立以客户为中心，体系架构清晰、信息内容完备、操作处理高效、数据安全集中的综合业务运营体系。

三、创新培训方式，加强培训考评，确保培训效果

我们现在的培训是根据培训内容和培训对象的特点，采取课堂讲授、专题讲座、案例讨论、模拟演练、拓展训练等多种培训模式相结合的方式开展的。为提高学员学习的积极性主动性，确保研修效果，研修班提出了“两个结合”、“两个贯穿”的要求。

“两个结合”要求教学安排上将课堂讲授和专题研讨相结合、境内培训和境外学习相结合。将讲授和研讨相结合，提高学员理论联系实际的能力，做到学以致用。大家学习的过程，也是就建设银行改革发展和经营管理中的重大问题进行专题研修的过程。研修班将安排总行主要业务部门分别就建设银行改革与发展中的相关问题与大家进行交流、对话和研讨，以进一步沟通情况、分析问题、统一思想，增强对改革目标、任务和推进措施的理解，确保总行战略意图的贯彻和实施。将境内培训与境外学习相结合，在境内系统培训的基础上，带着具体问题到境外实地学习考察现代商业银行先进的经营管理模式、管理技术和方法，进一步开拓视野，提高对现代商业银行经营规律的认知能力和水平。

“两个贯穿”就是要把培训需求分析、效果评估等贯穿于研修的全过程。要加强培训需求分析，以便准确地了解学员的培训需求，提高培训的针对性；要加强培训效果评估，每类课程单元结束时，要采用主题发言、交流研讨等多种形式评估学员培训效果；每期研修班结束前，采取成果交流、汇报研讨等形式检验学员的研修成果；学员返回工作岗位后，要对学员培训效果定期进行跟踪评估。培训效果评估本身并不是目的，而是促进大家充分利用难得的培训机会，真正做到学有所得，学有所成。大家不要有“学习就是休息、放松”的观念。哈佛大学的案例式学习，学员每天都要学习准备到深夜一两点；花旗银行最有特色的风险管理培训之所以能取得很好的培训效果，与其高强度的培训方式有很大关系；我们前几期的培训学员虽然很辛苦，但取得了很好的培训效果。

这期研修班两个月的时间，安排得很紧凑，学习内容很丰富，形式多样，要求高，任务重。高级研修院利用原有党校设施，条件有限，但从领导到员工，一定会尽可能提供满意周到的服务，大家在生活、学习过程中有什么要求，也请及时提出来。同时，也请同志们在学习过程中注意劳逸结合，有张有弛，加强锻炼，注意保重身体，保证学习质量。

预祝研修班取得圆满成功。谢谢大家！

发挥整体优势　加强联动和创新 努力提升全行外汇业务的市场竞争力

——在2006年全行国际业务工作会议上的工作报告

(2006年6月20日)

赵　林

同志们：

这次全行国际业务工作会议的主要任务是，进一步贯彻落实全行业务发展战略和年初工作会议精神，研究在新形势下进一步加快国际业务发展的政策措施，努力提升全行外汇业务的市场竞争力。刚才，常行长对重视和加快发展国际业务提出了总体要求，各分行要认真贯彻落实。下面，我讲几点具体意见。

一、近年来全行国际业务工作回顾

2005年我行国际业务取得了较好的成绩，全面完成了各项工作任务，2006年前5个月国际业务继续保持了这一良好的发展势头。

经营效益稳步提高。2005年全行实现外汇净利润13.23亿美元，外汇中间业务收入27.18亿元人民币，在全行利润和中间业务收入中占比分别为21%和24.5%，较上年分别提高了0.5个和3.6个百分点。外汇存款持续增长。2005年我行外汇一般性存款余额在市场总体规模下降的情况下逆市上扬，四行占比较年初增长了1.07个百分点。外汇贷款发展平稳。2005年末全行外汇贷款余额为103.91亿美元，外汇逾期及非应计贷款率为1.82%，比年初下降了0.27个百分点。外汇中间业务增速加快。2005年国际结算业务量达到1 368.93亿美元，同比增长27.22%；结售汇业务量832.2亿美元，增长28.48%。外资银行业务稳步推进。2005年国外银行同业存款和生息资产存款较年初分别增长了42%和25%；外资银行人民币借款业务取得快速发展，与21家外资银行签订了总额为65.6亿元人民币的额度借款协议；边贸业务共完成14.3亿美元，比上年同期翻了一番。代理行范围不断扩大，截至目前，已与109个国家和地区的1 200家银行建立了总行级代理行关系，覆盖了我国主要贸易伙伴国和世界五大洲。境外业务稳健发展。截至2005年末，境外经营性机构资产总额为88亿美元，实现拨备后税前利润总额6 561万美元，完成年初预算的116%。

回顾一年多来的工作，我行国际业务之所以能够取得较好的业绩，是各级行领导重视、相关部门大力支持配合和全行上下共同努力的结果。

（一）适应新形势和新情况，加强业务规划和指导

2005年我行股改上市以及良好的业绩表现，赢得了较好的市场声誉，为我行国际业务发展提供了良好机遇，同时也面临新的情况和新的挑战。美元利率持续上升和人民币汇率体制改革都对外汇业务带来了巨大影响。总行加强了对国内外金融市场形势和外汇业务经营环境的研究分析，及时下发了有关通知，从健全组织机构建设、加强经营形势分析、稳步推进各项业务发展、加快系统开发以及加强风险与内控管理等方面，强调了国际业务部门应抓紧落实的重点工作。各分行根据通知要求积极采取措施，有效地规避了利率和汇率变动给外汇业务带来的风险。

根据股改上市后全行业务发展战略的要求，总行制订了国际业务发展战略愿景和实施计划，明确了未来三年“建立具有市场竞争力的国际业务产品、服务和人才队伍，主要外汇业务市场份额保三争二，实现本外币业务协同发展”的国际业务发展战略愿景目标。各分行也根据自身实际提出了实施计划。这对于今后的国际业务发展将发挥重要的指导作用。

（二）积极组织营销推广，加大产品创新力度

总行自2003年起开展了外汇业务评优活动，对于调动全行营销外汇业务的积极性起到了重要作用。在前两阶段活动的基础上，今年总行又组织了第三阶段“创业绩、比贡献、促发展”外汇业务评优活动，并在鼓励产品服务创新和加强市场营销方面加大了激励力度。总行加强了对各分行营销外汇业务的支持和指导，牵头组织了多次重要客户外汇业务营销活动。各分行也在总行的指导下，开展了多种形式的外汇业务营销活动和评优竞赛，认真落实“以客户为中心”的经营理念，在客户服务意识和服务能力方面有了明显改善，服务质量和服务效率也得到提高。

在加强营销的同时，总行积极推动外汇业务产品创新和推广，2005年以来陆续推出假远期信用证境外代付、非信用证项下信托收据贷款、“环球汇入直通车”等满足市场需求的对公和对私外汇业务新产品；在国外保函业务方面，提高专业化管理水平，成功推出“海外融资保”新产品，积极为“走出去”的国内企业提供境内外一体化金融服务，并在支持我国企业船舶出口方面实现了业务突破；在国际融资业务方面，成功开发了出口信贷再融资业务；在外汇资金和理财业务方面，正式开办人民币与外币掉期业务，为客户提供了规避人民币汇率风险的有效手段；推出了将人民币投资与国际金融市场相连接的“利得盈”结构性理财新产品；成为第一家获得银监会批准开办境外收购贷款业务的银行；继续推广“汇得盈”个人外汇理财产品，截至目前，共有33家分行开办了此项业务，自2005年以来已连续发行28期，累计募集资金28亿美元。

各分行也在总行指导下，加大了外汇业务营销力度，拓展了一批优质客户，并且积极配合总行进行产品创新的试点和推广。由上海市分行率先推出的“汇得盈”产品已成为我行个人外汇理财产品的品牌，去年上海市分行又试点开发了“汇贷盈”封闭式人民币质押外汇贷款组合产品，有效地推动了人民币存款、美元贷款、远期结售汇等一揽子业务的发展，为我行带来了可观的收益。

（三）切实加强风险防范，促进国际业务健康发展

2005年总行组织开展了全行外汇业务合规性检查，通过现场检查、分行自查与问卷调查相结合的方式，对各分行规章制度的执行情况和业务操作的规范性进行了综合检查。针对检查中发现的风险隐患，最近总行又组织了“外汇业务合规性检查回头看”活动。结果显示，各分行都积极组织了整改，合规经营和规范操作意识明显增强。

在加强贸易融资业务管理方面，总行出台了一系列防范风险的措施，包括：对分行贸易融资经营风险责任制落实情况进行监督检查；确定了以贸易融资收入扣除新增不良资产为核心指标的考核方案，指导分行有效识别并遏制过热行业和高风险企业的潜在风险。在总分行的共同努力下，2005年我行贸易融资不良额大幅降低。

在国外金融机构风险管理方面，总行加强了金融机构额度管理，及时下发了《关于规范国家（地区）和国外银行临时额度申请的通知》，在满足业务发展需求的同时也有效地控制了风险。

（四）推动业务流程再造，提高电子化管理水平

今年1月19日，“中国建设银行国际贸易单证处理中心”在上海正式揭牌成立，这是我行外汇业务在加强运营成本控制的前提下，通过改造业务流程、提高客户服务能力的一个重要尝试，标志着我行国际结算业务已经从多层次分散式操作模式进入到集中处理的新阶段。与集中处理模式相配套的新一代贸易融资系统已在32家一级分行上线运行，开始实现国际结算单证处理的省级集中，提高了业务操作的效率和质量，为加快国际结算业务发展提供了条件。

2005年总行组织完成了外汇业务信息管理系统一期项目的设计和开发，并成为国内首家使用国家外汇管理局新版国际收支统计监测系统的银行。两个系统已在浙江成功上线，标志着我行国际收支申报信息技术的开发和应用站在了同业前列。

国家（地区）和国外金融机构内部评级和限额管理信息系统已进入开发实施阶段。该系统将通过设定模型和参数，控制代理行的信用风险和授信额度，保证额度管理的科学性和统一性，提高授信效率。

（五）相关部门支持配合，共同推动国际业务发展

2005年以来总行各有关部门在支持和推动国际业务发展方面做了很多工作。在考核激励方面，继续将“国际结算业务量新增”纳入关键业绩指标体系，并增设“国际结算大客户新增”指标，增大了外汇业务发展战略性费用和业务拓展费配置力度。在价格管理方面，研究调整了外币内部资金利率，降低了分行从总行拆借资金的成本，缩小了即期结售汇总分行平盘点差，使收益更多地体现在分行，提高了分行营销结售汇业务的积极性。在反洗钱管理方面，由总行通过系统集中提取本外币大额支付交易数据，统一向中国反洗钱监测分析中心报送，减轻了分行的报表统计压力。在对公外汇业务方面，重视跨国公司业务发展，行领导亲自带队对跨国公司高层进行营销，出台了《关于加强对跨国公司客户营销的建议》，加强了对跨国公司客户、龙头企业和重大项目的业务联动营销，针对不同层次、不同规模、不同类别的客户和项目，设立本外币业务谈判团队，加强相关部门的协调配合，增强市场营销能力。在个人外汇业务方面，完成了个人外汇买卖系统的改造，将个人外汇买卖逐级平盘方式改为直通式平盘，将客户交易头寸直接集中到总行，实现了个人外汇买卖交易敞口在总行的实时集中和总行统一向DCC系统报价，节省了分行成本，提高了平盘效率，降低了总分行操作风险和汇率风险；在同业中首推个人远期外汇买卖业务，并率先在上海市分行试点，拓宽了个人投资理财渠道。在外汇资金业务方面，出台了《代客外汇买卖业务管理办法》和《代客结售汇业务管理办法》，印发了《关于加快发展代客结售汇、外汇买卖业务的指导意见》，在规范这两项业务管理和操作的同时，提出了加快业务发展、改善我行收入结构的具体措施。在外汇清算方面，调整了外汇资金清算体制，将原来的总分行两级清算变为总行一级清算；统一了外汇汇入汇款的解付标准，实现外汇清算账户的统一管理，提高了全行外汇汇款和清算业务的准确性和处理效率。在信息技术项目管理和系统开发方面，信息技术管理部专门成立了国际业务IT团队，在系统规划、产品研发、项目实施、计划预算等方面与业务部门密切合作，除了做好相关外汇业务项目开发和实施以外，还为国际业务发展提供了多方面支持。

这些工作成绩充分说明，相关部门对国际业务重要性的认识有了明显提高，全行重视和发展国际业务的氛围正在逐步形成，国际业务内部经营环境已经得到显著改善，为今后的发展奠定了坚实的基础。

二、当前国际业务发展面临的形势

根据国际货币基金组织预测，2006年世界经济增长速度将保持在4.3%左右，经济的高速发展使国际间贸易和资本往来更加频繁。自2004年起，我国已经超过日本，成为仅次于美国和德国的世界第三大贸易国。未来一段时期，与进出口贸易及跨国投资联系密切的地区和行业将成为新的经济增长点，为国际业务的发展提供了难得的机遇。

为了适应新的经济金融形势，国家外汇管理部门新出台了一些政策和措施。监管部门允许商业银行办理代客境外理财等多项措施的出台，增大了银行拓展外汇理财产品及远期结售汇、本外币掉期等金融衍生产品的空间。国家外汇管理局近期出台的“取消经常项目外汇账户开户事前审批并提高账户限额”、“简化服务贸易售付汇凭证并放宽审核权限”、“放宽境内居民个人购汇政策并实行年度总额管理”三项新政策，有利于提高企业和个人持有外汇的意愿，为银行吸收外汇存款带来了新的机遇；即将于7月1

日起实行的“放开企业境外投资购汇限额管理”政策，是贯彻落实“走出去”发展战略的具体措施，将为我行发挥境内外联动优势、积极为企业境外投资提供服务创造良机。

股改上市后，我行的国际知名度和市场影响力大大增强，2005年经营业绩披露后，更增强了投资者的信心，为国际业务发展创造了良机。与战略投资者的合作将为我们引进新的经营理念、先进的管理经验和高效率的业务发展模式，也将显著增强我行国际业务的市场竞争力。现在是我们发展外汇业务的大好时机，我们必须抓住这一历史机遇。

与此同时，我们也要看到，宏观经济环境中仍然存在诸多影响贸易高速发展的因素，如频繁的贸易摩擦、多变的国际金融形势以及能源和原材料价格上涨等，都将对我国外向型经济发展产生一定程度的影响。国际市场美元利率不断走高，国内市场人民币汇率和利率机制改革的逐步深化，都将使外汇业务的经营形势变得更加复杂。随着加入世界贸易组织后国内金融市场逐步放开和外资金融机构大量涌入，国内银行业的竞争呈现出国际化趋势。特别是在当前金融产品和服务同质化的情形下，外资银行的进入将进一步加剧国内金融市场的竞争，而国家外汇管理政策的调整在为银行松梆、为业务发展创造更多机遇的同时，也将使我行外汇业务发展面临更为严峻的挑战。

从我行内部形势来看，尽管我行外汇业务取得了一些进展，但总体形势仍不容乐观。对外汇业务战略性地位的认识有待提高，重本币、轻外币的观念仍然存在；总行出台的一些推动外汇业务发展的政策措施在执行过程中存在偏差，没有得到完全落实；各地区外汇业务发展不平衡，沿海及中心城市行的作用尚未有效发挥；重要客户的外汇业务承办率不高，全行整体业务联动的作用还没有充分体现；主要外汇业务市场份额有待提高，国际结算、结售汇业务同业排名仍位于四大行末位；国际业务人员流失严重，人员素质参差不齐，本外币一体化营销能力明显不足。这些问题都需要引起全行上下的重视和关注，并在今后的工作中加以研究和解决。

经济发展趋势和竞争形势要求我们必须要加快缩短本外币业务的差距。现在我们已经开始重视外汇业务的发展，加强了本外币联动，但是还不够，必须将这种理念转化为一种自觉的行为，并且深入到各项工作实际中，而不是在行政干预的情况下进行，这样才可以把业务更好地发展起来。

在座的各位都是国际业务的负责同志，肩负着推动我行国际业务发展的重任。面对新的形势和新的情况，一是要切实提高对进一步加快发展国际业务重要性的认识；二是要正确理解和贯彻执行总行制定的各项外汇业务发展政策，并因地制宜地细化措施，避免生搬硬套和形式主义；三是要有好的工作方法，国际业务要发展，光靠国际业务部门是不行的，要充分利用全行资源，争取多方面的支持，积极推动与相关部门的协调合作，注重本外币、总分行、境内外以及与兄弟分行的联动；四是要加强学习，国际金融领域新知识、新工具层出不穷，外汇业务的专业性、政策性又很强，不抓紧学习就无法适应国际业务管理岗位的需要，无法对业务发展提供及时有效的工作指导。

三、进一步做好全行国际业务工作的要求

总的要求是深入贯彻落实全行业务发展战略，坚持“以客户为中心”，进一步完善国际业务经营机制，优化业务流程，加快产品创新，发挥整体优势，加强联动营销，强化风险内控，加强队伍建设，促进本外币业务协调发展，全面提高我行外汇业务的市场竞争力。

年初，总行下达了2006年全行国际业务计划目标，从前5个月的情况看，外汇存款、国际结算等主要外汇业务指标完成情况不错。大力发展结算和结售汇业务对发展我行的中间业务及带动其他业务的发展都是非常有利的，但从原计划看，每年在四行中的占比提高0.5个百分点是不够的，我分析了一下，如按此水平，不要说争二争一了，就从目前第四位上升到第三位都很难，大家还要努力。不少客户往往把建行看成办理本部业务的银行，对我行外汇业务的情况不甚了解，因此在营销的时候要多做宣传。我们的业务增长点是很多的，如何去挖掘，仅仅依靠国际业务部是不行的，必须依靠全行的共同努力，重点要做好以下几方面的工作。

（一）加强全行整体业务联动，落实外汇业务区域和客户战略，推动外汇业务快速发展

如果能够把我行整体优势发挥出来，那我们一定能在竞争中

占据优势和先机，关键是要加强各相关部门之间的联动。目前大的公司和客户集中化管理程度很高，转变观念、共同做好跨区域集团客户及总部客户的营销和关系维护是很重要的。要研究制订重点客户的个性化营销服务方案，特别是要加大目前与我行业务合作少、合作关系不紧密的重要客户的营销。要加强各级行之间的联动，建立起协调配合的营销网络。总行要做好对分行的营销支持和指导，各一级分行要保持与总行的沟通以及与兄弟行的联系，积极参与辖内分支行的客户营销和产品推广。各级机构要发挥客户服务的前沿作用，增强交叉营销和团队营销能力；加强本外币业务联动，积极争取客户的本外币业务资源，提高客户对我行的综合贡献度；加强境内外联动，要按照总行印发的《关于进一步加强境内外业务联动的指导意见》，推动境内外业务协同发展。加强公司业务与个人业务的联动，对做好外汇业务尤其是个人外汇业务也很重要，要按照公司和个人业务联动的有关要求，抓好落实。个人外汇理财产品正在逐渐放开，各分行在产品研发推广方面有什么要求可以及时向总行相关部门提出来，要形成好的传统。

要贯彻我行区域发展战略，以经济相对发达、目标客户群体比较集中的长三角、珠三角、环渤海地区为重点，扩大我行在当地的外汇业务市场份额和影响力。抓住国务院推进天津滨海新区开发和开放的契机，推动京、津、冀和周边地区的外汇业务发展。按照《中心城市行外汇业务发展指导意见》的要求，落实优先发展中心城市行外汇业务的各项措施，挖掘中心城市行外汇业务增长潜力。一些大的跨国公司一般集中于中心城市行，发达地区外汇业务的发展是至关重要的，我们的落后也主要是中心城市行的落后，必须要下大力气争取突破。另外，要加强对中西部地区和内陆省份发展外汇业务的指导，利用外商投资向中西部转移的有利时机，发挥外汇业务在拓展高端客户、提高客户服务能力方面的主导作用，打造中西部地区业务发展新亮点。

配合总行正在进行的客户战略规划，研究外汇业务客户发展战略，建立多层次的外汇业务客户群体，不断扩大外汇业务优质客户数量。要充分利用我行的客户资源，积极为跨国公司、三资企业、大型工贸企业以及优质外贸企业提供外汇融资、理财和结算服务。按照《中小企业业务发展指导意见》和《发展小企业信贷业务实施意见》提出的措施和要求，支持有成长潜力的中小企业客户发展外汇业务。贯彻个人业务发展战略，积极参与并推动对公和对私外汇业务联动，以个人外汇结构性产品和个人外汇买卖等理财产品为重点，培育一批具有较高忠诚度的个人高端客户。我行外汇业务能够保持健康、良好的发展势头，主要原因是我们的客户结构发生了变化，优质客户占比较大，这将有利于我行资产质量和经营效益的不断提高。

（二）加快产品创新，优化业务流程，提高客户服务效率和客户满意度

要密切关注国内外经济金融形势的变化，加速推进外汇业务产品创新进程。抓紧研究在部分分行试办离岸业务的可行性，尽快推出外汇现金管理产品，加快出口直接保理、进口保理、仓单质押融资和出口信保融资等贸易融资新产品的开发；适时推出符合市场需求的外汇资金和外汇理财产品，研究推出个人账户质押外汇买卖业务；抓住国家监管政策调整为新产品开发带来的发展空间，尽快开办代客境外理财业务；积极研究支持我国出口及对外投资的新产品，创新并拓展出口信贷和出口信贷再融资业务，积极发展跨境融资业务；抓住股改上市为我行创造的市场机遇和有利条件，探索与国外银行竞争合作的新途径；要利用国家加大与毗邻国家经贸往来的大好形势，加强对不同地区边贸业务发展状况的比较分析，在国家政策指导下推出体现区域特色的边贸结算产品。

与此同时，还要注重现有产品的优化。要对各类贸易融资产品的办理流程进行梳理，进一步规范贸易融资业务管理和操作，在我行信贷管理政策的总体框架下，积极研究区域性、差别化贸易融资管理政策，抓紧实施中小企业贸易融资业务推进方案，提高贸易融资信贷审批管理的科学性和效率；推动国外保函，特别是融资性对外担保业务的发展；巩固境外筹资转贷款业务的领先地位，保持飞机和船舶融资等重点产品的市场优势；优化外汇汇款业务流程，提高外汇汇款和清算业务处理效率，降低操作处理成本；将个人国际汇款业务的服务范围扩大到长三角、珠三角和环渤海地区，并适时推出汇出汇款的服务功能；整合现有相关产品，推出与居民出国相关的一条龙服务；积极推广“汇得盈”业务管理系统，改变目前的手工操作状况。

要稳步推进国际结算集中处理模式，提高单证处理水平。总行将根据各分行实际情况有计划、分步骤地推进单证集中处理模式的推广，2006 年初步实现部分分行国际结算业务的集中处理，待条件成熟后逐步向全行推广。总行各部门要继续支持单证处理中心的工作，抓紧完善相关规定，确保我行国际结算集中处理模式的顺利推广。纳入集中处理的分行不但不能削弱对国际结算业务的管理和营销职能，而且要采取措施使国际结算人员更加面向市场和客户，提高产品研发和市场营销能力。有关分行要根据与单证处理中心的职能分工，认真做好单据政策性审查、要素审核和单据扫描传真等基础服务，并协助做好客户维护工作。同时，要充分利用现有的资源，使现有的产品发挥作用。

（三）改进机制，完善政策，加大对外汇业务的支持力度

要建立高效率的外汇业务运行机制。发展国际业务是全行的责任，建立国际业务协调议事制度，主要目的是加强业务信息的沟通和相关部门的联动营销，使资源得到有效利用。要通过召开专题会议等形式，组织各相关部门研究讨论涉及全行国际业务发展的、由多个委员会或部门共同管理的重大问题。国际业务协调议事制度将是我行应对同业竞争形势、推动管理创新所采取的一项有力措施。请总行国际业务部尽快提出方案并抓紧落实，各一级分行也应建立相应的制度，以切实推动国际业务的协调发展。

要增加对外汇业务的资源投入。今年战略性费用和业务拓展费用的配置力度是很大的，而且全行资源配置向经营部门和基层机构进行了倾斜。总行各相关部门也都加强了对外汇业务的支持，费用总额与往年相比有明显增长。目前存在的问题是：由于费用分配的渠道较多，很多分行反映，总行分配的外汇业务费用到底有多少不是很清楚，也不知道这些费用是否真正落实到了外汇业务发展上。下一步，总行要研究解决外汇业务资源配置中存在的渠道分散、费用不到位等问题，要研究如何发挥国际业务部门在外汇业务资源配置中的作用，使有限投入获得更大的收益。各分行要切实保证外汇业务所需的发展费用，并根据业务发展情况，尽可能地增加对外汇业务的资源投入。

要进一步加强外汇业务考核。2006 年在关键业绩指标体系指标数量减少的情况下，仍保留了两项外汇业务指标，应该说，总行在考核体系设计上已经体现了对外汇业务的重视，但相对于外汇业务面临的严峻形势和同业在发展外汇业务方面采取的有力措施，这两项指标对我行外汇业务的推动作用还不能满足业务发展的需要。有关部门要进一步研究有利于加快外汇业务发展的考核办法，落实能够体现外汇业务战略性地位的政策措施。要继续组织第四阶段外汇业务“创业绩、比贡献、促发展”评优活动，并将这项活动作为全行外汇业务年度性评比活动，通过方案的不断优化和创新，使活动成为贯彻实施我行外汇业务发展战略、实现外汇业务发展目标的有力手段。

（四）加强风险防范，强化内控管理，确保外汇业务健康发展

在加快业务发展的同时，要把风险管理作为一项重要工作常抓不懈。特别是股改上市以后，资产质量和风险管理水平是投资者进行投资决策时高度关注的要素。这两年，外汇业务在全行不良资产攻坚战中取得了突出的成绩，外汇贷款不良率和不良额一直保持双降，资产质量优于全行整体水平。要继续采取措施，把这个良好势头保持下去。

外汇业务面对国际、国内两个市场，经营环境复杂，要加强对外汇业务经营形势分析和对国际金融市场行情的研究，准确把握利率、汇率走势，及时调整我行外汇资产负债结构、币种结构和资金运用策略，拓宽资金运用渠道，通过套期保值和投资组合策略，有效地规避市场风险。

要加强对国家外汇管理政策法规的学习和理解，跟上我国金融市场对外开放和外汇管理政策改革的步伐，认真执行监管部门和总行制定的各项外汇业务管理规定和操作规程，防范政策性风险。总行要进一步加大监督检查力度，各分行要将加强外汇业务自查作为日常管理工作的一项重要内容，严防违规违章操作现象，保证我行外汇业务的健康发展。

要配合我行风险管理体制改革，建立起符合外汇业务特点的风险评价体系和风险预警机制，对发展外汇业务的区域风险、行业风险和客户风险进行全面分析和研究，为我行外汇业务经营管理决策及风险控制提供信息支持，逐步形成外汇业务风险防范的长效机制，提高外汇业务风险管理的科学性和有效性。

（五）加强外汇业务渠道建设，重视人才队伍培养，提升国际业务发展能力

要稳步推进外汇业务机构网点建设。对公业务方面，要在加强区域规划、强化集约化管理、调整布局、提高经营效益等方面下功夫。今年下半年和明年，总行将组织对近年来开办外汇业务的分支机构经营情况进行检查。对人员配备不到位、风险控制措施不健全或经营潜力不大的机构，要进行整改或取消其外汇业务经营资格；在个人业务方面，要提高外币业务网点的开办率。各分行要在明年争取实现外币业务网点开办率超过80%，沿海及经济发达地区力争达到100%。凡是符合条件的网点要积极开办外汇业务，管理规范、外汇客户资源丰富的网点，要向个人外汇业务综合性网点发展。

要加快外汇业务人才队伍培养。人才的问题很重要，今后外汇业务发展面临的主要竞争之一就是人才的激烈竞争。现在我们的人才非常紧缺，一方面可以从外部引进人才，但抓紧培养我们自己的人才也是当务之急。另一方面，在人才培养上要遵循不拘一格的原则，并且要加大力度，总行和各级行都要给予充分重视。常行长在讲话中对加强国际业务人才队伍建设提出了明确要求，总行要研究提出吸引和稳定国际业务人才的具体措施，各分行要积极组织落实，避免国际业务人才流失。要根据业务发展的实际需要配备业务人员，尽快建立一支素质优良、人员稳定、技能全面的国际业务员工队伍。要结合总行正在进行的人力资源管理体制改革，建立符合国际业务发展要求的人才选拔、培养、储备、激励和任用机制。对于为国际业务作出较大贡献的员工，要加大激励力度；对于德才兼备的国际业务人才，要大胆提拔任用，拓宽国际业务人才的发展空间。

这里我再强调一下培训问题。总行近年来在加强人员培训方面采取了很多措施，取得了一定的成效，但仍不能满足我行外汇业务发展的需要。今明两年总行还要继续抓好外汇业务培训工作，重点要加强客户经理队伍的外汇业务培训。建设银行拥有一支近2万人的客户经理队伍，按照我行客户经理队伍建设规划，到2007年这支队伍将增加到3万人。客户经理是我行本外币业务的主要销售渠道，外汇业务要想快速发展，必须依托这个平台，鼓励客户经理积极学习和营销外汇业务，发挥我行客户资源优势，推动国际业务发展。

（六）提高全行外事管理水平，积极拓展境外业务，提升我行的国际影响力和整体竞争力

2005年我行在拓展国际交流渠道、规范外事管理方面做了大量工作。上市后我行与国外客户打交道的机会越来越多，要根据股改上市后新的形势以及与战略投资者合作的需要，进一步提高全行外事管理和服务水平，要在现有的情况下有所突破。一方面，培养一批符合国际化银行要求的外事管理、翻译和服务人才；另一方面，要以支持业务发展为出发点，进一步加强对全行因公外事出访的审批和管理，强化外事的归口管理。要严格执行国家和我行外事管理的方针政策，使外事工作更好地为全行整体业务发展服务。

在境外业务发展方面，年初总行召开了境外业务工作座谈会，常振明行长出席会议并作了重要讲话，对境外业务的发展给予了肯定，并对下一步境外工作做了部署。郭董事长在与境外机构负责人座谈时讲到：近年来，我行外汇资产在全行总资产中的占比不断提高，特别是股改上市后，资金实力进一步提升，各项业务指标不断改善，有能力支持国际业务和境外业务的进一步发展。要求我们尽快研究并制定境外业务发展战略，明确我行境外业务的发展目标和方向，合理规划境外机构网络布局，加快我行境外业务发展步伐。

目前，总行正在研究制定《海外发展战略纲要》，并已提交董事会战略发展委员会讨论，待董事会审议通过后将正式印发执行。全行要按照年初境外业务工作座谈会精神和将要出台的《海外发展战略纲要》的要求，切实落实具体措施，积极拓展境外业务，提升我行的国际影响力和整体竞争力。

总的来说，我行国际业务发展取得了很大成绩，但也要看到存在的不足和面临的问题，正确分析和把握形势，抓住机遇，加大力度推进我行国际业务的发展。郭董事长在全行工作会议上提出，要全面提高建设银行的市场竞争力。国际业务作为全行业务的重要组成部分，也必须根据这一要求尽快提升竞争力。我相信在全行的共同努力下，我行的国际业务一定会取得新的、更大的成绩！

在全行房地产金融业务座谈会上的讲话

（2006年6月23日）

赵 林

同志们：

昨天，我们成功举办了以“健康发展，服务大众”为主题的“2006中国房地产金融论坛暨第三届‘优质楼盘称心房’颁奖活动”，与有关部门领导、专家、学者和房地产开发商代表共同研讨了中国的房地产市场和房地产金融等问题。应该说，这次活动搞得不错，这也是我行公司业务与个人业务进一步加强联动的一次重要活动。最近，总行一直在研究如何发挥整体优势，加强多元化的联动，包括公司、个人业务之间、内外部门之间的联动，进一步提高我行的市场竞争力，这次活动是一个重要的体现。

今天，我们开一个内部会议，就当前形势下如何做好房地产金融业务，大家一起进行探讨。下面我先讲几点意见，然后一飞行长再讲讲。

一、1~5月份房地产金融业务发展情况

今年1~5月份，全行上下按照总行党委的要求，对内强化管理，创新产品，优化流程，对外加强营销，积极参与竞争，取得了较好的经营业绩。截至5月31日，全行房地产对公贷款和个人住房贷款已经达到了7 210亿元，占全行各项贷款余额的26.17%，显示出房地产金融业务在我行的重要地位。

（一）房地产公司类贷款业务总体发展情况良好

截至2006年5月31日，我行房地产公司类贷款余额为2 971.2亿元，比年初增加384.9亿元，贷款增速为14.88%，完成全年计划新增的81.9%。

从近年来我行房地产公司类信贷业务的情况看，有以下特点。

1. 贷款结构不断优化。截至2006年5月末，房地产开发贷款中投向国家鼓励支持的住房项目的贷款余额占比为76.78%，比上年末提高2.89个百分点；新增占比达到了92.33%，比上年末提高8.93个百分点。也就是说，我们的绝大部分开发贷款主要投向了住房项目，而且房地产客户结构也在不断调整，客户集约度在提高。近年来，我们在国家加强房地产调控的过程中，主动优化客户结构，主动退出了一些信用等级在A级以下和规模小的客户。截至2006年5月末，我行的客户由2003年的11 000多家压缩为6 800多家，A级以上客户数量占比和贷款占比都有较大提高，分别由2003年末的32.75%、53.3%上升为今年5月末的61.13%、81.6%。这表明我们的优质客户在不断增加。

2. 资产质量不断改善。通过近几年的努力，房地产公司类不良贷款余额和不良率逐年下降。今年以来，不良贷款余额和不良率继续呈现了逐月“双降”的良好态势。截至2006年5月末，全行房地产公司类不良贷款余额从2002年末的460.2亿元下降为151.1亿元，不良率从2002年末的24.5%下降为5.08%。今年前5个月，全行房地产公司类不良贷款余额和不良率分别比年初下降了14.1亿元和1.3个百分点，这一点也是不容易的。从总体上看，房地产贷款的不良率还是高于全行平均水平，但是我们这几年采取了很多的措施，使不良率和不良额实现了双降。

3. 综合贡献度较高。房地产公司类贷款是我行目前议价能力高、少有的几个能保持基准利率甚至上浮的品种，收益率也比较高。截至2005年末，房地产公司类贷款利息收入141.4亿元，占公司及机构类客户利息收入的14.5%，高于贷款余额占比1.3个百分点；2005年，全行房地产开发贷款的平均收息率为6.02%，高于全行平均水平0.63个百分点；全行房地产开发贷款经济增加值为11.1亿元，经济资本回报率为18.2%，若考虑到房地产开发贷款为个人住房贷款提供房源，并促进个人住房贷款业务发展的

作用，应该说房地产开发贷款产品的综合贡献度还有所提高。

（二）个人住房贷款增长超过历史同期水平

截至2006年5月31日，我行自营性个人住房贷款余额为4 238.31亿元，占全行各项贷款余额的15.39%，比年初增加377.06亿元，比上年同期多增加219.39亿元，完成全年新增计划的48.34%。

今年1～5月份，住房金融与个人信贷业务不仅超额完成了阶段性计划目标，而且还取得了住房贷款、消费贷款、房改金融业务三个新增同业第一的好成绩。其中，个人住房贷款新增在四行中的占比为59.55%，个人消费贷款新增在四行中的占比为162%（其中，农行有较大幅度的负增长），公积金个人住房贷款新增在全部金融机构中的占比为52.5%。到6月5日，全行自营性个人贷款余额突破了5 000亿元，自营性个人住房贷款和公积金个人住房贷款余额合计超过5 800亿元。

这个成绩确实来之不易，大家做了大量的工作。我有个体会，近两年通过股改，特别是上市以后，全行树立"以客户为中心"的经营理念，各项改革、管理和发展措施不断推出，市场竞争力有了明显的提升。从今年各项发展指标看，应该说都是历史上同期最好的水平，呈现出良好的发展势头，客户、社会对建设银行的评价也很高。如何保持这样一个良好的势头，推进我们的改革和发展，是我们需要认真思考的问题。总行最近出台了一系列政策和措施，就下一步发展问题提出了一些方向性要求，目标也非常清晰，各分行要按照总行要求，继续研究做好各项工作。

二、当前形势分析及我行房地产金融政策

（一）国家政策导向

2003年以来，国家相继出台了一系列宏观调控政策，综合运用土地、信贷、税收、行政等手段，从供需双向对房地产市场进行了调控，合理引导住房消费，控制房地产投资，促进结构调整，抑制房价过快上涨。这些宏观调控政策与措施，对促进房地产市场长期健康发展具有重要意义，并取得了一定成效，房地产开发投资增速减缓，房地产价格上涨过快的城市或地区的房价增幅平稳回落，但结构性矛盾仍然突出，国务院对此十分关注。5月17日，温家宝总理主持召开了国务院常务会议，出台了六条调控房地产的措施。5月29日国务院办公厅转发了建设部等九部门《关于调整住房供应结构稳定住房价格的意见》。6月14日，温家宝总理再次主持召开国务院常务会议，要求坚决遏制固定资产投资过快增长，坚持把好土地、信贷两个闸门，合理把握中长期贷款投放规模和节奏，进一步抑制货币信贷过快增长。

"国六条"及九部委文件有关信贷政策的重点在于"有区别地适度调整，引导和调节住房需求"，如统一了首付款比例要求，但也要求银行根据不同情况和客户还款能力实行差异化授信政策。这表明国家政策导向非常清晰，它所要调控和抑制的是过快上涨的房价和房地产投资，所要解决的是住房供应结构和市场秩序中存在的矛盾，而对于满足百姓合理住房需求的个人住房信贷业务仍给予支持。因此，我们要密切关注有关部委和各地政府下一步可能出台的细化措施和市场各主体的反应，同时要高度重视外界的议论和观点，但关键还是我们自己要对市场和国家的相关政策有一个科学准确的分析、把握和判断。如果我们对形势有一个准确的把握，同时相应地采取一些措施，实际上我们还是有很多发展机遇的。当前，我们要认真研究如何在有效防范风险、规范经营的前提下，更好地发展以个人住房贷款业务为主导的房地产金融业务。

（二）当前政策与市场形势对我行业务的影响

今年我行业务发展势头不错，个人贷款每月增长100亿元左右，下半年仍要保证个人业务的发展。从全行发展战略来说，导向也是要大力发展中间业务、发展个人业务。但同时大家也要看到，当前国家的宏观调控力度在加大，这对我行业务的发展既提供了机遇，同时也带来了挑战。

从机遇来看，有以下几个方面。

1. 为我行业务发展创造了良好的外部环境。我们当前所面临的房地产市场和1992年、1993年截然不同，那个时候的泡沫确实很大，现在跟过去相比有一些很大的、根本性的变化。当然，目前仍然存在一定的问题，但总的来说，通过宏观调控，市场将更加规范，而且政策导向也非常明确，从而为我行房地产金融业务的健康发展提供了良好的外部环境。

2. 有利于我行进一步优化业务结构。在调控过程中，优胜劣汰是非常明显的。随着调控的逐步深入，房地产市场会发生一些变化，企业也会发生一些变化。好的企业会做得更好，而差的企业则会逐步被淘汰或者被兼并，而且这个趋势越来越明显。从我们现在的客户群体来看，A级以上的客户占了80%多，他们的抗风险能力相对较强，而且我们可以在调整过程中进一步优化房地产客户结构，不断扩大我行的优质客户群体。这对我行业务结构的优化也是非常有好处的。

3. 有利于我行防范和控制风险。现在出现的风险和问题，既有我们管理水平和人员素质的问题，同时很大程度上也是市场不规范、恶性竞争带来的。这一点不仅体现在房地产金融方面，其他方面也是如此。加强调控以后，管理更加严格，要求更加明确，这样对整个市场、经营管理活动的规范以及对我们自身的要求，都会提高到一个新的水平，有利于防范和化解一些可能出现的风险，包括遏制和杜绝“假按揭”的发生。实际上，我行目前房地产贷款中存在的问题主要是2003年以前形成的，现在新发放的贷款质量还是不错的。从个人贷款来看，现在不良的问题主要是以前的“假按揭”造成的，而“假按揭”也是由于市场不规范、无序竞争和管理不力带来的。如果能杜绝“假按揭”的发生，个人贷款的质量是非常高的，大大高于我行其他贷款。所以市场越规范越有利于发展，越有利于控制风险。

同时，挑战也是我们要关注的。

1. 如何真正把握和准确执行国家政策。国家已经连续3年对房地产进行调控，今年的调控力度加大，而且还在根据具体措施的落实情况、产生的效果和市场的反应研究进一步的措施。由于这些不确定性，对我们的工作，对市场、客户和项目的判定都带来了一定的难度，所以潜在的风险要关注。

2. 企业资金链趋紧，对我行存量贷款的正常回收形成风险。一是由于首付比例的提高、中小户型供应量增加的预期、消费者在政策出台后产生一定的观望期等原因，项目的销售进度可能受到影响，进而影响到企业资金的回笼。特别是资产负债率过高、闲置土地和空置商品房较多的开发企业的资金紧张程度会进一步加剧。二是此次政策加大了对闲置土地的处置力度，部分房地产开发企业为避免闲置土地处置，可能出现加快房地产项目开发进度或加大房地产项目建设规模，这将对其资金造成很大压力。现在各地都出台了土地空置3年就要收回的规定，一方面，可能使开发商加大资金投入和项目建设；另一方面，开发商也可能由于没有资金建设而丧失这块土地，而以前的投入也就损失了。这对我们的存量贷款都形成一定的风险，所以大家要特别关注这个问题。三是最近银监会领导就当前经济金融运行中需要关注的问题的讲话中提出一些要求，如资本充足率在8%以下、拨备覆盖率低于70%的商业银行，更要严格控制贷款投放；同时提出，对于投资类和投机类房地产开发贷款的风险权重分别可由目前的100%提高到150%和200%。通过提高房地产风险贷款的资本占用来限制银行房地产开发信贷业务的过快发展，这对资本充足率不高的商业银行会产生直接的影响，部分中小银行被迫控制房地产开发贷款规模，这些银行的部分存量房地产客户可能会转向资本充足率高的商业银行寻求新的信贷资金来源。这点我们要把握好，它是两个方面的。因为他们退出的客户有好的也有差的，如果我们把好的客户拉过来，对我们的发展是有利的；而如果我们把差的拉过来，就会加大风险。所以不要什么都抓，一定要分析。

3. 土地供应方式的调整和拆迁规模的控制对土地储备贷款有一定的影响。前面已经谈到，由于国家对土地是严格控制的，而且要收紧这个闸门，土地控制以后对我们已经发放的土地储备贷款会产生一定的影响。已经发放的贷款可能不能及时收回，这样就会形成一定的风险。特别是国家对一些开发区、一些地方县的土地严格控制，所以对土地储备贷款我们一定要非常重视，也要把好风险控制关。实际上现在已经有些问题显现出来了，现在有些省份收回土地，必然使开发商受到损失，这就影响了银行过去存量贷款的回收。

4. 市场发展差异化，加速对我行房地产信贷管理水平提出更高要求。提高房地产贷款的管理水平非常重要，在这样一个既面临很多机遇又面临很多挑战、竞争更加激烈的市场形势下，必须提高我们的服务水平和竞争能力，真正把好的客户和优质楼盘抓到手，为我们今后的业务发展奠定基础。当前，我们必须根据市场的差异化特征进一步细化我行的房地产信贷政策，科学地制定

"区别对待、有保有压"的差别化政策，真正能够把好的保住，让差的逐步退出。这一点非常重要，历史和经验教训已经证明，在调控期间，谁比较主动，谁的前瞻性比较强，谁就有可能抓住时机，赢得有效市场和客户。

（三）当前我行的房地产信贷政策

如何适应经济发展大局和宏观调控政策，合理有效地发展房地产信贷业务，是摆在我们面前亟待认真思考的问题。要积极稳步发展房地产金融业务，同时还要根据国家政策和市场发展形势制定相应的信贷政策，有保有压，具体需要把握以下五个方面。

1. 积极支持优质普通住房的建设与消费

从国家政策导向和当前市场供求状况分析，普通住房的开发建设是当前以及今后一段时期房地产业发展的重点。因此，设计优良、区位优势明显、适销对路的普通住房类项目应是房地产金融业务的支持重点，从房地产开发类贷款和个人住房贷款方面都应积极给予支持。住房开发贷款要选准开发项目，为实现当前及今后个人住房贷款业务的持续快速健康发展储备优质资源。

2. 继续大力开展个人自住房贷款

我行从开展个人住房贷款业务以来，就是以支持百姓购买自用住房为主要目标的。随着住房分配制度改革和住房市场化的推进，百姓除购买第一套住房用于自住以外，购买第二套住房用于居住，从而改善居住条件的情况日益增多，并在一定程度上影响了市场供求。对银行而言，判断贷款购房者是用于自住还是投资甚或投机，是避免房价的可能下跌或客户投资不力给银行带来的违约风险的重要环节。

根据国家政策要求和我行自身风险防范需要，今后各分行仍应坚持"自住房为主"的原则，继续大力发展个人自住房贷款，满足社会不同阶层梯度住房消费需求。从我们国家这么多年来的情况看，真正百姓自住购房的，风险是很小的，基本都能按时还款，除非出现天灾人祸。但那些投机的人就很难说，因为他们不断炒作，因此，选准我们重点支持的对象是很重要的。判断客户贷款购房是自住还是投资的途径主要有：借款人申报，通过人民银行"个人信用信息基础数据库"获取借款人的贷款信息，通过当地房地产主管部门获取借款人的房屋交易、登记信息等。

3. 加快培育并长期稳定支持优质客户群体

优质客户始终是业务发展的基础，是市场竞争的重点。加快培育并长期稳定优质客户群体，对我行业务长期发展是十分重要的，同时要提供一些差别化的政策措施。

优质客户群体，从房地产开发类贷款来看，要重点支持实力雄厚、持续经营、财务指标稳健、具有长期发展规划的优质房地产企业，包括总分行级重点客户，资质等级高、AA级以上信用等级以及资金实力强的房地产企业。要加快退出信用等级低、财务状况差、资金实力弱、规模小、缺乏竞争优势的房地产企业。要严禁对涉嫌囤积土地、囤积房源、扰乱市场秩序的开发企业发放贷款。

从个人住房贷款来看，优质的个人客户主要包括总行和分行级VIP客户、国家机关公务员、金融从业人员、教育及医务工作者，我行公司与机构重点客户中的中高层管理人员和中高级专业技术人员。这些客户的诚信度通常都是非常好的，也是很有实力的，大力发展这类客户还是很有潜力的。各分行要结合当地实际情况明确本行的具体优质个人客户群体，有针对性地营销我行的产品和服务，并针对优质客户群体制订差别化的服务方案，提升对优质客户的服务能力。

4. 实施差别化的区域信贷政策

住房这一特殊产品的特点之一是房屋的不可移动性，这就导致甲地的房屋无法搬到乙地交易，或者说甲地的供应过量无法弥补乙地的供应不足，部分城市的房价上涨过快并不代表所有城市房价不合理上涨，有的地区和城市高档住房开发过多，有的地区和城市可能以中低档住房开发为主。因此，在房地产信贷政策方面要坚持区别对待，不能"一刀切"，该支持的支持，该控制的控制。如对少数房价上涨过快、住房供应结构不合理、房地产市场秩序比较混乱的地区或城市，要控制新增开发贷款投放；对房价上涨过快的城市，要适当控制个人住房贷款比例等。我们还要看到，一些大型房地产开发企业已经开始进行发展战略的调整，项目布局逐步向二线城市转移。各分行要密切关注二线城市房地产市场的发展，适时调整我行房地产金融业务的区域发展战略，寻找新的发展空间。

5. 保持业务持续健康发展

商业银行经营的根本目标是银行价值的最大化。以个人住房贷款为主导的房地产金融业务无论是质量、效益，还是市场规模以及业务成长等方面都符合银行价值最大化的要求，因此，持续、快速、健康发展个人住房贷款业务的目标始终不会变，总行有关的政策、资源支持将一如既往。各行要在遵循国家有关政策的前提下，努力做大做强个人住房贷款业务，同时在房地产开发贷款方面要提供强有力的支持。

在加快业务发展的同时，各行要密切关注市场风险，严防操作风险，杜绝“假按揭”，确保业务健康发展。要合理把握公司类房地产贷款总量和节奏，保持房地产贷款的均衡投放，杜绝月末、季末时点的大幅波动；要进一步优化房地产贷款投向结构，积极投放适销对路的优质项目的住房开发贷款，适度从严发放土地储备贷款。

总的要求是，个人住房贷款是我行发展的战略重点，我们已经有了很好的基础，中国的市场发展潜力非常大，空间也非常大，下一步我们要继续抓住机遇和发挥优势，在现有基础上进一步做大做强个人住房贷款业务。

三、下一步的工作重点及要求

（一）发挥建设银行整体优势，强化住房开发贷款与个人住房贷款的上下游联动营销

房地产金融业务是我行的传统和特色业务，我行在项目融资、项目评估、工程审价咨询等方面具有丰富经验，多年来在房地产金融领域形成了特有的专业优势。在个人业务方面，建行也是中国最早向个人客户提供住房金融业务的商业银行，并一直在此业务领域中居于领先地位。虽然现在住房开发贷款与个人住房贷款在总行和各一级分行分属不同部门经营管理，但是两者存在天然的上下游关系，公司业务部门和房金部门要形成合力，充分挖掘利用我行在客户、产品、渠道、人员、信息等方面的整体优势资源，实行联动营销和交叉营销。总行非常重视公司业务与个人业务之间的联动发展问题，最近专门印发了《关于加强公司业务和个人业务联动营销的指导意见》。这次公司业务部与房金部联合举办对重点开发商和优质楼盘的营销活动，是新形势下公司业务与个人业务联动的良好开端，希望今后进一步加强联动。当前要做好联动工作应从以下几方面考虑。

1. 各分行公司业务部和房金部应从全局出发，树立联动营销意识，自觉增强联动观念，进一步细化、落实联动营销措施，形成住房开发贷款和个人住房贷款业务的有效联动机制。

2. 开发贷款的发放应遵循市场规律，遵照相关制度，客观独立进行风险判断。一旦决定发放房地产开发贷款，要将个人住房贷款的交叉销售作为与开发商谈判的重要内容，提高个人住房贷款的承办率。前面已经谈到，联动营销要形成自觉意识，如果是行政的、强制性的都不能长久，必须在我们的流程里考虑进去。这里提出这样一个比例，大家可以考虑：各分行住房开发贷款投放计划应当与个人住房贷款投放计划相配套，可参照1:2的比例并结合各分行实际下达年度投放计划，并争取每年60%以上的个人住房贷款投放来源于有住房开发贷款投入的楼盘。

3. 对于总分行级大型优质房地产企业集团，应组建由不同层级、不同区域的对公、对私客户经理和产品经理组成的客户服务和产品支持团队，联合制订联动营销方案和一揽子金融服务方案，加快推进集团授信、个人住房贷款服务战略合作等工作。最近公司部提出十个产品团队，团队的组织打破了界限，既有公司部门，也有集团部门；既有前台，也有后台。这样组成团队，专业化地进行管理和营销，就可以进一步发挥我们的优势。在现有的经营管理体制下，我们大家既要融在一起，又不动各自的职责，能够加强营销、提高竞争力，通过产品的团队管理是一个好的办法。

4. 公司部门和个人业务部门应相互加强对业务的交叉培训，以进一步提高我行房地产公司信贷业务和个人住房信贷业务客户经理业务素质，提高服务水平和贷款风险识别能力。一个客户经理就是一个流动的银行，客户经理素质比较高，能够比较全面地了解银行的业务，客户就会觉得这个银行的素质比较高。当然不是说，个人客户经理要精通公司业务，公司客户经理要精通个人业务，这个也难做到，专业还是有区别，但是对基本的产品都应有一些了解。

5. 要加强对联动的考核，配套相应的机制确保联动落实。联动营销要取得实效，利益分配是非常关键的一个因素。国外很多银行，像美国银行都是双边记账，但积分、分值不一样，要合理分配。现阶段我们还是要强调主动性，形成自觉意识。对个人住

房贷款投放来源于公司业务部门联动营销的，房金部门将根据楼盘带来的个贷投放量向公司业务部门或公司业务客户经理分配相应的业务费用。

（二）加快创新，完善产品和服务体系，提高市场竞争力

不断进行产品创新以适应客户需求非常重要，过去我们做得不够，应该说近年有了很大的进步，特别是有关分行做了大量工作，产品创新一直走在前面，市场反映也不错，我们下一步要加大这方面的工作。

1. 以住房为载体，研究推出多种形式的组合金融产品

今年总行在全行推出了个人住房最高额抵押贷款，该产品的特点是“房产一次抵押，贷款循环使用”，优势在于手续简单、支用方便，充分激活客户的房产资源，使客户不动的房产变成流动的资产，满足客户各种融资需求。该产品的推出，在充分挖掘我行存量住房贷款客户的贷款需求，有效吸引新购房的贷款客户和他行住房贷款客户，提高我行个人住房贷款业务的市场竞争力方面将发挥重要的作用。各分行要高度重视该产品的营销推广，并认真做好客户服务工作，使产品的竞争效力得到充分发挥。同时，在此基础上建立起银行多种金融产品和服务的营销平台，实现个人业务产品的交叉营销，提高客户的综合贡献度。

2. 根据客户贷款需求特点及时推出创新产品

要细分市场和客户，推出服务于不同客户的产品及产品组合。如向首次购买自住房的优质客户提供个人消费额度贷款和个人住房贷款产品组合，向为改善居住条件的二次购房优质客户提供个人住房最高额抵押贷款和新购房个人住房贷款产品组合。在还款方式方面，根据不同客户群体需求特点，提供灵活多变的还款方式，如向年轻客户提供递增还款方式，减轻他们初期的还款压力；向事业稳定的成功人士提供递减还款方式，减轻他们未来的后顾之忧；向短期内资金紧张的客户提供宽限期还款方式。同时，应加大科技手段对业务操作的支持力度，进一步研究推出自由还款、定年还款、净息还款等方式，更好地满足客户需求。一句话，就是要根据不同的客户推出相适应的不同产品，这方面潜力还很大。

近年来，随着房地产企业经营理念的逐步成熟和经营性物业价值的提升，公寓、写字楼、商场、酒店等经营性物业企业需要银行提供更长期、更稳定的贷款来支持项目的开发建设和经营。目前，针对经营性物业不同于普通商品住宅的属性和运营模式，总行正在加快研发经营性物业抵押贷款，以经营性物业项目未来可持续的经营收入作为还款来源，丰富我行的贷款产品，满足客户的多样化需求。

3. 顺应利率市场化的趋势，创新多种利率组合产品

今年总行在深圳分行试点基础上，在全行推出了固定利率个人住房贷款，丰富了个人住房贷款的利率品种。各分行可根据客户需求提供多种产品，如单一档次固定利率产品、分段不同档次固定利率组合产品、固定利率和浮动利率组合产品等。同时，各分行还应关注利率市场化趋势和国家有关政策要求，加强研究浮动利率个人住房贷款的贷款定价问题。

4. 以客户为中心，为客户提供更多的增值服务产品

个人住房贷款期限较长，可以为银行创造长期稳定的收益。为确保客户与银行维系相当长的业务往来，并最终使其成为我行个人业务长期、稳定和宝贵的客户资源，我们应研究创新有关增值服务产品，争取通过客户的还款账户为客户提供综合账户服务、理财服务和其他金融服务，巩固客户，拓宽服务品种。目前深圳市分行、厦门市分行开展的“存贷通”个人住房贷款增值服务产品当地市场反映很好，客户非常欢迎。总行已就有关推广方案进行了反复研究论证，进一步解决系统支持问题后将在市场竞争较为激烈的重点城市和地区尽快推出。

各分行要加强产品宣传力度，特别是要加强个人信贷新产品的宣传。个人客户零售业务的特点决定了个人产品宣传的重要性。近期，总行已经请专业广告公司对部分重点新产品进行了宣传设计，很快将下发全行。各分行要根据总行产品广告设计方案，采取多种渠道，做好产品的宣传推广工作。

（三）强化营销，提升服务，积极有效地拓展市场

总的来说，我们要适应政策和市场的变化，准确把握市场发展机会，有效拓展市场。

1. 加强对重点房地产开发企业和优质住房项目的营销，扩大个人住房贷款业务的楼盘储备

我们要加大对优质客户的营销力度，对跨地区、集团性的公

司客户要实行全行和区域联动营销的策略。要积极支持一些设计优良、区位优势明显、适销对路的优质住房项目的开发，通过向客户发放住房开发类贷款，确保获得这些项目的个人住房贷款业务的承办权。对没有进行开发类贷款支持的优质住房项目，也应加大营销力度，以更优质、更便捷的服务争取承办这些项目的个人住房贷款。下半年总、分行要重点落实四个“200”工作（即200家优质房地产客户的营销、200个重点建成楼盘的个贷联动营销、200个新建重点楼盘的房地产开发贷款投放、为2007年储备200个重点楼盘），为我行个人住房贷款业务的持续发展奠定基础。

对重点营销客户可提供以下优质服务：一是建立业务流程绿色通道，即在业务受理环节，对公业务经营部门可直接受理重点客户的业务需求，减少环节，提高效率，并优先安排专业人员完成重点客户评价及项目评估；在授信审批环节，针对重点营销但暂不具备集团授信条件的集团客户，若贷款投向用于重点营销楼盘，且能提供有效资产抵押和进行封闭管理的，各分行按审批权限对其子公司进行单独授信审批；在信贷审批环节，实行重点客户业务优先审批，对公业务经营部门对各类客户业务审批材料确定优先级，审批部门优先安排重点客户的业务审批。二是建立差别化定价机制，依据重点客户综合贡献度等方面内容，对重点客户实行优质优价的定价策略。三是根据重点客户的不同金融需求，“量身定制”专业金融服务方案，除传统存贷业务外，提供结算网络、市场拓展、工程造价咨询、投资银行、企业年金等高技术含量和高附加值的个性化、综合化、全方位、多角度的服务。四是组建专业服务团队。对于重点客户，特别是跨地区的重点客户组建专业的，包括总分行对公业务经营部门、住房金融与个人信贷业务部门等相关部门人员在内的客户服务团队，并设立专门联络人，统一协调开展对重点客户的服务，加强双方的沟通，及时解决在办理业务过程中遇到的问题，提高服务效率。

2. 加强对个人客户的营销，切实有效地扩大市场份额

各行要高度重视按揭楼盘落实后的个人客户服务和争取工作，防止“虎头蛇尾”、事倍功半。在这方面，个人客户经理要努力做工作，公司客户经理要积极配合。在多家银行共同承办楼盘个人住房贷款业务的情况下，如何尽量多地争取存量客户和业务成为有效扩大市场的关键。因此，各分行要丰富营销手段，采取灵活多变的方式及时调整营销策略，提供优质服务，提高在客户营销中的竞争力。如提供“直贷式”个人住房贷款服务；采取现场服务，承诺办理时间，提高办事效率；与售楼机构、售楼人员、律师等中介建立良好和灵活的合作方式，利用售楼机构和人员向客户推荐我行作为贷款行；在保证质量和遵循必要程序的前提下，进行业务流程的科学再造，适当简化贷款手续，提高业务经办效率；为客户减免有关费用，适当提供优惠政策增强对客户的吸引力等。还要充分利用我行在公积金业务领域的优势，积极承办公积金组合贷款业务，以带动配套的商业性个人住房贷款的增长。

（四）认真落实《关于进一步推动中心城市行发展的若干意见》，加快中心城市行住房金融与个人信贷业务发展

中心城市行始终都是我们的重点，我们的差距也是在几个大城市，所以中心城市行是我们的主战场，各行要按照总行《关于进一步推动中心城市行发展的若干意见》，加快落实以下工作。

1. 加快设立个人贷款中心，推进中心城市行个人信贷业务的中、后台集中，完善业务经营机制

设立个人贷款中心，有利于集中有限资源推进中心城市行业务发展，有利于最大限度地利用全行整体资源拓展市场、营销客户，有利于明确岗位责任、有效控制风险，有利于提高经营集约度、方便客户、提高服务效率，有利于提高政策传导效率和执行力，加强业务管理。这也是经过反复研究，学习借鉴了国外银行的经验，结合我们的实际情况而确立的经营模式。设立个人贷款中心，加强集中统一的管理，对我们下一步业务的发展和风险的防范都是十分必要的。

中心城市行和各一级分行根据业务发展规模和发展潜力等因素确定的重点二级分行个人贷款中心应尽快设立到位。原来的要求是今年上半年要到位，有的行已经到位，有的行还没有，现在要加快到位。一是直辖市、直属分行所在城市、省会城市应在一级分行住房金融与个人信贷部下设个人贷款中心，北京、上海等大型城市可根据个人信贷业务规模、业务区域分布等，设立多个中心或设分中心。二是地市二级分行中的中心城市行和其他重点

二级分行已设住房金融与个人信贷部的，应在住房金融与个人信贷部下设个人贷款中心；未设住房金融与个人信贷部的，应单设住房金融与个人信贷部（个人贷款中心），承担与上级行住房金融与个人信贷部相对应的职责，并负责所在城市个人贷款的集中经营和管理。三是中心城市行所属县（市）支行受地理位置所限无法集中到中心城市行的，应实行县（市）支行集中经营，经济发达的沿海地区个人信贷业务量较大的县（市）支行也可设立个人贷款中心。个人贷款中心负责所在城市个人信贷业务中、后台的集中经营，包括贷款审核、审批、发放和贷后管理（包括贷款抵押登记手续的办理、贷款跟踪监测、贷款催收、档案管理等）；贷款营销、咨询、受理主要依托网点（主要是各城区综合型支行和单点型支行）、财富管理中心、理财中心、网上银行、外部合作机构等分销渠道；网点配备具有从事个人贷款贷前调查能力的客户经理的，可承担贷前调查工作，并对贷款申请材料的真实性负责。有条件的个人贷款中心也可根据客户服务需求和产品管理要求，直接负责贷款受理、调查工作。各分行应建立一支负责营销个人住房贷款楼盘、外部合作中介机构及公积金管理中心的专职客户经理队伍。

2. 扩大对中心城市行个人信贷业务的授权权限

根据《关于进一步推动中心城市行发展的若干意见》，总行有关部门将对中心城市行个人信贷业务的授权问题进一步研究，逐步取消个人信贷业务审批的转授权限制，允许各一级分行根据所辖中心城市行的个人贷款资产质量、内控能力、同业竞争等因素自行确定转授权权限；对计划单列行，总行今后将直接授予其个人信贷业务的全额审批权限；对中心城市行所辖个人信贷业务规模较大、在所属中心城市行个人信贷业务中占比较高、资产质量较好、个贷专职审批人配备到位的县（市）支行，可扩大个人信贷业务再转授权，取消中心城市行的再转授权限制；对与汽车生产销售企业、保险公司、中介机构等外部机构进行个人信贷业务领域相关合作的审批权、个人信贷业务合作机构合作准入的审批权、个人住房贷款楼盘准入的审批权，总行直接授予中心城市行。总的来说，这方面一定要根据个贷业务特点、各行的管理水平和当地的经营环境来研究制定授权政策，总行正在研究，总体上还是要扩大个人贷款的一些权限，使大家能更快提高效率。

3. 加大对中心城市行的业务支持力度

加强总行对中心城市行，特别是计划单列行住房金融与个人信贷业务的直接管理和指导。总行房金部将针对中心城市行，制定专门的业务发展政策、营销服务方案，优先在中心城市行进行新产品推广等；必要时，总行可直接牵头组织或参与中心城市行对优质房地产开发商、住房资金管理中心、汽车生产企业及经销商等房金业务外部合作机构的营销，特别是对跨地域经营的房地产开发企业集团、中介机构等的营销；总行制定的一些产品制度、业务规范等，中心城市行可根据总行要求直接推广、实施；中心城市行可直接向总行反馈市场信息和客户需求，要求总行对客户营销和客户服务提供帮助。

4. 加大对中心城市行的资源配置力度

按照2006年住房金融与个人信贷业务拓展费用分配方案，各一级分行要加大对中心城市行的费用投入力度，同时要在今年的网点资本性支出中安排专项指标用于中心城市行个人贷款中心的资本性支出。中心城市行住房金融与个人信贷业务拓展费用、战略性费用的增长幅度应不低于其住房金融与个人信贷业务规模的增长幅度。要加大对中心城市行住房金融与个人信贷业务的科技投入，总行统一组织开发的相关业务系统优先在中心城市行试点上线，业务系统开发优先满足中心城市行及个人贷款中心的业务需要；在房金业务人力资源配置方面，重点保证中心城市行的人员需求，特别是加强对中心城市行房金业务客户经理、风险经理、产品经理的人员配备。总行的相关业务培训适度向中心城市行倾斜，根据业务发展需求，可组织中心城市行业务人员的定向培训。

5. 建立适应中心城市行住房金融与个人信贷业务发展要求的考核与激励体系

在现有对中心城市行住房金融与个人信贷业务的考核与激励体系中增加横向比较的考核指标，突出对住房金融与个人信贷业务规模、市场份额、贷款质量等的考核和激励。

（五）加强对二手房市场的研究，加快二手房贷款业务发展

目前许多地区尤其是中心城市的二手房市场日趋活跃，二手房交易量在住房交易市场中的份额逐渐上升，并相应带动了对二手房贷款需求的迅速增长，二手房贷款已经成为银行个人住房贷款业务新的增长点和新一轮业务竞争的重点。日前总行下发了《关于加快二手房贷款业务发展的指导意见》，昨天下午总行与中原地产公司签订战略合作协议，标志着全行二手房贷款业务发展迈入了新的阶段。各分行要根据总行指导意见，并结合当地二手房市场情况，制定具体实施意见，把握市场发展机遇，促进二手房贷款发展。各分行要加强与房屋权属机构的沟通，并选择实力强、市场份额大的中介和担保机构进行战略合作，提高我行二手房贷款的客户资源挖掘能力。要利用个贷中心等搭建二手房贷款的“一站式”服务平台，改进和优化二手房贷款的服务模式，在防范风险的前提下，向客户提供明确、简单、方便、快捷的服务，增强对客户的吸引力，使二手房贷款真正发展成为我行个人住房贷款业务新的增长点。现在二手房市场发展很快，特别是在一些中心城市日趋活跃，这也是一个新的增长点，潜力还是很大的。希望大家要加强这方面的分析和研究，加紧这方面的工作。

（六）加快系统推广上线，优化业务流程

为充分融合P系统和A系统的功能特点，尽快形成功能完整、覆盖全部个人贷款、可在全国推广的个人贷款系统，去年12月总行正式启动了个人贷款系统整合推广试点项目，目前正在紧张进行。个贷系统的推广实施工作是一项复杂的系统工程，各分行要按照总行年初召开的住房金融与个人信贷业务工作会议要求提前做好各项准备工作。

个人贷款系统的推广上线，带给我们的将不仅仅是技术手段的提高，更为重要的是业务流程的再造，通过统一个人信贷业务操作标准，实现业务操作标准化，增强风险控制能力，在我们整个经营和管理方面将发挥非常重要的作用。各分行要抓住时机、配合系统上线要求，实现个人贷款业务的集约化经营和管理，减少业务环节，降低成本；进一步促进个人信贷业务的整合，细化前、后台职责分工，拓宽前台营销渠道，提高后台业务办理效率，提升市场竞争力。

（七）加强管理和内控，有效防范贷款风险

我们现在一方面面临国家对房地产市场的宏观调控，另一方面业务发展很快，特别是我们很多分行都排在第一、第二的位置，整个增长势头不错。越是在业务快速发展时，越是要加强风险控制，提高风险管理能力，否则业务发展快了，可能就会增大风险。如果管理能力、内控能力能够跟得上去，我们就可以发展得更快一些。所以各分行一定要加强管理。特别是现在房地产市场处于关键时期，未来一段时间市场房价、利率、住房信贷政策等方面的不确定性依然存在。所以，我们首先要综合考虑宏观经济、市场风险与自身经营管理的各种因素，正确处理业务发展与风险防范之间的关系，保持房地产贷款的健康发展。第二，要重新审视和评估房地产贷款的风险状况，建立一套严密的营销、审核、授信管理和贷款风险评价体系，加强对潜在风险的预警和监测，防止各种市场风险和操作风险的发生。第三，要加强贷后管理。加强对房地产企业销售资金的监控，加快到期贷款的回收；要进一步落实封闭贷款管理措施，对贷款使用进行全过程跟踪管理，贷款资金只能用于经银行审批的建设项目，不得挪作他用；要严格控制闲置土地和空置商品房较多的开发企业的贷款展期和转贷；要加强对贷款抵押物的管理和核查，防止无效抵押。新发放贷款不得接受空置3年以上的商品房作为抵押物；要加强对逾期个人住房贷款的催收，减少其向不良转化。第四，要坚持个人住房贷款的“面谈”、“面签”制度，认真调查核实借款人购房的真实性，杜绝“假按揭”，严格审查借款人的还款能力、还款意愿和还款记录。

最近，上海某银行“假房贷”的事件炒得非常热，引起了广泛关注。上海银监局日前已作出处罚决定，暂停该行某支行个人住房贷款业务。这也给我们敲响了警钟，忽视风险控制必将带来恶果。这一点一定要重视，越是快速发展，越要重视这个问题。做个人贷款业务一定要坚持“面谈”、“面签”。开发贷款也要注意，从这一轮调整来看，对那些差的企业要及早退出，对好的企业要巩固维护我们之间的关系，这一点很重要，要把握好、控制好。

我们既要鼓励业务发展、产品创新，同时也要有效地控制风险。对于资产质量的监测和管理始终都不要放松，要常抓不懈。要做到业务拓展与资产质量同步推进，实现房地产信贷业务有质、有量、有效地发展。

在全行外汇业务信息管理系统及新版国际收支统计监测系统全行推广工作动员视频会上的讲话

（2006年11月27日）

赵　林

同志们：

今天的视频会议，主要是部署即将启动的外汇业务信息管理系统及新版国际收支统计监测系统在全行的组织推广工作。

近几年，为了适应加入世界贸易组织后中国经济和金融开放的要求，改进国际收支申报的统计手段，提高国际收支统计申报数据的准确性、及时性和完整性，加强对跨境资金流动的监测，减轻银行和申报主体的负担，外汇局对国际收支申报和进出口核销管理体制进行了改革，开发了新版国际收支统计监测系统，对国际收支和进出口核销申报单证进行合并，并要求各商业银行也都对自身业务系统进行改造，开发数据接口，实现外汇局对银行基础数据信息的统一采集。

根据外汇局的要求，并结合我行系统全国集中的优势，我行开发了外汇业务信息管理系统。该系统从我行核心业务系统抓取外汇业务基础数据，全面采集国际收支申报相关其他信息，按外汇局数据接口规范的要求，向外汇局新系统报送信息。外汇业务信息管理系统还整合了我行外汇业务管理所需的外汇账户信息管理和外汇业务报表管理等其他功能，为我行外汇业务精细化管理提供了科学手段。该系统上线后，将改变我行外汇业务信息采集中存在的重复录入、手工录入以及为适应外部政策变化，频繁进行业务系统改造的现状，有利于提高我行外汇业务政策监管数据采集的质量和效率，初步建立起我行外汇业务集中管理的基础平台，对促进我行外汇业务依法合规经营具有重要作用。

外汇业务信息管理系统由总行国际业务部提出需求，信息技术管理部广州开发中心具体实施。自2005年3月以来，经过近20多个月的开发、测试和试点，系统进入稳定运行阶段。该系统通过全接口方式与外汇局新系统对接，充分贯彻外汇局“业务操作与申报统计紧密结合”的思想，得到了外汇局的高度评价。为此，外汇局指定我行作为第一家试点银行，自2005年12月份起先后在浙江和江苏进行试点，并顺利通过了外汇局的评估。目前两个系统均已具备全行推广的条件，我行成为外汇局指定的首家新版国际收支统计监测系统全行推广银行。

按照外汇局的工作部署，我行将于2006年12月1日至8日实施新系统的全行推广。为了配合外汇局顺利启动我行两个新系统的全行推广工作，我对新系统全行推广工作提几点要求。

一、高度重视，统一指挥

新系统全行推广是国家外汇政策改革的一项重要工程，时间紧，任务重，总行对此高度重视，专门成立了推行工作领导小组，并在国际业务部设立了新系统全国推广支持小组。新系统的全行推广工作由总行“外汇业务信息管理系统及新版国际收支统计监测系统全行推广领导小组”统一指挥，总行新系统全行推广支持小组负责推广工作的指导和具体实施。各分行要高度重视新系统的推广工作，成立由分管行长任组长的领导小组，并按照《外汇业务信息管理系统及新版国际收支统计监测系统全行推广工作方案》的要求设立联络组、业务支持组和技术支持组。

二、精心组织，确保成功

本次推广工作涉及多个部门，系统功能和业务参数繁多，实施方案复杂，为了稳步有序地完成推广工作，各分行及有关部门要认真学习《国家外汇管理局关于新版国际收支统计监测系统推广上线事宜的通知》和《外汇业务信息管理系统及新版国际收支统计监测系统全国推广工作方案》，各职能部门要认真履行本部门的职责，各工作小组应密切配合，精心组织，按部就班地实施各项推广工作。

由于我行业务量大、网点多，经与外汇局协商，我行将分成四个批次切换新系统，各分行务必提前做好各项技术、业务准备工作和应急预案，按照外汇局和总行的要求，确保新系统按时、平稳切换。

三、合理调配、及时沟通

各分行必须采取有效措施，合理调配新系统全行推广工作所需的人、财、物等各项资源，在保障上线网点正常有序开展日常工作的同时，顺利切换新系统。各分行应积极配合外汇局做好国际收支和进出口核销申报合并单证正式启用的公告和宣传工作，提前学习和掌握新系统操作，结合实际业务需要，在使用过程中提出进一步优化和完善业务流程的建议，推动业务流程朝着“明晰、流畅、便捷”的方向发展。

各分行新系统推广的各工作组要与总行保持密切联系，与当地外汇分支局及时沟通，将推广过程中的进展情况和遇到的问题及时报告总行和当地外汇局。

我行作为外汇局指定的新系统全行推广的首家银行，受到国内金融行业的高度关注。新系统能如期在我行成功切换，不仅会树立我行在外汇业务监管部门和国内银行同业中的良好形象，还将促进该系统在全国其他商业银行的后续推广。为此，请各分行高度认识此次全行推广工作的重要意义，认真执行上述要求，将各项工作落到实处。

我相信，在大家的共同努力下，中国建设银行外汇业务信息管理系统及新版国际收支统计监测系统的全行推广工作一定会取得圆满成功！祝大家工作顺利！

在2006年全行境外工作座谈会上的讲话

(2006年1月18日)

罗哲夫

同志们：

刚才常行长就我行境外业务工作做了重要指示，对我行境外业务今后的发展提出了明确要求。下面我就如何落实常行长讲话精神，对2006年的境外业务工作安排谈几点意见和要求。

过去的一年，各境外机构在贯彻落实全行境外业务发展战略、配合总行股改上市等方面做了大量工作，在业务经营、内部管理、协调联动、市场调研等方面也都取得了很大的进步。境外机构去年取得的成绩，刚才国际部国云同志在汇报中都已经提到了，我这里就不再一一赘述。

2005年我行在香港成功上市，为我行境外业务的发展带来了新的契机。但是，我们也应当清醒地认识到，相对于我行战略愿景中所描述的成为国际一流银行的要求，目前我行在加深国际化程度方面所下的功夫还远远不够，境外业务在全行整体业务中的比重也有待于进一步提高。加速境外业务发展，是我行整体战略发展中不可回避的一环，也是目前我行亟待解决的问题之一。

下面我谈一下目前我行境外业务发展与总行要求之间的差距。从境外机构自身发展的角度来看，还存在以下问题。

第一，各境外机构对当地市场资源的利用，包括市场、客户、资金等方面，与总行的要求相比仍有差距。受当地监管、市场空间、总行考核等多种因素制约，部分境外分行的资产负债管理与资产组合未能充分体现我行境外业务的作用和设置目的。其中，最为突出的问题是境外分行普遍存在资金自我平衡能力不足，资产扩张过程中，资金来源过度依赖总行资金，境外分行资产分布与配置也未能体现我行的整体效益。这虽然与各境外机构进入市场时间短、资金实力和服务能力有限有关，但也在一定程度上反映了总行对境外分行资产负债管理方面的欠缺。

第二，境内外业务联动有待深化。这两年境外机构虽然在境内外业务联动方面取得了突破性的进展，但国内资源还有待进一步利用，有改进的空间。自2001年我行两次召开境内外业务联动协调会以来，经过几年的努力，我行的境内外业务联动意识已基本树立，各境内外分行能够积极主动寻找机会，协同营销，互通有无。但是，目前全行上下尚未建立并形成一套综合、完整的机制和体系来规范联动的方式，考核联动的成果，提高联动的效率，境内外业务联动的广度和深度仍有待进一步拓展。

第三，境外分行内部管理有待进一步加强。从今年总行几个部门进行的检查和审计情况看，各境外机构的管理总的来说是比较严格的，但还是存在以下一些问题：目前各境外分行业务种类单一，部分境外分行资产结构和收入结构不尽合理；各境外分行风险管理机构的设置还不够健全，多数分行没有设立风险经理岗位；风险和内控仍存在薄弱环节——有的分行授权变更的程序和形式不够规范，有的分行信贷业务资料不够健全，内部控制文件没有及时更新，有的分行五级分类审批认定程序不够规范，还有的对于分行各项业务和管理的授权把握不准，造成分行经营管理超授权。此外，对于以前年底审计、检查中发现的问题，有些境外分行尚未整改到位。目前各境外机构都不大，人员也不多，应该能做得更好一些。

此外，总行在对境外机构及业务的管理方面也有一些问题。一是总行有关部门对境外分行的管理力度有待加强，管理理念需要进一步统一。我行已经提出了成为国际一流商业银行的战略愿景，要实现这一愿景，不仅需要我们在业务发展中具有国际视野，更需要我们在业务管理上也具有国际视野。但总行一些部门并未充分意识到境外业务、境外分行是我行整体业务发展的重要组成部分，没有把境外分行作为我行总分行制下的一般分行对待，觉得境外业务是国际部的事或者本部门只负责对国内机构相关业务的经营管理，未能充分发挥对境外机构的业务指导与经营管理职能。二是境外业务人才的培养方面有欠缺。现在向境外派一个合适的人还是很难。目前我行对境外机构人员的选拔、培养和任用缺乏统一规划，尚未形成规范化、程序化、制度化的境外机构人员选拔培养机制，缺乏具有境外经营视野与实践经验、熟悉国际惯例和国际金融知识、精通外语和计算机的境外机构中高级管理人员，制约了我行境外业务的持续发展。

可以说，我行境外业务的发展仍然面临着巨大的挑战，但是我相信，通过我们的努力，积极应对，挑战也可变为机遇。

2006 年，预计世界经济仍将稳定增长，但比 2005 年略有放缓。高收入国家经济体将保持平稳运行，这主要得益于美、欧、日三大经济体经济的良好表现。从美国看，尽管面临经常项目及财政双赤字等长期风险因素，以及利率、油价、住房市场等不确定因素影响，但其增长前景还是比较乐观，因为美国经济的基本面坚实，所以在 2006 年仍将保持很大的前进动力。考虑到欧元区投资复苏、失业率稳步下降及货币政策放宽等利好因素，2006 年欧元区经济增长将会有所提速，有望成为明年世界经济的亮点。2006 年日本经济稳步复苏的基础仍将坚固，预计经济增长 2% 左右。从亚洲来看，2005 年高油价引起的通货膨胀及利率上升等因素影响了整个地区经济的增长，预计 2006 年这种负面影响仍将继续，亚洲地区经济发展速度将稍有放缓。

在这种国际经济大背景下，结合我行 2005 年境外业务发展的实际情况，我行 2006 年境外业务发展的总体思路是：在总行整体业务发展战略的指导下，进一步明确新形势下境外业务发展的思路，以全行整体效益最大化为中心，稳步发展境外机构网络；积极拓展境外市场，加强境内外联动营销和产品创新，不断提高经营管理水平和风险防范能力；加强对境外机构的管理和指导，充分发挥境外机构作用，促进我行境外业务持续、稳定、健康发展。

下面我对 2006 年境外工作提出几点要求，请总行各部门、各境外机构会后对有关工作进一步细化，并抓紧落实。

1. 关于我行境外业务发展战略

目前国际部正在牵头会同董事会办公室研究制定 2006—2010 年我行境外业务发展战略，请各部门予以支持和配合，尽快下发。新修订的境外业务发展战略在去年初出台的境外业务发展战略基础上，根据我行在香港成功上市后的新形势和新要求进行调整，对今后五年我行境外业务发展的宏观形势、经济环境以及我行境外业务优劣势等作出判断，对境外业务的主要发展指标和境外新设机构布局作出总体规划，对为实现发展目标所需的管理、支持、人员及各项保证措施等进行部署与规划。

发展战略出台后，总行各部门、各境外机构要认真组织学习，切实领会战略的主要内容，按照战略要求制定切实可行的分阶段实施措施，确保各项战略要求落到实处。总行国际业务部要牵头将境外业务发展战略所确定的目标、任务落实和分解到各境外机构和总行有关职能部门，作为今后考核各境外机构和总行相关职能部门的主要依据。总行有关部门也要根据战略要求加强对境外机构的业务指导、经营管理和政策支持，确保境外业务发展战略的顺利实施。

2. 关于境外机构网络建设

我行的目标是成为国际一流银行，在境外应该有一定的网络和布局。十几年来，我行在境外机构建设方面进行了很多尝试和探索，在境外机构设立的模式方面提出了一些很有建设性的方案，比如功能型分行设想，以及通过兼并收购扩展境外业务网络等。去年我行对多个有潜在业务需求和发展潜力的国家和地区进行了调研。在此基础上，国际业务部要会同有关部门继续加强对目标市场的追踪研究。对于下一步我行境外业务发展战略确定进入的目标市场，国际业务部要会同有关部门，按照我行设立境外机构的有关规定开展工作，特别要注意对目标市场相关法律法规、监管要求、会计及税收政策等方面信息的收集与研究。在有一些国家，比如印度、越南等，尽管目前我行设立境外机构的条件还不完全具备，但是从这些国家发展的速度和前景看，市场潜力非常大，国际部要密切跟踪当地的政策、法律等各方面的变化，寻找合适的机会，采取新设、并购或合资等多种方式进入当地市场。

根据我行在香港资源整合方案，去年我行在港机构做了大量工作，香港分行已经开始全面开展零售银行业务，建行亚洲明确了定位和发展方向，业务开展也取得了一定成绩，建银国际的投资银行业务稳步发展。下一阶段，国际业务部、总行各相关部门要会同在港机构，继续按照资源整合方案的要求，继续推进和落实各项相关工作，也可以通过资本运作等方式，逐步扩大我行在香港地区的市场份额。香港分行在发展自身业务的同时，还要考虑如何配合、支持香港地区以及亚洲区域内其他经营机构的业务，使我行逐步成为在亚洲地区具有较强竞争实力的国际化银行，改变以往各机构单兵作战的经营模式，强化区域内境外机构的分工与合作。这方面，亚洲地区的几个机构也都要积极行动，配合工作。

伦敦和纽约两个代表处要继续进行有关职能转换的研究，对于将境外代表处建成业务前台的设想要会同国际业务部做进一步的论证，待时机成熟后拿出具体方案，以制度的形式固定下来，保证其长效性。

3. 关于境外分行业务发展和加强境外分行的内部管理

首先，各境外分行要根据市场情况，结合本分行特点，突出自身核心业务和重点产品；进一步拓展中间业务，扩大非利息收入占比；不断开辟新的业务领域，拓宽盈利渠道。各境外分行要改变过去单兵作战的习惯，从建行整体业务发展和价值最大化的原则出发，学会利用我行境内外的资源拓展业务和市场空间。我行马上要在上海建立全行国际贸易单证处理中心，下一步将尝试将一些国内分行的国际结算业务操作向处理中心集中。各境外机构今后也可考虑利用该中心集中进行单证处理工作，以节约经营成本，降低操作风险。建设银行在国内还有很多类似的资源，各境外机构要多加利用。

其次，全行上下要继续推动和加强境内外业务联动，制定切实可行的措施，规范和激励系统内的联动工作。具体来说，一是要建立各种渠道，使境内外机构间的信息、需求、设想都能及时传递和沟通；二是要在工作中切实体现我行“以客户为中心”的经营理念，开发符合客户需要，同时也符合境内外分行自身特点的联动产品，丰富联动内涵；三是要完善配套的政策和措施，包括业务考核、人才培养、科技规划与支持等方面。

这次会上国际业务部起草了《境内外业务联动指导意见》供大家讨论，会后这个意见将在全行下发。有一点要特别注意，那就是业务创新。这一点对于我行推动境内外业务联动发展，乃至境外业务的整体发展都至关重要。对于这个问题，总行各部门和各分行都要重视起来，在考虑客户需求、研究市场变化的时候，要开动脑筋，不要满足于现有的业务品种和服务方式，要敢于进行创新。例如，开发一些可以将境内外市场衔接起来的产品，我国现在拥有庞大的外汇储备，中央也鼓励对外投资，在这方面是否可以有类似于境外投资基金的产品，让中国投资者能够分享国际经济成长的成果。据我了解，我行前两年推出的境外代付业务就是利用我行境内外机构优势，结合客户资金需求开发出的新业务品种，深受客户欢迎，也提高了我行国际结算业务在境内外的竞争力，值得借鉴和推广。还要强调一下，在加强业务创新方面，总行各职能部门要充分发挥作用。总行相对于各分行，掌握着政策制度、专业知识、人员调配等各方面的资源。总行各部门要利用自己掌握的这些资源，积极主动地帮助、配合、指导各分行开展创新工作。

最后，境外分行要切实加强和完善内部管理，要针对内外部检查及审计中发现的问题，认真分析原因，抓紧整改。现在总行每年都要对各境外分行进行业务、财务、合规等各项检查。此外，当地监管部门、外部审计也都要对分行进行检查和审计。分行对检查发现的问题，一要给出分析原因，二要拿出整改的方案，三要在一定期限内予以整改。总行国际业务部作为境外业务的牵头管理部门，要负责督办和落实。

4. 关于落实年度综合经营计划

全行工作会议下周将要召开，这次会议将确定我行2006年度的业务发展目标并布置各项工作。此外，总行正在研究制定2006年度综合经营计划。国际业务部要根据会议精神和综合经营计划，会同有关部门制定2006年度我行境外业务工作要点。各境外分行要在“稳健经营、循序渐进”的原则下，根据本行实际情况和业务规划予以落实。

5. 关于总行对境外业务的管理与支持

国际业务部要会同计划财务部、人力资源部等有关部门，尽快研究制定境外机构（包括代表处）经营业绩的综合评价办法，以建行整体利益最大化为原则和指导思想，建立更加合理的激励约束机制。现在我行对国内分行已经有了一整套的考核和激励办法，针对境外机构的办法要尽快出台。

国际业务部要会同资债部等有关部门对境外分行的经营方式进行研究，对由总行提供资金、境外分行运用模式的整体效益要进行评估判断，要对境外分行资产负债结构进行研究与分析，合理确定境外资产的整体布局，同时对各家境外分行的资产负债结构是否合理作出判断，对不合理的要及时提出改进建议，帮助境外分行合理分布资产负债，降低市场风险。总行资金部也要着手研究建立各境外分行资金交易室与总行资金交易室之间协同的资金运用策略，提高全行外汇资金的使用效率，共同防范外汇资金风险。

人力资源部已经提出了建立境外业务人才库的工作设想，下一阶段人力部要会同国际业务部加紧这方面的工作，同时将境外机构人员的选拔培养纳入我行人才培养整体规划，使境外人员的选拔培养有目标、有计划、有步骤，各项人员调配要做到有章可循。

信息技术管理部要会同总行有关部门，加紧研究和落实境外分行系统整合事宜，包括境外分行系统功能的进一步完善，与总行主要系统间的直联问题等。境外机构的系统整合和数据集中是未来的一个必然发展方向。在这方面，我希望各部门和境外分行都开动脑筋，开拓思路，多借鉴一下国际先进银行的经验，通过系统整合，加强系统对业务和管理，特别是风险管理的支持，实现信息的全行共享，同时达到节约成本、提高效率的目的。

总行各职能部门要继续加强以各种形式进行的针对境外分行的风险管理检查、业务合规检查等。对分行的检查是必要的，但要协调好。在对分行进行各项检查的时候，各部门要注意把握提高效率、节约成本的原则。一是各部门今年的相关工作要有计划，要彼此协调，事前事后都互相通通气，避免形成交叉。常行长去年曾专门就此事作出过批示。这方面由国际部出面牵头，协调一下各部门全年的计划，特别是对境外机构的现场检查计划，争取统一行动。二是各部门在开展各项工作及出台相关政策前，要深入了解境外分行的实际情况。

此外，总行各部门要按常行长的要求，提高办事效率，对境外分行的请示事项，能办的抓紧办，不能办的应及时回复。

由于我行业务上的变化以及上市后公司治理结构、总行内设机构及部门职责等发生变化，希望各部门对有关境外分行和境外业务的规章制度重新梳理一下。对于一些尚无明确规章制度的新业务，比如境外代付和对外担保，要抓紧制定相关规定或管理办法。对于一些需要更新和修订的，比如境外机构重大事项报告制度等，要根据新形势、新情况及时进行修订。

6. 信息收集与市场调研工作

境外机构以往在这方面已经做了大量工作，向国内提供了许多有关当地同业、国际金融市场情况的信息和调研报告，希望各境外机构要继续做好相关工作。此外，各部门对境外机构提供的信息与报告要善加利用，避免出现将这些信息和报告束之高阁的情况。另外，在这里要特别强调，一些总部在境外机构所在地的国际知名大企业，其在国内的机构也往往是我行的客户，境外机构要加强对这些大客户经营状况的追踪及信息收集，一旦有风险信息，应及时向总行提出风险预警，以便总行采取主动措施，降低潜在损失。这项工作，国际业务部今后应纳入对境外机构的考核内容。

同志们，今天召开这个座谈会，不仅仅是对我行2005年境外业务的回顾和总结，更是对我行境外业务十六年来的发展的回顾和总结；不仅仅只是对今年的工作进行部署和要求，更是要求大家在新形势下，对我行未来的境外业务发展进行认真的审视。我行境外业务从无到有，已走过了十多年的风风雨雨，而对于一家已在境外上市并且立志成为具有国际经营水准的银行而言，我行的境外业务发展还有许多工作要做。希望大家团结合作，共同努力，力争使我行境外业务有更大的发展！

加强营销　深化管理　全面提高公司及机构业务市场竞争力

——在2006年全行公司及机构业务工作会议上的讲话

（2006年2月14日）

罗哲夫

同志们：

刚才常行长对2006年公司及机构业务工作提出了总体要求。为了贯彻落实好今年全行工作会议精神和常行长的总体要求，下面，我将重点对2006年公司及机构业务的具体目标和工作任务讲几点意见。

一、2005年公司及机构业务回顾

2005年，我行公司及机构业务系统在总行党委、董事会和高管层的正确领导下，按照公开上市的各项要求，围绕“以客户为中心”，转变经营观念，健全组织架构，加强市场营销，强化风险管理，较好地完成了全年各项工作任务。

2005年，各项对公业务累计实现收入1 020.28亿元，同比增加163.46亿元，增长19.08%。公司及机构客户非贴现贷款新增1 535.06亿元，市场份额进一步提高，新增额在四大银行中的占比同比上升7.6个百分点；贷款结构进一步优化，14个重点行业新增公司及机构客户贷款占全行同类贷款新增总额的68.5%，新增公司及机构客户固定资产贷款占全行同类贷款新增总额的74.19%。企业存款平稳快速增长，再创历史新高，余额突破2万亿元大关，新增额在四大银行中的占比同比上升4.42个百分点。同业存款比年初新增370.5亿元。累计实现对公客户中间业务收入37.53亿元，同比增加9.81亿元，其中，短期融资券承销业务成为市场新亮点，全年共承销企业短期融资券421亿元，占同期社会发行总量的27%；剔除汇金公司大额汇入汇款的影响，全年国际结算量1 368.93亿美元，增长速度超过同期外贸进出口增长速度4个百分点，四大银行占比同比提高了1.11个百分点。

2005年，公司及机构业务委员会各业务条线采取多项措施，促进业务的全面发展。公司业务系统提出要在七个方面实现经营观念转变；建立了对公业务谈判、项目储备等多项经营机制；广泛营销地方政府，签订银政合作协议，批发储备贷款项目；初步构建了小企业业务管理模式和专业化运作机制；票据业务系统完成了在全行的上线；操作型客户关系管理系统也已进入全行推广应用阶段。集团客户系统共对613家集团客户给予授信，完成计划的112%；制订了22个资金结算网络组建方案；向119个项目出具意向性贷款；加大对集团客户总部的营销力度和业务联动，扩大了我行在优质客户中的市场份额，储备了一批优质贷款项目，在对中石油、中船集团等特大集团客户的营销上，打破竞争银行的垄断格局，取得历史性突破。机构业务系统开始实践结构调整和经营方式转变，“五大战役”全面启动，在军队、武警、高校、医院等领域的营销工作取得突破性进展；我行抓住机遇，成为证监会确定的唯一一家负责非上市公司股份转让交易资金结算账户

管理和资金清算交收的清算银行；成功中标“中央财政非税收入收缴”业务；代理保险业务市场份额进一步扩大，成为同业中去年该项业务唯一实现正增长的国有商业银行。国际业务系统组织开展了第二阶段“树业绩、讲贡献、求发展”外汇业务评优活动；第一次由总行牵头对国际业务大客户进行营销；推进中小企业贸易融资试点；外汇业务信息管理系统在浙江省分行成功上线。基金托管部托管证券投资基金资产净值796亿元，比上年增长59%，托管合格境外机构投资者投资额度5.5亿美元，比上年增长83%，并取得保险资金股票投资托管资格和企业年金基金托管资格；托管产品有所增加，服务水平有较大提高，在《全球托管人》杂志举办的“2005年新兴市场托管服务调查”中，我行总分第一，获得“中国最佳托管银行”称号。

2005年，是建设银行发展历史上极不平凡的一年。我行实现了在境外公开上市，向建立现代股份制商业银行迈出了坚实的一步。这其中，凝聚着全行公司及机构业务系统员工的汗水和智慧。在充分肯定成绩的同时，我们也应看到，我行对公业务的经营重心偏低，不能有效适应市场变化；收入结构总体仍较单一，收费收入占比有待进一步提高；防止不良贷款反弹的压力仍然较大；东部地区的潜力没有充分发挥，竞争力有待加强等。特别是在贷后管理方面，虽然我们已经努力改变粗放经营的模式，但要实现精细化管理还有漫长艰难的路要走。我们要进一步强化危机意识，增强责任感、使命感，真抓实干、创新进取，使公司及机构业务不断跨越新的台阶。

二、2006年公司及机构业务面临的形势

在刚刚结束的全行工作会议上，郭树清董事长对我们当前面临的形势进行了深入分析。2006年是我行公开上市后的第一年，公司及机构业务面临着良好的发展机遇，也将会更多地感受到来自股东投资回报、规范经营、提高资产质量等方面的压力。

（一）国民经济仍将保持相对快速增长，“十一五”规划开始实施，公司及机构业务面临良好的发展机遇

根据中央经济工作会议的部署，今年宏观经济政策取向是，在继续保持连续性、稳定性的同时，针对供给和需求两方面出现的新问题，采取灵活的微调措施，使经济在供需基本平衡的基础上实现快速增长。2006年，预计全年GDP增长率为9%，全国固定资产投资增长率和出口额增速均在20%左右。各项经济指标总体仍将保持在高位。特别是随着“十一五”规划开始实施，各地的固定资产投资热情将进一步高涨；国内企业迈向国际市场的步伐将进一步加快，与进出口贸易及跨国投资联系密切的部门和地区将成为我国经济成长的新亮点，为我们发展公司及机构业务提供了良好的机遇。

（二）经济增速将有所回落，部分行业产能过剩，加大了公司及机构业务质量的控制压力

虽然2006年经济增长仍将保持在高位，但同2005年相比，预计GDP增速将下降约1个百分点，固定资产投资增速下降约7个百分点，出口额增速下降约10个百分点，消费价格指数为2%～3%，与2005年基本持平。经济增速相对放缓加大了我们防范信贷风险的压力。根据国家有关部门统计，2005年，钢铁、电解铝、铁合金、焦炭、电石、汽车、铜冶炼等行业产能过剩问题突出，水泥、电力、煤炭、纺织行业也潜在着产能过剩的问题。随着宏观调控政策的进一步落实，这些行业的风险将逐步暴露出来，给我行信贷资产质量带来压力。

（三）资本市场和货币市场发展在给我们带来新机遇的同时，也加大了公司及机构业务信贷营销的难度

2006年，随着我国A股市场股权分置改革的全面铺开，影响股市的利空因素正逐步得到化解，A股的投资价值不断显现。中国证监会等监管机构将鼓励运作良好的境外机构进入中国资本市场，国家外汇管理局也将加快境外投资者投资额度的审批速度。企业年金市场迅速崛起，保险公司资金运用也将要全面建立第三方托管制度。在资本市场逐步复苏的同时，货币市场也日益活跃，据有关部门预测，2006年全社会通过短期融资券、企业债券等方式进行直接融资的金额为3 000亿至4 000亿元，金融“脱媒”步伐明显加快。金融市场的发展变化，在为我行增加中间业务机会的同时，也使传统信贷业务市场空间缩小，且随着利率市场化和加入世界贸易组织保护期的结束，同业竞争将更加激烈，客户议价能力也将日益加强，银行传统利差收入难以保持持续增长。

（四）集团客户集约化经营程度不断提升和机构客户的总部化特征，对我行经营体制提出新的要求

目前，我行仍然是多级管理的经营体制，对公批发业务大多由分支机构承担，管理层级过多，效率不高，客户经理分散，资源配置能力有限，服务能力、服务水平不高。特别是随着集团客户、机构客户的发展和集约化经营程度的提高，基层分支机构已难以有效地与客户进行平等对话，基层服务能力已不能满足客户的需要。我们必须适应客户经营模式的发展变化，不断完善公司及机构业务经营体制，提高公司及机构业务的市场竞争力。

三、2006 年公司及机构业务发展思路、经营目标及工作任务

根据我们面临的经济、金融形势，今年全行公司及机构业务发展总体思路是：树立和落实科学发展观，转变业务增长方式，抓住机遇，调整和优化业务结构，加大营销力度，创新金融产品，健全经营机制，强化基础管理，全面提高市场竞争力，促进业务健康、持续、快速发展。

根据2006 年综合经营计划，全年公司类贷款新增 1 974 亿元，增幅为 10.08%。其中，公司客户贷款新增 1 800 亿元，机构客户贷款新增 153 亿元，贸易融资及转贷款新增 21 亿元；票据贴现新增 400 亿元，增幅为 21%；企业存款新增 2 220 亿元，增幅为 10.86%，其中，公司客户存款新增 1 300 亿元，机构客户存款新增660 亿元，房地产金融客户存款新增 260 亿元；对公收费类业务收入增幅超过 30%。

为保证上述经营目标的实现，需要重点做好以下方面的工作。

（一）细分市场，细分客户，明确营销重点和目标

一是要加强区域分析研究。适应经济发展的阶段性特征，结合国家“十一五”规划中的区域发展重点，加大业务结构调整力度。东部等经济发达地区分行要继续做好传统信贷业务营销储备，巩固我行市场份额。与此同时，要加强对工业、服务业等行业营销力度，加快对生产领域、流通领域、其他服务领域的全方位业务渗透，重点推进中间业务、中小企业业务发展。中西部地区分行，要抓住基础设施建设、经济发达地区传统产业转移等机遇，发挥我行中长期信贷业务传统优势，大力营销固定资产贷款，积极与地方政府签订银政合作协议，批发储备“十一五”规划中的固定资产贷款项目，做好签约后的跟踪服务工作，及时落实贷款条件，提高储备项目向商业机会的转化率，为“十一五”期间我行信贷业务持续增长奠定基础。

二是要进一步加强行业结构调整。继续优先支持能源、交通、通信行业；重点支持核电、风电、水电及国家核准范围内的火电项目；支持铁路、港口、高等级公路、民航等重点项目、纳入规划的石油、石化和煤炭行业的大型项目以及规范运作的城市基础设施项目；大力发展教育、卫生等事业单位优质客户的信贷业务；有选择地支持制造业中符合产业发展趋势，应用先进技术的环保、节能、高效的项目，现金流较大的服务性行业；积极跟踪第三代移动通讯等信息基础设施项目。继续调整和控制钢铁、电解铝、水泥等行业信贷投放；对产能严重过剩的行业及国家已列入淘汰落后生产工艺和装备目录的高耗能、高污染项目要坚决退出。

三是要大力发展各类优质客户。重点抓好总行级和分行级重点客户、60 家左右总行直管的优质集团客户和世界 500 强企业中国总部、中国 500 强企业总部、总行存款百大客户、外商投资企业以及业绩排名靠前的基金公司、保险公司等。要继续打好机构客户“五大战役”，以 2006 年教育部中央部属高校助学贷款招标为契机，全面渗透高校行业；着力在重点区域、重点分行做好对社保客户的服务，有针对性地加强业务创新，确保实现年度目标；重点营销武警系统和综合性医院，力争在军队总部和广州、兰州等大军区首先取得突破；继续加大对证券公司营销力度，拓展证券保证金银行独立存管业务；扩大财务公司客户额度授信覆盖面，以发展财务公司资产业务为突破口，带动整个财务公司业务的发展。进一步落实《中国建设银行发展小企业信贷业务实施意见》，各行要结合本地区、本行实际，制定有关的实施细则，并首先在中小企业业务重点推进行建立起较为完善的小企业业务经营机制；做好“成长之路”、“速贷通”两个信贷产品的宣传推广；逐步培养一支熟悉小企业经营特性、精通小企业业务操作的专业人才队伍。

四是要积极营销我行“拳头”产品。按照从单纯经营信贷向

综合经营客户转变的要求，从战略上进一步加快中间业务发展，提高收费收入在公司及机构业务收入中的比重。要大力发展结算、代理等传统收费业务；重点发展现金管理、财务顾问、审价咨询、短期融资券承销、企业年金托管、证券投资基金托管、QFII托管、委托贷款、百易安、银团贷款安排等收费业务；积极争取企业债券承销资格；有序发展表外业务。进一步推进票据贴现专营体系建设，建立独立的总行票据贴现经营机构，并逐步组建各区域票据分中心，通过贴现有效调控全行资产，提高资金使用效率；要继续深化贴现经营机构清理工作，在2005年清理压缩的基础上，对高风险、低收益的机构继续清理退出。积极稳妥发展房地产业务，2006年，总行要组织和指导200个重点房地产客户营销、200个重点建成楼盘的个贷联动销售、200个新建重点楼盘的开发贷款销售，并为2007年储备200个重点楼盘项目；各分行也要在区域内，大力拓展优质开发商、优质住宅楼盘，加大房地产开发业务结构调整，支持个人住房信贷业务快速发展，提升我行“要买房、到建行”的市场品牌形象。有序开展负债业务，要继续吸引客户在我行开立基本结算账户，积极营销活跃的一般结算账户，坚持吸收存款与增加账户交易量并重；加大主动负债力度，防止片面、不计成本地追求存款快速增长；继续弱化对企业存款的时点考核，促进企业存款平稳健康发展；积极营销外汇存款，研究建立分行上存总行外汇资金营运收益的共享机制及总行代客外汇资金业务收入返还机制，调动分行吸收外汇存款的积极性。

（二）优化经营模式，建立多级经营体系

一是要改变管理层级多、经营层级低的现状。在暂不改变现有经营层级的情况下，按照上移对公业务经营重心的要求，增强总行、一级分行、二级分行直接经营责任。总行负责做好全国性公司及机构客户的经营，具体开展与客户的谈判、业务审查、合同签订、贷后管理等，并做好重要公司及机构客户的牵头营销；一级分行重点做好所在地城市中型客户和全辖地方关键客户等大客户的经营；二级分行负责做好辖区内中型客户的经营。逐渐弱化城区支行、县支行对公大额度批发业务的经营职能，并逐步过渡到主要负责办理结算、个人银行业务和纳入个人银行业务管理的小型企业业务。

二是要逐步建立团队营销模式。在实行多级经营的同时，要结合《对公业务谈判机制指导意见》的要求，对全国性、地方性集团客户和总部化的机构客户由总行、一级分行协调各相关分支机构组成营销团队，实行上下联动营销，并逐步制度化、规范化。各相关行要研究根据所经营客户创造的经济增加值和所投入的工作量，建立营销团队的利益分配机制，有效解决对同一客户跨行经营中的利益补偿问题。

（三）探索实施业务单元制，提升业务单元资源配置效率

一是要稳步推进基金托管部利润中心改革工作，积极建立具有专业素质的托管团队，为投资者提供多品种、专业化、高水平的托管服务，增强盈利能力。

二是要增强业务单元资源配置能力。在今年全行工作会议上，郭董事长明确要求，“人力、财务资源配置要优先满足市场营销的需要，资本性支出、费用安排、关键业绩指标设计都要体现向前台倾斜、向基层倾斜”。今年，全行新增业务拓展费用的80%交由经营部门安排，经营部门在资源配置中的地位与作用越发重要。总行公司及机构业务委员会要继续研究完善资源配置方法，资源配置要体现向中间业务等战略性产品、向重点客户和重点区域倾斜的原则，提高资源配置的科学性和效益；各分行要结合本地区、本行实际将资源具体落实到相关的储备项目和客户。

三是要研究按部门和产品进行财务核算。公司及机构业务部门要树立算账的意识，学习财务核算的规则和方法，并结合实际，探索公司及机构业务财务核算体系，逐步建立业务单元资源使用的考核评价机制，促进资源使用效果的提高。要在加快ERP系统开发的基础上，研究业务条线的财务核算方法，制订、完善相关的考核办法；一级分行要组织所辖分支机构对有关产品和客户的经营成本进行计算和分摊，为实行业务单元财务核算奠定基础。

（四）广泛实施交叉销售，深入挖掘客户价值

一是要加强公司及机构业务委员会各部门之间的相互配合和联动，促进资产、负债与中间业务的交叉销售。要利用集团客户、大型客户中间业务需求上升的有利时机，充分发挥我行在中长期贷款领域与这些客户长期合作的传统优势，在继续营销贷款业务的同时，积极向客户推荐现金管理、财务顾问、审价咨询、项目融资、委托贷款、短期融资券承销、企业年金托管等新兴中间业务服务。要加强与建银国际的联动合作，推进客户境外上市推荐、承销、财务顾问等投资银行业务的发展，提高综合经营能力和服务能力，延伸与客户的合作领域。深入挖掘现有500万个对公存款账户的潜在价值，各行要组织对企业存款账户进行一次全面清理，激活睡眠户，增加交易量和结算量；主动为客户提供理财服务，设计理财方案，提高客户账户的使用频率，活跃交易，增加结算收入。

二是要加强与个人银行业务的交叉销售。公司及机构业务部门要在继续做好房地产信贷业务营销的同时，联合个人银行业务部门积极营销与贷款楼盘相配套的个人按揭业务，力争实现今年联动销售的目标。要继续做好代理收付业务的营销工作，特别是要利用企业开户的机会，积极争取代发工资户，增加手续费收入。要发挥我行在对公业务领域的服务优势，加强对集团客户、大型优质企业单位高管人员的营销，提升企业高管人员对我行综合服务的信心，促进个人零售业务和对公批发业务同步协调发展。

三是要加强本外币业务的交叉销售。公司及机构业务部门在发展人民币业务的同时，要重视发展外币业务，充分发挥本外币业务各自优势，实现本外币业务的整体联动。各相关部门要密切配合，协商解决本外币业务发展过程中涉及多个部门的重要问题，共同打造良好的本外币业务经营环境。要组织建立海外分行与境内分行市场营销部门间的定期沟通机制，促进海内外业务联动。要重点推进中心城市行本外币业务，继续推动对台湾外汇业务和国际筹融资业务，加快本币化结算在边贸地区的发展。进一步研究对中小企业的本外币一体化服务，适当放宽部分分行在贸易融资费率等方面的浮动权限，提高中小企业外汇业务服务效率。组织开展第三阶段“树业绩、讲贡献、求发展”外汇业务评优活动，并纳入国际业务系统年度评比。

（五）完善产品创新和实施体系，实现产品研发、宣传、销售的一体化、团队化运作

一是要进一步理顺产品管理职责。公司及机构业务部门要主导对公业务产品的研发、宣传和销售，实现对公业务产品经营管理的全流程、一体化运作。对于涉及其他部门的产品研发环节，如产品宣传，由业务部门负责确定产品宣传的时间、方式，并协调相关部门做好产品宣传策划，由职能部门具体组织实施。公司业务部门具体负责协调和归口管理各对公业务部门开展对公业务产品的研发。

二是要建立团队化的产品创新机制。首先，要建立“两头大、中间小”的产品研发管理体系，进一步充实总行产品经理，加大总行产品研发力度；一级分行产品经理要切实发挥纽带作用，促进总行产品政策的实施，提高对基层行产品信息的沟通处理效率；充实城市行尤其是中心城市行的产品经理队伍，加强对产品经理的培训，提高一线产品营销能力，建立能够有效覆盖市场、及时捕捉和反馈市场新需求的基层产品经理队伍。其次，要根据产品特点和功能，组建跨行、跨部门的产品研发团队，充分发挥各级行和各职能部门的专业优势，确保所研发产品的新颖性和实用性。今年，我们要重点研究推出动产质押、“939”咨询工作室、商务通、中韩汇款即时通、出口直接保理，进口保理、仓单质押融资等新产品和网上贸易融资服务，进一步丰富公司及机构业务产品体系。

三是要建立团队化的产品实施机制。要结合组建营销团队，整合市场营销力量和专业服务力量，实现客户经理和产品经理优势互补。今年，要集中专门人才，尽快组建GTS（全球资金管理服务）、银团贷款、短期融资券承销、飞机融资租赁、船舶融资、保理、企业年金等重点产品的实施团队，提高利用这些高附加值产品开展专业化服务的水平。要研究建立对客户经理、产品经理，以及客户经理与产品经理之间的联动考核机制，促进产品收益在客户经理和产品经理之间合理分配。

（六）进一步强化贷后管理，持续监控、防范信贷风险

一是要牢固树立全方位风险管理的观念。公司及机构业务部门不仅仅是市场营销和信贷投放的管理部门，更是对公业务风险防范的第一道关口。常行长去年曾指出，银行的全面风险管理体系包括“三道防线”，分别是业务部门、风险管理部门和内部审计部门；客户经理、风险经理（含贷款审批人）、合规督察人员、内部审计人员则构成银行价值创造过程中风险防范和控制的“四道门槛”。要正确处理好与风险管理部门的关系，按照风险管理部门的要求，立足于岗位职能，从风险可能产生的各个环节实施全方位风险控制。

二是要加强对贷款的持续监控。要实行总分行实时贷款监控和提前预警，关键是要发挥总行、一级分行层级高、信息量广的优势，并利用操作型客户关系管理系统，解决总分行之间信息不对称的问题，上移风险控制层级，提高风险控制效率。客户经理要成为总分行贷款监控的有效补充，具体分析客户业务指标变动背后的深层次原因，主动研究客户重大活动、地区经济变化、新技术、新发明对贷款风险的影响。

三是要进一步推行市场营销与客户维护岗位分离，强化对担保、到逾期贷款和信贷档案的管理。要按照《关于公司业务实行职能相对分离，提升客户经营能力，加强贷后管理工作的指导意见》要求，全面实现各级行公司业务经营部门营销与贷后管理岗位的分离。进一步明确客户经理与贷后管理人员职责，客户经理主要做好与客户的交易管理，贷后管理人员集中做好各项贷后的程序性工作，包括负责登记、跟踪、监测贷款抵质押物和第三方保证人、发出贷款到期催收通知书、提起诉讼、组织清收、保管信贷档案等。

四是要加强对关注类贷款的分析、研究，完善信贷退出机制。要按照从终身制的信贷模式向灵活退出机制转变的要求，进一步研究建立针对关注类贷款客户进行分析、评估及采取相关预案的长效机制，防止关注类贷款向不良贷款迁徙。核心是在贷款由正常转为关注时就要及时采取措施，定期研究、逐户分析、按季评级。对评级连续上升的客户，应选择继续拓展客户关系；对短期内评级未发生明显变化的客户，可暂时维持客户关系；对多次评级均未发生明显变化，或评级下降的客户，要及时退出，或移交资产保全部门处理。

五是要完善贷后管理制度，尽快制定《贷后管理尽职指引》。在现有贷后管理制度的基础上，系统梳理贷后管理的各个流程和环节，通过定岗、定职，明确总、分行，客户经理及贷后管理人员在贷款监测、风险预警、档案保管、贷款清收等方面的尽职要求，使贷后管理责任真正落实到人，促进贷后管理工作规范化、系统化，提高贷后管理的效率。

（七）加强分析研究，提升风险预警能力

一是要加强行业分析指导。结合“十一五”规划，总行要继续做好煤炭、船舶、公路、造纸等行业营销指引的编写工作；进一步量化有关行业和客户的准入退出标准，设立准入退出界限；有选择地聘请行外咨询机构参与我行行业分析研究，并继续做好行内行业分析师的聘任，逐步使我行的行业风险控制工作规范化、系统化。各分行要根据总行行业营销指引和准入退出政策，结合本地区实际，进一步加强行业分析，提出本行需重点支持、控制投放和逐步退出的行业。

二是要加强评估评价。继续做好集团客户评价授信工作，按照《商业银行集团客户授信业务风险管理指引》和我行《集团客户授信业务风险管理办法》要求，严格控制单一集团客户授信集中度、单一客户贷款集中度和全部关联度三个重要指标，切实解决“垒大户”的问题。增强公司及机构业务队伍评估评价能力，各一级分行都要在公司业务部内成立评估评价中心，组建高、精、专的专职评估评价队伍；进一步明确和强化评估评价工作向信贷经营主责任人负责，修改和完善信贷经营主责任人管理办法。

（八）坚持依法合规经营，防范操作风险

一是要进一步树立依法经营、合规操作的意识，严格执行各项规章制度，重拾“三铁”纪律，确保各项政策制度得以准确、统一地贯彻执行。

二是要加强业务监督检查，及时发现风险隐患。今年，要按照《中国建设银行档案管理办法》规定，组织开展公司及机构业务系统信贷档案大检查，重点是对存量档案进行清理，督促分行补齐、完善相关档案资料，加强对新发生业务的档案管理，力争使我行信贷档案管理工作上一个新的台阶。要积极支持配合审计、监察、合规等后台监督部门的工作，主动暴露存在的问题，并按照相关整改要求，及时改正。对业务办理中的违法违规行为，要严格按照《中国建设银行工作人员违规行为处理办法》和《中国建设银行员工违规积分管理办法》追究有关人员责任。

三是要做好与风险经理的平行作业。对大客户，客户经理和风险经理要共同参与客户评价；对小企业，实行客户经理与风险经理双签审批。

（九）加快科技系统的研发推广，再造业务流程

一是要着力做好对公板块的科技应用规划。各行、各部门要根据对公科技应用规划统一调配资源，避免资源浪费和重复开发。2006年是对公应用板块科技开发和推广较多的一年，包括信贷流程系统、操作型客户关系管理系统、贸易融资系统、外汇业务信息管理系统、保理系统、企业年金账户管理系统、银行保险业务系统、银关通等都要推广应用。今年上半年要完成操作型客户关系管理系统的推广；信贷流程系统先后在厦门、安徽、江苏、青岛进行试点，年底前完成全行推广。要在已经试点的基础上，逐步推进国际结算业务单证的集中化处理。

二是要充分发挥科技系统功能，再造业务流程。要按照有利于节约客户时间和成本、有利于满足客户多样化需求、有利于提高处理交易的能力和效率要求，在确保有效防范风险的前提下，结合信贷流程系统的开发，优化业务操作流程。要在明确各部门产品管理职责的基础上，研究简化产品研发流程，缩短开发周期，提高研发效率。要梳理现行产品规章，细化和明确业务的各项操作环节，并组织对各项业务环节的功能、实施效果和投入—产出进行评估，找出不必要的审查、复核和检查环节，以及功能相近或重复的工序，配合风险管理部门提出流程优化方案，提高产品的销售效率。要实现业务流程的电子化操作，推广上线信贷流程系统，对业务受理、审批、贷后管理、资产保全等实行全流程电子化处理，实现对公信贷业务处理的标准化，提高流程执行的效率和监督力度。

（十）持续推进公司及机构业务队伍建设，增强战斗力和竞争力

一是要充实客户经理队伍。加快落实《中国建设银行公司业务客户经理队伍建设规划》，关键是按照“立足于存量挖潜、着手于结构调整”的总体原则，通过经营重心上移、市场营销与客户维护岗位分离，补充一线客户经理。

二是要细分客户经理。要改变客户经理全方位、多功能的传统经营模式，按照提高专业化服务水平的要求，针对服务客户的不同，设立公司客户经理、机构客户经理，并对产品经理进行细分，设置GTS产品经理、投资银行产品经理、企业年金产品经理、票据业务产品经理等。研究扩大外汇业务专业技术岗位职务序列。细分客户经理应结合本地区、本行实际，避免不切实际“小而大、大而全”地设立客户经理。

三是要进一步研究完善客户经理激励约束机制。结合财务资源向业务和营销部门、向基层和一线倾斜，充分调动直接从事客户服务、市场营销工作人员开拓业务、创造收入的积极性，有效解决“逆向选择”问题，防范客户经理道德风险。

四是要加强人员队伍培训。要树立科学的培训理念，把培训作为一项日常工作，常抓不懈，使培训成为一个不断学习、提高、研发、熟练的动态过程；培训要最终体现为对客户和市场变化的反应速度和适应性，有了这两点才有引领市场的能力。要不断丰富培训形式，在实践中建立学习型团队、学习型组织。要根据我行重点营销案例，编写公司及机构业务营销案例集，结合客户经理能力提升培训教材，进一步加大客户经理培训力度，全面提升客户经理的营销技巧和营销水平。要加强对客户经理的廉洁从业教育，自觉遵守各项法律法规。开展以财务管理为重点的评估评价工作培训，提高评估评价人员分析企业财务指标的能力。研究建立公司及机构业务委员会各部门四级以上客户经理通过外汇业务培训和考试的相关制度，培养本外币业务复合型人才，并作为客户经理晋升的依据之一。

（十一）抓紧实施与战略投资者的合作，提升关键领域业务水准

一是要建立我行GTS技术框架。结合前期与美国银行的合作成果，完善《中国建设银行GTS组织架构方案》。加强双方在客户服务领域的合作，搭建相互推荐客户的平台和渠道，进一步理顺相互推荐客户的流程；编写双方相互认可的标准文本，统一服务流程和运作标准，使客户在统一规范的运作环境中使用双方联合提供的产品和服务；尝试选择两到三个客户，联合提供资金管理服务。在美国银行帮助下，着手优化我行的电子服务系统。配合人力资源部，加强与美国银行的培训合作，梳理我行有关GTS业务流程和产品管理的培训需求，并具体组织做好培训的各项相关工作。

二是要继续推进与美国银行在商业房地产业务领域的合作。

在去年初步接触的基础上，使相互推荐客户的意向有实质性进展，并研究合作开办银团贷款的可行性。在中小企业等其他业务方面，也要探索和加快与美国银行的合作，充分利用他人长处，尽快形成我行优势。

三是要加快与淡马锡和亚洲金融在政府客户与金融客户业务领域的合作，尽快落实有关的业务培训事宜，并在客户营销、服务等方面探讨合作的可能性。

同志们，今年公司及机构业务面临着难得的发展机遇与严峻的挑战。我们要继续扎实做好每项工作，脚踏实地，求真务实，积极进取，开拓创新，全面提升公司及机构业务市场竞争力，努力完成今年的各项任务，向股东交出一份满意的答卷！

深化改革 加快创新 抓住机遇 迎接挑战 以风险管理能力的不断提升 促进全行价值创造能力的增强

——在全行风险管理暨体制改革工作会议上的讲话

（2006 年 3 月 29 日）

罗哲夫

同志们：

这次风险管理工作会议的主要任务是：贯彻年初全行工作会议精神，对过去三年风险管理工作进行总结和回顾，分析当前风险管理工作面临的形势，明确风险管理改革的主要目标和任务，部署风险体制改革和全年风险管理工作。下面，我讲几点意见。

一、三年来风险管理工作回顾与总结

三年来，全行风险管理及信贷审批工作紧紧围绕提高资产质量这一中心任务，在理念、体制、机制、技术及队伍建设等方面，做了大量卓有成效的工作，取得了令人瞩目的成绩。

（一）采取有效措施促进资产质量稳步提升，为股改上市提供强力支持

为实现股改上市的总体目标，我行紧紧抓住资产质量这条主线，推出了多项行之有效的措施，促进了资产质量的稳步提升。2003 年至 2004 年，全行连续两年开展“降低不良资产攻坚战”，集中优势兵力解决前些年积累的巨额不良资产，有力促进了资产质量的改善。同时，抓住国家政策支持的有利机遇，顺利完成了消化历史包袱和可疑类贷款剥离的工作，实现了不良贷款余额和比率的大幅下降。“攻坚战”期间，全行累计压缩不良贷款 1 967 亿元，不良贷款率下降了 12 个百分点，为股改上市奠定了坚实的基础。通过对新老贷款实行分账管理，紧紧盯住新发放贷款，提升科学审批决策能力，并加大新发放贷款的问责力度，有力促进了新发放贷款质量的逐年提高。近三年纯新发放贷款不良率分别为 0.27%、0.21% 和 0.08%。在严把审批关口的同时，加大了风险预警和监测力度。自 2003 年起利用“风险评级预警系统”，定期向全行发布行业、区域、信贷品种的风险状况，指导分支机构的经营管理活动。这一年根据该系统对房地产、钢铁等行业发出的蓝色预警，使全行及早采取了相应的调整预防措施，减轻了宏观调控对资产质量的负面影响。同时，在提前摸清底数、理清部门职责的基础上，加大非信贷资产归口管理力度，在四大银行中率先实行非信贷资产五级分类，强化了对非信贷资产质量监测、分析与控制，有效推动了非信贷资产规范管理和质量的不断改善。自 2004 年起，总行将资产质量与分行经济增加值及行长业绩指标挂钩，强化了资产质量对分行的内在激励与约束，对提高资产质量起到了牵“牛鼻子”的作用。

上述措施和全行上下的不懈努力使资产质量得到了大幅提升。

截至2005年末，全行不良资产率为2.81%，其中，境内外机构不良贷款率为3.84%，比2003年末下降了13.13个百分点；非信贷资产不良率为1.66%，比2003年下降3.96个百分点。资产质量居四大国有银行之首，极大地提升了建设银行的社会形象，增强了投资者对建设银行的信心，确保了建设银行重组改制上市的成功。

（二）不断完善风险管理组织架构，强化风险的集中统一和专业化管理，积极探索垂直独立的风险管理体制

近年来，建设银行根据外部环境和自身业务发展的特点，对风险管理和信贷审批体制，以及风险管理组织架构，进行了一系列的探索与改革。2003年总行重组风险管理机构，成立风险管理部，统一负责全行的风险管理政策、标准和制度的制定，强化了对各类风险的集中统一管理。2005年，参照《巴塞尔新资本协议》风险分类的要义，借鉴国际先进银行全面风险管理经验，总行设立了对公信用风险管理部、个人信用风险管理部和市场与操作风险管理部三个二级部，实现了对信用风险、市场风险、操作风险的专业化管理，初步搭建了全面风险管理的组织构架。2005年，适应建设银行股改上市的需要，在试点分行实行风险管理垂直化管理，探索推进风险管理体制改革，旨在建立适应现实金融生态、适合业务发展、相对独立和垂直的风险管理体制。经过充分研究论证，反复讨论修改，目前建设银行风险管理体制改革方案已正式印发，今年要在全行范围内稳步推进。

（三）加强基础管理和制度建设，构建风险管理基础平台

三年来，按照国际先进银行的标准，根据“业务发展，制度先行”的原则，加强基础管理和制度建设，逐步建立和健全风险管理制度体系，确保各项业务的开展有章可循。在授权管理体系方面，逐步形成了统一管理、分级负责、自上而下的授权管理体系。在统一授信管理方面，制定了公司类客户信用评价办法、额度授信管理办法及金融机构客户信用评级办法等重要制度，提高了信用评级的科学性、准确性和工作效率。在风险分类和贷款准备金计提政策制度方面，我行按照国际会计准则的要求，制定了信贷资产风险分类实施细则、信贷资产损失准备金计提暂行办法等制度；按照人民银行、财政部及监管部门的要求，制定了非信贷资产管理办法、风险分类制度及非信贷资产减值准备管理办法，为提高分类质量、足额计提拨备提供了强有力的支持。在内控建设方面，通过实施风险管理基础平台工程，有力促进内部控制体系建设，为我行标准化管理和全面质量管理奠定了良好基础。

（四）审批机制逐步完善，业务流程进一步优化，队伍建设不断加强，有力支持了全行信贷业务发展

2003年，总行通过授权和审批方式差别化管理，将额度授信、固定资产贷款等信用风险较高的信贷业务集中总行、一级分行审批，信贷审批机制不断完善，集约化审批能力明显提高。2004年，总行进一步优化调整了信贷审批流程，大中型客户严格按照“先评级、后授信、再支用”的原则审批，低风险业务和小额度公司客户合理简化了审批流程，既控制了大额授信风险，又满足了小额授信时效性要求。在完善审批管理的同时不断加强审批队伍建设，目前，已经建立了一支专业化水平较高的审批人队伍。

（五）加强现场检查和非现场监控，保证风险政策制度有效贯彻落实

三年来，全行通过加大对风险管理政策和制度执行情况的检查力度，确保总行风险政策制度的有效贯彻落实。2003年，全行组织了五级分类真实性和准确性现场大检查，共检查贷款14 159.56亿元，不良贷款1 601.92亿元，占全行贷款与不良贷款的81.32%和60.22%。通过检查整改，增强了贷款五级分类的准确性与真实性。2004年，全行组织了资产业务及内控管理情况“拉网式”大检查，共检查一级分行本级及相关二级分行227个机构，检查了全行39.26%的信贷资产、拟划给股份公司58%的非信贷资产以及37.89%的表外资产，并在检查过程中下发了1 209份《现场检查发现问题工作底稿》，要求被检查机构签字确认并进行整改。通过检查，及时纠正了有章不循、违规操作、超授权等现象，保证了各项规章制度的贯彻执行。在加大现场检查力度的同时，依托“风险评级预警系统”和“信贷管理信息系统”，严密监测分析全行资产风险变动情况，定期将资产质量变动情况通报分行，指导分行采取有针对性的措施。此外，通过建立贷款风险迁徙台账、双亿元大客户监测台账，以及宏观调控项目监测台账等非现场监控方式，为全面掌握全行资产风险变化，适时调整风险管理政策提供支持和帮助。

（六）开展市场与操作风险管理研究，探索加强市场与操作风险管理的有效途径

近年来，我行按照《巴塞尔新资本协议》的有关要求，在市场与操作风险管理方面作了大量研究和探索，积极采取措施加强市场与操作风险管理，初步搭建了具有建设银行特色的市场与操作风险管理体系。一是健全了市场风险与操作风险管理的组织架构。二是成立跨部门的“人民币升值压力下市场风险防范机制”研究小组，就人民币升值压力下市场风险防范问题开展研究，有针对性地提出应对措施和建议，为业务的发展决策提供了支持；对衍生产品风险管理开展研究，制定相关制度，有力支持了建设银行衍生产品交易资格的准入；运用缺口分析、情景分析等方法，对利率风险敞口进行计量；运用市场风险计量模型，初步进行了市场风险的独立分析和报告。三是按照《商业银行市场风险管理指引》的要求，初步研究拟订了统一的市场风险管理政策制度，前台部门完善了资金交易风险管理与内控手册，逐步优化资金交易业务风险管控系统；对香港资金交易中心实施风险监控和定期现场检查，促进资金交易业务安全稳健运营。四是按照《巴塞尔新资本协议》对操作风险管理提出的要求，在全行范围内开展了操作风险损失事件调查统计工作，为建立操作风险损失事件数据库奠定了基础；制订操作风险与内部控制自我评估方案，开展了操作风险与内部控制自我评估试点工作，在推进操作风险管理方面进行了有益探索。

（七）加大工具方法研究力度，加快技术创新步伐，提高风险管理技术水平

为尽快在风险管理技术层面缩小与国际先进银行的差距，我行不断加大技术创新力度，加快风险管理技术和工具开发步伐，逐步实现风险管理从经验主导的传统模式向信息化、计量化、专业化的现代管理模式的跨越。我行自主研发的风险评级预警系统已于2003年正式上线运行，并经过国际著名评级机构的技术鉴定。目前，预警系统已经成为信贷审批的依据之一，成为细化资产分类、完善经济资本分配的参考，以及贷款定价、信贷组合管理的依据和制定信贷政策的参考。在此基础上，建设银行又抓紧启动了内部评级法的研究，计划用时40个月，分三期完成。该项目完成后，建设银行信用风险评级能力将初步达到IRB初级法要求。此外，建设银行还自主开发了信贷审批流程管理系统，有力支持全行信贷审批工作的标准化、程序化操作，大大提高了审批工作质量和效率。

（八）建立经营责任约束机制，加大信贷责任追究力度，确保各项规章制度的有效执行

为确保新发放贷款质量，确保依法合规经营，按照监管部门尽职指引以及建设银行规章制度要求，明确经营管理责任，建立配套的责任追究和问责制度。首先，健全和完善经营风险损失问责制度，严厉追究和查处信贷经营和审批中的失德、失职、违法、违规行为。在总行的督促和指导下，各级行都建立责任认定台账，对于近年来新发放贷款形成可疑或损失的，或者被内外部监管机构查出存在违规违纪情节的，进行严格认定，涉及主观责任的，进行严肃追究、严厉查处。其次，强化领导问责，建立分支机构负责人重大经营风险和案件引咎辞职制度。对于本辖发生的重大经营风险或案件达到一定标准的分支机构负责人、分管领导，要求主动承担责任并提出辞职申请。最后，推进违规行为积分管理，从源头上有效解决有章不循、违章操作问题。对工作人员违反规章制度的行为进行累计积分，引导和督促各级机构和工作人员在日常工作中严格遵章守纪、依法合规经营，最大限度地消除风险隐患。

（九）推进风险文化建设，加大培训力度，着力造就一支堪当重任的风险管理队伍

三年来，我行始终把风险管理文化建设作为改革和发展的先导，在全行倡导和树立风险和回报平衡、内控优先、价值最大化、资本约束、全面风险管理等先进理念。一是高级管理层身体力行，积极传播风险管理价值观，在全行战略制定和业务决策过程中突出强调风险管理价值标准，直接参与风险管理文化建设。二是提出了“培育先进的、全员的风险管理文化”的目标，举办了风险文化系列征文活动，让更多的员工参与风险管理文化的建设。三是大力推行以经济资本为核心的风险约束机制，在全行树立审慎经营、价值最大化的风险内控理念；在业务发展计划的制订以及对各级行各部门的绩效考核中，着眼于长期收益效果，突出风险调整后资本回报率（RAROC），强调价值创造，在全行上下形成了清晰的风险文化价值导向。四是加大风险管理工作培训力度。全行风险条线共计组织举办各类培训班 1 234 次，培训人数高达 125 973 人次。培训内容涉及信贷与非信贷管理、授权管理、审批管理、体制改革、平台工程、风险预警、风险报告等各个方面，促进了风险、审批及前台业务员工的知识补充和技能的提高。五是着力培养一支高素质的风险管理队伍。近年来，建设银行通过理念传导、业务实践、能力与素质提升等方式，逐步培养建立了一支专业化水平较高的风险管理和审批人队伍。截至 2005 年末，全行从事风险管理和信贷审批的专业人员共计 5 921 人，其中具有大学本科以上学历者占 60% 以上。实践证明，这支队伍出色地履行了为各项业务保驾护航的职责，是一支团结向上、甘于奉献、善打硬仗、值得信赖的风险管理队伍。

正是由于上述措施和全行上下的不懈努力，使不断提升的风险管理能力成为资产质量持续改善的有效支撑，从而在改制上市中赢得了先机，并得到了广大投资者的信任，保证了我行股改上市的圆满成功。基于建设银行在风险管理方面的优异表现，2005 年 11 月，《亚洲风险》（Asia Risk）杂志授予建设银行中国内地唯一的年度最佳风险管理奖项。这一奖项属于全行 30 多万名员工，更属于风险管理条线的同志们。

二、风险管理面临的挑战

2006 年是中国银行业完全开放前的最后一年，也是建设银行重组改制上市后的开局之年，风险管理面临诸多压力和挑战。

（一）无论从外部环境看，还是从自身现有的控制能力看，我行资产质量均面临不良反弹的巨大压力。通过两次政策性剥离，以及近几年来全行上下处置不良资产的不懈努力，目前我行资产质量已经接近国际一流银行的水平，但这并不表明我们已有足够的能力保有它进而促其持续向好。应该清醒地认识到，近千亿元的账面不良贷款存量只是一个显性的暴露，而产能过剩、行业性亏损和企业停产现象增多，特别是随着国家加大宏观调控力度，采取严格市场准入、淘汰落后产能、加快兼并重组等政策措施的落实，部分企业可能难以继续维持正常生产经营，我行的一些正常类贷款随时有可能成为不良。面对这一系列宏观层面的不利因素，我们在体制、机制上的应对和准备显然不足，也就是说，保持资产质量稳步提升的内在机制并未真正建立。

（二）从作为一家境外上市的公众公司看，我行的外汇资产已达一定规模，外汇敞口的风险日益加大。在香港发行上市的成功使得我行外汇资产规模大幅增加，去年末，仅外币投资名义余额就达 370 多亿美元。同时，交易类资产余额已接近贷款余额的近六成，而且随着金融市场产品创新力度加大，新的交易品种和交易方式也不断增加。利率市场化改革进程的加速和汇率形成机制的变化，使得利率、汇率波动对我行业务发展和盈利水平的影响越来越大，提高产品定价能力和市场风险管理能力的内在要求已经非常迫切。我们过去的主要精力是放在信用风险的管理上，市场风险管理的体系建设、技术方法研发、金融市场研究、人才队伍培养等还非常薄弱，这无疑与我们目前的地位和形象都是不相称的。

（三）面对社会公众和监管者审视与挑剔的目光，我行的内部控制和操作风险管理能力亟须提升。近年来，国内银行因内部人作案，或内部控制环节缺失造成巨额财务损失的事件被国内外媒体频频曝光，带来了非常不利的负面影响。从我行对前些年操作风险损失事件的统计分析看，有相当部分的信贷损失是因内部程序缺陷或违规操作造成的，属因贷前调查不审慎、贷后管理不尽职等操作风险因素而导致我行过度承担了信用风险损失。作为公众公司，任何一起案件及丑闻，都不仅仅意味着损失，而且可能会对银行整体声誉产生巨大影响。这不仅会影响到我行市值，而且会影响到投资者对我们未来的信心。而我行目前的内部控制体系还不尽完善，操作风险自评还没有正式实施，主动识别并有效防范风险的能力不足，亟须提升。

三、积极稳妥推进风险管理体制改革

经过前一阶段的试点和不断完善，我行风险管理体制改革方案已正式印发实施。这一以“垂直管理、平行作业、风险关口前移”为核心内容的改革，必然会对全行各业务领域和各经营管理环节带来重要影响，并对人的思维惯性和行为方式带来一定的冲击，因此，必须高度重视，稳步推进。

（一）准确把握风险管理体制改革的目标和任务

风险管理体制改革的总体目标是：构建集中、垂直的风险管理体制，形成覆盖商业银行各种风险的全面风险管理体系，建立有效平衡风险与回报的内控和运行机制，全面提高风险管理的有效性和风险判断的准确性和客观性，促进各项业务持续健康发展。

这是适应建设国际一流商业银行发展战略需要确立的长期目标。考虑到现行经营管理的层级模式向单元制模式过渡需要一定时间，同时在风险管理文化、队伍、工具技术方面也需要作相应的准备，因此需坚持“明确方向、分步实施、平稳过渡”的原则。

当前改革的主要任务是：

——垂直管理。建立垂直的风险管理组织架构，总行设首席风险官，一级分行设风险总监，二级分行设风险主管，向县级支行派出风险经理。建立以纵向的“负责报告线”为主、以横向的“报告线”为辅的两维报告线路。风险总监由总行统一派出。

——平行作业。实施风险过程控制，前移风险管理关口。按照客户导向优化业务流程，建立风险管理融入业务流程的平行作业机制，加强前、中、后台的整体联动和有效制衡，提高工作效率，实现增值型的风险管理。

——完善机制。进一步建立健全风险条线人力资源管理、业绩考核、审批、授权管理等风险管理机制，细化和完善相关管理流程和业务流程，确保风险管理体制的有效运行。

——队伍建设。调整充实风险条线人员力量，加快推行风险经理制，加强人员培训，建立一支合格的专家型风险管理队伍，提升风险管理的专业化和精细化水平。

——实行专业化、集中化的风险管理。建立全面有效的市场风险和操作风险管理体系，建立对信用、市场、操作风险的专业化管理模式，强化风险政策制度、计量分析、风险监控、信贷审批等在全行整体层次上的集中统一管理。

通过改革，建设银行风险管理要实现“五个转变”：在管理理念上，要由控制风险为主向经营管理风险转变，提升平衡风险与回报的能力；在管理模式上，要由层级管理向集中管理转变，提高全行统一的风险管理政策标准、规章制度的执行力；在管理机制上，要由部门间相互制衡为主向业务流程中各环节相互制衡、各岗位自我约束与协作并重转变，建立现代商业银行内控和运行机制；在管理手段上，由定性为主向定性与定量相结合转变，提高风险管理的专业化、精细化和科学化水平；在管理范围上，由信用风险管理为主向各类风险管理并重转变，完善全面风险管理体系。

（二）稳步推进，认真贯彻落实风险管理体制改革方案

第一，要统一思想，深刻领会和准确把握风险管理体制改革精神实质。各行领导班子要充分认识风险管理体制改革的复杂性、艰巨性，把改革的前瞻性和实施的过渡措施与本行实际密切结合起来，确保本次改革方向不偏，力度不减，各项工作平稳有序开展。要处理好改革与发展的关系，努力做到把改革成本降到最低；要处理好风险垂直化管理与总分行层级体制的关系，自觉维护风险管理的独立性；处理好风险条线和分行的关系，密切配合，共同平衡风险与收益，确保质量、效益、效率稳步提高。

第二，要加强领导，明确责任，统筹规划，周密安排。各行要在4月底前成立改革推进工作小组，明确分工，落实责任，由分行一把手担任组长，对改革推进工作承担第一责任。各分行要按照改革方案的基本原则和内容，结合本行的管理现状、区域特点以及经营规模等实际情况，在5月底前制定辖内的改革实施方案并组织实施。要充分考虑改革实施过程中可能出现的各种问题和不利因素，采取有效防范措施，既要保证改革的顺利推进，又要确保改革过程中不出现责任脱节或管理真空。

第三，要抓住重点，稳步推进平行作业。平行作业要求岗位之间既要制衡，又要协作，是本次改革推进的重点和难点。各行要根据改革进程以及管理手段创新、客户信息披露充分性、内外部环境条件等，制定具体实施步骤。

第四，改革配套制度要及时跟进。总行相关部门要及时制定改革配套制度，各行要细化和完善各项业务流程和管理流程，确保改革顺利推进。

第五，要切实抓好、做好风险条线组织机构设置和人员的选配、培训工作。要按照改革方案要求，抓紧落实机构和管理职责。尽快选配风险主管，充实和培养专职贷款审批人和风险经理，加强对参与“双签”审批的有权审批人的资质审核。现有公司业务部门从事客户信用评级和项目评估人员拟作为贷前平行作业风险经理的，划转工作力争于6月底前完成；风险总监的培训要尽快启动，其他人员的培训要在9月底前完成。各行要积极配合总行相关部门，早动手、早准备、早实施，分级、分批、有计划地开展培训工作，要确保培训时间，确保培训质量。

第六，要做好改革推进过程中的信息沟通和反馈工作。本次改革是一次全新的变革，特别需要总行与分行之间、分行与分行之间的信息沟通和交流。改革推进期间，各行要将改革工作的进展情况、存在的问题、工作建议等定期向总行报告，如遇重大问题，及时向总行请示；总行相关部门也要加强对分行的工作指导，并提供必要的协助。要发挥全行的集体智慧，确保风险管理体制改革的顺利推进。

四、认真贯彻落实年初工作会议精神，全面实现2006年风险管理工作目标

2006年风险管理工作量化目标还主要体现在资产质量的指标上。具体是：不良资产率控制在2.81%以下，不良贷款率控制在3.84%以下，新发放贷款不良率控制在0.28%以下，新发放不良贷款潜在损失率控制在0.25%以下，关注类贷款占比控制在10.71%以下，不良贷款损失准备充足率达到100%。

为完成上述任务目标，2006年要重点抓好以下工作。

（一）采取切实措施提高和改善资产质量，全面完成年初资产质量控制计划，促进资产质量的稳步转好和内在价值提升

一是加强行业趋势、行业特点的分析研究，做好第一道风险关口的防御工作。要进一步研究制定信贷审批指引，提出行业处于不同阶段的审批标准，支持审批人决策，以不断提高审批质量。二是把握市场，了解客户，强化贷后管理，提升信贷经营能力。从贷后管理中摸清客户经营现状，从行业、市场、环境中判断客户发展前景，及时调整信贷进退策略。三是完善信贷资产质量监管体系，继续加大存量不良资产的压缩力度，关注各形态贷款的迁徙状况，同时细化非信贷资产管理，确保非信贷资产质量稳步提高。要积极创新资产保全手段和方法，综合运用多种手段回收处置不良资产。四是加大授信大客户风险预警和风险监测力度，在促进各类贷款向上迁徙的同时，更加关注各形态贷款的向下迁徙。五是切实发挥好“三道防线、四道门槛”的作用。业务部门要承担执行好风险管理政策的首要任务，风险、审计部门要做好风险政策制定、完善以及整改督促工作，共同完成“三道防线”的风险防御工作；客户经理、风险经理、合规人员、内审人员要通过多层次、多角度、多环节的风险经营、管理、监督认真履行好“四道门槛”的看门人或监管人的职责。

（二）树立科学的发展观，加快业务发展方式转变，从资产组合的层面降低业务经营风险

第一，前瞻性把握商业银行业务多元化发展趋势，树立科学的发展观，妥善处理业务发展与风险承担的关系。第二，要通过风险管理能力的提高，支持我行市场细分和差别化服务的管理战略，在合法经营的前提下支持业务创新。第三，要大力发展风险小、效益高、资本占用少的中间业务；主动降低风险大、效益低、资本占用高的贷款业务，从更高的层面上把握业务经营中的风险。

（三）进一步建立和完善信贷审批标准和审批指引，优化业务流程，切实提高审批效率和审批质量

一要将建设银行的发展战略、风险偏好、业务发展要求与市场信息、客户信息有机结合起来，将前、中、后台的价值取向统一起来，制定符合风险管理要求和市场竞争需要的具体的信贷审批标准和审批指引，从而引导前台经营部门有效选择客户，使审批人员审批依据明确，提高决策透明度，保证建设银行的风险偏好真正得以落实，促进市场竞争和价值创造能力的有效提升。

二要强化对公授信业务申报方案中的风险控制措施，逐步推进无条件审批。授信业务项目申报要重点突出和细化授信期限内客户经营财务状况变化情况的动态监控与相应风险控制措施方案的评价分析；要简化额度授信项下信贷使用业务申报书内容，针对不同类型客户与产品的风险特点研究制定不同的申报书格式。

三要研究完善信用等级审定方式和审定流程，重点加强对大

中型客户信用评级审定调整（推翻）标准的研究，确保评级审定准确度。

四要在保证信贷审批质量的前提下，逐步扩大双签审批的范围，审批人会议逐步转到负责大额度、客户结构复杂以及特殊或例外贷款审批上来。

五要做好授信业务审批的组织管理工作，提高关键环节的工作效率。

六要针对信贷业务和市场环境的新变化，审批工作中出现的新情况、新问题，进一步完善并规范授信审批操作，强化审批条线管理能力。在合规性审查环节，重点放在申报材料完整性、合规性、信息充分性方面，提高审查效率；在审批会议安排阶段，既要考虑项目申报的先后顺序，也要体现优质客户、重大项目的差别化待遇，要密切注意待审批项目结构情况，结合审批人的审批权限，灵活安排审批会议，有效疏导，避免“项目等人”情况的发生。

（四）加强行业区域风险研究，积极正确引导信贷投向，将宏观调控的负面影响降低到最小

第一，要加强国家宏观经济政策走向研究，分析宏观经济周期和市场发展变化，摸清宏观调控影响的具体行业、区域分布、客户情况及风险状况，根据行业效益和风险变动趋势正确引导信贷投放。

第二，要加强信贷投向指导，适时调整信贷政策，提高信贷政策的分析能力和执行能力。尽快研究制定建设银行信贷投放的重点行业，保证新增贷款投向国家鼓励类产业，谨慎投向国家宏观调控行业和产能过剩行业审批信贷业务，严格控制向国家限制类和淘汰类的产业投放贷款。

第三，加大对公路、电力、石化、冶金等基础产业和钢铁、汽车、煤炭、房地产、纺织等风险上升行业的调研力度。全行审批系统要加大对上述行业及企业研究力度，遵循行业风险的控制要求，深入分析行业中企业信贷风险的共性，为全行审批人提供具体的、有效的指导，提高信贷审批质量。

第四，开展中小企业调查和分析，特别是要针对民营企业的发展状况、资金需求特点，研究风险控制措施，有选择地加大对中小企业信贷支持力度。

第五，加强区域性研究，充分考虑审批标准执行中的区域差别化问题，提高审批标准的适应性。总行要总揽全局，研究跨行业、跨区域集团客户的系统性风险、未来的整体走势，并对风险进行总体判断；分行要针对当地的经济市场环境、信贷市场竞争形势、建设银行市场地位等方面，对区域内行业或客户进行专题研究，提高审批决策与当地市场变化的契合度，并为总行审批决策提供区域性信息支撑。

（五）适应利率、汇率市场化改革，提高市场风险管理能力，确保相关业务快速健康发展

要适应利率市场化改革，建立浮动利率下价格管理模型，在保证收益覆盖风险的情况下，逐步向零售业务、中小企业倾斜信贷投放。要加强本外币投资组合风险管理，加快建立和完善市场风险计量工具，科学准确衡量市场风险敞口，设定市场风险限额，在风险可承受的范围内优化本外币投资组合管理，获取更大收益。要加快金融工具的创新与运用，提高风险规避能力，确保资金交易业务快速健康发展，为开拓资金应用渠道提供技术支持。要加强对金融市场的跟踪研究，为风险管理决策提供支持。

（六）继续加强基础管理，健全和完善内控体系，进一步强化操作风险管理

一要进一步规范授权管理的内容、方法和程序，按照区域发展战略的要求，提高授权差别化管理水平。要根据全行发展战略和风险管理体制改革的要求，配合业务流程改造和产品创新，调整和优化授权管理制度，细化评价标准，进一步提高授权管理的精细化水平，增强全行风险管理和市场响应能力。二要加大个人客户和市场研究力度，力争年内出台零售业务政策指引，增强零售业务的市场竞争力和风险控制力。三要进一步强化贷后管理，前、中、后台要加强沟通交流与协作，及时捕捉客户经营状况的不利变化，及时预警并采取有效应对措施。要在贷后管理中敏锐把握客户的新需求，及时跟进并提供服务。四要抓紧构建操作风险的政策体系，尽快开展操作风险自评工作，完善操作风险历史损失数据的收集、整理、分析、报告机制。

（七）强化风险监管职能，促进各项业务的健康快速发展

2006年，风险监管要重点抓好以下几项工作：一是加强资产质量真实性检查。要重点对评级上调的大客户分类程序和方法的合规性、背景材料的真实完整性、分类理由的充分合理性、损失估算的科学性以及分类结果的准确性进行检查。二是加强风险管理政策、规章落实以及内控制度建设、维护和执行情况的监督检查，确保风险管理政策执行到位。三是加强产能过剩的11个行业贷款风险监管。抓紧调查掌握建设银行在上述行业的贷款总量、区域分布、企业生产经营与销售变化等情况，主动采取有效措施，积极落实一户一策，一户多策，争取将国家宏观调控的不利影响降到最低限度。四是加强集团客户、关联企业风险监管。有条件的分行要组建集团客户、关联企业经营管理团队，提高特殊客户群体的整体经营实力和风险快速反应能力。五是加强零售业务、票据贴现，以及中小企业风险监管，形成既保证业务快速发展，又有效控制风险的良性机制。六是加强授信业务审批条件落实情况审查、监控，控制因贷前条件不落实诱发的风险，提高授信审批执行效果。七是要按照《巴塞尔新资本协议》的要求，切实履行对信用风险、市场风险和操作风险全面监控的职责。

（八）加大风险管理技术的研发与应用力度，进一步提高风险量化管理水平

要深化与战略投资者的合作，重点是在风险管理技术开发和应用方面，学习、借鉴、引进和消化国际先进银行风险量化管理技术。要抓紧推进内部评级工程，加快各类风险敞口的整合、计量与评级，加紧模型技术检验与参数调试，完善内部评级各项配套制度，争取年末内部评级工程达到初级化水平。要加快实现消费贷款、住房贷款、循环类贷款、助业贷款、其他个人贷款五大产品池申请评分卡、行为评分卡、催收评分卡、核销评分卡和响应评分卡的上线运行。要完成信贷管理信息系统的优化改造工作，为内部评级、风险预警、质量监测以及非现场监管等工作提供有力的信息支持。要完成十二级贷款风险分类的模型开发与配套管理办法的制定，逐步实现贷款风险分类由五级管理向十二级管理的过渡。要加快非信贷资产管理系统开发进度，尽早实现非信贷资产数据统计自动化，改进管理模式和操作流程，明晰管理职责，及时发布预警提示，提高非信贷资产质量监管工作的科技化、信息化水平。要加快与相关部门协同研发市场风险管理相关系统，尽快建立市场风险限额管理制度，健全限额设计的后评价和动态调整机制。

（九）构建前、中、后台相一致的风险文化，增强服务意识，加强培训和队伍建设

要倡导正确的风险理念，用正确的风险理念统驭全行员工，建立前、后台相一致的风险文化，形成风险管理促进业务发展、业务发展赢得风险回报的良好局面。要持续推进风险管理文化建设，并将其纳入全行企业文化建设示范点的管理序列，总行级和一级分行级企业文化建设示范点要在风险管理文化建设方面充分发挥示范带动效应，促进全行风险管理文化建设再迈一个新台阶。要将“以客户为中心”的经营理念延伸到中、后台环节，自觉践行“后台为前台服务，二线为一线服务，全行为客户服务”的理念。建立风险管理信息交流机制，加强与前台经营部门的沟通，风险管理和审批部门要主动了解业务部门的需求，向业务部门提供风险信息、管理工具和解决方法。要根据改革后风险管理流程控制要求，合理确定风险人员数量，建立准入退出机制和绩效考核制度。加快风险经理和专职审批人培训教材开发，做好风险管理条线人员的培训工作。

同志们，回顾过去，我们为取得的业绩而感到自豪；展望未来，我们对迎接新挑战、完成新任务充满信心。我们相信，在总行党委的正确领导下，在全行各部门和各分行的通力合作下，通过风险条线全体员工的努力，今年的工作目标一定能够实现。

培育良好的合规文化 进一步做好我行合规管理工作

——在2006年全行合规工作会议上的讲话

(2006年6月15日)

罗哲夫

同志们:

这次会议是我行历史上第一次合规工作会议。本次会议的主要任务是:认真贯彻落实全行工作会议和分行行长(春季)座谈会精神,总结一年来的工作情况,研究、分析合规管理工作的形势和现状,进一步统一思想认识,明确合规管理的职责、任务和目标,在全行范围内培育良好的合规文化,把2006年以及今后的合规管理工作搞得更好。

一、全行合规管理工作回顾

2005年10月我行成功地在香港联交所上市,为了符合监管要求,提升管理水平,促进依法合规经营,总行成立了专司合规管理职责的合规部。一年来,在总行党委的领导下,在各分行、总行各部门的配合协同下,我行独立的合规管理工作从无到有,合规机构逐步建立,合规人员不断充实,合规工作体系已初步建立。全行合规工作系统克服困难,奋发向上,开拓进取,做了大量有效的工作,为建设银行依法合规经营作出了积极贡献,也得到外部监管部门、业内同行和行内其他部门的认同。在此,我谨代表总行党委和高管层各位领导,向辛勤工作在全行合规管理岗位的各级领导和全体员工表示诚挚的敬意和衷心的感谢!

一年来,我行合规工作成果主要体现在以下几个方面。

(一)合规政策制度基本建立

合规是指银行的业务经营活动应与所适用的国家法律、监管规定、行业规则、自律准则,以及适用于银行业务活动的行为准则和道德观念相一致。一年来,合规部门始终遵循这一合规理念,根据外部监管部门的要求,借鉴巴塞尔银行监管委员会的指导原则,着力于构建符合建设银行经营实际的合规政策和管理体系。经过半年多的学习、调研、座谈和反复论证、修改,凝结着广大合规人员智慧和辛劳的《中国建设银行股份有限公司合规政策》和《中国建设银行股份有限公司合规工作管理办法》等法规性文件相继在今年4月份和5月份正式颁布试行。这两个文件的发布,不仅确立了我行合规管理工作的基本框架,而且为我行的合规管理指明了方向,订立了规矩,还初步搭建了合规文化平台。

除此之外,总行合规部门还组织制订了《中国建设银行合规部三年规划(2006—2008年)》,修订了《中国建设银行关联交易管理实施办法》、《中国建设银行授信业务经营、审批责任认定办法》,印发了常行长关于《加强管理,做好反洗钱工作》的讲话文件和与关联交易管理配套的《关联交易申报和信息披露系统管理办法》等重要文件,发布了《关于建立和完善反洗钱信息员管理制度的通知》、《关于深入推进信贷经营和审批责任认定工作的通知》等。在这些制度建立和全面实施后,我行的合规政策制度可以说已基本建立,必将对我行合规管理工作走上正轨起到重要的推动作用。

(二)合规管理体系初步构建

第一,在总行层面,合规部内部组织架构进一步完善,职责进一步明确,人员有所增加,合规管理作为全面风险管理体系的重要组成部分,受到各方面越来越多的重视和关注。第二,在一级分行层面,目前已有9个一级分行单独设立了一级部建制的合规部,其管理职责大都与总行合规部相对应,有些分行合规部还增加了统一对口联系行内外审计、监管部门的职责。其余20多个一级分行,有的是设立了与其他部门(如监察、法律部门)合署办公的二级合规部门，有的是在其他部门内设立科室、岗位等，人员和职责相对分离。第三，在二级分行层面，部分分行（如江西省分行等）在二级分行本部也设立了单独的合规机构和合规岗位，配备了专职合规人员。但大多数二级分行的合规管理还是分散在多个部门进行兼职管理。据不完全统计，目前在总行和一级分行的专兼职合规岗位人员已有200多人。在二级分行及以下的合规岗位人员也有200多人。一个以统一领导、统一政策、统一标准，分级管理、分级实施、分级负责为目标的合规管理体系已初步构建，但仍待夯实和健全。

（三）合规培训宣传初见成效

自2005年下半年以来，总行已经组织了3期合规业务培训班，培训一级分行合规部门负责人、业务骨干和总行有关部门人员约300人。各一级分行根据总行下发的培训课件，结合本单位情况对二级分支机构及所属单位的合规人员进行了6 400多人次的培训。通过培训，广大人员增强了对合规工作重要性、紧迫性的认识，对目前合规部门主要承担的树立合规经营理念、牵头反洗钱管理、组织实施信贷责任认定、负责关联交易管理信息汇总申报等职责有了清晰的了解，相关的专业知识和技能逐步得到丰富和提升，为完成各个阶段自上而下的一些专业性管理和统计工作发挥了积极作用。

为了大力宣传合规管理业务知识，培育和传播合规理念、文化，全行合规系统通过总行网站、《建设银行报》、《每日动态》、《合规管理参考》、合规部网页等内部信息平台，开展工作研讨，加强信息沟通，实现了合规信息在全行范围的交流共享，促进了总行与一级分行之间的紧密联系。有的一级分行也利用有限的管理平台积极开展合规宣传工作，如陕西省分行建立《警钟长鸣》的信息专刊，定期发布合规管理信息，把合规纳入警钟长鸣的管理渠道，不失为一种有益的做法。据不完全统计，自2005年8月《合规管理参考》创刊以来，已发刊24期，平均每月2期以上；迄今合规部网页登录超过5万人次。合规部还在《建设银行报》分别组织专版文章宣传介绍反洗钱工作及关联交易管理工作，通过答记者问和访谈等形式在国家一些主流媒体介绍我行合规管理的实践和发展，赢得了良好的社会反响。此外，通过组织合规人员对境外商业银行的学习考察，进一步拓宽了合规管理的视野，看到了我行与国际先进银行在合规管理、反洗钱、关联交易控制等多方面的差距，对今后改进工作很有帮助。

（四）反洗钱工作趋于规范化

我行的反洗钱管理工作从2002年开始起步，但总的来说还缺乏经验，也有重视不够、抓得不紧的问题。2005年6月，总行明确合规部为反洗钱工作的牵头部门，该项工作不仅是合规部门的日常管理工作之一，而且也是一项需要接受人民银行监管的业务性工作。2005年，全行在推动反洗钱工作方面主要做了以下几项工作：一是对全行反洗钱工作现状进行了摸底调查，基本掌握了各分行的组织架构情况和业务管理流程，看到了问题所在，并提出了提高认识、严格管理、强化问责的一些针对性措施。二是组织召开了总行反洗钱领导小组第三次会议，调整充实了领导成员，增加了成员部门，细化明确了各成员部门的职责。在此基础上，一级分行的反洗钱领导小组机构也进行了调整和加强。总行还发文明确，要求各级机构都要建立和完善反洗钱信息员制度，在总行反洗钱领导小组的17个成员部门中配备了19名反洗钱信息员。各一级分行也按照总行要求，在本部配备了反洗钱专职管理人员，确保了本行系统内反洗钱管理组织领导落实，信息交流畅通，管理逐步规范。三是改进、完善相关数据报送工作。基于我行DCC系统在2005年9月成功上线，我行已实现了对人民币和外汇“大额支付交易数据”的自动提取和自动报送，2005年平均每天上报的大额支付交易数据达到6万笔，基本上解决了过去人工识别、报送多有遗漏的问题，同时也减轻了前台人员的工作量和问责压力。可疑交易数据虽然目前还是人工识别报送，但由于各级领导开始重视，可疑交易数据的报送情况也有较大程度改善。到2005年12月，当月可疑交易报告量达到8.7万笔，许多分行不仅结束了过去“零报告”的历史，而且报送数据的质量也有所提高。四是总行对分行的反洗钱工作指导、监督力度不断加大。首先，配合人民银行实施反洗钱专项检查，提前部署进行系统内自查，使一些分行争取了主动，减少了被处罚的可能；其次，对个别分行被人民银行处罚情况及时发出通报，提出警示性要求，起到了防微杜渐的作用；最后，进行调研检查和约见谈话，促使相关分行提高了对反洗钱工作的重视程度。截至目前，总行已转发人民银行、国家外汇局、银监会等部门的反洗钱文件共22份，结合我行实际情况，提出了具体工作措施和要求，对分行开展反洗钱工作起到了服务、指导和监督作用。五是反洗钱培训宣传趋向经常化。在去年总行举办的法律与合规知识竞赛中，反洗钱知识是一个重要组成部分；合规部还与《建设银行报》合作，开辟了两个专版的反洗钱知识介绍和工作研讨；在总行网站和部门网页选刊了许多介绍国内外其他银行反洗钱经验和交流各行日常工作动态的信息，使反洗钱工作受到全行员工越来越广泛的关注和重视。六是认真履行反洗钱合作义务。除及时转发银监会文件外，还协助人民银行对专项事务进行了全面调查，回复30多个国外代理行的反洗钱问卷，较好地履行了我行在全球反洗钱管理上的合作义务。

（五）信贷责任认定逐步深入

信贷责任认定工作移交合规部门以后，主要做了以下工作。一是与风险、审计、监察和业务部门等建立工作联系协调机制，努力提高责任认定工作的有效性、严肃性和权威性，使责任认定工作未因部门职责变动、人员调整而出现中断脱节现象。二是开展调查研究和座谈讨论，广泛征求意见，修订了原来的责任认定办法，目前新的《授信业务经营、审批责任认定办法》已经下发。三是对责任认定工作情况进行调查摸底，先后完成了《2000年以来全行信贷经营与审批责任认定工作报告》、《2005年上半年全行信贷经营和审批责任认定工作报告》等调查报告，总结了该项工作取得的成绩和经验，分析了存在的问题和不足，提出了解决问题的思路和对策。四是对2004年底尚未完成的责任认定工作进行了全面梳理，全行共统计2.95万笔，涉及贷款金额227.4亿元。通过统一部署，限期落实，到2005年底已完成了其中2.79万笔信贷业务的责任认定工作，涉及贷款金额222.1亿元，分别占笔数的94.6%和金额的97.7%，基本达到了理清旧账，减少存量，为后续工作奠定坚实基础的目的。五是根据监管部门或审计部门发出的监管审计意见，运用《合规督查意见书》对部分重点信贷项目的责任认定工作进行直接督办。现已下发《合规督查意见书》14期，对17个重点贷款项目责任认定工作进行了督查。六是对银监会现场检查发现问题和2005年全面审计发现问题的有关分行，通过正式发文落实对相关项目的责任认定，两项共计涉及30多个分行和127个项目，目前大部分项目的责任认定工作已经完成。七是协同有关部门完成了“假按揭”贷款处理方案的上报，并对目前尚未完结责任认定工作的6 600多笔“假按揭”贷款的责任认定工作进行了专门部署，现已基本完成。八是结合信贷业务中的一些新问题和对比较突出的风险点进行预警监测，部署了对普马系贷款的责任认定工作，对天同系、金信系、泰跃系贷款风险的演变情况进行跟踪，并对有关分行提出具体关注要点和风险防范建议，对票据业务运行中的一些突出问题进行深入分析，提醒有关部门采取应对措施。

（六）关联交易管理开局良好

在我行上市后，按照监管部门和上市地的要求，必须对关联交易加强管理和信息披露。合规部负责这项工作后，与有关部门密切配合，克服困难，努力工作，使关联交易管理工作取得良好开局。一是自主创新，设计开发了关联交易申报和信息披露系统（一期）工程。自2005年8月以来，经过半年多的努力，一期工程先后完成立项申报、方案确定、系统开发、测试培训、试运行、审查验收等工作程序，已于5月17日通过了由中国银监会和香港联交所代表参加、行内外专家学者联合组成的验收委员会的验收，并获得充分肯定和广泛好评。二是为满足关联交易申报、信息披露及内部管理需要，确保一期工程的正常试运行，总行及时下发了《关联交易申报登录管理办法》、《关联交易申报登录实施情况检查工作管理办法》和《关联交易申报登录违规责任追究办法》三个管理试行办法，为落实和规范关联交易申报登录工作提供了制度保障。此外，由合规部门牵头组织修改的《中国建设银行关联交易管理实施办法》，已经董事会审定通过，待股东大会批准后也将很快下发。三是开展关联交易日常管理工作。除对有关部门、分行提出的关联交易进行合规性审查外，还根据年报编制和披露要求，重点对建银投资公司与我行的非银行关联交易进行了统计分析。截至今年4月底，通过系统申报登录的关联法人1 895家、关联自然人366个，系统中保存的全部关联交易信息已达12 960条。

在关联交易申报和信息披露系统的开发过程中，北京、厦门、广东、湖北、辽宁等近10家分行派员参与了一期项目的研讨、论证、系统测试等方面的工作。各一级分行及分支机构在年终申报、登记阶段，有关工作人员加班加点，承担了各种报表填报、数据提取、信息录入、审核确认、补录反馈等大量工作，为该系统的顺利建设和合规运行作出了有益的贡献。该系统的成功建设为我行加强关联交易管理提供了一个良好的信息支持平台，有助于提升我行对关联交易信息的管理能力。

二、我行合规管理工作中存在的主要问题

合规管理是一项新生事物，虽然起步较晚，但起点要求高，外部监管严，我们目前取得的一些进展和成果，与外部监管要求，国际先进银行水准以及董事会、高管层的期望相比，还有许多差距，还存在不少问题和困难，主要表现在以下几个方面。

第一，合规观念、意识、文化等还没有完全深入到各级领导和基层单位，有些分支机构和业务部门不够重视合规经营管理，认识和行动上还有一些偏差。第二，合规管理机构不够健全完善，合规人员比较缺乏，素质有待提高。机构建设和人员配备上存在“头重脚轻”或“有头缺脚”现象。特别是在二级分行及以下机构，这种情况更为突出。第三，反洗钱管理还有许多薄弱环节，一些分支行的工作尚处于应对检查的被动状态，可疑交易报告还有遗缺漏报情况，去年因此而被处罚的情况比较严重。据统计，累计罚款已达800多万元（包括预告处罚金额81万元），被行政警告17行次。第四，信贷责任认定工作推进较难。主要难点在于一些分支机构对这项工作还有思想障碍，具体实施中也存在调查核实难、确认责任难、追究落实难的情况。第五，关联交易管理亟待加强。由于该项管理工作刚刚起步，涉及面广，境内外监管机构的监管要求有差异，管理比较复杂，相关职责尚需理顺，制度管理、人员配备、技术维护保障等有效性不足，特别是关联交易信息披露的全面性、严谨性、及时性、合规性等方面还是一个薄弱环节。第六，对合规政策、合规办法、合规文化等的理解、消化、宣传、落实等还需要做长期艰苦的工作。

上述问题和困难的存在，已经制约了我行合规管理的创新和发展，需要引起总行和各级分行、合规部门的高度重视，必须采取有效措施，切实加以解决。

三、下一步合规管理工作安排

我们知道，国际先进银行合规管理已有成熟的工作机制，巴塞尔银行监管委员会还专门于去年4月颁布了《合规和银行内部合规部门》的指导文件。近年来，中国银行业监管部门多次强调必须加强合规管理，国内许多银行也就如何开展合规工作做了积极的探索和实践。在这样的背景下，我行作为上市银行应该继续推进合规管理工作，建立有效的合规管理工作体系和机制，实现我行在合规管理方面领先于国内同业的目标。

按照全行工作会议的总体要求，今后一个时期合规管理工作的基本思路是：健全合规管理组织体系，完善合规工作机制，强化合规风险管理，促使行内规章制度与外部法律法规及监管规定的遵循与协调，推进合规文化建设，逐步构建以合规为导向的内控管理体系，为全行战略目标和发展规划的实现作出积极贡献，下一步及今后一个时期需要重点做好以下几方面工作。

（一）夯实合规管理的工作基础

一是继续完善合规管理组织体系。随着合规部门职责的扩展和合规监管要求的提高，我行合规管理的机构和人员力量都需要加强。各分行要进一步建立健全合规工作组织机构，落实基层单位的合规机构和人员，特别是在二级分行及以下机构，合规岗位不能是空白。原则上，在外部有央行和银行监管部门的辖区，行内就应有合规人员与之保持联系。建行作为上市银行，需要逐步在全行系统内建设一支诚实正直、严谨务实、专业有成的合规工作团队。各级行领导要关心、支持合规部门的工作，落实必要的人力资源保障。各级合规部门要加强合规工作情况汇报，从各种渠道充实、配备合规工作人员，注意理顺与行内有关部门的职能分工和业务衔接。

二是根据《合规政策》和完善关键业绩指标考核体系的有关要求，今后对与合规管理密切相关的质量指标和工作目标需要进一步细化，确保真实性、有效性。目前反洗钱处罚的情况已体现在关键业绩指标考核中，年内总行还将通过调查研究，制订有关办法，对一级分行评定合规管理等级，并逐步考虑将合规等级与一级分行的关键业绩指标考核挂钩。一级分行也要对分支机构作

出相应安排，引导和督促分支行在合规经营的前提下发展业务、增创效益。

三是合规部门要密切跟踪外部法律、法规和监管规定、规则等的变化，适时组织或参与制订、修订行内有关规章制度，提出合规性建议，保证内部制度与监管法规的目标一致和有效落实。作为行内与外部监管部门的联系部门之一，合规部门要履行好传递信息、报告工作、加强沟通、提出建议等职责，推动实现内部合规与外部监管之间的良好有效互动。

四是合规管理是一项全行性的管理工作，合规部门要在总行的统一领导下，密切加强与业务部门、风险管理、审计、法律、监察等部门的工作联系与配合，形成专项职责内的事项牵头负责，敢于管理；共同职责内的事务加强沟通，善于协调，齐抓共管，提高管理效率，逐步形成覆盖各项业务、各个岗位环节的管理流程和合规网络。合规部门还要根据《合规工作管理办法》的要求，建立重大合规风险报告制度，加强合规信息在部门之间、总分行之间的沟通、交流，努力使合规部门成为管理层和广大员工之间加强合规信息联系的窗口与纽带。

五是合规部门要落实为业务部门服务、为客户服务的要求，针对目前违规事项大多数发生在基层分支机构和基层管理、操作人员中的实际情况，合规部门要加强调查研究和检查分析，通过多种形式为各级领导、业务部门、基层机构、一线员工提供有效的合规管理服务、培训、指导和监督，切实防范合规风险的发生。

六是从长远看，合规部门要适应银行业务科技化、电子化、国际化、智能化发展的新形势，从新产品、新业务开发创新入手，逐步把合规管理需求融入新产品、新业务开发和运行的全过程中，做到合规理念先行，合规风险规避，合规价值增值，为建设领先于国内同业的合规管理体系不断积累必要的经验和技能。

（二）加强合规管理培训和宣传

一是加强对《中国建设银行合规政策》和《中国建设银行合规工作管理办法》的宣传培训。最近总行下发的这两个制度文件，是合规部门具有纲领性、指导性的工作依据，也是我行在合规管理上的一项制度创新。各分行除了认真学习、贯彻、执行外，也要利用多种形式、多条渠道对全行各个层次的人员进行培训、宣传、引导，使合规政策中确立的合规文化理念（如人人合规、主动合规、合规为荣、违规为耻等）深入人心，并得到各级管理层和全体员工的广泛认同和自觉遵循。通过宣传及培训，不断提升各行的合规等级和合规品质。二是开展合规工作综合培训。总行拟在下半年组织一期综合性的合规业务知识培训班和一期分行高级管理人员培训班，邀请美国银行专家进行培训讲解。各分行也要结合自身实际，大力开展各种形式的合规培训，不仅要培训合规人员，也要通过多种形式提高各级领导和所辖员工的合规意识和合规技能。

（三）加大反洗钱工作力度

关于反洗钱工作，去年末常行长在总行反洗钱领导小组第三次会议上作了重要讲话，各分行仍要继续落实常行长讲话中提出的各项要求。2006年，国际国内对反洗钱的重视程度更加提高，有几个不同寻常的变化：一是对反洗钱将进行立法，今年4月25日，全国人大常委会对《反洗钱法》已经进行了第一次审议，有望在年内正式颁布实施；二是国家将在《刑法》修正案中把“贪污贿赂和金融犯罪”增列为洗钱的上游犯罪；三是人民银行提出了金融机构反洗钱的新规定在全社会征求意见，对原来的“三个办法”进行了整合和统一；四是原由人民银行和外管局分别监测管理的人民币和外币反洗钱工作改由人民银行统一监管；五是今年内我国有可能加入国际反洗钱金融行动特别工作组（FATF），商业银行反洗钱的国际合作和国际义务进一步加强和扩展；六是人民银行对反洗钱的专项检查继续进行，而且检查标准更高，对问题处罚也更为严格。因此，对反洗钱工作我们要比以往任何时候更加重视，更加上心。可以说2006年是全国反洗钱工作任务艰巨的一年，也是我行全面提高反洗钱管理水平的一年。我们不仅要适应国际国内形势的变化要求，切实加大工作力度，更要在工作质量和工作成效上有质的提高和量的转变。其中的一个重要指标就是要维护我行的形象和声誉，减少一切不必要的批评和处罚。为此，我再重申和强调以下几个重点。

第一，要认真执行反洗钱法律法规，进一步完善我行反洗钱规章制度建设。在《反洗钱法》和人民银行的新规定正式发布后，总行将很快出台新的管理办法对原来的“一个规定两个办法”进行修改和完善，订立新的管理和考核标准，使反洗钱工作适应形势变化的需要。各分行也要结合本行反洗钱工作特点尤其是实践中经常碰到的一些疑点、难点，制定具体的实施细则，确保在制度上有明确的工作准绳。

第二，要健全反洗钱工作组织机构。根据反洗钱工作新形势的需要，从总行到基层营业单位，反洗钱的组织体系必须建立和健全，并且要切实履行职责，不能只是挂虚名、不管事。每个分支机构都要明确一名负责人作为本单位反洗钱管理的第一责任人，负责本单位管辖范围内反洗钱的组织实施和情况上报工作。各一级分行要继续在合规部门（或相关职能部门）内充实反洗钱岗位的人员力量；各二级分行及以下机构也要从有备无患、积极预防的角度，配备反洗钱管理人员和信息员，逐步在每一个营业性的机构网点内都有专职或兼职的反洗钱信息员，形成覆盖全行营业性机构网点的监测网络和信息网络，强化和落实反洗钱管理岗位责任制。需要强调的是，在《反洗钱法》颁布后，过去的一些违规行为可能会被上升为违法行为，因此，在发展业务的同时，一定不能把反洗钱作为业务的负担对待，要自觉履行商业银行的法定社会义务和国际合作义务。

第三，要创造条件，千方百计提高反洗钱技防能力。为适应监管部门调整报送方式的需要，2006 年总行将加大在反洗钱管理和系统建设上的科技投入，着力提高反洗钱技术水平和风险预防能力：（1）根据本外币统一监管的要求，对报送数据标准进行调整，进一步提高大额支付交易数据报送质量；（2）总行正在开发“黑名单”自动过滤系统，争取在年内开通，实现对“黑名单”的自动识别和过滤；（3）总行将统一开发可疑交易初步识别报送系统，尽快实现“主观识别检索与系统自动提取”相结合的报送模式。

第四，要继续大力开展反洗钱宣传与培训。2006 年，总行将配合《反洗钱法》、《刑法》修正案、《银行业金融机构反洗钱规定》等的颁布实施以及我行反洗钱管理办法的修改出台，继续在全行范围内大力开展反洗钱培训宣传活动，同时要做好对客户的宣传，提高全行员工和广大客户的反洗钱意识和能力。各分支机构要确保对主管领导、反洗钱信息员、前台人员、新入行人员的培训面达到 100%。

第五，要加强反洗钱工作的预防检查和后督评估。今年要将以前两个年度尚未接受人民银行检查的分支机构作为重点，全面做好自查预防工作。对前两年已被检查或受过处罚的分支机构，要进行“回头看”的后督评估，防止问题“回潮”。下半年总行将组织对部分分支机构进行重点复查或抽查，确保反洗钱规章制度的执行比过去更加落实，机构、人员尽职程度比过去提高，操作失误、违规行为或被处罚情况比过去明显减少。

第六，要加大责任追究力度。凡是在 2006 年人民银行检查过程中或总行复查中受到经济处罚和行政警告的分支机构，要追究、落实该单位第一责任人和相关人员的责任。有关单位要在人民银行处罚决定书下达后 5 日内把情况报告总行，在 1 个月内将整改和责任处理情况以正式文件上报总行。对组织领导和整改工作不力，多次受到外部严重处罚或警告的分行，要在年度关键业绩指标考核中予以扣分。

第七，要开展反洗钱管理考核和评先表彰活动。总行将对一级分行反洗钱管理工作进行定量检测与定性分析相结合的考核，实施综合评定，对反洗钱工作成效突出的单位和个人给予表彰和奖励。

第八，要强化反洗钱业务的行内外合作与信息交流。密切与人民银行、银监会、反洗钱监测分析中心等外部监管部门的联系，主动做好汇报、沟通工作。同时，要注意学习、借鉴同业的先进管理经验，扩大同业间、行际间的信息交流。总行将通过多个渠道如总行网站、合规部网页、《建设银行报》、《每日动态》、《合规管理参考》以及其他新闻媒体，为各分行建立信息交流平台，希望各分行主动联系，实现信息互递和共享。

（四）努力做好信贷责任认定工作

经过前两年的全面清理和补充认定，目前遗留的存量责任认定工作已经不多，但剩下来的可能都是硬骨头，认责难度大。合规部门的同志对此要增强信心，要敢于克服困难，履行好自己应尽的职责。一是要进一步转变观念，提高认识，找准工作定位，强化自身的责任感，从全行的整体利益考虑，通过责任认定工作引导各级信贷人员合规经营、恪尽职守、减少失误、避免损失。二是对责任认定工作要一分为二，一方面，要对尽职工作的人员给予必要的鼓励和保护，对符合免责或从轻处理条件的人员要给予免责或从轻处理，重在“亡羊补牢”、“治病救人”；另一方面，对严重违规、渎职失职，甚至内外勾结作案、给建行造成严重损失或不良影响的人员，必须实事求是，敢于碰硬，严格问责。三是要做好《信贷责任认定典型案例》的编印工作，供信贷人员和合规人员学习、借鉴，真正做到“吃一堑长一智”。四是要健全机构，切实落实责任。按照最近下发的责任认定办法，从今年起，各级分支行都要建立责任认定工作领导小组，落实由合规部门牵头的责任认定工作机构；各级机构都应配备与本行责任认定工作数量、质量相适应的责任认定人员，确保职责明确，人员到位，落实认责工作。按照总行的要求，以前年度尚有责任认定遗留事项的一级分行应在今年内全面完成遗留事项的责任认定工作。2006年应纳入责任认定范围内的业务，应确保当年完成80%以上，其余部分在下年度的上半年内完成。五是要进一步提高责任认定工作的有效性，克服现行工作中存在的“形式重于实质”、认定避实就虚、处理避重就轻等倾向。合规部门要加强与其他部门的联动与合作，避免单打独干，提高责任认定工作的效率和质量。六是改进责任认定监测分析工作，加强档案管理和统计报表分析，把责任认定工作纳入常规管理轨道，为持续有效地提高信贷资产质量发挥积极作用。

（五）把关联交易管理做得更加扎实合规

关联交易管理中的合规风险是上市公司经营风险中的一个重点，也是一个难点。虽然我行在这方面已经起步，并建立了系统管理的技术保障措施，但现实基础仍然比较薄弱，对此不能粗心大意和盲目乐观。第一，在系统建设上，还需要继续下功夫，目前一期工程已经验收和正式启用，总行有关部门要适时启动二期工程建设。一方面，针对一期工程运行中的情况和问题进行改进和完善；另一方面，要根据业务发展和监管要求、信息流程等的变化，提出新的业务需求和技术方案，努力争取在二期项目完成后能够基本实现我行对关联交易信息申报、备案、审批、披露等工作的电子化。第二，要结合新修订的《关联交易管理实施办法》和相关规章制度，组织开展系统内的培训，使各级领导和相关部门员工了解和掌握关联交易管理制度的基本内容，提高正确执行关联交易管理的能力。第三，要为关联交易管理提供必要的组织和人员保障。总行各相关部门都应配备熟悉业务的关联交易录入员，各一级分行在合规部门内也必须设立专职的关联交易岗位，配备符合业务素质要求的关联交易报告人员，承担日常管理联络、信息统计等工作。第四，要严格按照境内外监管规定，及时报告或披露关联交易信息，切实避免任何因管理疏漏而出现的违规风险或操作风险。

（六）有效开展合规督查工作

合规管理要做好“规”的工作，即规章制度要建立健全和规范，做到有规可循；但更重要的是做好“合”的工作，即员工行为要与规章制度相符合，也就是通常所说的“按章办事”。加强合规督查，是合规部门的一项重要职责，过去限于人力和条件，对这方面的工作做得不够，今年要进行积极探索和有效实施。我想可从以下方面着手：一是要抓紧制订《合规督查办法》，使合规督查有明确的制度规范。二是要找准工作定位，合规部门既不能越俎代庖，大包大揽，也不能被动等待，无所作为。合规部门要重点在制度保障、理念遵循、监督约束、规范引导、督促整改、激励约束等方面发挥有别于其他部门的作用，重在事前规范警示，事中检查提醒，分清事后责任。三是要把合规督查职责嵌入业务运行和管理流程中。运用现场检查或非现场信息监测等方式，提高合规督查的规范性和执行效果，改变目前各种检查数量频繁、成本昂贵、效果较差的局面。四是严格对重大合规风险事项的及时报告和应急处理，对存在重大合规风险的问题，有关分行和部门不能拖延掩饰，必须及时上报，合规部门也要按照规定程序和有关授权，及时报告和处置，避免延误。同时要举一反三，切实降低业已发生的同类合规风险的再发率和损失率。

（七）培育和倡导良好的合规文化

总行对合规工作的目标定位是：使每个员工都具有合规意识，使建行的经营管理活动都能依法合规。同时，我们要培育合规文化，让合规人人有责、合规有利和谐、合规创造价值等理念成为广大员工的自觉行动，努力实现建设银行在合规管理方面领先于国内同业。在《合规政策》中，总行对合规文化进行了初步定位，即诚信、正直、守法、合规。这八个字看似简单，实际上是一个很高的标准和境界。为了提高内部控制及合规管理的有效性，今后我们还要花很大的气力进行合规文化的培育和实践，使每个员工都具有合规意识。使建行每项经营管理活动都能依法合规。总行拟组织编写《员工行为合规手册》，把目前散见于各类业务或非业务范围内的管理要求提升到行业规范和行为准则的高度，为员工执业行为提供切实有效的合规指引。合规文化中很重要的一条是主动合规，也就是说，要通过合规文化的培育和倡导，变“要我合规”为“我要合规”。严格地说，这种观念的形成也要经过长期积累和艰苦磨合。我们已经经历过许多因为不合规而形成重大损失和不良影响的教训，因此，在这个问题上不能再有犹豫和反复。希望通过这次全行合规工作会议的召开，为培育良好合规文化做一个示范和先导。同时，我们的合规文化也要随着业务发展和外部环境的变化而不断创新、优化，这一点还期待大家献计献策，同心协力，锦上添花。

同志们，合规管理工作是一项富有挑战性的工作，也是一项有前景和生命力的管理工作。面对新的形势和新的起点，我们要知难而进，勇于开拓，扎实工作，全面完成2006年的各项工作任务，以出色的成绩为我行业务经营和价值增长提供更为合规有效的保障。

在中国建设银行风险总监培训班上的总结讲话

（2006年6月28日）

罗哲夫

同志们：

下午好！首先借今天这个机会，向大家表示祝贺。第一，祝贺大家被任命为建设银行的第一批风险总监，即将走上重要的工作岗位；第二，祝贺大家经过十几天的学习，在风险管理理论和技术方面学到了新的知识，增长了才干；第三，祝贺大家在培训班上结交了许多新的朋友，无论在业务工作还是在个人情感交流方面，都扩大了交际的圈子。

为期十七天的风险总监培训今天就要结束了，在这紧张而充实的十多天中，围绕提高风险总监履岗能力这一中心，从风险管理理念、管理工具、素质修养、最佳实践等方面，对大家进行了全面和系统的培训。在各方面的共同努力下，培训取得了圆满成功。下面，我从以下四个方面，对培训情况作个总结。

一、对本次培训的基本评价

本次培训既是风险总监上岗前的全面培训，也是全行启动风险体制改革的动员会。对分行副行长级高管人员进行上岗培训，在建设银行的历史上还是第一次。郭董事长、常行长出席开班仪式并作了重要讲话，谢监事长与大家进行了座谈，在京的几位董事、外部监事、首席风险官和银监会的同志也作了专门讲座。总行主要领导基本上都来培训班上作了讲话，这在建设银行培训班的历史上是前所未有的，充分显示了总行党委对这次培训的高度重视。总行有关部门为培训做了周密的组织筹备，聘请了国内外著名的专家学者来讲课。从本次培训的效果看，达到了提高风险总监履岗能力的预期目标。

一是深化了对风险体制改革的理解。董事长从宏观层面论述了加快风险管理体制改革、优化业务流程，以及加强风险管理文化建设的重要意义；常行长从新体制新要求的角度，对当前如何落实好全面风险管理作了强调；谢监事长从我行上市后面临挑战的角度，对提高风险管理有效性提出了要求。风险体制改革是我行股改上市后最重要的改革之一，其重要性主要表现在以下三个方面：第一，风险体制改革对建设银行的市场形象有着正面的影响，这也是董事长、行长、监事长对这次改革非常重视的主要原因。第二，风险体制改革对提高建设银行整体风险控制和管理水平，具有非常重要的意义。第三，风险体制改革对提高建设银行的竞争力和价值创造力，也具有非常重要的促进作用。通过学习，大家进一步统一了思想，提高了认识，加深了对改革意义、任务、目标的理解，对回去后推进分行风险管理体制改革，做好全面风险管理工作，当好风险总监和提高资产质量，都具有重要的意义。

二是系统了解了先进的风险管理理论。在连续十多天的培训中，专家们系统地介绍了当今风险管理的基本理论、技术、方法，介绍了国际先进银行风险管理的最佳实践，使大家对当今世界上先进银行风险管理的理论与实践都有了全面的了解，加深了对国际同业在信用、市场、操作风险管理方法和工具方面的认识，感受到了与国际先进同业在风险管理方面的差距，对更好地指导和促进今后的风险管理工作提供了有益的帮助。

三是提高了对全面风险管理的认识。首席风险官朱小黄同志就《建设银行风险管理大纲》进行了全面阐述，系统地梳理了风险管理理论、风险管理理念、技术工具，以及建设银行风险管理指导思想、现状、问题、目标和工作思路等，信息量大，内容丰富和全面，对大家树立平衡风险与收益理念，妥善处理业务拓展与风险管理的关系，推进风险管理体制改革，开展全面风险管理，培育和传播先进的风险管理文化，理清风险管理的工作思路，提高履行岗位职责的能力，都具有较强的现实指导意义。

四是增强了做好风险总监工作的信心。试点分行风险总监以一年来担当风险总监的亲身经历，介绍了在当前体制环境下做好风险总监的心得与体会。通过与试点分行风险总监的交流，大家分享了如何当好风险总监的经验，对如何当风险总监有了一定的感性认识，增强了做好风险总监工作的信心。

总之，本次培训内容既涉及风险总监的职责和基本要求，也涉及风险总监所需的素养和技能，既有国外先进银行风险总监的理论介绍，又有试点分行风险总监的现身说法。通过形式多样的学习、座谈与交流，深刻领会了风险垂直管理的深刻内涵，全面了解国外风险管理的理论与实践，进一步认识到自身存在的差距，明确了今后努力的方向，增强了当好风险总监的信心。因此，可以说培训取得了预期的效果，获得了圆满成功。

二、需要进一步明确和强调的问题

由于目前的风险管理体制改革，是在现行总分行体制框架下进行的，改革的复杂性也超出我们最初设计时的想象，存在一些不易理清的问题在所难免。有些问题现在不一定非要说得一清二楚，可以通过实践，在工作一段时间之后，觉得哪些方面还不太顺，再来进行调整和完善。从大家在培训、讨论、交流与座谈中，感到有以下几个问题，需要进一步明确和强调。

一是如何处理好风险总监与分行行长的关系。这次总行37位风险总监的任命，都经过了总行党委的反复酝酿。风险总监是总行下派到分行的干部，所以，存在着如何处理好风险总监与分行行长关系的问题。目前，作为一种制度安排，分行行长是所在分行经营管理的最高负责人，对分行经营管理成果负总责，而风险总监是所在分行风险与内控管理的主要负责人，要对分行风险管理的过程和成效负责。分行行长是分行风险与内控管理的第一责任人，而风险总监是分行风险与内控管理的主要责任人。分行行长和风险总监的价值取向是一致的，经营管理目标也是一致的。分行行长要支持风险总监独立行使风险管理职权，而风险总监要帮助行长完成经营管理目标。在现行授权管理体制下，虽然风险总监是总行派到分行去的干部，但总行还不能直接对风险总监进行授权。风险总监的权力，特别是在授信业务方面的权力，是通过分行行长转授权取得的。因此，风险总监在授信业务方面的汇报路线，首先是直接对首席风险官汇报，其次是在独立决策之后，需要向分行行长知会授信业务的有关情况，要让分行行长了解授信业务的情况。分行行长和风险总监在授信业务方面都有否决权，风险总监否决的项目，到不了分行行长那里，分行行长没有权力要求重新审议。但是，风险总监同意的项目，若分行行长认为风险是不可控的，分行行长是有否决权的。也就是说，在授信业务上，风险总监同意的事项，分行行长可以否决，但风险总监否决的事项，分行行长不能要求重议。由于风险管理参与了业务经营和价值创造的过程，风险总监在进行风险管理和控制时，必须要平衡风险与收益，考虑和兼顾业务拓展和经营绩效。风险总监要善于利用列席党委会和参加行长办公会、行务会这一平台，主动充分地与分行行长沟通情况。

二是如何处理好风险总监与分行风控委的关系。刚才，我与朱小黄首席风险官及风险管理部的同志，就如何处理好风险总监与分行风控委关系问题交换了意见。按照现在的工作规则，风险总监可以做分行风控委的常务副主任或者是主任。如果简单理解这种工作规则，在实践中可能会带来一些问题。譬如说，如果风险总监作为风控委的常务副主任，那么，就存在着风控委主任决定的事项，风险总监是否执行的问题。如风控委通过会议决定的授信业务的有关事项，与风险总监的意见相左，作为常务副主任照理说应该执行，不能否认主任的决策，但作为风险总监又应该独立进行决策。这样，风控委中的工作关系肯定就乱了，即常务副主任可以否定主任，而主任也可否定常务副主任。如果风险总监来做风控委的主任，由于风控委的组成部门很多，不仅仅是由授信业务部门组成，风控委主任决策的事项，可能又涉及其他几个主管副行长分管的部门，而风控委主任在职责上又不能指挥副行长分管的部门。

这次风险管理体制改革的一项重要任务是推进全面风险管理，但全面风险管理在不同层级应有不同的侧重点。例如，在总行层面，侧重点主要是在市场风险的控制上，因为市场风险主要集中在总行层面，分行、支行所面临的市场风险都比较少；在分行层面，侧重点主要在信用风险的管理上，因此，风险总监的侧重点也应在信用风险上，当然风险总监也需要关注市场风险和操作风险，但主要是独立地在信用风险上进行决策和控制；在二级分行和支行层面，风险主管和风险条线工作人员的主要侧重点应在操作风险上，因为他们日常面对最多的是操作上的风险。在上述区别的基础上，就可以把信用风险管理方面的工作内容，从目前的分行风控委里拿出来，划转到分行风险总监办公会议中去。风险管理体制改革后，分行要建立风险总监办公会议制度，即一些不是风险总监自己能够决策的授信业务，需要通过风险总监办公会议来决策。因此，风险总监办公会议和分行风控委在工作职责上应各有侧重。在风险总监办公会议制度下，风险总监是信用风险决策的主要负责人。将来的分行风控委（或更名为操作风险管理委员会）主要负责所辖操作风险的管理与控制，分行行长是操作风险管理的主要负责人。这样，在现行风控委中，分行行长与风险总监关系不顺的问题，便可以得到解决。

三是要处理好风险经理与客户经理的关系。客户经理与风险经理之间的平行作业，是这次风险管理体制改革的重点。虽然客户经理和风险经理在职责分工上各有侧重，共同参加一个谈判工作团队，但在这个团队中，客户经理是信贷经营主责任人，风险经理负责揭示关键风险点，制定控制风险的措施。平行作业并非是监督作业，更不是替代作业，而是四只眼睛共同看客户。两者既分工协作，又相互制约；既相对独立，又相互合作。客户经理不能因为有了风险经理而免除其信贷经营主责任，风险经理也不能因客户经理是经营主责任人而减轻自身的风险管理责任。客户经理是风险管理的第一道防线，在引进可获利客户时，就要作基本的风险判断。而风险经理则是风险管理的第二道防线，要通过专业化的知识和技能，为客户经理提供风险分析和技术服务。

四是如何保证风险管理和审批的独立性问题。刚才，我们已经强调了，在授信业务方面，风险管理这条线是独立的，风险总监在进行授信业务决策时，不需要向分行行长进行汇报和请示。我们所讲的两条汇报路线，对分行行长来讲就是知会，需要请示的事项是直接对首席风险官。派驻业务部门风险经理（审批人）选拔、聘任，以及人事管理、汇报路线，要严格执行总行的相关规定。风险经理以及审批人（包括向个贷中心、小企业经营中心、基层行等派驻的审批人），其业绩考核归风险管理和审批部门负责。在对风险主管和风险经理实行层级管理的条件下，风险主管和风险经理的考核是一个难点和重点。分行可以根据总行对风险总监的考核办法的精神，研究和细化风险主管和风险经理考核办法。需要强调的是，为避免影响风险管理和审批人的独立评价与决策，严禁将各类存、贷款和中间业务经营指标，直接与风险管理和审批部门或审批人挂钩。但综合性的经营指标是可以与风险管理和审批部门挂钩的，包括总行对风险总监的考核，分行对审批部和风险管理部考核，都是可以与分行的综合经营指标挂钩的。

五是如何在分行推进全面风险管理问题。目前，我行正在推行包括信用风险、市场风险和操作风险在内的全面风险管理。作为所在分行风险管理的主要负责人，风险总监担负着在分行层面推进全面风险管理的责任。在风险管理体制改革的过渡期内，风险总监重点要抓好信用风险和操作风险管理，同时配合总行做好市场风险监控工作。在操作风险管理方面，由于操作风险涉及分行所有的部门，操作风险管理是各个部门的管理职责，风险总监和分管行长对此均有责任。风险总监主要负责操作风险管理政策标准的落实检查，操作风险的具体管理要落实到每一个部门，但操作风险信息最后要统一集中到风险总监，风险总监要及时向首席风险官汇报，并研究制定应对操作风险的政策措施。

六是要强化对风险总监的考核与评价。风险总监虽然在行政职务级别上套用的是分行副行长级，但实际上风险总监首先是一个专业型、技术型的干部，对其专业的素质要求是比较严格的。因此，在对风险总监的考核、评价、晋升和淘汰方面，应该有一套激励约束的制度安排。如果风险总监不具备这方面的工作能力、知识和素质，就可能要做其他的工作安排。风险总监这个岗位，对建设银行的竞争力和价值创造力都有直接影响，如果一个风险总监不称职的话，他在这个岗位多呆一天，就可能对建设银行带来多一天的损失，这无论如何都是不可容忍的。所以，对风险总监岗位的要求也更为严格，既要有较高政治素养的基本要求，又要有较高专业技术水准，绝不允许有混日子的现象存在。因此，要建立和完善总监考核评价机制，强化对风险总监的考核与评价，对考核不称职的风险总监，总行要及时调整替换，没有商量的余地。

三、近期风险管理的工作重点

各位风险总监回去后，需要开展的工作很多，既有推进风险管理体制改革方案的落实，也有繁重的日常审批和风险监控。为了使新体制尽快运转并发挥作用，风险总监近期要抓好三项重点工作。

一是抓紧建立风险总监工作机制。在风险条线人员到位的基础上，要抓紧落实风险总监会议制度，建立和完善风险总监决策机制及汇报线路，建立上下通畅的信息传递及反馈机制，尽快使风险总监工作机制有效地运转起来。

二是垂直条线人员尽快到位。要及早实施风险主管和风险经理选配工作，按计划使风险主管和风险经理尽快到位。十几个有评估中心的分行，可将评估中心的人员直接划转到风险管理条线；没有评估中心的分行，在不降低待遇的基础上，按照人随事走的原则，可先将现有从事总行和大中型项目评估的人员划转过来，然后逐步对兼职评估人员进行专业培训并划转。

三是积极稳妥地推进平行作业。风险经理与客户经理平行作业，是本次风险管理体制改革的核心任务之一。风险总监到任后，要在总行平行作业办法的基础上，抓紧制定分行平行作业实施细则，完善配套措施。各分行可以在总行统一原则要求下，根据分行的实际条件和具体情况，自行决定平行作业的范围和进度，有条件的分行可以按照改革的方向走快一点。

此外，加强风险条线人员培训，抓紧风险管理团队建设，建立风险报告制度，推进全面风险管理，做好信贷审批工作，提高新发放贷款质量，强化贷款的风险监控，防止不良贷款反弹，也都是风险总监的重要职责和任务。

人员队伍到位和推进平行作业，是对风险总监近期工作的最低要求。有条件的分行，可以大胆探索。

总行风险管理机构调整后，总行风险管理部履行首席风险官办公室职责，风险管理体制改革推进工作，将由总行的风险管理部承担。分行在推行过程中发现的问题，可及时与总行风险管理部沟通。为了保证风险管理体制改革在全行的统一推进，总行届时要对分行改革推进落实情况进行验收。因此，各分行领导班子务必要高度重视，全力支持风险体制改革推进工作。

最后，需要强调的是，要完成上述任务，需要分行班子，特别是分行一把手的大力支持。分行要按照总行制定的分行与风险总监信息共享制度，主动为风险总监提供相关信息；要关心和解决风险总监在工作生活中遇到的困难，解除风险总监们的后顾之忧；要加强与风险总监的思想交流与沟通，按照职责分工相互支持与配合，共同实现风险与收益平衡的目标。

另外，由于这次风险总监的人数较多，总行不能赴分行一一宣布，但风险总监的上任方式和时间，还是需要由人力资源部提前通知分行，以便对风险总监的生活工作条件做必要的准备。

四、对风险总监的几点要求

常行长在开班仪式上的讲话中，对风险总监提出了明确的要求，我在这里再强调几点。

一要提高自身素养。首先，在由层级管理体制向业务单元制过渡时期，风险总监扮演着一个重要的角色。在新的风险垂直管理体制下，风险总监拥有经济资本和信贷资源配置权，因此，要提高自身的政治觉悟，做到廉洁自律，权为民用，坚守职业操守。其次，风险总监是一个专业性较强的岗位，做好风险总监需要具备新的知识、大量的信息和较高的专业技能，才能较好地履行岗位的职责。在座的有些同志从事过风险管理工作，也有一些做过与风险管理比较相近的工作，但还有一些同志过去很少涉及风险管理工作。经过培训，大家专业知识都有了明显的提高，但相对于这个新的岗位要求来说，还是有一定的差距的。因此，风险总监回去之后还是要加强学习，不断提高自身的专业素质和管理能力。除了要从书本上学习理论知识外，更主要的还是在实践中学习。培训班上，国外专家也讲了风险管理的一些理论和实践，但实际上中国银行业风险管理的要求比国外还要高。因为国内的信用环境、法律环境及市场秩序等方面，比成熟的市场经济国家要差得多，国外的一些成功经验，不一定能解决中国的实际问题，若完全照搬也不会有明显的效果。还是要在实践中结合中国实际，把国内外银行的先进经验与建设银行的实际结合起来。分行风险总监处在承上启下的地位，上传下达、交流沟通，是风险总监日常工作中的一项重要内容。因此，在提高自身道德修养和专业技能的同时，也要不断提高自身的协调沟通能力，才能更好地解决和处理好各种矛盾与关系。

二要尽快转变角色。在这一批即将上岗的风险总监中，既有过去从事审批工作和风险管理工作的，也有过去从事审计或其他管理工作的；既有原先在总行工作的，也有原先在分支行工作的；而且这次风险总监又是异地任职，对风险管理和所在分行的情况需要一个了解、熟悉的过程。因此，各位风险总监上任后，要全力投入工作，深入调查研究，尽快熟悉业务、人员和相关情况，通过学习，提高自身的素质、能力、技术水平，及早完成管理角色的转变。

三要注重宏观研究。在座的各位风险总监大都是银行信贷业务的专家，是行业、产品风险管理的专家，大家要加强对宏观经济和金融市场的走势研究，加强宏观经济和金融政策动态分析，在国家经济发展战略性安排的大局下，准确地把握产业政策和区域政策的变化带来的风险和机遇，提高前瞻性，利用丰富的从业经验，研究、提出一套相对具体、容易操作的评审指标和参数，建立起良好的风险偏好传导机制，真正把分行的风险偏好统一到全行一致的风险偏好上来。

四要传播风险文化。这次改革初步建立了垂直化的风险管理体制，但好的体制还需要有相配套的文化支持。风险管理文化和理念，虽然不像体制、技术那么具体、明了，但对风险管理起着潜移默化的作用，是体制、技术发挥作用的基础。没有先进风险文化理念的支撑，风险管理体制、技术只能是形似神离。所以，风险总监应该积极传播先进的风险文化，把总行高层的风险理念转化成为广大员工的自觉行动，为新体制最大限度地发挥作用营造良好的环境。

五要实事求是。对分行资产质量和各种风险的真实性负责，是风险总监的一项重要职责。希望各位风险总监上任后，要本着实事求是和对建设银行事业负责的态度，真实地反映所在分行面临的风险，既不要故意掩盖风险，也不要刻意夸大风险。

六要坚定改革信心。新体制的建立和完善是一个过程，需要各方面的配合与支持，改革不可能一蹴而就，也不可能一帆风顺。在目前仍以层级管理为主的条件下，改革推进过程中遇到一些困难，也是正常的现象。但是，垂直化风险管理的方向是正确的，总行党委的态度是明确的，只要我们坚定信心，不畏艰难，扎实工作，稳步推进，就一定能够达到目标。

同志们，这次风险体制改革的推进工作，时间紧、任务重，总行党委对风险总监寄予了很高的期望。请大家回去后，用一周的时间交接工作，力争在7月10日前，到新的工作岗位报到，全身心地投入新的事业，坚决贯彻落实总行的部署，积极扎实地推进改革，以实际行动担当起时代赋予的历史使命。

最后，祝大家身体健康，生活愉快，工作顺利，在新的岗位上取得更大的成绩。

（根据录音整理）

在资产保全业务单元制改革推进工作座谈会上的讲话

（2006 年 7 月 13 日）

罗哲夫

同志们：

从 2004 年建立“大保全”体制开始，我行资产保全业务单元制改革沿着“统一归口、集中经营、单独核算、垂直管理”的改革思路不断向前推进。经过总分行的共同努力，全行目前已基本实现了不良资产“统一归口、集中经营”的阶段性目标，并取得了较好的改革成效。未来三年，我们将努力朝着“单独核算、垂直管理”的改革方向逐步推进。

今天，我们在这里召开资产保全业务单元制改革推进工作座谈会，目的有三个：一是了解各分行在改革推进中遇到的困难和问题；二是就资产保全业务单元制改革的相关配套办法听取大家的意见；三是安排部署下一阶段业务单元制改革的具体工作。

下面，我讲五个问题。

一、当前资产保全工作面临的形势

今年上半年，我行资产保全工作取得了不错的成绩，各分行干劲很足。但是，也有一些同志担心随着我行资产质量的不断提高，保全部门将面临着下一步干什么的问题。事实上，滋生不良资产的内外部因素在短期内不会消除，全行不良贷款反弹压力仍然较大。银行资产质量是一个国家经济健康水平的反映，我国经济发展还未达到成熟市场经济国家的水平，存贷款利差仍然较大，市场风险水平也较高，资产质量与国外银行相比仍有一定差距。因此，在当前的市场环境下，要将资产质量持续保持在一个较为稳定的水平，资产保全工作只能加强不能削弱。即便将来不良贷款率能够持续控制在一个较低的水平，也仍然需要一支高水平的资产保全专家队伍。

二、试点经验为全行推进业务单元制改革奠定了基础

2005 年初，总行确定了四川省、重庆市两分行为资产保全业务单元制试点分行。经过一年多的探索，两分行分别采取不同模式，初步建立了资产保全业务单元架构，基本实现了对所辖不良资产的集中经营。其中，四川省分行成立了经营不良资产的专业支行，构建了业务单元实施的平台，有效解决了内部职能部门直接经营的主体资格、账务处理和独立考核的问题，初步实现了保全部门成本—效益的单独核算；重庆市分行结合自身实际建立了具有较大灵活性的考核政策，逐步通过价值贡献和计划完成情况实施对保全部门的考核，实现了经营模式与激励机制的有机结合。应该说，四川分行、重庆分行的试点工作为全行资产保全业务单元制的改革探索了路子，发挥了典型示范作用，为稳步推进改革积累了经验，奠定了基础。

自 2005 年下半年开始，大部分分行学习试点行经验，结合自身实际，先后进行了各具特色的业务单元制改革探索工作。山东省分行作为非试点行，在全行率先改革，在两个月内将机构人员调整落实到位，对城区行的不良资产全部实行了账务划转的直接经营，当年改革，当年取得成效。内蒙古自治区分行针对不良资产余额较小的现状，撤销了所有二级分支行的保全部门，设立了区分行直属支行，“两块牌子、一套人马”，经营全辖不良资产，实现了单独核算。这些都是非常宝贵的经验，为改革的稳步推进探索了路子，值得我们在改革过程中进一步总结和借鉴。

总的来看，资产保全业务单元制改革试点一年多来，成效非常明显。一是处置效率和效益得以提升，2005 年全行保全系统在机构和人员不断精简、不良资产总额大幅下降的情况下，人均处

置额和现金回收额分别是上年的1.3倍和1.4倍。二是经营重心和决策层次上移，对复杂项目的运作和专业化处置能力进一步提高。三是激励考核作用增强，激励费用直达个人并多劳多得，充分调动了员工的积极性和主动性。四是减少了管理层级和环节，有效避免了信息滞后和效应递减，从而降低和减少了操作风险。

三、当前改革面临的主要问题

为深入推进改革，从今年3月底开始，总行资产保全部组成3个调研组，集中一个多月的时间，选择不同类型的分行进行了有针对性的调研。总的来看，资产保全业务单元制改革进展顺利，各分行积极主动，因地制宜，改革的参与程度较高，但与目标要求还有一定的距离。归纳起来，当前面临以下几个问题。

（一）不良贷款分布不平衡，对改革的认识差异较大

截至目前，不良贷款余额在30亿元以上的有11家分行，10亿元以下的也有11家分行。不良余额多的分行充分理解改革的必要性，有积极性；不良余额少的分行认为现行体制已满足需要，改革意义不大，因此积极性不高。

（二）推行单独核算尚不完全具备条件

一是现行的会计科目设置不能单独核算保全业务的收入和支出，资产保全业务数据的统计基本靠手工操作。二是按照现行的经济增加值考核方法，难以合理计量保全的价值贡献。三是由于缺乏历史业务和财务数据积累，且地区间差异较大，总行统一配置资源的条件尚不成熟。

（三）对不良资产内部转移定价的认识尚有分歧

一部分人认为应按照市场公允价格交接不良资产，另一部分人认为不良资产交接属内部资产转移，定价宜粗不宜细。

（四）现行制度不利于建立资产保全专家型队伍

目前，保全条线的干部轮换频繁，自1996年保全部门成立以来，一级分行保全部门负责人已调整了四轮。此外，保全系统没有单独设置专业技术职务序列。

以上问题，总行资产保全部已向董事会战略委员会进行了汇报，目前正与总行有关部门积极协商，并着手制定相关制度办法，这次会议提交大家讨论。

四、下一步工作要求

今年初，总行在资产保全工作会议上明确要求，将业务单元制改革范围扩大到20家分行。今年春季行长座谈会上，我曾提出改革范围不局限于这20家分行，其他分行也可以大胆地进行多样化的尝试。总结过去一年多的改革经验和各行改革进展情况，总行认为：第一，在现有的政策环境下，资产保全业务单元的改革定位于“成本中心”，不良资产内部转移定价宜粗不宜细，可参照经审计的预期损失率确定内部转移价格，待条件成熟后，再逐步向“利润中心”过渡。第二，在清晰界定不良资产处置成本和费用的基础上，逐步实现业务单元的单独核算。第三，按照财务考核与业务考核相结合的原则，科学评价一级分行不良资产经营处置业绩，建立和实施有效的激励约束机制。第四，业务单元制改革不求一个模式，可以因行制宜，灵活多样，稳步推进。

总的来说，按照改革规划，下一步的工作目标是要实现资产保全业务单元“单独核算、垂直管理”。为实现这一目标，我在这里提出以下几点要求。

（一）进一步提高思想认识

业务单元制是我行管理体制改革的基本方向。去年，审计条线建立了“相对独立、垂直管理”的内部审计管理模式和工作机制。今年初，总行选择分行承载业务范围相对单一的资金业务、信用卡业务、基金托管业务，作为业务单元财务报告的试点，风险管理部在条线管理方面进行了改革和探索。

资产保全业务单元制改革是我行上市后诸多改革的重要环节之一。一年多的实践证明，资产保全业务实行单元制改革，一是有利于提高不良资产的处置效率和效益；二是有利于降低和减少处置中的道德风险；三是有利于培养和锻炼一支资产保全专家型队伍。因此，改革符合自身发展需要，其方向是正确的，并在6月中旬召开的董事会战略委员会会议上得到了肯定。高管层对资产保全业务单元制改革也寄予了厚望。各分行要从推动全行整体改革进程的高度，认识资产保全业务单元制改革的重要性。要着眼于长远，真正理解、支持和参与改革，在下半年加大推进力度，确保改革稳步推行。

（二）改革形式多样化

资产保全业务单元制改革的基本思路是统一归口、集中经营、单独核算、垂直管理。围绕这个目标，业务单元制改革在符合改革整体目标、原则的前提下，具体运作模式也可以多样化，因此，各行要因地制宜、因行制宜，不搞“一刀切”。

（三）分步实施业务单元制改革

在目前仍以层级管理为主导的架构下，业务单元的单独核算、垂直管理还有一段路要走，要分步实施、循序渐进。第一，下半年，按照业务考核为主、财务考核为辅、兼顾管理能力考核的原则，总行将对一级分行启动保全业务单元的模拟考核。同时，一级分行要重点做好不良资产处置成本和费用等历史数据的收集整理，测算保全条线的处置成本和费用。第二，2007 年实现保全业务条线费用单列，以强化业务单元的约束和激励。第三，2008 年实现保全业务条线财务资源的统一配置，进而达到业务垂直管理的改革目标。

这次会议，提交大家讨论的 6 个制度办法还不成熟，需要大家研究讨论，有些情况需要沟通交流。希望在座的各位行长和总经理们敞开思路，畅所欲言，为未来资产保全工作的改革发展提出富有建设性的意见和建议。

五、确保今年各项计划的完成

最后，我强调一下经营计划的问题。截至 6 月底，全行已处置不良资产 219 亿元，完成计划的 56%。其中，处置不良贷款 167 亿元，完成计划的 56%。回收现金 173 亿元，完成计划的 83%，其中，不良贷款现金回收 133 亿元，已完成计划的 74%，计划完成进度比上年同期高 7 个百分点。希望各分行再接再厉，发扬连续作战的精神，确保各项计划的完成。在充分利用现有手段的同时，大胆尝试跨行处置不良资产的模式。目前，总行保全部正在制定跨行处置不良资产的具体方案，争取近期推出。

在 2006 年全行信贷审批和风险管理现场检查动员大会上的讲话

（2006 年 9 月 12 日）

罗哲夫

同志们：

刚才朱小黄首席风险官通报了当前主要风险形势和风险管理情况，对这次大检查工作进行了具体部署，张行长还要对当前全行主要工作做重要指示，各个业务条线和各级机构要认真学习领会，贯彻落实到具体工作中去。我今天主要讲三个问题。

一、当前需要关注的几个问题

（一）国家宏观调控领域的贷款风险值得关注

今年以来，国家宏观调控力度逐步加大。最近一段时间，国家又进一步加大了新开工项目、房地产行业、土地等领域的调控力度，陆续出台了一些重要政策，这些政策和措施可能会对我行信贷经营和存量贷款带来政策性风险，必须引起足够重视。

一是项目贷款的合规性问题。下半年国家宏观调控的重点依旧在项目清理特别是新开工项目清理上，但出现了一个新焦点。有关方面调查结果显示，随着消费、投资、出口等需求指标平缓减速，来自供给的压力逐步增大，特别是上游产品生产过剩的现象较为严重。因此，今后一段时期国家清理的重点可能从过剩行业逐步转移到过剩行业的上游行业上。8 月 31 日国家督察组到几个省份检查电解铝的上游行业——氧化铝企业生产违规情况，就是一个例证。而针对氧化铝的检查仅仅是一个开始，对其他行业的检查也可能随之而来。

随着检查的深入开展，可能会有若干违规项目浮出水面，有可能牵涉银行贷款的合规性问题。全行特别是今年固定资产贷款投放较多、当地城镇固定资产投资增长较快的分行，更要引起高度注意。

二是房地产和土地储备贷款风险问题。根据近几年的经验，国家出台房地产行业宏观调控措施后的一定时期内，银行房地产不良贷款会有一定程度的暴露。由于房地产行业处于宏观调控的“风口浪尖”，其潜在的政策风险及由此引发的信用风险都不容忽视。

另一个值得关注的问题是土地储备贷款潜在风险方面。8月31日，国家出台了《关于加强土地调控有关问题的通知》，多项措施表明国家对土地管理将实施更严格的措施。这些新政策对我行存量和新增土地储备贷款可能造成重大影响，各分行应及时进行研究和分析，及早采取措施予以防范。

三是产能过剩行业贷款风险问题。今年以来，我行产能过剩行业贷款增加较多，而且呈现继续增加的态势。对于新投放的贷款，各分行必须明确公司业务、信贷审批、风险管理等部门进行重点跟踪和深入分析，客户评价、信贷审批和贷后管理方面必须做到慎之又慎，要实现产能过剩行业贷款占比的明显下降。

（二）个贷风险持续上升

个贷业务是全行战略转型的重点，大力发展个贷业务已经在全行上下形成了共识。今年以来我行个贷业务保持了快速发展势头，市场份额有所增加，资产结构进一步优化。个贷业务良好的发展形势，符合我行确立的经营方向和战略转型要求。但对个人类不良贷款问题，各分行也要予以特别重视。

从今年中期审计结果来看，一方面，个人类不良贷款余额比年初增加11.18亿元，其中，业务发展较快的个人消费贷款、个人住房贷款的不良余额也增加较多，表明与个贷业务快速发展的势头相比，我行风险控制能力和管理水平尚不能很好地适应业务发展需要。另一方面，个贷分类的准确性还有待提高。2006年中期我行与毕马威事务所在个贷分类计算上的差异金额为14.81亿元。随着下半年CMIS系统优化升级，欠息类贷款的分类将更加细致和规范，个贷不良额可能还会有所增加。

（三）贷后管理依然十分薄弱

从最近出现的多起风险事件来看，分支机构问题的症结仍然集中在贷后管理薄弱上。主要问题有：第一，公司业务平行作业机制和信贷岗位分离还没有到位，提升贷后管理水平的有效机制还没有真正建立起来。第二，信贷经营重心的层级偏低。目前，公司类贷款的经营层级仍然较低，内外部信息不对称的情况没有得到有效解决，影响了贷后管理水平的提高。第三，贷后管理手段单一，“重贷轻管”的现象还比较普遍。我行存量贷款的总量远远大于新增贷款，因此，贷后管理始终应是信贷经营管理的重头戏。有些分行在贷款营销等方面积累了一些有效的激励约束方法，但对贷后管理还缺乏具有操作性的有效措施，在评价考核方面也不够重视。在贷后管理方面，一些分支机构还没有将五级分类工作和日常贷后维护有效结合起来，有的机构只是把贷款分类结果作为数据分析或者评价考核的依据，没有真正按照贷款类别和风险特征实施差别化管理，对贷款形态采取向下迁徙的办法，最终形成损失。

（四）部分分行“逆向安排”考核计划

近些年来，部分分行在执行关键业绩指标和其他计划指标时存在“逆向安排”的现象。以资产质量计划指标为例，个别分行往往先定下经济增加值指标，然后根据贷款损失准备金数量来摆布信贷资产分类结果。这种状况直接造成了信贷风险分类认定失真，造成分行管理重心把握不当，不是把精力放在加强回收、优化投放方面，而是寄希望于向总行要政策、调计划上。长此以往，将严重影响分行业务结构的合理性，最终导致贷后管理及其他基础管理工作停滞不前。

二、近期风险管理工作的几点要求

（一）加强信贷政策研究，严格控制政策性风险

加强宏观经济政策研究，提高风险防范能力。要紧密跟踪国家宏观调控政策动向，严格按照“有保有压”政策开展信贷经营管理活动，加快信贷资产结构调整和优化，提高风险管理能力。

合理把握房地产贷款、土地储备贷款、过剩行业贷款的增长速度，严格审核固定资产项目贷款的合规性问题。在准入和发放环节，除继续按照总行规定的贷款程序掌握外，要严格审核是否符合国家关于环保、土地等准入政策，是否存在高污染、高能耗等问题；对于存量贷款，要定期开展自查，发现问题要尽早采取措施予以化解。

（二）加大个贷风险管理力度，促进个贷健康、快速发展

加强个贷中心审批人派驻管理。个贷中心审批人编制应落在派出行的信贷审批部门，除办公地点不同外，与其他审批人的管理职责完全相同，保证审批人的独立审批。

进一步提高个贷风险分类准确性。及时跟进个贷逾期、欠息情况，按照总行标准准确分类，减少分类偏离度。

（三）深化体制改革，提升经营层级，提高贷后管理水平

一是尽快落实平行作业机制。各分行要抓紧细化平行作业实施细则，同时严格选配风险经理，加强风险经理履岗能力培训，尽快建立风险管理融入业务流程的客户经理和风险经理平行作业机制。

二是加快推进客户经理和信贷经理的岗位分离。经营部门要继续落实客户经理和信贷经理的岗位分工，进一步明确工作职责，客户经理负责市场营销和客户关系的维护，信贷经理负责业务后台处理和贷后管理，提高市场营销和贷后管理的专业运作水平。

三是尽快提升公司业务经营重心。公司业务经营重心要集中在二级分行及以上机构，腾出网点机构资源来着力发展零售业务、小企业贷款等业务。

四是继续加强和细化贷后管理工作。鼓励各分行积极建立贷后管理激励约束机制，明确岗位职责，将贷后管理工作制度化、常规化，加强贷后检查，保持对重大事项的敏锐判断和识别能力，确保诉讼时效和各种担保措施的有效性，提升贷款质量；及时保全资产，创新盘活不良，提高回收率，控制贷款向下迁徙，优化存量贷款质量结构。

（四）加强计划考核管理，提升风险管理水平

对于“逆向安排”计划考核问题，总行下一步将有针对性地采取更加严格的措施，一旦发现个别分行出现这种情况，将予以警示或批评。从今年开始，总行准备定期评价各分行的风险管理水平，评价结果在全行进行排名，并作为第二年总行制订计划、调整授权方案的重要参考依据。评价体系里面除了资产质量指标外，还包括大量评价分行基础风险管理能力的指标。因此，各分行务必要将风险管理的重心真正落到风险化解和控制上来，提高风险管理水平，夯实风险基础管理。

三、落实年初计划，确保完成各项工作目标

下半年全行不良贷款反弹压力比较大，控制不良贷款的形势比较严峻。在后面几个月，各分行要继续毫不放松地抓好总行各项政策措施的贯彻落实，确保完成年度计划，并为明年的工作打好基础，我这里强调几点。

（一）全面落实年度综合经营计划

年初确定的综合经营计划，各分行要继续严格执行，抓好落实。综合经营计划的指标，原则上不作大的调整，各分行要立足年初计划和当前进度，统筹安排好后面几个月的工作。

（二）合理安排信贷投放

对于后几个月的信贷投放，要严格执行经济资本和信贷总量双线控制计划。各分行要合理安排信贷投放，避免出现“一刀切”或“规模倒逼”现象。做到“合理安排”，关键在于要把握风险、优化结构、平衡回报。各分行要按照总行确定的发展战略，在上半年工作的基础上，进一步加大结构调整力度，通过存量贷款回收，压缩一部分低收益的流贷和票据贴现，退出一部分产能过剩行业贷款，清收一部分经过甄别确认、向下迁徙概率较高的关注类贷款。释放出来的贷款规模，重点保证优质客户的授信需求，确保重点区域、行业、产品以及个贷、重大基础建设项目贷款等战略性业务的需要。

（三）加快业务结构调整

前几个月全行业务结构调整取得一定的成效，但总体来看进展不大。下一步要继续加快业务结构调整，发挥建行自身优势，追求内涵式、跨越式发展。产品结构调整方面，要大力拓展零售业务、中间业务、资金业务等低资本占用类型业务，逐步改变过度依赖对公信贷、依赖贷款利差收入的发展模式，控制风险资产的过快增长，拓宽资金运用渠道，实现收入多元化，增强抗风险能力。区域结构调整方面，在执行总行既定的区域战略的同时，要注意分析各个区域的不同经济发展特点、市场环境以及产业生命周期，注意从保证风险和收益平衡的角度出发，开拓新思路，落实总行区域结构调整的各项要求。比如，对于中西部地区，要加大对基础设施建设项目、市场需求旺盛的资源密集型项目的投

放力度；对于东部沿海地区，由于现阶段已经超越了以基础建设拉动为主的发展阶段，在保持对公业务平稳发展的情况下，要集中力量发展个人业务，中小企业贷款业务等新的业务。

（四）防控不良贷款反弹

年初确定的不良贷款控制计划，是总行和各分行经过反复研究制定的。上半年执行情况总体上令人满意，不良率实现了较大幅度下降。但是，近期总行有关部门作了摸底调查，情况不太乐观。如果不及时采取措施予以消化，很可能对全年目标的完成形成很大压力。为此总行要求，必须坚持以年初计划作为底线，只能比年初计划执行得更好，而不能超过这个底线。一方面，各分行要实事求是、客观真实地反映资产质量和风险状况，提足拨备、做实利润；另一方面，要切实加大不良贷款清收和盘活力度；加快不良贷款核销进度。希望各分行高度重视，经营部门以及风险管理、信贷审批、资产保全部门要密切配合、统筹安排，严格防控不良贷款反弹，力争超额完成全年不良资产控制计划。

进一步加大反腐倡廉工作力度
为建设银行创造良好的内部运营环境

——在中国建设银行纪检监察工作会议上的工作报告

(2006 年 2 月 23 日)

辛树森

同志们：

这次全行纪检监察工作会议的主要任务是：认真学习贯彻胡锦涛同志在中央纪委第六次全体会议上的重要讲话精神，贯彻落实中央纪委第六次全体会议、国务院第四次廉政工作会议和全行工作会议精神，总结2005年全行党风建设和反腐败工作，研究部署2006年工作任务，表彰2005年案件专项治理工作先进集体和先进个人。

一、2005 年全行纪检监察工作回顾

2005年，全行认真贯彻落实中央纪委五次全会和国务院第三次廉政工作会议精神，按照中央确定的反腐倡廉工作方针和总行党委工作部署，围绕全行中心工作，坚持标本兼治、综合治理、惩防并举、注重预防的方针，扎实推进全行反腐倡廉工作，较好完成了年初部署的各项工作任务，全行党风建设和反腐败工作取得了新的成效。认真开展案件专项治理，加大案件防查力度，全行实现了案件“四个下降”的目标；严格对领导人员的要求，强化对权力的监督制约，各级领导人员廉洁从业意识进一步增强；严肃执规执纪，强化问责制度，惩戒作用得到有效发挥；认真办理信访举报，妥善处理群体上访事件，维护了全行稳定的良好局面；《中国建设银行建立健全惩治和预防腐败体系的实施意见》正在逐步落实，教育、制度、监督、惩处工作整体推进，为建设银行重组改制和成功上市创造了良好条件。

（一）开展案件专项治理，加大防查案件力度，实现了“四个下降”的目标。按照银监会和总行的统一部署，全行认真组织开展了案件专项治理活动，取得了明显成效。一是实现了案件数量、涉案金额、大案要案、新发案件“四个下降”的目标。2005年，全行共查处各类案件72件，同比减少1件；涉案金额21 350万元，同比减少22 793万元，下降52%。其中，百万元以上案件19件，同比减少1件，涉案金额19 125万元，同比减少23 579万元，下降55%。二是出现了“四高三低”的良好态势。员工合规守法意识明显提高，堵截案件成功率明显提高，历史陈案暴露率

明显提高，案件自查发现率明显提高；涉案金额明显降低，节假日作案明显降低，业务违规和会计差错明显降低。全行成功堵截案件 140 起，避免或挽回经济损失 35 632 万元。三是内控管理水平得到提升。全行自查和检查发现应该整改的问题 81 200 个，已经整改 73 653 个；各类检查提出建议 17 891 条，被采纳 15 819 条。同时，加强了员工的学习、培训，梳理和修订了各项规章制度，在体制、机制、制度、教育、科技等方面采取了许多长效措施，提升了全行内控管理水平。

在案件专项治理工作中，全行采取了有力措施，进一步加大案件防查力度。一是高度重视，周密部署。总行根据银监会的要求，结合实际研究制定了开展案件专项治理的实施意见，两次召开视频会议部署落实专项治理工作。总行还重点抓了一头一尾的检查。在专项治理开始阶段，总行从 16 个部门及分支行抽调 142 人，组成 35 个专项治理督查组，由部门总经理级领导带队，对 38 个一级分行及其所属分支机构和总行营业部进行巡回督查；在结束阶段，又由部门总经理带队，对 7 个分行的专项治理情况进行抽查验收。各分行认真落实总行专项治理工作要求，加强了组织领导，细化了专项治理的措施，扎实开展了本行系统的专项治理工作。二是检查到位，排查深入。为确保专项检查这一重要环节取得实效，全行集中时间、集中力量，开展了大规模检查，检查覆盖面达到了“四个 100%”。总行 13 个业务部门针对本系统管理中的薄弱环节和风险隐患，制订了专项检查方案，深入开展本系统的业务检查活动。各级行围绕加强“四个重点”防范、落实“八项制度”情况组织开展“双排查”活动。加强了对基层机构负责人和重要岗位员工的管理，总行制定了《中国建设银行岗位轮换和强制休假暂行办法》，各级行组织开展了对基层机构负责人管理情况的全面检查，检查基层机构负责人 25 929 人次，对 17 089 名基层机构负责人进行了交流，对 92 421 名重要岗位员工进行了岗位轮换。业务风险点排查发现各业务部位应该整改的违规问题 65 879 起，已经整改 58 315 起。一时难以整改的，也正在积极研究对策。员工行为排查人数236 575 人，发现有不良行为员工 1 915 人。对有不良行为的员工，根据情节轻重，及时采取了教育帮助、组织调动、纪律处分等措施。三是 5 个案件高发分行按照总行要求开展了全面整治活动。通过全面整治，五个分行遏制了案件高发的态势，案件比 2004 年减少 14 件，涉案金额减少 35 528 万元。四是开展了反赌禁赌专项斗争。从严查处参与赌博的党员和领导人员。反赌禁赌专项斗争取得了较好成效。

（二）对领导人员严格要求，加强教育监督，促进了领导人员廉洁从业。总行党委在强调坚决贯彻党中央有关廉洁自律规定的同时，结合建设银行实际，提出了领导人员“廉洁自律六项要求”，进一步规范了领导人员廉洁从业行为。全行上下各级领导人员认真贯彻落实“六项要求”，并自觉接受员工的监督，效果明显，领导人员廉洁自律、勤俭办行、艰苦奋斗意识有所增强，行风行貌大有好转。

为加强对领导人员的教育引导，防微杜渐，总行党委制定下发了《中国建设银行规范领导人员从业行为的谈话办法》。各级行党委、纪检监察部门和组织人事部门按照规定，以督促履行岗位职责、遵纪守法、廉洁从业、防范风险为主要内容，对领导人员及时进行任前谈话、提醒谈话、诫勉谈话和警戒谈话。全行接受谈话的领导人员达 15 461 人次。

各级行认真执行党内民主生活会制度、职工代表大会制度、行务公开制度、领导人员重大事项报告制度、领导人员述职述廉制度等，较好地发挥了组织监督、群众监督、上下级和同级监督的作用。全行实行行务公开的机构 2 969 个，报告重大事项的领导人员 8 839 人，开展述职述廉的领导人员 16 542 人。

全行各级纪检监察部门认真履行监督职责，加强监督检查。集中组织了“2005 年元旦、春节期间严格遵守廉洁自律有关规定反对铺张浪费”和“党员领导人员参与赌博”的检查。

通过对领导人员严格要求，坚持教育、制度、监督并重，促进了领导人员廉洁从业。据统计，全行县级支行行级以上领导人员有 1 434 人主动上交难以拒收的现金、有价证券和支付凭证 336 万元。

（三）强化问责制度，遏制违规违章行为，惩戒作用得到有效发挥。为强化对领导人员的问责制度，总行制定了《关于追究案件发生机构及其上级机构领导人员责任的规定》，按照此规定，一级分行和二级分行共有 8 名主要负责人引咎辞职，在全行震动较大，有力地促进了各级行领导人员管理责任意识和领导责任意识的增强。

为探索科学管理的新途径，建立有效解决违规违章行为屡查屡犯的长效机制，从源头上遏制案件发生，在部分分行试点的基础上，总行制定了《中国建设银行关于违规行为积分管理的暂行办法》，总分行纪检监察部门组织了纪检监察人员的培训，并开发了积分管理系统软件，2005 年在部分分支机构进行了试点，今年已在全行全面施行。从试点和初步实施情况看，对违规行为进行积分管理，较好地遏制了有章不循、违章操作现象的发生。

2005 年，全行共处理违法违纪违规违章人员 11 568 人（因案件被查处和追究责任的 582 人）。其中，给予政纪处分的 1 804 人次，有 141 人被开除公职；给予党纪处分的 100 人次，有 61 人被开除党籍。在被处理人员中，一级分行行级领导人员 5 人，二级分行行级和一级分行部门总经理级领导人员 468 人。通过对各种违法违纪违规行为的惩处，起到了较好的警示效果。

（四）信访工作扎实，群体上访得到妥善处置，维护了全行稳定的局面。2005 年全行系统共受理来信来访 3 234 件次，同比下降 4%。其中，总行纪检监察部受理来信来访 1 483 件次，同比增长 14%。上级领导机关要求我行查报结果的信访件 14 件，均按要求进行了认真查办。各级行组织了信访条例的学习和培训，及时反映信访动态，加强对信访特点和规律的分析；信访渠道进一步畅通，信访核查力度加大，少数领导人员违规违纪、失职渎职、侵害国家利益和群众利益的行为受到严肃查处；广大员工信访举报的积极性得到正确引导和保护。

总行领导高度重视信访工作。总行主要领导亲自批阅重要来信，听取信访工作汇报，指导和解决信访工作中的突出问题。总行分管领导直接组织指导重要信访件的办理和群体上访的处置。

因机构调整和人员分流遗留的矛盾在建设银行上市前后显现较为集中。总行接待来访 197 批次、1 380 人次，其中 5 人以上群体上访 55 批次、1 174 人次。上访人员突出反映涉及个人利益等问题。纪检监察部、信访办和相关部门、有关分行以及分支机构为妥善处置群体上访做了大量工作，依法依规、合情合理地解决员工的诉求，并做好有关人员的思想工作，各种矛盾纠纷不断化解，全行正常的工作秩序和稳定局面得到维护。

在做好上述几项重点工作的同时，纠风、效能监察和反腐败抓源头等方面的工作也取得了新的进展。在纠风工作方面，各级行继续贯彻“标本兼治，纠建并举”的方针，加强自查自纠，改进工作，改进服务。全行有 3 478 个机构积极参加了当地的民主评议行风活动，主动接受社会的监督，服务态度、服务流程、服务方式、服务质量和服务效率从整体上都有了较大的改进和提高。在效能监察工作方面，总行及时下发了《关于开展 2005 年效能监察工作指导意见》，各一级分行结合实际认真选题立项、精心组织落实，其中一级分行立项 79 项，二级分行立项 508 项，提出改进管理的建议 1 483 条，建立完善规章制度 331 项，取得了较好的效果，充分发挥了效能监察在促进改善经营管理、堵塞漏洞、防范风险方面的作用。在反腐败抓源头工作方面，总行根据中央颁发的《实施纲要》，制定了《中国建设银行建立健全惩治和预防腐败体系的实施意见》，各级行联系实际，狠抓落实。据统计，全行开展反腐倡廉教育，县支行行级以上领导人员作报告3 121 人次，听报告 204 048 人次；请外部人员作报告 671 场次，受教育 74 669 人次；组织先进典型报告会 673 场次、反面典型现身说法 388 场次，参加听讲的 176 217 人次；组织领导人员党风廉政建设规章考试 33 144 人。全行各级纪检监察部门还参与了集中采购、资产处置招投标等方面的监督工作。许多分行把党风廉政建设责任制作为一项重要制度，坚持不懈地抓落实。2005 年，全行签订党风廉政建设责任书的机构达 5 923 个，涉及人员达 12 954 人。许多分行将党风廉政建设责任制落实情况纳入全行综合考核指标体系，考核结果与绩效挂钩。

各级行重视纪检监察队伍建设。一是按照中央和总行党委要求，进一步加强了纪检监察组织机构建设，各级机构按照总行制定下发的《中国建设银行纪检监察组织机构设置方案》和《中国建设银行纪检监察派员管理办法》的要求，有党委的基本上设立了纪委和纪检监察部，全行共设立纪委 510 个，单独设立纪检监察部门 325 个；对未设党委的基层机构，有的上级行已派驻纪检监察特派员，全行已派驻专职纪检监察特派员 419 人，兼职特派员 255 人。二是加强和充实了纪检监察力量。全行已配备专职纪检监察人员 2 794 人。各分行按照配齐、配精、配强的要求，调整和充实了一、二级分行纪检监察人员；已推行纪检监察员派驻制的分支机构，普遍通过公开竞聘方式挑选了优秀人员担任纪检监察特派员。三是加强纪检监察人员自身的学习和培训。全行 38 个一级分行和哈尔滨培训中心开设了纪检监察网页，促进了学习和交流；2005 年，全行纪检监察部门共举办培训班 1 227 期，参训人员61 022 人次，总行举办了 2 期一级分行监察室主任和业务骨干培训班。开展了“加强党风廉政建设，构建社会主义和谐社会”征文活动，有 67 篇论文获奖。各一级分行纪委书记和监察室主任撰写调查报告和研究文章 50 篇。从总体来看，全行纪检监察队伍的专业结构、年龄结构逐年得到优化，整体素质有了新的提高。

在肯定成绩的同时，我们还要看到存在的问题。一是一些分支机构管理松弛，监督不力，案件和重大违规问题时有发生，历史陈案仍未完全暴露，“小金库”、账外资产等问题长期得不到杜绝。二是少数领导人员廉洁自律意识不强，对自己要求不严，不能严格执行廉洁自律有关规定，特别是对总行党委提出的“廉洁自律六项要求”，有的还在打“擦边球”变通执行，有的负有领导责任、掌握一定职权的同志，对公私分开、亲友回避的规定理解不深，执行不力，有的领导人员艰苦奋斗、勤俭办行的意识不强，讲排场、比阔气，奢侈浪费现象还比较严重。从案件和信访举报查处的情况看，个别领导人员存在着以权谋私、权钱交易、腐化堕落等现象，在群众中造成不良影响。三是对基层机构和网点管理不到位，有的上级行负责人和业务管理部门没有充分履行对基层机构和网点的管理职责，在管理和服务、教育和培训、检查和制约等方面还存在着不少问题和漏洞。四是全行基础管理薄弱的问题还没有得到根本解决，有章不循、违章操作现象屡禁不止，规章制度执行力弱，监督检查未能发挥应有的作用，客户经理管理、账户管理、印章管理、印鉴卡管理、大额支付等环节制度不落实的情况仍然比较突出，存在着不少案件和风险隐患。从外部监管部门检查、内部审计、专项治理、各类业务检查情况以及核销、剥离的不良资产看，有的分支机构违规现象还依然严重。作为一家已经上市，同时受内地和香港两地监管部门以及投资者、新闻媒体和社会公众广泛监督的银行，对上述问题必须引起高度重视，各级行要采取得力措施，切实加以解决。

二、2006 年全行纪检监察工作任务

中央纪委六次全会强调：要全面落实科学发展观，以科学发展观统领党风廉政建设和反腐败工作；要认真学习贯彻党章，为加强党风廉政建设和反腐败工作奠定坚实基础；各级纪委要全面履行党章赋予的职责，切实维护党的纪律，推动党风廉政建设和反腐败工作深入开展；要把解决损害群众利益的突出问题作为党风政风建设的工作重点，严肃查处损害群众利益的突出问题；要加强对党员领导干部的反腐倡廉教育，促进领导干部廉洁从政；要严肃查处违反党的纪律的行为，严肃查办领导干部滥用权力、谋取私利、贪污贿赂、失职渎职等方面的案件；要认真开展治理商业贿赂专项工作，坚决纠正不正当交易行为，依法查处商业贿赂案件；要坚持以改革统揽预防腐败的各项工作，积极推进制度建设和创新，抓紧建立健全教育、制度、监督并重的惩治和预防腐败体系，健全有利于防范腐败的体制机制，加强对权力运行的制约和监督，不断铲除腐败现象滋生蔓延的土壤和条件。

2006 年，全行纪检监察工作要按照中央纪委六次全会和即将召开的国务院第四次廉政工作会议，以及建设银行工作会议的部署和要求，认真落实科学发展观，适应我行上市后的新形势，围绕全行中心工作，紧密结合业务经营管理实际，坚持标本兼治、综合治理、惩防并举、注重预防的方针，深入推进反腐倡廉工作，为建设银行创造良好的内部运营环境。

（一）加强教育和监督，促进领导人员廉洁从业

进一步加强对各级领导人员的廉洁从业教育，提高领导人员的务实、清廉、合规、守纪意识。教育领导人员认真学习贯彻党章，做学习党章、遵守党章、贯彻党章、维护党章的表率。教育领导人员牢固树立科学发展观，端正经营指导思想，正确处理业务发展与严格管理的关系，增强领导人员的“四个意识”，即合规经营意识、廉洁从业意识、勤勉敬业意识、诚实守信意识，担负起“四个责任”，即抓好辖内业务发展和防范风险的责任，从源头上预防和治理腐败的责任，严格管理、带好队伍的责任，解决辖

内存在的突出矛盾和问题、维护稳定、保证安全的责任。教育领导人员严格遵守中央和总行党委廉洁从业各项规定，做遵纪守法、廉洁从业的表率。教育领导人员保持党的优良传统和作风，艰苦奋斗，勤俭办行，推进节约型企业建设，坚决制止讲排场、比阔气、奢侈浪费等不良习气。教育领导人员带头讲诚信，忠实履行诚信义务，不做损害建设银行利益的事，不准搞上有政策、下有对策。要把各级领导人员作为反腐倡廉教育的重点对象，把反腐倡廉教育作为领导人员学习和培训的重要内容，把廉洁从业教育纳入党委中心组专题学习的重要内容，把廉洁文化作为企业文化建设的重要组成部分。要吸收先进性教育活动中的好经验好做法，充分发挥教育的基础性作用，通过内容丰富、形式多样、贴近实际的反腐倡廉宣传教育，努力在全行形成崇尚清正廉洁、自觉遵纪守法的文化氛围。

全行各级领导人员要严格遵守"四大纪律八项要求"、《国有企业领导人员廉洁从业若干规定》、《中国建设银行领导人员廉洁从业若干规定》以及总行党委提出的"廉洁自律六项要求"等规定，开展经常性监督检查。2006年对各级领导人员的监督要重点抓好以下工作：一是要把贯彻落实《中国建设银行领导人员廉洁从业若干规定》，特别是总行党委提出的"廉洁自律六项要求"作为各级领导人员廉洁从业、防范道德风险的重点。二是加大对一级分行巡视的力度，总行将选择几个一级分行开展巡视工作，加强对一级分行领导班子及其成员的监督。三是认真贯彻落实党内监督条例，坚持和完善对领导人员的谈话制度、领导人员民主生活会制度、领导人员述职述廉制度、领导人员重大事项报告制度、职工代表大会制度、行务公开制度等，充分发挥上级监督、同级监督、下级监督的作用。去年12月19日，中央办公厅下发了《关于对党员领导干部诫勉谈话和函询的暂行办法》和《关于党员领导干部述职述廉的暂行规定》（中办发2005第30号），各级行要认真贯彻落实。四是依据即将出台的《中国建设银行领导人员问责办法》，对领导人员违反廉洁从业规定、用人失察失误、违背诚信原则、在管理上失职渎职等方面的重大问题进行质询、评价和处理，严格执规执纪，加大问责力度，促进其遵纪守法、勤勉敬业。

上午郭树清董事长在讲话中特别强调，要结合建设银行实际推进廉洁从业。一方面，各级领导人员要严格要求自己，增强廉洁从业的自觉性，做到公私分开，亲友回避，在商业交易中遵循公正原则，不能搞利益输送；另一方面，要加强对领导人员的监督，完善对权力运行的监督制约机制，让权力在监督下运行，让行为在制度下规范。各级纪检监察部门要把加强对权力运行的监督、防止利益输送现象的发生作为今后纪检监察工作的一个重点。

全行上下要树立勤俭办行意识，发扬艰苦奋斗精神，制止奢侈浪费。全行员工尤其是各级领导人员要充分认识到奢侈浪费容易产生腐败，勤俭办行是建设节约型社会的要求，也是股东的要求。同时，作为一家上市银行，大力倡导节约文化，建设节约型企业，有助于我行树立良好的企业形象。各级领导人员要以身作则，带头厉行节约，加强成本控制，制止奢侈浪费。为此，总行重申和提出如下要求。第一，在全行开展经常性的勤俭办行教育，营造节约型文化。教育员工节约每一分钱，每一张纸，每一度电，每一滴水。第二，切实落实总行关于勤俭办行、制止奢侈浪费的有关要求：（1）严格禁绝"小金库"，严格禁止变相设立"小金库"。对继续设立"小金库"或将我行资产人为放在账外隐藏、私用甚至私分的，不论何种理由、何种目的，一经发现，对主要责任人和相关责任人员一律先免职，然后再按照有关规定严肃处理。（2）全行所有机构和个人不得以任何理由和名义向其他企业和下属机构借用小汽车。（3）严格控制会议费增长，严禁以会议名义或会议期间用公款组织旅游或变相组织旅游，充分发挥视频会议系统作用。（4）上级机构工作人员特别是领导人员要自觉遵守差旅费控制标准，到下级机构出差要严格自律，下级机构也不得超标准安排住宿和交通工具。（5）进一步加大集中采购力度，扩大采购范围，充分引入市场竞争因素，建立完善的内部监督制约机制，做到公开、公正、透明，发挥集中采购对财务行为的规范与控制作用。第三，实行严格的监督。2006年，总行纪检监察部、计财部将组织对全行贯彻执行"勤俭办行、制止奢侈浪费"有关规定情况的检查，发现问题将严肃处理。

（二）加大案件防查力度，努力降低案件风险

2006年全行案件防查的目标是：在巩固2005年案件"四个下降"良好态势的基础上，努力提高案件防查的质量和效果，实现

“有效遏制重大恶性案件，杜绝亿元特大案件，继续降低当年新发案件，重点遏制分支机构负责人作案案件”的目标。

2006年案件防查工作的主要任务和措施：一是按照中央纪委和银监会的统一部署，做好治理商业贿赂工作，规范经营行为。2005年，胡锦涛总书记对治理商业贿赂作出了重要批示，今年中央纪委第六次全会对治理商业贿赂工作提出了明确要求，银监会还将出台《银行业治理商业贿赂的实施意见》，对这项工作作出具体部署。总行将根据中央和银监会的部署，结合建设银行实际，研究制定《建设银行治理商业贿赂的实施意见》。总行初步考虑，从可疑、损失类资产以及信访反映强烈的资产处置、集中采购、营业和办公用房租赁等环节入手，开展商业贿赂治理工作。通过加强教育、深化改革、健全体制、完善制度、强化管理，逐步建立防治商业贿赂的有效机制。二是严格落实案件防查责任制。严肃案件责任追究。坚持案件防查工作领导负责制，各级机构的主要领导人员要对所辖机构的案件防范和查处工作负起第一责任。各部门要将案件防查内容和责任覆盖到业务管理的各个环节，充分发挥部门在本业务条线案件防查中的主体作用。加大案件责任追究力度，按照《中国建设银行工作人员违规行为处理办法》和《中国建设银行领导人员问责办法》等有关规定，严肃追究领导人员、管理人员和经办人员的责任。三是坚持以“四个重点”、“八项制度”为核心，切实防范案件风险。持续关注重点部位、重点环节、重点机构和人员、重点区域和时段的案件防范情况，进一步落实业务授权审批、印章和重要单证、操作密码和口令、大额资金转账和提现、对账检查、银行承兑汇票、重要岗位轮换等规章制度。四是注重典型案件剖析，建立完善案件风险提示制度。加强对典型案例、发案集中的分支机构的剖析，探讨案件发生的规律，研究新出现的作案手段及防范措施。总行纪检监察部将建立“案件风险提示”制度，及时把案件暴露出的风险隐患通报全行，提高案件分析的预警效能。各级行和有关部门要认真研究提示的信息，针对本行和本部门的业务和管理情况，及时采取有针对性的措施，避免重蹈他人的覆辙。近日银监会专门向我行发出风险提示，要求我行密切关注员工投资办企业等不良行为，开展对内部员工投资办企业情况的专项排查。各级行要高度重视，按照银监会的要求对员工投资办企业的情况进行排查，并对有投资办企业行为的员工采取诫勉谈话、顶岗检查和岗位轮换等措施。五是大力开展案例警示教育活动，增强领导人员的廉洁从业意识和合规经营意识，提高员工的风险防范意识和自我保护意识。按照总行领导的要求，总行编写了《中国建设银行警示教育案例》并下发全行人手一册，全行要以此为主要读本，组织全体员工认真研读案例，从中吸取教训，将建设银行案件的沉痛代价转化为增强防范意识的动力，彻底改变一部分领导人员经营思想偏差和一些员工风险防范意识淡薄的状况。六是为了构建案件防范的正向激励与正面引导机制，鼓励员工积极参与案件防范，提高案件防范工作的效能，总行将出台《中国建设银行关于工作人员堵截、检举和抵制违规违纪及违法犯罪行为的奖励办法》。全行要做好该办法的宣传、推行工作，提高全行员工参与案件防范的积极性。七是加强案件管理，严肃报案纪律。为进一步规范违法违纪违规案件管理工作，更好地适应建设银行股改上市的需要及新的金融监管体制下信息披露的要求，总行修订下发了《中国建设银行纪检监察部门案件管理工作规程》。全行各级纪检监察部门要认真学习，严格执行规程的各项规定，进一步做好案件管理工作。各级行要严格执行报案纪律，对瞒案不报的，一经发现，除按照报案纪律追究相关责任人的责任外，还将在当年案件考核中以双倍的涉案金额进行考核，并通报全行。

（三）深入贯彻防范操作风险“十三条”，进一步加强基础管理工作

2005年3月22日，银监会下发了《关于加大防范操作风险工作力度的通知》。针对银行业案件暴露出来的操作风险，提出了防范操作风险的“十三条”指导意见。为深入贯彻“十三条”，构建防范案件风险长效机制，各级纪检监察部门要与风险管理、人力资源部门和其他相关业务部门协调配合，重点抓好加强基础管理工作。

1. 组织开展整改落实情况专项检查活动，巩固案件专项治理成果。要对2005年各分支机构专项治理发现问题、外部监管部门以及内部审计、业务检查发现问题的整改情况进行跟踪检查，确保整改到位，巩固专项治理和各类检查的成果。一是认真归纳梳理专项治理和各类检查发现的问题，对问题整改情况进行后续跟踪检查，避免屡查屡犯、屡整不改现象发生。二是针对专项治理和检查发现的问题从深层次查找管理的漏洞和制度的缺陷，寻求解决问题的有效途径和办法。三是重视总结和推广专项治理中好的经验、做法，不断完善防范风险和案件的有效措施和长效机制。四是2005年案件多发的分行，要研究并采取全面整治的措施，遏制案件多发势头。

2. 扎实抓好违规行为积分管理工作，进一步规范操作行为。各级机构要高度重视《中国建设银行关于违规行为积分管理的暂行办法》的应用和推广工作，充分发挥积分管理在防范违规行为、加强日常管理中的作用。从目前各分行组织实施的情况看，积分管理能否落到实处，一级分行业务部门是关键。各一级分行业务部门要带头运用积分管理手段，并抓好积分管理在本业务条线的落实，各分行纪检监察部门要督促业务部门落实积分管理办法，总行将重点对一级分行业务部门落实积分管理办法的情况进行检查。同时，总行将跟踪积分管理办法的执行情况，对积分管理执行中暴露出的问题进行调研，及时修订完善积分管理办法，增强办法的适用性。各级行要对积分管理暴露出业务环节的问题进行认真分析，为业务部门加强管理提供依据。

3. 落实规章制度，提升制度执行力。各级行要把抓好各项规章制度的落实、提升规章制度执行力作为加强基础管理的重点。在具体措施上，一是在基层网点开展“落实规章制度、提升制度执行力”的教育活动。结合在全行开展的案例警示教育，在基层网点开展“落实规章制度，提升制度执行力”的教育活动，提高广大员工尤其是一线员工遵章守纪意识和风险防范意识。二是要讲究教育和培训方式，提高实效。各行可借鉴辽宁省分行的做法，制作“规范操作行为、防范操作风险”专题教育片，以形象、直观的方式，教育、引导员工规范操作行为，防范操作风险。三是要重视监控录像对规范员工日常操作的辅助作用，把每月抽查营业网点监控录像纳入纪检监察特派员的日常工作内容。四是坚持“双排查”制度，继续深入开展业务风险点排查和重要岗位员工不良行为排查，及时发现问题，堵塞漏洞，消除隐患。总行将组织制订业务风险点排查和员工不良行为排查相关办法。

4. 加强对重大违规事件的管理，规范各级机构的经营行为。针对近年来外部检查发现我行机构违规连年发生且问题严重的情况，为加强对重大违规事件的管理，规范各级机构的经营行为，总行《关于建立重大违规违纪事件快报制度的通知》（建总发2005第118号）规定，各级监察部门作为重大违规违纪信息报告的归口管理部门。2006年，总行将进一步加大工作力度，制定《中国建设银行违规事件管理办法》，规定违规事件的范围、各级行的管理权限、上报途径、处理方式及程序等内容，规范对违规事件的管理，加大对重大违规事件的处理力度。加强对违规事件的分析，以重大违规事件报告形式及时向行领导报送情况，定期对重大违规事件的状况、发生部位、发生原因等特点和规律进行分析，提出有针对性措施，为业务部门加强业务管理提供依据，为行领导决策提供参考。

（四）加大信访核查力度，妥善处置群体上访，维护全行稳定的局面

总行和一级分行要组织力量，加大对内容具体、线索清楚特别是署真实姓名等可查性强的信访举报的核查力度。经过核查，对领导人员违法违纪、违规违章以及失职渎职、侵害国家利益和群众利益等问题，要严肃处理；对领导人员在工作和管理中存在的不足，要满腔热情地帮助其找出原因，改进工作；要旗帜鲜明地支持和保护因锐意改革、严格管理而被人恶意中伤的领导人员，对失实的举报信件，要在一定范围内澄清是非。要教育领导人员正确对待信访举报，欢迎和自觉接受群众监督，严肃处理对举报群众打击报复的行为；要教育引导员工正确行使信访权力，提倡和鼓励署名举报，对署名举报的，要为举报人保密，并将核查结果向举报人反馈，对署名举报有功人员，要给予奖励。要反对无中生有、搬弄是非、干扰改革发展的信访举报，严肃查处利用信访诬告陷害的行为。在信访工作中要贯彻“以客户为中心”的理念，督促协调有关部门及时解决客户投诉和业务纠纷。各级行纪检监察部门要加强信访的调研和分析，注意掌握政策和方法。

各级行要建立健全预防和处理群体上访的工作机制，充分发挥信访联席会议制度的作用，对群体上访苗头要按照中央“发现得早，化解得了，控制得住，解决得好”的要求，努力把问题解决在基层和萌芽状态。要建立和落实预防和处理群体上访的应急预案，一旦发生群体上访特别是发生到京群体上访，有关分支机构要及时向地方政府和上级行通报情况，单位领导要迅速赶到现场，协助上级机构和政府部门做好劝返工作，并依法依规、公开公平公正地执行好各项改革政策，实现“人要回去，事要解决，人不回流”的目标。

（五）认真贯彻落实《实施纲要》，努力从源头上预防和治理腐败

分解任务，落实责任，深入贯彻《实施纲要》。根据中央颁布的《建立健全教育、制度、监督并重的惩治和预防腐败体系实施纲要》（简称《实施纲要》），结合建设银行实际，总行党委研究制定了《中国建设银行建立健全惩治和预防腐败体系的实施意见》（简称《实施意见》）。各级行要按照《实施意见》的要求，做好各项任务的分解，进一步落实责任，努力建立起有建设银行特色、符合现代商业银行要求、比较完善的惩治和预防腐败体系。

结合现代企业制度建立，不断健全从源头上预防腐败的机制。要适应经营机制转变，积极创新体制、机制，不断改进工作方法，加大从源头上防治腐败的力度。要适应法人治理结构的建立，全力配合股东大会、董事会、监事会和经营管理层依法行使职权，强化监督制约。充分发挥职代会民主管理的职能，积极推行行务公开，保证广大员工的知情权、参与权和监督权。进一步发挥审计、风险管理、合规部门以及纪检监察特派员、委派会计主管的监督作用，形成监督合力。进一步健全“钱、权、人”等重要经营管理方面的规章制度，加大对经营决策、财务分配、集中采购、资产处置和选人用人等环节的监督。重视全行员工职业素养培育和职业道德建设，加强员工思想教育，培育员工尽职守信的专业素养，建设良好的职业道德环境。

各级行要高度重视效能监察工作，结合本行实际，围绕重大经营决策的过程及效果、经营的投入与产出、业务管理部门履行管理职责情况、专项治理和各类检查发现问题的整改情况、客户经理管理情况等方面开展效能监察，促进各级领导人员和管理部门正确履行职责，依法合规经营，加强内部管理，减少资源浪费，提高经营效益。同时，通过效能监察这一途径，推进纪检监察工作向业务经营和管理活动延伸和拓展。要继续抓好纠风工作，切实维护好员工的合法权益和客户的正当利益。

三、进一步加强纪检监察自身建设

建设银行股份制改造和成功上市后，股权结构、公司治理结构、劳动用工制度、信息披露制度等的变化，使全行党风建设和反腐败工作面临着许多新情况、新问题，对纪检监察部门和纪检监察人员提出了新的更高要求。因此，我们既要充分认识股份制商业银行反腐倡廉、加强内控、防范风险的重要性、长期性和紧迫性，又要适应新形势、新任务的要求，围绕中心，服务大局，积极探索纪检监察工作的新思路和新方法，在继承中发展，在发展中创新，不断提高纪检监察工作的能力和水平，使纪检监察工作在保障银行依法合规营运、安全健康发展方面发挥更大的作用。

（一）全面履行党章赋予的各项职责。各级纪委要进一步增强全面履行党章赋予的职责和任务的自觉性，围绕党的路线方针政策和决议的贯彻执行情况加强监督检查，认真协助党委加强党风建设和组织反腐败工作。要经常对党员进行遵纪守法教育，加强对党员领导干部行使权力进行监督，严肃查处违法违纪案件。要建立健全与有关部门的协作配合、信息反馈和情况通报等制度。认真执行党风廉政建设责任制，进一步抓好反腐倡廉工作任务的分解、落实、督促和检查。

（二）重视加强纪检监察机构及队伍建设。各级行要按照中央纪委关于“股份制改造要做到三个加强：纪检监察机构加强、纪检监察力量加强、纪检监察工作加强”的要求，认真落实报经中央纪委批准的《中国建设银行股份有限公司纪检监察组织机构设置方案》，进一步健全纪检监察组织机构，配齐配强纪检监察人员，为充分发挥纪检监察部门的职能作用创造条件。基层纪检监察特派员要按照《中国建设银行纪检监察特派员管理办法》的要求，进行公开竞争、择优选聘、强化管理。各分行可结合本行实际分步实施特派员管理办法，在2007年底前落实到位。总行将对各分行贯彻落实《纪检监察组织机构设置方案》和《纪检监察特派员管理办法》情况进行检查，并将于年内在山东省分行召开纪检监察特派员推进工作现场会。各级行要加强纪检监察部门与业务部门的人员交流，进一步优化纪检监察人员的结构。

（三）重视加强纪检监察人员的思想、组织、作风和业务能力建设。各级纪检监察部门要紧密结合先进性教育活动，进一步解决思想、组织、作风以及工作方面存在的问题。通过视频、培训班、座谈会等形式，加强对纪检监察人员现代股份制商业银行新知识的学习和培训，总行计划举办一级分行纪委书记培训班，同时将通过视频系统举办纪检监察业务和基层特派员管理培训班。要坚持纪委书记和纪检监察部总经理向上级行纪检监察部门述职和每年至少报送1篇调研报告的制度。通过学习，不断提高纪检监察干部的“五种能力”，更好地适应现代股份制商业银行反腐倡廉、加强内控、防范风险的需要。全行纪检监察人员要讲政治、讲党性、讲大局，自觉维护党的形象，模范遵守党纪法规，严格执行纪律，艰苦奋斗，谦虚谨慎。要努力学习政治理论和现代商业银行业务知识，深入基层、深入实际，研究工作规律，积极探索新形势下做好纪检监察工作的有效途径和方法。

（四）重视纪检监察网页和纪检监察管理信息系统的开发和建设。目前，总行纪检监察部和各分行都在行内信息网站上建立了纪检监察工作网页，要做好网页的维护和管理，充分发挥网页在政策宣传、工作指导、信息交流方面的作用。2006年，总行将重点开发纪检监察管理信息系统，建立起流程管理和信息统计合一的业务操作平台，推行纪检监察工作系统化、规范化管理，提高工作效率。此外，还要做好积分管理系统的推广和维护工作。

同志们，今年是建设银行成功上市后的第一年，全行纪检监察工作任务十分繁重，我们要紧定信心，扎实工作，开拓进取，努力完成好各项工作任务，为建设银行的改革发展提供有力的支持和保障。

适应股份制改造和上市需要
进一步推进纪检监察工作

（2006年11月）

中国建设银行纪委　纪检监察部　辛树森

我行从2004年开始进行股份制改造，2005年10月在香港公开上市，上市后不久，就进入了全球股票市值前10名的行列。目前全行有32万名员工，1万多个分支机构，5万多亿元资产。今年前三个季度，全行实现税前利润532亿元，比上年同期增加56亿元。香港《亚洲周刊》曾将建设银行誉为“亚洲最赚钱的银行”。面对一个“家大业大”快速发展的银行，面对一个处于股改上市特殊时期的银行，大力加强纪检监察工作被列入了我行党委的重要议事日程。

下面，汇报一下我行为适应股改上市需要，进一步推进纪检监察工作的情况。

一、加强对领导人员的监督，促进领导人员勤勉尽职、遵法守规、廉洁从业

对领导人员的监督，既是反腐倡廉工作的重点，又是反腐倡廉工作的难点。加强对领导人员的监督，促进各级领导人员正确运用权力，是保障股改上市顺利推进的关键。根据中央的有关要求，结合建设银行实际，我们主要从以下几个方面入手加强了对领导人员的监督。

第一，对领导人员从业行为作出严格的规定和要求，使监督有实实在在的内容和标准。股改初期，我行纪检监察部门协助党委制定了《中国建设银行领导人员廉洁从业若干规定》，从经营管理、人事管理、公共财物使用管理、工程招标和物品采购管理、与客户交往管理、经商办企业管理、配偶子女及身边工作人员管

理、组织纪律等方面作出了17条55款规定，严格规范领导人员的从业行为。2005年，总行党委又对领导人员提出了“廉洁自律六项要求”，对上级机构领导人员出差不到机场车站迎送、开会不发纪念品、不收受下级赠送的土特产品、公务活动严格实行亲友回避制度、行内部门之间不搞相互宴请、不得利用内部信息谋取私利等作出规定，从最平常的事情、最细微的环节入手，遏制行贿受贿、利益输送、跑官要官、铺张浪费等现象的发生。根据执行中发现的新问题，2006年，总行党委又对“廉洁自律六项要求”作出了更加严格的补充规定。

第二，对领导人员开展任前谈话、提醒谈话、诫勉谈话和警戒谈话，使监督成为一种教育和警示。总行党委制定了《中国建设银行规范领导人员从业行为的谈话办法》。按照这个办法，各级行党委、纪委和组织部门对管理权限内的领导人员在提拔和交流前，及时进行任免谈话；在行内外发生了影响银行安全的重大事件和有关方面出台了需要各级机构和领导人员严格遵守的重要法规时，及时对有关领导班子及其成员进行警戒谈话；发现领导人员有不良行为和苗头性问题时，及时进行提醒谈话；发现领导人员有违规违纪现象不构成纪律处分时，及时进行诫勉谈话。通过开展这四种谈话，教育引导和警示督促领导人员尽职尽责、遵纪守法、廉洁从业、防范风险。

第三，对一级分行建立巡视制度和对基层机构实行纪检监察员派驻制，使监督有体制和机制的保障。我行在国有商业银行中率先建立了巡视制度，总行先后对天津、宁夏、辽宁、黑龙江、江苏、新疆、甘肃、广西等一级分行开展了巡视，取得了良好效果，促进了分行领导班子特别是一把手的思想作风建设，保证了各分行依法合规经营。针对银行的案件和违规经营风险主要发生在基层行，基层负责人涉案比例较高的情况，我行制定了《中国建设银行纪检监察特派员管理办法》，对基层机构全面推行了纪检监察员派驻制，加强了对基层机构及其负责人的监督管理，解决了对机构负责人“看得见的管不着、管得着的看不见”的监督难题。

第四，把党风廉政建设责任制与对领导人员的问责制结合起来，使监督有了基本的标杆和底线。根据中央关于建立党风廉政建设责任制的规定和要求，结合建设银行实际，我行党委和纪委明确要求各级领导人员增强“四个意识”，即合规经营意识、廉洁从业意识、勤勉敬业意识和诚实守信意识。同时，要求各级领导人员必须担负起“四个责任”，即抓好辖内业务发展和防范风险的责任；从源头上预防和治理腐败的责任；严格管理、带好队伍的责任；解决辖内存在的突出矛盾和问题、维护稳定、保证安全的责任。在明确领导人员基本责任的同时，我行逐步完善对领导人员的问责制度。在股改初期修订的《中国建设银行工作人员违规行为处理办法》，明确了对领导人员违反金融规章制度、管理上失职渎职、违反干部人事制度等行为如何进行责任追究。2005年，我行制定了《关于追究案件发生机构及其上级机构领导人员责任的规定》，当年有3名一级分行行长和多名二级分行行长因辖内发生重大案件或案件多发而被免职或引咎辞职。2006年，我行又制定了《中国建设银行领导人员问责办法》，这是一个对领导人员全面问责的办法，根据这个办法，不但对领导人员个人违规违纪要追究责任，而且对用人失察、决策失误、管理失职等造成辖内发生案件、重大违规事件、重大财物损失或严重不良影响的，也要严肃追究领导人员的责任。全面问责办法的出台，强化了对各级领导人员特别是对各级行一把手的硬约束，改变了以往“集体研究决策，最后无人负责”的现象。

二、针对银行是经营资金的高风险企业的特点，把查处和防范案件作为全行反腐败工作的重点

2004年至2006年上半年，全行共查处各类案件168件，涉案金额达70 579万元。其中，2004年73件，比上年减少7件，涉案金额为44 143万元，比上年下降42%。2005年72件，比上年减少1件；涉案金额为21 350万元，比上年下降52%。2006年前三个季度40件，同比减少19件；涉案金额为6 684万元，同比下降59%。

我行在查防案件方面主要采取了以下措施。

（一）坚持开展专项治理工作，以高压态势遏制各种案件的发生

一是开展有章不循、违章操作专项治理工作。从建设银行历

年案件发生的情况看，“十个案件十个违章、一个案件多项违章”已成为规律。有章不循、违章操作现象在一些分支机构特别是基层机构及其网点屡查屡犯、屡禁不止，成为案件风险产生的一个重要源头。为有效解决这一问题，我行由纪检监察部门牵头，连续两年在全行组织开展了有章不循、违章操作专项治理工作，共查处和纠正主要业务岗位各类违规行为4万多起，并开展了学规章、用规章、考规章、建规章活动，一线员工有26.9万人参加了考试，建立完善规章制度2 400个，提出合理化建议15 610条。通过专项治理，消除了大量的风险隐患。

二是开展案件专项治理工作。2005年，我行按照银监会的统一部署，结合本行实际，扎扎实实地开展了案件专项治理工作，实现了案件数量、涉案金额、大案要案、新发案件“四个下降”的目标。在专项治理中，我行结合实际开展了业务风险点排查和员工不良行为排查的“双排查”活动，自查机构网点1万多个，派出检查组3 700多个次。风险点排查发现管理漏洞和违规违纪问题12万多起，当年整改9万多起，挽回经济损失1亿多元，避免经济损失4亿多元，提出建议近1.8万条，被采纳1.6万条。不良行为排查12万多人次，检查基层机构负责人2万多人，对1.7万名基层机构负责人进行了交流，对9.2万名重要岗位员工进行了岗位轮换。总行对吉林、内蒙古、湖南、山西、甘肃等2004年案件高发分行进行了重点整治。通过专项治理，出现了“四高三低”的良好态势：员工合规守法意识明显提高，案件堵截成功率明显提高，历史陈案暴露率明显提高，案件自查发现率明显提高；涉案金额明显降低，节假日作案明显降低，会计差错明显降低。

三是开展商业贿赂专项治理工作。2006年，按照中央纪委和银监会的统一部署，我行扎实有序地组织开展了商业贿赂专项治理工作。总行党委和高管层高度重视这项工作，先后有7次会议进行研究、部署和安排。总行成立了行长任组长，两位副行长和总审计师任副组长，19个部门负责人为成员的专项治理工作领导小组，领导小组办公室设在纪检监察部，在领导小组办公室设立了商业贿赂投诉举报电话和电子信箱。总行制订了专项治理的实施方案，提出了商业贿赂专项治理工作要实现“两个规范、两个减少、两个提高、两个促进”的目标。“两个规范”即规范各级机构经营行为，规范各级领导人员从业行为；“两个减少”即减少不正当交易行为，减少商业贿赂引发的案件；“两个提高”即提高全行风险内控管理水平，提高员工遵纪守法意识；“两个促进”即促进业务持续健康发展，促进树立更好的社会形象。除银监会规定的治理内容外，我行还开展了“两项清理”和“两项排查”，即对“小金库”和“借车”进行清理；对员工投资办企业行为和涉及“黄、赌、毒”的行为进行排查。总行通过派检查组或调查组、听取汇报、发调研函等形式，加强了对重点地区、重点部门和重点分行开展商业贿赂专项治理工作的督促检查。总行各业务部门联系实际制订了实施方案，组织了本系统的检查，制定完善了相关制度和措施。总行纪检监察部专题研究了2000年以来全行发生的48起商业贿赂案件，对此类案件的特点、作案途径、发案原因等作了深入剖析，提出了预防和治理不正当交易行为和商业贿赂案件的措施。为建立防范案件的激励机制，我行制定了《中国建设银行工作人员堵截、检举和抵制违法违纪违规行为的奖励办法》，规定最高奖励可达20万元。为既防范机构不正当交易和员工经商办企业可能引发的风险，又不影响机构正常的经营活动和员工合法的投资理财行为，我行在调查研究的基础上，起草了《中国建设银行关于不正当交易行为和正常商务活动政策界限的指导意见》和《中国建设银行关于员工经商办企业的若干规定》，目前已多方征求意见，拟于年内下发。

专项治理工作已初见成效。2006年前三个季度，全行案件总数和涉案金额均比上年同期减少。但查处商业贿赂案件8件，同比增加了60%。近年来案件和违规问题较严重的分支行得到重点整治，通过组织分析案件特点和发案原因，找准症结，及时采取调整领导班子、强化基础管理、落实岗位轮换等风险防范措施，使这些分支行案件和违规问题高发的势头得到遏制。

（二）积极探索案件发生规律，有针对性地做好案件防查工作

我行十分重视对发案规律性的认识。对每起百万元以上案件，总行都要组织调查，分析原因，提出对策。同时，总行坚持每个季度进行一次案件分析，研究案件发生的特点、原因和规律。通过个案解剖和群案分析，及时提出遏制案件发生的对策，指导全行案件防查工作。

一是认真总结案件发生的空间和时间规律，提出加强对“四个重点”的防查，认真落实“八项制度”的要求。“四个重点”即案件容易发生（过去经常发生）的重点部位、重点环节、重点机构和人员、重点区域和时段。重点部位包括储蓄、出纳、会计、信贷、计算机、信用卡、资金清算等业务部门及其具体岗位；重点环节包括往来账务、尾箱管理、票据交换、重要单证、印章及操作口令、贷款审批、信用卡授信、抵债资产处置等业务操作及其监督管理环节；重点机构和人员包括支行、办事处、分理处、储蓄所、营业部等基层机构及其负责人，以及重点部位的管理人员和经办人员；重点区域和时段包括大中城市、经济发达和经济活跃地区，以及案件高发、违规经营严重、各种问题反映暴露较多的地域，岁末年初、节假日和周末等管理相对松懈的时候，以及机构撤并、人员调整等人心不稳的敏感阶段。“八项制度”是与防范案件风险密切相关的制度，即：（1）业务授权管理制度，（2）印章和重要单证管理制度，（3）大额资金转账和提现管理制度，（4）银行承兑汇票管理制度，（5）计算机及网络安全管理制度，（6）财务管理制度，（7）重要岗位管理制度，（8）领导人员廉洁从业管理制度。纪检监察部门和有关业务部门都把“四个重点”的风险防范和“八项制度”的落实情况作为监督检查的重点，有效地遏制了案件的发生。

二是认真总结作案人员的行为规律，提出加强重要岗位员工行为动态管理，注意做到“四看”的要求。银行的涉案人员，绝大部分是有领导权力、管理权力或经办权力，容易动用资金的重要岗位员工。同时，在案发前，作案人员在工作和生活上普遍有“蛛丝马迹”或“异常行为”。通过总结，总行提出了加强重要岗位员工行为动态管理，注意做到“四看”的要求。“四看”即：一看工作表现，包括是否工作积极、遵章守纪、办事认真、责任心强，有无无故旷工或请假逾期不归、违规违章操作等问题；二看经济往来，包括有无个人经商办企业，工作时间炒股或大额炒股，经常借钱不还或异常大额借钱，利用职权向客户借钱、借车、借手机，收受客户礼金、礼品和有价证券，让客户报销各种费用，经常出入高消费场所，个人消费明显超出本人和家庭正常收入等；三看家庭情况，包括家庭是否和睦稳定，家属是否有人经商并发生严重亏损，家庭社会关系中是否有存在严重政治经济问题的人员等；四看社会交往，包括是否结交有劣迹的朋友，是否参与非法组织，有无涉足“黄、赌、毒”等。我们要求发现重要岗位员工思想情绪异常变化，家庭发生严重矛盾，工作和生活遇到挫折、困难等情况时，要及时谈心、家访，认真做好思想工作；发现重要岗位员工有不良行为苗头，不适宜继续在重要岗位工作的，要立即采取交流或调离措施，并加强对其经办业务的检查、审计；对有重大违规违纪行为受到纪律处分的员工，不得安排在重要业务岗位工作；对严格遵章守纪，工作认真负责，敢于抵制和揭露各种违规违纪行为，对防范风险有突出贡献的员工，要及时给予表彰、奖励。许多分支机构通过在日常工作中注意做好对重要岗位员工的“四看”，及时排除了风险隐患。

三是专题研究犯罪分子的作案手段，查找业务环节的漏洞，有针对性地提出防范措施。近年来，我行每年都要对发生在特定业务领域的不同的犯罪分子的作案手段进行专题研究，先后对上门收款环节发生的案件、利用计算机操作程序缺陷作案的案件、短期劳动合同制员工作案的案件、信贷岗位发生的案件、针对款箱作案的案件、针对DCC（数据集中处理）系统作案的案件、会计主管和客户经理涉案的案件、利用印鉴卡作案的案件、贿赂性质的案件等进行了专题研究，有针对性地提出防范措施，减少了案件风险。

（三）坚持有章必循、违章必纠，加大对违规问题的责任追究和整改力度

一是针对较严重的违规问题，制定了《中国建设银行工作人员违规行为处理办法》。该办法共288条，对性质和后果较严重的各种违规违纪行为，逐一明确了处理的标准和程序。该办法成为员工遵守规章制度的工作指引和各级行处理员工违规行为的工具书。

二是针对轻微违规问题，制定了《中国建设银行关于违规行为积分管理的暂行办法》。按照该办法的规定，各级行发现工作人员的各种违规违章行为，不论是否造成风险和损失，都要进行登记积分，个人一年内累计积分达到一定分值的，将给予批评教育、扣减绩效、下岗培训直至限期调离、辞退等处理。被上级行或外部检查发现的违规违章问题，要同时对违规违章人员所在机构进行积分，对机构的积分与机构负责人的绩效考核和使用等挂钩。该办法借鉴了交通部门对违章司机进行扣分管理的办法，对抑制“大错不犯、小错不断”的违规违章问题有明显作用。该办法与《中国建设银行工作人员违规行为处理办法》互为补充，全面覆盖了可能造成风险和损失的各种违规违章行为。

三是对违规问题归口管理，确保责任追究和整改到位。过去每年内部和外部的审计、检查都会发现很多违规问题。有的违规问题造成的风险和损失不亚于案件造成的风险和损失。有不少违规问题年年检查，年年存在，查而未纠。造成这种情况的原因，主要是业务部门对本部门的违规人员处理偏松。同时，业务发展有上级行考核，问题整改没有人督促。为克服“重发现、轻处理，重检查、轻整改”的情况，我行决定由纪检监察部门统一归口管理全行的违规问题，内外审计、检查发现的各种违规问题，都由纪检监察部门统一掌握信息，直接处理或监督处理有关责任人员，同时督促业务部门对违规问题进行彻底整改。

据统计，2005 年全行共处理违法违纪违规违章人员 11 568 人，其中，给予纪律处分的 1 804 人，有 141 人被开除公职，有 5 名一级分行行级领导人员受到处理，有 468 名二级分行行级和一级分行部门总经理级领导人员受到处理。2006 前三个季度，全行共处理违法违纪违规违章人员 5 473 人，其中，给予纪律处分的 844 人，有 46 人被开除公职，有 253 名二级分行行级和一级分行部门总经理级领导人员受到处理。通过对各种违法违纪违规违章行为的惩处，起到了较好的警示作用。

三、加强惩治和预防腐败体系建设，努力从源头上预防腐败

根据中央颁布的《建立健全教育、制度、监督并重的惩治和预防腐败体系实施纲要》，我行结合实际制定了《中国建设银行建立健全惩治和预防腐败体系的实施意见》，明确了建立健全惩治和预防腐败体系的总体思路、目标任务、主要原则和具体措施，并在全行认真贯彻落实。

（一）加强思想道德和遵法守规教育，为预防腐败打下坚实基础。我行对领导人员和全体员工在加强思想道德教育的同时，重点加强遵法守规教育。各级行开展了形式多样的教育活动。一是规定各级党委（总支、支部）中心组每年进行廉洁从业专题学习不少于两次；主要领导人员要定期讲授廉洁从业党课。二是总行通过培训、讲座、报刊和网络登载课件等形式实现“遵法守规教育每月一课”，总行在纪检监察网页上还开辟了“廉洁从业视频园地”。各分行分别开展了“反腐倡廉系列教育专题讲座”、“现身说法”、“以案为鉴、依法治行”等警示教育活动，实现“遵法守规教育每季一课”。三是利用党校培训、参观考察、演讲报告、内部刊物等多种形式加大反腐倡廉宣传力度，营造依法合规经营、防范风险、廉洁从业、诚实守信的企业文化氛围。

今年，我行还组织开展了案例警示教育活动。总行纪检监察部以全行近年来发生的案件为题材，编辑了《中国建设银行警示教育案例》（简称《案例》）一书，下发各级行人手一册，总行同时下发了《关于组织开展案例警示教育的通知》。各级行组织了对《案例》的专题学习讨论和防范案件风险的对策研究。各级行举办业务经营管理方面的培训班，普遍把案例作为对员工培训教育的重要内容。各级管理人员把研读《案例》作为当前的必修课，通过研读《案例》，进一步端正经营指导思想，牢固树立科学发展观，提高依法合规经营意识和廉洁从业意识。重要业务岗位的员工从《案例》中吸取深刻教训，进一步增强了风险防范意识和自我保护意识。

（二）健全体制机制，为预防腐败提供有力保障。我行在完善公司法人治理结构的同时，不断健全内部管理的体制机制制度。

一是完善风险管理体制。总行设首席风险官，一级分行设风险总监，二级分行设风险主管，县级支行设风险经理，下级行的风险管理负责人由上级行派出，实行“垂直管理”，相对独立开展工作。在贷款营销、审批和贷后管理上，客户经理与风险经理“平行作业”，客户经理侧重于挖掘贷款项目的市场价值，风险经理侧重于审查贷款项目的风险因素，二者相互协作、补充、制约。总行在原风险管理部的基础上，还单独成立了风险监控部，专门负责对全行信用风险、市场风险、操作风险的监控。

二是完善审计管理体制。完成了审计职能严格独立于业务线、实行纵向垂直汇报，直接对董事会、监事会和总行行长负责的体

制改革。审计体制改革完善后，很快见到成效，核查出许多违纪违规问题，有些甚至是隐藏多年的严重案件。

三是建立合规管理机构。总行新设立了合规部，一级分行有的单独成立了合规部，有的明确合规部与纪检监察部合署办公并单独增加人员承担合规管理工作，使全行进一步走上了依法合规经营的轨道。

四是完善纪检监察组织机构。按照中央纪委关于“股份制改造要做到三个加强：纪检监察机构加强、纪检监察力量加强、纪检监察工作加强”的要求，2005 年，我行制订并下发了《中国建设银行纪检监察组织机构设置方案》和《中国建设银行纪检监察特派员管理办法》，健全了纪检监察组织机构，加强了纪检监察部门力量，为纪检监察部门在反腐倡廉工作中较好地发挥职能作用提供了队伍保障和机制保障。

五是完善激励机制。对各级机构开展等级行评定，对各级机构负责人实行关键绩效指标考核，把经济效益、规范经营、防范案件等方面的情况纳入评价、考核内容。

（三）强化监督措施，为惩治和预防腐败把好关口。我行把各级领导人员，重要岗位员工，有违纪违规行为受到查处、有不良行为或苗头性问题的人员作为监督的重点。通过建立健全重大事项报告、述职述廉、领导班子民主生活会、领导人员任期和离任经济责任审计、行务公开、重大决策征求意见、重大事项公示、民主评议领导人员、民主评议行风、对外信息披露等制度，充分发挥上级监督、同级监督、下级监督、内部组织监督和外部社会监督的作用。

在总行党委的重视和中央纪委的指导下，我行的纪检监察工作取得了一些成效。但是，我们的工作与上级要求和建设银行实现国际一流商业银行的目标要求还有较大差距，在一些分支机构，违规违纪问题还时有发生，案件还时有暴露，腐败现象还时有显现，纪检监察工作依然任重道远。我们将继续坚持“标本兼治、综合治理、惩防并举、注重预防”的方针，紧紧围绕把建设银行建成现代金融企业的战略目标，继续深入推进党风建设和反腐倡廉工作，为建设银行的改革和发展多作贡献。

应对挑战　主动变革
努力向现代企业的办公运行方式转变

——在中国建设银行办公室工作会议上的讲话

（2006 年 11 月 21 日）

辛树森

同志们：

全行办公室工作会议今天在美丽的西子湖畔召开了。这次会议主要是总结、交流办公室工作，根据我行改革发展新形势，研究办公室工作的努力方向，安排部署今后一个时期的主要任务。

近些年来，特别是在建设银行重组改制、公开上市、建立健全现代公司治理结构的过程中，全行办公室系统在各级党委领导和行内各职能部门的支持下，解放思想，开拓创新，改进管理，提高效率，默默无闻地做了大量扎实细致的工作，为促进全行工作的协调高效运转，加快全行的业务拓展、深化改革、加强管理提供了强有力的支持。办公室系统的全体同志为此付出了辛勤的劳动和汗水，发挥了积极的作用。借此机会，我代表总行党委向在座的同志并通过你们向全行办公室的同志表示衷心的感谢和亲切的问候！下面，我讲几点意见。

一、全行办公室系统工作取得显著成绩

（一）建立有效的办公秩序，保证了行务系统正常运行

近几年来，建设银行加快了改革的步伐，改革力度之大、范

围之广、影响之深是历史上从未有过的。特别是股改上市和新的公司治理架构的建立，也给办公室工作带来了一系列新的课题。为适应改革的需要，办公室系统以公司章程和各项改革方案为依据，对办公制度进行了较为全面的修订和补充，初步形成了包括会议管理、公文签报、催查督办、新闻管理、企业形象管理、档案管理、保密管理和印章管理在内的办公室业务规章制度体系。同时，拟订了党委会、高管层、行政会议制度，协助董事会和监事会办事机构制定了相关制度与程序，基本适应了目前阶段公司治理结构和组织架构对办公流程、运行机制和工作流程的要求。在重组改制过程中，各级行办公室在组织开展对外宣传、提供档案资料、刻制更换印章等方面做了大量卓有成效的工作。各分行办公室还对总行董事会办公室、监事会办公室的工作给予支持配合，保证了工作运转的畅通。

各分行根据总行有关规定和本行的实际情况，相继制定了一批有关规定的实施细则。有的分行还制定了办公室岗位的职责分工和操作程序，编写了便于员工学习使用的《规章制度汇编》手册，促进了办公室工作制度不断健全。为了使规章制度真正得到贯彻执行，这些年来，在全行范围开展了档案、保密、印章、企业形象等多方面的检查，并且对发现的问题认真整改，既堵塞了工作漏洞，规范了操作，而且通过检查也起到了相互学习交流、相互促进提高的作用。

（二）办公手段的电子化、网络化从无到有，功能不断丰富，已成为行务运行的主渠道

信息科技的迅速发展，为改造我行的行务运行系统提供了技术条件。办公室系统抓住机遇，主动变革，在各级领导和信息技术等有关部门支持下，全行办公电子化工作从 1999 年起步，在不长的时间里，已基本建立起办公、会议、档案管理三大系统，使全行办公手段发生了质的飞跃，在银行同业处于领先水平。

一是办公自动化建设取得了巨大进步。近几年，办公室和信息技术部门通力合作，我行办公自动化系统从零起步，经过多次优化，系统功能逐步完善，满足了异地办公、移动办公的需要，形成了以总、分行办公室为枢纽，面向领导、文秘人员、档案管理人员和各部门工作人员的办公网络系统。到目前为止，已有 38 个一级分行、2 个培训中心、所有二级分行以及 10 191 个机构网点开通使用办公自动化系统，用户数量已达到 9.1 万人，95% 以上的公文实现了电子化处理。

二是视频会议系统得到广泛应用。为了加快总行工作部署的传递速度，降低会议费用开支，2001 年我行引入远程通信多媒体技术，以办公室作为牵头和主管部门，成功开通了总行和分行之间的视频会议系统。到目前为止，38 个一级分行、2 个培训中心已全部开通视频会议系统，有 18 个一级分行已延伸到所属的二级分行。自 2001 年 6 月开通以来，仅总行就有 300 余次全行性会议、900 余次信贷审批会议通过此系统召开，节省了数量可观的费用开支，工作效率大为提高。

三是档案管理步入信息化运行轨道。在办公自动化系统基础上，2002 年成功开发了建设银行综合档案管理系统，当年在总行率先投入使用，实现了异地查询档案的功能，方便了分行调阅总行档案。经过进一步系统优化和试点，该系统将在今年底前在全行分步推广。随着该系统的推广实施，可实现多门类档案的文档一体化管理和档案实体数字化处理，真正做到档案信息全行共享，我行档案信息化将跃升到一个新的水平。

（三）适应经营管理体制改革的要求，适时改革办公运行方式

近年来，我行的经营管理体制和组织架构进行了一系列改革，正在逐步由层级管理向垂直化、条线化、扁平化方向转变。审计条线建立了“相对独立、垂直管理”的内部审计管理体制和工作机制；今年上半年，实施了以“垂直管理、平行作业”为主要内容的风险管理体制改革，建立了对首席风险官负责的报告路线；在去年试点的基础上，今年扩大了资产保全业务垂直管理的试点范围；今年初，总行选择业务范围相对单一的基金业务、信用卡业务、基金托管业务作为业务单元财务报告的试点；在全行范围内，进一步推进了城市行分支机构的扁平化管理改革。为了配合各项管理改革的推行，办公室在公文处理流程、OA 系统设置、印章管理等方面予以积极配合，满足了条线垂直管理模式下工作运转的要求，有效地提高了协同办公的能力和工作效率。

今年 8 月，全行办公自动化系统还开通了公文跨级直发功能，总行的文件可直接发送到开通 OA 系统的所有分支机构，公文从总行到县支行的时间缩短到 10 分钟左右。直发功能的开通，突破了传统的文件逐级转发的模式，是文件流转方式的一个突破，大大加快了总行信息的传递速度，其带来的价值不可低估。

（四）加强新闻宣传管理，初步形成了上下联动的新闻宣传合力

近年来，总行党委十分重视对外新闻宣传工作，要求把对外新闻宣传工作放在重要位置。总行党委领导亲历亲为，亲自接受采访，亲自撰写和修改新闻稿件，亲自提要求、做指导。党委领导同志的表率作用极大地鼓舞了我行对外新闻宣传工作人员。根据总行党委的要求，在健全管理制度，严肃新闻纪律，广泛宣传我行改革发展成果等方面开展了富有成效的工作，全行新闻宣传水平明显提高。

一是加强领导，建章立制，初步建立起了与现代企业制度相适应的新闻宣传管理体制。建立了一套确保银行经营状况公开透明、严格依法披露信息的体制和机制，初步形成了归口管理、统一发布、上下协调、层次分明的新闻宣传工作新模式。为加强新闻宣传工作，规范信息披露管理，总行成立了新闻宣传工作领导小组，确定了专门的新闻发言人。根据上市公司信息披露的要求和标准，先后制定下发了新闻宣传管理办法、突发事件新闻发布规定等一系列制度，使总行和各级分行在新闻宣传方面条线更加清晰、职责更加明确、操作更加规范。

二是重点突出，形式多样，扩大了我行影响力。近年来，全行新闻宣传部门积极宣传报道我行完善公司治理结构、加强风险内控管理、提高客户服务水平等方面所取得的进展，树立和强化了我行作为国有商业银行改革先行者的形象；围绕“以客户为中心”的经营理念，积极宣传我行转变服务观念、改进服务流程、丰富服务内容、提高服务质量等方面的变化和成果，我行的新闻宣传更加贴近生活、贴近实际、贴近群众。新闻宣传的形式和手段也趋于多样化，在实践中，逐步摸索形成了新闻发布会与新闻发言人谈话相结合，媒体集中采访与单独专访相结合，一般报道与专题深度报道相结合，境内媒体采访与境外媒体采访相结合，平面媒体报道与网络媒体报道相结合的工作方式，提高了新闻宣传的成效，扩大了我行在境内外的影响力。

三是积极处置，应对有力，媒体危机公关水平进一步提高。近年来特别是上市以来，我行新闻宣传工作面对日趋复杂、多元的社会舆论环境，从强化媒体监测、畅通信息渠道入手，逐步建立起多部门协作、上下联动的媒体危机预警和应对机制。一方面，努力化危机为良机，化消极因素为积极因素，将媒体的正确批评和监督作为改进我们工作的“助推器”；另一方面，对媒体的失实、不负责任甚至恶意歪曲、诋毁的报道进行澄清或必要的舆论斗争，努力排除对我行改革发展的外部舆论干扰。总行部门之间、上下级行之间、同级行之间正建立起灵敏、顺畅的信息沟通、共享机制，我行对媒体危机事件的防范处置能力进一步提高。

四是《建设银行报》质量不断提高，成为沟通上下的重要渠道。《建设银行报》始终坚持正确的舆论导向，紧紧围绕各个时期全行的中心工作，在做好日常新闻报道的同时，组织开展了一系列有特色、有影响的重大采访活动，集中推出了不少对实际工作有指导借鉴作用的专版、专栏和专题文章。在组稿、用稿中，注意向基层倾斜、向一线倾斜，吸引广大员工拿起笔来表达对生活和工作的感受，鼓励为建行事业献计献策。为了进一步挖掘《建设银行报》市场营销的功能，今年开辟了客户版，受到基层员工和客户的普遍好评。各分行办公室积极组稿投稿，为办好《建设银行报》打好了基础。《建设银行报》已成为指导工作、推动业务、传递信息、交流经验，深受广大员工喜爱的一个工作平台，发挥着越来越重要的作用。

（五）企业形象建设工作逐步规范，迈上了一个新台阶

1996 年，在推行统一法人体制的大背景下，我们导入了 CI 形象战略。随着我行公开上市走进国际资本市场，企业形象工作越来越受到各级行的重视，总行根据市场营销和业务发展的需要，不断对企业形象的内容进行充实和发展，企业形象工作的水准不断提高。

一是初步规范了品牌管理工作。为了提高我行品牌的市场影响力和价值创造力，加强品牌的科学、系统管理，去年总行聘请了品牌咨询公司，对全行的现有品牌进行了梳理，形成了品牌诊断报告，使品牌管理初步有了统一的遵循依据。总行业务部门和各分行自觉按照品牌管理发展的方向，积极与总行有关部门沟通，基本改变了过去各自为政的局面，品牌推广的效果有所提高。

二是网点形象建设逐步统一规范。去年，总行在充分调查全行网点实际情况的基础上，推出了《中国建设银行营业网点视觉形象建设指引》手册，使我行的网点形象建设有了完整的执行标准，标志着我行的企业形象建设工作由“视觉识别”进入了“品牌体验”的新阶段。时尚、现代、方便、快捷，充满活力的“蓝色银行”新形象，得到了广大客户以及社会各界的普遍认可和赞誉。目前，全行正在有计划、分步骤地按照新的设计标准对现有网点进行改造，全行的网点形象有了很大改观。

三是统一广告设计，提升了设计品质。近两年，我行产品日益丰富，广告设计需求不断增加。从2004年开始，总行统一推出了信用卡、汽车卡、理财卡、“e路通”等一大批富有新意的产品广告，市场反映良好。同时，配合行庆、创立股份公司、香港上市等重大事件，推出了全行统一的企业形象宣传广告，统一的、有品位的广告设计和市场投放效果初步显现。

（六）服务业务，服务决策，信息和政策研究工作广泛开展

经过多年努力，全行建立了上下联通、覆盖全行的信息网络，办公室系统起到了信息收集和反馈的主渠道作用。信息工作围绕一定时期全行工作中心，在反映传统的行务信息基础上，关注市场、关注客户，提高信息反馈速度，信息的质量和作用有了新的提高。一是信息内容开始向注重市场信息转变。近两年反映客户需求、市场开拓和产品创新的信息明显增多，据不完全统计，已占全部信息的40%以上。二是信息工作的触角开始向后续跟踪落实延伸。总行和部分分行改变以往只收集反馈信息，不关心信息使用效果的做法，注意选择建议类信息，提请有关部门研究并作出反馈，增强了信息工作的功能。今年6月至10月，总行《每日动态》共刊登建议125条，总行相关部门都给予了回应，受到分行欢迎。三是信息工作手段日益先进。2004年全行推广上线的OA系统优化版，增加了新的信息编发功能，提高了全行信息编发的工作效率和传递速度。不少分行利用信息网站发布信息，扩大了信息共享的范围。有些分行还与当地政府、监管部门和同业协会连通了信息传输系统，及时报送我行改革和业务发展成果，增进了外部对我行工作的理解和支持。

政策研究工作在办公室系统广泛开展，特别是今年以来，根据总行党委加强研究工作的一系列要求，总行围绕服务决策和业务发展，统一安排了研究课题，各分行办公室按照总行的部署，认真组织协调，及时完成了总行级研究课题的确认、上报工作。同时，各分行还结合改革和业务发展实际，组织开展了本行系统的研究工作，取得了一批有价值的研究成果。研究工作的开展，不仅为总、分行管理层和业务部门提供了决策服务，而且在全行营造了重视研究、参与研究的氛围，锻炼了队伍，提高了研究能力。

（七）进一步健全督查工作机制，较好保障了政令畅通

近几年来，全行办公室系统把加强督查工作作为一件大事来抓，从健全督查工作机制和工作制度入手，督查工作的规范化和制度化水平有了新的提高。总行先后制定了《重要会议精神落实办法》、修订了《中国建设银行督促检查工作规定》，各分行结合本行实际相继制定了督查工作实施细则，基本形成了以办公室为主的覆盖全行的督查工作制度体系。在具体工作中，注意抓住重点，服务基层，加强协调，改进手段。一是围绕全行中心工作和各级行领导关注的重要事项开展督查工作；二是加大了对下级行请示事项办理情况的督办力度；三是针对业务发展快，新业务和交叉性业务多，部门职责分工往往不够清晰的情况，加强与相关部门的沟通与协调，及时落实督查事项；四是为了提高督查工作效率，在OA系统中建立督查办子系统，极大地方便了对公文督办的立项及后续的查询、跟踪、催办、统计工作。有的分行还在企业网上开辟“督办在线”主页，重要事项督办实现了网上全过程办理。现代信息技术的应用，实现了对督办事项的动态管理，提高了督办过程的透明度和工作效率。

总之，在各级行办公室的共同努力下，全行办公室工作有了显著进步。同时，由于我行体制改革和机制转换尚未到位，加上我们自身工作水平的局限，办公室工作还存在着一些问题和不足。比如：行政机关办公模式的色彩依然存在，程序比较复杂，公文多、会议多的现象没有改观；制度建设的科学化、精细化、规范化的水平还不够，有些分支机构特别是在一些要害岗位，执行规章不够严格，存在漏洞，给一些犯罪分子造成可乘之机；对外新闻宣传和品牌管理的整体策划、创意和执行能力尚待提高；保密工作的方式和技术手段还比较落后；行务信息的质量和督查工作的有效性需进一步加强；等等。这些问题，都需要我们认真对待，积极采取措施，上下协同，逐步加以改进和解决。

二、今后一个时期办公室工作的总体要求和主要任务

经过全行上下的共同努力，建设银行已经成功完成了创立股份公司和公开上市的改革任务，开始进入一个改革发展的新时期。我行已经明确了今后一个时期的发展战略和战略愿景，就是要把建设银行办成"为客户提供最佳服务，为股东创造最大价值，为员工提供最好发展机会的国际一流商业银行"。这是全行共同的奋斗目标。在新的形势下，我行将加快体制和机制的创新，把改革放在突出地位，以促进业务发展。改革的重点：一是运行机制改革和业务流程改造，把"以客户为中心"的经营理念贯穿到业务运行的每一个流程；二是组织架构的改革，压缩机构层次，解决机构层级多、管理层级多的问题；三是推进业务转型，在巩固批发业务的基础上，加快零售业务、中间业务和境外业务发展，促进在经济发展程度高、金融资源丰富的重点区域发展，根据国家法律、政策，逐步发展综合经营；四是稳步推进垂直管理和业务条线事业部制试点，建立无边界合作、无缝隙链接的客户营销和服务体系。同时，构建以市场化和业绩驱动为核心，激励有力与约束有效相互平衡的人力资源管理体制。

办公室作为综合协调管理部门，是全行工作的一个重要枢纽，依然处于十分重要的位置。各项改革的深化，与我行办公室系统的工作都有或多或少的关系，有的还相当直接，要求我们不断变革，以适应新的组织架构和经营体制的需要。而且，随着信息技术和其他现代化办公设备在银行领域应用的广度和深度的不断拓展，在为办公室工作提供先进技术条件的同时，也必然带动行务运行方式的改变。对此，我们应有充分的认识和足够的思想准备。

根据我行的战略愿景和改革发展的新形势，全行办公室系统今后一个时期工作的总体要求是：按照打造国际一流商业银行的目标，解放思想，求真务实，主动变革，循序渐进，构建适应现代商业银行经营管理要求的科学、规范、高效的行务运行系统，为全行工作的有序运转提供有力的支持和保障。

下面，我围绕我们的总体要求，就当前和今后一段时期办公室系统的主要任务，谈几点看法。

（一）解放思想，转变观念，以积极的姿态探索现代商业银行的行务运行新机制

建设银行是从财政监督部门逐渐演变发展过来的。尽管我们改革取得了很大成绩，成为了公开上市的股份制银行，但是，我们的经营体制和管理机制，也包括行务运行方式，还留有不少行政机关的痕迹。我们要构建现代商业银行的行务运行机制，没有成熟的经验和成功的范例可供遵循，需要我们解放思想，开拓进取。要学习当今企业管理的最新成果，学习借鉴国外先进银行和国内同业的经验和做法，更重要的是与我行的实际相结合，在实践中不断探索，不断完善。为此，办公室工作人员要解放思想，开阔视野，积极、主动地变革。只要是有利于推动改革的，我们就应当积极创新；只要是有利于提高办事质量和效率的，我们就应当积极推行；只要是有利于加强管理、促进业务发展的，我们就应当积极配合。通过全行上下的共同努力，逐步打造以现代信息技术为支撑的，责任清晰、流程合理、内控严密、操作规范、反应灵敏、传导畅通、与现代企业经营体制和管理机制相适应的行务运行机制。当然，对现有行务运行系统的变革，哪怕是很小的一个局部也要十分慎重，反复论证，做好方案，先立后破。

办公室系统的同志要牢固树立"以客户为中心"的理念，增强服务意识。这里所说的"客户"，是一个广义的概念。按照美国银行的理念，只要是你的服务对象，都是你的客户。办公室是后台部门，所服务的对象大多不是与我行有业务往来的客户，更多的是上级领导、行内的职能部门和基层机构，他们都是我们的客户。我们应当把"以客户为中心"的理念贯穿到每一项工作中去，从办公室的服务对象来说，更多的是要树立为"内部客户"服务的理念。要急客户之所急，想客户之所想，解客户之所难，不断改进我们的服务质量和效率。如果我们能够为各个方面提供高效服务，就可以有力地支持全行的客户服务整体水平不断提高。改进服务有许多工作可做，只要我们办公室的同志正确树立服务意识，主动想办法，一定能够做好这篇文章。

（二）充分发挥综合协调和督查作用，促进全行工作高效运转

建设银行组织架构和内部经营管理体制改革正在不断深化，今后可能形成层级制、条线制和矩阵式管理并存的多元管理方式。同时，作为上市银行，我们不仅要接受国家有关监管部门的监督管理，接受媒体和公众的监督，还要接受上市地监管部门和股东的监督。因此，需要办公室综合协调的任务更重了，难度更大了，要求更高了，地位和作用也更重要了。要注意加强行内各部门之间、上下级之间、各业务条线之间以及与外部的沟通协调，发挥好承上启下、联系内外、督导落实、实时反馈的作用。

要加强督查工作，促进提高执行力。郭树清董事长、张建国行长在不久前召开的秋季座谈会上都强调指出：我们已经制定了正确的战略发展愿景、目标和策略，关键是要提高全行的执行力，以保证各项改革发展的政策措施、重大决策得到贯彻执行。而督查工作正是提高执行力的一个重要手段。各级行办公室要充分认识督查工作的重要性，重点做好上级领导部门布置事项、会议决定的重要事项、行领导指示交办事项、工作计划安排等事项的督查工作，同时要加大督查工作的深度和广度。在做好本级行督查工作的基础上，尝试把督查工作从本级向下一级延伸，对下级行开展督办工作抽查、事后跟踪，加强工作指导。要注意摸索、总结督查工作规律，完善督查工作制度，提高科学性和可操作性。要不断创新督办方式，从目前的以书面督办为主向书面督办、现场督办、网络实时督办等多种形式相结合的督办方式转变，提高督办的有效性。

（三）搞好新闻宣传、品牌管理与广告营销工作，树立良好的企业形象

新闻宣传和品牌管理工作在引导和营造舆论、推动和促进改革发展、树立良好企业形象等方面有着重要作用。不断改进和加强新闻发布和品牌管理工作的水平和质量，并使之规范化、制度化，是我行当前企业形象建设的一项重要任务。这项工作，无论是在办公室归口管理，还是在企业文化部门，都要下力量认真抓好。

各分行要切实加强对外宣传和信息披露工作的领导，在组织机构、人员配置、工作管理、制度建设等方面，采取有效措施，把工作落到实处。全行新闻宣传系统要提高政治和业务敏感性，强化服务意识和合规意识，增强工作的主动性。有目的、有意识地宣传我行改革与发展的成就，宣传我行的良好业绩，营造良好的舆论环境，保持资本市场对我行的正面评价。要配合我行在金融产品和服务方面的创新和营销，提升新闻宣传对社会公众的影响力。要认真执行宣传纪律和国内、上市地监管部门对信息披露的规定，既要严守我行秘密，又要按规定做到公开、透明。

《建设银行报》作为行内的主要宣传渠道，要进一步提高办报质量，增强可读性，发挥宣传指导、信息交流、推动工作的作用。要组织动员广大员工结合自己的工作、生活，积极投稿，使报纸更加贴近实际、贴近基层、贴近员工。

要加强媒体监测、品牌监测和舆情收集工作。各级新闻宣传部门要认真履行职责，及时掌握和反馈宣传信息，在第一时间内为领导提供及时准确的信息参考。要在全行范围编织多层次的媒体信息监测网，使媒体监测经常化、制度化、规范化。尤其要处理好突发事件的媒体应对工作，尽量妥善处置负面报道，促使媒体客观、公正、平衡地进行报道，避免偏激和炒作。全行新闻宣传系统要加强沟通和协作，共同应对媒体特别是异地媒体的负面报道和炒作。总行各部门、各分行对可能引起炒作的负面报道，要及时与总行相关对口部门通气，以便提前做好应对准备。

要进一步加强对企业形象、网点建设以及广告营销工作的管理。各分行要按照总行的要求，继续做好利用营业网点等自有资源的广告发布以及机场和繁华路段广告牌的形象宣传工作。要运用系统、科学的管理方法，促使全行的品牌规划、管理、建设工作再上一个新台阶。同时，要开展品牌监测工作，为做好品牌维护、制定和调整品牌战略、品牌推广提供依据。这也是评价我们工作效果的重要方法。

新闻发布工作政治性、政策性强，品牌工作专业要求高，牵扯面广，两者的影响力都很强。归口管理部门要加强筹划，各部门、各分行要按照总行的统一要求和工作安排，加强联动，相互支持、相互提供便利，提高新闻宣传和品牌工作的质量和水平。

（四）强化信息管理和调查研究，发挥参谋助手作用

当好领导的参谋助手，是办公室的一个重要职责。办公室是行务信息收集、整理、反馈的枢纽，又比较了解行内的政策导向，从这个角度讲，当好参谋助手比其他部门有更多的有利条件。

信息资源是关系商业银行经营管理成败的重要因素之一。信息工作要贴近全行业务发展的实际，贴近市场、贴近客户，不断提高信息的质量，提升信息的价值创造力。不仅要反映行内动态，更要进一步增强情报意识，多渠道、全方位地收集商务情报，广泛了解上级部门的重要政策信息、银行同业和重要行业的发展动态以及客户的需求信息。信息的时效性和真实性是其价值所在，要及时、准确地提供真实、有用的信息。既要报喜，使好的经验、好的做法全行共享；也要报忧，使出现的问题引起大家的警觉。现在各级行报送的信息，写经验、做法、成绩的比较多，这是必要的。但是，反映问题的信息太少，影响信息作用发挥。希望各级领导对报送信息宽容一些，只要是事实真实准确的，应当鼓励积极报送。各级办公室要认真筛选信息，去粗取精，努力挖掘出有价值的信息。对信息中反映的合理化建议，要提醒有关部门研究。

积极开展调查研究，为领导决策提供有价值的政策建议，是办公室当好参谋助手的重要方面。我国加入世界贸易组织的过渡期即将结束，中国银行业将迎来全面开放的新时期。面对新的形势，建设银行必须提高科学发展和科学决策的能力，加快战略转型和体制转换，提高风险识别和风险防范的能力，增加核心竞争力和综合经营能力。全行必须按照总行党委的要求，进一步加强研究工作。目前多数一级分行没有单独设立研究部门，分行办公室要承担起组织推动研究工作的任务。既要认真完成总行统一布置的研究工作，又应当针对本行工作包括办公室工作的政策问题、体制问题，组织安排一些高质量的研究课题。要积极探索建立和完善研究工作的制度和激励机制，加强与当地政府及同业的一些研究机构的联系和合作，共同开展一些重大课题的研究，提升建设银行研究工作水平。

（五）加强基础管理建设，进一步提高管理的精细化和信息化水平

加强基础管理建设，是全行当前和今后一个时期的重要任务，办公室工作也不例外。对于办公室的基础管理来讲，希望重点做好以下工作。

一是要进一步健全和完善规章制度，树立合规意识。经过多年的建设，我行办公室工作的规章制度从大的方面来讲已基本形成体系，但需要进一步提高精细化、规范化水平。现有的制度要根据业务发展和改革深化的要求完善补充，同时，要对制度进行细化和严密工作细节。重点放在岗位操作规程建设上，规范每个工作流程的职责、操作要求，逐步建立办公室系统的岗位操作规范体系。我们的制度建设，一方面，要符合我国法律、上市地法律和我行公司章程；另一方面，对已制定实施的制度，一定要认真严格执行。对已经过时、不适用的制度，要积极反映，及时修订。但在修订或废止之前，依然是执行的依据。我们既要加强员工的思想教育，也要形成按制度办事、靠制度约束的文化和相应机制。要加强对规章制度执行情况的检查工作，除了日常的检查外，可以每年开展对一两个方面的全行性检查。检查形式要多样化，可以事先发“安民告示”，也可以借鉴其他业务条线“神秘人”的做法，搞突击检查，效果也许更好。通过检查，寻找漏洞，促进整改，完善制度，真正做到有章可循，有章必依，违章必究。

二是加强档案的集中垂直管理，搞好档案集中储存基地建设。为进一步加大全行档案集中管理力度，最近总行印发了《关于推进建设银行档案集中管理的指导意见》，对今后几年全行档案工作提出了要求，各级行要认真抓好落实。要尽快构建起集中、垂直的档案工作管理体制，加强对系统档案工作的指导、考核、培训等各项工作。建设档案集中储存基地是我行档案建设的重要决策，不仅投入大，而且关系到我行档案管理的布局，影响是长远的。一定要统一规划、统一管理标准、综合利用资源、节约成本开支。总行和分行要协同调查研究，提出可行的实施方案，并且在预算中做好统筹安排，优先支持档案集中储存基地建设。

三是加强保密和密码管理工作。保密工作无小事。近些年，我们的保密工作总体上是好的，没有发生严重的失、泄密事件，但隐忧依然存在，决不能高枕无忧。要坚持不懈地开展对国家保密法规和我行新制定的保密管理办法的学习，重点抓好领导人员、保密人员、重点涉密人员和新员工的保密教育，增强全行员工的法律意识和保密观念。在开展对外业务合作中，凡是涉及国家秘密、我行商业秘密和客户秘密的，一定要签订保密条款，并且加以跟踪管理。要按照中保委《全国保密科学技术“十一五”发展规划》要求，加强与科技部门的协作配合，加大保密技术检查的科技含量与力度，提高我行计算机信息系统的防护与管理水平。

四是完善办公电子化功能，扩大应用范围。我行办公电子化建设已经取得了很大进步，今后的任务主要是完善功能，扩大应用。要进一步扩大电子化、网络化办公的覆盖范围，OA 系统明年第一季度要覆盖所有机构网点，有条件的分行，开通各级行部门之间信息的横向流转或点对点的互动交流；视频会议系统尽可能在明年上半年建立总行、一级分行、二级分行一直连通县支行的网络；综合档案信息管理系统要争取年内开始在全行范围推广，明年完成所有机构的联网。

三、加强队伍建设，应对新形势的挑战

（一）加强对办公室工作的领导，关心办公室人员的成长

办公室是各级党委和行领导的参谋助手，也是全行承上启下、协调左右的枢纽，既承担行政办公室的工作，又承担党委办公室的任务。工作头绪多、责任重、要求高，而且工作的不可预见性强、临时紧急性任务多，常常加班加点。因此，各级行领导应给予更多的关心和支持。一要多给办公室工作指路子、指方法，帮助解决办公室遇到的力所不能及的问题。二要支持办公室的基础建设，比如在档案集中储存基地和各种办公系统建设、推广等方面，各分行要加强组织领导，在人、财、物上予以大力支持。办公室系统的基础建设搞上去了，受益的是全行。三要充实办公室人员的队伍，优先考虑把那些具有政策把握能力、业务熟悉、知识全面、坚持原则、善于协调的同志充实到办公室工作岗位。四是要尽量为办公室的同志创造进修培训和实践锻炼的机会，关心他们的职业生涯发展，鼓励他们在职学习、自学成才。对于办公室同志的专业技术职务，也要给予更多的关心。

（二）不断改进工作作风，自觉做到廉洁从业

办公室工作与其他部门相比，接触领导多，工作联系面广，涉及秘密事项多，而且有一些工作人员长期在领导同志身边工作，岗位比较特殊。大家的一言一行，一举一动，不仅关系着办公室的对外形象，而且在某种程度上也关系领导同志的形象。因此，对办公室工作人员的思想道德水平和工作作风应有更高的要求。要进一步坚定理想信念，爱岗敬业，讲奉献，轻得失。要大力提倡求真务实，严谨细致、精益求精的作风，无论事情大小都要高标准，严要求，做到位，不放松每一个细节；要大力提倡谦虚谨慎、不骄不躁的作风，正确对待权力、地位和利益；要大力提倡艰苦奋斗、勤俭节约的作风，坚决反对讲排场、铺张浪费的不良风气；要大力提倡清正廉洁的作风，自觉遵守反腐倡廉的各项规定。去年 4 月，总行党委根据党中央、国务院和中纪委对于廉洁自律的要求，结合金融企业和建设银行实际，从简化公务活动接待、不得收受礼品、不得利用职权谋取私利、亲友回避等最基本的方面入手，对全行各级党组织和党员干部提出了“廉洁从业六条补充规定”。今年 5 月，总行党委又进一步在内部迎来送往方面提出了新的要求。各级行办公室的公务接待任务比较重，我们既要热情、周到、细致，更要严格执行总行党委的规定，不能随意变通。办公室对外联络、公关营销的工作比较多，一定要把握原则，秉公办事。特别是在网点建设、广告发布等对外招标中，一定要公开、公正、透明，按规矩、按程序办事。另外，办公室的同志与领导接触多，不能利用领导的资源搞个人关系，不要在廉政方面给领导添麻烦。通过大家的努力，切实把各级办公室建设成为和谐、务实、廉洁、正派、严谨的工作团队。

（三）加强学习，提高自身素质

建设银行正在创建学习型的企业，各级行办公室要努力创建学习型的团队，每个办公室的工作人员也要努力成为学习型的员工。总行和分行要尽可能多地组织一些业务培训，其他部门举办的培训班，也应当尽量安排办公室的同志参加。同时，要多组织以会代训、以赛促训、岗位练兵等灵活多样的学习、培训活动，充分利用行内网站为大家学习提供便利条件。加强学习，更重要的是自我学习。学习提倡博览群书，扩大知识面，也要提倡与本职工作结合起来，干什么学好什么。学习根本在于自己，要在实际工作中多看、多问、多听、多思、多写。持之以恒，定有成效。要加

强岗位培训教材建设，逐步培养一批我们办公室自己的兼职培训师资队伍。培训的重点应面向基层、面向一线，有计划、分步骤地编写办公事务操作的应知、应会手册，简单易懂、简明清晰，方便广大员工学习掌握。这项工作做好了，对全行办公室工作以至全行办公整体水平的提高都大有帮助。

最后，我顺带说明一下，近几年，由于总行机构调整和部门职责分工的变化，总行行长办公室的职责也有所变化。对于分行办公室的职责，总行不做统一要求，可以根据本行的实际情况，由各分行自己安排。但是，一定要做到上下联系畅通，分工职责落实，不能影响工作。

同志们，建设银行正向国际一流商业银行的目标迈进，在新的历史征程中，全行办公室工作必将面临许多新的挑战和新的课题。我相信，在总行党委的正确领导下，全行办公室工作战线的同志团结一心，脚踏实地，不断进取，一定能够建立起适应现代商业银行经营管理的行务运行体系，为实现我行的战略目标作出应有的贡献。

在全行企业文化建设讨论会上的讲话

（2006 年 12 月 13 日）

辛树森

同志们：

这次会议专门研究我行企业文化方面的两个重要内容，即建行文化要素和员工行为规范。总行党委对此高度重视，郭树清董事长曾专门做了两次指示，要求进一步推进企业文化建设，争取在明年初完善我行企业文化要素，修改下发员工行为规范。今天，景学成董事、王淑敏董事和刘进监事在百忙之中专门来参加研讨并将发表重要意见，充分体现了董事会、监事会对企业文化建设工作给予的高度重视和支持。

下面，我结合本次会议讨论的内容，就加强全行企业文化建设工作谈几点意见。

一、我行企业文化建设不断取得进展，对全行改革发展发挥了积极的促进作用

2005 年底，我们在山东聊城召开了服务文化建设专题研讨会，结合我行上市后提出的“以客户为中心”的经营理念，专门研究了服务文化建设问题，在全系统引起了很大的反响，有力地促进了全行服务水平的提高。前不久，我们在全行范围内开展了庆祝成功上市一周年的系列宣传活动。一年多来，大家从我行的宣传营销中也看到了很多振奋人心的消息，如我行被英国权威杂志《银行家》评为“2005 中国最佳银行”，按一级资本排名居世界第 11 位及中国银行业 100 强榜首，被香港《亚洲周刊》誉为“亚洲最赚钱的银行”，最近又在“21 世纪金融年会”上获得亚洲最具竞争力的银行排名第四位及国内第一位，成为第一家进入恒生指数成分股的 H 股公司，股价稳步上升，等等。2006 年 10 月 28 日，《人民日报》头版发表了一篇关于我行的综述文章《倾听先行的足音——写在中国建设银行上市一周年之际》。这篇文章总结了我行改制上市与推进改革、加快发展的主要历程和重大意义，文中引用了郭树清董事长所说的“建行的改革发展实践证明，党中央、国务院关于国有商业银行改革的决策是完全正确的”。党的十六大明确提出国有商业银行要走股份制改造的路，通过重组—改制—上市，实现向现代股份制商业银行的转轨。2006 年中央经济工作会议肯定了国有商业银行股份制改造的成功。正如郭董事长在总行秋季座谈会上指出的，我行在股改上市和改革发展中一系列辉煌成绩的取得，是全行 30 万员工努力拼搏、不断创新、无私奉献的结果。此外，我行良好的企业文化基础，也发挥了不可忽视的重要作用。现在都说当今企业的竞争是人才的竞争，其实企业文化也是非常重要的。21 世纪的企业竞争在一定程度上取决于企业文化的力量。在我行承担银行、财政双重职能的时候，我们没有完全把自己看成是企业。但上市以后，在公众的聚光灯下，我们才真切地感受到建行是一家

企业。过去，商业银行之间主要是产品和品牌的竞争，现在更重要的应该是企业文化的竞争。企业文化作为企业精神的总和，应该是一种黏合剂，赋予企业强大的凝聚力，也是企业发展的文化基础。

企业文化是企业用以规范员工行为的一个强有力的规则体系和价值观念，包括企业的核心价值观、企业精神与作风、企业经营哲学和企业为人处世之道等很多方面。在当今社会，许多知名企业都把企业文化作为一个企业的灵魂、行为的基因、核心竞争力的主要组成部分，体现企业的特点及"软实力"，是决定企业生存和发展的关键因素之一。可以说，没有卓越的企业文化，就没有卓越的企业本身。国际上一些知名企业都有自己的特色文化，支持这些企业成为长盛不衰的"百年老店"，如花旗银行、汇丰银行、美国银行等。国内也有不少企业文化建设比较成功的案例，历史悠久的有同仁堂，现代的有海尔、华为等。

我行的战略愿景是"为股东创造最大价值，为客户提供最佳服务，为员工提供最好发展机会的国际一流商业银行"。这个愿景是很有感召力的。微软公司为何至今仍有巨大的生命力，就是因为当年他们提出了"让每张桌子和每个家庭都有一台电脑"的愿景。这个愿景虽然很朴实，但是影响力很大，使他们的企业有了很大的发展，并在世界上引发了一场革命。花旗银行提出了"独具特色，卓越全球"的愿景。这些企业提出的愿景，确实为企业发展提供了核心竞争力，使大家有"众人一体"的感觉，就是说公司通过愿景与社会密切联系在一起。我行在上市过程中提出的愿景，广泛征求大家的意见，在社会上也引起了共鸣。

建设银行作为一个走过50多年光辉历程的大型商业银行，在长期的发展中形成了独特的建行文化，在凝聚人心、规范经营管理、促进业务发展等方面一直在发挥积极作用。近年来，特别是去年以来，在总行党委和董事会、监事会、高管层的直接领导和推动下，配合全行重组改制、公开上市和战略转型等中心工作，我行企业文化又有了新的升华和提炼。原先，建行的企业文化是广大员工在工作中体现出来的一种价值理念，是分散的，没有形成系统，没有得到升华。去年上市以来，我们把企业文化建设与业务紧密结合起来，在服务文化、风险文化、合规文化建设等方面取得了实效，很好地发挥了振奋员工精神、塑造企业形象的作用。具体来说，有以下几个显著进展。

一是明确了全行的战略愿景。作为上市银行，好的战略愿景，对内可以有效提高员工的忠诚度，使大家明确奋斗目标和工作方向，充分调动和激励全体员工的积极性和能动性；对外则可以显著提升企业的品牌形象。去年为配合上市，我行在拟订下发全行发展战略纲要的基础上，广泛发动群众，多渠道征求意见，多次召开专题讨论会，经党委会和董事会战略委员会、行长办公会反复研究，于上市路演前正式确定了战略愿景，即"为股东创造最大价值，为客户提供最佳服务，为员工提供最好发展机会的国际一流商业银行"。这一愿景综合考虑了股东、客户、员工、社会等各方面利益，所以，公布后获得了行内外的一致认同，特别是在上市过程中，社会各界和全球投资者对此给予了高度评价，为成功上市及上市一年多来各项工作的顺利推进起到了很好的作用。

二是确立了"以客户为中心"的服务理念，服务文化建设取得丰硕成果。党委书记、董事长郭树清一到任，就明确提出"以客户为中心"的经营理念，并要求具体落实到每一个岗位。横向的部门、纵向的条线和各个分行都在倡导"以客户为中心"的服务理念，努力构建"上级为下级服务、二线为一线服务、全行为客户服务"的服务管理机制。强调"在商言商"，努力改变官商作风。从制度规定、流程设计、服务效率、产品创新等方面查找问题，并与美国银行合作进行"客户之声"、"员工之声"等项目建设和"客户满意度"、"员工满意度"测评试点等，采取各种措施，以切实提高客户服务效率、质量和客户满意度。目前，各分支机构都把服务文化建设放在重要位置，积极开展服务理念大讨论及优质服务竞赛活动等。目前，全行服务文化建设在内涵与外延方面都取得初步成效。内涵方面，包括提高服务质量、改善服务态度、缩短服务时间、增加服务内容等；外延方面，包括要求大楼亮起来、拓展网点功能、统一柜员服装等。比如，无论是对公还是对私业务，办理时间都缩短一半左右，网点排队问题也得到大大改善，客户对建设银行新的"蓝色银行"网点形象、员工的精神状态和服务质量、产品功能等均给予了充分肯定。

三是风险文化建设取得进展。一年多来，建设银行积极倡导和建立“风险成本与收益回报平衡”的风险管理理念，注重以信用风险管理为主、重视操作风险和市场风险的全面风险管理，在试点的基础上推进风险垂直管理体制改革，在全行建立包括首席风险官、风险总监、风险主管和风险经理四级架构的风险垂直管理组织体系，从体制机制上为确立风险理念，推进风险文化建设提供了保证。虽然在有的地方，特别是在部分基层行，风险总监、风险主管和风险经理的业务笔数不太多，但是建立这种体制和架构的作用要远远大于建立一个专门的机构或岗位。我们重组上市的目的，就是要形成互相制约的法人治理结构，增加效益、降低风险。四级架构的风险垂直管理体制的建立，就是总行党委、董事会和监事会一直提倡和主导的。半年内，异地交流的风险总监在各分行都走马上任了。在运行过程中，可能会有这样那样的问题和困难，但是这条路要走下去，同志们要有清醒的认识。我们的一些惯性思维与现在的做法难免有一些碰撞，要通过不断解决矛盾来实现风险的管控。

四是合规文化建设率先起步。去年上市之前，总行党委和董事会就力主我行要成立合规部。我行设立合规部，在国内金融同业中是先走一步的。很多国外银行都有合规部。实际上，我们现在的合规部还没到位。常行长以前曾说过，他在中信嘉华银行的时候，合规部也要规范和约束高管层的行为。但现在我们的合规部还是部门，没有权力对高管层和董事会进行约束。以后我行要逐步建立从高管层到员工的合规管理和约束机制，逐步建立合规文化。目前，合规部的业务包括关联交易、反洗钱、审计整改等，银监会和同业对我们这方面的工作是认可的。

五是倡导新的管理文化。首先就是“以人为本”的经营哲学。“以人为本”既包括以客户为本，也包括以员工为本。新一届党委一再强调员工是建设银行的宝贵财富，现代商业银行赢得竞争的关键是人才。我们一直在研究如何发现人才、培养人才、引进人才。董事长一再强调，我们不能埋没人才，必要的时候我们还要引进人才。因为资金业务、投资银行业务、战略研究等很多方面的人才是过去没有的，我们的人才还比较缺乏。在这些领域，我们就是要坚持培养与引进相结合。海尔提出“一精三高”，“一精”就是精兵，不断提高人的素质，掌握各种技能，有精兵才能打硬仗。“三高”就是高质、高效、高酬。精兵不仅可以培养，也可以引进，因为现在人才可以交流、流动。同时，我们建立健全了职工代表大会制度。我行是国内银行中首家召开职代会的银行。去年10月，我行召开了第一次职代会，效果非常好，在员工中引起了强烈的反响。因为大家有了表达自己意愿的机会。在郑州召开的第一届第二次职代会上，我们根据职工们提出的意见和建议，检查并跟踪落实整改工作情况。同时，请大家对改革发展中存在的新问题提出意见和建议。目前，总行党委已经采纳了一些大家提得比较集中的建议。这是我行民主管理、民主建设的一个开端，也是一种新的管理文化。国外的工会和我们的工会是不一样的，我们的工会是党委领导下的，可以更好地体现民主管理、民主建设。今年，我们建立了职工互助制度，设立互助基金，为行内特困员工捐款近280万元。此外，还重奖了12名有突出贡献的员工，这是一个重大的突破。首次用重金来表彰和激励员工，这也是总行党委的重大决策。其次，提倡正确的为人处世之道。董事长明确提出“在商言商”、“以人为本”、“王者风范”。“王者风范”实际上就是指大家风范，就是说我们要和别人竞争，要超越人家，但不要和人家斤斤计较，处世要大度。我们与客户、与监管部门、与媒体的交流沟通必须得体、规范、大方，体现出一个大行应有的风范。“尺有所短，寸有所长”，不能只挑他人的缺点，要找到并学习他人的优点，这样我们才能持续提高。不能只看、只说我们的长处，应该为别人取得的成绩感到高兴。再次，强调社会责任，重视回馈社会。一年多来，我行做了很多公益事业，如支持2007年上海特殊奥运会、支持残疾人法律援助活动、支持扶贫基金会的助困扶贫活动、支持贫困大学生及援建希望小学等。通过这些活动，一方面，教育员工强化社会责任和爱心，通过各种努力来回报社会各方面的支持和帮助；另一方面，也提升了我们的品牌形象。我行在为股东创造最大价值的同时，拿出一点利润来回报社会，这也是我们的责任。今年，我行给扶贫基金会捐助了300万元，主要捐助一些偏远地区的中小学和贫困的大学生，学生们收到捐助很感动，我们心里也觉得比较欣慰。

六是大力提倡创新文化。建设创新型企业，既是中央审时度势、推进我国经济发展转型、提升整体竞争能力的战略决策，也是我们银行自身赢得市场竞争、持续稳步发展的客观要求。创新意识强是建设银行的传统，但建立优良的创新机制，更好地适应市场和客户需要，更加积极快速地创新产品和服务，也是新形势、新环境对我们提出的新要求。总行党委着力在全行加快创新机制建设，营造先进的创新文化，在员工中特别是一线员工中倡导创新观念，收到了很好的效果。员工积极献计献策，提出好的设想和创意。我行先后设立了针对公司客户、个人客户和电子银行业务的产品开发中心，推进业务创新工作。这也是文化建设的一个方面。

当然，我们在企业文化建设方面还有不少创新和发展，特别是不少分行积极落实总行战略部署，在经营管理和文化建设方面做了大量新的探索，涌现出不少典型和经验，有力地支持和促进了各项业务发展。这方面我们还需要认真地总结和提炼，不断丰富建行文化的内涵。

二、充分认识企业文化的重要性，进一步做好企业文化建设工作

前面已经提到，企业文化作为企业长期经营管理中逐步形成和升华的行为哲学、核心价值观，对企业的经营管理和长远发展的重要性不容忽视。去年，国资委下发了《关于加强中央企业文化建设的指导意见》，可见国资委对这方面也很重视，意见中指出，“企业文化是企业的灵魂和精神支柱，是企业核心竞争力的重要部分。建设先进的企业文化是深化企业改革，加快企业发展，做强做大企业的迫切需要；是提高企业管理水平，增强凝聚力和向心力，打造企业核心竞争力的战略举措”。这进一步明确了企业文化在企业发展中的战略定位。在这里，我想说一下，我们怎么来看企业文化这个问题。认识企业文化，要先从文化及其概念上加以理解。对于文化的研究，我们可以从不同学科、不同层次、不同视角去考察归纳。对于文化的定义，大约有160多种。《辞海》中“文化”的定义是，“人类社会历史实践过程中所创造的物质财富和精神财富的总和，文化影响了人们的思维方式和行为结果”。文化包括世界文化、民族文化、行业文化、区域文化、职业文化等。关于企业文化，有几种学说。一种是“总和说”，即认为企业文化是物质文化和精神文化的总和，是硬件和软件的总和。硬件就是外显文化，如大楼等。现在总行党委要求各级机构大楼要亮起来，总行大楼也在考虑亮起来。软件是指内显文化，就是以人的精神为寄托的各种文化现象，包括管理、制度和行为，就是一种软实力。一种是“同心圆说”，就是认为企业文化包括三个同心圆，外层是物质文化，指经营产品；中层是制度文化，包括人际关系、企业制度、行为规范；内层是精神文化，指企业愿景、使命、价值观、理念等，就是我们今天大家要讨论的。另外，还有一种“企业哲学说”，即认为企业文化首先是一种哲学，企业哲学是解决企业和社会发展中的各种矛盾，使矛盾转变为和谐的。具体说就是企业和社会、员工、客户的各种关系如何和谐处理的问题。我们的愿景已经把这个问题提出来并讲透了。企业哲学就是对内、对外辩证式的思考哲学，注重解决各种矛盾和问题。首先是要处理好变革和稳定的关系，现在我们正在逐步变革，但是要力求稳定，这就是中央经济工作会议所说的“又好又快”。依我个人的理解，“又好又快”就是指一定要在保证质量的前提下求快。其次是处理好保守与激进的关系，大胆果断地推进变革。稳定的变革是渐进性的演变和进步。比如我们开发新的产品有一个渐变的过程。但是进步和变革是绝对的，稳定是相对的。在稳定的基础上，快一点变革也没有问题，但是一定要渐进。还要有清楚的愿景和方向。再次是处理好鼓励创新和严格纪律的关系。最后是处理好长期利益和短期利益的关系，虽然说“鱼和熊掌不可兼得”，但是我们还是要更好地兼顾长期利益和短期利益。

企业文化的结构分为几个方面，即精神文化、制度文化、行为文化和物质文化。精神文化主要包括企业目标、共同价值观、道德、精神风貌等，这是企业文化的核心和灵魂，也是制度文化、行为文化和物质文化的基础和原则。制度文化层面，就是对员工行为的规范性、约束性影响的内容，包括企业的工作制度、责任制度，以及其他制度。约束和规范员工行为，不仅反映了企业的管理方式，也是企业文化的本质体现。行为文化层面，包括企业的经营行为和非经营行为，体现了企业的意志、文化品质、文化品位和价值取向。物质文化层面，包括我们的行容行貌、品牌、产品等。

企业文化的作用包括宣导作用、规范作用、统一语言作用、转换作用、导向作用、协调作用、凝聚作用、配合作用等。例如，

我们的品牌语言大家都很熟悉了，像“龙的传人用龙卡”、“要买房，到建行”等。企业文化是当代企业经营中影响本身业绩的重要因素，反映了企业的凝聚力、约束力、激励力、导向力和辐射力等。对于一个企业，通过系统的规章制度推进管理是必不可少的，但制度永远是不完备的，需要靠软性的文化约束来辅助，两者相辅相成，缺一不可。

建设银行今后的改革和发展，同样离不开良好的企业文化来保驾护航。我们已在境外公开上市，接受全球投资者的监督；我国加入世界贸易组织的五年过渡时期已正式结束，我们在国内金融市场上已面临外资银行全方位的竞争。面对新的市场环境，要赢得竞争，实现可持续发展，必须认真总结提炼我行的企业文化，不断给建行文化注入新的内涵，以凝聚人心，弘扬主人翁精神和工作积极性；规范员工行为，有效防范操作风险和道德风险；为业务改革与创新营造良好的氛围和环境。下一步，我们要加紧组织研究，逐步使企业文化的内涵、要素等系统化，这也是一个渐进的过程，不是一蹴而就的，需要做好以下几个方面的工作。

1. 加紧丰富和完善企业文化要素，形成全行统一的企业价值理念体系。对这次要讨论的企业文化要素的表述语，一年多来，大家一直在不断地提意见、作修改。我觉得，现在这个版本是一个比较成型的蓝本。当然，还需要认真进行梳理、总结、提炼和升华，并吸收国内外一些企业的企业文化精华，提炼出具有建行特色的企业文化要素。关于员工行为规范，过去我们曾经搞过一个规范，但是上市以后我行又有新的飞跃和发展，新的形势和新的任务，对原来的规范进行提升和完善提出了迫切要求。这次提交大家讨论的“修改稿”，内容还有点多，形式也不够灵活。如何精练和完善，以什么方式更有利于传播和执行，大家可以发表意见。

2. 采取多种形式，宣传学习和落实建行文化。去年以来，我们组织开展了一系列学习宣传战略愿景及推进服务文化建设的活动。随着文化要素的完善和行为规范的修订，今后要进一步加大企业文化的传播力度。要组织员工认真学习领会建设银行的文化内涵，把握我行的价值观和经营理念，自觉遵守制度规定，形成良好的文化环境和工作氛围，促进员工综合素质的提高和良好作风的形成。

3. 继续结合业务发展实际，加强企业文化建设。要把文化建设工作扣紧业务发展的总体要求，积极主动地配合开展相关活动，倡导先进的风险内控文化、合规文化、管理文化，积极培养、总结、表彰、宣传典型集体和个人。今年，公共关系与企业文化部搞了“感动人物”系列活动，这些员工的事迹是比较突出的。我相信还有很多这样比较突出的员工没有发掘出来。今后大家要注意挖掘员工的典型，榜样的力量是无穷的。前面我们讲到，企业文化包括激励力，靠什么激励呢？不仅包括薪酬增加和职务提升，更重要的是精神上的激励。比如，我们表彰了漯河案件中的审计团队，就是鼓励整个审计系统敢于把我们内部的问题查出来、亮出来。在教育、激励和引导内部员工的同时，还要把对外塑造良好的企业品牌形象与宣传建行的文化内涵结合起来。

4. 以人为本，提高全行员工的凝聚力和忠诚度。要在企业文化建设中突出“以人为本”的管理理念，真正把战略愿景中“为员工提供最好发展机会”落到实处。我们在这方面也做了很多工作。到去年底，我们组织了多批各层次员工团组到国外银行学习。比如，组织一大批客户经理到香港的银行学习考察，通过实践提高感性认识。在学习培训方面，人力资源部和党校做了很多工作。今年党委、董事会大力提倡为员工提供更多学习的机会。今后要加强员工教育培训，通过各种方式，利用多种资源和渠道，加强员工的思想政治教育和业务知识与技能的培训，提高员工的思想道德水平、业务素质和履岗尽职能力，协助员工进行职业生涯设计；要建立完善科学的人力资源管理和考核激励机制，为员工提供“人尽其才”的发展舞台；要进一步完善职工代表大会制度，推进民主管理和监督，维护员工利益，健全员工互助机制，努力为员工排忧解难，提高员工对企业文化的认同感和忠诚度，进一步焕发员工的工作热情和创新精神，为建设和谐建行作出新的贡献。

这次提交大家讨论的企业文化要素，去年以来有关部门经过大量调查研究，借鉴优秀企业的做法，广泛征求行内各方面意见，在此基础上进行了反复研究。

关于员工行为规范，我行在1996年推进企业识别系统（CIS）

时，制定并颁布了这个规范。十多年来，该规范在统一全行员工行为举止等方面发挥了积极作用。但是，随着我国改革开放不断深化，市场经济不断发展，我行面临的形势和环境都发生了根本性的变化，尤其是我行经历了向商业银行转轨、重组改制和公开上市等历史性变革，员工行为规范也需要与时俱进，进一步修改完善，以更好地规范和引导员工正确地为人处世，履行好各项职责。希望大家结合自己对员工行为规范的理解，结合业务管理和操作的实际，踊跃发言，认真讨论。在此，我提几点要求。

一是围绕全行的发展战略和奋斗目标，认真总结、提炼我行已经形成的优秀企业文化要素，在继承中发展和创新。企业文化要素的完善和员工行为规范的修改，要立足建设银行实际，从有利于我行的规范经营和长远发展出发，与愿景、发展战略以及我行向投资者和客户的承诺相衔接，使之成为既体现建行特点，又能引导员工积极向上，促进业务稳健发展的企业文化。力争既能在市场上叫得响，又符合我们的实际，得到全行员工的广泛认同。

二是积极借鉴境内外银行和企业在企业文化建设方面的成果。要善于学习借鉴，取长补短，拓宽视野，创新思路。

三是便于宣传培训，注重可操作性。无论是企业文化要素还是员工行为规范，最好文字简洁，朗朗上口，还要内涵深刻，便于员工学习培训，便于大家领会并落实到日常工作之中，也便于我们对外宣传营销。因为一个好的企业文化不仅有利于内部的培训传播，规范员工行为，促进业务增长，对外也是很好的宣传营销手段。像海尔的服务文化就成为他们打造品牌、赢得客户和市场的关键。同时，大量各界人士到海尔考察学习海尔文化，对提升企业形象和促进产品销售都有非常大的帮助。因此，我们要在文化要素的提炼和行为规范的修订上多下功夫，使之易懂易记，便于贯彻落实。

四是本着对全行负责的态度，充分发表意见，不要有框框。希望与会代表都要积极发表意见，踊跃参与讨论。

统一思想　振奋精神
团结奋战　再创辉煌

——在2006年住房金融与个人信贷业务工作会议上的讲话

(2006年1月19日)

陈佐夫

同志们：

今天我就加快住房金融与个人信贷业务的发展讲几点意见，主题是统一思想，振奋精神，团结奋战，再创辉煌。讲话分五个部分。

一、2005年主要业务情况

2005年的住房金融与个人信贷业务发展总体情况较好。截至2005年12月31日，全行个人贷款余额合计为4 498亿元，占全行各类贷款的18.5%。

（一）个人住房贷款业务

截至2005年末，个人住房贷款余额为3 861亿元，比年初新增459亿元，完成了调整后的全年新增计划。当年发放贷款1 410亿元，是自2000年以来发放额较大的一年。由于社会各界对房地产市场认识的不统一，客户提前还款的比较多，导致2005年上半年新增低迷。下半年通过全行上下做工作，深入开展了“比服务、比效率、比质量”的活动，增速明显加快，贷款新增和发放均跃居同业第一位，尤其是到年底的11月、12月，贷款新增连续创新高，呈现良好的业务发展势头。各分行做了大量的工作，有17个分行贷款新增在当地同业占第一，分别是：浙江、福建、深圳、辽宁、重庆、三峡、江苏、青岛、湖北、黑龙江、陕西、贵州、海南、青海、广西、大连、宁波；有5个分行贷款新增和发放都在全行前10位，分别是浙江、深圳、江苏、福建和苏州；有21个分行在“三比”活动期间贷款新增在当地同业占第一；有10个分行全年实现不良额和不良率双降；“三比”活动期间有22个分行不良额下降，有22个分行不良率下降。

（二）个人消费贷款业务

2005年个人消费贷款是负增长。截至去年末，全行个人消费贷款余额为637亿元，比年初减少9亿元。虽然去年个人消费贷款的形势不好，但通过下半年的努力，加上市场环境略有好转，遏制住了下跌趋势，特别是11月、12月增长比较多。到年底清算下来，尽管没有浮出水面，但是遏制住了全面下滑的趋势。

（三）委托性住房金融业务

截至2005年末，委托住房存款余额为1 963亿元，占全行全口径存款不到十分之一，比年初增长422亿元。公积金个人住房贷款余额为1 420亿元，当年发放545亿元，比年初增长229亿元。实现中间业务收入4.64亿元。这些成绩也是来之不易的。

公积金业务是总行党委高度重视的。树清董事长在多次会议上，包括全行的工作会议上都要求各行抓好公积金业务。去年在总行的要求下，各分行抓得都比较紧。目前我们的市场占比仍然保持同业第一：委托性住房存款市场占比为63%，公积金个人住房贷款市场占比为54%。

（四）住房抵押贷款证券化业务

刚才振明行长在讲话中已经提到，去年12月份我们顺利推出了个人住房按揭贷款证券化的第一单产品。这是来之不易的一项金融创新，也是我们建设银行苦苦追求十年的最终成果。全行为此做了大量的工作，其中包括刚才受到表彰的上海市分行、江苏省分行、福建省分行，因为我们是按照国际标准来做的，要求非常高，但我们在三个分行的支持下，圆满完成了国务院交给的试点任务，这是我们2005年工作的一个亮点。

在宏观调控的背景下，去年是住房金融与个人信贷业务发展非常困难的一年，但通过全行的努力，我们还是取得了比较好的业绩，这与总行党委的正确指导和有关部门的大力支持、协调是分不开的。同时，也得益于各分行认真领会总行个人银行业务战略转型的深刻意义，加大力度，努力工作，是来之不易的。刚才振明行长代表总行向大家表示了由衷的感谢，我谨以我个人的名义并代表总行个人委，向在座的各位并通过你们向全行从事房贷和个贷业务的同志们表示问候，对去年大家所做的工作，付出的努力和艰辛及取得的成绩，表示衷心感谢！

二、目前面临的形势

（一）同业竞争压力

截至2005年末，工、农、中、建、交五大行，住房按揭贷款余额最高的是工行（4 457亿元），占比为30%；我们是第二（3 861亿元），占比为26%；中行是第三（3 227亿元），占比为22%。去年工行的股份公司挂牌仪式对我的触动特别大，在仪式上，工行方面很自豪地表示，他们是中国最大的按揭银行。当时我心里很沉重，最大的按揭银行就是从我们手中夺去的。而且贷款余额排名第三的中行，与我们的差距也不是很大。去年中行的新增贷款在五大行中排第一名，我们和他们相比还差4亿元，这还是我们下半年加快了业务发展、加大了力度尽力弥补回来的。以这个势头，中行很快就会逼近并超过我们，这是我们目前面临的最大挑战。此外，交行、浦发、中信等其他银行也都把个人银行业务尤其是个人资产业务作为发展重点，全力以赴做好此项工作，我们已经感受到了现实的危机和压力。实际上外资银行也对这块业务虎视眈眈。根据我国加入世界贸易组织时的承诺，2006年底将彻底放开市场。现在已经进入中国市场的花旗银行，计划2006年在亚洲新增50～200家分行，其中中国是他们发展的重点，而且主要是发展理财业务和个人资产业务。所以说，同业竞争的压力越来越大。

（二）市场压力

2005年的宏观调控对房地产市场以及房地产贷款和住房按揭业务的影响非常大。去年，全部金融机构个人住房贷款新增总量只有2 500多亿元，比2004年下降近一半；四大行发放比2004年减少近1 000亿元，市场有较大幅度的萎缩。相对而言，我们行还算比较好的，发放量较前年下降不到100亿元。这里面有宏观调控、监管等种种因素，也有商业银行自身的原因。去年，在市场状况极不理想的情况下，有关方面曾预计，2006年全国个人住房贷款市场新增总量为2 700亿元，相应的发放数为6 000亿元左右。

（三）外部形势

今年发展个人住房贷款业务、消费贷款业务具备一定条件和优势。尤其是国家以扩大消费来拉动经济增长的政策导向，将为住房和消费信贷业务的快速发展创造有利的条件。

2005年11月，党中央召开了中央经济工作会议，明确以科学的发展观为指导，从根本上改变我国的经济增长方式，将单纯依靠国家财政投入、进出口贸易拉动经济发展，转变为主要以拉动内需、扩大消费尤其是国内消费的方式来促进经济发展。这对我们发展个人按揭业务、消费贷款业务都是利好消息。国家建设部有关人士认为，2006年是住房消费年，应该采取措施促进住房的消费。从银行的角度来说，我们希望今年是一个住房金融年，是我们发展的又一次机遇。央行从宏观调控和货币政策的角度，也希望通过促进内需尤其是住房消费来拉动相关产业的发展。因为住房产业和其他产业的相关性比较强，发展住房将会拉动包括钢铁、建材、服务业等很多产业。所以说，2006年的外部形势对于住房信贷业务的发展是比较有利的。当然，目前对房地产市场以及房价的看法仍然不一致，有人认为偏高，有人认为适中，还有少数人认为有上涨的空间。这些对我们发展个人住房贷款业务多多少少都会造成一定影响。

（四）内部有利形势

总行党委对住房金融与个人信贷业务确立了重要的战略定位、明确的战略要求，将大力发展住房贷款业务和消费贷款业务作为长远目标确定下来，作为我行新的利润增长点，这一点是非常明确的。今年总行在确定2006年财务分配计划和资源配置计划方面都给予了重点支持，专门配置了与个人信贷业务挂钩的战略性费用，同时在个人银行业务尤其是在个人资产业务拓展费用方面给予了倾斜，支持的力度很大，导向很明确。所以，我们一定要有信心抓好这项业务。

三、2006年的工作任务和目标

2006年住房金融与个人信贷业务工作目标是：全行个人贷款2006年增速不低于20%，计划新增900亿元。其中，个人住房贷款新增居同业第一位，计划新增780亿元；个人消费类贷款计划新增120亿元。公积金业务继续保持同业第一位，并力争扩大市场份额。委托住房存款新增260亿元，公积金贷款新增160亿元。实现中间业务收入4.7亿元。

根据总行长远的发展战略以及市场和投资者的要求，总行确定我行个人贷款增速必须不低于20%，这是针对我们自身长远发展和盈利的要求提出来的，也是市场竞争对我们的客观要求。在我行上市路演的过程中，国际投资者特别关注个人银行业务尤其是个人资产业务，我们也向投资者承诺了这项业务每年要有20%的增长速度。所以，我们没有退路，以此为目标的综合经营计划必须要实现。

公积金业务是我行传统优势业务，总行党委希望继续抓好这项业务。尽管目前有各种各样的情况对我行业务造成冲击，如地方的一些公积金中心自己面向客户发放贷款，但在现有制度下，我们还是要全力以赴做好相关工作，抓好公积金业务。

要保证2006年个人贷款新增900亿元，意味着仅个人住房贷款就要发放1 900亿至2 000亿元，新增和发放都大约占全国金融机构预计新增数（2 700亿元左右）和发放数（6 000亿元左右）的三分之一。这超过了我行每年的发放数，也是四大行历年发放最多的。这就是为什么说我们面临的是艰巨的任务，也是战略性任务、历史性任务。

能否完成2006年的个人信贷任务至关重要，各分行必须高度重视，分行主要负责人必须亲自抓，确保任务的顺利完成。必须保证质量地完成任务，不能重复过去的“一快就粗、一放就乱”的发展怪圈，一定要精细化管理，实现有效益的高质量发展。

四、存在的问题和困难

（一）市场表现：业务竞争力不强，市场份额下降

我行在住房金融这项传统业务领域的优势在逐渐减弱，同业发展势头较好，此消彼长给我行造成的市场压力越来越大。从贷款增长情况看，2002年以来中行增长势头迅猛，而我行的优势有所衰减，竞争力下降，市场份额逐年萎缩。

从贷款余额情况看，我们38个分行个人住房贷款余额在当地排名第一的有9个分行，分别为：北京、福建、四川、辽宁、云南、重庆、厦门、宁波、三峡；排名第二的有18个分行，分别为：上海、浙江、深圳、江苏、山东、安徽、青岛、湖北、黑龙江、陕西、河南、贵州、江西、山西、海南、宁夏、西藏、青海；其他分行排名在第三及以后，其中包括一些规模比较大、对我们全行业务发展影响比较大的分行，排名都比较靠后。

从各行贷款新增排名情况看，2005年个人住房贷款新增当地同业排名第一的有17个分行：浙江、福建、深圳、辽宁、重庆、三峡、江苏、青岛、湖北、黑龙江、陕西、贵州、海南、青海、广西、大连、宁波，整体业务形势尚可；在当地同业排名第二的有7个分行：四川、云南、厦门、山东、安徽、河南、西藏；其他分行在当地新增排第三及以后，其中包括几个重点分行。

从区域业务发展情况看，我行业务发展的重点主要在“两洲一海”地区。在“两洲一海”的15个分行中，个人住房贷款余额2005年同业排名第一的有4个分行：北京、福建、厦门、宁波；同业排名第二的有6个分行：上海、浙江、深圳、江苏、山东、青岛；其他5个分行排在第三及以后。在同业新增排名中，排名第一的有7个分行：浙江、福建、深圳、宁波、江苏、青岛、大连；排名第二的有2个分行：厦门、山东；其他分行排在第三及以后，还有几个分行2005年是负增长。

以上情况表明，浙江、福建、厦门等分行表现突出，包括余额和新增在当地市场占比始终都是比较好的，但是相当一部分重点分行的同业排名、市场占比非常不理想，这与我们全行的业务有相似之处。我行整体业务状况（包括对公业务和个人业务）的发展正好与我国的经济发展水平呈反向，东部的市场占比包括存贷款和新增低于中部，而中部又低于西部，呈梯状分布。我行的业务主要分布在80个中心城市行，占全行业务的85%以上。80个中心城市行一般性存款分地区四行占比比较表明，长三角地区、珠三角地区、环渤海地区均低于全行24.4%的平均水平，而东北却占26.1%，中部占28.1%，西部占30.3%，均高于全行平均水平。贷款也一样，80个中心城市行各项贷款分地区四行占比情况，“两洲一海”地区除了环渤海地区稍高一些外，长三角地区和珠三角地区均低于全行26.1%的平均水平，也低于东北地区、中部地区和西部地区。这反映出我行东部沿海地区重点行在当地的竞争力较弱，亟待改善和提高，否则很难改变全行的业务现状。

（二）内部表现

1. 传统的理念和业务习惯，公、私业务的即期效益差别，对当前我行个人银行业务发展影响相当大。首先，建设银行以对公业务起家，从财政拨款业务开始做起，个人银行业务发展较晚，且一贯偏重负债业务，个人资产业务起步则更晚。所以说，建设银行的强项是公司业务和个人存款业务，个人资产业务相对来说是我们的弱项，多数员工擅长做对公业务和对私负债业务。现在我们业务要调整和转型，在理念和习惯上都存在一定困难。其次，对公业务即期效益明显，我行每年盈利的很大部分（70%以上）来自于对公业务和投资业务，个人银行业务只占百分之十几，所以，大家也愿意做对公业务。但总行党委和董事会多次强调，我们必须两条腿走路，公司业务不能放松，个人银行业务更应加快发展。个人银行业务是高投入和人员密集型业务，需投入大量人员和精力，且业务繁杂，这对我们发展个人业务也是有影响的。最后，传统的考核体系不是很合理。为适应2006年加快个人银行业务发展的需要，总行对关键业绩指标及相应的权重虽做了最大限度的调整，但仍然是粗线条的，尚未细化到具体的业务和产品。

2. 各级管理体制不适应市场竞争的需要。第一，从总行方面来说，房金部几次机构和人员调整，对全行业务的管理产生了一定的影响，总行正努力改变这种状况。第二，分行房金部门对下属的单元化管理力度不够。在2004年的个人金融会议上，我提出要强化分行以下的单元化管理，包括人力资源和财务资源配置以及业务上的管理。部分分行已具备实行业务单元化管理条件，但力度明显不够。第三，机构尚未理顺。如我们一直强调个贷业务的管理后台要集中，在有条件的地方应建立个贷中心，但有相当多的分行依然是分散化经营和管理。在100个中心城市中，有78个设立了个贷中心，但是各个贷中心的职责和经营模式差别较大，即使在我们的大中城市里面，有的个贷中心是集中的，有的即使有个贷中心，管理也是分散的，包括审批、后台管理等。有些大城市，只有一个个贷中心是不够的，应按照城市区划、经济总量、业务总量来设置。组织机构和管理体制的不顺、不到位在一定程度上影响了我们业务的快速发展。

3. 全行个贷从业人员严重不足，业务水平、素质还需提高。我行的人才主要集中在对公业务和管理层，从事个贷业务的人员相对较弱，亟须加以补充和提高素质。有相当一部分人员以前从事负债业务，营销和资产业务对他们来说还是一项全新的工作。所以我觉得，人员的转型和配备是当前的较大问题。目前全行从事住房金融与个人信贷业务的人员有5 900人左右，真正专职从事个人住房贷款业务的人员只有3 300多人，人均经办（管理）贷款1 300多笔，这远远超出了西方的银行以及我们传统的业务管理能力，多数客户经理只能疲于应付日常工作，贷后管理、营销新客户根本无从谈起。如果机制不变，队伍素质不提高，要实现20%

的增长，一定会造成不规范经营，产生新的不良资产。所以，要加快发展就必须改变现状，尤其是总行党委提出的“以客户为中心”的经营理念，要求我们在加快发展的同时，不能降低服务水平，要增强责任心。从这个角度来说，要加快发展就必须调整我们的队伍。

4. 业务流程滞后，不适应提高服务质量和水平的现实需要。一是过于复杂的业务流程，使我行缺乏市场竞争力。我行的房贷、个贷业务办理流程与股份制银行相比，在时间上要长得多，计算机系统也不适应对服务、速度和效率的要求。树清董事长为了了解和督促我们改变不合理的流程，亲自到网点办业务，遇到了许多问题。董事长还要求总行党委成员都要自己去网点办业务。根据我在一些分行和其他银行办理业务的情况对比，确实发现我们在流程上存在很多问题。二是一些传统做法没有及时调整，不适应“以客户为中心”的服务新要求，比如贷款办理过程中需要的收入证明、婚姻证明等问题。2005 年夏季行长座谈会期间，来自一线的客户经理都提到，个贷业务只要把握住关键点就能控制住风险。在发放贷款的条件里，有些是充分条件，有些是必要条件，但必要条件是比较少的，充分条件是证明你的信誉和还款能力，但不是必须要填的。所以，只要把握住必要条件，手续就可以大大简化，这需要总行主管部门进一步做工作，包括与监管部门去协调。

5. 产品创新能力弱，业务缺乏竞争力。第一，过度监管，导致金融创新不足。前几年由于银行业务发展比较快，粗放经营，给国家造成较大损失，所以监管的要求、流程都是根据当时的情况来制定的，这在当时来说是必要的。但时至今日，各行的管理水平与经营环境都发生了很大变化，过严的监管在一定程度上抑制了商业银行的金融创新和发展步伐。比如说资产证券化，在国外是非常成熟的金融产品，有现成的技术，本可以在较短时间内推出，但是我们却用了十年的时间，主要是因为有关管理部门和监管部门有不同看法，所以说银行的金融创新还是比较难的。深圳分行金融创新之所以做得不错，很重要的一点就是当地监管部门非常理解、支持，对商业银行提出的很多创意全力给予配合。相比之下，其他地方情况就不一样了。但是银监会也不是一成不变的，前不久成立了金融创新的有关部门，一方面是为了加强这方面的监管，另一方面也是为了促进商业银行的金融创新。第二，我认为金融创新不足是因为市场竞争不到位，银行创新压力不足，觉得没有必要下功夫搞金融创新，没有完善各种服务、减少烦杂工作的压力。第三，我行内部激励机制不合理，员工没有创新积极性。要打破现有体制，可以考虑设立行长基金，对于有特殊贡献的，在创新、服务方面作出贡献的个人和集体可以用行长基金给予奖励。例如，我们的上市工作和证券化工作都做得非常好，就应该对工作人员进行奖励，而且应该是高额奖励。但在我行目前体制下却无法做到。第四，科技支持乏力，严重制约业务的创新。比如央行同意我行和光大银行尽快推出个人住房贷款固定利率产品，但是我行的个贷系统不支持，只能先在深圳分行做，因为深圳分行 A 系统支持该项业务。可以说，任何一项金融创新、产品创新、业务创新都离不开科技支持。

五、2006 年的工作要求

今年我们的工作任务相当艰巨，是一场大战、苦战、遭遇战。目前各大银行包括股份制商业银行都在争夺这块业务，都把个人银行业务尤其是个人资产业务作为其业务发展的重点，给予了从政策到资源方面的很大倾斜。在这样的形势下，我们要获得更多的市场份额，发展新业务，任务非常艰巨，希望大家既要有充分的思想准备，也要有完成任务的坚定信念。

（一）深刻理解总行党委强调个人业务的战略意义，彻底转变观念，统一思想，振奋精神，打一场有把握之战

总行、分行各级机构及一线员工在加快发展个人资产业务的问题上，思想和认识必须要高度统一。

（二）进一步理顺管理体制

要强化分行以下的业务单元管理，业务管理也要统一。总行已经将个人资产业务统一到了住房金融与个人信贷部，希望各分行也能统一起来；政策和措施也要统一，原则上要求激励约束措施、风险控制措施都要统一。要做到三个统一：领导分工统一、个贷业务统一、政策措施统一。要进一步健全各级个贷中心，中心城市及业务量大的城市必须建立个贷中心。现在一些大城市已经建立了，但还不完善，为了个贷业务的健康快速发展，应进一步推动这项工作的开展，没有建立的地方要尽快建立起来。振明行长在讲话中指出个贷的审批要集中，审批和风险控制要实行平行作业，这些都要在今年第一季度到位。业务量比较大的县级行也可以建立个贷中心。这里我们讲的业务统一主要是后台，前台营销不受影响，各分支行照样可以营销，但是审批和风险管理要全部统一到个贷中心。在有些大城市，可以有多个个贷中心，原则上要实现集约化经营和统一管理。

（三）充实房金部门及一线营销人员力量

2005 年底在总行党委的支持下，总行房金部充实了领导及员工力量，希望各分行比照总行，充实房金部门尤其是个贷中心的人员，包括管理和营销人员。个贷中心要按业务量充实人员，每个个贷中心原则上还要增加 3～5 名客户经理；业务量翻番的地方，人员至少要增加三分之一。人员主要靠各分行从管理层去挖掘，减少管理层级，将管理人员充实到营销一线。推动这项工作要靠有效激励，靠经济手段，鼓励员工到营销一线。要加快客户经理培训的步伐，总行今年列出了专项费用，用于对客户经理的培训，包括境外培训和美国银行的定期培训。希望各分行也加大培训投入和培训力度，有条件的分行可以自行组织培训，尽快提高从业人员的素质和水平。

（四）进一步梳理业务流程，使之适应市场竞争、防范风险和提高服务水平的现实要求

第一，我们的流程必须要有竞争力，要与好的股份制银行、上市银行竞争，同时也要符合监管要求。总行在这方面可以多做工作，多与监管部门沟通，使业务流程、风险控制更加科学、高效，合情合理，符合国情和建行的实际情况。第二，流程必须体现“以客户为中心”的理念，方便客户。希望各分行的主要负责人和管理部门的人员都按照树清董事长的要求，去柜台试办一些我行的个人银行业务，体验一下业务流程中哪些是不合理的，哪些服务是不到位的，需要改进的。要牢固树立总行党委提出的“以客户为中心”的经营理念，切实做到方便客户。第三，流程改造关键是抓住风险点和关键环节，只要主体是有履约能力的，交易是真实的，抵押能够落实，这项业务就可以办理。有些分行反映，现在制约我行业务发展的很重要的一个原因是对出现不良的责任追究。我认为，只要不存在犯罪或者渎职、失职等问题，严格按照规定的要求和程序办理，如果贷款出现不良，就不应当追究个人责任。因为，银行业务本身就是有风险的业务，应该允许有合理的损失率。

（五）要把各项政策和措施落到实处

2006 年总行的资源配置力度比较大，包括关键业绩指标的权重，战略性费用、部门业务拓展费用的配置，各分行也应有相应的措施，配备相应的资源。在此，总行明确要求，总行和分行制定的各项激励政策和措施必须保证最终能够落实到基层网点和一线营销人员。只有真正调动起一线营销人员和网点服务人员的积极性，才能做大、做活、做好市场，才能保证个人资产业务的健康快速发展。虽然我们目前的管理层级在短期内还不能变得简捷、高效，但是我们的政策要保证层层传递到位，尤其是我们的激励机制要落实到基层一线，各种费用的分配和奖励方案要做细、做实。

同志们，2006 年是个人银行业务非常重要的一年，是住房金融年，也是我们注定要艰苦奋战的一年。困难和机遇并存，我们要利用这一年重新铸造建行住房金融与个人信贷业务光辉的形象！希望大家重视存在的问题，克服各种困难，继续发挥优势，团结奋战，共同努力，再创辉煌。相信在总行党委的统一领导下，通过全行员工的共同努力，一定能圆满完成这个艰巨的任务，向总行党委和股东交上一份满意的答卷。

努力建立基于价值创造的现代商业银行财务管理体制和运营机制

——范一飞副行长在2006年全行计划财务工作会议上的讲话

(2006年1月24日)

范一飞

同志们:

这次会议主要是总结2005年全行计划财务工作，在全行工作会议精神的指导下，进一步明确未来几年计划财务工作的战略目标和改革思路，对2006年综合经营计划和计财工作进行部署。

一、2005年全行计财工作回顾

2005年，全行计划财务部门以价值最大化为目标，紧紧围绕全行发展战略要求，强化经营计划的指导和约束作用，完善经济资本和经济增加值两个核心机制，加强各项基础管理工作，在计划财务管理、资产负债管理和信息管理等方面都取得了可喜的成绩。

(一) 财务资源配置向战略重点倾斜效果明显

2005年，总行在同业中率先制定并实施了《一级分行主要负责人年度考核关键业绩指标体系(KPI)》办法，进一步强化了经营计划的指导和约束作用，在系统内有效分解、落实了年度经营目标和经营责任；同时，根据全行发展战略要求，在预算安排上突出重点，取得了预期效果。通过战略性费用安排，大幅度增加了全行对中间业务、信用卡业务、电子银行业务的投入，促进了这些战略性重点业务的快速发展；通过对IT项目的重点投入，保障了DCC、OCRM等一批战略项目的推进和顺利实施；通过对核心业务分配发展营销费用等激励措施，促进了这些业务的持续发展；对部分中心城市行实行计划单列，增加资源投入总量，提升了我行在中心城市的市场竞争力。

(二) 完善经济资本预算和经济增加值考核

2005年，总行改进了经济资本计量方法，加强了对经济资本预算执行的监控和分析，灵活运用经济资本预算管理对贷款投放进度和投放结构进行合理调控，进一步强化了经济资本对风险的约束作用。完善了经济增加值计算方法和人力费用挂钩模式。不少分行在产品盈利性分析、经营部门的绩效评价和客户经理的绩效考评方面进行了积极探索和实践，使以经济增加值为核心的激励机制在横向推进方面取得了积极进展。

（三）积极配合做好重组上市和关联交易的各项工作

2005年，全行各级计财部门以极大的工作热情投入到重组上市的相关财务工作中，完成了多项重要工作任务：一是努力争取外部政策支持，促成国家有关部门落实我行冲抵补充款项财务政策及税收优惠政策，为完成财务重组和成功上市创造了有利条件；二是积极收集整理数据，为招股说明书的撰写提供了大量财务和业务数据及分析资料；三是根据建行未来发展规划和盈利性情况，提出了切实可行的股息分配政策，得到了国内外投资者的普遍认可；四是通过反复沟通和协调，完成我行与建银投资关于固定资产租赁和委托管理的关联交易协议的签订以及关联交易资金的核对和清算；五是改进了年报披露内容、设计格式和印制质量，充分展示了我行重组改制成效和经营管理成果，对配合上市申报工作，增加透明度、提升我行形象发挥了积极作用，获得了监管机构和国内外同行的好评。

（四）财务应用系统建设取得积极进展

在细致准备的基础上，总行于2005年启动了ERPF项目，在短短几个月的时间里，完成了现状分析和高层设计工作，并就新会计科目表（COA）设计、多准则处理、经费集中核算和支付、经费科目改革等有关问题进行了深入研究和分析。在项目高层设计汇报评审会上，与会专家对项目组的工作给予了充分的肯定。2005年同时启动的企业级数据仓库建设项目目前已经完成了全行核算类数据的加载，并开始进行监管报表试报工作。基于数据仓库的资产负债管理系统已进入实施准备阶段。资产负债管理速赢系统在对外信息披露方面已开始发挥作用。

（五）完善成本管理方法，拓宽收入渠道

2005年，全行积极探索，通过在节支和增收两个方面的努力，合理控制成本收入比率。

总行成立了成本控制委员会并启动相关工作，明确了在全行范围内推进成本控制的总体思路，加强对全行成本控制工作的组织和协调。全行成本控制意识不断提高，一些分行主动退回费用指标，这在过去是不可想象的。总行本级采取多项措施降低成本，包括推行IP电话缴费、机票集中采购等，为全行作出表率。加强机构整体布局规划和优化整合，2005年全行净减少低产网点328个，并推动试点分行进行机构规划布局优化工作，促进了财务资源使用效率的提高。研究加强主动负债管理，及时根据市场利率走势和资产负债管理要求，提出并实施了同业存款全额计价试点，在一定程度上控制了高成本负债的快速增长，直接压缩成本相对较高的同业存款规模近百亿元。积极推进全行固定资产集中统一投保的工作，努力降低保险费支出。

大力促进中间业务发展，积极改善收入结构，通过增收来提高经营效率。2005年，总行全面启动中间业务整体推动工作，在中间业务重点产品推动、政策措施落实、基础管理改善等方面都有了一定进展。全行全年实现中间业务收入118.7亿元，同比增长24.7%，占主营业务收入的比重上升到9.2%。特别是我行在同业中首推小额账户收费，截至年底，收费账户达1.7亿户，占全部活期储蓄账户的61%，收费共计4.8亿元，占全年中间业务收入的4%。通过收费管理，将注销低效、无效账户近1亿户，占全部活期储蓄账户的35%，提高了系统运行效率，降低了成本。

（六）基础管理工作继续加强

2005年，总行及时研究和出台了房改、车改、审计系统财务管理等各项政策。彻底消化了积累多年的福利费红字，为全行企业年金制度改革奠定了基础。总行计财部门成立税务管理处，统一管理和筹划全行税收，积极研究境外分行税收管理政策和总行本部个人所得税筹划方案，取得了初步进展。总行组织开展全行财务规范性清理检查，对账外资产和"小金库"等问题进行了专项清理。针对清理检查中发现的问题，及时进行了整改落实。同时，全行完善非现场监管数据库，加强和改进了财务规范性管理，有效降低了潜在财务风险。2005年，总行还制定了机构、客户、账户、行业等数据标准，并在ECIF、OCRM等项目群中进行了验证，在一定程度上降低了系统并行开发出现新的数据不一致的可能性。总行还设计了一套涵盖主要业务指标、同业信息等在内的共享报表，按月通过管理信息平台系统向总行相关业务部门和一级分行分发，降低了相关信息的获取成本，提高了信息利用率。

计财工作良好成绩的取得来之不易，凝聚了全行许多同志的汗水和心血。作为计财战线的一员，我为同事们的出色表现而感到光荣和自豪，在这里我谨代表总行管理层向大家表示衷心的感谢！

工作中也存在诸多困难和问题：第一，全行利润增长面临很大压力。在目前利差较大的情况下，建行的利润基数比较高，随着利率市场化进程的加快，要保持目前的利差空间及盈利水平并实现利润合理增长存在难度。特别是汇率风险的上升给我们未来年度的盈利增长带来了巨大压力。第二，财务收支结构尚不合理。从收入结构上看，全行中间业务收入增幅及在主营业务收入中的占比尚未达到我行估值模型中提出的目标，与国际先进商业银行的收入结构相比差距更大；个人信贷业务收入占比小，增长也不很理想，与战略发展要求相比还有差距；同业比较，中心城市行的发展也未显现明显优势。从支出结构上看，非人力费用支出占比还较高，支出压力大，比如目前全行网点自有率低，网点租赁费较高，又未享受到固定资产增值带来的利益，网点稳定性也受到很大影响。我们的成本收入比虽然较低，但仍高于工商银行，在国内同业中尚未建立绝对优势。而且目前较低的成本收入比是在人力资源没有完全实行市场化，人力成本偏低的情况下实现的。从总体上看，全行降低成本、增收节支的压力仍然很大。第三，在财务规范管理方面还存在不少问题。一是账外资产存量较大，且仍在暴露之中；二是小金库还未得到根本杜绝；三是违反财务授权管理及重大财务事项报告制度的现象在部分基层分支机构比较突出；四是虚构或变更经济事实入账、违规处理财务事项的情况还在一定范围内存在；五是财务核算的水平还有待进一步提高。第四，管理会计信息基础建设还比较薄弱。分部门、产品、客户等维度的核算体系尚未建立起来，内部资金成本、费用成本、风险成本、资本成本的计量以及共同收入的合理分解尚缺乏科学的信息支撑，横向绩效考核的推进面临较大困难。第五，财务体制尚未理顺。近几年全行财务管理集中度虽逐步提高，但财务体制纵向分散的问题还未彻底纠正，与此同时，随着总行业务部门参与资源配置的力度不断加大，又出现了一些新的矛盾和问题。随着业务单元制的逐步推行，要逐步增大各部门在财务资源配置中的参与程度，计财部门要积极主动地适应这种变化，在这一过程中必须坚决贯彻落实全行统一的发展战略，必须坚持权责统一，必须坚持计划财务部门的统一归口和统筹安排。第六，全行财务管理水平与资源配置能力还需进一步提高。与国际先进商业银行相比，我行的流动性管理、市场风险管理能力还比较薄弱，财务报告能力还有很大差距，内部绩效评价体系不统一，不全面。在资源配置政策上如何集中力量突出重点，保证有限投入获得最大产出方面还要继续加强研究。针对这些问题，我们必须继续深化计财改革，加快计财管理创新，借鉴国际先进商业银行的财务管理经验，完善各项财务管理体制和机制，全面提高计划财务管理水平。

二、未来三至五年计划财务工作的战略目标和改革思路

未来三至五年，全行计财改革与发展的战略目标是：努力建立国内同业领先、国际一流的价值管理机制、资源配置体系和资产负债管理体系，构建符合国际标准的财务报告和多维度财务分析系统，逐步委派财务总监（BFO），进一步深化财务管理体制改革，力争主要资产负债和财务指标达到国际一流银行水平。

要实现上述战略目标，要以改革为主线。总体思路是以价值创造评价为枢纽，优化资源配置机制，努力完成从核算和控制为主向以价值管理为主的根本转变，使计财部门真正成为全行价值创造的“战略合作伙伴”。

具体要做好以下几个方面的工作。

一是要以全行发展战略为导向，落实“以客户为中心”的经营理念，提高资源配置能力。建行的资源配置机制在国内同业中有自身的特色和优势，今后要继续将资源配置作为一项全局性工作来抓。主要抓好五统筹：第一，统筹协调各种资源配置方式，充分发挥综合经营计划综合配置资源的核心作用；第二，统筹协调当前与未来、收益与风险的关系，在保证实现年度经营目标的基础上体现对长期战略性业务的资源支持；第三，统筹协调不同区域的投入，保证资源配置突出重点、兼顾一般；第四，统筹协调条块资源配置的关系，积极稳妥地推进区域配置模式向条线配置模式的转变，为未来组织机构改革奠定基础；第五，统筹协调股东、公司与个人的收益分配关系，尽可能发挥各方面创造价值的积极性。

在抓好五统筹的过程中，要关注三个重点：第一是要根据全

行发展战略导向，落实“以客户为中心”的经营理念，充分贯彻中、后台部门为前台部门服务的思想。要加大对业务一线，特别是对营销环节的资源投入力度，体现财务资源对客户拓展和业务经营活动的优先支持；要为前台部门提供专业的投入—产出分析和财务评价服务，对前台部门财务预算的编制、执行和控制提供专业咨询、指导和把关。第二是深入推进中心城市行战略。要加强对中心城市行竞争力的分析，确定对中心城市行的管理思路和目标，落实中心城市行分类指导和差别化管理政策措施，加强对总行单列、直管二级分行的管理和资源配置力度。第三是积极推动业务转型，提高非利差收入占比。要从资源配置政策、激励约束机制和产品管理三方面下功夫，促进中间业务持续、高速增长。

二是要加强管理会计信息基础建设以及绩效评价体系建设，提高对外信息披露和内部管理会计报告水平。要以 ERPF 项目为契机，建立全行统一的、全面完整的、立体多维的会计总账，满足资本市场对财务信息披露的要求，同时为内部管理会计的实施建立核算基础；通过分阶段实施费用、固定资产、采购、预算管理等各项财务应用系统，逐步提高成本分摊以及收入分享的科学性和准确性，建立财务管理的标准化、自动化、集成化处理的技术平台，不断优化财务管理流程，减少手工操作，提高工作效率。通过逐步建立和完善基于数据仓库的财务分析系统、资产负债管理系统及相关管理信息系统，加强对各类基础数据信息的管理、整合和应用，提升管理会计报告水平和决策支持能力。

在绩效评价方面，重点完善对分行、部门、经营产品等纵横向的绩效评价模型，探索建立对业务单元的经营绩效考评体系，并逐步推进到员工等更多维度。通过对平衡积分卡方法和实践的研究，改进和完善等级行评定指标和关键业绩指标。

三是要实施战略成本管理，优化财务收支结构，提高持续盈利能力。严格成本控制标准，推行集中采购制度，合理控制非人力费用支出增长等，对我们仍旧具有十分重要的现实意义。但成本管理不能局限于此。全面成本管理应包括对资金成本、营运成本、风险成本和资本成本等，在传统成本管理经验的基础上，不断推进全面成本管理是我们努力的方向。如要通过多种手段鼓励发展中间业务，推动业务转型；要高度重视人力资本的价值维护和发掘工作，积极安排培训费用支出；积极优化资本结构，不断降低资本成本；要通过合理的购并行为，争取更多业务扩张和利润增长的机会，提高资本回报率；等等。

四是加强资产负债管理，提高资金运用效率和市场风险管理水平。要充分利用人行现代化支付系统、小额支付系统和我行 DCC 系统等，降低分行机构的超额备付，加大总行集中资金和市场化运作资金的力度，提高资金运用效率；要加强对市场利率、汇率的监测、研究和走势预测分析，做好全行利率风险和汇率风险敞口管理，有效规避市场风险，降低市场风险变化对全行效益的影响。

五是要加强与美国银行的合作，完善集中统一的财务管理体制，积极推行财务总监制度改革。一方面，要利用 ERPF 上线之机，逐步建立内部财务服务的共享平台，提高财务管理的集约化程度，降低财务风险，提高财务处理流程的标准化和规范化水平，使我行在实现财务管理集中统一方面得到更大推进；另一方面，加强与美国银行在财务管理方面的合作，引进先进经验，逐步推行财务总监（BFO）改革。这项改革将实现由总行向一级分行、境外分行、实行系统直管的业务单元以及总行直接管理的其他机构逐步派出财务总监。通过将财务管理活动与业务经营过程有机地结合在一起，确保财务管理活动向业务经营管理过程的有效延伸，实现财务管理与决策支持的前移，更深入地落实“以客户为中心”的经营理念。

三、关于 2006 年综合经营计划安排的说明

2006 年综合经营计划总的指导思想是按照现代上市银行的要求，坚持“以客户为中心”和“以人为本”的经营理念，以战略规划目标为导向，以结构调整为主线，强化经济资本和经济增加值两个核心机制，增强计划对年度经营的全面指导及激励约束作用。

（一）主要经营计划指标

2006 年，全行计划实现利润比 2005 年同口径增长 14%，股本净回报率达到 15% 左右，总资产净回报率达到 0.90% 左右，资

本充足率高于12%，不良贷款率计划控制在3.90%左右，成本收入比计划控制在39%，不良贷款拨备覆盖率计划达到80%。总资产计划增长11%，其中，个人类贷款增长20%，公司类贷款（含贴现）增长10%。总负债计划增长11%，其中，个人存款增长11.6%，公司存款增长11%。收费类收入实现30%的增幅。

（二）计划安排的思路及相应资源配置政策

作为上市银行，履行对投资者的承诺、实现股东回报是最根本的要求。这是我们必须面对的压力。今年对个人类贷款和中间业务收入增长设定了比以往高得多的增幅，就是为了落实估值模型中的参数。实事求是地说，2006年的计划安排是偏紧的，要想实现，难度和压力都是比较大的。如果我们不设定这样的目标，不努力抓紧进行收支结构的调整，不加紧增强全行在中间业务领域的竞争实力，我们未来盈利能力的提升、战略目标的实现就无从谈起。

实现计划目标存在一定困难，但如果积极努力，还是可以完成的。就中间业务收入计划而言，第一是我行中间业务收入基数小，总量目前只有中行的一半左右，增长潜力大；第二是随着利率、汇率改革的推进，全行对发展中间业务的重视程度逐步提高，可通过加强交叉营销、继续加大睡眠户清理力度、创新收费手段等多种方式拓宽中间业务收入来源；第三是总行在资源配置政策中已经体现了对中间业务的大力支持，各级行要在总行的政策指导下，充分调动各级行员工发展中间业务的积极性。就个人信贷业务计划而言，国家宏观经济形势持续向好、全行资源配置政策向个人银行业务领域倾斜、我行在个人住房贷款领域的传统优势和经验、与美国银行的战略合作等都是有利条件。还要正确处理好战略性业务与非战略业务的关系。发展战略性业务，不等于说其他业务特别是对公信贷业务就不抓不做了。对公业务收入在今后一定时期内仍将是我行的主要收入来源。

为保证计划目标的实现，总行在资源配置政策上作了如下安排。

一是在费用配置方面，突出体现“以人为本、战略先行、保证基本、明确激励”的指导思想。通过基本工资及计提费用体现基本保障功能，在2005年大幅增长的情况下，2006年继续稳定增长，并与战略性人力费用增幅相当；通过绩效工资及计提费用体现激励约束功能，促进各行努力扩大利润，创造经济增加值；在上年安排专项激励非人力费用的基础上，进一步安排战略性人力费用，以加大对个人业务、中间业务、信用卡业务等影响建行未来核心竞争能力的战略性业务的支持，并对资产质量控制、新兴渠道建设等关乎全行长期价值增值的重点项目予以战略性费用激励。为加大培训力度，2006年要较大幅度地增加培训费支出，各分行在费用配置上也要作出相应安排；根据全行业务条线的发展要求，特别安排了部门业务拓展费用，由部门和条线制订具体分配方案。计划单列中心城市行由上年的8家增加至20家，在继续实行计划单独管理的基础上，进一步加大资源倾斜和考核力度，在人力费用总量挂钩比例、非人力费用增量安排政策等方面，进一步加大对长三角、珠三角及环渤海地区绩优分行，特别是北京、上海、广州、杭州等特大城市行的倾斜力度，原则上对此类分行的费用安排占比高于全行平均水平，保证中心城市行费用支出占全行费用支出的比重逐年提高。同时，总行也希望中心城市行的业务和效益增速不低于全行平均增速，不低于当地同业增速。

二是在资本性支出和网点配置方面，在保障基本生产运营的基础上，依据全行战略规划安排，继续大力提升能够增强我行市场竞争力和持久盈利能力的固定资产投入比重，重点安排营业网点装修改造，ATM等自助银行设备、计算机等主要生产性运营设备更新及全行战略性科技信息项目建设投入。对计划单列中心城市行单独下达资本性支出计划，确保中心城市行的资本性支出投入下限。2006年购建支出总量计划安排108.7亿元，比2005年增长35.3%。其中，营业网点装修购置计划安排35亿元，较2005年增长70%。其中，北京、上海、广州等特大城市行的网点装修需求基本得到满足，网点购置优先安排十个特大中心城市行，总量占比达到70%。

三是在经济资本配置方面，对个人商业用房贷款、住房类房地产开发贷款、基本建设贷款等战略重点产品直接设定区域差异化的经济资本分配系数，下调个人住房贷款、个人助业贷款的经济资本分配系数，中间业务不分配信用风险经济资本，允许分行自行进行公司类贷款经济资本向个人类贷款经济资本调剂。对流动资金贷款等产品按客户和风险缓释维度直接设定经济资本分配系数，突出体现对产品、业务、客户发展战略的支持；对长三角、珠三角、环渤海等战略重点区域实施下浮的区域调节系数，对20个计划单列中心城市行直接配置经济资本，安排较高的信用风险经济资本增长率，优先满足战略重点区域和中心城市行的经济资本配置需求；通过将自助银行设备和网点购置、装修（含在建网点）的经济资本分配系数设置为零，对近期自助银行设备、网点购建和装修等资本性支出项目给予政策支持，引导分行在财务资源配置时优先保证与业务发展关系密切项目的财务资源需求。

（三）关于关键业绩指标体系的设置

为更加全面地衡量和考核系统内各一级分行经营管理成效，有效落实“以客户为中心”和“以人为本”的理念，2006年关键业绩指标体系在充分借鉴平衡积分卡的管理思想，设置了效益指标、质量指标、战略指标三大类共20项指标。与2005年体系相比，2006年指标体系的改进体现在以下几方面：一是精练指标，突出重点。2006年指标设置强调重点突出、目标明确。比如，效益指标取消“考核利润”，质量指标取消“非正常贷款比例”，战略指标取消“审价咨询业务收入增长额”等，通过减少指标数量，引导分行关注关键指标。二是完善指标内容，突出体现战略要求。如将“中间业务收入增长额”划为“公司收费类收入增长额”和“个人收费类收入增长额”两个指标，同时进一步加大中间业务和个人银行业务指标的考核权重。按照重点发展区域实际特征，将“中心城市行效益增长率”充实为“中心城市行效益及市场份额增长率”。增加了“客户满意度”和“员工满意度”两个指标，将财务要素和非财务要素紧密结合起来。通过设定客户战略指标，引导分行围绕客户加强市场营销，加快业务拓展，加深流程再造和优化组织架构；通过设定员工战略指标，促使分行充分激发员工潜能，提高员工主动性、积极性和创造性，关注企业和员工共同成长。三是增强内外部管理要求对体系的指导性。如效益指标中增加“成本收入比”指标，要求分行更加注重管理效率的提升；质量指标将“关注类贷款向上迁徙率”调整为“关注类贷款占比”，强调关注类贷款对控制资产风险损失的重要性；战略指标中增加“机构及人员调整”指标，主要是鼓励中西部地区分行进一步加大机构及人员调整力度，同时在特大中心城市行，鼓励适当增设网点，进一步提高市场竞争力。这些指标不作为指令性指标考核，各行可根据各自的承受能力主动、积极地安排。

四、2006年全行计划财务工作重点和要求

（一）精心组织综合经营计划的实施，确保年度经营目标的全面实现

郭董事长、常行长在去年秋季座谈会和昨天的工作会议上对全行下一步发展战略以及今年全行工作目标和任务作了全面安排和部署，各分行要正确理解和贯彻综合经营计划的政策导向，做好政策传导工作，保证总行的政策意图在各级行、各部门切实得到分解和落实，充分发挥综合经营计划对全行经营发展的指导作用。各级行在综合经营计划的组织实施中，要认真按照发展战略要求，科学配置财务资源，充分体现战略导向，积极推动战略性业务发展，促进长期价值创造能力的提升。同时，各级行在进行财务资源分配时要注意向一线员工落实和倾斜，充分支持市场营销和业务拓展。各经营部门要按照部门条线的年度经营策略和经营目标要求确定客户、产品策略，明确市场定位，按照计划安排和战略导向加强市场营销，合理安排部门业务拓展费用，并要加强对计划执行的动态监控和主动管理。

对于计划执行过程中资金来源与运用的平衡问题，各行要正确看待。总行一直强调作为统一法人，全行要统筹安排资金余缺，不要求各行自求资金平衡。由于各行所处的市场环境不同，有些分行适宜以负债业务为主，有些分行则适宜以资产业务为主。总行强调各行要根据当地市场情况、因地制宜地发展自身优势业务，对于需要资金且资产质量好、符合总行战略导向的信贷业务，总行完全有能力充足供应所需资金。总行将通过转移价格机制引导分行合理安排资金来源与运用。

《2006年一级分行负责人年度考核关键业绩指标（KPI）体系》在2005年考核指标体系的基础上按照全面综合、效益核心、质量改善、战略导向、重点明确的原则进行了调整优化，

各分行要认真领会总行政策意图，深刻理解考核指标体系调整的内涵和导向，并贯彻落实到经营管理活动中，努力提高经营效益、确保经营安全，圆满实现年度经营目标。

（二）进一步加强规范管理，切实规避财务风险

2005 年的成功上市使建行真正成为公众银行，规范经营和管理对我们来说更为重要。任何一个机构违规违纪事件的发生已不仅仅意味着风险损失，更重要的是，将直接影响我们在资本市场的形象，影响投资者对我行的评价和信心。计划财务部门尤其是总行计财部门要进一步做好现场和非现场财务监管，有针对性地组织开展财务规范性专项检查，对重大财务违规违纪事项建立问责制。同时，还要加强对分行的指导和培训，尤其是新业务的培训更要引起重视。目前很多违规问题是由于基层行不理解、不熟悉业务规定而引发的，对此，总行要多做些工作。此外，还要加强制度修订工作，增强相关制度、办法的可操作性。

（三）按照内部管理要求进一步细化核算，强化考核

科学准确的核算信息是内部管理、分析和考核的重要基础。从现状来看，我行的核算体系还存在核算维度和精细度不够、核算信息量不充分的问题，无法完全满足产品核算信息、客户核算信息、渠道核算信息等多个维度的信息需要。今年要在细化核算方面多做些工作，要根据业务部门和管理部门的实际需要改进核算体系，在初始记账阶段尽可能地将各类信息清晰的记载下来，依靠相关信息系统建设加大核算的信息量，以为后续的管理分析和考核提供有力的支持。

通过落实考核责任推动全行实现计划目标是我行这几年一贯坚持的方针，今年还要继续强化。全行要继续坚持和完善以经济增加值为核心的绩效评价体系。要进一步提高分行及业务条线的财务效益意识，摈弃不计成本片面追求存款规模的做法，部分分行尤其是基层行仍然存在的存贷款单项考核、钻外部政策漏洞通过教育储蓄存款等名目变相高息揽储等行为，既扰乱了当地金融市场秩序，又损害了我们全行的根本利益，必须坚决加以纠正和杜绝。同时，要以财务应用系统上线为契机，推进业务单元计划体系的建立，继续深入研究横向绩效评价模型，尤其是试点业务单元的绩效评价模式和方法，推动纵横结合的绩效评价体系的有效建立，进一步强化和落实考核责任。

（四）优化财务收支结构，提高盈利能力

首先，要积极实施战略成本管理，继续探索成本管控的新举措，通过成本管理创造价值。一是在完善现有费用定额和支出配置标准的基础上，进一步研究制定办公用房、电子银行设备等成本支出定额和配置标准，促进预算编制和成本管理的标准化、规范化；二是逐步引入作业成本法，对财务审批、财务授权、预算管理、本级管理、投资管理等各种流程进行认真梳理，从节约成本和提高效率的角度不断优化和再造财务管理流程；三是在总结过去几年集中采购经验的基础上，梳理现有规章制度和操作流程，兼顾规范和效率，改进集中采购管理办法，继续推进集中采购的规范化和标准化，提高集中采购管理水平；四是各级行要继续加强本级财务管理，组织分析和梳理各类成本费用支出，从精简流程、简化需求、优化控制手段等方面入手降低成本，压缩办公费用，要继续推广和完善本级费用预算管理，充分发挥本级成本归口管理部门的作用，明确责任，加强考核，推进本级财务审批和报告流程的规范化工作；五是要认真梳理我行经管管理中的涉税事项，制定各项税务处理的具体政策和指引，规范税务处理的业务流程，加强税务管理基础建设，合理降低税收成本。

其次，要继续做好中间业务整体推动工作，促进财务收支结构改善。2006 年要在中间业务整体推动框架下，落实 10 个重点中间业务产品及 3 个利润中心的推动工作，开展统一定价营销策略下中间业务收入的还原核算与中间业务管理信息系统开发等基础性工作，制定《中国建设银行中间业务管理办法》，强化基础研究、政策研究、产品研究和宣传推广，为全行业务转型奠定更加坚实的基础。

（五）加强流动性管理和市场风险管理，防止利率、汇率变化对全行经营效益产生不良影响

资金富余、运用压力大是我行近几年来一直面临的难题，资本保值增值对资产负债统筹管理提出了更高的要求。一方面，要加强流动性管理，鼓励风险控制能力强的行营销更多的优质贷款，提高全行资金运用效率；另一方面，主动负债管理必须尽快提上重要日程。要在同业存款全额计价的基础上创造条件，试行资金全额计价管理。同时，要引导分行围绕效益目标，有所为有所不为，在夯实我行目标客户基础的前提下，发展有效益的存款，通过显著降低存款利率压缩高成本的同业存款。在去年顺利开展小额账户收费业务的基础上，继续研究细化账户和交易收费办法等，扩大主动负债的管理范围和管理手段，努力提高中间业务收入。

2005 年人民币汇率的上升对我行的外币资产价值产生不利影响，2006 年这一影响有可能会继续扩大，甚至可能将我们当年的新增效益全部吞噬。为此，总行要加强对市场风险的研究，积极探索各种衍生工具手段，努力通过市场运作规避风险，避免价值损失。

（六）大力推进中心城市行战略的实施

一是 2006 年将计划单列中心城市行个数由上年的 8 家增加至 20 家，在继续实行单列管理的基础上，进一步加大资源倾斜和考核力度，在人力费用总量挂钩比例、非人力费用增量安排政策、经济资本区域调节、资本性购建支出、人才配备和机构网点设置等方面，均体现对中心城市行发展的支持；二是考虑在已单列的城市行中，选择部分当地经济金融资源丰富、有发展空间、近几来在系统内和当地同业排名靠前、有管理优势的二级分行由总行直管，在财务资源投入、人力资源配置、组织机构调整、授权管理等方面加大总行管理力度；三是改革省会中心城市行的管理模式，将一些应该集中到省分行经营管理的事项集中起来，同时通过工薪制度改革，鼓励中、后台人员到一线去做客户经理、风险经理、产品经理；四是分行要积极提高中心城市行的综合竞争力，不仅要在传统存贷款业务领域继续保持优势，更要积极发展中间业务以及其他战略性业务，促进中心城市行竞争能力的提升。

（七）通过培训、监督检查和简化审批流程来提高定价能力

2006 年价格管理要重点做好以下几项工作：加强基础建设。编写定价培训教材，举办定价师资培训班，指导全行系统版开展覆盖各级机构和各业务条线的定价培训。对历年利率、汇率和费率管理文件进行系统梳理，提高学习和查询效率。建立或优化主要产品和服务的定价模型和定价参数，出台更贴近前台和基层需要的定价指导建议。确保存贷款定价系统成功上线和推广，为客户经理定价提供最便捷的技术支持。加强价格监督和检查。全行价格管理重心要积极稳妥地从事前价格审批过渡到事后价格检查，对不合规行为加大惩处力度。要从重点产品入手，借助信息系统逐步建立全面高效的价格监测体系。优化价格形成机制和定价管理流程。要进一步强化内部资金利率在最终价格形成中的间接调控作用，进一步扩大前台部门和基层行自主定价空间，要做好将一级分行定价权限授予二级计划单列行的改革试点工作，提高市场响应速度和客户服务效率。

（八）将网点管理的重点由压缩撤并转到优化布局提高质量上来

经过几年的撤并，全行虽然还有一些低效网点，但已不是网点管理的主要矛盾。造成低效的原因很多，如选址不当、人力配备不够、环境发生变化、同业竞争加剧等。各行可因地制宜想办法减少这些网点，如迁址、增加人力、改善形象、提高服务效率等。总行不下达指令性撤并计划，不搞一刀切的评价标准。今后网点管理的主要任务是改善布局、提高品质。受历史原因、管理手段和城市格局变化的影响，我行存量网点布局不合理、新增网点缺乏系统性规划、网点建设程序不规范的问题越来越突出。总行正在研究网点布局方法，争取上半年提出指导性意见，下半年各行据此做好辖内各城市行 2008 年前的网点布局规划，包括网点总量、类型构成、具体地理位置等。同时出台网点建设程序，改进评价方法。评价要侧重服务质量、风险控制能力和业务交易量。

（九）积极推进以集中统一为特征的财务管理体制改革

2006 年，总行将吸收美国银行的先进管理经验，首先向信息技术部门派出财务总监（BFO），进行 BFO 改革试点，进一步加强对专业部门的服务和财务管理，为未来业务条线 BFO 制度的推广奠定基础，并在条件成熟时向其他业务条线派出 BFO。设立财务总监的目的，不是替代或减轻业务单元或机构负责人作为本单元财务管理和资源配置的决策者所承担的职能或作用，而是通过成为他们的业务合作伙伴，协助其规范财务管理行为，整合财务管理信息，提供专业化的财务管理服务和科学的决策咨询支持，更好地满足前台部门在拓展业务过程中和中、后台部门在提供支持保障过程中对财务信息和财务资源的内在需要，同时提高财务监督力度和规范管理水平。BFO的汇报路线明确为向计财部门汇报为主，BFO的工作绩效以计财部门为主负责考核。在履行职责的过程中，BFO既要对所在分行和业务单元财务管理的规范性和有效性负责，又要对其在支持业务发展过程中所提供的服务水平和服务效率负责。

为稳步推进业务单元制发展，逐步建立符合国际规范和全行战略发展要求的业务单元财务分析及报告体系，激励并强化业务单元的经营管理责任，在目前的管理基础及信息条件下，总行选择了经营职责边界相对清晰，分行承载的业务范围相对单一的资金业务、信用卡业务、基金托管业务，作为业务单元财务报告的试点，自2006年开始尝试编制三大业务单元的经营计划并据此进行分析和报告，在此基础上还要根据计划执行情况和绩效考核结果逐步加大激励力度，强化业务单元计划对年度经营的全面指导及激励约束作用，突出以业务单元为整体统筹安排财务计划和资源，为未来以业务单元为主体集中统一配置资源奠定基础。同时，在此过程中要正确处理好计财部门与业务部门之间以及总行业务部门与分行业务部门之间在资源配置中的关系，既要优化资源配置方式，适度加大业务部门参与资源配置的力度，也要将资源配置权力与绩效考核责任紧密结合起来，防止出现财务体制横向分散的现象。在集中统一配置财务资源的基础上，确保实现全行战略目标。

（十）大力推进财务信息系统建设，提升信息披露水平和财务管理能力

2006年，要加快财务应用系统的建设步伐。全行财务应用系统被列为科技应用项目群中优先实施项目，项目实施不仅是信息技术的运用，更重要的是要利用系统实施的契机，改进我行现有的业务管理模式和流程，提升管理水平。目前，ERPF项目已完成了现状分析和高层设计方案，一期计划在2006年实现总账模块上线运行，以提升我行资本市场信息披露能力。与此同时，还要完成经费、固定资产模块在试点分行的上线，并在以后年度实现全行推广，通过财务流程的标准化、自动化和集中化，提升财务管理水平和能力。相关分行要予以高度重视，积极为系统建设提供人才资源和信息支持，配合做好数据转换、测试、培训等工作。2006年，数据仓库项目将实现资产负债管理应用一期上线运行，年内还将启动数据仓库二期项目建设，实现对客户基础数据信息的整合和管理，相关单位要予以积极配合。继续做好信息披露的基础性工作，保证信息采集、加工和汇总的及时性和准确性，避免数据编制和信息发布中的风险，保证信息质量；继续做好中期报告和年报的编制工作，加强与国际评级机构的沟通，深入研究国内外同业信息披露特点和经验，提高信息披露水平。

切实转变经营理念和方式
打造国际一流私人银行

——在中国建设银行个人高端客户业务座谈会上的讲话

（2006年5月16日）

范一飞

同志们：

今天，我们在这里召开全行个人高端客户业务座谈会，目的是请大家献计建言，集思广益。下面，我讲三个方面的内容，供大家讨论。

一、个人高端客户业务发展现状

（一）在发展个人高端客户业务方面取得的成绩

我行四年前提出高端客户概念，去年6月份成立高端客户部，以全行整体的个人银行业务为依托，以多年累积的客户群体为基础，在个人高端客户业务拓展方面取得了巨大成绩。

截至2006年第一季度末，全行共发展个人高端客户约123万人，其中，分行级客户92万人，总行级客户30万人，顶级客户1.1万人。据测算，全行个人高端客户金融资产达到了5 700多亿元，存款余额达到5 470亿元，分别占个人客户总金融资产和总存款余额的18.06%和18.73%。

从服务渠道的建设情况看，截至2006年第一季度末，全行共建立财富管理中心4家，个人理财中心365家，理财室1 759家，理财窗口7 299个。

全行个人客户经理总数达到14 760人，其中，负责维护个人高端客户的专职客户经理达到5 443人，金融理财师308人。

经过几年的努力，建设银行已经初步具备了服务个人高端客户的能力。目前，我行个人高端客户的数量还在迅速增长，业务规模和效益对建设银行的贡献都在稳步提升。大家在这几年探索出了不少识别个人高端客户、服务个人高端客户的好经验、好做法，这是十分珍贵的，非常值得重视。

（二）在发展个人高端客户业务方面存在的差距

在这个领域我们毕竟还刚刚起步，还存在不少的差距和不足。主要表现在五个方面。

1. 认识还没有完全到位。部分分行的一些负责同志没有充分意识到发展个人高端客户的重要性和紧迫性，没有从战略高度对待个人高端客户业务，差别化服务没有落到实处，业务流程等方面也没有及时创新，跟不上市场发展，跟不上客户需求。

2. 机制还没有完全理顺。虽然我们在很多分行都成立了专门的个人高端客户部门，有具体负责部门，但横向协调和支持还比较薄弱，单打独斗的多，整体联动的少。

3. 市场响应速度偏慢。在同业中，我们的理财产品无论是推出的速度和频率，还是销售规模，都显得比较逊色。特别是产品研发机制不健全，从客户需求采集到产品创意、产品设计及市场营销都没有形成较好的流程，跨部门、跨委员会的协调成本较高，周期偏长。

4. 差别化服务还处在较浅层面。在全行范围内缺乏对客户统一的服务标准，对同一类型客户的标准化服务没有做好，对不同类型客户的差别化服务也没有做到家，特别是对1万多个顶级客户还没有形成一套独有的服务流程和方法，没有研发出适应这些客户需求的系列产品。

5. 渠道建设需要进一步加强。我们虽然建设了一些财富管理中心、个人理财中心、理财室，但从总体来看，这些物理环境方面的改造和建设，还难以满足个人高端客户的需求，没有建立专门为个人高端客户服务的网上银行网页和电话银行专线。专职维护客户关系的客户经理队伍数量严重不足，根据现有的个人高端客户的数量和有效的维护能力来测算，全行现在的专职客户经理缺口为5 000人。

二、切实转变经营理念

（一）个人高端客户是建行个人银行业务效益的主要增长点

“二八定律”揭示了一个客户贡献度的统计规律。在厦门市分行，个人高端客户只占整个个人客户数量的4.2%，存款占比却达到72%；浙江省分行个人顶端加上高端客户数量占比为8.01%，对新增业务的贡献度高达80%。麦肯锡调查显示，未来几年，占个人客户2%的高端富裕客户和18%的大众富裕客户将带来93%的个人银行业务贡献度。

中国现在还处在一个经济高速发展时期，基尼系数很高。在收入分配方面，中国现在正好处在“倒U”曲线的前半部分，无论是收入方面还是财富方面，分配不均衡的情况比较显著，而且还在扩大。我行个人客户群体的财富和业务分布也会随之变化，高端客户的重要性与日俱增。从各分行业务数据中可以看出，虽然个人高端客户近123万人，但这部分客户总数不到全行个人客户的1%，AUM总值和存款余额分别占全行个人客户的18%和存款余额的19%；个人高端客户人均AUM是普通个人客户的21倍。其实这在其他行业也一样。绝大多数国际航空公司利润的主要来源是头等舱顾客。一个航空公司办得好不好，就可看它的头等舱建得怎么样，头等舱上座率怎么样。银行因是直接与财富打交道，这个规律尤其明显，因此，我们对个人高端客户服务的工作怎么强调都不过分。

（二）个人高端客户的服务能力是银行核心竞争力的重要体现

银行的核心竞争力表现在很多方面，我认为，对个人高端客户的服务能力是银行核心竞争力的重要体现。大家在现实工作中体会比我深，真正体现一家银行业务能力和服务水平的，主要不是对中端客户和低端客户的服务，而是主要看怎样服务个人高端客户。但这种能力不是仅仅停留在服务环节，需要从怎样识别个人高端客户开始，知晓个人高端客户需求，并把这些客户引到适宜的服务渠道，最关键的则是要提供适宜的产品。

对个人高端客户的服务，也是未来中国银行业竞争最激烈的一个领域，无论是国内一些股份制的商业银行还是将来要进入中国的外资银行，它们一定会把主要精力、主要资源放在个人高端客户方面，人家没有可能也没有兴趣来跟我们争夺大众客户。如果把整个个人银行业务看做一个价值链，高端客户业务无疑处在这个价值链的顶端。目前我行个人银行业务的利润贡献度偏低，一方面，说明我行个人银行业务整体上还比较弱；另一方面，也说明我们的客户结构不合理。大家试想一下，如果我们的客户构成中，高端客户的比重再高些，我们整个个人银行业务的效益必定会有明显改善。如果我们不从现在开始快马加鞭做好个人高端客户的服务，几年以后我们的银行会变成什么样子？未来我们主要靠个人银行业务赚取利润，提高经济增加值，如果我们服务个人高端客户的能力提升不起来，这一点就无从谈起。

（三）服务好个人高端客户是落实“以客户为中心”经营理念的具体要求

我们强调“以客户为中心”，就是要尽可能地了解客户对金融产品和服务的需求，并最大限度地满足这种需求。大众客户及中低端客户、个人高端客户还有顶级客户，他们对金融产品和服务的需求是不一样的。如果不去分析每一类客户的特点和在产品及服务方面的特殊需求，不能够差别化地提供产品和服务，“以客户为中心”就是一句空话。从具体的实践来看，越是大众客户他的产品和服务需求越简单，越是高端客户他的产品和服务需求越复杂，这是一个普遍规律。由于这种差别，不同客户对服务渠道的偏好是不一样的。在办理业务过程中，需要客户经理的支持是不一样的，对客户经理的具体要求也是不一样的，当然在具体的业务处理中所花费的时间也不一样。

（四）正确处理好个人高端客户业务和一般个人金融业务的关系是做好个人高端客户服务的保证

一般个人金融业务是基础，个人高端客户业务是上层建筑。打基础的目的是为了把上面的建筑建好。只有把上面的建筑建完，才是完整的建筑物，才有使用价值，才能真正发挥效用。可以说，没有一般个人金融业务作支撑，个人高端客户业务不可能发展起来，但一般个人金融业务做得再好，不发展个人高端客户业务，这个支撑基础也就没有什么作用。我们要辩证地来看待一般个人金融业务和个人高端客户业务的关系，两者是密不可分的。

在日常的工作实践中要处理好这么一对矛盾，要看到两者之间的统一性。把一般的个人金融业务做好了，我们服务个人高端客户就有了基础；反过来，把个人高端客户业务工作做好了，我们就能获得更多的资源，可以赚取更多的利润，进一步提升我们服务大众客户的能力。如果我们总是将眉毛胡子一把抓，让个人高端客户和大众客户挤在柜台前一起排队，没有对个人高端客户的差别化服务，将会把很多个人高端客户挡在门外。长此以往，整个个人银行业务能力就会下降，到那个时候主观上想服务好一般大众客户，也无能为力了。

还要看到客户群体本身是在不断迁徙的，产品与特定的客户群体之间有一个对应关系，但这种关系并不是一成不变的。我们今天面向高端客户的产品，明天可能变成中低端客户所需要的。高端客户和中低端客户本身也是互为基础，相互提升的关系。但从一个特定的时期来说，我们的资源毕竟是有限的，如果把主要资源都投在中低端客户上，会影响服务高端客户的能力；反过来，缺少中低端客户这个基础，高端客户业务发展也受影响。这是一个矛盾。目前客户经理就这么多，网点就这么多，怎么较好地处理好这个矛盾？这是未来决定我们整个个人银行业务服务水平、管理水平很重要的方面。

三、下一步的工作目标和任务

下一步的工作目标是要争取用三年左右的时间建立一个完整、完善的私人银行业务体系。为实现这一工作目标，我们要做好以下五个方面的工作。

（一）进一步明确高端客户定位

我们面对的客户成千上万个，有效的个人账户总数超过1亿户。目前，在大类上划分为大众客户和个人高端客户，还是太粗，需要进一步细分。个人高端客户现在分成分行级客户、总行级客户、至尊级客户三类，具体标准是否合适，是否需要调整，如由原来的 AUM 20 万元提升到 50 万元，或其他的标准？这一方面要分析现实的客户群体和客户资源；另一方面，也要看我们客户服务能力。在实践中，一定要把这两方面结合起来，防止出现以下两种情况。一种情况是对个人高端客户定义过于宽泛，使这个群体数量过大，超出我们维护和服务的能力。另一种情况是我们有较强的客户服务能力，但客户数量严重不足，造成服务资源浪费。

我提出两个基本的要求。第一，客户数量不在多，而在于精。既然定位是个人高端客户，数量是不可能太多的。国外银行私人银行客户的标准很高，按照这个标准中国的私人银行客户不会太多，但是由于中国具体的国情以及人民币汇率被严重低估，我们起步的时候可以把个人高端客户的标准定低一点，将来逐步提高。但是定义多少高端客户，一定要量力而行，如果客户规模超出现阶段服务能力，势必会降低服务标准和服务质量。第二，需对个人高端客户进行细分。现在我们把个人高端客户分成三类基本上是恰当的，但具体每一类标准我们还可以再认真研究。我们要进一步完善客户关系管理系统，最大限度地把客户的数据收集齐、分析透。并在这个基础上进一步细分，使我们的客户划分标准更加合理、科学。这个环节非常重要，是我们做好个人银行服务工作的基础之一。

（二）建设专门的高端客户服务渠道

在服务渠道建设方面，要对现有全行 13 000 多个网点进行合理化、专业化的布局和建设，通过高、低柜和理财室为客户提供有差别的服务。在长沙座谈会上，我们对网点装修原则上提出两个要求：一个是部分高柜低柜化，另一个就是要尽可能多建一些理财室。深圳分行按照总行统一部署，建了两个样板网点，效果非常好。另外，要下大力气发展自助银行、电子银行，广泛布设 ATM，通过这些电子渠道的建设，最大限度地把大众客户从柜台分流过去，把客户那些最基础的取现、转账、缴费等业务分流过去，减轻柜台压力，减轻网点的压力和客流量，以腾出更多的精力和资源服务个人高端客户。要压缩高柜数量，就必须把自助银行建立起来，把手机银行、家居银行建好，对这个问题大家要从战略上给予重视。现在正是我们网点建设和改造的一个高峰期，每年我们在这方面的投入都是好几十亿元。如果网点建设规划上还像过去一样，就会造成很大浪费。希望大家对网点的布局、规划和建设有新的认识和新的举措。大家要牢记这一点：随着时间的推移，我们的物理网点会越来越主要地用于服务我们的中高端客户。

在此基础上，对个人高端客户也要建立专门化的服务渠道。在物理环境方面，我们已建立了财富管理中心和个人理财中心两个层次的服务渠道。对电子银行渠道而言，网上银行要有专门针对私人银行方面的网页；“95533”要有 VIP 服务专线，要缩短 VIP 客户打电话进来的等候时间，坐席员也要进行分类。房金部、信用卡中心也需对所服务的客户进行分类，做到差别化地开发产品，差别化地服务客户。

（三）开发有竞争力的产品

个人银行业务具体做得怎么样，服务很重要，但不是强调服务本身就能解决问题，就服务论服务，解决不了个人银行业务发展的问题。服务通过什么来实现？有两个方面，一方面是渠道，另一方面是产品。我认为，现在制约我们个人业务发展的也主要是这两个问题。这两个问题解决好了，我们的服务自然就上去了；解决不好，我们天天强调服务，客户也不会满意。

渠道方面，刚才我已经讲了，关键是功能和服务对象要有区分，让客户各得其所。相对而言，这方面的工作还好做，真正难的是产品，真正制约我们的也是产品。大家在一线工作，这一点体会可能比我深，巧妇难为无米之炊，渠道建得再好，客户关系工作做得再有成效、再出色，没有产品提供给客户，客户最终也是不会满意的。这就如同开饭店，装修再豪华、格调再高，拿不出招牌菜来，是不会有多少回头客的。总行现在下决心要解决这方面的问题。首先，我们要建立一个对客户需求的快速响应机制。总行正在建设“客户之声”项目，这个项目建成以后，可以更好地帮助我们把客户的需求变成我们对产品开发和服务创新的需求。其次，还要提高学习能力。我们的金融业还不发达，相比成熟的市场来说，我们很多方面才刚刚起步，境外市场及国外同业值得我们学习和借鉴的地方很多。国外的很多产品经过本土化后，实际上是可以直接拿过来推广的。我们最终需要自主创新，但在自主创新能力培养建立之前，要注重学习、模仿，或直接从国际金融市场引进产品。总行决定在深圳成立个人银行产品的研发中心，就是因为深圳离境外市场近，学习起来比较方便、比较容易。

就产品创新而言，还有一条就是要调动各方面的积极性。特别是在个人银行产品研发中心成立以后，各个业务委员会、各个部门、各个分行在产品创新方面的责任不应该有丝毫的减轻，大家要一如既往地积极学习、积极探索。现在很多好的产品是靠分行创新出来的，因为分行离市场最近，客户在想什么，客户需要什么，分行了解得最直接、最充分、最清楚。总行对境外市场了解多一些，对全国情况了解多一些。要把总、分行优势充分地发挥出来，形成一股合力。产品创新有时候也体现为把一些分散在各个不同部门的单个产品组合起来，形成产品套餐提供给客户，在这种形式的产品创新中，跨部门的协作联动非常重要，个人委各业务部门要联合起来。

最后，要强调品牌战略。国外私人银行都有比较好的品牌。我们现在使用的“乐当家”这个品牌，能否作为个人高端客户服务的品牌，有没有更适合的品牌名称，这个方面我希望大家充分发挥才智，群策群力、共同策划。

（四）建设一支高素质的客户经理队伍

跟个人高端客户打交道是有一定难度的。个人高端客户关心的事情和大众关心的事情可能不一样，其思考问题的方式方法也不一样。他们的金融需求比较复杂，这需要我们服务个人高端客户的客户经理知识面要相当的宽。由于专职进行客户关系维护，客户经理需要比较深入、全面地去了解客户，更重要的是要在日常工作中寻找与客户的共同语言，真正能够沟通起来，这对客户经理的要求是相当高的。我们客户经理如何能得心应手地跟个人高端客户打交道，需要我们加强培训，需要努力地拓宽客户经理的知识面，提高其基本素质和服务技能。

与数量不足相比，服务个人高端客户的客户经理素质更为重要。在专业技能方面，现在中国金融教育发展基金会有金融理财师（AFP、CFP）资格认证。但这是外部的，我们客户经理队伍规模这么大，单靠外部的考试和培训，代价太高，速度太慢。更何况现在社会上认证机构鱼龙混杂，理财师的认证机构少说也有几十家，标准也不统一。在个人高端客户服务队伍建设上，我们要立足自力更生，要建立一个建设银行内部的、服务个人高端客户的客户经理培训认证体系。这个工作，个人高端客户部需重视起来，要牵头研究，力争通过三年左右的时间把我们服务个人高端客户的队伍建设起来，并把人员素质提升起来。

（五）建立单元化的管理体制和有效的激励机制

前面提到的服务标准化问题，还没有很好地解决。客户到我们不同的网点、不同的支行去，得到的服务体验好像到了两家不同的银行。这个问题要解决好，需要下很大的功夫。单元制的建立是解决这个问题一个非常有效的办法。如果说我们的个人业务是比较有条件建立单元制的，那么，个人业务条线中的个人高端客户业务尤其有条件率先实行单元化管理，客户对这方面的需求也比较迫切。前不久总行行长办公会讨论通过的中心城市发展战略，明确提出了今年底在40个大中城市把个人银行业务事业部建立起来。我们希望通过个人高端客户运营管理事业部的建立，推动统一的客户服务标准和质量管理体系的建立，进一步加强资源统一调度和有效利用，提升我们在这个领域的竞争能力。

各分行要高度重视个人高端客户服务组织体系的建立。总行不硬性要求分行一定要把个人高端客户部门从个人金融部门分设出来，但是原则上应该有专门的队伍，有专门的职能部门，哪怕这个职能部门是个人金融部门下面的二级部门也可以。独立后的个人高端客户部要更加紧密地加强与个人金融部和其他部门的协作。越是把这个部门独立出来，就越是要强调这个问题，否则就会违背初衷。

我们的客户关系管理（OCRM）系统按计划是今年全部上线，这对我们完善个人客户经理的考核是非常有帮助的，希望借系统上线之机，能够把考核机制建立和完善起来。个人高端客户领域比较专业，管辖的客户量也比较小，考核起来比较容易。希望各分行在这个方面先走出一步，这方面做好了，对我们整个个人银行业务领域的激励考核也是一个很好的探索。

讲这些意见供大家参考，不对的地方欢迎大家批评指正。

统一认识 坚定信心 严格管理 积极落实改革措施 认真做好会计工作

——在全行会计管理和业务营运管理体制改革工作会议上的讲话

(2006 年 5 月 30 日)

范一飞

同志们:

会计管理和业务营运管理体制改革工作会议今天就要结束了。会上，常行长作了动员报告，明确了改革的内容和要求，会计部具体介绍了改革实施方案和前、后台分离办法，与会代表认真学习，畅所欲言，交流意见，沟通看法，提出了许多很好的意见和建议。会议的召开，进一步统一了思想，提高了认识，达到了预期效果。

下面，我结合会议讨论意见，就如何贯彻落实这次改革要求和当前需要重点做好的几项会计工作，讲几点意见。

一、统一认识，妥善安排，积极落实各项改革措施

在从专业银行向现代商业银行转变的过程中，建设银行不断调整和改革会计工作，以积极的姿态顺应形势发展的要求。从1996 年财会体制改革到近年来进一步深化会计集中管理改革，会计工作得到了发展和加强，有力地支持了业务健康发展和股改上市。

在已有改革成果的基础上，结合管理要求和信息技术发展趋势，总行经过周密的研究、论证和调查，提出了进一步改革会计管理和业务营运管理体制的基本思路。

与以往改革不同的是，这次改革着眼于优化业务流程，着眼于提高业务营运的集约化水平，着眼于业务转型和业务单元制的建立。改革已经远远超越了会计和运营本身的范畴，是一次影响深远，涉及面广的根本性变革。从会议讨论情况来看，大家普遍赞同改革方案所确定的发展方向和目标。有理由相信，改革的顺利推进必将进一步提高全行业务处理效率和风险控制水平，必将促进全行核心竞争力的提高，促进建设银行从体制、机制上向现代商业银行转轨。

对这次改革的复杂性、艰巨性和长期性，大家要有清醒的认识。现行的会计管理体制和业务运行模式，是在长期发展历史中逐步形成的。要彻底转变这种管理方式、组织模式，不是一朝一夕可以完成的，可能需要用几年甚至更长的时间，经过不懈的努力才能实现。这次改革不仅涉及会计部门的职责调整和营运管理体系的组建，而且涉及公司、个人银行业务条线的经营管理，涉及信息系统的配套建设，涉及前台柜员日常工作方式的改变。因此，成功推进改革，需要各级行的高度重视，需要各部门的密切配合。只有上下联动，统一步调，精心组织，才能真正保证改革措施到位，才能保证改革取得实效。

这次改革，将对私网点职责移交个人银行业务条线管理，是适应形势发展的必然要求，不是向旧体制的简单回归。历史上，部门缺乏约束，内控机制不健全，会计管理分散，存在很大的弊端。经过这几年的改革和发展，经营环境已经发生了很大的变化。外部审计明显增强，内部审计体制日趋完善，内控措施逐步健全。伴随着业务单元制的建立，运营机制必将发生根本性的变化，相关管理职责必须相应调整。

一些分行担心营业网点职责移交以后，难以实现网点管理的平稳过渡。这种担心完全是从对建设银行高度负责的角度提出的，也体现了大家长期以来踏实、稳健的作风。但我想，既然这次改革是全行性的改革，只要各级行、各部门切实加强业务条线会计、交易操作制度的研究，严密内控措施，就一定能确保营业网点管理的平稳过渡，就一定能确保各项业务顺利、平稳地开展。

会后，总行有关部门要根据会议讨论意见，抓紧修改完善实施方案，细化部门职责和边界，尤其是对讨论中涉及的具体问题，要提出解决措施，提高改革方案的可操作性，而且要争取尽早下发。各分行要进一步加强对方案的学习、研究，充分理解方案的实质内容。要按照总行的统一部署，加强领导，群策群力，认真落实各项改革措施。已经具备实施条件的改革事项，要尽快完成；尚不具备条件的事项，要抓紧落实核心业务系统优化等配套工作，完成部门组建、人员调配等，积极推进各项工作。

从讨论情况来看，大家对一些改革措施还有疑虑。突出的担心是风险控制、对公对私业务网点分离等方面的问题。

（一）关于风险控制问题

部分分行同志认为，在现行的管理模式下，案件仍时有发生，营业网点管理职责移交业务条线，一旦衔接不到位，控制缺位，就有可能引发案件风险。

这种观点有一定的道理，但要辩证地去看。首先，从建设银行的发展历史来看，储蓄业务原来就是在个人银行部门管理，包括人员、业务规则、会计核算、操作系统等。个人银行业务条线本身就具备这方面的管理能力和经验。其次，从内部控制角度来看，不论网点管理是否移交业务条线，前台交易处理仍然按照既定规章制度办理，不是推倒重来。而且，改革就是要充分发挥后台对前台的监控作用，后台不是被动地处理前台的凭证单据，还负有对前台业务的审核、把关职责，发现风险点、发现问题要及时报告，采取解决措施，以充分体现前、后台分离、相互制约的要求。最后，现在的职责移交是建立在交易驱动处理方式的基础之上的。营业网点办理业务所涉及的业务规则、会计处理规则，在系统开发时已经由会计部门、业务部门和技术部门共同研究，并镶嵌在系统中，实现了系统核算自动处理，减少了人工作案的可能性。

个银部门要高度重视网点管理工作，充分意识到自身所承担的责任，在人员、组织、制度建设等方面做好准备，积极采取措施，加强风险防范，尤其是要做好大案要案的防范工作。在网点职责移交以后，需要按照以客户为中心经营理念，进一步优化业务流程。在这个过程中，要加强风险评估，做到风险和效率的有机统一，同时完善风险防范措施的跟踪、检查、落实工作。我想只要做到这一点，就可以达到风险可控的目的。

（二）关于业务发展和人员负荷问题

部分分行担心对公对私网点分离后，可能会影响业务发展，造成前、后台人员同时增加。

这里要说明的是，对公对私网点分离是一个渐进的过程，不是现在或近几个月马上就可以彻底完成的。这项工作，总行公司、个人等业务部门要提出相关方案，在对公业务经营上移、集中的基础上，逐步实现一定区域内对公业务营业网点的收缩，降低印押证等风险点、风险环节，减少人员调配方面的压力。

从目前情况看，纯粹的储蓄网点、对公业务网点，或者对公对私区域分开的网点分别由两个部门管理问题不大，大家更多关心的是分理处、办事处等机构。各分行可以考虑建立委托管理关系，按照业务份额或重要性来划分。对公业务占比大的，由会计部门主管，相关事项个银部门参与；反过来，对私业务占比大的，以个银部门为主。只要加强部门之间的配合，相互代理，相互委托，应该没有问题。改革的初衷是提高效率，精减人员。对于对公网点业务情况，各行要加强调研，了解对公网点的数量和分布情况。对于那些业务量很少，没有发展潜力的对公网点，要严格按照成本—效益原则，坚决压缩。要在对市场份额和效益评估的基础上，合理整合对公业务网点，减少资源占用。多一个对公网点虽然多一个业务发展平台，但也多一个风险点，关键是要权衡网点贡献和相应成本风险后看是否值得保留这个网点。

（三）关于会计主管委派制问题

部分分行提出，既然网点职责由会计部移交业务条线管理，还有没有必要推行会计主管委派制。

会计管理体制收缩到二级分行以后，现阶段还必须强化基层机构内部管理风险防范工作。网点移交个银，不能影响会计主管委派制，因为基层机构会计主管委派制，是指一、二级分行向直属支行委派会计主管，负责支行辖内网点会计、结算等制度落实情况，不是向移交个人条线管理的储蓄所等网点委派会计主管。个银部门要研究如何借鉴会计主管委派制的方式，加强网点管理，强化内部检查，建立有效的制衡约束机制。

（四）关于营运业务部门垂直管理问题

在讨论中，部分分行认为营运管理部垂直管理的含义需要进一步明确。

这次改革提出要建立垂直管理的营运管理体系，主要是为了加强后台操作风险控制，有效配置资源，提高运营效益，为未来建立业务单元制提供强大的后台支持保障。

垂直管理，需要从人事管理、财务资源配置、绩效奖惩等方面进行配套改革。当前，仍以层级管理方式为主，重点是要抓好营运工作“六统一”，即“统一组织架构、统一业务范围、统一处理模式、统一营运规章、统一考核指标、统一报告路线”，为逐步上移集中处理层次、建立区域性处理中心、实现营运垂直管理打下基础。营运管理的核心是集中化处理问题。打破以分行为界限设置后台处理中心的模式，在全行范围内设立若干个集中化的处理中心，这是未来目标。现在的改革是初步的，重点要把“六统一”做好，通过集中实现效率的提升。

各级行要高度重视营运工作，尽快建立健全全行营运管理体系。营运管理部要按计划组建，人员及时到位，尽快投入运作。营运管理部门要牢固树立“为客户服务”、“为前台服务”的意识，做到“想前台之所想、急客户之所急”，不断提高支持保障水平。

二、严格管理，规范核算，认真做好当前几项重点会计工作

成功推进改革，必须确保各项业务顺利开展、会计核算有序进行、风险防范切实有效。结合这次改革，就做好现阶段几项会计重点工作提出以下要求。

（一）严格管理，切实防范会计部门风险

从近期内外部审计和会计部门发生的案件看，少数分支机构仍然存在重要单证管理不严、账户监控不力等问题。如成百份的承兑汇票不知去向，说明在领用、回收、保管等方面还存在薄弱环节，风险隐患很大。各分行要积极采取有效措施，加强对重要单证的管理，近期要开展一次专项检查，确保重要单证的安全、完整。对于涉及重要单证管理的相关部门，会计部门也要严格按照会计管理的有关要求，加强检查和监督。

各分行要结合会计管理体制改革，进一步强化管理，有效防范会计部门风险。要狠抓制度落实，严格岗位制约和控制程序，对重点业务特别是风险较高的票据业务，必须坚持“先审批后办理”和“印、押、证三分管”等要求；要加强重要单证管理，落实重要单证实物调拨、领用、出售、作废、回收等各个环节的控制措施；要研究采取科技手段，加强重要单证的监控；要调整管理方式，如集中查询汇票，集中对外答复查询等，从源头上控制风险。

（二）按期完成会计稽核档案系统的推广应用

到目前为止，会计稽核档案系统的推广应用工作进展顺利。宁波、厦门、大连、苏州、重庆、江苏、青岛7家分行全部上线，湖南、湖北、广东、辽宁、浙江、黑龙江、三峡7家分行的部分网点上线运行，其余分行也都紧张地开展推广准备和实施工作。同时，系统优化改造工作接近尾声，6月份要推出新版本。

下一步，总行相关部门和分行要继续努力做好系统推广和应用工作，争取达到预定的工作目标。对于已经推广上线的分行，要完善各项规章制度，充分发挥系统功能，切实提高会计稽核和会计档案管理水平。要依托系统，集中存储电子化会计档案，切实减少前台资料打印工作量；要健全会计稽核体系，转变稽核模式，全面增强风险预警、风险防范能力。尚待推广上线的分行，要严格按推广计划在规定时间内不折不扣地完成推广任务。

（三）规范核算，保证会计信息质量

为促进业务发展，今年以来，会计部进一步细化了部分会计科目设置，完善了会计科目体系。如为了支持中间业务发展，将中间业务收入科目规范设置为9类，增设了28个一级科目、208个二级科目、382个全行标准账户。

会计科目设置越细，对会计核算组织的要求就越高。从最近内部审计通报来看，核算质量还不是很理想。如违规开立临时存款账户核算收回的已核销和剥离贷款资金；通过开立内部账户调剂中间业务收入完成进度；在“其他应收款”科目中核算固定资产、在建工程、贷款等资金；未按规定在表外科目核算承兑汇票和保证业务等。这些事项，有的虽然不完全是会计部门的责任，但也反映了会计监督不力。

今年2月，财政部发布了新《企业会计准则》。结合我行实际，总行已陆续印发了《债券投资四分类》、《资产证券化》、《衍生金融工具》等相关会计核算规定，其他核算规定正在抓紧研究。

新《企业会计准则》的颁布和实施，对全行会计人员以及相关业务部门人员职业素质提出了更高的要求。严格按照新《企业会计准则》进行会计核算，规范会计确认和计量等行为，有许多工作要做。各分行要结合新《企业会计准则》的落实，结合财务报告内部控制体系建设，加强学习，规范处理每一笔业务，严格会计核算，强化会计监督，保证会计信息质量，促进各项业务的顺利开展。

在2006年中国房地产金融论坛上的演讲

（2006年6月22日）

范一飞

各位领导、各位来宾、女士们、先生们：

上午好！首先，请允许我代表中国建设银行向应邀参加本次论坛的各位嘉宾表示热烈的欢迎和真诚的感谢！

中国的住房制度改革已实施了二十多年，从提租补贴、出售公房、实施住房公积金制度，再到取消实物分配、实行货币化补贴，我们初步建立了市场配置住房资源的新机制。随着住房制度的变革、经济和社会的进步，住房商品化和贷款购房的住房消费观念已逐渐被居民接受。我国的房地产市场从无到有，迅速发展。总体看，我国房地产市场的发展是正常的、健康的，参与各方都从市场的发育、发展中获得了实实在在的利益。进入21世纪，尤其是近几年，房地产市场发展中出现了一些新情况，遇到了新问题，需要我们探讨交流。本次论坛的主题是“健康发展 服务大众”，就是希望通过分析市场、研究政策来认识和把握房地产和房地产金融业务面临的机遇与挑战，为促进和保持房地产业持续稳定健康发展并为广大人民群众提供更好的住房和金融服务献计献策。

二十多年的改革实践充分证明，住房开发建设、住房制度改革和居民住房消费需要商业银行的积极参与和支持。在国内金融同业中，建设银行首家开办土地开发和商品房贷款业务，率先承办住房公积金业务，最早推出以职工个人为对象的住房储蓄和个人住房贷款业务。经过二十多年的发展，建设银行的房地产开发贷款规模由最初的300多万元发展为现在的近3 000亿元，占据了国内三分之一强的市场份额；累计向500多万个人发放个人住房贷款9 800多亿元，受托累计归集住房公积金达6 000多亿元，累计向320多万名职工发放公积金贷款2 800多亿元，为国家住房建设和百姓安居提供了强有力的信贷支持。“要买房，到建行”的口号家喻户晓，业已成为众多消费者的共识。这些成绩的取得，离不开各级政府的关心指导，特别是作为建设主管部门的建设部、作为金融监管部门的银监会和中央银行一直给予我们很多的关心和支持，也离不开广大房地产开发企业及社会各界的支持配合。值此论坛开幕之际，我谨代表中国建设银行向多年来对我行房地产金融业务发展给予关心、支持与信任的领导、朋友和广大客户表示衷心的感谢！同时，就房地产业的市场前景、市场分析研究中要注意的几个问题和商业银行住房金融业务的发展谈谈个人看法，求教于各位。

一、以住宅为主的房地产业在国民经济中的地位不断增强，具有巨大的潜在发展空间和良好的发展前景

1998年以来，党中央、国务院明确提出把启动居民住宅消费、促进住宅建设培育成为国民经济新的增长点，出台了一系列政策措施，充分调动了居民住房消费的积极性，推动了城镇住宅建设和房地产业的快速发展。党的十六大、十届全国人大四次会议再次明确要把促进住房建设和住房消费作为当前以及今后一段时期国民经济的重要增长点，并对深化住房制度改革，保持房地产市场健康发展提出了新要求。

以住宅为主的房地产业已经成为推动国民经济增长的重要产业。1998年以来，房地产开发投资年增长额保持在固定资产投资增长额的30%左右，每年带动GDP增长1个百分点以上，为拉动经济增长作出了重要贡献。当前，国家对房地产业进行宏观调控，出台了一些重大政策，目的在于促进行业规范运作，改善市场环境，而不是抑制房地产业发展。

中国的基本国情是人多地少，土地资源极为稀缺。与此同时，社会经济还不够发达。这两者都决定了我国房地产市场的发展是一个长期的过程，前景广阔、潜力巨大，具体表现在以下几点。

1. 我国住房市场化启动的时间不长，在人均住房面积、住房标准、住房质量、房价等方面的起点或基数还很低，存在很大的上升空间。

2. 我国城市化进程加快，不断增加的城镇人口加上城市旧房的拆迁改造等因素会带来对住房需求的持续增加。

3. 住房商品化和贷款购房的住房消费观念逐渐被居民接受，居民收入的不断提高推动了消费结构的升级，购房支出在居民消费支出中的比例逐渐上升，住房金融的迅猛发展也提高了居民购房的支付能力。

随着我国市场经济体系的逐步完善，土地资源的稀缺性将逐步体现到价格体系中；随着居民收入水平的不断提高和金融体系的健全，人们对住房在“量”和“质”两方面的需求会逐步提高；随着对外贸易经济活动和人员往来的增加，以及对外开放的扩大，中国房地产价格水平与国际水平的差异呈缩小趋势。

二、在市场分析与研究中应进行区域和结构细分，对房价高低的判断，要正确运用统计数据，综合考虑相关因素

住房这一特殊产品的特点之一是不可移动性。这就导致甲地的房屋无法搬到乙地交易或者说甲地的供应过量无法弥补乙地的供应不足。从这个角度讲，统计数字所反映的全国性的供应过量或供应不足不能用来替代分析某个具体城市的供求状况。反之，也不能因局部的过热或泡沫而扩大到说全国出现过热或泡沫。统计数字经常出现看似矛盾的现象：在市场平均价格不断上升的同时，伴随反映供应过剩的空置量加大，其原因就是市场的产品供求结构出现了失衡。当前部分地区出现的高档住宅开发过多，而满足大多数居民的中低价位的住房供应不足，同时市场整体房价居高不下的现象就属此类。由于住房是非标准化的产品，个性化较强，不同住房的同质性差异和不同的群体对住房的需求差异都可能很大。在分析某一地区和城市的住房供求问题时，必须细分住房供求的产品结构，综合考虑房价收入比、地段、建筑设计、配套设施和居住环境、户型结构和面积等因素。不细分产品，而笼统地讲供应过量或不足是不够的。

房价的升降经常被用做判断市场是否出现过热或泡沫的一个简单且直接的标准，但是统计指标中的房价经常被误用，特别是把房价作为唯一的衡量指标更会产生误导。一是因为统计指标中的房价通常是指平均价格或价格指数，平均价格的升降有时并不能准确反映市场的价格走势。比如，在市场供求平衡的情况下，一段时期的高价位住宅的大量开发会导致平均房价的上扬，而另一段时期经济适用住房的大量开发销售又会导致平均房价的下挫，但是不能以这种供应结构的调整导致的平均价格的升降作为判断市场过热或泡沫的依据。二是因为存在统计指标设计的合理性与统计的准确性问题。目前我国信息统计体系还不完备，统计指标必然会产生一些偏差，还有一些数据并非出自统计局、建设部等权威机构，但被市场滥用，引起误导。三是因为住房货币价格呈上扬趋势有其合理的原因。一方面，由于土地的稀缺性，特别是城市开发用地的有限性，随着可开发用地的减少，土地价格必然呈上升的趋势，而土地成本是住房造价中的重要成本之一。加之近年来钢材、水泥等建筑材料价格涨幅较大，推高了建筑成本。另一方面，目前住房的建筑设计、建筑质量、社区配套、居住环境等住宅技术含量比以前有了大幅度提高。这些因素，必然增加开发成本或降低开发利润，成本上升必然会反映为房价的上升。

三、商业银行发展住房金融业务符合银行价值最大化的根本经营目标，建设银行将一如既往大力发展住房金融业务

商业银行经营的根本目标是银行价值最大化。以个人住房贷款为龙头的住房金融业务无论是质量、效益，还是市场规模以及业务成长性都符合银行价值最大化的要求。

一是把以个人住房贷款业务为龙头的住房金融业务培育成为银行新的利润增长点，符合国际银行业的发展趋势。个人银行业务已经逐渐成为国外银行业的主要利润源泉，其中个人住房贷款业务又是最主要的个人银行业务。住房是高价值的商品，购买住房在个人消费支出中占有较高的比重，个人住房贷款客户的收入一般较高而且稳定，同时由于个人住房贷款期限一般比较长，客户会与银行维系相当长时期的业务往来。个人住房贷款客户既是银行应尽力争取的中高端客户，也是个人银行业务在长期内比较稳定和宝贵的客户资源。

二是住房金融业务是商业银行成长性最好的业务之一。一方面，从业务品种和服务方式来看，国内银行业的个人金融服务处于起步阶段，个人住房贷款业务在国内银行业也处于飞速发展的初期。不仅个人住房贷款在产品和服务的创新方面还有巨大潜力，而且可以围绕个人住房贷款客户不断丰富和完善个人金融服务。另一方面，住房金融业务的发展是以住房市场的发展为依托的，住房市场广阔的发展前景为住房金融业务的持续、稳定、健康发展提供了良好的平台。

三是个人住房贷款业务已经在银行的改革与发展中发挥着重要的作用。个人住房贷款业务风险分散，效益在各项信贷品种中居于前列，其不良率远低于其他信贷品种，收益率也居各项信贷品种之首。个人住房贷款在银行信贷占比的提高将对银行优化信贷结构、提高资产质量、创造效益方面发挥重要作用。

建设银行一直致力于为广大客户提供全面优质的金融产品与服务，始终把支持和服务的目标定位于国家经济建设以及千千万万民众的金融需求上。二十多年来，通过与各级政府的建设、房产、规划、土地等主管部门及房屋权属机构、中介机构和专业担保机构的合作，通过与5 000多家房地产开发企业和600多家公积金中心及分中心的合作，已经形成了一个金融产品系列化、服务功能多样化、信息手段现代化、营销渠道网络化的富有自身特色和市场竞争优势的房地产金融经营管理体系。面对新的形势，我们将借鉴国外先进经验，多层次、多角度地深化创新内容，重点研究推出适合中低收入人群需要的住房金融产品。

一是根据客户贷款需求的特点及时推出创新产品。比如加按业务，在原个人住房贷款客户偿还一部分贷款后，以客户所购房屋为抵押，在核定贷款额度内向客户再提供一部分按揭贷款；转按业务，帮助客户在贷款期内实现所购住房的转让，提供按揭业务在住房交易客户之间的转移。

二是加强与其他机构和业务的协作，推出多种形式的组合金融产品。比如个人住房贷款与汽车贷款、装修贷款的组合，个人住房贷款与储蓄存款等负债业务的组合。

三是细分住房种类，提供个性化的贷款产品和服务。比如按高中低档价位区分高档住房、普通商品住房、经济适用住房；按住房性质区分商品住房、经济适用住房、公房、单位集资建房、个人自建房等；细分商用房类型，按商用房用途、性质、价值等分类确定房屋价值评估和贷款方法。

四是在各地区加快发展已有住房即“二手房”个人贷款业务。

五是加快推广个人住房贷款中心的经营管理模式。在适合于集约化经营管理的城市成立个人住房贷款中心，实行个人住房贷款的集中审批、办理和管理。

在开发贷款方面，我们将加强对优质住房项目的营销，扩大个人住房贷款业务的楼盘储备。通过建立和完善房地产和建筑业公司重点客户制度，加大对优质客户和户型适宜、价格适中的高质量楼盘的营销力度，对跨地区、集团性的公司客户实行全行和区域联运营销的策略。积极支持一些设计优良、区位优势明显、适销对路的优质住房项目的开发。研究推广开发企业经营性物业抵押融资和异地项目内部银团贷款。

落实科学发展观，引导全社会形成资源节约型的住房消费理念，为普通居民打造量体裁衣式的个人住房金融产品和服务，是建设银行义不容辞的责任。建设银行愿与房地产业同仁密切合作，共同携手，研究新时期的消费者行为和市场需求，建设符合中国资源约束特征又能满足广大群众基本住房消费需求的普通住房。同时，不断提升住房品质，从开发源头上调节房地产业的产品结构，形成住房梯次消费，有效地引导我国房地产业立足于解决大多数普通居民的住房问题，满足广大中低收入家庭的住房需求。

我们相信，在国民经济持续稳定增长的带动下，在国家全面建设小康目标和各项宏观调控政策的正确引导下，我国的住房开发建设和房地产市场必将迎来更好的发展前景。建设银行将竭尽所能，为实现房地产业和房地产金融业务的持续健康发展，与大家携手努力，共同走向美好的未来。

最后，祝本次论坛取得圆满成功！祝各位来宾在美丽的海滨城市——大连过得愉快！

在全行信用卡业务推进视频会议上的讲话

（2006年7月5日）

范一飞

同志们：

今天，总行召开全行信用卡业务推进（视频）会，目的是进一步统一思想，提高认识，切实加快我行信用卡业务的发展。这次会议是在郭树清董事长最近明确提出“建设国际一流零售银行”战略目标的背景下召开的，有着非常特殊的意义。

大家知道，我行双币种信用卡是在2003年8月8日正式向社会发行的。近3年来，在全行上下的共同努力下，我行的信用卡业务取得了显著成绩，主要体现在以下几个方面。

一是市场份额逐步提高。截至今年上半年，我行信用卡累计发卡量已达到447万张，发卡量先后超过领先发卡8年的广东发展银行和领先我行发卡3年的工商银行。目前，我行信用卡发卡量在四大国有商业银行中已居首位，在全国16家信用卡发卡机构中名列第二，卡均消费交易额已超过了最大的信用卡发卡行招商银行。今年上半年新增发卡135万张，完成消费额167亿元，均超过或接近去年全年的业务规模，呈现加速发展的良好势头。

二是产品创新不断加快。我行不断进行信用卡功能开发和产品创新，在同业中最先推出境内消费密码可选功能，并先后推出了大额交易短信提示、购汇还款、网上查询还款、ATM转账还款、邮购分期付款等服务功能。我行的产品创新也在同业中富有特色和竞争优势，先后推出了龙卡汽车卡、商务卡、名校卡、名企卡和战略联盟卡等重点产品，在社会上树立了良好的产品品牌形象。

三是公私联动、交叉营销取得初步成效。近年来，全行发挥公司机构和客户资源优势，加强公私联动，先后争办成功清华、复旦、浙大、人大等40多所“211”工程重点大学签约发行名校卡；先后争办成功海尔、包钢、邯钢及东航、大众汽车、国旅等20多家重点大型企业签约发行名企卡和战略联名卡。个人银行业务部门之间的业务联动也取得初步进展，加强了信用卡与房贷业务的捆绑营销，已向房贷客户发行信用卡40多万张，网点的交叉营销和驻点营销在一些重点分行也已开始启动。公私联动、交叉营销已成为我行信用卡发卡的主渠道。

四是风险管理和运行管理水平逐步提高。在注重业务发展的同时，加强信用卡风险管理，选准目标客户群体，健全了征信审批制度，建立了不良贷款催收体系，不良率稳定在较低水平。同时，全行加强运营基础管理，不断梳理优化业务流程，加强对网点人员的培训，提高业务作业质量，不断改善客户服务和管理，客户满意度得到明显提高。我行信用卡资产质量和客户服务水平在同业中名列前茅。

上述这些成绩的取得，是总行党委正确领导、全行各级分支行及部门通力协作的结果，同时也是广大信用卡战线的同志们无私奉献、顽强拼搏的结果。借此机会，我代表总行向全行为信用卡业务作出贡献的同志们表示最诚挚的感谢！

下面，我代表总行就加快推进全行信用卡业务发展提几点意见。

一、充分认识加快推进我行信用卡业务发展的重要性和紧迫性，力争我行信用卡业务在同业中处于领先地位

总行明确把信用卡业务作为重点发展的战略性业务，下决心加快发展，尽快在同业中处于领先位置，主要是基于以下几方面的认识和考虑。

（一）信用卡业务是拓展和维护个人中高端客户的重要产品，在商业银行零售业务中具有十分重要的地位

信用卡业务是当今西方发达国家商业银行的一项十分重要的产品，具有与其他个人金融产品不同的盈利模式，不仅利息收入比重高，而且中间业务收入种类多，其资产利润率和收入利润率水平高出传统信贷业务1倍以上。美国银行信用卡业务利润占全行利润的22%，花旗银行信用卡业务利润占零售业务利润的60%以上。信用卡业务已成为西方发达国家商业银行利润的重要来源。从我行近几年信用卡业务发展情况看，信用卡业务收入几乎每年以翻番的速度增长，去年业务收入达到3.2亿元，今年上半年实现业务收入2.6亿元，预计全年将超过6亿元，展现出信用卡业务的高成长性和高盈利性。据信用卡中心预测，2010年，我行信用卡业务收入将超过20亿元。同时，信用卡也是发展和维系中高端个人客户的重要产品。国际成熟信用卡市场的实践表明，依靠信用卡完整的客户信息和信用交易记录，信用卡系统成为发卡银行主动营销各类个人金融产品、适应和满足个人客户的金融需要的重要平台。因此，加快信用卡业务发展是我们加快零售银行业务发展的前提和基础。

（二）当前我行信用卡业务面临良好发展机遇，必须抓住机遇做大做强我行的信用卡业务

近年来，我国加大了银行卡产业发展的力度，先后出台了《关于促进银行卡产业发展的若干意见》和《关于规范和促进银行卡受理市场指导意见》等一系列政策措施，并提出了加快政府公务用卡的要求，银行卡消费已经成为我国居民主流的消费方式之一，银行卡交易总额已从1999年的2.4万亿元上升到了2005年的47万亿元。当前，我国已进入信用卡发展的全面启动阶段，据信用卡国际组织和著名专业咨询公司分析，我国现有信用卡目标客户7 000万人，按人均2张信用卡计算，市场容量达1.4亿张，而目前我国信用卡发卡量为2 500万张，市场覆盖率还不到20%，这说明我国信用卡具有很大的发展空间和潜力。随着居民收入和消费水平的不断提高，征信系统和受理环境的不断完善，我国正迎来信用卡市场大发展的有利时机，日趋成熟的外部环境为我行信用卡业务发展提供了必要的市场基础。我行作为一家上市的大型股份制商业银行，要实现业务的快速发展，大幅提升盈利能力，大力发展信用卡业务已成为全行的必然选择。

（三）信用卡同业竞争日趋激烈，加快我行信用卡业务发展时不我待

2006年是我国银行卡产业政策保护的最后一年，事实上，汇丰、花旗、运通、苏格兰皇家等很多外资银行已经通过合资、合作的方式提前进入国内信用卡市场。国内几乎所有的商业银行都发行了信用卡。今年5月，招商银行信用卡发卡量已突破600万张，成为国内最大的信用卡发卡行，在北京、上海、深圳等国内一线城市，招行更是布下重兵，市场拓展速度很快，在这三个城市的信用卡发卡量均超过100万张。工商银行信用卡专业机构长期以来较为健全，专业人员队伍强大，且客户基础庞大，是我行强劲的竞争对手。其他股份制商业银行如中信银行、民生银行等也铆着劲争夺信用卡客户。在信用卡业务新一轮大发展、大竞争中，如果我们不能加快发展，不仅会拉大与主要竞争对手的差距，丢失低成本发展优质客户的最佳时机，甚至要面临我行原有大量中高端个人客户逐步流失的危险。全行上下要清醒地认识到，市场竞争是无情的，不进则退。我们只有加快信用卡业务的发展，才能为我行未来的业务持续增长提供支撑，才能在未来10年获得最主要的盈利来源。这里要说明的是，目前境内银联品牌信用卡是否要与VISA和万事达品牌信用卡分开的问题还存在不确定因素，未来双币种信用卡市场的走向还会发生一些变化，我们要加强研究，及时做好应对。

（四）必须从保证快速健康持续发展的高度，尽快解决目前信用卡业务发展中的瓶颈和障碍

近几年，我行信用卡业务发展的成绩是主要的，但也要看到，我行与主要竞争对手相比，还存在不少差距和问题，主要表现在：我行信用卡业务在一些重点城市的发卡规模和速度还落后于主要

竞争对手；各级分支机构网点的整合营销机制还没有完全建立，尚未形成与网点规模相适应的网点营销信用卡的意识和能力；联动机制还不够完善，现有资源还没有充分挖掘利用出来；专业机构设置和专业人员配备与业务加速发展的要求不相适应，尤其是征审人员和直销人员严重不足，制约了发卡能力的提高；商户收单业务在各地发展不平衡，市场份额前几年呈下降趋势。这些问题已成为我行信用卡业务快速发展的主要瓶颈和障碍，如不在短期内及时解决，将会拉大我行信用卡业务与主要竞争对手的差距，还会制约我行信用卡业务的发展。

总行在年初安排了今年新增发卡200万张的目标，现在看来，已经不能适应国内信用卡市场竞争形势的需要。为此，总行经过慎重研究，决定下半年开展全行信用卡营销竞赛活动，在保证质量和风险控制的前提下，实现今年全行信用卡新增发卡300万张的目标。

全行上下要进一步增强紧迫感和责任感，树立赶超主要竞争对手的决心、信心和进取心，进一步加大营销发卡力度，加快推进业务发展。各分行要按照总行的统一部署，采取切实有力的措施，扎扎实实地推动我行信用卡业务再上新台阶，确保完成总行下达的竞赛目标，进一步提高我行信用卡市场份额，巩固和发展我行信用卡业务的竞争优势。

二、切实采取有效措施，全面提升我行信用卡的市场竞争力

为实现我行“建设国际一流零售银行”的战略目标，总行制订了我行信用卡业务“国内领先、国际一流”的战略愿景目标和发展战略，全行要下大力气，切实采取有效措施，全面提升我行信用卡的市场竞争力。我认为，要全面提升我行信用卡的市场竞争力，必须着力于提高以下几方面的能力。

一是提高信用卡的创新能力。创新能力不仅是不断适应和满足客户需求的需要，也是保持信用卡业务快速健康发展的动力和基础。在国际成熟信用卡市场，一般至少每3－4个月推出一项重要服务功能或重点产品，业务和产品创新是信用卡业务取得高于同业平均发展速度和水平的重要基础和源泉。总行已下决心加快信用卡各项辅助系统开发，完善业务处理和服务功能。与此同时，要加强新产品的创新和开发，加快推出面向VIP高端客户的白金卡、黑金卡，面向中小企业主的小业主卡，加快推出多类型的信用卡分期付款业务，特别是要结合白金卡的开发，先从客户服务入手，提升对高端客户的服务能力和水平。近年来，不少重点分行在汽车卡、名企卡、分期付款、代扣代缴业务等方面都积极探索创新，为全行业务推广积累了有益的经验。同时，各分行也要积极提出合理化建议，增强信用卡业务的创新能力，以功能和产品创新赢得客户。

二是提高信用卡的营销能力。营销能力是我行信用卡快速健康发展的关键。当前，对我行这样一个具有众多分支机构和广泛客户基础的大型股份制商业银行来说，最关键的还是要提高联动营销、交叉营销的能力。大家可以简单计算一下，我行有227万户房贷客户，每年还有40万户的增量客户，但到目前为止，我行向房贷客户信用卡发卡量仅为40万张，如果房贷客户能够营销成功50%，近一两年就能发行一两百万张；我行有对公单位248万户，其中基本账户开在我行的有105万户，如果平均每户每年营销10张信用卡，就是2 480万张；我行具有1.4万个网点，如果1万个城市网点每个工作日营销一张信用卡，全行一年发卡量就有200多万张。可见，我们的客户资源、网点资源多么丰富。因此，提升整体联动水平，充分挖掘和利用我行优势资源是提升我行信用卡营销能力的一条捷径，联动营销和交叉营销应成为我行信用卡营销发卡的主要手段。今天的视频会，京圃同志也要作讲话，公司委各部门主要负责人全体出席，充分体现了全行各业务条线对公私联动、交叉营销的高度重视。最近，总行下发了《关于加强公司业务和个人业务联动营销的指导意见》和《个人业务委员会所属部门业务联动工作指引》，这是我行业务整体联动方面的两个重要文件，各分行要结合贯彻这两个文件做好信用卡的营销。在信用卡营销中特别要充分发挥全行中心城市行和营业网点的作用，抓住全行网点转型的有利时机，加快网点客户经理、大堂经理的配备，依靠网点开展我行优质个人客户的信用卡营销。为鼓励和推动全行公私联动和网点信用卡营销，各分行要建立公司机构联动发卡及网点发卡的统计报告制度，使公司机构部门、个人金融部门了解掌握公私联动和网点营销的成果。这里，我想特别说明，总行正在进行的信用卡业务单元制改革，主要是强调信用卡中、

后台的集中，营销仍需要依靠各分支行落实。希望各分行进一步加大资源投入，加强公私联动、交叉营销，尽快做大做强信用卡业务。

三是提高信用卡的服务能力。信用卡业务是不是能做到快速发展，不仅要看发了多少张卡，发展了多少户客户，关键还要看是否把客户留住，让客户满意。因此，服务能力是信用卡业务快速发展的重要保证。要提高我行信用卡的服务能力，当前要重点提高信用卡运营作业质量，减少作业差错；加强对网点人员的业务培训，提高营业网点服务质量；梳理和优化业务流程和标准，提高客户服务专业化水平；大力拓展增值服务和促销服务，使客户在用卡消费中得到更多实惠；特别要结合白金卡、黑金卡的推出，针对VIP客户实行差异化、个性化服务；要建立客户满意度调查、统计制度，改进服务流程和质量，提高客户满意度和忠诚度。

四是提高信用卡的风险控制能力。风险控制能力是信用卡业务快速发展的重要条件。全行上下要树立科学的信用卡发展观，正确处理好发展、质量、服务和风险的关系，不能片面强调发展，忽视发卡的质量、服务的水平、风险的控制，不顾发卡质量、服务水平、风控能力的提高，最终必然会制约信用卡的发展。总行正在着手加快开发并完善信用卡风险管理系统，着力提高风险基础管理水平。各分行要从选准优质目标客户群体入手，从源头上把握风险；严格征信审核和审批，规范操作，杜绝道德和操作风险；不断完善信用卡不良贷款的催收、委外催收和司法催收体系。

上述四种能力的提升，既是衡量我行信用卡业务是否具有竞争力的重要标志，也是我行信用卡业务能否得到快速健康发展的重要措施。全行各级行都要认真分析对照在信用卡创新能力、营销能力、服务能力和风险控制能力方面存在的差距和问题，切实采取有效措施，逐步提高这四种能力，全面提升我行信用卡业务的市场竞争力。

三、当前急需做好和需要强调的几项重点工作

接下来，顾京圃和杜亚军两位总监将分别就信用卡业务公私联动和业务竞赛活动进行部署并提出要求。我就当前我行急需抓紧做好的几项重点工作再强调三点意见，请各分行尽快抓紧落实。

（一）要抓好重点产品的营销推进，尽快形成我行信用卡先发效应和规模优势

过去一年，我行在全国“211”重点高校的争办上取得了重大突破，有了一个很好的开端。接下来各有关分行要重点抓好名校卡的营销发卡，争取在较短时间内迅速形成规模优势。尚未发展名校卡的分行要尽快有所突破，要确保全行在“211”重点高校的市场份额达到50%以上。在今年下半年和明年，各行要重点营销争办全国知名大型集团企业，要严格按总行规定的对象、标准和要求大力发展名企卡和战略联盟卡，并尽快形成先发和规模优势，以此为契机全面推进银企合作向更深层次发展。同时，要抓住当前国家在政府机关和事业单位推行公务用卡的良好时机，以公务卡和商务卡为平台和抓手，加大发卡营销力度，进一步巩固和深化我行与政府机关及事业单位的银政关系。这里特别需要注意的是，名校卡、名企卡及公务卡是我行针对特定潜在或优质客户群体而设计推出的重点产品，容易被同业竞争对手模仿，一定会引起竞争对手的激烈竞争。因此，各分行要尽早行动，积极争办，尽快形成我行的先发和规模优势。

（二）大力发展商户收单业务，尽快扭转我行商户收单业务市场份额下降的不利局面

前3年，我行人民币商户收单市场份额从17%下降到10%，外卡商户收单市场份额也仅为9%，处于较低水平。出现这种情况，固然与近几年非银行商务收单的竞争有一定关系，但最主要的还是与不少地区分行对发展商户收单业务的重要性认识不足、措施不力有直接关系。我国商户收单市场很大，具有很广阔的发展前景。商户收单业务是银行卡业务一个十分重要的组成部分，也是我行发展商业和服务业结算业务的一种重要手段，是增加全行中间业务收入的重要产品。总行已经正式下发了《关于大力发展商户收单业务的意见》，明确提出了发展商户收单业务的总体要求和策略措施。全行要以经济、商贸、旅游等相对发达的重点中心城市为依托，重点发展中高档宾馆、酒店、餐饮类商户、大中型百货商场、大型连锁型超市企业、大型交易市场、大型旅行社、知名品牌专卖店、珠宝首饰商店及具有一定规模的休闲娱乐、健

身美容等高消费场所。要在大力发展大中型中高档特约商户的同时，努力发展特惠商户和分期付款商户。今后，全行各中心城市都要独立发展商户并加强维护，不得再移交给具有收单业务能力的第三方维护和管理。目前一些分行面临来自某些管理部门的压力，必须明确表明建设银行总行在商户收单方面要求“独立发展，不依靠第三方”的政策，做好向当地管理部门的解释工作。在发展重点商户方面要加强公私联动，特别是对全国性重点集团商户要加强总分行、主办行与协办行的协作，联合营销争办，要落实营销奖励措施，并加强对商户的维护。要加强对商户收单业务管理，提高与商户的资金清算效率，加快开发完善商户收单业务系统，提高商户收单业务的支持能力。

（三）健全机构，充实人员，落实激励措施，尽快打好信用卡业务快速健康发展的基础

各重点地区和重点中心城市行都要尽快建立一级部建制的信用卡专业机构，非重点地区分行要在个人金融业务部门建立内设机构，直辖市分行、直属分行及省会城市行所辖的直属支行都要设立信用卡业务岗位。各分行要对照这一总体要求尽快建立和健全信用卡专业机构，真正奠定与我行信用卡业务快速发展相协调的组织体系。要充实配备与信用卡业务发展任务相适应的产品经理、风险经理、商户经理等业务骨干，当前尤其要加快充实征信审核和审批人员，尽快改变因征信和审批人员不足导致长期加班加点和压表压单的被动局面。目前，北京、浙江、上海、广东、江苏、深圳、山东、湖南、河南、天津、福建、厦门、宁波等分行的征信审核人员队伍已明显不足，要尽快配备到位。要加快重点地区分行信用卡直销队伍建设，直销人员的主要任务是配合支持名校卡、名企卡、战略联盟卡等重点产品的营销发卡及行内外客户数据库营销。各分行要将信用卡直销队伍建设作为全行个人客户经理队伍建设的一个重要组成部分，加快人员配备，在用工指标及费用上给予保证。

要坚持“谁发卡、谁受益、谁负责”的原则，在双向考核基础上，将信用卡业务收益体现在分行的经营绩效上，切实调动分行发卡积极性。总行在加强主要业务关键业绩指标考核的基础上，将结合个人业务单元制和中心城市行改革，加大对一级分行和中心城市行分管负责人在重点业务发展上的垂直考核力度。要切实改变目前省会城市直属支行发卡缓慢、落后于主要竞争对手的状况，各一级分行要重点加强对省会城市直属支行信用卡业务发展的指导和考核，增强省会城市直属支行发展信用卡业务的作用和责任，各分行要切实落实总行各项促进信用卡业务的激励政策，加大资源配置力度，落实信用卡营销奖励政策，保证人力费用奖励到客户经理个人，切实做到“任务到人，责任到人，奖励到人”。

同志们，今年是我行股改上市后的第一年，激烈的竞争形势对我们提出了更高的要求，我们要紧紧把握住下半年的关键阶段，振奋精神，迎难而上，认真组织好信用卡营销竞赛活动，开创全行信用卡工作的新局面，为实现我行信用卡业务战略愿景，为把我行最终建设成为“国际一流的零售银行”作出我们更大的贡献！

高度重视　竭诚服务
严格管理　勇于创新

——在全行网点建设与管理座谈会上的讲话

（根据录音整理·2006 年 8 月 17 日）

范一飞

同志们：

很高兴参加这个会议。刚才亚军同志讲得很好，借此机会我讲三个方面意见，前两个方面和我们今天讨论的话题有关，第三个方面是和大家就下半年个人银行业务的形势交换一下意见。

一、关于网点建设的问题

（一）为什么要重视网点建设工作

我行从 20 世纪 80 年代后期开始办理零售业务，网点建设始终是我行的重要工作。起初的主要任务是“建”，曾经有一段时间我们的网点遍地开花，最多时近 3 万个；前几年又相反，因为网点太多，又开始“撤”，费了很大功夫。可以这么说，过去的二十几年中，我行在网点问题上比其他任何方面所花费的人力、物力、财力都多。现在仍强调和重视网点问题，但不同于以前的“建”和“撤”，主要任务是做好网点调整转型、升级改造和管理工作。

目前我行的网点数是 13 800 多个，在全国各地星罗棋布。外国人对于我行网点数量之多感到十分惊讶。美国银行作为全世界最大的银行集团之一，市值已直逼花旗，零售市场份额在美国排第一，在全美国也只有 5 000 多个网点。

网点数量多，可以说是我行一个很大的优势。但是，要一分为二地看问题，这么多的网点，分布是否合理，管理能否跟得上，功能是否能正常发挥，网点形象能否符合标准是很关键的，如果这些做好了，网点就是很好的营销网络、交易平台和服务窗口，做不好，反而会成为我们的包袱和负担。

网点问题涉及行里诸多部门，包罗了我行经营管理的方方面面，是一个综合性很强的问题。有人说现在是“九龙治水”，因为据说网点管理涉及总行九个部门，这从另一个侧面说明网点建设管理工作的重要地位。对我们这样的大银行，或者对我们零售业务来说，网点的建设和管理是一个十分重要的问题。它不仅关系到销售渠道是否健康，资源配置是否合理，还关系到我们的核心竞争力、服务能力以及发展战略能否有效实施等。

（二）目前我行网点的优势和不足

正确分析目前网点的优势和不足，对规划和建设好网点具有重要意义。

1. 关于我行网点的优势

可以用数量多、分布广，功能全来概括。我行网点遍布全国，数量在国内同业居第三位，而且相当一部分网点都是全功能的，能够办理各种业务，产品种类比较齐全，能服务各个层次客户。多年来，这些网点为我们吸收存款、销售产品、服务客户发挥了重要作用。

2. 关于网点存在的不足和问题

第一，网点缺乏科学的分类管理。多年来沿袭了监管部门的分类管理方法，分为分行、支行、营业部、分理处、储蓄所等；在功能上，分为对公和对私。从市场营销看，这种分类方法不太科学。

第二，我们的网点功能齐全，但从另一个角度来看，我们的差别化服务还不够，不能及时根据客户的不同层次，配备专用服务渠道，设计适销的金融产品。

第三，大部分网点改造还比较滞后，布局和选址不甚科学。有些网点形象非常差，如果没有银行招牌，客户不敢相信这是银行。在选址上，相当部分网点"羞于见人"，躲在比较偏僻的角落。

第四，就是自助设备的问题，我行离行式 ATM 配置严重不足，自助服务渠道有待进一步发展。

（三）下一步的工作重点

第一个问题是要把网点规划工作做好。总体而言，我们要在现有网点架构基础上，今后经过一段时间的努力，争取把我行的网点改造成为具有国际水准的商业银行物理营销渠道。我们要根据建设银行整体发展战略来制定我们的渠道战略，进而制定网点战略。物理渠道只是整个渠道建设的一部分，所以在制定网点战略规划时，要紧紧围绕全行总体战略愿景来展开。

一是科学布局。从区域上来看，要适当增加沿海地区数量和大中城市网点数量比重。具体到一个城市，随着城市化进程的加快，城市本身功能也不断变化。比如在一些中心城市，正逐步形成一些重要商务区。以往一些工厂都在城市里面，这几年很多工厂陆续搬迁或停产，原来的地方可能变成新居住区或商务区。根据这些情况，城市内部的网点布局也要及时进行相应调整，必要时甚至要提前调整，而不仅仅是被动适应。

二是要切实贯彻"以客户为中心"的理念，在网点规划上体现出差别化战略。我们有上亿个人活跃账户，因为一个人可能有几个账户，但至少也有几千万的个人客户。这几千万客户可是千人千面，经济状况不一样，喜好不尽相同，对银行服务需求差异很大。如何满足不同层次客户的金融服务需求，要在网点建设规划上体现出来，不要像过去那样眉毛胡子一把抓。每个客户来办理的业务种类不一样，有的用时短，有的耗时长，有些是现金，有些是非现金业务，却非要让人家在一个窗口排队，这是很不合理的。

要对 1 万多个网点进行科学分类。需要多少网点专门从事对公服务，多少网点从事对高端客户服务，多少网点专门做大众生意，要从宏观上把握好。具体到每个网点内部，要在功能上划分清楚，科学做好内部分区。分区不仅是指办公区和营业区、现金区和非现金的划分，最重要的是针对不同客户群体，把各类客户引导到不同区域，有时候甚至要在不同的客户之间建立屏障，因为很多客户对隐私方面有很高要求，我们要多从细节考虑，满足客户各个方面需要。

三是要有重点地工作。对 1 万多个网点同步进行改造是不可能的，要分轻重缓急，有计划、分步骤地推进。我个人认为，当前最紧迫的问题是解决好高端客户排队问题，真正能够开辟出一部分专用网点，把它们改造好，把对顶端客户的私人银行业务开展起来，并切实提高高端客户服务质量。大家都公认招商银行零售业务做得不错，对我们形成了很大的竞争压力，但这家银行总共只有 400 多个网点；去年花旗银行在中国的利润有 6 亿美元，网点总共也只有几十个。为什么这些银行效率如此之高，就因为它们走的是高端路线和精品路线。能否有效地抵御外资银行威胁，能否在竞争中胜过中小商业银行，很重要的就是看我们服务高端客户的渠道和能力能否尽快建立起来，这个问题是当前我行网点建设、网点规划中最关键的问题。当然，我讲的高端客户可以分两类，一类是顶端私人银行客户，可以通过专门的财富中心来为他们服务；另一类是更广泛意义上的高端客户，需要在一般网点建立理财室为他们服务。

第二个当前比较紧迫的问题就是会计体制改革以后，我们对公业务要收缩，但相当一部分小企业和微型企业的结算，必须依靠零售网点来承担。但据我了解，大家在规划对私网点时，很少考虑这部分客户的需求。我们现在叫个人金融部，不是叫零售业务部。如果我们目前在个人银行网点中根本不考虑小企业问题，以后回过头再来改造，会造成资源浪费。

第三个问题是我行 ATM 布设严重不足。我们虽然建了一些自助银行，但大部分都是试验和广告性质的，远远没有形成气候，离行式 ATM 基本上还是空白。关键还是要抢占商机，国内目前还不允许一般工商企业从事 ATM 业务，在国外经营 ATM 早已不是银行的专利。因为这项业务很简单，只要接通网络，把钱加到机器里，客户取钱就可以收取手续费。现在国内还没有开放，很多银行也没有看到这个商机，看到这里面潜藏的中间业务收益，我们一定要先行一步、抢占先机。有些分行做得不错，比如苏州市分行，在大的商场里布放 ATM，效益非常好，不到一年就能收回成本。总行在这方面决心很大，在今年总行购建指标十分紧张的情况下挤出了部分指标，计财部非常支持。可安装 ATM 的地方很多，如大商场、高级酒店、大学、医院、写字楼、加油站，包括我行代发工资的工厂、企业、机关等。譬如人民银行大楼里就没有我们的ATM，但为什么有招行的，恐怕大家都没有仔细考察过，更没有人真正地拿着表去实地测量诸如客户流量等指标。

总之，要从规划做起，规划要先行。未来三年网点建设规划正在编制中，希望在编制过程中能够切实转变思想，转变理念，将来能以一个比较先进的规划去指导实践。我们最不希望看到的就是花了钱，仍照样复制以前模式。在抓好规划的同时，要加紧完成今年的建设任务，及时调整原来设计中的不合理之处。

（四）建设中要注意把握好几个问题

1. 关于选址问题。网点选址要结合我行的发展战略和布局规划，考虑各方面因素。目前，总行把网点选址权放给分行管理，但要把必要的规矩建立起来，尤其要切实防止网点选址中的长官意志和腐败现象。

2. 严格集中采购制度。在采购方面，总行的制度是比较完备的，我们要坚持已有规定。在网点用房购租、设计、材料、工程等多个采购环节都要严格执行集中采购制度，同时要注意尽可能提高效率。

3. 关于加强进度和质量监控。这方面要有要求、有监督、有检查，不能搞糊涂工程。

二、关于网点管理

今天会议的题目很好，既讲到建设又讲到管理。对个人银行业务条线来说网点管理不是一个新题目，但也是一个新题目。在会计体制改革前，网点管理职能个银部门也承担了一些，会计体制改革以后，零售银行柜面业务移交过来，我们的管理任务比过去加重了。关于网点管理，我们提出“高度重视，竭诚服务，严格管理，勇于创新”四方面的要求。

（一）高度重视

网点管理是提高服务质量、保持合规经营、保证安全运营的基础环节。如果网点管理上出了问题，这些都无从谈起。这还是一个十分细致和需要耐心的工作，需要我们日复一日、持之以恒地做好。因此，各级领导都要重视这个问题。建议个人银行业务条线的负责同志，能够经常到网点去走一走，到柜台坐一坐，亲身体验网点工作的琐碎和辛苦，了解客户需求，观察网点的营业状况，从中查找管理中的问题和不足。

（二）竭诚服务

服务不仅仅是对客户服务，还要强调管理部门为前台一线，为基层机构的服务。个金部门管理网点要寓管理于服务之中，首要任务是为网点做好服务工作。

第一，有很多后台处理和后台支援工作需要我们集中去做，要保质保量做好。

第二，流程梳理始终是一个大问题。网点效率低，客户排队时间长，主要原因是流程不尽合理，因此，流程优化问题需要进一步研究，这也是为前台服务的一部分。

第三，抓好培训考核。培训和考核的目的都是使前台人员能够提高素质，更好地为客户服务。考核是要给大家一个判断是非的标准，明确我们鼓励什么、反对什么，不仅仅是为分出等级，从这一点上说，考核和培训在很大程度上是异曲同工。确定科学的考核指标和方法体系，能够减轻很多前台部门的工作压力，尤其是基层网点负责人的压力。

第四，要努力为前台工作人员创造一个良好的工作环境。

（三）严格管理

目前操作风险整体上仍居高不下，违规违法情况依旧屡禁不止。以前这些责任由会计部门承担，现在个银条线接过重担，要对每一分钱，每一张凭证的安全负责。因此，建立营业网点前、后台制衡机制是重中之重。能否学习会计部门的主管会计委派制，派专人在网点负责核算及内部控制，不仅直接向网点负责人报告，同时也向上级个银部门报告，请大家研究。目前尤其要强调严格管理，在工作职责移交前后要保持个银网点发案率继续下降的态势。

（四）勇于创新

网点管理中有许多问题需要大家去摸索，去创新解决。

1. 关于前、后台的划分问题。总体方向已经确定，是要把后台事务和前台分离开，后台工作逐步进行集约化处理。但具体到分离的先后顺序以及分离后又如何集中处理等细节问题，需要我们不断探索和创新。

2. 交易和营销的矛盾问题。在进行“六西格玛”测量时，发现网点人员埋头做交易而没时间营销的现象很普遍。要把网点建设成销售的终端和平台，要逐步把已有的资源更多地用来销售。如何做到这一点，需要我们去研究和思考。是把人员分两类，一部分人负责交易，另一部分人负责销售；还是开设不同的窗口，把低柜和高柜分开；或者是专门组织部分人员进行电话营销。

3. 关于大堂经理的职责问题。我们的大堂经理队伍，从无到有逐步建立起来了，7 000 多位专职大堂经理是一支可观的力量。但大堂经理究竟应该做什么，是迎来送往，还是再做一些其他业务呢？国外银行大堂经理是要处理一些业务的，比如说一般查询，客户可不必到柜台排队，大堂经理能够直接通过终端查询并解答客户问题。

除了做什么，还有角色由谁承担的问题，是否要考虑网点负责人兼任大堂经理。估计有些网点负责人可能更愿意坐在办公室，而不愿意做大堂经理，为此要采取必要的激励和约束措施。

4. 关于灵活安排人员调度。网点客流量波动是有规律的，如果高峰期是早上十点到十二点，下午两点到三点的话，能否根据客流规律灵活调度、调整柜面人员。现在窗口要么同时开，要么同时关，这样办银行未免太机械，这方面也需要我们去探索和创新。

三、下半年个人银行业务面临的形势

上半年总行党委、董事会、管理层高度重视个人银行业务，加上天时、地利、人和，全行个人银行业务取得了显著成绩。这归功于行里在很多方面给我们倾斜配置了资源，客观环境和市场环境对我们也比较有利，当然更重要的还是个人银行业务条线全体同事的努力。上半年的贷款增长了700多亿元，负债业务有了新突破，信用卡业务成绩可喜，个人银行业务条线中间业务收入增加了60%，可以说个人银行业务上半年全面丰收。

上半年形势不错，但下半年压力却很大。首先，市场在变化，我们7月份存款增幅已经明显下降，股市好转，基金、理财产品数量增多，国债发行规模加大等，都分离了我们的一些负债；房地产形势急转直下，无论一手房还是二手房交易量均在萎缩；信用卡任务从原来200万张增加到300万张，我们的目标是争取当年发卡量成为市场第一，这也是很不容易的。总之，大家不能有松懈的思想，要牢牢抓住剩下的四个多月时间。其次，改革的任务也比较重。我们固然不能把改革和业务发展对立起来，改革是为了更好地发展，但是改革也不可能立竿见影，马上见效，而改革进程中则需要我们投入很多精力甚至资源。作为个人银行事业部试点的13个分行，要提高思想认识，不能有丝毫的怀疑，要坚定不移地推进。总行已经下发了文件，一方面是征求意见，另一方面是供先期试点分行参考。13个分行要在9月份把框架建起来，我们也要通过改革试点进一步完善方案，为第四季度其他分行继续推进事业部制改革探路。在今年所有的试点分行完成后，相信这个方案将相对比较成熟，为明年更大面积推广打下基础。刚才亚军总监讲到了会计体制改革，会计体制改革跟个人银行业务条线密切相关，很大程度上也是我们业务范围内的变革，我们要积极参与，主动配合，做好工作。最后，就是业务创新问题，包括产品创新、管理创新、流程创新等，总行已经进行了部署和安排，希望大家积极参与、勇于探索。

我们初步计划在11月份召开全行个人银行业务工作会议，相信这是一个非常重要的会议，将对我行未来个人银行业务的发展战略、目标、规划、措施，以及明年各项业务进行全面动员和部署，希望大家为开好这个会建言献策。现在很多问题还没有定论，包括我们今天讨论的网点是否就分成业务中心、个人金融中心等这几类，因为如果把小企业业务都放到零售网点上来，个人金融业务中心这个名称就需要重新推敲和定义。小企业来了之后，结算是放在一般个人柜台还是在中高端客户专用渠道做，也需要研究和选择，需要集思广益。

希望大家本着对事业高度负责的精神，为做好我行网点建设和管理工作，圆满完成今年全年的各项工作任务共同努力！

在第四季度数据质量考核动员视频会议上的讲话

（2006 年 10 月 19 日）

范一飞

同志们：

今天下午，我们召开的视频会，主题看上去不大，但事情非常重要。这个会议标志着我行数据管控和数据质量管理工作将进入一个发展的新阶段。可能有很多同志对这项工作感觉还比较陌生。下面，我就数据管控工作的意义和如何做好数据质量管理讲几点意见。

一、数据是现代商业银行经营管理的基础，提高数据质量是我们当前面临的重要任务

大家都知道，银行经营的产品是资金，而资金往往就是用数据来表示的，所以，数据也是现代商业银行经营管理的基础，具有举足轻重的意义。从国外先进商业银行的经验看，风险管理、客户关系管理、产品创新、绩效考核等都高度依赖于数据以及建立在数据基础上的业务分析模型，数据质量直接影响到管理决策的正确与否。国外先进银行在数据质量控制上都投入了大量资源。例如，汇丰银行在其全球数据管理中心成立了质量监测小组，对数据质量进行持续跟踪；花旗银行在每一个支行都设置了数据管理岗位，负责对采集的数据进行审核。可以看出，高质量的数据支持和业务模型研发能力正日益成为先进商业银行的竞争利器。

传统上，我们的管理文化更加侧重于依赖管理者的经验和直觉，数据在决策中的作用没得到充分的体现，因而长期以来对数据的管理不够重视，缺乏数据质量控制流程，导致数据缺失、不准确、不一致等一系列问题。此外，我行现有数据更多的是以满足内部经营和外部监管需要来设计的，重经营数据、轻管理数据的现象还比较普遍，导致数据与管理的要求相比有较大差距，主要表现在：绩效考核数据不够细致，难以落实到人；数据以账户为中心来组织，客户信息不能满足客户关系管理的需要，个人客户信息缺失严重；系统间数据总分不一致；生产系统利率、期限等关键信息不准确；等等。这些问题都已经严重影响了我行管理水平的提高。

我行在香港联交所成功上市以后，要实现建成国际一流银行的目标，我们更需要高质量的数据支持。

首先，对外信息披露对数据质量的要求越来越高。美国《萨班斯—奥克斯利法案》实施以后，信息披露质量成为全球性的公司治理话题，监管机构和投资者对数据信息真实性、准确性的关注程度日益提高，数据准确与否成为公众公司治理的重要指标。按照 COSO（公司内控与治理结构委员会）提出的公司内部控制体系，数据应用和数据共享是公司治理结构的支持体系之一，完善的数据质量是公司治理体系中信息披露、风险控制的基础。同时，银行监管机构也更加重视非现场监管，数据的准确性日益成为监管的重要内容，尤其是 2006 年中国银监会开始试行的 1104 非现场监管报表，对数据质量提出了严格的要求。

其次，拓展业务、竞争市场需要高品质数据的支撑。无论是公司业务，还是个人银行业务，都需要大量的数据和信息支持，才能完成客户定位和产品创新，赢得市场竞争。当前我行正在大力发展的个人银行业务更加依赖于客户信息分析，无论是客户细分、个性化服务，还是网点改造、ATM 布局等都离不开对客户交易行为、偏好等数据的深入分析。因此，尽快积累充足可用的数据，提高数据分析能力，是提升竞争力的重要源泉。我们前段时间在山东学习了“六西格玛”的相关方法，在这个方法体系的每

一个阶段，特别是测量阶段，数据都起到了非常重要的作用。

最后，内部管理尤其是全面风险管理对数据质量提出了更高的要求。风险管理是银行管理的核心，在《巴塞尔新资本协议》公布实施后，国外先进商业银行都非常重视风险管理数据库的建设工作，清洗数据、提高风险管理数据库的质量成为银行信息管理工作的重要内容。在美国，大型商业银行都建立了完善的客户风险数据库，例如，美国银行的客户数据库中积累了全美2亿多人口的风险数据资料，汇集了客户全部的内外部信用记录。

总而言之，作为一家上市银行，必须基于事实和数据，尤其是要基于准确、及时、一致的数据信息来进行决策，这就对我们的数据管理水平提出了更高的要求。

二、实施数据管控是从根本上解决数据质量问题的有效手段

我行目前的数据质量状况不容乐观，可以说远远不能适应一家上市银行的需要。最近，总行在开发数据仓库系统的过程中发现，数据仓库系统整合的八个源系统几乎都存在严重的数据质量问题，包括关键数据缺失或不准确、系统间数据不一致等。例如，5月22日这一天的数据中，CCBS系统有244个不同币种、不同机构的科目分户账数据不等于总账，差额近9 000万元；个贷系统分户账余额与总账系统中个贷余额有数十亿元缺口。我们为此花费了大量的人力去追查原因和清洗数据，严重影响了监管报表和资产负债管理系统的上线应用以及后续应用的开发。另外，我们的数据缺失状况也非常严重，据人民银行征信管理局反馈，我行上报的个人征信信息缺失严重，客户通信地址缺失率为28%，居住地址缺失率为73%，职业信息缺失率为15%，婚姻状况信息缺失率为21%。许多缺失数据只能临时手工补录。在1104报表全部860个基础指标中，有16%需要手工补录；信息中心向人民银行报送的各类报表中，有949个指标需要手工报送，占全部指标的51%。

事实上，我们多年来一直为数据质量问题所困扰，为了解决问题，全行上下也付出了艰辛的努力，进行了一遍又一遍的数据清洗。例如，近两年来，信息中心与相关部门组织对CMIS中的客户贷款卡编码、组织机构代码、行业、企业规模等级等信息进行过至少三次大范围的数据清洗，每次都要花费半个月以上的时间，基本上是全行公司类客户经理全员参与；OCRM系统上线，公司部也组织了大规模的客户信息清理工作。下半年，个贷新系统开始推广上线，为此，房金部也部署了相应的数据清理工作。

通过数据清洗，一定程度上改善了数据质量，但是并没有从根本上解决问题，也不可能从根本上解决问题。我们看到，存量数据清理干净了，同样的问题又会在新产生数据上出现；老问题解决了，新问题又会冒出来，可以说我们的数据质量问题是层出不穷。这就需要我们认真反思，问题根源究竟在哪儿？问题的根源就在于全行还没有建立起一套完整的数据管控体系，甚至可以这么说，我们的数据管控工作在很多领域还处于空白状态。所以，为了从根本上解决数据质量问题，我们在大量调查和研究国际先进银行做法后，将建立数据管控体系，加强数据管控工作提到了议事日程。

数据管控要求我们从全行的视角来研究和解决数据问题。长期以来，我们的信息系统主要采取按部门条线来建设、管理和使用的模式，对数据的管理也基本上是沿用这种模式，条块分割现象非常严重。这种模式对于某项业务、某个部门来说可能具有见效快的好处，但是也是产生数据问题的重要原因。因为单个系统开发一般都只关心本系统要实现的功能，而很难考虑到其他方面的需求，比如，前台业务系统往往以快速服务客户为首要目标，后台管理系统在开发中则往往主要以满足内部管理为目标，二者对于数据采集的范围、口径等方面往往有不同的视角和要求，又缺乏权威部门研究系统间的数据差异，无法及时解决数据缺失、口径不一致等问题。为此，我们亟须建立企业层级的数据管理机制，确定一套数据管理及应用的规范和流程，以提升全行对信息资产进行管理的能力。

数据管控的目标，简单地讲就是要确保经营管理所需要的数据是充足的、可用的和安全的。它包括四个方面的内容：数据规划、数据标准管理、数据质量管理和数据安全管理。具体来说，它要研究业务对数据的需求，数据需求的协调与整合、数据的分布与流向布局、数据的保留策略、数据标准执行、数据质量控制、数据安全分级与授权等问题。对于这些内容，总行已经开展了一

些工作，今年7月份，总行召开了28个部门出席的数据管控专题会议，大家对数据管控实施的紧迫性和职责分工达成了一致，作出了建立跨部门的数据管控协调与决策机制、由信息中心牵头组织实施数据管控工作等决定。这次会议标志着数据管控工作在总行正式提上了工作日程。今天这个会议是一个新的起点，分行也应该行动起来，在总行制定的策略和框架下，做好辖内的数据管理工作。有些工作，比如数据录入的质量控制，分行可能还需要比总行的有关部门承担更多的责任。

三、建立数据质量考核体系，持续改善全行数据质量

数据质量控制是数据管控的核心任务。只有可用的数据才有价值，不准确、不及时、不完备的数据，应用的危害性很大，可能还不如不用。开展数据质量控制工作，我们需要确定工作方法、划分部门职责、制定工作流程，还有一个重要的内容就是要建立数据质量考核体系。

分析一下前述困扰我们的数据问题，产生的原因很多，除了前述数据管控体系缺失以外，还有一个重要原因，就是工作责任心的问题。我们经常看到，应该录入的数据没有录入或者没有及时录入；应该正确录入的录入不正确，这种错误随着数据的流转，从一个系统传送到下游多个系统。当数据在源头就出现了质量问题的时候，要在下游花力气来解决它，只能是事倍功半。因此，我们要研究在“数据源头”解决数据质量问题，要在数据产生、录入的地方开始采取措施确保数据质量。

显然，我们还需要建立一种数据质量文化，让每一个产生数据的环节都意识到自己在数据质量上的职责，意识到数据的生产者同时也是高质量数据的受益者和低质量数据的受害者。这与任何一个企业控制产品质量一样，提高数据质量也需要一种文化氛围。要使得每一个生产者都把所产生的数据视做自己的产品，而对保证这些数据的质量尽职尽责。要做到这一点，需要建立必要的考核手段以及相应的激励约束机制，由此把数据质量控制嵌入到日常业务流程中，培育全员数据文化，以从根本上提高数据质量。

在建立数据质量考核体系的同时，我们还必须完善相配套的机制，这需要通过数据管控的其他工作内容来完成。比如职责的清晰化，要落实谁对数据来源负责、谁对数据内容负责、谁对录入环节负责等一系列问题，只有职责划分清楚了，才有可能做到奖罚分明，才有可能真正发挥激励的作用。再如，我们需要调整数据录入流程，使得业务流程中数据录入的分工更加合理，不该在前台录入的就应该挪到后台来录入，不该重复录入的就应该直接从系统抽取，要尽可能减轻前台人员的录入压力，同时也要提高前台提升数据质量的积极性。这就是说，数据管控几个层面的工作是互相依存的，要保证数据质量工作取得好的成效，还必须加快推进其他方面的数据管控工作。

同志们，我们已经到了必须把数据问题作为工作重点来关注的时候。经过研究，总行决定在全行实施数据质量考核，这项工作是全方位推进数据管控工作的第一步。根据整个工作部署，今年第四季度我们先从一小部分关键指标数据质量的考核入手，对分行排出数据质量控制情况的名次。在这个基础上，明年要扩大考核范围，加大考核力度，并考虑在适当时机将数据质量考核结果纳入关键业绩指标考核体系中。

今年第四季度数据质量考核方案，随后会由信息中心王怀伟总经理做介绍，这里我先提几点具体的要求。

1. 各行应由信息管理部门牵头，相关部门参与，尽快成立数据质量考核组织。

2. 各行信息管理部门应该尽快就本行数据质量状况进行一次专题的调查、研究和报告，明确本行数据质量问题所在，提出整改建议和工作计划。

3. 对于数据质量考核过程中发现的问题，以及对此项工作的建议，各行信息管理部门要及时报告总行信息中心。

4. 特别需要强调的是，总、分行之间，部门条线之间要密切协作，业务、数据、技术三类部门要充分沟通，齐心协力，共同打好数据管控这场硬仗。

今天我就讲这些内容，希望大家积极地投入到这项工作中去，一起努力把工作做好。最后，预祝我们这项工作取得圆满成功。

谢谢大家！

认真做好财务会计决算和统计年报工作 积极推进会计管理改革和新准则实施

——在2006年财务会计决算暨统计年报会议上的讲话

（2006年11月29日）

范一飞

同志们：

今天召开中国建设银行2006年度财务会计决算暨统计年报会议。会议的主要任务是贯彻全行分行行长（秋季）座谈会精神，部署年终财务会计决算、外部审计和统计年报工作，积极推进会计和营运管理体制改革以及新《企业会计准则》实施，全面做好岁末年初各项工作。

建设银行上市一年多以来，全行财务、会计和统计人员积极适应形势的变化和要求，认真贯彻“以市场为导向，以客户为中心”的经营理念，推行和不断完善以经济增加值和经济资本为核心的激励约束机制，进一步加强财务集中管理，开展会计管理和营运管理体制改革、柜面业务流程优化、ERPF系统开发上线、会计档案管理及稽核系统上线推广、财务报告内部控制试点、新《企业会计准则》实施准备、数据质量控制及安全管理等一系列工作，为全行的经营管理和信息披露提供了可靠保障。在此，我代表总行向全行财务、会计和统计人员表示衷心的感谢！下面我就做好年终决算、统计年报以及加强会计管理讲几点意见。

一、充分认识财务会计决算的重要性，确保年终决算和外部审计工作顺利完成

对于年终决算工作，总行党委非常重视，在前不久召开的全行分行行长（秋季）座谈会上，张建国行长就此提出了明确要求。本次会议，建国行长又专门发来贺信，对全行计财、会计和统计人员的辛勤工作表示衷心的感谢，希望各级行积极行动，高度重视，合理安排，扎扎实实地做好每一项工作，保证年终决算和统计年报各项要求落到实处，真实反映经营业绩，有效防范案件风险，确保关好账、开好门。同时，建国行长还要求各级行在年终决算和统计年报工作中牢牢抓住四个环节：一是严格按照规章制度的要求，结合内外部审计和检查中发现的问题，严肃财经纪律，自查自纠，认真落实账户清理、资产盘点、资金核实、损益结计等基础工作，保证会计核算的真实、合法，保证财产物资和资金的安全、完整；二是妥善安排好各系统的年终结转工作，保证系统结转平稳有序；三是在年终结转的基础上，及时、准确地编制年度财务报告，以如实反映全行的经营业绩，为内部管理和资本市场提供透明的信息；四是为明年“新准则”的实施做好各项准备工作。这几方面的工作，环环相扣，紧密相连，每一项工作都直接关系到资金安全，关系到财务报告披露质量，关系到建设银行的市场形象。希望各级行高度重视，从点滴入手，按照建国行长的要求，认认真真、扎扎实实地做好每一项工作，保证年终决算的各项要求落到实处。

下面，我就年终决算和外部审计讲六个方面的具体要求。

（一）切实加强年终决算的组织领导工作

年终决算是全行的一件大事，会计、计财部门责无旁贷地要承担起组织牵头的责任，各个部门要密切配合，认真做好归口管理工作。只有全行上下、各个部门行动一致，各负其责，才能真正把决算工作抓实抓好。

各级行一把手要亲自抓好年终决算工作，切实担负起领导责任，亲自过问决算工作，重大问题要亲自协调。分管会计的行长

要亲自挂帅，组织成立由会计、计财、营运管理、信息技术部门及其他相关部门负责人参加的决算工作领导小组，负责组织、协调和落实年终决算工作。决算过程中遇到的问题要及时向领导小组报告，领导小组要及时协调解决。

上下级行之间要建立顺畅的沟通协调机制，对于下级行反映的问题，管辖行有责任、有义务及时协调解决，确保上下联动、目标一致。

（二）认真做好账务清理等决算基础工作

结转前的各项工作是年终决算顺利完成的基础，工作的好坏将直接决定年终结转和财务报告的质量。日常工作抓得实，年终清理抓得彻底，财务报告质量才能得到保障。各行要建立和落实责任制，严格按照现行管理和核算要求，认真清理表内、表外科目核算内容，确保各项业务年前及时处理，确保资产和资金安全，确保信息真实、合法。

会计部门要把好账务核算、账务核对、账务清理关，尤其要与营运、个金部门协同做好尾箱、金库的年终查库和挂账清理工作。计财部门要负责全面清查、核实固定资产等各项财产物资，落实年终前财务收支安排，把好重大财务事项审批关。保全部门要负责核查抵债资产，会同风险等部门提前做好呆账核销等预安排和审批工作。公司、个金等业务部门要负责做好投资、非应计贷款、代理兑付债券等业务的清理和核查工作，配合落实客户年终对账工作。营运管理部门要做好系统关账、结转以及新年度对外营业时间安排等协调工作。信息技术部门要做好技术支持和维护等工作。行政部门要做好后勤保障工作。各级行、各部门要根据总行核心业务系统年终结转要求，倒排时间，按时、保质完成各自的工作任务。

各级行要及时清理资金挂账，尤其是要加强对暂收暂付类科目的核查。对于清理、核查中发现的问题，要抓紧解决。一是核算不正确的要及时调整；二是该收回的要及时收回，该支付的要及时支付；三是确实无法收回的，要按规定合理计提减值准备；四是符合核销条件的，要按规定核销；五是对于异常挂账或长期挂账的，要查明原因，明确责任人，限期解决。年终决算完成后，各行应就决算反映的挂账事项组织专项检查、落实。

要严格按照《中国建设银行对账管理办法》，办理与客户存贷款对账、同业往来对账、系统内往来对账以及与业务台账的核对，提高对账的工作效率，年末对账单应全部发出和回收。凡是因对账工作不到位而引发的资金风险要严肃追究相关人员的责任。

（三）合理确认财务收支，确保年度损益真实完整

各级行在年终决算中，要严格执行财务管理制度规定，严肃财经纪律，认真核实和合理确认各项财务收支，真实反映年度损益。

1. 认真核实各项财务收支

各级行要按照《金融企业会计制度》和《中国建设银行财务管理暂行办法》等制度要求，规范日常业务处理和账务核算。要牢固树立权责发生制观念，认真核实和合理确认各项财务收支，尤其要正确运用会计估计和判断，真实反映会计事项。对会计核算容易出现问题的事项，如中间业务收入、预计负债等，管辖行要加强日常检查指导，确保年度损益真实、完整。

为了完整反映各行年度损益，最大限度地维护建设银行利益，今年总行将改变应付利息和信贷资产损失准备的计提方式，这主要是因应税务部门的要求。年底前，总行将测算和分解确定各行全年应计提的存款应付利息和信贷资产损失准备，由各行在账面进行计提和成本中予以反映。为保持财务集中管理政策的连续性，年底前各行需按总行通知要求，将计提的应付利息和信贷资产损失准备全额上划总行，各行要严格执行总行的统一部署，相关部门之间密切配合，通力合作，认真做好账务处理和资金上划工作。

年底前，各级行要按照各项资产减值准备管理办法的要求，对各项资产进行减值测试，及时足额计提、调整和转回各项资产的减值准备；对于预计负债，各行要认真核查有关情况，相关部门密切配合，抓好预计负债的确认计提、使用调整和后续管理等重要环节。对其中涉及的超授权事项必须及早上报总行审批，以确保年终关账前完成账务处理工作。

各级行要慎重使用“以前年度损益调整”科目，严格按照财务授权制度的要求进行财务处理和具体操作。

2. 动态监控财务预算的执行情况

年底前，各行要加强对财务预算执行情况的监控和管理，合理有序地组织和安排各项财务收支。对于各项成本费用开支，各行应按照合同约定的条款进行支付，不得无故拖欠。对于资本性支出事项，各行应及早安排，力争在2006年12月25日前完成年度内全部资本性支出事项的入账工作，避免年底前突击安排造成的手续不完备。各行年底前要特别注意严格控制“应付工资”科目余额，要根据各项考核办法及时兑现或预兑现各种奖励，对员工绩效工资及时发放到位。要对劳务用工费的支出情况进行一次全面清理，确保管理规范和核算准确。

3. 加强社保费用的管理

对于以前年度欠缴的养老保险、失业保险、工伤保险、住房公积金等，各行要进行一次全面清理，凡尚未与当地主管部门进行沟通并达成一致意见的分行，必须在今年底前完成此项工作，最终确认辖属行是否仍存在欠缴事项以及需要一次性补缴的数额，及时上报总行审批后通过“以前年度损益调整”科目列支补缴款项，按规定做好相关财务处理和后续管理工作，避免合规性风险。

对于2004年重组建账时总行统一补提的上述相关费用，今年底前仍可按规定程序拨付各行对外支付，从2007年起，对于预提费用剩余的额度，总行将按照审计意见予以冲回。各行如再发生需要补缴的以前年度欠费，在专题上报总行审批后，必须通过相应费用科目列支补缴款项。

各行应切实加强社保费用的管理，在抓紧消化处理以前年度遗留问题的同时，要按照地方政府规定及时足额计提缴纳本年度的各项费用，今后不得再发生新的欠费行为，避免产生新的历史遗留问题。最近，中央有关部门组织了对社保基金的专项检查，发现个别行社保费用计缴不足，并进行了通报。这些问题一旦披露，将对我行声誉造成负面影响，希望大家予以重视。

4. 严格应付福利费的管理

各行要继续按照总行要求加强对应付福利费的管理，应付福利费及其他以工资为基数的计提费用必须以职工工资总额为基数足额计提，并按规定进行纳税调整。对于应付福利费方面的各项支出，必须按照总行下发的文件要求执行，不得超标准、超范围列支，特别是年底不得随意列支各种形式的节日补贴，确保在总行调整开支范围后应付福利费不出现新的红字，且能按规定保持一定比例的余额。总行将加大对各行应付福利费管理的监控力度，发现违规问题将严肃追究责任。

5. 认真做好离退休人员统筹外费用管理工作

各行应按照总行文件规定做好离退休人员统筹外费用的核算和管理工作。对于股改前离退休人员和遗属的统筹外费用，由总行集中计提和保有。从2005年1月1日起，总行按季下拨股改前离退休人员和遗属的统筹外费用资金，各行不得再在成本中列支上述费用。对于采取挂账列支方式的分行，在收到总行下拨资金后，要及时作冲销挂账处理，且不能产生新的挂账。

对于2003年12月31日以后办理离退休手续人员的统筹外养老金，应在企业年金共同账户基金中列支，统筹外医疗费在本单位补充医疗保险基金中列支，没有建立补充医疗保险基金的仍在劳动保险费科目列支。各行应按照总行文件规定，从2005年7月1日起，启动企业年金单位缴费。企业年金单位缴费原则上按各行上年工资总额的4%计提，从应付福利费中列支。

6. 用好年度住房补贴

根据《中国建设银行系统住房分配货币化改革指导意见》的精神，从2005年起，享受建行福利性分房且达到补偿服务标准的中长期劳动合同制员工开始享受年度住房补贴。同时，考虑到全行财务承受能力和相关政策调整因素，总行对各行年度住房补贴总量重新进行了核定，并在综合经营计划中作了专项安排。今年，各行要继续按照总行文件规定，在完善本行住房分配货币化改革实施方案的基础上，及早地做好相关账务处理工作，确保年底前在费用成本中完整体现该项支出。

7. 做好年度所得税汇算清缴工作

2006年度的所得税汇算清缴工作与往年相比情况更复杂，任务更艰巨，要求也更高。为了更好地完成这项重要工作，总行将就2006年度所得税汇算清缴工作单独行文布置，各行务必认真学习、领会新的税收政策及总行要求，确保2006年所得税汇算清缴工作高质量地如期完成。

近几年来，税务部门对于企业所得税的管理越来越科学化、精细化，对于税源的监控和征管力度也在不断加大。企业对所得税纳税申报表数据的真实性、准确性所承担的责任也越来越大。

所得税汇算清缴数据的准确性直接关系到今后是否会面临税务风险的问题，如果发生差错，不仅会给我行造成补缴税金和接受税务处罚等经济损失，而且还会给我行的社会形象带来较大的负面影响。因为一旦违反税法规定，就不是一般的行政问题，而是法律问题。

希望各行认真学习和严格执行税法的有关规定，掌握各种成本项目的税前扣除标准和具体要求，积极做好同税务机关的沟通和解释工作，力争取得税务机关的理解，在不违背税法的前提下，充分利用税收法规对建行有利的方面，最大限度地维护全行的利益。

（四）认真落实内外部审计整改工作，自查自纠，避免监管风险

明年内外部监督检查将进一步加强，国家审计部门可能会对建行进行全面审计。在审计部门全面审计之前，我们要做好自查自纠工作，以清洁的、优美的环境来迎接审计部门。为避免监管风险，各行包括总行本级在内要充分利用年终决算的机会，重点做好全面自查和整改落实工作，要严肃财经纪律，加强内部管理，规范会计核算，避免因外部检查暴露的问题对建行市场形象产生负面影响。

财务管理和会计核算的规范性问题一直是全行财务和会计管理工作中的一项重要的基础性工作。上市以后，随着公司治理结构的日趋完善和内控制度的不断健全，全行对这方面的认识有了很大程度的提高。过去粗放经营时期违规违纪时有发生的现象已经得到了有效的控制和改善，各级行在处理业务发展和财会管理规范性关系问题上取得了长足的进步。从今年内审和自查情况来看，“账外账”、“小金库”等严重违规问题大幅度减少，对于刚刚经历股改上市的建行而言，应该说还是很不容易的，这说明经过全行上下的共同努力，财务管理和会计核算的规范化水平不断提高。

但是，在看到成绩的同时，也要清醒地认识到，目前财务管理和会计核算仍然存在不少问题和薄弱环节，部分分支机构有章不循，有法不依，财务管理和会计核算不规范问题屡查屡犯。财务收支核算和管理方面突出表现的问题是：随意调节利润、隐瞒或截留收入、中间业务收入弄虚作假、虚列成本支出、高息揽存和不按核算要求核算等。在总行多次进行清理后，个别机构甚至还在继续发生“账外资产”、“小金库”等严重违规问题。此外，逃避财务授权、违规进行采购、违规开立账户、混淆支出性质、错用科目核算等问题也不同程度地存在，账表不符、数出多门的现象也很严重。在分行行长（秋季）座谈会上建国行长讲了这方面问题，在数据质量控制动员视频会上，我也列举了有关问题，希望引起大家重视。产生上述问题的主要原因，从根本上说，是各级领导的管理责任还没有得到有效的落实，部分机构错误地理解总行各项政策制度。在业务迅速发展的同时，为了争取财务资源，完成考核指标，不惜采取违规手段，弄虚作假，人为调节指标数据，部分基层单位规范管理和合法经营的意识比较淡薄，账务处理的随意性大，人员培训工作没有及时跟上，造成政策理解能力、业务处理水平与业务发展要求不相适应。上级行对所辖机构监管不严，制度贯彻执行和监督检查力度不到位，责任追究和处罚机制没有很好地发挥作用，也造成了难以从根本上杜绝以上违规行为。这些问题如果得不到及时有效的解决，必将对建行的社会形象和经营效益带来负面影响。

对于这些问题，总行非常重视。各行要加强管理，加强整改，特别是总行有关部门要及时完善制度，建立长效机制，从根本上规范全行财务管理和会计核算。下一步，将采取以下措施：一是继续落实各级行的管理责任，包括相关领导和财务主管、会计主管的责任，不断提高各级行规范管理、规范经营、规范核算的自觉性；二是要切实加强内部管理，积极落实整改措施，通过严格的奖惩，强化制度的严肃性；三是顺应形势变化，加强制度建设，明年要完成财务管理办法的修订工作，为财务规范性管理的完善提供制度保障；四是开展多层次、多渠道的培训工作，提高财会人员理论水平和业务素质，避免理解误差造成的违规问题。

在年终决算中，一是要对照内外部审计和检查中发现的问题，逐一检查、清理、核实，严格落实整改工作，保证整改工作落实到位，发现问题加以处理，不留后患。二是要严格按照财务管理办法和会计核算规定，对科目和账户进行一次全面、地毯式的清理、自查。对于清理、自查中发现的问题，必须在年终结转以前及时解决。三是要结合自查和内外部审计整改中发现的问题，举一反三，一抓到底，不留死角。四是管辖行要切实履行管理职责，要加强对年终决算的审查工作，确保年终决算报表的真实性，避免违规违纪现象发生。

各行要通过自查整改，自查自纠，从根本上消除风险隐患，确保财务管理和会计核算合法、真实、完整。对于这项工作，各行务必给予高度重视，绝不能掉以轻心，要把自查自纠、整改落实工作作为今年年终决算的重中之重，抓实抓好。对于明年外部检查中发现的自查整改不到位的行，要严格追究有关行的管理责任，严肃处理相关责任人。

（五）统筹安排系统年终结转工作

IT 已渗透到商业银行经营管理的方方面面。核心业务系统成功完成年终结转，是年终决算工作的重要环节，是旧年度账务顺利关闭、新年度及时对外营业的前提。

年终结转涉及的系统较多，不仅有全行统一的 CCBS 核心业务系统、总行统一开发的外围系统，而且还涉及分行的特色业务系统。总行营运管理部要统筹安排，信息技术管理部要积极协调配合，落实各系统关闭时间和结转要求。

总行和分行各业务系统应以 CCBS 系统关闭时间为标志，结合当地人民银行同城票据清算要求，倒排时间计划，合理确定 2006 年 12 月 31 日各系统的关闭时间，确保年终系统之间无“待处理结算款项”挂账，确保 CCBS 核心业务系统顺利完成年终结转，确保新年度正常对外营业。

（六）积极做好外部审计和财务报告编制工作

会计部门要切实担负起牵头协调的责任，会同有关部门与毕马威会计师事务所积极沟通，充分协商，及时处理外部审计中遇到的问题。相关部门要各负其责，认真做好归口管理业务的外部审计工作，保证工作质量。各行要在年终决算领导小组的领导下，建立部门之间、上下级行之间以及与毕马威会计师事务所之间的有效工作机制，及时解决问题，保证外部审计和财务会计报告编制工作按时完成。

在审计过程中发现的调整事项，各分行要按照《中国建设银行审计调整和财务会计报告确认办法》有关规定，本着实事求是、客观负责的态度，如实提供信息，准确核实，认真确认。因事实不清而产生的判断差异，要积极提供补充信息，与毕马威会计师事务所进行充分沟通，争取达成一致意见。需要上报总行最终审核确认的调整事项，要及时上报。在审计调整的基础上，各行要编制经审计的财务会计报表，并于 2007 年 2 月 15 日前正式上报总行。

二、提高对信息统计工作重要性的认识，切实做好统计年报相关工作

数据信息是现代商业银行经营管理的基础，数据统计、数据管理及分析应用能力直接决定全行的竞争力。今年以来，外部监管和内部经营管理对信息统计工作提出了更多、更高的要求。与此同时，银行内部管理体制的变革以及相关信息系统的推广上线，也带来了数据采集与质量控制流程的变化。为高质量地完成对外数据报送任务和满足对内决策支持需要，各级行必须转变观念，提高对统计工作重要性的认识，切实做好统计年报相关工作。下面，我就做好统计年报及明年信息统计工作讲几点具体意见。

（一）积极配合，准确、及时完成 2006 年统计年报工作

2006 年统计年报的具体内容和要求，信息中心接下来还要做详细的说明，下面我想强调以下几方面的要求。

一是要加强对统计年报工作的组织领导，层层落实数据采集质量要求。统计年报中有大量的统计指标需要手工采集、自下而上逐级汇总上报，这些指标涉及银行业务的方方面面，每一个环节都将直接影响全行整体数据质量，各级行必须明确年报统计工作的牵头部门，建立顺畅的沟通协调机制，各个部门之间要加强配合，确保按时、准确地完成 2006 年统计年报及各类监管数据的报送任务。

二是要高质量地完成 2006 年末非现场监管报表的报送任务。2006 年底的数据是非现场监管报表正式运行的第一期报表数据，各行要按照银监会《关于非现场监管信息系统 2007 年正式运行的通知》要求，严格按照银监会最新修改的报表表样报送数据，确保年终数据的准确性、及时性。

三是要做好资本充足率报表的数据核对工作。资本充足率是衡量商业银行综合经营能力和风险抵御能力的最重要指标之一，也是对外披露年报中的关键指标，数据质量尤为关键。根据银监

会要求，第四季度资本充足率报表上报时间提前，同时增加了相关指标。各行要严格审核报表数据，保留好“工作底稿”，同时配合毕马威会计师事务所做好报表数据的审计工作。

四是认真做好年底总账数据的传输工作。ERPF 上线后，账务数据的传输方式发生了变化。各行一定要以总行反馈的 ERPF 系统数据为依据，严格把关，不能自行对数据进行调整和修改，确保上下数据的一致性。

五是要做好中心城市行的统计工作。根据总行对 100 个中心城市行实行“三年一达标，一年一考核”的管理原则，在对 2006 年经营情况的年度考核评价中，增加了一些行内经营管理、横向比较的重要指标，该项工作是制定全行中心城市行发展战略和有关政策的重要参考依据，数据量大、数据采集难，各行要给予充分重视和大力支持，多渠道地获取相关信息。这些信息的采集，不仅仅是为了满足总行考核的要求，也是对当地同业市场加强调查、分析，及时采取竞争策略，提高竞争力的重要环节。

六是要认真做好龙卡业务指标传输工作。今年下半年起一直是新、旧两套指标并行传输，但数据还是存在一些差异。各行信息统计部门要积极配合相关业务部门，做好数据核对工作，保证新、旧指标平稳过渡。

（二）积极应对新形势的变化要求，认真做好 2007 年信息统计相关工作

近年来，外部监管和内部经营管理给信息统计人员带来的压力越来越大，大家对此已有切身的体会。明年全行的信息统计工作又将面临一些新的变化和要求。

首先，从内部要求看，一方面，内部经营管理对数据的时效性和数据质量的要求越来越高。各级行、各部门要密切协作、充分沟通，加快相关信息系统的优化和建设工作，理顺数据处理和质量控制流程，不断提高系统的自动化处理能力和数据质量。另一方面，内部数据整合的力度也在逐步加大。总行已经决定，从 2007 年 1 月 1 日起，内部管理、对外信息披露和向监管机构报送的数据将统一采用 ERPF 系统总账。目前，总行有关部门正在积极推进相关工作。各行要做好向监管部门的解释工作，并按照 ERPF 的科目架构，完成分行相关管理系统的调整工作。

其次，从外部要求看，一方面，要适应人民银行金融统计数据集中的要求。人民银行决定明年实施金融统计数据全国集中，要求各商业银行总行于月后 4 日内向人民银行总行报送全行四级机构的数据。人民银行评价建行这项工作做得不错，计划明年 4 月至 6 月首先在建行试点，下半年双轨运行。人行数据大集中的实施将对全行数据报送工作的时效性提出更高要求，总行正在加紧建设与之配套的统计信息管理系统。在新形势下，现有自下而上采集数据、层层上报汇总的统计工作流程，将改为总行集中取数、分行补录信息相结合的方式。另一方面，必须完成监管统计工作任务。从 2007 年 1 月 1 日起，银监会将正式执行 1104 非现场监管报表制度。这套报表体系不仅是银监会非现场监管的需要，也是其对建行实施现场监管的重要依据，银监会对商业银行的评级也主要基于这套报表数据。这套报表内容全面、指标多，厚厚一大本，数据来源于多个源系统，涉及的指标涵盖了信用风险、市场风险、流动性风险、操作风险、资本充足率和财务等各个方面，要比以往向监管部门报送的报表难度大得多，而且不能迟报，不能出现差错，这对全行的数据质量和时效性提出了更高的要求。1104 报表大部分内容由总行数据仓库集中生成处理，为发挥报表数据对经营管理的决策支持作用，2007 年总行将视分行需求选择一部分报表下发各分行，各行要对报表数据进行认真检查核对，并加强报表数据的分析，为行内经营决策服务。1104 报表体现了很多新的管理理念，希望大家加强学习和研究。要把这套报表应用起来，努力用这套数据改善经营管理。

各级行要准确把握信息统计工作面临的新形势、新变化，积极备战，按照总行的要求大力推进相关工作。

一是要做好全行统一报表平台的维护管理工作。总行决定依托 ERPF 报表平台，在整合总账传输系统现有报表及 ERPF 系统现有报表的基础上，建立全行统一的报表体系和报表平台，并且明确由信息中心牵头负责。同时，总行信息技术部正在组织力量研究解决分行相关信息的定制查询问题，各行也要组织人员对自身的报表需求进行整合和统一管理。

二是要全力配合做好统计信息管理系统的上线推广工作。为满足人民银行金融数据集中及内部数据应用的要求，总行正在开发统计信息管理系统，充分利用总行数据仓库，集中生成各级机构的数据指标，然后返还分行补充部分手工指标。原有基于总账系统的特色应用要相应移植到新的系统上来，这项工作任务很重，各行要及早准备，全力配合总行做好新系统的推广上线工作，尽量减少新系统上线对原有工作的影响。

三是要严把数据质量关。前不久，总行召开视频会，布置了第四季度部分关键指标的数据质量考核工作，明年将进一步加大考核力度。这项工作是一项全行性的工作，需要各行、各部门的高度重视和充分协作，需要全行员工的广泛参与和认真执行，以建立数据质量文化，规范信息采集和处理流程，从源头上提高信息质量，降低信息采集成本。

四是要积极推进数据整合工作。各行信息统计部门、信息技术部门、各业务部门要加强合作，严格执行总行发布的数据标准，对现有系统的信息进行整合，提高数据的一致性，准确性。

五是要认真研究业务需求变化，及时调整优化统计指标。各分行信息统计部门要加强与业务部门及外部监管机构的沟通协调，主动整合相关信息需求，适时调整优化报表统计指标，及时提供经营管理所需要的关键信息。

六是要加强数据分析应用。对相关系统所蕴藏的数据信息进行深入挖掘，促进信息的有效利用是信息统计人员的重要职责。各级信息统计人员要主动研究各类用户的信息需要，充分利用所掌握的第一手数据和比较全面的信息资源，有针对性地开展数据挖掘分析工作，为市场营销和内部管理提供有价值的分析报告。

三、积极落实会计、营运管理体制改革和新准则实施工作，切实加强风险防范

岁末年初，会计工作任务十分繁重，各行要统筹兼顾，对照年初工作计划，认真做好落实工作。会计工作要牢牢把握两个方面：一是要积极适应形势的变化和要求，做好改革创新工作；二是要牢牢抓住会计基础建设工作不放松，做好日常管理工作。借此机会，我对现阶段会计工作讲三点意见。

（一）坚定信心，积极稳妥地落实会计、营运管理体制改革

去年，在深圳举行的2005年度决算会议上，给大家提出了会计、营运管理体制改革的基本思路，供大家讨论。经过充分调研和慎重决策，全行从今年5月开始全面启动了会计和营运管理体制改革。

从近期调查情况来看，改革总体进展顺利、平稳，没有因机构调整、职责移交等影响业务发展，集约化管理、流程优化等部分改革措施也已初见成效。一是在原运行中心的基础上，总行组建了营运管理部，明确了会计、计财、信息中心、营运管理、个人金融、信息技术管理等相关部门的职责界限，完成了部门职责调整和移交。二是积极推进前、后台分离、柜面业务流程优化等工作。如通过规范交易资料打印和存储方式，使得网点的部分资料由纸质变为电子存储，网点每天平均减少打印时间近50分钟，全行年均节约打印成本近2 000万元。还开展了复核授权控制体系调整和交易单证整合等工作。三是一级分行基本完成了营运管理部门的组建及职责调整工作，部分分行完成了营业网点管理职责调整、所属二级分行营运管理部门组建、计财与会计部门合并组建等工作。

但是，在改革推进过程中，也暴露出少数行存在观望、畏难思想，改革进度不均衡等问题。对此，总行党委高度重视。树清董事长在欧洲出访期间特地打电话回来，了解会计和营运管理体制改革的进展情况，叮嘱我们要加强落实。建国行长对此项工作也非常重视，前段时间委托我召开领导小组工作会议，专题研究、解决改革中存在的问题，会议纪要近期将下发分行。

会计和营运管理体制改革，是落实“以客户为中心”的经营理念、建立全行基础保障体系的重要举措。改革着眼于优化业务流程，着眼于提高业务营运的集约化水平，是一次影响深远、涉及面广的结构性变革。改革的顺利推进，必将进一步提高全行业务处理效率和风险控制水平，从根本上推动流程银行的建立。各级行要充分认识到改革的重要意义，坚定信心，按照总行要求积极稳妥地推进各项改革措施。

一是要大力推进前、后台分离，确保改革目标尽快实现。前、后台分离，尽可能把前台事项移到后台处理，是这次改革最核心的内容。各行要按照已经确定的前、后台分离实施步骤，分解和

细化前、后台分离的具体内容，明确集中处理的途径，从制度调整和系统优化入手，分阶段实现后台业务集中处理。各行要以大中城市尤其是一级分行所在地城市作为实施前、后台分离工作的重点区域，力求尽快取得实效。

这里我想强调的是，前、后台分离是这次改革最核心的内容，这个方面不能打折扣。相关部门要树立大局观，充分认识到改革的实质性内容就是把后台业务从前台分离出来，集中起来。一方面，提高效率，提高整个后台处理的效率；另一方面，将前台部门从繁杂的事务中解放出来，用更多的资源、更多的时间去服务客户，营销客户。在前、后台分离和部门职责调整中，不要过多地考虑部门工作和责任的轻重，应该从大局出发，绝不能挑肥拣瘦，自认为不合适的就不接或推出去。总行要加强指导，出台相应规范，尽可能规范前、后台分离的标准和内容。

二是制订现金集中配送实施方案，统一现金集中配送模式，规范现金物流作业方式。即通过建立现金集中配送操作规程，开发现金配送作业系统，将目前相对分散作业、纸质传递、人工监控的传统现金调拨方式向电子化、自动化和集约化的配送方式转变，以有效降低现金配送的作业成本，加快服务响应速度，扩大金库作业的辐射半径，提高现金配送监控的自动化水平。

三是尽快建立前、后台联动的风险控制体系。根据前、后台分离带来的业务处理模式变化，仔细梳理和分析前台交易、前、后台之间以及后台处理的风险点，建立起前、后台联动，覆盖事前、事中和事后全过程的风险控制体系。加快推广柜面业务实时监测预警系统，并进一步丰富监测对象，扩大预警半径。

四是做好交易单证整合的落实工作。此次交易单证整合量约占营业网点日常交易单证使用量的70%～80%，对内、对外涉及面都很大，因此，要重点做好对柜员、大堂经理及相关人员的培训工作，做好对客户的宣传解释工作，确保各项业务平稳、顺利开展。涉及DCC－CCBS改造的，要抓紧进行系统优化。

五是改造客户账户规则。信息中心正在牵头落实，《客户代码管理办法》及实施细则已基本定稿，目前已在山东、上海分行开展试点。试点完成后，力争明年第一季度完成全行客户信息的规范、统一工作，将现行以单一账户管理为主线的账户规则改造为以客户关系管理为主线的账户规则，并以客户代码为核心，统御同一客户下所有的账户信息，解决其不同账户之间交易的有效整合问题。这项工作意义十分重大。这个问题解决了，不仅仅是不同账户间交易的整合问题，更重要的是对于客户关系管理具有重要的意义。客户代码问题虽然是会计、营运管理体制改革提出的问题，其实也是银行经营管理的大问题，是非做不可的事情，刻不容缓，希望大家予以关注、予以支持。

六是优化交易码设置及整合系统交易界面。针对DCC－CCBS系统交易码过多、交易联动性不强、交易操作界面欠友善等情况，总行会计部以核心交易功能、常用交易功能为主线，突出主交易的联动功能，提出了优化交易码设置和整合系统交易界面方案。上海开发中心正在对需求进行技术分析。此项工作是一项较为复杂的系统工程，涉及多个外围系统的联动以及前、后台分离进展情况，要力争明年上半年完成。

七是规范营业网点管理。要实现会计、个人金融部门在营业网点职责移交过程中的无缝衔接，切实防范案件风险，提高服务效率，降低操作成本；加强网点柜面业务划分和横向集中调研，按照方便客户和服务好客户的要求，鼓励分行因地制宜地稳步推行该项工作，不搞“一刀切”；各行要按照批发与零售业务分开的原则，合理界定会计部门和个金部门网点管理范围，尽快调整到位；偏远县级支行的营业网点可以维持现有管理方式不变。

八是在改革过程中，尤其是在二级分行营运管理部门组建、计财和会计部门合并的过程中，要保证有专门的团队负责会计基础工作，进一步加强会计管理，确保规章制度的有效落实，切实防范操作风险。

（二）全面实施新《企业会计准则》，确保财务报告质量

今年2月，财政部发布了由《基本会计准则》和38项具体会计准则组成的新《企业会计准则》（以下简称《新准则》）体系，自2007年1月1日起在上市公司范围内实施，现行《金融企业会计制度》不再执行。作为上市银行，建行自2007年1月1日起执行《新准则》。

《新准则》在理念、内容、体系等方面实现了与国际财务报告准则的实质性趋同。《新准则》的实施，将有助于提高建行会计核算和经营管理水平，有利于减少国内、国际两套财务报告的差异，降低财务报告的编制成本，也为套期保值、企业合并、股份支付等业务提供了核算依据。

重组改制以来，建行推行了新的贷款损失准备计提办法，实行了债券四分类，提前实施了财政部《金融工具确认与计量暂行规定》。这些工作，不仅在很大程度上提前释放了《新准则》实施的工作量，也为执行《新准则》创造了有利条件。目前，实施《新准则》要重点做好以下几方面的工作。

一是要从制度上规范《新准则》的应用。财政部近日刚刚印发准则指南，要尽快结合准则指南，做好各项制度的最终定稿工作，下发分行，全面实施。当前要抓紧做好《会计基本政策》、所得税等单项核算办法、各项减值准备管理办法的修改和定稿工作。

二是从能力建设上提高员工的素质。新会计准则的运用，需要借助管理人员更多的职业判断，因此，必须切实提高包括财会人员在内的全体员工素质，提升运用会计政策和会计技术的能力。今年，总行在香港、境内培训中心开展了多期《新准则》培训。这次会议还专门安排了两天时间，请毕马威会计师事务所和总行的专家进行培训。大家要认真学习，会后要组织做好所在行的培训工作。

三是从系统应用上提供可靠支持。《新准则》的实施，需要对现有的计算机应用系统进行调整，信息技术部门要积极跟踪，做好系统的开发工作。下一步要研究实际利率法应用、已减值贷款利息收入确认等系统实现方式，适应未来业务和产品变化的要求。

四是从内控文化上要形成按准则核算的意识和氛围。只有建立健全、合理、有效的财务报告内控体系，才能够保证对外披露信息的真实、完整。在准则转换的过程中，需要加大财务报告内控体系建设，切实提高财务报告质量。要在总结北京市分行、资金交易部试点经验的基础上，完成江西和宁波分行的推广试点工作，力争在2007年底以前在全行推广试行。

五是要实现业务和会计的有机互动。实施《新准则》，不仅仅是会计部门的事情，各部门在日常经营管理中要严格遵循《新准则》要求，做好会计的确认和计量工作。如各个业务部门在对减值判断、未来现金流量预测、估价技术应用、新产品开发中涉及的确认方法等方面，必须严格按照《新准则》的规定执行。

（三）加强会计基础管理，切实防范案件风险

股改上市以来，各项改革顺利推进，业务发展势头良好，内控水平不断提高，案件防范能力有所增强。但今年以来，重大恶性案件时有发生，新发案件占比高，有章不循、违规操作问题突出，检查流于形式，发现问题整改不彻底，处罚不严厉等，暴露出建行基础管理工作还很薄弱。

为落实银监会要求和分行行长（秋季）座谈会精神，总行在全行范围内部署、开展了“防范案件风险、确保资金安全”专项检查活动，对所有基层营业机构和网点进行全面检查，重点检查了柜员身份认证卡、业务授权控制、账户和印鉴卡、重要空白凭证、印章、大额支付、现金备付、查库和尾箱等13项内容。

这次拉网式检查起到了很好的效果，但是，案件风险防范不是靠一两次检查能够解决的，更重要的是要在全行建立案件风险防范的长效机制，确保规章制度落到实处，管理责任落实到人。

一是要高度重视风险防范工作，避免出现管理疲劳。各级行领导必须增强风险防范的责任感和使命感，重视、支持并亲自过问案件风险防范和基础管理工作。要以身作则，切实履行查库、检查、调研等职责，深入基层，关心员工的生活、工作，关注营业网点以及前、后台之间的工作环节、流程，不合理的要及时解决，薄弱或有隐患的环节要立即纠正。

二是加强人员管理，特别要加强干部交流工作、岗位轮换、强制休假、顶岗检查、员工行为排查、会计主管委派、异地任职、定期交流、营业录像定期抽查、现金尾箱交叉使用等各项制度。基层的管理，很大程度上是基层人员的管理，包括对两个重要人员的管理：一个是基层网点负责人，另一个是会计主管。要认真推行会计主管委派制度，网点负责人和委派会计主管的定期交流制度。从检查的情况看，全行很多地方还没有完全做到。

三是广大柜员、会计和营运人员要坚持按章办事，按照会计、结算、出纳等制度要求，扎实做好日常基础工作。这既是保证业务正常开展、保障资金安全的基本要求，也体现了对员工的爱护和保护。

四是加快推进前、后台分离工作。要树立流程银行的理念，优化业务处理流程，加强和完善内部控制，充分发挥稽核系统的功能和作用，提高计算机系统对操作风险的自动控制水平，建立前、后台联动、实时的监控机制。

五是坚持会计检查制度。各级行要坚持全面检查和重点检查相结合、常规检查与突击检查相结合、“明查”与“暗访”相结合、传统检查手段和现代信息技术手段相结合。对重点区域、重点部位、重点环节、重点人员，要加强监督检查的力度；对重点科目、重点账户、重点业务，要进行重点监控。在检查手段上，除采用手工核点现金、核对登记簿、实地调阅纸质凭证账簿等传统手段外，还要充分利用信息技术系统，提高案件风险防范的科技水平。案件防范人人有责，后台部门也要加强责任心，加强分析，这有助于案件防范和发现问题。各行要真正将会计检查落到实处，对检查对象、检查方式及检查的具体内容都应制订详细计划，逐项落实，不搞形式，不走过场，不留死角。

同志们，建设银行已步入了改革与发展的新时期。希望全行计财、会计、信息统计人员，增强紧迫感和使命感，勇挑重担，奋发向上，以高昂的斗志、坚定的信念、饱满的热情，为把建设银行建设成为国际一流银行作出我们的贡献！

开拓创新　夯实基础
打造国际一流零售银行

——在全行个人银行业务工作会议上的讲话

（2006 年 11 月 30 日）

范一飞

同志们：

刚才树清董事长作了一个非常好的讲话，建国行长的书面讲话也由亚军总监作了传达。两位领导的讲话都很重要，我们要认真学习、领会和贯彻。我主要讲两方面的内容：一是就去年内蒙古会议以来个人银行业务取得的进展作个报告；二是就下一阶段特别是明年的工作提些具体的建议。

去年总行党委在夏季分行行长座谈会上将零售业务更加明确地确定为战略重点。一年多来，全行上下对零售业务的重视程度不断提高，董事会连续两年加大了对个人银行业务的投入，我行与美国银行的战略合作也将重点放在零售业务领域。我们还高兴地看到，公私联动取得了新的进展，公司业务部门、机构业务部门对零售业务的支持力度不断加大；很多中、后台部门也积极地行动起来，零售领域信息技术的开发应用步伐明显加快，财务资源、人力资源配置和风险管理的重心都开始向零售领域转移。正是由于全行的共同努力，我行零售业务呈现良好的发展势头，为完成股改上市的建设银行增添了新亮点。

一、零售业务的发展情况

（一）个人存款新增创历史最好水平，新增市场份额跃居同业第二位

截至 11 月 24 日，全行个人存款余额为 21 830 亿元，比年初新增2 867 亿元，比上年同期多增 653 亿元；截至 10 月底，新增在四行中的占比为 29.9%，同比上升 8.23 个百分点。

（二）个人贷款创历史最佳，余额、发放和新增市场份额均居同业第一

截至10月底，全行当年累计发放个人贷款122万笔，金额2 537亿元，余额达到5 591亿元，当年新增1 093亿元，增速达到24.3%。贷款不良率为1.65%，继续保持在较低水平。住房公积金业务继续保持市场份额第一，公积金存款余额为1 813亿元，市场占比达61%，公积金贷款市场占比达52%。

（三）银行卡业务保持强劲增长，产品链覆盖各细分客户群体

——信用卡业务市场份额进一步提高。截至10月底，全行信用卡累计发卡547万张，居同业第二位；当年新增235万张，较上年同期增长97%；实现消费交易额312亿元，是上年同期的2.3倍；卡均消费交易额超过5 700元，同比增长20%，列第二位；透支额现在还不是很理想，需要我们进一步努力。

——借记卡开始成为客户开立基本账户的主要结算支付工具。借记卡发卡总量达1.85亿张，比年初新增1 932万张，特别是理财卡发卡非常理想，累计发卡量达到172万张，比年初新增110万张；借记卡实现消费交易额1 681亿元，实现中间业务收入23.48亿元，也创造了历史最好水平。

（四）个人中间业务收入创历史最好水平

截至11月24日，个人类中间业务实现收入61.39亿元；前10个月增速为34.4%，还原科目调整因素，实际增速达39%。其中银行卡、个人结算、证券代理业务收入贡献较大，基金代理发行收入成为中间业务新的增长点。

（五）个人高端客户数量和综合贡献度不断提高，服务能力增强

全行已建立维护关系的个人高端客户达到了170万户，较年初增加65万户。其中，个人金融资产300万元以上的顶端客户1.35万户；维护高端客户的专职客户经理队伍较年初增长一倍，占个人客户经理总数的54.5%。

（六）销售渠道建设加快，电子银行渠道的交易分流作用逐步显现

——电子银行已逐步成为银行服务的重要渠道，客户数、交易额及交易量在同行业中继续保持第二位。10月底止，全行电子银行客户数达到4 339万户（这里面可能有重复的因素，因为是几个渠道加总起来的），当年新增1 200万户；电子银行交易占渠道交易总量的比重已达16%，较年初上升了5点多个百分点。

——网点装修改造建设进度加快。截至10月底，全行开工项目2 167个，占全年计划的79.8%，重点地区网点建设进度已超过83%。但是就像刚才董事长所讲的，进度还不是很均衡，特别是服务高端客户网点的建设偏慢。目前，全行正式对外营业的财富管理中心只有6个，理财中心只有632个。

——自助设备投入加快。10月底止，全行ATM总量达18 712台，自助银行为1 536个，分别比年初增加3 610台及655个。

二、零售业务须重点推进的几项工作

一年来，围绕战略转型要求，重点在以下五个方面取得了突破。

（一）产品创新速度加快

——支付结算方面，在同业中率先开通全国范围内的人民币个人存款跨一级分行通存通兑业务，满足客户跨地区流动和资金支付的需求；完成“速汇通”四期优化，增加了个人到对公、系统内到系统外等六项功能；与美国银行合作推出直联汇款业务，试点行仅1个月的汇出业务量就超过以往全年的总量。

——资产业务方面，创新推广了个人住房最高额抵押贷款、“存贷通”、个人住房固定利率贷款、个人助业贷款，整合完善了个人消费额度贷款、自用车贷款等几个重点产品，加快拓展住房维修基金和公积金委托提取还贷产品，已经初步形成“住房—消费—经营”三大产品链条。

——银行卡业务方面，先后推出了商务卡、汽车卡、名校卡、名企卡、名城卡等重点信用卡产品；名校卡被万事达国际组织评为“最佳认同卡”，并已与全国50%以上的“211”工程大学签署了发卡合作协议；在全行范围推广信用卡分期付款业务。理财卡发卡覆盖全行，并开通了境外交易、网上交易、美国银行ATM免费取现、手机短信通知等服务内容；理财卡被VISA国际组织评价为“全球较领先的综合性借记卡产品”；与券商及网络公司合作发行的联名卡取得突破。

——理财产品方面，连续成功发售16期“利得盈”系列人民币理财产品，募集资金约90亿元；人民币理财产品已从单一的结构性存款发展成为央票类、债券类、信托类、QUANTO类四大系列；滚动发行15期“汇得盈”产品，募集资金26亿美元，推出“汇得盈”首期代客境外理财产品（QDII），实现了代客境外理财零的突破；针对个人顶端客户试点推出异地金融及非金融增值服务。

（二）强化市场营销

——营销活动主题明确、重点突出。旺季营销活动成效显著，个人存款和银行卡市场份额进一步提高；通过举办论坛、评选优质楼盘、推出“住房贷款十项服务措施”等，进一步提升住房金融业务市场竞争力；通过公私联动、交叉营销，发行了多项名校名企卡、战略联盟卡，提高了信用卡市场占有率；针对高端客户组织开展“建行财富之旅”四季营销活动，进一步深化了与高端客户的关系；开展建行“e路通”相关活动，促进了电子渠道交易的大幅提升。

——产品销售成效显著。加大了新基金柜台代销密度和老基金的持续性销售，抢占储蓄国债市场先机，推动个人存款向投资理财产品转化；组织落实个人贷款业务费用分配“购买制”，推动个人贷款业务超常规发展；开展信用卡发卡营销竞赛和业务推进经验交流，有效确保了全年发卡计划的完成。

（三）网点转型取得实效，服务水平明显提升

——与美国银行合作。在江苏、四川试点推出以提高客户满意度和产品销售能力为目标的网点转型项目。运用“六西格玛”方法，在岗位设置、网点精神、大堂经理、业务流程、业绩考核和硬件环境等方面实施了32项改进措施，试点网点日均客户增长25%；客户等候时间明显缩短，96%的客户等候时间控制在10分钟以内，较改进前提高40个百分点；销售时间和销售量大幅增长。制定下发零售网点功能分区指引、网点选址指导意见，网点改造有章可循。虽然现在试点范围还比较小，但是有些成果实际上已经开始在全行得到推广应用。

——启动神秘人检查制度。首次检查覆盖重点城市的1 100多个网点，检查结果显示，经过1年多的努力，全行在网点建设、内部环境、客户服务和大堂经理配备等方面都有很大改善。

——大力推广个人贷款中心经营模式。在广东惠州分行试点，与美国银行开展个贷中心战略协助项目。目前，已经初步完成个贷中心标准化流程和模式设计，重新界定了个贷中心功能布局和岗位设置，引入视觉管理和QC管理工具，制定了岗位标准化操作手册（SOP）。从试点的结果看，个贷中心的运行效率、管理水平和风险控制能力显著提高，客户满意度大幅提升。

——全面推进流程梳理和优化。开展针对DCC系统、个人存款、个人信贷、银行卡以及网上银行等业务处理流程的梳理、优化和改进工作，重点解决了部分流程中操作复杂的环节，有效提高了服务效率。

——提高呼叫中心服务质量。采取总行抽查和分行互查的方式，对“95533”客户服务中心人工服务质量进行检查，并定期通报，人工服务接通率明显提升。

（四）加强系统建设，夯实业务发展基础

——建成个人外汇结构产品系统。9月初个人外汇结构产品系统已经在北京等4家分行上线试运行。从试点结果看，“汇得盈”业务办理时间由原来的20－40分钟缩短到最长不超过5分钟，效果明显。

——完成产品创意库系统。该系统构建了全行零售业务产品需求采集和管理的重要平台，使我们能更及时地了解员工之声和客户之声。目前该系统已经在总行以及北京等6家分行试运行，已采集信息668条，有价值信息59条，部分信息已经开始得到转化应用。

——试点推广新的个人贷款系统。目前北京、广东、深圳3家分行的试点工作已完成，这是明年要重点推进的一项工作，争取全行全面上线。

——电子银行系统建设取得新进展。一是完成了新版网上银行上线工作；二是实现了“95533”与“800”客户服务中心连通，在19家分行完成了呼叫中心整合项目的上线工作，正式成立了总行级客户服务运营中心——“95533”客户服务成都中心；三是率先在全国统一推出WAP手机银行服务，继续保持手机银行业务同业领先地位。

（五）全面开展培训工作，队伍素质有所提升

今年，全行个人业务条线采取境内外相结合、远程教育与实地考察相结合的方式，加大了对零售业务条线，特别是一线员工的培训力度，学习型团队建设取得实效。

——开办了20期每周一课视频培训课堂，培训内容涉及零售业务板块的各项内容，参训人员覆盖各级管理人员、客户经理、一线员工和“95533”坐席员，培训效果反映良好。

——举办12期客户经理、大堂经理及网点负责人香港、深圳培训班。培训内容涵盖外资银行介绍、零售产品知识、大堂经理岗位职责和绩效考核、客户服务技巧，乃至社交礼仪等各方面，培训人员在香港切身感受了外资银行服务客户的真实情景，有效提升了客户服务意识、技能水平和经营能力。

——专业化人员队伍建设全面推进。全行获得金融理财相关资格认证的人数已达857人，金融理财师队伍不断壮大。先后组织3期个人信贷客户经理培训班，与厦门大学合办4期个人信贷管理人员及业务骨干高级培训班，有效促进了从业人员素质的不断提升。

回顾一年来的工作，零售业务取得了可喜的成绩。这些成绩的取得是在总行党委、董事会的正确领导下，依托我行多年来形成的个人银行和对公业务基础，全行上下一心，公私联动，前、中、后台相互支持的结果。特别是工作在基层一线的广大员工，付出了艰辛的努力。正如树清董事长在全行一届二次职代会上所讲的，我们有一支特别能战斗、特别能奉献、特别能吃苦、特别能学习的优秀员工队伍。我们为有这样优秀的员工、这样优秀的同事而深感自豪。

在肯定成绩的同时，我们也要清醒地认识到，在零售业务的发展中还存在很多需要解决的困难和问题。刚才宣读的张行长讲话中也谈到了，主要包括：重点地区业务发展和市场竞争力不强；网点优化布局等基础性建设工作急需加快；客户服务工作与一流银行差距还比较大；控制、压缩不良资产和防范操作风险的任务还十分艰巨；个人贷款中心建设、流程改造工作仍需要加快步伐；电子银行业务的发展还存在相当差距等。

明年，同业竞争将更为激烈，重点地区会成为焦点。根据最新颁布的外资银行管理条例，今年12月11日后，外资银行的分支机构可开办人民币100万元以上的个人存款业务，外资银行子银行的业务则将全面放开，经营与中资银行完全相同的业务种类。这对国内银行特别是经济发达地区银行的零售业务构成了非常大的挑战。另外，在重点地区，国内中等规模股份制银行，也已经逐步具备了与大银行相抗衡的面向中高端客户的竞争能力。

零售业务中的战略性产品竞争压力也会进一步加大。一是住房贷款的外部环境更为严峻，一方面是国家宏观调控力度加大，住房供应和销售增幅明显降低；另一方面，同行特别是工行、中行在度过上市调整期后，必将腾出更多的资源来与我们竞争这项业务。二是信用卡业务竞争，虽然我们今年取得了一点进步，但是要看到在市场上还没有取得绝对优势，工行和中行后劲也很大。三是私人银行市场竞争序幕已拉开，这方面我们的能力还非常欠缺，甚至可以说还处于空白状态。

三、2007年零售业务的工作重点和要求

2007年，全行零售业务的总体思路就是要按照刚才郭董事长和张行长讲话所要求的：围绕建设国际一流零售银行的愿景目标，以增强市场竞争力特别是提高市场资源富集地区的市场份额为重点，加快产品创新，优化业务流程，强化交叉营销，稳步推进事业部制改革试点，切实推动网点改造和队伍建设，全面提升零售业务服务水平以及对全行的利润贡献度。

有关部门经过研究，提出了2007年零售业务的初步指标，这些指标是否合适，请大家讨论。个人存款争取新增2 600亿元，增速达12%；个人贷款保持20%左右的增速，新增继续保持同业第一；信用卡新增发卡、交易额、透支额在2006年的基础上确保翻番；借记卡新增有效发卡量2 320万张，实现消费交易额2 840亿元；个人中间业务收入增速达35%；个人高端客户新增50万户，力争在国内同业中率先推出私人银行业务；装修改造网点2 800个，新建自助银行1 000家，新建财富管理中心20个，新增ATM 5 000台，专职客户经理增加4 000人；电子银行占全部个人业务

交易的比重要达到25%。

对2007年的零售业务工作，重点强调以下几方面。

（一）加快实现网点转型，推进业务流程再造

1. 推广网点转型成果。网点转型现在还处在试点阶段，要真正转化为生产力还需要在全行推开。计划用两年的时间，即到2008年末，实现全行零售网点功能由交易核算主导型向销售服务主导型的转变，实现全行零售网点在中心城市统一服务、统一管理和统一考核。

主要工作内容包括两项，一是通过推广网点转型，首先解决客户一致性服务体验中不涉及IT改进的问题。主要进行两个层面的工作，一方面，将网点转型试点项目的成果，选择条件成熟部分在全行范围推广，如“角色清晰、大厅致胜、网点精神”等比较成熟，推广应用的风险不大；另一方面，将业务流程再造的成果应用到网点转型推广之中，深化网点转型内容，最终彻底实现业务流程的统一和考核的统一。

二是通过业务流程再造，逐步实现高低柜业务、交易与销售的分离，深化转型成果。具体包括：在明确前、后台业务分离的基础上，实现单笔业务流程的标准化；实现重点产品交叉销售流程的一体化；按照标准化业务流程模块统一设置岗位；以清晰的岗位职责为前提建立可测量的业务风险控制体系。

具体推广计划分为三个阶段：第一阶段，到2007年9月末，首先完成总行重点关注的100个中心城市行的1 000家网点转型工作；第二阶段，到2008年6月末，再完成100个中心城市行7 000家网点转型，使网点转型总数达到8 000家左右；第三阶段，到2008年12月末，完成全行零售网点的转型。

项目推广过程将采取总分行相结合的方式。将从100个中心城市行挑选出的1 000个精品网点作为今后的示范网点，总行重点关注，由总行对相关人员组织统一培训，对转型质量组织统一验收；对于其他网点，由分行根据实际情况，也可以分为分行重点关注网点和普通网点，在总行指导下进行相关培训和验收工作，总行对这些网点的转型情况进行抽查。我们要加紧工作，力争使推广计划提前完成。

2. 以新个贷系统上线为契机，完善个贷中心建设，优化业务流程，实现“三位一体”的整体推进。要以新系统上线为契机，保质保量完成个贷中心的组建和改造，加快推广广东惠州分行个贷中心项目成果，建立标准化、规范化的个贷中心及其业务流程。总行将明确个贷中心建设标准和验收标准，并依此检查和验收个贷中心建设情况。通过引进和消化吸收淡马锡旗下有关银行的经验，进行个人助业贷款业务的流程梳理改造，力争形成标准化、规范化操作流程。

3. 整合渠道建设，挖掘服务潜力。争取明年能够初步完成重点城市网点布局调整和改造工作，特别是要按照新的功能分区要求，加大网点内部功能的调整。要继续加大离行式ATM的布放力度，充分发挥电子自助渠道的作用，将适合客户自助办理的新业务优先设计为通过电子银行渠道实现，加快所有非现金、非票据单证的日常业务向电子银行渠道的转移。与美国银行合作，全面启动企业网银和重要客户服务系统的流程梳理工作，解决业务流程中的主要问题。在渠道建设和整合过程中，要特别强调对私人银行客户和高端客户的服务问题。刚才董事长强调，我们要细分市场、细分客户，根据不同客户、不同金融需求提供差别化服务。当前，我们在这方面最突出的问题，就是没能很好地对中高端客户与一般大众客户从产品、渠道等各个方面进行差别化服务。事实上，我们只有真正地为这些中高端客户建立起专用的服务渠道，才能够更好地服务大众客户。这两个方面是相辅相成的。

4. 继续深入开展神秘人检查，督促落实整改措施。将客户服务质量纳入到前台服务人员的考核体系中，通过“神秘人”调查、客户满意度调查等多种方式，定期和不定期地对前台服务进行检查，并对检查发现的问题进行整改督办。对检查中发现的流程和系统问题要给予高度重视，限期解决。

（二）积极推进中心城市行个人银行事业部制改革工作

个人银行事业部是建成国际一流零售银行的制度基础。最近，总行行长办公会和党委会先后讨论通过了《中心城市行个人银行业务事业部制试点方案》，最近将正式印发各分行。各行要按照方案要求，积极推进这项工作，这里我强调以下几点。

1. 事业部的组织架构设计要有利于流程银行建设，实现前、后台分离。推行个人银行事业部的目的不是搞“行中行”，而是通过建立矩阵式的管理架构，支持流程银行目标的实现。事业部主要负责产品创新、市场营销和客户服务等前台业务，营运、计划、财务、人力、风险、科技等后台管理主要由相关部门通过派出小组形式，与业务部门一道完成，以实现前、后台无缝衔接。个人银行事业部的主要精力集中在前台，同时对后台业务进行集中管理，实现规模经营，以降低成本，控制风险。各行在试点中一定要首先做好前、后台分离工作，在科学分离的基础上合理衔接。这是实现流程银行非常重要的一点。

前几天，针对会计管理和营运管理体制改革及个人银行业务事业部试点过程中遇到的问题，根据张行长的部署，总行专门召开了会计管理和营运管理体制改革领导小组会议。会议认为，全行会计管理和营运管理体制改革是建立流程银行的关键一环，要坚定不移地向前推进。这项改革的推进，重点要在前、后台分离、网点管理、风险控制和流程优化上下功夫。尤其要通过前、后台分离，减轻网点的压力，释放前台生产力。这是改革的重中之重，丝毫不能含糊，要把这项任务完成情况作为衡量会计营运体制改革是否成功的重要标志。为此，总行将出台更具体的、具有操作性的统一规范。相关部门在前、后台分离工作中，要更多地站在一线网点的角度考虑问题，不能讨价还价。

2. 事业部要加强对所属网点的统一管理，保证服务质量和客户体验的一致性。城市行实现个人银行事业部制以后，要实行扁平化管理，事业部尽可能直接管到网点，实行弹性工作制，统一调度人力资源、统一业绩考核，提高管理效率，使服务质量得到统一。事业部要真正实现“集中决策、分散经营”，网点的主要任务就是按照要求完成产品销售、客户服务和业务交易，计划考核和人员调配上收由事业部的管理部门完成。

3. 事业部也要建立联动营销的长效机制。联动营销是我们今年特别强调的问题。要做好联动营销：一方面，要提倡奉献精神，请大家顾全大局，努力提高联动的自觉性；另一方面，必须处理好联动各方的利益关系，只有把各方面的利益处理好，用经济手段替代行政手段管理，才能保证联动机制的长效性。事业部制实行以后，可以考虑将需要其他业务条线配合完成的工作实行明码标价，采取购买制等方式来推动联动工作。所以说，实行事业部，不是对联动机制的否定，相反，处理好各方面的利益关系会更好地促进联动。

4. 事业部要积极试点，争取早日见效。城市行的个人银行事业部已启动了几家，方案中明确的城市要在年底前尽快启动，其他的城市行也要深入研究，早日推行。总行个人委要高度关注此项工作，对各城市行的试点方案要认真研究把关，要建立事业部推进的监测机制，定期通报进展情况，组织各行交流经验，促进试点行不断改进和提高。通过努力，争取用一年左右的时间使城市行个人银行事业部制在全行成功推行。

（三）加大产品及服务的创新力度，提高市场竞争力

刚才董事长在讲话中特别强调创新问题，我理解创新是多方面的，包括体制上的创新、管理上的创新、产品与服务的创新，等等。前面两个更多是要通过改革来推进。改革和创新将是我行个人银行业务核心竞争力所在，是决定我们能不能成功迈向国内领先、国际一流商业银行的关键。总行党委对这个问题一直是高度重视的，去年以来采取了一系列措施推动个人银行业务的改革创新工作，如会计营运体制改革、个人银行事业部制等。前不久党委会和行长办公会还决定成立两个中心：一个是个人银行业务研发中心，另一个是电子银行研发中心。这两个中心的成立，会为我们更好地进行产品和服务创新提供平台。但是要做好这项工作，仅靠这两个中心是不够的，全行特别是个人银行业务条线的同事，一定要广泛动员，具体有以下几方面工作比较重要。

1. 梳理产品，突出核心产品。经过多年的发展，零售业务产品种类繁多，但重点不够突出。怎样对这些产品进行梳理，找出重点，加大投入，不断推陈出新，形成我行零售业务的拳头产品，成为目前一项比较重要的工作。特别是要将个人贷款、银行卡、理财产品以及结算和代理业务等放在特殊的位置。

2. 关注同业，制定规划。新产品推出需要我们进行充分的市场调研，系统性地进行。这就要求我们做好规划工作，结合我行实际，形成持续的产品创新规划。明年的重点是，通过资源整合，率先推出个人出入境金融中心，为出入境人员提供一揽子金融服务；推出自助汇款项目，打通网上银行境外汇款通道。同时，发挥我行在住房、银行卡、支付结算等方面的优势，推出一些高附加值的产品。通过注重成效、彰显特色的产品创新活动，使我们在零售市场上更多地处于领跑位置，发挥先发优势。

3. 挖掘潜力，加强合作，促进产品开发。在梳理现有产品，开发创新产品的过程中，重视与其他行业包括刚才董事长所说的中介机构的合作，通过不断引进合作伙伴，促进业务发展。如通过整合提升银行卡，开发小企业卡，发展联名卡，与行业合作促进零售业务批发化；借助我行与众多行业的良好合作关系，研究推出适合不同客户投资理财需求的投资理财产品和支付结算产品；通过引入证券、保险、信托等领域的专家，针对政府管理人员、私人企业主等客户群体，开展定制化的理财顾问服务；挑选有实力的合作伙伴，试点推行运动项目和汽车增值等高端服务；以个人贷款为核心，结合理财产品、保险产品及其他零售业务产品，以家庭为服务对象设计产品组合套餐；加强与企业的合作，尽快推出与企业联名的助业贷款和微小企业信贷，完善个人资产业务产品；积极发展网上商城和网上支付业务，在支付平台合作、旅游服务、电子客票、报名缴费等方面取得突破。在这里我再强调一下，在产品创新过程中，要处理好业务拓展与质量、效益的关系。我们发展个人银行业务的根本目的在于提高建设银行的效益。在这一过程中，一定要把握好发展、成本、质量、效益之间的关系。

（四）实施营销费用和工资含量定额制度，加大重点产品的营销力度。

1. 建立条线考核，改善资源配置方式。为执行全行产品战略、客户战略、区域战略等各项业务发展战略，明年将对关键业绩指标考核和综合经营计划作一些改进，建立任务目标和财务资源的匹配关系，选择部分具有计件工资性质的业务，如中间业务、个人信贷业务、信用卡业务等，设计明确到个人的激励方案，以减少中间层的激励信息扭曲。当然，在方案的设计过程中，也要充分考虑各个市场的特点，既要做原则上的统一规定，但又不能在具体指标和参数上搞“一刀切”。

2. 落实激励政策，依托网点和客户经理开展交叉营销。借鉴先进银行营销模式，加大网点及客户经理对具备基本结算账户功能的借记卡、个人信贷、信用卡等基础产品，包括电子银行有关产品的营销力度，实现个人客户经理对零售产品的全面营销。通过细化落实各项产品销售目标责任及相应激励考核机制，按照部门、区域、分行分解责任，并且配置相关资源，将营销目标落实到每一个人。产品部门和客户部门要做好营销组织、培训指导及中、后台处理的支持配合工作，从整体上提升销售能力。

（五）加强基础建设，提高风险控制能力

1. 加强对风险的立体式控制。首先讲一个认识问题。风险防范与控制不仅仅是风险部门的事情。作为前台部门，首先应该承担起风险控制的相关责任。国际银行业风险控制一般由三道防线组成：第一道防线即业务部门的操作岗位；第二道防线是业务部门内设的控制岗位；第三道防线是风险和审计部门派出的人员组成的风险管理团队。这三道防线都与前台部门密切相关。前两道防线就设在前台部门内部，所以我们前台部门对风险控制要高度重视，特别是在客户识别、产品定位、数据分析、定价模型等方面，要积极地行动起来，把这些基础工作做扎实。我们要依托IT系统，研究建立网点操作风险预警系统，加强对前台操作风险的实时预警；修订、废除现行制度中影响客户服务效率、不利于风险控制的制度，强化薄弱环节的管理；建立一支专职与兼职相结合的网点业务检查队伍，开展行际间、网点间飞行检查、交叉检查，建立零售网点的业务检查督导制度。

2. 建立网点操作主管委派制度。为建立网点风险制衡机制，要向网点委派操作主管，主要负责网点日常操作和内部控制，对网点负责人和上一级的操作主管实现双线汇报；建立全行网点营业管理的综合风险评估制度，形成科学的网点风险防范体系；争取政策支持，研究建立网点操作风险准备金制度。

3. 探索建立全流程的个人信贷风险管理机制。要加快存量不良贷款处置，尤其是对发现的“假个贷”，必须加快还原和限期处置。要研究改进“假个贷”和一般个贷呆坏账的处理方法，改进个贷减值准备金计提方法；研究在零售业务部门配备专门的风险管理人员，构筑好风险防范的第二道防线，将风险控制位置前移；

尽快推出划分不同产品池的个人资产业务客户信用评分模型系统，提高风险识别和判断水平；配合个贷中心和标准化催收作业流程的推进，建立专业化的催收队伍，尽快充实贷后管理力量。

同志们，2007 年是我们打造国际一流零售银行重要的一年，我们要真正践行以客户为中心的经营理念，不断开拓创新，打好管理基础，改善服务质量，提升竞争能力，为加快建设国际一流零售银行而努力奋斗！

CHINA 中国建设银行年鉴 2007
CONSTRUCTION BANK ALMANAC

第三部分　改革发展与内部管理

改革创新与业务发展

全面推进资产负债管理工作

一、结合宏观调控要求与客户需求，做好贷款总量与结构控制，做好与监管部门的沟通汇报

受宏观调控影响，2006年，建设银行贷款增长呈现出显著的先快后慢态势，资产负债管理部（以下简称资债部）配合公司部通过采取压缩贴现等措施，在贯彻宏观调控政策的同时较好地保证了非贴现贷款的良性增长。全行贷款比年初新增3 782亿元，控制在预定目标3 800亿元以内，其中基础设施贷款和个人住房贷款增长良好。资债部年内完成了大量业务综合分析报告和监管材料的撰写工作，其中有关开发银行经营情况的研究报告得到行领导的高度评价。

资债部牵头完成了2007年综合经营计划政策要点编制工作，首次按照币种、产品、客户、行业、区域、期限等多个维度编制主要业务计划，并将境外分行业务计划纳入编制范围。

二、备付率进一步下降，资金使用效率进一步提高

在全年资金充沛、新股发行量较大的情况下，通过大额、小额支付系统的支持，资债部采取增加资金调拨次数、加强备付率考核、优化资金调拨系统等措施，同时加强与资金部、营运管理部的配合，日均资金头寸和备付率进一步下降，资金使用效率进一步提高。截至2006年底，全年人民币日均资金头寸1 104亿元、日均备付率2.61%，分别比上年下降275亿元和1.24个百分点。

三、ALMS系统一期成功上线

2006年9月30日，ALMS系统一期成功上线。ALMS上线后，提高了市场风险和流动性风险计量和监测的质量和效率，提高了

存贷款利率执行情况的监测分析水平，为FTP全额计价改革提供了技术支持，为全行客户经理提供了贷款定价计算工具。

四、成功完成美银亚洲并购项目论证、交割和交接工作

2006年下半年，由资产负债管理委员会牵头，资债部主要负责美银亚洲并购项目。在各相关部门通力配合下，圆满完成了可行性研究、尽职调查、交易协议谈判以及内外部审批、资金交割和过渡期安排等工作。这是建设银行首次在境外进行如此大规模的资本运作，是实施境外发展战略的重大举措，境内外媒体给予了高度关注。此次并购计划周密，实施安排有序，交接过渡顺利，既锻炼和培养了并购队伍，也为今后并购管理工作积累了宝贵经验。

五、扎实推进中间业务发展，实现中间业务收入增长51%

通过采取将关键业绩指标（KPI）中的中间业务比重由4%提高到6%、调整激励政策、建立中间业务季度协调会议制度等措施，极大地调动了分行发展中间业务的积极性，在促进中间业务快速发展的同时也为我行经营模式转型作出了切实贡献。2006年全行实现中间业务收入149亿元，计划完成率为118%，同比增长51%，同业增速第一（工商银行41%，农业银行45%，中国银行30%），中间业务新增收入在主营业务新增收入中的占比达16%，对新增经济增加值的贡献度达45%。

六、进一步推动中心城市行优先发展战略的实施

资债部制定下发了《关于进一步推动中心城市行发展的若干意见》，提出了推进集中经营管理、试行个人银行事业部制、完善计划单列行管理、强化横向比较考核力度等一系列措施。全行各级机构和部门进一步加大对计划单列行的资源和政策支持力度，计划单列行的价格和财务管理权限得到扩大，中心城市行的经营业绩以及对全行的贡献度稳步提升。

七、研究形成了机构布局规划方法并在全行推行应用

在研究国内外资料和总结试点行经验的基础上，资债部制定下发了《中心城市行营业机构规划工作指导意见》，形成国内同业第一套系统性的机构布局规划方法，提出了2007年至2009年三年规划要求，同时开展了对80个中心城市行的规划编制及评审工作。

八、完成产品支持服务系统推广，起草下发产品创新指导意见

初步建立起全行的产品资源库和产品创新建议的电子化处理渠道，为提升产品管理和创新水平创造了良好条件。正式印发《关于推进建设银行产品创新的指导意见》，为产品管理和创新体系建设奠定了基础。

九、完成了上市后首份年报和中报编制披露工作

在披露内容、格式和设计印制上有了进一步改进和完善，充分展示了建设银行的经营管理成果，对增加透明度、提升建设银行形象发挥了积极作用。

十、顺利完成部门岗位选聘工作

按照人力资源改革的核心意图，缜密设计方案，细致做好员工思想工作，保证了岗位选聘工作的平稳进行，为优化资源配置、挖掘员工潜能、提高部门工作效率奠定了基础。

资产负债管理部
执笔人：黄　海
审稿人：谢瑞平

全面夯实计划财务管理基础工作

一、在全行树立以“股东价值最大化”为目标的财务管理理念

2006年，计划财务部进一步强化了经济增加值管理在财务资源配置、绩效考核与评价、财务内部控制、财务分析与决策等方面的应用，健全和完善了以经济增加值（EVA）为核心的绩效评价与激励机制和以经济资本为核心的风险和回报约束机制这两项核心机制，努力推动“为股东创造价值”的价值观和管理理念落实到全行每一个机构和每一位员工。

二、进一步细化以综合经营计划为载体的全面预算体系

2006年综合经营计划方案在细化编制内容的基础上，重点突出了全行战略规划导向，在政策安排上重点支持全行发展战略的实施，坚持“以客户为中心”和“以人为本”的经营理念，兼顾资源配置的效率与公平，强化落实一级分行经营管理责任，确保实现股东回报和促进长期价值提升。

一是在增量经济资本方面继续发挥经济资本约束风险资产总量和调整资产结构的积极作用，支持全行战略重点业务发展，进一步细化产品分类系数。

二是人力费用分配坚持以经济增加值为核心进行激励约束的总体原则不变，在明确激励价值总量创造方向的同时，适当调整薪酬分配结构，进一步完善工效挂钩分配机制。

三是非人力费用配置在保证存量业务正常运营的前提下，坚持战略导向和结构调整的原则，适度加大增量资源的配置额度，激励增量业务的发展，一方面遵循效益性原则，配置专项激励费用，对主要增量业务的效益进行激励；另一方面对关乎全行发展战略的重点产品、重点渠道和重点客户，单独安排部分战略性专项激励费用，引导分行进行资产结构、业务结构和客户结构的调整，同时为突出区域战略原则，加大对中心城市行的费用奖励额度。

四是资本性支出安排在保障基本生产运营的基础上，依据全行战略规划安排，继续大力提升能够增强建设银行市场竞争力和持久盈利能力的固定资产投入比重，重点保障全行战略性业务发展；年度投入重点是安排营业网点装修改造、ATM等自助银行设备和计算机等主要生产性运营设备更新及全行战略性科技信息项目建设投入，并重点投向中心城市行，同时严格控制非生产性固定资产投入，处置压缩闲置资产和低效资产。

与此同时，还尝试编制业务单元计划，在充分研究国际财务报告准则和内部管理分析需要的基础上，制订了建设银行第一份业务单元计划编制方案，确定了编制原则、编制指标、编制口径、编制方法等，为全行的业务单元管理以及2007年业务单元计划编制方案奠定了良好的基础。

三、继续完善促进长期价值创造的综合绩效评价体系

2006年，在坚持以经济增加值作为核心评价指标的同时，根据考核对象和目的不同，健全和完善了关键业绩指标考核体系，以推动分行关注长期价值创造。在关键业绩指标考核体系原有的效益、质量和战略三类指标的基础上增加了扣减类指标，指标个数从24个调整为22个，增加了公司收费类收入增长额、个人收费类收入增长额、机构及人员调整、客户满意度、员工满意度等对分行当期效益不明显但能够推动全行战略实施、有效提升未来价值创造能力的指标。另外加强了对关键业绩指标执行情况的动态监控与考核，以此推动各项业务按战略导向健康发展。

同时，为了提高绩效评价的准确性，着力研究全行营业费用和资本性支出在部门、条线、产品等方面的分解工作，制定了一系列政策制度和办法，为各级机构的成本分解工作提供了更加科

学、明确的指导，有效促进了全行成本分解工作的改进和优化，从而提高了绩效评价能力。

四、进一步加大集中管理力度，强化财务统一管理

首先，完善全行统一的财务管理制度。总行结合新会计准则的最新变化和规范管理流程的内在要求，对应付福利费、预计负债、资产减值、商誉、以前年度损益调整等方面的财务管理制度进行了重新修订，细化了相关的部门职责和操作流程，落实了各项风险控制措施。

其次，探索建立经费共享中心模式，通过将应付款和经费集中核算、统一支付，规范费用管理流程，在有效控制风险和支出进度的同时，提高经费管理的效率。总行和部分试点行按照经费共享中心模式开始运作，取得了良好的效果。

最后，完善了财务授权审批制度。授权管理中，在严格区分事权和财权的基础上，全部财务事项的审批权都集中到由行长、主管财务的副行长及计划财务部门组成的财务管理条线。此外，对授权事项进行了进一步细化，将预计负债的计提与转回、资产减值损失的计提等财务事项也纳入授权管理范围。

五、加强管理，不断提高成本控制水平

一是细化本级费用预算管理，努力降低本级成本支出。进一步完善了全行费用定额支出标准体系，统一制定了电费、电信费、书报资料费等费用定额，为细化本级预算编制、加强对费用支出的监控提供了参考。

二是完善科技项目的投入—产出分析工作，通过《信息开发项目投入产出分析指引》和《客户服务渠道建设项目投入产出分析指引》，引导全行科技项目和渠道项目财务可行性分析及项目后评估采用相对较为科学的方法和统一规范的模式，完善了项目决策程序。

三是对资本性支出进行严格管理。继续在全行推进营业场所面积标准、装修标准以及业务用车购置标准，严格审批超授权资本性支出项目，推动分行主动调整资本性支出占用总量及其结构。

四是完善集中采购制度和业务操作流程，加强对分行集中采购工作的规范和指导，进一步扩大集中采购范围。全行出纳机具、汽车、保险、交通、电讯等均已经实现集中采购，纳入集中采购范围的支出项目已占支出总额的30%以上，节约了大量成本。

五是继续通过政策引导分行调整机构网点、精减人员，从源头降低刚性成本支出。一方面，指导分行加强网点盈亏平衡分析，因地制宜优化网点布局；另一方面，通过制定机构精简和人员裁减的费用指标激励政策，引导分行在算好效益账的基础上，主动调整网点总量、结构，优化人员构成，减少了相关业务管理费用及人力费用支出的动因。

六、通过完善管理流程和加大监督检查力度，加强财务规范管理

一是完善管理流程，特别是细化责任落实和追究机制。针对招待费、乘用车、固定资产购建等重点财务事项制定更加明确的管理程序和控制标准，对其他应收款、同业往来等科目的核算进行了重点规范，同时，对重大财务事项和财务行为强化主责任人制度，针对财务违规事项明确了责任追究制度。

二是加大财务监督检查力度。全行各级计划财务部门都配备了专门的财务监管人员；同时规定上级行对下级行进行现场财务监督检查至少每年一次；在覆盖面要求上，总行对一级分行的检查覆盖面不低于20%，一级分行对二级分行的检查覆盖面不低于50%，二级分行对支行的检查覆盖面应达到100%。此外，总行计划财务部门继续保持与内部审计以及外部审计、财政税务等其他外部监管部门的良好沟通，对后者在审计和检查中所发现的有关财务管理方面的问题，由总行计划财务部负责督促相关分行落实整改措施，并研究改进管理流程。

七、推进信息基础建设，为深化财务管理提供支撑

计划财务部组织开发了“企业资源规划系统财务部分（一期）”（ERPF），在优化和整合经费核算和固定资产管理相关功能的基础上，还开发了总账管理模块，并试点运行。ERPF的运用和推广不仅可以推进管理会计的应用，还能提高对固定资产的整体规划和管理控制能力，逐步实现全行费用成本和资本性支出的集中核算和统一管理，从而进一步加大财务集中力度，提升全行财务管理水平和风险防范能力。

八、积极筹划，做好税务管理工作

计划财务部收集整理现行税收法律法规，组建了信息资料库，搭建起税务管理的信息平台，强化了分行的税务管理意识，有效引导了全行对税务政策法规的正确理解与准确操作；针对建设银行重组改制和境外上市过程中的税务问题进行了专题研究，重点解决由于资本金发生变化而产生的印花税问题；针对全行多计、错计营业税等共性问题及时采取措施进行了规范，从源头上杜绝了多缴、错缴营业税的现象；成功争取到计税工资按工效挂钩办法的扣除政策；研究个人所得税筹划方案并建立了工资、奖金的最佳发放模型，在纳税筹划领域开展了积极的探索。

计划财务部
执笔人：解　威　杨立斌
审稿人：李云泽

推进会计制度改革

一、积极推进会计和营运管理体制改革

2006年，为提高柜面服务水平、业务营运效率、操作风险防范能力和会计信息质量，支持全行业务转型和战略发展，建设银行启动了会计和营运管理体制改革。一是推进前、后台分离，促进复杂业务处理的专业化，释放营业网点产品营销和客户服务功能。通过改造业务系统，进一步完善规章制度，初步实现了非实时性交易的集中处理。二是明确相关部门职责，推动批发及零售营业网点分离，逐步将营业网点划归业务条线统一管理，支持业务单元制建设。三是初步建立了垂直管理的业务营运管理体系，实现了后台业务处理集约化和安全运行。

根据会计集中管理改革要求，建设银行进一步加大了账务、结算、核算、金库、监督等会计管理集中力度。一是建立以二级分行及以上层级为主体的集中稽核体系，加强稽核队伍建设，创立以风险预警和数据分析为基础的稽核模式。二是应用系统的业务运行已集中在总行和一级分行处理，实现了业务资金和损益类内部账的集中核算。三是对全行金库建设加强计划管理，由总行统一对金库方案审批并对新建金库验收，进一步推动金库集中工作。四是汇划业务和同城票据集中力度加大，大部分一级分行完成了汇划业务的集中清算，试点同城票据交换做到集中提入，实现了部分批量业务的后台集中处理。

二、推动柜面业务流程优化改造

2006年，全行通过规范交易资料打印和存储方式，营业网点大部分资料实现了电子化存储；通过调整复核、授权控制体系，合并复核、授权等重复控制环节上百项，大幅提高了业务处理效率；探索通过改造客户账户规则整合客户信息，以客户代码为核心，统驭同一客户名下的所有账户信息，加强了客户信息分析，为业务部门客户营销提供了基础信息；通过优化交易码设置及整合系统交易界面，以核心交易功能和常用交易功能为主线，突出主交易的联动功能，统一了交易界面，减少了柜面交易驱动时间；通过整合交易单证，减少了客户填制单证的种类，降低了客户和柜员填写单证的难度，提高了柜面交易效率。

三、做好《企业会计准则》实施准备相关工作

为认真贯彻执行财政部2006年2月15日颁布的新《企业会计准则》（以下称新准则），实现新旧制度平稳过渡，建设银行制定了《中国建设银行会计基本政策》，全面引入和落实新准则。同时，建设银行修订了权益性投资、抵债资产、外汇业务等现有核

算规定和贷款、抵债资产、固定资产、无形资产等资产减值办法，补充制定了套期保值、所得税等业务的核算规定，调整了会计科目，并进行了相关系统的优化改造，为新准则的实施创建了有效平台。

建设银行制定了《中国建设银行衍生金融工具会计核算暂行规定》、《关于增设调整无形资产、长期待摊费用等会计科目的通知》等一系列制度办法，进一步规范了业务会计核算，完善了会计制度体系，支持了业务创新，满足了经营管理需要。

根据2006年全行加大会计科技系统建设的实际，研究制定了相应的操作规程和管理制度，进一步规范了会计应用系统的管理和操作，有效地保障了系统的正常运行。

四、圆满完成会计报告编制工作

2006年是建设银行成功上市后对外公开披露会计信息的第一年。建设银行按时、高质量地完成了2005年度国内与国际财务报告及2006年中期财务报告的编制及外部审计工作；严格按照财政部和建设银行2005年度决算工作要求，完成决算报表的编制和审计等相关工作，受到财政部的通报表扬；完成ERPF系统总账模块的上线和运行维护，建立了全行统一、完整的总账，为提升全行财务管理水平和改善信息披露奠定了坚实基础。

建设银行组织专门人员认真分析外部审计师管理建议书提出的需整改问题，积极落实整改，及时与审计师沟通，减少了审计调整数量；根据董事会审计委员会要求，完成2006年和2007年外部审计师选聘工作，进一步规范了审计师管理，保证了审计师工作质量。

五、不断提升会计管理的技术水平

2006年，建设银行加大了会计应用系统的建设和推广步伐。一是完成会计档案管理及会计稽核系统在38个一级分行的推广上线和系统优化工作，实现了全行会计档案管理的电子化，构建了以风险监测和数据分析为基础的集中稽核体系。二是完成柜员身份指纹认证系统的设计开发，并在16家分行成功推广应用，增强了对授权及柜员身份的刚性约束，提高了柜员身份管理的有效性。三是参与全行核心业务系统（DCC系统）灾备项目的开发管理工作，通过开展相关业务需求调查和分析等，为建立DCC灾备体系奠定了基础。四是积极参与ERPF系统建设，组织完成了系统需求分析、业务流程方案设计、新会计科目表设计、系统功能测试，并实现了系统如期上线运行。五是全国支票影像交换系统在京津沪等六个地区试点成功，财税库行横向联网系统在六家分行上线使用，支付密码核验系统在全行顺利上线。六是为了有效防范出纳风险，对现金物流全过程实施监控，最大限度地降低了对无效资产的占用，提出了开发出纳综合管理系统、实现控制手段由人控向机控转变的管理思路，完成了该系统的立项和业务需求编写工作。

六、积极创新结算出纳产品

继续加大结算出纳业务管理，加强支付结算手段创新，推动了支付结算业务的发展，业务收入有了大幅度提高。

随着全国支票影像交换系统和财税库行横向联网系统的上线运行，实现了支票在北京、天津、河北、上海、广东、深圳六地通用和税银库联网批量自动扣税，拓展了支付结算功能；依托支付密码核验系统在全行的推广上线，2006年6月初在江苏、湖南等八家分行进行支付密码及对公通存通兑业务试点，提升了建设银行支付结算业务的风险防范能力和服务水平。

七、加大培训力度

一是在财政部颁布新准则后，在全行范围内开展人员培训，介绍《中国建设银行会计基本政策》和相关核算规定的具体内容；二是就会计管理体制改革后委派会计主管的工作定位、管理理念、领导艺术、职业素养、服务技巧、人员管理、柜面操作风险防范要点及措施等内容，组织优秀基层机构委派会计主管参加培训；三是邀请外币发钞行和外国银行反假专家举办外币防伪知识系列讲座。

会计部
执笔人：许辞寒
审稿人：李尚荣

信息中心运行情况

一、积极备战人民银行数据集中要求

为适应 ERPF 系统上线后基础统计数据流由原来自下而上采集变为自上而下反馈分行数据的情况，以及实现人民银行要求的由商业银行总行集中报送一级分行、二级分行、支行等金融统计数据，2006 年底，总行信息中心牵头立项、开发新的统计管理信息系统，并初步确定了该系统应具备的统计指标管理、内部报告、综合统计报表、龙卡指标整合以及人民银行监管报表的单点报送（总行单点向人民银行报送四级机构数据）等功能。

二、启动总账传输系统和 ERPF 系统报表整合工作

为解决 ERPF 系统上线后全行存在的 ERPF 系统报表与总账传输系统报表两套报表、ERPF 系统报表与总账传输系统两个报表平台的问题，按照建设银行确定的从 2007 年 1 月 1 日起，内部管理、对外信息披露和向监管部门报送报表统一采用 ERPF 系统总账以及原总账传输系统科目体系停用的要求，为保证数据的一致性，2006 年 11 月，信息中心牵头整合总账传输系统报表与 ERPF 系统报表，构建全行统一、规范的一套报表体系和统一的报表展示平台。在信息中心和信息技术管理部的通力合作下，2006 年底初步完成了两个系统报表的梳理以及其他相关业务需求分析工作。

三、全力推进监管信息报送工作

银监会要求国有银行从 2006 年开始试报非现场监管报表体系（以下简称 1104 报表）。为此，信息中心从 2005 年 4 月开始牵头研究通过数据仓库系统实现 1104 报表的需求问题，于 2006 年 1 月 20 日基本实现业务需求。此后，信息中心及时跟进银监会对有关指标、报表调整及完善的变化情况，按照相关要求完成了各期数据报送任务。

四、实现信贷数据一级分行集中管理

2006 年初，总行启动了 CMIS3.0 暨信贷数据一级分行集中工作。全行于 2006 年 4 月完成了信贷数据一级分行集中，2006 年底 CMIS3.0 开始推广上线。CMIS3.0 进一步整合了信贷信息资源，建立了与核心账务系统的（CCBS）接口，扩充完善了个贷信息；优化了系统功能和用户体系，将总行数据挖掘工具升级为 BO6.0 版本；具有企业征信采集信息、贷款迁徙计算等功能；扩充管理行信息存储内容，增加相关分析维度，实现了人民银行、银监会所需报表，系统信息整合和展现功能得到较大提升。

五、稳步推进征信信息管理工作

2006 年，信息中心分批完成了建设银行企业征信系统的全行培训、推广工作，实现了按“T+1”频度向人民银行完整报送全行企业征信数据的目标；按照人民银行的要求，对企业征信数据质量问题进行了检查、整改。

2006 年上半年，按照人民银行对个人征信历史数据报送工作的要求，信息中心在充分调研的基础上，形成个人征信历史数据报送方案，并组织各分行成功完成个人征信历史数据报送任务。同时，为适应个人信贷系统由一级分行向总行集中的发展要求，在信息技术管理部的支持配合下，同步完成了个人征信接口系统的重新设计开发，保证了建设银行个贷新系统上线时，不间断个人征信数据报送。截至 2006 年底，与个贷新系统上线同步完成了 5 家分行个人征信数据接口系统的切换。同时，积极与人民银行协商解决数据源系统变化过程中导致的数据重复报送等问题，最大限度地降低了对相关信息应用的影响。

为进一步规范个人信用报告查询和应用，2006年，信息中心开展了部分分行网点个人征信规范查询情况现场检查，强化了各级机构相关人员对客户信用信息依法合规使用的意识。2006年8月，信息中心出台了《中国建设银行个人信用报告异议信息处理管理办法（试行）》，从制度上规范了对客户异议信息的处理工作。

六、深化信息挖掘分析工作

2006年，信息中心在完成常规性月度分析报告的基础上，加强对主要业务指标数据的日常监测分析，每日撰写《境内行主要业务指标执行情况简要分析》，与编制的行长报表一起递交总行高管层；每周采编《境内同业比较和金融信息摘要》，供高管层和业务部门参考。信息中心撰写的一些分析报告所提到的问题引起了行领导的高度重视，一些分析报告受到了外部监管部门的表扬。

七、全面启动数据管控工作

为从根本上提高数据质量，为经营管理提供信息支持，信息中心着力研究、探索数据管控体系的建设工作。2006年上半年，伴随数据仓库一期工程，与咨询公司合作完成了数据管控方案，包括组织架构、工作流程等的设计。2006年7月6日，常振明行长主持召开了由28个部门负责人出席的“数据管控专题会议”，会议通过了信息中心的数据管控方案建议，并作出由信息中心牵头组织实施数据管控的决定。

专题会议后，针对当时的数据质量问题，信息中心研究确定以建立数据质量考核体系为核心的工作重点，深入开展数据质量管理工作。2006年10月19日，召开全行数据质量考核动员会议，正式启动第四季度的考核工作。同时，启动与美国银行在数据管控领域的战略合作，确定以“对公客户信息管理”为2007年合作内容。

作为数据管理基础性工作的数据标准管理取得新进展，颁布了《数据标准管理实施细则》，正式发布第一批公共代码数据标准。

八、总行数据仓库一期成功上线

2006年8月，总行数据仓库项目一期上线运行成功，建立了数据仓库设施环境，并加载了以支持监管报表和资产负债管理为核心的8个业务系统的相关数据。该系统支持银监会1104报表、管理决策仪表盘的应用，为资产负债管理系统提供数据。1104报表于2006年1月20日试报成功，资产负债管理应用和决策仪表盘于6月上线。

九、总行企业信息门户平台搭建完成

2006年8月，总行正式启动企业信息门户建设工作。2006年底，完成总行门户平台的搭建，建立全行统一的用户管理体系，实现信息服务站迁移以及OA系统、邮件系统、管理信息平台等系统的单一用户登录功能；实现总行用户的个性化服务功能；建设新的信息发布系统，逐步实现知识管理，建立非机构化的信息知识库。

信息中心
执笔人：李晓杰
审稿人：王怀伟

公司业务

一、对公贷款业务

（一）贷款新增圆满完成预定控制目标

截至2006年底，建设银行对公贷款（含贴现，下同）余额22 200.6亿元，比年初新增2 463.5亿元，比上年多增587.9亿元，完成全年新增控制计划2 467.3亿元的99.85%，既落实了宏观调控政策，又实现了自身效益最大化。其中，对公非贴现贷款余额20 598.6亿元，比年初新增2 812.7亿元，比上年多增1 314.5亿元；票据贴现余额

1 602亿元，比年初负增长349.2亿元，比上年少增726.6亿元。

上半年，全行对公贷款保持了较快的增长速度，6月末新增超出了全年计划。下半年，为贯彻落实国家宏观调控政策要求，总行及时调整了全年新增计划并采取“有保有压”的政策，优化业务结构，促进高收益业务和战略业务发展。下半年全行共压缩转贴现贷款977.6亿元，释放出来的规模主要用于高收益的优质客户的非贴现贷款需要，非贴现贷款新增683.8亿元，对提高全行净利差（NIM）水平起到了积极作用。为保证个人业务发展，12月公司条线又两次强行调剂出65亿元贷款规模给个人条线，有力地促进了全行个人业务的发展。

2006年底，建设银行对公贷款余额在四大行中占比为23.5%，新增贷款余额在四大行中占比为28.25%，均居四大行第三位。

（二）继续优化对公贷款结构

1. A级（含）以上客户对公贷款余额占比有所提高。截至2006年底，全行A级（含）以上客户对公贷款在全行对公贷款余额中的占比为83.56%，比上年提高了5.7个百分点。其中，AAA级、AA级客户对公贷款余额占比分别为17.2%和43.64%，分别比上年提高了2.21个和4.28个百分点，客户结构不断优化。

2. 小企业业务快速发展。截至2006年底，全行共有小企业客户12 967户，约占全行公司客户户数的23.6%；信贷余额485.5亿元，占公司业务贷款比重约2.2%，比年初提高0.5个百分点；贷款增速达到26.4%，高于对公贷款平均水平13.9个百分点。从贷款质量上看，小企业不良贷款率为16.7%，比年初下降约8.4个百分点。截至2006年底，全行共办理“速贷通”业务4 014户，累计发放信贷余额159.7亿元；办理“成长之路”业务779户，累计发放信贷余额39亿元。两项合计累计发放198.7亿元，贷款不良率仅为0.13%。

3. 重点区域贷款余额占比有所下降。2006年底，重点区域分行对公贷款（非贴现，本段下同）余额占比为58.06%，比年初下降了0.76个百分点，主要是环渤海地区占比下降1.28个百分点。从新增贷款结构看，重点地区流动资金贷款新增占比较高，达到64%，高于其他地区28个百分点，但基建贷款新增占比较低，仅为43.78%，低于其他地区12.44个百分点，导致重点地区贷款余额占比整体下降。

2006年11月9日，中国建设银行公司业务座谈会在太原召开。

2006年7月10日，建设银行召开珠三角区域联动座谈会。

4. 电力、房地产、公路、城建、化工、钢铁等行业贷款增长较快。截至2006年底，上述行业共新增对公贷款1 830.25亿元，占全行对公贷款新增总额的74.12%；电信、石油、石化、航空、烟草等行业由于行业整体盈利性提高，并通过资本市场进行直接融资，对金融机构的信贷需求减少，我行上述行业贷款出现负增长，2006年负增长达287.69亿元。

5. "两基一柱"行业贷款继续增加，资产质量不断向好。截至2006年底，"两基一柱"行业贷款余额（含贴现）为15 513.99亿元，较年初增长了2 190.47亿元，占全行对公贷款余额（含贴现）的69.9%，较上年提高了2.35个百分点。

6. 房地产贷款增长得到有效控制，贷款投向有所优化。截至2006年底，全行房地产公司类贷款余额2 972.1亿元，比年初增加385.8亿元，比上年同期多增77.5亿元，完成全年新增计划的81.9%。全年贷款增速为14.9%，比上年同期上升1.37个百分点，但下半年贷款增长得到了有效控制，下半年负增长43.31亿元。与同业相比，建设银行房地产贷款余额占比31.9%，位居四大行首位；新增贷款在四大行占比为21.9%，位居四大行第三；增幅为14.92%，居四大行末位。房地产不良贷款额164.9亿元，比年初下降0.3亿元，不良贷款率为5.55%，比年初下降0.84个百分点，剔除"假按揭"还原因素，不良贷款率为5.26%，比年初下降1.13个百分点。

国家鼓励的住宅类项目房地产贷款余额1 916.56亿元，较上年新增504.8亿元，新增贷款结构进一步向住宅类项目集中，有效支持了个人住房贷款业务的发展。另外，A级（含）以上客户贷款余额2 512.68亿元，占房地产公司类贷款余额的84.54%，较上年上升5.61个百分点，客户结构进一步优化。

7. 固定资产贷款占比有所提高。截至2006年底，全行固定资产贷款[①]余额10 383.4亿元，在对公贷款（非贴现，本段下同）余额中占比为50.41%，比年初提高了3.04个百分点；比年初新增1 958.08亿元，占对公贷款新增的69.62%。其中，基本建设贷款余额7 114.73亿元，占对公贷款的34.54%，较年初提高了3.57个百分点；比年初新增1 606.05亿元，占对公贷款新增的57.1%。流动资金及其他贷款余额10 215.19亿元，在对公贷款余额中的占比为49.59%，比年初降低了3.04个百分点；比年初新增854.62亿元，占全行对公贷款新增的30.38%。

二、对公存款业务

（一）对公存款增长强劲，活期存款占比上升

截至2006年底，全行对公存款余额24 224.8亿元，比年初新增3 774.5亿元，比上年同期多增1 099.4亿元，完成全年新增计划的170%；增幅18.5%，高于上年3.5个百分点。从产品结构来看，对公存款中定期存款余额6 688.9亿元，比年初新增670.7亿元，新增占比为17.8%，低于上年48.8个百分点；活期存款余额17 535.9亿元，比年初新增3 103.8亿元，新增占比为82.2%，高于上年48.8个百分点。截至2006年底，建设银行对公存款余额在四大行占比为28.03%，居四大行第二位；新增在四大行占比为30.12%，居四大行首位。

（二）同业存款增长较快，期限结构逐步优化

截至2006年底，同业存款余额2 131.15亿元，比年初新增875.22亿元，增幅69.69%。其中活期存款余额1 269.28亿元，比年初新增1 132.09亿元，定期存款余额106.23亿元，比年初减少256.88亿元，实现了同业存款结构的有效调整。同业存款增长较快的主要原因是受新股发行恢复网上申购制度及相应利好的刺激，资金开始大量涌入股市，导致证券、基金存款大幅增长。

与同业相比，建设银行同业存款余额在四大行占比为22.98%，新增在四大行占比为35.54 %，均居四大行第二位。

三、对公中间业务收入

（一）对公中间业务收入快速增长，在全行中间业务收入、对公主营业务收入中占比均大幅提高

截至2006年底，全行累计实现对公中间业务收入60.45亿元，比上年同期增加22.9亿元，增幅达到61%。对公中间业务收入在全行中间业务收入中占比达到46%，比上年提高了12个百分

① 含基建、技改、房地产开发、单位购房贷款等产品。

点；在对公主营业务收入（贷款利息收入与中间业务收入之和）中占比为4.91%，比上年提高了1.24个百分点。

（二）中间业务收入主要集中在结算、结售汇、财务顾问、审价咨询、见证保证等业务领域

对中间业务收入贡献较大的为单位结算、单位结售汇、财务顾问、审价咨询、见证保证等业务，在全部公司客户中间业务收入中的占比分别为22.5%、14.6%、14.5%、7.8%和7.7%。但其中的单位结算、单位结售汇、审价咨询等业务收入占比均比上年有不同程度的下降，应引起关注，要注意挖掘潜力，增加收入。

四、表外业务

截至2006年底，全行承兑汇票业务余额1 125.16亿元，比年初负增长261.7亿元。年初，全行承兑业务快速增长，截至4月底，比年初新增567.97亿元。4月以来，总行先后下发文件，对承兑业务收取承诺费，承兑业务余额开始出现大幅下降。截至2006年底，全行承兑业务余额比4月底下降了829.67亿元。

五、资产质量

截至2006年底，全行对公不良贷款余额为830.95亿元，比年初下降24.02亿元；对公贷款不良率为3.74%，比年初下降了0.59个百分点；制造业、教育、批发和零售业等行业不良贷款增长较多。承兑垫款余额14.4亿元，比年初增加2.27亿元；垫款率1.28%，比年初增加了0.41个百分点。

六、财务效益水平

1. 对公贷款利息收入仍是主要收入来源。截至2006年底，全行累计实现对公贷款利息收入1 169亿元，比上年同期增加187亿元，占全行贷款利息收入的78.8%。

2. 存贷利差同比有所扩大。2006年全行对公非贴现贷款平均收息率为5.9%，比上年提高了0.29个百分点。对公存款平均付息率为1.35%，比上年同期提高了0.15个百分点。非贴现贷款收息率与存款付息率相差4.55个百分点，比上年同期提高了0.14个百分点。

七、市场营销和重点产品推进取得新进展

1. 任务型团队的探索和实践收到实效。建设银行对三甲医院和军队业务营销工作取得重大突破，成功营销总参陆航部，广东、四川武警总队基本结算户和总后勤部经济适用房项目，并在北京协和医院、阜外心血管病医院的基础账户招标中中标。军队武警活期存款年底余额176.27亿元，当年新增41.1亿元，增长率30.4%，市场份额由3.9%增长到8.72%。

2. 清华大学创新试点取得阶段性成果。清华大学创新服务团队提出的个性化一揽子金融服务方案，得到清华大学的高度认可，双方约定在2007年3月初签署银校全面合作协议。

3. 强化整体联动，实现银企合作共赢。建设银行与中国航天科技集团公司、中国化工集团公司、中国广东核工业集团公司等大型集团客户成功签署战略合作协议或银企合作协议，并在两天时间内为中国航天科技集团公司成功发放30亿元的流动资金贷款。

4. 外汇业务收益显著，对全行的利润贡献度进一步提高。外汇中间业务收入达到25.26亿元人民币；累计完成国际结算业务量1 903.22亿美元，同比增长35.05%，贸易项下国际结算量在四大行占比达13.51%，比年初上升了1.51个百分点；完成结售汇业务量（含远期结售汇）1 076.99亿美元，较上年同期增长了29.42%；剔除中央汇金公司大额外汇存款的影响，全年外汇全口径存款余额152.05亿美元，比年初增长18.89亿美元，增幅为14.19%。外汇一般性存款在四大行占比较年初增长1.05个百分点，达到14.76%，新增在四大行占比排名第一。

5. 托管规模快速扩大，托管费收入持续增长。全年累计实收托管费2.09亿元，比上年增长56%。托管证券投资基金资产总净值由2005年底的796亿元增长到2006年底的1 924亿元，增长142%，同业市场占比由2005年的第三位上升到2006年的第二位。

八、新技术应用能力加强，系统建设有序推进

企业年金基本账户管理系统完成验收、投产和试运行工作，正式通过专家组的验收并荣获2006年度中国建设银行金融科技进步三等奖。完成了操作型客户关系管理系统（OCRM系统）的全行上线推广工作，并启动二期优化开发，初步完成了二期改造的

业务需求框架，力争建立起一套客户关系管理的业务流程。完成了对对公信贷流程管理系统（CLPM 系统）的四个试点行的试点，创造性地完成了第一批 18 家分行的上线准备和上线应用工作，完成了全行数据清理和系统操作的培训，实现了 CLPM 系统与新一代柜面业务系统（CCBS 系统）的联机交易。

公司业务部
执笔人：孙兆东　邓　云
审稿人：靳彦民　袁桂军

集团客户业务

截至 2006 年 12 月底，集团客户部所辖客户贷款余额 9 711. 68 亿元，占全行对公贷款余额 22 200. 61 亿元的 43. 75%，比年初增长 212. 11 亿元，增幅为 2. 23%；表外业务余额 2 101. 12 亿元，比年初增长 11. 13%；存款余额 4 146. 69 亿元，比年初增长 26. 41%，占全行对公存款本年新增的 17. 51%；不良贷款余额（按照五级分类统计）117. 77 亿元，占全部对公不良贷款余额的 14. 17%，比年初减少 29. 32 亿元；不良贷款率为 1. 21%，比年初下降 0. 34 个百分点。

一、强化市场营销，优质集团客户营销工作亮点纷呈

1. 实施高层营销，强化总部营销，行业龙头客户营销硕果累累。各级领导亲自挂帅，直接参与中石化、中石油、国家电网、铁道部等大型行业龙头客户的市场营销，高层营销效果显著。充分发挥总部的营销优势，积极牵头组织上下联动和横向联动，整体营销力度进一步加大。成功与中国航天科技集团公司、中国化工集团公司、中国华润总公司、中国核工业集团公司、中国交通建设集团有限公司、三星电子公司等 20 家大型集团客户签订银企战略合作协议。积极营销并组建了国家电网、中国兵器装备集团、中信集团、卡特彼勒、中国电信、长虹佳华公司、招商局等 30 多家集团客户的资金结算网络。

2. 以成功获得三星电子在华企业集团现金管理业务唯一合作银行资格为契机，跨国公司业务取得突破性进展。三星集团是韩国第一大企业集团，三星电子集团是三星旗下最大的企业，曾在全球财富 500 强企业评选中排名第 27 位。我行作为三星电子在华企业集团唯一现金管理合作银行和在华企业主办行，不仅将给我行带来巨大商机，并将逐步辐射三星电子上下游企业客户，对其他跨国公司客户特别是韩资企业具有良好的示范作用。

3. 加强与美国银行合作，利用全球交易系统（GTS）在集团业务领域获得突破。加大对“走进来”的跨国公司和“走出去”的国内企业的营销力度，成功争得英博啤酒、SUN 软件公司、博

2006 年 1 月 24 日，中国建设银行与中国化工在北京签订银企合作协议。

世集团、三星电子集团四家外资跨国企业的现金管理业务。

4. 实施差别化服务，进一步提高客户的依存度和忠诚度。当得知中国航天科技集团公司因财政资金不能按时到位而急需30亿元流动资金时，相关部门通力合作，两天内为中国航天科技集团公司及时发放了30亿元的流动资金贷款，并于年终及时收回，用实际行动践行了“以客户为中心”的经营理念，得到了客户的高度评价。

5. 针对客户金融服务需求的变化，以产品创新带动客户营销。积极进行产品创新，满足和引导客户需求，提高建设银行的市场竞争力；加强与监管机构的沟通，积极开展制度性产品创新；加强现有产品的有机组合，开展组合性产品创新。为行业集团客户量体裁衣，制订金融服务整体解决方案，作为营销高端客户的有力服务手段，取得了良好成效。

6. 搭建联动平台，整合部门间联动资源。集团客户是全行对公和对私业务的重要载体（如代发工资、发卡、发债、企业年金、投行业务等），对集团客户注重综合营销，加强相关产品的推介，既满足了客户多样化的金融需求，又为有关部门争取了不少业务。

7. 抓“十一五”开局之年的有利时机，做好项目储备工作。加强对宏观经济政策、行业的研究和客户分析，优化客户结构，提高优质企业贡献度占比；积极利用高层营销、总部营销、牵头营销等工作平台，开展全面金融服务工作，全力做好重点客户、重点项目的储备工作，为客户出具承诺书189份，为今后集团业务的持续健康发展打下了良好的基础。

二、完善营销管理机制，为集团业务发展保驾护航

1. 统一思想，明确目标，为集团业务发展指明了方向。2006年初召开了全行首次集团业务工作会议，重点讨论分析了全行集团业务发展的现状及面临的形势，明确了2006年集团业务的目标和主要任务，统一了全行思想，对今后一段时期全行集团业务的发展具有重要的指导意义。

2. 组建团组，完善机制，集团业务经营管理水平明显提高。制定《中国建设银行跨区域集团客户经理团组管理办法》，率先对36个跨区域总行级重点集团客户组建客户经理团组，加快信息传递，提高服务效率，进一步增强了对跨区域集团客户的联动营销能力，提高了整体服务水平。

三、强化风险控制，不良贷款额和不良贷款率实现双降

1. 完善制度，强化管理，集团业务运营效率及风险防范能力进一步提高。制定下发了《中国建设银行集团客户授信额度分配使用操作规程（试行）》，规范了总、分行的职责，明确了集团客户额度分配流程及方法。下发了《集团客户部所辖客户重大信用风险事项报告规程》，明确了集团业务重大风险事项报告的内容和流程，上下联动，做到早预警、早预防，有效防范了集团业务风险。

2. 在控制贷款风险的同时，加强不良贷款的清收力度。以所辖客户重大不良资产为目标，以相互支持、共同减少损失为原则，通过积极跟踪借款人的生产经营和重大资产出售转让情况、及时分析评估借款人的风险状况、帮助借款人设计最优还款方案等多种方式，牵头盘活华能伊敏电厂、北大青鸟等不良贷款。

四、夯实管理基础，精细化管理水平不断提高

1. 多措并举，积极推进公司类集团客户统一授信工作。组织完成中国联通等1 261户集团客户的整体授信工作，其中跨区域149户，区域内1 112户，实际完成统一授信的集团客户占计划完成客户数量的96.41%。围绕推进集团客户统一授信，全年主要采取了以下措施：一是制订年度授信计划，促进全行集团客户授信工作有计划稳步开展；二是完善考核指标，加大资源配置力度，充分调动各级行集团客户统一授信工作的积极性；三是加强调查研究及沟通，分析集团客户统一授信存在的问题，提出对策建议，积极促进集团授信相关制度的优化改进；四是按季度公布《跨区域集团客户统一授信情况分析报告》，动态了解集团客户统一授信情况。

2. 深化重点客户管理，不断优化客户结构。坚持“有进有退，动态管理”的原则，对各分行推荐上报的944户公司类总行级重点客户进行认真审查，完成第9批345户公司类总行级重点客户的认定工作，积极开展前8批1 879户公司类重点客户的年审工作。

3. 积极探索分行间利益调整机制，调动分行积极性。完成2006年1.8亿元资金结算网络利益调整工作，有效地协调了相关分行的利益关系，初步形成了全行联动服务重点客户的良好局面。此外，探索利用内部银团协调分行间的利益关系，如太中银铁路项目、中铝集团新建项目内部银团贷款等。

集团客户部

执笔人：董 强

审稿人：章更生

机构业务

2006年底，建设银行机构客户存款余额10 205.13亿元，占全行对公部门存款余额的38.7%，增速为28.24%；一般性存款余额8 432.62亿元，较年初新增1 634.39亿元，增长率为24%，较全行一般性存款增速高5.5%。

机构客户贷款余额1 106.02亿元，比年初新增197.8亿元，其中固定资产贷款新增占比71.3%，流动资金贷款新增占比21.7%。

全年实现中间业务收入11.84亿元，比上年增长55.3%，比全行平均增长率高0.86个百分点。

机构客户贷款质量较好，不良率为2.12%。新增贷款中总行鼓励的三甲医院和以“211”高校为代表的全日制高校以及总分行级重点客户贷款新增占比81.57%；AA级以上客户数量占比30.3%，额度占比67%；客户信用等级覆盖面为80.76%。

从业务结构看，资产负债业务和中间业务同步提升，收益来源不断扩大，并注意运用价格弹性、产品组合、谈判技巧，兼顾直接收益和间接收益、眼前利益和长远利益。一方面有效地维护了客户和业务发展，另一方面也贯彻落实了总行的总体方针。

2006年机构类一般性存款付息率1.12%，比全行对公存款平均付息率低0.35个百分点；同业存款平均付息率为1.49%，较全行同业存款平均付息率1.57%低0.08个百分点。

一、政府机构业务

2006年全行“百易安”业务实现手续费收入389.75万元，同比增加30.66万元；全行单位委托贷款（不含代理建银投资公司委托贷款，下同）余额1 136.01亿元，同比增加219.21亿元；单位委托贷款业务实现手续费收入12 848.96万元，同比增加3 823.15万元；代理建银投资公司委托贷款实现手续费收入3 745.92万元。

为推动“百易安”业务的发展，本着“以客户为中心”的服务原则对“百易安”协议文本进行修订和细化，分领域制订了专门的合同文本，增强了文本的适用性，提高了业务办理的便捷度。同时积极配合国家体彩中心做好手机即开型彩票代理等新型彩种的代理结算试点工作，积极规范代理建银投资公司委托贷款业务。

二、事业法人业务

2006年机构业务率先在北京地区成立了三甲医院任务型团队，成功中标北京协和医院基本账户开户银行，并成为其主要服务银行；成功中标中国医学科学院阜外心血管病医院基本账户招标项目，成为该院主要金融服务银行。由总行直接参与支持的团队获得的成果还包括与第四军医大学签署战略合作协议并成功介入其下属三甲医院的资产业务。以清华大学为试点开展创新服务模式的探索，利用推动清华大学创新试点的契机，一方面发挥好全行组织推动的牵头作用，另一方面积极将创新思路和创新要求移植到机构业务的运营和管理上。

三、财政业务

2006年度全行代理税收业务量达到2 448亿元，实现手续费收入10 151.50万元，比2005年增加5 947万元，增幅超过了141%，并取得中央财政农村义务教育资金拨付业务资格，同时还获得海关总署、新华社、银监会等部委的授权支付业务资格。当年新开立预算单位零余额账户近700户，代理中央财政授权支付业务的预算单位数量和支付金额继续保持同业之首。11月，与财政部签订了2006—2008年中央国库现金管理商业银行定期存款主协议，进一步扩大了建设银行与财政部的合作范围和合作深度。参与人民银行牵头的财税库行联网系统的建设，指导分行积极参与财税库行横向联网系统的建设和推广，代收税款业务量和手续费收入出现大幅度增长。与财政部续签了代理发放自主择业军转干部退役金的委托—代理协议书。

四、社保业务

截至2006年底，社保资金存款余额为1 193.36亿元，比上年增加了510.60亿元，增幅达74.78%。市场占比由2005年的11%提高到15%，提高了4个百分点。

在全行范围内组建"社保业务任务型团队"，在明确任务与职责的同时，抓住总体规划、牵头营销、系统管理三大主线，指导分行对地方社保资金管理部门开展系列营销活动，通过总行、分行、支行密切联动，有效地提高了工作效率，成功取得多项社保险种的代理资格，有效地扩大了我行社保业务的市场份额。为促进全行社保业务的快速、健康发展，规范业务核算基础，经与相关部门沟通，增设了"社保资金活期存款"和"社保资金定期存款"两个一级科目，"社保资金定期存款"下设八个二级科目，有利于社保资金存款核算的完整性、准确性和及时性。

五、军队武警业务

2006年11月底，总行正式启动"八一工程"，将军队武警业务作为全行战略性业务进行重点拓展。截至2006年12月31日，市场份额达到8.98%，同业占比居第二位。重点客户取得有效拓展，成功营销了解放军总医院、第四军医大学、武警总部、广东武警内卫系统、四川武警总队等一批龙头客户。在大力发展负债业务的同时，全行更加注重对客户效益的深度挖掘，中间业务和资产业务得到相应发展，整体效益明显提升。

2006年，建设银行选择北京、广东等地区进行任务型团队试点，并组建了"北京地区总部任务型团队"、"广州军区区域型团队"及"兰州军区区域型团队"三个试点团队，开展了一系列重大营销活动。重新整合和完善了总后，总装，总参、总政和武警总部四个总行级任务型营销团队。成功举办了武警系统金融产品推介营销活动，配合武警系统进行集中资金管理改革。

六、银行机构业务

与国家开发银行签署全面合作协议，确立了国家开发银行、建设银行两行优势互补、强强联合的合作模式。继续保持国家开发银行最大代理行的地位，代理中国进出口银行业务跃居同业第二位。组织全行对近60家国内银行机构授信7 229.85亿元，有效保障了信用业务的健康、有序发展。

七、证券机构业务

根据《证券法》的规定和证监会向证券行业推广客户交易结算资金第三方存管业务的要求，建设银行率先推出了多银行存管模式的客户交易结算资金第三方存管方案，为该业务在全行业推广起到了示范效应。2006年，建设银行证券公司客户交易结算资金第三方存管业务实现快速发展，与15家证券公司合作开办此项业务，存管证券保证金年末余额为246.50亿元，存管客户256.50万户，在同业中处于领先地位；成功开办非上市股份公司股份报价转让资金结算业务，成为非上市股份公司股份报价转让业务试点阶段的唯一结算银行；成功获得B股客户交易结算资金银行第三方存管的唯一试点银行资格。

八、保险机构业务

2006年，全行共实现代理保险业务手续费收入6.45亿元，收入增长额为2.51亿元，增幅达到63.7%；保险公司各类存款达到349亿元。圆满完成银保通一期推广项目及交强险系统建设。积极推动建设银行与平安保险公司资本层面的合作，完成了《公司发起人协议》、《公司章程》、《公司发展规划》、《可行性研究报告》等重要文件的起草、谈判、协议签订及上报监管部门等项工作。

完成了对中国出口信用保险公司和平安保险集团公司的评级工作。与长城人寿保险公司、渤海财产保险公司和安邦财产保险公司正式签订了全面业务合作协议。

九、其他金融机构代理业务

2006 年，我行期货保证金存款突破 30% 的市场份额，达到了 46.7 亿元。开通我行银期转账的期货公司数量达到了 69 家，投资者人数突破 6 万人。在我行开办汽车金融公司贷款业务、汽车金融公司业务的客户增至 5 家，贷款业务余额达到 11.75 亿元。2006 年，全行共对 26 家财务公司客户授信，授信总量 404 亿元。财务公司回购型信贷资产受让业务发展迅猛，2006 年，全行累计办理财务公司回购型信贷资产受让业务 94 亿元，当期利息收入 3 891 万元，业务规模较上年增长了 12 倍。全行完成了对 26 家财务公司授信客户和 18 家财务公司重点目标客户的评级工作，财务公司重点客户评级覆盖面达到 100%，这是建设银行与财务公司建立业务关系以来首次对该客户群体进行全面的内部信用等级评定。

机构业务部
执笔人：梅亚星　俞　立
黄小汉　周　欢
审稿人：孙玉辉

国际业务

一、2006 年国际业务经营情况

1. 外汇业务效益显著。实现外汇净利润 21.30 亿美元，在全行利润中占比达到 35.34%，对全行的利润贡献度进一步提高。全行外汇中间业务收入为 25.26 亿元人民币。

2. 国际结算和结售汇业务快速增长。全年累计完成国际结算业务量 1 903 亿美元，同比增长 35%，超过全国外贸进出口增速 11.25 个百分点，完成全年计划的 114%。贸易项下国际结算量四行占比为 13.51%，比年初上升 1.51 个百分点。在中资商业银行国际结算总量中占比为 10.75%，比 2005 年末增加 1 个百分点。全年完成结售汇业务量（含远期结售汇）1 076.99 亿美元，较上年同期增长 29.42%。

3. 外汇存款业务增势良好。剔除中央汇金公司大额外汇存款的影响，截至 2006 年 12 月 31 日，全行外汇全口径存款余额 152.05 亿美元，比年初增长 18.89 亿美元，增幅为 14.19%。外汇一般性存款新增额在四行排名第一，在四行占比较年初增长 1.05 个百分点，达到 14.76%；在全部金融机构外汇存款总量中占比为 9.33%，比年初增长 0.84 个百分点。

4. 外汇贷款业务基本持平。截至 12 月 31 日，全行外汇贷款余额为 101.85 亿美元，比年初减少 2.06 亿美元。

5. 贸易融资业务增势良好。截至 12 月 31 日，全行进出口贸易融资余额为 78.45 亿元，同比增幅为 26%，实现贸易融资利息收入 3.8 亿元。

6. 国外保函业务快速增长。全年开立国外保函 29.2 亿美元，截至 12 月 31 日，国外保函业务余额为 35.97 亿美元，比年初增长 154%，在全行保证业务总量中占比由年初的 8% 增长到 14%。

7. 国际融资业务增长迅速。国际融资类产品签约额为 3.51 亿美元，较年初增幅为 126.45%。其中境外筹资转贷款签约额为 2.47 亿美元，同比增长 349%。

8. 代理行网络继续扩大。2006 年新建代理行（含多边金融机构）142 家，代理行总数达到 1 169 家，覆盖 113 个国家和地区，特别是提高了非洲、亚洲地区银行的比例，使代理行分布更加合理。

9. 境外业务稳步发展。截至 12 月 31 日，各境外经营性机构资产总额为 101.03 亿美元，比 2005 年增长 15%。

二、2006 年主要工作举措

（一）履行全行外汇业务牵头管理职能

1. 积极推进全行外汇业务发展。组织研究中心城市行外汇业务发展有关问题，印发《中心城市行外汇业务发展指导意见》。积极推动管理创新，建立国际业务协调议事制度，为研究解决涉及多个部门和多个委员会的外汇业务重要问题提供了平台。组织第三阶段“创业绩、比贡献、促发展”外汇业务评优活动。首次评选出外汇业务百强行和百名外汇业务营销能手，对于调动全行员工营销外汇业务的积极性起到了重要作用。

2. 广泛开展外汇业务市场调研。撰写《中国建设银行国际业务市场竞争力报告》，对全行外汇业务发展在同业中所处的地位及具有的优劣势作了深入的比较和分析，提出了加快外汇业务发展的政策建议。

3. 外汇业务经营机构进一步扩大。2006 年 9 月，建设银行西藏自治区分行正式开办国际业务，标志着全行 38 家一级分行已全面具备国际业务经营资格。2006 年全年共批复 102 家分支机构开办、148 家增办外汇业务的申请。

（二）加大外汇业务营销力度

1. 牵头组织营销活动。在深圳和北京举行“6+1”境内外分行联动及外汇业务新产品推介会，在云南、上海、陕西和海南举办重要客户外汇业务产品营销活动。

2. 组织编写《对公外汇业务产品手册（客户经理版）》，这是建设银行外汇业务领域第一本较为全面的产品手册，是客户经理学习和营销外汇业务的重要工具。

（三）梳理并改进业务流程

1. 在四大银行中率先实现单证集中处理。2006 年 1 月 19 日，国际贸易单证处理中心在上海正式挂牌运行，标志着建设银行国际结算跨区域集中处理模式正式确立，彻底改变了原来分散经营的模式，提高了国际业务服务水平。国际贸易单证处理中心已纳入与美国银行的“六西格玛”合作项目，通过引入科学、量化的质量管理理念，提高了单证处理的质量和效率。

2. 梳理中间业务管理流程。启动国际结算业务整体推动方案，连续下发《关于明确贸易融资占用额度问题的通知》、《关于明确贸易融资额度合同项下支用审批方式的通知》、《关于对部分贸易融资受理条件和管理权限进行调整的通知》、《关于明确贸易融资担保问题的通知》四个重要文件，降低贸易融资客户准入门槛，简化申请材料，使受理条件更贴近市场、业务流程更加清晰。成立了国外保函处，加大了对国外保函业务的产品研究和营销支持力度，有利于提高全行国外保函业务的专业化管理水平。

3. 保持国际融资业务市场优势。以支持大中型企业“走出去”为重心，办理了建设银行第一笔金额为 2.75 亿元人民币的出口卖方信贷业务，实现了出口卖方信贷业务零的突破；与中国出口信用保险公司合作开发出口信贷再融资产品，成功办理建设银行第一笔信用保险项下应收账款买断业务；稳步推进飞机及船舶融资等重点产品，联合北京市分行和新加坡分行，共同为国航利用法式税务租赁飞机融资项目提供融资，融资总金额达 6.5 亿美元。

4. 推动国外银行业务稳步发展。出台《外资银行营销指导意见》，对各分行的国外银行业务营销工作提出明确要求；印发《2005 年代理行互惠业务报告》，通过互惠安排提高建设银行的竞价能力和谈判能力；组织召开 2006 年边贸业务座谈会，交流各分行边贸业务发展经验，推动边贸业务健康发展。

（四）稳步推进产品创新

抓住国内市场“物流金融”的商机，与业务量连续多年排名全国第一的中国远洋物流有限公司合作，签署了国际贸易货押授信战略合作协议，合作推广建设银行“现货仓”、“海陆仓”、“保税仓”等创新品牌；及时推出非信用证项下境外代付融资业务，带动国际结算和结售汇业务高速发展，有力地促进了境内外分行联动；应对外债指标严格管理的外汇政策，适时推出通过与境内外资银行合作境外代付的业务，开创与外资银行合作的新领域；推出境外代付与人民币不交割远期外汇交易（NDF）组合的大额“汇付赢”产品，扩大信用保险项下应收款买断业务的试点范围，试点办理与外资银行合作出口信用保险项下风险参贷；推出融资性担保产品“境外融资保”，得到市场和分支机构的普遍认可，并保持产品不良率为零。

（五）继续推进国际业务系统研发

1. 成功完成外汇业务信息管理系统及新版国际收支统计监测系统的开发上线。作为外汇局指定的首家全国上线银行，该系统的成功上线和稳定运行为下一步实现其在全国金融同业中的广泛推广奠定了良好的基础。

2. 积极开展 NTFS 系统的优化升级工作。完成西部地区 13 家分行国际结算跟单业务纳入 NTFS 系统的上线运行工作，至此，全行 98% 的国际结算跟单业务已经纳入 NTFS 系统处理。

（六）加强基础管理，防范国际业务风险

1. 建立健全规章制度体系。修订福费廷和出口发票融资业务管理办法，及时印发《国际贸易货押授信业务管理暂行办法》；起草完成《信用证保兑业务管理办法》和《国外保函（备用信用证）业务操作和控制程序》，编写《国外保函业务风险及防范》专刊，为分行提供业务指导；对俄罗斯、蒙古国、越南、哈萨克斯坦和朝鲜的边贸账户协议文本进行修改和补充，形成了标准化的协议文本。

2. 发挥国际结算和贸易融资专家咨询小组的作用。对小组成员进行改选并召开年度咨询小组会议。研究讨论国际结算和贸易融资业务发展趋势，对《国际贸易货押授信管理办法》等重要规章制度以及重大案件纠纷进行了审议。

3. 开展外汇业务检查回头看活动。在 2005 年全行外汇业务合规检查和外汇业务审计的基础上，对部分分行的整改情况以及新发生业务进行检查，督促分行做好基础管理，提高风险防范和合规经营意识。

（七）加强人员培训和产品培训

进一步加大人员培训力度。牵头组织外汇管理政策培训班，会同人力资源部与复旦大学联合组织国际金融高级研修班，在香港培训中心举办了国际业务管理人员培训班。此外，针对新产品的推出和信贷政策的调整变化，还组织了针对福费廷、出口发票融资等贸易融资产品以及国际保理、国外保函、国际融资、国外银行、境外机构业务发展等的专题培训，并积极组织全行国际业务人员参加境内外银行业务研讨。

（八）制定《中国建设银行股份有限公司海外发展战略纲要》

《中国建设银行股份有限公司海外发展战略纲要》明确了未来建设银行海外机构网络建设的具体任务、海外业务发展的指导思想和总体任务，已经董事会原则审议通过。

（九）进一步规范外事管理

认真贯彻上级主管部门的相关规定，进一步规范管理、提高效率。外交部对我行的外事管理工作给予了高度肯定，特邀我行在 2006 年中央企业外事工作座谈会上介绍经验，赵林副行长出席会议并作了大会发言。

国际业务部

执笔人：展　佳

审稿人：姜国云

境外业务

一、2006 年工作回顾

2006 年是我行境外上市后的第一年，对于我行的境外业务发展而言也是具有重要意义的关键一年。在广泛征求各方意见的基础上，《中国建设银行股份有限公司海外发展战略纲要》经第一届董事会第 24 次会议原则审议通过并正式印发，明确了未来一段时间内我行境外业务发展的指导原则、战略目标、各项具体任务及措施，为我行境外业务的发展指明了方向；10 月 30 日在郑州召开的境外业务座谈会更进一步统一了全行大力发展境外业务、积极拓展境外机构网络的指导思想，对下一步如何贯彻落实境外发展战略提出了明确的要求。这均为未来我行境外业务的持续、健康、快速发展奠定了坚实的基础。

一年来，我行各境外机构按照年初全行工作会议和境外工作座谈会的会议精神，继续坚持"稳健经营、循序渐进"的指导思想，根据既定的业务发展方针，面对复杂的经济环境和市场变化，积极拓展市场，进一步优化资产及收入结构，寻找新的业务增长点，为未来我行境外业务盈利模式转型打下了坚实的基础。截至2006年底，我行境外经营性机构［含中国建设银行（亚洲）］资产总额为101.03亿美元，实现拨备后税前利润3 636万美元。

2006年，各境外机构同境内机构积极配合，陆续推出了一系列满足客户需求的联动创新产品，境内外业务联动继续得以深化；总行各职能部门进一步加强了对境外机构的业务指导和检查力度，对境外业务的协同管理能力不断加强。2006年8月，我行同美国银行签署了收购美国银行在港子公司——美国银行（亚洲）有限公司（简称美银亚洲）100%股权的协议，收购交割工作于年底正式完成，美银亚洲正式更名为中国建设银行（亚洲）股份有限公司，并成为我行第二家境外全资附属机构。此外，我行还向银监会正式递交了在澳大利亚设立代表处和在越南设立分行的申请。

二、总行对境外机构的业务管理、指导及支持

2006年，国际业务部认真贯彻境外发展战略，积极推动境外业务做大做强，并进一步促进联动业务的深入发展。总行有关部门也进一步建立和完善了针对境外机构的各项管理制度，采取有效措施支持和保障境外业务的顺利开展。

（一）修订完成境外发展战略纲要

为进一步推动我行境外业务与机构网络的发展，国际业务部根据董事会战略发展委员会的要求和总行领导的指示，在《海外业务发展战略》（2005—2007年）的基础上，结合新的形势和全行新的业务发展战略，经广泛征求各方意见，修订完成了《中国建设银行股份有限公司境外发展战略纲要》（以下简称《战略纲要》）和《关于制定〈中国建设银行股份有限公司海外发展战略纲要〉的背景情况说明》，经8月24日第一届董事会第24次会议原则审议通过并正式印发执行。《战略纲要》明确了未来我行境外业务发展的指导原则、战略目标、各项具体任务及措施，是我行境外业务发展及机构网络建设的纲领性文件。

（二）境外机构网络建设稳步推进，成功收购美银亚洲

2006年，为进一步推动境外机构网络建设，由董事带队，国际业务部、人力资源部、计划财务部等有关部门组成联合调研小组，对在澳大利亚、中东、蒙古国、印度、越南等地设立境外机构的可行性作了实地考察和研究论证，在此基础上提交了在上述国家和地区设立机构的可行性研究报告及相关意见与建议。

根据境外发展战略纲要的要求及对目标市场的可行性研究，国际业务部会同资产负债管理部、计划财务部、人力资源部等有关部门，在前期研究论证的基础上，准备了在越南胡志明市设立分行和在澳大利亚悉尼设立代表处的可行性研究报告及相关申设材料，并于年内正式向银监会递交了申请。

由资产负债管理部牵头，总行有关部门共同参与，成功完成了收购美银亚洲的前期谈判、协议签署、交割等各项工作。成功收购美银亚洲后，我行在香港的业务规模扩大为原来的两倍，客户贷款额排名由原来的第十六位上升至第九位，为未来我行进一步整合在港资源、提高在香港地区的业务份额和市场竞争力奠定了坚实的基础。

（三）境内外业务联动得到全方位、多样化发展

2006年初境外工作座谈会期间，总行有关部门、各境外机构及国内分行就如何进一步做好境内外业务联动进行了深入讨论，会后国际业务部根据讨论意见修改并下发了《关于进一步加强境内外业务联动的指导意见》，明确了境内外业务联动的指导思想和总体目标，提出了进一步深化境内外业务联动的各项具体措施，在此基础上定期对境内外业务联动情况及成功案例进行汇总整理并通报全行；各境内外分行认真贯彻文件精神，在业务开展、产品创新、客户营销等方面都有所突破，既增加了我行的业务收入，又满足了客户需求；总行有关部门也进一步加强了对境内外业务联动工作的指导和支持，有力地推动了境内外业务联动的深入开展。

（四）总行对境外机构的业务管理、指导及支持进一步加强

2006年，总行有关部门进一步建立和完善了针对境外机构的各项管理制度，采取有效措施支持和保障境外业务的顺利开展。

1. 国际业务部在年初组织召开了境外工作座谈会，根据会议精神草拟并下发了《关于2006年全行境外业务工作的指导意见》，对全行境外业务工作提出了具体要求；会同资产负债管理部、计划财务部、风险管理部、会计部、信息中心等有关部门，成功协助东京分行在日本中央银行开立了日元清算账户，解决了分行多年以来的主要问题，为分行未来的持续、健康发展奠定了良好的基础；会同计划财务部、人力资源部等有关部门，重新修订并下发了《中国建设银行股份有限公司境外代表处考核办法》，突出了对代表处的业务营销及产品推介等工作要求，引入业务性指标和效益指标，对代表处业绩进行综合评价，力求通过建立合理的激励约束机制推动代表处职能转变，将代表处真正建成全行的业务营销前台；整理并编辑了《境外机构管理文件汇编》，结合各部门最新的职责分工，重新下发了《关于境外机构对总行请示报告程序有关事项的通知》和《关于进一步规范境外机构主要负责人请假休假请示报告程序的通知》，进一步加强了境外机构管理工作。

2. 人力资源部完成了2006年度境外机构内派员工考察、境外机构内派员工选派、境外机构领导人员聘任及调整、引进境外机构外籍高管人员等工作；牵头组织总行各部门及各一级分行、培训中心推荐了250多名境外机构内派员工备选人员；充分利用境外机构的优势，进一步加强境内员工的境外培训力度，2006年共举办顶岗培训11期，从总行资金部、国际业务部和16家国内分行选送业务骨干24人次，分赴我行在法兰克福、首尔、新加坡和东京等地的分行进行顶岗培训。

3. 资产负债管理部会同风险管理部、计划财务部、会计部、资金部、信息中心、信息技术管理部、国际业务部等部门，研究制定了境外分行银行账户与交易账户划分的操作办法，并牵头组织了对境外分行市场风险管理的调研，下一阶段将结合境外分行的实际情况制定境外分行市场风险管理流程及相关办法。

4. 计划财务部牵头完成了各境外机构2006年度财务预算的下达及调整工作，同时加强了境外分行的税务筹划工作。

5. 信息技术管理部会同营运管理部、电子银行部等有关部门，完成了法兰克福分行SWIFT系统并入总行，东京分行URBIS系统迁移香港等工作，协助法兰克福分行开发网上银行系统，同时推进美银亚洲系统数据迁移及整合等工作。

6. 审计部会同人力资源部、计划财务部、国际业务部、风险管理部、会计部等有关部门，完成了对各境外机构的现场审计工作并形成了相关审计报告，提出了各境外机构在经营管理中存在的主要问题，并要求各境外机构提交了相应的整改报告。

7. 合规部对境外分行反洗钱、关联交易统计及申报等方面的工作进行了规范。

三、各境外机构业务开展情况

（一）香港分行

1. 业务发展概况

2006年底，香港分行资产余额510亿港元，较上年度增长12.3%。其中：各类贷款余额306亿港元，比上年底增加70亿港元，增长29.7%；债券投资余额142亿港元，比上年底减少36亿港元，减幅20.2%。分行税前利润达17 549万港元，实现净利息收入30 457万港元，占营业收入的84.6%；实现佣金、手续费、投资收益等非利息收入5 541万港元，占营业收入的15.4%。分行全年资产回报率0.81%，不良贷款率0.05%，不良资产率0.21%。

2. 主要经营管理举措

2006年，受香港经济增长连续第二年放缓及连续升息对定息债券投资收益的影响，分行的经营业绩产生了一定波动，但随着经济形势在第三季度的整体反弹，除债券投资业务外，各项业务均出现了稳步的复苏。作为总行唯一一家兼营批发及零售业务的境外分行，分行在总行各部门及其他境内外分行的大力支持下，较好地完成了总行布置的各项工作。

（1）大力拓展中东、印度、澳大利亚等境外市场。2006年，因市场息差收窄，虽然分行完成的贷款笔数和贷款金额均比上年有所提高，但收益相对下降。为保持收益稳定增长，分行逐步将市场转移至其他息率较高的国家，大力拓展中东、印度、澳大利

亚等境外市场。其中主要交易包括：阿联酋迪拜港口局收购英国铁行码头65亿美元收购性银团贷款，分行作为包销行之一，承诺4亿美元额度；印度Reliance石油公司为新建90万吨聚丙烯项目筹组的15亿美元银团贷款，分行作为牵头行之一，承诺7 000万美元贷款；在澳大利亚，分行参与了河城隧道总额为18.39亿澳大利亚元的建造贷款项目，分行参与额度为8 500万澳大利亚元。另外，分行也作为包销行之一，包销了澳门美高梅金殿饭店项目的融资，包销金额为1亿美元。

（2）加强与建银国际在投行业务方面的联动。2006年，经分行推荐，建银国际成为协鑫（集团）控股有限公司为其18个热电厂上市的保荐人之一。同时，成功推荐建银国际对世茂房产进行战略投资，使建银国际获得了良好的投资收益。

（3）境内外业务联动进一步深化。2006年，分行与北京、上海、宁波、广东、深圳、江苏、浙江、山东、安徽、重庆、陕西、新加坡、东京、约翰内斯堡等境内外分行进行了大量的业务联动，主要联动产品包括境内地产项目融资、内保外贷、境外代付、人民币不交割远期外汇交易、国际结算、贸易融资等。其中：与深圳市分行联手为兴建深圳大铲湾一期集装箱码头筹组51亿港元项目银团贷款，深圳市分行为该银团贷款的协调安排行，贷款份额为11.94亿港元，香港分行贷款份额为7.7亿港元；全年分行履行的境外代付共有285笔，金额为等值31.2亿港元，交易量较2005年增加了144笔，交易金额增加了19.2亿港元；2006年前3个季度，分行已签署的内保外贷业务共13笔，总金额约5亿美元；同时，分行还依托长江实业、和记黄埔、新鸿基地产、嘉里建设等香港地产客户，积极协助境内分行营销与争办这些企业在境内的投资项目。

（4）积极推动新产品开发工作。2006年，分行参与了中国东方航空股份有限公司为购买空中巴士客机而筹组的法国营运租赁，这是我国航空公司第一次为法国营运租赁筹组贷款；在配合总行代客人民币远期外汇买卖业务的基础上，大力推进分行在同业市场进行人民币不交割远期外汇交易，提升分行资金部门的交易能力，增加了交易对手数量。

（二）新加坡分行

1. 业务发展概况

2006年底，分行资产余额9.35亿新加坡元，其中：债券投资5.07亿新加坡元，银团贷款1.08亿新加坡元，贸易融资代付业务等短期资产2.78亿新加坡元；实现税前利润442万新加坡元。分行资产质量良好，不良资产率为零，资产和收入结构得到有效调整，非利息净收入在总收入中的占比明显提高。

2. 主要经营管理举措

2006年，面对美元利率上升带来筹资成本上升的不利影响，分行按照稳健经营、循序渐进的指导思想，坚持以效益为中心、以防范信贷风险和市场风险为重点的经营方针不动摇，努力做好各方面工作，各项业务运行平稳。进一步加强了市场营销工作，努力实现早建资产早受益，努力拓展收费业务，特别是大力拓展投资银行和银团贷款业务，实现了较好的效益。

（1）投资银行业务健康发展。分行作为主理行、承销商和配售商完成了国内两家企业在新加坡交易所的上市。当年分别担任一家国内企业在伦敦AIM上市的财务顾问和一家新加坡企业收购中国企业的介绍人。

（2）继续加强境内外业务联动。一是境外代付业务增长较快，合作的分行已达到15家；二是投行业务方面在与山东省分行合作的基础上，扩展到与河北省分行、江苏省分行、浙江省分行、贵州省分行、安徽省分行等合作；三是加强与其他境外分行的合作，与香港分行合作完成东方航空公司、澳门综合度假村等银团贷款项目；四是与北京市分行、江苏省分行、宁波市分行、山东省分行等在银团贷款业务方面展开合作。

（3）风险管理进一步加强。分行本年度进一步加强了对市场风险的管理，在对市场利率进行合理预测的基础上调整资产结构，在利率上升较快期间建立了较大比例的短期资产；将购入的固定利率债券全部掉期为浮动利率债券。

（三）法兰克福分行

1. 业务发展概况

2006年底，分行资产余额5.68亿欧元，实现税前利润150.8万欧元，不良资产率为零；作为我行欧元清算中心，分行全年共为总行及国内分行提供欧元清算5.65万笔，累计金额100亿欧元；“欧元易汇通”汇款1 400笔，累计金额405万欧元。分行全年管理总行7个美元账户形成的日均沉淀余额达1.27亿美元，取得了可观的效益，全年共向总行支付利息592万美元。

2. 主要经营管理举措

本年度分行继续坚持既定的发展战略，即利用建设银行现有的国际结算业务资源，延伸以贸易融资业务为主的客户业务；利用时区优势，大力发展中间业务，以贸易融资和债券投资为主，建立盈利资产。同时，加大具有双边实质性业务关系的客户开发力度，努力建立分行稳定的客户群体，不断推出适应市场需求的新产品和新服务，改变分行过于依赖行内资源的现状，改善分行的收入结构。

（1）基于境外代付的创新产品不断推出。为更好地配合国内分行开展境外代付连接NDF的业务，分行推出“T+0”起息的代付服务。

（2）经过精心策划、艰苦营销，分行成功争取到位于汉堡的德国最大的中资企业之一宝钢（欧洲）有限公司在分行开户并办理国际结算业务。

（3）经过市场调研，分行推出了“速汇通”欧元汇款产品，并与浙江省分行联动，在各侨乡推广该产品。分行对国内分行的客户予以免收中转行手续费的优惠，有力地支持了国内分行的欧元汇款业务，增加了资金沉淀。

（4）整合现有的公司类业务产品，发挥分行资金管理的优势，推出贸易融资与现金管理组合产品，受到客户欢迎。

（四）约堡分行

1. 业务发展概况

2006年底，分行资产余额14.34亿兰特（不含簿记香港分行资产，约0.41亿美元），实现利润1 807.37万兰特，不良贷款率为零，资产回报率为1.17%，各项主要财务指标均超过当地外资金融同业平均水平。分行重点拓展结构性贸易融资等特色业务，资产和收入结构不断优化，结构性贸易融资占当地簿记总资产的40%，中间业务成为分行主要收入来源之一，且比重逐年增长。

2. 主要经营管理举措

2006年南非储备银行连续四次加息共200个基点，在复杂的市场环境下，分行资产规模大幅度增长，不良资产率仍保持为零，各项业务经营管理工作取得积极进展。

（1）加强境内外联动力度，创新联动模式。2006年，受南非标准银行邀请，总行贸易融资考察团和业务合作较多的国内分行在约堡分行的安排下，参加了由标准银行举办的结构性贸易融资研讨会，双方交流经验并探讨了新的合作方式。同时，约堡分行和国内分行在内保外贷、结构性贸易融资、福费廷等业务方面都进行了实质性合作，并建立起多层次、多渠道的业务交流模式。

（2）加强风险管理，风险控制水平逐步提高。分行一直实行稳健的风险管理政策，并参照当地银行的做法，逐步探索建立符合分行实际的全面风险管理体系。操作风险主要由分行风险管理委员会负责，其中，IT委员会负责管理和IT相关的风险。同时，分行根据业务需要调整了风险管理结构，进一步明确了风险管理委员会、资产负债管理委员会等各委员会的职责，梳理了内部流程，并据此更新了各种内部政策。

（3）申请增加资本金，进一步扩大资产规模。截至2005年底，总行前后两次向分行注入资本金共12 635亿兰特。由于2006年资产规模快速扩大，资本充足率下降，分行再次向总行申请增加1 500万美元资本金以支撑分行资产规模的扩大。在新增资本金到位后，分行选择时机，前后分三次将美元兑换成兰特。新增资本金有效支持了分行资产业务的持续增长，为分行的业务发展奠定了基础。

（五）东京分行

1. 业务发展概况

2006年底，分行资产余额511亿日元（含香港分行簿记资产117.5亿日元），实现税前利润4 086.7亿日元。分行贷款业务显著增长，并保证了良好的资产质量，不良资产率为零。截至2006年底，分行贷款余额208.2亿日元，债券投资余额253.2亿日元，贸易融资余额26.4亿日元。分行全年共收到国内分行的信用证588笔、境外代付40笔，累计金额49亿日元。实现中间业务收入7 080万日元，其中，清算、结算类手续费收入843万日元，信贷类手续费收入5 049万日元，其他中间业务收入1 188万日元。

2. 主要经营管理举措

2006年，分行积极响应总行号召，主动拜访、联系国内有关分行，而且经常直接联系有业务关系的支行，与国内分支行相互配合营销客户，积极争取扩大中间业务收入。在内部管理上，分行不断完善操作系统，提高对风险的监控水平，同时，在审计稽核、人员管理等方面也做了大量工作，包括调整员工岗位、加强员工的业务学习和培训工作等。此外，东京分行高度重视信息及调研工作，对专项调研任务都指定相关小组研究完成，积极为总行提供调研信息和决策支持。

（六）首尔分行

1. 业务发展概况

2006 年底，分行总资产余额 9.13 亿美元，其中，贸易融资余额 4.22 亿美元，债券投资余额 3.66 亿美元，贷款 0.96 亿美元。不良贷款余额 339 万美元，不良资产率为 0.34%；实现税前利润 65.3 万美元。分行全年累计办理贸易融资业务 7 200 笔，累计结算金额 28.14 亿美元；累计办理中韩汇款“即时通”15 903 笔，累计金额 8.45 亿美元。共办理外汇买卖 9.37 亿美元，取得了较为可观的中间业务收入。此外，分行还尝试开拓投资咨询业务领域，积极营销国内企业赴韩上市。

2. 主要经营管理举措

2006 年，结合韩国经济及中韩投资和贸易关系发展的特点，分行制定了“依托快速发展的中韩经贸往来，大力发展贸易融资和汇款业务，逐步扩大高收益债券投资，积极参与银团贷款和双边贷款业务，逐步开拓投资咨询业务领域”的整体发展战略，资产规模迅速增加，经营效益显著提高。

（1）分析形势，确立贸易融资业务的主体地位。分行依托中韩经贸往来的快速发展，制定了大力发展贸易融资业务的经营战略，进一步明确了以贸易融资业务为龙头、稳步发展其他业务的总体经营方针，取得了良好的效果。在原有客户的基础上，开发了浦项制铁（POSCO）、现代 HYSCO、高丽亚铅等一批有实力的新客户。

（2）加强产品开发，实现产品多样化。为了更好地满足客户需求，分行认真研究和分析市场，克服困难，在做好已有业务的基础上，又开发出一系列符合市场需求的新产品，如中韩汇款“即时通”、代客外汇保值调期买卖、福费廷、赊销融资（O/A）、承兑交单（D/A）融资、预付款退款保函和履约保函等。

（3）加强境内外联动，努力实现双赢。分行积极贯彻执行总行进一步加强境内外业务联动的整体战略部署，积极寻求境内外分行共同发展的业务机会，并向国内分行介绍韩国客户，实现了境内外分行合作的双赢。

（4）进一步完善制度建设，保证管理体制的秩序和效率。分行将“秩序和效率”作为制度建设和内部管理的宗旨。从 2006 年开始，分行在每周例会的基础上，新建立了定期的管理层会议制度，商议重大战略、业务和管理事项，保证了决策层信息的畅通与决策的高效率和透明度。

（七）伦敦代表处

1. 内外联动，积极配合境内总、分行的业务发展。代表处一直保持与英国金融服务局（FSA）的良好沟通渠道，及时报告我行高管层的人事变化以及我行上市后的业务发展情况；按照总行要求，密切跟踪当地金融监管和市场准入政策的变化并及时反馈总行；按照总行人力资源部的要求，组织承担了两期我行高管人员在英国培训的任务，收到了较好效果；配合江苏省分行多次营销世界 500 强企业——英国吉凯恩集团；先后为大连市分行开至新加坡船舶公司的担保函、总行为北京地铁五号线的融资协议、总行与北欧银行签订的政府贷款总协议等项目出具了诉讼代理函件。

2. 认真完成访英团组的接待工作。2006 年是我行成功上市后的第一年，代表处积极配合接待了一系列我行高层领导访英活动：4 月 11 日至 13 日，总行常振明行长和范一飞副行长率领我行业绩路演团队赴伦敦，代表处协助做好相关工作；5 月 25 日至 31 日，接待和安排建银投资公司郑之杰总裁一行的来访，并参加建银投资公司与汇丰控股集团新任主席的会谈；9 月 22 日至 27 日，陪同总行郭树清董事长一行访问英国，包括牛津大学、美国银行信用卡欧洲中心、渣打银行、劳合社及一些基金和投资公司等；11 月 19 日至 21 日，接待总行张龙总监一行赴英国进行业务考察活动。

3. 积极做好国内外客户的咨询和查询，协助总、分行处理有关国际业务的法律纠纷。包括：协助处理了汇丰银行与辽宁省分行的托收业务纠纷，协助江西省分行撤销了为江西铜业公司开至美国银行欧洲中心的美元信用证，配合英国苏格兰警察局澄清了犯罪嫌疑人所持有的建设银行票据，协助英国票据清算所核实我行四川省分行开出的大额英镑汇票，多次协调英国公司要求从其在上海开立的建设银行账户向英国转款事宜，协调处理了第一商业银行投诉我行潍坊市分行信用证项下拒付款事宜。

4. 跟踪英国经济和金融市场发展，及时向总、分行提供经济金融信息和专题调研报告。2006 年，代表处共完成专题调研报告 6 篇，其中 3 篇为总行所指定的题目，全年共向总行报送经济金融信息 60 份。

（八）纽约代表处

1. 认真完成访美团组的接待工作。代表处 2006 年全年接待各类团组 21 批，人数近 300 人。其中包括 8 个高管层和总行美国中期路演访问团。代表处负责统筹安排所有团组的访问行程和除美国银行以外的其他美国金融机构的拜访活动，协助各个团组圆满完成了出访任务。

2. 认真准备申设分行的各项工作。代表处多次拜访美联储、纽约州银行局等监管部门，并与美国货币监理署保持良好的沟通。此外，代表处还有选择地与美国本地的金融机构进行接触，为总行在美国的并购活动提供了多个参考目标，并对其进行了初步了解和调查。

3. 积极宣传和介绍我行的各类业务和发展情况。代表处先后参加了美中教育关系协会年会、国际银行家学会年会等国际性会议，主动与美国商界、金融界和其他领域的精英进行交流，介绍建设银行在上市、管理等方面取得的成就。

4. 加强境内外业务联动工作，做好市场营销。代表处本年度先后协助上海市分行对美国通用汽车财务公司进行营销；协助河北省分行了解三个美国项目的情况；协助陕西省分行营销美光科技公司；成功协助浙江省台州市分行成为美国雅莱公司在当地投资项目的主办行，总投资额达到 1 250 万美元。

国际业务部

执笔人：原　玎

审稿人：姜国云

投资托管服务业务

一、托管规模快速扩大，托管费收入持续增长

到 2006 年底，全行托管资产总净值达到人民币 2 652.38 亿元，较上年增长 118.57%。其中，托管证券投资基金资产总净值达到 1 923.52 亿元，较上年增长 141.58%；托管基金净值市场占比位居同业第二；托管的合格境外机构投资者（QFII）投资额度达到 9 亿美元，较上年增长 63.63%；托管保险资金、社保基金、企业年金等证券类资产的规模为 597.2 亿元，比上年增长 204.4%。

二、托管业务客户营销步伐加快，优质客户不断增加

2006 年，投资托管服务部努力营销基金托管客户，积极开发新的 QFII 和 QDII 托管客户资源。在股市持续走高的环境下，积极营销银行控股基金公司、有一定品牌的老公司和中外合资公司，先后争取到单只基金发行规模大、运作稳定、自身股东和其他渠道募集份额占比高的交通银行施罗德基金公司、工商银行瑞信基金公司的基金托管和代销业务，有效地扩大了银行控股基金托管业务的贡献度，开拓了与华安、鹏华等大型内资基金公司以及泰达荷银、海富通等中外合资基金公司的首次合作。建设银行托管的证券投资基金产品业绩突出，投资者获得了较高的回报。2006 年，全行托管的开放式证券投资基金收益率超过 100% 的共有 10 只，占全行托管开放式基金总量的 23%。

各类委托资产托管业务得到进一步发展。经过多轮谈判，建设银行先后与云南锡业集团、厦门烟草、湖南机场集团等十余家客户建立了业务合作关系，协调解决了有关企业年金基金在建设银行开立受托财产托管账户及投资组合托管账户等事宜；商业银

行保险托管业务规模和业务范围不断扩大，到2006年底，托管平安保险集团各类组合账户9个，资产规模280.5亿元。继续为辽宁个人账户基金和上海企业年金中心提供托管服务，其中辽宁个人账户基金托管规模达到242亿元。证券、信托等集合计划托管业务发展良好，非证券类投资托管业务营销取得明显进展。

QFII和QDII托管业务持续拓展。经过建设银行协同努力，2006年先后有JF资产管理公司、澳大利亚安保资本公司和日本新光证券获得QFII资格。此外，建设银行还获得法国兴业资产管理公司QFII托管业务。当年建设银行QFII托管份额在中资银行中位居第二。在QDII托管业务方面，建设银行先后获得交通银行、中信银行和香港恒生银行QDII托管行委任，与其签订QDII托管协议及托管服务水准协议，并为以上三家银行发行产品5期，托管资金规模近6 000万美元。

三、托管产品创新步伐加快，托管产品线进一步丰富

加强托管业务产品创新，进一步提高拓展托管市场的能力。在基金托管产品选择上，根据股票基金发行异常火暴的局面，积极扩大了托管费率高、收益见效快的股票类基金产品托管，全年共新增托管股票基金17只，占新增基金只数的85%。同时，努力争取新兴基金品种托管。当年先后争取了上证180ETF和华夏中小板ETF两只基金的托管权，并实现了首次将此类基金引入银行销售。全行新增的托管基金种类既包括股票型基金、ETF基金、混合型基金，又包括货币基金和债券基金，托管的基金产品线进一步丰富。

加快托管服务创新，努力提供托管业务附加值服务、个性化服务。向有关保险公司提交了保险资产全托管服务方案，并接受了现场考察；成功协助QFII托管客户争取监管部门的政策，协助托管客户申请并协商服务协议，使相关协议能够在QFII投资开始前得以正式签署。同时，积极与国外银行联合竞标中国人寿外汇资产境外投资托管业务，并在年金托管和保险公司证券投资全托管的业务流程、产品开发、系统设计、风险控制等方面努力创新，为委托人提供了高质量的托管服务。

四、托管法律文件不断完善，托管业务风险得到有效防范

根据监管部门审核意见并参考同业做法，建设银行不断对基金合同和托管协议进行修改完善。在净值赔偿的分成比例上，采取按管理费和托管费收入比例分成赔偿的原则，相比原有的固定比例分成大大降低了建设银行的赔付风险。根据监管部门新出台的法规，针对基金投资需要，在托管协议中增加了开办基金投资银行定期存款和受限证券的相关权利义务条款。全年共完成对湘财荷银效率优选混合型（LOF）基金、华安上证180ETF基金等27只基金合同和托管协议的审核及20只基金招募说明书的审核。

五、托管业务操作进一步规范，托管服务质量不断提高

及时、准确地完成了6.2万亿元的资金清算和全部托管资产的会计核算及估值工作。积极参与托管产品流程设计及相关托管协议的审查工作，顺利完成了上海登记公司新旧清算数据的切换和深圳存款账户撤并工作，实现了存款账户的电子对账。协同客户设计基金会计核算系统，对基金托管业务核算估值系统进行了持续的排错和更新，并配合业务规则的改变升级了系统功能。完成了SWIFT二期项目的需求文档开发、测试等，并于2006年9月顺利上线。顺应QDII业务的推出，完成了三项QDII业务资产托管业务的海外资金调拨与国际市场结算。

六、托管业务投资运作监督工作不断加强

认真完成基金、集合理财、保险托管资产、企业年金等托管业务的日常监督工作，按日及时对55只基金及4项资产托管业务进行投资运作监督，对发现的多种问题及时进行核实、协调，并在规定时间内向有关管理人发出投资运作异常通知375件。按规定及时办理了基金账户开立、债券转托管、QDII业务等各类业务授权工作，全年发出业务授权163件。

根据中国证监会的要求，建设银行建立了相关的基金投资运作监督技术系统环境，就投资风格、业绩比较基准、交易对手库等问题向有关技术公司提交了详细的需求，并督促技术公司按时完成系统调整工作。另外，组织并完成了监督系统的用户测试文档、风险与绩效用户测试文档、验收申请报告、项目总结报告、

项目试运行报告等的编写工作，并顺利通过了项目验收。

七、托管业务组织机构进一步完善，人力资源配备得到加强

一是进一步完善和明确界定了托管业务部门的职能，将基金托管部正式更名为投资托管服务部；二是积极筹建基金托管业务上海备份中心，增强托管业务抵御风险的能力。

投资托管服务部

执笔人：杨增亮　王云鹏

审稿人：李春信

个人金融业务

一、主要成绩

（一）个人存款创历史最高水平，市场新增份额跃居四大行第二位

截至 2006 年底，个人存款余额 22 074.42 亿元，比年初新增 3 086.9 亿元，比历史同期最高的上年多增 590.7 亿元。

据人民银行统计，2006 年建设银行本外币个人存款累计新增在四大行中占比 30.59%，同比提高 7.99 个百分点，新增居四大行第二位，同比提高一个位次。

（二）基金等投资理财产品销售实现跨越式发展，对中间业务收入贡献大幅提高

1. 基金业务代销额与收入双丰收。2006 年，建设银行抓住国内资本市场快速发展的时机，积极代理偏股型基金，并成为国内首家代理交易型开放式指数基金（ETF）交易的商业银行。2006 年，建设银行代理基金 33 只，总代理余额 646 亿元，较上年增加 545.67 亿元，增长 543.88%。代理基金业务收入占个人中间业务收入的比例由 2005 年的 8% 提升到 2006 年的 25%，成为个人中间业务收入新的增长点。

2. 代销国债市场占比提高。2006 年，代理发行国债同比增长 40.57%。其中，储蓄国债占全国发行总额度的 29.32%，居代销银行的第二位。由于建设银行储蓄国债的出色代销能力，财政部提高了建设银行凭证式国债的固定承销比例，由 14% 提高到 16.2%。

3. 个人理财产品更加丰富。随着居民收入的不断提高，个人客户理财需求日益多样化，建设银行充分发挥“利得盈”、“汇得盈”产品的品牌优势，不断丰富和创新个人理财产品，满足客户差别化和个性化要求。2006 年，个人金融部牵头发行“利得盈”人民币理财产品 7 期，“汇得盈”个人外汇结构产品 17 期，“汇得盈”代客理财产品（QUANTO 类）2 期。

4. 加大个人黄金产品创新力度。针对投资黄金的客户，推出

2006 年 11 月 16 日，中国建设银行个人金融业务部到山西省分行调研。

了“炒金藏金，节节有礼”优惠、让利促销和推广“账户金”挂单交易大额交易优惠等活动，提高了产品的客户认知度；针对个人实物黄金业务，推出了“龙鼎金”12生肖纪念金章。2006年账户金交易量30.2吨，较上年增长24.6倍；实物黄金交易量486.21公斤，较上年增长13.1倍。

（三）借记卡业务保持快速发展势头，消费交易额首次突破2 000亿元

1. 发卡量大幅增长。截至2006年底，建设银行借记卡发卡量达1.86亿张，当年新增2 047万张。2006年，建设银行理财卡在全行38个分行全面推广，并成功开通境外交易、网上交易、手机短信通知等服务内容；建设银行理财卡被VISA国际组织评价为“全球较领先的综合性借记卡产品”。

2. 消费交易额创历史新高。2006年持续开展的元旦、春节、“五一”、“十一”等消费旅游旺季刷卡促销，促进了借记卡消费交易额大幅提高。当年借记卡实现消费交易额2 125亿元，较上年增长69.2%。借记卡实现中间收入28.8亿元，较上年增长17.6%。2006年理财卡境外业务开通后，交易量逐步攀升，当年实现交易8 913笔，交易额268万美元。

3. 龙卡网络跨行交易收入贡献突出。连续几年加大ATM自助设备的投入，带动了2006年龙卡网络系统跨行异地交易的高速增长，交易量和交易额的增速分别高达62.2%和128.3%。

4. 自助设备交易大幅增长。截至2006年底，建设银行已安装运行的ATM达到19 490台，增加4 370台，增长29%；全行已投入经营的自助银行达到1 646家，增加765个；ATM取现累计交易额和交易量较上年同期分别增长38%和65%。

（四）中间业务收入创历史最好水平，新的业务增长点开始显现

2006年，全行实现个人金融中间业务收入快速增长，增幅43.92%。其中，证券代理、个人结算业务收入分别增长360%和15%。

从收入结构看，证券代理、保险代理、个人委托贷款等投资理财类产品成为新的亮点。据统计，这三项产品当年收入增速达270%，对个人金融业务收入贡献由上年的11.05%上升到28.48%，特别是证券代理业务，效益贡献已超过个人结算业务，成为第二大创收产品。

二、主要措施及效果

（一）强化市场营销，推动业务快速发展

1. 加大主动销售力度。2006年，建设银行通过加大对基层网点销售人员，如网点负责人、大堂经理、客户经理等多层次人员的销售技能培训，有效提高了网点和个人客户经理的主动销售能力，当年销售基金、国债、保险及投资理财类产品比上年大幅增长。

2. 抓住旺季，开展重点产品销售。根据突出时机抓旺季、侧重产品抓卖点、捆绑销售抓联动的特点，组织开展了元旦、春节、“五一”、暑期、“十一”等重点节假日的营销活动，促进了个人存款、借记卡消费、理财卡发卡、基金及投资理财类产品销售的快速增长。

3. 开展联动营销，提高产品的交叉销售率。为挖掘建设银行公司客户资源优势，拓展零售业务，制定了公私业务联动管理办法，建立了联动机制，并在投资理财类产品销售、联名借记卡发行等方面取得突破。

（二）产品创新提速，抢占市场先机

1. 率先在同业中开通全国范围内的人民币个人存款跨一级分行通存通兑业务。2006年9月开通后，短短三个月的时间，该业务已成为建设银行异地资金结算的主要渠道，为下一步整合个人结算产品、降低运行成本奠定了基础。

2. 推出通知存款一户通。该产品满足了优质客户投资理财对资金流动性及增值性的需求，分流了部分1年期以下的定期存款，当年增速达178%。

3. 理财卡开通了境外交易、网上交易、美国银行ATM免费取现、手机短信通知等服务内容，为当年在全行推广理财卡发行、实现发卡量增长翻番创造了条件。

4. 与知名网络公司、券商合作发行联名卡。增加了银行卡在网络支付结算方面的功能，拓展了银行卡在电子商务等领域的应用。

5. 推出个人远期外汇买卖业务。上半年在上海市分行试点推出个人远期外汇买卖业务，对稳定外汇买卖客户、吸引活期存款、增加中间业务收入起到了积极作用。

6. 推出个人账户质押外汇买卖业务。客户在进行个人外汇买卖交易的同时，可以利用个人外汇买卖交易账户出质办理贷款，满足短期资金使用需要。

（三）加强系统建设，夯实业务发展基础

1. 上线外汇结构性产品系统。业务交易由原来的每笔20～40分钟缩短到5分钟，有效缓解了前台柜面人员的压力，强化了资金的风险控制。

2. 完成产品创意库系统。该系统构建了全行零售业务产品需求采集和管理的重要平台，能更及时地了解员工和客户之声。

3. 推广上线OCRM项目群一期。完成了38个一级分行的推广上线工作，为开展客户管理与服务工作提供了有力支持。

4. 开发外汇结构产品业务管理系统。改变了“汇得盈”产品手工操作的情况，满足了银行业务操作与管理和客户管理的需求，前台服务效率和产品竞争力明显提高。

5. 优化个人购汇系统。2006年5月在全行推广个人购汇系统二期，实现了DCC系统与外汇管理局系统的连通，增加了个人购汇业务信息管理功能。

6. 建立借记卡积分系统，实现了卡片管理、积分计划管理、积分管理、报表管理、机构管理等多项功能。

7. 会同相关部门根据业务分析的需要，结合万事达、VISA、人民银行等机构定期需要的报表内容，完成了新的借记卡统计指标体系的开发。

（四）建立网点服务质量改进机制，提升服务水平

1. 开展神秘人检查。启动了神秘人检查工作，对全行1 100多个网点进行了检查，有效改进了网点的服务质量。

2. 优化改进个人金融业务流程。设计了个人业务综合签约及开户流程优化方案，简化了20项业务操作，有效提高了服务效率和客户满意度。

（五）渠道建设成效显现，网点形象提升

2006年，在建设银行新建网点项目中，大部分网点具备自助服务区、销售理财区、现金区、客户等候区和客户引导区五个功能区。经过新建及改造，建设银行网点的选址和服务功能逐步趋于合理，网点的存款业务和客户交易量明显提高。特别是功能分区实施，明显改善了网点的销售和服务功能，提高了客户满意度。

（六）完成与美国银行的合作项目，推进产品创新及销售

1. 与美国银行合作ATM免费取现互惠服务。针对理财卡客户推出的在美国银行ATM免费取现服务，拓展了理财卡客户境外服务内容。

2. 与美国银行合作推出直联汇款业务。此项业务针对外汇汇款业务量较大的北京市分行、上海市分行、广东省分行等推出，仅一个月，试点行的汇出业务量就超过以往全年的总量。

3. 在试点行完成了零售网点转型项目。试点网点运行结果表明，客户等待时间大幅缩短，产品销量快速提升，神秘人检查结果比较满意，转型试点成果显著。

个人金融部
执笔人：陶　莉　曲华蕊
黄媛媛　秦　黎
审稿人：刘　涛

高端客户业务

一、业务发展情况

1. 高端客户数量稳步增长，综合贡献不断提高。截至2006年12月底，建设银行共有所管理的资产（AUM）在20万元以上的个人客户138.41万户，AUM总量达到6 967.87亿元，较年初增长3 543.54亿元，增幅达103.48%。

2. 差别化服务物理渠道体系进一步完善。截至2006年12月底，建设银行正式对外营业的财富管理中心有6个、理财中心702个、理财室3 177个、理财窗口10 660个，初步形成了财富管理中心、理财中心、理财室、理财窗口四位一体的高端客户服务渠道体系。

3. 客户经理队伍数量稳步增加，整体素质有所提高。截至2006年12月底，建设银行专门维护高端客户的专职客户经理有10 733人，较年初增加6 132人，增幅达133.28%。

二、2006年的主要工作

（一）建设银行高端客户业务管理加强，各项工作进一步规范

1. 2006年5月16日，在井冈山召开建设银行首次个人高端客户座谈会议。会议在总结2005年工作的基础上，部署了2006年的主要工作，明确了高端客户业务发展的主要目标。副行长范一飞出席会议并作了题为《切实转变经营理念和方式，打造国际一流的私人银行》的重要讲话，提出了“争取用三年左右的时间建立一个完整、完善的私人银行业务体系”的工作目标。

2. 制定《中国建设银行高端客户业务发展三年规划》，提出了建设银行高端客户业务未来三年的主要目标、业务策略和具体工作，为建设银行高端客户业务发展指明了方向并提出了具体要求。

3. 制定并下发了《高端客户业务综合考评方案》，明确从高端客户增长、AUM总量、理财产品销售、从业人员培训等核心业务指标方面对分行、服务渠道和专职客户经理进行考核，引导全行高端客户业务向更深层面健康发展。

4. 高端客户部会同公司部、机构部、集团部，研究推进公私联动的互相协助事宜，并牵头起草下发了《个人富裕客户联动营销指导意见》，从制度上对公私联动服务高端客户的形式、相关职责等进行了规定。

5. 制定下发《中国建设银行个人高端客户理财产品销售指引（试行）》，对理财业务从业人员的销售行为和面向高端客户理财产品的销售流程进行了规范，有效地控制了销售中的各种风险。

6. 制定下发《中国建设银行个人高端客户理财产品需求管理指引》。以准确把握顶端客户理财产品需求为目标，设计了顶端客户理财产品需求模板，建立了需求导向型的需求管理和产品研发机制。

7. 高端客户部与资金部共同研究起草《中国建设银行定制化人民币、外汇结构理财产品操作暂行规定》。下一步将结合银监会现行理财业务的管理规定，对该文件进行再次完善后下发实施。

8. 草拟了《高端客户信息管理办法》，对如何管理客户信息，规范客户信息的获取、维护和使用，保证客户信息安全等进行了规范。同时针对部分分行发生的客户信息泄露事件，下发了《关于加强客户信息资料安全保密工作的紧急通知》，对各行在业务开展过程中的客户信息保密事项作出了具体要求。

（二）建设银行高端客户业务营销力度加大，客户关系进一步深化

1. 组织开展“四季之旅”系列营销活动。结合高端客户的多样化需求，在年初设计策划了“建行财富——四季之旅”系列营销方案，并在全年组织有关分行开展了“成长之旅”、“梦想之旅”、“健康之旅”及“欢聚之旅”四个阶段的主题营销活动。

2. 组织举办了“建行杯”桥牌邀请赛。建设银行领导、各部委领导、社会名人、桥牌爱好者与部分顶端客户共150人齐聚一堂，以牌交友，加深了交流。

3. 积极参与推进公私联动工作。2006年，配合对公业务部门，完成了医院、军队等多个领域企事业单位的联动营销和服务工作。积极投入由机构部牵头的清华大学业务创新与转型试点团队工作。

4. 大力开展营销宣传。根据2006年理财产品推行计划，设计滚动营销方案，在新浪网站、中央广播电台等新闻媒介进行分次营销宣传。同时根据理财产品的特点，在《21世纪经济报道》、《钱经》等报刊杂志组织了平面广告宣传。

5. 推动高端客户服务品牌建设工作。对高端客户服务品牌进行设计定位，并以设计财富管理中心品牌为切入点，全面推进高端客户服务品牌建设工作，努力打造具有社会影响力和客户认可的建设银行高端客户服务品牌。

（三）理财产品创新步伐加快，客户理财需求得到进一步满足

1. 理财产品类型日益丰富。产品类型已从单一的结构性存款发展成为中央银行票据类、债券类、信托类及QUANTO类四大系

列，产品配置的基础资产领域涵盖企业短期融资券、新股申购、不良资产处置、资产证券化、存量及增量银行信贷资产转让等。其中，IPO 理财产品和股票投资产品获得了市场的高度认可。

2. 推出“建行财富一号”投资理财产品。该产品是以顶端客户理财需求为基础设计研发的顶端客户专属理财产品。其将银行产品、信托计划、集合资产管理计划等投资产品的特点集于一身，有效满足了顶端客户资产快速增值的需求，受到顶端客户的强烈欢迎。

3. 尝试推出顶端客户定制化产品。2006 年，高端客户部联合资金部等有关部门积极进行顶端客户产品定制化业务的初步尝试，先后为北京、上海等地的顶端客户单独定制理财产品，资金量折合人民币近 5 000 万元，其中约一半认购资金由行外转入。

4. 稳步推进高端客户理财产品管理系统建设。搭建以客户为中心的理财产品销售管理平台，提供产品发行、交易管理、收益分配等全面的信息技术应用支持，并通过财富中心、理财中心等渠道，实现理财产品营销和客户关系管理。

（四）非金融服务日益丰富，高端客户差别化、尊贵化逐步得到体现

1. 在 5 个城市试点推出了异地漫游服务。为顶端客户提供异地金融业务陪同办理、大额资金协助护送、咨询、代办接送机等 8 项统一的金融类和非金融类服务。5 个城市包括北京、上海、杭州、广州和深圳。

2. 规范境内机场嘉宾服务管理。下发《关于进一步加强全行个人富裕客户机场嘉宾服务管理的通知》，进一步明确全国 32 家机场嘉宾服务对象，规范了服务内容，统一了形象标识和对外宣传口径，并对成本控制和开办流程进行了规定。机场嘉宾服务目前已成为建设银行最具特色的非金融服务品种之一。

3. 稳步推进医疗增值服务。拟在北京、上海和广州三地试点推出高端客户医疗健康增值服务。试点项目涉及个性化检查、预约挂号、陪医陪诊、专线咨询、全程跟踪等服务项目，并提供定制化的医疗保险和理赔服务。目前该项工作已进入最后与相关合作公司的协议签订阶段，预计 2007 年初可在三地顺利推出医疗增值服务。

4. 继续与艺龙公司合作，为高端客户提供商旅增值服务。艺龙公司继续为建设银行高端客户提供包括酒店、机票预订在内的商旅服务，并考虑适时推出旅游度假服务。

5. 试点为高端客户提供定制化信息产品。2006 年 7 月在北京市分行、河北省分行、山西省分行、江苏省分行、重庆市分行、深圳市分行组织开展了为高端客户提供定制化财经资讯的试点工作，打造统一规范、快捷高效、具有建设银行特色的信息服务产品。

6. 着手研究创办理财杂志。成立了杂志创刊筹备小组，在对分行理财杂志办刊及客户使用情况进行调研的基础上，组织客户经理就总行办刊的方针、内容、发行等问题进行了座谈，形成了理财杂志创刊方案。同时与外部有关单位进行广泛接触，了解办刊的规律和工作流程。

7. 编制了增值服务手册，使高端客户增值服务逐步系统化。共梳理选择客户需求大、满意度高、可为建设银行带来较大贡献的全国性增值服务合作伙伴五大类 1 560 家，汇编成册，印发全行，派发高端客户。

（五）高端客户专享服务渠道的建设和管理进一步加强，差别化服务体系日趋完善

1. 全面规范渠道管理工作。积极参与企业文化部牵头的《营业网点视觉形象设计指引》设计工作，明确个人理财中心的视觉形象、内部分区等事宜。对《财富管理中心管理办法》和《个人理财中心管理办法》进行了拟定修改，规范了全行高端客户服务渠道的管理工作。

2. 强化对渠道规划的指导工作。拟定《高端客户业务服务渠道发展规划》，对高端客户服务渠道的内外部环境进行了分析，提出了渠道发展的目标和具体实施措施。

3. 持续推进财富管理中心建设。在明确年度财富管理中心建设计划的基础上，组织年度内拟建立财富管理中心的相关分行在郑州召开了“高端客户服务渠道讨论会”。

4. 加大金融理财师的培训工作。截至 2006 年底，总、分行共培养各类金融理财师 1 677 人，同时选派 40 名优秀金融理财师参加了新加坡财富管理学院的私人银行业务培训，并全部通过了培训考试。

5. 印发《个人高端客户营销服务案例集》。设计编写了《个人高端客户营销服务案例集》，并印制成书下发分行。

6. 积极参与个人客户经理体系建设方案、考评制度等的编写工作，加强了对客户经理队伍的规范管理，明确了客户经理的晋升途径。

（六）IT 系统建设按计划完成，高端客户信息管理和咨询服务水平不断提升

1. 完成财富管理服务系统建设。在“个人理财支持系统与 OCRM 系统整合项目”的基础上，结合 OCRM 项目群已实现的部分功能，按期完成了财富管理服务系统（简称 WMSS）的开发工作。

2. 组织编写《中国建设银行财富管理业务手册》。在财富管理服务系统开发并试点运行的基础上，组织力量编写了作为系统配套业务流程指引的《中国建设银行财富管理业务手册》。

3. 完善业务统计报表体系，增加理财业务报表，统计报表纳入全行管理信息平台。在保证业务报表汇总工作规范和及时的基础上，新增三套理财业务报表，并与信息中心共同完成了统计报表纳入全行管理信息平台的转换工作。

4. 完成互联网网页优化工作。在信息中心的大力配合下，在建设银行外网上设置了“高端客户俱乐部”栏目，并先后进行了三次优化，充实了服务内容，完善了页面结构。

5. 编发《客户经理每日导读》。自 2006 年 8 月起，在建设银行信息网站上推出《客户经理每日导读》，每天向客户经理提供金融、投资等的最新市场信息资讯，受到客户经理的广泛欢迎。

高端客户部
执笔人：景　华
审稿人：应　红

住房金融与个人信贷业务

一、2006 年业务发展概况

2006 年，个人住房贷款余额重新占领市场第一的位置，主要业务指标全面完成年初计划。业务品牌形象进一步提升，固定利率产品荣获和讯网“2006 年度财经风云榜”、“2006 年中国银行业个人房贷杰出服务奖”；因成功推出国内首单个人住房抵押贷款证券化产品——“建元 2005—1 个人住房抵押贷款支持证券”而荣获亚洲货币评选的 2006 年度“中国最佳债券承销商”奖和国际金融评论亚洲版评选的 2006 年度“中国年度最佳债券交易”奖。

（一）各项业务均居同业首位，完成年初确定的市场目标

2006 年，住房金融业务主要指标市场份额比 2005 年均有所提高，大多数分行个人贷款业务在当地市场排名位次上升（见下表）。

住房金融业务主要业务指标市场占比及排名情况

2006 年 12 月末　　　　单位：%

主要业务指标	余额占比	同业排名	新增占比	同业排名	同业范围
自营性个人住房贷款	29.99	第一	47.89	第一	四行
个人消费贷款	28.32	第一	49.34	第一	四行
住房资金存款	63.27	第一	66.22	第一	所有
个人住房公积金贷款	51.30	第一	44.96	第一	所有

个人住房贷款余额、新增及发放额均居四行首位，新增在四行占比 47.89%，较 2005 年提高 15.68 个百分点；贷款余额已超过工商银行位居同业首位，在四行占比较 2005 年底提高 2.59 个百分点；本年贷款发放在四行占比 48.53%，较 2005 年提高了近 20 个百分点。从区域来看，建设银行

在珠三角、西部和东北地区的贷款余额位居同业第一，在长三角、环渤海和中部地区的同业份额有所上升。有29个分行的贷款新增在四行排名第一，比2005年底增加12个。中西部部分分行业务持续增长，已经逐渐成为全行个人住房贷款业务的稳定支撑。

个人消费贷款新增在四行占比49.53%；贷款余额超过农业银行，居同业首位；贷款余额在四行占比28.32%，较2005年提高了5个百分点。从区域来看，建设银行在长三角、环渤海和中部地区的贷款余额位居同业第一。有18个分行的贷款新增在四行排名第一，比2005年增加7个，在长三角、环渤海、中部和东北地区的新增在四行占比第一。

住房公积金存贷款业务均保持了60%左右的市场份额。建设银行在31个省（市）的住房存款和住房公积金存款均排名第一；建设银行在30个省（市）的住房公积金贷款同业市场份额排名第一，在安徽省排名第二。

（二）个人类贷款超常规发展，贷款余额、发放和新增均创历史新高

截至2006年12月末，全行个人类贷款余额合计5 793亿元，在全行各项贷款中占比20.66%，比年初提高了2.16个百分点；本年新增1 295亿元，比上年同期多增876亿元，完成全年新增计划的143.92%；本年累计发放贷款146.94万笔，金额3 101亿元。

自营性个人住房贷款余额为4 838亿元，本年新增976亿元，完成全年新增计划的125%，比上年同期多增517亿元；本年累计发放贷款2 098亿元，在四行发放贷款合计较2005年减少600多亿元的情况下，比上年多发放688亿元。

个人消费贷款余额为957亿元，本年新增319亿元，完成全年新增计划的266%，比上年同期多增331亿元，全面扭转了2005年负增长的局面，新增额连续12个月排名四行首位，贷款余额从8月开始也稳居四行第一。

（三）委托性住房金融业务稳步发展，继续保持市场领先优势

截至2006年12月末，全行住房资金存款合计为2 540亿元，本年新增577亿元，比上年同期多增156亿元；住房公积金存款余额为1 861亿元，比年初增长409亿元；住房公积金贷款余额达1 868亿元，本年新增449亿元，比上年同期多增220亿元；实现房改金融业务直接中间业务收入达6.21亿元，比上年同期多实现收入1.57亿元；有63家公积金中心同总行签订债券结算代理协议，2006年新增开户7家，累计交易面值达7.65亿元，手续费收入14.5万元。

二、主要工作措施

（一）外抓"营销、客户、服务和产品"，着力提升服务效率和能力，积极拓展市场和客户

1. 将营销作为部门的主要职责之一，开展了一系列持续有效的营销宣传活动。

总行牵头组织主要的营销活动，在每季度开展不同主题的营销活动的同时，组织开展了"中国房地产金融论坛暨第三届优质楼盘称心房颁奖活动"、"十项服务措施"发布等一系列营销宣传活动，促进了业务发展，加大了品牌宣传。同时，细化营销指导，拓宽营销渠道，加强联动营销。

2. 挖掘存量市场潜力，初步树立二手房贷款业务专业形象。

年初总行就确定了在继续加快发展一手房贷款业务的同时积极发展二手房贷款业务的经营策略，将二手房贷款业务作为挖掘存量市场的主要手段。组成专门的小组研究二手房贷款市场，制定并下发了《关于加快二手房贷款业务发展的指导意见》，明确了全行二手房贷款业务发展策略，优化和改进了二手房贷款业务流程，提出了风险点和防范化解措施。

3. 产品创新整合加快，竞争优势明显提高。

为推进产品创新工作，2006年初，总行成立了产品制度处，加强了产品研发的系统支持和人员力量，在全行建立了产品信息联系制度，在系统内全力推进产品创新机制的建设工作。

通过产品创新整合，进一步明晰了各产品的经营方向和发展定位，促进了业务的大发展，个人住房最高额抵押贷款、固定利率产品、个人助业贷款等新产品对业务发展的推动作用已经开始体现，市场推进效果显著。截至2006年底，作为2006年对存量客户推出的重点新产品，全行有27家分行开办个人住房最高额抵押贷款业务，贷款余额已超过54亿元，发展客户3万多户。个人助业贷款是针对个体私营业主生产经营的融资需求推出的贷款新产品，本年新增194亿元，是个人类贷款中发展最为迅速的产品。

4. 科技应用力度不断加大，服务水平进一步提高。

个人贷款新系统上线工作取得阶段性成果。作为个人贷款系统试点、推广工作领导小组的牵头部门，住房金融与个人信贷部牵头负责了ALS和PLS的全面整合优化、数据清理、系统开发、上线等工作，2006年有7个分行上线成功。

行内电子渠道和营销服务网络应用增加。为向个人贷款类客户提供优质的金融服务，为个人贷款客户开通了手机短信通服务，网上银行个贷咨询、受理渠道的试点工作正在进行中。

委托性住房金融业务科技研发速度进一步加快。积极推广公积金电子渠道和公积金委托提取服务，大力推进了公积金龙卡联名卡业务的研发工作；完成了委托性住房金融业务系统项目二期的推广工作，启动了项目三期的研发工作。

（二）内抓“政策、激励、流程和管理”，着力提升内部效率和支持能力，加快面向零售、面向客户的转型

1. 明确发展策略，实施“购买制”。

总行加大了政策资源支持力度，增加了战略性费用和业务拓展费用的配置，调整了业务经济资本分配系数，开通了中介机构的付费渠道，并根据费用分配原则制定了考核分配方案，尝试采用“购买制”，将各项费用与贷款新增、贷款发放笔数、同业名次等直接挂钩，按季考核，按季兑现，督导分行将费用分配落实到一线经办机构及员工，充分调动了全行员工营销住房金融业务的积极性。

2. 全面优化个贷中心经营模式和业务流程，推进经营模式的转变。

个贷中心布局、内部流程、验收标准等各项建设工作年内已全面启动。按计划，在100个中心城市行和重点二级分行推进个贷中心建设。对个贷中心经营模式和业务流程进行了全面梳理和优化，下发了《中国建设银行个人贷款中心作业指导书（试行）》，明确了个人贷款中心的设置要求、经营模式、与相关部门之间的关系、岗位设置、主要职责以及业务操作流程，提出了对个贷业务中、后台集中的管理要求。结合个贷系统上线、参考惠州个贷中心的合作成果，草拟了《个人贷款中心验收标准》，对个贷中心的模式标准进行了规范统一。

3. 加大直接培训力度，提高从业人员的综合素质。

2006年，住房金融与个人信贷业务培训工作逐步系统化、制度化，各种综合性和专题性的培训次数明显增加，总行先后举办了5期业务培训班，共计500余人参加了培训。

4. 强化系统管理，加大垂直管理力度。

细化系统督导工作。坚持做到对重点产品、重点地区实行差别化的管理政策，对新产品先培训后推广，对系统上线分行进行现场督导。通过座谈会、到一线调研等方式，贯彻总行战略精神，研讨业务发展战略，获取市场前沿信息，与基层行共同分析经营形势，研究业务发展中存在的问题和难点，为条线业务发展解决困难、创造条件、做好服务。

成立监测督导处，对全行个人贷款资产质量进行动态监控，将运营分析和风险监测工作日常化，指导分行加强贷后管理、改善资产质量，与风险暴露重点行建立联系制度，下大力气督导重点分行压缩不良贷款，加快“假个贷”的还原和处置工作。

住房金融与个人信贷部
执笔人：赵晓英　赵明慧
蔡军花　丰艳秋
审稿人：杨绍萍

信用卡业务

一、主要成绩

（一）发卡量快速增长

截至2006年12月31日，全行信用卡累计发卡634万张，当年净增发卡322万张，超额完成营销发卡竞赛300万张的计划目标。信用卡累计发卡量在国内六大主要发卡行（工商银行、农业银行、中国银行、建设银行、招商银行和广东发展银行）中的市场占比较年初增长2个百分点，达23%，名列四大行第一，同业排名第二。20个重点地区分行净增发卡277万张，在全行占比86%；其中六大重点分行（建设银行上海市分行、北京市分行、浙江省分行、江苏省分行、广东省分行、深圳市分行）净增发卡159万张，在全行占比49%。

（二）消费交易额增势明显

全行信用卡实现消费交易额405亿元，完成年度计划的135%，同比增长121%；20个重点地区分行消费交易额368亿元，在全行占比91%，其中六大重点行消费交易额244亿元，在全行占比60%。消费交易额市场占比较年初增长了2个百分点，卡均消费交易额6 381元、活动卡卡均消费交易额14 605元，分别较上年提高了530元和1 660元；在发卡量快速增长的情况下，账户活动率达到49.2%，比年初（48.4%）又有提高。

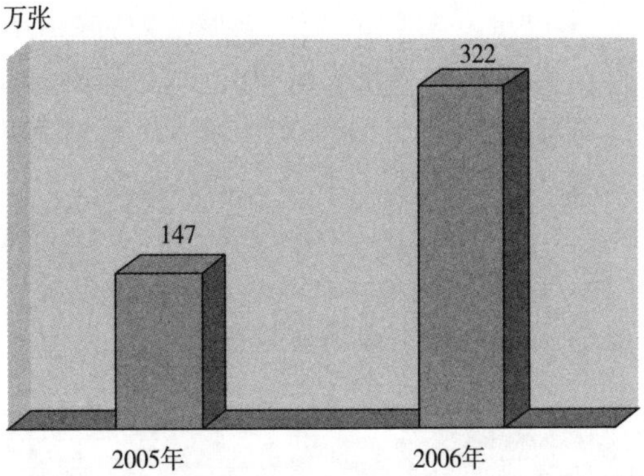

图1　2005—2006年信用卡净增发卡量比较

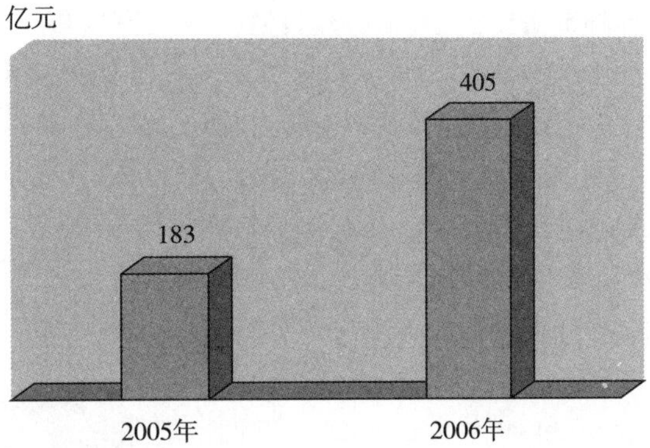

图2　2005—2006年信用卡消费交易额比较

（三）业务收入稳步提高

全行信用卡业务收入6.1亿元，完成全年5亿元计划的122%，同比增长90%。其中，透支利息收入2.4亿元，占比39%，同比提高1.5个百分点；中间业务收入3.7亿元，占比61%。中间业务收入中，消费回佣收入2.1亿元，滞纳金收入0.5亿元，年费和取现手续费等收入1.1亿元。

（四）贷款余额增长翻番，资产质量良好

截至2006年底，全行信用卡贷款余额为46.5亿元，比上年增长100%，完成全年40亿元计划的116%；卡均透支余额为730元，与上年同期持平；迟缴60天以上贷款不良率为1.74%，比年初下降0.24个百分点；迟缴180天以上贷款余额占比为0.88%，比年初下降0.35个百分点。

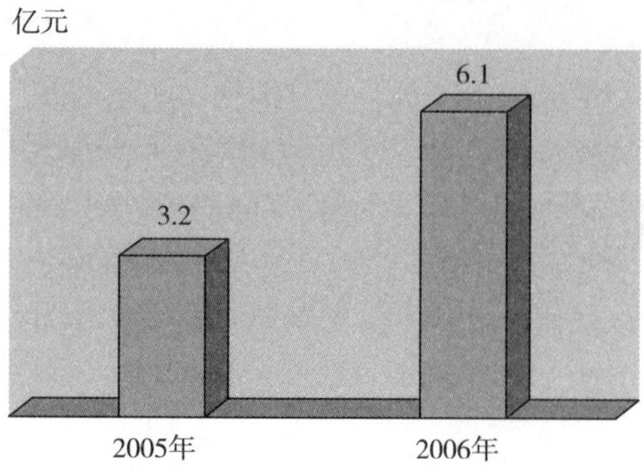

图3　2005—2006 年信用卡业务收入比较

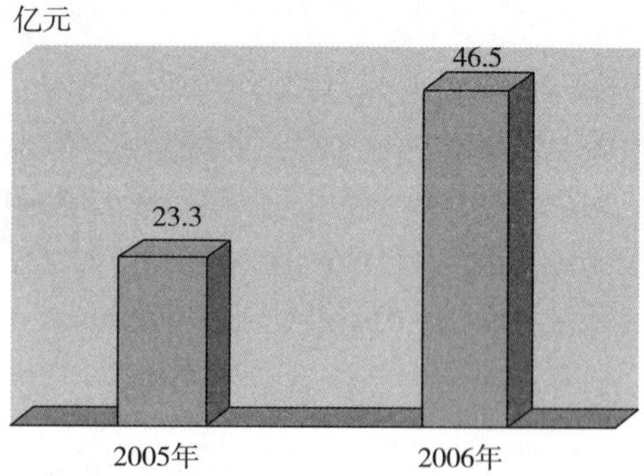

图4　2005—2006 年信用卡贷款余额比较

二、主要措施及效果

（一）全行措施得力，信用卡业务得到快速发展

按照年初全行个人业务工作会议确定的信用卡业务主要经营指标翻番的发展目标，各分支行认真贯彻落实全行信用卡业务推进视频会及部分重点分行信用卡业务推进座谈会要求，实现消费交易额、透支余额、业务收入等主要指标翻番增长。至年底，建设银行信用卡（含准贷记卡）发卡量国内率先突破 1 000 万张，市场占有率超过 18%，业务规模继续在四大银行中位居第一。北京市分行、深圳市分行净增发卡量达到 30 万张，居全行前两位；上海市分行、广东省分行消费交易额分别达到 81 亿元和 49 亿元，占到全行的 32%；天津市分行、内蒙古自治区分行等加快信用卡业务推进，主要业务指标增长率都超过 200%。

（二）加快产品和业务创新

建设银行将创新信用卡产品和完善服务功能作为提升产品竞争力的一项重要举措，使龙卡品牌形象在社会上赢得良好的口碑。龙卡商务卡的推出，将信用卡业务从个人业务领域引入公司业务领域，获得万事达卡国际组织“2006 年最佳商务卡”称号；龙卡汽车卡开创了以生活特质划分客户群的新模式，获得 VISA 国际组织“最佳生活概念奖”。继龙卡名校卡后，建设银行又推出面向 500 强企业的龙卡名企卡及面向全国著名城市的龙卡名城卡，形成了“三大名卡”鼎足而立的局面，成为建设银行龙卡信用卡的专享品牌。

分期付款业务推广不断加快。邮购分期付款业务自年初在全行推广以来，业务量保持较快增长；消费分期业务在 10 月推出以后，业务量连续两个月翻番；大额分期付款业务在福建、山东和浙江地区试点推出，市场发展前景看好。

（三）加强重点产品营销推进

到年底，名校卡合作高校已达 68 家，在“211”高校的市场占有率达到 60%，北京市分行签约高校 12 家，上海市分行和江苏省分行签约 5 家；名企卡已批复发卡 55 家；名城卡先后在济南等 6 个城市推出。龙卡汽车卡累计发卡量突破 20 万张，其中浙江省分行 10 万张，在全行占比达 50%；苏州市分行当年新增 2.5 万张，迅速抢占了当地私家车主优质客户群体。战略联盟卡共争办 12 家，其中东航龙卡、上海大众龙卡、深圳数字龙卡、国旅龙卡发卡初具规模。大学生卡自 9 月正式发卡以来，发卡量已突破 23 万张，北京、浙江、天津等分行发卡量增速较快。

2006 年 12 月 29 日，中国建设银行与中国航天科技集团公司联合发行龙卡名企卡——“航天龙卡”。

（四）进一步加大集中营销

整合全行营销资源，加强全行信用卡集中营销，有效提升品牌影响力，带动消费交易额快速增长。统一策划“世界杯”、“旅游节”、“购物节”等系列主题活动，以及“春意连连”、“积分加倍”等系列促销活动，各分支行结合当地实际，积极开展形式多样的促销活动，对激活卡片、提高消费交易额起到了良好的促进作用，账户活动率、卡均消费交易额进一步提高。

（五）风险控制能力进一步增强

各分支行按照标准化的征信审核流程和差异化的授信政策，结合实际，采取多样化的征信审核措施，提高审批质量和效率，有效防范欺诈风险。同时加大催收工作考核激励力度，加强对委外催收单位的管理，积极开展“催收百日竞赛”，成效明显。36家分行逾期60天以上贷款比率控制在3%以下。河北省分行和湖北省分行加强行内外客户筛选，将贷款不良率始终控制在较低水平上；北京市分行、深圳市分行在征审实践中积累经验，有效防范伪冒办卡的欺诈风险；江苏省分行通过公检法联动，催收竞赛期间，180天以上逾期贷款金额回收率达22.8%。

（六）基础运营质量得到改善和提高

在发卡量快速增长的同时，客户服务量同幅增长，全年800进线超过2 100万通，同比翻番。苏州运行中心及时投产，逐步承担了全行45%的进线量，客户服务品质进一步提高，客户满意度由上年的88%提高到90%。各分行基础运营作业效率和质量得到不同程度的提高，福建、四川、湖北、安徽、苏州、宁波等分行资料录入准确率进一步提高，四川、浙江等分行各类客户服务信息上报及时、准确。

（七）直销团队建设加快

到2006年底，全行已有22家分行建立了直销团队，人员总数达到900人，其中北京市分行、深圳市分行和山东省分行的直销队伍规模已达100人。各分行灵活运用上门营销、驻点营销、电话营销和信函营销四个渠道实施直销发卡，发卡量占全行当年新增发卡的26.5%。各直销团队充分发挥营销支持作用，配合做好公私联动发卡营销工作，深圳、广东、福建、山东、厦门、湖南等地分行加强与公司业务联动，通过直销团队在战略联盟伙伴、高校等合作单位开展直销发卡，提高发卡效率。

信用卡中心

执笔人：朱中南

审稿人：赵宇梓

金融市场业务

一、2006年金融市场业务经营情况

2006年，金融市场部及所属业务条线实现经营收入493亿元，完成计划的116%，其中货币市场收入54亿元，债券投资收益412亿元，中间业务收入19.2亿元，其他营业收入7.3亿元。其中总行本级实现收入457亿元，完成计划的114%。

1. 本外币投资组合规模不断增长，经营收益稳步提升。2006年，金融市场部直接经营的本外币资产日均余额折合人民币14 084亿元，占全行总资产的28.7%。本外币投资组合收益450亿元，完成计划目标的114%。按全回报口径，本外币投资组合收益率3.21%，其中本币投资组合收益率2.68%；外币投资组合收益率4.87%。按年报口径，本外币投资组合收益率3.15%，其中本币投资组合收益率2.66%；外币投资组合收益率4.71%。按年报口径，全行债券投资收益率（含非经营性的信达债、特种国债和中央银行特种票据）约为2.93%，比上年底提高5个基点。

2. 本外币代客交易业务快速发展，经营收入同比显著提高。全行代客结售汇、外汇买卖业务量1 276亿美元，同比增长32%。

代客外汇买卖与结售汇业务收入15.72亿元，同比增长60%。全行代客外汇衍生业务量89亿美元，同比增长88%；交易收入1 695万美元，同比增长70%。

3. 连续推出多期本外币代客理财产品，市场反映良好。发行“利得盈”人民币理财产品8期，募集资金30.36亿元；QUANTO理财产品1期，募集资金5.09亿美元。发行“汇得盈”外汇结构性理财产品17期，募集资金29.89亿美元；发行QDII产品2期，募集资金1.13亿美元。

4. 市场风险水平总体较低，承担的风险与实现的收益基本匹配。截至2006年12月31日，外币投资组合总市值为417.59亿美元，本币债券组合市值为11 882.65亿元人民币，全年本外币组合的风险价值占市值的比例始终在0.33%以下；外币债券组合平均评级为AA+级，本币债券集中投资于国债、中央银行票据、政策性金融债等信用风险较小的发行体，信用风险控制较为谨慎。本外币各项合规性指标均在《本外币投资组合投资指引》等政策制度范围内。

二、2006年主要工作举措

（一）深入研究市场、产品，准确把握大市，及时调整本外币投资策略，不断优化投资组合结构

制定并执行《本币组合投资指引》、《外币组合投资指引》和《外币资金流动性管理指引》，对经营目标、投资基准、资产类型、组合结构、流动性比率、风险控制要求加以明确约束和监控；在保持人民币投资组合久期相对稳定的前提下，及时把握债券投资收益率的阶段性波动时机，通过调整债券组合的期限结构、适当增持公司信用产品等方式，保持了债券组合收益率水平的稳步提升，同时有效规避了“福禧CP”等短期融资券的信用风险；动态调整外币组合持续期、收益率曲线和资产配置策略，不断扩大投资范围，积极进行交易，努力增加投资收益；积极推进产品创新工作，尝试开展债券远期交易，成功推出黄金租赁业务，开始人民币拆借利率SHIBOR的报价工作。

（二）以产品创新为依托，以重点营销为手段，推动本外币代客交易业务快速发展

制定《中国建设银行差额交割远期外汇业务管理办法》，推出结构性NDF、NDO、NDS等新产品，成为国内首批获得结售汇做市商和一级交易商资格的银行，积极参与银行间市场交易；开发结售汇报表系统、外汇报价引擎系统、DCC系统差额交割远期交易和远期交易（NDF）模块，优化DCC系统即期结售汇模块等，完善代客交易电子系统；多次举办重点客户营销会议、重点分行代客业务的培训班和研讨会，积极开展客户营销活动，取得良好效果。

（三）密切关注客户需求，加大理财产品创新力度

在国有商业银行中率先推出信托类理财产品，同时筹备基金类产品方案，初步形成种类多样、基础资产广泛的理财产品线；进一步丰富“汇得盈”理财品牌下的产品类型，推出多期与汇率挂钩的新产品，在同业中首批推出QDII代客境外理财产品；为高端客户设计推出人民币QUANTO理财产品，实现了通过国际市场汇率变动为本币投资客户提供增值服务。

（四）加强金融市场研究，为交易和客户营销提供辅助支持

全年共完成《资金交易市场研究》（周刊）49期，推出《资金交易市场快讯》（日报）、《资金交易专题研究》、《资金交易内部参考》等研究报告；每周为《建设银行报》提供金融市场动态分析，并利用《金融时报》、《中国货币市场》、《21世纪经济报道》等媒体树立建设银行在金融市场业务上的专业形象。

（五）重塑交易控制体系，业务风险稳健可控

积极建设风险控制制度，完善风险报告体系，强化风险制度执行，修订《债券投资减值准备管理办法》，优化对交易对手和经纪商的评价制度，推动资金交易流程的完善；完善交易风险控制系统，组织结构化衍生产品系统选型并推动项目进程，进一步体现了风险管理对业务发展的贡献；完成信息披露工作，报送900余期各类风险报告，参与首期年报、中报的披露，完成相关数据估值和审计确认等，协助提供路演和投资者问答资料；加强信用风险管理和研究力度，及时跟踪信用事件和市场关注问题，提交专项研究报告。

（六）完善绩效激励机制，加强团队和人才建设

根据“市场驱动、业绩取薪、按岗付酬、按能付酬”的原则，会同相关部门制定《资金交易部绩效考核方案》和《资金交易部利润中心实施方案》，积极探索直接经营部门的薪酬管理改革，为今后实现真正意义上的利润中心及向市场化薪酬管理模式过渡创造了条件；制定实施金融市场部机构重组方案，组织部门岗位分析与评价工作并完成岗位匹配；多渠道补充人力资源，全年共增加人手31名，其中，在香港招聘本地高级投资组合管理人员2名。

金融市场部

执笔人：梁绮君　安　俊　刘　彦

审稿人：陈铁军

投资银行业务

2006年6月，第一届董事会第十九次会议决定，在建设银行总行设立投资银行部，负责统一规划全行投资银行业务以及建设银行境内外战略性投融资业务的经营管理。9月中旬，投资银行部正式成立。在此后不到两个月的时间里，投资银行部在完成人员到位、办公集中、内部建章立制等工作的同时，卓有成效地推进了投行业务的发展。截至2006年底，全行投资银行业务共创造收入10.95亿元，同比增长102%。其中，财务顾问业务创造收入8.8亿元，短期融资券业务创造收入1.58亿元，“利得盈”信托理财产品创造收入0.57亿元，具体如下：

财务顾问业务。实现财务顾问业务收入8.8亿元，同比增长97%。其中，单位财务顾问业务收入8.76亿元，企业管理顾问业务收入337万元，并购与重组顾问业务收入260万元。

短期融资券业务。作为主承销商，共为22家客户发行了26期短期融资券，承销金额为657.75亿元，实现手续费收入1.58亿元，同比增长66%，在全部16家主承销商中承销金额占比23%，保持市场第一的领先地位。

“利得盈”信托理财业务。发行“利得盈”信托理财产品9期，募集资金50亿元，创造中间业务收入5 700万元。先后推出“沪宁高速”、“云南高速”、“河南高速”、“天津国资”、“中国石化”以及浙江“金丽温高速”6期“利得盈”信托理财产品，募集资金约为33.5亿元，实现每周发行一期的计划目标，创造中间业务收入4 100万元。

产品创新。面向顶端客户群体推出“建行财富一号”理财产品。

一、构建团队，明确部门职责，人员分工到位

在较短的时间内对投资银行部的经营管理职责和范围进行了明确，与公司业务部、资金管理部、住房金融及个人信贷部等总行有关部门就工作交接、业务职能划分等问题进行沟通和协商，为业务顺利开展做好铺垫。

2006年12月，中国建设银行投资银行部在山东济南召开中国建设银行投资银行业务工作座谈会。

根据资本市场的特点和建设银行现阶段开展投资银行业务的需要，设立相应的内设机构，组建工作团队，并对部门所有岗位进行优化设置，完成各岗位人员选聘工作的阶段性任务。

二、建章立制，逐步理顺部门内部管理和各项业务的运行通道

积极做好各项业务的基础管理工作，组织编写《中国建设银行投资银行业务介绍》（客户经理版和客户版）并下发全行，让全行客户经理及早了解和熟悉投行业务，促进业务拓展和客户营销；组织编写《财务顾问方案》（模板），包含全面财务顾问方案和IPO财务顾问方案、并购重组财务顾问方案、项目融资财务顾问方案三个单项模板，指导全行开展财务顾问业务；制定了《基于信贷资产的信托理财产品分行授权管理办法》（草案）；起草完成“资金信托合同”、“信托资金管理、运用风险申明书”、“中国建设银行‘财富一号’人民币理财产品工作流程”，并参与制定“产品说明书”、“客户协议书”、“产品推介”等有关资料。

研究下发《投资银行业务利益调整补偿方案》，拟定相应的奖励措施、激励标准并落实奖励费用，充分调动境内外分行和总行各经营部门发展、经营投资银行业务的积极性和主动性，切实解决总分行之间、总行各部门之间、境内外分行之间的利益分配问题。

编写《投资银行部综合管理流程和操作指南》，对公文管理、会议管理、费用报销、设备管理等日常事务进行了规范，强化了内部管理。

三、加大营销力度，实现投行业务开拓方面的较大发展

对当前建设银行开展的投行业务和产品进行梳理，根据职责分工归纳出建设银行可以经营的九大类产品，并在2006年的投资银行业务座谈会上下发全行。同时在总行信息站加大产品宣传力度，便于分行拓展业务和营销客户。

深入基层，收集客户信息，了解客户需求，介绍和宣传投行业务产品。利用分行贴近市场、了解客户的优势，积极加强与各分行的联系，了解各地区2007年投行业务的资金需求信息和产品需求状况，储备客户和项目资源。

成功营销厦门空港集团、成渝高速公路股份有限公司、潍柴动力股份有限公司、福建省高速公路有限公司、山东力诺集团、中国建材股份有限公司、连云港港口集团有限公司等一批新客户。与内蒙古北方电力公司、山东中烟工业公司、中国对外贸易运输有限公司、核电秦山联营有限公司、延长石油公司等一批企业达成业务合作意向。

四、充分利用各方资源，积极开展联动营销

重视与同业机构的联动，与信托、证券、基金等第三方机构建立广泛的合作关系，探讨理财产品创新的可行性。例如，与中信证券、中建投证券、中国国际金融公司（简称中金公司）等证券机构建立联系，探讨研究符合高端客户需要的理财产品，并与中金公司（投资管理人）合作推出“建行财富一号”人民币理财产品；与建信基金管理公司合作研究“基金中基金”产品及投资咨询合作等有关事宜，进一步丰富了建设银行的理财产品；与汇丰银行环球资本市场业务部、比联金融产品香港有限公司等外资机构建立联系，探讨业务合作的可能性以及将境外理财产品移植入境内运行的可行性。

投资银行部
执笔人：牛　茜
审稿人：黄金华

资产保全业务

2006年，资产保全系统全面超额完成各项不良资产处置回收计划，为全行不良贷款“双降”作出了重要贡献。全年处置各类不良资产525亿元，完成计划的135%。其中：处置不良贷款本金384亿元，超计划处置104亿元，与2005年相比，多处置75亿元；不良贷款处置比率达到年初余额的41%。剔除消除历史包袱、剥离等政策性因素①，处置额、处置比率均创历史最高水平。处置非信贷不良资产102亿元，核销呆账50亿元，现金回收不良资产341亿元，占处置额的65%。实现超值现金回收71亿元②，相当于实现了等额利润；与2005年相比，多实现13亿元。

一、围绕全年目标任务，大力处置不良资产

1. 实施重点联系行制度。由总、分行资产保全部门负责人牵头，对北京、河北、上海、江苏、浙江、山东、湖南、广东、四川、甘肃10个地区的“额大率高”的分行实施重点联系行制度，采取现场办公、工作交流、建立信息传递绿色通道等多种方式，加大指导和支持力度。北京市分行等10个重点联系行全年累计处置不良贷款192亿元，在全行占比50%；回收现金150亿元，在全行占比53%。

2. 参与经营132户亿元以上重点项目。将单户亿元以上的132户重大不良项目作为总行重点参与经营的项目，成立专家诊断小组，不定期召开诊断会议，直接参与重大项目的谈判及方案制订工作，及时协调解决方案执行中的问题。2006年底，在132户亿元以上不良贷款项目中，83户取得重大进展、20户处置完毕，处置金额突破100亿元。集团性不良客户德隆系企业的重组工作基本完成；全行前三大不良贷款户——华能伊敏煤电有限责任公司、兰州铁路局及大唐辽源热电有限责任公司共48亿元的不良贷款全部处置完毕。各分行对辖内重大项目实施直接经营，处置效率和效果明显提升。

3. 启动跨区域不良贷款联动处置机制。下发《关于开展跨区域公司类不良贷款联动处置工作的通知》，明确跨区域公司类不良贷款联动处置的方式及操作流程，协调分行开展跨区域公司类不良贷款联动处置工作。通过发挥区域联动优势，一批重大项目成功处置，如中关村建设2.4亿元、平安大街项目4.9亿元全部实现现金回收。

4. 组建实施“个人类贷款标准化催收作业流程体系”。由资产保全部牵头，住房金融部、个人信贷部、电子银行部、信息技术管理部等部门共同合作，成功建立“个人类贷款标准化催收作业流程体系”。该流程体系利用总、分行“95533”呼叫中心和短信网络平台等渠道资源，通过明确短信、电话、信函、上门、司法、委外等各种手段的具体适用时机，设定各种催收手段的使用频率与周期，规范各环节操作行为，将个人类即将到期贷款、个人类逾期尚未形成不良贷款和个人类不良贷款的贷后管理和催收工作统一纳入流程范围，真正实现了个人类贷款业务在全行的“部门合作无边界、工作流程无缝隙”。2006年，该框架下全行个贷催收金额达124亿元，其中利用短信及“95533”呼叫平台集中催收金额120.6亿元，平均催收成功率达41%，效果十分明显。

5. 推进批量处置工作。牵头实施的广东省分行抵债资产面向国内外投资者公开竞争性出售项目顺利交割。打包处置了广东省分行144项逾期两年以上的待处置抵债资产，账面价值总计9.6亿元，在不良资产交易保证金托管、打包出售交易结构设计等方

① 指建设银行2003年消化历史包袱569亿元及2004年剥离可疑类贷款1 289亿元。

② 不良资产超值现金回收额指增加业务收入、超出不良资产预期回收额的不良资产现金回收部分（含利息及已核销呆账现金回收）。

面实现了多项创新。

二、稳步推进资产保全业务单元制改革

2006年，资产保全业务单元制改革的探索和实践取得了阶段性成果。一是改革范围进一步扩大至北京市分行、山东省分行等20个分行，基本完成了省会城市不良资产的集中经营，重大不良贷款项目的集中经营度超过80%。二是多样化的改革模式初步形成。北京市分行等5个分行设立了不良资产处置专业支行（或处置中心），强化了直接经营职能；上海市分行等9个分行实行账务划转直接经营，实现不良资产账务、核算和考核的“三集中”。三是分步实施的改革步骤得以明确。在以层级管理为主导的架构下，“单独核算、垂直管理”的改革目标分步实施、循序渐进，启动模拟考核、测算处置成本及费用。四是人员和机构进一步精简。2006年底，资产保全系统专职人员（含专岗人员）1 609人，比上年减少547人；兼职人员1 427人，比上年减少988人；二级分行保全机构129个，比上年减少了162个。

三、全面完成原建设银行自办实体与对外投资的移交工作

按照《关于做好原建行自办实体和对外投资交接工作的通知》（建总函［2005］381号）的安排，继续做好原建设银行自办实体和对外投资交接工作。至2006年5月，全面完成原建设银行2 318户自办实体和904笔对外投资的移交工作。

四、全面履行国际招标打包处置不良资产项目承诺的后续义务

国际招标打包处置不良资产项目是建设银行面向国内外投资者推出的第一个不良资产打包出售项目。根据约定，建设银行承诺在交割后1年或3年内将资产过户给买受人或其指定的其他人名下；否则，将根据协议承担回购资产的责任。但由于该项目资产包存在资产权属证明缺失，房产、地产分离，资产附有长期租约，存在大额欠费等瑕疵，建设银行按期完成过户存在较大困难。在此情况下，资产保全部积极努力，在短短1年时间里进行了30多次艰苦谈判，2006年底分别与国际招标打包处置不良资产项目的两家买受人签署一揽子协议，通过对个别问题资产进行回购和降价处理，提前免除了建设银行对全部资产的过户义务和费用承担责任，彻底了结了该项目的后续收尾工作，体现了建设银行的市场可信度和负责精神。

五、建设银行直接持有并管理债转股资产

2006年4月，银监会以《关于中国建设银行直接持有并管理债转股股权资产问题的批复》（银监复［2006］75号）批准建设银行阶段性持有并管理债转股资产，并要求在两年内处置完毕。资产保全部在加快债转股资产工商变更手续的同时，加大了处置力度。截至2006年底，累计完成了124户债转股项目的工商变更登记工作，完成率接近3/4。全年处置债转股资产28户，涉及转股金额46.9亿元，回收现金41.1亿元，现金回收率达87%，节约委托管理费用6 000多万元。

六、SARM系统成功推广上线

2006年6月，资产保全业务管理（SARM）系统完成总体开发，并在三个分行试运行。10月，在全行正式推广上线。该系统克服了以往不良资产处置手工操作中存在的信息传递不及时、不准确，处置审批流程不规范等问题，促进了资产保全工作从传统手工向精细化管理转变。SARM系统成为资产保全业务单元的基础管理平台。

资产保全部

执笔人：张立亚

审稿人：于妍玲

技术进步与信息化建设

2006年，技术部切实做好全行关键项目的应用开发和推广实施工作，重点提供全行业务经营发展和市场竞争中最迫切的IT支撑和服务。全年续建、新建项目共127个，完成50个，实施和完成交付的项目数量均创我行历史纪录，取得了一批重大科技成果。其中，国际卡系统“双币种架构及个人消费交易密码可选性验证功能”和“电子渠道服务创新整体解决方案”分别获得英国《银行家》杂志2006年度科技奖项“零售银行业付款方式创新奖”和“零售银行业跨渠道经验产品奖”；陕西省分行承担的国家863计划“国产操作系统及硬件设备在金融领域的重大应用示范项目”顺利通过国家相关部委的科技成果鉴定。

业务创新方面。2006年6月，完成了“操作型客户关系管理及综合产品服务系统”（OCRM&IPSS）在全行的推广，对全行实现向以客户为中心的战略转变，为向客户提供个性化营销及差别化服务提供了有力的支撑；10月27日，新网银系统成功上线，业务流程全面优化，推出10多项国内首创特色服务，提高了网上银行的稳定性和速度，显著改善了客户体验，上线后交易量增长了2.6倍。

流程再造方面。对公信贷流程系统（CLPM）年内完成22个分行的推广上线，改变了对公信贷业务依靠手工操作的历史，实现了业务全流程的电子化；新个贷系统（A+P）完成第一批推广分行上线，实现了与新贷款流程的有效衔接，为个贷业务实现快速业务创新和集约化经营提供了IT支持；12月，会计档案及稽核系统完成全行推广，成功实现了稽核业务的流程再造。

管理改革方面。12月8日，企业资源计划财务系统（ERPF）正式在全行推广，显著改善了建设银行财务信息披露的准确性、时效性，增强了基础财务管理能力；9月11日，内部评级系统（IRB）成功上线，使全行在风险预警、经济资本分配、信用额度设置、贷款定价等方面的能力大大增强；数据仓库和管理信息系统（DW&MIS）实现数据仓库基础、监管报表功能及资产负债管理系统功能上线，为基于仓库的快速开发奠定了基础。

基础建设方面。企业信息总线系统（EAI）完成了多个系统的接入，并于4月完成在全部分行的部署，初步建立了全行耦合科技架构的中心枢纽；4月26日，操作数据存储系统（ODS）完成简版上线，统一了总行应用系统数据线建设，实现了统一的数据获取、存储、分发和应用架构。

一、加强生产系统运行管理和风险防范

2006年，全行业务超常规高速发展，交易量同比增长近15%，且系统投产、版本更新频繁，生产运行面临着更大的压力。7月，总行成立了北京、上海数据中心，科技运维体制进一步理顺。

1. 充分运用技术手段和规范管理，有力地保障了各业务系统的安全、持续运行。对生产环境主机系统进行升级、扩容，对业务系统持续优化，提高系统性能；推进ITIL流程管理平台项目，进一步完善管理制度、优化运维流程，加强后台监测与系统健康检查，变事后维护为事前预防；加大例行维护力度，强化春节、国庆等节假日的运维支持，确保系统安全度过业务高峰期。全年未发生影响全局性的运行事故，为全行业务的快速发展奠定了基础。

2. 加强安全机构、制度、架构及基础设施建设。成立信息安全专职组织机构并落实专职信息安全人员85人，制定《计算机系

统用户口令安全管理规定》、《互联网使用安全管理规定》等制度和标准规范；推广实施信息系统认证与授权平台、密码安全服务平台等信息安全基础设施建设，逐步完善全行信息安全保障体系架构。加强互联网使用安全管理及应用系统风险评估，建立并明确了安全管理架构原则，严格安全报告制度、项目可行性研究和立项全过程的安全管理及项目安全方案审核，提高了信息系统安全保障能力，全行未发生大的信息安全事故。

二、提高基础管理能力

组织清理和甄别1997年至2006年制定的各项管理制度类文件，对制度体系进行大规模的补充和修订，并狠抓管理制度的落实，工作效率和规范化水平有了较大的提高。启动《中国建设银行"十一五"信息化建设规划》制定工作，开展"业务创新"专题研究，形成《IT业务创新调研报告》，确定了未来一年新型业务创新的工作重点。加强对开发中心人员、考核和财务的管理，进一步规范了开发中心的各项工作。制定IT集中管理指导意见，为下一步实现全行IT集中改革奠定了良好的基础。建立总行本级合同信息统计分析框架，加强产品和服务的集中批量采购内控管理，提高采购效率，统一厂商售后技术支持和服务内容。累计完成采购谈判400余次，签署采购合同311项，完成合同总额233 895万元，有力地支持了科技规划的实施和重要项目的推进。

三、改进科技对业务服务的方式

不断加大个人业务IT、公司业务IT和后台业务IT三个业务服务条线的工作力度，提高服务意识，改进服务流程；加强与业务部门的主动联系、交流与互动，组织进行应用系统分析和业务产品研究，帮助进行业务整合，并积极参与业务运营管理和产品营销；为业务部门提供覆盖整个产品周期的"一站式"科技服务，对应用系统建设提出合理建议和规划方案，帮助进行项目立项，组织和协调项目实施，开展对重点项目的质量保证活动，确保项目按质按量顺利实施。

四、优化项目实施管理流程

修订《信息技术项目管理办法》及《总行项目管理实施细则概要》，制定《系统上线管理办法》。与美国银行协作实施信息技术管制项目，加大CMMI项目在开发中心的推进力度，推动配置管理和项目管理系统建设，全面梳理并优化了项目管理流程。加强对分行项目的统一管理，减少重复开发和投入，逐步形成了项目管理总分行的协调统一。加强项目测试管理，出台《测试管理办法（试行）》和《集中测试环境管理规定（试行）》，加大项目测试力度，不断提高投产项目质量。制定168个项目群组实施模式的各类规范和标准，确定年度信息技术应用系统重要上线时间点，改变了以往项目各自制订里程碑计划的局面，保证了ERPF、DW&MIS、CLPM、OCRM、IPSS等全行关键信息技术项目推广任务的完成。

五、强化对技术架构和应用架构的驾驭能力

加强全行统一的信息技术标准体系建设，制定《信息技术架构系列标准》、《信息技术项目架构原则执行流程》、《技术管理架构定义及基本原则》等系列技术标准、架构规范，组织实施网点前端规划，编制《信息技术（产品）目录》，初步建立了全行信息技术产品的生命周期管理技术框架，全行技术管理的整体能力得到较大提升。强化应用架构的控制力，对CCBS等重点项目进行应用架构定义，制定"IT总体应用架构定义"等25项IT政策，推进ODS系统、BDE系统、综合前端、分行信息总线等基础项目建设和总分行应用架构的整合实施工作，有效推动了数据架构和分行架构的形成，全行整体应用架构得到了优化。组建架构师团队，制定相应的管理办法、流程及工作规程，定期和不定期地举办架构师培训和内部沟通，加强项目架构审核，技术架构和应用架构的标准化、规范化和统一管控能力得到进一步加强。

六、加大科技培训力度

以有效领导、IT管理等为主题，组织举办了"香港金融科技管理培训班"和"北京科技管理培训班"，培训总分行处级人员80余人。组织开展Weblogic中间件、JAVA开发技术、ORACLE数据库技术、项目管理（2期）、运行维护等多个主题的专业技术培训，培训人数1 550余人次，覆盖全行高级科技管理人员及各岗位技术骨干，科技队伍的持续创新能力得到有效提升。

七、推进与美国银行的战略项目合作

启动与美国银行合作的六个IT战略协作项目，全面提升IT基础管治能力。其中IT项目管治、IT基础架构库（ITIL）项目已通过测量阶段评审，进入分析阶段，其他项目的测量阶段评审工作将陆续展开。

信息技术管理部

执笔人：马　龙

审稿人：牟乃密

业务运营情况

2006年6月底，营运管理部正式成立。根据总行会计管理和业务营运管理体制改革实施方案与核心业务处理前、后台分离暂行办法，营运管理部着力推动全行营运体系筹组与改革方案的实施，转变服务理念，提高营运效率，加强基础管理，完善风险控制，为全行各项经营目标的实现提供了强有力的支持和保障。

一、积极推动全行营运体系筹组

组建总行营运管理部，实现业务运行与技术运行的分离，完成了会计核算业务与个人银行清算业务的职责移交；建立内部组织构架，调整内部流程与岗位，从工作制度、业务流程、岗位轮换、公文处理等方面制定8个内部管理制度，保证了总行营运管理部工作的正常运作。

研究制定《关于加快推进营运管理体制改革工作的指导意见》，在全行范围内统一认识，明确组建营运组织构架、实现一级分行集中和最终实现区域集中的分步实施目标，对营运职能、业务范围、全行组织构架提出详细要求，确定了风险控制、后台系统建设、考核机制、沟通与反馈机制、队伍建设等工作重点，确立了“营运安全、管理规范、处理高效、服务满意”的营运管理工作目标和后台为前台服务的营运理念。截至年底，一级分行基本完成营运管理部门的组建及职责调整工作，大部分分行完成所属二级分行营运管理部门的组建及职责调整工作，全行基本完成营运管理部与会计、个人金融、信息技术管理等相关部门之间的工作界面、工作职责和工作内容的界定。

二、扎实推进业务处理前、后台分离和后台集中

根据核心业务处理前、后台分离暂行办法规范的六大分离与集中内容，细化和分解为60个业务事项，面向全行网点进行调查，梳理、汇总了网点希望后台优先集中承接的业务（或事务），结合系统、制度、效率以及人员与场地等条件，按照“先易后难、稳步推进”的原则，从网点呼声高、效果好、见效快的项目入手，确定三个实施阶段，首先完成无须系统改造且易实现的事项，其次完成需适度调整制度、优化系统的事项，最后完成较大调整系统和制度的事项。

在前、后台业务分离方面，完成业务运行的总行和一级分行集中，部分分行实现业务资金和部分损益类内部账的集中核算，汇划业务和同城票据集中力度加大，大部分一级分行实现了人民币电子汇划业务“一口进一口出”的集中处理，部分一级分行完成了同城票据交换的集中提入和集中清算。

在外汇汇划和清算集中方面，确定总行到网点的两级业务构架，启动并完成了外汇清算系统优化改造工作。实现全行外汇清算账户的集中统一管理，关闭分行分散开立的分账户，精减分行账户管理人员，降低了操作风险。启动境外分行SWIFT系统整合工作，完成法兰克福分行的切换上线，提高了交易效

率，降低了报文收发成本和分行系统维护压力。在现金配送体系建设方面，提出了建立全行金库集中作业与集中配送管理体系的基本思路，明确集中配送的目的、定位、内容、流程和推进步骤。大部分二级分行及8个一级分行在其所在城区实现了现金集中配送，全行撤并金库161座，金库数量由1 147座减少到986座。

三、研究营运风险特征，完善营运风险控制体系

启动营运风险专题分析与研究工作，在对前台风险排查分析的基础上，重点提升事后稽核、集中对账对提高案件防控的有效性；从制度、流程和管理三个层面，开始探索和建设营运业务的风险管理体系。

在集中稽核方面，在会计档案和稽核系统在全行上线的基础上，推动稽核工作的一级分行集中；深化集中稽核管理，提高集中稽核的时效性，强化对交易事项的稽核；启用风险预警模型，调整重点稽核参数，增强稽核发现风险的能力；开展总行本级会计核算业务的摸底调查，为本级稽核系统上线奠定基础。

在实时监测预警方面，启动后台实时监测预警体系的建设。对试点分行柜面业务实时监测系统的运行情况进行分析论证，以实现对前、后台业务处理异常情况的预警与风险控制为目标，推动系统的优化与完善，为在全行建立柜面业务实时监测体系奠定了基础。

在现金配送风险管理方面，全面梳理了金库管理、中心金库向人民银行调缴款、营业网点向金库调缴款、尾箱出入库和集中清分方面的风险点，并提出相应改进措施。

协同会计部、个人金融业务部和监察室，在全行系统开展“防范案件风险、确保资金安全”的专项检查活动，并组成联合检查组，赴分行进行突击检查。同时，梳理总行本部运行中心和核算中心的操作风险点，实施本部门作业团队的操作风险检查。针对检查发现的问题，研究制定相应的风险防范措施，推动整改落实。

四、加强营运服务意识，保证营运平安

为支持保障全行业务正常运转，提升生产系统业务运行维护效率，营运管理部提出营运管理平台系统建设的基本构想和需求，并组织专题讨论，形成了业务需求。

在服务时间方面，优化劳动组合，推行弹性排班，实现了证券业务系统、人民币资金清算系统与现代化支付系统、重要客户服务系统、乐当家理财卡境外交易等系统的5×12小时或7×24小时运行，满足了前台业务量激增、产品品种迅速扩容的需要。

在运行维护质量方面，狠抓业务运行的质量控制，规范操作，严格授权，保证了参数维护的及时性与准确性，全年后台参数维护量达76万条（总行后台），正确率为100%。

营运管理部
执笔人：祁　桐
审稿人：沈　明

电子银行业务

2006年，电子银行战线的广大员工按照行领导提出的“国内领先、国际一流”的要求，加大力度、加快发展电子银行。各项业务得到了较快发展，当年电子银行客户数达4 300万户，交易量为81 080万笔，交易额为30万亿元，位居国内金融同业前列。

一、网上银行

网上银行产品种类进一步增多、功能得到优化，先后推出网上账户金买卖、理财产品销售、个人贷款查询等产品，优化网上基金买卖、网上支付等业务。企业网上银行先后满足了一汽大众集团、东风汽车集团的财务解决方案，并推出了银企互联服务、国内人民币资金结算网络服务等，为集团客户财务管理插上了翅膀。新版个人网银的成功上线全面提升了我行网上银行的品牌形象和客户满意度，其界面友好、产品功能和客户体验都达到国内一流水平，已成为向个人客户提供各类金融服务的综合业务平台。

二、手机银行

手机银行业务得到进一步发展，在原有BREW方式手机银行的基础上，实现了和中国移动、中国联通两大运营商合作，推出了WAP方式手机银行服务，实现了将手机银行应用普及到广大的社会大众客户，手机银行成为继网上银行之后又一重要的服务渠道。实现了将查询、转账、“速汇通”、代缴费、手机支付、银证转账、外汇买卖、贷记卡及公积金等业务功能集于一身，这也是国内商业银行第一次在全国范围内推出功能强大的WAP手机银行服务，进一步巩固和提升了我行在手机银行业务领域的优势，增强了我行电子银行产品在同业的综合竞争水平。

三、短信金融服务

2006年3月，总行下发了《中国建设银行手机短信金融服务业务管理办法》，标志着我行手机短信金融服务业务在全行范围内开始全面发展。年底，完成总行短信平台的全面升级，推出了基于理财卡、信用卡、网上银行、电话银行以及重要客户服务系统的短信通知服务。全行累计发展短信客户1 062万户，累计发送短信1.8亿条，实现业务收入1 068万元。

四、重要客户服务系统

建设银行重要客户服务系统业务保持快速增长。全行重要客户服务系统服务大客户达542户，比上年增长29%；系统交易量2 658万笔，较上年增加1 455万笔；系统交易额7.30万亿元，较上年增加4.99万亿元；户均交易额达134.61亿元。重要客户系统产品不断创新，推出商业汇票代保管、商业汇票委托保管、销售资金管理、汽车金融资金管理、系统短信平台、经费管理、铁道部财务会计核算与监控、期货保证金账户信息报送和中央财政专项资金监控等多项新产品和服务。其中，重要客户服务系统商业票据管理业务的推出，填补了重要客户服务系统票据业务的空白，在业内占据领先水平。

五、客户服务

一是全面贯彻“以客户为中心”理念，“95533”客户服务业务继续保持快速发展势头，当年全行“95533”客户服务中心服务客户2 145万户，交易量22 082万笔，其中人工服务电话量1 306万通，实现交易额2 422亿元。“95533”在分流柜台压力、维系客户关系、产品营销等方面的作用日益突出。二是实现“95533”与800连通，客户拨打“95533”以后，可以通过自助语音以及人工服务在线转到800客户服务中心。三是成立香港分行电话理财中心，为香港分行的辖内客户提供7×24小时的人工坐席远程服务；在电话银行余额明细查询方面，提供电话、传真、短信、邮件等多种传送渠道；提供多种人工辅助方式的账户挂失功能；各行全面开展“95533”外呼经营业务。

六、集中分布式运营体系建设

2006年，总行第一个运营中心——“95533”客户服务成都中心正式挂牌成立，初步奠定了建设银行集中分布式客户服务架构，标志着建设银行第一个跨区域集中式客户服务中心正式成立，总行副行长范一飞和四川省副省长黄小祥一起为成都中心揭牌。自此，建设银行“95533”客户服务业务正式步入集中分布式管理、集约化经营、规模化发展新阶段。为确保“95533”集中分布式服务体系正常运作，总行制定下发配套的《“95533”集中分布式运营管理办法》，明确了被托管分行开展“95533”业务的要求。出台《CCI项目推广工作指引》，对分行上线准备工作作出规定。拟定《“95533”外呼工作流程》，对全行“95533”外呼工作流程进行规范。当年，成都中心先后荣获2006年度中国最佳呼叫中心（新建）以及2006年度亚太最佳呼叫中心（新建）入围奖。

七、网站建设

2006年11月24日起，国际互联网网站业务管理工作由信息中心移交电子银行部，由电子银行部负责进行互联网网站统一建设规划、全行网络域名管理及日常业务运行管理工作。全行加大了国际互联网网站的管理力度和建设力度，网站的定位逐步清晰，网站实现了从简单信息发布平台到综合性服务平台的转变，具备宣传业务、营销产品、服务客户三大职能。

2006年3月16日，“95533”客户服务成都中心正式挂牌运营，中国建设银行副行长范一飞出席揭牌仪式。

八、电子银行研发中心建设

2006年8月15日，总行第一次行长办公会审议通过了电子银行部提交的电子银行研发中心筹建方案，同意在广州成立电子银行研发中心，并委托广东省分行进行筹建工作。从广东省分行本部相关部门选调15名业务骨干，同时启动广东省分行辖属分支行人员的招聘工作。11月3日，总行正式下发《关于设立电子银行研发中心的通知》（建总函［2006］871号），并于11月9日在广州举办揭牌仪式。总行副行长范一飞、零售业务总监杜亚军出席了仪式。

九、项目开发

一是牵头组织电子银行部与美国银行的合作项目。以呼叫中心改进项目为切入点，开展客户之声（VOC）相关工作，完成调查和分析报告，为呼叫中心改进项目提供了完整的VOC数据。二是完成企业级渠道的交易整合平台二期项目。实现个人网上银行、企业网上银行、手机银行的接入和交易整合，提供统一的交易限额控制、交易计费、报表统计等后台管理功能，支持13家分行呼叫中心整合项目上线，初步建立起客户信息共享、交易统一处理的渠道交易整合机制。三是开展电子渠道一体化服务开通项目试点工作。完成宁波、山东、大连、江苏4家分行的试点上线，实现网上银行、电话银行、手机银行、“95533”客户服务等渠道的一体化签约功能。

电子银行部
执笔人：孙曙光
审稿人：马春峰

经济与金融理论研究

一、加强经济金融形势预测，为全行经营管理决策和分行行长座谈会提供形势分析报告

研究部对2006年各季度的经济金融形势进行分析预测，形成四份形势分析报告，分别提交全行工作会议和分行行长座谈会，并分别在《金融时报》、《中国证券报》等媒体上整版刊载，并被新浪、和讯、路透、《第一财经日报》、中央人民广播电台等众多媒体转载转播。有些研究报告还在香港的多家媒体刊发及转发。

二、密切结合经营管理和业务发展，进行专题深度调研，为有关业务的政策制定和结构调整发挥积极作用

根据全行经营管理和业务发展的形势与要求，研究部抓住经营管理和业务发展中的一些紧迫问题，进行深入的专题调研，形成了一批具有一定深度的调研报告，如《建设银行汽车销售金融服务网络存在问题分析与对策建议》、《建设银行人民币理财业务同业比较》、《国内主要商业银行小企业业务比较研究》等。这些报告既有较高的系统性、理论性，又紧密结合建设银行工作实际，为行内业务决策提供了解决方案，对有关政策制定、结构调整、业务拓展起到了积极的作用。

三、紧紧围绕业务发展需要，推动全行行业研究工作

2006年3月，研究部牵头组织召开了全行行业研究工作座谈会，常振明行长出席并作了重要讲话。与会代表就全行贷款在百亿元以上的38个行业的发展情况及趋势进行了交流，并就建设银行行业信贷政策、行业研究方法、技术平台与模型、建立行业研究网络及信息交流平台、研究成果交流机制和当前行业研究工作的重点课题等进行了探讨。

四、部署全行系统课题研究，推进全行系统内研究工作的开展

2006年初，研究部根据全行发展与改革急迫需要研究解决的问题和面临的形势，提出了银行同业竞争力与主要业务比较、银行客户需求变化、银行组织结构和流程、行业和地区金融资源配置问题、宏观经济金融问题（包括利率、汇率）、金融创新及现代商业银行发展趋势六大类24组课题，先后下发了《关于加强研究工作和选报课题的通知》及《关于做好课题研究工作的通知》，对全行系统的研究工作进行了部署，确立了总、分行两级课题管理模式，其中总行级研究课题106个。年内先后组织召开了4次课题开题座谈会、2次中间成果交流会。年内课题评审工作按计划结束，共评出获奖论文65篇，其中一等奖5篇，二等奖10篇，三等奖20篇，有8个单位获得研究组织奖。

五、推出《决策参考》和《研究报告》，努力打造高质量的研究部品牌产品

2006年，研究部陆续推出了13份《决策参考》和8份《研究报告》，受到了行内外的关注，初步形成了研究部较高研究质量的品牌声誉。《决策参考》和《研究报告》（以下称“两刊”）发挥了对内提供决策支持、对外进行交流和扩大影响的作用，不仅受到行领导、有关部门及分行的重视和好评，也在社会上产生了一定的影响。

六、进一步改进“两刊”工作，提高内容质量和设计水平，发挥宣传和舆论导向作用

2006年，“两刊”围绕建设银行改革与发展的需要，紧密结合经济金融形势和热点问题，通过专论、编发行长报告、特别约

稿、采访报道等多种形式，及时传达了总行党委的战略意图与工作要求，宣传报道经营管理和业务发展中的成功做法和先进经验，介绍交流国内外先进的经济金融投资理论和实践经验。同时，加强规范“两刊”工作的日常管理，努力提高杂志的品牌影响和工作效率，从组稿、约稿到编辑、校对，从版面设计到论文质量，从通联工作到印刷发行，都进行了有效的工作。

七、积极做好博士后工作站的启动工作

2006年下半年，研究部与人力资源部、计划财务部、总务部等部门就启动博士后工作站建站工作的具体问题进行了多次商讨，起草了博士后工作站组织机构设置方案，起草和修改了工作站管理办法、日常经费管理办法和科研经费管理办法，起草和修改了中国建设银行联合培养博士后研究人员双方和三方协议书，向有关部门征集、选择课题并报经行领导最终确立了课题，向国家人事部及全国博士后管理委员会申领了建设银行博士后工作站站牌，同时还就下一步如何招生、站内工作机制等展开了调研和规划。

研究部

执笔人：孙永红

审稿人：郭世坤

内部管理与风险控制

优化办公流程与完善运行机制

2006年，行长办公室围绕全行中心工作和发展战略，加强督促协调和系统管理，服务改革和业务全局，引入新的办公理念，创新办公方式，优化办公流程，完善运行机制和管理制度，夯实工作基础，促进全行办公质量和效率的进一步提高，有力地支持了各项改革和业务的健康、稳定、安全运行。

一、系统研究和全面部署新形势下的办公室工作

2006年是我行股改上市后的第一年，为适应全行经营体制和管理机制改革的需要，行长办公室认真分析了我行股改上市后办公室工作面临的新形势和新要求，明确了今后一个时期全行办公室系统工作的总体要求：按照打造国际一流商业银行的目标，解放思想，求真务实，主动变革，循序渐进，构建适应现代商业银行经营管理要求的科学、规范、高效的行务运行系统，为全行工作的有序运转提供有力的支持和保障。

二、适应改革和业务发展需要，为办公提供有力支持

1. 突破传统理念，创新办公方式，优化办公自动化系统，在简化流程、提高办公效率等方面，取得初步成效。进一步扩大办公自动化系统的覆盖范围，截至2006年底，已有超过10 191个机构网点开通使用OA系统，网点覆盖率近3/4，用户数量已达9.1万个，95%以上的公文实现了电子化处理。开通OA系统公文跨级直发功能后，减少中间流转环节6个，逐级转发时间由原来的4天以上缩短为10分钟左右，得到了总行和各分行特别是基层行的广泛认可。

2. 积极配合风险管理和审计条线改革，适应我行业务流程和组织架构改革、专业委员会及条线管理模式，对公文运转流程进行了相应的调整。下发了《关于风险总监公文处理事宜的通知》

（建办［2006］17号）和《关于审计分部公文处理有关事宜的通知》（建办［2006］21号），满足了垂直管理对部分公文运转与信息传递的办公要求，保证了条线各项工作的顺利开展。

3. 平稳实现部分职能调整。2006年，根据总行决定，行长办公室原宣传职能划转企业文化部，项目办公室与信访办公室划入我室。我们认真研究、精心组织、加强协调，完成了大量细致的工作，同时组织指导部分一级分行办公室完成了宣传职能的划转，实现了平稳交接和交接后工作的有序开展。

三、强化服务意识，提高办公服务质量

认真践行“以客户为中心”的服务理念，提高办公室的反应速度和服务质量，为促进全行工作协调高效运转和业务又好又快发展提供了有力支持。

1. 协助领导安排各种会议、活动。在做好为行领导服务的基础上，新建总行领导及高管人员一周会议活动计划表制度，方便了总行领导及高管人员的时间安排与工作协调，全年共安排领导会议及公务活动800余次，处理报送行领导的各类文件26 000余件，信件5 000余封。

2. 收集信息，积累素材，围绕全行业务运营中的重点问题开展调研，为领导讲话撰写工作打下了良好的基础。全年完成了行领导在全行工作会议、分行行长座谈会、第一届职工代表大会第二次会议等多个会议及活动上的讲话稿和中报行长致辞的起草工作。

3. 支持和服务各部门工作。一是认真履行监印和相关印章的使用保管职责，全年审核法律性文件用印共计715件，行章用印32 223次，较上年同期增加16%；二是加强文件审核，在把好公文内容关、文字关、会签关的同时，缩短文件在审核环节的停留时间，提高了公文处理效率。全年共计审核行签报2 000余件，完成行发文、党务发文核稿约1 600件。

4. 精心组织会务工作，主动协调各方关系，全力保证会议的顺利召开。2006年，先后完成了全行工作会议、分行行长座谈会、第一届职工代表大会第二次会议、总行党委会、行长办公会等多个会议的相关会务工作，承担人民银行、银监会等监管部门来行检查工作等相关会务工作25次。

四、加强基础管理，提高办公管理水平

加快办公制度和信息技术基础建设步伐，进一步提高办公管理的科学化、规范化与信息化水平，夯实基础管理，完善各项相关规章制度，为我行健康、持续、快速发展打造坚实的平台。

1. 完善规章制度。修订了《中共中国建设银行股份有限公司委员会工作规则》、《中国建设银行股份有限公司高级管理层工作细则》和《中国建设银行股份有限公司行政会议管理制度》，注意制度之间的横向及纵向衔接，认真研究分析，增强了制度执行的合理性和可操作性。印发了《中国建设银行保密管理办法》、《中国建设银行密码工作管理规定》、《中国建设银行秘密事项范围与定密管理规定》，填补了我行保密制度的空白，使我行保密工作步入了规范化、制度化阶段。

2. 开展对全行印章管理等工作的检查。组织各分行进行了全面自查，并派出10个检查小组，对20个一级分行进行了抽查。全行共抽查二级分行150个、二级以下机构2 800个，进一步提高了全行印章管理工作的风险防控水平。

3. 公文函件运转效率和质量稳步提升。一是全年共收发处理各类信件、报刊等90.93万件，日均处理3 600余件，较上年同期增加4%，实物文函、报刊无一件丢失遗漏；二是做好密级文件加密系统维护，共处理收发文件509件，无一起失密、泄密事故发生；三是组织举办了全行公文点评，对行文中出现的常见问题及正确的处理方法在信息站上进行了公示，有效促进了全行公文起草和办理质量的提高。

4. 加大督办力度，提高执行效率与质量。落实《中国建设银行督促检查规定》，认真做好重要会议部署事项和议定事项的分解立项和督查。一是新建领导批示督办制度，全年完成批示督办7件、党委督办300余件；二是对全行工作会议、分行行长座谈会等重要会议部署、议定事项及时督办落实，全年共立项督办81项，印发督察办通知单19期。

5. 档案管理迈上新台阶。积极推进系统档案集中管理，促进全行系统档案资源的整合与信息共享。印发《关于推进建设银行档案集中管理的指导意见》，建立档案集中管理理念与机制。文书、会计、信贷、审计等多类档案的文档一体化管理取得新进展，

初步实现了档案信息的存储数字化、管理自动化、传递网络化及服务远程化，综合档案管理系统荣获中国建设银行金融科技进步奖。做好日常档案管理、保管、查询等基础业务工作，2006 年全年接收文书、审批等各类档案资料 3 785 卷（盒），提供借阅档案 1 000 余卷（盒），收到各分行报送的拟销毁档案近 17 万卷（册）。

6. 扎实做好保密工作。一是根据中央和国家保密局的有关精神，结合总行实际情况，确定了 3 个保密要害部门和 5 个保密要害部位；二是加强对网络信息的管理，严禁使用电子邮件、计算机共享等方式传送密级文件，从源头上控制了涉密信息的网络传播；三是管理维护全行系统的密码通信设备，保障了总行传真电报、密级文件的发送和紧急秘密信息的传递；四是制定了“五五”保密法制宣传教育实施方案。在 2006 年度国家保密局组织的评选活动中，我行被评为“全国先进保密工作集体”。

五、围绕全行中心工作，积极发挥信息与舆论导向作用

发挥信息沟通作用，提高信息质量，为领导决策服务。2006 年全年编辑《值班动态》249 期、《每日动态》全年编发稿件 2 200 余篇，充分发挥了动态信息的时效性和导向性，部分建议等内容得到了总行和各分行的重视和认可。较好地完成了对国务院办公厅、银监会、银行业协会的信息报送工作。

《建设银行报》紧紧围绕全行中心工作，认真传达总行党委和总行的各项政策措施与战略方针，宣传渗透力和影响力日益扩大。加强对我行先进典型的宣传力度，弘扬社会主义荣辱观，积极塑造我行先进的企业文化；创办了彩版印刷的《建设银行报》客户版，并以前瞻的市场分析、丰富的财经资讯和贴心的理财引导赢得了广大读者的欢迎。

完成《中国建设银行辉煌 50 年》和《中国建设银行大事记》的编写工作。2006 年是行史工作任务最重、收获最多的一年，取得了重要的阶段性成果，主要完成的工作：一是经过多年努力，完成了《中国建设银行辉煌 50 年》和《中国建设银行大事记》的编纂工作，现已将全部稿件送交出版社；二是组织召开了由总行相关部门代表参加的《中国建设银行行史（下卷）》研讨会，下卷稿件已基本完成。

六、以人为本，做好群众组织工作和社会公益事业

加大对全行办公室系统特别是实际岗位操作人员的培训力度，组织了印章、文秘、档案、保密等各类培训班，参训员工总数约 400 人次，有效提高了办公室系统员工的业务技能。

顺利完成我行爱心基金使用、管理和划转职工互助基金会的工作；积极承担我行扶贫领导小组办公室的日常工作，并向国务院扶贫开发领导小组报送了我行 2006 年度定点扶贫工作情况。

行长办公室
执笔人：路志凌
审稿人：陈宝东

全面风险管理与风险体制改革

2006 年，建设银行全面推进风险管理体制改革，完善风险管理机制，健全风险管理制度，加快风险管理工具、风险计量系统及风险文化建设，资产质量稳步向好。截至 2006 年底，建设银行境内外机构不良贷款余额为 943.99 亿元，较上年同期减少 0.7 亿元；不良贷款率为 3.29%，较上年同期降低 0.55 个百分点。不良贷款拨备覆盖率由上年同期的 66.78% 上升到 82.24%，风险抵补能力明显增强。

一、风险管理体制改革

2006年3月，总行印发了《中国建设银行风险管理体制改革方案》，召开全行风险管理暨体制改革工作会议，积极推进以垂直管理和平行作业为主要内容的风险管理体制改革。

（一）集中、垂直的风险管理

总行设置了首席风险官。2006年7月初，原风险管理部分成风险管理部和风险监控部。在首席风险官的领导下，风险管理部、风险监控部和信贷审批部分别在风险政策制度、计量分析、风险监控、信贷审批等方面履行职责，实行全行风险条线的集中管理。

截至2006年底，38家一级分行风险总监及所有二级分行风险主管已经到位履职，另有18家分行已配备了县级支行风险经理。

2006年7月，为配合体制改革方案的实施，总行进一步下发了《关于进一步明确风险总监相关工作事项的通知》，明确了以首席风险官—风险总监—风险主管为核心的垂直风险报告路径，初步建立起集中的风险管理模式，风险管理工作的独立性和有效性进一步增强。

（二）平行作业

2006年5月，总行出台《中国建设银行大中型公司类客户授信业务平行作业办法》，在大中型公司类客户授信业务领域率先推出了客户经理和风险经理的平行作业机制。10月，总行下发《关于进一步明确大中型公司类客户授信业务平行作业有关事项的通知》，对平行作业实施范围、风险经理职责、报告路径等问题作了进一步的明确。截至2006年底，大部分分行配备了平行作业风险经理，风险管理嵌入业务流程，有效控制了关键环节的风险，从机制上保障了信贷资产质量的稳步提高。

（三）改革配套机制

一是规范了定期风险报告制度。2006年7月，总行整合、规范了定期风险报告及重大风险事项报告的内容、频率和路径，建立起全面、高效的境内分行风险报告体系。

二是建立科学的激励约束机制。2006年，总行制定并下发《中国建设银行风险总监2006年度绩效考核实施方案》，组织对一级分行风险总监的年度考核工作；下发了《关于明确风险总监授权权限的通知》，以保证风险总监工作职责的有效行使；起草了《中国建设银行一级分行风险条线激励管理办法（试行）》和《中国建设银行风险管理从业人员行为准则》，对条线从业人员的激励奖惩条件予以明确；组织开展了2006年优秀风险经理评选工作，对全行风险条线工作业绩表现优异的风险经理予以表彰奖励。

三是开展分支机构风险管理评价工作。2006年9月，总行下发了《中国建设银行2006年度一级分行风险管理评价实施方案》，首次采取定量指标和定性指标综合评分的方式，对各一级分行的风险管理状况开展了综合测评，为全面掌握各行风险管理真实状况提供了重要参考。在此基础上，起草了《中国建设银行一级分行风险管理评价办法》，并对风险管理评价实施方案进行了修改完善，同时明确要求各一级分行对所辖二级分行进行风险管理试评价。

四是强化审批系统的垂直化管理。2006年8月，总行下发《关于调整一级分行及所辖机构贷款审批牵头人选聘范围的通知》，一级分行及以下机构贷款审批牵头人全部由风险条线人员担任，以进一步增强风险管理的独立性。同时，在100个中心城市行和重点二级分行推进了个人贷款中心建设，实现了中、后台集中批量处理业务，在提高服务水平和效率的同时，减少了分散经营造成的操作风险。下发了《关于进一步完善个人信贷业务审批体制的通知》，要求各级分行对个人信贷业务审批实行垂直管理，根据自身业务经营模式，向个人贷款中心派驻审批团队或组建个人信贷业务审批中心，提高了个人信贷审批的独立性和专业性。

二、信用风险管理

（一）政策制度

一是制定信用风险管理政策。2006年，总行制定下发了《中国建设银行股份有限公司公司及机构业务信贷管理政策》，这是首次明确规范信用风险管理目标、原则、策略和管理方法的宏观层面的管理政策，有利于全行公司及机构业务的持续、健康发展。此外，为提高全行零售信贷业务的风险识别、承担和管理能力，着手《中国建设银行零售信贷政策》的拟定工作。

二是制定《大中型客户授信审批五项基本原则》。2006年11月，总行制定了《大中型客户授信审批五项基本原则》，明确提出选择信贷客户时必须遵循的五项原则，包括坚持稳健的资产负债比例控制要求，坚持环保达标要求，拒绝有不良信用记录的客户，拒绝连续两年亏损的客户，拒绝战略不清、规模扩张过快、治理结构明显不合理的客户，统一了选择大中型客户的风险标准，确立了信贷经营与审批必须坚守的风险底线。

三是完善信用风险管理制度。起草拟定了《中国建设银行信贷资产风险十二级分类管理办法》，在吸收内部评级成果的基础上，通过量化指标将信贷资产划分为十二个风险级别，提高精细化管理水平；按照财政部《企业会计准则》和建设银行《会计基本政策》的要求，修订了《中国建设银行信贷资产减值损失估算及专项准备金计提管理办法》，使减值损失估算和计提专项准备的理论依据更为充分；制定下发了《关于AA级客户以信用方式办理授信业务有关事项的通知》和《关于进一步明确授信额度和单笔信贷业务审批结论有效期的通知》，加强了对客户的授信管理；起草修订了《中国建设银行集团客户额度授信管理办法》，并根据信贷业务的发展变化，对具体客户的授信额度管理进行了规范；制定了《关于加强和规范贷款“借新还旧”管理的通知》，进一步规范了“借新还旧”经营管理，更好地促进了信贷业务的发展。

四是建立风险监控制度。2006年，总行先后制定了《中国建设银行公司及机构信贷业务风险监控操作规程（试行）》、《中国建设银行零售信贷业务风险监控操作规程》、《中国建设银行项目评估管理规定（修订）》等相关制度，建立了涵盖对公及零售业务的全面风险监控体系，促进了全行风险监控工作的顺利开展。

五是统一全行对公授信审批制度。2006年6月，出台了《中国建设银行对公授信业务审批规程》、《中国建设银行申报材料管理规定》和《中国建设银行对公授信业务合规性审查操作规程》三项信贷审批工作基本制度，并于2006年7月1日起在全行实施。这三项制度横向上解决了审批方式的规范性问题，可根据不同业务的风险程度确定相应的审批方式，更好地适应业务发展和风险控制的需求；纵向上，首次在全行范围内建立起统一的对公授信业务的审批流程和标准。

六是优化客户信用等级审定流程。2006年9月，进一步优化了客户信用评级的审定流程，规定由专职贷款审批人统一审定客户的信用等级，提高了信用评级的准确性。

七是制定审批指引。2006年，制定了房地产、火力发电等21个行业的审批指引，同时要求各分行开展区域审批指引研究和本地小企业、个人信贷业务的审批标准研究，在全行逐步建立起系统化、分层级的审批标准体系。行业信贷审批指引充分归纳了行业的主要风险点和风险防范措施，为全行信贷审批人员提供了有较强针对性和实用性的风险分析方法，初步统一了决策判断的基本依据。

（二）工具建设

一是改进经济资本管理。2006年12月，总行制订了《中国建设银行2007年经济资本计量方案》，首次采用资产变动法来计量经济资本，使经济资本的科学含义得到更加准确的体现，更真实地反映了建设银行承担的风险水平；同时还将经济资本指标纳入综合经营计划，为全行资源配置提供了重要依据。

二是开展风险限额管理研究。为降低贷款风险集中度，提高行业组合管理水平，总行起草了《2007年行业贷款风险限额管理实施方案》，提出指导性限额管理与指令性限额管理相结合的过渡性方案，并将其应用于2007年综合经营计划的编制。

三是完善信贷授权。2006年，为适应公司治理结构改革，研究制定了《2006年度中国建设银行股份有限公司董事会对行长授权方案》，出台了新的《中国建设银行股份有限公司行长授权管理办法》、《中国建设银行股份有限公司对公业务信贷审批授权等级评价办法》和《中国建设银行股份有限公司零售业务信贷审批授权等级评价办法》，确保了授权管理的科学性和合理性；制定下发了《2006年度对国家电网公司、上海宝钢集团、长江电力公司三个关联方授信业务审批权特别授权方案》、《关于进一步调整优化信贷审批授权管理的通知》等重要授权制度，对各项业务的快速、健康发展起到了积极作用。

四是开展非现场监控指标建设。2006年，总行建立了非现场监控指标，并按旬编制了《风险监控情况旬报》报送高管层，为行领导提供决策参考。同时，按月编报了《不良贷款情况分析报告》，报送中国银监会，及时反映建设银行风险管理的措施和工作成果。

五是推行“方案审批”模式。2006年7月，全行推行“方案审批”模式。通过前台业务部门与客户的谈判来制定风险和收益相匹配的授信方案，在此基础上，审批人准确把握项目的风险与收益，对方案作出取舍，不再提出过多的附加条件，避免申报单位为落实审批条件与客户进行二次谈判。“方案审批”模式有力地促进了风险管理关口的前移，提高了全行授信方案的申报质量、审批规范性和信贷审批效率。

（三）系统建设

一是加快内部评级系统（IRBS）建设。2006年6月，建设银行自主研发的内部评级系统一期项目正式上线运行，实现了对公客户的信用评级，以及对行业、区域、产品等不同维度系统性风险的计量、分析等功能。同时，积极与美国银行开展合作，开始内部评级法二期项目的立项工作。内部评级系统作为风险管理工具和技术平台对业务发展发挥了积极的支持和服务作用。

二是开发完成非信贷资产管理系统（NARMIS）。2006年，总行组织开发建设非信贷资产管理信息系统，并于2006年底在全行正式上线，实现了对非信贷资产数据的统计分析、监控预警、非现场检查等工作，提高了非信贷资产科学化管理水平。同时，编写了《非信贷资产风险管理信息系统操作手册》，开展系统推广培训，非信贷资产管理比较薄弱的局面得到根本性改善。

三是建立减值准备管理系统（CLRMS）。2006年，开发完成了贷款损失准备金系统，初步实现了贷款减值损失准备计算的自动化，在一定程度上提高了减值损失准备计算和管理的效率及准确性，较好地满足了对外信息披露和准备金历史数据存储的基本需要。

四是完成审批视频管理系统（CLAVS）。2006年，开发了“信贷审批会议声像资料存储系统”，有效地解决了信贷审批会议音频、视频资料的储存、保管、调阅、在线播放等问题。

（四）风险监控与预警

一是加强资产质量监控。2006年，制定下发了《关于进一步加强信贷资产风险分类管理的通知》，针对各行信贷资产风险分类工作中存在的问题，提出改进措施和规范要求，加强对贷款分类准确性的监测分析。同时，对重点行业、产品及客户信用风险实施动态、分类别的实时监控、分析和报告，对风险监控及内外部审计监管发现的风险点进行风险核查，采取印发风险监控情况通报的形式，配合风险监控旬报制度，强化了风险监控的及时性。

二是开展政策制度执行情况监控检查。2006年，组织开展了全行信贷审批和风险管理情况检查，在各一级分行先期自查的基础上，甄选16家一级分行进行了现场检查，并对检查中发现的392个问题提出了整改要求。督促分行扎实做好信贷基础管理工作，使风险管理进一步得到增强。

三是加强重大风险事项管理。2006年，总行重点对泰跃系、华源系等22起重大信用风险事项开展调查、核实，并针对不同的重大风险事项提出有效的风险防范措施，及时化解了信贷风险，有效地保全了资产。

四是加大非信贷资产风险监控力度。2006年，在完成风险分类、监测分析、坏账损失减值准备计提等工作的基础上，总行对全行非信贷资产风险监控工作的现状和存在的问题进行全面梳理，提出了加强全行非信贷资产风险监控工作的具体建议，取得良好成效。

三、市场风险管理

（一）政策制度

一是加强市场风险管理体系研究。2006年，根据监管机构和内外部审计要求，配合内部管理需要，总行开始着手研究探索科学合理的市场风险管理体系，提出市场风险管理体系安排的建议方案，为进一步理顺和完善市场风险管理体系、明确部门工作职责、解决市场风险多头管理和重叠交叉管理问题奠定了基础。

二是完善市场风险管理制度。2006年，草拟了《中国建设银行信用产品额度授信管理暂行规定》，提出了外币投资组合集中度管理要求，完善了本币债券投资纳入四类账户的不同管理要求，促进了相关业务的健康发展。制定并颁布了《中国建设银行银行账户与交易账户划分办法》，提高了银行账户和交易账户的管理水平。

三是加强押品管理。2006年，总行起草完成了《押品管理状况和进一步提高押品管理工作的建议》，草拟了《中国建设银行抵

（质）押物（权）管理暂行办法》和《中国建设银行抵（质）押物（权）评估管理暂行规定》，积极推动了全面押品管理体系的建立工作。

（二）工具建设

2006 年，全面梳理市场风险监控指标，完成了市场风险监控指标体系和报表的编制，并开始定期跟踪报告，进一步提高了市场风险的预警和监控能力。

（三）系统建设

2006 年，总行开发了资产负债管理信息系统（ALMS），一期项目上线投入运行，可进行利率缺口分析、汇率敞口分析、净利息收入敏感性分析、经济价值分析、久期分析等，为全行市场风险的识别、计量和监测奠定了数据和技术基础。同时，开发完成了市场风险资本要求填报系统一期项目，并在上线运行后及时进行了优化升级。通过该项目的实施，可以快速、准确地计量市场风险资本要求，满足外部监管和建设银行管理的需要。此外，押品系统进入立项审批程序。

四、操作风险管理

（一）政策制度

一是制定操作风险管理政策。2006 年，在广泛参考国外银行先进经验的基础上，结合建设银行实际，起草了《中国建设银行股份有限公司操作风险管理政策》，明确了操作风险管理的职责分工、管理流程和管理原则，构建了操作风险管理的总体框架。

二是完善操作风险管理相关制度。2006 年，起草完成了《中国建设银行操作风险与内部控制自我评估管理办法》和《中国建设银行操作风险与内部控制自我评估实施细则》，确定了操作风险自评估工作思路和方法，为有效控制操作风险奠定了基础。拟订了《中国建设银行操作风险事项报告暂行办法》，建立起操作风险事项报告制度，对操作风险信息归集和报告工作的内容、程序进行了进一步明确和规范，加强了对操作风险事项的监控和管理。

（二）工具建设

一是启动了操作风险自评估工作。2006 年，总行在北京市分行开展了自评估测试工作，旨在通过对操作风险的自评估发现风险要点，并通过设置风险经理对高发风险点进行控制。同时，在试点的基础上，及时对自评估办法和实施细则进行了完善，保证了下一步自评估工作的顺利开展。

二是开展了收集和积累操作风险损失数据的工作，积极研究探索操作风险的分类和损失数据的界定，为建立操作风险管理的量化工具奠定了基础。

（三）系统建设

2006 年，总行积极推进 DCC 系统的业务持续性计划项目建设，实现 DCC 数据中心的自动备份和灾备恢复。起草了《业务持续性计划分析报告》，为全行业务连续性体系的建设提出了建议。此外，对公流程系统和个贷业务系统已经在全行推广，在为信贷管理信息系统提供更为全面的基础数据的同时，保障了信贷业务流程的标准化，降低了流程中的操作风险。

五、推动《巴塞尔新资本协议》的实施

2006 年 7 月，成立了“新资本协议和内部评级法推进领导小组”，统筹规划并组织领导《巴塞尔新资本协议》实施和内部评级法的推进工作。10 月，完成了《中国建设银行实施新资本协议工作思路》，提出实施《巴塞尔新资本协议》项目的整体目标，为下一步积极推进《巴塞尔新资本协议》的实施奠定了良好的基础。实施《巴塞尔新资本协议》整体规划项目的立项工作开始启动。

六、风险条线人员队伍和文化建设

（一）风险条线人员队伍配备及管理

2006 年，遵循异地交流的原则任命了风险条线管理人员。截至 2006 年底，各一级分行风险总监（38 位）已聘任到位，各二级分行风险主管（538 人）已选聘到位。在部分县级支行任命了专职或兼职风险经理。风险条线管理人员负责所辖全面风险管理工作的组织实施。通过体制建设、制度及人员安排，推进了风险管理体制改革，保证了风险管理的相对独立性，有利于保障全行资产质量持续向好发展。

（二）人员培训

一是举办了第一期风险总监培训班，聘请国内外知名专家就风险理念、管理工具、素质修养、最佳实践等方面进行了全面、

系统的讲授，有效提高了风险总监的专业理论和实践技能。随后，举办了第一期风险主管培训班，提高了风险主管的履岗能力。

二是制定并下发了《关于进一步明确风险主管及其他风险管理人员岗前培训有关事项的通知》，明确要求一级分行做好风险主管的岗前培训工作。组织编写了《风险经理能力培训教材》（丛书）（包括《学员用书》、《教师用书》和《案例集及参阅材料》），组织编写完成了《专职贷款审批人培训教材》和《专职贷款审批人培训教材案例集》。对全行贷款审批人先后实施6期集中培训和3期视频讲座。2006年，共培训风险经理兼职师资228人，专职贷款审批人兼职师资169人；培训风险经理125人，专职贷款审批人120人。

三是利用内外部资源对员工开展培训。2006年5月，邀请澳新银行专家开办风险管理专题讲座，内容涉及商业银行风险管理理论与实务。同时，针对风险计量工作专业技术性强的特点，聘请外部咨询公司或研究机构介绍《巴塞尔新资本协议》的实施、项目融资评级、行业风险评级等最新研究成果。

（三）文化建设

2006年，建设银行针对全行风险管理的现状、特点及发展趋势，提出了“统一、均衡、边界、独立、坦诚、宽容、暴露、审慎、无例外、真实、愧悔、警醒、务实和零容忍”14个风险文化关键词，并在全行范围内进行广泛宣传，要求各级员工恪尽职守，合规经营，严格遵守职业道德。同时，拟订下发了14期《风险管理参考》，拓宽了总分行信息交流的渠道；汇编了全行不良贷款责任认定案例集，为全行信贷业务的科学、健康发展提供了借鉴。

风险管理部
执笔人：风险管理部（卢　娜　常青林）
　　　　授信管理部（熊　波　易　路　耿兰清）
审稿人：刘桂峰

内部审计

2006年是建设银行垂直管理审计体制全面运行的第一年，各级审计机构紧密围绕全行中心工作，充分发挥体制优势，突出审计重点，加大审计力度，完成了一批高质量的审计项目，揭示了多项重大风险隐患，审计成效显著。同时，内部审计体制改革进一步深化，垂直管理的模式得以理顺，内部审计工作集约化水平和审计能力持续增强。

一、深化改革，完善机制，巩固和扩大改革成果

2006年，随着建设银行垂直管理内部审计体制的全面运行，经过总、分行及相关部门的协同配合，内部审计部门在汇报路线调整、组织机构和人员结构调整、审计业务指导和日常基础管理、考评机制等方面进行了一系列的配套改革，审计工作管理模式向集约化、精细化转变和发展，审计独立性得到进一步维护和提高。

审计部门进一步提高审计机构和人员管理的集约化水平，对审计分部与驻地总审计室进行了优化整合，形成了8个审计分部和30个总审计室的机构布局，并交流调整了部分审计分部和总审计室主要负责人。安徽、黑龙江等6个总审计室根据实际情况，进一步加大集中管理力度，共撤销了20个审计办事处。据统计，截至2006年底，建设银行审计系统有29个审计机构实现了人员的集中管理。机构层级的精简为全行统筹调配审计资源、降低管理成本和提高审计工作效率提供了有力保证。与此同时，人员结构也得到有效改善。截至2006年底，全行审计人员2 404人，大学本科及以上学历人员占比76%，较年初上升5个百分点；IT、国际业务等专业人才逐渐增加；总行本部人员得到有效补充，对下指导和服务水平不断提高。

审计系统是建设银行实行总行垂直管理的第一个业务条线。在相关部门的大力配合下，建设银行内部审计系统积极探索，逐步建立了具有审计特色的业务、人员和财务垂直管理模式。在审计业务管理方面，按照垂直管理要求，调整了全系统审计信息管理方式和报送路径，优化了审计项目计划、实施、报告与考评的运作机制，并且按照机构单元和业务单元相结合的矩阵模式，在审计部、大部分审计分部和总审计室内部重新进行职能定位，强化了专业分工。在审计系统人员和财务管理方面，完成了审计系统管理岗位、专业技术岗位及经办岗位的聘任工作，完成了审计系统财务预算编制及相关预算的调整工作，并尝试审计项目费用专项管理。在审计系统激励与约束机制方面，制订了《中国建设银行审计系统工作考评方案》和《中国建设银行审计机构负责人绩效考核办法（试行）》，将审计机构整体薪酬水平与年度考核结果适当挂钩，实现了机构工作和个人业绩互相体现、互相促进的联动机制，同时，开展优秀审计方案、审计报告和主审人“三优”评选工作，组织审计系统征文，总结经验，鼓励先进，推动了审计工作的发展。

2006 年，建设银行垂直管理内部审计体制的全面运行取得了初步成效。一是各级审计机构的全局意识得到增强，在项目的计划和日常工作安排方面，尤其是重点项目的资源配置上，能够从全局出发，服从全行工作需要，将优势的审计力量集中用于重点项目；二是各级审计机构及时适应体制变化，独立开展审计项目，严格执行新报告线路，工作的独立性得到维护和提高；三是大部分审计机构能够按照全行业务单元制管理模式，调整自身管理思路，完善和细化原有制度方法，加强基础管理工作，推动管理向精细化转变；四是随着改革的逐步深入，各审计机构从管理理念到工作方式都有了较大的转变，审计人员工作的主动性和积极性得以提高，并涌现出以“中国建设银行突出贡献奖”获得者王明珏、“中国建设银行十大杰出青年”陆怡烽为代表的一批先进人物。

二、拓展领域，突出重点，审计项目取得显著成效

2006 年，审计部门着重关注规范经营和防范风险的重点地域和产品，以组织实施总行规定的系统性审计项目为突破口，集中优势资源，强化团队交流合作和知识技术共享，充分利用各类先进审计技术方法，实施各类审计项目。全年共完成审计项目 3 352 项次，发现问题 70 800 多个，提出审计建议 16 800 多条，建议采纳率 71%。针对审计发现的重大问题，审计部编制审计要情 9 期、审计简报 33 期。全年审计项目执行效果较好，发现了多起案件线索和重大违规问题，审计力度、深度和质量较以往均实现了较大进步。

2006 年，审计系统共开展了全面业务审计等 15 类系统审计项目，各级审计机构还结合自身情况，开展了自选审计项目 3 080 项次，审计内容涉及中间业务、中小企业现状、重要空白凭证和重要物品管理、教育储蓄、个人外汇存款、保函业务等多项业务。在审计项目开展方面，一是围绕全行工作重点，加大对信贷和财务等传统业务的审计力度，包括对全辖 38 家一级分行开展公司类贷款五级分类及新增不良贷款真实性审计和对 23 家一级分行开展财务管理审计等。二是通过在全面业务审计中创造性地使用“6C”审计评价体系，组织开展部分中心城市行竞争力审计调查项目等方式，进一步发挥内部审计评价和建设职能。三是加大对新业务领域的审计力度，对于以往未涉及或较少涉及的信用卡、债券投资、资金清算、电子渠道等新业务领域，开展有针对性的审计项目，查找内部控制缺陷，防范业务风险。此外，审计系统还完成了非信贷资产审计、代理保险业务审计调查、对公委托贷款和利率数据信息质量等专项审计以及各级机构负责人的任期经济责任审计。

在审计项目开展过程中，审计部门充分发挥体制优势，突出审计重点，一系列重要审计发现和相关审计信息在全行上下引起较大反响，总行领导高度关注，多次对整改工作作出批示。在总行领导的推动下，总行细化了审计发现问题的整改流程，明确了整改工作牵头部门，上下联动，大力促进了审计发现问题整改工作的开展。

为了适应银行业务数据电子化的趋势，审计部门开始全面系统地使用非现场审计系统、审计管理信息系统等计算机辅助审计工具，提升了项目的整体质量，提高了工作效率。如全面业务审计等项目就体现了先进工具的优势，取得了良好效果。又如在信

贷业务审计监测项目中，通过建立审计模型，以计算机非现场审计为先导，以函证或现场核实查证跟进的方式实现对信贷业务的动态监测，及时发现风险隐患，极大地提高了审计覆盖面和工作效率。

为了使审计信息得到及时有效的传递，审计部门通过拓宽审计信息交流渠道、规范审计信息的报送制度等方式，提高了各级审计机构重大问题报送的及时性。特别是对于规模较大、耗时较长的审计项目，除审计要情和审计简报外，还通过中期报告、简要报告、专题分析报告等形式，及时为董事会和高管层提供参考信息。

三、立足自身，着眼长远，持续提高审计能力

为持续稳定地保持和提高审计质量，审计部门立足现实情况，采取循序渐进的方法，在加强项目质量控制、夯实基础管理的同时，着眼长远，协调短期和长期的矛盾，坚固审计质量的根本，致力于完善审计规范，创新审计技术，优化审计流程，狠抓队伍建设，持续提高审计能力。

为增强审计工作的主动性和预见性，创造内部审计成功运行的长效机制，总行制定了《中国建设银行2006—2010年审计工作规划》，明确了全行审计工作的发展方向和目标。此外，在审计规范建设方面，审计部门借鉴国际内部审计实务标准及其最新发展趋势，在吸收各审计机构和全系统审计人员意见的基础上，修订了《内部审计准则》，进一步规范审计行为；组织编写了《内部审计实务操作手册》，按照不同的业务种类和主要审计项目类型，为建设银行所有的常规审计项目建立操作模板，分门别类地为审计人员提供各项审计业务专业化和模块化的操作指引；制定了《审计部审计报告审议办法（试行）》，建立了审计报告审议机制，规定了审议审计报告的依据、流程、范围及审议机构，并明确了报告起草人和报告审议人的责任、义务，初步建立了审计项目责任机构的激励和约束机制。

在技术创新和工作方法改进方面，审计部门也进行了大量工作。一是对审计计划体系进行优化，通过审计计划体系数据测算等工作，对机构和业务产品进行风险评估，确定审计重点，提高审计项目设置的针对性和科学性。二是推广使用非现场审计系统，加大审计监测分析力度，在技术部门的配合下，优化审计数据接口程序，稳定审计数据渠道，并以非现场系统为平台，逐步建立各审计机构对特定主要业务和重要风险事项的全面、系统、连续、动态的审计监测与分析报告制度。三是制定了新的聘（任）期经济责任审计办法，规定聘期审计主体、审计客体、评价方法等多项内容，形成以指标评价为基础、定量评价和定性评价相结合的全新的聘期审计评价体系。此外，2006年还完成了《IT审计规范体系建设项目》的前期准备工作，并已经启动内部控制审计评价体系修订准备工作和审计管理信息系统优化工作。

为了不断提高审计人员的职业技能，审计部门制定了《2006—2010年审计人员职业培训规划》，明确了未来五年审计培训工作的总体目标和主要任务，并组织进行了《审计岗位培训教材》的编写工作。各级审计机构根据自身情况，采取短期集中培训、月度培训、网上远程培训以及选派骨干参加总、分行有关部门的培训等灵活多样的形式，加强培训工作，提高培训效果。2006年，审计系统举办审计业务培训班1 200余次，参加审计业务培训28 400多人次，高效率、多元化的审计培训模式逐步得以建立。

审计部

执笔人：任　鹏　于　洲　王婷婷

审稿人：金磐石　赵观甫

冯道海　杨　军

质量效率管理

2006年，为有效学习借鉴美国银行的流程梳理改造和产品创新成功经验，经总行党委研究决定，我行在美国银行的支持下引入“六西格玛”质量效率管理。总行领导多次就“迎接放松管制、战略转型、业务创新，结合流程银行建设开展“六西格玛”管理”作出重要指示，在全行上下掀起了学习和实践“六西格玛”质量效率管理的热潮，并取得了阶段性成果。

一、围绕我行战略转型和创新重点，业务流程优化和再造取得阶段性成果

为提升我行战略转型和业务创新的流程执行能力，总行统筹部署的“六西格玛”流程优化绿带项目将主要资源重点配置到了零售业务领域，其中2006年上半年启动的零售网点转型和中美直联汇款两个项目已完成项目验收，个贷中心和呼叫中心两个项目已完成控制阶段，为我行在2007年提升零售业务领域市场竞争地位进行了流程能力储备。

信用卡评分卡、住房抵押贷款评分卡、企业连续性（BCP）、能力成熟度模型（CMMI）、信息技术基础设施库（ITIL）、信息技术项目管制（ITPG）、服务器整合项目、开发资源集中管理项目、数据管控等流程整合优化项目于2006年第四季度启动，并根据项目计划于2007年继续实施。此外，总行有关部门应用“六西格玛”方法完成了经济资本配置流程优化项目、CALLCENTER设置信用卡消费/取现密码流程优化项目，并已交付使用；个人网上银行差距分析项目已初步完成优先级排序工作；小企业业务运行体系设计流程优化项目，已完成运行模式方案设计，并进行了部分分支机构试点工作；总行机关后勤服务工作流程整合优化项目，已完成定义和测量阶段工作。总行有关部门还根据全行战略计划筛选了一批“六西格玛”储备项目。

二、按照外部差异化、内部简约化和精于执行的导向，全行运用“六西格玛”管理促进流程银行建设正逐步从认知走向实践

总行会计部和营运管理部借助于以运营集约化为核心的一系列流程优化行动，在流程银行建设方面进行了成功探索：一是推进前、后台分离和后台中心建设，通过运行集中、核算集中、金库集中、稽核集中、交易处理集中以及后台业务处理集约化进一步提升了客户服务质量；二是优化柜面业务流程，通过规范交易资料打印、复核授权控制体系调整、改造客户账户规则、优化交易码设置、整合系统交易界面六项系统优化改造工作，在降低作业成本的同时提高了柜面服务效率；三是通过启动后台实时监测预警系统建设，前移了风险控制关口。

按照总行战略导向，各一级分行在配合总行牵头的项目建设的基础上，还因地制宜地开展了一些流程银行建设行动。如湖北省分行质量效率管理部开展的网点弹性排班项目已完成定义、测量、分析和改进阶段的工作；福建省分行实施的个人金融业务客户签约整合项目和格式合同信息化管理系统建设在控制操作风险、提高效率等方面的优越性日益彰显；河北省分行通过统一功能区划、统一硬件设施、统一人员职责、统一后台对前台的支持与保障、推广低柜业务，大力推行营业网点服务规范，释放了网点销售能力，在提高客户服务质量和满意度方面取得了明显成效；深圳市分行优化了信用证项下付款国际收支申报流程，减少了柜员的重复劳动，保证了业务基础数据的准确性、及时性和完整性；新疆维吾尔自治区分行开展了客户信息库系统信贷综合数据报表整合优化项目，提高了数据收集、分析的效率和质量；重庆市分行完成了金库配送中心自助设备加卸流程优化，明确了责任与流程界限，提高了风险可控度；贵州省分行开展了个人贷款标准化催收作业流程建设，通过短信和电话平台成功完成了三期个贷催

收任务，截至12月31日，经催收收回的逾期贷款共计17 724笔，累计还款总额1 793.03万元，成效较为显著；厦门分行明确了对公业务中各环节的办理时限，并以此为依据进行考核，提高了授信业务办理效率。

三、实施了部分业务领域客户之声调查分析和客户之声系统建设，将以客户为中心落实在实际行动中

为提升我行业务流程满足客户需求的能力，我行开展了零售业务领域零售网点转型项目、个贷中心项目、呼叫中心项目、总行机关餐饮服务流程改进项目和会议服务流程改进项目的VOC调查分析工作，确保了项目建设效果充分体现“以客户为中心”；同时，质量效率管理部还牵头组织完成了小企业金融服务运行模式优化项目VOC调查方案设计及全行客户之声系统（VOCS）项目群预定义阶段工作。其中VOCS项目群包括“外部客户之声调查”（通过市场调查及客户需求采集，提炼并证实目标客户的差异化需求）、“内部流程用户调查”（收集流程用户对产品功能、营销服务方式、流程优化提出的改进建议）和“内部交易数据挖掘和VOC数据集市”（挖掘分析新增客户、流失客户、客户贡献度以及产品生命周期中的客户需求变化）三个子项目，其中VOCS项目群中的“外部客户之声调查”子项目Ⅰ代项目定义阶段工作和行内业务相关者调查工作已经完成。VOCS项目群的逐步实施，将进一步提升我行产品创新和流程再造的市场响应效率。

四、着力开展质量效率管理宣传培训，为战略转型、业务创新和流程银行建设提供理念传播和方法技术支持

为促进各部门、各分行深入学习“六西格玛”精细化管理技术，在总行领导的直接推动下，质量效率管理部采取培训、宣传、调研、工作指导等多种方式，有力促进了“六西格玛”质量效率管理在全行的普及和应用。

1. 组织实施了两期“六西格玛”倡导者培训，共培训200名一级分行行级和总行部门总经理级管理人员以及部分总审计室主任和一级分行风险总监。

2. 为配合零售网点转型、个贷中心、呼叫中心、直联汇款、客户之声系统等中美合作项目的实施，组织开展了4期、共计8周的“六西格玛”绿带培训，共培训83人。

3. 在总行本部组织实施了“基于事实和数据管理”、“Minitab统计软件在银行工作中的应用”等专题培训，培训业务骨干200人。

4. 为总行机关团委、河南省分行等部门和分行举办的培训班提供师资，讲授“六西格玛”基础知识和方法专题。

5. 从美国银行引进并编制印发了《“六西格玛”——绿带培训教程》、《“六西格玛”——新产品设计培训教程》、《“六西格玛”——倡导者培训教程》等培训教材。

6. 通过编写并向全行印发《“六西格玛”——质量、效率与效益手册》，在《建设银行报》开设“六西格玛”专栏，并编制《质量效率管理参考》等媒介。

上述宣传培训工作有力地促进了“六西格玛”技术在全行系统的理念传播和知识普及，并开始实践应用于战略转型、业务创新和流程银行建设。

五、全行员工学习和实践“六西格玛”管理的积极性和主动性较高，形成了流程银行建设的良好氛围

在总行领导和各分行领导的带动下，经过半年多的各类相关培训并受首批“六西格玛”项目成功实践的影响，全行员工以客户为中心和基于数据事实管理的意识得到了一定程度的提高，总分行很多员工能够主动运用“六西格玛”技术分析问题、寻找差距，树立了通过测量和收集数据支持日常经营管理活动的工作习惯。根据质量效率管理部2006年下半年组织的5 000多份内部员工问卷调查结果显示，95%以上的受访者对“六西格玛”管理有基本认知，24.9%的受访者能够主动学习和思考“六西格玛”管理相关知识，98.2%的受访者希望参加“六西格玛”知识和技能培训。上述调查结果显示，全行员工学习和实践“六西格玛”管理的积极性和主动性较高，运用“六西格玛”管理促进流程银行建设的认知基础已经初步形成，营造了流程银行建设的良好氛围。

六、深入研究探索流程银行运作模式，为提升全行战略执行能力进行积极准备

根据行领导的指示，质量效率管理部围绕流程银行建设这一

主题进行专项研究和深入思考，在应用“六西格玛”技术支持提升全行战略转型、创新执行能力等方面取得了初步研究成果。在全行范围内开展了关于推进“六西格玛”质量效率管理工作的问卷调研，共收集整理5 000多份问卷，采集8万多个数据，经分析和研究提出了调研报告。到浙江、广东等5个分行进行了专题调研，对全行流程运行的质量效率状况进行了摸底，进行了具体指导和有针对性的交流，形成了《中国建设银行关键业务流程现状分析及几点建议》调研报告。完成上报了《关于在中国建设银行推进“六西格玛”质量效率管理工作的建议》和《建设银行向流程银行战略转型的初步思考》材料；根据案件整改专题会议要求，向纪检监察部提交了《切实提升流程能力，加快向流程银行战略转型》研究材料；对美国国家质量大奖和卓越绩效管理模式进行了全面研究，向全行刊发了《波多里奇国家质量大奖》研究材料；根据行领导的指示精神，草拟完成了《流程银行建设的建议方案——采用“六西格玛”促进战略转型与创新》专题材料。

七、探索加强业务流程梳理改造项目管理的规范化和标准化，培育质量效率管理专家队伍

为加强业务流程梳理改造项目的制度化和标准化，质量效率管理部制定了《中国建设银行流程优化项目选择及项目团队组建暂行办法》和《中国建设银行流程优化项目实施暂行办法》。在与美国银行合作推进2006年“六西格玛”部署工作的过程中，制定了《中国建设银行2006年质量效率管理专家（绿带）资质认证规则》，设计完成了绿带资质认证流程、绿带资质认证技能评估等操作流程，为促进“六西格玛”质量效率管理实施工作的规范化和标准化打下了基础。有关认证工作正按《中国建设银行2006年质量效率管理专家（绿带）资质认证规则》有序开展。

质量效率管理部
执笔人：季　方
审稿人：魏春旗

合规管理

2005年6月，建设银行成立合规部门，成为四大国有商业银行中单独组建合规部门的第一家银行。2006年，建设银行合规风险管理体系初步建立。作为公开上市的商业银行，该体系的设立不仅是为了适应外部监管的要求，更是为自身业务发展提供合规保障。经过各项措施的实施和推动，全行上下从管理层到全体员工，对《中国建设银行合规政策》（以下简称《合规政策》）的了解、认识越来越全面、深入，合规应从高层做起、合规人人有责、合规创造价值等理念逐步深入人心，以诚信、正直、守法、合规为基本内核的合规经营意识进一步增强，经营机构风险防范和基础管理工作日益加强，关键业务岗位的风险点基本得到控制。

一、搭建合规管理制度平台

2006年，建设银行合规管理制度创新取得突破性进展，为实施有效的合规管理搭建了逐步坚实的制度平台。《合规政策》、《中国建设银行合规工作管理办法》（以下简称《合规工作管理办法》）分别于4月、5月颁布。《合规政策》是体现合规理念、培育合规文化、实现合规目标的一个纲领性、指导性文件，对全行开展合规工作提出了原则性要求，就合规理念、合规职责、合规问责、合规部门的独立性、合规资源、合规工作报告路线、合规部门与其他部门的关系、与外部监管部门的联系、合规文化等都作出了规定，具有高层导向鲜明、合规职责明确、合规问责严明、保障合规独立、落实合规资源、报告路线清晰、部门协同有序以

及合规文化创新的特点。《合规工作管理办法》则是依据《合规政策》而制定的，对合规尽职管理、合规报告路线、合规奖励与问责的执行和操作等作了具体规定，是将政策意图转化为执行措施的配套文件。这两个文件的发布，不仅填补了建设银行在合规管理指导文件和框架体系上的空白，也为全行加强合规管理、创建合规文化作出了示范和引导，指明了方向，合规工作步入正轨将有规可循，有据可依。此外，在《合规政策》和《合规工作管理办法》提出合规报告路线的原则规定后，考虑到合规风险报告在合规风险管理工作中的重要作用，又专门制定了《合规风险事项报告制度》，确保合规风险事项的准确报告以及相关风险的及时化解和处置。

在关联交易管理、反洗钱管理、授信业务责任认定专项工作方面，相关的管理办法也得到完善。《中国建设银行关联交易管理实施办法》、《中国建设银行授信业务经营、审批责任认定办法》、《中国建设银行反洗钱管理实施办法》和《中国建设银行大额、可疑交易报告实施办法》分别为各个专项工作提供制度基础，使相关工作能够做到职责明确、管理有序、执行有据。

二、构筑有效的合规管理体系

在各方面努力下，2006年，建设银行合规管理体系初步建立，从总行到基层机构、从合规部门到业务部门、从高管层到基层员工，各司其职、各负其责，一个统一领导、分级实施、相互协同的合规体系逐步形成。截至2006年底，总行合规部已形成一支19人的专职合规管理队伍，另在总行本部其他部门有反洗钱信息员（兼职）16名，以及关联交易联络员（兼职）17名。38个一级分行中有11个组建了单独的合规部，4个分行与法律部门合署为法律合规部，其他分行是与纪检监察部合署或在其内设立合规部（二级部）或合规团队，承担与总行合规部职责对口的工作。大部分的二级分行本部也设立合规机构和合规岗位，配备专职或兼职的合规人员，在各个经营网点，配备了反洗钱信息员。

三、建设有力的合规文化

作为合规管理的一个重要组成部分，建设银行十分重视合规文化建设工作。合规部自办内部刊物《合规管理参考》，登载行内员工关于合规工作的研究与思考，转载行外有价值的合规管理资料，为全行员工提供一个学习、讨论与交流的平台，鼓励大家为我行的合规管理工作开动脑筋、献言献策。利用部门网页发布行内外重大的合规管理信息以及关于合规管理工作的要求，以此为媒介将合规信息向基层传递、向部门延伸，促进合规文化氛围在全行日渐浓厚。举办各类合规培训班（包括一期境外培训班），组织合规人员学习专业知识，促进对合规工作的了解与热爱，学员业务素质得到普遍提高。参加行业合规年会、研讨会，广泛宣传介绍我行的合规管理实践和成果，增强合规工作在行内外的渗透力和扩散面。

四、着力做好专项工作，成效初步显现

在合规管理体系初步形成、管理制度平台逐步坚实的基础上，各项合规工作逐步走上正轨，成效初显。

（一）关联交易系统建设取得阶段性成果

经过近一年的研究开发，关联交易申报和信息披露系统（一期工程）于2006年5月验收后在全行启用，并及时制定实施配套的《关联交易申报登录管理办法》、《关联交易申报登录实施情况检查工作管理办法》、《关联交易申报登录违规责任追究办法》

2006年11月30日，中国建设银行合规部在山西省分行举行了关联交易管理工作座谈会。

等，确保系统的有效运行。通过系统的启用及相关管理措施的落实，截至12月底，通过关联交易系统申报登录的关联法人有2 139家、关联自然人636人，系统保存的有效关联交易信息达32 416条。对单个关联方授信余额占资本净额的最高比例为3.6%，控制在银监会规定的不得超过10%的比例内；对单个关联法人或其他组织所在集团客户的授信余额占资本净额的最高比例为14.36%，控制在银监会规定的不超过15%的比例内；全部关联方授信余额（按照银监会的统计口径，计算授信余额时，扣除了授信时关联方提供的保证金存款以及质押的银行存单和国债金额）占资本净额的比例为18.36%，控制在银监会规定的不超过50%的比例内。

（二）反洗钱工作取得明显进步

经过积极推动，2006年，建设银行反洗钱管理工作有明显进步，各级领导对反洗钱工作的重视程度和基层单位对反洗钱的规范管理、合规操作、尽职报告等工作都有较大改善，大额交易和可疑交易信息的报告数量和质量不断增多，经人民银行检查符合监管要求的单位数量逐年增长，因违规而被处罚的单位数量和处罚金额大幅减少（比上年分别减少61.3%和62.5%）。在完善制度管理、落实重要事项报告、开发可疑交易和黑名单系统、配合完成相关国际合作义务和调查事务、对分行进行检查（指导和通报）、加强反洗钱培训宣传等工作方面，2006年也有许多新进展、新成果。特别是年终组织召开的总行反洗钱领导小组第四次会议，审议通过了建设银行关于反洗钱管理和大额、可疑交易报告的两个管理实施办法，为2007年和以后年度反洗钱管理工作更好地履行法定义务和符合监管规范奠定了基础。

（三）授信业务责任认定工作取得新进展

2006年6月，建设银行印发了新的《授信业务经营、审批责任认定办法》（以下简称新《办法》），新《办法》对责任认定工作的定位、目标、范围、权限、标准、流程等作了进一步明确，提高了新《办法》的可操作性。2006年对银监会上年现场检查发现的问题、内审部门对分行全面审计发现的问题、“假按揭”贷款问题、承兑汇票垫款项目、《重大信贷风险事项情况简报》中反映的问题、总行审批确认的11户损失类贷款项目等进行责任认定。据统计，全行完成信贷责任认定31 300笔，涉及贷款金额544.12亿元。经认定，应承担责任的人员6 333人，其中，记大过以上处分112人次，记过93人次，警告299人次；组织处理191人次，批评教育751人次；经济处罚2 981人次。大多数分行都已完成当年责任认定范围80%以上项目的责任认定工作。总行还对广东、河北、四川、青岛等分行部分贷款项目授权进行责任认定，对涉及总行本级贷款的个别项目直接界入责任认定，使新《办法》逐步在全行得到贯彻。

合规部
执笔人：王　华　徐婉霞
审稿人：王艳薇

法律事务

一、强调“法律工作创造价值”理念

2006年5月25日至26日，全行法律工作会议在北京召开，会议主要内容是贯彻落实全行工作会议精神，回顾与总结近阶段法律工作，分析法律工作面临的形势和存在的问题，明确今后一个时期法律工作的主要任务。常振明行长出席并作了题为《防范化解法律风险，促进银行价值创造，努力开创法律工作新局面》的讲话。会议提出“法律工作创造价值”理念，指明全行法律工作今后的发展方向和目标，为继续深化法律工作、推动法律工作向纵深发展奠定了坚实基础。

二、强化法律风险管理

（一）启动全行格式合同制定和修改工作

2006年，总行法律事务部牵头组织启动了第二次全行性合同文本制定与修改工作，此次制定与修改涉及对公和对私主要业务约15大类200余种合同文本。6月至8月，法律事务部向总行各部门和各分行充分征询原合同文本意见；11月初，完成合同文本第一稿并征询总行各部门和各分行的意见；11月至12月，先后牵头召集三次合同文本草案论证会，组织总分行法律与业务人员进行研究讨论，开始制作合同文本第二稿。此外，总行法律事务部还组织修订了27种合同文本的英文版合同；制作资金证明、保理业务付款通知书等英文格式文本；根据最高人民法院最新司法解释对信用证开证合同等11种文本进行了修订。

（二）开展法律性文件审查和法律风险提示

2006年，全行法律部门共审查各类法律性文件约17万余份，涉及金额17 765亿元，审查份数、审查涉及金额与上一年度同期相比均有较大幅度增长。总行法律事务部审查总行各部门送审的法律性文件900余份、规章制度草案300余件次，进一步保证了有关合同协议以及总行出台的规章制度合法合规。向总行相关部门分析、指出业务活动中的法律风险点并给予防范风险的建议，全年共出具9期《总行本部法律风险提示》，内容涉及商业秘密保护、电子银行自助签约等各方面。

（三）处理重大诉讼案件事件

2006年，全行法律部门办结民事案件15 643件，胜诉案件15 020件，胜诉率为98.4%（以金额算），比上一年度上升1.4个百分点，结案金额232.4亿元，执行回收金额57亿元。山东省分行诉中国银行3.55亿元票据贴现纠纷案，最终取得一审、二审全部胜诉，实现了本金、利息和罚息全额收回，张建国行长专门批示“总行法律部与山东省分行密切配合，多次化解了对我行不利局面，取得判决胜诉结果，值得肯定”。上海市分行协助湖北省高级人民法院扣划中国证券登记结算公司9 900万元存款一案，总行法律事务部会同总行机构业务部、上海市分行以及湖北省分行，经过两年多艰苦努力，于2006年底一次性挽回全部经济损失，使这宗对银行声誉和效益均可能产生较大不良影响的事件得到圆满的解决，张建国行长在结案报告上批示：“很好。总分行联动，依法合规，据理力争，很好地维护了我行的权益和形象。值得肯定。可以在内部做个案例通报。”为此，总行下发了《关于表彰侯太领等五名人员的决定》，对总行法律事务部侯太领、严斌，总行机构业务部杨虹，上海市分行丁伟民，湖北省分行孙素雅五位同志进行了表彰。

三、积极支持业务创新与发展

（一）参与新业务、新产品研发

全行法律部门积极贯彻“以客户为中心”理念，参与了总、分行多项新业务、新产品的研发工作，如参与了QDII代客境外理财业务、商用物业抵押贷款业务、中小企业联贷联保业务、国际贸易货押融资业务、直接出口保理业务、信托理财产品等新业务研发与设计40多项，为总、分行各项业务创新工作提供了流程设计、规章制度起草、法律性文件制作与审查等全方位的法律服务，确保了创新产品合法有效，满足了建设银行业务发展的需求。

（二）参加全行重大业务项目

全行法律部门积极参与全行重大业务项目谈判，积极发挥法律工作对业务发展的支持保障作用。据不完全统计，2006年总行法律事务部全程或阶段性参与了建设银行收购美银亚洲项目、员

2006年5月25日，中国建设银行法律工作会议在北京召开。

工持股项目、工程造价咨询甲级资质承继、国际航空公司香港股权收购项目等重大谈判80多项。

四、有效开展知识产权保护

（一）加强核心商标在境内外的知识产权保护

在国内，我行为行徽、“建行”、“CCB”和“龙卡”四个商标申请了全部四十五大类保护；为“中国建设银行”、“China Construction Bank”等申请了多类保护。在国外，继行名行徽组合商标在境外六国（英国、日本、新加坡、韩国、美国和德国）圆满完成注册之后，又将行徽、“中国建设银行”“China Construction Bank”等核心商标在上述国家提交了注册申请。

（二）加强产品创新过程中知识产权的保护

2006年，总行提出产品类新商标注册24件，对“939”、“商物通”、“快e融”、“存贷通”等进行商标申请；提交20项专利申请；“财政统发工资管理系统”、“固定资产实物管理系统”等4个系统软件在国家版权局成功进行软件版权登记。

（三）确权工作取得实效

在境内，建设银行的“e路通”、“乐管家”、“百易安”等共7个商标被授予商标专用权。在香港，行徽、CCB及其组合、行徽与中英文行名的组合等8个商标被授予香港特别行政区商标专用权。在境外，行名行徽组合商标境外申请全部获得授权。

五、提升法律工作基础管理水平

（一）起草、修订法律工作管理有关规章制度

2006年8月，总行印发了《中国建设银行知识产权管理办法（试行）》（建总发［2006］247号）；9月，印发了《中国建设银行法律纠纷和解管理办法》（建总发［2006］260号）；11月，印发了《中国建设银行法律性文件签字用印管理办法》和《中国建设银行签字样本管理办法》（建总发［2006］298号）。《中国建设银行法律纠纷和解管理办法》出台后，很多分行都结合本行实际制定了实施细则。湖南、河南、厦门等分行根据该办法，在总行规定的权限内成功地开展了和解工作。12月，总行组织召开了首次法律纠纷和解评审会议，审议通过了湖南省分行上报的湖南省澧县支行与澧县三家信用社存款纠纷和解方案。

（二）法律工作管理信息系统上线

11月8日，中国建设银行法律工作管理信息系统正式上线运行，该系统能够提供各类查询和统计，为领导决策提供相关信息资料，实现法律性文件审查、案件管理等法律工作信息化、电子化管理，进一步规范了法律工作流程，提高了工作效率。

六、推进法制建设

（一）参与推动国家立法

全行法律部门积极做好立法征询工作，2006年，对《物权法》、《合伙企业法》和《金融租赁公司管理办法》草案开展深入研究，立足银行实际情况向立法机构提交了意见，努力营造有利于银行改革与发展的外部法制环境。

（二）制定法制宣传教育“五五”规划

9月，总行制定下发了《中国建设银行开展法制宣传教育第五个五年规划》（建总发［2006］252号），明确了建设银行“五五”普法指导思想、主要目标和工作原则，指出此阶段的主要任务是深入学习宣传《宪法》、国家基本法律以及党和国家关于民主法制建设的理论、方针和政策以及经济金融法律法规等。在对全国法制宣传教育先进集体和先进个人进行表彰的活动中，中国建设银行厦门市分行、广西壮族自治区分行、深圳市分行法律事务部荣获“2001—2005年全国法制宣传教育先进单位”称号，广西壮族自治区分行宾爱琪、湖南省分行尹桢荣获“2001—2005年全国法制宣传教育先进个人”称号。

（三）加强法律培训与宣传

为了加强对法律人员的专业培训，3月23日至24日，总行在北京举办全行“银行业务法律标准培训班”，培训内容包括信用证纠纷、劳动争议、按揭纠纷案件、贸易融资案件等，各一级分行辖内主要从事诉讼工作的法律人员及总行风险、合规、信贷、保全、法律等部门的近100人参加了培训。此外，法律部门还积极为全行业务人员培训相关法律知识，开展法律知识普及教育，本年度为国外保函业务培训班、第二届高级产品经理培训班等讲授有关法律课程。

法律事务部

执笔人：邱纪成　宁　欣

审稿人：严　斌

安全保卫

安全保卫部门的主要职责是：负责内部治安保卫管理、安全生产监督管理和突发事件应急处置，保障全行内部经营秩序稳定。

2006年，全行没有发生重大抢劫、盗窃、涉枪案件以及安全生产责任事故和影响社会稳定的事件，金融诈骗、盗窃、抢劫案件与上年同期相比降低50%，各类案件的涉案金额与上年相比下降89%。

一、开展全行安全保卫工作指导、检查和监督

一是提出在全行系统开展创建"平安建行"活动建议。在调查研究的基础上，起草《中国建设银行关于深入开展创建"平安建行"活动的意见》，制定下发《中国建设银行涉外安全管理暂行规定》（建总发［2006］315号）。二是加强重要时段安全管理。将元旦、春节、"五一"、国庆长假以及两会和建设银行重大活动期间作为安全保卫的重点，加强安全防范。临近节日和重大活动前及时下发通知，周密部署安全保卫工作，督促各级机构加强安全防范和维护稳定工作。2006年7月，全国部分地区降水偏多，一些省（市）先后发生洪涝、崩塌、滑坡、泥石流等地质灾害，部分地区持续高温天气，总行及时下发《关于做好防汛救灾和防暑降温工作的通知》并转发《国务院办公厅关于进一步做好防御台风等灾害性天气工作的通知》等有关文件，对各分行防汛、防暑工作进行部署。三是认真开展所辖机构的安全检查，对部分分行及所辖机构的日常安全保卫工作、维护稳定等情况进行检查，就检查中发现的问题、安全隐患及整改措施进行通报，并刊发《安全保卫动态》，要求各分行注意自查是否存在类似问题和安全隐患，及时整改，防患于未然。四是开展安全培训，举办由一级分行安全保卫部负责人参加的培训班，围绕突发事件课题进行研讨，聘请有关专家就银行危机管理、金融案件调查与管理、群体性事件处置、安全事故和自然灾害的预防及处置进行授课。通过培训，提高了相关人员对预防和处置突发事件工作的认识和理解。

二、加强应急管理，妥善处理各类突发事件

2006年1月12日，建设银行下发了《关于加强安全保卫工作和健全突发事件应急管理机制的通知》（建总函［2006］21号文），要求全行做好应对各类突发事件工作，保障安全。总行组织进行了如下工作：一是加强金融诈骗、盗窃、抢劫和涉枪案件管理。组织相关业务部门加大对重大案件查处力度，大要案发生时，以最快速度到达案发现场，掌握第一手资料，及时了解案件的基本情况、案发机构的基本情况以及涉案嫌疑人的基本情况，在查清事实的基础上分析作案手段，找出案件发生的原因以及主要业务部位存在的风险隐患和应该吸取的教训，提高操作重点环节的预警能力。二是对已发案件及时进行分析和总结。为做好案件的分析和总结工作，及时对当年所发案件情况进行分析和总结，编写半年案件情况分析和全年案件情况分析，全面深入分析案件作案手段、案发原因，剖析业务部位和系统的安全隐患和主要风险点，在分析和总结中提出工作建议，提醒分支机构在开展业务时注重对主要环节风险点的防范，排查案件易发部位。三是加强成功堵截案件管理。制定《中国建设银行成功堵截和防范案件报送工作的通知》（建总函［2005］656号），要求各分行严格按照《中国建设银行涉外安全管理暂行规定》的要求，按时上报成功堵截和防范的案件。编发成功堵截典型案例，针对分行成功堵截的四类案件，精心挑选部分典型案例，编成《安全保卫动态》下发全行，对作案手段和关键疑点进行分析，提醒分行加强防范，防止类似案件发生。2006年，全行成功堵截金融诈骗、盗窃、抢劫案件64件，堵截风险金额14 442.8万元。四是指导妥善处置群体性事件。针对群体性事件往往在节假日和敏感期发生的特点，总

行先后在元旦、春节、两会和“八一”建军节前向全行发出通知，要求各行认真制定并落实应急预案，做好群体性事件的预防工作，把矛盾化解在萌芽状态，并取得了较好成效。

三、加强内部管理和队伍建设

针对建设银行股份制改革及实现公开发行上市，安全保卫工作面临新的工作环境和内容等情况，要求全行安全保卫岗位员工要爱岗敬业、踏实工作。为了适应全行安全保卫工作职能的新变化，重点加强了对安全生产监督管理和突发事件应急管理处置方面政策和业务的学习研究。通过加强培训和学习，安全保卫条线员工的业务水平和工作技能有所提高。

安全保卫部

执笔人：任亚民

审稿人：谭光明　厉　飞

党建工作与队伍建设

班子、队伍建设与教育培训

2006年，人力资源管理为适应建设银行上市新形势，优化资源配置，深化管理改革，为建设银行业务发展和经营机制转变提供了有力的人力资源保障和支持。

一、巩固共产党员先进性教育成果，建立保持共产党员先进性长效机制

一是在全行系统开展了先进性教育“回头看”活动，全面检查和评估突出问题整改措施的落实情况，进一步巩固和扩大了先进性教育活动成果。

二是下发了《关于进一步加强和改进基层党组织建设的意见》、《关于加强党员学习的意见》、《关于进一步加强发展党员工作的意见》、《民主评议党员实施细则》、《党员领导干部民主生活会实施细则》、《一级分行“四好”领导班子创建活动考核办法》六个文件，建立了保持共产党员先进性长效机制。

三是组织开展了以“政治素质好、经营业绩好、团结协作好、作风形象好”为主要内容的“四好”领导班子创建活动，并制定了“四好”领导班子考核办法。厦门市分行被中央授予全国国有企业创建“四好”领导班子先进集体称号。

四是结合建党85周年，全行系统开展了评选先进基层党组织、优秀共产党员和优秀党务工作者的活动，并对120名优秀共产党员、60名优秀党务工作者和88个先进基层党组织进行了表彰，同时向中组部推荐了李向党为全国优秀共产党员，北京市分行东四支行党委为全国先进基层党组织，在全行基层党组织和共产党员中形成了学先进、讲奉献、比贡献的良好氛围。

二、培养、引进高级管理人才，充实调整各级领导班子

一是按照总行党委统一部署，根据各一级分行、培训中心、总行部门领导班子建设需要和班子缺职情况，对32个一级分行和

1个培训中心的领导班子进行了调整补充，其中提拔使用45人，平职调整、交流和系统外调入25人，涉及一把手调整的有15个一级分行；对总行部门级人员进行了调整补充，提拔任用55人，平职调整、交流和系统外调入46人。另外选拔聘任一级分行风险总监36人。

二是积极推进总行各部门之间、总行与各分行之间和各分行之间的干部交流。总行本部有34名部门级领导人员跨部门交流任职，各一级分行一把手中有11人交流到总行或异地分行任职，从分行提拔的7位一把手全部为异地交流提拔，聘任的36名一级分行风险总监中有35名为交流任职。

三是加强后备人才队伍的充实和培养。对9个分行一级分行副行级领导人员后备人才建议人选进行了选拔和推荐。经过两年多的时间，建设银行初步建立起了一支覆盖各层级管理岗位、数量达8 300多人的后备人才队伍。在清华大学经管学院举办了第5期青年管理人员培训班，培训学员45人，至此，通过5期青年管理人员培训班，累计培训231名一级分行副行级领导人员后备人才。与美国纽约城市大学合作，举办2期青年管理人员境外培训班，共培训36名优秀青年管理人员，培训内容涵盖美国金融市场运行全貌、现代商业银行和投资银行经营管理理论与实务、全球金融市场热点问题研究、公司战略和人力资源管理等。

三、完善审计人员系统管理，保障风险体制改革所需人员的合理调配

一是配合审计部制定并实施了审计分部和驻地总审计室的人力资源整合方案，整合后，审计分部的处室个数比改革前减少了8个，人员总量减少了36人。开展了审计系统的管理岗位和专业技术岗位聘任工作，共聘任1 681人，管理岗位职务326人，其中提拔任职35人；专业技术岗位职务1 355人，其中提拔任职1 082人。初步建立了审计条线人力费用预算管理体系，拟订了总审计师的薪酬管理政策。逐步建立了人员分流和竞争淘汰机制，优化调整了审计系统员工队伍结构。

二是根据风险体制改革总体方案的要求，拟订了一级分行风险总监选拔配备方案，38名一级分行风险总监按时配备到位，并明确了风险总监的薪酬、培训和绩效考核机制。开展了二级分行风险主管选拔配备工作，全行共有538名风险主管通过任职资格审查，其中本科及以上学历人员占比达到86.7%，平均年龄为39岁。

四、进一步加强专业技术岗位职务管理工作

一是根据专业技术岗位职务聘任规划积极推进各分行专业技术岗位职务的聘任工作，2006年全行共聘任专业技术岗位职务32 012人，比2005年增加10 438人，增幅为48.4%。

二是进一步建立和完善专业技术岗位职务题库。为规范全行专业技术岗位职务管理，确保全行专业技术岗位职务竞聘考试和专业答辩的公正性、权威性，在2005年已建立的客户经理（公司及机构业务）、客户经理（个人业务）、审计师、执行会计师四个系列专业技术岗位职务题库建设的基础上，启动并完成了财务师和信息技术工程师题库的建设工作。专业技术岗位职务题库建设有效地推动了各级分行专业技术岗位职务的聘任工作，提高了竞聘组织工作的科学性和严密性。

五、坚持贯彻全行人员总量控制和结构调整

一是在控制总量的同时，引导人力资源向前台、向一线调整。在各级行人员需求旺盛的情况下，2006年人员总量基本得到有效控制，年底全行用工总量为333 963人，比年初仅增加723人，其中，中长期劳动合同员工247 530人，净减少1 502人；短期劳动合同员工49 614人，净减少1 319人；劳务人员36 457人，净增加3 505人。

二是通过梳理信访争议、剖析普遍性问题。比如内退人员及退役军人问题、研究处理办法、指导培训分行用工管理人员等措施，各级行处理劳动争议的政策水平和实际处理能力得以提高，促进了有效化解劳动权益类的风险点和劳动争议。

六、规范薪酬、福利管理，建设长期激励机制

一是深入贯彻国家收入分配改革政策，合理调整了基本工资总量及占比，充分发挥工资分配的保障功能，建立了员工最低工资保障线制度。建立健全高管薪酬制度，修改完善董事、监事和

高管人员薪酬分配办法，为董事、监事和高级管理人员首次投保了D&O保险。

二是完善以关键业绩指标为主的绩效考评体系，印发了《中国建设银行一级分行领导人员关键业绩指标（KPI）考核暂行办法》，增强关键业绩指标考核与激励约束力度，将关键岗位人员与建设银行价值创造和发展战略目标实现更紧密地结合起来。

三是在员工福利方面，深化完善了企业年金制度以及住房分配货币化改革，按时足额缴存"五险一金"，探索补充医疗保险商业化运作模式。

四是董事会审议通过了员工股权激励方案，长期激励机制建设取得实质性进展。

七、全面实施员工培训计划，提高全员素质

一是全行各级机构都加大了对培训以及培训平台建设的资金、人力、科技等资源投入，形成了多层次、多渠道、多形式的全员培训工作局面，对人才培养、提升各层次员工的履岗能力发挥了重要作用。全行共投入培训经费2.65亿元，举办各类脱产培训项目7 071期，比上年增加3 384期；培训40.22万人次，比上年增加8.26万人次；总计93.5万人天，人均2.83天，重点突出了对一线员工的培训，并对培训对象进行了细分，探索创新培训形式，提高培训的针对性和培训效果。

二是加强培训基地建设，充分发挥总行高级研修院、哈尔滨培训中心、常州培训中心和香港培训中心的骨干作用，同时充分利用战略投资者美国银行和淡马锡的优势资源，各有侧重地开展培训合作，为建设银行培训工作注入了新活力，也将培训工作提高到了一个新的层次。

三是充实建设银行培训师资力量。在行校培训合作、充分利用著名高校师资资源的同时，启动了行内兼职师资库建设。总行建立了首批兼职师资库，共确立了421项业务和产品的423名兼职教师，各分行也培养了1 244名兼职师资。完成了远程培训学习系统（一期）的开发和建设，总行个人学习网已经具备一定的远程培训学习资源和条件。

八、推进总行本部深化人力资源管理改革

2006年下半年，总行本部全面实施深化人力资源管理改革，旨在建立岗位管理体系，推行岗位管理，优化人力资源配置，加强绩效管理，完善薪酬分配体系，充分调动总行本部员工的积极性、主动性和创造性，为推动建设银行战略转型、实现建设国际一流商业银行目标提供支持保障。改革的主要核心是以岗位为基础，构建以岗位管理、绩效管理和薪酬管理为基本内容的市场化人力资源管理模式。

九、完善人力资源管理信息系统建设

2006年，总行组织研发了人力资源管理信息系统数据集中项目，该项目借鉴国内外前沿的人力资源管理理念、参考国际领先的ORACLE、PEOPLESOFT、SAP等ERP—HR产品，充分利用美世（MERCER）等咨询公司的咨询成果，结合建设银行人力资源改革与发展战略，突破了传统部门级人力资源管理信息系统（HRMIS）的概念，在国内金融业率先建立了基于数据大集中模式的，以人力资源基础数据平台、业务运作体系和共享分析平台三大平台为核心的，面向决策层、部门条线层、员工层、业务操作层和数据交换层的多层次、全方位的企业级人力资源综合处理系统，获得了中国建设银行金融科技进步一等奖，并于2006年11月开始正式上线运行，为全行人力资源开发、管理和服务工作提供了有力的信息支持和保障。

人力资源部
执笔人：戚蓉蓉
审稿人：刘　英

党风廉正建设与案件查防

一、进一步加强对领导人员的教育和监督

全行加大反腐倡廉学习、宣传和教育力度，许多分支机构专门组织领导人员学习有关法律法规和建设银行规章制度，学习中央和总行有关领导人员廉洁从业的规定和要求，重点对照检查总行党委提出的“廉洁自律六项要求”的贯彻落实情况，使领导人员遵纪守法、廉洁从业的意识进一步增强，艰苦奋斗、勤俭节约的优良传统得到发扬，迎来送往、公款宴请、赠送礼品、公私不分等不良风气有了明显好转。

总行加强了对一级分行领导班子的巡视监督。总行纪委会同组织部、审计部组成2个巡视组，分别对辽宁、黑龙江、江苏、广西、甘肃、新疆6个分行的领导班子进行了巡视，促进了被巡视分行领导班子的思想作风建设。

党内监督的各项制度得到落实。各级党组织认真组织学习党章，贯彻落实党内监督条例，坚持和完善了领导人员谈话、述职述廉、民主生活会等制度，加强了对同级和上下级的监督。全年各级行谈话9 167人次，述职述廉18 420人次。

对领导人员的问责力度进一步加大。总行出台了《中国建设银行领导人员问责办法》，各分行结合实际制定了问责的实施细则，在领导人员违反廉洁从业规定、用人失察失误、管理失职渎职等方面加大了问责力度。2006年，全行因各种问题被追究责任的一级分行行级领导人员有8人，二级分行行级领导人员和分行部门总经理级领导人员有543人。

二、深入开展案件专项治理

与上年相比，全行实现案件总数、涉案金额、百万元以上案件数量“三个下降”。全行通过查处案件，直接挽回经济损失3 293万元。全行还成功防范和堵截各类案件64件，避免或挽回经济损失14 443万元。2006年以前几个案件高发的分行经过全面整治，案件数量和涉案金额都大幅度下降。

在案件专项治理工作中，一是全行组织开展了“防范案件风险，确保资金安全”的大检查。各级行共派出检查组4 000多个，检查人员35 000多人次，发现了许多问题，其中总行会计部、个人金融部、营运部和纪检监察部共同组织了4个检查组，对8个分行开展了突击性抽查，发现问题数百起，有关行对应整改的问题及时进行了整改。二是总行有关部门组织全行系统开展了票据承兑贴现业务、资产保全“三项业务”（呆账核销、抵债资产、减免贷款利息）、IT项目、DCC操作系统、会计应收应付科目等专项检查或审计，以提高基础管理水平，增强防案能力。三是针对2005年案件专项治理发现的问题，开展了案件专项治理“回头看”活动，检查整改落实情况，确保整改到位。四是继续加大案件查处力度，坚持防止涉案人员潜逃、防止涉案资金转移、防止不良影响扩大“三个防止”的办案策略，效果显著。五是开展案例警示教育活动。各级分支机构以总行编写的《代价——中国建设银行警示教育案例》为主要材料，结合实际开展警示教育活动，共举办各种形式的警示教育报告会1 386场次，参加听讲人员39 807人次。六是加强案件分析和预警。通过案件专题剖析、编发《案件风险提示》等方式，促进防范案件能力进一步提高。

三、扎实推进治理商业贿赂专项工作

全行按照中央纪委和银监会的统一部署，并结合实际开展了治理商业贿赂专项工作。一是清理了“三类行为”，即清理了不正当交易行为、私设“小金库”和账外资产的行为以及向外单位和下属机构借车的行为。二是开展了“三项排查”，即排查商业贿赂

案件、排查员工投资办企业行为和排查员工“黄、赌、毒”等违法违规问题。通过自查自纠和排查，发现不正当交易行为43起，能够整改的29起当即完成了整改；发现并纠正了15起私设“小金库”问题。总行和各分行专门设立了举报电话和电子邮箱。总行主要业务部门在本业务系统开展了清理工作，制定了相应的内部管理制度。有的分支机构还制作了反商业贿赂宣传挂图，与员工签订了杜绝商业贿赂承诺书。三是就相关政策界限问题开展了广泛的调查研究。各分行撰写了30多篇调研报告，总行加强了对不正当交易行为和正常商务活动政策界限以及员工经商办企业政策界线的研究。

通过专项治理，初步实现了“两个规范”，即规范各级机构经营行为，规范各级领导人员从业行为；并实现了“两个促进”，即促进建设银行业务持续健康发展，促进建设银行树立更好的社会形象。

四、对案件和审计发现问题严肃问责和整改，开始推行违规积分管理

据统计，全行共处理违法、违纪、违规、失职人员11 603人次。其中，政纪处分1 585人次，党纪处分94人次（含并处），处理涉案人员及相关责任人473人。

对审计发现的问题，总行纪检监察部牵头组织了两次整改工作，一次是对第二季度审计部门全面审计13个一级分行发现问题的整改，整改率达到86%；另一次是对风险管理部门收集整理的2005年1月至2006年8月内外部审计、检查发现问题的整改，涉及总行22个部门，整改率达到90%。两次整改共处理348人，其中纪律处分18人，罚款处理135人，罚金共计11.5万元。针对某些集体违规行为，责令其退还不当得利，体现了整改工作的严肃性。

2006年全行开始推行违规行为积分管理，全行有43 311人共被积分101 852分，有7 979个分支机构共被积分83 982分。被积分的员工占全行员工总数的14.3%。通过积分管理，员工按章操作的自觉性得到增强，违规违章问题屡查屡犯的现象也得到初步遏制。

五、认真查办群众信访举报的突出问题

对中央纪委、银监会等上级领导机关转我行查报结果的25封举报信，在规定时间内全部办结。对总行领导批示转纪检监察部办理的60封举报信以及其他内容具体、线索清楚、署名真实、可查性强的信访举报，总行直接组织力量核查或转分行查报结果。各分行按照“多查少转”的要求加大了直接核查力度，核查质量有所提高。有的分行一把手亲自对举报问题作出批示、听取汇报，有的纪委书记亲自带队进行现场核查。核查后，对确有违规违纪行为的人员进行了严肃处理，对有苗头性问题的领导人员进行了提醒谈话，对反映不实的问题在一定范围内进行了澄清，旗帜鲜明地支持和保护因锐意改革、严格管理而被人恶意中伤的领导人员。为配合治理商业贿赂专项工作的开展，总行和分行集中力量对群众反映的领导人员不廉洁行为及商业贿赂问题进行了专门核查，按时办理了银监会治贿办转我行查报结果的10封举报信件。全行通过信访，给予党纪政纪处分共44人次，进行信访诫勉谈话和提醒谈话481人次。2006年7月总行信访办公室从纪检监察部划出后，纪检监察部突出了查处违法违纪违规行为的职能，集中力量对做好新形势下信访举报工作的方式方法进行了探索，围绕畅通信访举报渠道、强化对信访举报线索的综合分析、加强督促检查、严肃责任追究四个关键环节，做了大量基础性工作。

六、继续从源头上预防和治理腐败

各级行认真贯彻落实总行党委下发的《中国建设银行建立健全惩治和预防腐败体系实施意见》，结合各项具体工作，大力推进惩治和预防腐败体系建设；各级行积极推行行务公开，广大员工的知情权、参与权和监督权得到了更好的保证；纪检监察特派员、委派会计主管对基层机构的监督得到了加强；总行设立集中采购部后，纪检监察部进一步加强了对采购活动的监督，不少分行制定了专门的集中采购监督办法。总行纪检监察部全年监督集中采购项目280余项，其中现场监督170余项，非现场监督110余项，促进了集中采购工作的规范开展。

七、加强纪检监察队伍建设

截至2006年底，全行有各级纪检监察机构726个，配备专职

纪检监察人员 2 318 人，兼职 2 152 人。部分一、二级分行配备纪检监察特派员共 891 人，对 1 466 个基层机构实施监督。二级分行以上纪委书记和纪检监察部门负责人撰写调查报告和研究文章1 608 份，其中一级分行纪委书记和纪检监察部总经理向总行报送 58 份，促进了纪检监察工作水平的提高。总行启动了纪检监察信息管理系统的开发工作，完成了前期立项、需求论证及招标事项。总行在深圳、香港两地成功举办了纪委书记培训班，各分行也加强了对纪检监察人员的培训。

纪检监察部

执笔人：刘文锦

公共关系与企业文化建设

一、积极推进企业文化建设，不断提升建设银行的凝聚力和竞争力

紧紧围绕全行发展大局和中心工作，以学习实践建设银行战略愿景、使命和“以客户为中心”的经营理念引领员工，在提升全行的服务质量、核心竞争力和品牌形象方面取得了明显的成效。

一是深入学习宣传战略愿景。为使建设银行的战略愿景深入人心，在全行范围内组织开展学习实践战略愿景、转变经营理念大讨论等活动。总行及各级分支机构紧密结合经营管理和业务发展，充分运用党委中心组学习、专题培训、集中研讨、知识竞赛等形式，组织学习教育；利用内部网、《建设银行报》、企业文化简报、宣传栏、文化长廊等载体，开展学习、传播活动；总行与 20 个分行建立沟通联系制度，进行学习交流，强化了员工对战略愿景的认知和认同。同时，积极构建建设银行文化要素体系，向全行员工广泛征集文化要素表述语 166 条。在充分准备的基础上，建设银行于 2006 年 12 月中旬，在珠海召开构建文化要素和修订《员工行为规范》研讨会，为构建和完善建设银行文化要素体系奠定了良好的基础。

二是积极推进服务文化建设。着力抓服务品牌的培育、提升和宣传。运用对标管理，对“向党工作站”、“红梅理财中心”、“何晓工作法”等服务品牌进行提升和总结，将其服务理念、模式和做法推广到其他分支机构，充分发挥其带动、影响和激励作用。

三是加强企业文化建设“示范点”的指导和管理。为加强企业文化“示范点”建设，与专业咨询公司合作，按照策划、实施、检查、改进（PDCA）循环过程控制的要求，重点对总行级“示范点”在认知与落实“战略愿景”和“以客户为中心”的理念、优化业务流程与服务质量、强化风险内控、推进服务文化建设等方面的情况进行专业审核。这次审核改变了传统的检查模式，而是以审计形式，基于事实，用事实和数据说话，给各个“示范点”单位注入了新的管理理念，对于推进企业文化“示范点”建设起到了积极作用。

二、积极传播和维护建设银行上市公司的良好形象，新闻宣传工作取得明显成效

围绕建设银行上市一周年经营管理和改革发展取得的突出业绩和国际资本市场的高度评价，积极探索并实践现代企业新闻宣传工作模式，采取多种整合营销传播形式，逐步形成了新闻发布会与发言人谈话、集中采访与单独专访、高层访谈与部门专访、一般报道与深度报道、境内采访与境外采访、平面报道与网络报道相结合的工作方式，有效拓展了新闻宣传的渠道和覆盖面，在境内外提升了建设银行上市公司的良好形象和声誉，为建设银行改革发展提供了有力的宣传保障。

一是围绕全行中心工作开展新闻宣传。重点结合业绩发布、上市一周年、重大改革出台等时机，及时宣传建设银行在完善公

司治理结构、推进业务发展战略转型、加强服务和产品创新、风险内控管理、提高综合竞争力等方面所取得的成果。先后邀请120多家境内外媒体，组织了中期业绩新闻发布和多篇深度报道，协调安排总行领导和高管层系列采访、论坛、年会80多次。一年来，全行共在境内外媒体刊播新闻稿件1.8万余篇（条）。

二是配合业务部门产品和服务创新及业务拓展，开展宣传营销工作。2006年，协调组织名校卡、名企卡等新型产品及服务发布新闻报道180多次，发布重要的银企、银政合作协议签字仪式新闻报道110多次，组织发布宣传我行改革发展举措和成效、奖项荣誉展示以及产品和服务创新的新闻通稿170多篇次。

三是加强新闻宣传工作的制度建设。先后制定了《新闻宣传管理办法》、《突发事件新闻发布管理规定》、《新闻发言人制度》、《关于向新闻媒体发布信息的工作指引（试行）》、《突发事件新闻媒体应对指引（试行）》等办法，进一步规范新闻宣传管理。

四是及时主动做好突发、危机事件的媒体公关工作。处置多起媒体危机事件，有效地维护了建设银行的品牌形象。根据《中国建设银行股份有限公司突发事件新闻媒体应对指引（试行）》的规定，规范了一级分行监测、上报负面报道的工作流程。此外，积极做好媒体监测、舆情分析工作，为行领导及相关部门、分行的工作提供舆情参考和信息支持。

三、加大品牌管理和广告营销力度，建设银行的企业形象建设工作得到进一步规范和加强

围绕全行战略和业务发展需要，重点开展了以“品牌统起来、网点装起来、办公楼亮起来、广告牌竖起来、员工制服穿起来、社会责任担起来”为核心的品牌形象和广告营销活动。

一是初步确立了品牌建设发展思路。聘请品牌咨询公司对建设银行现有的品牌进行了梳理，形成了品牌诊断报告，使品牌管理初步有了统一的遵循依据。在全行初步形成了“以企业母品牌为主，产品品牌为辅，品牌服务业务，业务支持品牌”的建设格局，基本改变了过去各自为政的局面。

二是大力推进网点形象建设。为加快建设“蓝色银行”，在年初下发了《中国建设银行营业网点视觉形象建设指引》的基础上，先后在青岛和昆明召开了专题座谈会，对全行按新的形象标准进行网点建设进行推动和指导。2006年，建设银行有近五分之一的网点完成了形象改造，既在客户、同业及社会上产生了良好的品牌宣传效果，也显著提升了员工的士气。

三是加大广告营销力度。全年就加强户外广告宣传多次下发通知，要求各分行在繁华闹市、机场、主要高速公路、旅游区等打出建设银行形象广告和信用卡、房贷、电子银行等重点业务广告，并利用分行办公楼资源做好广告宣传，取得了显著效果。截至2006年底，总行本部及38家一级分行共投放了户外广告路牌241块，达到了在主要大中城市都有了建设银行显著的形象广告牌的目标，较好地宣传了建设银行的服务品牌。支持业务部门进行产品和服务宣传营销，制作了一批质量较高的平面、动画和电视广告；在《人民日报》、凤凰卫视、搜狐网等重要媒体发布了一定数量的广告。

四、积极履行企业社会责任，展示现代金融企业良好的社会形象

贯彻落实建设银行“企业源于社会、发展回报社会、心系国计民生、造福和谐社会”的企业社会责任理念，积极参与各种公益活动，支持我国文化、体育、音乐艺术事业的发展，履行社会责任、回馈社会，受到了广泛赞誉。先后会同有关部门和分行向红十字协会、扶贫基金会、残疾人基金会等慈善机构捐款，帮助困难和弱势群体；向2007年上海特殊奥运会捐款；支持清华大学、北京国际音乐节、内蒙古广播电视艺术团、贵州少数民族博物馆等。其中，建设银行支持上海特奥会的善举受到社会各界的高度关注，建设银行领导在联合国的主旨发言引起有关国家总统和外交使节的关注；向中国扶贫基金会的捐赠活动荣获“第二届中国消除贫困奖”特别贡献奖和中国扶贫基金会“2006扶贫中国行”年度贡献奖，国务院副总理回良玉和全国人大副委员长、全国妇联主席顾秀莲分别向我行领导颁奖。

五、认真做好理论政策学习和思想工作，党委宣传工作职能得到充分发挥

把思想宣传与业务宣传紧密结合起来，坚持做到在理论宣传

中讲业务、在业务宣传中讲政治。

一是认真做好总行党委中心组的学习服务工作及对各分行党委中心组的学习指导。总行党委中心组围绕学习贯彻中央精神和推动全行业务发展实践，全年开展集中学习研讨活动 11 次，涉及银行管理、法律知识、宏观政策、国际形势、艺术鉴赏、历史人文等丰富内容，并通过视频转播与分行共享学习资源，营造了良好的学习氛围，较好地提升了各级领导人员的理论素养和综合素质。

二是组织开展“体验真诚 创造感动——2006 中国建设银行年度人物”推选与宣传活动，引导广大员工、客户共同参与，层层推选、宣传，旨在评选表彰在平凡岗位上特别是在服务、创新等方面作出突出贡献的普通员工。活动受到了基层机构和广大员工的热烈欢迎，社会反响也十分积极，达到了生动展示我行员工风采、传播建设银行文化、提升企业品牌形象的目的。

六、积极做好共青团和青年工作，引导青年建功立业、成长成材

坚持服务大局、服务青年、服务基层的方针，以主题活动为载体，以文明创建为依托，不断推进建设银行共青团和青年工作的创新与活跃。全行深入开展了“青春炫服务，满意在建行”主题活动、“青年文明号”创建活动、主题团日教育活动，举行了“青年风采大赛”初赛，组织开展第六届“中国建设银行十大杰出青年”评选、历届十杰的网上论坛以及各种形式的青年营销等一系列丰富多彩的活动，有效地调动了广大团员青年学业务、增技能、比贡献的工作热情。

公共关系与企业文化部

执笔人：杜　媛

审稿人：胡昌苗

第四部分　境内分行改革与发展

北京市分行

北京市分行行长张民

业务发展概况

2006年，北京市分行设分行1个、综合性支行24个、直管支行11个、升格支行104个、分理处9个、储蓄所206个，在岗员工10 340人。截至年底，本外币总资产4 751亿元，较上年增加919亿元，增幅24%；本外币存款余额4 695亿元，较上年增加944亿元，增幅25%，其中人民币存款余额4 517亿元，较上年增加935亿元，增幅26%；本外币贷款余额2 015亿元，较上年增加74亿元，增幅4%，其中人民币贷款余额1 918亿元，较上年增加61亿元，增幅3%。全年实现拨备前考核利润68亿元。

（一）公司业务

推进业务单元制试点，梳理公司业务流程，实现业务流程和管理机制的再造，成为总行首批公司及机构业务产品创新试点分行。在短期融资券、财务顾问、信贷资产转让、企业年金等多项业务的拓展上取得重大突破。开展对公业务客户经理“拓展新客户、应用新产品、储备新资源”营销竞赛活动，组织多场公司业务专项培训。截至年底，本外币企业存款余额2 918亿元，较上年增加435亿元；本外币公司类贷款余额1 572亿元，较上年增加50亿元；票据贴现余额100亿元，其中直贴97亿元，较上年增加86亿元；实现公司类中间业务毛收入4亿元，较上年增加1亿元；AA级（含）以上公司客户信贷余额占比63%。

（二）个人金融业务

以完善差别化服务体系为核心，以调整网点区域布局和内部功能为主要手段，不断强化产品创新，进一步提高对个人客户的整体服务能力，实现个人金融业务快速稳健发展。截至年底，本外币储蓄存款余额1 280亿元，较上年增加222亿元，其中，人民币储蓄存款余额1 218亿元，较上年增加224亿元；外币储蓄存款余额8亿美元，较上年减少349万美元。年内累计代发工资291亿元，新增代发工资单位941个，其中财政统发工资类单位2个，大型龙头型代发工资类单位17个，优质基本结算户132个。滚动推出“利得盈”系列人民币理财产品、“汇得盈”外汇结构性理财产品、代客境外理财产品（QDII）和人民币信托理财产品，理财产品线已从单一的结构性存款发展成为中央银行票据类、债券类、信托类和QUANTO类四大系列。

（三）机构业务

分析客户特点，明确机构类重点客户，建立多支总、分行级任务型团队，加强联动营销，与清华大学、北京协和医院等高端客户建立合作关系，与军队客户签订使用银行承兑汇票协议，实现“211”高校、三甲医院、军队和武警等重点行业的突破性进展。完成市级财政非税收入收缴业务系统上线，与多家地方财政客户达成非税收入收缴业务代理合作意向。代理近千家中央和地方财政授权单位支付业务，代理金额超过600亿元。创新“银协合作”模式，推动信贷资产转让业务取得良好效果。在北京地区开展“建行鑫存管——金秋献礼”大型系列营销活动，为广大股民提供优质服务。

（四）国际业务

以健康发展增效益为目标，通过深化区域销售经理营销模式，建立分行牵头的营销机制。自主研发个人外汇期权交易系统，推出“汇无忧”美元全额到账产品和仓单质押贸易融资产品，为业务快速持续发展奠定了基础。截至年底，外汇全口径存款余额23亿美元；外汇贷款余额12亿美元；全年累计办理国际结算量130亿美元，同比增幅23.14%；实现账面利润1 076万美元。

（五）住房金融与个人信贷业务

以“建行真情个贷，因您更加精彩”、“咱的乐得家，用‘新’服务大家”等一系列业务营销活动为载体，结合北京市场特点，推出固定利率个人住房贷款新产品、房贷直通车——《在京中央和国家机关工作人员个人住房贷款服务方案》、《个人住房贷款业务宽限期还款方法》及《个人住房最高额抵押贷款实施细则》等6项创新产品和9项新政策。建立个人类贷款标准化催收作业流程体系，研发个贷标准化催收数据管理系统和个人类贷款数据监测系统，个贷业务资产质量得到提升。支持北京市委托性住房金融业务，完善住房公积金业务客户经理服务体系，创新委托性住房金融业务新产品和新措施，共推出“95533”电话银行查询公积金缴存支取业务及住房公积金委托提取扣款业务等5项住房公积金服务新举措，推出住房公积金和住房补贴支取入卡、公积金贷款新模式等产品。巩固委托性住房存款余额、住房公积金存款余额和住房公积金贷款余额在本地区同业的领先地位。截至年底，个人类贷款余额443亿元，较上年增长24亿元，居北京地区同业市场首位。

（六）其他业务

银行卡发卡总量达903万张，其中贷记卡累计发卡57万张，同比增长117%；借记卡累计发卡824万张。银行卡实现消费交易额256亿元，同比增长157%，同业占比19.5%。银行卡中间业务收入2亿元，占分行整体中间业务收入的25%。累计发展特约商户6 843家，占北京地区银行卡特约商户总量的14%；POS机安装数量近9 000台，MIS直联商户22家，同业排名第一；全部收单交易量连续多年同业排名第一。

进一步延伸电子银行业务服务领域，加速市场拓展。开通网上个人跨行转账交易、小灵通充值、公积金查询、代发工资等功能，推出电话外汇期权交易系统、电话支付、英语服务、银彩转账及短信通知等特色业务，针对VIP客户开通电话优先接入、“95533”服务专线、预约挂号等定向服务，面向集团客户基于重要客户服务系统推出多套个性化资金管理模块。同时，通过与公司业务、个人业务开展一系列整合营销活动，有效扩大了电子银行业务覆盖面，提升了竞争能力。截至年底，电子银行客户数137万户，电子银行交易量3 893万笔、同比增长101%，交易额

2006年8月8日，中国建设银行北京市分行副行长李卫平代表分行与北京市首都公路发展集团有限公司举行125亿元额度授信签字仪式。

41 398 亿元、同比增长 106%。其中，个人客户 136 万户，交易量 3 077 万笔，交易额 519 亿元；单位客户数 1 万户，交易量 816 万笔，交易额 40 879 亿元。

实现中间业务总收入 9.26 亿元，同比增加 2.75 亿元，增幅 42%。支付结算类、代理类、银行卡、交易类和咨询类业务收入额均超过 1 亿元。

（七）资产质量和风险控制

对信贷资产潜在风险状况进行全面排查，彻底摸清资产质量情况。根据贷款损失、风险变动情况适时调整分类结果，及时补提拨备。建立压缩和控制不良贷款行领导重点联系行制度。推出大客户授信风险预警监测报告制度，通报全分行资产质量和重大信贷风险事项。加强个贷资产质量控制，对风险控制委员会确定的“假个贷”还原项目和核销项目逐笔进行分类认定。完成资产保全业务管理系统上线，利用 SARM 系统实现不良贷款时效预警，有效控制时效丧失风险。不良资产处置能力得到增强，处置不良资产 24 亿元，实现不良贷款现金回收贡献度 8.18 亿元。

主要经营举措

（一）建立业务单元组织架构和管理体制

北京市分行全面落实总行业务单元制改革战略构想，加强个人业务单元内人、财、物及客户资源的统一规划和配置；成立公司及机构业务管理委员会，整合业务管理、产品创新和整体营销；个人业务单元实现主营业务净收入 29 亿元，公司业务单元实现主营业务净收入 78 亿元。稳步推进会计管理体制改革，组建后台业务集中处理中心，后台核算系统顺利上线，上收近 70 个对公网点的票据交换提入业务，实现全分行汇划业务的集中处理。完成风险管理体制和保全体制改革，初步建立风险条线垂直管理组织构架和报告线路，稳步推进平行作业和“六个集中”管理工作，存量大中型客户实行平行作业客户超过 60%，新增大中型客户全部实行平行作业；实施较为彻底的资产保全业务集中经营管理模式，不良资产集中度达 95%，初步建立了责任利益明晰、资源配置与责任相匹配的新型保全业务单元组织架构和管理体制。

（二）促进服务水平提升

具有会计基础工作“一级单位”资格的机构上升到 66 个，占全分行升级机构的 40%。顺利完成财税库行横向联网、人民银行小额支付系统、ERPF 系统和全国支票影像交换系统的上线工作。进一步完善关键业绩指标考核办法，试行营业机构等级考核。加强产品定价研究，完成贷款定价审批测算程序。共进行 109 次项目集中采购，较上年增加 26 次；采购预算金额 1.54 亿元，节约资金 0.28 亿元，资金节约率为 18%。开展“零缺陷”服务管理，评选表彰“优质服务行”、“优质服务标兵”，增强员工服务意识；聘请市场调查公司，以神秘客户形式调查网点服务状况。加强服务渠道建设，完成网点建设项目审批 119 个，新增网点 8 家，建设自助银行 110 家，新增 ATM 157 台，新布放其他自助设备 121 台。

（三）推进业务条线队伍建设

完成各级机构领导班子、管理岗位、专业技术岗位和经办岗位人员年度考核。从本级选派工作人员到支行交流，调整市分行本部人员结构。重新核定各部门专业技术岗位职务职数，调整任职资格条件，增加重点系列岗位职务配置比例，拓宽选拔聘任渠道，大力推进业务条线队伍建设。组建青年研究团队，加强领导与基层的联系，重视人才发现和培养。开展以“走向蓝色归属”为主题的招聘活动。继续完善分行机关绩效考评体系，向主要业务和管理部室倾斜。50 名业务岗优秀派遣制员工转制为建设银行中长期劳动合同制员工。提高了离退休和内退人员的工资水平。将履岗、技能培训与员工职业生涯发展规划相结合，采取网络、视频等多媒体技术开展各类培训，全分行共举办培训项目 1 365 个，共计152 962 人次参加。

（四）强化合规经营

北京市分行继续贯彻党风廉政建设责任制，开展“强化合规经营，提升职业操守”主题教育活动。深入开展案件防查工作，全年未发生重大案件与责任事故。扎实推进治理商业贿赂专项工作，加强对不正当交易行为的自查自纠和商业贿赂案件的排查，建立治理商业贿赂长效机制，得到了总行和北京银监局的认可。

撰稿：王　晶

审稿：王　军

天津市分行

天津市分行行长曾见泽

业务发展概况

2006 年，天津市分行资产负债快速发展 。截至年底，一般性存款余额达到 671. 35 亿元，比年初新增 83. 16 亿元，新增存款余额在天津四大行中排名第二位；各项贷款余额 682. 71 亿元，比年初新增 100. 76 亿元，贷款余额及新增贷款在四大行排名中均升至第二位。

天津市分行抓住滨海新区开发开放的大好机遇，加大营销力度，积极向总行申请信贷规模以及相关政策，促进资产业务实现了历史性突破。同时，新增贷款注意向重点区域、重点行业和重点客户倾斜，资产结构进一步得到优化。票据业务健康稳定发展，全年实现净收入 4 800 余万元，在为全行带来可观利润贡献的同时，也为全年信贷投放的调控起到了积极作用。

围绕中高端客户，通过开展旺季营销、加大媒体宣传、建立客户经理队伍、调整网点结构等多种举措，个人负债业务实现全年新增 46. 91 亿元，为 2005 年新增的 5 倍。对公存款虽然第三季度受财政局社保资金流失的影响大幅度下滑，但通过全分行员工在秋冬大营销活动中的共同努力，很快扭转颓势，实现全年新增 36. 25 亿元。

在业务发展过程中，各经营部门加大牵头营销力度，积极推进分、支行联动营销。各分（支）行也纷纷根据区域和自身经营特点，在全面提升业务发展水平的基础上着力打造本行的特色，开发区分行、塘沽分行的公司和机构业务，南开支行、红桥支行的个人银行业务，河西支行、河东支行的个人住房贷款业务等均取得了突出成绩。

2006 年，天津市分行战略转型成果明显。战略转型推进力度加大，对战略性指标中完成压力较大的中间业务收入、个人住房贷款等指标给予高度重视，通过整体推动、加强联动、加大激励、及时监控、采取多种营销方式等手段，促进战略性业务实现突破性进展。全年实现中间业务收入 2. 12 亿元，同比增幅达 52. 9%，在建设银行各类业务收入增长率排序中名次落后的局面得到改善；个人住房贷款扭转了连续 3 年负增长的局面，新增达 15. 95 亿元，新增份额在四行排名中跃居第二名；贷记卡新增发卡量达 10. 44 万张，完成总行计划的 116. 04%，比 2005 年增长近 3 倍。新增电子银行客户 11. 5 万户，客户总量达到 42 万户，实现交易额 1 848 亿元，与柜面交易占比达到了 14. 7%，渠道替代作用进一步显现。

国际业务继续保持稳健的发展态势，国际结算、结售汇增幅明显，市场份额稳步上升，境内外分行联动也取得初步进展。塘沽分行成功为中海油办理了一笔金额为6亿美元的结售汇业务，单笔实现中间业务收入558万元，创该行结售汇业务单笔交易金额的最高记录。

主要经营举措

2006年，面对经济增长带动金融需求快速升级的新形势，借助国家给予滨海新区在金融改革和创新方面可以先行先试的政策优势，天津市分行进一步加大创新工作力度，对完成全年工作任务起到了积极的助推作用。

围绕中高端客户，推出“利得盈”、“汇得盈”、“乐当家理财卡”等具有理财功能的个人金融产品；既与天津大学、南开大学合作推出名校卡之后，又与天津师范大学合作推出师大龙卡，对完成全年发卡任务起到了决定性作用；在成功承销天津泰达投资控股有限公司18亿元短期融资债券的基础上，又成功营销天保投资15亿元长期债担保和天津经济技术开发区国有资产经营公司4亿元“利得盈”产品；围绕财政、保险、证券、海关等机构客户，推出“银关通”、“银保通”、“证券客户保证金第三方存管（CTS）”业务，并在天津市财政局授权支付代理银行项目投标中成功中标。

天津市分行首次以牵头行身份为中芯国际（天津）公司提供了3亿美元银团贷款，作为副牵头行组织天铁项目银团贷款并实现首次提款，积极参与北疆电厂等银团贷款项目，为分行树立了良好的业界形象。特别是住房公积金龙卡的推出，不但强化了分行与公积金中心的合作关系，而且为下一步充分挖掘全市数以百万计的优质公积金客户资源、实现个人银行业务快速发展创造了良好的条件。

2006年，各项业务的稳步增长带动全分行财务效益与盈利能力进一步提高。全年实现拨备前考核利润15.89亿元，比上年增加3.22亿元，完成总行计划的109.12%，开发区分行、塘沽分行和和平支行成为对全分行利润贡献最大的3个二级分行；反映全分行盈利能力、投入—产出效率、收入及资产结构的主要财务指标进一步提升，平均资产回报率与净利息收益率分别比上年提高0.15个和0.26个百分点。贷款规模的扩大是效益增长的主要来源，全年实现存贷款净利差收入25.32亿元，比上年增加4.74亿元。同时，金融企业往来收入由于存款的持续稳定增长和总行188亿元的项目借款而比上年增加6 451万元，也是全分行利润同比增加的一项主要来源。此外，天津市分行还进一步加大重点地区营业网点投入力度，全年固定资产购建支出2.82亿元，较2005年增加了3倍，为增强分行市场竞争力和持久盈利能力奠定了良好的基础。

2006年，天津市分行严把准入退出关，严格控制对产能过剩行业的投放，采取“有保有压”的方针，努力满足战略性客户、重点客户和优质客户的贷款需求。坚持按月监测信贷资产质量控制指标完成情况，立足于及早发现问题、解决问题，预防潜在风险转化为现实风险，对500多户存量信贷资产客户进行逐户清理，加强和细化了贷后管理工作。同时，加大存量不良资产的回收处置力度，全年共处置各类不良资产9.17亿元，不良资产现金回收额为6.28亿元，超值现金回收额为1.26亿元。截至年底，全分行不良贷款余额为28.46亿元，不良贷款率为4.17%，实现了不良贷款额和不良贷款率的“双降”，关注类贷款占比下降，全年新发放贷款质量良好。

2006年3月23日至25日，中国建设银行天津市分行进行了中高级管理人员专题培训，聘请了弗兰克林柯维北京分公司的专职培训师对“高效能人士的七个习惯”进行了较为详尽的介绍和讲解。

2006 年，天津市分行继续坚定不移地推进各项改革。一是本着“明确方向、分步实施、平稳过渡”的原则，全面启动风险管理体制改革的实施工作，通过构建集中、垂直的风险管理体制，初步建立起了平衡风险与回报的运行机制。二是为适应资产保全业务单元制改革的要求，全面推进“分行直接经营为主，经办行经营为辅”的资产保全经营方式，初步形成了不良资产集中经营、进行专业化处置的工作格局。三是积极稳妥地推进会计管理和营运体制改革，成立了市分行稽核中心，将原来的后台处理等支持保障职能逐步向分行集中。四是通过内部挖潜满足了业务发展重点区域以及主要业务部门合理的人员需求，重点充实了客户经理、风险经理和大堂经理队伍；全面启动并组织实施了专业技术岗位和经办岗位职务晋升及聘任工作；加大各个层面人员的培训力度，全分行共完成培训项目 47 个，参训 5 440 人次。五是在干部管理方面，建立了优秀年轻人才挂职锻炼制度，规范了全分行管理岗位人员的管理工作。六是制定并实施了一系列工资考核及分配制度，规范了各级员工的工资管理，明确了“向一线倾斜”、“向价值创造倾斜”的薪酬分配原则。通过提高薪点工资，实施补充公积金、通讯补贴，推进员工持股计划等多种举措，员工工资及福利待遇有明显的提高。全分行工资总量实际增幅达 30. 46%，其中支行工资增幅高达 39. 66%。同时，进一步完善了以关键业绩指标为主的绩效考评体系，增强了对各单位负责人考核与激励约束的力度。

此外，市分行积极支持、协助总行进行审计体制改革，在原天津总审计室的基础上成立了天津审计分部，审计工作的权威性和独立性进一步增强。

2006 年，天津市分行在促进业务发展、深化各项改革、加快业务创新、夯实管理基础等方面取得了满意的成绩，为实现三年发展规划奠定了良好的基础。

撰稿：王兴捷

审稿：文远华

河北省分行

河北省分行行长杨毓

业务发展概况

（一）经营效益

实现拨备前考核利润 24. 7 亿元，创历史最好水平；成本收入比为 41%，比年初下降 3 个百分点。

（二）存款

全口径存款余额为 1 983 亿元，比年初增加 209 亿元。

（三）贷款

各项贷款余额为 991. 1 亿元，比年初增加 160. 7 亿元。

（四）收费类业务

实现收入 5. 3 亿元，比上年增收 3 亿元。

（五）资产质量

不良资产率比年初下降 0. 29 个百分点。

（六）集约经营

实现点均利润 338. 4 万元，比年初增加 52. 6 万元；点均全口径存款为2.7亿元，比年初增加0.3亿元。

主要经营举措

（一）狠抓优质业务营销，全面发展各项业务

2006年，河北省分行以科学发展为主题，积极转变业务增长方式，加快发展优质资产业务，着力吸收低成本负债，努力拓展战略性业务规模，各项业务实现健康快速发展。

（二）资产业务

充分把握年初总行与河北省政府签订银政合作协议的有利时机，抓住全省“十一五”开局之年建设项目较为丰富的战略机遇，深入开展高层营销，以个性化金融服务，成功营销了石太高速铁路、国投曹妃甸煤码头等一批优质重点项目。指导各行成立中小企业经营中心，依托“速贷通”和“成长之路”两个特色品牌，加快发展中小企业信贷业务，全年受理“速贷通”和“成长之路”贷款55笔，金额1.9亿元。深入开展“增占比、上位次，个贷余额超百亿”主题营销活动，年底个人住房贷款余额122.1亿元，比年初增加46.9亿元，增幅居省内同业首位。大力加强个人消费贷款业务指导，有效遏制了个人消费贷款下滑势头，年底个人消费贷款余额19.2亿元，比年初增加1.2亿元。

（三）负债业务

以抢抓基本结算户和一般结算户为重点，组织开展“八一工程”战役，发挥团队营销优势，成功营销了白求恩国际和平医院等一批军警类优质客户。年底，企业存款余额783.9亿元，比年初增加40.2亿元。个人存款牢牢抓住营销旺季，深入开展“送温馨、树形象、促营销”等主题活动，依托代发工资、借记卡、通知存款、吉祥存单等品牌产品，下大力气筹集低成本个人存款，积极主动地加强个人理财产品营销，有针对性地分流、置换中长期个人存款。年底，个人存款余额1 118.4亿元，比年初增加140.8亿元，增幅创历史最好水平。同期，按照总行要求，成功压缩高成本定期同业存款30亿元。

（四）中间业务

按照业务条线加强任务分解，强化考核与激励，广泛开展营销竞赛活动，有效调动了各级分支机构发展中间业务的积极性。继续巩固借记卡、代理基金、代理保险、“速汇通”等传统产品的收入贡献，加强中间业务产品创新与开发，努力培育新的收入增长点。2006年，银团贷款业务收入实现零的突破，成功收取天津铁厂银团贷款管理费603万元。正式启动GTS全球资金管理、企业年金管理、证券承销等多项新业务。与总行和建银国际联合推介5家省内企业赴境外上市，其中卓达房地产开发公司、河北红松风力发电股份有限公司两家企业进入上市前期操作阶段。2006年，河北省分行收费类业务收入超常规快速增长，实现收入总额5.3亿元，比上年增长61%。

（五）战略业务

继续巩固国际业务“双重”战略成果，以“保大拓中小”为主线，努力提高外汇业务市场份额，积极推广远期外汇买卖、国际保理等新产品新业务，丰富了国际结算内涵，2006年实现国际业务结算量30.8亿元，比上年增加5.58亿美元。以新版网上银行上线为契机，深入开展“建行e路通，电子支付送大礼”营销活动，加快发展电子银行业务。2006年电子银行业务实现快速增长，累计完成交易额2 819.8亿元，创历史最好水平。加大名企卡、公务卡、商务卡等重点产品营销力度，加快发展商户收单业

2006年10月25日，中国建设银行河北省分行举行小企业信贷产品发布会，向全省小企业推介“速贷通”和“成长之路”两个信贷品牌。

务，年底新增双币种信用卡10.8万张，实现消费交易额8.5亿元。

（六）落实宏观调控政策，有效优化信贷结构

按照银监会提出的“十项规定”和总行提出的“六点要求”，河北省分行严格控制钢铁、水泥等产能过剩行业及制造业的信贷准入与投放，积极采取有效措施，加快从高风险、低效益的产品与客户中退出。坚决停办了转贴现业务，限制发展无效、低效直贴业务，下大力气压缩高风险银行承兑汇票业务规模。按照总行统一风险偏好，重新修订河北省分行级重点客户名单，进一步明确支持和营销重点。建立对公贷款业务规模审核制度，严格执行《公司客户信贷准入退出标准》，按照收益与风险相匹配的原则，深化、强化利率价格管理，从严控制贷款价格随意下浮行为，既有效调控了信贷投放节奏，优化了信贷经营结构，又提高了价值创造能力。

贷款区域结构、客户结构和产品结构得到进一步优化。石家庄、唐山和邯郸3个中心城市行贷款占比在58.4%以上，AA级以上客户贷款占比达62.7%，总行重点支持的基本建设贷款和个人贷款比重超过70.2%；信贷资产价值创造能力稳步提高，下半年发放546笔非贴现贷款，加权平均利率5.96%，比上半年提高0.57个百分点。

（七）加强资产质量管理，努力控制不良资产反弹

继续强化信贷基础管理，研究制定《公司类客户信用等级审定操作细则》，为做好授权授信工作奠定了基础。认真落实总行三项新的信贷审批制度，按照总行统一风险偏好，稳步推进无条件审批，前移风险管理关口，进一步提高了对客户需求的反馈速度和服务效率。认真做好信贷风险分类工作，有效引入违约概率方法，加强风险分类结果认定，提高了风险分类的准确性与科学性。积极创新关注类、次级类贷款风险细分方法，为实施差别化贷后管理提供了可靠依据。完成对公信贷业务流程管理系统（CLPM）在全省系统上线工作，从流程上统一信贷业务操作，提高了信贷业务工作的计划性和合规性。

进一步加大不良资产清收处置力度。2006年，继续将财务资源向资产保全业务条线倾斜，重新制定了《专项激励费用配置办法》，重点奖励不良资产处置有功单位和个人，有效促进了资产保全工作的开展。围绕价值创造这一核心，多策并举，加快处置千万元以上不良贷款项目、非剥离债转股和抵债资产，加紧核销符合条件的损失类贷款，抓紧处置“无本有息”户，最大限度地减少账面资源占用，积极做好“假按揭”贷款还原公司类贷款等工作，有效缓解了不良贷款反弹势头。2006年，河北省分行共处置不良资产16.5亿元，完成总行计划的121%，实现超值现金回收2.8亿元，完成总行计划的280%；不良资产现金回收贡献6.6亿元，完成总行计划的159%。

（八）强化基础管理，着力增强内部控制能力

深入开展案件专项治理工作，按照银监会确定的“防范操作风险十三条”和总行提出的“两级机构和两个环节”的检查要求，对“四个重点”、“八项制度”进行重点检查，有效排查了事故案件隐患。按照总行统一部署，开展“防范案件风险、确保资金安全”专项检查，对柜员卡、柜面业务授权控制、印鉴卡等重点环节和薄弱部位进行全面检查，覆盖全部729个机构，涉及尾箱3 464个，金库54座。深入落实风险防控制衡机制，继续推进对公网点会计主管委派工作，全面落实对私网点柜员主管委派制度。积极探索风险防范长效机制，全面启动违规行为积分管理工作，有效抑制了有章不循、违规操作行为。

深入开展专项治理商业贿赂工作，按照业务条线制定实施细则，在全辖范围内组织开展自查自纠活动。对不正当交易、私设“小金库”、账外经营、向外单位及下属机构借车，以及员工投资办企业、参与“黄、赌、毒”等进行全面排查，对内部账户进行彻底清理，进一步消除了风险隐患。

认真落实安全生产责任制，强化“三防一保”措施的执行效果，妥善处理群体性上访事件，有效维护了安全稳定的运营局面。

（九）落实总行战略部署，推进各项改革

深入推进风险管理体制改革，制定《河北省分行风险管理体制改革实施方案》，组织召开全省风险管理体制改革工作会议，向二级分行派遣风险主管，完成平行作业风险经理划转，正式启动大型客户平行作业试点工作。全面实施会计管理和业务营运管理体制改革。在省（市）分行组建营运管理部，完成部门职责移交。移交过程中，注意协调好内外部关系，严防事故案件风险，确保了业务发展与客户服务的平稳有序进行。到年底，按照总行要求，基本完成了账务、重要空白凭证等全部11个项目的集中管理工作。稳步推进资产保全业务单元制改革，按照“以客户为中心”的原则，研究确定不良资产经营管理模式，努力提升不良资产经营层次，实现千万元以上不良资产项目由省分行直接经营。积极稳妥地推进对公信贷“横向集中、纵向上移”试点工作，不断积累经验，促进对公业务经营管理模式转型。继续加强个贷中心建设，加快推进个贷中、后台作业“横向集中”，逐步实现由分散经营向集约经营的转变，为新个人贷款系统上线、落实审批人派驻制度等奠定了良好基础。

（十）践行“以客户为中心”的经营理念，整体提升服务水平

在树立和实践“以客户为中心”的经营理念的过程中，坚持从上级行、中后台抓起，积极引导员工增强服务意识，转变工作作风，加强内部服务。围绕“一切为基层一线服务，一切为客户服务”这个中心，深入开展“规范工作秩序，为基层解难题，为客户送服务”专项活动，较好地解决了一些工作流程不畅、环节过多、影响工作质量和效率的问题。围绕树立股份制商业银行良好的社会形象的目标，狠抓营业网点视觉形象建设，着力打造“蓝色银行”新概念，高质量地完成了145个网点的装修改造工作。着力解决营业网点客户排队问题，新配置大堂经理103人，新增ATM 185台，有效疏导和分流了柜面业务，缓解了客户排队压力。继续强化网点服务督导检查工作，建立“秘密访客”制度。2006年，河北省分行被中国质量协会、全国用户委员会授予“全国用户满意服务”称号。

撰稿：赵亚旗

审稿：王　斌

山西省分行

山西省分行行长高德高

业务发展概况

（一）全口径存款

全口径存款时点余额为970.33亿元，较年初新增213.57亿元，增幅28.22%。存款新增完成总行计划的187%，其中：企业存款新增122.8亿元，储蓄存款新增89.52亿元，同业存款新增1.25亿元。

（二）各项贷款

各项贷款余额为516.57亿元，较年初新增96.11亿元，增幅22.86%，较上年多增99亿元，且控制在总行新增计划之内。

（三）资产质量

按“一逾两呆”口径，全行不良贷款余额为29.30亿元，较年初下降2.35亿元。不良贷款率为5.67%，较年初下降1.86个百分点。按五级分类口径，年底不良贷款余额为25.57亿元，较年初减少0.64亿元。不良贷款率为4.95%，较年初下降了1.43个百分点。

（四）经营效益

实现考核利润11.53亿元，较总行计划增加盈利0.22亿元，较上年增加盈利8.87亿元。实现经济增加值3.5亿元，较总行计划增加 0.36 亿元，较上年增加盈利 6.25 亿元。

主要经营举措

（一）以发展为核心，明确战略方向

山西省分行将加快发展放在工作首位，在修订完善发展战略规划时，确定了“抓住能源大省的发展机遇，规范经营，稳健运行，成为区域内质量最好、效益最佳、最具竞争力的银行”的长远战略目标。在年初工作会上，进一步明确“抢抓机遇、加速发展”的基本经营思路；提出思想上坚持“树正气、扬新风、谋发展”，经营上体现“又好又快”，激励上抓住“五个突出，五个确保”，营销上推动“四个转变”，管理上实现“规范稳健”，氛围上促成“外讲合作、内讲和谐”。这些战略方向和方法措施成为引领全行前进和奋斗的指向。

（二）加强市场营销和合作

2006 年初，省分行与省政府签订银政合作协议，为全面合作打下良好基础。与此同时，还注重加强与企业集团、金融同业和高等院校的相互协作，先后与山西能源产业集团、工商银行山西省分行、省电力公司、信达资产公司、太原理工大学等签订合作协议，进一步推动强强合作，实现“双赢”。积极开展高层营销，认真筛选优质储备项目，投放进度明显加快。在信贷投放的把握上，尤其是对合作协议上涉及的省内重大项目和支柱产业，做好行业分析研究，积极跟进具体项目，全年集中投放在合作项目上的资金达 83 亿元，促使资产业务在短期内有较大幅度的提升。

（三）着力扩展负债规模

一是转变观念，推进业务转型。着力推进内部业务模式和业务流程优化，逐步实现由“高柜封闭式”向“低柜开放式”转变，从单纯的核算交易型网点转变为以交易为中心，并向客户关系管理、产品销售型网点转变，再逐步向自助渠道转移。二是提升服务水平。为了满足客户需求，省分行加大对网点的投入力度，增配 ATM、复印机、叫号机、验钞机，完善网点服务设施，提升服务档次；及时推出“神秘人”暗访制度，加快个人客户经理、大堂经理配置；根据客户交易的特点，有针对性地细分客户，充分发挥引导作用，分流非现金业务，释放更多的柜员走出柜台维护、拓展中高端客户。三是推行激励措施。明确部门、落实专人、细化办法，切实加大人力、财务和科技的支持力度。四是抓住高端客户。2006 年，省分行突出中高端客户工作重点，以“乐当家”理财卡产品推荐会为契机，通过推广理财卡、信用卡、证券业务、账户金、龙鼎金等高附加值产品，进一步加强了 VIP 客户关系的维护，丰富和延伸了差别化服务。中高端客户贡献呈整体增长态势，中高端客户数占全行个人客户总数的 1.58%，存款余额占 30.93%。

（四）以市场为导向，多管齐下、多策并举，推动各项业务齐头并进

票据业务作为信贷资产的有效调剂和补充，全年累计办理 109.6 亿元，新增 14.3 亿元，同比增长 26.4 亿元，新增占比位居同业第二。机构业务以开展“五大战役”为核心，与省内多家保险公司、重点院校等展开合作，客户存款新增 46.82 亿元，同比增长 63.96%；同业存款新增 1.25 亿元，同比增长 12.22%。电子银行业务以 50 个重点网点、50 个重点发展客户及 50 个潜力客户为重点营销对象，全年新增客户 9.44 万户；新增交易额 1 162 亿元，位居同业第二。信用卡业务对内充分挖掘关联客户资源，对外重点加强联动营销，当年新增发卡 2.4 万张，同比增长 6.33 倍；完成消费交易额 1.38 亿元，同比增长 2.6 倍。个人住房贷款新增及余额位居同业第一，在当地四大行中唯一实现正增长；委托性住房金融业务实现跨越式增长，各项指标市场占比均位居同业首位。其中住房公积金存款余额和新增额一举超越工商银行，夺回失去十年之久的同业头名。资产保全业务落实“统一归口、集中经营、单独核算、垂直管理”的改革思路，全年共处置不良

2006 年 5 月 7 日，中国建设银行山西省分行进行“八荣八耻”教育。

资产9.37亿元，累计回收现金9.2亿元，现金回收完成总行计划的200%，超值现金回收2.35亿元，完成总行计划的371%。国际业务以传统的国际结算业务为龙头，开拓办理福费廷转卖、境外代付、代客外汇买卖等新业务，全年完成国际结算量5.89亿美元，结售汇业务4.71亿美元。科技工作积极参与经营营销，完成总行推广科技项目43项，开发特色业务新产品共35项，完成基础设施建设或改造项目6个，为业务发展起到了较好的支持推动作用。

（五）以合规为准绳，内控风险，规范经营

山西省分行认真贯彻执行国家宏观调控和产业政策，采取切实有效措施加强风险防范。一方面前移风险关口，强化基础管理，信贷资产整体运营水平有了新的提高。加强对重点行业贷款质量跟踪调查，加快推进内控体系建设，加大对大额不良类客户、大额关注类客户和风险预警类客户的监测力度，强化信用风险监管，逐步完善信贷监管体系。另一方面加快机制转换，实行不良资产集中经营，提升专业化处置能力和协同效应，全省70%以上的不良资产由省分行集中经营。全分行上下步调一致，服从大局，圆满完成了不良资产“双降”目标。

2006年，山西省分行在发展各项业务的同时，紧紧围绕“规范经营、稳健经营”，进一步清理关系，“开正门、堵旁门”，规范和约束经营行为。一是强化合规意识。通过开展形式多样、内容深刻的警示教育活动，通过深入开展法律宣讲活动，进一步防范道德风险和操作风险，强化全行规范意识、风险意识和法律意识。二是加强基础管理。认真落实审计问题整改，结合反商业贿赂和案件专项治理，在各个条线上加大基础管理整顿、检查力度，借助外力揭示和发现经营管理中的不足和盲点，先后开展了规制建设、管理流程、内控防范等多层次的检查整改工作，进一步强化基础管理。三是加强制度建设。启动积分管理办法，制定经营行为“十二条”，推行尽职免责制度，实行上级派驻人员临时主持工作制度，进一步规范经营行为。重视抓好各级领导班子建设和干部管理工作，加强对各级干部的层层负责、层层管理，干部交流、干部监督、干部纪律不断加强。四是推进体制改革。推进风险体制改革和运营体制改革，推进核心业务处理前、后台分离，建立业务营运管理体系，风险条线人员逐级考核配备到位，体制机制运转初见成效。2006年，全行违规违纪行为发生率为近年最低，无重大案件发生，风险防范和合规经营有了新的提升。

（六）以人为本，推进激励考核机制

一是加强内部激励引导，继续推进面向一线、面向员工的考核激励机制。通过岗位分析和研究，努力实现岗位定价，以岗定薪、以岗定责、以能付薪。保障一线员工的基本工资水平，提高短期用工的工资待遇。二是积极探索薪酬向一线倾斜的分配办法。对一线岗位的评价指导体系已初步成形，一线员工明确了量与效的结合点，由等、靠上门变为主动服务，有力地推动了业务经营的快速发展。三是加大绩效考核挂钩力度，突出核心业务和战略业务资源配置。配合营销制定出台各个业务条线的营销奖励办法，进一步激励全行营销。四是注重员工个人生涯的规划与发展。以专业技术队伍建设为方向，加大培训力度，全面提升员工队伍的岗位能力素质，引导员工职业生涯规划与全行发展相合拍。通过多层次、多渠道地激发员工潜能，为各项业务的超常发展注入了生机和活力。五是以发展促进稳定，以正面引导负面。全行大力弘扬先进典型，继“红梅理财”之后，涌现出全国文明单位阳泉分行和多个高产所柜、明星班组等一大批先进模范集体和个人。积极组织开展各类文体活动，通过举办“三八”风采大赛，评选十大优秀青年、青年岗位能手等一系列活动，全面激发员工的参与热情。党建工作、企业文化、工会、青年团一方面积极参与经营发展，另一方面发挥稳定保障职能，解决离退休和困难职工的实际问题，开展帮扶救助活动，合力营造和谐、稳定的环境氛围。

撰稿：赵建伟

审稿：解陆一

内蒙古自治区分行

内蒙古自治区分行
副行长裴品才

业务发展概况

（一）经营效益

2006年，内蒙古自治区分行全年实现考核利润14.9亿元，在全行排名居第15位；实现经济增加值5.5亿元，在全行排名居第10位；经济资本回报率25.8%，总行排名第8位；人均创利突破20万元，总行排名第15位；总资产净回报率1.7%；成本收入比33.99%；实现贷款利息收入30.2亿元，贷款利息实收率100.18%，贷款收益率5.88%；实现中间业务收入1.09亿元，同比增加0.32亿元，增长41%，完成总行计划的101.65%。

（二）资产负债

全口径存款时点余额591.95亿元，在当地四大行占比22.04%，总行排名第27位；新增82.31亿元，在当地四大行占比21.68%，总行排名第28位。本外币贷款时点余额550.76亿元，新增119.93亿元，增长27.84%。其中，公司类贷款527.14亿元，新增108.41亿元，增长25.89%；个人类贷款23.62亿元，新增11.52亿元，增长95.21%。各项贷款时点余额总行排名第19位，新增排名第11位。在当地四大行中，各项贷款余额排名第2位，新增排名第1位。

（三）公司业务

公司类企业存款时点余额为275.37亿元，较年初增加19.45亿元；日均余额262.51亿元，较年初新增62.2亿元，超额完成总行综合经营新增计划。公司业务贷款余额为514.35亿元（含贴现），较年初新增118.42亿元。公司业务部累计投放贷款156.28亿元（不含周转与贴现），新增贷款主要集中在自治区优势行业，其中投向电力、交通、煤炭、房地产、公共设施管理等行业客户的贷款占全部新增贷款的76.55%。实现贷款利息收入28.09亿元，同比多增9.79亿元，占全部贷款利息收入的93.01%。累计实现中间业务收入1 992万元，完成计划的141.71%，较上年同期多增999.78万元。

（四）个人金融业务

人民币个人存款时点余额269.73亿元，当年时点新增44.35亿元，完成全年时点新增计划的88.7%，完成总行核定计划的139%。日均余额219.24亿元，日均新增35.36亿元，完成区分行计划的109.6%。全分行开办储蓄业务的营业网点总量279个，点均单产达到0.96亿元，较上年提高0.22亿元。点均新增1 589万元，较上年提高 112 万元，比当地四大行点均平均新增高出 498 万元。个人金融业务发展呈现三大亮点：一是客户数量不断扩大、客户结构进一步优化，截至年底，全分行个人客户总量达到 358 万户，其中个人金融资产 20 万元以上的高端客户总量达到 13 737 户；二是个人客户金融资产快速增长，持有建设银行金融资产品种日益丰富，个人客户持有建设银行金融资产总量达到 282.67 亿元；三是产品创利能力不断提高，全分行实现个人中间业务收入突破 5 000 万元。

（五）中间业务

信用卡业务以发卡为中心任务，确定以优质目标机构团体客户、代发工资客户、房贷客户等为重点客户，以名企卡、名校卡、公务卡、百货联名卡等为重点产品，以呼和浩特、包头、鄂尔多斯、呼伦贝尔、赤峰等为重点地区，强化交叉营销、联盟营销和数据库营销。加强激励和考核机制，制定《信用卡业务关键业绩指标（KPI）及目标责任考核办法》，并对营销考核成绩优秀的单位和个人进行奖励。新增贷记卡57 622 张，年计划完成率 144%，完成总行核定任务的 230%，是上年新增的 10 倍，总行新增排名第 16 位；累计发卡 66 727 张，位居当地同业之首；准贷记卡新增 26 869 张，新增量在当地四大行中跃居第一位；贷记卡新增 5.8 万张，完成总行核定任务的 234%，新增总行排名第 16 位，消费交易额 1.9 亿元，完成计划的 192%；准贷记卡新增 2.7 万张，消费交易额 1.4 亿元，完成计划的 140%；新增特约商户 383 户，完成计划的 192%；商户收单额 10.5 亿元，完成计划的 210%。

（六）电子银行业务

网上银行个人服务系统进行了全面升级，新版个人网上银行顺利上线；重要客户服务系统功能不断升级优化，尤其对银期转账、自动对账、证券资金托管等多项功能进行了完善升级。电子银行客户新增10.5 万户，完成总行计划的 210.1%，客户数新增总行排名第 24 位，较 2005 年前移 10 位；客户数累计达到 16.83 万户。电子银行渠道当年完成交易量1 097 万笔，电子银行交易占比 10.4%。实现交易额1 757 亿元，同比增长 150.95%；交易额新增排名第 20 位，较 2005 年前移 8 位；在 2006 年总行首次电子银行业务收入排名中居第 27 位，电子银行交易占比增速排名第 9 位；手机银行在线客户数排名第 7 位，手机银行新增客户数排名第 6 位，手机银行交易量排名第 5 位，手机银行交易额排名第 2 位，重要客户系统交易额排名第 10 位，重要客户系统业务收入排名第 6 位。

（七）机构业务

多方面、多层次地开展对行政事业、医保、体彩、社保、政策性银行、军队武警等客户的营销工作。财政业务和事业法人存款大幅增长，有效维护与医保客户的关系，进一步巩固体彩业务阵地，大力发展社保业务，增进了与开发银行、进出口银行的业务合作，军队武警业务实现零的突破。在自治区财政厅对 2006 年度各家代理银行集中支付业务考核评定中，内蒙古自治区分行被评为优秀，在四大行中排名第一。

（八）国际业务

外汇存款、国际结算量、中间业务收入等关键业绩指标均超额完成计划。全年外汇全口径存款余额 8 970 万美元，比上年增加 6 266 万美元，增幅达 232%；外汇转贷款余额14 797 万美元，国

2006 年 6 月 23 日，中国建设银行内蒙古自治区分行与内蒙古鄂尔多斯集团签订银企合作协议，进一步加强各领域的金融合作。区分行行长李英俊、副行长高升亮参加签字仪式。

际业务结算量折合人民币85.7亿元，比上年同期增加40.2亿元，增长88%，完成年度计划的107%；实现外汇业务中间业务收入2 900万元人民币，完成年度计划的130%。完成新老客户贸易融资额度授信31户，总金额19.25亿元，为外汇业务的持续稳定发展奠定了基础。

（九）资产质量与风险控制

不良贷款额和不良贷款率实现了“双降”，不良贷款余额14.12亿元，比年初减少18.06亿元，比总行控制计划的14.26亿元低0.14亿元。不良贷款率2.56%，比年初下降4.91个百分点。不良贷款预期损失新增控制在总行计划内，不良资产现金回收贡献度等指标完成总行计划的5倍以上。

主要经营举措

（一）夯实经营基础，强化市场营销

一是强化考核管理，合理配置资源。制定《2006年二级分行负责人年度考核关键业务指标》，加强对全分行综合经营计划执行过程的动态监控；按照总行“五个统筹、五个突出”的原则优化资源配置，支持全分行战略业务的发展；采取上下联动、部门联动以及产品组合营销、高层营销等手段，拓宽了业务领域，巩固和发展了优质客户群体。二是以总行与自治区政府签订银政合作框架协议为契机，加强重点企业营销。按照协议确立的“十一五”期间固定资产投资项目，加强公司业务营销工作，掌握重点行业和重点企业客户的业务需求，采取上下联动、部门联动以及产品组合营销、高层营销等手段，拓宽了业务领域，巩固和发展了优质客户群体。成功营销了神华集团包头煤制烯烃项目、大唐国际发电股份有限公司多伦煤制烯烃项目以及煤矿企业安全生产风险抵押金业务，建设银行成为自治区内该业务的唯一代理银行。结算量5 000万元以上基本户新增115户，AA级以上客户贷款余额占比53.22%。三是通过旺季营销、特色营销，大力发展个人高端客户。到年底，个人高端客户总量达2.1万户，较年初增加7 351户，增幅53.5%；组建个贷中心，逐步实现个贷业务由分散经营管理向集约化经营管理的方向转变，个贷业务出现新的转机，贷款同比多增12.8亿元，新增在自治区同行业中位居前列；大力营销优质楼盘和优质个人客户，营销楼盘项目85个，预计个人住房贷款需求约26亿元，为个贷业务的进一步发展奠定了基础。

（二）加强风险管理，提高资产质量

一是规范信贷资产五级分类管理，真实揭示信贷资产风险。按照《中国建设银行信贷资产风险分类实施细则》规范操作程序，对所有信贷资产特别是重组贷款、逾期及非应计贷款，在执行核心定义的前提下，参考信贷资产的主要特征进行分类，确保分类的准确性；对通过五级分类调整类别减少的不良贷款项目，严格执行区分行最终确认的审批制度。二是加大资产风险分类偏离度的现场检查和考核力度。从6月份开始，区分行组织三次大规模的资产质量真实性现场检查，检查面达到100%。通过检查，对51个项目进行级别调整，涉及信贷余额75.84亿元。三是逐步建立科学的风险管理激励约束机制。区分行制定《二级分行风险管理评价实施方案》，对13个二级分行2006年1月1日至9月30日的各项风险指标进行单项指标得分、评价模块得分以及综合得分的初步测算和评价，增强了对二级分行风险管理水平评价的客观性，有助于提升二级分行的风险管理能力，同时也为区分行制定差别化的区域风险管理政策提供了依据。四是加强对不良资产的处置工作。充分发挥激励政策的导向作用，对不良贷款的现金回收和超值现金回收进行考核奖励，全年共分配战略性费用234万元；把不良贷款大户作为主攻方向，以对公大户为重点，抓住单元制改革的有利时机，加大不良贷款集中经营力度；对纳入区分行直接经营的不良资产逐笔逐户进行核查，掌握债务人真实的经营状况，加大催收和诉讼执行力度。五是加大贷款利息回收力度。全年结收息整体情况良好，公司客户欠息额降到历史最低点，推动了全行经营效益的快速增长，涌现出一批无欠息二级分行。

（三）推进各项改革，促进业务发展

一是积极推进风险管理体制改革。成立风险管理体制改革推进工作领导小组，制定《建设银行内蒙古分行风险管理体制改革实施方案》及相关配套制度办法，推动全分行风险管理体制改革有序进行。适应风险管理体制改革的要求，区分行二级分行下派风险主管12名。二是推行会计、营运管理体制改革。建立健全组织机构，理顺工作关系，明确工作职责。区分行和二级分行相继成立营运管理部，完成了会计部门向营运管理部门及个人金融部门的职责移交工作；大力推进对公业务横向集中工作，全区对公网点由249个减少到135个，提高了集约化水平，增强了风险防范能力。加快了物业管理、守押社会化改革进程。

建立长效机制，加强案件防查。下发《关于进一步加强安全运行和案件防查工作的通知》，提出处罚和激励的具体办法，初步建立了案件防查的齐抓共管机制。同时，抓好日常检查，消除风险隐患。在全行系统开展一次“防范案件风险、确保资金安全”的拉网式大检查，对二级分行的检查面和二级分行的自查面均为100%，对网点的检查面为12.5%。对发现的问题进行了认真整改，对有关责任人进行了违规积分处理。

撰稿：王新民　高效利　赵文华

审稿：裴品才

辽宁省分行

辽宁省分行行长石汉祥

业务发展概况

2006年，辽宁省分行实现考核利润7.07亿元，经济增加值-1.49亿元。实现贷款利息收入36.98亿元，比上年增加8.23亿元，完成总行计划的107%；收费类收入3.24亿元，比上年增加1.02亿元，完成总行计划的111%。经济资本回报率为7.66%，完成总行计划的68%；成本收入比为47.27%，完成总行计划的111%。全口径存款时点余额1 444.4亿元，新增158.5亿元，完成总行计划的127%。

（一）公司业务

对公存款新增85.2亿元，完成总行计划的144%；各项贷款余额693.6亿元，新增102.3亿元，完成总行计划的107%；公司类贷款新增67.3亿元，完成总行计划的90%。

（二）个人金融业务

个人存款新增69.9亿元，完成总行计划的107%。个人类贷款新增35亿元，完成总行计划的167%。个人住房贷款余额和新增额保持当地同业领先地位。个人VIP客户新增2.01万户，完成总行计划的131%。借记卡消费交易额78.9亿元，完成总行计划的150%。

（三）中间业务

贷记卡新增发卡4.26万张，完成总行计划的106%；消费额4.61亿元，完成总行计划的153%。电子银行交易额2 817亿元，完成总行计划的188%；电子银行交易量与柜面交易量之比为15.34%，完成总行计划的125%。

（四）国际业务

国际结算量新增6.86亿美元，完成总行计划的170%；结售汇业务量17.9亿美元，完成总行计划的150%。

（五）资产质量与风险控制

不良资产余额42.59亿元，比上年增加2.39亿元；不良资产

2006年12月14日，英国伦敦商学院MBA人员参观中国建设银行北京市分行兴融支行。

2006年8月29日，中国建设银行天津市分行在天津金皇大酒店举办中国建设银行天津市分行企业年金业务服务推介会。

2006年12月31日，中国建设银行河北省分行行长杨毓（左一）亲切慰问基层一线年终结转加班人员。

2006年6月17日，中国建设银行内蒙古自治区锡林郭勒分行代表队荣获2006年度锡林浩特市金融系统反假币知识竞赛团体第一名。

2006年7月5日，全国金融工会主席王敬东为内蒙古自治区分行电力支行颁发全国金融系统五一劳动奖状。

2006年7月12日，中国建设银行内蒙古自治区分行副行长张勤和呼和浩特市文明办主任李健康为车站西街支行荣获总行级文明单位揭匾。

2006年7月1日，中国建设银行黑龙江省分行房贷中心在街头做营销宣传。

2006年6年30日，中国建设银行江苏省分行举行庆“七一”歌咏大赛。

2006年7月19日，中国建设银行江苏省分行举行龙卡汽车卡江苏首发仪式。

2006年9月14日，中国建设银行“聚创杯”对公业务知识竞赛决赛在南京举行。

2006年10月24日，中国建设银行“中国第一张民营企业名企龙卡——万向龙卡”发卡仪式在杭州举行。

2006年12月22日，中国建设银行江苏省分行与江苏苏通大桥有限责任公司在南京举行苏通大桥项目贷款签字仪式。

2006年12月20日，中国建设银行浙江省分行举办“天龙在线”服务品牌授牌仪式。

2006年4月24日，中国建设银行宁波市分行召开职工代表大会。

2006年9月23日，中国建设银行宁波市分行在宁波市华茂学校田径场举行系统职工田径运动会。

2006年7月4日，中国建设银行安徽省分行召开公开选拔二级行副行长、风险主管动员大会。

2006年12月22日，中国建设银行安徽省分行举办青年员工“青春风采大赛”。

2006年4月13日，中国建设银行福建省分行与福建移动通信公司在福州市福建会堂举行战略合作协议签字仪式。

中国建设银行福建省分行员工组成的业余合唱团经常活跃在行内举行的各种联欢会上，图为2006年11月30日该行举办的“金秋之夜”演出现场。

2006年4月2日，中国建设银行与厦门市人民政府关于支持厦门市“十一五”重点建设项目和企业发展合作协议的签字仪式在厦门悦华酒店举行。

2006年6月23日晚，中国建设银行厦门市分行在人民会堂举办储蓄突破200亿元庆祝晚会。

2006年5月7日，中国建设银行江西省分行在南昌开展社区服务宣传活动。

2006年7月27日至29日，中国建设银行一级分行行长及总行部门总经理专题研究班在济南召开。

2006年4月23日，中国建设银行山东省分行职工运动会在山东大学体育场举行。

2006年，中国建设银行河南省分行举办的建设银行文化要素、员工行为规范知识竞赛。

2006年10月26日，中国建设银行河南省分行在郑州市举行郑州花园商厦龙卡首发仪式。

2005年9月20日，中国建设银行湖北省分行与武钢集团签订50亿元短期融资券承销协议。

2006年5月1日，中国建设银行三峡分行当阳支行“龙的传人用龙卡”五一营销活动现场。

2006年5月1日，中国建设银行三峡分行当阳支行在举行龙卡营销活动。

2006年5月1日，中国建设银行三峡分行清江支行举行“五一”系列营销活动。

2006年12月31日，中国建设银行三峡分行参加三峡建设者2007年元旦长跑活动。

2006年3月20日，中国建设银行湖南分行举行“解决客户排长队问题，提升柜面服务水平”活动视频会。

2006年4月26日，中国建设银行与湖南省银企合作座谈会暨签约仪式在长沙市举行。

2006年6月9日，中国建设银行张家界桑植支行员工到利福塔镇开展反假币宣传活动。

2006年6月20日，中国建设银行湖南省分行首张“龙卡名校卡·湖大龙卡”首发仪式在长沙市举行。

2006年9月15日，建设银行湖南省分行在湖南省长郡中学举行建设银行长沙地区六行一部和省行本部“迎国庆和建行上市一周年”男子篮球赛。

2006年12月29日，中国建设银行深圳市分行个人产品研发中心成立。

2006年9月26日，深圳市赛格导航科技股份有限公司与中国建设银行深圳市分行在深圳市举行赛格车圣龙卡首发仪式。

2006年3月22日，中国建设银行股份有限公司与广西壮族自治区人民政府在南宁举行银政合作协议签字仪式。

2006年5月9日，中国建设银行广西壮族自治区分行与广西区地方税务局在南宁举行银税合作协议签字仪式。

2006年11月17日，中国建设银行广西壮族自治区分行与广西军区后勤部举行军民共建协议签字仪式。

2006年1月26日，四川省副省长黄小祥到中国建设银行四川省分行进行春节慰问。

2006年12月13日，中国建设银行四川省分行发行西南地区首张房地产联名卡——和记尊贵会龙卡。

2006年3月27日，建设银行重庆市万州分行用实际行动积极响应“新农村建设”的号召，全行职工踊跃集资，向对口支持的柱山乡金牛村的70户贫困户送去了春耕生产急需的复合肥，并与乡、村领导共商帮扶计划。

2006年5月22日，中国建设银行重庆市分行十大优秀青年、十佳客户经理、票据业务服务明星、十佳会计工作优秀管理者、十佳柜员、市分行优秀团干部等青年代表，在华蓥山参加以“体验红色经典、熔炼团队精神”为主题的优秀青年拓展培训班。

2006年3月16日，中国建设银行重庆市分行联合营销团队通过校园网、举办理财讲座、现场咨询和办卡等，得到全校教职员工的好评，图为营销人员现场为教师办卡。

2006年4月2日，中国建设银行重庆市分行邀请7家VIP客户参加 “龙卡杯”足球友谊赛。

2006年9月16日，中国建设银行贵州省分行推出“建行真情个贷，圆您金色梦想”营销活动。

2006年，中国建设银行贵州省分行在“青春炫服务　满意在建行”活动中开展贵阳、遵义两地青年员工以客户为中心服务文化经验交流活动。

2006年12月14日，中国建设银行贵州省毕节市分行员工举行迎新年联欢活动。

2006年11月14日，中国建设银行贵州省分行举行“青春炫服务，满意在建行”活动。

中国建设银行青年文明号贵州省分行贵阳安云储蓄所员工利用每周例会时间学习金融规章制度，图为2006年8月24日的学习情形。

2006年9月1日，中国建设银行云南省分行与云南省建设厅在昆明市举行云南省住宅专项维修基金金融服务合作协议签字仪式。

2006年6月30日，中国建设银行云南省分行召开“创先争优”、“双先”表彰大会。

2006年3月22日，中国建设银行云南省分行举办“风险文化大家谈”活动。

2006年6月10日，中国建设银行云南省分行与国美电器举行龙卡欢乐购物日活动。

2006年9月22日，中国建设银行云南省分行与云南大学在昆明市举行云南大学龙卡首发仪式。

2006年12月22日，中国建设银行云南省分行开展欢乐圣诞节营销活动。

2006年8月19日，中国建设银行青海省分行组织职工足球赛。

2006年10月18日，中国建设银行青海分行发行省内首张百货联名卡——大百龙卡。

2006年11月8日，中国建设银行新疆维吾尔自治区分行与乌鲁木齐铁路局举行龙卡名企卡——乌铁龙卡首发仪式。

2006年5月15日，中国建设银行常州培训中心13期党校学员在进行拓展训练。

2006年4月18日，中国建设银行常州培训中心学员在进行模拟银行演练。

中国建设银行哈尔滨培训中心始终坚持以学员为中心的培训理念，为全行员工培训提供支持保障。2006年共为总行各业务部门承办了63期培训班，为分行承办了76期培训班，累计培训学员9 620人次。

率2.91%，比上年下降0.12个百分点。其中，不良贷款额30.2亿元，比上年增加3.11亿元，与总行计划持平；不良贷款率4.35%，比上年下降0.23个百分点，低于总行计划0.57个百分点；非信贷类不良资产额12.39亿元，比上年减少0.72亿元，不良率1.61%，比上年下降0.17个百分点。

（六）其他业务

处置不良资产10.39亿元，完成总行计划的102%；现金回收8.43亿元，完成总行计划的170%；超值现金回收2.01亿元，完成总行计划的246%。

主要经营举措

（一）大力拓展业务，增强市场竞争力和可持续发展能力

推动总行与辽宁省政府成功签订银政合作协议，抓住省内重点优质项目，全年累计投放非贴现贷款418.8亿元。争得渤船重工预付款退款保函业务，实现总行在船舶制造领域的业务突破。成为沈阳“世园会”唯一指定合作银行，归集各类资金1.3亿元，日均沉淀存款8 000万元，创造经济增加值618万元。代理财政业务持续增长，继续保持同业领先地位，以绝对优势赢得辽宁省财政资金专户代理银行资格。开展旺季营销、电子银行“五个一”竞赛等一系列促销活动，成功发行“辽大龙卡”名校卡及“农大龙卡”校园认同卡。

积极调整资产结构，加快以个人住房贷款为主的个人类贷款发展速度。AA级以上（含AA级）公司及机构客户信贷余额占比达到68.6%，比上年提高17.6个百分点。个人类贷款存量占比达到23%，增量占比达到33%，个人住房贷款余额和新增额保持地区同业领先地位。重点监控同业存款和中长期对公存款，一般性存款付息率1.57%，比上年下降0.03个百分点。加大资源配置力度，在部分中间业务产品上试行计件工资制，收费类收入增幅达到46%。

（二）强化控制措施，增强风险管理能力

将经营部门的准入规则、审批部门的审批指引和风险部门的风险预警有机结合，明确全行统一的风险偏好。积极应对国家宏观调控，压缩流动资金贷款和低信用等级客户贷款，控制房地产开发贷款和票据贴现业务，停止办理转贴现业务，退出低效、无效客户贷款，保证个人类、重点区域、重点项目和高信用等级客户的信贷需求。优化信贷审批业务流程，实行重大授信业务事前沟通制度，提高信贷审批工作的透明度和效率。重点抓住千万元以上不良贷款大项目的清收工作，共处置存量千万元以上不良大项目本金3亿元，现金回收本金2.4亿元、利息3 500万元。加强债转股资产管理，加快股权变更和处置进度，已完成13户债转股企业股权变更工商登记工作。

（三）加强服务环境建设，提升客户服务水平

建立统一标准、归口管理、分级负责的网点建设组织管理体制，促进网点由核算主导型向营销服务型的根本转变。全年共装修改造网点78个，购置自助设备550台，筹建自助银行60家，ATM与网点配比达1.3，自助终端与网点配比达0.9。加强柜面服务督察，制定《客户满意度调查与评价指导意见》，有效量化服务质量考核指标。开展星级网点评定工作，全分行评出星级网点124个。参与同业协会优质服务竞赛，4家网点获得全国优质文明服务示范单位，14家网点获得省级服务金牌单位。

（四）稳步推进各项改革，完善经营管理机制

逐步健全风险管理组织架构及配套制度，调整风险管理与内控委员会成员及相关职责，向全辖31个二级分支行派出24名风险主管；出台《风险主管工作规则》、《风险总监办公会议制度》

2006年5月17日，中国建设银行“辽大龙卡”首发仪式。

等，完善风险报告制度；制定《大中型公司类客户授信业务平行作业实施细则》，全面启动平行作业试点工作。

稳妥实施会计和营运管理体制改革，制定《会计管理和业务营运管理体制改革实施方案》、《会计部主要职责及岗位设置》等一系列制度；按时完成全省系统营运管理、财务会计部门组建工作，妥善完成职责移交。在改革中坚持风险防范，确保业务运行平稳有序，没有因改革和职责调整引发事故案件。

（五）加强各项基础工作，提高综合管理水平

完成总行开发推广信息技术项目41个，自主开发特色产品22个。完成会计档案管理及会计稽核系统推广上线工作，实现了会计档案电子化和集中化管理。顺利完成CMIS数据全省集中、对公征信系统上线及中小企业信用信息征集工作，完善个人征信系统，有效化解了异议查询风险。严格把好法律性文件审查关口，加大案件处理力度，共处理各类案件801件，执行回收2.47亿元，有效维护了分行的合法权益。实现了视频会议系统在沈阳地区直属支行的全面开通，为提高全行的办公、会议及培训效率奠定了基础。全年共举办各类培训1 440期，参加培训人数达3.6万人次。

深入推进会计主管委派制，对基层机构委派会计主管达92.7%。开展“操作行为规范年”创建活动，推进积分管理办法，从源头和细节上做好案件防范工作。完成沈阳等地区解款社会化工作，实现全辖守押社会化。做好安全生产、治安保卫以及维护稳定工作，全年未发生重大案件和重大安全责任事故。

撰稿：关连山

审稿：陈　利

大连市分行

大连市分行行长薛峰

业务发展概况

2006年，大连市分行全面贯彻落实总行工作部署，加强管理，强化营销，提高质量，深化服务，以价值提升为核心，以增强综合竞争能力为目标，以客户深度管理和服务水平的显著提高为手段，实现了全分行各项业务的快速发展。

经营效益持续提高。全分行实现考核利润6.87亿元，完成总行调整后计划的111%，建设银行大连市分行排名第28位；实现经济增加值1.87亿元，完成总行调整后计划的137%，建设银行大连市分行排名第28位；经济资本回报率达到20%，较总行计划高出2.3个百分点。

收入结构进一步改善。在主营业务净收入迅速增长的同时，实现非利息收入1.85亿元，较上年同期增长80.31%，增幅明显高于净利息收入。非利息收入占比达12.69%，同比提高3.36个百分点。

（一）资产负债业务

全口径存款日均余额467.11亿元，新增78.62亿元，增幅达20%。其中，对公存款日均新增48.23亿元，增幅达28%；储蓄存款日均新增34.36亿元，增幅达17%。全口径存款时点余额突破500亿元，达到503亿元，新增66.52亿元。年底各项贷款时点余额326.32亿元，新增66.1亿元，增幅达25.4%，余额、新增额及增幅均列大连四大中资银行首位。全分行贷款利息实收率为95.95%。

（二）战略性业务

实现收费类收入1.46亿元，较上年同期增长5 193万元；个人信贷效益贡献新增8 587万元，完成总行计划的242.08%；国际结算量累计完成37.03亿美元，完成总行计划的154%；双币种信用卡业务发展态势良好，其中信用卡消费交易额达到5.23亿元，完成总行计划的116.22%，信用卡新增发卡量为45 675张，完成总行计划的101.5%；电子银行交易量与柜面交易量之比为23.28%，完成总行计划的146%，建设银行大连市分行排名第6位。

（三）资产质量和风险控制

不良资产管理力度进一步加大。2006年底，全分行不良贷款余额为16.79亿元，比年初净下降1.29亿元；不良贷款率为5.15%，比年初下降了1.8个百分点。当年纯新发放贷款不良率为0.03%，纯新发放贷款潜在损失率为0.17%，控制在总行下达计划之内。全年处置抵债资产1.02亿元，变现资金0.37亿元；累计现金回收不良贷款6.53亿元，完成计划的164.8%；实现超值现金回收1.26亿元，完成计划的189.84%。

主要经营举措

（一）落实总行战略部署，推进战略性业务发展

根据总行业务发展战略，着力提升战略发展及执行能力、资源配置能力和综合竞争能力。积极推进个人银行业务。以个人住房贷款为核心产品，通过推广二手房交易资金托管业务和个人住房贷款业务品牌建设，增加项目储备，拓展客户群体。个人住房贷款年底余额为60.27亿元，较年初新增17.10亿元，占地区同业总投放额的24%，市场占比进一步扩大。个人负债业务持续发展，储蓄存款当年新增在地区同业保持领先水平。大力推进中间业务。发展建设项目投资顾问、审价咨询业务和代理证券投资基金买卖业务，全年代理基金业务累计销售16.49亿元，实现业务收入1 548万元。连续推出19期"利得盈"人民币理财产品和13期"汇得盈"外币理财产品。国际业务方面，加大了对重点项目和客户的跟踪力度，积极推介外汇保函、国际保理、出口发票融资、外汇衍生资金产品等特色产品，国际结算量在四大行占比提升至25%。信用卡业务方面，开展了系列营销活动，发行了龙卡名校卡，加大了汽车卡营销力度，为持卡人推出增值服务。致力于电子银行产品开发创新，网上银行增加个人网银理财卡、跨行转账、网上基金国债等新功能，大力营销高校等重点目标客户群体，2006年底电子银行客户数累计达到41.77万户，较年初新增13.26万户，新签约客户动户率达到49%。设立中小企业中心，逐步完善了相应制度体系、考核体系和客户营销的信息共享机制。

（二）巩固传统业务优势，加大主动营销力度，开拓市场

积极推动营销方式转变，将联动营销、差别化营销、立体营销和公共关系营销相结合。依据国家宏观调控政策，出台了信贷业务工作指导意见，明确信贷投放节奏和营销方向。以总、分行级重点客户为中心，加大对重点客户和项目的经营力度。增强与市政府职能部门的联系，抓好信息源头营销。加强同业合作，组织参与银团贷款。通过推介优质高附加值产品，增强重点客户及项目的竞争能力，成功营销了英特尔芯片、逸盛大化石化、深长城投资公司等一批重点客户和项目。为推动营销工作顺利开展，加快了政策制度跟进。在财务资源配置上，完善了绩效考评机制，增强了拓展费用增量分配与业务发展成果的关联度，将战略性发展费用配置进一步向重点业务、产品及客户倾斜。在渠道建设上，加强对公营销团队和理财团队建设，组织了57期相关业务产品培训；实现了短信银行上线，完成了电子渠道一体化签约项目试点；加快营业机构转型步伐，优化网点布局，全年共迁址网点5个、装修项目24个，新增ATM 28台、自助终端50台。加大媒体宣传力度，通过报刊、车体、路街广告等多种载体宣传建设银行优势业务产品。

（三）坚持以客户为中心，大力促进服务水平提升

加强差别化服务制度建设，制定重要客户回访制度，完善客户服务规范，细化客户维护和管理办法。强化客户细分，加强对客户需求的收集和管理，丰富差别化营销手段和措施。就部分重点客户经营管理、资金使用、服务需求状况，有针对性地制订了金融服务方案，较好地满足了高端客户多元化的服务需求。优化调整业务流程，加强流程优化相关培训，确立了流程优化信息报送渠道。以"简单、便捷、高效"为原则，建立了对公业务行业经理联系人制度，对个人住房贷款等流程进行了梳理和整合，对会计运营、国际收支申报及理财中心客服流程进行了优化，提高了服务工作效率。推广实施服务管理体系，提高服务水平和服务质量。全辖推广了服务体系和标准，并组建了服务督察机构，具体负责受理客户投诉，处理员工违规事项。全年共受理客户投诉39起，处理服务违规行为案例36件，对服务问题突出的单位和员工进行了积分处罚，促进了服务标准的执行和服务水平的提高。

（四）推进风险管理体制改革，资产质量持续提高

按照总行风险管理体制改革的总体部署，理顺风险报告路线，启动新的风险管理体制运行模式，正式实施平行作业。加强贷款形态管理和资产质量预警监测，确立了操作风险损失事件分析报告制度，加大了客户授信风险预警监测力度，积极运用银监会客户风险信息，动态跟踪、揭示企业贷款风险，强化了风险管理。以提高现金回收率和降低不良资产内在损失为重点，加大了对存量不良资产的压缩力度。加强组织管理和目标责任管理，将资产质量指标纳入关键业绩指标体系管理，严格执行不良资产清收一把手负责制。以直接经营、联合经营、委托经营等多种方式并行的办法处理不良资产，并通过不良贷款督办项目汇报会督促压缩工作落实，有效提高了压缩项目的专业化处置能力和运作效率。灵活运用重组、减免息等保全手段，加快不良贷款的清收与盘活，减少资产处置损失。分行还出台了五项业务操作规程，制定实施了不良贷款专职清收管理办法，强化了清收压缩工作的制度保障功能。

（五）强化基础管理，增强信息科技支撑保障能力

推进会计管理与运营体制改革，组建营运管理部，实现了15项前、后台分离及后台集中工作；规范后台业务管理和操作流程，完成了小额支付系统上线工作；实现了稽核流程处理的电子化，加快了票面稽核向风险预警分析职能的转变；成立了合规部，将合规检查、关联交易、反洗钱、责任认定等工作统一纳入合规部管理；开展责任认定和追究工作，全年受理授信业务责任认定项目56笔，完成率达92.15%，涉及责任人265人次，谈话110余人次，发挥了监督警示作用。对银行承兑汇票业务和委托贷款业务进行了合规检查，配合总行审计组开展了全面业务现场审计，配合大连银监局完成了贷款分类偏离度、个人消费贷款、集团客户、操作风险等内外部审计检查工作。为提高科技保障能力，科技部先后参与实施了总行OCRM/IPSS一期、个贷A+P、CLPM、ERPF等项目30余项，并自行研发了关键业绩指标系统、重要物品管理系统等项目。按照信息披露的监管要求，加强了外部审计及财务会计报告信息的确认管理，建立了信息披露的应急防范机制。加强安全管理，严格落实安保责任制，加大安防设施投入，实现了全年无案件和无重大责任事故发生的安全运营。

撰稿：方宗翰　侯学文

审稿：张喜军

吉林省分行

吉林省分行行长王毅

业务发展概况

（一）经营效益

实现考核利润6.58亿元，同比增加盈利3.32亿元；实现经济增加值1.47亿元，同比增加盈利2亿元。实现账面利润2.25亿元，居省内四大行首位。

（二）存款

全口径存款余额665.2亿元，新增96.6亿元，增幅16.99%。其中，个人存款余额405.4亿元，新增42.2亿元，增幅11.62%；

企业存款余额 245.2 亿元，新增 51.7 亿元，增幅 26.72%；同业存款余额 14.6 亿元，新增 2.7 亿元，增幅 22.69%。各项存款新增占比均居省内四大行首位。

（三）贷款

各项贷款余额 347.8 亿元，新增 47.3 亿元，增幅 15.74%。其中，对公贷款余额 309.15 亿元，新增 34.06 亿元，增幅 12.38%；个人类贷款余额 38.64 亿元，新增 13.28 亿元，增幅 52.37%。各项贷款新增占比均居省内四大行首位。

（四）资产质量

审计前五级分类不良贷款余额 10.6 亿元，下降 9.3 亿元；不良贷款率 3.06%，下降 3.58 个百分点。不良资产总额 13.3 亿元，下降 31.5 亿元；不良资产率 1.94%，下降 5.58 个百分点。资产质量为省内四大行最好。

（五）考核指标

全面或超额完成总行下达的年度关键业绩考核指标。公司收费类收入、个人信贷效益贡献新增、国际结算量新增和重要公司及机构客户等指标完成总行核定计划的 1 倍以上。

主要经营举措

（一）加大综合经营计划调控力度，优化资本性支出结构，提高资源配置效率

深入贯彻总行战略部署，积极落实三年业务发展规划。进一步明确各业务部门和各分（支）行的经营管理责任，将关键业绩指标考核纳入各分（支）行领导的目标考核中。加大对分（支）行、业务部门特别是营销环节的考核激励和资源配置力度，强化财务、人力、科技资源对重点业务、产品和区域的优先支持。

加强资本性资源配置，规范资本性支出管理，提升固定资产投入比重，加大在网点装修改造和自助银行设备购置上的投入，推进网点形象建设，进一步提升市场竞争力。2006 年，全分行资本性支出 1.6 亿元，其中装修改造营业网点和购置自助银行设备支出 6 415 万元，占全部支出的 40%。装修改造网点 48 个，购置自助银行设备 144 台。

（二）突出个人金融业务战略地位，狠抓个人优势产品营销，推动个人金融业务快速发展

加强对名校卡、百货类联名卡、名企卡等个人金融重点产品的营销拓展，积极推进商务卡、“乐当家”理财卡等的发卡营销工作。大力开展个人金融业务旺季营销活动和形式多样的龙卡促销活动，促进龙卡消费额增长。双币种信用卡发卡新增 4.2 万张，完成总行计划的 139%；实现银行卡消费额 32 亿元，同比增加 9.9 亿元。

加强对 VIP 客户的管理和维护。对 VIP 客户进行集中管理和动态跟踪，加快以理财中心、理财室和理财窗口为核心的个人高端客户服务体系建设，全分行建成理财中心 16 个，累计发展 VIP 客户 17 400 户，当年新增 1 400 户。

强化营业网点服务管理及售后服务管理，建立网点长效监督机制，加大员工激励力度，促进网点业务操作流程的优化和服务水平的提高。年底，点均存款新增 1 463 万元，居当地同业首位。

（三）大力营销重点优质客户，增加高质量项目储备，优化调整信贷结构，加快公司资产业务发展

加大对跨国公司及省外著名企业的营销力度。成功营销吉林壳牌油页岩开发有限公司、锦湖轮胎等 21 个跨国公司客户到建设银行开立结算账户，占吉林省 2006 年 1 000 万美元以上跨国公司

中国建设银行长期为第一汽车集团提供金融服务，图为建设银行给予贷款支持建成的汽车生产线。

招商引资项目的32%。对中粮生化能源（公主岭）有限公司等18户企业进行额度授信，授信总量56.8亿元，贷款余额36.4亿元。与吉林省电力有限公司签订了金融合作框架协议。大力开展基本结算户营销，全年新增2 597户，其中结算量在5 000万元以上的有86户。

加大中小企业营销力度。制订发展中小企业信贷业务实施方案和操作流程，推出“成长之路”信贷产品，与省信用担保公司签订合作协议，为10户中小企业发放中小企业贷款1.8亿元，促进了信贷客户结构多元化。

加大贴现客户营销力度。制定《票据贴现业务营销指引》，新发展超亿元客户7户，达到15户，累计办理贴现118亿元，贴现利息收入9 746万元。

加强额度授信、信用等级评定工作。完成总行和省分行额度授信申请和审批137户，金额335亿元，完成信用等级评定63户。

围绕客户产业链、物流和资金流，积极开展金融产品与服务创新。开通商业汇票代保管系统，创新电力资金归集模式，完善应收账款封闭运行贷款模式，有效满足了一汽集团、吉林省电力公司等集团大客户的业务需求。

（四）发挥整体优势，构建全方位、多层次的联合营销机制，调整、优化客户结构，推动国际业务快速发展

积极发掘新的客户及业务资源，加强资本金账户营销，调整和优化了客户结构。围绕客户需求，加快国际业务产品创新，为锦湖轮胎长春有限公司办理了首笔银团贷款业务，成为银团贷款参加行中唯一的中资银行。为吉粮集团进出口公司办理美元对人民币的三角形结构性差额远期交易和差额交割远期外汇买卖业务。为一汽大众公司量身定做单边敲出及双边双敲保值方案，创全国建设银行衍生产品单笔交易量最高。年底，全行外汇贷款余额1.07亿美元，新增4 228万美元；完成国际结算量20.6亿美元，增长61.6%，创历史新高；完成结售汇19.2亿美元，增长72%；实现外汇中间业务收入5 473万元，增长62%。

（五）依托任务型团队，加大对“211”高校、三甲医院和军队武警的营销力度

积极发展代理业务，稳步提高机构业务综合贡献度。取得465户省级财政预算授权支付试点单位的代理资格，市场占比达76%。取得长春海关、银监局等30个预算单位代理中央财政授权支付业务代理行资格。营销吉林省社会保险公司做实个人账户基金全省归集账户，全面推进代理社保业务。与60余家军队和武警客户建立业务往来，争取到省国土资源厅备用金管理专户在建设银行开立。代理进出口银行大连分行为长春轨道客车办理6亿元人民币出口卖方信贷业务。与5家保险公司签订协议，提高柜面代销保险手续费比例标准。与两家彩票管理中心续签协议，巩固独家代理地位。代理保险业务收入1 555万元，同比增加510万元，增幅为48.8%。

（六）加强个人贷款优势产品营销和联动营销

组建个人贷款中心，转变经营模式，强化市场和客户细分，丰富个人贷款品种，优化客户准入标准，梳理和优化住房公积金产品和服务流程，增强公积金业务的市场竞争力，推动住房金融与个人信贷业务快速发展。年底，全行委托性全口径存款余额44.1亿元，新增18.1亿元；其中住房公积金存款37.4亿元，新增16.3亿元。住房公积金贷款余额25.7亿元，新增6.7亿元。

（七）扩大电子银行应用范围，丰富产品功能

开通个人网上银行证券交易、电话银行公积金查询等业务，推进个人网银、企业网银和手机银行后台管理系统整合，加快“95533”功能转型，积极开展电子支付营销活动，促进电子银行业务健康快速发展。个人电子银行客户47.6万户，新增5.6万户；交易额1 390亿元，增长91%，完成总行计划的214%；电子银行交易占比为14.5%，同比提高8.77个百分点。

（八）推行不良资产重点项目运营机制，加大省分行直接经营力度

建立公开、透明的中介机构选用机制，完善中介机构委托办法。创新不良贷款回收手段，实施不良贷款重组，成功重组和处置辽源热电公司、辽源得亨、白山热力公司等重大不良贷款项目。加大债转股处置工作力度，成功处置一汽债转股项目，当年回收现金20亿元，实现中间业务收入434万元。处置不良资产36.9亿元，其中处置不良贷款14.7亿元，超值现金回收4.25亿元，分别完成总行计划的130%、245%和845%。

（九）强化风险内控管理，推进风险管理改革，控制经营风险

深入开展案件专项治理，加强制度执行和监督检查，严格规范经营行为。定期召开治理商业贿赂和案件专项治理联席会议，举办治理商业贿赂及预防职务犯罪专题讲座；重点加强授权卡或柜员卡、印鉴密押、空白凭证、金库尾箱、查询对账、轮岗休假、录像检查和枪支弹药八个环节的管理。全面实行领导人员问责和风险提示制度，制定下发《检查责任制实施办法》，明确检查归口管理、联系制度、计划和检查报告备案制度。健全完善违规行为责任追究处理机制，补充完善《违规积分管理办法》，全面开展积分管理。全年成功堵截案件4起，避免经济损失1 800万元。

积极推进风险管理体制改革，提高风险管理能力。成立风险管理体制改革推进工作领导小组，向二级分行、直管支行派出风险主管，配备风险经理，实行大中型公司类客户平行作业。强化法律风险事前防范，加大对重点案件的督导和管理力度。稳步开展信贷责任认定，加大对新增可疑类和损失类贷款的监控力度，不断加强反洗钱和关联交易管理。加大对内外部审计的整改力度，杜绝和消除了部分风险隐患。

加强基础规范管理，确保营运安全。加强会计检查，优化调整会计制度及柜面交易业务操作流程，防范操作风险。开发柜面监控系统，合理设置监控频率，实现了对营业网点隔日柜面业务监控，规避操作风险。

（十）加强机构调整和人力资源管理，加大员工培训力度，提高人力资源管理水平

加快会计和营运管理体制改革，强化后台管理和业务整合，调整省分行本部内设部门，成立营运管理部和信息中心，进一步梳理后台业务操作和服务流程。充实、调整了8个二级分行及部分支行领导班子，加强二级分行及直管支行副行级后备人才队伍的选拔。加强机构负责人定期交流，交流基层机构负责人268人，交流比例为51.9%；进一步落实强制休假和岗位轮换制度，全年会计及储蓄岗位轮换2 408人，轮换比例达64.7%。加强培训项目组织管理，加大对中高级管理岗位和专业技术岗位人员的培训力度，全年举办“建设银行现代商业银行管理”、“企业战略文化培训”等培训项目158期，培训人数达6 789人次。

撰稿：刘　刚　邹　昕

审稿：程超英

黑龙江省分行

黑龙江省分行行长刘铁彦

业务发展概况

2006年，黑龙江省分行实现拨备前考核利润8.44亿元，超计划1.115亿元；成本收入比58.10%，比计划低5.3个百分点；全口径存款日均余额1 018亿元，新增128.5亿元，增长14.45%。全口径存款时点余额1 119亿元，新增196亿元，增长21.24%，比计划多增113亿元。各项贷款余额411.4亿元，新增33.4亿元，增长8.84%。实现中间业务收入22 208万元，超计划490万元。

（一）公司业务

以省行直营业务带动重点客户营销。稳定公路行业优质贷款并新增投放5.47亿元，与省道路运输管理局签订银企合作协议，资金结算量达50多亿元。省电力公司资金结算网络测试上线，日均归集资金2亿元。营销华富电力投资有限公司所属成员单位基本账户7家，并对其成员单位全面推出网银业务。报批省邮政局为总行级重点客户并正式启用建设银行重要客户系统办理资金划拨业务，完成大庆市邮政局等三户企业的重要客户系统签约工作。稳定网通公司大额贷款业务，不仅实现存量转贷且新增贷款4亿元。实现对联通公司上门收款、电子汇划、询证函等业务的收费，解决了以往服务大型客户收费难的问题。执行国家宏观调控政策，优化贷款结构，继续进行信贷结构调整。全年退出劣质行业和客户贷款2.55亿元，完成计划的117%。AA级以上客户占比63.5%，比上年提高12个百分点；正常类贷款占比85.3%，比上年提高2.3个百分点。造价咨询业务以省分行工程造价中心为核心，加强与资产业务的联动营销，完成哈电置业、哈动股份、松北区市政改造等20余家委托单位70多个单项工程项目的工程造价咨询工作，实现收入641.76万元。

（二）个人金融业务

强化市场营销，推进渠道建设，开展“服务效率年”和“龙卡发展年”，精心策划组织多个大型旺季营销和专项产品营销，各项业务指标均创历史最好水平。个人存款时点余额583亿元，时点新增47.4亿元，增长8.85%，比计划多增5.4亿元。加快产品创新，全面提升个人金融产品市场竞争力。推出7期理财产品、储蓄国债和个人账户金交易业务。完成自助设备代收移动话费、电费等项目上线和移动POS系统上线，增加转账财务POS信用卡转入功能，为信用卡优质集团客户提供增值服务。个人金融业务信息管理系统上线，为评价业务贡献、识别挖掘客户、推动绩效改革奠定了基础。探索个人业务单元制，实施团队化管理，省行直接组成营销团队，设立哈尔滨城区个人金融业务管理团队，实现重点目标客户批量营销，统一组织大型促销和规范城区支行市场营销。

（三）中间业务

下发《黑龙江省分行2006年中间业务发展指导意见》，对全分行中间业务发展进行系统性安排。从思想认识、激励政策、收费管理、产品营销、业务培训、同业合作等方面提出八项指导意见，推动全行完成中间业务收入计划。交流沟通各行取得的阶段性成果、重要动态和创新及营销的典型案例，建立中间业务整体推动月报制度，及时了解中间业务重点产品的发展情况，有关政策、措施，以及遇到的困难和问题，提出推动发展的建议，将整体推进工作做稳、做实。

（四）国际业务

拓宽业务领域，开发“国际金融组织贷款项下信用证提款业务”；与首尔分行沟通，推动对韩国个人外汇汇款的发展；与建设银行首尔分行、新加坡分行和纽约银行上海分行合作，办理海外代付1亿多美元；通过花旗银行办理第一笔福费廷转卖业务，开办出口信用保险贷款，填补了这两项业务的空白。取得对客户人民币与外币掉期业务资格，办理了全行历史上第一笔差额交割远期外汇买卖1 500万美元。借助“俄罗斯年”活动拓展对俄业务，在原有“对俄清算直通车”基础上，实现全分行对俄清算账户资源共享。加强与俄罗斯银行方面的接触和沟通，通过对俄本币化结算促进边贸结算的发展。首次同4家俄罗斯银行在第17届“哈洽会”上联合参展，与7家俄罗斯银行初次接洽。

（五）机构业务

加强营销，提高机构业务市场竞争能力。与省财政厅签订社

2006年6月15日，中国建设银行在俄罗斯有31家代理行，7家账户行，可以为对俄贸易客户提供高效、安全的资金清算。图为参加“哈洽会”的展台。

保资金业务合作协议，打破了工商银行独家垄断省级社保资金业务的局面。与省武警总队签订网银协议，将全省39个支队的资金结算业务全部纳入建设银行开户。抓住省证监局对省内最大的证券公司兴安证券保证金实施集中监管的时机，利用重要客户服务系统，成功办理保证金存管业务，实现了省内银证合作的历史性突破。完成泰康人寿和中国人寿“银保通”系统在全省的推广，代理保险业务取得到较快发展。取得参与开发“黑龙江省机动车驾驶员交通卡管理系统项目”独家代理资格。与哈工大、哈中央商城、北大荒集团等院校和企业达成了发行名校卡、名企卡的合作协议。

（六）住房金融与个人信贷

开展“建行真情个贷，因您更加精彩”等营销活动，突出宣传“接力供”、“未成年子女供”、“贷款展期、缩期”等新品种，细化总行的“住房贷款十项服务措施”，最大限度地满足了存量客户住房、消费、经营等多方面的贷款需求。为满足公积金管理中心查询及管理需要，自行开发住房公积金客户端查询系统，将服务前台延伸到公积金管理中心，并分别针对公积金管理中心、缴交单位和职工个人开通住房公积金电话银行、自助银行、网上银行等服务，进一步巩固了优势地位，公积金存款余额118.2亿元，市场占比86%，当年新增48.1亿元，增长68.62%。

（七）资产保全

启动个人类贷款标准化催收作业流程体系，出重拳对“假按揭”给予专项治理，提出“三年清零，2006年力争清收50%”的工作目标，通过创新催收方式、高层现场组织推动、强化奖惩和严格责任追究，“假按揭”治理初见成效，全年处置“假按揭”10 772万元，其中现金回收5 027万元。理顺资产保全工作流程，建立健全内控制度，对存量和新增不良资产项目实行动态监测，及时了解和掌握不良资产经营情况。上收不良资产经营权、组建项目团队、加大激励，促进了不良资产处置效率的提高，全年处置各类不良资产10.22亿元，现金回收7.05亿元，超值现金回收1.22亿元，并全额清收工大集团会展中心1.4亿元不良贷款。

（八）资产质量与风险控制

推进风险管理体制改革，初步建立垂直管理的组织架构，完成风险主管和风险经理考核选拔工作。制发实施细则，明确客户范围、具体流程和风险经理及客户经理的职责，推动平行作业开展。加强信用风险监控，编制信贷质量指标计划和考核办法，建立旬报、日报监管制度，定期分析报告不良资产变动、存量回收等情况。上收风险分类调整权限，缩小分类偏差。加快不良资产处置，落实清收盘活项目责任人制度，一户一策或一户多策。加大个人类贷款监管力度，针对个贷潜在风险情况，以信贷监管通知书或工作联系单的形式发布预警和警示、督办意见。完善操作风险基础管理，对全辖各经营管理流程进行全面风险排查，查找操作风险管理重点部位，识别和评估已经造成损失的操作风险事件；按银监会统一部署，对所有机构进行部分业务操作风险现场检查和操作风险管理状况测评；制定《操作风险管理规范》和《操作风险与内控制度自我评估工作方案》，明确操作风险制度建设、衡量控制和检查监督的相关要求。

主要经营举措

以科技促进业务发展。自行研发银行与中心联网子系统、中心公积金业务查询子系统及公积金渠道类查询子系统于一体的代理住房公积金业务平台。按照总行IT项目推广计划安排，完成小额支付系统的上线、OCRM项目群的推广、新一代贸易融资系统和网银系统的改造升级等。加强特色产品的研发，较好地满足了代理福彩、代理国税、房地产金融、代理财政等业务拓展市场的需求，科技对业务发展的支撑作用日益增强。

（一）持续开展服务与产品创新

利用经办自营性和委托性个人住房贷款的优势，推出企业委托个人住房贷款的新业务品种，在楼盘准入和贷款运作上赢得先机；抓住国家宏观政策调整的有利时机，积极跟进开办垦区新农村建设个人住房贷款业务。通过总行呼叫中心整合、网上银行4.0三期系统开发建设、推出企业渠道交易整合平台等契机，不断向客户提供个性化体验的交易界面和流程，全面提升了金融产品的市场竞争力。开发出专门用于代理彩票业务的代理系统，并经过与建设银行联网，实现了无建设银行网点地区彩票站点缴款信息向彩票中心实时传递的功能，全省彩票业务达到了同步运行、互为一体。

（二）稳步推进各项改革

全年撤并5个支行、38个分理处和储蓄所，提前完成机构撤并计划，机构数量降至455个。会计集中管理改革重点完成会计档案管理及会计稽核系统在全省的推广上线，启动了省行会计档案稽核中心的筹建和市地分行会计档案稽核分中心的建设。按照总行要求，撤销运行中心，组建营运管理部。成立哈尔滨个人消费贷款中心。根据总行政策，在省分行本部完成公务用车改革和员工工资结构性调整、职工住房货币化改革工作。

（三）推进“以客户为中心”的服务文化建设

深入开展以“营销建设银行产品和服务”为主题的“八个一”劳动竞赛和“练内功、促发展、讲和谐、树形象”文明优质服务百日竞赛活动。举办主题为“青春炫服务，满意在建行”的“青年文明号”主题创建活动和青年风采大赛。下发《关于建立和完善服务文化管理机制的通知》，在省行本部开展“创建服务型部门”、“创建文明部室”活动。推行统一规范的服务标准，促进了窗口服务水平的提高。做好挖掘、培养和宣传先进典型工作，积极发现和培育先进典型。哈尔滨铁道支行储蓄专柜被评为“冰城十佳优秀金融窗口”，哈尔滨南岗支行储蓄专柜被评为“冰城金融服务示范岗”。

撰稿：谷源明
审稿：张慧敏

上海市分行

上海市分行行长宁黎明

业务发展概况

2006年，上海市分行全年各项业务继续保持稳定健康发展，实现考核利润58.77亿元，比上年增加6.18亿元；实现经济增加值22.61亿元，比上年增加4.49亿元。总资产净回报率1.1%，比上年提高0.07个百分点。经济资本净回报率29.61%，比上年提高4.18个百分点。成本收入比27.74%，比上年下降0.84个百分点。人均考核利润66.03万元，比上年提高5.11万元。

（一）公司业务

上海市分行认真贯彻国家宏观调控政策，落实总行信贷规模控制要求，贷款新增规模控制在总行要求的范围内。公司类贷款日均新增197.42亿元，中小企业贷款新增80.64亿元，非贴现贷款新增115.56亿元。机构客户资产业务取得新的进展，机构客户贷款新增12.53亿元。推进个人信贷优质客户差别化服务，个人住房贷款投放109.77亿元，回收113.05亿元。个人贷款新增14.26亿元。

全分行大力营销重大基础设施项目、优质中小企业和民营企业客户，拓展小企业信贷业务，“速贷通”品牌影响力增强。加强客户关系营销和品牌营销，继续实施重点客户“点对点”直接营销，提升了营销层次，巩固和拓展了新的客户群体。不断创新金融服务模式，大力争办结算流量型优质账户。对现金管理结算网络的开发、改进和运用在拓展跨国公司和集团客户业务合作中发挥了重要作用，客户结构进一步优化。大力推进“211 工程”，参与金融期货交易所、黄金交易所等单位的资金清算，积极营销本地法人券商和创新试点类券商，机构客户营销和客户保证金第三方存管业务取得新进展。企业存款新增 223.96 亿元。克服个人资金分流影响，完善公私业务联动机制，强化网点营销和旺季营销，个人存款1 245.7 亿元，比年初新增 188.04 亿元，余额新增和市场份额新增均居上海同业首位。本外币全口径存款余额 3 801.13 亿元，比年初新增 598.44 亿元。

（二）个人金融业务

上海市分行不断完善公私业务联动机制，综合营销各类产品，促进个人高端客户服务模式初步形成。全分行加强培训力度，提升专业服务能力，努力打造一支由金融理财师、产品经理、客户经理等组成的营销服务团队，VIP 客户新增 3 万名，总数达到 80 628 名。创新个人理财产品，为个人高端客户提供增值服务，代客境外投资理财产品、“利得盈”人民币理财产品、信托产品、国债和基金销售取得良好业绩。个人“账户金”交易量当年新增交易量已达 216.66 万克；实物黄金销售量达 76 400 克，在建设银行范围内排名位居前列。

渠道建设全面推进。将个人理财中心、VIP 理财室、开放式理财专柜建设与网点改造、新建相结合，新增个人理财中心 29 个，总数达到 54 个。加强渠道建设和网点建设，全年完成开工项目 123 个，有 90 个网点投入营业。新增自助银行 42 个，总数达到 133 个。新增自助设备 206 台，总数达到 699 台。新增自助终端 30 台，总数达到 310 台。加强电子银行业务营销，提升“e 路通”品牌，电子银行交易额达到27 998.27 亿元。电子银行与柜面账户性交易笔数之比 9.46%，比年初上升 3.35 个百分点。

网点转型初见成效。通过整合高、低柜业务，分离现金与非现金业务，实现高柜业务简单化，提高了网点综合营销服务能力。贯彻“以客户为中心”的服务理念，完善大堂经理服务，进一步明确职责，优化业务操作流程，简化手续，使客户形成先自助、后低柜，最后才选择高柜的流向，大大缩短了客户等候时间。全年重点推进“我的绿色通道”网点分流宣传月活动，通过加强客户引导，完善了客户咨询，加强了主动营销。

（三）中间业务

上海市分行加快中间业务产品创新和重点产品推进力度，努力缩小与同业差距，市场份额进一步提高。实现收费类收入 10.96 亿元，比上年增加 3.4 亿元，增幅达到 45%。其中，龙卡业务收入 2.31 亿元，结售汇业务收入 1.98 亿元，代客证券买卖收入 1.06 亿元，代理保险业务收入 7 793 万元，审价咨询收入 6 797 万元，国际结算收入 6 569 万元。

（四）国际业务

上海市分行加强重点项目的营销工作，保持在上海市同业中传统的境外转贷款业务优势。注重开拓银团贷款业务，探索中国出口买方信贷、船舶融资等新领域。进一步发挥建设银行外汇交易整体优势，不断创新推出“汇得盈”和“汇贷盈”系列产品，大力发展代客外汇买卖业务，保持外汇资金平衡，提高外汇资金收益。2006 年底，代客结售汇业务总量在上海中资银行中的市场占比上升 1.31%，在所有中资银行中增幅最高，且远高于其他中资银行的增幅；在四大中资银行中市场占比上升 1.83%。

2006 年 6 月 25 日，中国建设银行上海市分行举办“颂歌献给党，建行明天更美好”合唱比赛。

国际结算量排位上升一位，在四大行中的市场份额增幅达到1.47%，大幅领先于其他三行的市场份额增幅。2006年，上海市分行的主要外汇业务均在建设银行排名第一，在外汇业务营销工作中成绩卓著，在总行第三次“树业绩、讲贡献、求发展”外汇业务评优活动中蝉联综合业绩第一名。此外，上海市分行共有15个经办行（部），凭借外汇业务综合业务实力，荣获全国建设银行外汇业务百强行称号，总数在各一级分行中名列首位。

（五）资产质量和风险控制

上海市分行继续大力倡导风险与回报管理的新理念，明确信贷投放政策导向，完善信贷审批管理流程，积极支持前台市场营销，促进了信贷业务健康发展。当年纯新发放贷款不良率为0.055%，当年纯新发放贷款潜在损失率为0.068%，均明显低于总行控制水平。积极探索建立不良资产集约化经营的管理体系和专业化处置的运行机制，上下联动，不良资产回收取得显著进展，全年处置不良资产23.5亿元，现金回收16.14亿元，实现超值现金回收4.83亿元，资产保全价值创造贡献显著。按照五级分类口径，不良贷款余额32.89亿元，比年初下降4.38亿元。不良贷款率为1.67%，比年初下降0.29个百分点；逾期及非应计贷款余额28.47亿元，比年初新增1.92亿元，不良贷款率为1.44%，比年初新增0.03个百分点。

加强合规机构和队伍建设，努力实现合规经营和规范操作。深入开展治理商业贿赂自查自纠和清理工作，认真开展案件专项治理“回头看”活动，建立长效机制，明确责任，确保各类发现的问题整改到位。结合案件开展警示教育，深入分析查找各类业务存在的风险点，排查重要岗位人员的违规违纪行为，落实防范措施。同时，加强基础管理和制度建设，按照“谁主管、谁负责”的原则，健全了对各级领导人员的管理和问责制度，加大了责任追究力度。

（六）其他业务

上海市分行电子银行业务不断创新。“e路通”积分换礼活动打破了过去年终集中兑奖的惯例，将阶段性积分活动和年终集中兑奖活动灵活结合。开展对网银代缴费客户的“账单网上缴，好礼轻松得”积分换礼活动，对电话银行“速汇通”客户的积分翻倍活动，以及年终“e路通天下，积分总动员”等活动，既体现了全年活动的持续性、连贯性，也提高了客户参与各种营销活动的积极性。

信用卡龙卡发展迅速。全年龙卡消费完成296.37亿元，比上年增长68.17%，其中储蓄卡消费完成额179.99亿元，比上年增长84.62%；龙卡发卡当年新增134.44万张；龙卡交易额已达2 694.76亿元，比上年增长51.21%；龙卡存款余额已达295.95亿元，比上年增长32.32%，当年新增44.87亿元。龙卡中间业务收入2.19亿元，比上年增长22.50%。

主要经营举措

（一）市场营销

2006年，新产品推广应用效果明显。开展外汇现金管理业务、认股权证履约保函业务、换股吸收合并现金选择权付款保函业务以及应收账款专项计划的担保和托管业务。发放首笔汽车金融公司贷款和出口发票融资业务，办理第一笔买断型信贷资产转让业务。推出“吉祥存单”、“通知存款一户通”等新产品。推出各类名校卡、名企卡、大学生卡等系列新产品，完善了公务交通龙卡的产品功能与服务。推出“个贷通”个人信贷产品、个人住房固定利率贷款、个人合力贷款和“汇得盈”质押贷款。推出远期和与黄金挂钩的“汇得盈”系列产品以及与国际市场价格挂钩的人民币结构性存款交易业务，推出“汇贷盈”质押贷款、掉期、海外代付、结售汇等系列产品，推出个人远期外汇买卖，为贵宾级客户单独定制个人外汇理财产品。

（二）体制改革

2006年，上海市分行体制机制改革稳步推进。一是推进风险管理体制改革，逐步建立了集中、垂直的风险管理组织架构，在基层行设立风险主管并开展工作。在全分行配备了风险经理，并启动开展对公信贷业务的平行作业。二是推进会计和营运管理体制改革，稳步实施会计后台集中和前、后台分离，完成了营运管理部门的组建和职责调整工作，实现了会计稽核和会计档案管理的集中、账户集中、交换提回业务的集中等改革。优化会计业务流程，对前端复核授权、柜面业务凭证等进行了优化整合。三是推进运行体制改革。

继续推进集约化运行，实现了中心城区离行式自助银行（自助设备）的集中运行和管理，实施分支行所属机构网点的属地化管理，进一步加强了集中采购力度。尝试建立矩阵式的计划制订和推进管理体制。建立跨部门的工作机构，成立了营业网点建设管理办公室，统筹协调和组织推进。

（三）激励机制

进一步完善考核激励制度。为加快推进中间业务、个人资产业务等战略业务，安排了专项奖励工资，促进长期价值创造能力的提升。探索以岗位为核心，按岗付薪、按绩付薪和按能付薪相结合，分级分类的薪酬制度。在新设的会计稽核中心引入定量考核、计件付酬分配方式。

撰稿：虞　恕

审稿：林顺辉

江苏省分行

江苏省分行行长张援朝

业务发展概况

2006年，江苏省分行实现考核利润43.43亿元，同比增加8.58亿元；实现经济增加值14.11亿元，同比增加3.01亿元。考核利润和经济增加值在系统内均居第三位，均比上年前移两位。各项贷款余额1 757.87亿元，新增324.6亿元，同比多增172亿元；贷款新增在系统内和同业分别居第二位和第一位，均比上年前移两位。一般性存款余额2 484.67亿元，新增355.05亿元，同比多增99亿元；新增同业居第二位，比上年前移一位。

（一）公司业务

公司类贷款余额1 436.43亿元，比年初新增236.1亿元，系统内新增排名第一位，系统内余额位次上移一位，列第四位，同业四行新增排名第二位。企业存款余额1 177.22亿元，新增178.74亿元，同业四行新增排名第二位。

（二）个人金融业务

个人贷款余额321.5亿元，当年发放202亿元，新增88.5亿元，增长率38%，同比多增40亿元，新增居同业第一位，四大行占比31%。其中，个人住房贷款余额263.93亿元，新增60.7亿元，新增四大行占比28.9%，排名第一位，个人住房贷款余额和新增在系统内分别居第六位和第四位。个人存款余额1 307.45亿元，新增176.31亿元，同比多增28.58亿元，增幅为15.59%。人民币个人存款时点新增四行占比达27.05%，居第二位，同比提高6.64个百分点。

（三）中间业务

中间业务收入突破性增长，共实现中间业务净收入74 034万元，净收入比上年增加30 141万元，增长率为68.67%。同业居第三位，比上年前移一位。

（四）国际业务

国际结算首次突破百亿美元，达到119.94亿美元；结售汇突破60亿美元，达到67.86亿美元；同比分别增长38.67%和38.60%。外汇一般性存款余额64 362万美元，较年初新增2 246万美元，增幅为3.62%，完成总行下达计划的125.13%。外汇贷款余额40 306万美元，较年初减少5 231万美元，减幅为11.49%。

（五）资产质量与风险控制

不良贷款实现“双降”，账面不良额44.26亿元，比年初减少4.24亿元；不良率2.52%，下降0.87个百分点。关注类贷款占比11.49%，下降6.34个百分点。新发放贷款不良率万分之零点四九，同比下降0.17个百分点。处置不良资产25.34亿元，回收现金20.64亿元，现金回收贡献12.96亿元。不良贷款拨备覆盖率90.13%，提高15.21个百分点。

（六）其他业务

累计发行龙卡双币种信用卡50.9万张，列全行系统第四位和当地同业第一位；本年新增发行龙卡双币种信用卡22.9万张，新增量系统内排名第六位、同业排名第二位。借记卡发卡量920.04万张，新增132.66万张，增长16.85%。银行卡消费额达131亿元，同比增加98%，列当地同业第三位。电子银行交易量与柜面交易量之比为14.08%。实现交易额6 197.12亿元，同比增长90%。客户数累计达到162.36万户。“95533”受理人工业务量296万笔，人工外呼项目122个，外呼量16万个。

主要经营举措

（一）加大资源配置，落实激励政策，加大业务转型推动力度

多次专题研究中间业务，落实推进措施，实行标杆行管理，促进加快发展。大力拓展个人资产业务，推行“购买制”，激发前台销售人员的积极性；强化主动负债意识，对个人负债业务按期限分类考核，首次对3年期以上的存款实行全额计价，引导2年期以上高成本资金向理财产品分流；多次专题研究电子银行业务，引导加大推动力度，努力提高替代率。稳步推进小企业金融业务，建立经营管理组织体系和县域经济重点联系行制度，简化信贷流程，降低准入标准，下放部分授信业务审批权。

业务转型步伐加快。中间业务收入实现突破性增长。个人业务发展明显加快，个人贷款业务新增、公积金归集、委托住房存款、公积金贷款等均在当地同业中保持第一；个人存款新增创历史新高；个人中间业务收入同比增长45.58%，占中间业务收入的46.78%，创历史最好水平。理财业务爆发性增长，全年代销基金和理财产品共75亿元，占个人存款新增的42.54%；代销保险大幅增长，达到13亿元，是上年的2.4倍。中小企业业务稳步拓展，贷款余额523亿元，比年初新增111亿元，同比增长48亿元，其中，小企业贷款余额30.2亿元，新增8亿元。

（二）加大市场营销组织推动力度

经济资本和财务资源配置向经营部门、战略业务和中心城市行重点倾斜。强化纵向与横向经营目标责任，完善考核激励体系，加大对营销部门和人员的直接激励力度。建立与完善联动营销机制，加强上下级、区域间的联动营销，公司、机构与个人条线的交叉营销，以及个人业务单元的综合营销。增加客户经理313名，总数达到2 717名，其中专职个人理财客户经理644人，有69人取得金融理财师资格。积极组建行业客户经理队伍和任务型营销

2006年7月18日，中国建设银行江苏省分行建筑业重要客户座谈会暨“鲁班驿站”建筑业全面金融服务品牌发布会在南京市举行。

团队，推进信用卡直销团队建设。增强营销策划能力，大力推进旺季综合营销，为重点客户研究制订综合营销方案，举办品牌发布会、名校卡发卡仪式、个人集体授信签约、国际业务重点产品和境外上市巡回推介等一系列活动。

拓展市场取得明显成效。年初配合总行与省政府签署战略合作协议。成功营销省内第一利税大户江苏中烟工业公司等一批重点客户。与政府合作进一步加强，承办省级预算单位政府公务卡结算代理，取得农村义务教育资金财政专户，市场占比均达到50%。与“211”高校、三甲医院等优质客户的合作取得突破，拓展了东南大学基本结算户，“211”高校贷款新增在系统内排名第一，推出了南京师范大学、中国矿业大学等一批名校卡。与金融同业合作取得新进展，与华泰、国信、东海等多家券商开展了多种形式的银证合作。个人中高端客户快速增长，累计拓展个人 VIP 客户 9.24 万人，较年初新增 3.21 万人。

（三）加强产品创新

从改进现有产品、引进外来产品和自主创新产品三个方面着手，推出 23 个新产品、新系统。在系统内和当地同业中首推四种模式的固定利率产品，积极探索开办信托财产托管业务，推出个人外汇产品组合，推出集团账户“一户通”。推出建筑行业金融服务品牌——“鲁班驿站”，在全国较早推出个人客户、公司客户、贷款客户电子银行一体化签约，向集团客户推出外汇账户信息通，推出多种个人住房贷款还款方式。优化和推广上线“银保通”、“银彩通”、短信银行、集中 POS 平台等服务系统。新产品和新业务受到客户的欢迎，促进了业务发展。个贷新产品发放贷款4 500 多笔，金额达 27 亿元。通过“鲁班驿站”品牌营销，与 42 家建筑业重点客户签署全面合作协议，建筑业流动资金贷款增长 22.8 亿元。在省内四大行中首家承销 11 亿元短期融资债券，发行 7 亿元信托理财计划产品，成功营销宁宿徐高速公路等 4 个信托项目的财产托管业务。个人因私购汇大幅增加，达 424.63 万美元。

（四）进一步落实“以客户为中心”的经营理念，努力提高客户满意度

加快电子渠道建设，电子银行业务规模迅速扩大，进一步丰富“95533”功能，分销渠道作用逐步增强。自助设备达 1 969 台，新增 818 台；自助设备交易达 6 145.58 万笔，增长 25.07%。加大网点建设和改造力度，理财中心达 37 个，理财网点达 332 个；在 11 个二级分行和 9 个县支行组建个贷中心。推进网点建设标准化，加强重点地区和重点地段的精品网点建设，撤并低产低效网点 18 个。深入推进服务文化建设，开展客户服务专项治理，实行神秘人检查、月度通报等制度。

（五）全面推进风险管理体制改革

公开选拔二级分行风险主管 8 名，转任 3 名，全部实行异地任职；择优选聘风险经理 73 名；积极推广平行作业。推进资产保全业务单元制改革，重点不良资产项目和个人类不良贷款处置取得较大突破，省分行直接经营力度加大，直接经营不良资产金额 44.24 亿元，现金回收 11.76 亿元。开展零售网点转型项目试点，促进网点由交易核算主导型向销售服务主导型转变，根据总行部署，从 3 月开始在常州化龙巷支行开展零售网点转型项目试点，推出六方面共 32 项改进措施，试点网点服务水平明显提升。积极推进会计管理和业务营运管理体制改革，从 4 月开始对 32 个机构的对公业务进行整合，节约人员 67 人；组建营运管理部，推进了前、后台业务分离和后台集中。

（六）加强风险防范

扎实推进信贷政策重检，在对公司类客户普遍重检的基础上，对产能过剩行业的 605 户企业的 200 亿元贷款进行了重点重检，实时调整信贷政策，增强防范政策性风险和行业性风险的敏感性和前瞻性。产能过剩行业和高风险行业贷款得到控制，退出信贷客户 178 户、信贷金额 10.83 亿元。根据国家宏观政策，结合发展战略，制定年度信贷投向指导意见，统一风险偏好。完善大额授信客户、集团客户风险预警监测机制，及时提示、防范 1 000 万元以上个人商用房贷款风险。

2006 年 6 月末，总行下发 2006 年度行业、区域、产品内部评级和风险预警指引，江苏省分行被评为三个 A 级区域之一，排名第一；在 80 个中心城市行风险评级结果中，江苏省分行下属的 8 个中心城市行均为 A 级，位列前 11 名。10 月，总行发布 2005 年至 2006 年 6 月 30 日的一级分行风险管理评价报告，江苏省分行风险管理综合评价得分在 28 个省分行中排名第一。

（七）加强内控基础管理

开展案件专项治理"回头看"活动，对2005年各类检查、审计发现问题的整改情况进行梳理跟踪，对银监会提示的防范操作风险的八个重点方面进行检查整改。认真开展治理商业贿赂专项工作，组织开展不正当交易行为自查自纠以及"两项清理、两项排查"和IT项目案件排查整治活动。扎实推进"三基工程"建设，全年3.9万人次参加各类业务规章的培训，制定和完善制度、规定200多项。全面推行违规行为积分管理，大力开展条线业务自查自纠。在全省范围内统一组织开展尾箱现金突击大检查和"防范案件风险、确保资金安全"联合检查。加强对委托贷款、账外经营、"假按揭"和内部账户的清理。加强法律工作对业务经营的服务和支持，认真开展反洗钱工作。

撰稿：肖志平
审稿：邵　斌

苏州市分行

苏州市分行行长林少斌

业务发展概况

截至2006年底，全分行一般性存款余额为779.99亿元，比年初新增211.46亿元，增幅为37.19%，在当地四大行中新增占比为31.94%，名列第一；余额占比比年初上升2.41个百分点。各项贷款余额为660.99亿元，比年初新增183.25亿元，增幅为38.36%，在当地四大行中新增占比为36.01%，名列第一；余额占比比年初上升2.89个百分点。全年实现考核利润15.67亿元，经济增加值为4.59亿元。

（一）公司业务

全年新增企业存款155.37亿元，在当地四大银行中占比35.41%，排名第一；企业存款增幅为50.02%，建设银行排名第七；全年新增对公贷款183.25亿元，在当地四大银行中占比36.01%，排名第一；对公贷款增幅38.36%，建设银行排名第五。

（二）个人业务

全年新增储蓄存款56.09亿元，在当地四大银行中占比25.20%，排名第二；个人存款增幅达21.75%，建设银行排名第二；全年新增个人贷款59.33亿元，在当地四大银行中占比33.93%，排名第一；个人贷款增幅为56.47%，建设银行排名第七。网点单产明显提高，集约化经营效益明显，全分行个人存款网点单产1.58亿元，比年初提高2 833万元，增长21.85%。个人业务转型初见成效，分行财富管理中心正式挂牌，年内共建理财中心9家、理财室11家、理财专柜198个。

（三）国际业务

全年实现外汇业务净利润2 197.12万美元，增幅达71.69%；外汇一般性存款余额59 049.15万美元，比年初新增22 134.58万美元；实现国际结算 187.36 亿美元，同比增幅达 80.74%，四行占比从年初的 10.98% 上升到 15.27%；完成外汇资金交易量 65.55 亿美元，同比增幅 66.59%；实现中间业务收入 7 306.97 万元，完成年度计划的 127.95%。

（四）其他业务

全年新增贷记卡 6.5 万张，其中汽车卡 2.7 万张，在直属分行中列第二位，仅次于深圳市分行，当地同业排名第一；账户活动率达到 52.8%，比年初提高 7 个百分点；信用卡消费额达到 5.96 亿元，同比增加 134%，卡均消费额达到 4 500 元。全年新增电子银行客户 13.42 万户，实现交易额 1 265 亿元，完成总行计划的 230%，其中网银交易额为 760 亿元，电子银行交易占比达到 16.15%，比年初提高 6.92 个百分点。

（五）资产质量

严格控制产能过剩行业的贷款增长，全年共退出风险较高的存量贷款户 34 户，回收贷款 2.07 亿元，贷款结构优化；确定单户 1 000 万元以上的 22 户公司类不良贷款客户以及城区支行单户 1 000 万元以下的 25 户作为分行直接参与经营的项目。截至年底，累计处置各类不良资产 45 561 万元，完成总行下达任务的 128.13%，实现现金回收 38 122 万元，实现超值现金回收 6 741 万元。

主要经营举措

（一）特色营销活动精彩纷呈

主办或参与大型营销活动，如台商联谊会和金融企业团拜会，增进了分行与政府、台商及同业的合作情义；相关业务条线和各支行于新春前后举行了多种形式的客户答谢会、客户联谊会、产品推介会等，向社会传达了强烈的形象推广信号和优质、前卫的服务理念。开展系列特色营销活动，如个人金融业务条线举办了“迎春建行新、贺岁龙鼎金”的旺季系列营销，“五一”黄金周在苏州首届市民理财节上荣获“金手指”大奖，开展“金秋理财”等活动；信用卡条线先后推出“冰雪嘉年华”消费赠券、钻石抽奖、节日消费打折等活动。

（二）注重搭建鼓励创新的平台

分行成立新产品创新委员会，重新整合新产品开发的组织机构，制定《苏州分行产品研发管理暂行办法》、《苏州分行产品创新奖评选办法（试行）》等多项制度，在全分行范围内组织开展了“走近客户，用心理解客户需求”产品创意和产品组合创新案例有奖征集活动，共收到有效案例 21 件，经专家组评选后有 10 项案例分别获一至三等奖。

（三）提高培训工作的针对性和有效性

加大对管理人员、专业技术人员和经办人员的培训力度，全年分行本部共组织各类培训 100 余期，受训人员达 8 000 人次，参加总行培训班 85 期，参训人员 160 余人，全年共有7 000 余人次参加了新产品、新业务和新系统的培训。

（四）为党建和企业文化建设增活力

建立健全保持共产党员先进性的长效机制，加强党组织建设，改善党员队伍的结构，提高领导班子的执行力与领导力。将“以客户为中心”的服务理念向深层发展，开展了“创建消费者放心行业”活动，“联动营销、并肩作战、综合竞争”正逐渐成为全分行员工的共识并努力付诸实践。

撰稿：林　红
审稿：嵇兴龙

2006 年 2 月 21 日，中国建设银行股份有限公司与苏州市人民政府签署金融合作协议。

浙江省分行

浙江省分行行长余静波

业务发展概况

（一）经营效益

全年分别实现账面利润、经济增加值62.5亿元和20.6亿元，同比分别增长23.2%和33.5%。账面利润居全国建设银行系统第一位。经济资本回报率为26.06%，同比提高2.84个百分点；总资产回报率为1.46%，同比提高0.03个百分点；贷款收益率达6.22%，存贷款利差为4.76%，净利息收益率为4.27%，均处在全国建设银行系统和浙江当地同业领先地位。

（二）各项业务

一般性存款余额2 486.6亿元，新增432.9亿元，同比多增167亿元，增幅达21%。各项贷款余额2 255.7亿元，新增346.3亿元，同比多增189.5亿元，增幅为18%。完成国际结算114亿美元，增长40%；外汇中间业务收入达到2.2亿元，增长61%。累计发放贷记卡46.2万张，新增23.1万张。贷款余额、新增额等21项指标居建设银行系统第一位，全口径存款、个人贷款新增额等12项指标居浙江同业第一位。

（三）结构调整

个人存款新增比重提高到45%。中小企业贷款比重已达到33.7%；个人贷款比重提高到29.3%，比全国平均水平高9个百分点。A级以上客户贷款占对公贷款的比重提高到87%。个人业务实现经济增加值6.5亿元，占比达到23.4%。中间业务收入比重达到7.88%，同比提高2个百分点。推进网点功能转型，调整35个网点，布局优化率达到5.1%；改造141个网点，占网点总量的20.4%。电子银行交易金额达到9 884亿元，交易量占比为13.8%，同比提高6.4个百分点。人均利润、点均存款、成本收入比等集约化指标同比提高明显。

主要经营举措

（一）以业务转型和结构优化促发展

全分行确立“好客户的好银行”目标，不断巩固、拓展优质客户，推进业务转型，加快结构优化，有进有退，引领发展。

推行业务转型。一是着力中小企业业务发展。健全组织架构，成立了36个中小企业经营中心。优化业务流程，实行“双签”制。建立小企业贷款利率风险定价机制。积极推广“速贷通”、“成长之路”等信贷产品。二是加快个人业务发展。全面推行个贷中心运作模式，加强个人住房贷款、消费信贷、信用卡等产品的交叉营销。设立财富管理中心，创新中高端客户服务模式。中高端客户存款余额、新增额分别达682亿元和202亿元，分别占个人存款余额和新增的62%和103%。三是注重中间业务发展。建立中间业务协调机制，制订重点产品推进方案，加大考核激励力度。实现中间业务净收入8.18亿元，增长60.5%。代理保险、担保、人民币结算等15项重点产品收入占全部中间业务收入的70.4%。

切实控制信贷总量，进一步优化贷款结构。坚决贯彻落实宏观调控政策，适时调整贷款投放进度，新增贷款控制在计划额度之内。个贷余额比重比年初提高2.6个百分点。房地产开发贷款余额比年初下降20.3亿元。票据贴现和承兑业务新增均控制在计划额度之内，新增不良率和风险垫款均实现零增长。道路运输、城建等重点行业贷款新增占对公新增贷款的56%。严重过剩行业贷款余额为零。

在业务转型和结构调整过程中，分行注重对优质客户的营销。与省政府签约的大项目已有15个进入实质性合作阶段。成功营销了秦山核电、兰溪电厂、嘉兴市交投集团等一大批重点项目和大型企业。新拓展了53家杭州市纳税200强、十大工程、进出口200强企业。新营销1 000万美元以上外商投资企业136家、国际结算量在400万美元以上客户193家。新增总、分行级重点客户111户，优质中小企业1 620户。省级财政基层预算单位国库集中支付改革项目的营销业绩位居同业第一。财政、社保、武警等重点机构类客户新增存款达到135.5亿元。中高端客户达到54.5万户，新增14.3万户。

（二）以区域竞争力提升强发展

努力深化区域发展战略，对重点地区实行差别化管理，因地制宜，因势利导，抓好区域协调发展。在2006年度全国建设银行系统100个中心城市行考核中，分行所属的10个考核单位全部进入前70名，整体名次比2005年提升四位，其中杭州创记录地达到第三位。在全国建设银行系统排名第二。

杭州辖区发挥龙头示范效应。突出杭州辖区在全分行的战略主导地位，将省分行作为杭州辖区的“二级分行”，提高杭州辖区经营管理业绩与省分行部门绩效考核挂钩的比重，积极探索差别化管理和考核模式，“牵头经营、联动营销、信息和利益共享”机制日趋完善。杭州辖区一般性存款新增127.6亿元，四行占比31.2%，高于分行平均水平2.6个百分点；贷款新增86亿元，四行占比29.5%，高于分行平均水平2个百分点。在杭州“交通西进”战略实施和西溪湿地综合保护一期工程总结表彰大会上，分行是金融系统唯一受杭州市委表彰的单位。

计划单列行逐步体现政策优势。落实总行计划单列行相关政策措施，从业务授权、产品定价等方面加大支持力度。加强互动沟通，做好服务支撑工作，增强省市分行的协同作战能力。5个计划单列行存款新增335亿元，四行占比29.3%，高于余额占比5.6个百分点；贷款新增250.3亿元，四行占比27.6%，高于余额占比1.9个百分点。

强县支行提升贡献度。对制约强县支行业务发展的瓶颈因素进行深入分析，出台推进强县支行快速健康发展的意见，从信贷授权、财务管理、人力资源等方面加大支持力度。10个试点支行分别实现考核利润和经济增加值12.8亿元和5.7亿元，系统内占比较上年分别提高了2.2个和5.6个百分点。存贷款分别新增108.3亿元和105.3亿元，分别占全分行新增存贷款的25%和

2006年9月11日，中国建设银行浙江省分行与浙江省科学技术厅在杭州市举行支持企业技术创新金融合作签约仪式。

30.4%，分别高于余额占比4.1个和11.6个百分点。

（三）以服务提升和产品创新谋发展

开展"走进客户"活动。加强调查研究，真实了解并细分客户需求，为产品和服务创新提供了宝贵的第一手资料。依托"走进客户"服务活动，开展柜面服务技能、客户经理风采等技能比赛，制作柜面服务及操作一日流程资料片，切实提升员工的服务技能。加强境内外分行、长三角区域分行与分支行之间的整体联动，为客户提供更全面的优质服务。

加大产品创新力度。加强对特色产品创新的需求分析，推出仓单质押贷款、票证通、海外融资保、跨行按揭等近30个新产品。在同业中第一家开办个人实物黄金买卖业务。已拥有11个信用卡品种。支付宝龙卡、万向龙卡社会反响良好。积极营销新产品，个人住房最高额抵押贷款余额已达到14.7亿元，主要外汇业务新产品实现中间业务收入2 371万元。

优化流程，提升科技支撑力。逐步积极打造"天龙在线"科技服务品牌。加大新项目的开发力度，稳步推进代理地市财政国库支付、公积金管理中心、杭州市市民卡等项目的实施。圆满完成CLPM系统上线，机构、客户及合同数均为系统第一。积极做好个贷、会计档案管理等系统的开发和推广上线工作，为更好地服务客户提供了有力的技术支持。

（四）以风险控制保发展

进一步夯实基础管理工作。根据总行深化改革、业务发展和风险控制的需要，梳理流程，进一步规范了信贷、审批、印章、价格等管理工作。积极推进风险管理体制改革，努力实现风险管理关口的前移，完成风险管理由层级管理向条线管理、由部门控制向流程控制的转变。在嘉兴市分行和杭州辖区部分支行试点纪检监察特派员制度。全面梳理会计业务制度，探索实施会计管理的"五项集中"。启动杭州辖区公司类不良资产直接经营的试运行工作。

加强合规管理。重视内外部审计、检查发现问题的整改。深入细致地开展反洗钱工作。建立健全案件预警机制。认真做好治理商业贿赂工作。开展业务风险点与员工行为"双排查"，机构和人员覆盖面均达到100%。

加强风险监控与防范。一是稳步推进营运和守押体制改革，建立垂直集中的不良资产催收、经费核算支付和档案管理体系，从体制上杜绝操作风险隐患。二是实现省内汇划"一口出、一口入"，有效控制了会计部位的操作风险。三是全面开展信贷、会计、财务、承兑汇票、电子银行、安全管理等方面的大检查，对检查发现的问题逐条列明、落实责任、督促整改。四是加大安防投入，提升安全保卫的科技含量。五是建立贷后管理机构，出台贷后管理办法；密切跟踪宏观调控行业、产能过剩行业、政府类贷款、集团客户和关注类贷款的风险，出台了一系列信贷政策指导意见。制定基层网点内控评价实施办法和转授权动态管理办法，实现对基层网点的规范管理和对信贷投放的动态引导。健全重大信贷风险快速反应机制，化解重大信用风险事项14起，涉及金额达6.2亿元。

（五）提高内部管理水平

积极探索并实践"六西格玛"、客户关系管理等管理理念，管理的精细化程度不断提高。积极营造"和谐信任、严谨规范、团结协作、高效快乐"的工作氛围，努力实现员工与全分行共成长、同发展，形成团结和谐的内部氛围。

撰稿：胡小俊

审稿：苏　克

宁波市分行

宁波市分行行长沈义明

业务发展概况

（一）负债业务

2006年，宁波市分行一般性存款余额为502.28亿元，比年初增加93.06亿元，完成计划的155.52%；日均新增94.61亿元，高于时点新增1.55亿元，同比多增42.76亿元，稳定性进一步增强；一般性存款新增在四大行占比27.9%，市场份额进一步提高；其中企业性存款余额及新增均居四大行第二位，个人存款新增居四大行第二位。

（二）资产业务

各项贷款余额500.49亿元，新增118.43亿元，比年初增长31%，完成计划的108.5%，余额跃居四大行第二位；新增占比27.28%，位列四大行第二。个人贷款余额突破100亿元，成为宁波首家贷款余额超百亿元银行，巩固了同业领先地位，获总行三项大奖。

（三）经营效益

全年实现利润13.43亿元，完成计划的114.20%；同比增加3.57亿元，增幅达到36.2%。考核利润12.88亿元，完成计划的114.64%。经济增加值4.82亿元，完成计划的124.97%。经济资本回报率28.53%，比上年提高3.92个百分点，优于总行计划3.04个百分点。成本收入比28.86%，比上年下降3.48个百分点，控制在总行计划范围之内。贷款收益率进一步上升到6%，同比上升0.32个百分点；存贷款利差进一步扩大到4.54%，比上年提高0.23个百分点。净利息收益率稳步上升到4.34%，优于总行计划0.29个百分点。一般性存款付息率、贷款收益率、存贷款利差、成本收入比等财务指标均好于全国建设银行平均水平。

（四）资产质量

不良贷款余额28 598万元，比年初减少6 262万元；不良贷款率0.57%，比年初下降0.34个百分点。不良贷款预期损失新增624万元，控制在总行计划范围之内。新发放贷款质量综合指标0.18%，控制在总行计划范围之内。关注类贷款占比10.63%，比年初下降4.7个百分点，优于总行控制目标2.64个百分点。重点不良项目得到有效处置，部分历年遗留抵债资产“堡垒”有效攻克，共处置不良资产2.2亿元，完成计划的1.3倍；其中现金回收1.83亿元，完成计划的1.7倍。

（五）中间业务

实现中间收入17 634万元，同比增加6 452万元，完成计划的118.05%，增长57.70%；占主营业务净收入的8%，同比提高1.27个百分点；四大行占比20.98%，同比提高3.43个百分点。

（六）国际业务

国际结算54.48亿美元，完成计划的104.78%，同比增长45.2%；四大行占比15.93%，提高1.74个百分点；外汇中间业务收入7 016.8万元，增长59.8%，占中间业务收入比重提高到40.8%。

（七）信用卡业务

贷记卡累计发卡8.2万张，新增4.62万张，同比增长3倍；卡均消费额达到6 300元；账户活动率提高1.15个百分点。

（八）电子银行业务

电子银行新增客户14.8万户，完成计划的185%；交易额首次突破千亿元，达到1 112亿元，完成计划的171.01%；电子银行交易量与柜面交易量之比达到14.46%，比年初提高7个百分点。

主要经营举措

（一）改善营销方式，拓展重大项目

面对激烈的同业竞争，分行以寻找和拓展核心目标客户为重点，积极转变传统营销模式，力求建立共享分行营销资源和发挥分行优势的整体营销体系，构筑增强核心竞争力的基础。

分支行均成立了由行领导牵头的重要客户营销团队，直接参与优质大客户营销维护；组建29个客户小组，开展重点客户和重点项目营销，进一步夯实了客户基础。同时大力加强银客合作，与江北区等7县（市）区及其他16家单位签订了银政、银企和银保合作协议，推动了重大项目营销储备。2006年新增重要公司及机构客户和代发工资户958个，新增总、分行级重点客户28个，支持重点项目信贷投入121亿元。整合分行资源，大力推行任务型团队营销，成功争取到宁波市城镇老年居民养老保障基金专户、宁波市非营运车辆养路费项目、北仑和慈溪国库集中支付代理行资格，实现对军队、武警业务的突破，成功发行宁大龙卡和奥克斯龙卡，促进了相关业务发展。

（二）推进产品创新

积极开展产品创新与推动活动，创造了一项国内“领先”、一项建设银行“第一”和多项分行“首次”。公司业务成功上线国内金融业首个票据代管系统，开展华能国际电力10亿元内部银团贷款业务，为11家重点客户累计贴现商业承兑汇票（单占承兑人授信额度）7.66亿元，实现代理证券业务突破性增长，增加债券承销业务收入800万元。国际业务成功办理了建设银行系统首例中小企业购船抵押贷款、分行首笔远期结售汇、首笔境外筹资转贷款、首笔国际保理业务，融资性保函、海外代付等新业务取得进展。个银业务推出“一户通”，吸收存款近8亿元；发行“利得盈”、“汇得盈”理财产品，募集资金近3亿元。与此同时，加强技术创新和应用，完成OCRM、A+P系统、对公客户账号变更、特色信息平台、视频会议系统等一大批重大项目的开发应用，有力支持了流程优化、业务转型和管理决策，有效促进了经营管理水平的提升。

（三）完成个人业务“三大攻坚”任务

市分行按照个人银行业务“攻坚年”要求，通过加强公私联动和捆绑考核，积极开展旺季营销、代发工资竞赛、“富裕客户成长之旅”、表彰百佳柜员和百名有功人员等活动，有效促进了市场份额、服务渠道和客户经理队伍“三大攻坚”任务的完成，实现了市场占比的有效提升、服务渠道的优化和完善及客户经理队伍

2006年9月21日，中国建设银行宁波市分行举行个人存款超200亿百佳明星柜员表彰大会。

的充实和加强。

个人富裕客户贡献凸显，新增20万元以上客户3 683人，以0.52%的客户创造了35%的存款总量和58%的存款新增。配置了专职个人客户经理114名、专职大堂经理30名；制定了网点3年规划，实施21个网点新形象建设，设立6家个贷中心，新增ATM 28台，集约化经营力度得到增强。

（四）推进中间业务和国际业务发展

市分行把中间业务作为优化收入结构的主渠道，全力推进快速发展。为加强组织领导，设立了整体推动工作机构，各相关业务条线分别制定相应产品发展规划和经营办法，各归口管理部门加强了对推进工作的指导和检查。同时加强重点发展，大力推广8类重点产品和16种新产品，确定8家重点推进行作为发展样板，专项奖励突出贡献集体和个人。把国际业务作为中间业务的重中之重，积极开展出口客户竞赛和新产品推广，优化外汇清算流程，加快结算单据处理速度，努力加强国际业务组织机构和员工队伍建设，促进了国际业务市场拓展和发展提速。

（五）集中经营小企业业务

市分行从加强组织和制度建设入手，组建9家小企业经营中心，制定汇编小企业信贷业务相关规定，完善小企业贷款定价机制，为业务开展提供保障和指引。积极开展产品营销传播，组织近150家中小企业进行产品路演，开展小企业新产品推广竞赛活动，与地方媒体联合推出“企业贷款直通车”，直接促进了业务增长，提高了品牌影响力。为拓宽小企业客户营销渠道，市分行广泛搭建合作平台，与3家担保机构签订合作协议，快速营销并确定了一批目标客户。2006年新增小企业客户181个，授信客户达到541个，占公司类贷款客户的36.68%；新增贷款11.13亿元，贷款余额23.28亿元，占公司类贷款的5.9%。

（六）严格控制贷款过程

市分行严格贯彻执行国家宏观调控政策和区别对待、有保有压的信贷政策，强化存量贷款核准把关，加强准入和退出控制，严格控制产能过剩等行业贷款审批，推进了信贷结构调整。AA级以上公司类及机构客户贷款余额占比提高到58.55%。为较好地控制源头风险，市分行对贷款过程的控制更为严格，推进了平行作业风险管理关口前移，加强了贷款合规性审核，促进了贷中审核条件的有效落实。

撰稿：江式参

审稿：沃立民

安徽省分行

安徽省分行行长白国祥

业务发展概况

截至2006年底，安徽省分行一般性存款余额951.5亿元，新增128.6亿元，完成总行计划的139.9%。各项贷款余额522.3亿元，新增87.2亿元，完成总行计划的108.6%。五级分类口径不良贷款余额10.96亿元，不良贷款率2.1%，均控制在总行计划之内。实现账面利润11.36亿元，考核利润12.18亿元，实现经济增加值3.56亿元。

（一）公司机构业务

开展“抓营销、比服务、促发展”公司业务贷款营销活动，明确了将安徽省“861”计划作为分行项目储备重心，截至年底，已承诺贷款项目78个，承诺贷款金额256.47亿元，累计发放了固定资产贷款97.17亿元，配套流动资金贷款36.17亿元；对公贷款新增51.35亿元，创历史新高。累计拓展小企业“速贷通”和“成长之路”客户157个，发放贷款170笔，金额4.86亿元，实现中间业务收入125万元。机构客户一般性存款余额164.3亿元，比年初增加41.7亿元，完成全年新增计划的278%；贷款余额20.1亿元，比年初增加8.4亿元，实现机构客户中间业务收入2 563万元，同比增加1 952万元，完成全年收入计划的162%。

（二）国际业务

理顺国际业务管理体制，加大外汇业务考核和激励力度，将国际结算等业务指标纳入关键业绩指标体系和等级行考核体系，开展外汇业务“创业绩、比贡献、促发展”评优活动；加强外汇产品宣传，加快新产品推广。截至年底，分行外汇存款余额13 057.52万美元，外汇贷款余额1 875.9万美元，实现外汇中间业务收入2 195万元人民币。

（三）个人金融业务

截至2006年底，省分行个人存款新增70.57亿元，同比增长32%，新增市场份额达到24.92%；点均比上年新增1 637万元，居当地四大银行首位；实现个人金融中间业务收入1.14亿元。个人贷款业务在保持连续6年大幅增长的情况下取得历史性突破，个人贷款和个人住房贷款双双突破百亿元大关，成为建设银行第18家个人住房贷款余额过百亿元的一级分行。截至12月底，省分行个人贷款余额121.62亿元，新增35.81亿元，比上年多增19.49亿元，增幅为41.73%，完成总行计划的123.48%。

（四）中间业务

推行了市场占比不下降考核、代理保险产品直通车奖励等多项激励政策，继续加大对中间业务的激励力度，取得了良好的效果。2006年，省分行实现中间业务净收入达到2.4亿元，中间业务收入占主营业务净收入的比重达到8.69%，比上年提高1.7个百分点。

（五）其他业务

不断探索电子银行业务发展的新思路，扩大电子银行产品的新应用，各项指标较上年同期大幅度增长，在建设银行系统的排名位次有所提升。网上代发工资交易笔数在建设银行排名第二，网上支付交易额在建设银行排名第八。

主要经营举措

（一）强化基础管理，着力提升风险内控管理水平

强化问责，对重大违规事件，不仅严肃处理经办人，更严肃处理管理责任人和领导责任人。完善制度，注重长效，提高防范能力，发挥经济资本对业务发展的引导作用和对风险资产的约束作用，将所有资本性支出和部分费用支出纳入集中采购范围；完善费用报账制。加强了对费用支出的监管；强化安全管理，实现连续7年无重大四类案件和责任事故的工作目标；事前防范和依法合规工作得到加强，利用诉讼手段化解银行风险的能力逐步增强。

（二）积极稳妥地推进各项改革，经营管理水平进一步提升

推进风险、会计和营运管理体制改革。省分行营运管理部、稽核中心和核算中心正式组建，全省二级分（支）行营运管理部全部成立，并完成后台集中计划19项。整合城市行的个人银行业务和公司业务经营功能。将中、后台业务集中，前台集中精力做市场营销和为客户服务工作。推行网点机构改革，优化网点布局，

中国建设银行安徽省分行全力支持民族汽车工业，多年来，为奇瑞汽车提供了全面的金融服务，图为奇瑞QQ生产线。

提高集约化经营管理水平。截至12月末，安徽省分行营业性机构减少了17个。装修改建61个营业网点，新装修网点的功能分区进一步优化，有力地推动了网点由交易核算型向服务营销型的转变，促进了营业网点综合竞争力的整体提高。

（三）增强创新意识，加大产品创新和推广力度

做好再交易个人住房贷款和个人助业贷款这两个新产品的市场推广工作。截至12月末，全行再交易个人住房贷款余额6.2亿元，个人助业贷款余额1.45亿元，逐步成为新的业务增长点。推出个人通知存款“一户通”、个人存款跨一级分行通存通兑业务、理财产品、理财卡等业务，同时还在银企、银校合作上取得突破，推出了合工大龙卡、海螺龙卡、徽商集团龙卡、淮南矿业龙卡等。积极营销结构化银团贷款特色产品和汽车金融服务网络综合性产品，以满足客户个性化、多样化的需求。加强外汇产品宣传，加快新产品推广工作。2006年安徽省分行办理外汇业务新产品的数量和金额远超历年，其中有经总行同意在全国建设银行创新推出的开立背对背信用证占用原信用证开证行金融机构额度、履约保函、出口商业发票融资、出口信用保险贷款、人民币无交割远期外汇交易新业务等。

（四）注重科技开发和应用，提高科技应用水平

做好总行推广项目的实施工作，加快科技应用项目推广进度。充分利用现有的系统平台，加大技术创新力度，技术业务密切配合，促进了业务和技术的互动发展。加强科技创新，提高产品竞争优势。分行自主开发了“短信通”手机短信服务功能，依托委托性住房金融业务系统功能，成功实现公积金“冲还贷”功能；顺利完成小额支付系统的推广上线工作。

（五）加强各级领导班子队伍建设

加快了选拔培养优秀年轻干部的步伐，在省分行范围内开展了公开选拔二级分（支）行副行级领导人员工作，这是省分行历史上规模最大的一次公开选拔，选拔出12名二级分（支）行副行长和11名风险主管。加强二级分（支）行领导人员后备队伍建设，在继续选派优秀年轻干部参加总行党校和二级分行领导人员履岗能力培训班的基础上，进一步加大培训工作力度，扩大培训覆盖面。正式启动了与浙江省分行互派干部工作，此举大大创新了原有的干部培养锻炼模式。认真做好治理商业贿赂专项工作，加强党风廉政建设；严格落实领导人员述职述廉制度。

撰稿：巫业玲　凌　林

审稿：田苗根

福建省分行

福建省分行行长陈轼

业务发展概况

截至2006年底，福建省分行全口径存款余额1 319亿元，当年新增214.9亿元。一般性存款余额1 296亿元，当年新增212.2亿元，其中：企业存款和储蓄存款分别新增96.7亿元和115.5亿元。本外币各项贷款余额955.8亿元，当年新增190.6亿元。存贷款余额、新增额均居当地同业首位。全年实现账面利润24.8亿元，居当地同业首位。实现考核利润24.2亿元，同比多增17%；实现经济增加值8.1亿元，同比多增22%。经济资本回报率为25.52%，同比提高1.48个百分点；总资产净回报率为1.19%，同比提高0.06个百分点；成本收入为36.43%，同比下降3.48个百分点。

（一）公司及机构业务

加快调整存款客户结构，提高客户资金的结算流量和沉淀量。着力做好重要机构客户账户、公司客户基本账户和优质代发工资户的营销拓展工作，全年新增年结算量1亿元以上的重要机构客户账户38户，新增年结算量5 000万元以上的公司客户基本账户257户，新增优质代发工资户370户。全年营销年金客户35家，托管年金基金资产6亿元。积极推广“同城就诊卡”项目，与省内多家医院签订了合作协议。加大住房公积金信息管理系统和房改金融业务处理系统的推广力度，住房资金市场领先优势得以巩固。重点基础设施建设项目营销取得显著成效，严格执行信贷准入退出标准，大力推广“速贷通”、“成长之路”、额度抵押贷款以及联贷联保等业务，适时加大融资业务替代产品的营销推广力度，大力发展国内信用证和商业票据贴现业务，有效维系了与重点客户之间的关系。

（二）个人银行业务

不断拓宽服务渠道，创新业务产品；加快网点建设步伐，科学界定网点类型和功能，加强网点人员配置，建设了一批形象好、功能分区合理的样板网点，全年装修（改造）117个营业网点，增设贵宾理财室44个、个人理财中心14家。至2006年底，全辖点均存款余额1.82亿元，居当地四大银行首位，在建设银行系统排名第二位。借助OCRM系统，做好中高端客户识别、拓展和维护工作，VIP客户数量持续增长，全年总、分行级个人VIP客户新增6.37万户。推出个人保单质押贷款、个人出国留学保证金贷款等业务新品种，优化了个人消费额度贷款、个人助业贷款、个人最高额抵押贷款等一系列产品，为个人贷款业务的发展提供了广阔空间。在条件成熟区域积极介入二手房市场，开展二手房贷款业务；选择优质客户重点营销个人消费额度贷款，提高了产品知名度；将个人助业贷款作为拓展微小企业市场的切入点，培育了新的业务增长点。截至2006年底，个人类贷款余额289.2亿元，当年新增106.7亿元。

（三）中间业务

通过建立中间业务收入执行情况按月通报、按季分析工作制度和中间业务整体推动月报制度，进一步强化部门联动，推进综合营销，中间业务整体推动工作逐步深入。通过完善制度、建立典型案例库等措施，进一步规范财务顾问业务经营行为。在资产评估业务方面，积极应对国家三部委限制资产评估收费所带来的不利影响，加强与有关部门的沟通协调，做好抵押物资产评估合作机构的优选工作，稳步开展资产评估业务。全年代理各项保险17.5亿元，实现收入2 103万元；代销新基金33只，累计代销金额38亿元，实现收入4 698万元；代理资金信托计划8只，募集信托计划资金总额7.4亿元，实现收入239万元。全年实现中间业务收入4.99亿元，同比增长47%，中间业务占主营业务净收入的比重为10.53%，同比提高1.53个百分点。中间业务收入当地同业占比升至第一位。

（四）国际业务

加大产品创新力度，将信用证境外代付业务扩展到汇款和进口代收项下，并扩大了合作银行范围，逐步确立了境外代付产品的竞争优势。将远期结售汇、差额交割远期外汇交易和即期结售汇进行组合，推出了封闭式人民币保证外汇贷款和“富易”系列外汇资金产品，满足了客户规避汇率风险、降低财务成本和提高

2006年11月30日，中国建设银行福建省分行与福州大学在福州西湖大酒店隆重举行“龙卡名校卡——福州大学龙卡”签约仪式。

资金收益的要求，全年办理此类外汇衍生金融产品 5.11 亿美元，累计完成国际结算量 76.4 亿美元、结售汇（含远期结售汇交割数）48.7 亿美元，同比分别增长 25% 和 30%。在全辖所有外汇网点开通个人侨汇自动入账功能，在部分网点实现汇出款项直通功能，减少了外汇清算中间环节，外汇汇款业务同比增长 30%。完成"通济隆"个人外汇国际速汇业务系统优化工作，全年办理"通济隆"业务 3 200 万美元，实现收益 4.73 万美元。

（五）资产质量

积极运用减免息、法律诉讼等多种资产保全手段，以重点项目为突破口，促进了不良贷款的早收、多收和快收。截至 2006 年底，不良贷款余额 17.3 亿元，比年初减少 1.2 亿元；不良贷款率 1.81%，比年初下降 0.6 个百分点。全年累计处置各类不良资产 11.31 亿元，其中：现金回收不良贷款本金 6.87 亿元，占年初不良贷款余额的 37%。实现不良资产现金回收贡献 5.21 亿元，其中：实现超值现金回收 2.02 亿元，同比增加 1.03 亿元。全年处置抵债资产 1 933 万元，抵债资产余额从历史最高期的 3.2 亿元降至 39 万元，基本实现了清零目标。

（六）其他业务

在全国建设银行系统内首推龙卡信用卡住房装修分期付款业务，与福州大学成功签约龙卡名校卡，推出了省内首张百货联名卡——诺奇龙卡；积极推广信用卡网点营销发卡系统，实现了对存量客户资源的有效挖掘；大力开展驻点销售和直销团队组建工作，快速发卡能力进一步增强。截至 2006 年底，全辖信用卡累计发行 34.1 万张，当年新增 16.9 万张，信用卡累计消费交易额 25.4 亿元，账户活动率为 53.1%。不断创新产品功能，陆续推出网上银行个人客户跨行转账、定期账户外汇买卖、企业客户电子对账等特色服务，进一步满足了客户的特殊需求。优化短信银行系统，完成了电话银行外拨系统上线工作，在全国建设银行系统中首家实现了贷记卡电话还款功能。建立"95533"远程专家座席制度，实现"客户一点接入，全行共同服务"，有效促进了"95533"的服务效率与服务质量的提升。截至 2006 年底，电子银行客户数累计达 160 万户，当年实现交易 4 800 万笔，交易额 4 980 亿元，电子银行交易量与柜面业务量之比为 29%，居建设银行省级分行首位。

主要经营举措

（一）注重做好内部管理改革

发挥改革对业务发展的促进作用。稳妥推进风险管理体制改革，完成风险经理和专职贷款审批人的配置工作，启动 10 家大中型公司类客户授信业务平行作业试点，初步构建起集中、垂直的风险管理体系。改革会计管理和业务营运管理体制，理顺营业网点和人员的管理职责，实现了核心业务处理的前、后台分离。完成 475 个营业机构会计档案管理及会计稽核系统应用推广，建立起以二级分行为主体的集中稽核体系。完善专业技术岗位职务管理制度，出台优秀劳务人员转为短期劳动合同员工的政策，完善优秀短期劳动合同员工转为中长期劳动合同员工的制度。

（二）继续健全会计基础等级管理

做好会计检查监督，开展会计管理工作帮扶活动。进一步加强对支付结算和出纳业务的管理，积极推广支付结算安全工具，在所辖机构上线运行了电子验印系统，与外国银行合作，成功开办了外币现钞出入境业务，成为省内银行同业中第一家开展此项业务的银行。

（三）加强监督检查，提高合规经营意识

精心组织，深入推进两项治理工作，商业贿赂治理和案件防范长效机制建设取得较好成效。开展坚持经营管理合规性系列教育活动，全面推进基层机构负责人和重要风险岗位人员的岗位轮换和强制休假制度，有效地防范了经营风险和道德风险。加强安全管理工作，构筑人防、物防和技防的综合安全防范体系，连续 7 年实现无四类案件发生的目标。

撰稿：黄庆扬　郭　镔

审稿：刘　峰

厦门市分行

厦门市分行行长彭洪明

业务发展概况

（一）经营效益

实现账面利润9.06亿元，中间业务收入2.09亿元，分别递增2.19亿元和0.74亿元，均居当地同业第一位；经济增加值达3.28亿元，完成计划的106%，经济资本回报率为28.73%。

（二）主营业务

存贷款总规模分别达469亿元和364亿元，各项存款和表内外授信当年新增分别突破90亿元和110亿元，创历史新高。其中储蓄存款新增31.2亿元，增长额占当地四大银行新增总额的55%；个人自营性住房贷款超额完成计划，市场占比近40%。

（三）资产质量

五级分类不良贷款率为0.34%，比年初下降0.34个百分点，在全国建设银行系统排名第一；风险管理评价结果为A档，全年实现了“四无”目标。

（四）战略性业务

贷记卡发卡量和银行卡消费额均居当地同业第一；国际结算、结售汇、电子银行年交易额、工程咨询等项业务指标增幅均在30%以上；当年归集住房公积金16.34亿元，余额市场占比达80%；新搬迁和装修网点16个。

（五）社会形象

分行获得中组部授予的“国有企业创建四好领导班子先进集体”、“特区建设25周年突出贡献企业”等10多项集体荣誉，有80多人次受到市级以上的表彰和奖励。

主要经营举措

（一）抓源头，与市区政府等签订战略合作协议

从源头入手，深化与市区两级政府的合作，积极参与促成总行与市政府签订支持厦门市“十一五”重点建设项目和企业发展合作协议，并相继与厦门市湖里区、思明区和同安区政府签署了战略合作协议，还与厦门火炬园等厦门市十大国有控股集团陆续开展卓有成效的业务合作。针对不同客户群体开展营销活动，举办“厦门市中小企业发展与信贷支持”现场交流会、“台资服务月”活动和“金龙桥杯高尔夫邀请赛”，协办“中欧论坛厦门行”活动，促进了银企双方的交流。

（二）首推“存贷通”，房贷还款理财两相宜

首推客户房贷还款理财两相宜的“存贷通”新产品，促进了客户资金的周转和良性循环；先后完成住房10项产品创新和优化，完善了“住房—消费—经营”个贷产品服务链，始终把握了产品和服务这个龙头，继续保持同业领先的势头。

（三）适应市场、创造市场，外汇衍生产品深受欢迎

及时开发并实施了多种外汇避险理财产品，外汇衍生交易快速发展，全年远期结售汇签约额在当地同业排名第一，在建设银行系统排名第二，掉期交易量在建设银行系统排名第一。为客户设计个性理财方案，提高产品附加值，引导和激发客户的需求，大大扩张了外汇衍生产品业务的市场份额；积极丰富贸易融资业务品种，实现美元汇款与小币种汇款一体化运作，并积极推进对台业务合作，丰富对台业务品种。作为建设银行首期代客境外理财产品QDII的首发行，募集外汇资金完成率为180%，在建设银行系统排名第四。

（四）信用卡业务大突破，拓展量居同业前茅

大力拓展龙卡信用卡，全年新增信用卡近4.6万张，居当地同业首位；开通乐当家理财卡二期境外交易，实现在200个国家和地区、2 000万商户POS机、100万台ATM上刷卡消费。与美国银行合作推出ATM取现互免手续费业务，有效提升了理财卡的服务品质。充分利用联盟商户的服务和客户资源，多渠道、多式样地联合开展互利互惠的促销或交叉销售活动。龙卡信用卡年购物消费额达6.09亿元，完成年度计划的135%。

（五）学习海尔，全员服务争创“满意”工程

围绕争创“客户首选银行”的目标，组织84名管理人员和各网点负责人分批赴青岛，参加了海尔大学的培训班，并在全行开展学海尔、争办“客户首选银行”大讨论。各网点、部门认真梳理流程，进一步提升服务的质量效率；客户总体满意率达91.4%，全年受客户表扬达976人次，比上年增长30%；分行受理客户投诉32起，比上年下降了69%；有35个网点实现零投诉，占比为61%；部门服务满意度测评为92.6分；“95533”人工服务接通率从上年的86%上升到88.8%。分行继续获得总行级“企业文化示范点”称号。开展了“成功服务体验”活动，举办了大规模的客户经理风采演讲大赛。

（六）细分客户，夯实优质客户基础

组织开展“走遍总行级重点客户”活动，加大对优质重点客户的营销。成功争取到利胜电光、国际大酒店等大企业开立资本金账户的业务，全年在分行资本金汇入款金额达1.58亿美元。成功争取友达光电公司开立本外币账户，并以最大金额参与由20多家中外资银行共同实施的银团贷款。针对戴尔公司的国际业务屡创新高，国际结算和结售汇累计超过5亿美元，比2005年超出3.4亿美元。与厦门嵩屿集装箱码头有限公司成功签署了总额为13亿元的嵩屿港区一期工程项目固定资产贷款。代理开发银行和进出口银行业务均取得了突破。

（七）加大对公重点产品的营销

积极营销银团贷款、两岸汇款即时通、外汇衍生产品、企业年金托管等对公十大重点产品，并加大了新产品的创新和推广力度，推出了间接银团贷款和法人商业用房贷款。成功中标厦门卷烟厂企业年金托管业务以及厦门航空港短期融资券承销业务，并加大了对中小企业产品的创新和推广。加强与担保公司的合作，推出生产型中小企业营销方案。

2006年2月6日，中国建设银行厦门市分行被中央文明委授予“全国精神文明建设工作先进单位”。

（八）推进个人金融业务差别化服务

充分利用节假日、黄金周等有利契机开展系列营销活动，如开展“瑞犬迎新春，好运在建行”等特色营销活动，中秋节期间举办富有地方特色的“个人VIP客户中秋博饼联欢会”。不定期在厦门主要媒体设立以分行理财经理命名的理财专刊，以直销团队带动公私联动、集团营销、驻点营销、电话营销等信用卡营销模式的发展。积极推进理财产品开发与推广工作，陆续推出了IPO人民币信托类理财产品、“基金宝”人民币理财产品、多期“汇得盈”外汇结构性理财产品等。

（九）发挥电子渠道的服务优势

推出“建行短信通”、面向移动客户的WAP手机银行及新版个人网银建设银行，优化电子银行业务功能，增强产品竞争力，进一步提升了分行“e路通”品牌的影响。发挥渠道分流优势，在网点设置“95533”直通电话，加大ATM的投放量，特别是离行式ATM的布点领域不断拓宽。

（十）扩大同外资银行的业务合作

探索在境外代付、福费廷转卖等方面与外资银行的合作，年内新增盘谷银行人民币借款业务共4笔，累计金额为3 600万元；新增东亚银行人民币借款业务1笔，金额为5 000万元，新增大华银行人民币借款业务8笔，金额为14 000万元。

（十一）推进会计和营运体制改革，实现无缝衔接

深化机构改革，实现前、中、后台分离，成立营运管理部，调整内部机构设置、人员职责分工等，实现“六集中”，在有效控制风险的同时提高了业务办理效率。逐步进行营业网点管理职责移交，基本实现新增对私业务管理由个人金融部负责、对公业务管理由会计部负责、业务营运管理由营运管理部负责，既保证了总行改革的整体要求，又实现了分行业务的无缝衔接。

（十二）推进分行全面风险管理体制改革

进一步完善集中风险管理体制。全行公司类贷款审批和风险管理实行集中管理；成立个贷中心，实行个人信贷业务中、后台全面集中管理；设立分行部门风险管理代表和风险经理岗位，负责各业务条线操作风险管理，建立分行纵向和横向的风险管理网络体系。

（十三）优化业务流程，提高办事效率

进一步优化业务流程，提高业务办理质量和效率。通过梳理DCC报表系统，减少打印报表77种；采用集中落地的处理模式，增加网银支付联行号的记忆功能，提高网银跨行汇款和跨行转账的速度；整合手工登记簿，对错账调整、代发工资业务开通、操作员权限申请等流程进行优化调整，减少了中间环节，提高了业务处理速度。

（十四）加快科技开发与应用，提升科技应用水平

坚持以业务需求为主导，以金融创新和科技服务为主线，强化科技应用和服务保障，全年软件开发项目立项29个，其中包括“存贷通”等已上线的18个项目；推进现有产品的功能拓展和升级优化，全年完成优化项目共计195项，完成DCC报表系统升级等总行、人民银行推广项目27个，科技对业务发展的推动和促进作用进一步凸显。

撰稿：陈勇鹏　梁小强

审稿：生柳荣

江西省分行

江西省分行行长段超良

业务发展概况

2006年，江西省分行实现拨备前利润11.88亿元，同比增长1.56亿元，居当地四大银行之首。经济资本回报率为4.31%，成本收入比为42.6%。费用支出总额为8.96亿元，比上年增加0.9亿元，增长11.17%。存贷款快速增长，市场占比大幅提高。截至2006年底，全口径存款余额700.62亿元，比年初新增110.23亿元，增幅为18.67%，居当地四大银行之首，存款新增额及增幅均创历史新高。各项贷款余额490.85亿元，比年初新增55.51亿元，在当地四大银行中新增占比为30.37%，排名第一。

（一）对公业务

加强银政和银企合作，坚持以营销基本结算账户为突破口，以网上银行、资金结算网络、重要客户服务系统等优势网络产品为依托，以“三百大”客户、“十一五”规划重大建设项目、优质招商引资客户、总分行重点客户等为营销重点。到年底，对公存款余额353.46亿元，比年初新增56.4亿元，完成总行计划的208.04%；对公存款余额首次超过工商银行，排名第一。年结算量5 000万元以上基本结算户新增60户，完成总行计划的400%；代发工资户比年初新增726户，为总行计划的24倍。对公贷款余额为386.33亿元，比年初新增18.1亿元。

（二）个人金融业务

不断强化个人银行业务战略地位，加快网点建设，积极实施网点转型。优化柜面服务流程。对柜面业务流程和制度进行梳理，并试行了窗口服务人员弹性排班制，提高了直接面向客户营销的服务效率。组织网点开展规范服务演练，明确网点柜员、大堂经理和客户经理的工作内容。在营业网点全面推广开办低柜业务，逐步分流高柜的非现金业务。截至12月末，个人存款余额为335.97亿元，比年初新增47.11亿元，增幅为16.31%，完成总行计划的147%，新增创历史新高；个人存款余额在四大银行占比19.13%，比年初提高0.86个百分点，排名前进一位；个人存款新增占比26.75%，排名第二。实现个人类中间业务收入11 175.30万元，完成全年计划的94.79%，占全行中间业务收入的51.62%。大力推进个人贷款业务发展，推出个人住房最高额抵押贷款和个人助业贷款新产品。5月份“A+P”个人信贷系统全面上线，个贷核算管理水平显著提高，加大考核力度，将个人贷款新增奖励由总行的1.1‰提高到2‰，全行个人贷款首次突破100亿元大关，余额达104.49亿元，比年初新增37.43亿元，增长幅度为55.82%；个人类不良贷款1.62亿元，不良率为1.55%。

（三）中间业务

确立了中间业务超常规发展战略，提出“两个提高”目标，即提高中间业务收入占主营业务收入的比重，提高中间业务在四大国有商业银行的占比。抓好银行卡、结算、财务顾问等重点产品，并于7月在南昌召开江西企业新加坡上市推介会，积极推荐南昌地区多家企业境外上市。依托特设业务平台，建立了全面的缴费体系和渠道架构，完成了银保通系统以及银彩联网一期项目的上线，实现了中间业务项目在柜台、各类自助渠道和各类电子银行渠道的同步上线。全年实现收费类收入2.42亿元，同比增加0.8亿元，增幅为49.38%，完成总行计划的113.44%，占主营业务净收入的比重提高2.44个百分点，达9.97%。

（四）国际业务

新一代贸易融资系统（NT-FS系统）、外汇信息管理系统（FIMS系统）成功上线；大力推进产品创新，办理了首笔远期信用证项下应收款买入、福费廷自营和福费廷转卖业务。确定了重点进出口企业的营销目标，建立了营销招商引资项目联系人制度，全年共吸收现汇进资294笔，总计1.93亿美元。到2006年底，累计完成国际结算业务量14.29亿美元，同比增长7.25亿美元，增幅为103.11%，系统排名第一；在当地四大银行占比21.48%，较年初增加5.6个百分点，排名第二。累计完成结售汇业务量8.62亿美元，同比新增2.21亿美元，增幅为34.48%。两项指标市场占比分别比年初提高5.6个和0.17个百分点。外汇一般性存款余额9 910万美元，较年初新增2 790万美元，余额在四大银行中占比15.10%，较年初增加5.05个百分点，在当地四大银行排名第二。

（五）其他业务

电子银行交易占比达到12.47%，比上年增加1倍，成为服务客户的重要渠道；信用卡业务实现突破性增长，大力推进名企卡、名校卡和名店卡营销，全年双币种信用卡累计发卡4.38万张，当年新增发卡2.45万张，发卡量是上年的4.8倍，净增发卡增长率系统排名第四位，累计发卡量和消费交易额均实现翻番。

主要经营举措

（一）有保有压，大力调整信贷结构

认真贯彻落实国家宏观调控政策和总行各项信贷政策。在行业投放选择上，加大重点行业投放力度，全年向电网、电厂、高等级公路、有色冶金等重点行业客户投放贷款45.65亿元，占全行非贴现对公贷款投放的48.13%。在产品投放选择上，加大个人贷款投放力度，个人贷款新增37.41亿元，占各项贷款新增的67.39%，个人贷款占各项贷款的比重为21.29%，比年初提高5.87个百分点，余额和新增额均列同业第一，成为省内首家个人贷款余额突破百亿元大关的银行。在客户投放选择上，加大了对重点客户和信用等级AA级（含）以上客户的投放力度，全分行AA级（含）以上客户信贷余额占对公贷款余额的比重为56.33%，比年初提高7.01个百分点。同时，从229户劣质小客户中回收贷款1.94亿元，贷款回收率为42.3%。在区域投放安排上，加大了中心城市行的贷款投放力度，全年中心城市行贷款新增29.73亿元，占全行贷款新增的53.56%，贷款余额占全分行的比重为47.73%，较年初提高0.74个百分点。

2006年，中国建设银行江西省分行参加江西省第一届金融理财博览会，进行电子银行业务宣传。

（二）稳步推进体制机制改革

完成了南昌城区各行组织机构整合、业务分工调整、业务流程再造以及人员岗位变动，优化了人员结构，提高了竞争能力，成效明显。南昌城区原直属省分行管辖的六行一部重组成为3个支行，城区经营网点统一由洪都支行管理，形成了支行—网点型支行、分理处、储蓄所的二级管理模式，全辖机构由原四行一部发展为89个机构网点，管理人员由421人减少到132人，建立支行个人银行事业部，按业务条线管理辖内对私网点，统一实现对网点的柜员、交易、营销、服务、考核和操作风险控制。在当地四大银行中，全口径存款新增、企业存款余额及新增、个人存款新增、各项贷款余额及新增均排名第一，存贷款在四大银行占比分别比年初提高了1.79个和0.82个百分点。个人存款新增在南昌地区所有金融机构中排名第一，实现了历史性突破。初步搭建起平行作业、垂直管理的风险管理体制框架，会计管理和营运管理两大基础管理体系框架基本形成，积极推广和试行电视远程监控集中守库，完成了公务用车管理制度改革。

（三）科技与产品创新取得新进展

在继续保持核心业务系统零事故和零案件的前提下，大力加强新产品开发，推出了个人网上银行5.0系统，完善了电话银行服务功能，呼叫中心整合项目顺利上线，推出了龙卡名校卡、名企卡、名店卡等新产品。全年共完成总行推广项目17项，分行新开发项目21项，分行经营数据综合分析系统和对公贷款监控系统分别获得2006年度总行金融科技进步二等奖和三等奖。

（四）推进“管理年”活动，基础管理得到加强

深入开展以“强化管理、规范经营、防范风险、促进发展”为主题的“管理年”活动，加大了对违规行为的处罚力度，重规范、守法纪、按章办事、依法合规经营的良好风气进一步树立。全行会计人员岗位轮换比率达100%，会计稽核系统顺利上线，实现了全省会计业务集中稽核。加强了合规性监督，认真对审计检查发现的问题进行整改，推行了员工违规行为积分管理，完善了社会治安综合治理和安全保卫工作责任体系，案件识别和防范能力增强，全年识破诈骗案件4起，维护了客户资金安全和建设银行信誉。

（五）大力推进不良资产攻坚战

实行不良贷款清收领导挂钩制度和重点联系行制度，加大绩效考核挂钩力度，全年共处置不良贷款9.04亿元，处置非信贷不良资产1.11亿元。不良资产现金回收7.28亿元，完成总行计划的202.97%；不良资产超值现金回收1.21亿元，完成总行计划的240.83%。

撰稿：陶有珠　肖剑锋　单克强

审稿：易建荣

山东省分行

山东省分行行长王军

业务发展概况

（一）负债业务

2006年，山东省分行一般性存款余额1 986.63亿元，新增225亿元，增幅为12.8%。其中企业存款余额1 056.63亿元，新增102.68亿元；个人存款余额930亿元，比年初新增122.7亿元，创历史最高水平，增幅达15.2%，新增市场占比居同业第二位。

（二）资产业务

各项贷款余额1 462亿元，新增163亿元，增幅为12.5%。其中对公贷款余额1 174亿元，新增90.31亿元。个人消费贷款余额101亿元，超过百亿元大关，新增31.25亿元，增幅为44.80%。个人消费贷款余额与新增均居当地同业第一位，建设银行系统内第二位。

（三）经营效益

为实现拨备前考核利润36.2亿元，同比增长4.4亿元，增幅为13.84%；成本收入比为37.2%。

（四）资产质量

五级分类不良贷款余额50.49亿元，比年初增长3.77亿元；不良贷款率3.45%，比年初下降0.15个百分点。累计处置各类不良资产30.63亿元，实现不良资产现金回收19.52亿元，分别完成全年计划的165.48%和196.79%；实现不良资产超值现金回收5.07亿元，完成全年计划的320.34%，居建设银行系统第三位。累计收取抵债资产5.67亿元，处置抵债资产12 972万元、回收现金5 802万元；累计处置非剥离债转股3.15亿元，回收现金2.19亿元。

（五）中间业务

实现考核口径收费业务净收入6.55亿元，同比增长45.37%；点（网点）均收入82.03万元，同比增长47.56%；人均中间业务收入3.17万元，同比增长46.08%；中间业务收入占主营业务净收入的9.9%，同比提高1.94个百分点；收入绝对量居全国建设银行系统第六位。

（六）国际结算

截至12月31日，全辖已开办外汇业务的分支机构达182家，完成国际结算量100.03亿美元，首次突破百亿美元大关，同比增长24.15亿美元；外汇存款余额为41 436万美元；完成结售汇53.39亿美元。

（七）房地产金融业务

截至12月31日，分行房地产金融客户一般性存款余额207亿元，占全行一般性存款的10%；当年新增47亿元，占全行存款新增的21%。房地产金融客户贷款余额为306亿元，占全行贷款业务的21%；当年新增51亿元，占全行贷款新增的31%。当年实现贷款利息收入16.7亿元，比上年增加3.5亿元，占全行贷款利息收入的22%。

（八）机构业务

截至12月31日，机构业务存款余额438亿元，新增70亿元，占对公存款新增的66%，机关团体存款与同业存款市场占比均位居同业第一。

（九）信用卡业务

分行以产品创新、完善增值服务为手段，强化联动营销与联盟发卡，实现了信用卡业务规模、质量和效益的协调发展。截至12月31日，新发行双币种信用卡18.9万张，实现消费额15.5亿元，信用卡不良率为1.74%。

（十）电子银行业务

截至12月31日，电子银行客户数达到165万户，新增客户67万户，实现交易额5 842亿元，完成交易量4 784万笔，电子银行渠道占比由年初的5%提高到22.37%，人工客户服务电话64万通，同比增长98%。

主要经营举措

（一）推动业务创新，提升行业竞争力

一是适应IT运作模式的转变，建设了技术支持服务平台、IT集中监控系统、移动办公平台、因特网接入平台和外联网接入平台，并创新开发了DCC学习培训系统，业务和网络的安全性、稳

2006年4月25日，新疆—山东省分行“品牌搭桥　服务连线”共建活动启动仪式在济南举行。

定性大大提高；二是成功引入信息安全管理体系 ISO27001 国际标准，并在国内银行业中首家通过认证；三是成功推出了黄金租赁业务和企业年金托管业务，并发行了联名卡、名企卡、名城卡、名胜卡等特色产品；四是国际业务成功推出了 100% 人民币保证金境外代付业务、远期结汇与人民币不交割远期外汇交易结合的组合产品和即期外汇买卖与远期外汇买卖相结合的组合产品；五是相继开发了财税库行系统、彩银联网结算系统、手机即开型彩票系统以及太平洋产险银保通系统，完善了中间业务产品操作系统；六是完成了网银滚动优化开发项目，并在第二届山东省电子银行大联展活动中再次荣获“最受网民信赖的网上银行”称号。

（二）稳步开展产品与营销创新，促进业务发展

一是转变营销模式，创新营销组织机制，初步实现了以基层行为主的营销模式转变为多级营销、上下联动营销；二是坚持以客户为中心，为大客户和重点客户量身定制个性化金融产品和金融服务，探索实施任务型团队，建立和锻造重点客户和重点项目营销的专业化队伍；三是推进境内外联动营销，密切与香港分行、首尔分行等境外分行的合作关系，成功举办了国内企业赴韩上市推介会；四是完善中小业务运作体系，在十个二级分行设置了中小企业服务部，对中小企业业务进行了专门机构、专职人员、专业化操作的“三专”化管理，制定《建行山东省分行市场型中小企业贷款办法》等办法，细化了“速贷通”、“成长之路”品牌实施细则，组织了两批重汽公司上游中小企业供应商客户集中授信业务。

在个人业务方面，分行通过创新不断提高个人金融业务的综合竞争力。制定下发了《山东省分行个人业务产品创意管理办法》，梳理现有产品，初步建立了个人金融业务产品库；对个人业务产品进行组合包装，向目标客户推出一揽子解决方案；创新营销模式，推广精确营销，促进网点从核算型向营销型转变；推广操作型客户关系管理系统；探索推广个贷中心。

（三）加大重点客户资源配置力度

一是以综合贡献度作为对市场和客户进行细分的客观标准，使公司业务发展有了战略依据和长远规划；二是积极推进与各级地方政府的合作，与德州市政府等市（县）政府签订多个区域战略合作协议；三是以综合贡献度作为配置信贷资源和拓展营销费用的依据，完善了公司业务考核和资源配置方式。

（四）发展年金托管等新兴业务

成功营销了建设银行系统第一笔企业年金托管业务，为山东高速公路集团设计信托理财产品，新做短期融资券只数和金额均列全国建设银行系统第一位，企业境外上市财务顾问业务走在全国建设银行系统前列。

（五）建立了涵盖全面的渠道管理标准体系

山东省分行以“星级网点创建”为主题，在建设银行系统内率先建立了涵盖全面的渠道管理标准体系，创造性地搭建了齐抓共管、联动配合的渠道管理运行机制，全行渠道建设、管理、分销和服务能力明显提升。2006 年按新标准建设完工网点 182 个，建设自助银行 130 多家，数量均居系统内第一位。

（六）强化基础管理和风险控制

一是建立承兑垫款预报告制度和定期分析报告制度，为票据贴现经营机构配备了 ETO 票证定位对比器；二是强化了票据经营机构的管理，细化了票据贴现准入机构的准入标准，重新认定准入贴现机构 43 个，占原有贴现机构的 39%；三是通过实施票据风险排查和业务大检查，规范票据业务发展；四是顺利完成客户关系管理两大系统推广上线、对公信贷业务流程管理（CLPM）系统上线工作；五是组织了全省首届“五十佳”客户经理评选工作，多渠道加强培训，建立对公业务人才的选拔和培养机制。

省分行在稳步推进资产保全业务单元制改革的基础上，积极探索不良资产经营的激励约束机制，创新不良资产经营方式，建立多位一体的任务型团队催收处置机制，强化不良资产直接经营力度。

撰稿：刘太丽

审稿：张维国

青岛市分行

青岛市分行行长郭周祥

业务发展概况

（一）负债业务

2006年，青岛市分行本外币全口径存款余额386亿元，比年初增加53亿元，增幅为15.92%。其中企业存款余额191亿元，同比增加23亿元，增幅为13.61%，企业存款新增额列全市第二位；个人存款余额180亿元，同比增加24亿元，增幅为15.38%；同业存款余额15亿元，同比增加7.60亿元，增幅为102.7%。

（二）资产业务

各项贷款余额351亿元，同比增加54亿元，增幅为18.18%。其中公司类贷款余额237亿元，同比增加30亿元，增幅为14.49%；贷款余额及新增均列青岛市第一位。

个人住房贷款余额91亿元，同比增加19.50亿元，增幅为27.27%；个人消费贷款余额21亿元，同比增加5.30亿元，增幅为33.76%。

（三）经营效益

实现拨备前考核利润10.48亿元。实现经济增加值2.56亿元；拨备前经济资本回报率为38.69%，成本收入比为29.78%。

实现中间业务收入1.68亿元，同比增加5 411万元，增幅为48%。中间业务收入占营业收入的10.25%，同比提高1.15个百分点。其中个人业务实现中间业务收入和经济增加值分别占全行总量的41%和59%，均比年初提高2个百分点。

（四）资产质量

五级分类口径不良贷款额16.25亿元，比年初增加9.43亿元；不良贷款率4.63%，比年初上升2.33个百分点。

（五）信用卡业务

全年贷记卡累计发卡9.1万张，新增发卡4.5万张，完成全年计划的152%；贷记卡消费额达到4.8亿元，完成全年计划的96.26%；贷记卡贷款新增2 758万元，完成全年计划的101%。

（六）国际结算

全年累计完成国际结算业务量31.88亿美元，同比增加5.85亿美元，完成年度计划的102.6%，增幅位于青岛同业之首。

（七）电子银行业务

实现电子银行交易额1 705亿元，完成全年计划的242%；企业客户网银交易笔数111万笔，完成全年计划的152%；网上银行交易占柜面交易量的16.8%，比年初提高4.35个百分点。

主要经营举措

（一）产品创新拓宽收入渠道

国际业务相继推出了境外债务重组保函、远期结汇套期保值产品、预付款退款保函、国际保理等7个产品，实现中间业务收入1 500多万元，成为新的利润增长点。

在同业中率先开通全国范围内的人民币跨一级分行通存通兑业务；在青岛市首家推出“利双盈”个人委托贷款业务、“乐当家”理财卡手机短信通知服务；推出QDII和个人结售汇业务，实现了代客境外理财和个人购汇业务零的突破；推出了个人住房最高额抵押贷款、固定利率贷款和个人助业贷款等信贷产品；发行汽车卡、大学生卡、东航龙卡等特色产品。

实现ATM自助缴费功能，实现个人购汇业务零的突破，推出实物黄金业务；连续发售“利得盈”人民币理财产品13期，人民币理财产品从单一的结构性存款发展成为中央银行票据类、债券类、信托类等四大系列。

（二）大力营销重点客户

成功营销了和记黄埔、丽东化工、中铝集团等一批总分行级优质客户，做好对奥运、大炼油、跨海大桥等重点项目的服务，丰富项目储备；先后组织开展了以“体验优质服务，感受建行真情”为主题的系列对公业务营销活动、重点客户答谢峰会等活动，促进和维护了与重点客户的关系，全年新开立人民币结算量5 000万元以上基本结算户150余个。

（三）加快发展中小企业业务

市分行以青岛市成立中小企业发展战略联盟和召开第四届APEC中小企业技术交流会为契机，大力宣传建设银行中小企业信贷业务，营销“速贷通”和“成长之路”贷款38笔，金额1.4亿元；市分行服务的青岛高校软控作为青岛市第一家中小企业板的民营企业，成功在深圳证券交易所挂牌上市。

（四）强化主题营销和联动营销，抢占市场先机

市分行通过开展“迎春建行新，贺岁龙鼎金”旺季营销活动、“增存款、增中间业务收入、增VIP客户”的“三增”竞赛活动和高端客户“建行财富之旅”四季营销等活动，促进了个人存款和银行卡市场份额的进一步提高，深化了与高端客户的关系；通过设置基金销售专项奖励费用等措施，推进了新基金的柜台代销和老基金的持续性营销，全年累计销售基金7.67亿元。

针对不同客户群体，市分行策划实施了“龙卡信用卡旅游节”、“金秋刷龙卡信用卡，节日好礼诚相送”、“刷卡在冬季”等一系列活动，提高了消费额和账户活动率；利用直销团队资源，加大直销发卡力度，直销发卡占比1/3以上；加大特约商户的发展力度，配置专项商户拓展激励费用，收单额新增68.7亿元，市场占比同比提高17个百分点。

（五）加快网点装修改造建设步伐

市分行全年完成了22个网点的迁址、装修和24个沿海一线网点的改造；自助银行、ATM等自助设备分别比年初增加4个和73台，自助设备月交易量达88万笔，同比提高46%；组织完成了客户经理、大堂经理两支队伍的组建工作，聘任大堂经理47人、客户经理134人。

（六）加大对中间业务的激励力度

市分行在人力费用安排上加大中间业务收入与绩效工资挂钩力度，使财务资源向中间业务倾斜；进一步完善中间业务的各项管理，加强对中间业务的监控考核，建立起中间业务会商制度，及时推广先进单位的营销经验和管理经验。

2006年1月17日，中国建设银行青岛市分行与青岛市城阳区人民政府在青岛市举行“银政合作”签约仪式。

（七）回收问题贷款

2006年，受广源发和澳柯玛两大户风险集中释放的影响，8.57亿元贷款调整为不良贷款，市分行不良贷款反弹压力巨大。对此，市分行高度重视，做了大量扎实细致的工作。通过制订重点问题贷款化解处置实施方案、召开推进会和季度调度会等方式，进一步落实责任，逐一化解风险。全年共回收重点问题贷款9 481万元；加快了不良资产处置步伐，共处置各类不良资产2.98亿元，完成总行计划的147%。其中，现金回收各类不良资产1.98亿元，完成总行计划的222%；核销不良贷款2 381万元，完成总行计划的119%；累计处置非信贷类不良资产2 951万元，超额完成总行计划。成功处置了逾期长达8年之久的金都公司和海南省证券公司的非信贷资产。

（八）发展个人住房贷款业务

市分行个人住房贷款余额及新增额均列同业首位，主要措施一是加大个贷产品宣传力度。冠名参加“建行杯”青岛地产十大推动力人物和青岛地产十大销售力楼盘评选活动，积极参与青岛市春季和秋季房地产展销会，与媒体联合举办了房产金融专题讲座、新产品推广等宣传营销活动。二是加强联动营销，实现房贷客户与银行卡、公司客户与个人贷款、开发贷款与个人住房贷款的联动营销。三是加快产品整合，适时推出了个人住房最高额抵押贷款、固定利率贷款等新产品；完善和规范了个人消费额度贷款、个人助业贷款等产品的相关管理办法，进一步明晰了各产品的经营方向和发展定位；积极发展个人二手房贷款，加强与青房等优质诚信中介机构的合作。四是全面加强与青岛市公积金管理中心的合作，不断完善服务。开发了多渠道公积金业务查询项目，实现了通过“95533”电子银行、网点前台、网银系统等渠道查询公积金存贷款数据的功能；完善了公积金存款电子对账功能；成功营销并为青岛市公积金中心开立了银行间国债结算丙类账户，成为该中心开办银行间国债市场业务的独家代理银行。

（九）鼓励科技创新

在建设银行系统率先完成了互联网接入和移动办公网络平台建设项目，提高了工作效率和管理水平；自主实施了前台LINUX系统移植项目，节省近300万元软件版权使用费，并获得总行信息技术进步一等奖；金卡前置系统成功上线，并在2006年青岛市银行卡“跨行交易质量月”活动评比中，以零差错率取得了ATM受理质量评比奖第一名的成绩。

撰稿：谭庆勋
审稿：柴　翔

河南省分行

河南省分行行长许会斌

业务发展概况

（一）经营效益

实现经济增加值2.13亿元，同比增加3.18亿元，比总行计划多完成3.37亿元；实现账面利润12.4亿元，同比增加6.65亿元，完成总行计划的213.6%；实现考核利润14.12亿元，同比增加4.95亿元，完成总行计划的166%。

（二）负债业务

截至2006年底，河南省分行一般性存款余额1 368.98亿元，新增200.77亿元，居当地同业第一位。其中对公存款新增71.3亿元，居当地同业第三位；个人存款新增129.47亿元，居当地同业第一位。

（三）资产业务

各项贷款余额734.50亿元，新增54.47亿元，居当地同业第三位。其中非贴现公司类贷款新增107.44亿元，居当地同业第一位；个人类贷款新增35.92亿元，居当地同业第一位；贴现余额较年初下降88.89亿元。

（四）中间业务

中间业务收入5.2亿元，同比增加1.6亿元，居当地同业第一位，净收入5.09亿元，完成总行计划的116%，系统内居第九位；国际业务结算量21.50亿美元，结售汇量16亿美元，均跃居当地同业第二位；电子银行客户数新增49.3万户，交易额新增5 213亿元，实现直接收入1 035.07万元；理财卡新增发卡量7.46万张，借记卡新增发卡量159万张，贷记卡新增发卡量6万张，信用卡账户活动率达55.22%，比全行平均水平高6.05个百分点，居当地同业第一位。

（五）资产质量

不良贷款23.1亿元，比年初增加1.02亿元；不良贷款率3.14%，比年初下降0.1个百分点。

狠抓信用卡业务的发卡和用卡，有效提高信用卡发卡量和账户活动率。理财卡新增发卡量7.46万张，借记卡新增发卡量159万张，贷记卡新增发卡量6万张，信用卡账户活动率达55.22%，比全行平均水平高6.05个百分点，居当地同业第一位。

主要经营举措

明确工作方针和思路。省分行新一届党委成立后，提出了“16字”工作方针和“1351”总体思路。“16字”工作方针即：“从严治行、规范管理、强化服务、加快发展”；“1351”总体思路是：抓住从严治行这一主线，突出基础管理、强化服务和拓展效益增长点三项重点，提升管理层决策力、基层行执行力、客户服务力、系统支撑力和核心竞争力五个能力，实现系统内有特色、区域内领先的目标。同时，制定了三个实施意见，明确目标和方向，统一全行的思想和认识。

（一）全面加强基础管理

开展“风险回头看”活动，重点对票据业务、防范操作风险十三条、会计重要空白凭证、印押业务环节开展检查，逐项排查业务经营的风险点。

（二）重点营销重要项目

省分行利用总行“双会”在河南召开的有利时机，与河南省中小企业局、平顶山煤业（集团）有限责任公司等30多家重点企业在郑州举办了银企洽谈会，并现场签署了银企合作协议，提升了建设银行在当地的形象。

截至12月末，南水北调工程开立账户45个，施工企业账户21个，存款时点余额3.12亿元，日均余额2.38亿元，结算量达17.8亿元。在“优质结算账户营销”活动中新开立100万元以上结算账户1 585户，沉淀资金52亿元；全额承兑保证金存款日均新增达31亿元；代理工商企业注册验资累计沉淀资金34亿元；企业年金业务归集资金2.5亿元；狠抓了企业资金建设银行系统内循环工作，仅省高速一家系统内循环资金就达30多亿元。

对对公授信业务的审批流程进行了优化调整，持续开展了“贷款储备竞赛活动”，2006年初储备的具备投放条件的贷款金额达到了180亿元，为资产业务的快速发展打下了良好的基础。

围绕优质行业、优质客户和省内重点建设项目，省分行优化贷款投向，调整贷款结构，对列入“十一五”规划及“2006年河南省重点建设项目”的31个项目审批通过贷款额度260亿元。

2006年10月29日，中国建设银行河南省分行与河南省重点客户河南高速签订银企合作协议。

加快金融产品创新，利用信托、理财、委托贷款、联合贷款、境外筹资转贷款等产品，提高对客户的融资服务能力，累计代理发行信托计划18亿元，发放委托贷款25亿元，联合贷款6.5亿元，引入建设银行香港分行定向贷款3 000万美元，资本金账户到位资金1.8亿美元，境外筹资转贷款新增项目6个，金额达3 170万美元。

（三）抓住旺季开展个人业务营销

省分行围绕元旦、春节、“五一”、“十一”等营销旺季，先后组织开展了“贷记卡积分换礼”、“龙卡越刷越有礼”、“个人理财”等一系列专题营销活动。仅第一季度存款就增长了222亿元，超额完成总行全年计划；个人类贷款新增10.85亿元，完成总行计划的50%；理财卡发卡1.4万张，完成全年计划的30%。

（四）加强柜面服务管理

针对柜面服务管理存在的粗放化、突击化和运动化以及服务质量和效率不高的问题，从抓基础工作、抓服务落实入手，采取了一系列措施。从7月份开始在全行实行了“神秘人检查”制度，及时进行了4次汇总评比，通报了存在的问题，有效促进了全行整体服务面貌的改善，在总行首次组织的神秘人检查中，省分行在20个行中排名第四。

（五）拓展高端个人客户和重点产品

2006年底，全行总分行级VIP客户超过6万人，新增达4.4万人。代销基金、代理保险、代理信托、电子银行短信收入等均居同业第一位。推出了“三下五去二”房贷服务新措施，举办了有50多家知名房地产客户参加的联谊会，2006年个人类贷款余额突破100亿元大关，新增36亿元，居当地同业首位。

（六）开发中间业务产品

分行推行计件工资、“五个一”工程、“标杆管理”、提高基层网点销售能力等措施，中间业务保持了快速发展，成为唯一获得总行“突出贡献奖”的分行。中间业务有8个产品的收入超过了2 000万元、6个产品的收入超过了1 000万元，同时形成了一批亮点产品；代理信托19亿元，实现收入2 319万元，在建设银行系统内居首位；代理基金90.6亿元，实现收入7 477万元，系统内排名第四位；代理保险10亿元，收入4 204万元，系统内排名第五位；是省内唯一一家开办了资产托管业务的银行，托管信托资产2笔，金额3.6亿元，手续费收入72万元。

（七）加强资产质量与风险控制

根据总行要求，对信贷投放结构进行了调整和优化，停止了转贴现业务，全行贴现余额比年初下降了88.89亿元，其中转贴现比年初下降了95.67亿元。全行公司类非贴现贷款同比多增83.96亿元，AA级以上客户贷款新增占比49.1%，总行级重点客户贷款新增占比达60%，个人类贷款占全行贷款（含贴现）新增的65.95%。

组织开展了“提质量、压不良”专项活动，成立了专门的领导小组，对22个不良贷款大项目逐个排查梳理，落实处置措施。

省分行和二级分行建立了专门小组，深入重点区和重点户，一户一策，加大清收力度。省分行组织了6个小组，深入到22个大户，回收贷款和垫款1.4亿元，对全行资产质量的控制起到了重要作用。

（八）强化电子银行对业务的支撑

电子银行个人客户一体化签约整合项目实现了电话银行、网上银行、手机银行和短信平台四个渠道签约的整合，提高了客户服务水平和快速响应能力；为省烟草公司等20家客户建立了网上银行资金结算网络，电子银行客户数新增49.3万户，A级以上客户网上银行上线率达45%，交易额新增5 213亿元，实现直接收入1 035.07万元。

加快业务系统上线和升级改造，共推广上线总行项目27个，自行开发上线项目45个。其中双汇集团资金结算系统为客户提供了有别于网上银行和重要客户服务系统之外的一种全新的7×24小时全国性的服务模式。

撰稿：丁新伟　李杰先　毕志民

审稿：石永拴

湖北省分行

湖北省分行行长崔滨洲

业务发展概况

2006 年，湖北省分行本外币资产总额 1 462. 28 亿元。本外币全口径存款余额 1 413 亿元，当年新增 183 亿元。各项贷款余额 737. 21 亿元，当年新增 66. 16 亿元。全分行不良贷款余额 18. 94 亿元，不良率 2. 57% 。全年实现中间业务收入 4. 04 亿元，当年新增 1. 2 亿元。省分行实现账面利润 14. 78 亿元，建设银行系统排名第十三位，当地同业排名第一位；实现考核利润 17. 08 亿元，建设银行系统排名第十二位，同比增盈 4 亿元；实现经济增加值 4. 37 亿元，建设银行系统排名第十四位。

（一）对公业务

截至 2006 年底，分行对公存款时点余额达到 582. 65 亿元，当年新增 63. 41 亿元，完成全年计划的 144% ；在工商银行、农业银行、中国银行、建设银行、交通银行五行新增额中占 27% ，余额和新增在省内当地同业均居首位。对公贷款稳步增长，非贴现贷款新增 59. 4 亿元，全分行各项贷款余额 737. 21 亿元，当年新增 66. 16 亿元。其中，公司类贷款余额达到 607. 81 亿元，新增 20. 67 亿元。

（二）个银业务

截至 2006 年底，省分行个人存款余额 813. 3 亿元，比年初新增 114. 7 亿元，首次实现年新增存款过百亿元，比上年同期多增 34. 5 亿元。考核存款新增 134. 7 亿元，完成全年计划的 150% 。当地同业新增占比 33. 65% ，同比上升 7 个百分点，首次排名当地同业第一位。全分行累计代销基金、国债、寿险、“汇得盈” 等理财产品 31. 7 亿元，是上年同期的 3 倍。全分行个人中高端客户存款日均余额 468. 4 亿元，占全部个人客户总存款的 62. 89% ；贷款日均余额 107. 9 亿元，占比 76. 48% 。全分行加强了高端客户维护，高端客户分配率达到 89. 8% ，客户维护率达到 41. 4% 。个人贷款余额 129. 4 亿元，新增 45. 5 亿元，建设银行系统排名第十位，当地同业排名第一位。新增小企业客户 125 户，累计发放贷款 3. 1 亿元，贷款余额 2. 6 亿元。

（三）中间业务

中间业务收入实现大幅增长，收入结构多元化。全年实现中间业务收入 4. 04 亿元，比上年增长 44% ；中间业务收入占比 10. 24% ，比上年提高 1. 49 个百分点。全年信用卡新增发卡 9. 8 万张，实现信用卡消费交易额 8. 8 亿元，信用卡业务各主要指标建设银行系统排名第十位。电子银行实现业务收入277万元，新增客户29.3万户，交易额同比增长1 474亿元，交易量同比增长1 039万笔；电子银行与柜面交易量之比达到12.2%，较上年提高5.5个百分点。机构业务存款大幅增长，全年新增31.1亿元。完成国际结算量12.7亿美元，外汇中间业务收入同比增长20%。

（四）资产质量

按五级分类口径，不良贷款余额18.94亿元，比年初减少7 942万元，比总行控制计划低2.42亿元；不良率2.57%，比年初下降0.37个百分点，比总行控制计划低0.31个百分点；关注类贷款余额107.32亿元，比年初减少18.06亿元，关注类贷款余额占比比年初下降4.1个百分点。

主要经营举措

（一）稳步推进改革，管理体制和经营机制不断完善

全面推行了“无条件审批”决策模式，进一步完善对公授信业务审批体制，调整充实了牵头审批人，较好地满足了市场营销和信贷结构调整的需要。推进风险管理体制改革，集中垂直管理和平行作业的风险管理体系已经初步形成。推进会计及营运部门集中改革，运行、稽核、对账、督导等职能已集中到省分行或二级分支行。加大对中间业务和个人资产业务的奖励力度，财务资源进一步向中心城市行、业务经营一线倾斜。建立各二级分支行行长动态目标考核制度。调整二级分支行领导班子，交流副总经理级以上干部78人次，择优提拔副总经理级以上干部20人。

（二）加强基础管理

在全分行基层网点开展“四个一”教育、“案件专项治理工作回头看”、员工不良行为排查等活动，连续三年未发生四类案件和重大安全生产事故。坚持依法治行，积极运用法律武器为业务运行提供支持保障；完善合规规章制度、组织架构和工作机制；大力推进积分管理工作，加大违规违纪人员查处力度，认真组织开展治理商业贿赂工作，自查自纠不正当交易行为；狠抓了内外部检查发现问题的整改，问题整改率达到93.92%，问题金额整改率达到92.81%。认真组织会计达标升级活动，全分行机构100%达到规范化标准，80%达到二级以上标准；建立了柜员身份指纹认证体系，加强了对委派会计主管的管理和考核，建立了“集中督导、分级负责”的会计督导工作模式；积极推进网点功能分区，加大网点装修改造力度和自助设备配置力度，大力推广新的金融产品；推动全分行网点服务水平的提高。在总行组织的网点服务暗访中，分行网点服务综合评价和客户满意度调查两项得分均排名第一。

（三）目标客户营销成效显著

在全分行组织开展“三抓三促”、“六个100营销”、“增存、抓户、创收”等一系列劳动竞赛活动，重点营销了武钢、东汽、大畈核电、武广铁路等大客户，成功营销武钢短期融资债、75家省财政二级预算单位零余额账户、三峡地质灾害专户、解放军447部队基本户、广州军区陆军总医院基建户等业务，培育了唯冠、冠捷、黄石有色金属等外汇业务潜力客户。加强项目储备工作，项目储备量达到983亿元。省分行所在城区对公信贷业务相对集中到1～2个网点，网点经营成本降低，专业化程度加强。精心组织“迎春建行新，贺岁龙鼎金”开门红营销活动，第一季度新增存款77.1亿元，同比多增21亿元，完成开门红计划的128%，荣获总行开门红营销活动成长奖。全年组织开展龙卡刷卡有礼活动，

2006年7月18日，中国建设银行湖北省分行在武汉市举行“聚创杯”对公业务知识竞赛。

推动银行卡发卡量和消费交易额的快速增长。以高中端客户群体为主要对象，积极组织开展基金、寿险、国债与“汇得盈”、“利得盈”、“账户金”等理财产品的营销，全年共组织销售新发基金32只，累计销售额15.6亿元，是2006年销售额的5.7倍；共代销寿险产品（新保）2.4亿元、代收续期保费5.2亿元，同比增幅733%；共组织发行各类国债10期，累计发行总额11.5亿元，居当地同业第一位。突出重点客户，加强对个人中高端客户营销的集中策划，开展“武汉大学名校游”、“知心姐姐VIP专场讲座”等活动，受到客户的广泛好评，深化了客户关系。突出电子银行业务营销，电子银行业务知名度得到提升。发挥“95533”优势，深入开展客户服务，树立服务品牌。“95533”客户服务中心开通了机票预订业务，为客户提供了一个安全、便捷、崭新的服务渠道。同时，“95533”主动外呼，将新产品、新服务、各类优惠及奖励活动及时外呼通知相关客户；利用语音提示进行营销，每当有基金、债券等推出时，在“95533”留有录音，客户拨打“95533”后可以在第一时间了解有关信息。截至2006年底，“95533”共进行贷记卡营销、贷款催收、信用卡透支催收、节日问候、基金营销、客户关怀、理财卡营销等共3 084万户，同时还对4.9万余户客户进行了贷记卡用卡提醒、房贷回访、电话银行满意度调查，为全分行客户服务和业务发展提供了有力的支持。

（四）注重创新，取得良好效果

积极推广“速贷通”和“成长之路”，完善小企业业务审批发放流程。在省内当地同业中率先与外资银行合作开展银团贷款业务，与日本瑞穗银行签订35亿元承诺性银团贷款合同；为武钢、东汽等公司发起承销短期融资券73亿元。全年累计办理差额交割远期外汇买卖业务1.69亿美元，办理境外代付业务4 300万美元。为武钢财务公司和中电财务公司华中分公司累计办理回购型信贷资产转让业务20.41亿元，占建设银行系统该项业务总量的70%以上。

撰稿：胡和清

审稿：张　进

三峡分行

三峡分行行长陈汉华

业务发展概况

（一）负债业务

截至2006年底，三峡分行全口径存款余额达153.9亿元，在当地四大行占比38%，比上年提高2%；一般性存款余额148.6亿元，四行占比达到37.3%，比上年提高1.8%。其中企业存款66.17亿元，四行占比41.5%，比上年提高1.5个百分点；储蓄存款81.54亿元，四行占比34.5%，比上年提高1.9个百分点。

一般性存款比年初增加24.9亿元，增幅为20%，同比提高2.8个百分点，增量市场占比51.3%，完成总行计划的161%。其中：企业存款较上年新增12.98亿元，增幅为24%，同比提高11个百分点，增量市场占比50.5%，完成总行计划的199%；储蓄存款较上年新增11.95亿元，增幅为17%，同比提高8.2个百分点，增量市场占比52.1%，完成总行计划的133%。

（二）资产业务

各项贷款余额达到132.3亿元，四行占比达到35.1%，比上年提高 2.8 个百分点；贷款余额比年初增加 20.3 亿元，增幅为 18%，同比提高 0.1 个百分点，增量市场占比 65%，完成总行计划的 137%。全年贷款累计投放 69 亿元，市场占比达 66%。全行个人类贷款余额 16.8 亿元，较年初增长 7.26 亿元，完成总行计划的 169%。

（三）经营效益

实现账面利润 36 642 万元，较上年增长 7 346 万元，完成总行计划的 137%；实现考核利润和经济增加值分别为 39 429 万元和 14 512 万元，分别较上年增长 9 510 万元和 7 081 万元，分别完成总行计划的 146% 和 222%，经营利润在当地金融同业中名列首位。

经济资本回报率 27.22%，同比上升 7.77%，完成总行计划的 146%；成本收入比为 37.73%，同比下降 1.48 个百分点，低于总行计划 2.93 个百分点。收入结构进一步优化，中间业务收入对效益的贡献率达到 9.19%，较上年提高 4.17 个百分点。

（四）中间业务

实现中间业务收入 6 160 万元，四行占比达 41.7%，比上年提高 8.1 个百分点。中间业务收入同比增加2 764 万元，增幅为 82%，同比提高 32 个百分点，增量市场占比 59%，完成总行计划的 146%。中间业务计划完成率和增长幅度均在建设银行系统内排名第一。

（五）资产质量

不良贷款余额 8 581 万元，不良贷款率为 0.65%，比总行 0.71% 的控制计划低 0.06 个百分点，较年初下降 0.1 个百分点，远低于全市 10.1% 的平均不良贷款率，在建设银行系统内继续处于领先地位；纯新发放不良贷款率为零，潜在损失率为 0.09%，低于总行计划 0.16 个百分点；关注类贷款占比 4.14%，低于总行计划 10.41 个百分点；不良资产现金回收 1 738 万元，完成总行计划的 193%。

（六）其他业务

电子银行业务交易额 851 亿元，比上年增长 114%，完成总行计划的 259%；个人 VIP 客户新增 1 511 户，完成总行计划的 378%；贷记卡新增发卡 12 000 张，完成总行计划的 149%；贷记卡消费额 1.98 亿元，完成总行计划的 165%；国际结算量首次突破 2 亿美元大关，达 2.1 亿美元，完成总行计划的 112%。

主要经营举措

（一）以重点突破为手段，大力推动公司、个人银行两大条线产品创新

在公司业务产品创新上，分行实施“高位嫁接”策略，以重点客户的突破带动面上工作，围绕三峡工程，首家开办短期融资债券承销业务；率先为三峡财务公司开办信贷资产转让业务；首家为长江电力开办法人账户透支业务，2006 年透支额达 6 亿元。同时，还成功争取了长江电力专项资产管理计划的托管银行和监管银行资格。

三峡领域产品创新工作的开展，推动了全行公司业务产品和业务创新的进程，在三峡客户上获得了成功的创新型产品，如资金结算网络等先后被清江公司、安琪集团等重点客户采用。在个人银行业务产品创新上，分行以个人资产业务和个人理财业务为突破口，推出了个人住房最高额抵押贷款、联通龙卡、缴费易、龙鼎金实物黄金买卖等一批创新产品，有效满足了中高端客户的个性化需求。

（二）以市场为导向，积极推进营销创新

一是在营销理念上，分行提出要顺应市场竞争态势的变化，实现“由坐商向行商、由被动营销向主动营销、由分散营销向整体营销、由单一化营销向差别化营销、由个人关系营销向公共关系营销”的五个转变。二是在组织架构上，面向市场，积极构建

2006 年 8 月 12 日，三峡分行高峡支行晨训现场。

集约化的经营管理体系。在区域内率先成立个人资产业务中心，实现了个贷中、后台的集中管理和审批，仅8个月便发放个贷7.36亿元，占全年发放量的74%。三是在营销模式上，适应市场日益凸显的综合服务需求，积极探索专家团队服务模式。分行以各业务条线骨干为核心组建了公司业务、机构业务和个人业务三大专家团队，为成功争取社保资金、财政地质灾害资金等多个项目发挥了重要的作用。四是在营销组织上，针对不同阶段市场拓展重心的变化，抓好战役型营销活动的组织，集中优势资源，重点突破，抢占先机。第一季度，为抓住储蓄存款增长的黄金时期，分行部署和开展了旺季营销竞赛活动，取得了显著的效果，活动期间共增存10.9亿元，完成全年任务的85%。第二季度，为加快业务结构调整的步伐，分行启动了中间业务夏季营销竞赛活动，仅4个月时间便实现中间收入2 557万元，提前3个月实现了全年中间业务收入过5 000万元的目标。

（三）以客户为中心，着力推进服务创新

分行始终以满足客户需求、提升客户满意度为出发点和着眼点，从服务规范、服务流程、服务环境、服务意识等多个方面入手，全面系统地开展了服务创新。一是围绕打造标准化营业网点的要求，推进网点服务五个规范化建设，统一前台网点服务规范；二是运用“六西格玛”的科学管理理念和方法，实施客户满意度工程，优化服务流程；三是加快推进网点建设改造和服务设施配置，完成了13个网点装修改造项目以及23个网点服务设施的配置与验收工作，占全行网点总数的43%，网点服务环境大幅改观；四是大力推进服务文化建设，通过开展服务理念研讨，实施个人银行业务“每周一课”业务培训、全面落实网点晨训制度等手段，全行的服务质量、服务水平和服务效率有了显著提升，在总行“神秘人”检查评分中获得第三名的好成绩。

（四）坚持有保有压的方针，进一步改善公司信贷业务结构

一方面严格执行国家宏观调控和总行信贷准入政策，出台了调整信贷投向、加强信贷管理的指导意见，全年共从产能过剩及潜在产能过剩行业退出贷款4 550万元。同时进一步严格了对流动资金贷款、银行承兑汇票、票据贴现等业务的管理，共压缩承兑汇票余额4 982万元，票据贴现额较上年同期减少了9 243万元。另一方面加大核心客户、基础设施项目等优质客户和项目的信贷营销，确立以资源优势型、技术优势型、市场优势型、关联优势型四类优质客户为拓展重心的重点客户拉动策略，全年共向上述客户投放贷款34.28亿元，占公司类贷款投放总量的59.1%。通过上述措施，全行信贷结构进一步优化，核心客户和地方优质客户贷款余额占比达到75.6%。

（五）突出高端客户业务的战略地位，进一步改善个人银行业务结构

制定下发了《个人高端客户业务工作指导意见》，明确了高端客户业务发展的基本思路、工作重点及措施；落实了专职个人客户经理的配备工作，加强了对个人高端客户的维护力度，个人客户经理数量由年初的95人增加到159人；加强高端客户信息的收集和档案的建立工作，金卡级以上客户建档率从年初的44%上升到96%。2006年，分行高端客户数较上年增长了56%，完成总行任务的378%。

（六）努力壮大中间业务规模，进一步改善业务收入结构

在财务资源的配备上，加大倾斜力度，投入了专项费用450万元，是上年的2倍；在考核评价上，将中间业务收入完成情况在关键业绩指标中的占比提高到20%以上；在营销组织上，分行启动了中间业务夏季营销竞赛活动，充分调动了业务拓展的积极性；在营销策略上，狠抓了收单业务、财务顾问业务等九大拳头产品，以点带面，重点突破，全年九大拳头产品共实现中间业务收入5 567.14万元，占中间业务收入总量的90.4%。2006年，全行中间业务收入占营业收入的比重由5.03%提升为9.15%，较上年增加了4.12个百分点。

（七）探索个人银行、公司业务事业部改革

在总行框架方案指导下，结合机构扁平化管理实际和业务发展现状，按照“公私分离，清晰模块；垂直管理，明确职责；确立主体，单元考核”的总体改革思路，实施了分行个人银行事业部制和公司业务条线制改革，初步形成了机构扁平化管理、前台公私业务分离、业务垂直管理和以条线为主的双线考核管理架构。

撰稿：朱　俊

审稿：张家才

湖南省分行

湖南省分行行长龚蜀雄

业务发展概况

2006年，湖南省分行实现账面利润25.5亿元，比上年增加6.2亿元，增幅为32%。实现经济增加值7.2亿元，比上年增加4.3亿元，增长1.5倍。

（一）负债业务

2006年底，全口径存款余额达到1 490亿元，新增存款289亿元，增长24%，创历史新高。个人存款达到792亿元，新增138亿元；企业存款达到654亿元，新增134亿元；同业存款余额44亿元，新增17亿元。一般性存款余额在当地四大银行占比达到32.4%，新增占比达到41.6%，排在当地同业首位。长沙、娄底、郴州、永州和湘西自治州共5个市（州）实现了存款余额居当地同业第一位，长沙、株洲、衡阳等共12个市（州）实现了存款新增居当地同业第一位。

（二）资产业务

截至2006年底，省分行各项贷款余额达到924亿元，新增150亿元。其中，公司类贷款余额达到801亿元，新增110亿元；个人类贷款余额达到123亿元，新增40亿元。在湖南省四大商业银行中，各项贷款余额占比达到34%，新增占比达到55%，巩固并扩大了信贷市场优势地位。按照五级贷款分类标准，不良贷款余额34.2亿元，比年初减少1.3亿元，不良贷款率3.7%，比年初下降0.88%，实现了不良贷款额和不良贷款率“双降”。

（三）资产质量

针对6月末不良贷款大幅反弹的严峻形势，省分行召开了“8·27”紧急会议，采取五项措施，下发了《风险主管工作指导意见》和《毕马威访谈指导意见》，与二级行签订责任书，经过全行上下共同努力，不良贷款和不良率实现了“双降”。在压缩不良贷款工作的同时，积极调整和优化贷款结构，确保重点行业和重点客户贷款继续保持平稳增长，对存在风险隐患的客户坚决清退，优先保证省分行级以上重点客户和项目、AA级（含）以上客户的需求，2006年底，总行级、省分行级重点客户和AA级客户的贷款余额达到453亿元，新增214亿元，占总贷款余额的56.8%。

（四）中间业务

全年省分行实现中间业务收入5.27亿元，在建设银行系统排名第七位，在中部地区9行排名第一位。中间业务收入比上年增加1.97亿元，增幅达到59.7%；中间业务收入在营业净收入中的占比达到10.2%。

（五）其他业务

全年完成国际结算13.7亿美元，同比增长24.5%，在湖南省四大商业银行中占比提高2.47个百分点；结售汇突破10亿美元，达到10.1亿美元。电子银行签约客户达到147万户，全年新增客户数32.9万户，比上年多增20.7万户，增长168.8%；全年实现电子银行交易额3 599亿元，比上年多增1 526亿元，增长92.9%。银行卡发卡累计1 023万张，比年初新增95万张，购物消费交易62.8亿元，实现银行卡业务收入1.4亿元，发卡量、卡交易、卡存款、卡收益等指标在当地四大银行中继续排名第一。

主要经营举措

（一）夯实零发案的管理基础

强化一把手防案责任和压缩不良贷款责任，与各二级分支行一把手签订目标管理责任书，各二级分支行再与所辖机构签订安全保卫责任书，做到齐抓共管，层层落实。对副总经理级以上领导人员实行风险金抵押制度，领导人员1/3的绩效工资留作风险抵押金，与内控评级、案件、贷款质量、关键业绩指标以及年度考核挂钩。开展治理商业贿赂专项工作，开展一系列检查工作，进一步明确责任，有效控制案件，实现了零发案。

（二）推进风险管理体制改革

通过竞聘、转任、交流等多种方式，选配了20名分支行风险主管，从思想认识、配套制度、人员配备、学习培训等方面推进改革。通过改革，全行在风险文化理念、风险条线队伍建设、风险监管力度、风险计量技术、贷款审批管理、风险服务意识等方面出现了明显变化，大幅提升了风险管理能力和水平。

（三）完成会计管理和业务营运管理体制改革

设立营运管理部，下设运行中心、稽核中心和金库中心，负责全行业务系统的运行维护，集中处理非实时业务、批量业务、账务核算、稽核监督以及现金、凭证集中配送的运作和管理。为构建全过程反映和控制的会计管理体系、提高后台业务集约化处理水平、强化内控管理打下了坚实基础。

（四）集中经营管理不良资产

在各城区行成立资产保全中心，集中人力、财力和物力，专职经营管理不良资产，取得了显著成绩。全年累计清收处置各类不良资产23.6亿元，不良资产现金回收14.3亿元，实现不良资产现金超值回收2.8亿元，不良资产现金回收8.6亿元。

（五）深化信贷审批体制改革

建立一票否决制度、审批信息公示制度、信贷审批接待制度和保密制度，印发了《信贷业务审批操作实施细则》、《关于对公授信业务申报管理的补充规定》等制度性文件。在长沙地区实行了个贷集中审批并试行个人贷款业务“双签”制度，强化了责任，提高了审批工作效率。与历史年度比较，2006年审批发放贷款最多，审批质量最好，当年纯新发放贷款不良率0.03%，比上年下降0.15%，当年纯新发放贷款利息实收率100%。

（六）构建公开、公平、公正的选人用人机制

员工职务晋升、机关选调人员、选派员工学习深造等工作，一律通过民主推荐、笔试、面试、考察等程序公开选拔，实行阳光操作，营造公开、公平、公正的良好氛围，得到了广大员工的

2006年11月6日，湖南省分行推出“银关通”网上支付税费业务，同时与长沙海关、中国电子口岸数据中心、博世汽车部件（长沙）有限公司签订了网上支付税费合作协议、网上支付税费服务协议。

拥护。应届大学生招聘、短期用工管理也做到了公开、公平和公正。

（七）推行员工双向选择和岗位交流

在省分行党委的统一部署下，省分行本部率先推行员工双向选择和岗位交流，为全分行作出了示范。岗位交流做到了岗位公开、程序公开、结果公开，各部门非部门内交流员工比例达到21.4%，取得了预期效果，人力资源配置得到优化，调动了广大干部员工的工作积极性和主动性。

（八）统一全行绩效激励机制

基于各分支行绩效分配办法不一，存在苦乐不均甚至有失公平现象的情况，省分行统一制定了员工工资分配指导意见，指导各分支行根据本行实际和员工工作岗位特点，分别制定一线柜员、客户经理和本部员工绩效考核办法。在绩效分配上，实行向一线和前台员工倾斜。2006 年，全行员工的实际收入实现较快增长，发挥了薪酬制度对促进业务发展的支持和激励作用。

撰稿：杨　红　何扬禄

审稿：魏振华

广东省分行

广东省分行行长吴建杭

业务发展概况

全面完成总行下达的核心关键业绩指标计划，其中：年度考核利润 43.08 亿元，比总行计划超额 6.7 亿元；完成经济增加值 13.54 亿元，比总行计划超额 4.5 亿元；经济资本回报率 23.61%，完成计划的 118.30%；成本收入比 45.12%，完成计划的 100.26%；净利息收益率为 2.11%，完成计划的 113.4%。

（一）负债业务

截至 2006 年底，全口径存款余额 4 325.4 亿元，比上年新增 613.5 亿元，增幅为 16.53%。一般性存款余额 4 136.51 亿元，比上年新增 466.64 亿元，增幅为 12.72%，新增排名系统第二，当地同业第二；对公存款余额 1 726.42 亿元，比上年新增 204.89 亿元，增幅为 13.47%，新增排名系统第五，当地同业第二；个人存款余额 2 410.09 亿元，比上年新增 261.75 亿元，增幅为 12.18%，新增排名系统第一，当地同业第二。

（二）资产业务

截至 2006 年底，各项贷款余额 1 668.91 亿元，比上年新增 124 亿元，增幅为 8.03%。其中公司贷款余额 1 273.67 亿元，比上年新增 74.04 亿元，增幅为 6.17%；个人贷款余额 395.23 亿元，比上年新增 49.94 亿元，增幅为 14.46%。资产质量稳步提高，纯新发放贷款不良率为 0.01%，五级分类口径不良贷款余额 98.88 亿元，比年初下降 2.75 亿元；不良贷款率为 5.92%，比年初下降 0.65 个百分点，实现了“双降”。

（三）中间业务

中间业务收入和收费类收入分别实现 14.78 亿元和 13.65 亿元，增幅分别达 42.03% 和 35.41%，收入总额和增长额均居系统第一位。中间业务收入占主营业务收入比重为 15.65%，同比提高 3.98 个百分点，建设银行系统排名第一。

（四）其他业务

银行卡中间业务收入 4.15 亿元，占全国建设银行系统的 10.8%，排名第一。贷记卡发卡同比新增 96%，电子银行业务收入 3 738 万元，系统占比 29%，排名第一，同比增幅为 84.5%。个人住房贷款新增市场占比 26.7%，在四大银行中排名第二位。审价咨询收入 3 429 万元，居当地同业之首。实现基金销售收入 1.63 亿元，系统排名第一。完成国际结算量 243.9 亿美元，增幅为 22%。

主要经营举措

（一）严格信贷风险控制，力促不良资产实现“双降”

建立风险条线管理组织架构。夯实了制度基础，完善了工作机制；选配了风险主管和风险经理，充实了风险管理条线队伍，共配备了 32 名风险主管、2 名风险管理联系人和 140 名风险经理。严格信贷审批质量，加强信贷指引和贷后管理，采取落实贷后管理责任等措施，确保了新增贷款质量。全年新发放贷款的不良贷款率为 0.03%，严格控制在总行计划范围之内。加大不良资产盘活和处置力度。构建部门牵头、区域配合、项目组直接经营的体系，建立重点行和重点项目联系制度，省分行参与项目直接经营，共同推动不良资产的现金回收。

（二）加大产品创新力度，优化流程，提高服务效率

针对房地产企业客户，推出商业物业抵押贷款业务；针对个人住房贷款客户，推出固定利率个人住房贷款和个人住房最高额抵押贷款新产品；针对外向型企业规避汇率风险的需求，进行了人民币无交割远期外汇交易结合远期结售汇和人民币掉期业务的产品组合创新；抓住证监会叫停“银证通”业务的政策机遇，在银行当地同业中率先推出证券客户交易结算资金银行独立存管业务（CTS）。产品创新丰富了客户服务的内容，确保了省分行在竞争中的市场地位。以实施新个贷系统（A+P）上线为契机，实现个贷业务直线式流程，启动个贷电子化审批，初步实现集约化经营模式，平均办理一笔个人贷款缩短 5 个工作日。“95533”服务质量持续提高，人工接通率达到 96.9%，客户平均等候时间为 8 秒。通过科技创新提升服务水平，推出多项具有分行特点的创新业务，如网上银行企业公积金、南航支付、手机代缴交通罚款、手机充值等创新性项目。

（三）抓好联动营销和交叉营销，推动业务转型

针对绩优客户、房贷、公积金、代发工资户等客户开展数据库营销和交叉联动营销，通过与知名企业和机构（如著名高校等）建立战略联盟合作关系，获取优质的外部客户资源进行联盟营销。2006 年，全省龙卡（双币种）累计发卡 58.84 万张，新增发卡 27.44 万张，发卡规模领先于工商银行和中国银行，新增规模系统排名第三。创新工作方法，发挥网点优势，选择重点地区实施业务重点营销。2006 年，电子银行客户新增 55 万户，同比增长 120%，涌现出了一些电子银行业务在全国具有示范作用的机构和网点；实现电子银行交易金额 8 266.88 亿元，同比增长 143.1%；实现中间业务收入 3 657 万元，同比增长 103.2%。

（四）抓好企业文化建设，以文化的力量推动业务发展

一是认真抓好党委中心组的学习。党委中心组全年学习 20

2006 年 11 月 30 日，广东省财政厅与中国建设银行广东省分行在广州大厦举行省级财政国库集中支付业务代理银行签约仪式。

次，排在各一级分行之首。组织召开了省分行党委（扩大）践行社会主义荣辱观专题研讨会。同时在省分行信息网站开辟中心组学习园地，登载二级分支行理论学习动态稿件130篇、学习辅导资料32篇。二是培育优良的合规文化。制定了合规工作三年规划，明确提出“一年打基础，两年见成效，三年上台阶”的合规工作目标，广泛开展合规文化宣传，交流合规文化信息。在全分行广泛开展“五个一”活动，即读一本书、听一次报告、看一个光盘、写一篇心得体会、组织一次座谈会。三是服务文化初见成效。一方面面对一线员工抓宣传、抓学习、抓规范；另一方面又在培育服务理念、创新服务方式、构建服务体系、提升服务能力、实现文化理念与经营管理的对接等方面进行积极探索，总结和推广二级分支行的许多好的做法。四是大力评选和宣传先进典型。开展“体验真诚，创造感动”2006年度人物评选活动，评选出李春峰、刘赖荣等8名年度人物，并将在洪水中救出103名群众、被人们誉为“时尚青年，真心英雄”的李春峰及时推荐给中央及地方媒体，其事迹先后在中央电视台、《人民日报》、《中国青年报》、《金融时报》、《惠州日报》等媒体刊登（播出）。省分行党委作出向李春峰同志学习的决定，号召全分行员工向李春峰同志学习，并组织开展李春峰事迹大讨论活动，用身边先进人物的模范事迹教育人、感染人、鼓舞人，激发广大干部员工践行战略愿景的积极性和创造性。

撰稿：马　俊　石满林

审稿：李锦海

深圳市分行

深圳市分行行长曾俭华

业务发展概况

（一）资产业务

2006年，深圳市分行各类贷款余额1 007.34亿元，新增291.57亿元，其中：个人贷款实现四项突破，即个人贷款余额和个人住房按揭贷款余额突破300亿元，个人贷款规模超过当地工商银行，重新夺回深圳第一，个人贷款年度新增额超过100亿元，个人住房按揭贷款新增同时取得系统内和同业两个第一。个人贷款余额占全部贷款余额的1/3以上，占比达到35%。

（二）负债业务

全口径存款余额1 794.22亿元，新增617.37亿元，其中：储蓄存款跨越500亿元大关，新增额居深圳同业第一位，网点个人存款单产量达到5.25亿元。同业存款新增居五大行第二位。

（三）中间业务

中间业务收入5.41亿元，同比增加1.75亿元，人均中间业务收入突破14万元，继续在建设银行系统内保持第一。

（四）国际业务

国际结算量首次突破百亿美元大关，达到125.23亿美元，在四大行中的占比从10.51%提高到12.83%。

（五）利润

实现账面利润23.51亿元，同比增加9.05亿元，建设银行系统内排名第十，盈利能力居深圳四大行第一。

（六）资产质量

五级分类口径不良贷款余额25.41亿元，比年初下降2.85亿元，不良贷款率2.52%，比年初下降1.43个百分点。

（七）客户结构

客户结构调整成效明显，个人VIP客户达到10.3万户，比年初新增3.7万户；全年新增公司客户基本结算户345户，AA级及以上对公客户授信占比达到68.34%，同比增加近4个百分点。

主要经营举措

（一）调整组织结构，推进风险、会计及营运管理体制改革

一是调整组织架构，将10个直管行并入现有的管辖行或重组成立管辖行片区，缩小了分行的管理跨度；将房地产金融业务部并入公司业务部，成立房地产金融中心和小企业经营中心，使小企业金融业务经营管理专业化和集约化。二是推进风险管理体制改革，采取风险主管分片区管理的工作模式，风险经理采用集中式和派驻式相结合的平行作业模式，既有效节约了资源，又使风险管理流程最优。稳步推进平行作业，分行成立风险管理体制改革推进工作小组，制定《深圳分行风险管理体制改革实施方案》，建立公司类新增客户授信、存量客户新增授信和关注类（含）以下贷款借新还旧授信业务平行作业机制。三是推进会计及业务营运管理体制改革，成立营运管理部，重新明确了会计和营运管理职能，加快后台业务集中速度，为全行实现营销模式转型提供了支持与保障。

（二）调整发展战略，促进资产负债业务深入发展

市分行及时推出对私对公业务并重、中间业务与资产负债业务并重、外币与本币业务并重、关外与关内区域并重的“四重”发展战略，确立了市分行在深圳金融市场上的主体地位。一是推进政府机构平台、总部在深企业平台、港资企业平台、中小企业营销平台、开发银行等五大平台营销，培育珠三角客户平台、行业协会平台、工业经济联合会平台等多个平台营销，实现资产业务增长的多元化。年底各类贷款突破千亿元大关，对公授信余额和新增居全市第一位。二是把“建渠道、抓结算、促存款”作为对公业务的重中之重，加强网络结算工具营销，重点抓好百强企业和优质客户营销，努力拓展工商贸易类客户、大型集团类客户、现金流较大的结算类客户，增加资金沉淀量。三是建立一支200多人的专职个人客户经理队伍，其中各类理财策划师46人，推出“胡晓燕理财室”、“娟子服务团队”等具有较高品牌影响力的私人客户经理组合，配备专职大堂经理和副理160人。建立客户经理定级考核体系和准入与退出机制。四是推出茂业、莱斯达、华润万佳等多种联名信用卡，有针对性地开展优质公司机构客户和个人客户交叉营销活动，建立“95533”外呼营销队伍并组建直销团队，加强信用卡营销力度。组织一批部室业务骨干充实到基层一线，强化分支行联动营销。

（三）加强贷后管理，开展专项治理

一是在公司业务部和支行设置不同层级的专门贷后管理人员，实现贷后管理制度、岗位、职责和人员“四到位”，落实贷款管理问责制。推行信贷风险监控精细化管理，通过现场调查、分支行联动等方式加强监控，及早提示和预警。二是开展案件及商业贿赂专项治理，以全面业务审计等系统内外审计发现问题为线索，从重点环节、重点人员和突出问题入手，严肃查处往年发生案件，抓好自查自纠不正当交易行为和案件排查工作，向新提拔领导人员发送廉洁从业提示函，增强全行干部员工遵纪守法意识和合规

2006年4月5日，中国建设银行与深圳市政府在深圳市签订金融合作协议。

经营意识。

（四）推动产品创新，加快科技建设

一是推动产品创新。先后推出中小企业联贷联保贷款、第三方承兑/保证商业承兑汇票贴现、汇付盈、汇兑盈等新业务，发行金色阳光龙卡、数字龙卡、莱斯达龙卡等多个联名龙卡，其中中小企业联贷联保业务为国内首创，在深圳市金融产品创新评比中获得三等奖。开通柜员机无折存款汇款、电话银行支付Q币充值业务、电话银行和自助终端缴学费业务，办理首笔交强险、出口再融资业务、海外融资保函业务等，提升服务水平。二是加快科技建设步伐。承担ALS项目优化工作，实现与总行系统对接，全面上线A+P系统，实现集中受理、集中审批和集中管理，创新统一催收、电子化催收和分类催收功能。CLPM上线取得圆满成功。存贷通系统开发实现银行存款资源和贷款资源整合，在建设银行系统和当地处于领先水平，被总行评为科技进步二等奖。同城票据交换提回集中处理系统研发投产，实现全行同城票据交换提回业务影像化、在分行集中处理自动化，有效节约了人力资源，被深圳金融电子结算中心推选为示范单位。办公自动化系统不断优化，推广到基层客户经理。三是搭建更高层次的创新平台。12月，总行个人金融产品研发中心正式成立并落户深圳，将有计划、有步骤地开发适合在全国或部分地区推广的个人金融产品，同时探索高效、快速的个人金融产品研发机制。

（五）推进服务文化，优化服务流程

一是召开服务工作动员大会，统一全行对服务工作的认识，开展“树典型、比服务、促发展”活动，以点带面，推进服务文化建设。二是向先进银行学习，加快网点转型步伐，加强第三方专业公司对网点服务质量的监测，推动窗口服务品牌建设，探索零售网点转型。三是优化服务流程，提升服务水平。DCC系统业务流程再造近200项，修改调整会计制度724条。分行城东支行和城建支行代表深圳参加全国文明规范服务网点评比，促使全行整体服务水平进一步提高。

（六）以人为本，构建和谐建设银行

一是创建学习型组织，增强员工的学习能力和创新能力。分行国际业务部先后被市、省总工会授予市级“学习型组织先进单位”和省级“先进学习型组织”。二是帮助员工排忧解难，真心实意为员工办实事，与120名派遣员工和4名优秀短期合同员工签订短期劳动合同及中长期劳动合同，并为派遣员工办理了补充医疗保险。落实离退休人员统筹养老金待遇的核准与发放。完善干部和员工薪酬体系，组织开展对特困员工和患重大疾病员工送温暖活动等。三是开展丰富多彩的文体活动，营造团结和谐的企业文化氛围。陆续组织登山比赛、棋牌比赛、诗歌朗诵比赛等文体活动，参加行外大型活动，凝聚了人心、鼓舞了士气。

撰稿：陈万斌　罗　莹

审稿：张学庆

广西壮族自治区分行

广西壮族自治区分行行长袁明

业务发展概况

（一）负债业务

截至2006年底，广西壮族自治区分行全口径存款余额796.5亿元，比年初新增104.1亿元，增长15%；其中个人存款余额399.7亿元，比年初新增46.9亿元，增长13.3%；对公存款余额389.3亿元，比年初新增57.3亿元，增长17.3%。全行一般性存款、企业存款和储蓄存款增幅均高于广西同业四行平均水平，分别超出2.7%、0.1%和3.9%。

(二) 资产业务

各项贷款余额479.2亿元，比年初新增48.7亿元，增长11.3%。其中公司类贷款余额342.7亿元，比年初新增58.9亿元；个人类贷款余额122.4亿元，比年初新增29.7亿元。年底AA级以上客户信贷余额占比65.1%。各项贷款收益率5.53%，比上年提高0.36个百分点。

(三) 资产质量

不良贷款额7.55亿元，比年初减少103万元；不良贷款率1.58%，比年初下降0.18个百分点，连续6年实现“双降”。信贷成本率为0.19%，比全国建设银行平均水平低0.4个百分点。全年处置压缩各类不良资产8.2亿元，其中压缩不良贷款本金4.0亿元，处置抵债资产1 344万元。

(四) 经营效益

全年实现考核利润11.4亿元，比上年增长14.5%；经济增加值3.4亿元，比上年增长31.7%；总资产净收益率0.89%，比上年提高0.02个百分点；经济资本回报率22.5%，比上年提高4.4个百分点；费用利润率131.3%，比上年提高5.6个百分点；成本收入比为42.2%，比总行下达的关键业绩指标低2.3个百分点。

中间业务净收入2.12亿元，比上年增加5 670万元，增长36.5%。

全年贷记卡新增发卡量10 800张，同比增长69%。全年电子银行客户交易额2 245亿元，同比增长228%；电子银行交易量与柜面交易量之比达20.26%，实现柜面分流率20.66%。

主要经营举措

(一) 开展“效率年”活动

2006年是区分行的“效率年”。区分行坚持以客户为中心，以价值创造为核心，优化和再造各项业务流程，切实提高工作效率。对全行久拖不决、长期积累下来的各种问题和困难进行研究、清理，集中力量加以解决。严格执行会议计划，严格公文管理，清理废止不适应业务发展的规章，加快全行工作节奏。加大调研工作力度，深入基层、员工和客户，关注新情况、新问题和新动态，尽可能多地掌握决策信息，尽可能快地解决各种实际问题。推进人力资源结构和网点机构的优化调整，建设了一批功能齐全、定位准确、布局合理、辐射面广的营业网点，提高了全行经营管理的集约化水平。

(二) 调整客户结构

根据总行与自治区政府签订的银政合作协议，先后与柳州、北海市政府签订了银政合作协议，建立了银政战略性合作伙伴关系，在大中型项目营销中取得了主动权。

按照收益和风险匹配的原则对贷款项目开展投入—产出分析，规范贷款价格的审批，提升贷款定价谈判能力。

推进手册式运作、封闭式管理和信贷后督制度，构建“经营、审批、风险管理、保全”四位一体、尽职尽责的信贷资产经营管理机制，实现质量、效益和规模的均衡发展。

实行财务政策、信贷减值准备政策和资产保全政策联动，采取“盘活不良奖工资、回填不良不扣钱、新增不良两级担”的做法，实现了压逾盘活工作利于盘活不良贷款、利于正常暴露贷款风险、利于员工直接获得工资利益的“三赢”目标。

(三) 营销重大客户

重点拓展广西金融系统的百家存款单位、百家贷款单位、广西利税和营业收入百家大户，大力发展政府、军警、教育和中小企业的负债业务。

大力营销结算账户，提高对公结算户的数量和质量，完成了从抓存款向抓企业结算资金的转变，实现了客户资金在建设银行

2005年以来，中国建设银行广西壮族自治区分行先后贷款6.5亿元支持中铝股份广西分公司氧化铝三期工程建设。

系统内的循环。开展“牵手高端、提升价值”专题营销活动，加强对潜在目标客户特别是广西1 000家大工业企业客户的营销。

（四）发展中间业务

创新收费模式，加大对高校、中小学校、各级教育主管部门和财政部门的服务力度，实现业务系统与财税库行联网项目对接，进一步扩大了代理财税业务的市场份额。

根据部队资金集中管理和官兵个性化金融需求，提供金融服务方案，大力推进“八一工程”，取得了显著成效，特别是贵港支行实现了75130部队、贵港军分区公私业务市场100%的拓展目标。

全面梳理中间业务产品、组建专业谈判队伍、强化服务收费意识、拓展新的收费业务、成立相关创新课题组等，通过以上途径和方式，加大了中间业务营销力度，扩大了中间业务收入渠道。

坚持以“批量为主、零售为辅”的银行卡发卡方针，抓好个贷、储蓄、理财、代发工资、证券、院校等市场中的优质个人客户，以及各类优质公司、机构客户中高层管理人员的团体批量发卡工作，探索零售业务批发化的银行卡运作模式。

以产品应用创新和全员营销为中心，通过开展“一季度劳动竞赛活动”、“电子银行服务校园活动”、“短信银行金秋大赠送”等系列营销活动，利用企业网上银行系统、重要客户系统和集团理财系统为重要企业客户提供个性化电子银行服务，扩大电子银行客户规模。

制定远期结售汇、境外代付、福费廷等7个国际业务产品的营销指导意见，增加结算服务品种，扩大资金清算渠道，提高服务的电算化水平及规范内部核算等，国际结算业务快速健康发展，全年累计办理国际结算业务15.9亿美元，同比增长37%。

（五）开展业务创新

建立产品分析例会制度，安排专人对产品进行管理。建立中间业务“直通车”考核激励机制，扩大激励产品范围，提升产品奖励标准。推进“直客式”个人住房贷款，推出个人住房最高额抵押贷款、个人住房固定利率贷款、个人住房贷款十项服务新举措等新产品和新服务。

挖掘现有产品潜力，大力发展短信银行产品，形成了短信银行大堂经理及前台人员天天签、客户经理人人办的局面。重点扶持保险代理产品，尤其是柜面代销寿险业务，促进了保险代理手续费收入的有效增长。

加强对财务顾问、边贸结算产品的培育力度，建立良好的增收产品基地。加大中间业务联合营销、捆绑营销力度，实现部门间、产品间的联动。

加大信息科技项目的开发和推广力度，通过实施操作型客户关系管理系统、新一代贸易融资系统、渠道整合平台、个人外汇买卖行情资讯系统等项目，提升前台业务系统的功能，拓展和巩固客户关系。

通过实施企业资源管理财务系统、会计档案管理及会计稽核系统等后台类项目，提升财务信息披露和内部财务管理水平。通过建设和完善应用集成分行系统、代工代扣二期优化等项目，保障了全行业务的稳定运行。

（六）加强基础管理

在会计基础管理方面，建立会计管理和柜面交易人员行为监察制度，实施基层主管轮岗轮调和强制性休假制度。建立会计部位风险分析例会制度。深化委派会计主管管理，着力解决基层机构委派会计主管实时监督不足的问题，强化委派会计主管自身的制约、监督和管理。

在财务基础管理方面，重点抓好集中采购和资本性管理的规范化建设，从机制上保障各项财务工作规范、有序运行。加大监督检查力度，加强对发现问题的总结、整改和后续跟踪，严肃查处财务违规违纪行为。

在信贷基础管理方面，出台客户经理建设的政策文件，大规模开展学习培训，确保辖内对公授信业务客户经理、风险经理和专职贷款审批人员熟练掌握三项审批制度的管理规定。严格执行房地产贷款封闭管理规定，采取有效措施抑制个人类不良贷款的反弹。

撰稿：杨　茜

审稿：廖　林

海南省分行

海南省分行行长刘秉升

业务发展概况

（一）负债业务

截至2006年底，海南省分行全口径日均存款247.05亿元，当年新增36.87亿元。一般性存款日均余额244.99亿元，当年新增35.92亿元，完成总行计划的167.45%。其中，企业存款日均余额152.27亿元，当年新增25.63亿元；全行全口径存款时点余额261.37亿元，当年新增40.61亿元，增长18.40%，完成总行计划的189.91%。一般性存款时点余额258.95亿元，当年新增39.22亿元，增长17.85%，完成总行计划的183.42%，新增市场占比第一。其中，企业存款余额163.81亿元，当年新增30.69亿元，完成总行计划的229.31%。

（二）资产业务

全行各类贷款时点余额105.1亿元，受压缩转贴现贷款规模影响，当年减少1.15亿元，完成总行计划的－40.97%。其中，公司类贷款余额75.99亿元，比年初减少3.61亿元，压缩转贴现贷款19.72亿元；个人类贷款余额28.27亿元，当年新增2.31亿元。各类贷款日均余额106.63亿元，当年新增12.05亿元。

（三）经营效益

按综合经营计划口径，实现利润－102万元、考核利润918万元、拨备前利润6 394万元，分别完成总行计划的190.68%、759.9%和99.56%；实现经济增加值－9 049万元，完成总行计划的108.9%；实现贷款利息收入51 269万元，完成总行经营计划的96.59%。

（四）收费类收入

全年实现收费类收入4 788万元，比上年增加1 542万元，完成总行计划的101.07%。

（五）资产质量

按五级分类口径，本外币不良贷款余额4.67亿元，比年初上升1.61亿元。不良贷款率4.44%，比年初上升1.56个百分点。

（六）国际业务

累计办理进出口结算业务3 273笔，金额5.24亿美元，比上年增加1.8亿美元，增长52%；办理结售汇5.68亿美元，比上年增加2.85亿美元，增长101%。共办理进出口结算业务累计3 273笔，金额5.24亿美元，比上年增长52%。

（七）造价咨询业务

共完成审价项目 393 个、评估项目 193 个，分别累计完成工作量 26.86 亿元和 25.75 亿元，实现业务收入 796.11 万元，人均创收 28.45 万元，完成计划的 107.3%。

主要经营举措

（一）加大市场营销力度

加大信贷投放及信贷结构调整力度，与海口市政府签署 300 亿元的银政合作协议，深入推进“350”工程，优先支持石油、石化、电力等优势行业及优质中长期贷款项目。

加强公司业务系统管理，建立公司业务单元制，实施业务流程再造，完善评价标准及考核机制；严格执行信贷准入和退出制度，提高信贷经营方针与国家、地方产业政策的契合度；积极拓展优质中小企业客户，为中小企业提供评估评价服务，拓宽公司业务收入来源渠道；加大结构调整力度，全面压缩转贴现贷款规模，进一步优化贷款结构。

加快发展个人金融业务，实行个人金融业务单元制管理，深入实施“存款百亿计划”和“客户拓展计划”，连续开展“爱行杯”、“爱岗杯”、“爱党杯”、“爱国杯”四个各有侧重的市场营销竞赛活动，一般性存款新增、企业存款余额和新增市场占比均居当地同业第一位。积极推广“个人通知存款一户通”、“利得盈”、“汇得盈”等新产品，大力争抢市场份额，“一户通”累计开户数4 247 个，户均余额 27.13 万元。销售“利得盈”产品 14 期，募集资金 5 778 万元。

拓宽机构业务增收渠道，组建任务型营销小组，进行高层营销，机构客户企业存款余额 68.05 亿元，比年初新增 10.43 亿元，完成计划的 166.35%；机构业务收费产品收入 445 万元，完成计划的 122.88%。

保持特色业务优势地位，先后开展了“建行龙卡、开刷有礼”、“收获季节、建行相伴”等 8 次特色主题营销宣传活动，加强银行卡和电子银行网络维护工作，完成呼叫中心、渠道整合项目、准贷记卡、龙卡理财卡、银行卡通存通兑等业务系统的推广上线工作，优化服务功能。银行卡存款 18.87 亿元，当年新增 2.82 亿元，增长 17.57%；贷记卡卡均消费 1.55 万元，在总行排名第一；贷记卡用卡活动率为 58.30%，排名第四；信用卡不良率 0.80%，低于全国建设银行系统平均水平 1.19 个百分点，排名第四。

加快调整个贷业务组织架构，建立“前台充分发散，中后台充分集中”的经营管理模式。开展不良个人贷款清收活动，年底全行个人住房贷款余额 28.27 亿元，增长 2.31 亿元，完成计划的 153.33%。个人住房贷款余额市场占比 35.68%，新增占比 46.90%，余额占比和新增占比均居海南银行同业第一位。

加大对外汇新产品的营销力度，发展国际业务，外汇企业存款时点余额市场占比 17.26%，居当地同业第一位。发展造价咨询业务，实现业务收入 796.11 万元，荣获“泛珠区域房地产评估品牌企业”荣誉称号，并继续保持“海南省优秀中介机构”荣誉称号。

（二）完善经营绩效考评体系

通过完善经营绩效考评体系，强化成本、利率、价格及资金管理，进一步拓展盈利空间。进一步加强综合经营计划的管理、执行与监测，发挥综合经营计划对全行经营的指导作用。完善以经济增加值为核心的经营绩效考评和激励约束机制，制订《经营单位绩效评价办法》和《提升市场竞争力激励办法》。深化成本管理，严格控制费用预算环节，对全辖 73 个报账单位实行财务账

2006 年 3 月 13 日，中国建设银行海南省分行行长刘秉升代表海南省分行与海口市人民政府签署“银企合作协议”。

目审查，制止不合理开支。强化利率、价格及资金管理，修订完善《人民币贷款定价指导意见》，制定利率定价模型，制定《资金业务考核实施办法》。

（三）加大不良贷款集中处置力度

省分行共完成7户公司类不良贷款项目的移交工作，金额2.87亿元，占分行公司类不良贷款余额的98.94%。针对已接收的不良贷款项目特点，明确经营责任人，逐户研究制订处置方案，采取直接经营或联合经营方式加大处置力度。灵活运用催收、诉讼、和解等手段，提高不良资产处置成效。不良资产现金回收额2.84亿元，完成总行计划的102.79%；超值现金回收额1 438万元，完成总行核定全年回收计划的143.8%。实现不良资产现金回收贡献度1.49亿元，完成总行计划的104.22%。处置债转股2户，共计2.5亿元。核销呆账1.47亿元，完成总行核定全年呆账核销计划的736%。

（四）夯实内部基础管理

省分行稳步推进风险管理体制改革，初步形成垂直的风险管理组织架构。加快审批进度，提高审批效率和质量。实施会计管理和业务营运管理体制改革，提高后台内部账户核算的集中化与专业化水平，进一步提高集中经营管理能力。

加大案件防查力度，强化合规管理，通过设立商业贿赂举报电话、开辟治理商业贿赂工作网上专栏、定期召开案件防查联系会议等形式，扎实开展治理商业贿赂工作；稳步推进反洗钱工作，明确反洗钱工作职责、操作流程和报告路线，将反洗钱工作纳入分支机构考核范围。

加大对内外部检查发现问题的督促整改力度，落实整改措施和整改责任人，对违规行为进行严格的责任认定和追究。充分发挥审计职能，加大审计纠偏力度，把动态化、多层次、全方位的多维审计方法和手段融入审计实务操作，提高审计工作水平。加大安全防范设施建设，认真做好维护稳定工作，提高全行安全防护水平。

（五）加快科技开发与产品创新步伐

省分行配合总行开发中心，顺利完成DCC指纹系统在分行69个核算机构全面推广上线工作，完成人力资源数据集中、网络学习系统、立体责任体系应用系统、互联网接入平台项目等总行29个项目的实施工作，并组织实施分行历史数据查询系统、网络考试系统、网络学习系统等14个项目的开发。

撰稿：王文生　王晓胄
审稿：赵永林

四川省分行

四川省分行行长帅晋昆

业务发展概况

2006年，四川省分行全年实现账面利润26.03亿元，居省内同业第一位、系统内第六位；实现考核利润24.4亿元；实现经济增加值5.4亿元；一般性存款余额2 028.97亿元，首次突破2 000亿元大关，新增289.64亿元，新增额居同业第二位、系统内第七位；贷款余额1 076.28亿元，新增169.36亿元，新增额居同业第一位、系统内第六位。五级分类口径不良贷款额28.82亿元，较年初下降1.89亿元，不良率2.68%。关注类贷款余额和占比分别较年初下降73.9亿元和10.92个百分点。处置各类不良资产11亿元，完成计划的103%，其中现金回收不良资产9.8亿元，完成计划的130%。

（一）公司机构业务

存款余额943.45亿元，较年初新增144.08亿元；贷款余额854.55亿元，较年初新增108.63亿元。

（二）个人金融业务

储蓄存款余额1 085.52亿元，新增145.57亿元，余额首次超过工商银行，同业占比22.71%。个人类贷款100.05亿元，年底余额221.73亿元，比年初增加60.73亿元。

（三）中间业务

实现收入4.85亿元，增幅为32%，占主营业务收入的8.94%，较年初提高1.64个百分点。

（四）国际业务

全口径外汇存款3.43亿美元，对公外汇存款余额居同业首位；外汇贷款余额2.87亿美元，较年初新增0.30亿美元，新增居同业第三位、系统内第五位。全年完成国际结算23.55亿美元，同比增长18%。

主要经营举措

（一）坚持以可持续发展为主线，推进业务结构调整

一是推进业务结构向公司和个人银行业务并重转型，加快发展个人银行业务。进一步突出个人银行业务的战略地位，推动负债业务、资产业务和中间业务全面发展，加强营业网点、客户经理和电子银行三大渠道建设，交叉开展一系列淡季、旺季营销活动，个人VIP客户数较年初增长43%。扩大个人资产业务领先优势，促进贷款结构调整，个人住房贷款新增60.7亿元，余额和新增均列同业首位。加快信用卡业务发展，组建信用卡直销队伍，开展覆盖式营销，新增信用卡9.2万张。优化电子银行营销流程，实现电子银行业务突破性增长，电子银行客户数和交易量分别增长了46%和72%。在省分行当年各项业务中，个人存款占比54%，个人贷款占比21%，个人中间业务收入占比71%，个人银行业务的贡献度进一步凸显。二是推进公司客户结构向大客户、机构客户和小企业并重转型，壮大优质客户群体。按照前、后台分离的原则从公司业务部分设出集团客户部（机构业务部），在此基础上组建省分行级任务型团队，直接经营170多户重点客户。通过上下联动，进一步巩固与电信、交通等优质客户的合作关系，与四川移动通信等一批优质客户签署了战略合作协议，向具有突出区位优势的水电行业新增贷款49亿元。成为四川省武警总队唯一合作银行，实现军警板块的首次突破。全年发放“速贷通”和“成长之路”小企业贷款近2亿元。优化贷款结构，AA级以上客户贷款新增129亿元，流动资金贷款、转贴现压缩28.3亿元。国际业务保持了旺盛的增长势头，外汇企业存款继续位居同业第一，外汇贷款四行占比提高2个百分点，国际结算量增长18%。

（二）坚持以中间业务和服务质量为突破口，构筑新的竞争优势

一是将发展中间业务作为战略转型的重点，列为一把手工程，完善综合管理机制，加强统筹协调，配合出台相关政策，全力推动中间业务发展。二是抓住网点转型项目试点契机，通过应用“六西格玛”方法，试点网点的关键业绩指标大幅好转，网点转型成果得到总行领导好评。提高差别化服务水平，启动财富管理中心建设，拓展九黄机场等十余家VIP客户增值服务伙伴，将网点服务“神秘人”检查得分纳入关键业绩指标考核体系，服务质量平均得分比上年提高7.8%。加强业务创新，推行电子银行一体化签约，将电子银行签约纳入网点和客户经理业务流程，促进业务量增长。实行个贷前台分散受理、中后台集中处理新模式，推动了业务效率的提高。争取到对公产品创新试点行资格，加快了对

2006年3月3日，中国建设银行四川省分行与四川美丰化工合作签字仪式在成都市举行。

公产品的创新步伐。着力加大新产品研发和推广力度，推出个人住房合力贷款、搭桥贷款、债务承接等新产品，与电子科大、和记黄埔携手推出联名龙卡，成功办理短期融资券承销、企业年金托管、远期结售汇等新产品，有效增强了在新兴市场的竞争能力。

（三）坚持以资产质量为基础，防范和压缩不良贷款

一是进一步深化信贷管理。实行省分行对贷款项目的集中评估，引入国际先进金融机构的小企业和流动资金贷款评价办法，增强信贷人员用现代管理模型分析评价贷款的能力。逐户梳理、分类排队、一户一策，有效降低了关注类贷款比例，缓释了关注类贷款的潜在风险。二是强化资产质量激励约束。提高资产质量指标在关键业绩指标考核中的占比，将分支行的费用分配与资产质量紧密挂钩。进一步强化责任认定和追究机制，对应承担主观经营管理责任的101人进行了责任认定。

（四）推进各项改革，优化经营管理体制

一是全面完成风险管理体制改革阶段性任务。初步搭建起集中、垂直的风险管理架构，向所有市（州）分行和成都城区支行派驻风险主管，向所有直管县支行派驻风险经理。建立纵横两维风险报告线路，推行信贷业务平行作业，初步实现对对公授信业务风险过程的控制。改革和完善信贷审批机制，积极推行方案审批，认真贯彻信贷审批“三项制度”和“五项原则”，前移风险防范关口。二是稳步推进会计和营运管理体制改革。加大会计工作集中统一管理力度，组建省分行营运管理部，实现会计档案和稽核系统上线，完成前后台分离和后台集中任务。三是深化资产保全体制改革。建立专业化的个贷催收中心，通过上门催收、律师函催收等多种方式，加大不良个贷专业化、集约化经营力度，取得了较好成效。

（五）加强基础管理，提高内控水平

一是构建案件防范长效机制。进一步完善以岗位分离制、责任制和授权制为核心，横向制约与纵向控制相结合的内控机制，对规章制度进行梳理和完善，有效降低制度风险。加大对内外部审计查出问题的整改力度，举一反三，防患于未然。配合完成成都审计分部和四川省分行总审计室的整合工作。完善案件风险防范激励约束机制，建立违纪违规积分管理信息系统，加大对违纪违规行为的责任认定和处罚力度。二是加大监督检查力度。结合行内外发生的案件，坚持全面检查与专项检查相结合、内部自查与审计检查相结合、专项排查与快速检查相结合，推进案件专项治理。三是加强业务发展的支持保障。强化科技基础管理和运行维护，实现各类业务系统的安全运行，完成新系统、新产品上线任务；突出法律工作创造价值的观念，加强诉讼案件管理，推动非诉讼工作向主动型、全程型转变。

（六）推进党的建设和企业文化建设，构建和谐建设银行

一是坚持党委集体领导和个人分工负责相结合，完善党委工作规则、行政工作规则和会议制度，进一步细化党委议事规则和工作程序。加强党风党纪宣传教育，强化党风廉政建设责任制，省分行与各部门、各分支行负责人全面签订党风廉政建设责任书。制定四川省分行党委《2007—2009年党的建设工作纲要》，形成了具有指导性、方向性和可操作性的党建工作指引。二是构建和谐建设银行。健全和完善职工代表大会制度，解决一批与职工切身利益密切相关的热点问题，将符合条件的短期合同工转为中长期合同工，充分调动一线员工的积极性。完善两级职工互助基金帮扶体系，组织对特困职工的慰问送温暖活动，启动住房补贴“二次起步”，提高员工补充医疗保险的待遇标准。组织各类培训两万余人次，促进员工素质的提高。

撰稿：罗吉林
审稿：万　鸿

重庆市分行

重庆市分行行长黄叔平

业务发展概况

2006年，重庆市分行四个主要业务指标——实现经营效益、企业存款余额、贷款余额和新增、对公国际结算量均居当地同业第一；实现存款新增、个人住房贷款余额、中间业务收入、贷记卡保有规模四个突破；总行等级行考核排名中，位列第十二位，由C类行上升为B类行；获得当地主流媒体评选的首届“年度最具竞争力银行”等多个奖项。

（一）经营效益

实现考核利润14.37亿元，经济增加值5.12亿元；经济资本回报率为24.25%，同比提高5.39个百分点；成本收入比33.84%，同比下降2.59个百分点。

（二）资产业务

各项贷款余额554.88亿元，新增95.41亿元。其中：对公贷款余额426.92亿元，新增62.19亿元；个人贷款余额127.96亿元，新增33.22亿元。不良资产余额12.72亿元，比年初下降2.54亿元；不良率1.65%，下降0.67个百分点。其中：不良贷款余额10.20亿元，下降2.67亿元；不良率1.84%，下降0.96个百分点。

（三）负债业务

全口径存款时点余额758.55亿元，较年初新增118.65亿元。其中个人存款新增52.78亿元、企业存款新增55.82亿元、同业存款新增10.05亿元，存款稳定性明显提升。

（四）中间业务

中间业务收入2.19亿元，较上年增长59.59%。中间业务收入占主营业务收入比重增至7.98%，收入在四行市场占比为27.60%，比上年提升1.81个百分点。办理票据贴现78.31亿元，其中直贴48.28亿元，转贴30.03亿元；票据贴现余额21.15亿元，转贴现余额为零；累计实现贴现利息收入0.70亿元；贴现不良资产、不良率和不良损失额均为零。电子银行客户交易额1 325亿元，同比增长741亿元；新增客户29万户；交易量与柜面交易量之比为14.77%。自助设备共计510台，居当地同业第一位。信用卡直销团队正式组建并开始运行，贷记卡累计发卡突破10万张，新增发卡量5.25万张，新增量超过前三年累计总和；贷记卡实现消费交易额4.29亿元，透支额0.65亿元，均保持100%以上的增幅；新增特约商户351户，完成全年计划的117%。

（五）国际业务

国际结算量 14.87 亿美元，同比增长41%，结算量同业占比 18.20%。结汇售汇 110 784 万美元，年底外汇存款余额 11 592 万美元，新增 2 207 万美元；外汇贷款余额 7 027 万美元，减少 5 156 万美元。

主要经营举措

（一）实行业务条线管理

一是成立个人银行业务发展推进委员会，逐渐形成以个人银行业务和公司业务两条业务条线为主的专业化经营管理架构。公司条线建立从市分行领导到基层客户经理的多层次联动营销团队，大客户和集团客户营销重心上移市分行；个人银行业务条线理顺从上而下的传导机制，加快分行对营销渠道和营销队伍的指导作用，强化对客户服务质量和服务效率的监督力度；公司条线和个人银行条线建立沟通机制、营销机制，实施统一联动，发挥整体优势；梳理和调整条线专业化管理与分支行层级管理两种管理模式的边界，建立各负其责、相互配合、避免冲突、促进发展的协作关系。二是积极开展单元制试点。作为总行资产保全业务单元制改革试点行之一，市分行进一步深化不良资产直接经营机制，直接经营主城区全部、远郊行 100 万元以上对公不良贷款和全行非信贷不良资产。三是加快产品创新和流程改造。公司条线方面，参与福特公司全球银团贷款并成为在华唯一银团贷款参加行，率先在西部分行引入担保公司，推广扁平管理型小企业信贷业务经营模式和管理办法。个人银行条线方面，在当地同业率先推出最高额抵押贷款、个人高端客户授信等新产品，个人贷款中、后台业务全部在市分行个贷中心集中管理。四是实施客户结构调整。公司条线方面，重点与 70 多家优质客户合作，新增贷款重点投向 303 户优质中小企业客户。个人银行条线方面，重点抓中高端客户。

（二）改革财务资源配置方式

探索业务条线费用配置方式，继续加大部门战略性发展费用配置力度。在业务营销中，对竞拍招投标和购买制两种方式进行有益探索，激发和调动了基层和一线员工的营销积极性。重点激励短板业务发展，在费用配置上实行倾斜。主动适应和助推业务战略转型，保障营业网点装修改造的资本性支出需要，促进高端客户服务渠道建设，形成财富管理中心、理财中心、理财室、理财窗口四位一体的高端服务渠道体系，中高端客户分流清晰。基本完成全部主城区各支行办公大楼和营业厅改造，全辖按总行营业网点新视觉形象指引装修网点。强化经济资本管理的导向和约束作用，引导和支持经营部门和基层行重点发展经济资本系数相对较低的基本建设贷款和个人贷款。进一步提升经营集约度，继续实行有进有退的经营机构调整改革策略。

（三）改革风险管理体制

一是推行风险垂直管理模式和平行作业。设置两类风险管理组织机构模式，信贷业务规模相对较大的 18 个分支行设置风险主管（或派驻风险经理）和风险管理部（或风险管理岗），信贷规模小的 15 个县支行设风险管理岗。建立以纵向为主、横向为辅的风险管理报告和考核路线及相关配套制度。二是全面上移信贷审批和风险管理重心。上收低风险以外的信贷业务审批权限，成立个贷审批中心，集中审批个人贷款。CCC 级以上的公司类客户等级全部由市分行集中审批，项目评估全部由市分行评估评价中心负责。除 500 万元以下无级次变动的公司类贷款及按照矩阵分类的个人类贷款外，其余贷款风险分类全部由市分行统一认定。三

2006 年 6 月 21 日，重庆市政府举行重庆水务集团日元债务外汇调期保值三个项目协议签字仪式，中国建设银行重庆市分行获得其中两个项目的中资银行代理权。

是加强操作风险管理。继续实施核算、稽核等会计集中管理，实行柜员指纹认证、电子验印、实时监测预警系统等风险监控功能。继续开展合规守法巡回宣讲，对违规行为进行积分管理，从思想、行为、制度等各方面加强内控管理，推进以守法合规为核心的风险文化建设。

（四）整合业务营运模式

一是推进会计管理和营运管理体制改革。建立全行集中稽核工作体系和会计档案电子化管理体系，组建营运管理部，完成运行中心、核算中心、稽核中心、中心金库以及电子设备管理中心的整合，实现职责与人员的平稳移交，确保改革过程中业务不停、核算不乱、风险控制不松。二是试行集中配送改革。完成市分行中心金库、沙坪坝和杨家坪尾箱库场地扩建和布局改造，通过调整优化配送线路和配送流程，提高风险控制能力和配送效率。三是实施电子扫描业务劳务外包新模式。对凭证电子扫描补录实行劳务外包，建立管理制度框架。四是整合营运管理流程。建立营运管理各部门、各层级间的沟通协调机制，加强业务操作指导，重新梳理和整合新模式下的业务流程，严控营运风险。

（五）深化人事机构改革

一是探索多种用工方式，严控人员总量。对风险程度低、技术含量低的简单操作岗位等实行外包；鼓励驾驶、守押等岗位工作社会化，将原岗位人员调整到其他更需要、更适合的岗位；联系有关学校派遣学生来分行实习，试行在校大学生小时弹性工作制，缓解旺季营销等临时性用工需求的矛盾。二是大力调整人员结构。修订完善三定方案，在控制人员总量的前提下优化结构，努力压缩行政、后勤等岗位人员，释放出的人力资源充实业务一线、客户经理、风险经理等队伍，满足业务转型和风险、营运等管理体制改革需要。三是完善人才培训体系，推进技术职务改革。选派158名领导人员参加总分行提升性培训；选拔充实后备人才68人，选派8名市分行本部和主城区行青年业务骨干到库区行挂职锻炼；加强员工培训管理体系建设，加大全员培训力度，员工人均培训量达到4.3天。推进专业技术职务改革，出台业务柜员等级评定办法，完成对私业务一二级柜员的评定与公示制度。四是探索实施差别化的薪酬激励政策。对直销人员实行“基薪加提成”工资模式，对部分操作岗位推行按岗付薪，使薪酬水平逐渐与市场靠拢。

撰稿：沈　凌

审稿：宁新民

贵州省分行

贵州省分行行长吴民豪

业务发展概况

2006年，贵州省分行实现考核利润7.50亿元，税后净利润4.20亿元；实现经济增加值1.47亿元，经济资本回报率16.94%；实现中间业务收入1.60亿元，同比新增44.27%，四行占比为27.08%，同业占比增速第一。全口径存款余额560.83亿元，比年初新增69.14亿元，其中，一般性存款新增全省同业排名第一。各项贷款余额389.83亿元，较年初新增75.95亿元，新增全省同业排名第一。

（一）资产业务

2006年，省分行进一步加大基础设施和能源建设的金融支持力度，巩固和扩大在中长期信贷市场上的优势地位，全年固定资产投资新增70.26亿元，占新增贷款总额的110%。结构不断优化。AA 级以上客户较上年增加 12 户，新增贷款 55.42 亿元，占全行公司类新增贷款的 86.68%，贷款余额占比较上年上升 5.31 个百分点。BBB 级以下客户较上年减少 76 户，余额占比较上年减少 8.52 个百分点。水泥、铁合金、电解铝行业等产能过剩行业贷款余额较上年下降 0.76 亿元。

同时，通过高层营销和任务型团队的紧密结合，迅速提升市场竞争力。省分行与贵阳市政府签订合作协议，授信 200 亿元，支持贵阳市经济发展；与贵州高速公路开发总公司等 6 家重点企业签订战略合作协议。在机构客户方面，全年重点实施了“高校战役”、“社保战役”、“军队武警战役”，实现三甲级医院以及新闻出版、广电传媒等领域的突破。

个人住房贷款余额 63 亿元，新增 12.4 亿元，累计投放 33.3 亿元，个人住房贷款新增同业占比 50%，发放占比 55%，均为同业第一；房改资金存款市场占比 77.34%、公积金贷款新增 6.9 亿元，公积金贷款市场占比 74.85%，均为同业首位。

（二）负债业务

贵州省分行还将个人金融业务作为战略转型重点，一是通过公私联动、整体营销，代发工资量大幅提高，个人存款余额较年初上升 33.98 亿元，新增当地同业排名第一。二是加大支持力度，突出重点产品营销和重点区域奖励，针对个人富裕客户开展有针对性的营销活动。三是推进网点战略布局等措施，拟定《2006—2007 年网点布局规划》。全年完成 33 个机构的撤并工作，网点装修改造安排项目 44 个，开工率列全建设银行系统第二位。当年建设完工营业网点 27 个、个贷中心等 4 个。新增离行式自助服务区 14 个、自助设备 82 台，ATM 取现累计交易额和交易量分别比上年增长 40% 和 29%。

（三）中间业务

中间业务实现超常规发展。首先，制定《关于加快中间业务发展的指导意见》，进一步明确 2006 年中间业务发展目标；其次，在中间业务发展中，注重加强公私、上下和内外联动，加强中间业务产品营销，满足优质客户的个性化需求；再次，加强企业年金业务营销，与遵义钛厂、遵义钛业股份有限公司企业年金理事会合作，托管省内首笔企业年金业务；最后，积极营销新产品，营销贵州高速公路 72 亿日元外债调期业务，成为省内第一家办理外汇债务风险管理业务的银行。信用卡业务一是注重对政府机构、大中型优质企业等重点群体客户的联动营销，在省内首家与“211”高校贵州大学联名发行贵大龙卡。二是通过开展大型营销活动、加大商户的维护和拓展工作、改善用卡环境等一系列措施，提高信用卡账户活动率，截至 2006 年底，新增发卡 25 253 张，账户活动率为 43.7%。电子银行客户当年新增 8.76 万户，实现交易额同比增长 40.02%，交易量同比增长 70.89%。先后为中国电信集团贵州省公司构建资金控管系统，为贵州电网公司等公司制订了资金管理方案，实现财务集中管理，还为贵州大学构建了网银银企资金管理直连平台，提高了客户依存度。为茅台集团开发的 B2B、B2C 网上支付商务系统，使省分行成为全国建设银行系统 B2B、B2C 最大交易占比的分行。

（四）国际业务

在基本完成全省外汇业务网点布局工作的同时，提升对客户的营销能力和服务水平，寻找新的业务增长点，与新加坡分行配合，推介即期信用证海外代付等新产品，提高客户忠诚度。

（五）风险控制与资产质量

启动风险体制改革。一是在风险管理部成立贷前平行作业、贷后管理、个贷管理和非信贷管理科室，负责牵头全省风险管理工作，形成信用风险和操作风险集中管理的框架。在全省八个地

中国建设银行贵州省分行行长吴民豪、纪委书记董秀玲与获得 2006 年度中国银行业文明规范服务示范单位的员工代表合影。

区和贵阳城区设立风险主管，实行统一集中的管理模式，实现“风险主管—风险总监”和“风险主管—行长”双线汇报线路。二是在全省范围试行对公业务（除小企业和外汇业务）平行作业。三是加强贷后监测，做好风险提示，建立贷款质量与减值按月分析制度。四是建立了兼职风险经理双线报告制度以及兼职风险经理工作考核，加强了对基层网点各部位、各业务环节操作风险点的梳理。五是加大检查力度，完善制度建设。成立审计检查整治领导小组，并组成个人金融、住房金融和会计业务三个检查组，对外部监管部门和内部审计部门近两年检查和审计发现问题以及整改情况进行彻底整治。针对查出的问题，及时梳理操作流程，规范规章制度。同时，组织全辖金库、前台操作风险检查和全面对账工作，加强相关部位操作风险防范。

至2006年底，全行不良贷款余额12.32亿元，比年初审计后余额减少0.02亿元；不良率为3.16%，比年初审计后不良率下降了0.77个百分点。实现了不良贷款“双降”目标。

主要经营举措

（一）优先发展中心城市行战略

省分行以贵阳市为核心，带动全行业务整体发展。首先，在贵阳市实施扁平化改革，将贵阳市各行综合管理和保障服务职能集中到省分行，实现离退休、押运、稽核、现金管理、自助设备管理、风险经理团队等中、后台业务的六大集中。其次，加强网点规划和建设，增加离行式自助设备投入，当年投入网点改造资源占全省的40%以上。最后，加强对贵阳市重点优质客户的直接营销力度，有效提升贵阳市优质客户同业市场占比，贵阳市各行业务指标发展速度均快于全行平均水平。2006年，贵阳市各行全口径存款新增52.89亿元，占全辖新增的76.54%；各项贷款新增50.26亿元，占全辖新增的66.18%，存贷款新增排名当地同业第一，存贷款余额在同业排名上升到第二名；贵阳市各行实现经济增加值1.87亿元，占全省的126%。在总行中心城市行综合考核排名中的位次从年初的第五十三位上升到第三十二位。

（二）创新住房金融业务

一是创新经营机制，向各二级分行推广个贷中心标准化经营方式，建立全省支行专业化营销和个贷中心专业化经营机制，实现了内部集约化经营和从贷前到贷后的标准化操作和管理。在贵阳地区全面推行个贷业务受理“双轨制”，拓宽业务受理服务渠道。在个贷中心引入会计核算业务，实现个贷中心个人信贷业务系统远距离为支行实时记账，得到了总行的肯定。二是创新产品，率先在同业推出个人住房最高额抵押贷款、二手房公积金个人住房贷款等新产品；独家推出固定利率个人住房贷款、等额递增递减还款法等新产品；提出了“同名重按”等新的再交易贷款操作模式，其中个人住房最高额抵押贷款操作模式得到了总行的肯定并向全国推荐。三是创新服务，以省分行个贷中心为龙头，在贵阳市推出“个贷夜市”、预约服务等多项创新服务；同时，省分行个贷中心携手多家中介机构共同打造“二手房服务中心”，为客户提供“一条龙”服务，扩大了在当地住房金融市场上的市场占比。

（三）探索多种用工形式之间的联结和转换

将短期员工纳入内部级别体系，建立健全面向全行员工的流动机制和晋升机制，为不同用工形式的员工创建发展空间和通道。2006年，有3名派遣员工转为短期合同工，2名短期合同员工转为中长期劳动合同工，起到了较好的示范效应。

（四）实施任务型团队营销模式

将源自不同核算利益主体的力量在同一目标任务下集结、整合、放大，实现部门、层级、条线和区域之间的无缝链接，提高营销战略执行力。2006年，共评出8个在市场拓展、综合营销、改革创新、基础管理等方面作出积极贡献的明星团队。

（五）创新和提升电子服务系统

围绕综合信息管理平台报表系统、短信银行系统和房改系统电子渠道改造，积极进行科技创新，加大软件研发力度，逐步形成覆盖各市（州、地）、各业务品种，以及跨网点、自助终端、网上银行、手机银行、电话银行等多渠道收费平台，为中间业务收入的快速增长提供了有力支撑。同时，通过技术创新，完成了集团资金管理系统建设项目和银邮互联交易系统建设项目，填补了产品空白，增强了业务竞争力。

撰稿：罗小英　杨军华

审稿：蒋晓树

云南省分行

云南省分行行长潘念宁

业务发展概况

（一）负债业务

截至2006年底，云南省分行本外币全口径存款余额967.64亿元，比年初新增124.99亿元；一般性存款余额963.10亿元，比年初新增124.80亿元，增幅为14.9%。其中，企业存款余额545.78亿元，比年初新增57.50亿元，增幅为11.8%；储蓄存款余额417.32亿元，比年初新增67.30亿元，增幅为19.2%。

（二）资产业务

各项贷款余额643.67亿元，比年初新增96.18亿元，增幅为17.57%。其中，公司类贷款余额494.86亿元，比年初新增69.16亿元，增幅为16.25%；个人类贷款余额148.81亿元，比年初新增27.02亿元，增幅为22.19%。

（三）经营效益

全行实现考核利润13.32亿元，完成总行计划的106.56%。实现经济增加值2.95亿元，经济资本回报率17.97%，贷款收益率和贷款利息实收率分别为5.64%和98.38%。

实现中间业务净收入2.22亿元，增幅为53.1%，完成总行计划的106.8%。完成国际结算量8.12亿美元，同比增加2.65亿美元；新增信用卡发卡4.37万张，发卡总量8.93万张；电子银行业务新增客户数11.12万户，交易额1 876.5亿元。

（四）资产质量

全行五级分类不良贷款余额17.99亿元，五级分类不良贷款率2.8%，比年初下降0.05个百分点，控制在总行计划之内。

全行直接经营不良资产项目（含账务划转和联合经营）共处置完成6.66亿元，占处置不良资产总额的80.53%，实现现金本息回收4.17亿元，占现金回收总额的79.89%，改革成效逐步显现。

主要经营举措

（一）抓住重点，大力拓展公司和机构业务

省分行认真实施优质公司和机构业务并重的发展战略，抓住云南经济快速发展的历史机遇，狠抓对公业务“提质增效”和“重要资金链客户群”营销工作；强化高层营销，积极探索利益补偿机制，择优介入以水电和电网为重点的电力项目和交通、城建等地方支柱行业。积极推进社保、医院学校、军警、保险代理、金融机构“五大战役”，各地财政授权支付、建设领域农民工工资保障金等营销活动成效突出；与云南省公路开发投资有限公司、大唐国际、水电院、昆明医学院等多家客户签订了战略合作协议。

（二）强化营销，努力提高个人银行业务的竞争力和价值贡献

省分行精心组织开展“四季流转总是情”系列营销活动，重点打造“乐当家”、“龙卡欢乐购物日”等优势服务品牌，适时推出“个人通知存款一户通”、“利得盈”、龙卡联名卡、特色卡等新产品，以OCRM系统上线为契机，加大对个人富裕客户的识别和维护力度。2006年新增个人VIP账户6 586户；发行“乐当家”理财卡23 454张，其中，白金卡5 721张，金卡10 285张。

以2006年昆明房地产交易会为契机，推出“房贷十项服务措施”以及个人住房最高额抵押贷款、个人住房固定利率贷款等产品，促进个人信贷业务的稳步发展。加强全省建设银行系统个贷业务统一集中管理，在昆明地区建立个贷中心，在其他地区试点探索实施个贷业务电子化审批，对个贷业务实行分散营销、集中管理模式，对提高工作效率、加强资产质量管理起到了积极作用。

（三）加强联动，全面发展中间业务和战略性业务

按照《云南省分行中间业务推动方案》，在资源配置上，进一步提高中间业务在绩效考核指标体系中的比重，完善激励考核机制。在组织实施上，利用当年股票、基金市场异常火暴的机会，大力拓展结算、银行卡、财务顾问等重点产品和多种基金、信托产品以及方便客户的代收代付业务，努力探索资产、负债与中间业务相结合，公司类中间业务与个人类中间业务相结合的一体化、多方位综合营销格局，整体推动中间业务发展。同时，利用电子银行业务在产品创新、市场拓展、差异化服务等方面的竞争优势，努力将电子银行业务培育为新兴的价值创造渠道。注重信用卡发卡质量和效益，拓展贷记卡分销渠道。加强本外币业务的整体联动，促进外汇业务持续健康发展。

（四）强化风险管理，确保资产质量和合规意识稳步提高

组织开展信贷风险管理交叉检查、信贷审批与风险管理检查，对检查中发现的问题认真整改。建立二级分行信用风险颜色预警制度和风险预警分析通报工作制度，增强对二级分行动态监控的针对性。

强化资产保全工作，及时组织对损失类资产的核销申报，加大不良资产回收处置力度，大力配合风险管理等部门，共同做好不良资产的压缩和控制，有效增强资产保全业务对全行的价值贡献度。全年累计处置各类不良资产8.27亿元，完成年度计划的120.76%，其中，实现现金回收5.23亿元，完成年度计划的156.3%；超值现金回收1.46亿元，完成年度计划的222.7%。

认真贯彻总行《对公授信业务审批规程（试行）》等三项制度，细化量化受理审批环节，规范授信审批操作流程；加强对审批指引、审批标准及信用等级审定标准的研究工作，统一前、中、后台的风险偏好及价值取向。对审计和各项工作检查中发现的问题，在坚持实事求是的基础上，督促各行认真整改，全行合规意识进一步提高。

（五）树立价值最大化经营理念，努力提高财务效益

努力实现财务管理从核算和控制向价值管理的根本转变。继续深化以经济增加值为核心的考核机制，坚持按效益贡献和业务发展的需要配置资源。不断优化以经济资本为核心的资源配置机

2006年8月29日，中国建设银行云南省分行为云南省电子产业基地成功牵头第一笔银团贷款，签约仪式。

制，充分发挥激励约束机制的引导作用，促进各项业务结构优化和调整。坚持风险和效益平衡原则，强化经济资本预算管理。细化成本管理，逐步形成资源配置与盈利能力正相关的良性循环。加强产品定价管理。不断完善定价管理体系，规范价格管理行为。细化人民币贷款利率浮动授权范围，有效增加经营效益。

（六）稳步推进内部管理机制改革

拟订《建行云南省分行风险管理体制改革方案》，选拔配备各州（市）分行、昆明各支行的风险主管，全行风险条线人员编制298人。在基本建立垂直风险管理组织构架和运行机制的基础上，积极探索大中型公司客户信贷业务平行作业。

根据《云南省分行会计管理和业务营运体制改革方案》，在省分行成立营运管理部，负责全行营业性系统业务运行、后台业务集中处理、集中核算、集中稽核和会计档案集中管理工作。2006年完成营业网点管理职责移交、稽核系统职能移交、中心金库职能移交、前后台业务分离、对公业务整合等工作。

按照"统一归口、集中经营、分别核算、垂直管理"的原则，推进不良资产直接经营、联合经营、委托经营的复合式集中经营模式，提高对不良贷款复杂项目的运作和专业化处置能力。

（七）加强产品创新步伐，切实提升服务水平

成功牵头中国银行和招商银行对昆明光电子产业基地一期项目提供6亿元融资，成为云南省内第一笔银团贷款；以大型集团客户为切入点，积极拓展财务顾问业务；与太平洋证券签订客户交易结算资金第三方存管合作意向书，成为省内首家为法人券商提供第三方存管业务的银行；完成省医保中心"医保通"后期改造开发、"昆明市社保数据管理系统"优化及业务流程改造工作，较好地满足了市场和客户的需求。

积极配合总行各类项目推广，提高服务水平。组织实施新型WAP手机银行开通、个人网上银行升级改版、"95533"呼叫中心整合等一系列重要项目；推进"速汇通"四期优化功能，优化和改进DCC系统、个人存款、个人信贷、银行卡、网上银行业务流程等项目实施。加强网点建设，全年共完成62个网点的装修改造，新增自动取款机105台、存取款一体机61台、自助服务终端40台；对新装修网点严把VI质量关，网点形象建设取得初步成效。探索建立营业网点服务督察工作制度，积极组织战略愿景宣讲和"建行文化大家谈"系列活动，举办一线员工服务礼仪培训班，完善企业文化建设"示范点"管理，带动全行整体服务水平显著提高。

撰稿：杨　荇
审稿：麦仲山

西藏自治区分行

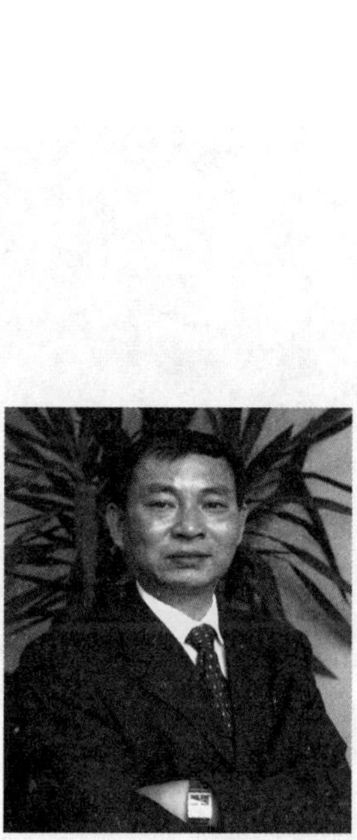

西藏自治区分行行长颜克忠

业务发展概况

2006年，西藏自治区分行年底全口径存款日均余额131.19亿元，比年初新增24.56亿元，完成总行计划的82.36%，其中一般性存款日均余额130.48亿元，比上年新增24.56亿元，完成总行计划的91.96%；企业存款日均余额106.21亿元，新增21.28亿元；储蓄存款日均余额24.27亿元，新增3.28亿元。年底各项贷款余额69.15亿元，比年初新增8.69亿元，完成总行计划的104.82%，其中，公司类贷款58.1亿元，比年初新增5.79亿元，完成总行计划的97.23%；个人类贷款11.05亿元，比年初新增

2.9亿元，完成总行计划的106.69%。按五级分类，不良贷款余额27 904万元，比年初增加153万元；不良率4.04%，比年初下降0.55个百分点，比总行计划低0.83个百分点。全行实现考核利润17 293万元，比上年增加871万元，完成总行计划的116.61%。中间业务净收入1 406.89万元，比上年新增296.8万元，完成总行计划的93.35%。

主要经营举措

（一）开展各项营销竞赛活动，推动个人银行业务快速发展

西藏自治区分行突出个人银行业务的战略地位，推动负债业务、资产业务和中间业务三大支柱全面发展，个人业务贡献度进一步提升。年初即制定全行个人存款、网上银行、电子银行、信用卡和个人信贷业务营销方案，在春节、藏历新年、情人节、“五一”、“十一”、元旦都开展营销活动。例如VIP客户新年答谢会、办理双币种信用卡奖励现金、刷卡消费打折优惠、赠送年夜饭等，同时适时推出“吉祥存单”、教育储蓄、通知存款一户通、跨一级分行通存通兑等新业务和新品种。“速汇通”实现跨行汇款。在全区同业中率先推出ATM受理外币取现业务。ATM外卡收单业务、双币种信用卡约定还款业务大集中、代收话费业务、证券业务、个人外汇业务等系统成功上线，完善了服务功能。抓住全区启动国有企业住房改革的时机，做好优质楼盘和单位集资建房个人贷款营销工作。为解决西藏干部职工购房担保难问题，选择部分优质楼盘作为建设银行按揭贷款合作项目，向西藏职工购买合作项目住房提供贷款支持。

（二）加强重点客户营销，不断提升公司业务价值造创力

西藏自治区分行采取有力措施贯彻落实国家宏观调控政策，按照有保有压的原则，积极调整贷款结构，逐户制定了信贷进退策略，取得了较好成效。充分发挥高层营销和客户经理“移动窗口”作用，继续加大对财政、发展改革委、铁路、电力、交通、电信、玉龙铜矿等优质客户的营销力度，同时由分管行长带队赴内地，对联通、国航、川航等大型跨区域客户开展营销工作，组织存款，发放大额贷款，建立了良好合作关系。在加强对重点、优质大客户营销的同时，积极培植优质中小客户群体，开办“速贷通”、“成长之路”新品种，选择符合国家产业政策、技术水平先进、具有一定规模、成长性好、管理较规范的小企业予以重点支持，使中小企业发展成为全行未来的利润增长点之一。为满足客户需求，增加业务种类，提升全分行市场竞争力，9月29日，正式开办国际业务，年底外汇企业存款991万美元，储蓄存款13万美元，结汇金额552.44万美元。

（三）以经营效益为中心，推进财务管理向价值管理转变

一是以业绩驱动为导向，优化财务资源配置，充分发挥资源配置对业务发展的激励作用。强化以经济资本为核心的风险与效益约束机制，按照总行“五个统筹、五个突出”和效益优先的资源配置原则，实行差别化的资源配置策略，提高市场反应机制和条线管理力度。继续对负债业务、电子银行、网点装修等重点业务、科技信息项目的财物资源配置进行专项安排，促进了全辖服务水平和竞争力的提高。二是完善集中采购程序，加大成本管理集约度。进一步发挥集中采购对成本的控制作用，扩大了集中采购范围，严肃了集中采购纪律，逐步提高集中采购工作对财务效益的贡献度。积极采用竞争性谈判、招标、邀标等采购策略，促使竞价比最优。全年累计采购项目97个，节约资金近300万元。三是继续完善绩效考评体系，深入推进量化考核工作，探索新的定性考核模式，建立健全长效激励约束机制。修订和完善2006年

2006年5月19日，中国建设银行西藏自治区分行与客户在拉萨市举行授信签字仪式。

绩效考核办法，对公司业务和个人类业务分开考核，完善客户经理的绩效工资考核标准，极大地调动了各方面工作的积极性和创造性，推动了业务发展。四是加大成本收入比在资源分配中的运用，促进资源配置向边际效益贡献高的产品倾斜，并努力压缩低效无效资金占用。

（四）积极推进各项改革，优化经营管理机制

一是完成风险管理体制改革阶段性工作。风险总监配备到位，新设立信贷审批部，初步搭建起集中、垂直的风险管理架构，对相关规章制度、条线、流程等机制进行完善。二是稳步推进会计和营运管理体制改革。加大会计工作集中统一管理力度，组建了区分行营运管理部，实现会计档案和稽核系统顺利上线，基本完成前、后台分离和后台集中工作任务。三是深化资产保全体制改革。完善不良资产处置模式，扩展区分行对不良资产的直接经营范围，实行大保全的管理模式，逐步将二级分行的不良资产上收到区分行集中管理，通过上门催收、律师函催收等多种方式，加大不良资产的专业化和集约化经营力度。四是深化营业机构扁平化改革。将拉萨市区9个营业网点改造升格为网点型支行，划归区分行直管，缩短管理半径，提高了支行自主管理和自我发展的积极性和创造性。五是推行后勤管理体制改革。完成公务用车制度改革，实现了节约成本和资源的有效利用。

（五）强化内控管理，构筑风险防线

西藏自治区分行加强制度建设，切实防范操作风险。进一步梳理各项规章制度，完善相关业务运行系统管理体系，提高制度的执行力，逐步完善内部控制体系，有效防范业务风险。

适度调整并上移风险分类认定审批权，制定行业、区域和产品的风险评级分析与政策指引，提升了信贷资产质量的监测水平，风险评级预警系统进一步完善。按照产业政策和信贷政策要求，强化系统管理，提高审批质量。全年受理各类对公信贷业务283笔，受理总金额96.55亿元；受理审定信用等级评定业务58笔，审定信用等级50户；受理审批个人信贷业务3 134笔，金额6.29亿元。

强化信用风险管理。从提高新增贷款质量、控制存量贷款恶化和大力压缩不良贷款三个环节入手，通过不断强化组织推进、激励奖罚、政策指引和资产保全，千方百计控制不良贷款反弹。借助法律手段有效盘活、回收和处置不良资产，成功盘活回收西藏科龙建材有限公司7 100万元不良贷款，促进了资产质量的改善。

开展专项治理“整改回头看”活动。针对审计检查中发现的问题认真整改和总结，为构筑风险防范长效机制打下了坚实的基础，真正实现了“两个规范、两个减少、两个提高、两个促进”的工作目标。深入开展商业贿赂专项治理活动。以合规性检查与指导、反洗钱、信贷经营和审批责任认定、关联交易管理为主要内容的合规管理工作扎实有效开展，对强化信贷责任认定、关联交易申报、信息披露起到了积极作用。

（六）以人为本，建立健全激励约束机制

西藏自治区分行加强领导人员和队伍建设。完成对全分行中层干部领导班子及其成员在德、能、勤、绩、廉方面的任期届满换届考察，为下一步干部调整和加强中层干部领导班子建设掌握了第一手资料，同时结合考察结果加强了后备人才储备，为后备干部的培养和使用提供了科学依据。

完善薪酬分配制度。为充分调动广大员工的积极性和创造性，在原有绩效分配的基础上，按照条线管理，建立了分级分类的薪酬分配制度，在考核办法中引入关键业绩考核指标，初步建立了按岗付薪、按绩计酬的薪酬制度，先后出台了《中后台及年薪制人员管理暂行办法》、《专业技术岗位职务管理暂行办法》、《直管支行负责人管理办法》等管理制度。不断完善员工的保障体系，执行自治区人民政府《西藏自治区完善企业职工西藏养老保险制度实施方案》新规定，在补充养老保险方面，制定了《中国建设银行西藏自治区分行企业年金实施细则》，将员工在职期间的贡献与其退休后的保障水平紧密联系起来。

重视和关心员工职业生涯发展。选派180余人次、35批次参加了各级各类的培训班，30余人赴境外参加培训，并逐步建立起了覆盖管理岗位、专业技术岗位、经办岗位等各级各类人才的培训类别。全行新聘任了13名专业技术人才，有力地加强了全分行专业技术人才队伍建设，拓宽了员工晋升空间。

撰稿：周荣富

审稿：韩文贞

陕西省分行

陕西省分行行长曾益

业务发展概况

2006年，陕西省分行实现经济增加值2.96亿元，考核利润12亿元，经济资本回报率19.63%。各项存款余额1 043亿元，新增126亿元；一般性存款余额1 031亿元，新增126.67亿元，比上年多增30.57亿元。其中，企业存款余额507.4亿元，全年新增72.82亿元，比上年多增14.25亿元；个人存款余额524亿元，全年新增53.86亿元，比上年多增16.32亿元。各项贷款余额500亿元，新增64亿元。实现中间业务收入2.51亿元，同比增加1.02亿元，中间业务净收入占主营业务净收入的9.50%，比上年提高2.21个百分点；不良贷款率4.21%，较上年下降了2.1个百分点。

（一）公司业务

累计投放贷款380亿元，各项贷款同比多增37.5亿元；贷款日均新增63亿元，与时点新增持平。新增公司类非贴现贷款68.92亿元，票据贴现量累计185亿元，贴现利息收入1.7亿元，实现贴现利息净收入5 169万元。个人类贷款时点新增14亿元，占全部贷款新增的21.93%，余额72亿元。交通、电力、军工、煤炭、教育等行业的投放占当年新投放的80%；AA级以上客户贷款余额占比较上年提高5.5个百分点。公司类正常贷款户254户，较年初新增贷款79.68亿元，其中新开拓客户80个，贷款新增54.56亿元，占正常贷款新增的70.86%。A级以上客户62户，占新增客户数的89.23%。分行机构资产业务实现翻番。累计向“211”高校、卫生、传媒等行业优质客户投放15.71亿元，全年新增10.07亿元，贷款余额达到了20.94亿元。

个人类贷款新增14亿元，居当地同业第一位，余额达到71.8亿元。推广“直客式”、最高额度抵押贷款、消费额度贷款等信贷新产品，促进了“西安富力城”、“和记黄埔”等一批优质楼盘的营销。

（二）个人银行业务

增强主动负债能力，加快个人金融业务转型步伐。一是优化存款结构，控制负债成本。1年期及以下个人存款新增53亿元，占比98%，存款付息率同比下降0.11个百分点。二是提升网点综合销售能力。累计销售基金、国债、保险、“利得盈”、信托等各类产品46亿元，直接带来收入5 354万元，初步实现了由单纯吸收存款向经营产品转化。三是充实专职个人客户经理队伍。新配置个人客户经理303人，总数达到554人，大堂经理覆盖面为74%。已建立维护关系的个人高端客户为2.5万户，较年初增加1.47万户。四是加快电子化分销渠道建设步伐。电子交易与柜面交易占比14.67%，较年初上升5.1个百分点，自助设备的交易量已相当于西安城区各网点业务量的70%。五是扩大银行卡发卡规模，改善用卡环境。全年累计新发借记卡55.7万张，贷记卡3.2万张，发展特约商户703户，新装POS机2 000台。

（三）中间业务

中间业务收入结构不断改善，实现收入2.51亿元，较上年同期增长1.02亿元，市场占比提高2.93个百分点。一是成立中间业务委员会，加强对中间业务的统筹和协调力度，明确各分支行和各经营部门的责任。二是严格收费管理。对财务顾问、担保、POS收单、网上银行、重要客户系统、代发工资等产品2005年收费减免情况进行清理，防止跑冒滴漏现象的发生。三是建立起直接兑现一线人员的激励机制，拿出专项费用对重点业务产品进行激励，调动基层员工的积极性。四是重点产品业绩突出，银行卡、结算、证券代理等7项产品占到中间业务收入的90%。推出“汇得盈”、人民币无交割远期外汇交易、船舶出口贸易业务等新型产品，财务顾问和担保类收入大幅增长，托管业务实现零的突破，代理机构客户资金结算、委托贷款、代理保险等业务发展迅猛。

（四）国际业务

国际业务着力拓展贸易融资，深度营销大型进出口项目、外商投资和境外转贷项目，推广远期结售汇、代客外债管理等金融衍生产品，有效提升外汇业务的核心竞争力。截至年底，一般性外汇存款余额为7 808万美元，同业存款余额为1 311万美元，外汇贷款余额为6 187万美元。累计办理国际结算130 143万美元，同比增加40 322万美元；累计办理结售汇90 196万美元，同比增加20 816万美元；实现外汇中间业务收入3 244.23万元，较上年同期增加1 262.24万元，增幅为64%。

（五）资产质量和风险控制

资产质量创历史最好水平，不良贷款余额、不良贷款率实现了“双降”，新发放贷款不良率控制在0.2%以内。一是落实总行风险管理体制改革方案。确立垂直化的汇报路线，明确风险主管的牵头审批责任，加强贷中环节的平行作业。二是把风险管理融入信贷流程。严格执行信贷授权和“先评级、后授信、再支用”的审批流程，积极推行牵头审批人轮流牵头审批、专职审批人定期轮岗制度，实施动态监测，及时防范了市场环境变化引发的经营风险。三是严格操作风险问责机制。把案件专项治理、商业贿赂、关联交易、反洗钱等纳入到风险防范体系中。开展合规性监督检查4次。主动配合外部审计机关和监管部门的审计检查，整改率达到98%以上。加大对法律工作的支持力度，促进业务发展依法经营、规范操作。四是加大处置不良资产。全年累计处置不良资产10亿元，现金回收5.65亿元，实现不良资产超值回收9 900万元。

主要经营举措

（一）推进业务单元制改革

全面推行保全和个贷业务条线单元制管理，提升经营层级；对票据业务和国际业务的部分产品进行单元制考核试点，效果显著，也为下一步的条线改革积累了经验。

2006年，中国建设银行陕西省分行与陕西省交通厅、陕西煤业集团、陕西有色金属控股集团签订战略合作协议。

（二）探索任务型团队建设

对校园卡、外汇业务等战略业务和重点产品推行任务型团队经营，宝鸡石油钢管厂“印度无缝钢管”项目、第四军医大学、太中银铁路等一批重大项目营销取得突破。

（三）推进后台集中管理

加快前、后台分离步伐，完成营运管理体制改革。将全省369个营业网点和机构的稽核工作集中到省分行，提高会计稽核的风险监控能力，经营资源不断向前台倾斜。

（四）科技开发取得突破

承担的国家863计划“国产LINUX系统在金融领域的重大应用示范”课题顺利通过国家科学技术部组织的总验收，取得了五项软件著作权。“密码安全服务平台”项目系统二期、DCC灾备数据恢复及柜面业务监测系统顺利上线，自行开发大堂经理管理支持系统，个人客户经理工作平台等系统成功上线运行，有效减少了营业网点工作量和工作复杂程度。

撰稿：薛峰光　王亚健

审稿：王德刚

甘肃省分行

甘肃省分行行长陈东平

业务发展概况

2006年，甘肃省分行实现拨备前考核利润46 626万元，完成总行计划的122.98%，实现考核利润37 585万元，完成总行计划的123.09%，实现经济增加值－3 662万元，完成总行计划的160.9%，经济资本回报率9.28%，净利息收益率1.98%，成本收入比56.19%。

（一）资产质量

共盘活处置各类不良贷款22.77亿元，其中现金回收10.69亿元，以物抵债0.22亿元，非重组上调6.82亿元，贷款核销4.04亿元。全行不良贷款额27.15亿元，较上年净减少14.09亿元；不良率8.71%，较上年下降5.6个百分点；逾期及非应计贷款减少13.03亿元；纯新发放不良贷款率0.04%，纯新发放贷款潜在损失率0.06%，关注类贷款占比8.53%，不良贷款预期损失新增－1.25亿元。

（二）资产负债总量

资产总量为585亿元，比上年新增79亿元，增幅为15.6%。其中，贷款日均余额305亿元，比上年新增21亿元；时点余额为295亿元，比上年新增12.7亿元，在当地四大银行新增占比指标排名中列第二；负债总量为588亿元，比上年新增80亿元，增幅为15.7%；全口径存款日均余额543亿元，比上年新增35亿元；时点余额575亿元，比上年新增80亿元，在当地四大银行新增占比指标排名中列第二；其中企业存款全年新增44.84亿元，在当地四大银行新增占比指标排名中列第一，个人存款新增再创新高，新增33.38亿元，同业存款稳中有升，全年新增1.40亿元。

（三）中间业务

实现中间业务净收入1.08亿元（总账口径），完成总行计划的113.6%，增幅达85%；其中个人中间业务实现净收入6 696万元，占全行中间业务收入的61.8%。电子银行与柜面交易量之比为7.21%，完成总行计划的120%；全年国际结算量新增14.13亿元，完成总行计划的171%。

主要经营举措

（一）推进战略性业务发展

把战略性业务作为新的业务增长点，转变业务增长方式。一方面以产品和业务营销为重点，开展了多层次、不同主题、持续性的营销活动，既有按季度组织、主题鲜明的全面业务营销活动，又有针对银行卡、重点楼盘、电话银行、银信通、基金、黄金、国债等产品开展的近20个专项营销活动，还推出了VIP客户招待会、重点楼盘营销人员联谊会、员工亲身体验、网点推介、路演宣传、上门服务等多种营销方式，引导员工转变营销观念，提高服务质量，营造出比、学、赶、帮、超的营销竞赛氛围，提高了营销活动效果。另一方面加强对员工业务培训，制定配套的营销考核办法，充分调动员工的营销积极性和主动性，推动业务取得较快发展。一是银行卡、理财产品的营销业绩良好，各项指标均超额完成总行计划，其中，个人账户销售额居建设银行系统第六位；发展AUM 20万元以上的高端客户9 436户，AUM总量41.71亿元；个人中间业务实现净收入6 696万元，占中间业务净收入的61%，绩效贡献日益突出。二是中间业务收入快速增长。实现中间业务净收入10 828万元，较上年增长4 968万元，增幅达85%，在建设银行系统排名第二。三是电子银行业务以“改善服务、扩大应用、整合渠道、创新产品、强化管理”为重点，通过定位关键指标、重点行和重点网点率先发展、开展综合服务营销等方式，推动电子银行业务规模扩大。四是国际业务步入稳定、健康的发展轨道。省分行成立了国际业务部，实行本外币一体化营销，以本币业务带动外币业务发展，以发挥重点行牵头作用带动全行业务发展，国际结算量新增14.13亿元，完成总行计划的171%。

（二）改善和提高资产质量

把压缩不良资产作为实现三年战略愿景的突破口，作为重中之重的工作来抓。一是加强不良资产回收处置业绩考核，将资产质量控制情况、压缩不良贷款成效与二级行班子成员的个人收入和调整任用直接挂钩，强化对资产质量控制和压缩不良资产工作的责任约束。二是调整不良资产经营模式，实行重大不良资产项目和兰州地区不良资产项目的集中经营，对千万元以上不良贷款项目实行省分行行领导包行挂项；各二级分行领导班子成员对辖内不良贷款项目也逐户确定盘活处置目标，制订了盘活处置方案并落实了相关责任人。三是积极清收个人类不良贷款，“假按揭”还原和处置工作取得实质性进展。通过清收、还原、现金回收、核销等多种途径，全年盘活处置个人类不良贷款2.95亿元，其中，现金回收9 508万元，核销4 705万元，盘活6 999万元。

（三）巩固和拓展优质企业和大项目

一是开展高层营销，走访大客户，深入一线抓营销。先后与酒泉钢铁公司、兰州大学等一批重点客户签订业务合作协议，发行兰大龙卡、酒钢龙卡等名校卡、名企卡，提高市场竞争能力。二是深化联动营销，组建任务型团队，建立重要客户的动态管理制度和营销信息通报制度，理顺利益机制，提高团队作战能力。三是发挥客户经理小组作用，为重点客户组织各种形式的金融服务和金融产品介绍会，通过座谈、走访等多种形式，开展对重点客户基层单位的全面渗透，建立起良好的客户关系，实现重点客户重点突破。四是抓住“十一五”规划实施第一年的机遇，做好项目储备与评估工作，年初确定90个“十一五”期间重点储备项目，作为重点攻关目标。

（四）加大调整机构人员结构力度

一是率先在建设银行系统完成了22名二级分支行风险主管的选拔聘任工作。二是推动资产保全体制改革，强化了省分行直接经营职能，逐步实现了资产保全部门从“管分行”向“管项目”的职能转变，提高不良资产专业化处置能力。三是按时保质地完成会计管理及业务营运管理体制改革。四是按照个贷业务集约化、标准化、专业化和中后台集中的要求，转变经营管理机制，于2006年3月底正式组建成立了省分行个人贷款中心，对兰州市个人贷款进行集中审批和贷后管理。五是机构人员调整稳步推进。

在控制机构人员总量的同时，注重加强结构调整。对辖属庆阳分行和长庆支行两个二级分行进行了机构合并，对254名省分行培训中心及本部后勤人员进行了分流安置，规范了后勤岗位人员管理。全行合同制员工净减员224人。

（五）强化基础管理，提升经营能力

一是将有限的财务资源优先保证业务发展需要，加大资源对战略目标实现的支持力度。资源配置从区域上加大了对中心城市行的投入力度，配置占比达37.2%。二是建立科学的绩效评价体系，推行了以经济资本预算管理为核心的综合经营计划管理模式，对二级分支行领导班子成员实行了以关键业绩指标考核为主的年薪制；加大条线考核力度，将营销费用配置到部门，并对全行重点工作如资产保全、中心城市行、重点客户营销、战略性业务发展等制定专项考核办法，配套激励费用。三是开源节流，有效控制成本。采取各种有效手段，严格控制各类经营成本，降低支出。在存款成本的控制上，坚决杜绝高息揽存和违规操作的行为；在信贷成本的控制上，切实加强贷后管理，彻底改变“重贷轻管”的现象。在本级财务管理上，制定并完善了相关管理办法，规范了对业务用车、取暖费等的管理，会议费、印刷费、房租费等支出均较往年有所下降。

（六）加大内控整治力度，提高风险控制水平

一是上收二级行存量贷款分类审批权限，使省分行分类审批权限内贷款占到全行贷款余额的90%，进一步提高了信贷资产风险分类的真实性和准确性；进一步加强授权管理，实施差别化转授权，加强对转授权及再转授权执行情况的检查监督，提高经营管理效率，强化内控管理水平。二是加强合规文化建设，严防风险案件。推行员工违规行为积分管理。实施了多层次、全方位的业务合规性检查，由行领导亲自带队，采取明查与暗查相结合的方式，对全省12个二级分支行的34个营业机构进行专项检查。加大了对内外部检查、监管和审计发现问题的整改力度。有章不循、违章操作问题明显减少。三是积极开展反腐倡廉，制定落实措施。对22个分支行领导班子和领导人员党风廉政建设责任制和反腐倡廉工作落实情况进行量化考核，考核结果纳入省分行2006年综合考评指标。对新聘任和调整的141名干部进行了任前集体廉政谈话，从组织制度上保证将党风廉政建设责任制和反腐败各项工作措施落到实处。

（七）践行“以客户为中心”理念，提高服务质量

一是改进业务流程，通过个贷中心的建立和审批模式的变革、对公对私业务网点的分离、会计稽核管理和营运管理体制改革的稳步推进，进一步提高了中、后台为前台服务的力度和效率；二是全年投入资源1 700万元，对46个网点进行了装修改造，同时加大自助设备的投入，全行增加ATM 95台、BSM 60台，在提升建设银行“蓝色银行”品牌形象的同时，进一步减轻了前台人员的工作压力，提高了服务效率；三是人力资源配置进一步向一线倾斜，重点保证了营销前台和客户经理、大堂经理的配备，促进了前台服务质量的提升。积极组织客户满意度和员工满意度的调查考核工作，全行的服务水平和社会形象得到了进一步提升，并得到了客户、监管部门及社会各界的肯定。

撰稿：张　戈

审稿：李　凡

青海省分行

青海省分行行长张柏良

业务指标完成情况

2006 年，青海省分行主要业务指标在当地同业中继续保持名列前茅。

截至 2006 年 12 月 31 日，青海省分行实现账面净利润 3.39 亿元，四大行占比 24.2%；实现经济增加值 1.09 亿元，完成总行计划的 148%；经济资本回报率为 22.28%，比总行计划提高了 5.41 个百分点；成本收入比为 45.74%，比总行计划下降了 4.7 个百分点。

实现中间业务收入 4 422 万元，同比增长 63.7%，完成总行计划的 123.42%。

本外币一般性存款余额 241.1 亿元，较年初新增 39.7 亿元，余额、新增额四大行占比分别为 36.56% 和 39.36%，其中：对公存款较年初新增 24.53 亿元，余额和新增额四大行占比分别为 41.66% 和 39.81%；个人存款较年初新增 15.21 亿元，余额和新增额四大行占比分别为 31.02% 和 38.67%。

各项贷款余额为 127.8 亿元，比年初新增 17.7 亿元，余额、新增额四大行占比分别为 30.94% 和 54.98%。五级分类口径不良贷款额为 28 808 万元，不良贷款率为 2.25%，分别比总行计划下降 3 648 万元和 0.45 个百分点。

业务发展概况

（一）公司业务

一是大力营销结算性资金存款，注重日均存款增长，企业存款持续保持高增长态势，余额及新增额均列当地四大行第一位。二是加大对重点项目和重点客户的营销力度，投放稳步增长，电力、有色金属加工及冶炼、化工等优势行业市场份额进一步提升，贷款结构优化，AA 级以上客户信贷余额占比达到 68.68%。三是狠抓项目储备工作，积极关注柴达木循环经济发展，重点营销盐湖钾肥、西部矿业等省内优势资源开发企业，签订了 140 亿元的贷款意向，为进一步扩大资产规模、增强可持续发展能力奠定了良好基础。四是加大直贴和系统外转贴现业务的营销力度，制定了《贴现业务利益分成办法》，调动了各级行营销票据业务的积极性，全年累计办理票据贴现 16.67 亿元。五是扎实开展“成长之路”和“速贷通”两个信贷品牌的营销工作，全年向中小企业发放贷款 6.5 亿元。

（二）机构业务

以“两大战役”为主线，加大市场拓展力度，代理财政、代理开发银行、代理保险和代收代付业务均实现较快增长。一是采取先开立专用账户、再渗透基本账户的分步营销策略，持续开展高层营销，军队和武警账户新增18户，存款新增3.26亿元，市场占比较年初提高了13个百分点。二是加强对财政、社保和医保客户的营销工作，取得了省国税局等20家中央预算单位中央财政授权支付业务代理权，成功营销海西州农垦系统、青海三江集团养老金和西宁市劳动局最低生活保障金代理发放业务，社保账户新增82个，新增存款3.4亿元。

（三）个金业务

进一步加大新产品推广力度，发行省内首张联名信用卡——大百龙卡，推出了银信通手机短信业务和通知存款一户通、“乐当家”理财卡、吉祥存单等新产品，开通全国范围的人民币个人存款跨一级分行通存通兑业务。同时，持续开展旺季营销活动，突出产品交叉营销，有力地推动了个人银行业务的快速发展。个人存款较年初新增15.2亿元，完成计划的152.1%，新增市场占比继续保持同业第一的位置；双币种信用卡发卡量新增4 541张，实现消费交易额3 853.41万元，分别完成计划的267%和534%；贷记卡账户活动率为61.17%，位居全国建设银行系统前列；实现借记卡消费交易额（含准贷记卡）4亿元，完成计划的281%；实现电子银行交易额3亿元，完成计划的200%；总、分行级VIP客户新增1 302户。

（四）住房金融业务

一是扎实开展营销活动，认真落实个人贷款“十项服务措施”，自营性个人住房贷款较年初新增1.7亿元，余额和累计投放额市场占比分别达36.46%和63.85%，稳居同业首位。二是进一步提高对省住房公积金管理中心和铁路、石油、电力等公积金下游单位的营销服务水平，全分行委托性存款较年初新增5.1亿元，四大行占比为68.93%，完成全年计划的1 028%；公积金贷款较年初新增2.1亿元，四大行占比为47.19%，完成全年计划的347%。

（五）国际业务

重点对全省排名前30位的外贸进出口企业开展营销，在青海铝业公司阴极碳素项目、平安高精铝业公司高精铝板带项目、西部矿业、大柴旦矿业等大项目、大客户营销上取得突破，全年实现国际结算量4亿美元，完成年度考核目标的817.7%，各项指标连续4年稳居省内同业首位。同时，积极营销境外代付业务、代客外汇资金管理、代客金融衍生工具等金融产品，为桥头铝电公司成功办理了期限6个月、金额800万美元的即期信用证项下全额保证金境外代付业务，并赢得省财政厅30亿日元再转贷业务经办权。

（六）中间业务

一是通过开展高层营销和积极投标，赢得青海省中央农村义务教育资金独家代理资格，代理财政业务取得重大突破，代理各级财政业务量稳居省内同业第一位。二是采取费用指标与营销实绩挂钩、专项奖励等办法，促进代理保险业务稳步增长。三是大力拓展代理金融机构业务，成功获得国家开发银行65亿元的贷款监管和2.59亿元的联合贷款业务。同时，积极发展证券保证金银行独立存管业务，全年新增客户1 953户。四是不断拓宽中间业务收入渠道，为黄河公司率先提供短期融资券承销方案，建立企业年金营销项目储备库，为27家企业办理网上银行业务，财务顾问业务、法人账户透支业务均实现零的突破，中间业务收入呈多元

中国建设银行青海省分行贷款支持盐湖集团生产建设，并为该集团提供了一系列金融服务。

化发展态势，增幅达64.14%，居全国建设银行系统第四位。

主要经营举措

（一）精心组织实施，各项改革深入推进

一是积极推进风险管理体制改革，研究制订了改革实施方案及平行作业细则，完成了风险主管和风险经理选派工作，保证了改革及时到位和有效运转。二是有序实施会计管理与业务营运管理体制改革，积极推进前后台分离、柜面业务流程优化等工作，初步实现了前、后台分离的目标。三是进一步推进机构扁平化管理改革，撤销了省分行本部各部门的所有内设机构，对海东分行下辖支行实行扁平化管理。四是纵深推进人力资源管理改革，通过考试、考核等程序，将39名符合条件的短期合同员工纳入内部等级体系，极大地调动了短期合同员工的工作积极性，促进了一线员工年龄结构和知识结构的优化。

（二）加强财务管理，经营效益稳步增长

一是通过经济资本、经济增加值、关键业绩指标调整、差别性资源配置等多种经济手段，加大对战略性业务的支持力度，增大收费类业务经营绩效考核权重，加强动态考核与监控，促进了经营效益的稳步提升。二是加强资金管理，提高资金营运效益，资金备付率为1.3%，在建设银行系统排名第一位，金融企业往来净收入达2.4亿元。三是强化成本控制，加大集中采购力度，扩大费用定额管理范围，对全辖网点改造工程等大宗开支和固定资产购置实行了招投标和集中采购，有效压缩不合理开支，增收节支效果明显。

（三）强化风险控制，资产质量持续向好

一是进一步规范审批操作管理，严格审查借新还旧和收回再贷条件，加强客户信用等级评定和一般额度授信工作，严格控制贷款投放总量，把握投放进度，信贷结构进一步优化。二是建立“双千万元”大客户风险预警监测和资产质量指标旬报制度，实行信贷资产质量按月分析通报和非信贷资产按季分析通报，风险监测能力进一步增强。三是积极推行大中型公司类客户授信业务平行作业，为授信业务稳健运行打下了良好基础，在总行风险管理评价中，省分行列第二十一位。四是积极推行保全业务单元制改革，加大省分行的直接经营力度，对不良贷款重点客户实行项目组负责制，通过高层谈判、担保置换、连续追讨等手段和举措，成功收回黄河公司欠息6 079万元，同仁铝业不良贷款2 260万元，全年共处置和盘活不良资产17 819万元，现金回收16 748万元。

（四）狠抓措施落实，服务质量有效提升

一是优化业务流程，调整优化了7项业务操作流程，开办了非营业日对公现金交纳业务，服务效率和服务质量进一步提高。二是强化人员培训。充分利用行内行外培训资源，加大对员工的培训力度，注重对培训效果的评估和跟踪反馈，促进培训成果转化，有效地提高了从业人员的专业技能。三是加强网点和大堂经理队伍建设，大堂经理在引导客户、咨询服务、宣传产品、化解纠纷等方面发挥了积极作用。启动了标准化网点装修改造工程，网点形象进一步改观，功能和布局更趋合理。四是加强服务检查，通过组织“神秘人”暗查和“95533”跟踪监督，有效提高了柜面服务质量和客户满意度。

（五）强化基础管理，综合保障能力明显增强

一是狠抓内外部审计、检查发现问题的追踪和整改工作，深入开展治理商业贿赂以及案件专项治理“回头看”等活动，加大积分管理和反洗钱工作力度，加强合规性监督检查，实施责任认定动态管理，合规经营管理水平不断提高。二是认真落实安全承包责任制，加强对金融诈骗、盗窃抢劫、涉枪案件和安全事故的防范及查处工作，不断加大安全设施建设，有效地防范了案件和事故的发生，实现了全年零案件的目标。三是不断深化和完善会计主管委派制，省分行会计主管委派率达到100%。加强会计制度建设，加大会计检查与责任追究力度，组织开展了“防范案件风险，确保资金安全”等专项检查，有效减少了有章不循和违章操作现象的发生。四是加强信息技术的推广与应用，先后完成了对公信贷流程管理系统、短信平台等20多个项目的推广上线工作，科技支撑能力不断增强。

2006年青海省分行被评选为“青海省第五届优秀企业”和“2006年青海企业50强”，省分行营业部被中国银行业协会授予“文明规范服务示范单位”荣誉称号。

撰稿：王小娟

审稿：郭继庄

宁夏回族自治区分行

宁夏回族自治区分行行长李秀昆

业务发展概况

2006 年，宁夏回族自治区分行完成总行下达的 18 个关键业绩指标，完成率均超过 100%，其中，不良资产超值现金回收完成计划的 369.65%，实现了历史性突破，不良资产现金回收贡献度完成计划的 277.46%，重新发放贷款不良率完成计划的 200%，电子银行客户交易额完成计划的 247.56%。

（一）经营效益

经营总收入 15.5 亿元，同比增加 3.95 亿元；经营总支出 11.85 亿元，同比增加 3.16 亿元；实现账面利润 3.66 亿元，同业占比 47.3%，在四大国有商业银行排名第一。实现经济增加值 9 897 万元，完成总行计划的 216.04%；实现利润 3.9421 万元，完成总行计划的 134.61%。

（二）负债业务

全口径存款余额达 223.36 亿元。其中，企业存款余额 126.11 亿元，较年初时点新增 21.65 亿元，分别完成总、分行计划的 167.66% 和 147.57%，其中公司存款一次性吸收 51 亿元，创区分行有史以来吸收单笔存款之最；个人存款 87.91 亿元，比年初时点新增 13.46 亿元，创历史最好水平，完成计划的 122.38%，余额和新增额均首次跃居当地四大国有商业银行之首，成为建设银行系统全国 38 家一级分行中率先实现这一目标的分行之一；同业存款余额 8.47 亿元，比年初时点新增 6.05 亿元。

（三）资产业务

各项贷款余额达 162.87 亿元，新增 27.35 亿元。其中，公司类贷款余额 148.2 亿元，较年初新增 25.17 亿元，增幅为 20.46%，完成总行计划的 99.88%。个人类贷款余额 14.67 亿元，新增贷款 2.18 亿元，同业余额占比 20.65%、同业新增占比 24.76%。各项余额与新增额在同业占比均位居第一。

（四）中间业务

实现收费类收入 4 814 万元，比上年增长近 55%，分别完成总、分行计划的 117.19% 和 107.08%，占主营业务净收入的 5.83%。

（五）资产质量

五级分类不良贷款额 43 883 万元，不良率 2.69%，控制在总行计划之内。其中，个人类不良贷款余额5 115 万元，不良贷款率 3.49%，扣除“假个贷”因素调入不良贷款2 989 万元，比年初下降445万元，不良率1.45%，比年初下降0.61个百分点。

主要经营举措

（一）发展战略性业务，提升价值创造力

主要采取资产负债业务与中间业务相结合、公司业务与个人业务相结合、本币业务与外币业务相结合、品牌营销与产品组合营销相结合的方式，公司上下整体联动，优化结构，开拓市场。一是加强与发展改革委、经贸委等对口管理部门的联系与沟通，先后成立了46个营销团队，实行营销责任制，使重点优质客户和重点项目的营销取得重大突破。先后与国家开发银行宁夏分行、宁夏农村信用社、银川市商业银行签署战略合作协议；与神华宁煤集团协议贷款400亿元，创宁夏迄今为止一次性获得承诺数额最大的银行贷款记录；跟踪营销太中银铁路取得阶段性成果，为全行资产业务的跨越式发展奠定了坚实的基础。二是推行主动负债管理，大力吸收低成本资金，促进存款工作健康发展。三是细分市场和客户，成功营销了一批机构客户。四是更新工程造价咨询软件系统，发展审价咨询业务和财务顾问业务。五是建设龙卡特惠商户网络，重点发展经营效益好、回扣率高的商户，扩大收单业务范围。六是加强渠道建设，协助总行整合"95533"，升级网上银行系统，加大自助设备投入，缓解柜面压力，提高自助设备的替代率。2006年，区分行荣获当年自治区"支持地方经济建设突出贡献奖"。

（二）推进产品创新，打造服务品牌

打造"时时讲服务，人人为客户"的"十字服务品牌"，服务创新内涵得以延伸。在《商品与质量》杂志市场调查光荣榜上，区分行高居"宁夏老百姓最喜爱的服务品牌"当地同业第一；西夏支行大堂经理闫琴的"三员工作法"、东城燕鸽湖支行行长武岱辉的"九心工作法"得到客户和员工的普遍赞誉。

（三）适应股改后新形势，深化内部体制改革

一是决定把零售业务作为事业部改革的突破口，以个人银行业务为试点，撤销原银川地区的三个直管行和区分行营业部，于2006年9月22日挂牌成立区分行个人银行事业部，直接管理网点。按流程银行核心内容的要求，事业部改变了以往的部门设置方式，采用"六西格玛"质量效率管理理论和方法设置直接或间接为客户服务的综合管理、市场营销、网点管理、产品管理、个贷中心五大板块，以此为平台把过去很多部门的功能聚合起来，突破了过去部门之间和各直管行之间条块分割的局面，形成客户管理和产品研发、营销、推广的一体化综合管理机构。同时，按照经营中心上移、管理职责下沉的原则，对内部业务流程进行梳理、优化与再造，促进网点从交易核算型向服务营销型转变。通过改革，初步实现了个人银行业务流程的优化和再造，并为公司事业部及流程银行的推进作出了有益的探索。二是构筑全方位的风险防控体系，设立相对独立的风险管理组织架构，采取风险经理与客户经理共同完成授信方案设计的办法，真正实现风险关口前移；建立风险总监和风险主管相对独立的办公会议制度，实施风险条线双线报告；重点突破大中型公司类客户的授信业务平行作业试点和全面推广。三是顺利推进会计和营运管理体制改革，做到业务不停、核算不乱、风险防范不松；设立营运管理部门，下设稽核中心，将所辖93个会计核算机构全部纳入稽核系统集中稽核。四是稳步推进资产保全单元制改革，将全部公司类不良贷款及银川地区个人类不良贷款项目的经营权及决策权从直管行上移到区分行资产保全部。五是加快科技创新，成功完成了总行重

中国建设银行宁夏回族自治区分行行长李秀昆在网点检查。

点推广项目19个，自行开发服务本地客户和市场项目15个，区分行信息技术管理部获自治区“五一劳动奖状获得班组”奖，其“E－BILL电子对账系统”获自治区“创双优”成果奖。六是进一步优化网点布局，装修改造个贷中心及发展潜力较大的营业网点13个，撤并低效网点4个。

（四）实施成本战略，提高核心竞争力

转变经营理念，强化经济资本和经济增加值两个核心机制，将个别指标细化到网点，提高综合经营计划的科学性和可操作性，充分发挥两个核心机制的激励约束作用。借鉴“平衡积分卡”的管理思想，将资源向战略性业务和产品、生产性基础设施建设、营销渠道建设、信息技术开发、中心城市行发展等方面倾斜。较平稳地完成了区分行机关的公务用车改革，平衡了车辆不足和使用费用过高的矛盾。扩大了集中采购范围，保证有限资源的合理利用。根据“既体现全行宏观层面管理要求，又反映分行微观层面营销策略”的要求，确定贷款定价管理的参数等，提高产品定价能力，进而提高客户的实际贡献度。

（五）强化授信业务审批，清收处置不良资产

全面贯彻落实“对公授信业务审批三项制度”，紧紧围绕无条件审批要求，从受理材料要求、合规性审查内容、审批流程等方面进行了大幅调整。全年共受理1 044个贷款项目，总金额270.3亿元，审议通过221.4亿元，较上年增加101.4亿元，续议项目金额17.7亿元，项目否决率为6.08%。同时，从年初开始，对500万元以上贷款客户建立监测和分析报告制度，实施垂直管理、直接经营。全年共清理“假个贷”136笔，共计3 026万元，回收毕马威会计师事务所审计偏离不良贷款92笔，共计454万元，回收贷款本息3 054万元，清理内部职工拖欠贷款2 954万元。

（六）强化内部控制，开展案件防查、反洗钱及商业贿赂治理活动

成立治理商业贿赂专项工作领导小组，制订下发了实施方案，对2004年以来再授权（授信）管理等11项重点部位、重点环节的不正当交易行为及账外资产清理开展自查自纠。明确反洗钱领导小组成员部门职责，建立信息员制度，改进相关数据报送工作，全年上报可疑交易10 751万元。实行防范案件领导责任制，开展“防范案件风险、确保资金安全”活动，组织员工进行行为排查，积极推行违规行为积分管理，连续27个月没有发生案件和重大责任事故。

撰稿：杨继红
审稿：李秀昆

新疆维吾尔自治区分行

新疆维吾尔自治区分行行长吴建中

业务发展概况

2006年，新疆维吾尔自治区分行全年实现考核利润10.3亿元，完成总行计划的225.96%，同比增长33.9%；实现经济增加值3.51亿元，完成总行计划的967.13%，同比增长145.51%；实现账面利润9.36亿元，占当地同业全部利润总额的114.43%，排名第一；净利息收益率、经济资本回报率和成本收入比分别为2.44%、19.99%和49.58%，分别完成总行计划的101.81%、122.76%和107.45%。

新疆区分行全口径存款当年新增89.62亿元，完成总行计划的167.79%，余额在当地同业排名第二，占比为22.67%；全口径存款新增额在当地同业排名由2005年的第四位上升至第二位，占比为23.01%。人均存款1 302万元，同比增加164万元；点均存款3.33亿元，同比增加5 200万元。贷款余额新增21.12亿元，在当地同业排名第一，占比为24.91%。

新疆区分行全年处置各类不良资产22.35亿元，完成总行计划的180.22%；不良资产余额29.9亿元，当年下降10.07亿元；不良资产率4.41%，下降1.98个百分点。不良贷款余额21.49亿元，当年下降5.07亿元；不良贷款率6.57%，下降2.11个百分点；不良贷款率较当地同业平均水平17.47%低10.9个百分点，在当地同业排名第二。信贷类风险拨备覆盖率为87%，达到了银监局的监管要求。

新疆区分行实现银行卡业务收入5 937.51万元，新增发卡40.76万张；代销基金16.7亿元，实现基金业务收入2 087.57万元，较上年增长14倍；电子账单客户达61.36万户，当年新增32.97万户；实现中间业务收入685.46万元，同比多增335.5万元，在全国建设银行系统排第三位；全年新增电子银行客户数9.38万户，交易额2 052.08亿元，分别完成总行计划的117.25%和315.70%；电子银行与柜面交易量之比为12.96%，高出总行计划1.46个百分点。

（一）公司业务

实现拨备前利润7.19亿元，占全分行的84.67%。新增企业存款59.07亿元，余额达到349.09亿元，在同业占比排名中，余额占比排名第二，新增额占比排名第一。公司类贷款余额当年新增22.59亿元，新增市场占比达到124%。当年新发放公司类贷款77.96亿元，新发放贷款不良率为0.1%，控制在总行计划之内。公司客户全年实现收费类净收入8 341.83万元，完成年计划的124.41%；AA级以上客户信贷余额占比为60.73%，比年初提高18.33个百分点。

（二）个人金融业务

本外币个人存款余额299.31亿元，较年初新增28.65亿元，余额占比在当地商业银行中排名第三，新增额占比排第二。个人金融实现净收入9 886.31万元，在当地商业银行中排名第二。实现电子账单业务收入645.89万元，在新疆同业市场名列前茅，在建设银行系统全国38个一级分行中排名第二。借记卡发行总量432.33万张，比年初新增38.67万张。发行理财卡7 370张。储蓄卡购物消费额在区内商业银行中排名第二。实现储蓄卡业务收入4 738.14万元，占个人中间业务收入的42.45%，成为对个人中间业务收入贡献最大的产品，在区内商业银行中排名第二。当年累计投放个贷10.8亿元，累计回收12.24亿元，余额41.9亿元。委托性住房存款余额82.15亿元，比年初增加18.8亿元，其中，住房公积金存款余额为69.93亿元，比年初新增19.2亿元。住房公积金贷款余额21.76亿元，比年初增加5.3万元，全年累计发放公积金个人住房贷款10.4亿元。

（三）中间业务

全分行实现中间业务收入28 494.39万元，同业市场占比排名第一。其中，收费类净收入突破2亿元，达到2.15亿元，完成总行计划的118.21%，同业市场占比24.35%，排名第二，同比提高2.62个百分点。收费类净收入在主营业务净收入中的占比达11.21%，同比提高1.20个百分点，人均收费类净收入44 692元，网均收费类净收入102万元。

2006年11月8日，建设银行新疆维吾尔自治区分行行长吴建中为“乌铁龙卡”揭牌。

（四）国际业务

外汇业务对全分行效益的贡献度进一步提高。其中实现中间业务收入 3 469 万元，占全分行中间业务净收入的 17.3%，占对公中间业务净收入的 41.6%。国际结算累计完成 93 037 万美元，增幅为 38%；结售汇累计完成 15.74 亿美元，增幅为 28%，其中现钞结汇 8 亿美元；全分行结售汇在同业中占比为 16.32%，较 2005 年提高了 3.8 个百分点，与当地中国银行及工商银行的差距逐步缩小，同业排名第三。

（五）合规经营和风险控制

新发放贷款质量的两项指标均控制在总行核定的范围内，其中纯新发放贷款不良率为 0.10%，纯新发放贷款潜在损失率为 0.08%；关注类贷款占比为 17.15%，比年初下降 7.68 个百分点，比总行核定计划 26.07% 低 8.92 个百分点。合规经营和内控内管能力不断提高，全年未发生案件。

风险管理体制改革和会计管理改革稳步推进，并在全国建设银行率先实现信息技术工作垂直化管理；产品和创新取得新进展，“向党工作站”品牌得以丰富发展，提升了服务的文化品质和全分行核心竞争力及其市场拓展能力。

主要经营举措

（一）以战略愿景为目标，以科学发展观为指导，推动全分行各项工作健康有序发展

2006 年，新疆区分行确定“在新疆银行业内，盈利能力最强，资产质量最好，竞争能力领先，服务最佳，乌鲁木齐地区市场占比第一”的战略愿景，并总结历年经验教训，缜密研究分析，提出“用心服务客户，规范信贷经营，平衡风险收益，保持竞争优势，实现价值最大”的信贷理念。对各二级分行区域发展定位进行修订完善，促使全分行上下明确发展目标与定位，稳健有序地推进各项业务发展。通过实践，客观实际的战略愿景和与之协调的经营理念对全分行各级机构和经营管理人员产生了积极影响，并对各项业务的持续协调发展产生了推动作用。干部员工队伍日趋成熟，市场驾驭能力逐步提升，较好地把握了质量、速度、规模、效益之间的关系，确立了有别于其他商业银行的价值观和风险偏好，并正确处理了眼前利益与长远利益、局部利益与全局利益的关系，确保了全分行的经营决策和管理制度发挥作用、产生效果。

（二）坚持质量为先，把握机遇，择时而动，稳步扩大市场份额和经营成果

新疆区分行采取两条路走的方式，一是保证新发放贷款的质量，二是对存量贷款要加强贷后管理，力争各种形态的贷款上迁，同时继续下大力气盘活化解不良贷款。2006 年，对于新发放贷款，信贷经营部门严格执行核准制，认真开展调查，把好第一道准入关；审批部门严格执行信贷授权要求，坚持投向控制和制度控制，切实把好贷中环节；风险部门利用风险预警系统坚持实时风险监测，把好风险的识别和控制关；信贷经营的全过程风险管理有效地提高了全分行经营风险的能力。同时，抓住市场机遇，积极开展营销，实现了信贷业务的高质量发展。对于存量贷款，通过结构调整和加强贷后管理，关注类贷款占比大幅降低，资产质量不断提升；逾期与非应计贷款清收盘活进展明显，全分行不良贷款稳步下降，啤酒花不良贷款已全部处置完毕，德隆系不良贷款通过清收、转化和重组等多种方式，风险得以控制和大幅下降，全分行“双降”工作取得成效，资产质量持续向好。

（三）统一思想，明确目标，坚持战略转型不动摇

新疆区分行在激烈的竞争中，精心塑造自身的比较优势和经营优势，全力构筑创新的、可持续的竞争优势。以资源配置为导向，建立合理有效的激励约束机制，加大产品营销与人才储备，全力推进战略转型。一是加强高层营销和联动营销，加大信贷结构调整力度；二是稳步发展存款业务，进一步提高集约化水平；三是进一步转变观念，提高资源倾斜力度，积极支持中间业务、国际业务、银行卡业务、电子银行业务等战略性业务发展。

（四）正确认识和把握管理与发展的关系，牢固树立“两个决不牺牲”意识，推动全分行合规管理、稳健发展

为确保全分行合规经营、稳健发展，区分行针对审计暴露出的许多操作性风险和问题，加大检查与整改力度，采取教育与处罚相结合的措施，让违规的成本大于违规的收益，让违规者得不到好处，促进干部职工进一步端正业务指导思想，严格按规章制度操作。

（五）各级机构和各业务条线围绕区分行总体部署，精心组织，周密安排，执行到位

区分行一直在通过考核、激励、资源配置等政策导向引导全分行对各项重大决策的执行力，也在追求银行价值最大化的过程中努力实现员工价值的最大化，从而提升全分行的凝聚力、向心力和战斗力。在此过程中，在全分行上下初步形成了科学决策、执行到位、追求价值的工作作风，在同业中形成了强势的核心竞争力。

撰稿：孔建新
审稿：张春生

哈尔滨培训中心

哈尔滨培训中心主任吕春光

2006 年，哈尔滨培训中心累计办班 139 个，培训 9 620 人次，完成培训工作量 110 371.5 人天，较 2005 年增长了 50.2%，较总行 8 万人天计划增长了 38%。

开拓培训市场，培训量实现了历史性的新突破

为充分发挥培训中心在全行培训工作中的有效作用，培训中心有效发掘培训资源，广开培训渠道，健全培训中心与党校分校的联动机制，超额完成了全年培训工作任务。

在总行培训计划缩减和在全行培训市场份额小的压力下，培训中心从三个方面抓好培训项目的推广和落实：一是主动工作，利用办班、走访调研等多种形式，加强与总行各部门的联系和沟通，促进总行培训项目的落实。全年共完成总行培训项目 63 个班，培训 4 807 人次，培训工作量 67 730 人天。其中，完成总行计划外培训项目 21 个班，实现工作量13 597人天，占总行全部工作量的 20%。二是在认真做好总行项目的基础上，切实加强针对各级分行的营销推广工作。从年初开始，培训中心就派出专人深入东北、华北、西北、华南等 16 个分行特别是培训需求大行，认真做好培训联系推广工作，并加大培训宣传力度，提升培训中心的影响力和知名度，吸引很多分行主动联系培训中心，开展培训合作。为浙江、辽宁、河北等 27 个分行承办了个人客户经理能力提升培训、大堂经理培训等 54 个培训班，培训 2 958 人次，培训工作量 32 699 人天。三是在大力拓展培训市场的基础上，针对有关分行业务繁忙、员工无法离岗培训的实际，充分利用培训资源，深入各分行上门开展培训，全年为辽宁、新疆、河南等 14 个分行组织举办了 22 个培训班，培训 1 855 人次，培训工作量 9 942.5 人天。

不断推进培训核心能力建设，培训质量得到提高

首先，把不断提高培训师的综合素质和业务能力作为培训核心能力建设和有效开展培训工作的重点，切实加强培训师队伍建设。一是通过为培训师发展搭建平台，完善培训师A、B角机制和招录4名新员工等方式，加强培训师队伍的梯队建设；二是强化培训师业务实践环节，在黑龙江省分行建立了3个实习基地，全年共组织31人次到总行和13个分行进行了业务调研和实习；三是加大培训力度，除自行组织业务培训外，选派了18人次参加总行及社会组织的各类境内外培训班，加强了培训师对金融理论和实际业务的学习和研究；四是在政策和资源配置上继续向培训教学倾斜，为培训师创造了良好的工作环境。这些措施不仅进一步改进和优化了培训师队伍结构，而且调动了广大培训师的积极性和主动性，促进了培训师队伍整体业务水平和培训能力的提高，对培训中心核心能力建设起到了关键作用。

其次，紧密围绕全行业务发展需求，不断开发整合培训项目和课程。2006年是近年来培训项目开发最多的一年，共开发整合员工职业生涯规划项目、二级行行级管理人员项目、大堂经理项目等9个项目。为提高项目和课程开发质量，一是多次组织专人到各分行加强培训需求调研，以突出培训项目和课程的针对性和实效性；二是在职业生涯规划项目和二级行行级管理人员项目中，成功运用了BEI访谈技术等专业项目开发技术；三是围绕培训需求，加强项目二次开发力度，对公司客户经理等培训项目重新开发新课程，比较好地满足了培训需求；四是进一步推进课程标准化建设和精品课程建设，不断增加案例教学内容比例，收到了较好的效果；五是结合培训课程，完成制作了169个课件，并开展2次远程培训，实现了培训中心远程培训的突破。

最后，改进和完善了教学评价与改进机制，有效促进了培训教学质量的提高。全年共对16个培训项目和82个培训班进行了项目评估和教学效果评估，均得到了学员和培训主办单位的认可。同时，还通过召开学员座谈会、组织教学公开课、举行教学质量研讨会等形式，有力地促进了培训教学质量的提高。科研工作也取得了一定进展，培训中心在中国投资学会和总行研究部立项的9个科研课题均获得验收通过，其中，荣获中国投资学会三等奖1项，研究部三等奖2项、优胜奖2项。

哈尔滨培训中心始终坚持“以学员为中心”培训理念，为全行员工培训事业提供支持保障。2006年共为总行各业务部门承办了63期培训班，为分行承办了76期培训班，累计培训学员9 620人次。

继续完善规章制度，细化工作流程，基础管理工作得到夯实

尝试借鉴“六西格玛”管理方法，修订和制定培训中心层面规章制度85项，部门层面的流程、规程和办法272项。在完善、修订制度和流程过程中，注重工作环节的衔接和部门之间的协调配合，并建立了部门检查规章制度落实办法，使各项规章制度更具有针对性和操作性，初步形成了较为规范的制度体系。不断完善行为违规积分管理制度，加强对各项制度执行的检查和落实，严肃员工劳动纪律，完善财务和部门预算管理，抓好各项工作的检查和落实等，加强管理工作，提高工作质量和效率。

深化薪酬分配制度改革，初步实现了激励有力、约束有效的激励约束机制

探索以业绩为导向、以贡献度和价值创造力为主要指标、具有培训中心特色的薪酬分配制度改革。一是在总结绩效考核经验的基础上，把单纯对员工的考核扩展到对部门的考核，对各部门确定不同的绩效系数，打破过去各部门之间绩效工资平均分配的局面；二是对部门内部实行岗位差异，逐步实现各岗位的责、权、利相对称；三是加强对各部门计划指标的管理，并对培训管理部、后勤服务中心和党校办公室三个部门下达具体考核指标，将年度考核结果与绩效工资分配直接挂钩，促进了各项工作的落实；四是完善了培训师授课酬金、项目研发及教材编写补贴办法，各项薪酬支出与培训工作量相适应。员工薪酬分配结构得到调整和优化，形成了激励约束机制，促进了绩效进步。

切实加强党建和企业文化建设，工作风气有了较大改观

加强“四好”领导班子建设、思想建设、作风建设和能力建设。同时，开展“创先争优”活动，组织中心组和广大党员学习政治理论，围绕培训核心能力建设做好组织发展工作，切实加强基层组织建设，有效调动党组织和广大党员的积极性和创造性，有力地促进了培训工作的积极开展。

注重企业文化建设和员工队伍建设，关心离退休员工生活。推进“以学员为中心”的服务文化建设，不断规范服务标准、加强服务创新、增强服务技能，特别是结合“从树立问题意识入手，查找服务差距”活动，发现并解决许多服务工作中的不足和问题，建立和完善服务文化建设的长效机制，整体服务质量得到提高。通过有效发挥职工代表大会在民主管理和民主监督中的作用、实行员工互助基金、开展丰富多彩的文体活动，树立榜样、褒扬先进，极大地激发了员工的积极性和创造性，广大员工的大局意识和团结协作精神得到增强，培训中心的整体工作作风和工作风气大为好转。

撰稿：贺　林

审稿：张学智

常州培训中心

常州培训中心主任江炳钰

作为行属专业化培训机构，常州培训中心不断引进现代培训理念，积极开拓市场，强化培训管理。

2006年，全年共举办各类培训班126期，其中总行培训班65期，分行培训班55期，党校培训班6期。总行培训班中，管理类15期，业务类50期；分行培训班中，18个一级分行举办45期，12个二级分行举办10期。在满足总行培训班需求的前提下，培训中心充分利用各项资源，积极向分行推介各类培训项目和培训课程，科学、合理地安排各类培训班，全年培训总量达到109 071人天，比2005年增长20.2%。

紧紧围绕全行业务需求，不断深化培训项目，研发成果丰硕

1. 二级分行行级领导人员履岗能力培训项目已经运行多年，年初按照总行人力资源部的要求，培训中心专门成立项目组进行训后评估和培训需求再调查，形成25万字的调研报告，根据能力模型重新设计课程体系，开发完成10门新课程。

2. 为满足近年公司业务发展变化快的特点，提高行内公司业务客户经理培训的针对性和科学性，培训中心正式启动公司客户经理培训项目的后评估和培训需求再调研工作，找寻新的培训需求点，进行需求分析，构建新的公司业务客户经理培训体系。

3. 个人客户经理培训项目除了对原有课程不断进行维护之外，还启动了子项目“个人理财模拟培训课程”的开发。

4. 大堂经理培训项目于2006年初完成开发，该项目采用丰富多样的培训方式，课程形式新颖，内容丰富实用，2006年4月投入实施后获得了较高的学员满意度。

5. 通过与各分行沟通交流，培训中心启动财务经理与会计主管培训项目研发，开发实施《新会计准则对金融企业的影响》、《新会计准则研究》、《金融工具会计》和《会计风险防范与化解》4门新课程，并且针对分行的不同需求，实施了个性化与差别化培训。

进一步明确发展目标，创建运作新模式，远程培训实现新突破

1. 顺利完成公司客户经理远程培训项目的开发，并在山东省分行、湖南省分行和河南省洛阳市分行开班，培训人数分别为300 人、100 人和 190 人，项目运作情况良好，取得了一定的效果。

2. 按照现代远程培训理念开发的公司业务客户经理现场与远程培训综合项目，就是将远程与现场培训模式相结合、全面提升培训成效的一项新探索，该项目在丰富培训模式方面实现了全新突破，有效提高了培训的灵活性和适应性。

3. 根据全行一线员工面广量大、点多线长、难以开展现场集中培训的特点，启动开发了柜面业务仿真模拟系统（DCCTS)，已完成银行卡、储蓄类前台仿真程序65 个，完成活期储蓄开户等10 个业务仿真流程的设计。

4. 制作业务培训类课件 71 个，定制外部资源类课件 136 个，完成总行下达的在线课件达到1 000 个的目标。同时，根据总行人力资源部的要求，完成“个人学习网”在线课件的分析、分类、梳理和改版工作。

严格管理，积极探索教学新思路，党校办学取得丰硕成果

1. 聘请有关专家来校面授，其中第十三期班是建设银行党校常州分校自开办以来学员接受面授教学最多的一期，前后组织了三次面授。专家讲授的金融特色课程资料翔实、内容丰富，受到了学员的广泛好评。

积极探索研究式学习的新路子，使国家机关分校关于开展研究式学习的教学要求得到成功实施。一是组成研究式学习课题小组，采用问卷调查、网络调查等方式收集资料，并组织有关人员前往安徽、浙江、江苏等省分行调研，分别完成《统筹安排合理分配　促进我行和谐发展》和《论新形势下思想政治工作与和谐建行建设》两个课题。二是成立两个案例课题小组，收集分析整理了一批对于教学与业务工作都具有较高实用价值的来自于建设银行一线的典型案例。

2006 年4 月18 日，常州培训中心的学员进行模拟银行演练。

2. 培训中心举办了四期青年管理人员培训班。根据2005 年两期班学员的意见反馈，对课程设置、教学计划和教学内容作了适当调整，使之更科学合理、更具针对性。致力于切实将这一培训项目做成精品，创出常州培训中心的培训品牌。

精心组织保质保量，高标准严要求做好考务工作

2006 年常州培训中心高效、优质地为全行客户提供各类考务服务。一是顺利完成全行岗位培训考试考务工作，共组织119 046 人次报名参加考试，精心组织命题组卷、试卷校对、阅卷评分等每一个环节，保证了考试的圆满成功。二是协助有关分行做好专业技术岗位职务竞聘考试和其他各类考试的规划、方案、管理办法的落实等工作。全年累计出卷138 套笔试试题及 111 道演讲答辩题。三是进一步完善题库建设，在总行人力资源部的牵头下，专业技术岗位职务考试综合考试题库完成财务师系列，专业答辩题库完成财务师、信息技术工程师 2 个系列，另外还组织

完成了岗位培训考试5个科目题库的建设工作。

素质测评工作取得很大进展，全年共完成342人次青年管理人员素质测评工作。同时还积极推广分行大学生招聘素质测评和处级干部任免测评，取得了一定效果。为提高人才测评的科学性、准确性和测评工作的效率，开始研发涵盖人员招聘选拔、人员岗位安置、员工素质模型的设计、职业指导和职业生涯规划等七大功能的人才测评系统，为人才测评工作的推广应用提供了强有力的技术支撑。

追求精细化标准，培训管理规范高效

在认真总结2005年在部分培训班中推行ISO10015标准的经验的基础上，常州培训中心进一步规范培训工作，针对培训方案制订、训前准备、培训实施到培训评估等各个环节都专门制定了一系列的管理制度，并针对总行管理班、各分行自办班、总行短班等不同类型的培训班分别采取不同的反馈形式，体现差别化管理，力争使培训更加专业化、规范化和精细化。培训中心在一年的培训实践中，严格按照贯标流程进行操作，基本建立起符合国际培训质量管理标准的管理体系。各项培训任务获得了显著的成效，办班单位对培训中心的工作给予了较高评价，进一步提升了常州培训中心的知名度和影响力。

开拓思路积极探索，完善项目开发模式

一是积极开展调研活动，全年共完成各类调研165人天，形成项目报告、项目纪要、项目教材等文档50余万字，为项目研发的成功推进提供了大量翔实宝贵的第一手资料。二是积极探索新的项目开发模式，在开发方式上推行项目经理制，从过去的以课程为主的个体开发逐步转向以项目为主的团队开发，建立矩阵式的项目开发、运作和管理模式，充分调动了员工工作的积极性。培训中心自行开发的模拟银行项目（EBC）正是这一举措的良好例证，该项目2006年正式投入培训使用后，取得了极大的成功，受到了总、分行的一致好评，获得了金融教育发展基金会颁发的“2006年金融教育优秀科研成果优秀奖”。三是加大与总行部门联合开发培训项目的力度，参与了风险管理部、信贷审批部、住房金融与个人信贷部组织的培训项目开发工作，确保培训中心培训项目和培训师更加贴近建设银行最新业务，有效地完善了培训项目体系。

2006年12月17日，常州培训中心在进行档案管理培训。

加强培训教学方式和方法的研究和实践。一是不断丰富课程形式。通过讲授、研讨、情景模拟、课堂训练、拓展训练、模拟演练、减压训练、素质测评等众多课程形式，不断提高培训质量。二是做好课程设计工作，加强对培训师课堂教学技巧的训练，根据培训内容和特点做好课程设计，使用好有效的培训交流方法。三是尽量利用学员资源做好培训，提高学员培训参与度。通过组建课题小组、成立案例分析小组等多种方式，收集分析来自于一线的案例，为教学与业务工作提供了具有较高的实用价值的资料，提高了教学质量。

强化内部管理，建立规范化、制度化的运行机制。在培训中心全面推行关键业绩指标考核制度，不仅加大了工作计划的力度，还为逐步建立以绩效和贡献为导向的工作机制奠定了基础。年内全面实施的培训积分制更是营造了人人需要学习、人人有机会学习、人人主动学习的良好氛围，为把培训中心建设成为真正的学习型企业提供了动力。

培训中心实施全口径的集中采购，试行以项目为单位的成本核算，加强财务控制的力度，制定了《财务支出管理办法》、《差旅费管理办法》、《固定资产管理办法》等一系列规章制度，各部门也初步建立起成本核算概念，为下一步进行部门和项目核算奠定了基础。下半年，培训中心又建立了全中心统一的集中仓储系统，为进一步加强物资管理、推行成本核算提供了条件。

撰稿：杨雅君

审稿：江炳钰

CHINA 中国建设银行年鉴 2007
CONSTRUCTION BANK ALMANAC

第五部分　规章制度目录

行长办公室

关于转发《中国银行业反商业贿赂承诺》等文件的通知 建总函［2006］628号

关于转发中国银行业协会《中国银行业文明服务公约实施细则（试行）》等五个制度的通知 建总函［2006］304号

关于印发《中国建设银行秘密事项范围与定密管理规定》的通知 建总发［2006］290号

关于印发《中国建设银行保密管理办法》的通知 建总发［2006］288号

人力资源部

关于印发《中国建设银行一级分行领导人员2006年关键业绩指标（KPI）考核实施方案》的通知 建总发［2006］216号

关于印发《风险条线聘任管理岗位职务、专业技术岗位职务人员任职资格审查工作规程》的通知 建人［2006］293号

关于印发《关于进一步加强和改进基层党组织建设的意见》等六个保持共产党员先进性长效机制文件的通知 建党发［2006］11号

关于完善领导人员聘期管理有关规定的通知 建党发［2006］15号

资产负债管理部

关于印发《中国建设银行重点业务内部资金利息补偿暂行办法》的通知 建总发［2006］112号

关于印发《关于进一步推动中心城市行发展的若干意见》的通知 建总发［2006］139号

关于印发《中国建设银行汇率风险敞口计量规则（试行）》的通知 建总发［2006］285号

关于印发《中国建设银行银行账户与交易账户划分办法（试行）》的通知 建总发［2006］119号

计划财务部

关于印发《中国建设银行总行本级经费集中核算与收付规定及操作指南（试行）》的通知 建总发［2006］188号

关于印发《中国建设银行2007年综合经营计划编制方案》的通知 建总发［2006］337号

关于印发《总行对分行本级预算管理程序》A/O版的通知 建总发［2006］33号

关于印发《经营绩效管理程序》A/O版的通知 建总发［2006］39号

关于印发《中国建设银行固定资产、无形资产、在建工程、商誉减值准备管理办法》的通知 建总发［2006］359号

关于印发《中国建设银行预计负债管理办法》的通知 建总发［2006］363号

会计部

关于转发《中国人民银行关于规范人民币银行结算账户管理有关问题的通知》的通知 建总函［2006］314号

关于转发《中国人民银行关于下发〈国库与税务、银行联网试点业务管理指导意见〉的通知》的通知 建会［2006］20号

关于转发《中国人民银行关于印发〈香港人民币支票业务管理办法〉的通知》的通知 建总函［2006］142号

关于转发《中国人民银行办公厅关于印发全国支票影像交换系统业务处理及系统运行有关管理规定的通知》的通知 建总函［2006］1038号
关于转发《中国人民银行办公厅关于印发〈全国支票影像交换系统数字证书管理办法（试行）〉的通知》的通知 建会［2006］206号
关于转发《财政部 中国人民银行关于印发〈《中央预算单位银行账户管理暂行办法》补充规定〉的通知》的通知 建总函［2006］1021号
关于转发《中国人民银行关于印发〈国库信息处理系统税收缴库业务处理暂行办法〉的通知》的通知 建总函［2006］100号
关于印发《中国建设银行会计基本政策》的通知 建总发［2006］356号
关于印发《中国建设银行套期保值等会计核算规定》的通知 建总发［2006］360号
关于印发《中国建设银行会计稽核制度（试行）》的通知 建总发［2006］320号
关于印发《中国建设银行会计档案管理及会计稽核系统会计凭证管理实施细则（试行）》的通知 建总发［2006］234号
关于印发《中国建设银行柜员身份指纹认证系统业务操作规程(试行)》的通知 建总发［2006］232号
关于印发《中国建设银行会计管理和业务营运管理体制改革实施方案》的通知 建总发［2006］193号
关于印发《中国建设银行财税库行联网系统业务操作规程（暂行）》的通知 建总发［2006］90号
关于印发《中国建设银行会计档案管理及会计稽核系统业务操作规程》的通知 建总发［2006］331号
关于印发《中国建设银行业务处理前、后台分离及后台集中实施方案》的通知 建总发［2006］303号
关于印发《中国建设银行长期不动户管理操作规程》的通知 建会［2006］159号
关于印发《中国建设银行衍生金融工具会计核算暂行规定》的通知 建总发［2006］140号
关于印发中国建设银行会计科目和会计报表的通知 建总函［2006］1140号
关于调整中间业务收入会计科目设置及核算办法的通知 建总发［2006］83号

信息中心

关于印发《总账信息系统管理程序》A/O版的通知 建总发［2006］5号
关于转发《中国银行业监督管理委员会办公厅关于完善客户大额授信统计制度和零售贷款违约客户情况统计制度的通知》的通知 建总函［2006］573号
关于转发《中国银行业监督管理委员会关于2006年统计制度的通知》的通知 建总函［2006］185号
关于印发《中国建设银行客户风险统计制度实施细则（试行）》的通知 建总发［2006］286号
关于印发《中国建设银行1104非现场监管报表实施细则（试行）》的通知 建总发［2006］259号
关于印发《中国建设银行个人信用报告异议信息处理管理办法（试行）》的通知 建总发［2006］245号
关于印发《中国建设银行管理类信息系统统一用户管理办法（试行）》的通知 建总发［2006］110号
关于印发《中国建设银行资本充足率报表管理办法》的通知 建总发［2006］138号
关于印发《中国建设银行数据信息使用安全管理办法（试行）》的通知 建总发［2006］162号
关于印发《中国建设银行数据标准管理实施细则》的通知 建总发［2006］81号

风险管理部

关于印发《对公信贷业务主控制程序》A/O版的通知 建总发［2006］17号
关于印发《对公信贷资产检查作业指导书》A/O版的通知 建总发［2006］30号
关于印发《中国建设银行股份有限公司公司及机构业务信贷管理政策》的通知 建总发［2006］278号
关于印发《中国建设银行信贷资产减值损失估算及专项准备金计提管理办法》的通知 建总发［2006］358号

关于印发《中国建设银行风险管理体制改革方案》的通知　建总发［2006］67号
关于印发《中国建设银行2006年度一级分行风险管理评价实施方案》的通知　建总发［2006］274号
关于印发《中国建设银行一级分行风险总监绩效考核办法（试行）》的通知　建总发［2006］129号
关于印发《中国建设银行一级分行风险总监工作规则（试行）》的通知　建总发［2006］131号
关于印发《非信贷资产风险管理控制程序》A/O版的通知　建总发［2006］101号
关于印发《中国建设银行对公客户规模确定办法》的通知　建总发［2006］58号
关于印发《〈中国建设银行公司类客户信用评级办法（试行）〉优化方案》的通知　建总发［2006］23号
关于印发《中国建设银行2007年经济资本计量方案》的通知　建总发［2006］354号
关于印发《对公信贷业务主控制程序》A/O版的通知　建总发［2006］17号
关于印发《信贷担保作业指导书》A/O版的通知　建总发［2006］18号
关于公司客户资金存款证明业务审批授权有关事项的批复　建总函［2006］223号
关于进一步明确大中型公司类客户授信业务平行作业有关问题的通知　建总函［2006］847号
关于下发《中国建设银行大中型公司类客户授信业务平行作业办法（试行）》的通知　建总发［2006］128号

风险监控部

关于印发《中国建设银行零售信贷业务风险监控操作规程》的通知　建总发［2006］351号
关于印发《中国建设银行项目评估管理规定（修订）》的通知　建总发［2006］345号

信贷审批部

关于印发《中国建设银行信贷业务审批标准》的通知　建贷审［2006］25号
关于印发《中国建设银行对公授信业务审批规程（试行）的通知》　建总发［2006］171号
关于印发《中国建设银行对公授信业务合规性审查操作规程（试行）》的通知　建总发［2006］169号
关于印发《中国建设银行对公授信业务审批申报材料管理规定（试行）》的通知　建总发［2006］168号
关于《中国建设银行对公授信业务审批申报材料管理规定（试行）》等三项制度有关操作事项的通知　建贷审［2006］5号

审计部

关于印发《中国建设银行分支机构负责人聘（任）期经济责任审计办法》的通知　建总发［2006］205号

公司业务部

关于印发《银团贷款业务操作和控制程序》A/O版的通知　建总发［2006］48号
关于转发《国家发改委关于印发〈全国制盐工业结构调整指导意见〉的通知》的通知　建公［2006］87号
关于印发《中国建设银行票据贴现业务档案管理办法》的通知　建总发［2006］347号
关于印发《商业汇票贴现业务授信额度使用暂行办法》的通知　建总发［2006］342号
关于印发《中国建设银行银行承兑汇票贴现业务操作规程》的通知　建总发［2006］343号
关于印发《中国建设银行商业承兑汇票贴现业务操作规程》的通知　建总发［2006］344号
关于印发《中国建设银行商业汇票交易管理系统业务操作规程（暂行）》的通知　建总发［2006］325号

关于印发《中国建设银行小企业法人账户透支业务管理办法（试行）》的通知 建总发［2006］319号
关于印发《中国建设银行小企业额度抵押贷款暂行办法》和《中国建设银行小企业额度抵押贷款操作规程（试行）》的通知 建总发［2006］220号
关于印发《中国建设银行股份有限公司商业汇票委托管理业务管理办法（暂行）》等文件的通知 建总发［2006］317号
关于印发《中国建设银行中小企业联贷联保业务管理办法（试行）》的通知 建总发［2006］263号
关于印发《中国建设银行操作型客户关系管理系统对公业务操作管理暂行规定》的通知 建总发［2006］47号
关于印发《中国建设银行银行承兑汇票质票承兑业务操作规程》的通知 建总发［2006］191号
关于印发《中国建设银行国内保理业务管理办法（修订版）》的通知 建总发［2006］329号
关于印发《中国建设银行资金证明业务管理办法（暂行）》的通知 建总发［2006］189号
关于印发《中国建设银行商业汇票委托代理贴现业务管理办法（试行）》的通知 建总发［2006］336号
关于下发《对公信贷业务流程管理系统（CLPM）推广上线工作评价办法》的通知 建公［2006］204号
关于印发《中国建设银行资金证明业务管理办法（暂行）》的通知 建总发［2006］189号
关于进一步规范公司客户信贷准入退出管理的通知 建总发［2006］309号

集团客户部（营业部）

关于印发《中国建设银行集团客户授信额度分配使用操作规程（试行）》的通知 建总发［2006］190号
关于印发《集团客户部所辖客户重大信用风险事项报告规程》的通知 建集［2006］384号
关于印发《中国建设银行跨区域集团客户经理团组管理办法》的通知 建总发［2006］155号

机构业务部

关于转发《中国进出口银行出口卖方信贷委托代理业务操作规程（修订）》的通知 建总函［2006］401号
关于印发我行与国家开发银行《全面合作协议》的通知 建总函［2006］272号
关于印发《中国建设银行重要客户服务系统期货保证金账户信息报送业务操作规程（试行）》的通知 建总发［2006］222号
关于印发《中国建设银行汽车金融公司贷款管理暂行办法》的通知 建总发［2006］120号
关于下发《中国建设银行客户交易结算资金银行存管业务操作规程（试行）》的通知 建机［2006］105号

国际业务部

关于调整《中国建设银行国外保函业务管理规定》有关规定的通知 建总函［2006］823号
关于转发《国家发展改革委办公厅、财政部办公厅关于印发〈外国政府贷款项目前期管理工作规程（试行）的通知〉》的通知 建国际［2006］491号
关于转发《国家发改委国际金融组织和外国政府贷款投资项目管理暂行办法》的通知 建国际［2006］412号
关于转发《财政部关于贯彻落实〈国际金融组织和外国政府贷款赠款管理办法〉的通知》的通知 建国际［2006］421号

关于转发《财政部关于加强外国政府贷款债务统计工作有关问题的通知》的通知 建国际［2006］276号

关于转发《国家外汇管理局关于调整经常项目外汇管理政策的通知》及《国家外汇管理局综合司关于下发〈经常项目外汇账户和境内居民个人购汇操作规程〉的通知》的通知 建总函［2006］334号

关于印发《中国建设银行出口商业发票融资业务管理办法》的通知 建总发［2006］142号

关于印发《提货担保业务操作和控制程序》A/O版的通知 建总发［2006］14号

关于印发《信托收据贷款业务操作和控制程序》A/O版的通知 建总发［2006］13号

关于印发《打包贷款业务操作和控制程序》A/O版的通知 建总发［2006］12号

关于印发《出口托收贷款业务操作和控制程序》A/O版的通知 建总发［2006］11号

关于印发《出口议付业务操作和控制程序》A/O版的通知 建总发［2006］10号

关于印发《中国建设银行海外代付业务管理规定》的通知 建总发［2006］25号

关于印发《中国建设银行总行国际业务协调议事制度》的通知 建总发［2006］328号

关于对国外保函业务有关管理规定进行解释的通知 建总函［2006］219号

个人金融部

关于下发《中心城市行个人银行事业部制试点方案》的通知 建总发［2006］334号

关于转发中央国债公司《关于印发〈储蓄国债（电子式）代销试点业务实施细则（试行）〉的通知》的通知 建总函［2006］485号

关于转发《财政部、中国人民银行关于印发〈储蓄国债（电子式）代销试点管理办法（试行）〉的通知》的通知 建总函［2006］325号

关于转发《中国银行业监督管理委员会关于规范金融机构开办国际汇款代理业务有关问题的通知》的通知 建总函［2006］405号

关于印发《中国建设银行人民币个人存款跨一级分行通存通兑业务差错处理暂行办法》的通知 建总发［2006］262号

关于印发《中国建设银行乐当家理财卡办理证券业务交易操作规定》的通知 建总发［2006］238号

关于印发《中国建设银行操作型客户关系管理系统个人业务暂行规定》的通知 建总发［2006］176号

关于印发《关于加强公司业务和个人业务联动营销的指导意见》的通知 建总发［2006］156号

关于印发《中国建设银行营业网点神秘人检查办法》的通知 建总发［2006］152号

关于印发《中国建设银行乐当家理财卡境外交易管理暂行规定》的通知 建总发［2006］79号

关于印发《中国建设银行个人账户金交易业务补充管理规定》的通知 建总发［2006］268号

关于印发《中国建设银行股份有限公司个人外汇结构产品业务操作规程（试行）》的通知 建总发［2006］251号

关于印发《中国建设银行储蓄国债（电子式）业务管理暂行规定》、《中国建设银行储蓄国债（电子式）业务操作规程（暂行）》和《中国建设银行储蓄国债（电子式）托管服务章程》的通知 建总发［2006］198号

关于印发《中国建设银行人民币个人存款跨一级分行通存通兑业务管理办法（试行）》和《中国建设银行人民币个人存款跨一级分行通存通兑业务操作规程》的通知 建总发［2006］99号

关于印发《“速汇通”业务章程、管理办法及操作规程》的通知 建总发［2006］69号

关于印发《中国建设银行个人客户经理绩效考核指引（暂行）》及《中国建设银行大堂经理绩效考核指引（暂行）》的通知 建总发［2006］66号

关于印发《中国建设银行乐当家理财卡境外业务操作规程（试行）》等文件的通知 建总发［2006］85号

关于印发《中国建设银行营业网点员工岗位服务守则（试行）》的通知 建总发［2006］56号

关于印发《中国建设银行渠道建设管理试行办法》和《中国建设银行零售网点功能分区指引》的通知 建总发［2006］340号
关于修订印发《中国建设银行乐当家理财卡章程》和《中国建设银行乐当家理财卡业务管理办法》等制度的通知 建总发［2006］19号

高端客户部

关于印发《中国建设银行人民币结构性理财产品管理暂行规定》的通知 建总发［2006］104号

住房金融与个人信贷部

关于印发《中国建设银行个人住房最高额抵押贷款暂行办法》和《中国建设银行个人住房最高额抵押贷款操作规程（试行）》的通知 建总发［2006］46号
关于印发《中国建设银行个人助业贷款管理办法（修改稿）》的通知 建总发［2006］21号
关于下发《中国建设银行个人消费额度贷款管理办法（修改稿）》的通知 建总发［2006］125号

信用卡中心

关于印发《中国建设银行信用卡呆账和坏账核销实施细则》的通知 建总发［2006］301号
关于印发《中国建设银行龙卡信用卡消费分期付款业务管理办法》及《中国建设银行龙卡信用卡消费分期付款业务操作规程》的通知 建总发［2006］276号
关于印发《中国建设银行龙卡信用卡直销业务风险管理暂行规定》的通知 建总发［2006］235号
关于印发《中国建设银行龙卡名校卡征信审核暂行规定》等管理制度的通知 建总发［2006］240号
关于印发《中国建设银行龙卡信用卡邮购分期付款业务管理办法》及《中国建设银行龙卡信用卡邮购分期付款业务操作规程》的通知 建总发［2006］215号

资金交易部

关于印发《中国建设银行黄金租赁业务管理暂行办法》的通知 建总发［2006］192号
关于印发《中国建设银行代客差额交割远期外汇交易业务操作规程》的通知 建总发［2006］267号
关于代客外汇买卖、结售汇业务印章管理有关事宜的通知 建资［2006］16号

资产保全部

关于印发《不良资产经营管理程序》A/O版的通知 建总发［2006］127号
关于印发《中国建设银行资产保全业务模拟考核评价办法》的通知 建全［2006］182号
关于印发《中国建设银行抵债资产管理实施细则》的通知 建总发［2006］179号
关于印发《中国建设银行个人类贷款标准化催收作业流程体系》的通知 建总发［2006］310号

信息技术管理部

关于印发《信息系统认证授权平台支持网络设备和主机操作系统用户身份认证相关技术文档》的通知 建技管［2006］131号
关于印发《中国建设银行计算机系统用户口令（密码）安全管理规定（试行）》的通知 建总发［2006］115号

关于印发《中国建设银行计算机应用系统开发内部信息数据使用安全管理规定（试行）》的通知 建总发［2006］34 号
关于印发《中国建设银行信息技术应用系统技术支持服务暂行规定》的通知 建总发［2006］38 号
关于印发《中国建设银行互联网使用安全管理规定（试行）》和《中国建设银行互联网应用接入整合安全指导意见》的通知 建总发［2006］209 号
关于下发《网上银行、手机银行交易接入企业级渠道交易整合平台实施方案》的通知 建技管［2006］26 号

运行中心

关于印发《外汇清算汇出业务操作和控制程序》A/O 版的通知 建总发［2006］50 号
关于印发《外汇清算汇入业务操作和控制程序》A/O 版的通知 建总发［2006］51 号
关于印发《DCC CCBS 准生产测试环境管理规定》的通知 建运行［2006］16 号

营运管理部

关于印发《关于加快推进营运管理体制改革工作的指导意见》的通知 建总发［2006］237 号
关于印发《中国建设银行现代化支付系统小额前置机运行管理办法（试行）》等规章制度的通知 建总发［2006］275 号

电子银行部

关于印发《企业网上银行业务操作和控制程序》A/O 版的通知 建总发［2006］55 号
关于印发《中国建设银行手机短信金融服务业务管理办法》的通知 建总发［2006］54 号
关于印发《中国建设银行电子银行纠纷和解管理暂行规定》的通知 建总发［2006］318 号
关于印发《中国建设银行网上银行乐当家理财卡服务业务管理规定》的通知 建总发［2006］254 号
关于印发《中国建设银行网上银行电子对账服务业务管理规定（试行）》的通知 建总发［2006］225 号
关于印发《中国建设银行 95533 客户服务集中分布业务运营管理办法（暂行）》的通知 建总发［2006］165 号
关于印发《网上银行后台管理业务操作和控制程序》A/O 版的通知 建总发［2006］164 号
关于印发《中国建设银行企业级渠道交易整合平台业务管理暂行办法》的通知 建总发［2006］154 号
关于印发《手机银行业务操作和控制程序》A/O 版的通知 建总发［2006］16 号
关于印发《个人网上银行业务操作和控制程序》A/O 版的通知 建总发［2006］31 号
关于印发《网上商户业务操作和控制程序》A/O 版的通知 建总发［2006］1 号

合规部

关于印发《中国建设银行股份有限公司关联交易管理实施办法》的通知 建总发［2006］210 号
关于印发《中国建设银行股份有限公司合规工作管理办法（试行）》的通知 建总发［2006］136 号
关于印发《中国建设银行股份有限公司授信业务经营、审批责任认定办法》的通知 建总发［2006］157 号
关于印发《中国建设银行反洗钱工作管理实施办法》、《中国建设银行大额交易和可疑交易报告实施办法》的通知 建总发［2006］362 号
关于印发《关联交易申报和信息披露系统相关管理办法》的通知 建总发［2006］70 号

开展法制宣传教育第五个五年规划》的通知 建总发［2006］252 号

行知识产权管理办法（试行）》的通知 建总发［2006］247 号

银行法律性文件签字用印管理办法》、《中国建设银行签字样本管理办法》的通知 建总发［2006］298 号

建设银行法律纠纷和解管理办法》的通知 建总发［2006］260 号

部

《中国建设银行开展治理商业贿赂专项工作实施方案》的通知 建总发［2006］88 号

发《中国建设银行重大案件应急处置预案》的通知 建总发［2006］349 号

印发《中国建设银行纪检监察工作人员廉洁从业、治理商业贿赂守则》的通知 建党纪［2006］14 号

关于印发《中国建设银行领导人员问责办法》的通知 建总发［2006］135 号

关于印发《中国建设银行工作人员堵截、检举和抵制违法违纪违规行为的奖励办法》的通知 建总发［2006］134 号

关于转发《中共中央办公厅印发〈关于党员领导干部报告个人有关事项的规定〉的通知》的通知 建党发［2006］13 号

安全保卫部

关于转发《银行业金融机构安全评估办法》的通知 建总函［2006］850 号

关于加强安全保卫工作和健全突发事件应急管理机制的通知 建总函［2006］21 号

关于印发《中国建设银行涉外安全管理暂行规定》的通知 建总发［2006］315 号

关于印发《中国建设银行安全保卫部及内设处室职责》的通知 建保［2006］1 号

公共关系与企业文化部

关于印发《中国建设银行股份有限公司关于向新闻媒体发布信息的工作指引（试行）》和《中国建设银行股份有限公司突发事件新闻媒体应对指引（试行）》的通知 建总发［2006］283 号

离退休人员管理部

关于转发中共中央组织部《印发〈关于进一步加强和改进离退休干部党支部建设工作的意见〉的通知》的通知 建党函［2006］18 号

总务部

关于印发《中国建设银行总行员工住房费用管理暂行办法》的通知 建总发［2006］160 号

工会

关于印发《中国建设银行股份有限公司职工代表大会职工代表提案管理实施办法》的通知 建工［2006］32 号

关于印发《中国建设银行股份有限公司职工代表大会议事规则》的通知 建党发［2006］5 号

CHINA 中国建设银行年鉴 2007

CONSTRUCTION BANK ALMANAC

第六部分　综合统计

中国建设银行股份有限公司合并资产负债表

（单位：人民币百万元）

	2006 年 12 月 31 日	
	2006 年	2005 年
资产		
现金及存放中央银行款项	539 673	422 766
存放同业款项	18 146	21 899
贵金属	537	49
拆出资金	30 761	154 412
交易性金融资产	5 616	2 433
衍生金融资产	14 514	12 146
买入返售金融资产	33 371	71 167
应收利息	21 292	17 069
发放贷款及垫款	2 795 883	2 395 313
应收款项债券投资	546 357	443 729
可供出售金融资产	318 463	323 528
持有至到期投资	1 038 713	643 978
长期股权投资	346	203
固定资产	51 591	48 820
无形资产	19 195	19 428
商誉	1 743	—
递延所得税资产	2 701	420
其他资产	9 609	8 382
资产总计	5 448 511	4 585 742
负债和股东权益		
负债		
向中央银行借款	21	21
同业及其他金融机构存放款项	214 515	125 795
拆入资金	25 548	17 540
衍生金融负债	2 715	2 490
卖出回购金融资产款	5 140	21 189
吸收存款	4 721 256	4 006 046
发行存款证	6 957	5 429
应付职工薪酬	16 262	15 126
应交税费	22 071	9 179
应付利息	34 305	26 132
预计负债	1 637	1 802
应付次级债券	39 917	39 907
递延所得税负债	25	—
其他负债	27 938	27 409
负债合计	5 118 307	4 298 065
股东权益		
股本	224 689	224 689
资本公积	40 852	41 274
盈余公积	11 133	6 501
一般准备	10 343	10 332
未分配利润	43 092	4 783
归属于本行股东权益合计	330 109	287 579
少数股东权益	95	98
股东权益合计	330 204	287 677
负债和股东权益总计	5 448 511	4 585 742

中国建设银行股份有限公司资产负债表

（单位：人民币百万元）

	2006 年 12 月 31 日	
	2006 年	2005 年
资产		
现金及存放中央银行款项	539 556	422 766
存放同业款项	17 991	22 641
贵金属	537	49
拆出资金	25 507	154 794
交易性金融资产	3 454	2 433
衍生金融资产	14 286	12 146
买入返售金融资产	33 371	71 167
应收利息	21 148	17 069
发放贷款及垫款	2 767 432	2 393 226
应收款项债券投资	546 357	443 729
可供出售金融资产	316 932	322 806
持有至到期投资	1 038 275	643 671
长期股权投资	800	843
固定资产	51 438	48 743
无形资产	19 191	19 428
递延所得税资产	2 682	420
其他资产	18 946	8 223
资产总计	5 417 903	4 584 154
负债和股东权益		
负债		
向中央银行借款	21	21
同业及其他金融机构存放款项	214 636	126 389
拆入资金	25 906	17 324
衍生金融负债	2 522	2 490
卖出回购金融资产款	5 140	21 189
吸收存款	4 692 895	4 004 525
发行存款证	5 957	5 429
应付职工薪酬	16 119	15 126
应交税费	21 988	9 147
应付利息	34 200	26 132
预计负债	1 637	1 802
应付次级债券	39 917	39 907
递延所得税负债	25	—
其他负债	27 229	27 289
负债合计	5 088 192	4 296 770
股东权益		
股本	224 689	224 689
资本公积	40 840	41 255
盈余公积	11 133	6 501
一般准备	10 341	10 332
未分配利润	42 708	4 607
股东权益合计	329 711	287 384
负债和股东权益总计	5 417 903	4 584 154

中国建设银行股份有限公司合并利润表

（单位：人民币百万元）

项　　目	2006年12月31日	
	2006年	2005年
一、营业收入	150 212	127 268
利息净收入	140 368	116 551
利息收入	215 189	173 601
利息支出	-74 821	-57 050
手续费及佣金净收入	13 571	8 455
手续费及佣金收入	14 627	9 261
手续费及佣金支出	-1 056	-806
公允价值变动净损益	349	210
投资收益	1 706	2 718
汇兑净（损失）/收益	-6 068	-1 306
其他业务收入	286	640
二、营业支出	-85 408	-72 745
营业税金及附加	-8 977	-7 401
业务及管理费	-57 076	-49 999
资产减值损失	-19 214	-15 258
其他业务成本	-141	-87
三、营业利润	64 804	54 523
加：营业外收入	1 382	1 449
减：营业外支出	-469	-608
四、利润总额	65 717	55 364
减：所得税费用	-19 398	-8 268
五、净利润	46 319	47 096
归属于：		
本行股东	46 322	47 103
少数股东	-3	-7
六、基本和稀释每股收益（人民币元）	0.21	0.24

中国建设银行股份有限公司利润表

（单位：人民币百万元）

项　　目	2006年12月31日	
	2006年	2005年
一、营业收入	149 704	126 980
利息净收入	140 285	116 489
利息收入	215 044	173 491
利息支出	-74 759	-57 002
手续费及佣金净收入	13 413	8 446
手续费及佣金收入	14 473	9 252
手续费及佣金支出	-1 060	-806
公允价值变动净损益	98	210
投资收益	1 695	2 718
汇兑净（损失）/收益	-6 070	-1 306
其他业务收入	283	423
二、营业支出	-85 158	-72 637
营业税金及附加	-8 972	-7 401
业务及管理费	-56 834	-49 891
资产减值损失	-19 211	-15 258
其他业务成本	-141	-87
三、营业利润	64 546	54 343
加：营业外收入	1 389	1 460
减：营业外支出	-469	-608
四、利润总额	65 466	55 195
减：所得税费用	-19 354	-8 238
五、净利润	46 112	46 957

中国建设银行股份有限公司合并现金流量表

（单位：人民币百万元）

项　　目	2006年12月31日	
	2006年	2005年
一、营业活动产生的现金流量		
吸收存款净增加额	688 987	517 338
同业存放款项净增加额	88 634	36 941
拆入资金净增加额	7 935	—
存放同业款项净减少额	4 140	—
拆出资金净减少额	12 846	—
收取利息、手续费及佣金的现金	225 187	179 110
收到的其他与经营活动有关的现金	53 090	35 289
现金流入小计	1 080 819	768 678

续表

项目	2006年12月31日	
	2006年	2005年
发放贷款及垫款净增加额	-393 416	-237 554
存放中央银行存款准备金净增加额	-119 757	-36 575
存放同业款项净增加额	—	-9 275
拆出资金净增加额	—	-17 064
向中央银行借款净减少额	—	-2 201
同业存放款项净减少额	—	—
拆入资金净减少额	—	-5 545
支付利息、手续费及佣金的现金	-65 908	-53 354
支付给职工以及为职工支付的现金	-31 235	-25 124
支付的各项税费	-17 611	-12 757
支付的其他与经营活动有关的现金	-40 133	-65 785
现金流出小计	-668 060	-465 234
经营活动产生的现金流量净额	412 759	303 444
二、投资活动产生的现金流量		
收回投资收到的现金	663 118	591 361
取得投资收益收到的现金	430	540
对新子公司投资收到的现金净额 18（b）（i）	—	70
处置固定资产和其他长期资产收回的现金净额	796	1 345
现金流入小计	664 344	593 316
投资支付的现金	-1 166 100	-895 920
对新子公司投资支付的现金净额 50（e）	-3 905	—
购建固定资产和其他资产支付的现金	-10 018	-8 992
现金流出小计	-1 180 023	-904 912
投资活动产生的现金流量净额	-515 679	-311 596
三、筹资活动产生的现金流量		
发行股票收到的现金	—	74 639
发行证券化资产收到的现金	—	2 920
发行次级债券收到的现金	—	—
现金流入小计	—	77 559
分配股利支付的现金	-6 638	-2 914
发行股票支付的费用	—	-2 089
支付次级债券利息的现金	-1 872	-1 846
支付次级债券手续费的现金	—	—
现金流出小计	-8 510	-6 849
筹资活动产生的现金流量净额	-8 510	70 710
四、汇率变动对现金及现金等价物的影响	-1 838	-1 907
五、现金及现金等价物净（减少）/增加额 50（c）	-113 268	60 651
加：期初现金及现金等价物余额	280 757	220 106
六、期末现金及现金等价物余额 50（d）	167 489	280 757

中国建设银行存、贷款主要指标统计表（人民币）

2006 年 12 月 （单位：亿元）

项　　目	本期余额	比年初新增		新增比 2005 年同期（±）
		2006 年	2005 年	
全口径存款	**46 975.20**	**7 540.69**	**5 355.93**	**2 184.76**
一、一般性存款	45 001.93	6 753.55	4 999.46	1 754.09
1. 对公存款	23 425.91	3 635.54	2 505.32	1 130.22
活期存款	17 133.79	2 974.57	906.15	2 068.42
定期存款	6 292.12	660.97	1 599.17	-938.20
2. 个人存款	21 576.02	3 118.01	2 494.14	623.87
活期存款	8 186.03	1 203.78	754.78	449.00
定期存款	13 389.99	1 914.23	1 739.36	174.87
二、同业存款	1 973.27	787.14	356.47	430.67
各项贷款	**27 248.56**	**3 825.18**	**2 341.90**	**1 483.28**
一、对公贷款	21 409.62	2 509.52	1 911.65	597.87
其中：贴现贷款	1 601.98	-349.20	377.39	-726.59
二、个人类贷款	5 838.94	1 315.66	430.25	885.41
其中：个人住房贷款	4 835.99	975.17	430.47	544.70

注：个人类贷款包括个人住房贷款、个人消费类贷款和信用卡透支。

中国建设银行存、贷款主要指标统计表（外币）

2006 年 12 月 （单位：亿美元）

项　　目	本期余额	比年初新增		新增比 2005 年同期（±）
		2006 年	2005 年	
全口径存款	**183.30**	**30.30**	**26.26**	**4.04**
一、一般性存款	163.07	18.72	24.35	-5.63
1. 对公存款	102.35	20.58	22.54	-1.96
活期存款	51.51	17.70	-0.54	18.24
定期存款	50.84	2.88	23.08	-20.20
2. 个人存款	60.72	-1.86	1.81	-3.67
活期存款	29.78	18.13	-0.37	18.50
定期存款	30.94	-19.99	2.18	-22.17
二、同业存款	20.23	11.58	1.91	9.67
各项贷款	**101.85**	**-2.05**	**-1.75**	**-0.30**
一、短期贷款	23.17	-8.31	-3.03	-5.28
二、中长期贷款	50.62	6.39	6.25	0.14
三、进出口贸易融资	6.44	0.61	1.01	-0.40
四、境外筹资转贷款	20.85	-0.93	-6.06	5.13
五、各项垫款	0.77	0.19	0.08	0.11

中国建设银行个人贷款主要指标统计表（本外币）

2006 年 12 月　　（单位：亿元）

项　目	本期余额	比年初新增		新增比 2005 年同期（±）
		2006 年	2005 年	
个人贷款合计	**5 850.36**	**1 312.13**	**415.70**	**896.43**
1. 个人消费贷款	699.05	121.06	-32.47	153.53
2. 个人助学贷款	14.63	1.19	2.94	-1.75
3. 个人住房贷款	4 334.26	852.06	388.18	463.88
4. 个人商业用房贷款	503.25	124.19	42.18	82.01
5. 个人买方信贷	8.89	-5.17	-14.35	9.18
6. 个人质押贷款	27.16	3.65	-1.12	4.77
7. 个人其他贷款	0.65	-0.42	-1.44	1.02
8. 下岗失业人员小额担保贷款	0.29	-0.11	-0.18	0.07
9. 个人助业贷款	214.10	193.62	20.48	173.14
10. 个人信用卡透支	48.08	22.06	11.48	10.58

中国建设银行各分行存款主要指标统计表（本外币）

2006 年 12 月　　（单位：亿元）

行名	各项存款		其中：对公存款		其中：储蓄存款	
	本期余额	比年初新增	本期余额	比年初新增	本期余额	比年初新增
全国总计	**46 274.75**	**6 861.32**	**24 224.78**	**3 774.45**	**22 049.97**	**3 086.87**
总行本级	717.89	137.18	654.38	91.55	63.50	45.62
长三角	9 643.01	1 504.43	5 477.86	853.69	4 165.15	650.73
上海	3 389.44	412.00	2 143.74	223.96	1 245.70	188.04
江苏	2 484.67	355.05	1 177.22	178.74	1 307.45	176.31
苏州	779.99	211.46	466.02	155.37	313.97	56.09
浙江	2 486.63	432.86	1 390.21	237.82	1 096.42	195.04
宁波	502.28	93.06	300.67	57.80	201.61	35.25
珠三角	7 340.29	1 155.20	3 403.92	657.92	3 936.37	497.27
福建	1 296.02	212.21	503.75	96.74	792.27	115.47
厦门	458.36	85.03	243.69	53.84	214.67	31.18
广东	4 136.51	466.64	1 726.42	204.89	2 410.09	261.75
深圳	1 449.4	391.32	930.06	302.45	519.34	88.87
环渤海	12 639.99	1 766.30	7 054.39	976.86	5 585.58	789.45
北京	4 198.43	656.40	2 918.32	434.87	1 280.11	221.53

行名	各项存款		其中：对公存款		其中：储蓄存款	
	本期余额	比年初新增	本期余额	比年初新增	本期余额	比年初新增
天津	671.35	83.16	392.58	36.25	278.77	46.91
河北	1 959.09	237.86	840.65	97.02	1 118.44	140.84
山西	958.87	212.32	476.94	122.80	481.93	89.52
内蒙古	577.49	86.75	307.21	42.53	270.27	44.22
辽宁	1 431.99	155.10	631.32	85.24	800.66	69.87
大连	485.04	63.59	239.90	32.93	245.14	30.66
山东	1 986.27	225.42	1 055.63	102.68	930.64	122.74
青岛	371.46	45.70	191.84	22.54	179.62	23.16
中部	7 048.24	1 051.04	3 195.15	483.79	3 853.08	567.23
安徽	951.47	128.62	443.45	58.05	508.02	70.57
江西	689.43	103.51	353.46	56.40	335.97	47.11
河南	1 369.1	200.77	541.61	71.30	827.49	129.47
湖北	1 395.95	178.09	582.65	63.41	813.30	114.68
三峡	148.62	24.94	66.73	12.98	81.88	11.95
湖南	1 445.66	271.63	654.11	133.64	791.55	137.98
广西	789.06	104.26	389.33	57.32	399.73	46.94
海南	258.95	39.22	163.81	30.69	95.14	8.53
西部	7 137.75	973.49	3 679.89	526.56	3 457.86	446.94
重庆	740.8	108.60	359.20	55.82	381.60	52.78
四川	2 029.32	288.83	939.90	144.61	1 089.42	144.22
贵州	553.74	70.68	314.54	36.70	239.20	33.98
云南	963.1	124.80	545.78	57.50	417.32	67.30
西藏	143.8	13.48	117.10	9.39	26.70	4.10
陕西	1 031.41	126.67	507.40	72.82	524.01	53.86
甘肃	571.11	78.22	276.86	44.84	294.25	33.38
青海	241.18	39.77	143.04	24.56	98.14	15.21
宁夏	214.89	34.71	126.98	21.25	87.91	13.46
新疆	648.4	87.73	349.09	59.07	299.31	28.65
东北	1 747.59	273.72	759.17	184.09	988.42	89.63
吉林	650.6	93.94	245.21	51.72	405.39	42.22
黑龙江	1 096.99	179.78	513.96	132.37	583.03	47.41

中国建设银行各分行贷款主要指标统计表（本外币）

2006 年 12 月　　　　（单位：亿元）

地区	各项贷款		其中：对公贷款		其中：个人贷款	
	本期余额	比年初新增	本期余额	比年初新增	本期余额	比年初新增
全国总计	**28 043.50**	**3 781.55**	**22 250.11**	**2 486.31**	**5 793.39**	**1 295.24**
总行本级	279.52	-72.76	279.52	-72.76	0.00	0.00
长三角	7 147.93	1 060.49	5 467.99	720.42	1 679.94	340.07
上海	1 972.89	87.95	1 545.92	75.98	426.97	11.97
江苏	1 757.87	324.60	1 436.41	236.11	321.46	88.49
苏州	660.99	183.25	496.58	123.96	164.41	59.29
浙江	2 255.69	346.26	1 594.31	194.96	661.38	151.30
宁波	500.49	118.43	394.77	89.41	105.72	29.02
珠三角	3 996.73	708.07	2 845.11	412.96	1 151.62	295.11
福建	955.77	190.62	666.62	83.89	289.15	106.73
厦门	364.71	101.89	250.77	74.87	113.94	27.02
广东	1 668.91	123.99	1 274.19	73.71	394.72	50.28
深圳	1 007.34	291.57	653.53	180.49	353.81	111.08
环渤海	7 588.23	936.37	6 239.95	685.63	13 48.28	250.74
北京	2 014.67	73.94	1 571.92	50.22	442.75	23.72
天津	682.71	100.76	608.97	85.39	73.74	15.37
河北	991.14	160.71	849.29	112.11	141.85	48.60
山西	516.57	96.11	479.31	95.76	37.26	0.35
内蒙古	550.76	119.93	527.19	108.39	23.57	11.54
辽宁	693.62	102.32	531.16	67.28	162.46	35.04
大连	326.32	66.10	261.05	47.02	65.27	19.08
山东	1 461.73	162.50	1 174.10	90.27	287.63	72.23
青岛	350.71	54.00	236.96	29.19	113.75	24.81
中部	4 125.4	480.96	3 370.44	246.94	754.96	234.02
安徽	522.29	87.18	400.67	51.36	121.62	35.82
江西	490.85	55.51	386.33	18.09	104.52	37.42
河南	734.5	54.47	626.08	18.55	108.42	35.92
湖北	737.21	66.16	607.82	20.62	129.39	45.54
三峡	132.29	20.30	115.47	13.04	16.82	7.26
湖南	923.98	149.84	801.27	109.90	122.71	39.94
广西	479.18	48.65	356.81	18.99	122.37	29.66
海南	105.1	-1.15	75.99	-3.61	29.11	2.46
西部	4 146.46	587.77	3 408.07	436.24	738.39	151.53
重庆	554.88	95.40	426.92	62.18	127.96	33.22
四川	1 076.28	168.68	854.54	107.93	221.74	60.75
贵州	389.83	75.95	316.94	63.93	72.89	12.02
云南	643.67	96.18	494.86	69.16	148.81	27.02
西藏	69.15	8.69	58.10	5.79	11.05	2.90
陕西	499.76	64.00	427.90	49.97	71.86	14.03
甘肃	295.16	12.70	274.83	14.02	20.33	-1.32
青海	127.81	17.70	120.63	15.53	7.18	2.17
宁夏	162.87	27.35	148.20	25.17	14.67	2.18
新疆	327.05	21.12	285.15	22.56	41.90	-1.44
东北	759.23	80.69	639.01	56.92	120.22	23.77
吉林	347.79	47.34	309.20	34.02	38.59	13.32
黑龙江	411.44	33.35	329.81	22.90	81.63	10.45

注：个人贷款中不含个人买方信贷、个人信用卡透支。

中国建设银行各分行国际结算业务量月报表

2006年12月

地区	进口业务		出口业务		进出口业务		收入
	笔数（笔）	金额（万美元）	笔数（笔）	金额（万美元）	笔数（笔）	金额（万美元）	（人民币万元）
全国总计	**403 673**	**8 600 365**	**1 191 951**	**10 431 846**	**1 595 624**	**19 032 211**	**60 052**
总行本级	791	166 423	3 666	66 257	4 457	232 680	0
长三角	188 873	3 155 320	497 576	4 305 540	686 449	7 460 860	21 580
上海	89 755	1 225 346	171 522	1 527 932	261 277	2 753 278	6 569
江苏	23 927	468 940	64 390	730 485	88 317	1 199 425	3 795
苏州	49 417	810 869	47 208	1 012 191	96 625	1 823 060	2 081
浙江	19 568	331 785	173 635	808 470	193 203	1 140 255	6 220
宁波	6 206	318 379	40 821	226 462	47 027	544 841	2 915
珠三角	81 228	2 010 995	381 207	3 020 113	462 435	5 031 108	12 590
福建	10 097	249 306	82 032	515 053	92 129	764 359	2 307
厦门	14 308	221 310	65 227	353 738	79 535	575 048	2 369
广东	34 471	943 303	151 350	1 496 052	185 821	2 439 355	3 500
深圳	22 352	597 076	82 598	655 270	104 950	1 252 346	4 414
环渤海	90 745	2 164 895	211 228	1 943 846	301 973	4 108 742	16 187
北京	31 129	824 934	45 968	475 623	77 097	1 300 557	1 836
天津	11 084	280 484	7 260	101 755	18 344	382 239	552
河北	4 702	144 990	22 960	163 043	27 662	308 033	1 905
山西	534	28 860	2 633	30 081	3 167	58 941	263
内蒙古	2 892	56 812	2 589	49 936	5 481	106 748	1 001
辽宁	6 326	96 012	16 506	166 731	22 832	262 743	1 183
大连	8 461	169 461	20 799	200 851	29 260	370 312	1 288
山东	15 433	411 548	71 924	588 790	87 357	1 000 338	5 113
青岛	10 184	151 795	20 589	167 037	30 773	318 832	3 045
中部	20 106	453 884	54 536	542 708	74 642	996 592	4 642
安徽	1 577	85 850	6 629	55 018	8 206	140 868	612
江西	1 372	59 369	6 409	83 539	7 781	142 908	674
河南	3 231	72 380	16 841	142 956	20 072	215 336	1 301
湖北	2 311	55 973	6 042	71 290	8 353	127 263	380
三峡	612	9 513	1 763	11 732	2 375	21 245	101
湖南	2 286	53 628	7 410	83 220	9 696	136 848	760
广西	7 229	94 668	7 657	65 022	14 886	159 690	679
海南	1 488	22 503	1 785	29 931	3 273	52 434	135
西部	15 672	416 365	29 219	442 603	44 891	858 969	3 872
重庆	2 505	96 846	3 590	51 846	6 095	148 692	407
四川	5 786	105 021	7 233	130 479	13 019	235 500	700
贵州	385	15 032	1 405	28 781	1 790	43 813	413
云南	1 548	38 682	4 774	42 476	6 322	81 158	583
西藏	0	0	13	69	13	69	0
陕西	2 539	51 672	3 890	77 207	6 429	128 879	290
甘肃	431	45 398	1 342	23 245	1 773	68 643	322
青海	192	10 655	357	29 323	549	39 978	116
宁夏	134	5 542	2 089	13 658	2 223	19 200	97
新疆	2 152	47 517	4 526	45 520	6 678	93 037	944
东北	6 258	232 482	14 519	110 780	20 777	343 261	1 180
吉林	2 355	152 162	8 602	53 323	10 957	205 485	542
黑龙江	3 903	80 320	5 917	57 457	9 820	137 776	639

中国建设银行各分行中间业务收入排名表（本外币、境内）

2006 年 12 月

序号	地区	中间业务收入（万元）	手续费支出（万元）	中间业务净收入（万元）	占比（%）	计划完成率（%）	主营业务收入（万元）
	全国总计	1 497 816. 10	98 472. 65	1 399 343. 45	9. 52	119. 50	15 734 385. 00
1	广东	148 178. 85	11 130. 96	137 047. 89	15. 47	119. 14	958 029. 26
2	上海	114 952. 33	6 391. 12	108 561. 21	11. 34	115. 57	1 013 897. 12
3	北京	99 859. 98	10 258. 30	89 601. 68	9. 28	123. 50	1 075 792. 50
4	浙江	86 374. 49	4 724. 74	81 649. 75	7. 86	124. 40	1 099 271. 56
5	江苏	76 444. 54	2 971. 60	73 472. 94	9. 37	124. 94	815 888. 34
6	山东	67 969. 55	3 109. 59	64 859. 96	10. 07	110. 13	674 905. 85
7	福建	56 777. 15	2 366. 33	54 410. 82	11. 78	129. 11	481 803. 88
8	湖南	55 535. 12	3 773. 11	51 762. 01	11. 35	121. 91	489 287. 50
9	河北	54 661. 92	1 746. 65	52 915. 27	11. 36	124. 79	481 160. 56
10	河南	54 629. 81	1 382. 17	53 247. 64	14. 03	123. 92	389 312. 77
11	深圳	52 776. 23	5 209. 51	47 566. 72	11. 79	120. 32	447 530. 46
12	重庆	51 839. 95	1 996. 78	49 843. 17	9. 49	115. 51	546 443. 31
13	湖北	40 152. 77	8 596. 22	31 556. 55	10. 79	129. 16	372 293. 61
14	辽宁	37 566. 86	3 262. 62	34 304. 24	10. 96	123. 68	342 653. 37
15	陕西	26 514. 83	1 521. 48	24 993. 35	10. 82	121. 83	244 950. 24
16	苏州	26 016. 40	2 083. 16	23 933. 24	9. 43	119. 60	275 772. 01
17	黑龙江	25 634. 72	881. 85	24 752. 87	11. 28	114. 90	227 266. 30
18	安徽	25 085. 19	857. 35	24 227. 84	9. 53	114. 27	263 156. 48
19	江西	24 865. 56	732. 69	24 132. 87	10. 17	113. 44	244 416. 01
20	云南	24 853. 57	1 386. 24	23 467. 33	7. 52	115. 45	330 661. 97
21	新疆	22 988. 37	1 544. 53	21 443. 84	12. 60	130. 91	182 433. 86
22	广西	22 889. 44	1 499. 62	21 389. 82	9. 50	103. 01	240 909. 62
23	四川	22 754. 07	1 119. 61	21 634. 46	9. 12	117. 61	249 481. 39
24	天津	21 955. 15	757. 10	21 198. 05	8. 21	110. 71	267 269. 69
25	吉林	21 852. 13	667. 47	21 184. 66	13. 67	133. 94	159 804. 26
26	厦门	21 695. 23	1 431. 29	20 263. 94	12. 89	128. 37	168 326. 53
27	山西	21 172. 21	515. 80	20 656. 41	7. 75	112. 57	273 222. 64
28	贵州	20 623. 40	757. 37	19 866. 03	10. 82	129. 78	190 572. 77
29	青岛	19 601. 99	1 433. 71	18 168. 28	11. 80	123. 56	166 111. 58
30	宁波	19 013. 10	910. 69	18 102. 41	8. 55	122. 14	222 481. 10
31	大连	16 281. 08	1 173. 46	15 107. 62	11. 02	130. 16	147 803. 37
32	内蒙古	12 056. 35	503. 40	11 552. 95	4. 78	108. 11	252 063. 95
33	甘肃	11 980. 74	570. 61	11 410. 13	9. 25	142. 22	129 465. 80
34	三峡	6 340. 35	216. 04	6 124. 31	10. 15	159. 06	62 483. 84
35	宁夏	5 559. 59	269. 74	5 289. 85	6. 67	131. 15	83 332. 82
36	海南	5 328. 54	469. 45	4 859. 09	10. 80	106. 86	49 329. 10
37	青海	4 923. 92	267. 52	4 656. 40	6. 34	131. 81	77 677. 33
38	西藏	1 459. 54	101. 59	1 357. 95	5. 67	102. 70	25 763. 49
39	总行本级	68 651. 07	9 881. 18	58 769. 89	3. 41	108. 90	2 011 358. 87

注：1. 中间业务收入中涵盖了 2006 年递延到 2007 年的收入、划归建银投资 10% 的手续费、贷记卡分配分行数、证券投资基金分配分行数及分行的汇兑净损益收入，不涵盖其他营业收入。

2. 计划完成率为计划口径（手续费 + 汇兑净损益 + 其他营业收入 − 手续费支出 − 其他营业支出）。

中国建设银行各分行借记卡主要指标统计表

2006 年 12 月

地区	发卡总量（万张）	存款余额		交易总额		特约商户（家）	购物消费额（万元）
		余额（万元）	卡均（元）	余额（万元）	卡均（元）		
总计	**18 640**	**41 608 738.48**	**2 232.24**	**446 382 140.34**	**23 947.67**	**154 789**	**21 248 485.80**
长三角	3 265	6 637 544.82	2 032.82	117 038 782.37	35 844.35	40 040	3 763 674.28
上海	663	2 323 410.77	3 504.12	18 548 458.35	27 974.42	9 370	1 799 908.02
江苏	920	1 384 233.69	1 504.54	21 271 513.46	23 120.33	5 310	698 621.20
苏州	1 193	1 968 048.09	1 649.81	60 303 905.99	50 552.50	15 419	926 933.66
浙江	140	426 616.40	3 039.90	8 716 798.48	62 112.45	4 348	171 575.22
宁波	349	535 235.87	1 534.19	8 198 106.09	23 498.84	5 593	166 636.18
珠三角	3 526	9 887 512.74	2 803.78	67 529 576.48	19 149.20	35 895	4 781 712.73
福建	1 731	4 589 216.49	2 651.35	28 629 930.76	16 540.52	12 863	1 806 510.81
厦门	552	1 675 246.32	3 036.11	9 468 882.33	17 160.81	13 753	804 811.83
广东	1 040	2 531 522.93	2 433.00	3 930 575.54	3 777.61	6 630	1 545 595.09
深圳	203	1 091 527.00	5 368.20	25 500 187.85	125 411.64	2 649	624 795.00
环渤海	4 065	8 755 993.18	2 153.95	98 007 688.56	24 109.67	22 078	5 026 945.71
北京	824	2 811 715.00	3 412.72	38 124 606.00	46 273.76	6 843	1 871 989.00
天津	380	336 690.73	884.96	5 231 284.20	13 749.93	141	345 747.32
河北	835	2 018 480.89	2 416.64	14 032 844.18	16 800.92	2 747	985 799.96
山西	322	786 567.21	2 440.03	5 731 389.26	17 779.51	274	103 542.16
内蒙古	170	24 699.00	144.93	614 539.00	3 606.06	605	216 015.10
辽宁	627	1 391 006.20	2 216.98	20 050 250.79	31 956.05	1 007	539 960.68
大连	141	362 451.13	2 570.54	3 566 476.08	25 293.80	5 068	166 512.42
山东	634	822 718.02	1 296.82	8 959 872.14	14 123.08	4 849	668 131.07
青岛	130	201 665.00	1 552.96	1 696 426.91	13 063.66	544	129 248.00
中部	3 894	7 928 287.35	2 036.23	91 112 854.03	23 400.64	32 042	3 200 268.99
安徽	352	665 012.99	1 888.07	372 400.30	1 057.30	836	161 213.48
江西	358	666 607.15	1 861.97	9 325 160.01	26 047.04	1 006	206 645.53
河南	847	1 805 720.65	2 131.70	18 234 045.99	21 525.74	8 691	1 104 378.25
湖北	738	1 511 381.77	2 048.47	20 463 607.88	27 735.55	4 344	774 575.18
三峡	89	177 079.20	1 998.94	2 084 853.89	23 534.69	750	67 207.15
湖南	996	2 078 070.04	2 087.04	39 446 812.35	39 617.09	12 727	618 829.26
广西	461	838 337.77	1 819.35	838 705.94	1 820.15	3 240	128 147.60
海南	53	186 077.78	3 484.27	347 267.67	6 502.52	448	139 272.54
西部	3 355	7 314 980.64	2 180.64	50 978 736.28	15 197.07	21 355	3 917 945.60
重庆	481	935 564.17	1 943.23	13 618 781.09	28 287.06	6 493	397 053.42
四川	1 062	2 357 312.98	2 219.06	5 274 565.22	4 965.22	7 250	1 756 498.21
贵州	227	857 475.31	3 781.43	6 548 192.05	28 877.23	1 782	104 568.93
云南	358	964 579.97	2 697.33	2 565 098.67	7 172.98	1 169	970 783.67
西藏	20	12 823.00	636.30	50 524.00	2 507.11	164	11 527.00
陕西	358	685 825.00	1 916.62	7 635 038.57	21 337.03	2 484	274 792.29
甘肃	334	422 262.71	1 265.05	211 676.97	634.16	498	124 859.28
青海	42	197 818.91	4 713.51	1 217 928.51	29 020.06	140	36 640.61
宁夏	62	137 214.00	2 219.52	920 887.02	14 895.93	179	29 359.00
新疆	411	744 104.59	1 811.21	12 936 044.18	31 487.42	1 196	211 863.19
东北	535	1 084 419.75	2 026.91	21 714 502.62	40 586.91	3 379	557 938.49
吉林	270	748 849.53	2 769.24	15 054 650.91	55 672.05	1 179	274 972.18
黑龙江	265	335 570.22	1 268.24	6 659 851.71	25 169.91	2 200	282 966.31

中国建设银行各分行双币种信用卡主要指标统计表

2006 年 12 月

地区	发卡量			消费交易额		账户活动率（%）	贷款余额（万元）	贷款不良率（迟缴 60 天以上，%）	业务收入（万元）
	本年新增（张）	累计（张）	计划完成率（%）	当年余额（万元）	计划完成率（%）				
总计	**3 219 296**	**6 341 697**	**107.24**	**4 046 661**	**134.57**	**49.17**	**465 191**	**1.74**	**60 727**
长三角	807 447	1 922 519	91.24	1 512 730	133.87	53.16	173 125	1.49	16 839
上海	235 123	736 937	71.25	813 060	135.51	61.58	92 038	1.32	6 208
江苏	229 676	509 126	102.08	310 695	147.95	47.05	30 379	1.46	3 677
苏州	65 029	132 270	108.38	59 644	119.29	52.82	8 342	1.22	974
浙江	231 399	462 145	102.84	277 764	120.77	49.32	36 141	1.81	5 184
宁波	46 220	82 041	102.71	51 568	128.92	45.74	6 224	2.45	796
珠三角	795 500	1 468 276	130.41	1 090 628	135.48	48.69	129 088	2.02	15 667
福建	168 761	341 278	102.28	253 862	169.24	53.13	29 439	1.30	3 237
厦门	45 917	79 556	102.04	60 933	135.41	56.07	8 613	0.93	843
广东	274 427	588 407	101.64	485 291	121.32	53.73	47 821	2.87	6 447
深圳	306 395	459 035	235.69	290 541	138.35	37.74	43 215	1.78	5 140
环渤海	915 586	1 619 882	109.00	749 876	130.41	45.01	82 012	1.82	9 111
北京	309 508	573 606	103.17	263 110	109.63	41.79	31 146	1.96	3 254
天津	93 053	138 129	103.39	64 789	161.97	46.46	6 307	2.38	744
河北	107 926	174 832	107.93	84 803	169.61	62.33	7 907	0.58	828
山西	24 072	31 395	160.48	13 822	138.22	47.06	1 503	2.27	161
内蒙古	57 622	66 727	230.49	19 589	195.89	48.71	3 340	1.39	292
辽宁	42 453	94 587	106.13	46 325	154.42	41.87	4 446	1.86	575
大连	45 675	89 834	101.50	52 340	116.31	41.60	5 819	1.94	834
山东	189 403	359 348	105.22	154 995	154.99	42.80	15 523	1.74	1 742
青岛	45 874	91 424	101.94	50 104	100.21	40.62	6 021	2.35	680
中部	317 885	587 515	100.92	315 571	146.78	52.05	37 108	1.86	3 984
安徽	37 479	74 335	93.70	34 919	139.68	51.87	3 933	2.46	464
江西	24 548	43 835	109.10	26 525	176.83	52.73	2 816	5.69	391
河南	60 391	107 738	100.65	65 103	217.01	55.22	7 702	1.44	672
湖北	98 261	176 823	103.43	87 580	125.11	52.08	10 794	1.50	1 163
三峡	11 971	26 682	119.71	19 865	198.65	53.32	2 270	1.49	221
湖南	70 052	121 452	107.77	52 008	115.57	49.17	6 979	1.33	730
广西	10 646	26 276	70.97	13 514	135.14	48.18	1 636	1.34	186
海南	4 537	10 374	60.49	16 057	160.57	58.30	977	1.16	155
西部	303 045	597 029	111.41	333 522	143.76	47.76	38 856	1.53	4 606
重庆	52 468	103 864	104.94	42 859	107.15	41.66	6 534	2.19	767
四川	92 377	206 981	102.64	158 042	143.67	51.82	17 916	1.60	2 094
贵州	25 253	52 620	112.24	15 884	158.84	43.70	2 582	1.57	333
云南	43 668	89 340	109.17	55 377	184.59	51.94	5 450	1.04	647
西藏	519	1 552	103.80	1 424	142.39	56.80	148	1.14	18
陕西	32 091	54 582	106.97	22 070	110.35	46.81	2 741	1.35	307
甘肃	22 854	30 851	304.72	7 873	157.47	29.72	823	1.26	83
青海	4 541	8 941	113.53	3 853	385.34	60.76	347	0.43	48
宁夏	7 573	12 820	100.97	7 101	142.01	51.60	687	1.57	93
新疆	21 701	35 478	108.51	19 038	190.38	50.14	1 629	0.40	216
东北	79 833	146 476	99.79	44 333	88.67	43.28	5 002	3.02	680
吉林	39 294	69 634	130.98	25 015	125.08	50.89	2 893	1.93	373
黑龙江	40 539	76 842	81.08	19 318	64.39	36.40	2 109	4.51	307

注：1. 业务收入包括双币种信用卡透支利息收入和中间业务收入。
2. 总计业务收入中包括直接体现在总行的双币种信用卡业务收入。
3. 分行业务收入中包括体现在分行的消费回佣收入。

中国建设银行各分行准贷记卡主要指标统计表

2006年12月

地区	发卡总量（张）	消费额（万元）	存款余额（万元）	透支余额（万元）	贷款不良率（迟缴120天以上,%）
总计	**3 722 973**	**2 302 900.43**	**1 575 714.03**	**20 450.18**	**36.38**
长三角	1 462 478	833 912.98	810 607.14	4 910.10	11.62
上海	397 823	350 677.10	334 652.98	3 450.55	8.46
江苏	776 720	299 548.38	294 960.58	412.35	15.43
苏州	139 728	141 657.99	132 915.12	887.88	20.92
浙江	67 538	18 385.80	18 033.74	89.14	23.81
宁波	80 669	23 643.71	30 044.72	70.18	11.63
珠三角	581 805	500 332.75	178 636.99	5 866.66	36.79
福建	508 434	201 074.50	146 662.64	5 162.35	37.80
厦门	41 325	269 320.68	4 026.29	461.54	38.11
广东	10 210	6 802.57	9 778.06	218.87	12.59
深圳	21 836	23 135.00	18 170.00	23.90	14.20
环渤海	906 909	735 605.41	351 379.74	7 372.03	52.23
北京	218 805	428 846.00	95 001.00	252.95	19.34
天津	48 971	33 752.95	6 325.90	3.75	4.97
河北	28 567	106 571.62	23 853.18	60.58	32.32
山西	49 757	90 904.84	26 683.21	3 540.97	40.74
内蒙古	89 340	30 307.76	137 613.68	452.37	8.24
辽宁	146 025	7 399.30	22 729.75	238.57	91.00
大连	23 400	3 809.43	6 209.96	2.19	36.02
山东	254 174	31 753.51	29 681.06	1 022.40	28.14
青岛	47 870	2 260.00	3 282.00	1 798.25	99.91
中部	429 007	63 928.17	88 194.05	1 270.56	49.42
安徽	92 590	11 931.63	7 262.45	27.15	17.24
江西	30 591	8 818.89	6 702.66	36.69	45.65
河南	6 977	5 330.64	8 809.77	332.71	71.90
湖北	174 078	20 924.78	39 544.62	334.10	26.37
三峡	11 913	1 083.22	1 169.96	72.88	34.61
湖南	40 207	8 807.24	5 259.03	52.30	35.24
广西	61 572	4 367.16	16 825.47	404.55	58.14
海南	11 079	2 664.61	2 620.09	10.18	3.19
西部	169 920	91 560.89	70 644.77	272.88	32.68
重庆	22 661	1 888.78	3 072.42	0.52	0.00
四川	24 139	36 792.54	19 652.25	161.11	20.41
贵州	5 872	23.22	212.25	0.51	24.39
云南	15 054	26 477.19	15 752.63	22.59	12.19
西藏	2 570	224.00	3 274.00	2.51	54.78
陕西	26 705	11 997.20	5 951.45	2.44	94.10
甘肃	36 697	8 081.99	8 335.17	52.30	77.17
青海	10 574	2 733.30	4 930.90	13.01	37.38
宁夏	1 455	904.00	2 145.00	8.41	36.99
新疆	24 193	2 438.67	7 318.70	9.48	15.03
东北	172 854	77 560.23	76 251.34	757.95	18.96
吉林	60 740	19 474.32	44 939.59	546.87	6.55
黑龙江	112 114	58 085.91	31 311.75	211.08	51.13

中国建设银行各分行电子银行业务主要指标统计表

2006 年 12 月

行名	客户数		交易额		交易量		人工服务量	
	期末数（万户）	比年初（万户）	期末数（亿元）	比上季（亿元）	期末数（亿元）	比上季（亿元）	期末数（万笔）	比上季（万笔）
总计	**4 328.83**	**1 189.56**	**306 868.09**	**192 148.23**	**81 079.57**	**27 896.38**	**6 931.22**	**2 626.79**
总行本级	0.01	0.00	2 102.87	896.40	276.92	112.92	0.00	0.00
总行短信平台	678.31	362.94	0.00	0.00	5 102.07	2 918.13	0.00	0.00
卡中心	0.00	0.00	0.00	0.00	2 065.11	707.23	948.96	322.56
长三角	636.55	185.99	90 341.70	61 506.18	15 677.32	4 739.06	740.92	343.28
上海	151.01	43.73	71 819.57	54 898.69	5 411.70	1 564.55	264.33	73.61
江苏	162.31	39.64	6 197.12	2 388.04	2 842.86	957.85	296.34	209.62
浙江	249.32	79.14	9 884.10	3 313.79	5 349.09	1 684.49	115.47	39.06
宁波	39.23	14.76	1 111.55	413.43	940.00	275.31	35.14	11.29
苏州	34.67	8.73	1 329.36	492.22	1 133.67	256.86	29.63	9.70
珠三角	1 114.98	170.02	116 645.31	95 962.29	19 586.23	6 292.98	1 933.30	567.18
广东	756.36	65.34	8 160.26	3 255.55	8 484.96	3 080.77	883.21	364.90
深圳	125.69	39.36	101 674.39	90 432.82	3 897.11	1 141.81	241.00	61.28
福建	163.40	41.73	5 019.80	1 579.22	5 062.36	1 402.70	740.51	121.84
厦门	69.53	23.59	1 790.86	694.70	2 141.80	667.71	68.59	19.16
环渤海	660.11	152.44	60 226.90	21 036.12	13 991.44	4 842.49	972.32	313.11
北京	137.46	38.67	41 397.94	14 967.98	3 892.50	1 285.34	386.00	106.71
天津	46.86	15.41	1 900.90	700.72	574.44	168.50	49.94	20.98
河北	117.19	30.20	3 036.86	1 033.28	1 748.18	628.31	77.41	42.61
山西	32.21	2.67	997.78	294.98	524.79	196.59	23.56	7.54
内蒙古	15.43	8.85	1 903.15	637.06	432.97	181.24	6.67	3.44
辽宁	96.44	6.39	2 687.21	927.18	2 078.84	612.69	52.72	14.19
大连	33.15	4.65	732.71	256.32	977.50	321.74	258.39	75.62
山东	157.34	39.94	5 861.13	1 707.64	3 263.68	1 290.36	93.21	35.32
青岛	24.02	5.65	1 709.23	510.96	498.53	157.72	24.42	6.71
中部	590.49	118.19	19 072.49	6 093.86	13 196.63	4 176.40	1 100.43	413.72
河南	150.34	52.62	5 575.10	1 616.84	3 717.17	1 218.65	232.84	76.25
湖北	103.97	-11.51	2 867.39	994.32	2 286.86	654.40	371.51	97.08
湖南	147.55	32.90	3 599.55	1 311.47	1 950.91	635.52	75.18	22.59
江西	66.76	4.51	2 175.07	737.24	1 097.16	-70.38	168.43	100.07
安徽	52.62	24.03	1 467.07	312.42	915.67	448.48	23.26	9.00
广西	43.87	8.84	2 245.18	710.54	2 511.99	890.24	199.29	99.88
海南	11.03	1.91	247.96	76.16	180.32	56.60	15.64	7.37
三峡	14.36	4.89	895.17	334.86	536.54	342.89	14.28	1.50
西部	527.66	168.73	14 468.22	5 184.36	9 440.40	3 484.75	1 076.87	585.34
四川	148.40	39.82	5 087.51	1 720.14	2 588.97	846.04	235.63	114.88
重庆	65.53	28.76	1 325.34	540.28	1 199.78	461.56	77.82	50.17
云南	43.86	12.87	1 888.75	670.90	730.35	211.56	154.47	29.01
贵州	26.03	6.68	714.76	259.23	359.12	126.79	18.00	6.90
陕西	99.57	17.30	2 571.45	841.24	1 426.12	695.35	408.03	244.10
青海	4.92	1.97	359.68	114.72	71.47	21.33	8.85	0.85
宁夏	8.12	4.55	216.10	67.92	67.04	22.05	5.47	0.92
甘肃	25.93	19.72	287.01	106.60	711.22	413.34	23.63	9.19
新疆	104.69	36.62	1 998.81	856.22	2 272.94	680.86	144.51	129.05
西藏	0.62	0.43	18.80	7.09	13.39	5.86	0.45	0.27
东北	120.72	31.25	4 010.60	1 469.03	1 743.46	622.44	158.43	81.59
黑龙江	64.60	17.26	2 572.62	969.11	1 003.99	315.78	46.72	11.84
吉林	56.12	13.99	1 437.98	499.92	739.46	306.66	111.71	69.76

注：电子银行交易额含个人网上银行、企业网上银行、呼叫中心、重要客户服务系统、手机银行、分行企业银行。

中国建设银行100个中心城市行各项存款综合排名表（本外币）

2006年12月　　　　（单位：亿元）

名次	地区	各项存款		其中：对公存款		其中：储蓄存款	
		本期余额	比年初新增	本期余额	比年初新增	本期余额	比年初新增
	100城市小计	36 062.03	5 273.76	19 463.59	2 966.00	16 598.44	2 307.76
1	北京	4 198.43	656.40	2 918.32	434.87	1 280.11	221.53
2	上海	3 389.44	412.00	2 143.74	223.96	1 245.70	188.04
3	广州	1 637.05	120.49	725.79	42.75	911.26	77.74
4	深圳	1 449.40	391.32	930.06	302.45	519.34	88.87
5	成都	1 239.75	195.36	675.52	115.92	564.23	79.44
6	苏州	779.99	211.46	466.02	155.37	313.97	56.09
7	杭州	766.37	127.67	493.75	83.07	272.62	44.60
8	重庆	740.80	108.60	359.20	55.82	381.60	52.78
9	沈阳	696.65	66.67	370.15	40.73	326.50	25.94
10	武汉	683.86	67.11	316.76	15.33	367.10	51.78
11	天津	671.35	83.16	392.58	36.25	278.77	46.91
12	西安	641.57	87.50	327.56	55.18	314.01	32.32
13	南京	591.10	63.04	352.58	36.16	238.52	26.88
14	长沙	564.50	101.78	342.92	65.88	221.58	35.90
15	济南	504.41	58.97	313.07	33.21	191.34	25.76
16	宁波	502.28	93.06	300.67	57.80	201.61	35.25
17	福州	501.51	85.30	206.60	41.97	294.91	43.33
18	大连	485.04	63.59	239.90	32.93	245.14	30.66
19	石家庄	473.74	37.57	272.22	16.60	201.52	20.97
20	哈尔滨	467.09	98.74	258.56	79.67	208.53	19.07
21	昆明	460.59	49.33	250.97	16.70	209.62	32.63
22	厦门	458.36	85.03	243.69	53.84	214.67	31.18
23	东莞	453.89	48.71	158.42	13.91	295.47	34.80
24	温州	432.24	74.67	184.75	24.68	247.49	50.00
25	无锡	412.82	59.74	183.39	26.05	229.43	33.69
26	郑州	399.04	58.34	179.22	27.43	219.82	30.92
27	青岛	371.46	45.70	191.84	22.54	179.62	23.16
28	南宁	358.58	52.75	209.09	33.73	149.48	19.02
29	泉州	354.71	57.58	115.99	23.83	238.72	33.76
30	常州	345.95	61.01	148.75	26.86	197.20	34.15
31	唐山	342.93	52.99	141.33	21.90	201.60	31.10
32	佛山	334.13	41.07	144.73	12.16	189.40	28.91
33	乌鲁木齐	325.58	33.30	166.88	15.64	158.70	17.66
34	长春	319.25	38.73	131.81	19.55	187.44	19.18
35	南通	302.65	51.92	114.75	24.84	187.90	27.08
36	南昌	299.34	42.90	174.42	22.87	124.92	20.03
37	太原	297.67	58.92	163.15	32.84	134.52	26.08
38	兰州	295.09	31.27	162.05	21.72	133.04	9.55
39	贵阳	273.39	51.46	170.71	32.74	102.68	18.72
40	金华	249.53	45.93	125.31	18.67	124.23	27.26
41	绍兴	244.66	48.62	143.33	30.84	101.33	17.78
42	嘉兴	242.78	38.29	133.11	22.42	109.67	15.87
43	邯郸	222.32	31.15	90.35	12.79	131.97	18.36
44	合肥	215.57	24.40	122.41	9.48	93.16	14.92
45	惠州	214.10	41.04	96.00	25.11	118.10	15.93
46	大庆	213.80	30.50	103.52	19.31	110.27	11.19
47	中山	209.84	46.95	91.64	24.31	118.20	22.63

续表

名次	地区	各项存款		其中：对公存款		其中：储蓄存款	
		本期余额	比年初新增	本期余额	比年初新增	本期余额	比年初新增
48	保定	197.97	29.82	71.88	12.01	126.09	17.82
49	台州	188.87	34.40	100.10	19.48	88.78	14.92
50	西宁	185.53	30.31	111.83	18.83	73.70	11.48
51	江门	185.46	20.22	63.53	9.45	121.93	10.77
52	珠海	175.56	24.86	84.05	13.61	91.51	11.25
53	沧州	174.39	20.40	52.23	8.12	122.16	12.27
54	呼和浩特	171.91	24.44	106.49	11.86	65.42	12.57
55	烟台	171.74	26.84	96.06	17.12	75.68	9.72
56	海口	170.91	19.57	107.30	14.36	63.61	5.21
57	扬州	170.15	20.59	74.58	10.24	95.57	10.35
58	汕头	159.10	15.37	55.88	5.72	103.22	9.65
59	洛阳	158.94	21.17	61.16	6.90	97.78	14.27
60	济宁	157.27	12.97	82.85	5.37	74.43	7.60
61	襄樊	155.65	16.38	55.11	3.51	100.54	12.87
62	泰州	155.31	25.83	67.76	13.39	87.54	12.44
63	鞍山	152.63	17.94	50.03	5.78	102.60	12.16
64	潍坊	151.28	14.98	65.51	4.36	85.77	10.62
65	三峡	148.62	24.94	66.73	12.98	81.88	11.95
66	淄博	145.57	6.74	63.77	-3.30	81.80	10.04
67	银川	145.44	32.13	92.51	22.62	52.93	9.51
68	徐州	144.17	20.84	62.58	13.81	81.60	7.03
69	东营	133.03	20.67	66.45	11.26	66.58	9.42
70	镇江	127.48	22.21	57.21	10.63	70.27	11.58
71	湛江	125.95	25.84	56.62	18.20	69.33	7.63
72	柳州	118.52	4.76	50.50	-2.72	68.02	7.48
73	盘锦	116.67	25.87	49.48	20.02	67.19	5.85
74	邢台	114.54	5.02	36.40	-1.47	78.14	6.49
75	荆州	114.28	17.70	37.03	8.65	77.26	9.06
76	拉萨	111.29	8.96	91.75	5.53	19.54	3.43
77	茂名	110.89	8.75	34.87	2.34	76.02	6.41
78	漳州	108.47	16.11	45.14	7.57	63.33	8.54
79	绵阳	108.24	10.97	47.44	2.30	60.80	8.66
80	株洲	108.23	22.84	41.86	11.25	66.36	11.59
81	湖州	103.03	16.05	54.52	8.00	48.51	8.05
82	盐城	102.63	12.42	50.04	6.79	52.59	5.63
83	秦皇岛	97.53	9.83	43.81	4.83	53.72	5.00
84	丽水	93.51	18.87	50.75	11.43	42.77	7.45
85	德阳	93.34	8.14	41.89	1.25	51.45	6.88
86	临沂	92.06	6.49	51.44	0.73	40.63	5.76
87	舟山	90.53	16.37	57.71	11.70	32.82	4.67
88	莆田	86.58	17.03	20.62	5.74	65.95	11.29
89	桂林	86.57	8.92	31.86	3.22	54.71	5.70
90	濮阳	78.50	5.88	17.10	-0.90	61.39	6.78
91	咸阳	78.30	7.68	27.73	3.24	50.57	4.43
92	十堰	75.36	11.75	35.71	5.80	39.65	5.95
93	衢州	75.07	11.97	46.87	7.51	28.20	4.46
94	三明	73.03	10.65	34.88	4.27	38.15	6.38
95	岳阳	66.04	13.49	21.01	4.04	45.03	9.45
96	玉溪	64.66	4.20	41.52	1.52	23.14	2.68
97	本溪	56.41	2.79	23.19	1.60	33.22	1.19
98	蚌埠	54.79	-0.90	26.73	-2.71	28.06	1.81
99	宝鸡	51.85	4.71	17.38	2.10	34.47	2.61
100	锦州	43.58	4.91	14.56	3.38	29.02	1.53

中国建设银行100个中心城市行各项贷款综合排名表（本外币）

2006年12月　　　　（单位：亿元）

名次	地区	各项贷款		其中：对公贷款		其中：个人贷款	
		本期余额	比年初新增	本期余额	比年初新增	本期余额	比年初新增
	100城市小计	22 801.76	2 932.66	17 769.55	1 839.60	5 032.21	1 093.05
1	北京	2 014.67	73.94	1 571.92	50.22	442.75	23.72
2	上海	1 972.89	87.95	1 545.92	75.98	426.97	11.97
3	深圳	1 007.34	291.57	653.53	180.49	353.81	111.08
4	成都	849.84	130.71	668.72	76.33	181.12	54.38
5	广州	797.89	-5.83	649.48	-14.73	148.41	8.91
6	杭州	729.36	85.99	532.37	55.88	196.99	30.12
7	天津	682.71	100.76	608.97	85.39	73.74	15.37
8	苏州	660.99	183.25	496.58	123.96	164.41	59.29
9	重庆	554.88	95.40	426.92	62.18	127.96	33.22
10	宁波	500.49	118.43	394.77	89.41	105.72	29.02
11	长沙	489.47	96.99	432.07	81.78	57.40	15.21
12	南京	483.91	50.54	412.27	39.48	71.64	11.06
13	武汉	473.70	-0.14	369.03	-33.55	104.67	33.41
14	沈阳	407.61	52.27	285.11	24.62	122.50	27.65
15	西安	365.55	43.06	308.43	31.96	57.12	11.10
16	厦门	364.71	101.89	250.77	74.87	113.94	27.02
17	济南	354.94	13.95	312.43	5.16	42.51	8.79
18	青岛	350.71	54.00	236.96	29.19	113.75	24.81
19	昆明	344.77	49.27	248.57	34.01	96.20	15.26
20	福州	333.82	54.32	205.56	0.16	128.26	54.16
21	温州	332.27	42.16	199.38	9.48	132.89	32.68
22	大连	326.32	66.10	261.05	47.02	65.27	19.08
23	郑州	309.24	-55.61	247.66	-76.18	61.58	20.58
24	无锡	289.02	68.59	240.63	57.78	48.39	10.81
25	南宁	282.79	49.70	213.05	31.11	69.75	18.58
26	哈尔滨	266.22	17.52	219.14	7.75	47.08	9.77
27	金华	258.86	48.01	182.28	20.60	76.58	27.41
28	常州	248.09	52.57	188.68	38.66	59.41	13.92
29	泉州	240.75	65.57	187.40	50.75	53.35	14.82
30	南昌	234.29	29.73	172.74	6.22	61.55	23.51
31	贵阳	233.66	50.26	203.10	44.33	30.56	5.93
32	石家庄	222.26	4.28	192.42	-3.98	29.84	8.25
33	嘉兴	214.41	29.57	161.63	20.65	52.79	8.92
34	绍兴	213.00	44.50	162.18	27.50	50.82	17.00
35	太原	211.07	20.11	190.83	21.07	20.24	-0.96
36	长春	207.92	7.16	190.71	1.42	17.21	5.74
37	乌鲁木齐	196.03	-0.57	169.87	-1.57	26.17	1.01
38	南通	193.00	48.13	158.12	35.60	34.87	12.54
39	唐山	190.85	40.86	170.13	38.00	20.72	2.86
40	合肥	171.34	27.77	109.33	11.83	62.02	15.94
41	台州	166.26	32.20	114.16	23.40	52.10	8.80
42	兰州	161.63	4.05	151.94	6.52	9.69	-2.48
43	佛山	160.45	29.23	129.77	24.03	30.68	5.20
44	呼和浩特	144.52	17.75	138.35	15.42	6.16	2.33
45	邯郸	143.49	26.62	133.20	25.54	10.28	1.08
46	东莞	136.83	28.86	87.91	16.81	48.92	12.06
47	三峡	132.29	20.30	115.47	13.04	16.82	7.26

续表

名次	地区	各项贷款		其中：对公贷款		其中：个人贷款	
		本期余额	比年初新增	本期余额	比年初新增	本期余额	比年初新增
48	烟台	127.85	6.95	100.53	1.62	27.32	5.33
49	西宁	111.81	15.06	105.14	12.87	6.68	2.19
50	淄博	109.83	14.95	80.48	11.03	29.35	3.92
51	潍坊	108.67	28.28	85.99	21.20	22.68	7.07
52	镇江	105.29	25.91	84.75	19.04	20.54	6.87
53	湖州	102.99	17.67	76.42	10.69	26.57	6.98
54	泰州	102.87	26.28	85.77	18.49	17.10	7.80
55	扬州	94.12	18.95	76.40	12.50	17.72	6.45
56	临沂	88.39	20.63	70.52	12.12	17.87	8.51
57	银川	87.43	9.78	80.79	8.25	6.64	1.53
58	惠州	83.70	16.68	55.87	9.33	27.82	7.35
59	济宁	83.03	-12.26	56.68	-19.71	26.35	7.45
60	丽水	82.80	18.24	45.46	6.12	37.34	12.11
61	漳州	82.60	13.85	60.93	4.97	21.67	8.88
62	舟山	79.41	15.67	61.28	12.21	18.13	3.47
63	东营	77.78	12.30	68.16	10.89	9.62	1.40
64	衢州	76.32	12.25	59.05	8.50	17.27	3.75
65	江门	75.86	10.45	52.84	10.76	23.01	-0.32
66	秦皇岛	75.07	18.56	62.71	12.68	12.36	5.88
67	中山	73.10	19.64	38.85	10.61	34.25	9.02
68	三明	72.16	12.84	56.84	6.76	15.33	6.07
69	洛阳	69.13	14.23	54.01	10.09	15.11	4.13
70	盐城	68.78	10.81	58.79	6.50	9.99	4.31
71	徐州	68.22	-1.99	55.20	-5.48	13.03	3.49
72	海口	68.02	-8.36	44.11	-10.65	23.91	2.29
73	沧州	63.72	6.41	55.64	3.84	8.08	2.57
74	柳州	61.42	-2.17	40.55	-5.17	20.87	3.00
75	襄樊	59.55	14.73	48.18	9.74	11.37	4.99
76	邢台	58.96	2.37	52.75	-0.26	6.20	2.62
77	珠海	58.60	8.27	26.23	5.97	32.36	2.30
78	保定	53.62	19.42	44.87	14.49	8.75	4.93
79	汕头	52.45	6.69	45.03	6.84	7.42	-0.15
80	拉萨	52.36	8.02	46.11	6.27	6.25	1.74
81	株洲	51.74	8.77	32.03	2.03	19.71	6.74
82	莆田	50.10	7.53	33.75	2.44	16.34	5.08
83	湛江	44.43	8.05	40.82	6.94	3.62	1.11
84	十堰	39.77	15.17	34.30	11.62	5.47	3.55
85	岳阳	32.97	1.53	31.02	0.90	1.95	0.62
86	桂林	31.70	-21.95	21.87	-22.97	9.83	1.02
87	玉溪	30.66	1.42	28.53	1.15	2.13	0.27
88	鞍山	29.61	5.64	22.62	5.42	6.99	0.21
89	茂名	29.59	-3.99	24.06	-5.21	5.53	1.22
90	本溪	28.27	4.09	23.75	2.16	4.53	1.93
91	绵阳	25.37	-0.91	18.41	-0.53	6.96	-0.37
92	锦州	21.77	6.61	18.13	6.39	3.63	0.23
93	蚌埠	21.67	-0.50	16.43	-2.26	5.24	1.77
94	荆州	21.55	-0.41	20.63	-1.10	0.92	0.69
95	盘锦	17.04	3.71	14.33	2.01	2.71	1.71
96	德阳	15.67	-0.77	11.98	-1.32	3.69	0.55
97	大庆	13.63	2.63	11.79	3.34	1.85	-0.71
98	宝鸡	12.61	-0.09	10.85	0.14	1.76	-0.22
99	咸阳	11.04	0.82	8.39	0.32	2.65	0.50
100	濮阳	9.55	0.46	7.42	-0.57	2.13	1.03

中国建设银行各项存款市场占比表（本外币、分地区）

2006 年 12 月

地区	一般性存款				其中：对公存款				其中：个人存款			
	余额（亿元）	占比（%）	比年初（亿元）	占比（%）	余额（亿元）	占比（%）	比年初（亿元）	占比（%）	余额（亿元）	占比（%）	比年初（亿元）	占比（%）
全国总计	**46 266.64**	**24.57**	**6 858**	**30.33**	**24 388.52**	**28.03**	**3 760.40**	**30.12**	**21 878.12**	**21.60**	**3 097.50**	**30.59**
总行本级	717.96	25.55	137.22	146.48	654.45	29.10	91.57	-195.83	63.51	11.31	45.66	32.51
长三角	9 641.61	23.97	1 503.57	27.87	5 529.41	27.41	842.76	27.55	4 112.19	20.50	660.80	28.29
上海	3 389.41	25.83	412.12	27.17	2 179.43	31.95	218.57	24.59	1 209.98	19.20	193.54	30.82
江苏	2 484.31	23.23	354.86	25.82	1 188.38	24.54	174.84	24.29	1 295.92	22.14	180.02	27.50
苏州	779.31	20.47	210.91	31.92	467.57	21.83	154.90	35.34	311.74	18.72	56.01	25.18
浙江	2 486.30	23.74	432.61	28.60	1 392.60	26.69	236.76	28.97	1 093.70	20.80	195.85	28.16
宁波	502.28	23.60	93.07	28.16	301.43	26.20	57.69	29.59	200.85	20.53	35.38	26.10
珠三角	7 336.88	24.61	1 153.24	36.74	3 450.44	28.93	653.15	40.71	3 886.44	21.73	500.10	32.59
福建	1 295.82	29.95	212.14	34.15	511.99	32.10	94.00	29.61	783.83	28.70	118.15	38.90
厦门	457.94	37.24	84.6	44.21	247.38	35.48	52.20	39.36	210.56	39.55	32.40	55.15
广东	4 133.72	21.36	465.18	25.82	1 749.11	25.00	203.77	23.66	2 384.61	19.29	261.41	27.81
深圳	1 449.4	29.59	391.32	74.56	941.96	35.71	303.18	103.52	507.44	22.45	88.14	38.00
环渤海	12 639.19	22.95	1 765.95	25.72	7 100.86	25.39	981.48	23.74	5 538.31	20.44	784.49	28.72
北京	4 198.51	21.51	656.2	26.87	2 938.71	22.70	434.79	24.20	1 259.80	19.17	221.42	34.33
天津	671.4	18.00	83.15	21.45	394.14	20.89	37.75	18.79	277.26	15.05	45.40	24.31
河北	1 958.98	26.04	237.99	23.74	846.53	29.71	96.77	21.27	1 112.45	23.80	141.22	25.79
山西	958.74	20.14	212.33	27.42	476.79	22.76	122.80	27.61	481.94	18.08	89.53	27.17
内蒙古	577.46	22.05	86.69	22.86	307.17	27.20	42.52	21.18	270.29	18.15	44.17	24.75
辽宁	1 431.85	27.54	153.18	38.86	636.50	36.02	81.83	40.48	795.34	23.17	71.35	37.15
大连	485.05	25.80	65.45	26.52	247.82	31.70	35.55	23.35	237.23	21.60	29.90	31.61
山东	1 985.76	24.38	225.27	22.20	1 060.70	27.77	106.93	18.54	925.06	21.38	118.34	27.03
青岛	371.44	21.97	45.69	20.38	192.50	27.88	22.54	21.65	178.94	17.89	23.16	19.28
中部	7 047.21	26.29	1 051.34	33.21	3 207.47	31.10	483.35	32.89	3 839.73	23.28	567.98	33.49
安徽	951.23	23.35	128.76	25.20	443.80	26.63	58.53	25.53	507.43	21.09	70.23	24.93
江西	689.45	23.61	103.67	30.56	355.73	30.26	56.30	34.72	333.72	19.13	47.36	26.75
河南	1 368.93	23.48	200.67	35.39	545.15	27.40	71.19	27.31	823.78	21.45	129.48	42.28
湖北	1 395.8	29.66	178.23	34.91	583.65	33.51	63.53	32.78	812.14	27.40	114.70	36.22
三峡	148.61	37.19	24.94	51.58	66.73	41.43	12.99	50.98	81.88	34.32	11.95	52.23
湖南	1 445.28	32.14	271.55	39.76	656.63	38.41	133.42	42.56	788.65	28.29	138.13	37.39
广西	788.93	23.93	104.23	28.41	390.52	28.68	57.06	28.85	398.41	20.58	47.17	27.91
海南	258.98	23.90	39.29	28.09	165.26	32.47	30.33	34.89	93.72	16.31	8.96	16.92
西部	7 135.92	26.98	972.57	28.83	3 685.78	30.69	522.98	27.47	3 450.16	23.90	449.59	30.59
重庆	740.29	27.99	108.23	32.15	359.50	34.91	55.38	32.44	380.80	23.58	52.85	31.85
四川	2 029.01	28.32	288.66	31.89	943.49	32.95	143.18	29.79	1 085.53	25.24	145.48	34.26
贵州	553.31	27.26	70.32	32.75	314.13	29.29	36.29	32.94	239.18	24.98	34.03	32.53
云南	962.96	26.04	124.85	25.74	547.04	29.30	56.92	21.35	415.92	22.72	67.93	31.11
西藏	143.81	29.86	13.48	23.23	117.11	32.57	9.38	21.34	26.70	21.88	4.10	29.10
陕西	1 031.17	24.55	126.72	23.17	508.43	27.65	72.35	23.32	522.74	22.13	54.37	22.98
甘肃	571.01	27.15	78.2	31.29	276.96	30.06	44.95	32.55	294.05	24.88	33.25	29.74
青海	241.1	36.55	39.75	39.30	142.92	41.64	24.48	39.69	98.18	31.03	15.27	38.69
宁夏	214.89	35.74	34.69	39.56	126.94	43.03	21.17	40.17	87.95	28.71	13.52	38.66
新疆	648.37	22.63	87.67	22.57	349.26	24.59	58.88	21.90	299.11	20.71	28.79	24.09
东北	1 747.41	24.74	273.56	49.46	759.64	32.85	184.55	54.31	987.78	20.79	89.02	41.74
吉林	650.52	22.88	93.87	39.03	245.19	26.20	51.69	39.75	405.34	21.25	42.19	38.17
黑龙江	1 096.89	25.99	179.69	57.50	514.45	37.38	132.86	63.34	582.44	20.48	46.83	45.57

注：本表数据来源于人民银行信贷收支月报，与建行存款差异为不含“邮政储汇局存款”。

中国建设银行各项贷款市场占比表（本外币、分地区）

2006年12月

地区	各项贷款				其中：对公贷款		其中：个人贷款	
	余额（亿元）	占比（%）	比年初（亿元）	占比（%）	余额（亿元）	占比（%）	余额（亿元）	占比（%）
全国总计	**28 043.89**	**24.55**	**3 782.02**	**31.68**	**22 196.50**	**23.59**	**5 847.39**	**29.06**
总行本级	279.49	5.96	-72.80	-53.31	234.90	5.13	44.59	41.67
长三角	7 148.25	24.62	1 060.72	28.47	5 467.50	23.70	1 680.75	28.15
上海	1 973.03	24.67	88.09	18.64	1 547.21	24.25	425.82	26.31
江苏	1 757.94	24.47	324.66	30.87	1 436.40	23.70	321.54	28.62
苏州	660.98	21.26	183.25	36.01	-2.26	-0.09	663.24	22.79
浙江	2 255.81	25.76	346.29	27.51	2 150.08	32.82	105.73	30.10
宁波	500.49	25.16	118.43	27.28	336.07	19.94	164.42	34.81
珠三角	3 996.74	23.89	708.06	33.59	2 844.55	22.33	1 152.19	28.86
福建	955.77	32.16	190.62	43.07	560.56	24.74	395.21	40.93
厦门	364.72	36.02	101.89	41.29	10.86	1.44	353.86	43.98
广东	1 668.91	17.79	123.98	15.84	1 379.73	18.63	289.18	20.00
深圳	1 007.34	29.92	291.57	45.87	893.40	38.57	113.94	33.68
环渤海	7 588.31	32.63	936.56	31.95	3 500.10	18.69	4 088.21	90.30
北京	2 014.74	33.84	74.06	21.95	1 571.51	33.42	443.23	35.44
天津	682.71	25.66	100.78	34.08	608.97	26.58	73.74	19.97
河北	991.14	24.36	160.75	33.03	849.29	24.47	141.85	23.72
山西	516.56	22.72	96.11	44.54	228.57	10.99	287.99	19.49
内蒙古	550.77	28.44	119.96	39.19	436.63	24.63	114.14	16.16
辽宁	693.62	26.43	102.30	91.05	628.35	29.07	65.27	35.10
大连	326.33	27.74	66.11	44.80	-2 486.70	-258.96	2 813.03	30.21
山东	1 461.73	22.89	162.49	18.41	1 424.11	26.42	37.62	28.92
青岛	350.71	28.01	54.00	36.63	239.38	24.58	111.33	41.03
中部	4 125.52	22.60	481.17	31.50	1 981.52	12.56	2 144.00	86.35
安徽	522.25	19.96	87.16	26.31	399.53	18.19	122.72	29.18
江西	490.89	25.83	55.51	30.36	384.30	24.43	106.59	32.55
河南	734.48	20.62	54.54	27.24	612.06	19.26	122.42	28.97
湖北	737.21	29.04	66.16	30.23	614.80	28.42	122.41	34.46
三峡	132.29	35.06	20.29	66.48	103.18	30.04	29.11	49.76
湖南	923.97	33.97	149.80	54.44	907.14	38.28	16.83	35.00
广西	479.25	21.48	48.77	18.03	-922.91	-53.44	1 402.16	24.27
海南	105.18	19.03	-1.06	-5.89	-116.57	-25.03	221.75	33.44
西部	4 146.41	24.33	587.74	39.58	3 259.65	22.51	886.76	34.61
重庆	554.85	30.45	95.36	43.11	405.95	27.53	148.90	36.82

续表

地区	各项贷款				其中：对公贷款		其中：个人贷款	
	余额（亿元）	占比（%）	比年初（亿元）	占比（%）	余额（亿元）	占比（%）	余额（亿元）	占比（%）
四川	1 076.27	25.87	168.66	34.92	1 003.38	28.97	72.89	31.78
贵州	389.87	24.01	75.99	42.27	318.01	22.50	71.86	34.68
云南	643.62	25.15	96.15	28.37	548.19	26.22	95.43	31.81
西藏	69.15	35.04	8.70	36.14	61.97	41.96	7.18	22.24
陕西	499.77	25.02	64.00	52.67	485.10	28.97	14.67	22.28
甘肃	295.20	27.51	12.68	78.27	274.57	29.20	20.63	15.55
青海	127.77	30.94	17.66	54.91	85.86	22.93	41.91	18.64
宁夏	162.83	32.86	27.35	44.63	151.78	35.62	11.05	21.14
新疆	327.08	24.92	21.19	305.77	-75.18	-6.92	402.26	18.55
东北	759.35	14.42	80.74	108.40	558.22	11.66	201.13	41.99
吉林	347.89	22.95	47.36	68.51	309.25	23.77	38.64	17.96
黑龙江	411.46	22.62	33.38	623.93	248.97	16.00	162.49	30.95

注：本表数据来源于人民银行信贷收支月报。

第七部分　专题与调查研究

专题与调研报告

澳大利亚商业银行会计和营业机构管理考察报告

考察团

2006 年 1 月 11 日至 18 日，范一飞副行长率领考察团一行六人赴澳大利亚，访问了澳大利亚国民银行（以下简称国民银行）、澳大利亚联邦银行（以下简称联邦银行）和澳新银行，重点考察了三家银行的会计管理和营业机构管理。三家银行的很多做法值得我们学习，对于建设银行改革会计管理体制和优化营业网点布局具有一定的借鉴意义。

一、三家银行的基本情况

国民银行、联邦银行和澳新银行分别成立于 1858 年、1953 年和 1840 年，经过多年的扩张、重组和并购，目前在澳大利亚四家全国性商业银行中，资产总额分别排名第一、第二和第三。国民银行和澳新银行总部在墨尔本，联邦银行总部在悉尼。三家银行均为上市银行，业务范围广泛，不仅包括传统商业银行业务，还包括基金管理、信托、保险、租赁等。

三家银行基本情况如表 1 所示。

表 1　　三家银行基本情况

项目	国民银行	联邦银行	澳新银行
资产总额（亿澳元）	4 195.88	3 290.35	2 931.85
负债总额（亿澳元）	3 853.08	3 029.75	2 736.97
股东权益（亿澳元）	342.80	260.60	194.88
净利润（亿澳元）	41.32	39.91	30.18
净资产收益率（%）	16.60	15.60	17.40
资产收益率（%）	0.90	1.10	1.06
资本充足率（%）	10.50	9.75	10.50
成本收入比率（%）	43.78	50.20	45.60
分支机构（个）	786	1 006	1 173
员工数量（人）	38 933	35 313	30 976

注：国民银行和澳新银行为截至 2005 年 9 月 30 日会计年度的数字，联邦银行为截至 2005 年 6 月 30 日会计年度的数字。

三家银行虽然历史悠久，但都较重视内部改革，调整业务发展战略，强调以客户为中心，简化业务流程。

国民银行制定为期3年的重振计划，提出“新思维、新行动”（New Thinking，New Action）的口号，并调整地区运作模式，以向客户提供更灵活、更优质的服务。2005年度，国民银行重组费用为8.38亿澳元，裁员1 834人（两年内计划裁员4 662人）。

联邦银行2003年发起为期3年的“新银行改革”（New Bank）计划，计划主旨是“加强以客户为中心的服务，加强员工参与程度，简化业务流程”。预计3年内将投入14.8亿澳元，其中：6亿澳元用于正常的项目开支，6.2亿澳元用于系统和流程再造、信息技术和员工培训，2.6亿澳元用于营业网点改造。2005年，联邦银行围绕“新银行改革”计划展开业务创新工作，全年效益达7.24亿澳元。

二、会计管理情况

在国民银行和澳新银行，考察团重点考察了会计管理情况，其主要特点如下：

（一）矩阵式的汇报关系

国民银行按地区进行管理，分为澳大利亚总部、英国总部、新西兰总部、全球机构市场和服务部。在地区总部下进一步细分，如澳大利亚总部下包括商业和私人银行、零售银行、财富管理、亚洲等业务条线。澳新银行将全部业务划分为个人业务、机构业务、新西兰业务、公司业务、亚太等分部进行管理。

在财会管理上，两家银行都采取矩阵式汇报关系。总行的财会管理团队，直接向首席财务官汇报。条线的财会负责人，在向条线负责人汇报的同时，向首席财务官汇报。条线或分部财会负责人的主要职责包括：（1）从系统中获取或记录数据；（2）预算或预测；（3）业务条线内部报告；（4）战略分析，包括增长机会发现等；（5）审查对外财务报告数据质量；（6）财会控制和治理。这种矩阵式汇报关系，有助于提高财会负责人的独立性和银行整体财会管理水平。

（二）财务会计突出价值创造和价值管理职能

两家银行将财务和会计作为一个整体进行管理。首席财务官下设置不同管理团队，共同履行财会职能。

澳新银行首席财务官下设置公司秘书、财会管理、税务、资金、绩效管理、投资者关系管理等团队，另外在总部设有财务共享中心，负责包括国际财务报告准则在内的会计政策、总账和合并报表系统、内外部报告、《萨班斯—奥克斯利法案》实施、总部会计处理等。

国民银行澳大利亚总部的主要财务职能包括财会治理、财会管理和控制、业务效率或质量管理、财产物资管理、决策支持、资金管理等内容，并将其中的财会治理、财会管理和控制看做价值管理活动，业务效率或质量管理、财产物资管理、决策支持视为价值创造活动。具体职能如下：

1. 财会治理。主要职责包括：（1）财会治理及披露；（2）监督财会风险管理活动；（3）会计政策建议；（4）审计和风险委员会的衔接；（5）Basel Ⅱ与财会管理的衔接；（6）《萨班斯—奥克斯利法案》的实施；（7）与外部审计师的关系管理等。

2. 财会管理和控制。主要职责包括：（1）财会控制；（2）财务会计系统支持；（3）管理信息支持和报告；（4）税务管理；（5）成本管理；（6）对外财务报告；（7）监管报告等。

3. 业务效率和质量管理。主要职责包括：（1）业务提升管理；（2）质量管理，主要是运用质量管理方法，如“六西格玛”等；（3）战略实施项目等。

4. 财产物资管理。主要职责包括：（1）采购成本分析；（2）集中采购；（3）合同谈判和执行；（4）房地产运营；（5）固定资产资本管理；（6）合规及控制；（7）交易处理及客户支持等。

5. 决策支持。主要职责包括：（1）为管理提供服务；（2）经济资本管理；（3）业绩分析；（4）预算和预测；（5）业绩报告；（6）战略性的财会建议等。

6. 资金管理。主要职责包括：（1）资产负债管理政策和原则；（2）资金管理策略和流动性管理；（3）制定准确和有效的内部转移价格等。

（三）会计和业务的有效分离

国民银行和澳新银行的财会人员数量较少，澳新银行为740人，国民银行澳大利亚总部为800人，与建设银行13万人的会计队伍相比，存在很大反差。主要原因是：在前台业务中，建设银行与两家银行的会计职责或定位有着根本的不同。

两家银行均将柜台人员视做销售人员或业务人员，由业务部门和分行直接管理，不属于财会管理的范畴。财会职能以价值管理和价值创造为核心，如反映、监督、报告、业绩管理、决策支持等，不参与具体的前台业务处理和管理。在前台业务中，会计部门的主要职责是保证前台交易系统的设计符合会计标准，能够为财务报告提供必要的信息支持，保证对外披露信息的及时性和合规性等，具体交易处理和业务管理则由业务部门去完成。

（四）会计工作与信息技术系统有机融合

在澳大利亚访问期间，较为深刻的印象是各家银行的财务报告编制效率。据澳新银行介绍，四家全国性商业银行财务报告编制完成时间为：联邦银行是29天，国民银行为28天，西太平洋银行为23天，而澳新银行仅为18天，第23天即可对外披露。效率如此之高，除了银行长期经验积累、有效财务治理等因素外，很重要的一点就是充分应用计算机技术，提高财务报告编制的自动化处理水平。

从财务报告角度来看，澳新银行系统架构如图1所示。

国民银行系统架构如图2所示。

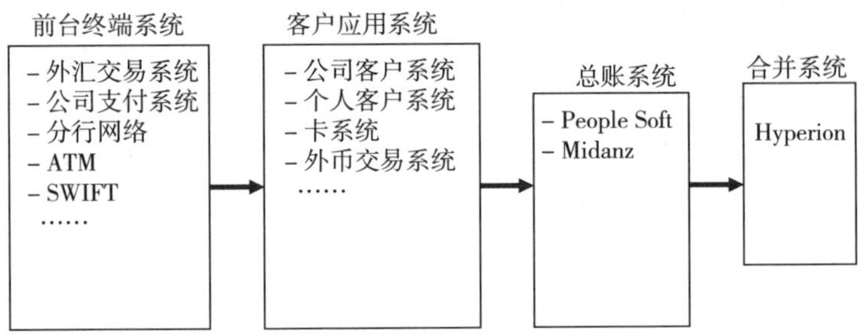

注：除上述财务报告系统外，澳新银行还有分业务条线的管理信息系统。

图1　澳新银行系统架构图

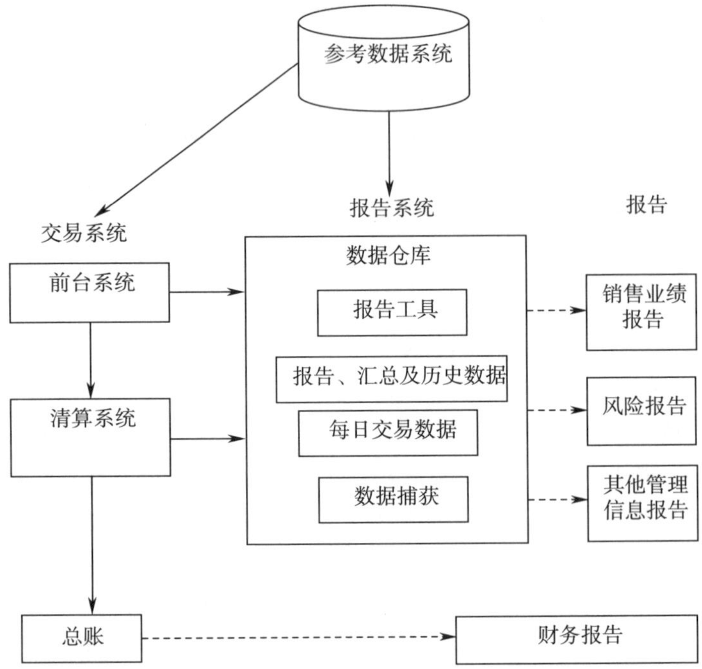

图2　国民银行系统架构图

上述参考数据系统（Reference Data System）主要提供以下信息：（1）客户姓名、地址及联系方式；（2）客户经理；（3）客户类型，包括行业分类；（4）清算工具；（5）合约；（6）信贷评级等。这些信息主要在日常管理中收集取得。

从两家银行的系统架构来看，一是不仅注重交易系统的建设，而且也十分重视总账系统和管理信息系统的建设，从而保证各类管理信息的完整性和及时性；二是不同的信息系统处理功能不同，与财务报告有关的信息主要源自总账系统，而各类管理信息主要依托于管理信息系统；三是两家银行非常重视以《萨班斯—奥克斯利法案》为核心的财务报告内控建设工作，从而有效地保证财务报告的质量。

（五）多维度的会计科目设置

从澳新银行的会计科目设置来看，主要特点是管理会计和财务会计融为一体。会计科目结构主要包括机构（部门）、账户和产品三个部分。机构（部门）字段由8个阿拉伯数字组成，澳大利亚地区共设置5 403个机构（部门），新西兰共设置2 864个机构（部门）。机构（部门）字段主要是按照公司组织架构，区分各项交易的机构或部门，并支持业务条线的报告。账户字段由7个阿拉伯数字组成，主要根据交易的性质对各项交易进行分类，澳大利亚地区共设置4 794个账户类别，新西兰共设置4 778个账户类别。产品字段由6个阿拉伯数字和字母组合而成，主要用于获取与产品盈利性报告有关的补充信息，澳大利亚地区共设置1 706个产品，新西兰共设置2 118个产品。

通过以上多维度会计科目设置，有效地支持了对业务条线的考核及内外部报告。访谈中，澳新银行也坦率地指出，目前总账科目设置过于庞大，一定程度上影响了效率，因此，今年准备着手总账“减肥”运动。另外，财务报告主要信息来源于总账，但部分信息仍然需要依托管理信息系统，如利率重新定价的信息等。

三、营业机构管理情况

在联邦银行，考察团重点考察了营业机构的管理情况，其主要特点如下。

（一）建立完整的营业网点档案资料

联邦银行有 1 006 个分支机构（包括营业网点和代表处），每一家营业网点都建立了完整的档案资料，包括必备信息、财产设备特征、地区金融环境、地区人口统计、业绩、组织结构等内容，并附有详细的网点设计图纸。如必备信息包括：（1）网点代码；（2）分行名称；（3）营业场所的取得方式（购置或租赁）、租约的详细信息（如起租日及租金等）；（4）网点综合考评分数；（5）网点员工类型及相应数量；（6）建议采取的行动（如缩减规模或重新布局）等。地区人口统计包括：（1）所在区域的邮政编码；（2）人口数量、性别构成、最近五年男性和女性的增长比例；（3）年龄分布（将全部人口划分为 7 个年龄段，如 0～14 岁、15～24 岁等）；（4）职业类型分布（如管理人员、职员、蓝领等）；（5）个人每周收入分布（分为 8 个档次，如 160～299 澳元、300～399 澳元等）、家庭每周收入分布（分为 8 个档次，如200～399 澳元、400～599 澳元等）；（6）种族类型分布（如澳大利亚、英国、欧洲其他地区、亚洲等）；（7）就业情况分布（如全职、兼职、失业等）。以上所有信息，同时包括网点所在区域的信息及全国的对比信息。

（二）细分市场，制定营业网点发展战略

通过所掌握的大量数据，如区域经济、人口统计、市场规模、市场份额、人均利润、网点数量等，对澳大利亚金融市场进行细分，将全国划为 88 个市场，以决定重点投资的领域，如昆士兰、西澳大利亚等地区。对每一个营业网点，则根据其历史数据和绩效表现，以及与网点负责人的沟通情况，确定未来的发展目标和网点战略，并决定投资大小。结合以上情况，联邦银行制定了基于市场和业绩的营业网点发展战略矩阵（见图 3），以明确每一个网点的发展策略，优化网点布局，降低机会成本。

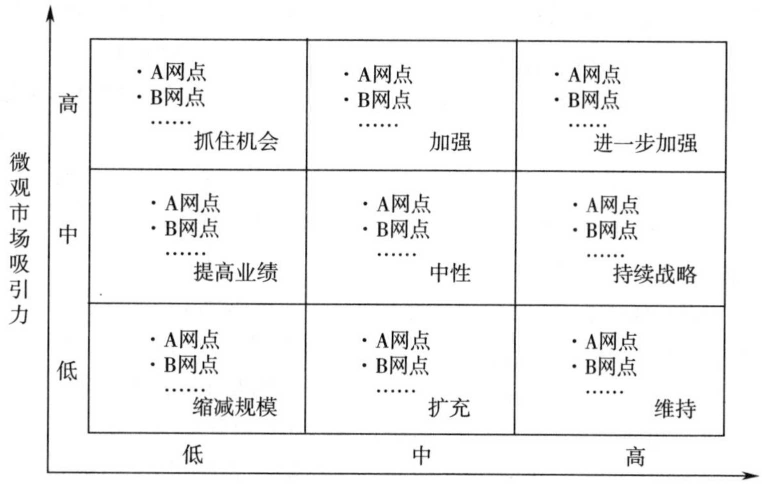

图 3　联邦银行在微观市场的业绩（个人）

（三）网点功能分区明显

网点内功能分区明显，尽量体现以客户为中心和差别化的服务特点，装修大方但不求奢华。网点内部一般分为五个功能区：一是 ATM 自助区，ATM 设备直接面对门厅，客户进入网点首先面对的是三台 ATM，非常醒目，起到很好地吸引、分流客户的作用。二是客户问询服务台，主要负责对客户的咨询服务，并办理一些小额或标准化的业务，如受理个人小额贷款申请等；大额或较为复杂的业务，则由服务台引导至客户经理专席。三是客户经理专席，主要为客户提供个性化的理财服务，如保险、按揭等。四是柜台，主要负责办理客户的存款和现金支票等业务，转账支票则由网点受理后，通过邮寄包转送票据中心进行集中处理。五是营业网点后台，主要负责合规性审查。由于网点功能分区明显，业务处理前后台分离，网点办理业务较为快捷，平均每个网点有 10～12 名员工，每笔柜台业务平均处理速度为 3 分 46 秒。

四、几点启示

通过对澳大利亚三家商业银行的考察，在会计和营业机构管理方面，有以下几点启示：

（一）调整会计在前台业务中的职责定位

关于会计在前台业务中的职责和定位，建设银行与澳大利亚商业银行存在着本质的区别。澳大利亚商业银行体现的是“大流程、小会计”的思想。会计在前台业务中的最主要作用是制定会计信息标准及相关会计政策，并通过财务报告内控体系建设，保证会计信息质量，而前台的业务和流程则由业务部门直接去管理。我们认为，前台主要是面向客户而不是账户，前台由业务部门去管理，有利于业务、流程、产品、网络和服务的有机融合。前台一切围绕着客户，充分体现“以客户为中心”的经营理念，有助于提升客户服务质量和产品销售。因此，有必要重新调整前台业务的部门职责和定位，会计部门主要是制定与会计核算有关的规则并监督实施，业务部门要切实承担起前台管理的职责，充分发挥营业网点在客户营销和服务中的作用，并与未来的业务单元制管理模式相适应。

（二）建立高效的业务运营模式

高效的业务运营模式，着眼于提高客户满意度和削减战略成本。充分利用信息技术优势创新业务运营模式，是澳大利亚商业银行的普遍做法。建设银行要在业务流程再造的基础上，建立高效的业务运营模式。

一是流程再造要突出体现“以客户为中心”的经营理念。前台业务流程再造要坚持四个原则，即凡是自助设备能做的，不要柜员去做；凡是柜员能做的，不要客户去做；凡是后台能做的，不要前台去做；凡是上级行能够集中处理的，不要下级行去做。

二是要积极推行前、后台分离。通过合理、清晰地界定前、中、后台的职责，将能够集中处理的业务由前台向中、后台迁移。前台的主要职责是向客户销售产品、与客户进行面对面的沟通及处理客户的即时之需。中、后台的主要职责是：（1）处理可以从前台物理分离的操作，如单证的打印、装订、保管等；（2）批量业务处理，如资金清算、票据交换等；（3）非即时的业务处理，如开户资料的录入等；（4）对前台交易的监控，如客户对账、交易数据的审查等；（5）管理维护，如交易参数的设定、批量结息，等等。

三是建立前、中、后台联动的业务处理模式。在前、后台分离的基础上，通过建立后台集中处理中心的方式，提高业务集中处理能力，使前台专注于客户服务和营销，中、后台专注于运营效率的提高和管理信息的收集，以达到提高前台客户满意度和后台规模效益的目的。

（三）加强会计信息基础建设

澳大利亚商业银行都已建立架构合理的信息处理系统，如总账系统、管理信息系统、数据仓库等，并通过有效的财务治理，为经营管理提供较为全面、完整和真实的信息。

建设银行上市后，面临着对外信息披露、监管、内部管理等多方面的信息需求，尤其是在信息披露、绩效考核、推行业务条线管理等方面，对会计信息和管理信息提出更高的要求，迫切需要加强信息基础建设，以充分发挥决策支持的作用。一是加快ERPF和DW/MIS的建设步伐，从手段上和数据源头上解决管理信息缺失和数据质量问题；二是要改革会计科目架构体系，尽快实现向多维度的会计科目体系转变；三是在业务处理系统的建设过程中，要加强信息标准的建设，为管理信息系统的数据整合提供基础；四是要加强财务报告内控体系建设，通过借鉴《萨班斯—奥克斯利法案》等内控理念，提高会计信息治理水平，保证会计信息质量。

（四）建立营业机构管理的长效机制

目前建设银行在营业机构管理上的主要矛盾，一是网点布局缺乏整体规划，在不少城市一些地段的网点门对门、背靠背，而另一些新型产业和住宅区内又没有网点；二是网点建设缺乏严格科学的程序，责、权、利不清；三是缺乏严格合理的评价规范和标准。加强营业机构布局管理，建立营业网点档案、网点建设程序和考评方法，以客观地评价每一个营业网点的绩效和发展潜力，决定网点的未来发展策略和投资规模，实现有进有退，重点倾斜，降低机会成本，提高边际效益，已成为当务之急。

考察团团长：范一飞

成员：许一鸣　鲁可贵　李尚荣

李德林　程昆仑

信息技术工作调研报告

监事会办公室 金磐石 崔建民

近期，银监会已将信息技术风险纳入整体风险监管体系中，作为衡量金融机构风险状况的重要评价指标，要求金融机构必须强化信息技术风险意识，董事会、监事会和高管层都必须对信息技术风险负责。在此背景下，监事会组织对建设银行信息技术工作进行了调研。现将有关情况报告如下。

一、信息技术工作进展显著

一是实现了数据大集中。将国内分散的39个数据处理中心集中到北京和上海两个中心，实现了主要产品交易和账务数据的集中处理，实现了全行会计核算的统一。

二是统一开发和部署的重要应用系统陆续上线。项目群规划中的对公信贷流程系统（CLPM）、客户关系管理系统（OCRM）、呼叫中心整合系统（CCI）、客户信息整合系统（ECIF）、数据仓库一期（DW/MIS）、企业资源计划财务管理系统（ERPF）、渠道整合系统（ECTIP）、新一代个人贷款系统（A+P）、网银5.0系统等陆续完成开发并投入运行。

三是系统运行基本稳定，保障了建设银行业务的正常运营。在全行数据处理集中的巨大压力下，通过大量艰苦而卓有成效的工作，保证了主要系统运行基本稳定，未发生重大生产事故。

四是IT管理能力显著增强。信息技术管理各项制度不断完善，资源管理、架构管理、项目实施管理、基础设施管理等能力逐步向好，六个开发中心、两个数据中心管理规范化、专业化水平逐渐提高。

二、信息技术工作中存在的问题和不足

（一）信息系统对业务的支持

1. 支持市场营销和新产品开发方面的能力仍显不足。新产品推出时，一般注重在柜面的实现，而网上银行、电话银行等电子交易渠道的上线则比较滞后。“银保通”、“交强险”等系统甚至发生过由于信息系统支持不够而丢掉客户的情况。

2. 风险控制功能有缺失，信息分析和挖掘功能不足。在操作风险防范、业务流程控制上缺乏有效的技术手段，如在业务系统中有库存现金与核定限额之间的自动比对提示功能，或者有对大额支付变动的监测提示功能缺乏；贷记卡业务系统缺乏强有力的数据分析工具，无法及时侦知欺诈、套现等高风险交易，也无法分析了解客户的各方面特性以达到细分客户、提供差别化服务的目的。

3. 监管部门要求提供的信息尚有相当一部分需要手工填报。由于业务系统相互独立，信息分散，对外提供信息、内部管理部门需要的信息仍需要大量手工或半手工汇总生成，工作量很大。

4. 一些重要业务系统急需优化。证券业务系统日终处理时间过长；重要客户系统架构设计考虑不足，内部关系错综复杂，异常处理机制不够健全，风险较大；CCBS在运行过程中暴露出较多缺陷，产品品种不足，有些业务处理流程复杂烦琐；电子银行系统运行不够稳定；企业网上银行的界面不够友好，流程过于复杂，系统安装烦琐，功能不够完善；等等。

（二）信息技术规划管理

1. 信息战略规划过去曾发生重大反复。目前建设银行经营管理的体制和机制与几年前相比有了很大的变化，信息技术规划也应进行必要的重检和调整，但相关决策应慎重、科学，保持一定的连续性，尽量避免重大反复。

2. 尚未提出明确的境外分行信息技术战略规划。目前建设银行对境外机构的信息技术战略布局、数据、系统整合等尚未建立

清晰的整体规划，境外分行IT系统建设、运行维护等还没有纳入总行的统一管理，基本处于相对独立的状态。

3. 对信息技术规划的持续执行力不足，已经列入规划的重大项目较长时间得不到落实。

（三）组织与人员管理

1. 信息技术相关职责归属近年来反复变动。在近十年的信息化建设过程中，信息技术相关组织机构及工作职责反复调整，不断变动，特别是反复变动的成本很高，客观上对工作造成了较大的影响。

2. 六个开发中心平行设置，难以形成规模效应。总行由于各种原因缺乏强有力的团队来管理各个开发中心实质上的技术问题，制约了集中统一管理的力度，影响了项目之间协调、配合的有效性。

3. IT人员分布严重失调。在目前数据、开发和管理集中的大趋势下，与信息技术相关的许多具体工作已经上移到总行，客观上要求具有一支健全的、强有力的总行信息技术队伍。而目前在全行6 464名科技人员中，85%的人员分散在一级分行及以下机构，总行直接管理和调度的仅是6个开发中心和2个数据中心的800余人。与核心类业务系统相关的大机专有人才严重缺乏。目前，CCBS、贷记卡和A+P这些核心业务系统都在IBM大机上运行，但承担覆盖全国的核心业务系统开发和运行维护任务的只有52人。

4. 缺乏业务部门和技术部门之间的人才交流培养机制。目前建设银行没有建立适当机制来促进业务部门和技术部门之间人员双向流动，造成这两个部门之间缺乏理解和默契，势必影响到技术、业务有机结合的产物——信息系统建设以及系统应用的效率和效果。

（四）项目开发与建设

1. 尚未形成信息项目成本控制以及绩效评估机制。在信息系统项目提出阶段，由于缺乏成本概念，较少顾及投入和产出之间的平衡，业务部门开发项目的冲动得不到必要的约束。在项目可行性研究阶段，项目提出部门主导投入—产出分析，投入—产出分析流于形式。在审批阶段，由于没有科学的评判标准和依据，技术部门对系统效益的分析无从把握，难以拒绝任何一个项目立项的申请。事实上，近年来建设银行在审批环节没有否决过任何一个信息技术项目。项目实施完毕后，没有独立的第三方监督，没有绩效后评估机制，对系统是否达到了预期效果、是否收到了应有效益，没有人进行后续的跟踪、分析和评估。

2. “信息孤岛”现象还没有完全消除，系统整合需进一步加强。一是造成产品功能分散，一些通过系统整合可以联机实现的业务，实际上还在落地处理，引入了人工干预因素，增大了操作风险。二是信息分散在多个系统之中无法共享，信息重复录入无谓地占用了客户经理的大量时间。三是给开发和维护带来很大困难。由于系统众多、耦合关联紧密，要推出一项新的功能，就要涉及对一系列相关系统的改造。一个系统故障可能会影响到其他相关系统，出现故障时难以定位。

3. 自主研发能力有所增强但仍较为薄弱。自主研发能力不足，对外部公司依赖较大，使建设银行技术对业务支持服务的便捷性受到较大限制，也给信息系统的安全、成本控制以及建设银行与外部公司之间的博弈带来较大的负面影响。据统计，2005年总行签署的服务采购金额约4亿元，占全部合同总金额的28.5%，其中用于软件开发的金额为2.5亿元。从人员投入比例上看，建设银行开发中心与外部公司的人员投入平均为1:1，个别开发中心甚至达到1:2。建设银行的一些大型项目往往采购成熟软件包进行二次开发，而生产这些软件包的公司技术保密，以致建设银行对核心技术掌握有限，二次开发和维护工作难度极大。

4. 项目管理还需加强。一是总行对项目的精细化管理程度尚有不足，对项目的管理仍停留在项目立项、阶段考核、项目验收等初级内容上，对实质性的需求管理、过程控制、版本控制、跨开发中心项目协调等则普遍缺失较多；二是项目质量控制较为薄弱，很多软件中的缺陷（包括一些关键路径执行不能通过的缺陷）直到集成测试甚至上线运行时才反映出来，项目评审和验收流于形式的情况比较普遍；三是软件版本管理存在隐患，软件生产版本散落在各个开发中心甚至项目组，版本发布管理机制不严密；四是在开发、测试环境中直接使用生产数据，没有对客户敏感信息以及涉及资金安全的重要信息进行加密和置换处理，难以保证信息安全；五是对外部合作公司开发的程序的安全性审核不足，在开发过程中对外部公司接触敏感数据的管理控制不足。

5. 测试管理不完备。一是全行集中统一的测试中心尚不到位，专业测试队伍的规模太小，具有大型项目测试实施和管理经验的人才非常匮乏，从组织、队伍和制度规范上还难以满足加强测试、保证系统质量的需要。二是测试设备资源不足，测试环境资源使用已近饱和。由于测试资源紧张，部分系统测试环境不能部署；部分系统测试环境与实际的 CCBS 生产环境也有所差异，在测试环境中通过的程序在实际生产环境有时无法通过。三是测试质量保证不足，测试时更多的是确认业务功能是否可用，无法全面顾及安全控制、异常处理等必需的非功能性测试，压力测试和回归测试有时来不及实施，给系统上线后的稳定运行带来隐患。

（五）运行维护管理

1. 系统运行整体稳定，但故障仍时有发生。数据集中后，建设银行系统运行整体基本平稳，没有发生过类似农业银行那样全国性、长时间的严重停机故障。但是，建设银行也发生过短时间、大面积交易中断这样的故障。一级分行层面的运行故障时有发生。据统计，2005 年全行共发生信息系统故障 1 950 次，2006 年第一季度和第三季度的数字为 1 500 多次。

2. 解决机房基础设施问题迫在眉睫。总行现有的机房格局是在信息化建设过程中逐步形成的。在北京有洋桥机房、长安兴融中心机房以及晓月楼临时开发机房，在上海有花木机房和外高桥机房，比较分散；洋桥机房可用面积大约为 3 000 平方米，长安机房面积只有 650 平方米，规模都较小，扩展空间有限。

3. 运行维护的基础性工作尚有不足。一是制度规范建设需要加强。目前全行遵循的主要运行维护管理制度是 1998 年发布的，已经难以适应现实需要；数据集中已经完成 1 年有余，但完整配套的运行管理制度规范体系尚未建立。二是运行维护技术支持手段不足。北京数据中心目前负责维护的各类应用系统已达 100 多个，由于缺乏统一整合的监控平台，维护人员必须手工对每个系统逐一执行菜单选项操作，逐一检查分析结果，增大了查找故障的难度和工作量，时常出现故障排查不及时的情况。

4. 系统上线和版本更新比较频繁、匆忙。运行风险控制往往屈从于各方面压力，在没有充分把握的情况下上线新系统或更新版本。一些项目上线和推广安排较匆忙，边运行边修改；升级程序测试不到位，下发新版本补丁追加补丁。例如，2006 年重要客户系统出现过 2 ~ 3 次补丁追加补丁的情况，部分分行在更新版本后系统曾停运半天。

5. 运行维护安全管理还需加强。由于系统不完善、专职运行人员缺乏等多种原因，数据中心只是负责主机、系统和网络的运行维护，大部分系统的应用维护依然由各个开发项目组负责。一些全行性重要系统的超级用户、数据库管理员用户的密码由外部公司人员掌握。有的外部公司人员直接将个人笔记本电脑接入重要生产系统进行日常维护，可能带来重要客户信息和账务数据外泄的隐患。

6. 尚未建立完备的信息系统灾难备份机制，没有业务应急计划。建设银行在 2004 年底开始启动上海外高桥“一备二”灾难备份建设，建成了针对 CCBS 的同城异地灾难备份中心，理论上可以实现对北京数据中心 CCBS 的远程异地灾难备份。但是目前的灾难备份模式对于北数据中心的 CCBS 可以起到异地灾难备份作用，但是对于南数据中心的灾难备份能力有限；灾难备份中心还没有进行过测试演练，是否真正能够起到灾难备份作用尚没有经过实际验证，并且灾难备份只是针对 CCBS、国际结算、清算、龙卡网络系统等部分系统，其他重要业务系统尚没有建立灾难备份机制。总体而言，目前建设银行总体灾难备份策略及规划还处于论证中；业务持续性计划到目前也只完成一个草稿，工作基本处于停滞状态。

（六）数据管控

1. 数据标准制定滞后、不完备，控制手段需强化。一直以来，建设银行信息化建设过程中对数据标准问题重视不够。2006 年，总行制定并发布了部分数据标准，但尚不完备，执行的强制力度也还不够，项目开发中数据标准仍未得到有效的统一。如客户号在 CCBS、ECIF、网银、ECTIP 等系统中均有各自的定义；储种中的活期存款代码在 CCBS、ECIF、网银系统中均不同；截至 2006 年 10 月底，9 个分行的对公客户账号与 CCBS 的标准不一致；机构代码在新一代贸易融资系统（NTFS）与 CCBS 中不同；等等。

2. 应用系统中重要业务数据缺失和错误现象较为严重，影响到日常管理。内部管理和账务核算至关重要的利率、期限等参数信息存在错误。对 7 家分行检查发现，截至 2006 年 7 月 31 日，在

CCBS等生产系统中，有近六万笔贷款（笔数占比约为3.7%）和七千多笔存款（笔数占比约为0.006%）的利率相关数据存在错误。根据中央银行征信管理局反馈的信息，建设银行个人征信信息缺失情况较严重。其中客户通信地址缺失率为28%，居住地址缺失率为73%。

3. 数据质量缺陷严重影响到下游相关信息系统的可用性。建设银行新近建成的多个管理信息系统已经深受源系统数据质量的影响，数据质量严重制约了这些花费巨资建设的系统的效用。例如，在开发数据仓库系统的过程中发现，数据仓库系统整合的八个源系统几乎都存在严重的数据质量问题，包括关键数据缺失或不准确、系统间数据总分不一致等。

4. 跨部门的数据信息管理尤为困难。目前尚无一个权威部门来综合各业务部门的数据信息，对各系统的数据优先级进行划分，确定冲突信息的覆盖原则，规定客户信息的关键属性，以形成全行统一的客户信息规范，导致整合出来的客户信息的准确性和质量较差，可用性受到用户质疑。

（七）与信息技术相关的业务工作

1. 缺乏全行统一的业务需求整合管理机制。长期以来，建设银行沿袭着部门银行的运作模式，信息化建设缺乏一个能够跨部门整合业务需求的管理机构或者机制来从整体上把握系统研发方向，以对各部门提出的业务需求进行评估、整合和协调。一个业务部门在组织以自己为主要用户的系统时，不可能考虑到全行的需求，而信息技术部作为以技术实施为主要职能的部门，又缺乏整合跨部门需求的权威和业务能力，只能按照业务部门提出的需求立项施工，最终开发出来的系统从部门局部看可能是好的，但从全局看却未必最优。

2. 业务流程的优化整合与信息系统建设有脱节。目前仍存在新技术平台跑老业务流程的现象，一些原有的业务流程应作而未作适应性的改造。例如，建设银行数据大集中以后，CCBS从技术上已经具备直接实现全行系统内资金清算的能力，但目前资金清算流程仍然采用1996年清算系统上线时确定的作业模式，并因数据和核心业务处理的集中，清算处理路径上下多次反复，人为增加了交易环节，增大了工作量和差错隐患。

3. 需求精细化程度不高且多变。建设银行业务需求普遍不够细化，在项目实施过程中，频繁修改需求或者边开发边提需求，造成开发工作被动甚至返工。这种现象在管理类信息项目的开发上体现得尤为明显。

4. 存在重系统开发、轻应用管理的现象。从系统生命周期的角度看，开发和上线只是信息系统很短的前期阶段，真正产生效益、收回投资成本是在后期的运行和应用阶段，因此需要建立相应的机制来大力推进系统的应用。如在全行推广的操作型客户关系管理系统（OCRM），系统中设置分配了35 500名个人业务用户、73 600名公司业务用户，但按2006年9月1日至9月28日的数据统计，平均每天在线的个人业务用户仅3 000余名，公司业务用户仅880余名，与预期情况相差很大。

（八）分行信息技术管理

1. 分行项目建设数量呈增长趋势，但各自开发的应用系统功能有较多重复。从项目数量看，分行报备总行的自行开发项目2004年是257个，2005年是212个，2006年是516个。从投入的研究开发经费看，2002—2005年，各一级分行研究开发经费逐年增长，分别为2.2亿元、2.92亿元、4.58亿元和4.73亿元。

分行特色业务平台的功能通常集中在代收代付、短信通、对账、公积金、校园卡等方面，大多数是全行共有的业务，真正有当地特色的很少，只是因为CCBS不能提供而需要各分行自行开发。各分行分散开发各类特色业务系统，版本、平台不统一，使得总行统一部署的业务策略难以在全行实现同步推出。

2. 分行的系统运行维护任务仍然比较繁重。数据集中后，一级分行核心业务系统的运行维护压力缓解，但因为总行、分行在外围、特色方面的系统越来越多，主机数量比以前增加，网络设备比以前增加，系统数量未见减少，日常运行维护任务依然较为繁重。

3. 系统平台种类多，多数分行在二级分行及以下还有应用和服务器。分行大前置，中间业务平台和服务器的硬件、操作系统等种类较多。在分行部署的各类前置中，小型机有HP、IBM公司的产品；服务器有DELL、IBM、HP等公司的产品；操作系统有AIX、HP—UX等八九种；数据库有INFORMIX、ORACLE、SYBASE、SQLSEREVR等，其中INFORMIX数据库版本就有11种。

技术平台的多样化使开发和运行维护的工作量增大，工作复杂性增加，难以实施统一的运行维护标准。大部分分行在各二级分行仍然有服务器，在一些发达地区的二级分行还有中间业务平台，且各二级分行的机房还按照原来数据中心的标准进行管理，维护成本较高。

4. 总行推广的一些项目运行在独立的主机上，资源利用不足。在分行，总行统一推广的系统都外挂在 DCC 大前置上，包括清算系统、支付系统、证券系统、重要客户系统、网上银行系统等。这些系统从各自条线看是全行统一的，但推广到分行后却各自独立，往往是一个系统配备一套主机设备，像证券系统、清算系统、重要客户系统等都单独运行在独立的一套机器上。据统计，这些机器的 CPU 平均利用率最大约 6%，最小约 3%，硬件资源浪费较为严重。

三、关于信息技术工作的几点建议

1. 信息技术工作已经超出了“信息技术部门工作”的范畴，许多问题表现在技术层面，但绝不仅是单纯的技术问题，也不是单靠信息技术部门就能够解决的，需要董事会和高管层高度重视，把信息技术当成全行性的战略工作，加强配合与协调，共同促进建设银行信息技术工作健康、快速发展。

2. 慎重、科学地确定信息技术总体规划和布局，补充、完善信息技术战略规划，避免以往反复、重大调整带来的负面影响；尽快对境外机构作出统一的科技规划。

3. 加强科技队伍建设。一是高度重视总行技术人员严重短缺的问题，采取适当方式尽快予以补充；二是针对信息技术人才的特点，做好技术人员的职业生涯规划；三是加大核心技术人才的培养力度，建立业务部门和技术部门之间人才双向交流机制。

4. 强化对信息技术工作的管理职能。进一步加强 IT 整体架构研究、数据资源规划、数据标准制定等工作。研究并采用适当的模式，加强对开发中心的管理和协调力度。

5. 建立有效的跨部门需求整合管理机制；加强对一级分行信息技术工作的指导力度，避免分行重复开发，对具有典型推广价值的分行系统，建立一定的补偿和鼓励机制在全行推广。

6. 建立信息项目建设的成本管理与后评估机制，强化对项目建设的监督；加强对项目开发各环节的质量控制，加快测试中心的建设步伐，提升自主研发能力，切实提高系统建设的质量和效率。

7. 高度重视运行维护工作，确保运行安全。加快全行统一的运行维护管理流程的建设步伐；提高规范化操作水平，严格日常运行维护管理；重点研究和尽快解决运行机房基础设施问题；慎重研究和确定全行灾难备份策略，制订完备的数据中心灾难恢复方案和业务持续性计划；加快分行层面的系统整合步伐。

8. 尽快启动并完成 CCBS、重要客户等系统的优化工作。

信贷投放调研分析报告

刘　进　程美芬　郭　峰

一、信贷投放总体情况

2006 年以来，商业银行贷款投放普遍较快。截至 2006 年 9 月末，全国金融机构各项贷款余额 229 424[①]亿元，比年初增加 27 085 亿元，增幅 13.39%。建设银行贷款新增速度在四大行中居首位，境内各项贷款余额28 006 亿元，比年初增加 3 744 亿元，增幅 15.43%。

（一）前几个月贷款投放快。第一季度，全行各项贷款余额较年初增加 2 487 亿元，同比多增 1 404 亿元，投放量明显高于历年同期水平，占到四大行新增额的41.4%。随着控制贷款投放政策

① 本文数据除特殊说明，均来自于总账和 CIMS 系统。

的不断出台，6月份后投放速度有所回落。

（二）中长期贷款占比较高。截至9月末，全行中长期贷款新增2 824亿元，新增占全部贷款新增的75.4%，高于同业平均水平20.5个百分点。第三季度，在短期贷款增速受到抑制，票据贴现业务快速下降的同时，中长期贷款继续以较快速度增长，当季新增998亿元。

（三）贷款投向比较集中。前三个季度，房地产开发与经营业、电厂、公路等十大行业的纯新发放贷款达到4 374亿元，占公司类纯新发放贷款的52%。其中，房地产行业贷款（不包括个人类住房）纯新发放量是上年同期的1.5倍，余额增幅是上年全年增幅的4倍。6月末，建设银行房地产开发业贷款余额占公司类贷款的13.5%，分别比工商银行、中国银行、交通银行高4.4个、6.86个、5.32个百分点。

二、当前信贷业务需要关注的几个问题

改制上市以来，建设银行大力改进经营管理，积极向国际先进商业银行的经营管理模式靠拢，各方面发生了积极的变化。在信贷业务经营方面，建设银行发挥自身优势，努力拓展市场，保持了较好的发展势头。但是也必须看到，在银行转型过程中，一些旧的观念、传统的管理方式和非审慎的经营行为依然存在，对风险控制构成很大压力。

（一）效益、质量和规模协同发展问题

2006年以来，各分行贷款投放需求比较强烈，全行新增贷款第一季度即完成年初确定计划的84.19%，第二季度完成116.11%和调整后计划的102.24%，前两个季度新增额为上年度全年新增额的148.54%，创近年同期最高。6月份，总行提出了有保有压、控制贷款投放的要求，但分行放贷未得到有效遏制。第三季度，全行纯新发放贷款3 908亿元，较前两个季度投放仅略有下降。截至9月末，已有15家分行、45个行业超出风险限额，受宏观调控政策影响的产能过剩行业的贷款投放继续增加。7月份，总行下发文件要求“严格控制对房地产行业的贷款投放，各行原则上不得再向A级（含）以下客户发放新的贷款”，而第三季度房地产行业纯新发放贷款仍达到328亿元，投放到A级（含）以下客户的有197亿元，占60%。审计部对北京等12个分行的全面审计发现，有的分行为争夺客户资源，存在放松贷款条件，甚至违规发放贷款的问题。信贷审批部也反映，在全行完成信用等级审定的客户中，存在着人为调高评级放贷的现象。[①]在各行贷款增长较快的情况下，总行被动地对贷款政策与计划进行调整。

银行贷款的增长客观上反映了宏观经济发展较快，信贷需求旺盛。从内部看，有分行持续面临着资金运用压力和效益压力等现实原因。虽然大家都认同规模、效益和质量协同发展的理念，但由于发放贷款影响到营销费用、利润、经济增加值、不良率等十几项关键考核指标，因此在实践中各级机构依然偏重于扩大贷款规模。如何用一以贯之的经营理念和战略思想指导各级分支机构稳健地发展信贷业务，仍然是经营管理的一个现实课题。

（二）调整优化信贷结构问题

建设银行自2003年提出信贷结构调整政策以来，贷款投放的风险评级结构总体略有好转，但行业、区域、客户等结构仍然不尽合理，存在较大的隐忧。

一是建设银行贷款行业集中度比较高。截至2006年9月末，居前3位的房地产开发、电厂和公路3个行业的贷款余额为7 353亿元，占公司类贷款的32.8%，较年初上升1.9个百分点。目前，居前5位的电力、公路、城建、房地产和铁路行业的贷款储备额占全部贷款储备额的70%，其中电力和公路行业的储备额占比一直居前2位，合计占38%；房地产行业储备额排名从2005年的前10位之后跃升至前5位。从以上情况看，贷款行业集中度可能进一步增大。

二是受宏观调控影响的行业贷款占比较大。2006年上半年，剔除贴现，全行投向产能过剩相关行业与房地产行业的贷款1 810亿元，占公司类新发放贷款的37.8%。第三季度，产能过剩和房地产行业的贷款投放继续增长，9月末，剔除贴现，房地产开发与经营业贷款月投放量连续9个月居各行业首位，产能过剩相关行业贷款余额5 021亿元，占公司类非贴现贷款的24.64%，比年初上升0.81个百分点，其中明显过剩和潜在过剩贷款余额分

① 来源于总行《信贷决策参考》第五期。

别比年初增加268亿元和550亿元。建设银行上述行业的贷款集中程度在同业中较为突出，6月末，建设银行房地产开发业贷款余额占公司类贷款的13.5%[①]，较年初上升0.5个百分点，同期中国银行、交通银行占比分别为6.64%和8.18%，分别下降0.15个和0.97个百分点。另外，工商银行投向明显过剩行业的贷款余额比年初持续下降。

三是中西部贷款增速较快，战略重点区域增长优势不明显。2006年上半年，建设银行贷款增长最快的是中部地区，占比较年初提高0.32个百分点，为16.83%，同期中国银行、工商银行贷款增长最快的是华东地区。建设银行西部地区[②]贷款占比为14.58%，与工商银行基本相同，高于中国银行、交通银行约10%的占比。从分行层面看，山西、内蒙古和湖南三家分行2005年内部控制评级均为四级，风险等级为D或蓝色预警，显示风险控制力较弱，至2006年9月末，三家分行贷款增长率分别为26%、28.3%和20.4%，远超过全行15.4%的平均水平。这一情况既反映出贷款投放与风险控制力如何协同的问题，也反映出下一步不同地区的发展方向，以及如何鼓励这些分行发展的问题。

四是贷款期限结构趋向中长期化。近几年建设银行中长期贷款占全部贷款余额的比重逐年上升，2002—2005年，分别为55.4%、58.2%、61.9%和64.1%，2006年9月末上升到65.7%。前9个月全行新增中长期贷款2 824亿元，占全部新增贷款比重的75.4%，高于银行业中长期贷款占全部新增贷款54.9%[③]的比重。在公司类中长期贷款余额中，3~8年期限贷款占39%，8年以上期限贷款占18%。中长期贷款增长较快，使改善银行贷款结构难度增加，也使潜在的信用风险、流动性风险加大。

（三）加快提升风险管理水平问题

近年来，建设银行信贷业务制度建设不断加强，信贷业务风险管理体系逐步完善，主要的信用风险和操作风险能够被识别和控制。但是，与国际先进银行相比，我们还存在较大的差距。从外部环境来看，经济金融环境日益复杂多变，信用风险、市场风险和操作风险相互交织。从内部来看，内部控制体系还有不少漏洞和问题。内审认为，建设银行信贷风险内控状况尚未得到实质性改善。已完成全面业务审计的分行，风险控制力评级大部分被评为C级；各分行2005年度内部控制评级结果与2003年相比基本相同。在调研中我们也感到，一些机构内部管理比较粗放，管理水平相对滞后的问题比较突出。

1. 有些业务的内部控制手段与措施还停留在较低层次，未能做到以规范化的方式衡量、监控和管理业务中的所有风险。例如，对不同业务品种、不同地区和行业之间的风险差异还不能很好地进行差别化管理，对部分情况复杂的关联企业、民营企业贷款的风险控制措施还不够明晰。再如，个贷业务在快速发展的同时，风险控制制度安排相对滞后，贷款审批的流程尚不健全，还没有形成能够覆盖全部操作环节的风险标准控制流程，缺少统一的标准化个人客户信用评定和计量模式，基础管理比较薄弱。组织架构和人力资源配置也达不到风险控制的要求，如安徽某支行每名客户经理负责维护3 500个左右的客户，远远超过总行规定的800户/人的标准。又如，2006年9月末在全行有信贷余额的房地产行业客户中，非额度授信客户贷款余额1 084亿元，占比34.85%，这部分贷款的不良率达13.32%。北京市分行大多数房地产开发类项目无论金额大小，全部采用简易评估，2006年9月末该行房地产开发与经营业贷款不良率为8.52%，在全行房地产开发与经营业10大不良客户中，该行有6家。2006年6月末，建设银行房地产开发业不良贷款率为6.02%，高于工商银行1.55个百分点。

2. 行业政策与风险研究不能满足业务快速发展的需要，指导的及时性和有效性亟待提高。长期以来，建设银行的行业政策与风险研究分散于相关部门，未能形成合力，行业信贷政策建议和授信风险管理也不够精细。例如，建设银行教育行业贷款近年增长较快，2006年9月末贷款余额773亿元，增幅21.93%。与此同

① 同业比较数据除特殊说明之外，均来源于各商业银行的2006年中期报告，下同。

② 为保持可比性，本文所指西部地区包括重庆、四川、贵州、云南、陕西、甘肃、宁夏、青海、西藏和新疆，不包括内蒙古。

③ 数据来源于《中国银行业监督管理委员会关于印发刘明康主席在第四季度经济金融形式通报会议上重要讲话的通知》。

时，该行业不良贷款率由年初的0.94%上升至1.24%，不良额由年初的5.99亿元增至9.6亿元；关注类贷款占到12.3%，高于全部贷款9.2%的平均水平。重庆分行近期对11所高校的贷款情况进行了专项调研，结果显示10所高校贷款为中高等风险。2006年，审计署审计和中国社科院调查后均认为，高校贷款规模不断扩大，但还贷来源有限，收费权质押实际效力低，有可能成为又一个高风险行业贷款。对于该重点营销发展的行业，建设银行除2005年11月下发《"211"高校营销指引》外，未见有其他政策性指引文件，政策导向和授信管理都是比较滞后和粗放的。公路是另一贷款投放较快的行业，截至2006年9月末余额已达2 095亿元。2000年建设银行《公路行业营销指引》提出，原则上退出二级及其以下等级公路项目，但实际执行情况不佳。建设银行公路行业贷款已面临较大风险，尤其是二级以下公路贷款风险已逐步显现，如安徽省分行二级以下公路非正常贷款[①]占比达到82.7%，江西省分行达到78.3%。2005年，监事会专门就公路行业贷款存在的潜在风险向管理层进行了提示。

3. 考核机制有待进一步完善。总行对分行的考核主要有等级行评定、一级分行负责人关键业绩指标考核办法等，是以风险调整资本回报为考核导向，以经济增加值为核心考核指标。但目前的考核体系还不能对各个业务线和各个层面的风险收益进行综合衡量和比较，在内部分配办法、经济资本管理和预算管理之间存在一定的脱节，一些具体指标以诱导发起行为的短期营销类指标为主，内控管理类指标分值偏低，设置和计算不尽科学、合理，在实际执行中容易引致分支机构片面追求账面业绩，这与优化调整资产结构和收入结构，促进资产质量提高的战略目标有一定的冲突。如发放贷款奖励费用的营销政策，使有的分支机构更愿意将主要精力放在市场营销上，通过放贷来实现当期绩效，对信用风险则考虑较少，当业绩指标难以完成时，甚至甘冒风险违规放贷，或者采取不当手段延迟贷款风险暴露。历次内外部审计结果显示，建设银行贷款风险分类一直存在一定的偏离度。风险分类差异固然有分类标准把握不一和信贷人员素质参差不齐的原因，但也不排除个别分行为追求当年经营利益而未充分暴露风险。如审计部2006年对江西省分行贷款五级分类真实性的审计，发现有9个二级分行存在人为造成分类结果偏差的问题，贷款余额7.16亿元，占抽样贷款余额的2.44%。

4. 内部控制制度执行乏力，粗放经营、违规操作和屡查屡犯的现象时有发生。2006年审计部对12个分行的全面审计发现，贷前调查评价报告风险识别不足或信息失真问题1 193笔、119亿元，评定的客户信用等级不能客观反映企业资信状况1 827笔、33亿元；贷中审批把关不严，超授权授信、减程序、逆程序发放贷款1 606笔、431亿元；对不符合条件的客户或项目贷款61笔、24亿元；贷款审批条件不落实250笔、297亿元；贷后贷款资金用途监控不力65笔、21亿元。这些情况反映了信贷业务内部控制制度执行不力，反映了整改纠正的自我完善机制不够健全。需要注意的是，贷后管理这个重要环节依然相当薄弱，各层面对此重视程度不够，措施乏力，由此导致了不少风险事件，使一部分信贷资产处于高风险状态。

三、几点思考与认识

（一）坚持科学发展观，确保信贷业务持续健康发展

发展是商业银行的永恒主题，在中间业务短期内对银行的利润贡献还比较有限的现实下，不注重信贷市场开拓，银行的效益难以稳定增长。但囿于目前的外部经营环境和自身的风险控制能力，建设银行在业务快速发展的同时，必须对随之增大的信用风险和操作风险予以足够的重视。我国银行业曾经历过多次信贷规模高速扩张阶段，并为此付出了沉重代价。从最近几年的情况看，2003年是建设银行贷款投放较快的一年，初步分析显示，当年贷款的风险正在逐步显现。2006年上半年10大新增不良客户中，有7户的全部或大部分贷款是2003年发放的。再以高速增长的个贷业务为例，2006年，一些分行2003年以前违规发放的"假个贷"集中暴露，上半年个人金融产品线损失达到3.34亿元，首次超过公司金融业务的2.92亿元，全行操作风险损失也由上年同期的3.6亿元增至6.25亿元。信贷业务对建设银行价值实现、财务指标和股东利益

① 包括关注类贷款和不良贷款。

最大化影响极大，对全行的经营管理更是一个挑战和考验。

针对这个问题，必须进一步明确建设银行信贷业务发展的战略思路和经营策略，清晰地制定信贷政策和操作指引，严格行业比例、风险限额和期限风险管理。要在对分支机构和部门深入调查研究的基础上，改进和完善绩效考核机制，使激励与约束手段、措施衔接配套，探索建立能较好地兼顾收益与风险、眼前利益与长远利益的考核分配机制。对不尽合理的管理办法要改进，一些简单、片面的指标要修正，一些延缓风险暴露的不当做法必须坚决摒弃。加大分支机构及部门内控管理考核力度，强调内控领导责任制和内控管理问责制，促使分支机构一把手发挥其在内部控制中的主动性，主动查找问题和风险，而不是掩饰问题，遮盖风险，要激励分支机构和员工自觉履行内部控制职责。要加强对信贷业务的检查、指导，引导分支机构调整资产、负债、收入和客户结构，重视资产质量管理，降低风险积累，走一条稳健、可持续发展的路子。

（二）信贷经营风险仍是建设银行面临的主要风险，不良贷款反弹的压力依然是建设银行面临的最大问题，应切实采取有效措施防范和化解

建设银行不良贷款的绝对额还比较大，不良贷款结构有恶化趋势。2006 年上半年，全行不良贷款较年初增加 42.27 亿元，其中，次级类贷款减少 47 亿元，可疑类贷款增加 72 亿元，损失类贷款增加 17 亿元。建设银行借新还旧贷款余额大，这部分贷款的质量向下迁徙的可能性较大，内外部审计分类调增的不良贷款，绝大多数属借新还旧贷款。

信贷风险的暴露具有滞后的特点，2006 年上半年，建设银行贷款投放较快且相当部分投放于受宏观调控影响的行业，对未来几年的资产风险可能持续带来较大压力。为此，必须要突出强化贷后管理，重点关注房地产类、产能过剩行业、关联企业、借新还旧等风险相对较大的贷款，有针对性地制定出风险分类管理和化解措施。对快速发展的个人贷款业务，也要尽快完善风险管理和内部控制措施，有效地控制风险。

（三）重视企业文化建设，以先进的内控文化为依托提升信贷风险管理水平

近年来，建设银行在内部控制体系建设方面做了大量工作，取得了一定成效。上市后建设银行所面临的各种监管要求越来越严格，同时，经营环境的变化、服务功能的拓展以及经营模式的转变，对经营管理水平都提出了更高要求。在提升信贷风险管理水平方面，除了要重视风险管理技术的应用、改进优化管理流程等工作，还要注意研究和吸取国际先进银行的企业文化建设经验，结合建设银行实际情况，突出全面风险管理文化建设，积极倡导先进的信贷风险管理文化，塑造全行统一的风险文化，包括统一的企业价值观、经营理念、信贷价值取向等，保持信贷政策与导向的连贯性和一致性，构建有效的执行力文化，营造守法合规、严格管理、控制风险的良好文化环境。

关于经济资本管理的问答与启示

——美国银行经济资本管理借鉴

总行计划财务部

2006 年 8 月下旬，建设银行总行资产负债部组织风险部、计划财务部、资金部等部门人员，赴美举办资产负债管理研讨班。在研讨班上，美国银行对其经济资本管理的基本情况进行了专题讲解，建设银行考察人员结合本行经济资本管理实践中关注的一些问题，与美国银行专家进行了沟通交流。现将有关的沟通情况以问答的形式作一简要概括，从中可以大体看到美国银行运用经济资本管理工具的基本脉络和主要方法，对建设银行目前正在进行的经济资本管理改进项目，可以提供很好的借鉴和启示。

问题1：美国银行对哪些类别的风险进行经济资本计量？进行经济资本计量的基本方法是什么？

回答：目前美国银行经济资本计量覆盖的风险类别包括信用风险、市场风险、地区风险和业务风险（包含通常所说的“操作风险”）。美国银行的信用风险计量采用内部评级方法，也即国际先进商业银行比较通行的资产波动法，主要是通过运用大量的内部评级数量模型，计算违约概率、违约损失率、风险暴露、相关性、贷款组合权重等关键指标，进而计量信用风险的非预期损失和经济资本。美国银行市场风险的经济资本计量主要以交易部门及全行的每日在险盈利指标的计算为基础，通过选择适当的置信水平以及对每日在险盈利指标的年度化来完成。美国银行操作风险的经济资本计量采用精算法，其实质与《巴塞尔新资本协议》的“采用内部模型的高级方法”基本一致，它主要是通过建立损失事件数据库、运用数量模型对损失事件的发生频率和严重度进行统计模拟。

问题2：美国银行经济资本管理的主要目标和作用是什么？

回答：美国银行建立经济资本管理框架，旨在准确测算相对于风险的回报，促使资本配置于风险调整后回报更高的业务活动，确保决策者与股东利益的一致。这具体表现在，一是以经济资本作为风险测算和业绩衡量的通用媒介，对不同类别的风险和不同对象的业绩按统一的尺度进行量化。二是用税后经济资本回报率以及扣除资本成本后的利润（股东增加值，SVA）来衡量公司和部门的业绩。三是根据各部门承担经济风险的比例计量经济资本，并根据部门回报水平的高低进行经济资本的配置或调整。四是在各业务线交易定价决策及客户、产品盈利性评价时使用经济资本模型。

问题3：美国银行与经济资本管理相关的组织结构和职能是怎样安排的？

回答：美国银行的组织结构和汇报路线较为复杂，但部门或小组的职责及相互之间的协作配合关系非常明确。美国银行经济资本的计量和预算配置功能既相互独立，又密切配合。经济资本的计量由集团资金部下属的风险资本与组合分析小组负责，其工作包括风险计量模型研究、经济资本计量方法的确定和实际的经济资本计量。经济资本配置及业务增长的预算则由集团财务部下属的集团资金财务支持小组组织集团资金部资产负债管理小组和业务部门共同完成，在预算制定过程中，同时需要得到风险资本与组合分析小组在经济资本计量方面的支持。

问题4：美国银行经济资本预算编制的基本流程是怎样的？

回答：美国银行经济资本预算与业务计划融为一体，是整体年度规划的重要组成部分。第一，业务部门从本条线下一年度的回报目标出发，初步提出业务增长计划；第二，风险资本与组合分析小组协助业务部门计量经济资本，业务部门对经济资本所反映的本部门风险承担水平的合理性以及与回报目标的匹配性进行评估和判断，进一步对本部门业务计划进行调整；第三，业务部门将部门计划提供给财务部门，由财务部门从全行回报目标的角度，对业务计划和经济资本配置预算进行综合平衡调整，并编制全行综合性的年度预算；第四，财务部门将年度预算提请集团财务委员会审议，并进而上报集团董事会审定。

问题5：美国银行经济资本计量模型很多，也很复杂，这些模型应用于经营管理实践需具备怎样的条件？

回答：风险资本与组合分析小组建立计量模型后，需在模型的验证方面做好以下几项工作：一是完整建立与模型相关的文档，为独立审查提供条件，并用来培训各部门的员工。二是为了保证模型的准确性，必须实行制度化的验证规程。三是保证模型的使用者对模型的局限性有足够的理解，从而以适当的方式使用模型的结果。

模型验证工作应对以下具体方面进行充分的分析和测试：一是理论框架和模型设计的充分性；二是关键假设和数据的准确性及依据；三是模型代码及处理过程的准确性；四是模型结果对预定用途而言的局限性；五是模型文档的充分性。

模型的验证工作必须由具备充分资格的人执行，不能是模型的最初或后续开发人员，禁止有重大的利益冲突。美国银行成立由风险管理、财务和集团审计部组成的模型验证委员会，负责模型验证的监督和内部监控，这项责任比模型的准确性更为广泛和重要。

美国银行模型验证的基本流程：一是风险资本与组合分析小组研究建立模型；二是风险资本与组合分析小组负责人组织小组内有关人员进行管理方面的审核；三是提交经济资本技术委员会讨论审议；四是提请模型验证委员会审定。

问题6：美国银行进行经济资本配置的主要依据是什么？对于一些新产品或战略性产品，可能当前的回报率不高，如何对其配置经济资本？

回答：对部门、业务线、产品等对象配置经济资本的主要依据是经济资本回报率的高低。在全行经济资本总量所反映的风险承担水平偏高时，首先考虑减少经济资本回报率水平最低的部门或业务线的经济资本。

对于一些新产品或战略性产品，目前的回报率低于基础回报率要求，主管这些产品的业务线可以提出增加配置经济资本的要求，但必须向管理层说明这些产品在未来哪个确定的时间可以达到预期的回报率，公司会对这样的计划进行追踪，如果回报率达不到预期的目标以及没有改善的迹象，管理层就会作出调整战略的决策。

问题7：美国银行经济资本、监管资本和账面资本的关系情况怎样？在经营管理实践中是如何把握其中的关系的？

回答：美国银行一般情况下保持经济资本低于监管资本，监管资本低于账面资本的基本关系，而且经济资本从未超过账面资本，这反映出美国银行管理层较为稳健的风险偏好，账面资本与经济资本的差额被称为“未分配资本”，由集团掌握。业务部门一般只关注占用的经济资本，监管资本则由集团资金部管理，并统一对外部监管部门负责。

美国银行较为强调经济资本计量的客观性，并将计量模型作为良好的内部管理工具，对计量模型和参数的调整十分慎重。由于监管资本高于经济资本，近年来美国银行注重与银行监管部门的沟通，努力让监管部门了解其使用的经济资本计量模型，尽量去说服监管部门将其经济资本计量方法用于监管资本的计量和控制，使监管资本总量趋近于经济资本，进而减少账面资本总量，提高资本回报率。

由于美国资本市场十分发达，美国银行在资本市场上筹资比较容易，其可以根据对内部经济资本增长的预测和规划，相应及时地安排在外部资本市场的筹资计划，因此美国银行经济资本与账面资本的增长曲线一般能够保持良好的匹配性。集团资金部会对经济资本与账面资本的数量关系进行监控，当其差额缩小到一定程度（比如5%）时，就会向管理层提出发债或压缩风险资产的措施建议。

问题8：美国银行是如何应用经济资本来进行业绩评价的？其中用于计算经济资本成本的经济资本基础期望回报率是怎样确定和调整的？

回答：美国银行用于评价公司、部门业绩的主要指标是股东增加值（SVA，其实质与经济增加值 EVA 一致）和经济资本回报率（RAROC），经济资本回报率在其中承担了重要角色，它是 SVA 和 RAROC 计量的关键指标。美国银行经济资本基础期望回报率采用资本资产定价（CAPM）模型［即 $R_i = R_f + \beta(R_m - R_f)$］测算确定，其值的大小取决于市场系统的风险水平和风险溢价，美国银行目前的水平设定为11%，一般由管理层每2—3年进行一次审查调整。美国商业银行经济资本基础期望回报率的水平一般为10%～15%。

启示：

1. 由于经济、社会、市场、文化等外部环境方面的巨大差异，建设银行与美国银行在组织结构、经营模式、管理流程、技术方法等方面存在十分明显的不同。然而，实现良性持续经营，把为股东创造最大价值作为终极目标是商业银行共同的本质。美国银行运用经济资本方法，以股东增加值和经济资本回报率作为绩效考核指标，正是体现了这个本质。通过比较对照也可以看到，建设银行2001年以来在计划财务管理改革中倡导推行经济增加值和经济资本管理理念和方法，是符合国际商业银行的主流发展方向的。在今后的改革发展中，既要坚持方向，又要在方法、技术和操作上进行细化完善。

2. 从大的方面，经济资本管理职能可以分为两个方面，一是计量，二是配置，计量是风险的客观反映，配置是基于战略目标的预算安排。这两个职能既相对独立，又密切配合，美国银行的经济资本计量职能就是由风险资本与组合分析小组专门负责，而经济资本的预算职能主要由财务部门会同业务部门承担，风险资本与组合分析小组和资产负债管理小组在过程中提供专业支持，这也体现了计划预算职能由其宏观性、综合性所决定的整体性和不可分性。建设银行由于受历史原因和技术因素的影响，目前经济资本管理的计量和配置均主要由财务部门组织完成，但近期总行正在开展运用“六西格玛”方法改进经济资本管理的有关工作，经济资本管理的计量和配置功能拟调整为分别由风险管理部门和财务部门组织完成，有关部门将在工作中建立密切的合作关系和沟通机制，强化经济资本管理的协同效果，这将在2007年的经济资本管理方案中得以体现。

3. 建设银行的经济资本管理理念与美国银行没有本质上的不同，但在具体的方法、技术、流程和操作方面确实存在一定差距。我们一方面要在现有的条件下，对经济资本管理的流程进行认真的研究梳理，提出近期的改进方案；另一方面，要从长远方向上加快内部评级方法及系统的优化和应用，并借鉴国际先进银行的通行方法，做好风险计量模型和参数的建立、验证、培训和应用工作，并完善相应的管理制度及流程。

4. 在高度市场化和职责边界清晰的环境下，美国银行在年度业务增长计划和经济资本增量预算的制定过程中，业务部门拥有较大的自主性，但前提必须是业务部门能够很好地把握风险承担与资本回报的关系，并真正对经营结果承担责任，当然管理层会从公司整体的回报和风险角度对业务部门的安排作出调整决策。建设银行由于外部有国家宏观调控要求，而内部分支机构自我风险约束能力还不是很强，因此在预算编制过程中，总行层面对全行业务增长和经济资本配置总量应进行总体上的把控，同时总行经营部门应根据加强条线管理和垂直经营的导向，对下提出尽可能详细的业务计划和经济资本预算编制指引，引导下级部门有效落实发展战略。随着建设银行事业部制的稳步推进，业务部门的自我约束和平衡能力逐步增强，业务部门在年度业务增长和经济资本预算方面的自主度应该逐步提高。

5. 建设银行对战略性业务和新产品，一方面应当通过经济资本配置和政策参数设计，支持其加快发展；另一方面也有必要通过强化规划、细化计量，持续追踪其业务增长、风险控制和回报提升的状况，并及时作出准确的判断和决策。

6. 由于我国资本市场尚不够发达，商业银行发行股票和债券的限制较多、过程复杂，市场筹资的便捷性远低于西方发达国家。因此，在经济资本与账面资本数量关系的把握上，首先，要从外部资本监管和内部风险控制的角度，保证经济资本始终低于账面资本；其次，在资本市场完成某次筹资操作后，经济资本会与账面资本存在较大的差额（实际上就是美国银行所谓的“未分配资本”），这是在下一次筹资操作前用于支撑风险资产逐步增加的资本空间，这需要做好规划，并且还要注意与股利分配政策、资本充足率目标做好衔接。

新会计准则的主要变动及对建设银行财务收支的影响分析

总行计划财务部

2006年2月，财政部颁布了由1项基本准则和38项具体会计准则组成的新的会计准则体系，并将于2007年1月1日起首先在上市公司范围内开始执行。本文就新准则可能对建设银行损益产生的影响进行了认真研究，并提出初步分析意见。

一、关于贷款利息收入的确认

新准则采用实际利率法确认利息收入，即贷款利息收入 = 贷款摊余成本 × 实际利率，这与《金融企业会计制度》采用贷款名义利率确认利息收入，并遵循“双90天”的规定，差异十分显著。所谓贷款的实际利率不同于贷款名义利率或者合同利率，其实质是贷款的内含报酬率，即将贷款在存续期间的现金流折现为贷款当前账面值的利率。所谓贷款的摊余成本是指扣除已偿还的本金和减值损失、加上或减去按照贷款实际利率摊销的贷款初始确认金额与到期金额之间的差额的摊销额（例如贷款手续费）等确认的账面值。

采用实际利率法确认利息收入与名义利率法的差别可以归纳为以下几点：

1. 利率本身不同，前者是内含报酬率，后者是合同利率。

2. 前者在贷款存续期内按期确认利息收入，不论贷款本金或利息是否逾期；后者遵从“双90天”的规定，即本金或利息逾期90天以后，贷款应归类为非应计贷款，此后结计的利息只按表外催收贷款利息核算，不再确认为当期收入，此前已入账的利息收入和应收未收贷款利息需冲销。

3. 前者下的任何贷款偿债现金流都要首先确认一部分利息收入，其余才作为本金偿还；后者下的非应计贷款偿债现金应首先归还本金，如有剩余，则剩余部分作偿还催收贷款利息收入处理。

实际利率法与名义利率法对利息收入确认的根本理念显著不同，可以说前者是彻底遵循了权责发生制的原则，而后者仍然在一定程度上应用了收入实现制的原则。在损益影响方面，可以从三个方面来考虑：

1. 按照上述分析，如果贷款手续费等费用与贷款本金相比很小，那么贷款实际利率与名义利率应当近似相等，则采用实际利率对正常贷款利息收入影响不大。建设银行目前的贷款多数未收取金额巨大的手续费，因此正常贷款的利息收入在采用新准则前后变化不应很大。

2. 对于非应计贷款而言，虽然实际利率法下要按期计算利息收入，而现行方法要待利息收入实际收到后才可以计算确认，由此看来每期要多计算一部分利息收入，但由于贷款本金可以计提减值准备，以扣除减值准备后的摊余价值计算的利息收入将比按贷款原值计算的利息收入明显减少，抵消了部分影响（全额计提减值准备的贷款其影响为零），最终对损益的影响可能主要是利息收入在各期间的分布。

3. 现行核算方式下的期末减值准备余额要大于实际利率法下的减值准备余额，需要将减值准备期末余额调整到正确的水平，对损益的影响即是增加贷款利息收入，相应增加贷款减值损失的计提，具体分析如下：

本期应计提减值准备 = 期末应保有减值准备余额 - 期末实际减值准备余额

期末实际减值准备余额 = 期初减值准备余额 - 贷款核销数 + 已核销贷款收回数

以目前的核算方式，非应计贷款在本金完全收回前不确认利息收入，偿债现金流均作为本金偿还。例如，期初贷款本金100万元，期末偿债现金流80万元，折现到期初60万元，期初减值准备余额为100 - 60 = 40（万元）。按现在的方式核算，80万元全部作为本金收回，贷款核销使用准备金100 - 80 = 20（万元），期末减值准备实际余额20万元；按照实际利率法，80万元中60万元作为本金收回，20万元为60万元本金产生的利息，贷款核销使用准备金应为100 - 60 = 40（万元），期末减值准备余额应为零。因此，应将现行核算方式下的减值准备余额20万元调整到利息收入中去。对损益的影响即是增加贷款利息收入，相应增加贷款减值损失的计提。增加的总量为：（非应计贷款 - 非应计贷款的减值准备 - 应计贷款的减值准备）×实际利率。根据风险部提供的数据，以2005年底时点数测算，（非应计贷款 - 非应计贷款的减值准备）金额为427亿元，应计贷款已计提的减值准备为249亿元，按1年期贷款基准利率测算，6.12%的贷款收益率粗略估算增加利息收入和相应的贷款减值损失为（427 - 249）×0.0612 = 10.89（亿元）。

综上所述，实际利率法对贷款和收入的核算体系和核算系统都提出了新的挑战，但是对损益的影响将集中于非应计贷款。如果非应计贷款的减值准备能够合理、恰当地计提，使贷款账面价值合理反映贷款可收回金额，则实际利率法的应用对全行损益不会造成太大波动。因此我们建议总行相关部门根据新准则的要求，讨论修订原有贷款减值准备管理办法，使全行贷款减值准备的计提尽快符合新准则的要求。

二、股权投资的处理

按照《金融企业会计制度》的规定，股权投资划分为短期股权投资和长期股权投资，均以历史成本作为计量基础，仅对长期股权投资提取减值准备。按照新准则的要求，股权投资分为作为金融工具管理的股权投资和长期股权投资。

作为金融工具管理的股权投资主要是指对被投资单位不具备共同控制、不能实施重大影响且公允价值可以可靠计量的股权投资，适用22号准则，具体又区分为交易性股权投资和可供出售股权投资，并按照公允价值进行计量。对于公允价值难以取得也无法可靠计量的股权投资应当按照成本计量。交易性股权投资的重估价值与当前账面价值的差额，直接计入当期损益，可供出售股权投资的重估价值与当前账面价值的差额计入资本公积，待发生实际减值或处置时转入当期损益。

作为金融工具管理的股权投资以外的长期股权投资，主要包括对被投资单位实施控制、具备共同控制、具有重大影响或者不具备共同控制及重大影响且公允价值不能准确计量的股权投资。上述所谓控制是指有权决定一个企业的财务和经营政策并从中受益，所谓共同控制是指按照合同约定所共有的控制；重大影响是指对一个企业的财务和经营政策有参与决策的权力，但并不能够控制或者与其他方一起共同控制这些政策的制定。对于能够对被投资单位实施控制的股权投资，按照成本法核算，即建设银行账面上以投资成本计量，收到股利时直接确认利息收入，但在编制合并报表时应将被投资企业作为子公司纳入合并范围。对于被投资企业具备共同控制或者具有重大影响的，按照权益法进行核算，即建设银行应当按照应享有或分担的被投资企业实现的净损益的份额，确认投资损益并调整长期股权投资账面价值，收到的股利需减少长期股权投资账面价值，不确认投资损益。对于被投资企业不具备共同控制及重大影响且公允价值不能准确计量的股权投资，直接采用成本法进行核算。

由于建设银行已于2005年提前执行了金融工具确认与计量相关准则，对作为金融工具管理的股权投资已经执行了四分类，并分别采取公允价值和摊余成本计量，因此未来新准则的实施对损益不会产生太大影响。对于金融工具以外的长期股权投资，建设银行目前的处理与新准则要求差距不大，因此对新准则的实施也不会产生重大影响。

三、衍生金融工具及套期业务

《金融企业会计制度》中未对衍生金融工具及套期业务作出规定。按照新准则的要求，衍生金融工具按照公允价值计量，公允价值的变动计入当期损益。对套期业务，将套期工具和被套期项目公允价值变动的抵消结果计入当期损益。

在损益影响方面，由于此前建设银行的衍生金融工具已经是按照公允价值计量，因此衍生金融工具的会计核算不会对损益造成影响。目前，新准则的应用指南尚未正式出台，估计新准则在此项业务上对建设银行的主要影响体现在报表的列示上，即套期工具和被套期工具的公允价值变动结果以相互抵消后的净值直接计入损益，而不是分别计入收入和成本。

四、外汇折算

《金融企业会计制度》对外币业务按照外币统账制和外币分账制分别规定。外币分账制要求外币业务发生时按照原币编制会计报表，期末资产负债表除权益类项目外，其他项目按照期末汇率折算为人民币，权益类项目按照历史汇率折合为人民币。不同汇率之间形成的差额，作为外币折算差额单列项目反映。外币统账制要求外币业务发生时按照业务发生时的汇率或期初汇率折合为记账本位币，期末外币账户余额按照期末汇率折合为记账本位币，二者差额按照业务性质计入当期损益或资产价值。《金融企业会计制度》对境外经营（包括子公司、联营、合营企业和分支机构）的外币财务报表折算未作出规定。新会计准则的外币折算不再区分外币分账制和外币统账制，但分别对外币交易和外币财务报表的折算作出了规定。

1. 外币交易：交易发生时应采用即期汇率折算为记账本位币，在资产负债表日对于外币交易余额则区分外币货币性项目和外币非货币性项目分别折算。前者应采用资产负债表日汇率折算，折算差额计入当期损益。以历史成本计量的外币非货币性项目，仍采用交易发生日的汇率折算，不改变其记账本位币金额。

2. 外币财务报表折算：对境外经营（包括子公司、联营、合营企业和分支机构）的外币财务报表折算时，资产负债表项目除所有者权益外，其他项目一律按期末汇率折算，所有者权益项目按照历史汇率折算（未分配利润除外）；利润表中的收入和费用项目采用交易发生日汇率或其他合理方法确定的近似汇率（如会计报表期间平均汇率）折算；外币报表折算差额在资产负债表中所有者权益项下单独列示。

目前，建设银行外汇业务采用分账制，DCC 和 ERP 系统已经基本满足了新准则的核算要求。DCC 和 ERP 的处理原则是：DCC 等交易系统在初始确认时仍分币种进行明确核算，在交易系统数据日终导入 ERP 系统，将交易发生日日终汇率进行统一折算记账。月末，ERP 系统按照新准则规定对外币货币性项目进行重估。2006 年 9 月末的数据显示，ERP 系统生成的本外币净利润比总账传输系统生成的本外币净利润多 3 254 万元。

目前，建设银行境外分支机构的外币财务报表以期末汇率折算，总行拨出营运资金和境外分支机构拨入营运资金之间的汇率折算差额计入当期损益，而按新准则确定的外币报表折算差额将计入所有者权益，不再计入损益。但境外分行资产规模有限，此项变化对全行损益总体影响不大。

五、抵债资产的处理

根据《金融企业会计制度》的规定，银行在收到抵债资产时按照被抵偿贷款本金和已确认的利息作为入账价值，因此在收到时不确认损益，在计提减值准备和实际处置时才确认损益。而根据《企业会计准则——债务重组》的规定，抵债资产应按照公允价值计量，公允价值与被抵偿债权的差异在收到时即计入当期损益，后续处理基本不变。

在损益影响方面，由于抵债资产在期末都要进行减值准备的计提，因此上述抵债资产损益确认时间的变化对全年损益不会产生影响。但在新准则下，当抵债资产公允价值小于被抵偿贷款本金时，差额需冲减已经计提的贷款减值准备。

六、研发费用

《金融企业会计制度》对于企业自行开发并按法律程序申请取得的无形资产，按依法取得时发生的注册费、聘请律师费等费用，作为无形资产的实际成本。在研究与开发过程中发生的费用直接计入当期损益，不予资本化。按照新准则的要求，内部研究开发项目支出应区分研究阶段与开发阶段，研究阶段支出全部计入当期损益，开发阶段支出在满足无形资产确认条件后可予以资本化。

在损益影响方面，如果对开发阶段的支出资本化，那么会引起损益在年度间的变化，资本化当期会增加当期资产和利润，无形资产的摊销会减少后期利润。从 2005 年的数据看，建设银行的科技预算总投入 18.2 亿元，其中硬件 10.9 亿元、软件 2 亿元、支持服务费 3.1 亿元、开发中心运营费用 1.9 亿元、非合同性费用 0.3 亿元。硬件大多符合固定资产确认标准，并列入计算机设备类固定资产核算，外购软件按照现行办法已列入无形资产核算。那么，有可能资本化的就是开发中心运营费用、支持服务费和非合同性费用 5.3 亿元。对此，我们建议对研究开发项目的支出仍暂时维持目前的做法，即除外购软件作为无形资产核算外，对研究开发阶段发生的其他支出全部计入当期损益。其原因在于：从总量上看，建设银行符合资本化条件的研发费用总量并不大；从准则规定看，企业会计准则和国际会计准则对无形资产的确认都有非常严格的条件限定，总体上对企业内部研究开发项目开发阶段支出的资本化持相当谨慎的态度，而建设银行目前绝大多数研究开发项目的成果主要服务于内部经营管理，其通用性和市场性相对较差，真正符合无形资产确认条件的研发成果很少；从实际操作的角度看，目前建设银行的科技项目还不能严格区分研究阶段和开发阶段，核算体系还不能对开发阶段的支出按照项目进行完整的归集，不能较好地满足无形资产的可靠计量。如果对研究开发支出仍维持目前的做法，则不会对损益产生影响。

七、投资性房地产

《金融企业会计制度》没有对投资性房地产单独作出规定，所有自有房产均按照固定资产管理。按照新准则的要求，对为赚取租金或资本增值，或两者兼有而持有的房地产要划分为投资性房地产单独核算并进行披露。对投资性房地产通常采用成本模式计量，但在投资性房地产所在地存在活跃的交易市场且公允价值能够持续可靠取得的条件下，可以采用公允价值模式进行后续计量。采用公允价值模式计量的投资性房地产不计提折旧，而是在资产负债表日对公允价值进行重估，公允价值变动计入当期损益。

在损益影响方面，如果对投资性房地产采用公允价值计量，则公允价值变动额会直接影响当期收益。根据2005年底数据，全行房地产（含土地，下同）账面价值约658亿元，用于出租的房地产账面价值约28亿元，占比4.26%。对此，我们建议对投资性房地产按照成本模式进行计量，原因在于：其一，国际会计准则与企业会计准则都对投资性房地产规定了以成本计量和以公允价值计量两种模式。但从我国的实际情况来看，公允价值的持续取得比较难以实现，因此财政部在企业会计准则的指南中专门指出："企业通常应当采用成本模式对投资性房地产进行计量。"由此可以看出，企业会计准则对投资性房地产采取公允价值计量模式是持谨慎态度。其二，出租房地产不是银行的主营业务，我们用于出租的房地产大多是由于闲置未及时处置，为了提高闲置资产的收益而出租的。赚取租金不是我们持有的主要意图，在性质上与自用房地产是较为接近的。因此对出租房地产以公允价值计量似乎不妥。如果对投资性房地产采用成本模式计量，则不会对损益造成影响，只是需要在报表中单独披露。

八、职工薪酬

《金融企业会计制度》中职工薪酬不包含辞退性福利；而按照新准则的规定，辞退性福利（因解除与职工的劳动关系给予的补偿）是包含在职工薪酬中的。

在损益影响方面，按原来的做法，辞退性福利应计入营业外支出中，而根据新准则辞退性福利也应作为职工薪酬的一部分计入人力费用中。由于机构人员调整的逐步到位，目前建设银行的辞退性福利总量较小，因此对损益的影响很小。

九、非金融资产减值准备

《金融企业会计制度》规定对于资产减值准备，如果有确凿证据表明资产价值回升的，可将已计提的减值准备转回。而根据新准则的要求，非金融资产的减值损失一经确认，在以后会计期间不得转回。

在损益影响方面，按照新准则抵债资产、固定资产、无形资产、在建工程等资产的减值准备一经确认，不能转回。目前，建设银行账面上已确认的抵债资产减值准备约27亿元，固定资产、无形资产、在建工程三项资产减值准备约8亿元。目前，财政部还没有具体说明减值准备不得转回的规定是否要追溯适用，即以前年度已经转回的要原渠道冲回，如果是追溯适用，则将对建设银行的损益有一定影响。如果这一规定是未来适用的，即仅从2007年1月1日开始适用，则对于已经有确凿证据可以转回的减值准备可在2006年底前转回。

十、所得税

《金融企业会计制度》规定企业可根据具体情况，选择采用应付税款法或者纳税影响会计法进行所得税的核算，应付税款法即是按照当期税法规定计算的应纳税金额确认当期所得税费用，而纳税影响会计法则是按照企业税前利润总额和适用税率计算确认当期所得税费用，所得税费用与应交税费之间的差额计入递延所得税，在以后期间摊销。根据新准则的规定，企业应当采用纳税影响会计法进行所得税的核算。在损益影响方面，递延所得税资产或负债的确认将导致所得税费用在年度间的变化：递延所得税资产的确认将减少当年所得税费用增加净利润，其摊销将增加以后年度所得税费用减少净利润；反之，递延所得税负债的确认将增加当年所得税费用减少净利润，其摊销将减少以后年度所得税费用增加净利润。

总行住房金融与个人信贷业务香港培训班考察报告

总行住房金融与个人信贷部

2006年9月5日至12日，我行住房金融与个人信贷业务培训班赴香港进行了为期一周的培训。通过培训，我们了解了香港房地产和住房按揭贷款市场的发展特点，学习了国际先进银行住房金融与个人信贷业务的经验，看到了我行与国际一流银行的差距。我们认为，虽然香港住房按揭贷款市场及其发展环境与内地有较大差异，但其房地产市场和住房按揭贷款市场的发展经验、以客户为中心的服务理念、以贷款为切入点向客户提供一揽子金融服务的营销战略、集中统一的单元化运营体制、丰富的产品线和以定量技术为基础追求风险收益平衡的风险管理方法，值得我们学习和借鉴。

一、本次培训的主要收获

（一）了解了香港房地产及住房按揭贷款市场的主要特点

1. 香港房地产及住房按揭贷款市场具有良好的运行环境。第一，具有建立在私有制基础上的健全的产权制度、法律制度、政治行政体制、税收制度、土地制度等，尤其是经过1997年亚洲金融风暴，各项制度日趋完善，为银行个人贷款业务的健康发展创造了良好的制度环境。第二，政府良好的监管和服务能力为银行业务的发展提供了有力的支持。金融管理局从事银行监管工作的人员只有156人。他们通过制定统一的标准和制度，及时发布各类数据和信息，采取有效的监控措施，在加强监管的同时，提供了良好的服务。第三，高度发达的市场经济和以服务业立港的发展定位培育了香港市民良好的信用观念和商业机构良好的服务意识。

2. 香港住房金融体系比较完善，住房按揭贷款市场比较发达。首先，香港政府建立了包括私人住房（商品房）、居者有其屋计划的居屋和公屋（公营租住房屋）等在内的住房供应体系，住房金融形成了商业性私人住房按揭贷款市场和政策性的居屋贷款市场。其次，香港的住房按揭贷款市场能够提供满足各种购房需要的按揭贷款产品和多样化的服务，包括一手房贷款、二手房贷款、加按贷款、转按贷款、楼换楼贷款、按揭贷款保险计划以及多种还款计划。再次，香港住房按揭贷款市场有多个高质量的参与主体，包括香港房屋委员会、房地产权属登记部门、银行、律师行、财务公司、保险公司、按揭证券公司、房地产评估机构、其他市场交易中介机构等。最后，在政府的推动下，住房抵押贷款证券化得到了较快发展，使香港住房按揭贷款不仅具有完善的一手市场，也逐步形成了比较发达的二手市场。

3. 香港住房按揭贷款规模巨大，主要产品是二手房按揭贷款，主要市场份额由四大银行占据。2000年至2005年，香港住房按揭贷款余额占贷款总额的31.4%～36.8%，其中，2005年底的住房按揭贷款余额为6 066亿港元，占31.4%。因人口增长缓慢和土地资源有限，香港每年新建住房较少，一手房贷款市场趋于饱和，二手房贷款成为当前住房按揭贷款市场的主要产品。香港2005年新发放的1 568.79亿港元住房按揭贷款中有1 059.80亿港元是二手房贷款，占67.56%；267.49亿港元是转按揭贷款，占17.05%；其余241.52亿港元用于购买一手房，仅占15.4%。目前香港133家持牌银行中只有33家经营住房按揭贷款业务，其中，香港汇丰、中银香港、香港渣打和恒生4家银行2005年底的住房按揭贷款合计在全部住房按揭贷款的占比超过80%，占据了住房按揭贷款的绝大部分市场份额。

4. 香港住房按揭贷款市场竞争趋于白热化。一是住房按揭贷款的价格越来越低。1999年底，在金融机构当年新发放的住房按揭贷款利率分布中，价格低于P（最优惠利率）的仅占10.5%，到2000年底这一比例迅速提高到86.8%，到2005年底，这一比例则高达95.9%，其中约77%低于P－2%。二是促销手段丰富多样，包括免评估费、免律师费、现金回赠、折扣返点等。如有的银行与地产商合作推出新楼盘，共同向客户提供现金回赠，仅银行回赠的部分即可以达到贷款额的7.5%。三是相互间争夺存量客户非常激烈，2000年以来，在香港每年新发放的住房按揭贷款中平均有超过20%的金额是用于转按。

（二）学习了香港银行住房金融与个人信贷业务的先进经验

1. 始终把个人贷款作为提高个人客户综合贡献度的战略性业务。目前香港按揭贷款利率已经相当低，普遍为最优惠利率下调3.1个百分点，基本上不赚钱。但香港各家银行依然全力争夺住房按揭贷款市场。银行办理住房按揭贷款业务不仅仅为了获取贷款利差和降低风险，更重要的是利用其贷款期限长的特点，培养一批长期的忠实客户，通过提供贷款服务，争取客户使用其他个人银行产品，赚取贷款利差以外的其他收入。个人贷款是提高个人客户综合贡献度最有效的切入点。

2. 非常重视对市场和竞争对手的研究。香港的银行通过对市场的准确把握来寻找发展的空间，规避潜在的风险。香港的银行能够利用结婚注册数、人口增长率、家庭税前月收入中位数、经济实质增长率、买卖合同数、投资回报率、租金指数、通货膨胀率、利率、失业率、各类单位房价指数、落成量（以及入住量和空置率）12个指标综合判断房地产市场发展是过热还是萧条。对房价、利率、投资回报率、失业率等相关因素对住房按揭贷款资产质量的影响保持动态监测。可以根据GDP增长率、房价水平、销售面积等历史统计数据来预测整个住房按揭贷款市场的发放总额或新增总额。每家银行的个人信贷经营管理人员非常注意收集竞争对手的信息，对竞争对手的一举一动都很关注。例如，汇丰银行推出新的按揭贷款产品或服务以后，渣打银行的相关人员立刻会收集材料进行分析，研究对策。

3. 单元化的经营模式为住房按揭贷款业务的发展提供了有利的机制基础。香港银行住房按揭贷款业务普遍采用单元化经营模式。例如，香港渣打银行的住房按揭贷款部门是一个独立的业务经营单元，其中既有前台营销和贷款处理部门，也有中台审批、风险管理、催收人员，还包括后台财务人员等。中、后台人员的主要汇报路线是其条线主管，住房按揭贷款主管是其第二汇报路线。但中、后台人员对于住房按揭贷款单元的经营计划也承担一定责任，在年初的业务规划中要签字。中、后台人员的考核主要由其条线实施，但住房按揭贷款主管参与对其考核并发表意见。前、中、后台平行作业的单元化经营模式缩小了前、中、后台目标间的分歧，缓解了条线管理下前、中、后台相互隔离状态下的矛盾。身处住房按揭贷款业务单元的中、后台人员除履行本条线的职责外，更要考虑前台部门的经营需要，相互渗透的激励约束机制提高了中、后台人员与前台人员的目标一致性。

4. 多元化的销售渠道和灵活的定价机制是香港银行拓展住房按揭贷款业务的重要营销手段。香港的银行销售渠道主要有四种：分行网点、专职营销队伍、网上银行和按揭贷款热线。其中，分行网点和专职营销队伍是主渠道，但网上银行和按揭贷款热线的作用越来越大。如汇丰银行、渣打银行可通过网上银行提供实时网上估价、网上贷款申请与预先审批、网上预约按揭贷款顾问等业务。

香港的银行表现出很强的定价能力。在利率市场化的环境下，定价方法主要有两类：用最优惠利率（P）或香港3个月同业拆借利率（HIBOR）加减点差的浮息定价和固定利率定价。为住房按揭贷款定价时综合考虑资金成本、产品类别、客户的信用级别、所购房屋用途、贷款规模、竞争对手的价格等多种因素。例如，汇丰银行50万－100万港元住房按揭贷款的首年利率为1.68厘，以后利率全部为P－2.675；100万港元以上住房按揭贷款第二年及以后利率都一样，均为P－2.700，但不同额度贷款的首年利率不一样。

5. 以产品经理为核心、以研发团队为平台的产品创新机制。首先，产品创新重视客户需求，强调为市场营销创造便利，新产品研发是为了更多地销售并创造价值，每次研发前都有严格细致的市场需求分析及财务评价。其次，建立专门的产品研发团队。如渣打银行，研发团队以产品经理为核心，通常包括风险、人力、审批、财务、科技、营运等几方面的代表，由产品经理任组长。最后，创新遵循严格的流程：深入分析明确客户需求—建立研发团队—撰写产品研发报告—产品开发—用户测试—用户测试交流确定目标客户群体—测试市场反应确定分销战略—进行销售培训—产品完成并全面推向市场。产品研发周期的长短取决于市场竞争与客户需求的强弱。这种研发机制能够始终将产品创新建立在市场需求的基础上，有比较明确的目标客户群体，充分利用企业相关部门的资源，具有很强的机动性和灵活性。

6. 以准确的统计数据和科学的定量分析方法为支撑的精细化风险管理技术。根据个人贷款金额小、笔数多、其风险状况符合大数定律的特点，银行在风险管理中非常重视对贷款的数据积累和对信用风险的定量统计分析。例如，渣打银行建有准确、完备的资料管理机制（MIS），对原始信息的录入要求非常高，他们认为："客户信息数据化的人是较低层次的人，出错的可能性较大，因此，我们要求至少两个人复核确认，成本很大。但从长远看，如果数据是错的和不完整的，整个工作也是没用的。"利用该资料库可以计算审批通过率以测算目标市场的素质和初步筛选成效，评估各分销渠道以识别高风险部分，计算不同部分业绩把资源投放至带来盈利的客户层，测算贷款预期损失，进行贷款违约的敏感性分析和压力测试，结合预期损失和压力测试进行产品客户盈利性分析。香港的银行普遍采用评分模型将客户的信用水平予以量化，在贷款发放环节，通过将申请人的评分与一个定值比较来决定是核准还是拒绝贷款；在贷后管理阶段，对存量客户评分低于定值的采取相应的措施。

7. 渣打银行按信贷周期（Credit Life Cycle）进行管理的"信贷风险周期"管理模式。所谓"信贷风险周期"的管理模式，是指以贷款数据库为基础，包含"计划—执行—评估—决定—监控—催收、拨备—回顾—矫正—新计划"一系列步骤的信贷风险管理制度。该模式旨在使渣打银行"通过周密计划和部署尽可能少犯错误减小风险，遇到风险时能够有效控制、转移风险，今天或明天不要再重复昨天犯过的错误"。"计划"（Product Program）是最重要的阶段，每年制定一次，围绕产品明确目标客户、计划限额、行业机会、营运部门及计算机系统的配合、法律监察、审批政策要求及权力、下次复核时间等。"执行—评估—决定—监控—催收与拨备"这些环节主要是在计划实施过程中对每一笔贷款的具体要求。"回顾—矫正"是通过对本年计划及执行情况的总结评价，发现制订计划和实施过程中存在的问题，制定矫正措施，避免在明年计划中再出现类似问题。

二、本次培训得到的启示

（一）香港同业的经验值得我们借鉴，但不能简单照搬

通过培训和考察，我们看到了与香港银行同业之间在住房金融与个人信贷业务中的差距，但是，由于香港与内地在经济结构与水平、政治制度、人口结构、消费观念、法律、行政、文化等制度环境方面的差异，两地在房地产市场和住房按揭贷款市场上有着各自特点。因此，我们在向香港国际一流银行学习其先进的理念和技术时，也要考虑到本地的市场特点，更多地借鉴其好的经营理念、服务意识、创新思路和管理方法，将其与我行特点、内地环境相结合，而不能简单照搬。

（二）我行住房按揭贷款业务仍面临巨大的发展空间

从规模上看，香港住房按揭贷款在全部贷款的占比超过30%，而内地 2006 年 6 月个人住房贷款余额为20 705.92 亿元，在全部贷款余额227 914.12 亿元中的占比尚不足 10%；从市场结构看，香港住房按揭贷款市场中四大银行相对占据绝大部分市场份额的格局说明，住房按揭贷款具有较强的规模经济特点。虽然内地市场由于巨大的市场规模给中小银行发展带来了广阔空间，但我行多年发展积累的内控制度、科技支持和客户资源为我行与中小银行竞争提供了巨大的优势；从市场空间看，香港以二手房贷款为主的特点预示着未来二手房贷款将在内地一线城市有越来越大的发展空间。

（三）内地住房按揭贷款市场的竞争将会更加激烈

虽然内地住房按揭贷款市场竞争已经非常激烈，尤其是在北京、上海、深圳、广州等一线城市，但比起香港，竞争总体上还处于"阵地战"，而香港已是"肉搏战"。这其中的一个重要原因是政府对住房按揭贷款利率下限实行管制，为竞争竖起了一道屏障。但是，香港住房按揭贷款市场的今天可能就是内地住房按揭贷款市场的明天。随着内地利率市场化步伐的加快，各家银行对发展零售业务的逐步重视，未来内地住房按揭贷款市场的竞争无疑将会更加激烈。

（四）香港银行采用的产品创新机制比较适合个人金融产品的研发

我行个人银行业务的产品还没有形成一种稳定的研发机制，当前正在探索产品创新的路子。其中一种思路是建立专门的个人银行产品研发中心。考虑金融产品创新差异化而非标准化的特点，香港的银行采取由业务部门的专业产品经理牵头、其他部门相关人员组成临时产品研发团队，按照标准的研发流程进行产品开发的机制值得借鉴。在业务部门之外设立单独的产品研发中心，在保证产品的适销对路和多部门的协同工作以及产品研发效果方面可能会遇到一些困难。

（五）精细化的贷后管理及风险管理是快速发展的基础

从香港一流银行的发展经验看，要实现个人贷款业务的快速发展必须有坚实的贷后管理和风险控制作保障。要提高贷后管理和风险管理能力，有四个因素非常重要：第一，准确、完备的客户信息和贷款数据；第二，利用数据库对贷款客户进行违约概率分析和盈利性分析；第三，以数值量化个人申请贷款时的信用水平和贷后的信用状况；第四，将定量分析和评分技术通过 IT 实现。

三、对我行住房金融与个人信贷业务发展的建议

（一）进一步提高认识，增强发展住房金融与个人信贷业务的紧迫感和危机感

从竞争对手看，随着另外几家大型国有商业银行上市的完成，其发展住房按揭贷款业务的步伐将会加快，力度将会加大，从而使今后市场份额的争夺更加激烈。从政策环境看，由于连续两年的房地产市场宏观调控效果并不显著，为优化供应结构、稳定房屋价格，政府有可能会在党的十七大召开和政府换届前采取进一步的调控政策。从制度环境看，随着我国金融体制改革的深入，国有银行成功上市，汇率灵活性增加，为利率市场化创造了条件也对利率市场化提出了更迫切的要求。我行对未来住房按揭贷款市场竞争的严峻性要有足够的认识，要增强危机感和紧迫感，尤其是在产品创新、产品定价和风险管理方面做好充分的准备和安排。

（二）深入贯彻“以客户为中心”的理念，准确理解关于个人贷款业务战略定位的内涵

将个人贷款业务作为发展零售银行业务的战略重点，不仅是看重今天个人贷款业务的高收益和低风险，更重要的是看重个人贷款庞大的客户资源未来可能带来的利润。这也是香港银行在住房按揭贷款利润很少的情况下仍然大力发展的原因所在。由于内地住房按揭贷款当前的利差大，获利厚，我们在理解个人贷款业务的战略定位时，更多的是从盈利和风险角度考虑。在实际经营中更多关注贷款规模、利息收入和对新客户的拓展，对挖掘存量贷款客户综合贡献度关注不够，个人银行产品之间的联动营销配合还不够密切。随着利率市场化加快，个人贷款的直接利润空间可能会越来越小，但却不能动摇其战略地位，因为重要的不只是贷款带来的盈利，还有客户的综合贡献度。

（三）继续加大对住房金融与个人信贷业务在政策和资源方面的支持力度

从内部看，经过十多年的发展，虽然我行住房金融与个人信贷业务已经形成了一套比较规范的管理制度，但是，面临经济环境的变革、金融环境的逐步开放、企业整体的转型以及市场竞争的变化，我们无论在组织机构、经营模式、人才储备，还是在贷后管理的方法、风险管理技术等方面都有待进一步完善和改进；从外部看，个人贷款业务作为向零售业务战略转型的先锋也需要尽快抢夺个人客户资源。在对内要自我革新、对外要大力开拓市场的时期，必须有足够的政策和资源支持。

（四）加强对政策、市场和同业的研究，为经营决策提供更有力的支持

要加强对宏观政策的研究：高度关注国家的经济政策、金融政策、税收政策、土地政策和住房政策的变化与走势，分析政策变化对住房金融与个人信贷业务的影响。要加强对市场的研究：根据未来 GDP、固定资产投资、房地产开发投资、土地供应计划、利率水平、房地产投资回报率等指标，对房地产市场的现状和走势以及个人贷款未来可能的需求进行判断和预测；从性别、年龄、收入状况、财产状况、婚姻状况、受教育情况、消费观念等方面研究各类个人客户群体的不同金融需求及对我行个人贷款产品服务的满意程度，进一步细分我行个人贷款的目标客户群体。要加强对同业的研究：培养关注同业的意识，搭建内部资源共享平台，

及时了解同业在住房金融与个人信贷业务方面的经营目标、战略布局、资源配置、营销策略、产品创新、价格、服务等信息，以及计划执行情况和资产质量情况。

（五）以个贷中心建设和事业部制改革为契机，完善住房金融与个人信贷业务经营机制，提高经营效率

集中统一的单元化经营机制为香港的银行业务高效运行提供了基础。我行目前正在推广的个人贷款中心和即将展开的个人银行事业部制改革与香港银行的做法基本一致。个人贷款中心的建设辅之新个人贷款系统的推广上线和专职审批人的派驻将会使我行个人贷款业务的流程得以优化，通过中、后台集中，解放前台营销人力，增强营销力量，提高贷款处理效率。但是，在推进个人银行事业部制的过程中，考虑到个人贷款在我行转型过程中的特殊地位及未来个人贷款市场竞争的需要，应在个人银行事业部制下保持住房金融与个人信贷业务的相对独立性，既发挥住房金融与个人信贷业务集中经营的专业优势，又能发挥事业部制下个人银行产品协同营销的资源优势。

（六）加强个人银行单元联动，促进个人银行产品的交叉营销

香港银行将住房按揭贷款业务作为关键产品，在赚取利差收入的同时，带动其他相关个人金融产品和服务销售的经营策略，给我们以启示；香港银行用其丰富的理财产品作为推销个人贷款的方法更让我们耳目一新。个人贷款业务不仅可以作为个人银行业务的切入点和有利立足点，为其他个人银行业务带来优质的客户资源，反过来，我行丰富的证券、基金、理财产品等也是提高客户忠诚度的手段，是争取新贷款客户的有力武器。我们应充分利用内部的资源，加强相关部门在个人银行产品上的交叉营销。零售银行的竞争，要充分发挥以住房按揭贷款为龙头的个人贷款争夺客户、用优质的服务和综合金融产品培育客户的协同效应。

（七）发挥香港分行对内地地产企业的服务优势，促进境内外业务联动

我国政府对房地产市场适度从紧的调控政策，不仅使我行对房地产企业的房地产开发贷款业务受到较大限制，也影响了作为开发贷款下游产品的住房按揭贷款的市场拓展。香港分行为内地地产企业提供的产品与服务，可以增加我行房地产公司类业务的服务手段和服务渠道，提升传统的联动做法，突破政策限制，为我行境内外多方联动创造更有利的条件。我们应该积极研究境内外联动服务的方式与特点，结合市场环境变化，充分发挥香港分行内地地产企业的服务优势，加强境内外业务联动营销，在控制风险的前提下为国内房地产企业提供更为优质和全面的服务。

（八）加强定量分析技术在风险管理中的应用，提高贷后管理的精细化水平

切实提高我行个人贷款信息录入的准确性，在做好存量贷款数据清理的前提下，确保我行新增贷款信息准确录入；加快推动以贷款申请评分卡和贷后行为评分卡为核心的个人客户信用评价系统的开发与应用；加强对个人贷款历史数据的统计分析，挖掘影响我行个人贷款违约的关键因素，明确我行个人贷款的利润创造群体和违约成本群体；根据影响贷款违约的关键因素变化情况，定期进行贷款预期损失的测算、贷款违约的敏感性分析和贷款违约的压力测试；提高根据盈亏平衡点为单笔贷款定价的能力；通过新个人贷款系统的应用和持续改进，提高个人贷款资产质量监测的准确性和及时性，提高对风险的响应速度；建立个人贷款风险分析报告与监控预警制度；建立专门的贷后管理尤其是贷款催收队伍，提高科技系统对贷后催收的支持力度和委外催收的利用效率；加强对抵押物的管理，规范抵押评估操作，提高抵押物对个人贷款的保障作用，防范和控制虚假抵押、抵押物价值高估等风险。

撰写小组成员：孙冰峰　赵晓英　韩晓杰
蔡军花　张宏元　林震宇
伏　浩　朱向东

关于个人贷款产品与服务同业比较的调查报告

总行住房金融与个人信贷部　郭红军

一、同业个人贷款产品与服务竞争的主要特点

（一）中小银行加快争夺个人贷款市场

近年来，个人信贷业务以其风险收益稳定、市场潜力大等特点，逐渐引起各家银行的重视，纷纷将其作为调整贷款结构的战略性业务和新利润增长点，加大资源投入、产品创新和市场营销力度，个人贷款市场的竞争日趋激烈。特别是除四大银行以外的其他银行，凭借其灵活的运营机制，加快个贷产品与服务创新，力图后来居上。相比四大银行，其他银行由于基数较小，还款压力不大，因此余额增幅较快，对四大银行市场的蚕食作用不容忽视。以北京地区为例，2006年上半年除四大银行外的其他银行个人住房贷款合计发放占比达58.17%，新增占比达88.3%，其发展势头之猛应引起我行的高度重视（见表1）。

表1　　北京地区个人住房贷款同业市场基本情况表（截至2006年6月30日）

单位：亿元，%

银行	余额	当地占比	当地排名	本年发放	当地占比	当地排名	本年新增	当地占比	当地排名
工商银行	339.85	15.61	2	37.51	10.27	2	-5.02	-3.59	4
农业银行	164.8	7.57	4	18.43	5.04	4	-1.24	-0.89	3
中国银行	257.15	11.81	3	36.43	9.97	3	5.06	3.62	2
建设银行	410.92	18.87	1	60.45	16.55	1	17.55	12.56	1
其他	1 004.75	46.14		212.53	58.17		123.37	88.30	

（二）加大产品创新力度、改进服务质量、提高服务效率是当前各家银行争夺个人贷款市场的主要竞争手段

1. 在利率下限实行政府管制的情况下，产品创新成为各家银行争夺个人信贷市场的有力工具。进入2006年，个人信贷市场上的产品创新速度明显加快，市场竞争加剧。2006年初以来，光大银行与我行固定利率贷款试水，农业银行推出“接力贷”，深圳发展银行推出“双周供”，其他诸如广东发展银行的“家多好”房贷产品、浙商银行的个人住房贷款宽限期还款法、我行厦门市分行“存贷通”增值账户等，可谓层出不穷。从调查情况来看，各银行采取的产品创新方式主要有变化还款方式、还款频率、利率调整方式、借款人条件、释放抵押物价值以及对现有产品组合销售等。产品创新以客户和市场细分为基础，对满足不同客户的个性化需求建立银行的差异化优势起到了相当大的作用。2006年上半年，深圳发展银行主要靠“双周供”产品，在北京万年花城楼盘项目上拿到了最多的订单，名列我行之前，新产品的作用由此可见一斑。

2. 简化业务流程、提高服务质量和效率，也是争夺客户的一个重要手段。在服务方面，各银行主要通过改进客户经理服务态度、简化贷款办理环节的手续、提供更方便的办理渠道、提高审批效率、增加贷后服务内容等方式，提高服务质量和效率。如中国银行推行电子审批系统、交通银行承诺“益居通”3天完成审批、招商银行提供电话银行和网上银行对账、多数银行都提供还款信息短信提示等。从调查情况看，在个贷业务流程中，影响服务效率的环节主要是贷前调查、审批和落实贷款条件中的抵押登

记。从审批环节看，各地区不同银行之间从1－2小时到7个工作日不等；从贷款发放环节看，由于各银行对落实抵押登记的要求不同，加上各地区办理抵押登记时间差别很大，因此用时区间波动较大。总体上，我行个贷服务效率处于同业中游水平。

（三）在各行利率政策基本无差别的情况下，对贷款办理环节的各种手续费用松绑成为价格竞争的主要形式

在巨大的市场压力面前，为了争夺有限的客户资源，各行纷纷减免贷款办理环节的各种手续费用。如工商银行北京市分行免律师费和保险费，交通银行沈阳分行对优质客户减免律师费、公证费和二手房评估费，交通银行总行近日高调宣布全面取消强制房贷险。不可否认，首先推出这些优惠措施的银行，能够获取一定的先发优势，从其他银行分流一部分客户，从而扩大市场份额。但是调查中也有部分客户经理和合作机构认为，这种价格竞争形式易于模仿，难以形成持久有效的竞争力，同业迅速跟进的结果最终会使整个银行业利益受损。

（四）改进产品包装、加大营销宣传力度是各家银行争夺个人贷款市场的有效催化剂

1. 从营销渠道上看，开发商与中介机构的推荐仍然在个人住房贷款销售上占主导地位，因此，各家银行仍然主攻合作机构的营销，特别是加大了总行对大型跨地区企业集团的营销力度。如中国银行2005年底与万科、中海、富力等八大地产商签订个人住房贷款战略合作协议，我行先后与金地集团、中海地产签订了战略合作协议、与中原（物业）签订二手房贷款业务战略合作协议。同时，部分银行也加快了“间客式”向“直客式”的转变，特别是缺少开发贷款捆绑的中小银行，更把发展“直客式”贷款作为重点。

2. 从营销手段上看，同业目前都更加重视对产品的包装、品牌整合以及广告宣传。例如工商银行用“幸福贷款”统一其个人贷款品牌，并建立了“幸福之家”、“幸福快车”和“幸福立业”三个子品牌体系，以“帮助您开创生活和事业的美好未来”为服务理念，积极树立工商银行个人消费信贷优质品牌形象；民生银行着力打造其“移动按揭银行”的品牌，并通过“民生家园1＋3”组合捆绑销售其个人信贷产品。

二、重要竞争对手特点分析

（一）中国银行

中国银行是我行在国内个贷市场的主要竞争对手之一。从调查情况来看，中国银行个贷业务呈现以下特点：

1. 重视“理想之家”的品牌建设。自2005年6月起，中国银行整合其个人贷款产品，在全国范围内推出了“理想之家”综合贷款服务品牌，借助遍布全国的1万余家分支机构，并通过平面、网络、电视等多种渠道进行高调宣传，强调其“专家服务、一站式服务和星级服务”三大优势，期望向客户提供全程专属服务，让客户明明白白贷款，轻轻松松签约，提早实现各种家庭梦想。

2. 推行一级分行集中审批。中国银行于2005年在全行推行个贷网上审批系统，并在省级分行设立了专门的个贷中心，实行一级分行集中审批，对提高审批效率起到了一定作用。湖南省分行调查显示，中国银行审批环节包括尽职审核、审批主管和高级副经理审批，金额在100万元以下贷款的审批环节由上述三人签字，金额在100万～200万元贷款改由高级经理审批，金额在200万元以上贷款增加分行主管行长审批。消费类贷款必须在5天之内给予答复，住房类贷款必须在2天之内审批完毕。

3. 二手房贷款发展市场领先。截至2006年6月30日，中国银行个人再交易住房贷款余额以537.47亿元居同业第一位，领先我行80亿元。从浙江省分行调查情况看，其领先的主要原因：一是该行与房产交易登记机构合作较好，房产交易登记机构向其收取房屋所有权证交易过户快办手续费是向其他银行收取费用的一半，且办理快速；二是与房产交易中介机构合作密切，目前该行已着手实施向中介返点的政策，对房产交易中介机构向其介绍一笔一站式贷款返现一定比例的金额，对房产交易中介机构吸引力很大；三是二手房贷款信贷准入相对宽松，贷款审批时间短，办理效率高；四是宣传力度较大，在电视、报纸等媒体上往往投入大量的宣传费用。

（二）招商银行

招商银行坚持“信誉、服务、灵活、创新”的经营宗旨和“以客户为中心”、“因您而变”的服务理念，依托先进的系统和网络为客户提供多层次、多渠道、多形式的服务内容，在同行业中独树一帜，并在客户心目中树立了优质服务的企业形象。

1. 坚持差别化的市场定位战略。不同于传统的跟随型战略，即四大国有商业银行经营什么业务，中小银行就经营什么业务，招商银行则寻求“人无我有、人有我新、人新我特”的差别化市场定位战略，在金融产品提供、金融服务方式、目标客户选择和主要竞争地的确定上都显示出与众不同的特性。在中国银行界，招商银行是最早提出“做中国最好的零售银行”的商业银行之一。其客户选择主要针对中高端客户，区域选择主要集中在中心城市，产品和服务也呈现出与其他银行不同的特点。比如个人住房贷款业务，由于招商银行的上游开发贷款投放较少，因此，招商银行更多地依靠灵活多样的产品和人性化的服务，发展直贷客户。

2. 个性化的产品、服务及其组合。在银行业界，招商银行向来以创新和服务著称，其树立和实践以“以客户为中心”的服务理念，个人金融新产品和新功能层出不穷。该行于2005年中在全国率先推出“个人住房循环授信”产品，并围绕这一产品开展“新产品、新服务、新系统”系列营销活动，伴随着产品的推出，为客户提供多达七种的贷款还款方式、“利率计划”和完善的“售后”服务，在社会上造成较大的反响。从2006年4月开始，该行面向全国推出“伙伴一生”金融计划，根据对客户人生成长不同阶段的理财趋向和行为特征，细分为五类群体，具体设计出“炫彩人生”、“浪漫人生”、“和美人生”、“丰硕人生”和“悠然人生”五大主题理财套餐，并将该行现有的个人金融产品整合打包为“核心产品”、“附属产品”、“主推功能及服务”和“主要服务渠道”，其中个人信贷产品也镶嵌其中，形成一系列变革服务和一整套完善的金融解决方案，分别提供给不同的客户群体和服务对象。

3. 充分发挥系统和网银优势。该行历时两年时间开发的具有国际先进水平的个人贷款新系统，是国内第一家将客户服务纳入其中的个人贷款系统，通过系统提供的电话银行、网上银行等服务渠道，贷款客户可足不出户自助查询贷款信息，或进行贷款试算。同时，依托该行历经一年多的时间和国外的合作伙伴共同开发的国内第一批数据型的个人贷款申请评分模型，采用电子化处理方式，可自动对客户进行评分，根据评分结果自动决定贷款审批流程，可以达到既能有效防范风险，又能大大提高审批效率的目的，减少了客户在贷款审批过程中等待的时间，为该行个人资产业务低风险的快速增长提供了有力的支持。

三、我行个贷产品与服务存在的不足

由于战略调整及时准确，配套措施到位，在全行住房金融战线工作人员的共同努力下，我行在2006年上半年的市场竞争中抢得了先机，取得了不俗的成绩。截至2006年6月30日，我行个人住房贷款和消费贷款的当年新增均为市场第一。与同业相比，我行个人贷款业务开办时间早，产品种类比较齐全，产品创新能力较强，品牌知名度较高，服务水平稳步提升，综合竞争力居于市场领先地位。但是，调查中我们也看到，我行在局部地区和某些方面还落后于同业，与客户的要求也有相当的距离，还有较大的改进空间。

（一）产品创新机制不够完善，市场反应速度不够快

目前我行尚未建立比较完善的产品创新机制，科技应用对产品创新的支持力度也不够，行际间创新能力不均衡，与中小银行相比，我行的市场反应速度稍显滞后。例如，固定利率房贷产品我行几乎与光大银行同步进行研发，但由于系统改造等原因，却迟于光大银行推出，在一定程度上影响了市场宣传效果。

（二）产品包装宣传有待加强，营销手段有待丰富

现在已经不是“酒香不怕巷子深”的时代了，在激烈的市场竞争面前，各家银行都使出浑身解数进行营销宣传。自2005年以来，我行在全行范围内开展了系列营销活动，效果显著。但在产品的整合包装和重点产品的宣传方面，我行与同业相比还有所欠缺。

一是品牌包装和整合度不够。尽管我行在房贷产品上已有“乐得家”这一知名品牌，但消费贷款尚没有品牌包装，而且个人贷款系列缺乏统一的包装。反观同业，工商银行着力打造“幸福贷款”品牌；中国银行用“理想之家综合贷款”整合了其全部个人贷款；深圳发展银行还为每个具体的贷款品种取了品牌名，如“装饰易”住房装修贷款、“家家乐”个人转按揭住房贷款、“安

居乐”二手房按揭贷款、“车友乐”直客式汽车贷款、“车行乐”间客式汽车贷款、“创业宝”个人展业贷款、“合家欢”一手楼按揭贷款等。

二是对重点产品的宣传推广力度不够。2006年，我行也推出了不少创新产品，但在宣传攻势上却稍显落后，对于重点推出的个人住房最高额抵押、固定利率贷款等产品缺少专门的包装和独特宣传。再如二手房贷款是我行2006年的营销重点，但在宣传促销上还略显不足。交通银行北京分行日前联手千万家房产经纪公司和普金理财顾问有限公司推出“益居通”二手房贷款，并大力宣传，值得我行学习。

三是直接针对客户的促销手段欠缺。调查中客户反映，中资银行普遍缺少针对客户个体的促销活动，客户对银行的个贷产品一般也不太关注。在这一点上外资银行做得较好，比如它们在客户（或潜在客户）经常光顾的大型商场、超市摆放宣传折页；客户经理会选择在洗车场等地向客户推介产品，而且其沟通技巧让客户感觉很舒服；客户经常会通过电话、短信和电子邮件得到银行的促销广告。这些促销手段可以加深客户对银行产品的了解，引导客户将潜在需求转变为现实需求，同时也提高了银行在客户心目中的认可度。

（三）在贷后服务方面存在一定的不足

我行大部分分行贷后服务较弱，基本上多限于对逾期贷款的催收，此外很少与客户联系。调查中了解到，工商银行和招商银行的贷款客户可通过网上银行随时查询贷款余额和还款情况，浙江和深圳的部分银行能提供对账单，而我行大部分分行尚不能提供此类服务。

（四）我行贷款办理的电子化水平和办理效率还有待提高

与同业相比，我行同类贷款办理的环节基本一致，在操作规范性上具有一定优势，但在效率上相比竞争对手稍显不足。如申报材料较多、审批环节复杂、对贷款风险及用途判断无相关评分系统支持、人工传递文件、审批效率较低等。

四、提高我行个贷产品与服务竞争力的对策建议

（一）战略上保持个人信贷业务发展的政策稳定性

我行2005年制定的个人信贷业务发展战略和配套政策，使我行在新一轮竞争的起跑阶段抢得了先机。但这一轮竞争并不是百米冲刺，而是一个长期的过程，如果我行不能在未来三年的竞争中抓住机会赶超工商银行、甩开中国银行，确立在国内个人贷款市场的领导地位，随着外资银行的大举进入、中小银行的迅速崛起以及中国银行、工商银行自身的发展，我行再想领先国内市场将更加困难。而要实现我行在个贷市场领先的目标，除了在战术上不断改进服务、创新产品，在战略上必须坚持发展个贷不动摇，保持内部政策的连续性和稳定性。

（二）进一步理顺个贷产品研发机制，充实壮大研发队伍

为了充分适应新的竞争形势，确立我行在同行业产品创新方面的领先地位，我行必须进一步建立和完善能够贴近市场、快速反应的产品创新机制。引入美国、我国香港等成熟市场的个贷产品系列，尽快建立我行的产品库，并根据市场的需要适时推出新产品。新产品的推出应辅以配套的系统支持和详细的产品手册，经办机构拿来即可操作，而不需要二次开发。同时应发挥分行贴近市场的优势，通过建立产品需求响应机制，迅速将现实的和潜在的需求转化为我行的新产品创意。为此，我行必须尽快培养、充实个贷产品研发人员，加大对相关人员的培训力度，研究国内外已有产品的特点，根据不同地区各类客户群体的具体需求设计个性化产品，提高并保持个贷产品的竞争力。

（三）进一步整合个贷产品，加强营销宣传，丰富促销手段

一是以住房为载体，进一步整合和丰富“住房—消费—经营”的产品系列，并进行统一的品牌包装，形成贴近百姓、独特、鲜明的风格，使我行个贷产品像“乐得家”品牌一样深入人心。二是加强对个人住房最高额抵押贷款、二手房贷款、个人助业贷款等重点产品的包装宣传。三是除继续发挥传统的楼盘营销、合作机构营销、媒体广告宣传作用外，积极拓展电话、短信、网络、商场、洗车房等促销渠道和场所，进一步加强客户经理的直销。

（四）建立个人客户综合授信和信用评级制度，加强贷后管理

全面整合贷款客户信息，建立个人客户综合授信和信用评级制度，努力将个人贷款的风险控制关口前移，将隐患化解在萌芽阶段。同时，加强对客户还款行为的监控分析，及时发现异动情

况，并利用电话、短信等标准化催收手段，提高催收效果，进一步加强贷后管理。

（五）加强客户培育和客户关系管理

根据客户对我行业务贡献度的不同，制定差别化的服务及信贷政策，重点培育客户，巩固客户与银行的关系。特别是对于已经与我行建立过信贷关系，且信贷记录良好的客户，必须提高服务意识，挖掘并通过产品提供来满足其新的金融需求。其中，对于已经结清我行各类个人贷款，且无不良记录的客户，被作为客户培育工作的首批重点对象。

（六）进一步加强科技的应用和支持，充分利用电子银行渠道

一是加快新个人贷款系统的上线推广，为提高产品研发和客户服务能力提供有力的技术支持。二是加快评分卡系统的开发，在全行推广电子化审批，以提高贷款办理效率和风险控制水平。三是进一步加强电子银行的应用，通过电话银行、网上银行、手机银行等渠道提供贷款申请、进度查询、到期还款提醒、利率变动通知、逾期催收通知、自助还款、余额与还款明细查询、产品促销等贴心服务。通过上述科技手段的应用，将客户经理从繁重的手工劳动中解放出来，转而做好个性化的客户营销与服务。

关于净利息收益率、净利差和存贷差三项指标的理解和运用

总行计划财务部

比率分析法作为财务分析中常用的和重要的方法之一，被用于评价和分析银行的财务状况和经营成果，已有近百年的历史。西方商业银行发展的实践也证明了，借助财务比率分析，可以有效地发现银行财务管理中的问题，同时对于外部分析者准确把握银行财务状况也是一种简单、快速、有效的方法。建设银行在各类经营分析以及资源配置中也使用过多种比率指标，在股份制改造初步完成、向现代商业银行经营模式转变的过程中，引入一些国际先进银行通用的评价指标，对于客观分析建设银行经营现状、有的放矢地制定发展战略和措施，具有十分重要的意义。

下面先介绍三个比率指标：净利息收益率、净利差和存贷差。这几个指标都是衡量银行价值创造能力的相对量指标。

1. 净利息收益率

公式：净利息收益率＝净利息收入/生息资产日均余额

净利息收益率（NIM）的英文公式为：Net Interest Margin = Net Interest Income/Average Earning Assets。其中分子是轧掉了支出的净利息收益，是反映生息资产综合收益水平的一个相对指标，即生息资产加权平均净收益率。从总行层面来看，生息资产主要包括贷款和债券投资；在分行层面主要是贷款和存放系统内资产。生息资产净收益水平的高低取决于生息资产中高收益资产的比重和实际净收益率。高收益率的资产比重越高，负债成本水平越低，NIM就越高。也就是说，NIM与贷款收益率、贷款占资产比例成正比，与存款付息率成反比。

从2006年上半年各行实际情况来看，分行NIM指标的表现与地域分布相关性不明显。全行NIM为2.70%，22个分行的NIM高于全行平均数，北京、上海和广东三个最大资产行的NIM较低，其他生息资产超千亿元（全行共14个分行），NIM较低的分行还有河北、辽宁、河南、湖北和四川。由于目前贷款的平均收益水平大大高于上存资金，因此，像浙江、宁波、内蒙古、青岛、三峡、福建等信贷类资产占比和贷款收益率都较高的分行净利息收益率普遍较高；而存款付息率高、贷款收益率低、上存资金占比大的北京市分行、广东省分行、河北省分行、辽宁省分行、湖北省分行等NIM则较低；在其他NIM较低的分行中，河南省分行和

陕西省分行主要是贷款收益率低，吉林省分行、黑龙江省分行和海南省分行主要是信贷类资产占比太低，且低收益的剥离资产占比过高。

目前分行层面资金运用渠道狭窄，提高 NIM 的关键是降低筹资成本率、提高贷款收益率、提高信贷类资产占比、有效控制信贷成本率；考虑 ROE，还要优化信贷类资产内部结构，发展回报水平高、经济资本分配系数较低的产品。总行层面则需要拓宽资金运用渠道，提高资金运用收益。

NIM 指标侧重于分析资产的净生息水平，在目前资产负债业务占银行主营业务绝大部分比重的情况下具有较强的概括分析能力，但在对资产收益水平整体评价方面不如 ROA。随着非利息收入在收入结构中比重的逐步增大，NIM 的综合评价能力将会逐步降低。在市场竞争加剧、信贷有效需求增长缓慢的情况下，以资产负债业务作为载体、大力拓展中间业务和非利息收入是实现全行战略转型的关键，越来越多的商业银行已将非利息收入作为新的利润增长点，尽管建设银行对中间业务发展的支持力度逐年加大，但增长速度仍逊于同业领先银行，而许多规模较大的分行在这方面的表现与其在区域和系统内所处的地位相比有较大的差距；新疆、山西等分行非利息收入占比较高，尽管其 NIM 排名不高，但对总资产回报水平起到了较好的支撑作用，使其 ROA 排名高于 NIM 排名。因此，各分行对资产负债业务所能带来的附加业务要给予更多的关注，并根据自身实际情况合理、适度地使用 NIM 指标。

2. 净利差

公式：净利差 = 生息资产收益率 - 付息负债付息率

= 利息收入/生息资产日均余额 - 利息支出/付息负债日均余额

净利差（Net Interest Spread）与净利息收益率指标类似，都是收益水平和付息水平的综合反映。在生息资产与付息负债余额相等的情况下，净利差与净利息收益率即为同一个指标。目前建设银行付息负债绝大部分为各项存款和次级债券，而现金、资本性占用、抵债资产等非生息资产数量始终控制在较低水平，因此，付息负债总量与生息资产总量基本相当，NIM 与净利差两个指标最终结果会很相近，从分行 2006 年上半年指标结果来看也是如此。非生息资产比重越高，两个指标的偏离度会越大。净利差指标与 NIM 比较来看，它的意义在于可以分别考察收息率和付息率两个子项水平的高低，最后找出症结所在，对症施治。

分行提高生息资产收益率的主要途径是在控制风险的前提下提高信贷类资产占比、提高贷款收益率；在保持一定流动性的前提下，提高定期上存资金比重。降低付息负债付息率，可采取主动负债等措施。

3. 存贷差

公式：存贷差 = 各项贷款收益率 - 一般性存款付息率

= 贷款利息收入（含转贴现利息收入，并减掉转贴现利息支出）/各项贷款日均余额 - 存款利息支出（含“汇得盈”支出、不含转贷款资金利息支出）/一般性存款日均余额

存款和贷款是目前绝大部分商业银行资产负债业务当中的主要内容，因此，在非利息收入占主营业务收入比重还较低的情况下，存贷差的大小对银行净利息收入水平以及全部资产收益水平的高低起到至关重要的作用。由于同业存款在全部存款中比重不大，因此，存贷差指标目前仍沿用过去的计算口径，未包括同业存款。

贷款收益率指标是当地金融市场竞争状况、资产质量和建设银行议价能力的综合反映，也与贷款的具体结构有关。在各类贷款中，贴现与转贴现类贷款收益率最低，因此，如果该类贷款占比较高，对贷款整体收益率有一定影响。从 2006 年上半年各行经营情况来看，河南、海南、河北等贴现占比较高的分行贷款收益率都较低。尽管在全部贷款中贴现收益水平较低，但从总行层面来看，贴现类贷款的名义利率仍然要高于债券投资收益水平（受市场因素影响，2006 年上半年部分贴现业务以低于再贴现的利率办理，使贴现收益水平略低于债券投资收益水平）；从分行层面来看，总行供给低息贴现资金，分行可在不动用自有资金的情况下办理贴现，在实现上存收入的同时还可获得贴现利差收入。因此，尽管贴现业务会拉低贷款收益水平，但仍然是一项提高全行整体资产收益水平的业务。

从 2006 年上半年各分行贷款收益率来看，该指标的区域特征

不很明显，每个区域都有表现突出的分行。但一些效益、规模排名均较靠前的分行，该项指标表现不够理想，应积极采取有效措施，在市场竞争加剧的情况下，保持并逐步提高贷款收益水平，增强对全行贷款收益率的贡献度。

一般性存款的付息率是衡量银行负债水平的主要指标，付息水平的高低与负债的期限结构、产品结构有关。按期限看，期限越短，付息水平越低；按产品看，活期存款低于协定存款和通知存款。在境内，公司类存款绝大部分为活期存款，个人类存款中定期占比较高，因此，在全部一般性存款中公司类占比越高付息率越低。降低存款付息率的途径主要是主动负债，一方面，可限制高成本的负债业务发展，另一方面，还可以引导客户在定期存款和通知、协定存款方面选择后者，使其在流动性和收益性方面求得平衡，同时也有效地降低了银行的付息水平。

上面介绍的指标主要反映了银行在一定时期内的投入—产出效率，除上述指标以外，还有 ROA、ROE、成本收入比等一些比率指标。这些相对指标的重要意义在于弥补了绝对量指标在判断经营效率方面的不足，是银行追求近期与远期目标结合、从外延式增长向内含式增长模式转变、走可持续发展道路实现股东价值最大化的必然要求，也是银行了解自身核心竞争力、进行同业比较以及股东进行投资决策的重要参考指标。在金融市场竞争日趋激烈的形势下，相对量指标作为衡量银行经营管理水平的重要手段，在建设银行的等级行评定、关键业绩指标评价体系等管理和考核办法中正发挥日益重要的作用，是目前按照 EVA 绝对量进行资源配置模式的重要补充。因此，要尽快建立起运用效率指标衡量价值创造能力、准确把握自身定位的思路，以此作为制定各项经营管理政策的出发点，实现效益和效率的同步提高。

实施标准化总账账务处理系统带来的变革和影响

总行计划财务部

2006 年 8 月，建设银行总账账务处理系统（ERP）财务一期系统成功实现了上线。以此为标志，目前中国金融行业最大和最先进的 ERP 财务系统正式投入运行。ERP 财务项目是建设银行继 DCC 项目之后在全行信息规划中最重要的科技项目之一，是以改善财务信息披露和基础财务管理能力为目标的重大战略性项目。实施 ERP 的意义不仅在于它的工具性价值，即大大提升全行的财务信息处理能力、财务事项控制能力和财务风险管理水平，它更突出的价值在于以系统建设为载体，推动了一系列管理理念、管理流程和管理制度的变革和提升。

一、首次建立全行真正意义上的单一、完整的会计总账，根本性地改变了总账报表的生成及发布方式

ERP 系统是一个标准化的总账账务处理系统，它通过与各交易系统建立自动接口，能够每日接收交易系统的数据并进行集中的账务处理，按照全行的机构层级架构，在总行层面集中生成全行汇总及各级行总账账务数据，从而第一次在全行层面真正建立标准意义上的会计总账，改变了以往依赖信息统计系统而非账务系统生成总账的做法，保证了账务数据的规范性和准确性。

此外，通过在 ERP 系统中定义不同的核算账套及账套合并功能，实现了分别按照中国会计准则和国际会计准则进行核算的需求，从而为建设银行作为上市商业银行按照多准则要求进行信息披露建立了基础的账务信息平台，保证了全行多准则账务信息以及基于此发布的披露信息的准确性和可追溯性，从根本上提高了建设银行财务信息披露能力及披露质量。

基于ERP总账系统，总行统一定制了各类总账会计报表和财务管理报表，各级行报表均依据总账账务数据集中自动生成，并由总行按照规范化模式向分行发布。这种全行报表数据自上而下发布的模式，与全行传统意义上由下而上层层手工上报后再汇总的报表生成模式相比，不仅极大地减少了各级行的工作量，更重要的是在整个过程中避免了数据人为干预和调整的可能性，加强了报表的集中统一管理，大大降低了报表风险，有效提高了总账报表数据质量，根本性地改变了总账报表的生成及发布方式。

二、建立了全新的多维度会计科目表，实现了财务会计和管理会计的有机统一，为加强经营管理搭建了灵活的信息采集平台

借鉴国际先进商业银行的会计科目设计思路，应用ORACLE系统的科目架构，ERP系统设计中定义了全新的多维度会计科目表（以下简称COA），具体包括机构段、责任中心段、自然科目段、参考段、大类产品段、业务条线段、内部往来段、来源段和备用段9个字段，融合了财务会计和管理会计的双重要求。COA的设计第一次将财务会计和管理会计搭建在统一的账务信息平台上，突破了建设银行传统意义上的单一维度的会计科目结构模式，通过多字段的灵活组合丰富了会计核算信息内容，扩充了账务信息承载空间，管理会计字段的设计从源头上保证了管理会计基础账务信息的准确性和可追溯性，为加强经营管理、深入推进多维盈利性分析建立了良好的账务基础。同时，由于各字段分工明确，可以分别满足不同类别信息采集需求，而不再由单一字段独自承载，由此避免了以往单一字段独立承载多方面信息需求的压力，有利于保持各段段值的相对稳定性。备用段的设计为未来的信息采集预留了拓展空间，体现了对业务支持的扩展性。

三、试点建立经费共享中心，搭建标准化经费账务处理平台，提升基础财务管理水平及服务能力，有效降低财务风险

共享服务中心（SSC）是指在企业集团内部，将相同的操作流程从所属各分支机构中分离出来，转移到一个较高层面的组织机构，由其按照标准化的流程向整个企业提供统一的支持和服务，其最大的好处在于可以建立专业化作业团队，统一业务流程和标准，有利于加强集中统一管理，提高服务的规范性，降低风险。目前，包括花旗银行、美国银行在内的许多国际先进商业银行都不同程度地建立了共享服务中心体制。

依托ERP系统提供的全行统一的经费及资产处理平台，从实际情况出发，借鉴先进的管理实践，一期项目在试点行（包括总行本级、山东省分行、厦门市分行）不同层面建立了经费共享中心体制，统一进行经费及资产的核算及管理。具体来看，总行本部实现了总行本级部门及19个非一般机构经费或资产核算及支付的集中，经费共享中心服务范围覆盖全国10个城市；山东省分行以二级分行为单位建立了经费共享中心；厦门市分行则实现了全部集中到一级分行的共享模式。经费共享中心体制对提升全行基础财务的管理能力产生了积极的影响：

1. 通过实行共享中心集中统一核算，提高了核算的规范性，改善了以往在各级机构分散核算形成的报账标准、单据要求、工作流程等不统一的状况，从而提高了经费核算工作质量，改进了财务管理的基础。

2. 通过实行共享中心集中统一支付，三家试点行经费支出的账务处理由原来先支出再记账的方式，改变为先记账再一体化支付的方式，从而保证了经费支出发生时入账的及时性，杜绝了原部分分支机构已发生的费用支出不及时入账的现象，大大降低了财务风险。

3. 通过建立自动支付平台，实现了根据预算内的实际支出情况请求费用预拨，即实时按需拨付、无须长期占用资金的经费资金调拨方式，彻底改变了多年来经费资金先预拨再支付、预拨资金长期无效占用的做法，通过大幅度降低经费资金占用提高了资金使用效益，也有效降低了资金风险。

四、借鉴国际先进实践，建立全新的经费核算科目体系，提高经费核算的精细度和规范性，有利于深入加强经费管理

在项目实施中，借鉴美国银行等国际先进商业银行的管理实践，结合近几年经费管理经验及管理要求，在详细梳理现有经费核算科目体系的基础上，总行制定了全新的经费核算科目体系，体现了经费核算精细化、规范化，便于加强经费管控和成本分析

的要求。

总体来看，依据不同类别费用支出的性质，以管理要求为基础，将人力费用划分为工资、福利费和劳务用工费；将非人力费用划分为房屋费用、计算机设备软件费用、交通工具费用、其他设备费用、市场费用、专业服务费用、运营费用、行政费用、研究开发费、无形资产摊销费十大类，分别用于归集各类别相关支出。如房屋大类费用下归集了房屋折旧、自有网点和租入网点装修、装修摊销、房产租赁、房产保险、房产税、水电、物业管理、绿化等与房屋相关的一系列支出，专业服务大类费用下归集了诉讼、公证、咨询、审计等各类外部专业服务活动而发生的耗费，从而有利于对大类费用支出的管理及分析。

具体来看，为加强费用精细化管理，在上述大类费用支出下进一步细分科目设置，将新的经费科目结构设置为5层，第1~4层为汇总科目，共有143个，第5层为明细核算科目，共有412个，具体设计思路体现了对财务管理活动的支持：

1. 充分考虑预算管理需要，设置了与预算管理相对应的经费科目，便于预算编制、录入、执行分析等。例如在研究开发费下设置“住宿费”、“差旅费”等科目，保持与信息技术项目预算管理一致。

2. 为加强集中采购管理提供便利。例如，设置了“住宿费”科目和“机票”科目，有利于为宾馆、机票等集中采购提供便捷的数据支持。

3. 对原核算内容繁杂的科目按照核算事项进行细分设置，有利于支持费用标准定额的实施。如原公杂费科目统一细分为营业执照年检、办公印章刻制、税务登记验证、搬迁托运、临时用工等费用类别。

4. 对于原无明确科目核算的支出事项设置了确定的核算科目，统一了核算规范及制度。比如设置单独的劳务用工费科目核算劳务用工费，避免以往不同机构分别在手续费支出、物业管理费、其他业务管理费等科目核算的纷杂状况；再比如新增无形资产累计摊销和长期待摊费用累计摊销科目，更好地体现了这部分资产的原值及摊销情况，有利于加强管理。

5. 按照重要性原则将余额较大的支出进行了细分，便于结构分析和行际比较。比如，细分了房租费、电子设备运转费、网络通信费等科目。

与经费核算科目相配套的经费核算制度已经正式发布，全部分行正式上线后，新的经费核算体系将对全行经费预算管理、经费支出管理、经费成本使用效益分析等产生积极的影响。

五、建立统一集成的资产管理平台，夯实资产管理信息基础，为加强全行资产精细化管理奠定基石

随着经费共享中心的建立，与资产（含固定资产、无形资产、在建工程、长期待摊费用和租赁资产，下同）相关的支付与核算职能统一划归经费共享中心，资产管理也相应集中。资产核算的集中改变了以往各行分散核算、核算细度不一、资产信息详略各异、标准不统一的状况，提高了资产核算的规范性与准确性；资产管理的集中改变了以往各行分散管理资产、管理细度不一、管理水平参差不齐的状况，有利于加强资产的规范化管理，降低资产管理风险，同时，也便于基层经营机构更加专注经营、服务客户，提高基层机构的经营效率。

由于ERP系统各应用模块之间的无缝集成，基于该系统平台的资产管理实现了账实之间的有机连接，资产实物信息记录完成后，由系统自动按月驱动其相关账务信息的处理，从而实现了资产账务核算信息与实物管理信息的统一、同步，避免了以往两类信息录入存在较大时间差、数据不一致等多项问题，提高了资产账实的一致性。

此外，该系统中资产管理的范围囊括了固定资产、无形资产、在建工程、租赁资产等各项资产类别，从而为全行的资产管理提供了更加全面和细致的信息，为各类资产的精细化管理搭建了统一的平台。

六、细化运营成本分摊机制，为加强多维度运营成本管理及分析、推进多维度经营绩效考核提供数据支持

在ERP系统实施过程中，利用ERP系统的功能特点，以全新的经费核算科目体系为基准，结合近几年的营业费用分解工作经验及总分行日益细化的管理需求，借鉴国际先进商业银行的管理实践，总行对全行营业费用及资产分摊的总体原则、具体方法、分摊动因选择、相关部门职责、操作流程、操作步骤等内容进行了详细梳理和考虑，形成了新的全行运营成本分摊机制，并在

ERP 系统中予以具体落实。与以往的分摊方式相比，新的运营成本分摊机制的创新点体现在以下几方面：

1. 分摊过程及结果以账务方式记录下来，可追溯、可检验。与以往财务会计与管理会计分割处理、依据财务会计账务在后台进行分摊计算、相应计算结果难以追溯的模式不同，ERP 系统中每一笔成本分摊都以账务方式记录下来并完整留存，成本分摊账务与财务会计账务紧密联结在一起，成为总账的重要组成部分，从而变革性地改善了管理会计的信息采集通道和实现方式，在源头上保证了分摊过程的可追溯性和可检验性。

2. 分摊范围从营业费用扩展到资产，从责任成本分摊扩展到完全成本分摊，分摊对象包括部门、项目、条线、大类产品等多方面，从而为全面运营成本的分析提供更多数据支持。与以往仅考虑费用成本分摊的做法不同，ERP 系统中的成本分摊范围包括营业费用和资产两大类别，而且，可以查询的分摊结果更加广泛，其分摊账务能清晰地体现各级行本级部门自身实际支出的成本和按照受益原则摊入与摊出的成本，归口管理部门归口控制的成本，总行统一立项的信息开发项目的成本，各级行标准化经营条线、非经营条线的责任成本，将非经营条线成本分摊到经营条线后的完全分摊后成本以及大类经营产品的成本。因此，ERP 系统中的成本分摊结果能够为全面计量各级行部门、总行业务条线、大类产品的费用支出情况及资本性占用情况，进行各级行纵横结合的运营成本管理分析等提供有力支持。

3. 系统化集中式操作模式大大提高了工作效率，改善了信息质量。ERP 系统中的分配分摊动因参数维护操作集中在各级行共享中心进行，月末分摊操作集中在总行进行，首次实现了从全行经费和资产到业务条线和大类产品的一线式集中分摊。操作的集中化大大提高了工作效率和工作质量，而且，集中式的系统便于总行及各级管辖行的在线监控，从而改变了原有的上下级行管理信息不对称的状况，有效地提高了管理质量和管理效率。

七、搭建多维盈利性分析基础框架体系，为财务分析系统的建立奠定基础

基于 ERP 总账多维度科目表及多维度运营成本分摊的账务体系，在 ERP 总账架构的基础上，总行初步建立了多维盈利性分析基础框架体系，设计了包括 11 张综合经营计划管理报表、13 张业务条线或大类产品管理报表、13 张成本分摊报表等在内的一整套多维度财务管理类分析报表，首次实现了此类财务管理类报表的自动化生成，为全行各类使用者查询和分析各层面，各角度综合经营计划执行情况，机构、大类产品、业务条线的盈利性状况等提供了便利的通道，对加强盈利性分析、改善经营管理、提高决策支持能力等具有重要意义。

由于该体系与全行总账系统紧密集成在一起，相关报表基于总账系统自动生成，保证了基础核算数据来源的准确性及与账务数据的一致性，从而在数据源头上保证了该体系报表结果的可信性，改变了以往依靠单一统计系统层层手工加工各类财务管理报表的做法，初步建立起全行统一的多维盈利性分析基础框架体系。

由于该体系报表实现了广泛共享，因此，一方面方便了各级行、各类业务部门和管理部门按需使用报表结果，大大减少了以往多头取数、多头计算的部门间重复的工作量，简化了数据相关工作流程；另一方面也有利于各类管理及分析口径的统一，为全行范围内宣传多维盈利性分析的标准及方法搭建了统一的平台，从而为全行统一的多维盈利性分析理念的疏导和建立产生积极的作用。

ERP 系统的实施带来了诸多变革，极大地提升了建设银行的财务披露和管控能力。但是，对于全面的财务应用系统建设特别是核心的管理会计能力建设而言，仅仅是实现了基础性的第一步。并且即使是这第一步，要做到全行范围的完整功能的发挥，也需要将 ERP 系统经费及资产模块从试点行推广到全行，需要有相关源系统的风险准备等明细数据的充分支持。而要将财务应用能力进一步拓展，实现全面的条线、产品、客户、渠道等微观、详细层面的盈利性分析，以完善绩效评价体系，实现对全行业务和经营的深度支持，则不仅需要作业成本等管理会计方法的全面研究和运用，还需要建设基于数据仓库的财务分析系统来实现。因此，今后在建设符合现代先进银行管理要求的财务应用系统方面，还有很长的路要走。

《金融企业财务规则》解读

总行计划财务部

2006年12月4日，财政部第41号部长令向社会公布了修订后的《企业财务通则》，同时，财政部第42号部长令发布了《金融企业财务规则》，两规章均自2007年1月1日起施行。金融企业执行长达13年之久的《金融保险企业财务制度》将被《金融企业财务规则》所取代。因此，学习和研究《金融企业财务规则》，了解和掌握该规则的起草背景、相关内容、重大改变、后续的配套制度等情况，有利于金融企业适应金融形势和外部监管政策的变化，进一步深化财务管理制度改革，创新财务管理方法，为企业创造价值服务。

一、《金融企业财务规则》的起草过程

2005年6月，财政部金融司抽调相关人员组成了专题小组，研究新的金融企业财务制度的框架结构和主要内容。2005年9月形成了讨论稿初稿，进入征求意见阶段，同时召开了6个座谈会，分别征求地方和不同类型金融企业的意见，并邀请金融业20多位财务专家参与讨论。2006年1月形成了征求意见稿。在征求各地财政厅局、财政部驻各地专员办、各金融企业及有关管理部门意见后，将送审稿提交财政部条法司进行审核，同时征求部内其他司局意见，并召开了两个立法座谈会。2006年5月召开了金融监管部门、专家学者、金融企业参加的论证会，形成草案，报部务会审议。经过高层多次磋商，2006年9月29日财政部党组会议讨论通过了《金融企业财务规则（草案）》。随后重点征求了部内司局和国家税务总局的意见，进一步完善了草案，同时开始起草规则的实施指南。2006年12月7日，财政部第42号部长令发布，正式向社会颁布《金融企业财务规则》。

二、制定《金融企业财务规则》的必要性

财政部制定《金融企业财务规则》，是为了在新形势下，进一步贯彻落实《公司法》的各项规定，履行财政财务监管职责，进一步完善金融财务监管制度。同时也是为了更好地适应金融改革的新形势，迎接金融市场的全面开放。通过规范金融企业的财务行为，促进金融企业继续推进现代企业制度，完善公司治理结构，防范财务风险，维护金融稳定，维护社会经济秩序。

与此同时，新的《企业会计准则》和《企业财务通则》也将于2007年1月1日正式实施，为指导金融企业执行新会计准则，有必要对沿用多年的财务制度进行修订和调整，同时注意与国家税收管理规定相协调，为金融企业提供一个具有可操作性的财务规范和行为指南。

三、《金融企业财务规则》的特点

本次财政部制定的《金融企业财务规则》，与1993年财政部制定的《金融保险企业财务制度》相比，做了比较大的改动，突出体现了以下特点：

1. 分离财政部门作为社会事务管理者与资产管理者的职能，减少了财政部门对企业的直接干预。企业可以按照《公司法》等法规要求自主开展经营活动，市场经济的环境逐渐趋向成熟。

2. 从国家财务、投资者财务、经营者财务等不同层次分别界定了财务管理的内涵。对金融企业利益相关方各自的权利和义务进行了明确，使金融企业财务管理的目标和内涵更加清晰。

3. 丰富并强调了财务风险管理。《金融企业财务规则》各章中详细介绍了金融企业面临的各种风险，并明确了各种风险的计量和考核指标体系。

4. 改革了财务分配制度，创新了激励途径。《金融企业财务规则》首次以制度方式明确了企业年金制度、股权激励制度和特别奖励制度作为金融企业内部激励制度的组成部分，为金融企业长期稳健发展提供了人力资源保障。

5. 提升了财务制度的层次。《金融企业财务规则》以财政部部长令的形式向社会公布，与1993年颁布的《金融保险企业财务制度》（财商字第11号）相比，财务制度的层次得到了提升，体现了对金融企业财务管理的密切关注与高度重视。

6. 明确了金融企业财务管理的基本要求。《金融企业财务规则》从建立健全内部财务管理制度、设置财务管理职能部门、配备专业财务管理人员等方面明确了金融企业财务管理的基本要求，具有较强的可操作性。

四、《金融企业财务规则》的主要内容

《金融企业财务规则》在框架结构上分为十一章，共六十六条，各章的主要内容如下：

第一章总则共五条，对本规则的制定宗旨、依据和适用范围，金融企业财务管理的基本要求、基本方法、基本要素和根本目标，财务管理管辖权限、财务登记，财务管理与税务管理的关系作了规定。

第二章职责、职权共三条，对财政部门的财务管理职责、金融企业投资者和经营者的财务管理职权作了规定。

第三章财务风险共十一条，对可能引发金融企业财务风险的十类情况作了提示，并从财务角度分别对各类风险提出了管理上的要求，并按照金融业务监督管理部门的监管规定，对各类风险提出了最低的比例要求。

第四章资金筹集共四条，分别对金融企业筹集资本金、债务资金、取得财政资金的财务管理提出了要求。

第五章资产营运共八条，分别对金融企业资金管理、现金资产管理、债权管理、对外投资管理、抵债资产管理、固定资产管理、无形资产管理及资产损失、资产处置、对外捐赠等提出了财务管理上的要求。

第六章成本、费用共十条，对金融企业成本支出、成本核算、费用管理、职工薪酬、社会保险费、住房公积金、规费管理及费用支付等方面作出了规定。

第七章收益、分配共四条，对金融企业收益管理、弥补亏损、利润分配及股权激励等方面作出了规定。

第八章重组、清算共十条，对金融企业重组程序、分立、合并及托管经营的财务管理、重组时国有资源财务处理、清算财务管理要求及经济补偿金的财务处理等作出了规定。

第九章财务信息共五条，对金融企业财务管理信息化、财务信息的报送、财务评价制度、财政部门利用金融企业财务信息的管理要求等作出了规定。

第十章罚则共三条，对金融企业违反本规则的处理、行政处罚措施及财政部门工作人员的法律责任等作出了规定。

第十一章附则共二条，对本规则适用的延展、规则生效及其他制度的废止作出了规定。

五、《金融企业财务规则》对金融企业财务制度的主要影响

（一）关于应付福利费问题

《金融企业财务规则》对金融企业财务制度的主要影响突出体现在财务风险的管理和控制方面，同时也调整了一些具体财务政策和规定。其中，应付福利费从按规定比例计提后再使用改为直接在成本中列支就属于重大显著变革问题。从《金融企业财务规则》执行之日起，金融企业不再按照工资总额的14%计提应付福利费，各项福利费用支出直接在成本中据实列支。对于以前年度应付福利费的结余，财政部在《金融企业财务规则》正式发布的培训会上曾提出将应付福利费存量结余转增所有者权益——法定公积金，建设银行和其他各家银行对此提出了不同意见。目前建设银行正在积极与财政部沟通和请示，提出妥善解决应付福利费结余问题的相关建议，争取财政部能考虑和尊重历史沿革，为金融企业设置一个2～3年的过渡期。在过渡期内，一方面按新的财务规则直接在成本中列支当年需要支出的福利项目，如基本医疗保险、企业年金等，另一方面，由金融企业自行安排符合职工福利性质的特定项目支出，用于消化新制度实施前应付福利费的存量结余金额。

（二）关于企业年金问题

《金融企业财务规则》对于企业年金的列支渠道作了调整，由

于金融企业不再计提职工福利费，参加基本医疗保险、基本养老保险且按时足额缴费的金融企业，根据有关法律和法规的规定，可为职工建立补充医疗保险和补充养老保险（即企业年金）制度，所需费用作为社会保险费直接列入成本（费用）。这一规定使金融企业为职工建立长效福利保障机制提供了政策支持，金融企业的各项成本（费用）也因此能够得到完整反映。

（三）关于工会经费和职工教育经费问题

实行新的《金融企业财务规则》后，金融企业的工会经费仍按照工资总额的2%计提使用，而职工教育经费可按职工工资总额的2.5%提取使用，比原来1.5%的比例增加了1个百分点，有利于金融企业增加教育培训费用的投入，全面提高员工的理论知识水平和业务操作技能，更好地适应金融业全面开放的新形势，加快培养金融人才，不断提高金融企业的市场竞争力。

（四）关于股权激励问题

《金融企业财务规则》规定金融企业可根据有关法律、法规的规定，经股东大会决议，可以对经营者和核心技术人员、核心管理人员实行股权激励，经营者及其他职工可以劳动、技术、管理等要素参与企业收益分配。这是首次以制度方式明确了股权激励制度作为金融企业内部激励制度的组成部分，为金融企业长期稳健发展提供了人力资源的保障。

（五）关于加强财政监管问题

《金融企业财务规则》规定财政部门应当建立健全金融企业财务评价制度，对金融企业资本充足状况、偿付能力状况、资产质量状况、盈利状况、社会贡献等进行评价。金融企业应当按财务评价制度的要求，对财务状况和经营成果进行总结、评价和考核。

新制度在强调金融企业依法自主经营的同时，继续强调了财政部门对于金融企业的监督管理职能，体现了深化金融企业改革、防范化解金融风险、维护金融稳定和社会经济秩序的要求。新制度要求金融企业按规定向财政部门报送中期财务会计报告和年度财务会计报告，其中报送的年度财务会计报告应当经会计师事务所审计。

新制度对金融企业发生的违规行为制定了具体的处罚规定，同时对财政部门工作人员提出了履行管理职责的行为规范。

2006年度审计调整对建设银行财务影响的分析

总行计划财务部

一、审计调整的总体情况

审计调整是外部审计师针对建设银行内部财务报告系统所生成的财务信息（以下简称管理层报表）与对外披露的财务报告之间的差异所进行的会计调整。根据对外披露要求，建设银行需要按照国内准则和国际准则分别编制财务报告。因此，在工作程序上，外部审计师首先以管理层报表的财务数据为基础，按照国内会计准则的要求进行相关的审计调整，形成符合国内准则的财务报告；其次，根据国内准则和国际准则的差异，对针对国内准则的财务报告进行相关的审计调整，最终形成符合国际准则的财务报告。有一点需要说明，审计调整虽然包括总行和分行两个层面，但在分行进行的审计调整单笔金额和总额都比较小（合计减少利润7 000万元，只占全部调整金额的7.5%），因此，下面的分析主要是针对总行层面所进行的审计调整。

按照国内准则在建设银行总行层面进行的审计调整共有62项，其中有16项属于重分类调整，只影响损益的构成项目，不影响损益结果。主要包括：将在其他营业支出科目核算的结构性存款利息支出重分类至保证金存款利息支出科目；将劳务费用从手续费支出科目重分类至业务管理费科目；将股息收入重分类至其他债券投资差价收益；将225亿美元资本金和52亿美元原有外币资金产生的汇兑损失从营业外收支科目重分类调整到外汇买卖损益科目；资产减值相关科目之间的重分类调整；等等。

对损益产生影响的审计调整共计46项，减少税后利润总计8.54亿元。主要包括：一是贷款利息收支截止性差异方面所作的审计调整，共计6项，合计调增利润4.65亿元；二是按照权责发生制对相关收入和费用进行递延或者摊销，共计14项，合计调减利润1.73亿元；三是资产减值方面的调整，共计9项，合计调减利润5.32亿元；四是所得税方面的调整，共计3项，合计调减利润2.84亿元；五是衍生金融工具计量结果的调整，共计3项，合计调减利润0.25亿元；六是汇率重估结果的调整，共计3项，合计调增利润0.6亿元；七是以往年度未入账审计事项调整，共计3项，合计调增利润0.94亿元；八是采用权益法对附属公司股权核算方面的调整，共计3项，合计调减利润30万元；九是其他特殊的审计调整，主要是2006年对股改前离退休福利计提成本4.59亿元，相应调减利润4.59亿元。

按照国际准则要求在总行层面所进行的审计调整，除了一项按照实际利率法的利息收入折现收入回拨且不影响损益的调整，其他主要是对子公司合并报表过程作出的调整，合计减少税后利润400万元。

二、按照国内财务报告要求进行的具体审计调整

如前所述，国内财务报告是在建设银行内部管理层报表数字的基础上经过审计调整后确定。具体如下：（1）“净利息收入”的审计调整对利润表的影响是，调减利润10.12亿元。（2）“手续费及佣金净收入”的审计调整对利润表的影响是，调增利润3.927亿元。（3）“交易性证券净收益”的审计调整全部为总行层面的调整，其对利润表的影响是，调增利润1.108亿元。（4）“投资收益”的审计调整对利润表的影响是，调增利润2.1亿元。（5）“汇兑净损失”的审计调整对利润表的影响是，调减利润49.49亿元。（6）“其他业务净收益”的审计调整对利润表的影响是，调增利润10.534亿元。（7）“营业费用”的审计调整对利润表的影响是，调减利润8.296亿元。（8）“营业外收支净额”的审计调整对利润表的影响是，调增利润54.187亿元。（9）“资产减值损失”的审计调整对利润表的影响是，调减利润7.652亿元。（10）“所得税”的调整：管理层报表中全行合计数为借方余额190.711亿元，2006年期后进行以下调整，将2005年多计提的所得税冲减2006年当期所得税费用2.12亿元（贷方）；因递延税调整而冲减当期所得税费用20.683亿元（贷方）；补提2006年度所得税费用25.64亿元（借方）。调整后确定2006年度全行所得税费用为借方额193.548亿元。

三、按照国际财务报告要求进行的具体审计调整

在国内财务报告损益表的基础上，再经过如下过程的调整，可得到国际财务报告准则下最后的“综合损益表”：

1. IFRS调整。在2006年度的期后调整中，只有一项针对损益表的IFRS调整（IFRS003）——利息收入折现回拨，导致“利息收入”和“资产减值损失”同时增加8.96亿元，但从整体上对净利润没有影响。

2. 重分类调整。（1）其中对“股息收入”和“投资性证券净收益”调整的轧差数是对子公司投资收益的冲回，是由于国内金融企业会计制度下权益法与国际财务报告准则下成本法计算产生的差额。其实质上属于一项IFRS调整，其对损益表的影响是减少净利润2.11亿元。（2）其他均属于重分类项目，对净利润没有影响。

3. 合并子公司报表。是对子公司报表的简单合并，在合并之前外部审计师对子公司报表按照国际财务报告准则进行过调整和合并。合并后对损益表的影响是增加净利润2.18亿元。

4. 合并子公司报表过程中的冲销调整。由于子公司与子公司以及母公司与子公司之间存在业务、资金往来，因此，在报表合并时需要对其中的一些往来进行冲销调整。冲销调整后对损益表的影响是减少净利润0.11亿元。

经过以上过程的调整可得到“集团层面财务会计报告金额”，即建设银行对外正式披露的国际财务报告准则财务报表——综合损益表中的数字。通过以上分析可见，国际财务报告准则下综合损益表的“净利润”数额较中国金融企业会计制度下利润表的

"净利润"数额少400万元。

四、对"以前年度损益调整(科目号6999)"科目的说明

"以前年度损益调整(科目号6999)"包括"财务报告报出日前以前年度损益调整(科目号699910)"和"财务报告报出日后以前年度损益调整(科目号699920)"两个二级子目。

1. 关于"财务报告报出日前以前年度损益调整(科目号699910)"

(1) 2006年中期后,会计部已统一将调整以前年度事项的699910科目余额调整至"未分配利润"科目中。

(2) 2006年度审计中,外部审计师对2006年度699910科目发生事项进行了细分,对于其中属于应该调整2005年度当年损益的事项,外部审计师通过一项一项的调整,将其转入2006年初未分配利润;除此以外,对于699910科目中核算的其他事项及余额,直接被简单归并到损益表中"营业费用"项下。

2. 关于"财务报告报出日后以前年度损益调整(科目号699920)"

该科目内容主要是对2006年当期事项的调整,在2006年度审计中,外部审计师统一将这个科目核算的事项及余额简单归并到损益表中"营业费用"项下。

五、相关建议

上述审计调整,除了部分是因为审计师独立判断与管理估计存在差异、相关基础管理信息不健全、国内会计准则与国际会计准则不完全接轨等原因在短期内无法避免的以外,也有一部分是因为建设银行现行的相关制度和管理流程不够完善所产生的。为了有效减少审计调整量,确保建设银行内部财务报告系统更好地满足对外披露的要求,建议从以下几个方面进行改进。

一是进一步完善利息收支的核算和管理办法。由于建设银行目前利息收入和利息支出都是在人民银行统一规定的计息日进行确认,与财务报告日之间会存在一定的时间差,从而需要进行截止性差异的调整。由于核算系统无法提供足够的信息,截止性差异的计算只能建立在根据历史数据发展趋势进行合理估计的基础上,与实际数据会产生一定的差异,从而造成审计师对建设银行已经确认并进行账务处理的截止性差异再次进行调整。为了减少直至消除这方面的调整,一方面,应考虑完善核算系统功能,确保在财务报告日能够准确地确认当期利息收支;另一方面,应考虑在强化总行动态监控的前提下,逐步实现将应付利息的核算分解到分行,简化应付利息的计提和管理流程。

二是按照权责发生制要求,细化现行的核算规定和管理标准。2005年以来,建设银行总行会计部和计划财务部已经先后针对中间业务收支、业务管理费等方面专门下发了通知,要求加强权责发生制管理,在这方面已经取得了一定的进展。下一步,应当在严格预算管理、杜绝通过预提或摊销的方式逃避预算控制行为的同时,细化和明确预提和摊销的判断标准,重点针对国债手续费收入、信用卡收入、造价咨询收入、咨询费、审计费、广告费、发行费、装修费等重要支出科目或者收益期限相对较长的收支科目落实权责发生制的核算要求。

三是严格各项资产减值特别是非信贷资产减值包括预计负债的管理。2005年以来,建设银行总行相关部门都按照新会计准则的规定对各项非信贷资产的减值准备办法进行重新修订,计划财务部针对以往年度预计负债期后调整事项较多的现象专门下发办法,落实管理责任,改进审批流程,取得了很好的效果。下一步确保制度贯彻与落实,提高业务人员对减值迹象和减值估计的判断能力是关键,同时要明确和完善信贷资产转化为非信贷资产及非信贷资产之间转化过程中相关减值准备的处理方法。

四是加强对衍生金融工具以及混合金融工具的研究,准确、及时地反映其公允价值的变动。2005年在推进新会计准则实施过程中,建设银行会计部已经出台了相关的衍生金融工具核算基本规定。但目前在衍生金融工具包括混合金融工具的会计核算和财务管理方面还处于探索阶段,还有很大的改进空间。例如,公允价值的计量模型和参数的选定、混合金融工具的拆分、部门职责分工、市场变量的选取、会计核算模式的选择、相关财务信息的收集和反映等,都还有待进一步研究和改进。2006年的审计调整结果显示,目前突出要解决的问题包括结构性存款产品的核算和反映、外汇远期交易的核算、期权和掉期交易的处理等。

五是改进对汇率重估特别是2005年度外汇利润结汇相应的汇率重估的管理。对外财务报告披露时,外汇利润以财务报告日的汇率进行反映;但外汇利润结汇基本在财务报告日之后,此时的

汇率与财务报告日存在差异。在汇率变动较大的情况下这一差异就更为明显，从而造成外币利润实际并入人民币账内的金额与原财务报告以人民币反映的金额不一致，从而引起审计调整。为减少类似审计调整，可以考虑在外汇利润结汇时按照原财务报告日汇率折算成人民币，原汇率与结汇时实际汇率的差异应当在当期损益中反映。

六是加强对审计后事项的跟踪管理。外部审计师所作出的审计调整，有一部分是仅需要调表而无须实际入账的，例如重分类事项，但还有很大一部分不仅需要调表还需要入账核算。由于部分需要入账核算的审计调整在审计结束后未及时入账，从而下一年度还要对此事项作再次调整。例如此次审计师所作的PRC011.1项调整，就是将2006年入账但在上次期后审计过程中已调整为2005年损益的债转股投资收益调整为期初未分配利润。对此类事项，建议明确审计后事项的主管部门和工作程序，负责落实审计后事项的入账核算，对于本次审计过程中不确认为当期、需要递延到以后年度入账的事项，以及本次审计过程中确认为当期、以后年度需要摊销或者不予确认的事项，要建立明细的台账登记，并督促核算部门及时入账反映。

七是建立和完善对递延税的会计确认和相关管理制度。建设银行由于一直采用债务法确认所得税费用，不确认相关递延税资产和负债，因此这方面的审计调整一直存在。根据国内新的会计准则，上市企业所得税的核算将采用资产负债表法下的债务法，按期确认递延税资产和递延税负债。目前，建设银行会计部已经出台了相关的会计核算制度，计划财务部也即将出台明细的所得税管理指引。下一步，建议重点加大全行业务人员的培训力度，推动建设银行相关制度的贯彻实施，切实提高操作层面的判断能力和业务处理能力，确保递延税确认的及时性和准确性。

八是建议对现有的核算方式和科目归并口径进行适当优化，确保内部财务管理报告的格式与对外披露格式基本趋同，减少重分类调整。重点包括在其他营业支出反映的“汇得盈”和“利得盈”支出调整到利息支出，将在其他营业收支反映的债券及期权公允价值的变动调整到交易性证券净收益，将在股息收入中反映的债转股处置收益、其他股权处置收益、按权益法核算的长期投资股权损益调整等调整到投资性债券净收益中，将在营业外收支中反映的225亿美元资本金和52亿美元原有外币资金产生的汇兑损失调整到外汇买卖损益科目，资产减值相关科目之间的调整，等等。

国际一流商业银行风险管理模式的借鉴与思考

风险管理课题组

一、国际一流商业银行的风险管理模式

（一）国际一流商业银行的风险管理组织架构

1. 美国银行风险管理组织架构

美国银行在董事会下设置了多种专业性的风险管理委员会，如信贷风险委员会、合规性和操作风险委员会、风险资本委员会等，通过专业化的委员会实现风险的集中管理（见图1）。

美国银行总部在CRO下设置了专门的信用风险管理部、市场风险管理部、法律与操作风险管理部、企业安全管理部；在企业与投资银行、个人与中小企业、财富与投资管理等业务单元设置了风险管理机构和人员。全行风险管理人员约5 000人。

美国银行在高管层设置了全球风险官，在各业务单元和独立的风险管理部门也设置了风险主管，各类风险主管均向全球风险官直接汇报工作，全球风险官向首席执行官和董事会汇报工作，风险管理独立性很强（见图2）。

上述风险管理架构使美国银行在风险管理政策的执行过程中，形成了风险防御的“三道防线”（见图3）。

第一道防线：业务单元经理负责其部门内的所有风险管理，包括现有风险和潜在风险的管理。第二道防线：独立行使权力和功能的业务单元业务伙伴（例如，风险管理部、财务部、会计部、人力资源部、信息技术部等部门）与业务单元合作确定、评估和降低所有风险。第三道防线：审计部和信用审核部对管理层的控制进行独立的测试、验证和评估。

2. 花旗银行风险管理组织架构

花旗银行在组织结构上推行业务单元制，因此，该行从集团和业务单元两个层面构建了垂直风险管理组织结构。花旗银行风险管理机构组织结构如图4所示。

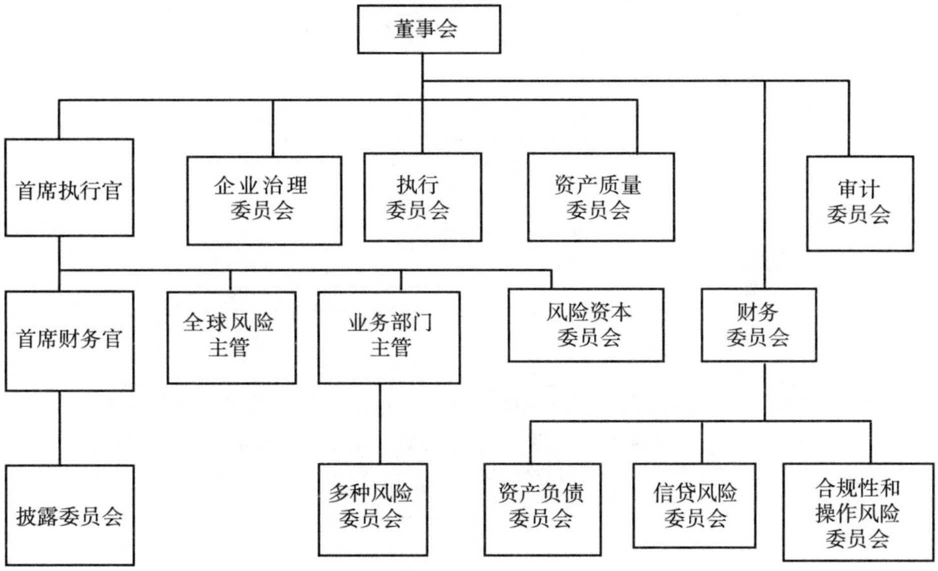

图1 美国银行多层次的风险管理委员会

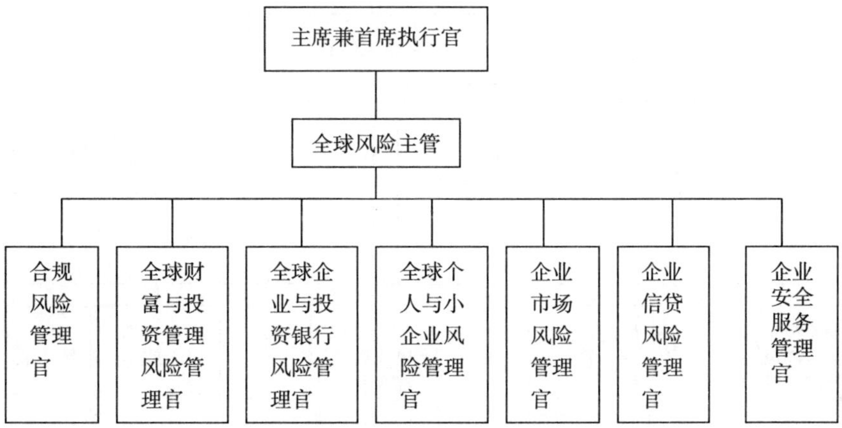

图2 美国银行风险管理组织结构图

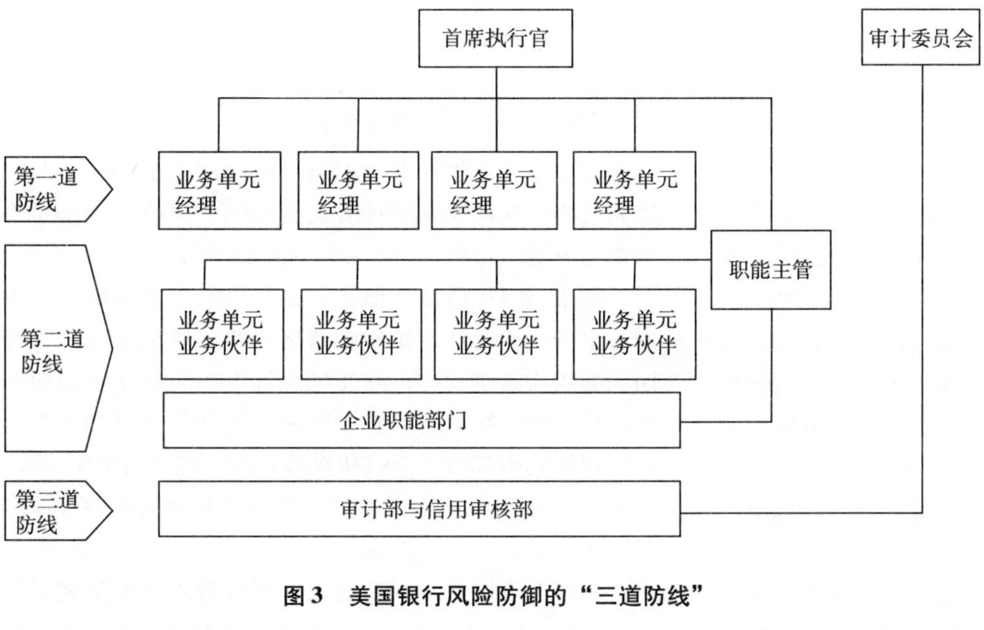

图3 美国银行风险防御的“三道防线”

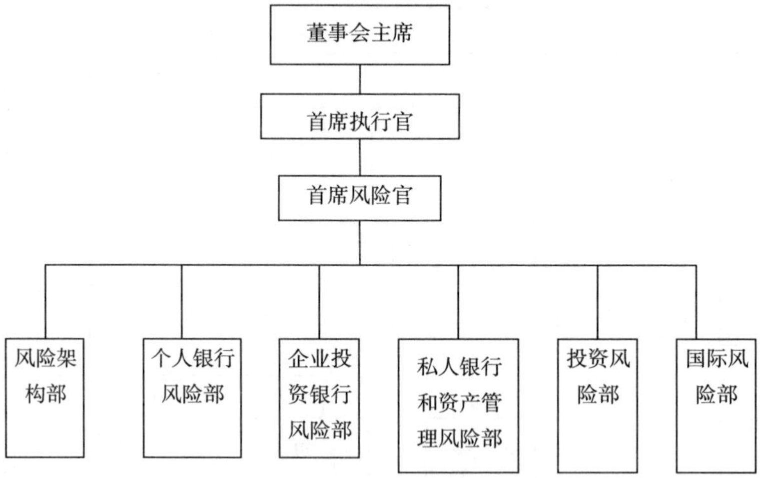

图 4　花旗银行风险管理组织结构

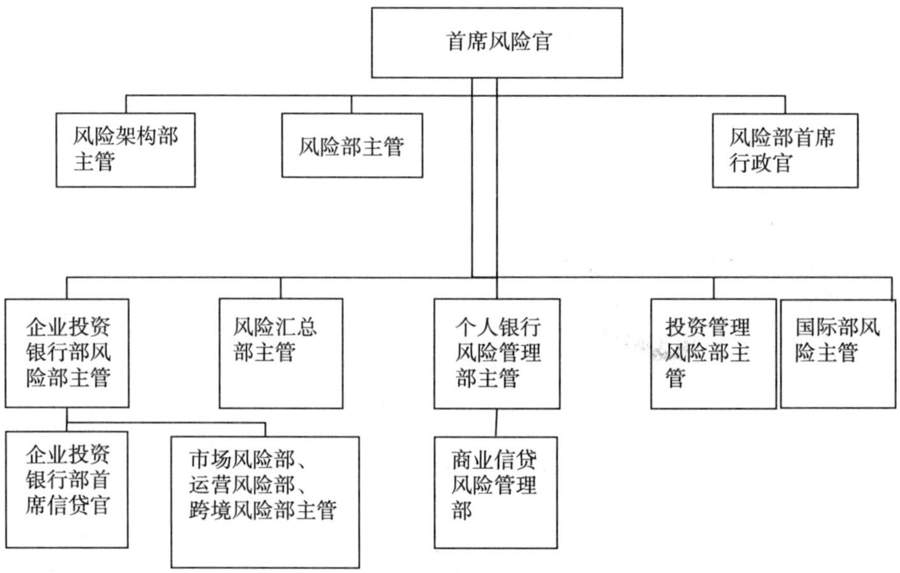

图 5　花旗银行风险管理人员组织架构

花旗银行推行首席风险官管理体制，在总行设置风险管理官，在独立的风险管理部门和各业务单元设置风险主管，风险主管对首席风险官负责并汇报工作，以确保风险管理的独立性。花旗银行风险管理人员组织架构如图 5 所示。

3. 德意志银行风险管理组织架构

德意志银行集团风险管理委员会负责管理和控制风险，集团风险管理委员会将任务分配给一些附属委员会，主要包括信贷政策委员会、区域风险管理委员会和操作风险管理委员会，分别负责信用风险、市场风险和操作风险的管理。

在银行组织内部，德意志银行集团以协调统一的方式管理信用、市场、流动性、操作和营运风险，使全球风险管理组织与集团职能机构紧密相连，并使风险管理职能独立于集团职能机构之外。集团的风险总监负责集团内所有的风险管理业务，集团内每一个职能机构都有一个机构风险总监，直接向集团风险总监报告。

德意志银行风险管理委员会职责和风险管理组织结构如图 6 和图 7 所示。

从以上可以看出，商业银行风险管理组织架构是控制、监督和评估其各业务领域风险承担能力的组织支撑，对银行总体战略

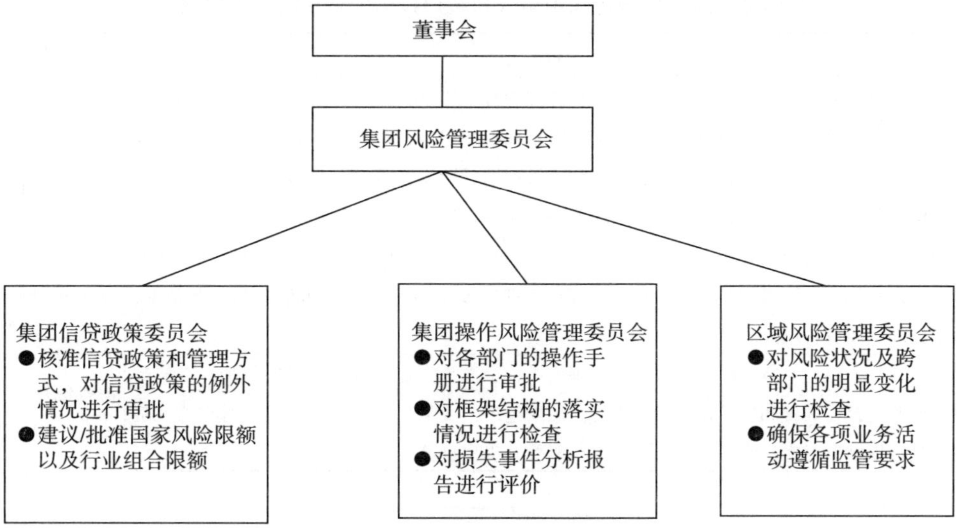

图6　德意志银行风险管理委员会职责

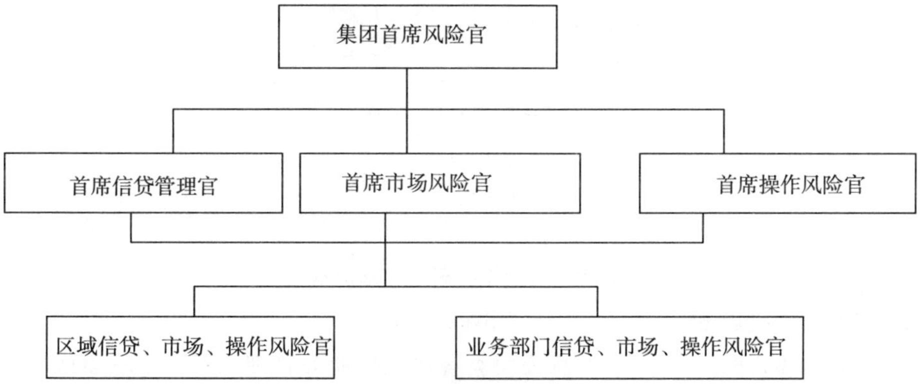

图7　德意志银行风险管理组织结构

目标的实现发挥着重要作用。各行都有各自的战略重点，因此在组织机构上也各有特点，但以下一些特征却是共同的：

（1）风险管理范围的全面性。国际一流银行的风险管理组织架构充分适应银行总体发展战略部署及其全面执行控制，风险管理体现客户导向和战略导向，渗透到了银行的各项业务过程和各个操作环节，覆盖所有的部门、岗位和人员。在风险管理职能部门的设置上，不仅重视信用风险、市场风险等传统风险，而且重视操作风险、战略风险、声誉风险等各种风险因素。

（2）风险管理职能的独立性。国际一流银行的风险管理在组织架构上形成由董事会、首席执行官、风险管理委员会直接领导的，以独立风险管理部门为依托，与各个业务部门紧密联系的、职能上独立的风险管理系统。对授信控制、授信审批、授信稽核等部门大多实行垂直管理，确保授信控制与审批职能的独立性。

（3）风险管理组织上的集中性。国际一流银行大多在集团、地区、国家每一层面都设有完全独立于战略业务单元（SBU）的风险管理部门，从银行整体角度对各类风险因素进行全面汇总和整合；对各业务单元则实施扁平化的窗口式风险管理，在业务单元内部设有相对独立的信贷和操作风险管理功能，对所在业务单元的业务营销和风险回报管理提供精细化的策略和决策支持。集中性与扁平化相结合的矩阵式风险管理组织架构，使风险管理政策制度更能贴近市场，有效平衡风险与收益。

（二）国际一流银行的风险管理流程

国际一流银行公司类客户授信业务风险管理模式与其风险管理文化背景、业务管理集约化程度，以及风险计量技术支撑能力等因素有关。一般对大中型和小型公司类客户实行差别化的授信流程，从大中型公司授信业务管理流程来看，主要有三种模式（见表1）。

表1　　国际一流商业银行大中型公司客户授信业务风险管理模式

模式	特征	典型银行
模式一	客户经理为纯粹的客户关系经理，负责开拓和维护客户关系；风险经理负责对客户信用风险进行分析评价、授信结构设计、授信额度审批和贷款定价；由专职人员进行贷款支用前审核；贷款支用的法律、会计手续和贷后催收管理由后台支持部门集中处理。在整个授信流程中，各类业务人员是相互协作的伙伴关系，对各自的岗位职责负责。	美国银行、花旗银行、德意志银行
模式二	客户经理主要负责业务开拓，并部分参与对客户的授信调查；客户经理与风险经理共同撰写授信调查和贷后管理相关报告，其中，客户经理主要撰写客户的基本信息和业务情况，风险经理主要进行风险分析，特别是定量分析。	德累斯顿银行
模式三	客户经理作为银行对客户的主要联系和管理人员，全面负责业务开拓和风险管理。客户经理需要撰写授信调查和贷后管理相关报告。风险经理主要从风险的角度出发，对相关风险事项进行提示，对客户经理撰写的报告进行复核，提出自己的意见和建议。	渣打银行、法国里昂信贷银行、汇丰银行

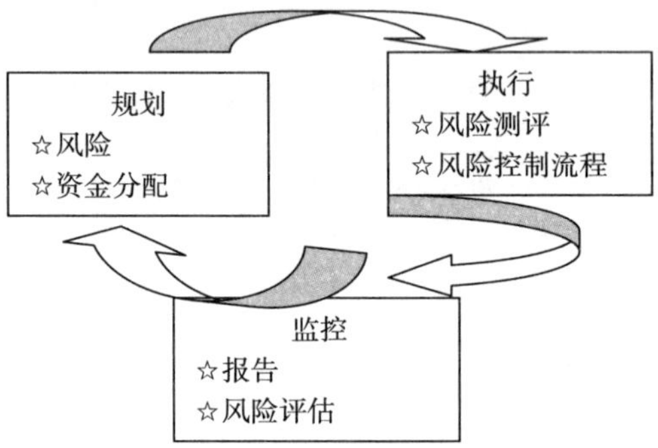

图8　美国银行风险管理流程

下面以美国银行、花旗银行、渣打银行为例来具体说明：

1. 美国银行的风险管理流程

美国银行采用“六西格玛”方法，根据对客户满意度和银行内部用户满意度的跟踪测评、本行战略计划，以及股东和监管要求，持续地对各类业务流程进行改进优化，其风险管理流程分为规划、执行和评估三个环节：在规划环节，主要根据美国银行的战略目标、收益目标和风险偏好进行经济资本和资金的分配；在执行阶段，主要是通过风险管理政策和措施，进行风险的识别和控制，并同时获取风险数据；在评估阶段，主要是对风险进行评估和报告，并对业务进行考核。评估阶段的输出结果将又作为规划阶段的输入，为规划提供建议，从而实现风险管理流程的持续改进（如图8所示）。

从公司类客户授信业务管理来看，采取类似于上述模式的四个操作环节，客户经理负责客户营销和授信申请，风险经理负责客户信用评级和授信业务审批（是在客户经理申请签字基础上的“双签”审批，大额授信按授权等级由更高级别的业务部门主管和风险部门主管“双签”审批），授信审核人员负责付款前审核，后台支持部门负责办理贷款支用的法律、会计手续和贷后催收管理等服务支持。此外，还设有专门的信贷风险部门，按5%～10%的比例，对已批准授信业务的审批流程和信贷政策标准执行情况（50人左右）进行持续的、不定期的信贷复查（Credit Review）。

从零售业务授信管理来看，具有高度标准化、流程化、自动化和专业化的特征，其信用卡贷款、消费者抵押贷款、小企业贷款的系统自动化决策所占比例分别达到99%、53%和35%。

2. 花旗银行风险管理流程

花旗银行各个业务单元负责自身的风险管理，并与信贷风险管理部门共同建立信贷额度和风险管理流程。从公司类业务信贷风险控制流程来看，花旗银行只与少数大公司进行大宗的、量身定制的、复杂的交易。在拉丁美洲金融危机和东南亚金融危机发生之前，授信审批曾经基本由业务单元自行决策；在危机发生以后，授信业务流程强调了风险管理部门的集中控制。从零售业务信贷风险控制流程来看，花旗银行向许多个人提供标准化的和平均交易额较小的贷款产品，简化了信贷申请过程，广泛应用统计学记分模型及征信机构信息，通过广泛应用行为模型与技术，实现批量回收。

3. 渣打银行风险管理流程

渣打银行基本信贷业务流程分为制定信贷标准、资产组合管理及账户策略设计、评估及审批、文件管理、监测以及坏账管理等环节，每一环节的具体活动如图9所示。

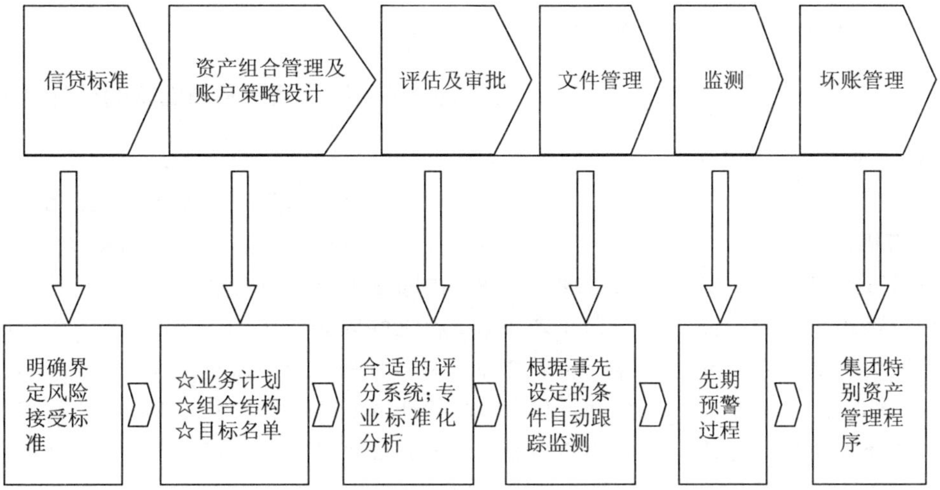

图9　渣打银行信贷风险控制流程

国际一流银行风险管理流程有着共同的原则。一是联动制衡原则：国际一流银行大多按照审贷分离、业务联动、集约管理的原则明确前台客户经理、中台风险经理和后台业务支持人员在授信流程中的职责，在流程中各负其责、相互协作的基础上有效平衡风险与回报。二是精细化管理原则：贯彻“以客户为中心”的理念，在客户细分的基础上，对公司类业务和零售业务实行差别化的业务流程，采取针对性的风险管理模式，在不同的业务单元内细化岗位设置，培养专业化的客户经理、风险经理和产品经理人才，为目标客户提供专业化的风险管理增值服务。三是持续改进的原则：国际一流银行风险管理流程是一个能够动态改进的过程，风险管理流程的若干环节构成一个循环，一个风险管理流程的输出构成下一个风险管理流程的输入，通过不断检查、改进和提高，实现风险管理能力的持续提升。

（三）国际一流银行风险管理运行配套机制

1. 风险管理理念

在发展和壮大的过程中，国际一流银行往往投入大量费用用于员工培训和激励，不断培育健康的风险文化。高度统一的风险文化对风险与回报管理的行动和决策起到了重要导向作用。表2列出的是部分国际一流银行风险管理的部分理念。

2. 风险管理技术

国际一流银行普遍重视风险定量分析的重要作用，且均已达到IRB初级法水平，并正向IRB高级法迈进。德意志银行的评级系统建设已经持续了5年，直接投资高达2 000万欧元，目前已经达到IRB高级法水平，下一步主要工作是进行系统整合，以满足

表2　国际一流银行风险管理部分理念

银行名称	主要风险理念
美国银行	风险回报管理能力是美国银行的核心竞争力和竞争优势；所有员工均应在工作中承担风险与回报管理责任；合规是风险文化价值观的核心和开展业务的方式；风险决策必须以事实为依据等。
花旗银行	风险管理部门应该独立于业务部门，从而形成适当的制衡；必须在限定框架内一致地定义、衡量和管理所有风险；风险信息必须“有案可查”；业务部门应权衡回报相对于风险和投入的资本状况，来决定承担多大风险。
摩根士丹利	风险管理的目的是提高承担风险所带来的回报，而不是消除风险；保持谨慎的风险水平（不承担可能危害根本经营情况的风险）；在可能的情况下分散风险；优先确保无意外出现，以保持风险的透明度；风险识别和管理具有“连带”责任。

《巴塞尔新资本协议》的要求。巴黎国民银行建立了包括三个层次的风险管理技术平台：第一层次为各类信息数据的归集；第二层次为各类风险的测算和计量；第三层次为风险信息的输出，包括信用风险在险价值（VaR）、客户违约概率（PD）、违约损失率（LGD）及预期损失（EL）等。

3. 激励约束机制

国际一流银行普遍形成了健全的风险管理激励约束机制，普遍推行和运用风险调整后的绩效测量模型（RAROC），使各业务单元注重业务长期成功和可持续发展，减少或避免了短期行为。在考核实施上，国际一流银行由首席风险官（CRO）组织对风险条线人员的独立专项考核，集团、地区、国家等层面的风险管理人员报酬也由所在风险管理部决定，不受业务单元影响。国际一流银行注重将业务经理和风险经理的利益进行挂钩，将业务拓展纳入风险经理考核指标，将风险状况纳入客户经理考核指标，使二者成为了利益共同体，有利于二者形成良好的业务合作伙伴关系。

二、我行当前风险管理模式状况及所面临的外部竞争环境分析

风险管理体系是现代商业银行有效运行的基础，是提升银行创造力、打造核心竞争力的保障。多年来，我行在打造规范有效的风险与内控管理体系方面，进行了大量有益的探索，使我行风险管理水平在国内同业中处于领先地位，但与国际一流银行比较，仍存在诸多亟待解决的问题。比如，全面风险管理的理念有待深化，风险管理尚未全面融入业务流程，风险控制过于关注结果而忽视过程，科学的计量工具对业务决策的支持还相当欠缺，等等。在当前同业竞争形势日趋激烈、银行利差空间日渐缩小的外部经营环境下，加快深化风险管理体制改革步伐，建立有效平衡风险与回报的运行机制已成当务之急（如表3所示）。

表3　建设银行当前风险回报管理状况及所面临竞争形势的SWOT分析

强项（Strength）	弱项（Weakness）
•银行战略定位清晰，明确了“为客户提供最佳服务，为股东创造最大价值，为员工提供施展才能的平台的国际一流商业银行”的战略愿景； •初步建立了良好的公司治理模式，董事会对完善风险管理体系建设持续给予密切关注和指导； •具备持续改进风险管理体系的经验积累，多年来我行风险管理体系得以不断改革、充实和完善； •实施了信贷专职审批人制度，实行严格的审贷分离，信贷风险控制流程相对国内同业较为严密； •“信用风险评级预警系统”投入使用，公司敞口内部信用评级技术处于国内领先状态； •已经初步建立了相对国内同业领先的、以经济资本为核心的风险回报管理考核体系； •资产质量保持在国内同业最佳状态，不良贷款率控制在3.8%左右。	•风险管理的全面性有待加强，操作风险和市场风险管理能力建设需加快步伐； •风险管理的集中性需要加强，风险管理政策的统一性、整体风险管理能力有待提高； •风险管理的独立性需要加强，尚未实现风险条线垂直管理和业务流程的过程控制； •在业务流程设计上偏重于内部管理便利，未充分体现“以客户为中心”，对客户满意度和市场竞争因素考虑不够； •风险管理对在客户细分基础上的差别风险识别、评价和控制的精细化技术支持能力有待提高； •风险回报平衡的管理理念在绩效考核中的渗透需进一步强化，内部信息共享和团队合作精神有待提高。
机遇（Opportunity）	挑战（Threat）
•中国银行业传统存、贷款业务在一定时期内将继续平稳增长； •随着城镇人均可支配收入的快速增长和金融需求的多样化，个人银行业务和收费业务将成为未来中国银行业增长的两大驱动力； •与美国银行的战略合作使我行得以直接学习借鉴国际一流银行的风险回报管理模式； •银行监管当局对健全上市银行风险管理体系的支持与推动。	•在《巴塞尔新资本协议》的推动下，国内外同业均加快了改进提高风险回报管理能力的步伐； •我国利率政策改革步伐加快，政府对利率控制的逐步放松将使我行利息收入大大减少（目前美国市场利差为1.05~1.1，而初步测算我行目前利差水平为3.98），利差空间的日渐缩小对我行回报基础直接构成严峻威胁； •按照世界贸易组织协议，2006年12月11日人民币业务对外开放而导致的国外银行在我行最主要市场的竞争将是前所未有的，而中国财富区域集中度偏高，外国银行进入中国主要市场的代价很低，对我行优质客户业务和相关利润流失的威胁将日渐上升； •我行上市以后面临的监管环境和市场约束更加严格，对风险回报管理能力提出了更高的要求。

三、国际一流银行风险管理模式对我行风险管理体制改革的启示

风险管理体制改革要以质量、效益和效率的“三个提高”为基本原则，以“明确方向、分步实施、平稳过渡”为改革推进的基本思路，贯彻全面风险管理理念和流程控制理念，构建集中的全面风险管理体系。近期要在现行的经营管理架构条件下，先行实施风险管理垂直化，加强总行对风险管理工作实行的集中领导，形成向行长直接报告的专业独立的条线，统一风险管理政策、制度和标准，强化信贷审批、风险监控等工作。在流程控制上，积极推行客户经理与风险经理风险管理融入业务流程的平行作业机制，前移风险管理关口。在技术支持上，设立专门的、独立的风险计量部门，加强计量工具、分析模型的开发和应用，实现风险管理的专业化、精细化。

（一）构建集中、垂直的风险管理组织架构

1. 从中长期发展方向上看。我行应逐步建立在总行统一风险管理的政策下，各业务单元在行长授权内有效平衡风险与回报的集中风险管理组织架构和报告线路。总行设首席风险官，协助行长组织全行全面的风险管理工作；设相应风险管理部门，在风险政策制度、计量分析、风险监控等方面，实行全行整体层次上的集中管理。各业务单元设风险总监，负责所在业务单元的风险管理工作，对首席风险官负责，向首席风险官和所在业务单元负责人报告；各业务单元内，风险管理机构相对独立，根据业务流程设置专业化的风险管理岗位，实现对各类风险的精细化管理，平衡风险与回报的责任逐步由层级负主责向业务单元负主责转变。

2. 从近期策略上看。考虑到从现行经营管理层级模式向单元制模式过渡需要一定时间，加之我行的风险管理文化、队伍和计量工具也需要作相应的准备，近期我行应采取层级模式向集中模式的过渡方式，对风险条线先行实施垂直化管理。即通过合理设置风险管理组织架构，明确工作职责，建立相对独立的报告线路，完善风险管理机制；通过优化业务流程，风险管理要贯穿客户准入、维护和退出的全过程，要提高业务运作效率，增强风险管理的有效性，把客户风险始终控制在可承受的范围内。要通过深入推进风险管理体制改革，不断提升我行风险与回报管理能力。

（二）持续优化风险管理流程

1. 运用科学方法改进优化各类授信业务流程。我行应进一步将“以客户为中心”的理念体现在业务经营和风险控制过程中，根据本行管理基础和市场竞争环境，在美国银行的合作支持下，积极借鉴“六西格玛”方法，运用科学测评基础上的业务流程优化改进技术，综合考虑各类细分市场的客户反应、内部用户联动需求和股东对风险回报管理的要求，妥善定义（Define）、度量（Measure）、分析（Analyze）、改进（Improve）以及控制（Control）业务流程优化进程，有效消除关键业务流程的管理和服务质量差距，使各种授信产品和服务流程逐步接近国际一流银行水准，提升在业务流程中动态平衡风险回报管理的能力，构筑同业竞争比较优势。

2. 分步推进授信业务平行作业。平行作业机制是按照“以客户为中心”的理念进行业务流程优化的具体体现，其关键是在客户群体细分基础上差别化地设置业务流程，并将风险识别、评估及应对的政策标准嵌入流程之中，客户经理、信贷经理、贷款审批人和风险经理按岗负责，相互协作，以便妥善处理好控制风险与提高效率、改进服务之间的矛盾，使“了解市场、了解客户”的风险管理理念真正落到实处。在起步阶段，要积极推进大中型公司类客户授信业务平行作业，将现有的客户信用评级和项目评估专业人员并入风险管理部门，作为贷前平行作业风险经理参与贷前调查评价，并撰写客户信用评级（项目评估）报告，专职贷款审批人在其权限内进行客户信用等级认定和贷款审批；贷中和贷后平行作业风险经理负责授信审批条件的落实情况审查和风险监测预警。对低信用风险授信业务及授信额度项下单笔业务由客户经理和有权审批人进行“双签”审批。在此基础上，进一步梳理优化小企业和个人授信业务流程，逐步扩大“双签”审批范围，逐步实现授信业务的标准化、流程化、自动化、专业化和集约化经营。

（三）完善风险管理运行配套机制

1. 加强管理决策支持和信息系统建设，优化风险管理信息技术平台。继续推进信用风险内部评级工程（IRB），整合公司业务和零售业务模块，提供风险管理决策支持；加强对公信贷流程系

统建设与平行作业制度的技术衔接，提高对各种内外部信息的查询共享和数据挖掘分析能力，为各级各类业务人员提供及时的、动态的和专业化的经营管理信息支持。

2. 推进风险管理文化建设，大力提倡合规、质量和效率基础上的风险回报平衡管理。在推进风险管理体制改革过程中，要深化全面风险管理理念，大力提倡合规、质量和效率基础上的风险回报平衡管理。全面的风险管理要求银行对各类业务蕴涵的各种风险加以识别、监测和控制，贯穿于业务流程的各个关键环节，体现在每个员工的每个业务活动之中。对此，全行要进一步强化风险与回报平衡的管理理念，通过科学合理的权责分工，建立前台与中台的合作伙伴关系，实现以促进发展为根本增值型的风险管理。

3. 完善绩效考核体制，强化以风险回报管理为核心的激励约束机制。要通过适当的利益协调分配机制，强化以风险回报管理为核心的激励约束机制。要按照新的职责分工进一步完善对前台与中台业务人员的考核方式，在考核指标设置上既要体现二者职责的特殊性，又要确保核心目标的一致性；要逐步完善经济增加值（EVA）考核，将对经济资本的计量逐渐由系数法过渡到直接采用风险资产的非预期损失数据，并综合考虑合规、质量和效率因素优化关键业绩指标考核，使激励机制充分考虑发展战略的执行效果，以综合引导风险控制与业务发展的统一性与和谐性。

课题组成员：邓艾兵　赵志宏　许建东
韩凤林　王晓永　赵玉龙
撰稿人：邓艾兵　赵志宏

市场开放条件下中外银行竞争的制高点分析（节选）

总行风险管理部　黄志凌

商业银行确立并培育其核心竞争力是一个长期的过程，而目前的市场竞争形势则是一个现实问题。前者就是中国学者普遍关注的所谓“银行可持续发展”问题的核心，而后者则是商业银行是否被立即淘汰出局的现实问题。很显然，一家银行只有在不被立即淘汰出局的前提下才能进一步思考“可持续发展”问题——培育核心竞争力。对于中国的银行业来说，当前面临的最大威胁是中国加入世界贸易组织之后，金融市场开放的步伐将不断加快，外资银行将对国内商业银行的生存和发展带来严峻的挑战。近年来，关于外资银行将争抢国内银行的优质客户、瓜分国内市场份额、优秀人才流失等论断不断见诸报端，专家、学者也纷纷给出国内商业银行要改革运行机制、完善法人治理结构、调整业务结构以增强竞争力等对策和建议。这些固然没有错，但对真正要与外资银行竞争的国内商业银行来说，最重要的是寻找外资银行进入中国市场的切入点，找到双方竞争的制高点，这样才能知道外资银行是如何争抢优质客户、瓜分市场的，才能有的放矢地提出真正应对外资银行挑战的良策。

我们认为，比较优势理论、外资银行在其他国家发展的历程以及目前外资银行在中国的发展动向都说明，外资银行将携带所谓的资金、技术和知识优势迅速切入中国银行业的高技术、高智力支持的产品和服务，高技术支持的产品和服务与高智力支持的产品和服务是中外银行竞争的制高点所在。

开放条件下银行竞争的比较优势（Comparative Advantage）与绝对优势是不一样的。外国商业银行可能在各个方面都比中国银行都具有绝对优势，但这并不说明外国银行将在各个方面都比中国商业银行具有比较优势。国际竞争是根据竞争对手的比较优势进行的，因此外国商业银行并不会在所有领域与中国商业银行展开激烈竞争。外国商业银行在业务的各个领域或许都比中国的商业银行具有绝对优势，但是它们在某些领域具有更大的优势，这些领域就是它们的比较优势，它们在其他领域具有较小的优势，这些领域则是中国商业银行的比较优势。竞争按比较优势进行可以提高整体的效率，外国商业银行将首先在具有比较优势的领域进入中国。

外国银行与中国商业银行的比较优势在高技术含量产品和中国基本没有开展的投资银行业务方面，外国银行将在这些产品上与中国的商业银行竞争。这些技术含量高的产品包括大的客户、信用卡业务、网上银行、跨国公司客户等。中国商业银行的比较优势在于其庞大的网点，劳动密集服务，外资银行进入中国后，中国商业银行在这些方面具有比较优势。

在中国开放金融领域后，外国银行将首先在其比较优势大的产品上进入中国，然后再考虑其他产品，这就为中国的商业银行提供了一定的时间来改进自己的竞争条件。中国国际金融公司（以下简称“中金公司”）与中国的投资银行特别是证券公司的竞争充分说明了这一点。与中国证券公司相比，中金公司的比较优势在于在境外上市的大企业方面，中国的证券公司的比较优势则在国内其他中小企业的上市方面。中金公司在自己具有比较优势的方面取得了较大成功，几乎垄断了大型企业的境外上市，通过这些企业回到国内上市，中金公司也回到了国内的承销市场。中国轻工业的开放是另一个好的案例。与重工业相比较，轻工业相对劳动密集，这是中国的比较优势。经过若干年的奋斗，中国的轻工业取得了值得国人骄傲的成绩，在几乎每个轻工产品领域都具有世界水平。最近，发达国家相继把生产厂移到中国，使中国成为所谓的“世界工厂”，证明了中国已经在制造业方面形成了比较优势。

按上面的分析，外国商业银行进入中国金融领域，将在自己具有比较优势的方面首先进入中国。因此中国加入世界贸易组织后的几年里，外资银行将在大的跨国公司客户、网上银行、信用卡业务、投资银行业务等方面与中国的商业银行展开激烈的竞争。外国银行也许在各个领域具有绝对优势，理论上可以吃掉中国的商业银行，但是它们进入中国金融业将按自己的比较优势首先进入优势最大的产品领域，然后才会考虑其他产品。也就是说外国商业银行进入中国具有一个顺序，首先是网上银行、信用卡等业务，其次才是在中国建立储蓄网点。退一步讲，如果外国商业银行在其有比较优势的领域占领了中国市场，接下来的并不一定是要进入其没有比较优势的领域。在这些领域，进入的成本较高。在进入这些领域之前，外国商业银行要占领其他国家的金融市场。用经济学语言说，要做到国家间的边际产出相等。在世界上还有其他金融市场的投入—产出更高时，外资商业银行就不会进入中国这些高成本领域。

外资银行进入日本金融市场就是按比较优势顺序进入的。就一般商业银行业务而言，日本与西方商业银行基本相当。但日本的投资银行业务则较外资有一定差距，外资银行正是利用日本银行的巨额不良资产处置，通过投资银行业务进入日本的。

根据上面的分析中国商业银行的对策也就非常清晰。在中国加入世界贸易组织后，首先要巩固自己有比较优势的产品，要在没有比较优势的方面下功夫。动态理论认为：目前不具备比较优势的产品领域，经过不懈努力也可以在将来成为有比较优势的领域。因此中国的商业银行应该在不具备比较优势的产品领域方面继续努力，以期取得动态优势。中国的商业银行在目前不具备比较优势的产品领域方面努力，在一定时间内还可以改变为比较优势。

1. 高技术支持的产品和服务——网络银行是外资银行迅速抢占市场的基石

从通常意义上讲，网络银行是指区别于传统砖墙式银行、存在于计算机网络上的银行，具有打破时空限制和非柜台交易的特点。网络银行有狭义和广义之分。狭义的网络银行是指借助于Internet技术开展的网上银行业务。广义的网络银行是指不仅仅基于国际互联网的网络银行，还要包括无线通信网、有线电话网、金融专用网在内的多种网络接入。其客户终端可以是上网的PC机，也可以是WAP手机、SIM卡无线手机、PDA、WEBTV、普通电话，以及ATM、CDM、POS机等更宽泛的网络终端。这里的网络银行是指广义的网络银行。

之所以说网络银行是外资银行迅速抢占市场的基石，是由网络银行的特点、外资银行在华的现状、外资银行在网络银行方面的优势以及网络银行在中国的发展决定的。

网络银行是小银行的机遇。小银行的弱点是机构少、规模小。如果要拓展市场空间，首先解决机构的分布问题。机构设置既需要巨大投资又需要很长时间。不受地域和时间限制的网络银行则拓展了小银行的业务发展空间，而且网络银行还具有节约成本、集约经营、拓展新业务、壮大银行客户群体等新的优势，这些也为小银行所钟情。就目前外资银行在华的情况来看，外资银行因受到市场准入、经营范围等监管政策上的局限，在资产规模和市场份额上都是很小的银行。

从上面外资银行在华的现状来看，尚未对中国国内商业银行构成大威胁。如果仅仅静止地、孤立地看，在华外资银行根本不足为虑，更不要说是国内商业银行的心腹之患。但以发展的、全面的观点来看，加入世界贸易组织后，外资银行能够提供跨境交付和境外消费服务。境外交付意味着外资银行金融服务系统的提供和转让、金融信息、数据处理可以跨境支付，即外资银行的金融处理中心和数据库都可以放在境外。这样，在华外资银行能将母银行在网络银行方面的优势在华业务发展中发挥出来。

国际银行能提供的网络银行产品和服务主要包括：狭义的网络银行、电视银行、视频银行、手机银行等和以高度发达的银行网络为基础的信用卡、全功能服务的自动柜员机等。

所谓网络银行是指借助于Internet技术向客户提供信息和金融交易服务的新兴银行业。随着Internet的迅速发展，金融界正在经历一次空前的革命。自1995年世界第一家网络银行——安全第一网络银行（Security First Network Bank）开业以来，国际金融界掀起了一股网络银行风潮，网络银行正以前所未有的速度迅猛发展。目前，网络银行除提供面向个人的金融服务外，也开始提供面向企业的电子商务。美国花旗银行最近推出了全球网上电子商务服务系统。据该行估算，在传统的从得到订单到出货的过程中，商家需要付出88～160美元的成本才能完成一笔交易。而采取了网上交易后，商家成本将能降低到43～46美元。该系统用户除了可以订货外，也能让用户进入该银行在全球的1 000多个结算机构并得到所需的服务。21世纪将发生一场网络银行革命。

目前，一些大型外资银行如花旗银行、汇丰银行、德意志银行等的网络银行已经覆盖到中国。在中国的外资企业和个人已经能享受到外资银行网络银行的优质服务。然而，国内商业银行的网络银行则处于起步阶段，与外资银行的网络银行相比，在技术、营销管理和服务上都存在巨大差距。外资银行必将而且已经开始以最快速度进入中国的网络银行市场。

电视银行在中国则仅仅停留在刚刚接触阶段，人们也是从外资银行的宣传介绍上获得一些模糊的印象，国内还没有一家商业银行开始这些电视银行。国外银行业的电视银行则已悄然兴起。

电视银行是随着数字电视的开播普及，电视机从被动提供娱乐的工具转变为一种集电视购物、服务、文化、娱乐、教育为一体的服务界面而发展起来的新兴银行业务。现在日本企业和个人已经能享受到电视银行方便快捷的服务，日本BS广播公司与富士银行、日本东芝媒体服务公司与樱花银行、日本媒体方舟公司和第一劝业银行都已联合推出电视银行服务。例如，使用日本媒体方舟公司和第一劝业银行的电视银行服务的客户只要打开“TIVi96”频道的金融业务窗口，第一劝业银行的“数字电视银行”就会闪现出来，通过遥控器输入会员号码和银行账号密码，就可以查询资金输出、输入和余额情况，并可进行一系列支付转账操作。电视银行在国内还是一个空白点，随着国内生活水平的不断提高，以及数字电视的开播与普及，电视银行这种方便快捷的新兴银行业也将走进中国，外资银行在这方面的优势使其顺利进入电视银行业务市场。

手机银行是货币电子化与移动通信业务相结合的产物，与网络银行相比，手机银行拥有更广泛的潜在客户群体，并且在安全性、及时性上更胜一筹。国际上大型银行基本都推出了手机银行服务，手机银行也已为市场所普遍接受。在国内，招商银行已率先在2000年3月试运行手机银行业务，不到半年，招商银行的手机银行用户已经达到1.5万名，用户通过手机银行操作与买卖股票每天都有1 000笔以上的业务量。目前中国国内庞大的移动电话用户群体是一个让外资银行心动的客户群体。

从以上分析及实证发展来看，外资银行将以高技术支持的产品和服务——网络银行切入中国金融市场。

2. 高智力支持的产品和服务——投资银行服务是外资银行的品牌形象和盈利之本

目前国际上大型银行的全能化趋势不断加速。1999 年 11 月 4 日，美国参、众两院通过了《金融服务现代化法案》，废除了 1933 年制定的《格拉斯—斯蒂格尔法案》，将金融业分业经营、分业管理的传统打破，使得在 1998 年经花旗银行与以经营保险和证券业务见长的旅行家保险集团合并而成的花旗银行集团有了施展拳脚的机会，花旗集团将以“金融超市”的崭新形象向客户提供涉及银行业、证券业和保险业的一揽子金融服务。日本在“东京金融大爆炸”的改革中，也将银行业、证券业和保险业之间的篱笆拆除，使日本银行向全能银行进军。德国的全能银行为欧洲各国银行业务发展提供了范例，欧洲各国银行也开始走上全能化的道路。

在国际大银行全能化的过程中，传统的商业银行业务（借贷、结算、清算等业务）在银行的盈利比重不断降低，以投资银行业务为基点的投资咨询、融资顾问、IPO、并购重组等业务则不断上升。从近年许多国外银行的年报上可以看出，其高附加值和高收益的中间业务已经占据盈利的 50% 以上。投资银行业务利润之高是传统商业银行难以比拟的，如一笔 IPO 业务就能盈利数千万美元，购并重组的咨询费用之高也令人咋舌。

目前在中国境内经营业务的外资银行基本上都是一流的、全能型的国际银行，如美国的花旗银行集团、德国的德意志银行集团、英国的汇丰银行集团，它们在国外既经营传统的银行业务，也经营投资银行、保险和证券业务，是混业经营的体制。因外资银行能够提供跨境支付服务，其国内终端与国外服务器连接起来，这样，外资银行在竞争中就能提供全方位的金融服务。

传统的商业银行在国内市场上已经基本被瓜分掉，而且竞争非常激烈。在诸如财务咨询、顾问服务、并购重组、推荐境外上市、养老保险基金的管理等投资银行业务的竞争中，中国商业银行和中国证券公司则在分业经营、分业管理模式下处于劣势。中国的投资银行业务仅仅处于起步阶段，还有许多业务空白点，而这些业务空白点的盈利又相当的丰厚，外资银行进入中国市场没有理由不携带这方面的优势进入这些领域。许多外资银行在中国的动向也表明外资银行非常重视高附加值和高收益的投资银行业务，并正在积极介入。

中国银行业的商业道德与社会责任

——兼论赤道原则的精神及其遵循

总行风险管理部　刘桂峰

一、赤道原则及世界金融机构对其的遵循

赤道原则（the Equator Principles，EPs）是由国际主要金融机构根据国际金融公司和世界银行的政策和指南建立的，是判断、评估和管理项目融资中的环境与社会风险的一个金融行业基准。这一原则的精髓，在于确保所融资的项目按照对社会负责的方式发展，并体现健全的环境管理惯例。具体则通过提供一套通用的基础和框架，以便采用赤道原则的金融机构（the Equator Principles Financial Institutions，EPFIs）自行实施与项目融资活动相关的内部社会、环境政策、程序和标准。假如借款人不会或无法遵守与实施赤道原则相关的社会和环境政策和程序，金融机构将拒绝为之提供贷款。这一原则适用于总投资1 000 万美元及以上的新项目和现有项目的扩建或更新，项目财务顾问行为也受其约束。

这个以维护社会和生态系统良性循环和可持续发展为宗旨的赤道原则，最早的动议是由花旗银行于 2002 年 10 月提出的，荷

兰银行、巴克莱银行、西德意志州立银行响应加入，共同成立一个任务工作组，在国际金融公司的协助下起草出来的。它于2003年6月由花旗银行、巴克莱银行、荷兰银行、西德意志州立银行等7个国家的10家国际活跃银行率先宣布实行。随后，汇丰银行、瑞士信贷银行、加拿大皇家银行、标准渣打银行、苏格兰皇家银行、美国银行等国际知名银行也纷纷接受这些原则，到2005年已发展至29家。目前，实行赤道原则的金融机构已达41家。它们中既有发达国家的成员，也有发展中国家的成员，其业务遍及全球100多个国家，项目融资总额占全球项目融资市场总份额的80%以上。

赤道原则是根据国际金融公司及世界银行的政策和指南制定的。最新一版的赤道原则也是在国际金融公司的主导下修订的，并于2006年7月投入使用。新版的赤道原则在项目的审查和分类、社会和环境评估以及应遵循的标准、行动计划和管理系统、磋商和披露、投诉机制、独立审查、契约、独立监测和报告以及信息披露等方面作了更为详尽的规定，使这一原则进一步上升到行业基准的高度，适用范围也由总投资5 000万美元及以上的项目扩大为1 000万美元及以上的项目，受约束的范围由投资、贷款行为扩展到财务顾问行为。赤道原则使用了参照国际金融公司的环境和社会筛选程序建立的筛选过程。把项目分为A类、B类或C类（分别具有高、中、低级别的环境或社会风险）。对A类和B类项目（高风险和中风险），借款人均需按照适用的标准开展社会和环境评估，并制订一份行动计划，在完成了与当地有关利益相关者进行的适当磋商及披露之后，EPFIs将会聘请与借款人无直接关系的独立社会或环境专家审查评估行动计划及磋商过程相关的文件是否符合赤道原则，并要求在项目执行过程中委任独立环境和社会专家进行持续监测并报告。赤道原则还明确规定，采用该原则的各金融机构最少每年向公众报告一次赤道原则实施情况。这一系列严密的程序，无疑有助于使那些对环境和社会可能带来不利影响的高风险和中等风险的项目按照符合东道国的法律并符合世界银行和国际金融公司的预防与减轻污染的标准或指南。不同类型和位于不同国家的项目对社会和环境评估报告（SEA）及行动方案（AP）的要求不同，但都必须符合国际金融公司和世界银行的政策与指南。

目前，实行赤道原则的银行以及准备实行这一原则的银行，已经或着手建立与该原则一致的内部政策和程序，以便保证只为那些符合条件的项目发放贷款，即项目发起人能使银行确信他们有能力和意愿遵守旨在确保项目实施方法对社会负责并符合合理的环境管理惯例的综合程序。从近几年赤道原则直接运用于世界上绝大多数大中型和特大型项目的实践看，尽管在有些项目是否符合赤道原则方面颇有争议，但其作为一个行业惯例，具有约定俗成的无法抗拒的威力。同时，EPFIs通过履行审慎性审核调查义务，直接监督环境与社会标准在项目中的应用，从而实现保护社会和环境的目的。因此，赤道原则对整个社会、金融业和单个的金融机构都大有裨益。

赤道原则作为国际上第一个专门针对金融机构的企业社会责任基准，其积极意义在于：第一，有利于推动金融机构在关注自身商业目标的同时，关注环境与社会问题，通过对赤道原则的遵循实现企业社会责任和经济责任的统一，从而有利于金融与社会发展的和谐。第二，有利于引领项目融资单位按照对社会负责并符合合理的环境管理惯例的程序管理项目，把项目实施过程中的负面影响降到最低限度，从而有助于推动经济发展与社会进步的和谐。第三，有利于促进金融机构进一步完善全面的风险管理体系，使其进一步关注除信用、市场和操作风险之外的环保、法律、政策、声誉、政治等各种新型风险，并着力研究和推出相应措施。

二、中国银行业从中应获启示及借鉴

从世界金融机构对赤道原则的遵循和效果看，它确实起到了将银行的商业利益与社会利益和环境保护有机结合以实现可持续发展的作用。尽管目前实行赤道原则的金融机构在全部金融机构中的占比还不是很大，但其在国际金融界的影响力和所起的示范效应却不可估量。随着我国金融体制改革的不断深化，商业银行国际化程度越来越高，尤其一些银行，如建设银行、中国银行等国有商业银行陆续成为境外上市的公众公司，国外银行遵循赤道原则的做法就不能不引起我们的深思，而且成为我们有益的借鉴。

启示一：银行作为经营货币的特殊企业，其性质决定了它要比其他企业承担更重的社会责任。与其他企业不同，银行作为货币的集散地，不仅对存款人负有到期兑付的商业责任，更负有在资金运用过程中不伤害社会公众生存状态的社会责任，这在现代社会银行越来越成为经济运行核心的状况下尤其如此。如果说，一个项目、一家企业因产品或生产过程对所在社区构成重大不利影响，导致生态恶化只是对一方民众造成伤害，若一家银行贸然贷款给该类企业，或者公然为该类项目的融资出谋划策，最终将影响的不只是一个社区、一方民众，而会带来一个区域甚至一个国家的灾难性后果。因此，不管是发达国家的银行、发展中国家的银行还是欠发达国家的银行，都要毫无例外地承担起这份因金融企业性质而引起的最基本的社会责任，在开展任何投融资活动时有一份最基本的道德约束。

启示二：银行作为现代经济的核心，其地位决定了它追求商业利益必须与社会利益和谐一致。在现代经济中，银行已成为推动经济运转的加速器或黏合剂，任何一个项目的动工或现有项目的扩建或更新，都可以看到银行的影子（贷款或融资顾问）。这就使得银行在确定自己的经营目标时必须以不损害环境或社会利益为前提，也就是说银行在放贷时，或者在决定是否担任某一项目的融资顾问时，首先要审慎评估该项目是否遵守东道国一切相关的社会和环境法律、法规，是否会对社会或环境有潜在重大不利影响，这种影响是扩散性的还是可以局限于某一场地的，借款人有无消除和克服这种影响的方案和行动计划，等等。如若答案是否定的，银行应当果断拒绝贷款或出任融资顾问。正如国际一家知名的石油巨头（这家公司在英国一家著名的咨询机构编制的年度世界 100 家最大公司的排名中连续两年居榜首）的发言人所言：“责任，就是道德因素融合于一个组织的决策过程的程度。”作为掌握能够左右经济运转最重要资源的银行，只有将促进经济与社会的和谐发展同自己的经营目标结合起来，才能促成经济发展的可持续性，银行也才能够最大限度地实现经营效益的最大化（如果银行为一个有环境隐患又无整治方案的项目提供贷款，项目建设过程中或建成后始终会存在公众投诉或环境部门勒令整治的风险，甚至有的因此被关闭而使银行资产受损）。这对处在经济高速发展中的中国的金融机构尤为重要。

启示三：银行作为公众公司，其品牌效应决定了其必须关注自己的社会形象。目前，中国有越来越多的银行通过 IPO 成为公众公司，有的已冲出国门，如建设银行、中国银行、交通银行和招商银行已成为在国际金融舞台引人瞩目的公众公司，这就要求它们在向项目融资时必须考虑自身的公众形象。若不顾环境或社会因素一味唯利是图追求个别项目的财务效益，则会带来声誉上的损害，最终伤及长期利益。相反，把财务效益与社会利益有机结合，则有利于金融机构获得或保持良好声誉，保护或增加市场份额，最终惠及长远发展。从有效管理操作风险而言，这也意味着项目将会招致利益相关者更少的批评，降低风险。

因此，作为在国际经济舞台上越来越引人注目的中国银行业，尽管目前还没有采用赤道原则，但完全可以领略其精髓，借鉴国际活跃银行成功的做法，这就是：牢记银行业的社会责任，维护这一行业准则，身体力行地去遵循它，实践它。我们将会从中受益无穷，将会促进经济繁荣与社会和谐，将会实现银行价值与社会价值的有效统一。

三、中国银行业的商业道德与社会责任

如上所述，目前中国银行业应该更认真负责地去遵循和实践赤道原则精神。这不仅因为中国银行业有着银行业共同的属性，更是基于中国经济快速发展的时代背景。在一个高速增长的经济体内，银行的投融资行为在很大程度上影响甚至决定着投资者的行为，影响着经济发展与社会进步的和谐程度，进而影响着经济运行的健康与可持续性。因此，中国银行业承担着更重的社会责任，必须处理好自身经营目标与社会和环境共同进步的问题。

（一）中国商业银行应把赤道原则理论纳入全面风险管理范畴，从关注风险的角度促进这一原则在银行经营管理活动中的应用。过去，我国商业银行在做贷前调查评估时，也很关注项目，尤其是化工、造纸类等易对周边环境造成污染或其他不利影响的因素有无治理方案，以及实施这些方案有无资金保证。但这完全是银行自发的行为，更多的是从商业角度出发以防发生政策风险或民事纠纷而影响到其财务目标的实现。现在情况已有不同，赤道原则已被国际社会认同为行业准则，虽然没有强制执行的效力，但凭借其科学的内

涵及业界的认同已成为银行的内在约束。因此，应从以下几个环节着重把握：

1. 对所有的项目进行识别。可参照国际金融公司环境和社会评价标准，把项目分为A类（项目对社会或环境有潜在重大不利影响并涉及多样的、不可逆的或前所未有的影响）、B类（项目对社会或环境可能造成不利程度有限、数量较少的影响，而影响一般局限于场地，且大部分可逆并易于通过减缓措施加以解决）和C类（项目对社会或环境影响轻微或无不利影响）。这里之所以强调对所有项目都进行分类，是因为我国的国情与西方国家不同。若按赤道原则规定的1 000万美元的标准，我国的很多中小型项目则要被排除在外，但往往正是由于这些项目未被更多地关注，其给环境和社会带来的影响更大。银行的战略重点日后要转向中小客户，这一问题尤其要引起关注。

2. 对项目所面临的社会和环境风险及其治理措施（行动计划）进行评估。要根据其风险状况及治理措施的完备程度把项目分为可接受、有条件接受和原则上不予接受三种类型。C类项目为可接受类；B类项目则在确认其保护措施可靠可行的前提下有区别地加以接受，但要加强实施过程中的监督；A类项目则应视为风险程度极高的项目，原则上不予接受或审慎接受。除非银行能够确定并由与借款人无直接关系的独立社会或环境专家出具报告，证明该项目对社会或环境有潜在重大不利影响的因素确有周详完备并行之有效的防范措施和行动方案，银行才可审慎贷款，并持续监测和报告。

3. 加强项目实施过程中的监督。要及时跟踪项目环境和社会保护措施的实施情况，并及时与当地环境保护部门及相关部门保持联系，发现问题及时责成整改。对于未达要求者暂停贷款投放，对于故意拖延或拒不改正者终止贷款协议。

4. 加强信息的沟通与披露。要及时将项目建设过程中或完工后有关环境保护措施的落实情况和达成的效果与有关部门沟通，并按规定向社会公众披露，以接受更为广泛和有效的社会监督。

为保证上述程序的有效实施，银行内部需设置专门机构，或者在风险管理部门或合规部门明确相应岗位，专门负责融资中的环境与社会风险评估和防范，受理和解决申诉、投诉等问题，并根据赤道原则的精神，结合本机构的实际情况，编写有关实施文件，同时还要承担起信贷、项目融资等岗位的员工乃至客户的培训工作。

（二）中国商业银行应积极创造条件，尽快加入赤道原则。加入赤道原则的程序并不繁杂，申请行只要履行相应申请和报批程序经网站发布即可成为EPFIs的成员。但是，一旦采用赤道原则，银行就必须按照其程序进行项目的分类、评估、方案的报批审查，以及信息的披露。尤其是信息披露，要求至少每年要向社会公众报告一次。报告中要增加与赤道原则有关的一些具体内容，如本年度积极考虑的实行赤道原则的项目数量，金融机构同意和拒绝运用赤道原则的项目，本机构没有严格执行赤道原则的情形和理由等。这无疑有助于银行改进其内部风险评估和管理程序，有助于增进外部评级机构对其的信用评级，有助于提升公众的信心从而增强其融资能力和降低融资成本。从目前的实践看，国际知名的金融机构和一流银行几乎都在已采用赤道原则的行列之中，如美国银行、汇丰银行和苏格兰皇家银行都已是赤道原则的采用和遵循者。我国商业银行应有紧迫意识，从现在开始就必须有意识地按照赤道原则的有关程序和标准管理项目，不断积累经验，一旦条件成熟，就尽快申请加入。

（三）银行监管机构应尽快研究制定有关商业银行承担社会责任方面的标准和要求，并监督实施。为使商业银行在追求自身财务效益的同时兼顾社会效益，使其在承担社会责任和环境保护方面发挥表率作用，中央银行及银行监管部门应在赤道原则精神的指导下，结合我国的实际，制定出相应的监管规则或条例，如对项目作出更详细的分类，明确哪类项目应视同洗钱一样是不可碰的，并提出明确的惩罚条款，对编制详细的企业社会责任报告并向公众披露作出明确规范，等等。同时，国家要进一步完善有关环境保护和社会责任承担的法律，明确规定金融机构企业社会责任的内涵与外延、执行与监督、奖励与惩罚等，并加强执法能力，以切实保障赤道原则精神在我国银行业中发扬光大。

完善风险管理与风险防范体系实现商业银行可持续发展目标

总行授信管理部 李敏新

商业银行是经营货币的特殊企业，同时又是高负债、高风险的经营性企业。商业银行，尤其是国有股份制商业银行，作为国民经济体系的重要组成部分，有一个能否实现可持续发展目标的问题，其发展的最终结局或是发展壮大，或是倒闭破产。面对商业银行所处的激烈竞争环境和复杂多变的国际国内经济金融形势，基于对当前影响我国商业银行可持续发展的主要制约因素的分析，笔者认为，建立完善的风险管理体系，防范系统性金融风险，实现商业银行的可持续发展，应成为我国商业银行改革与发展的一种目标选择。

一、商业银行面临着一个能否实现可持续发展的问题

（一）商业银行的可持续发展问题是由金融资源的物化属性所决定的

商业银行与其他金融企业一样，也是一种金融资源。其资源性体现在两个方面：物的资源性和机制的资源性。金融资源物化属性的外在体现是指商业银行的人才资源、资金资源、财务资源、资产资源等物化资源。资源是发展的要素，如果缺少其中的任何一种资源，商业银行就难以运行下去。对资源的长期合理开发和利用就是可持续发展。总而言之，对商业银行金融资源的长期合理开发和利用，就是商业银行的可持续发展性。商业银行可持续发展的中断，既表现为对物化资源利用的滥用、浪费和流失，也表现为运行机制的失灵、功能机制的失效和效能机制的失控。

就金融企业的物化资源而言，在激烈的银行经营业务竞争中，处于竞争弱势地位的一方，如果经营决策失当，会导致其优秀人才的流失、资金财力的损失浪费、资金供给能力和筹措能力下降、资金来源渠道中断、资金外流、经营财务状况和资产质量恶化等一系列问题的发生，进而就会危及其可持续发展。当这些问题累积到使银行的发展难以为继，甚至倒闭破产时，就是可持续发展的中断。比如，自20世纪90年代初期日本泡沫经济破灭后，金融企业坏账增多，不良债权居高不下，银行资本金急剧收缩，资本充足率低，亏损严重，最终导致金融危机爆发。1994年底，日本大藏省不得不作出让日本金融机构大范围破产倒闭的决定，从而打破了日本银行不破产的神话。2007年春季以来，以美国新世纪金融公司遭受次级抵押贷款危机为发端的美国次贷危机的日益蔓延，不仅招致美国自21世纪以来的第一场金融危机，让欧美投资者遭受重大损失，对我国经济产生一定冲击，而且对全球经济金融的危害性至今未见底，大有成为引爆全球金融危机导火索的可能。这些都是金融企业可持续发展中断或发展受阻的典型例子。

（二）商业银行的可持续发展性，是由金融资源的机制性所决定的

商业银行金融资源的机制性体现在商业银行的运行机制、功能机制、效能机制等方面。金融是宏观经济调控的重要杠杆，它在建立和完善国家宏观调控体系中具有十分重要的地位。政府根据宏观经济政策的需要，通过运用金融调控手段，以期达到调节经济发展的规模、速度和结构，促进国民经济持续稳定健康发展的目的，是发挥金融运行机制、金融功能机制和金融效能机制的作用的内在要求。在实际经济生活中，由于自身或外部的原因，金融运行机制失灵、金融功能机制失效和金融效能机制失控，是金融可持续发展中断的严重性恶果。

十一年前，自1997年5月泰国金融风暴爆发后，在不到两个月的时间，金融风暴波及东南亚各国，随后又扫荡中国香港、韩国、俄罗斯等国家和地区，致使这些国家和地区货币普遍大幅度

贬值，金融财富大量流失，金融市场剧烈动荡，金融机构资金供给能力受到限制，社会资金周转失灵，企业大量破产倒闭，投资减少，产出下降，失业增多，经济发展速度下降，经济危机加深，引发强烈的经济动荡和社会动荡。

亚洲金融危机事例表明，金融业可持续发展的中断和滞阻，所体现的外在表现也是金融运行机制的失灵、金融功能机制的失效和金融效能机制的失控，其实质是经济危机或叫现实危机，其直接的表现形式则是金融危机，而金融危机又进一步影响到经济的稳定性，加剧了经济危机。从这个意义上讲，金融危机是可以独立存在的，经济危机与金融危机也是可以互为因果的。这正如马克思在《资本论》中所分析的那样："在再生产过程的全部联系都是以信用为基础的生产制度中，只要信用突然停止，只有现金支付才有效，危机显然就会发生。"① "一旦劳动的社会性质表现为商品的货币存在，从而表现为一个处于现实生产之外的东西，独立的货币危机或作为现实危机尖锐的货币危机，就是不可避免的。"②

（三）商业银行的可持续发展性是由经济与金融的相互依存性和金融在现代经济中的核心地位所决定的

马克思在分析信用制度和货币在资本主义社会再生产过程中的作用时指出："信用制度是资本主义私人企业逐渐转化为资本主义的股份公司的主要基础，同样，它又是按或大或小的国家规模逐渐扩大合作企业的手段。"③ "商品生产以商品流通为前提，而商品流通又以商品表现为货币，以货币流通为前提；商品分为商品和货币的这种二重化，是产品表现为商品的规律。同样，资本主义的商品生产——无论是社会地考察还是个别地考察——要求货币形式的资本或货币资本作为每一个新开办的企业的第一推动力和持续的动力。"④马克思在这里所分析的虽然是资本主义商品经济条件下，信用制度和货币的积极作用和重要地位，但同样也是市场经济条件下的普遍和一般的规律。

邓小平同志曾精辟地指出："金融很重要，是现代经济的核心。金融搞好了，一着棋活，全盘皆活。"⑤在高度发达的市场经济条件下，以融通资金为己任的金融业几乎包括了与货币流通和银行信用有关的一切活动。货币资金是沟通整个社会经济生活的媒介和桥梁，现代一切经济活动都离不开货币资金的运动。在现代经济运行过程中，货币资金起着"血液的作用"，无论是再生产过程的周而复始的循环，还是社会经济生活周而复始的各个环节的运行，哪一个环节也离不开货币和信用等金融活动，离不开金融机制的"造血"和"输血"功能。

此外，随着我国社会主义市场经济机制的不断完善和金融深化，经济活动的货币化程度不断提高，金融产品不断丰富，金融活动对人们的经济生活起着越来越大的制约和影响作用，同时也加剧了金融风险的生成因素。

由此可以看出，经济的可持续发展必然反映为金融的可持续发展，金融的可持续发展必然促进经济的可持续发展。金融的可持续发展目标是经济的可持续发展，金融与经济的日益融合决定了金融可持续发展是经济可持续发展的充分必要条件。金融业可持续发展的受阻或中断，势必会对国民经济的持续健康稳定发展带来严重的消极后果。同样地，实体经济的问题也必然会影响到金融业，当然也包括国有商业银行的可持续发展。从这个意义上讲，金融的可持续发展与经济的可持续发展是等价的。

二、建立完善的风险管理与风险防范体系，实现商业银行的可持续发展目标

从当前我国商业银行的经营现状及其所处的国际国内经济金融环境出发，为适应有效防范风险的要求，以实现商业银行可持续发展的目标，建立完善的商业银行风险管理与风险防范体系，需要抓住以下五个主要着力点。

第一，在银行内部建立一种良好的"风险控制文化"。这里至少包括四个方面的内容：一是形成一种风险控制的文化氛围。无

① 《马克思恩格斯全集》，第25卷，554－555页，人民出版社，1974。

② 《马克思恩格斯全集》，第25卷，585页，人民出版社，1974。

③ 《马克思恩格斯全集》，第25卷，498页，人民出版社，1974。

④ 《资本论》，第2卷，393页，人民出版社，1975。

⑤ 《邓小平文选》，第3卷，366页。

论是决策层还是管理层，都有责任通过其言行来强调风险控制的重要性，从而营造一种氛围，使所有员工都认识到风险控制的必要性，并在各自的工作岗位中自觉地增强风险意识。二是形成一种风险防范的道德评价和职业环境。通过大力加强职业道德教育，形成一种道德评价标准，促使全体员工恪守诚信原则，高效诚实地开展工作。三是认识金融风险存在的客观必然性和风险管理的持久性。金融风险是商业银行经营业务的伴生物。风险管理与业务经营是商业银行并重的两项基本业务。正如经营业务的运行是个循环反复的过程一样，风险管理也是一个永不停息的过程。四是风险管理工作能否达到预期目的，取决于银行高层管理者对风险控制与管理的能力、清晰明了的风险管理政策与手段、风险评价方法以及风险偏好（风险接受标准）四个要素。因此，及时预警风险、发现风险并提前采取风险控制措施，应成为最高管理决策层的最主要工作任务之一。

第二，建立全方位的风险管理体系。在现代市场经济条件下，随着金融衍生产品的发展和金融衍生工具的创新，商业银行所面临的金融风险越来越大，风险种类越来越多，表现形式也越来越隐蔽和复杂，银行的风险与银行业务活动相随相伴，对风险管理的要求也越来越高。因此，商业银行的风险管理，既包括对信贷风险的管理，同时也应将市场风险、国家风险、地区风险、利率风险、汇率风险、投资风险、结算风险、财产风险、财务风险等多方面的风险纳入风险管理范畴，并建立与之相适应的风险管理组织机构体系。简言之，商业银行全方位的风险管理体系就是全员参与、覆盖商业银行所有经营活动和业务内容、贯穿于各项业务流程和业务环节的风险管理机制。

第三，处理好源头控制型风险与末端治理型风险管理的关系，以风险源头控制为主要着力点。源头控制型风险管理，是指在风险管理对象的行为过程启动之前，风险管理决策层和风险管理部门根据风险预警系统及其他多种渠道所得到的资料，经过综合研究分析并形成决策，制定出防范、规避风险的对策和措施，及时制定科学可行的政策导向和操作规则。源头控制型风险管理方式的主要特征是：注重对过程跟踪的控制管理，严格按规章制度办事，按业务流程办事。把关注事情的结果体现在业务操作过程中，而不是颠倒过来。源头控制型风险管理又可称为事前主动引导型风险管理。

末端治理型风险管理方法是指，在经营业务活动的进行过程中和过程形成结果后，根据行为结果对行为过程的合规性、合法性所进行的评价分析和管理，并注重对风险责任人的追究和处理。不良资产核销、呆账剥离、风险资产处置、风险责任问责制等是末端治理型的风险管理的主要特征。在业务操作过程中并不很关注事情的结果，而是关注事情的结果证明过程的正确性。末端治理型的风险管理又可称为被动督导型的风险管理方法。

相对于末端治理型的风险管理方法而言，源头控制型风险管理方法具有以下优越性：

第一，防范风险着眼于风险的源头控制，立足于早防早治，可以降低风险管理成本，使风险管理工作收到事半功倍的效果。而当事实风险形成后，化解与治理事实风险所需要的成本费用肯定比事前防范所付出的代价要大得多。有一位美国学者曾研究得出工程质量风险管理费用的“五倍定律”。他把工程质量管理分为四个阶段，即苗头初期、诱发期、显露期和发展期。根据其研究得出的结论，工程质量的防治费用每一阶段依次增加五倍，即所谓“五倍定律”，防治越晚，付出费用越高。

国际知名银行——美国 J. P. 摩根银行通过对大量贷款损失案例的统计分析，研究得出商业银行贷款风险损失的“三倍定律”，即 3/4 的贷款损失可以通过贷前风险控制和风险的早期发现加以避免，而贷款出现问题后再采取补救措施，对减少贷款损失的作用，只能收到不足 1/4 的效果，而 3/4 的损失仍然难以避免。大量的实际事例表明，在我国商业银行的风险管理工作中，风险管理与防治的费用，尤其是信贷风险的管理与防治费用，存在的不仅是“五倍定律”，而是更多。

第二，有利于促进依法合规经营，促进按章按规办事。根据行为结果对行为过程的合规性、合法性进行评价监督的风险管理方法，容易助长某些人违规经营、违规操作的侥幸心理。按照这种管理方法，通常情况下，只要行为结果好，人们是不太认真关注其行为过程的合规性与合法性的。这是由于受到我国传统文化观念的影响，人们习惯于轻程序重实体，以“成败论英雄”。过去，我国商业银行的许多经营损失和风险资产，相当一部分是由于一些单位的决策管理人员或者经办人员，在“试一试”、“可能会成功”等心理支配下，违规经营、违规操作所造成的。他们在事前所抱的期望是，以经营的成果去证明其违规经营行为的正确性，而并非恶意。主动引导型风险管理方法，有利于弥补被动督导型风险管理方法的上述缺陷。

在商业银行的风险管理工作中，应重在防范，突出一个“防”字。要通过建立经营决策信息导向、风险预警分析、风险评价系统和风险控制、风险信息反馈与风险责任约束机制，使风险管理工作达到防患于未然的目的。只有这样，风险管理工作的作用才能不限于“亡羊补牢”，而首先是起到“未雨绸缪”的作用。

第三，有利于应对监管部门的监管，保护职工的利益，有利于规避责任。以源头风险控制为主，注重实效过程控制的风险管理方式，一个最基本的要求（条件）是各项规章制度、操作规程体系必须完备，凡事必须有章可行。

在问责的过程中，就授信业务而言，只要你是严格按章办事、按规操作，如果贷款形成不良，责任人的责任就要小得多，受到的处分也要轻得多，甚至没有责任。就其他操作性强的业务而言，只要你严格按章办事、按规操作，形成风险和损失的可能性就很小，甚至不会产生风险。

第四，由惩戒功能为主的风险管理机制，转变为惩戒功能与激励功能并重的风险管理机制。商业银行风险监管的重要内容之一是为落实贷款责任提供依据。即通过风险监管工作，对于在信贷业务过程中的违规操作、有章不循的行为，根据所造成的风险损失的大小，通过责任认定，给予有关责任人以惩戒，追究其责任。在当前大量存在贷款监控措施乏力、贷款责任不明晰、违规经营屡禁不止、系统性风险频发的情况下，强化风险管理工作的惩戒功能是非常必要的。

但是，从长远发展趋势看，需要进一步完善风险管理工作的功能作用，建立惩戒型风险管理与激励型风险管理相并重的风险管理机制，在风险管理过程中，结合人事激励机制和奖惩机制的改革，通过后评价，对于按章操作、依规经营、防范和化解风险措施得力、效果显著的经营管理人员和经办人员，及时给予精神和物质的奖励，真正体现责、权、利的完整统一。惩戒型风险管理与激励型风险管理并重的风险管理机制，有利于处理好风险管理与银行经营、防范风险与业务开拓的关系，使风险管理工作既有利于保证银行资产的安全性和效益性，又有利于促进银行的稳健经营与发展，防止产生“监管悖论”的现象。

第五，在市场营销、业务开拓、对不良资产实施处置和保全等措施过程中，要由对政府行政干预的过度依赖转变为以依靠经济金融法律手段为主。在实际工作中有时存在着一种相互矛盾的现象：商业银行的有些同志，一方面，抱怨地方政府行政领导对银行信贷等金融业务活动的行政干预太多，影响了商业银行的信贷决策等经营行为的自主性；另一方面，在市场营销和业务开拓过程中，不是首先着眼于改进服务手段、提高服务质量、完善金融服务产品去争取客户，而是热衷于找地方政府行政领导人出面协调，期望依靠其影响力，为银行开拓市场，扩大某项业务的市场份额；当债务人不能按期偿还银行贷款时，或者银行贷款形成为不良资产，需要采取处置和保全措施时，不是首先通过采取经济或法律的手段去保全银行资产，而是热衷于找地方政府领导人出面干预，对债务人施加影响力，以达到收回贷款、减少资产损失、保全资产的目的。

现代市场经济是市场机制与政府调控的有机结合，在社会经济活动中，二者发挥各自的功能作用，相互配合、相互弥补、相互纠错是实现市场经济运行效率的必要手段。但是，商业银行在防范金融风险保全信贷资产的过程中，过度依赖政府行政干预措施对银行债权人的利益实施保护是一把“双刃剑”。如果首先不是着眼于改善自身的管理机制，增强银行自身的风险控制和管理能力，而是过度依赖政府的行政干预措施，从近期看，它在维护银行债权人利益、减少商业银行系统性风险等方面，可以达到一定的效果，但从长远看，减少了市场对银行的管理，弱化了银行自身的管理能力，其结果是增加了银行的系统性风险，同时，还可能会助长政府干预的越位行为，造成政府对商业银行自主经营行为的不合理干预和侵权。这对商业银行的经营管理来讲，将是得不偿失的。在商言商，还需要在商倚“商”。这里的“商”是指市场，指经济的、金融的、法律的手段和措施。

国有商业银行财务管理存在的问题与对策

湖北省分行课题组

经过一系列金融体制改革，中国建设银行、中国银行等国有商业银行的经营效益和管理水平都大幅提高，但由于受我国经济环境和银行传统模式的制约，财务管理体制中还存在一定的弊端。

一、国有商业银行财务管理存在的主要问题

（一）财务管理观念仍显陈旧

将效益片面理解为利润的概念，与现代商业银行的财务管理有较大的差异。在市场开拓问题上，陷入了盲目“讲规模、求数量”的粗放经营误区，忽视了银行价值最大化目标，片面追求传统存贷款业务的发展；在吸收存款时，往往只追求存款规模的增长，而忽视对存款成本、客户结构的分析；在配置财务资源时，仍然有相当多的平均主义色彩，没有根据金融改革深化的需求，树立“银行价值最大化”与“业务伙伴关系”的战略思想。究其原因，主要在于：一是银行的财务管理偏重于银行各项经营活动结果的财务反映，注重当期利润的实现情况，忽略对长远价值的追求，容易造成工作目标的短视；二是银行财务管理与业务管理过程相分离，未能有效地引领、控制和调整银行经营活动的全过程，未能高效地配置银行资源；三是效益观念没有贯穿于各项业务经营管理中，单项业务的微观效益观念和全局的宏观效益观念没有实现有机对接。

（二）财务管理权力分散，责、权、利不统一

财务管理权力比较分散，形成了总行、分行事实上的不同层面的财务主体，分行财务主管对分行行长负责，没有形成全行集中统一的财务管理组织体系，种种弊端已经暴露出来，如财务机构臃肿、财务管理分散、财务业务不集成、监控机制不完善、中间环节过多、信息不畅、资源浪费严重等，影响了商业银行财务管理职能的发挥。组织架构链拉得过长，层级过多，削弱了财务数据处理高度电算化的优势，导致财务管理信息传递缓慢、信息失真等，弱化了全面预算管理，造成人力物力的浪费。

（三）成本管理观念落后，财务预算约束软化

1. 成本管理局限于单纯控制费用支出。片面认为成本管理就是全面控制成本费用，成本管理得越好就是成本费用支出得越少，将成本管理理解为成本绝对额的降低，没有考虑到边际成本效益原则，忽略了成本产出效率问题。实际上每发生一笔成本费用支出，一方面带来费用减少，另一方面会产生一定的投入—产出效益，当边际收入的增加超过边际成本的增加时，成本费用支出是越多越好。因此，不能一味地控制成本支出，减少能带来长期价值创造的项目投入，要充分权衡成本投入与产出效益之间的相对数，严格进行投入—产出分析，如果只局限于追求成本绝对额的降低，最终会影响商业银行创造未来价值的能力，其发展趋势是银行业务萎缩不前。

其弊端具体表现在：一是成本分配没有与收入和效益真正挂起钩来，管理粗放，成本管理局限于财务主管部门、人力资源管理部门等少数部门，其他部门并不真正关心成本支出；二是管理调控手段单一滞后，事前缺少准确的预算，事中缺乏有效的监控，事后核算不统一、不及时，对机构、部门和产品的成本开支情况缺少量化评价；三是缺少奖惩措施，职责不落实，不能促进各部门主动控制成本。

2. 预算管理流于形式。一是在推行全面预算管理中预算管理与实际执行存在较大偏差，现行商业银行一般采用年初亮底、年中调整、年底考核兑现的管理模式，由于财务预算考核具有刚性强的特点，必须严格贯彻执行，但是在实际执行过程中，往往是奖励可以到位，但惩罚却难以落实，因此，预算管理与实际执行

存在较大偏差，预算管理的刚性原则流于形式；二是我国商业银行财务管理还仅限于事后的财务分析和监督，财务工作基本上还停留在记账、报账、财务分析与财务检查的财务会计阶段，尽管都意识到预算管理的重要性，但由于受观念和技术的制约，预算管理没有过程控制，最终执行结果无法落实；三是现行商业银行机构层次较多，不同层级、不同地域之间的内设部门差异较大，部门精细化管理中的横向分摊与纵向汇总问题无法解决，部门预算与评价的探索屡屡无功而返，即使部分银行能实现分部门的核算，分产品和分客户的核算还难以实现，无法细分成本—收益，预算管理工作难以细化。

（四）缺乏全面科学的指标考核体系，绩效管理与战略规划脱节

目前，银行绩效考核主要依靠财务指标对各部门、各机构在考核期内的业绩作出评定，并将经济增加值作为财务考核体系的核心指标，虽然经济增加值的运用考虑了权益资本的机会成本，实现了绩效评价从会计利润到经济利润的转变，但其核心仍然是利润，偏重组织的内部财务评价，对影响银行未来业绩增长的业务服务质量、员工满意度、客户满意度、客户忠诚度等重要的非财务因素未能作出全面评价。过于单一的财务指标评价体系可能导致商业银行过分追求短期利益而忽略了组织长远的发展目标，为了提高短期的利润指标，增加周期短、见效快的项目投资，在一定的预算约束下，势必会减少周期长、见效慢、长期创造经济增加值显著的项目投资，诸如研发方面的投资，以致抑制了商业银行未来价值创造的能力。同时财务指标主要偏重组织的内部评价，忽略了诸如客户等影响组织绩效的外在动因，不能全面反映组织绩效，容易助长决策行为短期化，不利于预测组织未来绩效。

（五）会计基础工作薄弱，缺乏集中的信息资源系统

1. 产品定义模糊。目前银行实现了以机构为单位的分类管理，但在这些分类管理中，很多分类较粗，大量共享成本无法直接界定到部门，多数成本也没有核算到产品，无法按照产品评价银行的经营成本，使得银行的经营风险和财务成本难以衡量。

2. 会计核算有待加强。由于没有建立统一的数据仓库平台或者标准化的信息平台，无法将费用、资金、风险、收入等各类数据全部按照产品这一主线进行汇总，因此对所有分支机构的所有金融产品进行财务控制是难以实现的。

3. 信息资源分散。目前银行开发的系统主要局限于前台的核算系统，并且大部分银行还未实现数据的集中，技术落后，系统分散，数据不全，后台管理系统彼此分割或互相重叠，数据不能实行共享。管理信息系统的建设相对落后，不能及时提供更多有用的数据，也就不可能实现成本—收益的实时监控。

（六）信息披露透明度不高，信息披露内容不充分

信息披露没有规范化，信息披露水平低。目前披露信息主要以静态的财务信息为主，而对可能影响未来财务状况的经营状况、经营质量、经营效率和风险没有足够的揭示，同时由于披露制度、会计标准不够完善等原因，即使对以上信息进行了披露，也存在反映不够全面、不够准确等现象，影响信息使用者的判断和利用。

二、全面构建国有商业银行现代财务管理模式的对策研究

（一）加强预算控制，建立以经济资本为核心的财务风险管理体系

1. 准确把握合理的经济资本总量。经济资本总量的确定要充分考虑资本充足率的要求和资本积累与筹集计划，要防止因经济资本总量偏低而约束业务发展，同时也要防止为满足加快业务发展的需要而放松对风险的控制，使风险超过资本的承受能力。发挥经济资本对风险和效益的主动约束作用，将股东对银行价值最大化的回报要求通过经济资本配置落实到分行、业务单元、产品、客户、员工等各层面，把风险和收益的平衡通过资本配置和回报联系起来。

2. 加大经济资本预算管理力度。推行经济资本预算管理，一方面对风险资产的增加形成约束，将业务发展与风险防范有机结合，根据宏观调控和战略规划指导信贷资源有效配置，促进资产结构和财务收支结构调整；另一方面通过强调资本回报对经营管理的约束，明确经济资本占用与经济资本回报的内在关系，引导财务资源有效配置。通过推行经济资本管理，从制度建设和机制运行着手，切实提升商业银行财务管理和风险管理水平，有效控

制风险总量，落实宏观调控政策，优化信贷结构调整，促进各项业务健康发展。

3. 不断完善经济资本计量模型。一是逐步扩大经济资本计量范围。主要是从信用风险、市场风险和操作风险三种情况进行测算。随着经济资本预算管理的不断推广，应将利率风险、汇率风险、流动性风险等纳入经济资本计量模型，使经济资本分配更加具有科学性和客观性。二是逐步完善经济资本预算分配方法。采用系数法计量经济资本时，可采取总量配置法分配经济资本额度，与经济资本计量保持相互呼应的关系，加大业务结构调整的力度。三是逐步完善经济资本的计量方法。由于积累的有效数据少、检验数据的准确性差及对该系统设计原理及生成信息的接受程度还不够，现阶段只能采用系数法计量信用风险经济资本；从趋势看，在风险评级预警系统数据有效积累、准确计量的情况下，对信用风险经济资本的计量将会逐渐由系数法过渡到直接采用风险系统中风险资产的非预期损失数据。

4. 围绕价值最大化目标，运用经济资本合理配置资源。主要包括：控制风险资产总量增长，促进宏观调控政策落实；树立资本约束观念，强化资本回报对经营管理的约束；引导业务结构调整，提高盈利水平等内容。

5. 建立金融产品定价模型，全面推行价格管理。随着金融业务的不断创新，加上我国对银行服务定价的逐步放开，恰当的定价策略将为银行带来更多的回报。在这项工作中要讲究差别化定价、财务定价与市场定价相结合、产品定价与经营战略相结合、价格组合营销、运用激励手段管理价格等策略。

6. 以风险控制为突破口，提高财务风险管理水平。第一，运用经济资本与账面资本比较，评价自身资本充足状况，将有限的经济资本在各类风险、各个层面和各种业务之间进行分配，计算各类组合资产的经济资本，衡量各类组合资产的风险收益，对银行的总体风险和各类风险进行总量控制。第二，运用经济资本对各类组合资产进行动态监测，对存量和增量资产业务及表外业务，分业务、分品种、分机构确定为覆盖风险所必需的经济资本数量，对经济资本指标恶化或有明显不利趋势的组合资产采取措施，通过调整新增资产业务结构，或通过对存量资产出售、证券化或其他信用衍生工具等方法进行积极的处理，力求在可控风险范围内实现收益的最大化。第三，运用经济资本分析客户信用等级及其在还款期限内的转移概率，计算预期损失及非预期损失，将经济资本值与银行所要求的最低收益率进行比较，衡量这笔业务的风险与收益是否匹配，据此调整贷款定价。第四，要根据经济计量所必需的资本数量，在分支机构、业务品种间建立健全相应的授信限额管理机制，并通过该机制的运行，将非预期风险损失控制在资本的风险覆盖范围之内。第五，对前期资本管理工作的结果实施评价与调整，即将预期的经济资本配置目标和实际产生的非预期风险状况进行比较，从而对新的资本配置和经营预算进行调整。

（二）实施成本领先战略，建立分产品、分部门、分机构的全面成本管理体系

1. 树立成本领先战略理念，增强市场竞争优势。首先，要求全行上下每个人都要建立成本管理的理念，全员都要成为成本管理的主体，要将成本管理措施落实到经营管理活动的各个环节。其次，要清醒地认识到，与传统单纯意义上的成本控制和成本降低不同，成本领先战略是以不影响商业银行的竞争地位提升和整体利润增长为前提的成本降低，是以最小化的成本推动各项业务发展战略的实施。为此，加强对运营成本管理手段的深入研究，通过完善和深入推广集中采购制度、扩大成本定额和支出标准体系、优化业务和管理流程、建立成本管理委员会、加强税务研究、积极做好税务规划、合理降低税务成本等一系列举措，进一步有效提高投入—产出效率，不断降低运营成本，提升客户价值和企业价值。

2. 加强成本控制，逐步推行成本精细化管理。明确不同金融产品、不同部门、不同分支机构的盈利水平，建立分产品、分部门、分机构的成本分析与业绩评价。主要包括细化成本核算单位，严格界定金融产品，核定部门经营管理职能，优化成本归集分摊方法，全方位实施分产品、分部门、分机构的成本分析等方面的工作。

3. 完善成本控制方法，通过业务流程再造降低成本支出。一是努力拓展成本管理外延；二是建立成本预测分析制度，提高成本管理效率；三是全面实施管理会计，提高成本管理的科学性与合理性。

（三）以价值管理为导向，建立以经济增加值为核心的绩效评价考核体系

经济增加值也称经济利润，是超过资本成本的剩余收入，在量上等于利润扣除所得税和资本成本，在计量上完全覆盖了各项成本要素，并且符合股东利益最大化的要求，即超过了股东期望回报水平的回报就是创造的经济增加值，因此经济增加值将作为衡量业绩的核心指标和绩效人力费用分配的依据。

1. 引入平衡计分卡和服务—利润链两大理论。借鉴国际先进商业银行的管理思想，在平衡计分卡理论基础上，引入服务—利润链的管理理念，即不仅从财务方面、客户方面、业务经营方面、学习与创新等方面对商业银行进行全方位评价，还要研究不同维度之间存在的内部依存关系，揭示各个维度之间存在的投入与产出的因果联系。初步构想将商业银行的绩效体系划分为三个前后相互联系的部分，即内部服务质量效率、经营管理效率和盈利能力效率，同时在绩效评价体系中，对于每个组成部分分别建立相应的投入—产出指标，并始终将人的因素贯穿于评价过程的全线，充分体现当代“以人为本”的管理理念。

2. 以价值创造为出发点，全面评价商业银行的业绩经营绩效。这项工作须通过三个阶段进行：第一阶段，内部服务质量效率评价；第二阶段，银行经营效益评价；第三阶段，战略规划发展效率评价。

3. 兼顾创造长期价值能力，加大对高层经营管理者的业绩考核。为了兼顾对长期价值创造力的促进，指导商业银行高层经营管理者不仅要关注当年经营效益，还要关注影响长期盈利能力的要素，建立包括效益、质量和战略三大类指标在内的高层经营管理者关键业绩指标（KPI）考核体系。对商业银行高层经营管理者进行业绩考核，并与浮动年薪挂钩，目的在于引入激励机制，既能让绿树成荫，又能够使栽树的人也获得收益。

（四）推行财务执行官制度，建立集中高效的财务监督体系

1. 借鉴西方管理理念，引入财务执行官制度。财务执行官不是一般意义上的财务经理人员，必须是银行财务资源调配的第一把关人，同时又是银行高级管理层的要员，在公司治理中与总经理处于平行地位，其角色简洁地概括为“CFA + CMA + CPA”，意指财务执行官兼具财务分析师、管理会计师和注册会计师这三种基本角色于一身，在公司治理和银行管理中承担着所有者监督、会计基础建设、价值管理和完善管理控制这四大基本职能。引入财务执行官概念，按国际化视野来创建先进实效的财务管理系统，实现以全新的财务理念进行财务决策和战略管理；采用财务执行官制度，实行董事会主导、总经理和财务执行官“双轨”运行的格局，可以克服基于信息不对称而产生的“道德风险”、“逆向选择”及“内部人控制”现象，使所有者的监督职责得到大大加强，信息不对称现象也会得到改善。

2. 强化内控管理，逐步建立财务执行官的派驻制度。根据银行规模的不同，总行直接向业务单元和一级分行派驻财务执行官，派驻的财务执行官可参与业务经营的全过程，并与业务部门共同承担责任，财务领域的工作由业务部门提出有关要求，派驻团队负责具体实施。对于派驻的财务执行官，其人事、业务及薪酬关系隶属总行，一般由总行任命和考核，其升迁需部分参考当地机构负责人的意见；实行任期制，由总行在全行范围内统一调动和安排工作；薪酬由总行管理，而部分奖金由总行在与当地机构负责人协商后决定。

3. 加大监督管理力度，实行财务管理的集中统一。采取财务集中管理模式的主要目标可分为几个层次：第一，上升经营核算层次，建立“决策分析层—管理控制层—核算操作层”自上而下的全透明财务管理和信息监控网络；第二，进一步明确财务管理的职能定位，切实推行“业务伙伴”财务管理理念；第三，按照集中集约化的管理原则，实行财务管理部门“垂直管理”和“双线负责制”。

（五）完善激励约束机制，建立现代财务管理的文化保障体系

1. 建立广纳贤才的激励约束机制。从西方国家激励理论的演进过程来看，我国目前商业银行的激励机制基本处于泰勒的工资制激励阶段，在该模式下，银行职工掌握标准化的操作方法，使用特定手段，实现工作环境的标准化，以经济收入（金钱）作为激励职工工作的主要手段；但是，忽视了银行职工的情感、追求等特殊要求，没有创造一个激励职工奋发向上的管理环境，银行所有者、管理者和基层之间是通过经济契约联系到一起的契约集合体，内部缺乏情感交流，银行员工普遍缺乏归属感和凝聚精神，由此导致部分商业银行客户经理带着客户跳槽，技术骨干被人挖走，管理人员受高薪引诱不辞而别。可以预见，如果商业银行不改革和完善激励机制，培育成熟的企业文化，随着外资银行的全面进入，部分银行员工将出现高度的流动性，人员将更加不稳定。

2. 制定完善的企业文化发展战略。首先，国有商业银行要加强人力资源的开发。面对激烈的人才竞争，国有银行在薪酬方面缺乏足够的吸引力，因此必须突出国有银行其他方面的优势，如全面的业务领域、完善的培训计划、广阔的发展空间等，并制订全面的招聘计划。其次，在员工进入银行之后，要了解并满足员工的长期需要，培养员工的归属感和忠诚度，为员工提供职业发展机会和各种培训计划。这是对员工的另一种激励手段，不仅能够满足员工自我提高的需求，而且提高了员工的工作技能。对拥有大量员工的四大国有商业银行来说，这是提高员工盈利能力的更为有效的途径。最后，在绩效管理方面，应该改变原先重视资历的观念，通过制定有效的衡量标准、恰当的目标和激励制度，使员工的行为与公司的战略和目标保持一致，同时建立完善的反馈系统，使银行能够了解员工的意见。

3. 营造良好的企业文化氛围。一是对高级管理人员制定足够的激励机制，包括较高的基本工资、福利、与业绩挂钩的奖金和股票期权。二是对人力资源的开发要有长期的战略。比如，德意志银行对全球新招的 MBA 毕业生，都安排到欧洲和美国接受为期 8 个月的轮训，接触金融界最前沿的业务。虽然成本很高，但这些学员的提高很快，几年内为公司所创造的价值远远高于培训投入的成本。三是对每个员工的业务完成程度要设有明确的目标，每年的业绩评估要结合目标来比较，激励机制要与业绩评估直接挂钩。

课题组组长：崔滨洲　张　进
课题组成员：虢春华　邓忠心　周助新
周辉东　胡林惠　彭　珩
胡和清

建设银行个人信贷业务存在的问题及对策研究

湖南省分行课题组

一、建设银行个人信贷业务发展中存在的主要问题

近几年，建设银行的个人信贷业务规模增长迅速，而且无论是发展策略和贷款品种，还是制度建设和管理体系都日趋成熟，开辟出了一条适应市场需求、有自身特色的发展道路，在许多方面形成了特有的优势。但与国外发达银行相比，仍存在不少的问题，主要表现为：

第一，经营理念和管理手段落后。

（1）思想观念不适应市场发展。受传统信贷文化和旧理念的束缚，存在着“重公司信贷业务、轻个人信贷业务”的现象。基层行在人员配置上将能力强、素质高的客户经理配备于公司业务，而个贷客户经理的能力及素质相对较低。资源配置方面也存在倾向公司业务配置为主的现象。

（2）经营和管理制度不完善，业务流程不通畅。个人信贷业务起步较晚，管理制度仍处在完善过程中，检查监督机制缺少力度，营销集约化程度不高，贷后管理环节薄弱，这些已经成为制约业务发展的障碍。

（3）激励考核不到位。近年来，二级分行实行扁平化管理后，经营权上收，弱化了对县支行及营业网点的考核，且二级分行在

业务考核办法中对个贷业务未实施专项激励挂钩考核。激励与约束机制不健全，客户经理的付出与收入不成正比，发展业务得不到合理的奖励和个人职业生涯的晋升，而一旦形成不良贷款，轻则责任认定，重则下岗收贷。责、权、利没有达到和谐统一，挫伤了从业人员的积极性。

（4）发展策略和导向的偏差。2002—2003 年曾鼓励大力发展汽车消费贷款，但由于当时信用和市场环境出现问题，保险公司履约保证保险不规范，加上经营管理不到位，经验不足，从而造成了大量贷款的拖欠，形成了大量不良贷款。

第二，风险管理控制能力不够、经验不足。

（1）个贷风险管理薄弱。风险管理机制不配套，风险管理的经验不足，基础管理工作薄弱，普遍存在“重贷轻管”的现象，政策制度执行力较差，贷款发放随意性较大。实际操作中表现为：贷款前期调查不深入，走过场；贷款中审查审批把关不严，随意绕开政策或授权；贷后管理不落实，贷后检查不到位。实际上，个人贷款的风险在相当程度上来自于管理风险，而贷款管理的松懈和流于形式，无形中加大风险产生的隐患。同时，由于风险控制能力不强，出现了“假按揭”、“假个贷”情况，以及恶性案件的发生，资产质量状况堪忧。

（2）业务品种风险评价和预警体系缺失。个人贷款品种的推出，没有相应的跟踪评价系统，往往某个贷款品种出了问题，要三五年后才知道，再出台防范措施往往为时已晚；同时预警系统也不健全，对贷款风险的识别、判断和防范不及时，不准确，对经办的基层行管理半径过长，传导机制也不完善，导致风险控制能力大大削弱，资产质量得不到有效控制，制约了业务的持续发展。

（3）不良贷款管理手段落后，不良资产处置问题多。个人贷款形成不良后，解决的办法主要有催收、转化、司法介入和处置抵押物。目前建设银行不良贷款的管理主要依赖经营部门和经办行，经营部门和经办行既要发展业务，从事日常管理，又要管理不良贷款，打官司处理不良资产，在人力和物力有限的情况下，往往业务发展受限，不良贷款回收乏力。风险管理和资产保全部门的大部分精力主要集中在公司贷款方面，从而导致个贷不良转化较慢、处置困难。

第三，人员和机构配置与个贷业务自身发展的矛盾。

（1）客户经理队伍建设滞后。个贷业务发展初期，客户经理队伍基本上由储蓄人员等柜面人员组成，专业化程度不高；客户经理人员配备不足；从业人员准入把关不严，业务素质不能满足工作要求，与业务发展的矛盾日益突出；从业人员思想素质和管理的不到位，形成道德风险隐患。

（2）个贷机构建设思路不清晰。目前，仍有相当部分二级行未单独设立个贷机构，专业人员的配备就较少，发展计划和任务的执行就要“打折扣”，业务发展不起来，人员配备便无从谈起。如此循环，势必影响业务发展。

第四，个贷产品创新与客户需求的矛盾。

（1）个贷品种单一，不能满足客户需求。当前，个人信贷品种主要有个人住房贷款、商业用房贷款、消费额度贷款、汽车贷款、个人助业贷款等贷款品种，这些品种已不能满足个人客户日益增长的多种信贷需求，一些客户的需求找不到对应的产品，如承兑汇票、仓单质押、工程机械贷款，造成了业务与市场脱节的现象，无法体现“以客户为中心”的理念。

（2）个贷新产品的开发较复杂，不能适应分支行的需要。开发新产品的权限在总行，从开始研究到最后大规模的推广，要考虑效益、风险等多个方面的因素，需要一个比较长的周期。而市场情况是不断变化的，并且我国东西部差距较大，开发新产品，从调查研究到试点开办，最后才在全国范围内推广，存在时间长、应用难的问题，从而在一定程度上延缓了个贷业务的发展。

（3）消费类贷款发展制约过多。相对于住房类贷款，消费类贷款的发展存在制约过多、发展滞缓的问题。从全国来看，2005 年底，个人贷款余额为 2.2 万亿元，其中住房类贷款为 1.84 万亿元，占整个贷款余额的 83.64%，可见消费类贷款发展明显滞后。虽然消费类贷款的风险略大于住房类贷款，但其综合贡献要高于住房贷款，其理想比例应为 3:7。随着城镇居民可支配财富的增加，买房之后的主要需求是买车，其后是使财富增值的投资与经营需求。而目前消费类贷款中的汽车贷款、经营性贷款准入门槛较高，条件较严，且手续烦琐，办贷成本高，无法满足市场和客户的需求。

第五，联动营销不到位。

（1）公私业务联动不到位。在向客户营销公司类业务的同时，应根据客户单位的需要，捆绑营销个人住房贷款、个人消费贷款等个人类产品，设计包含公司业务、个人业务和中间业务在内的客户个性化理财方案。但是，由于公私联动、产品联动等联动营销没有落到实处，因此错失了一些优质客户。

（2）区域之间的联动不到位。不同城市、地区之间的分行，可以实现人力、客户等各种资源的充分共享，达到“双赢”的目的。但目前由于信息交流受限，科技手段滞后等因素，建设银行在区域之间的分支机构的联动较少，没有真正实现资源共享，造成资源浪费及业务流失。

第六，服务质量和水准与客户需求的矛盾。

（1）服务意识没有真正转变，客户满意度低。“以客户为中心”的经营理念，在个贷各环节中没有深入贯彻，主要表现在：主动服务意识较差，坐堂放贷的现象依旧，业务素质不强，效率低下等。由于客户要贷款“有求于银行”，时常敢怒不敢言，满意度不高，不仅影响银行形象，而且流失了部分客户。

（2）贷款资料过多，手续烦琐，客户疲于奔波。客户办理个贷时需提供夫妻双方身份证明、收入证明、用途证明、抵（质）押物证书或保证担保人相关资料等。据统计，客户办理一笔个人经营贷款，共需外部和内部资料25种。个贷审批流程较复杂，也是客户反映较大的问题。一般流程有：贷款材料由基层行领导初步审核，提交个贷部门客户经理审核，再交部门经理审核签字盖章，而后提交一级或二级分行个贷审批部门进行审批，大金额的还需组织上报。经过层层审查审批，一笔贷款需要十几天，甚至更长时间，其中不乏重复劳动。因此，客户普遍反映贷款手续烦琐，部分客户仍宁愿支付更多的利息而选择手续简便且快捷的其他银行贷款，或者其他融资途径。

第七，科技手段支撑与经营管理要求、业务发展的矛盾。

目前，建设银行业务自动化处理程度还比较低，贷款的受理、贷前调查、贷款审核、贷款审批、贷款发放、贷后管理等大部分环节仍然采用人工操作。而个人贷款客户众多，业务处理量大，管理难度高，如果依靠手工操作，重复劳动较多，差错率高，效率低，如报表重复上报，相同数据多次录入，信息资源不共享，造成人力和物力资源的浪费。因此，需要大量的电子化、自动化的科技手段支持。

二、加快建设银行个人信贷业务发展的对策

一是调整信贷结构，逐步实施优先发展个人贷款战略。从风险角度来说，目前建设银行信贷资产结构不是很合理，只占18.65%，占比较低。根据权威部门压力测试，如果国民经济出现增速减缓，GDP增幅降到8%，建设银行的贷款损失率会增加0.2%~0.3%，不良贷款率会更高；如果GDP增幅降到6%，则贷款损失率和不良率将会增加更多。由此可见，贷款结构受国民经济的宏观影响非常大，大力发展个人资产业务可以减少宏观经济波动对整个信贷资产的影响。另外，发展个人贷款业务可以分散风险。

二是实行集约化、标准化的个人贷款中心经营管理模式。个贷中心作为个人信贷业务发展的专门机构，可以通过短期计划和中期规划的落实及调整逐步实现长期战略目标，确保政策的延续性，以及人员和队伍的稳定性，实行“专业的人，做专业的事”。要在集中管理和专业化经营模式的基础上，组建专业队伍及人员，实行业务条线垂直管理，搭建业务单元制平台，同时建立和完善激励约束机制和绩效考核制度。

三是理顺个贷流程。首先，准确定位，选择恰当的经营管理模式。个贷中心经营管理模式要因地制宜，根据各地各行的经济特点、管理水平和人员素质区别对待。其次，制订个人贷款标准化、模块化的操作流程。个人贷款业务单笔金额小、笔数多、客户分布广，借款人情况变化大，如工作单位、收入、住址等，导致个人贷款的管理难度加大，个贷中心的人员不断增加也无法满足日益增加的工作量。解决以上矛盾只有通过个人贷款业务操作流程化、工序化和模块化，每个办理环节都实现专人专岗，部分环节中介化、社会化外包处理，提高每个环节的办理效率，尽量节约人力、物力。

四是强化风险管理制度和措施。健全个人贷款风险管理制度和预警机制，不断总结个贷业务发展中的经验，针对各贷种、各环节，制定严格的风险管理制度，定期检查制度的执行情况。建

立风险评价体系和预警机制，及时跟踪和监测贷款品种的风险度，设立风险经理岗位，分析个贷产品风险产生的原因，适时调整不合理产品的投放，停止风险度超过标准的产品销售，及时、有效地防范风险，提高资产质量。同时，针对不同贷种，采取不同的风险防范措施。贷款用途不同的品种，其各个环节风险控制手段和方法均不相同。

五是转变理念，优化流程，改进手段，实行差别化服务。个人银行业务发展较晚，且一贯偏重负债业务，个人资产业务起步则更晚。个人贷款业务流程较复杂，审批的集中度较高，办理时间较长，而且多数风险控制环节不能减省。因此，只有牢固树立"以客户为中心"的服务理念，优化流程，提高服务水平，提高工作效率，才能树立品牌形象，提高竞争力。主要包括：转变服务和营销观念；简化贷款手续，实现流程化、标准化操作；拓展和维护高中端客户群体，实行差别化服务等方面的工作。

六是创新个贷产品，满足客户多种需求。当前，可以考虑从以下几方面入手：以住房为载体，开发多种形式的组合金融产品；顺应利率市场化的趋势，创新多种利率组合产品；根据客户贷款需求特点及时推出个性化创新产品；以客户为中心，为客户提供更多的增值服务产品。

七是实施多方位、联动营销的战略，拓宽营销渠道。一要加强部门协作，实现联动发展；二要完善网点营销功能，实现多元化的产品营销渠道；三要引进中介机构，拓宽营销渠道。

八是加强客户经理培训，提高队伍综合素质。包括强化客户经理系统培训，建立稳定的个贷客户经理队伍等项工作。

九是加大科技投入，推进业务信息化、系统化管理。要优化个人贷款管理系统，提高自动化和电子化程度，注意引入和优化个人客户信用评级系统，同时开发分类、评级和评分电子化审批系统，尽快提高审批效率，减少审批误差。

课题负责人：刘力耕

课题研究人员：赵文明　谭希平　钟　敏　何　选　李　昶

银行小企业业务发展趋势及建设银行的对策建议

总行研究部　杨　君

小企业的规模小、经营方式灵活，是国民经济中最具活力的部分。据统计，目前小企业占全国法人企业总数的95%以上，创造了近60%的国内生产总值，提供了超过60%的出口额，上缴了近50%的税收，提供了75%以上的城镇就业机会，获得了65%的专利数，开发了80%的新产品。为促进小企业的发展，2005年国务院颁布了《国务院关于鼓励支持和引导个体私营等非公有制经济发展的若干意见》，之后相关部门陆续出台了《小企业信用担保管理办法》、《"十一五"小企业服务体系建设指导意见》等一系列配套措施，小企业发展环境和条件得到明显改善。在这种形势下，国内银行开始热衷于小企业业务并采取措施积极发展。本报告对国内各家银行小企业业务发展情况及经验进行了分析与研究，以期对建设银行发展小企业业务起到借鉴作用。

一、国内银行小企业业务发展趋势

（一）业务发展速度加快。2005年以前各家银行均注重发展大中型客户业务，小企业业务在业务总量中所占的比重较低，尤其是在四大银行业务总量中占比很低。2005年有了小企业业务的单独数据统计，从表1可以看出，至2006上半年底，中国银行、农业银行、工商银行和建设银行小企业授信户数、小企业贷款余额和小企业表外授信余额均呈增长趋势。

表 1　　四大银行小企业业务增长情况

	中国银行	农业银行	工商银行	建设银行
小企业授信户数（户）				
2005 年 12 月 31 日	—	569 081	34 365	20 430
2006 年 6 月 30 日	30 195	570 805	37 380	23 017
增长率（%）	—	0. 30	8. 70	12. 67
小企业贷款余额（亿元）				
2005 年 12 月 31 日	—	8 507. 88	1 123. 4	392. 21
2006 年 6 月 30 日	4 757. 72	8 750. 62	1 586. 35	477. 29
增长率（%）	—	2. 85	41. 20	21. 69
小企业表外授信余额（亿元）				
2005 年 12 月 31 日	—	908. 38	131. 84	72. 64
2006 年 6 月 30 日	1 456. 11	1 096. 2	201. 83	116. 89
增长率（%）	—	20. 68	53. 09	60. 92

注：中国银行 2005 年底的数据未能取得；数据来源于中国银监会。

（二）业务发展质量提升。从表 2 可以看出，工、农、中、建四大行的小企业不良贷款率（按五级分类口径）与年初相比均呈下降趋势。其中，工商银行的小企业不良率远低于该行的平均水平。

（三）产品服务创新步伐加快。政策环境的改善，加快了银行针对中小企业产品创新步伐。据有关统计，2005 年银行业针对小企业的产品已达到百余种之多，各家银行围绕小企业融资的创新更加积极，不断推出了相当数量的新产品（见表 3）。

表 2　　四大银行的小企业贷款质量情况　　单位：亿元，%

银行名称	截至日期	正常类	关注类	次级类	可疑类	损失类	不良贷款率
工商银行	2005 年 12 月 30 日	1 063. 19	48. 75	9. 96	1. 35	0. 15	1. 02
	2006 年 6 月 30 日	1 542. 35	29. 71	12. 93	1. 19	0. 17	0. 90
农业银行	2005 年 12 月 30 日	3 484. 63	776. 35	211. 49	1 371. 42	2 663. 97	49. 92
	2006 年 6 月 30 日	3 748. 47	749. 94	208. 92	1 365. 06	2 678. 22	48. 59
中国银行	2005 年 12 月 30 日						
	2006 年 6 月 30 日	3 425. 09	912. 47	181. 31	204. 73	34. 12	8. 83
建设银行	2005 年 12 月 30 日	221. 85	62. 37	38. 7	50. 83	18. 46	27. 53
	2006 年 6 月 30 日	322. 84	48. 81	311. 66	53. 35	20. 63	22. 13

注：中国银行 2005 年底的数据未能取得；数据来源于中国银监会。

表 3　　有关商业银行的中小企业业务品种

行别	业务品种	业务特征
工商银行	融汇贯通	包括五大系列几十个产品的“融汇贯通”品牌服务，为小企业提供包括短期的小康通、营运通、票据通和中期的置业通、装修通、设备通、厂房通、物业通、车辆通等两大类“融通”融资产品系列。提供包括财 E 通、支付通及速汇通在内的“汇通”结算产品系列，提供中间业务产品系列、个人金融业务产品系列、负债业务产品系列等，基本可以满足小企业全方位的金融需求。“融通”系列中的两个特色产品颇受市场欢迎。一个是“钢贸通”，专门针对钢材贸易企业的融资产品，无须抵押，由专业互助性担保公司提供全额担保；另一个是“车辆通”，专门针对营运车辆市场的融资业务，包括工程机械车购置和营运车购置贷款。

续表

行别	业务品种	业务特征
中国银行	好融易 出口权益达 信用花园	由专人办理融资业务，最短办理时间为3天，单一客户最高授信总量为2 000万元，最长融资期限为3年。 针对客户出口贸易活动提供贸易融资综合解决方案，将多项传统和新兴贸易融资产品、特色服务以及外汇交易金融衍生产品加以融会贯通，对相关产品和服务进行改造和组合运用，通过一套完整方案帮助企业获得最佳效益。 企业理财产品，给企业留存闲置资金提供保值增值方案，帮助小企业规避外汇资金可能遭遇的汇率风险。
国家开发银行	"两台一组"模式	贷款平台、担保平台和群众组织相结合。其中对个体经营者和微小企业提供贷款服务，平均单笔贷款金额4万元左右，单笔最大额度不超过50万元。
交通银行	展业通	该套产品根据小企业的不同类型和财务需求，衍生为生产经营、贸易融资、工程建设、结算理财一站通四类服务。在审批流程上不再提交分行审贷会集体讨论，实行个人签批制度。
招商银行	助业全	包括小企业个人和企业理财两大板块。特别针对民营企业"公、私一家"的特点，着重就小企业主的个人理财需求进行了设计。
光大银行	小企业主贷款	贷款范围已推广到全国，贷款具有使用灵活的特点，包括单笔贷款、循环贷款、分期还本付息、宽限期还本付息、一次性还本付息等多种方式。单笔贷款期限可延长至5年；贷款金额最高可以达到2 000万元；抵押率最高可达其评估价值的70%。
上海银行	小企业便捷贷款	目前包含抵质押小额授信、小企业信用担保贷款系列、出口型小企业贸易融资系列、法人按揭贷款、票据融资系列、科技型小企业委托贷款、国内保理业务7大类10多项业务品种。
南京市商业银行	"联保体"贷款	通过几个小企业联合起来互相担保就可以融资。

资料来源：各银行网站及相关媒体报道。

（四）参与小企业业务的竞争主体增多。在国际上以擅长小企业业务而著称的渣打银行，率先在国内推出了面向小企业的"无抵押信用贷款"，花旗、汇丰等外资银行也纷纷开展了相关业务。包括工商银行、农业银行等在内的国内大型银行，也改变了以往忽视小企业业务的倾向，纷纷加大小企业业务的推进力度。一些股份制银行也开始审视自己的定位，比以往更重视小企业业务的拓展。此外，国家开发银行也进入小企业业务领域，出台了相关的措施和办法。目前，国内小企业业务已出现外资银行、四大银行、股份制银行、城市商业银行、城市信用社和农村信用社以及政策性银行同台竞技的局面。

（五）竞争区域趋于集中化。银行间的小企业业务竞争主要集中在东部经济发达地区。据江苏银监局的最新数据显示，2006年6月末，江苏省小企业贷款余额为2 953.82亿元，比年初增加了515.52亿元，增长21.24%，是2005年全年增加额的106.92%，已经占到了全国小企业贷款增量的1/4强。由此可见，小企业业务的区域集中化趋势日益明显。

二、建设银行小企业业务发展中存在问题及原因分析

2005年，建设银行提出了"逐步强化在小企业市场的竞争优势地位，不断丰富建设银行优质客户群体"的发展战略要求，制定了一系列政策和配套办法，推出了专门服务小企业的"速贷通"和"成长之路"两个信贷业务品牌，提出到2007年培育和形成10万户优良小企业客户群体（含非信贷业务客户），力争信贷收入与非信贷收入比例达到1:1。虽然建设银行把小企业业务作为一项战略业务，给予了高度重视，并取得了一定的成效，但在战略的推进上仍显缓慢，并存在一定的问题。一是小企业客户数量有限，业务发展空间有待进一步拓展。据统计，我国经工商行政管理部门注册的中小企业已超过360万家，其中大部分是小企业。

而目前建设银行小企业客户只有2.3万多户，小企业数量过少，个体风险难以得到有效分摊，巨大的市场资源和业务发展空间有待挖掘和拓展。二是小企业业务市场占比较低，与同业相比还有较大差距。与工商银行、农业银行和中国银行三大行相比，建设银行的小企业业务在授信户数、贷款余额和表外授信余额方面所占的市场份额均较低（见图1）。三是小企业业务在整体公司业务中占比较低，还不能发挥优化业务和客户结构的作用；小企业表外业务占比较低，其潜在价值还有待挖掘。截至2006年6月末，建设银行小企业客户占全行公司业务客户比重的21.1%；信贷余额504亿元，约占全行公司业务的2%。

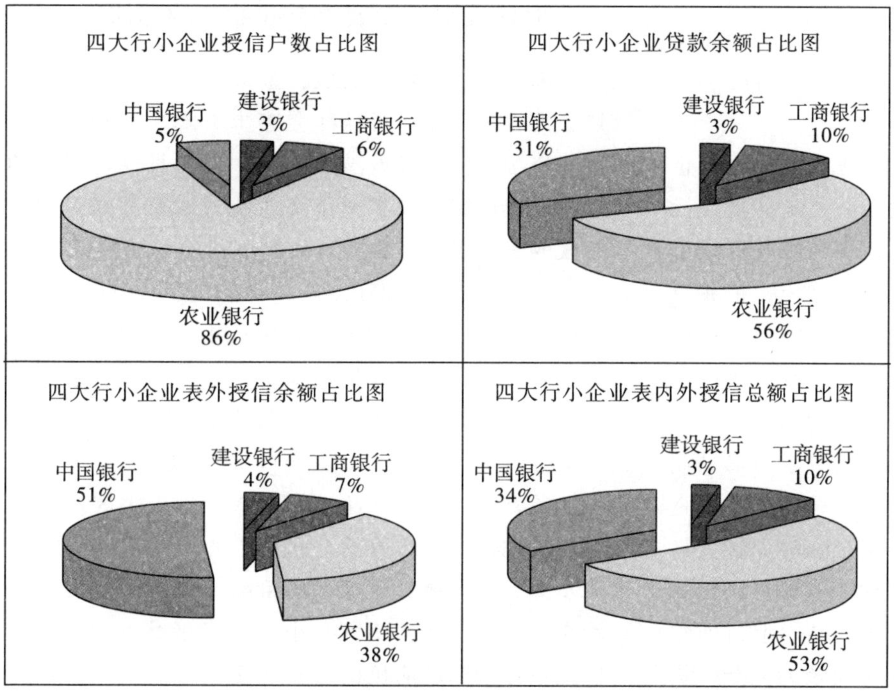

图1 四大行小企业业务市场占比图

制约建设银行小企业业务发展的主要原因有以下几方面：

第一，现行的经营模式与小企业业务发展要求不相适应。一是以“面”为主的粗放经营方式与发展小企业业务的矛盾。建设银行虽然制定了对公客户规模的确定办法，并针对小企业的经营出台了相关的政策和办法，但这种把小企业客户看做一个整体的“一刀切”方法，不适合小企业数量众多、差异性大的特点，在实际操作中缺乏适应性和弹性，不能满足当前市场小企业客户的需求。二是以“点”为主的经营模式与发展小企业业务的矛盾。建设银行目前采取以单个小企业为主，逐个小企业突破的经营方式。这种模式不仅经营成本高、会影响小企业的发展速度，而且把单个小企业与其所在的群体隔开，加大了对小企业风险控制的难度。三是以“产品”、“业务”为中心而非以“客户”为中心的管理模式，影响小企业业务的持续发展。在实际经营中，各级经营层都更关注小企业贷款量的增长和“速贷通”、“成长之路”两类产品的营销情况，总行在对一级分行的考核体系中也以小企业贷款增加额为主要考核指标。在这种模式下，客户经理只是忙于为产品找到买主，而忽视了小客户潜在价值的挖掘和培育，致使在实际经营中不能实现贷款与其他产品和业务的捆绑、交叉营销，贷后管理也跟不上，既放大了风险，也影响了小企业的整体效益贡献。

第二，现行组织制度安排与小企业业务发展战略不相适应。目前建设银行采取在总分行两级公司业务部内设小企业中心的办法只能是一种过渡的方式，难以从根本上解决小企业业务发展的组织保障问题。多年来，建设银行在奠定经营大型客户优势的同时，也形成在客户选择上“求大”的惯性。有大客户也有优质小客户的分支行，往往会将小企业业务作为整体公司业务发展的“调解池”，作为大型公司客户发展的补充或附属物，当大项目或大客户营销成功、贷款投放计划目标完成时，就会放弃对小客户的营销；在缺乏优质大客户或计划目标未完成时，才会在发展小企业业务方面表现出积极的态度。在这种组织和制度安排下，公司业务部门和一级、二级分行很容易为追求短期利益，在人力资源、财务资源配置上仍倾向于追求大企业、大项目，挤压小企业业务的发展。

第三，相关业务流程与小企业特点不相适合。一是信贷审批门槛高。现行信用评级、贷款审批标准主要针对大客户，企业资本规模、实力、业务规模、担保资产是考察的主要因素，而这些方面往往都是小企业的劣势，小企业难以满足审批要求。二是业务办理时间长，手续繁杂。小企业贷款多用于资金临时周转，具有很强的时效性，需要在较短的时间内获得资金周转。但目前建设银行的业务流程较为复杂，贷款办理手续繁杂、时间长。三是为防范风险，多数产品都需要借款企业提供足够的保证金和抵押物，而小企业往往难以提供。

第四，产品创新不能满足小企业客户多样化的需求。建设银行目前在全国推出的只有“速贷通”和“成长之路”两类产品，仅出于满足小企业融资需求的考虑，没有对小型企业进一步细分；没有针对小型企业的系列产品，小型企业的特定需求被严重忽视。与工商银行等小企业业务发展较快的银行相比，建设银行产品创新还有相当长的路要走。

第五，缺乏支撑小企业业务发展的相应配套机制。如不能对小企业业务单独核算，缺乏支持小企业业务的会计、统计信息管理系统，大量的数据统计分析仍需手工完成，不能及时对业务考核、资源配置和决策提供依据；对优质小企业客户的识别和挖掘能力还比较差；没有针对小型企业的信用风险流程和模式，风险控制能力还比较差；不能及时将小型企业发展较好地区的一些产品、经验和方法进行总结推广；产品的定价能力不强，市场适应性较差；专门针对小企业业务发展的资源配置机制、激励机制还未完全建立等。

三、对建设银行发展小企业业务的建议

随着资本市场的发展，金融体制改革和金融“脱媒”进程加快，大客户对银行贡献度会逐步下降，盈利空间收窄，而小企业客户资源丰富、发展潜力巨大，在中长期对银行的贡献度会逐步上升。建设银行要实现小企业业务发展战略及目标，不但需要超常规的发展思路，更要有切实可行的变革措施。

（一）统筹处理好三大关系，从经营模式上确保小企业业务持续健康发展。一是统筹大、中、小客户关系，采取大、中、小客户相互促进、协调发展的策略。总行应加大对大、中、小客户的发展和结构调整力度，采取分大、中、小客户下达发展指标，适当对分行进行约束，促使全行加大对成长性好、发展潜力大的小企业的营销力度，并通过保持大、中、小客户结构的相对平衡和科学配比来维持自身的“生态平衡”。二是统筹区域间关系，采取分步骤、分区域梯度推动的策略。我国地域经济发展不平衡，各地小企业成长环境不同，小企业发展状况也大不相同。建设银行应根据社会和政府机构公布的全国小企业发展信息以及行内各分行小企业经营情况，设计一套评价体系，对一级分行采取分类管理、区别对待、梯度推进的政策。选择经济环境良好，地方政策、法律法规健全配套，小企业市场发育较好，小企业客户资源丰富，还贷意识和信用较好地区重点推进，逐步推开，动态管理。对重点推进分行，在资源配置、业务授权、产品创新及相关政策上给予倾斜，使其探索积累经验和提高业务管理能力，之后可采取梯度推进的方式在其他分行推开。三是统筹总分行之间的关系，采取分工协作，共同推动的策略。虽然总行针对小企业客户特点，采取经营重心下移的策略，并明确了总行、分行在小企业业务发展中的职责，但还要加强总行、分行之间的联系，总行要充分发挥行际间的传递作用，牵头组织管理全国的小企业业务人才培训，在全国推广已经成形的模式经验和产品，以推动全行小企业业务的快速发展。

（二）构建相对独立的组织和流程架构，为小企业业务发展搭建平台。单独设立一支专门的小企业融资营销队伍，与大企业、大项目的营销队伍彻底分开。从制度上明确，在市场拓展上实行大、小企业分开，在风险防范和控制上实行前、后台分离，严格岗位职责，这是广泛、深入地开办小企业融资业务的基础条件和保证。因此，大力拓展小企业融资业务，必须尽快地在全行构建独立的组织机构，可以考虑分步进行的方式。首先必须尽快地在

总行层面设立小企业部，发挥总行牵头推动、组织协调作用；同时在小企业业务重点推进的一级、二级分行内设小企业部，配备小企业业务经营的专职人员，并结合小企业客户需求的“短、频、快”特点，优化业务流程。通过几年的探索发展逐步在全行建立独立的小企业业务单元体系。

（三）完善三大机制，为小企业业务发展提供保障。一是构建相对独立的核算机制。发展小企业客户，关键在于价值增长，而不是业务数量的增长。要促进小企业业务的发展，就需要建立一个全面科学的核算机制，来评价小企业客户的优劣和利润贡献度的高低。首先在银行内部要做到分账，加强能够衡量账户业绩和盈利能力的利润报告系统、财务分析系统等管理信息系统建设；同时，还要加强和完善内部资金转移定价系统建设，以便能够恰当衡量不同机构、不同部门、不同个人（产品经理和关系经理）对发展小企业客户的利润贡献。二是构建资源配置机制。在人力资源配置方面，应进一步推行定岗、定编、定标准，以此推动小企业客户和服务规范建设。在科技系统资源配置方面，要在全面规划的基础上，适度倾斜，优先开发，为发展小企业客户奠定良好的技术平台；同时，在资本资源配置方面要适度向发展小企业业务倾斜。三是构建有效率的激励机制。从事小企业业务要比做大企业、大项目难度大得多。对从事小企业业务的人员，主要应从业务总量、业务收益额、操作过程质量等方面来评价和激励。必须改变传统的、数量型的、适合于大企业客户业务发展的业绩考评机制，重构激励约束机制。在评价考核指标体系中适当增加发展小企业客户的评价考核指标，并逐步提高其考核权重和分值；要综合考核分支机构和客户经理发展小企业客户的整体回报和利润贡献，建立业绩考核的“缓冲时间”。

（四）加快学习创新，提高五项能力。一是提高对优质小客户的识别和挖掘能力。要宽视野、多角度地挖掘小企业客户群体，主要从产业链、商业生态链、高科技园区的企业孵化器、行业的隐形冠军中发现和培育小企业客户，如汽车产业链中优质的上下游小企业客户、在沃尔玛的供应链条中的小企业客户。同时要充分利用信息通道，如从《福布斯》杂志、经济金融信息网络和中国网站分别发布的潜力100——持续创新的小企业和成长最快的小企业中去寻找目标。要重点关注列入全国、省、市民营企业百强名单的小企业、纳税排名、进出口排名进入百强及自营出口优秀的小企业。应根据小企业的特点，在风险识别、融资需求、服务模式等方面积极探索其规律，进一步地总结、完善、细化小企业的信用评级办法，增强对优质小企业的挖掘能力。

二是提高产品创新能力。一方面根据大多数小客户把融资需求作为第一需求的情况，尽快地对“速贷通”和“成长之路”进行调查分析，从担保方式、定价、流程等多方面进行再创新，形成以“速贷通”和“成长之路”为主的系列化融资产品；另一方面要研究推出符合小企业理财、结算、现金管理需求的系列化产品，最终形成能够覆盖大多数优质客户需求、以品牌产品为龙头的产品体系。

三是提高综合营销能力。以信贷产品为龙头，强化捆绑营销、交叉营销，引导、开发小企业客户的潜在需求。全面营销公司金融、个人金融、中间业务等各项产品，将传统的存贷款业务与现金管理、电子银行等业务相结合，通过交叉营销深度挖掘综合服务收益，实现收益最大化。建立多元化的服务渠道，建立专门针对小企业版的网上企业银行，提供24小时营业、操作方便、安全运行的服务功能；开发专门针对小企业客户的智能电话银行，提供咨询、交易和理财服务功能；研发专门针对小企业客户的传真银行，提供汇款、交易等远程服务功能。同时加强与经贸委、银行协会、小企业集中的园区管委会、信用评级公司、信用担保公司、保险公司等的沟通与合作，建立完善小企业业务的日常工作联系机制，采取“机构联合、信息共享”的方式来发展小企业金融业务。要专门组织力量研究和探寻小企业业务的发展规律，根据小企业集群化的趋势，对小企业依照一定的标准细分成各个群体，根据不同群体的特征，分别研究制定产品组合、营销方案、风险控制和定价策略，再采取批量挖掘、营销的方式，以标准化的服务流程和产品去抢占市场。

四是提高风险控制能力。要根据产业政策和行业经营状况及发展趋势，选择有市场、有效益、讲信用、产权清晰、发展潜力大、竞争能力强的绩优小企业作为支持重点，逐步建立起符合小企业特点的评价体系和准入标准。建立健全全方位了解小企业客户的信息机制，从总、分、支行三个不同层面，加强贷后管理。支行层面必须尽可能详细地了解目标客户群体，重点了解经营管理者的基本素质、文化背景、经营理念、业余爱好等，并将其作为信贷审查的重要内容。在分行层面应该侧重于把握所在区域小企业客户的总体经营情况，防范区域经济风险。在总行层面主要应该从行业的角度，把握好总体贷款投向与行业组合风险问题。

五是提高产品的定价能力。总行颁布全行相对统一的定价参数和小企业贷款利率表，应侧重在方法论上提供指导，而允许分行有相对的灵活性，比如可以给分行根据自身特殊情况对参数进行一定调整的权限。同时，要探讨根据各类客户群对价格的敏感性来制定价格。

商业银行价值链优化及利润区选择

北京市分行　王新立

价值链是一系列将组织运作和客户需求连接起来的价值活动。广义的价值链包括内部价值链、由内而外延伸的纵向价值链、横向价值链三部分。狭义的价值链主要指内部价值链。在经济全球化和金融自由化的大背景下，我国商业银行，尤其是已健全内控机制并股改上市的国有商业银行，必须思索，如何找到一种更为有效的战略规划方法为其长期的利润增长创造组织、资源和时间保证，而不是将资源低效率地消耗于同质化的恶性市场竞争。从借鉴和发展的角度，构建区别于竞争对手的价值链及战略价值环节（利润区），取得差异优势，同时控制实现差异经营的成本，将差异性转化为显著的盈利能力，是国内商业银行取得未来竞争优势的关键。本文研究的范畴将围绕银行整体价值链优化、银行产品价值链优化及利润区选择三部分内容，逐步深入展开探讨。

一、国内商业银行内部整体价值链分析

美国哈佛大学著名战略管理学家迈克尔·波特的价值链理论认为：企业的每项生产经营活动都可以创造价值，这些相互关联的活动便构成了创造价值的一个动态过程，即价值链。价值链也可以说是从货币和价值的角度反映的作业链。商业银行与工商企业一样，既有供应商（如存款者），也有买者（贷款者和其他信用产品购买者），所不同的只是供应和购买的产品特殊——货币信用产品。商业银行价值链是从货币供给者开始的，经过商业银行，直到货币需求者（买主）的一系列实现价值增值的作业环节和运作流程。

根据价值链理论，企业任何一种价值活动都是经营歧异性的一个潜在来源。整体价值链构建更是一个复杂的工程。国内商业银行整体价值链优化方法是——只需要控制那些具有战略意义、创造利润多的环节，并在这些环节上保持竞争优势，而把其他相对次要的、创利不多的环节分包出去，尽量利用外部资源来降低成本。此外，对于银行已付出相当高的成本建立的优势环节，也可以采用与横向关联伙伴合作的方式提高对其已有能力的利用效率。如利用银行已有的分营与营销网络来代销保险、代售基金等，从而增加中间收入。

银行的核心价值活动主要包括银行营业部门的交易处理、风险管理、客户服务、分销与营销；辅助价值活动则指在银行后台，为一线员工提供全面服务的支持性活动，主要包括企业基础设施、人力资源管理和技术、产品开发活动等。银行的这些核心价值活动及其战略定位就构成了整体价值链的潜在优势来源（见表1、图1和图2）。

表1　　商业银行核心价值活动的战略定位

商业银行核心价值活动		战略定位	整体价值链的潜在优势来源
辅助活动	商业银行基础设施	外包战略	便利的地理位置，强大的战略规划和控制能力。
	人力资源管理	外包战略	良好的人员招聘、培训和薪酬制度，稳定的工作人员政策、吸引优秀科研人员的方案等。
	技术与产品开发	业务集中战略	出色的技术支持系统、适用的产品设计能力等。
基本活动	交易处理	业务集中战略	迅速的信息处理系统。
	风险管理	业务集中战略	有效的风险管理。
	客户服务	并购/合作战略	可靠、响应快速、到位的服务。
	分销与营销	并购/合作战略	与政府和企业久而良好的关系、多种营销方式和销售渠道、遍布全国（省）的销售网络等。

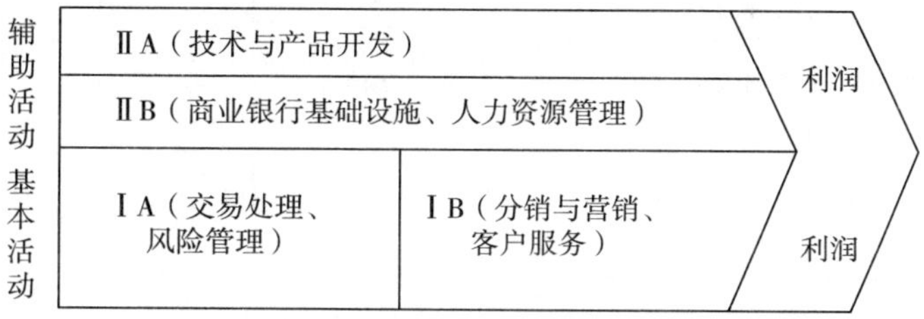

图1　商业银行整体价值链优化模式

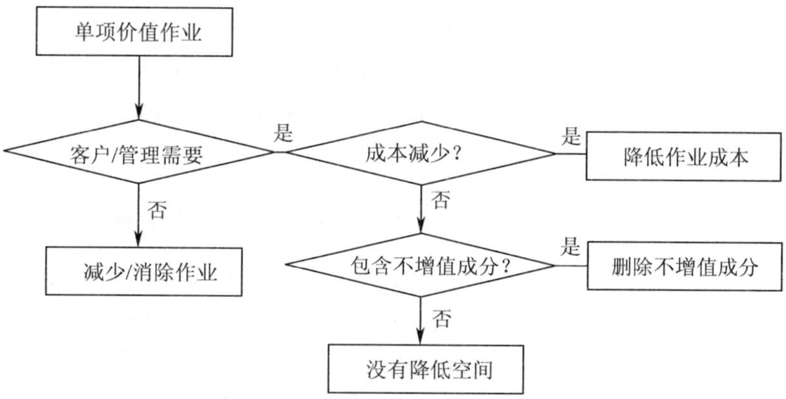

图2　单项价值作业分析

通过对银行业务的战略定位进行业务分解及整合，初步构建了国内商业银行整体价值链优化模式（见图1），其核心业务领域更明确，组织运行机制也更能适应未来金融领域复杂的竞争格局，主要优点表现为：（1）内部服务外包，大幅降低资源内耗；（2）在生产作业和技术开发环节上，鼓励由下至上的金融创新能力；（3）精简后台管理，仅保留标准化的风险管理和交易处理，有助于实现低成本和高效率的运营机制；（4）分解低附加值的市场销售和服务环节，非银行金融机构缔结战略联盟，有助于实现低成本市场扩张。

二、国外银行产品价值链优化研究

以花旗银行个人零售产品为例。花旗银行发展零售业务，可以追溯到20世纪20年代设立的个人贷款部，当时，花旗银行就已看到个人零售业务的重要性。在1975年至1985年的国际金融市场上，批发市场业务和个人零售业务有分开的趋势，即很多银行放弃了零售业务，而去做批发市场业务。因为零售业务即使做了一百笔、一千笔，利润都很小，但是若到国际市场上，完成一笔批发业务，带来的利润可能是零售市场的几倍甚至几十倍。1975年，花旗银行作出一个历史性的重大决策：将零售业务与批发业务分设，各自独立核算，大力发展零售业务。独立分出的零售业务在经营初期相当艰难，1975年该行的零售业务只在11个国家的500个分支机构开展，仅100亿美元资产，200万客户，利润为零。

由于零售业务单笔利润低，业务量大、管理成本相对较高，花旗银行在20世纪70年代中期开始重新定位零售业务价值链，花旗银行零售业务价值链包含5个价值作业环节，即客户提交申请、业务员调查、专业评审委员会审核、复核、发放贷款（见表2）。而其中，业务员调查、专业评审委员会审核、复核被认同为增值，是风险管理所需要的作业环节，问题是如何消除或减少此类因内部管理需要但包含不增值作业成分的环节。

表2　　花旗银行零售业务价值作业分析（价值链优化前）

序号	作业	客户需要/管理需要	增值/不增值	是否包含不增值作业成分	是否能降低成本
1	客户提交申请	客户需要	增值	否	否
2	业务员调查	管理需要	增值	是	是
3	专业评审委员会审核	管理需要	增值	是	是
4	复核	管理需要	增值	是	是
5	发放贷款	客户需要	增值	否	否

花旗银行用了三年时间重新设计程序，以优化零售业务价值链，利用人工智能标准化传统的信用交易，只要输入客户信息，电脑就会自动给出该客户的信用评分，显示出客户的贷款标准和报酬率。由此，以往需要业务员、审核员、复核员等至少三人的一项个人贷款业务，现在只需要一个业务员借助标准化的电脑程序就能完成，而其对应的三项价值作业（调查、审核和复核）也合并为一项标准化价值作业，即标准化信用评估（见表3、图3）。银行为此节约了三分之二的人力资源，客户办理业务的时间也大大缩短了。

实践证明，价值链优化从战略意义上促进花旗银行零售业务的长远发展：1995年，花旗银行零售业务已扩展到22个国家、资产1 500亿美元、客户300万个，分支机构1 000家，利润达20亿美元；2000年，其零售业务已在41个国家通过1 200个机构为2 000万个账户服务，零售业务收入占总收入60%左右；近几年，零售业务仍以每年20%的速度发展，是该银行业务增长最快的领域。

三、商业银行产品价值链优化及利润区选择

如果银行产品价值链中的某个作业环节对客户的需求有重要贡献，而且银行又能利用内部资源把这些作业以合理的成本完成，那么银行完全可以依靠自己的人、财、物资源来建立竞争优势。利润区指的正是价值链上的一个或几个对于“实现客户价值最大化从而最终实现长期利润增长”影响最大的战略价值活动。因此，利润区选择是商业银行产品价值链优化的最终内部目标，其目的是在价值链的关键环节上获得重要的核心竞争力，以形成和巩固行业内的竞争优势。

表3　　花旗银行零售业务价值作业分析（价值链优化后）

序号	作业	客户需要/管理需要	增值/不增值	是否包含不增值作业成分	是否能降低成本
1	客户提交申请	客户需要	增值	否	否
2	业务员标准评估	管理需要	增值	否	否
3	发放贷款	客户需要	增值	否	否

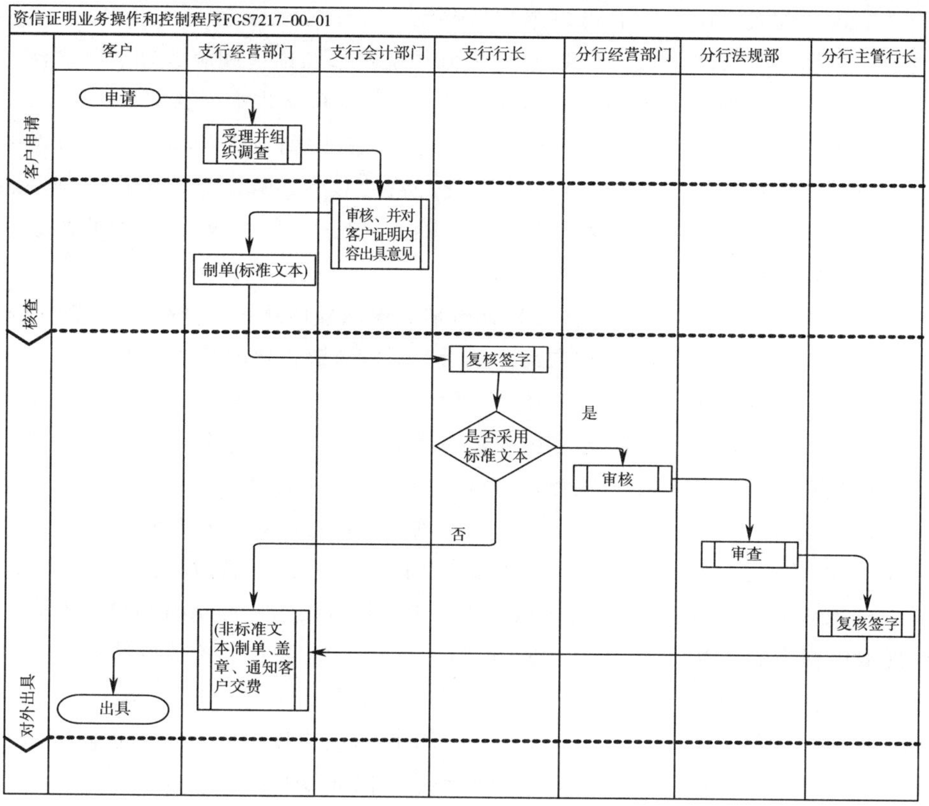

图 3 资信证明业务操作和控制程序

1. 以客户价值最大化为外部目标

在传统的产品经济时代，一个典型的消费品客户可能会在各个品牌之间进行比较和选择，更换次数较为频繁，所以企业战略的重点几乎都放在产品生产商。而在当今以客户为导向的市场环境中，客户价值的最大化直接涉及企业能否拥有一个长期客户群，为其长期利润增长赢得稳定的市场份额。

2. 以选择利润区为内部目标

利润区作为价值链上的特定价值活动区间，有以下三个特点：(1) 存在性。利润区的存在性是指在企业价值链上一定有某一个价值区域是对企业长期利润增长影响最大的。(2) 控制性。利润区的控制性是指企业价值链上的利润区一定是对于企业未来整体的发展具有控制性，否则企业的长期利润增长无法得到实现。(3) 动态性。利润区的动态性是指所研究的利润区应当是随着外部市场环境和客户需求的变化而进行动态调整的。

3. 以客户价值转化系数为重要工具

价值链优化的主要内容是计算每一种价值活动的成本分摊值，然后进行比较：哪种价值活动的成本应该最大，哪种应该最小，哪种可以改变，改变幅度是多少，进而协调各个价值活动的成本投入关系。

四、国内商业银行价值链优化

伴随经济全球化和金融自由化的趋势，近年我国商业银行面临多重竞争压力：新兴证券市场以及保险、信托等各类非银行金融机构以其自身特有的优势挤出并替代部分银行业务；外资银行客户利用其先进的管理技术和国际化经验不断挖掘国内高端客户；尤为重要的是，国内商业银行的金融产品和服务差异化正日益减小，同质化竞争最终演变成价格战，导致银行服务几乎成了买方市场。国内商业银行必须思索，如何找到一种更为有效的战略规划方法为其长期的利润增长创造组织、资源和时间保证，而不是将资源低效率地消耗于盲目的市场份额争夺中。根据价值链理论，商业银行的效率或者竞争优势应来自于价值活动的有效组合，关键是如何设计一个能合理配置资源的价值链优化系统，这个系统既能涵盖所有的银行核心业务，又能有效地识别、揭示哪些是增值作业，哪些是非增值的浪费资源的作业，从而使资源更合理化地向战略价值环节进行配置。而价值链上的一个或几个对于实现客户价值最大化而最终实现长期利润增长的影响最大的战略价值环节，正是本文所研究的利润区。

在借鉴国外先进银行同业价值链管理的基础上，本文系统地从整体价值链、产品价值链和利润区选择三个层面，深入探讨了国内商业银行内部整体价值链和产品价值链优化的原则、方法和策略，并初步构建了银行产品价值链与利润区选择的数量模型。本文主要结论及建议如下：

（一）剖析国内商业银行整体价值链的主要缺陷，提出基于战略导向的整体价值链优化模式

根据价值链分析方法，指出国内商业银行内部整体价值链的三个主要缺陷：

1. 非核心及低价值的后台支持业务占据了大量内部资源；

2. 基于内部管理原则设置的组织运行机制无法发挥价值链协同效应；

3. 金融创新被长期抑制，缺乏价值创造的驱动力。

借鉴国际先进银行业价值链管理的经验，以边际收益率（MRR）和屏障点控制度（Choke Point Holdings，CPH）重新规划国内商业银行业务核心区域，运用基于战略为导向的整体价值链优化方法，构建国内银行内部整体价值链的优化模式，该模式可概述为：

1. 内部服务外包，以大幅降低资源内耗；

2. 在技术和产品开发环节上，鼓励由下至上的金融创新能力；

3. 精简后台管理，仅保留标准化的风险管理和交易处理，维持低成本和高效率的运行机制；

4. 分解低附加值的市场销售和服务环节，广泛与非银行金融机构缔结战略联盟，以实现低成本市场扩张。

整体价值链优化是我国商业银行适应未来金融领域复杂的竞争格局和国际化经营的必然趋势，其根本目的是剔除非增值或低附加值的业务，确立与长期发展战略相匹配的核心业务区域和内部运行机制。

（二）比较研究国内外商业银行产品价值链的结构和特点，提出国内商业银行产品价值链优化的合理建议

阐述产品价值链优化的基本思路及具体操作步骤，以实例形式对国内外银行产品价值链进行比较分析，重点研究花旗银行零售业务价值链优化途径，并通过国内商业银行低风险产品价值作业分析，解析国内商业银行产品价值链现存的弊端：

1. 价值链结构冗长，产品运营效率低下；

2. 低效率的组织机构模式，加剧内部交易成本；

3. 重视内部管理，而忽视产品价值创造能力。

由此，探讨国内商业银行产品价值链优化的合理建议：

1. 产品价值链的长度应以响应客户需求时间最短为原则。因此，系统地对产品流程细分和进行标准化整合，是国内商业银行产品价值链优化的基本前提。产品流程标准化整合有两条基本原则：一是“模块化”，将各产品、渠道涉及的性质类似的业务进行集中，原则上将业务流程整理为相互联系的各个模块；二是“共同化”，例如用一套软件系统就可以开办众多同类产品业务。这既保证了商业运作的连贯性，同时还可以减少烦琐操作带来的效率损失。

2. 以客户为中心原则取代内部管理原则。市场或客户需要，是银行一切活动的目标和中心。但对于我国商业银行来讲，尤其是国有商业银行，传统的作业流程仍是以“内部便利”为原则，忽视客户的需求。我国国有商业银行前、后台人员的比例为1:4，这种人员倒挂现象必然使得直接面对客户的营销、服务及维护工作无法及时跟上。因此，国内银行产品价值链优化的首要原则是以客户为中心，即按照客户的需要和为客户提供最方便、最优质服务的思路重新设计产品价值链的各项作业环节，建立能以最快的速度响应和满足客户不断变化的需求的运营机制及相关作业环节，并大力压缩科层组织中的管理层级，缩短高层管理者与员工、客户之间的距离，以更好地获得客户的意见和需求，及时进行经营决策调整，提高客户满意度。

3. 以流程中心替代部门中心。产品价值链优化强调“组织为流程而定，而不是流程为组织而定”，必须打破以往“严密的劳动分工体系下，作业流程被分割成各项简单的任务，并根据任务组织各个职能管理部门，经理们将精力集中于本部门个别任务效率的提高上，而忽视银行的整体目标”的局面。尽管国内商业银行尤其是国有商业银行做了很多改革，但往往热衷于权力和资源的再分配，部门设计和部门职责的划分不是科学论证的结果，而往往是权衡各种关系的结果，且各项服务作业流程是由各业务管理部门自行制定的，彼此间缺少衔接和协调，存在重复和冲突问题，这样的业务作业管理不仅给基层行带来具体实施的困难，而且明显是不方便客户的。因此，银行产品价值链优化应主张以流程中心替代部门中心，这必然要求先设计好银行各项产品作业流程后，将目前分拆的部门进行归并和整合，取消多余、重叠甚至起障碍作用的部门，再根据需要设置相应的职能部门。产品价值链优化实际上是基于客户价值最大化的流程创新过程，通过流程创新、员工之间的工作协调和灵活的组织机构来实现产品价值链的高效运作。

4. 从技术应用到技术革命。国内商业银行在集约化经营中对信息技术的利用多限于自动化，即把原来人做的工作交给机器，但整个工序和办事的方式少有改变，这固然加快了处理速度，提高了业务处理量和准确性，但只是对信息技术最低层的应用。目前国内商业银行的客户信息数据基本是零散的，没有系统化、规范化、标准化，更没有统一，难以对客户信息进行分析和研究，更谈不上对这些信息进行深层次加工和运用。价值链优化要求银行利用现代信息技术彻底翻新业务作业流程，要超越目前我国银行对信息技术应用主要限于初步的文字、数据、图表处理阶段，发挥其无限的潜力，如花旗银行用标准化信用程序取代业务员调查、审核和复核，创造出耳目一新的作业程序。因此，国内商业银行亟须通过现代信息技术全面革新其经营管理模式和业务作业流程，加快核心业务系统开发、建立数据库，彻底改变目前以内部业务处理和内部会计处理为核心的运营模式，建立起以客户为中心的业务运营模式，为客户关系管理提供技术支持。

（三）构建银行产品价值链优化和利润区选择的数量模型

综观国内现有的价值链研究，大多限于对制造生产企业的分析和应用，对服务业尤其是银行业，基本上仅是概念上探讨，深入量化的并不多。本文借鉴了原科尔尼管理咨询公司咨询顾问王成关于价值链管理工具的系统模块化方法，李应博对上海汽车集团股份有限公司提出的价值链优化建模方法，美国哈佛商学院的赫斯科特及萨塞等提出的“客户价值转换系数”的核心概念，将价值链和利润区的基本思想和数理分析方法导入银行服务业，以客户价值最大化为外部目标，以确立利润区为内部目标，应用模糊评价（专家、客户评分）和模糊线性规划方法，初步构建了商业银行产品价值链优化和利润区选择的数量模型，这是本文最重要的创新点。该模型为研究银行产品外部客户价值和内部资源约束两者间的联系提供了可行的量化方法，有助于国内商业银行全方位、系统地考察内部各项价值活动后，重新进行资源的优化配置，一方面消除或合并低附加值的价值作业活动，以降低内部成本，提高产品运营效率；另一方面集中资源锁定产品价值链的战略环节（即利润区），以实现客户与银行价值最大化，从而确立持续的核心竞争优势，赢得长期高额利润。

对加强经济资本预算管理的思考

湖北省分行　张　进

经济资本是指银行用于抵偿非预期损失的资本数量和借以获取回报的资本性资源占有数量，是目前国际先进商业银行较为普遍使用的管理参数。经济资本是从风险角度计算的银行资本应保有额，是银行用以衡量和防御非预期损失的一种虚拟资本；而经济资本预算管理则是综合经营计划管理的核心内容之一，也是综合经营计划体系的龙头和核心。

商业银行的资本管理分为总行层次的资本管理和对分行的资本管理。所谓总行层次的资本管理指总行对实际资本和监管资本的管理，涉及与外部投资者和监管者的关系，包括制订资本筹集方案，使资本满足业务发展需要，使资本充足率符合外部监管规定；制订股利分配方案，使投资回报满足投资者要求。对分行的资本管理主要是对经济资本的管理，即使分行风险资产的经济资本分配结果符合总行预算管理要求。本文侧重于对分行经济资本预算的管理。

一、对经济资本预算管理的认识

在现代商业银行监管框架下，资本决定了商业银行经营规模扩张能力、风险抵御能力和市场生存能力。2004 年，建设银行总行为适应重组改制的要求，在预算管理上全面推行经济资本预算管理，即以确定的年度经济资本增长率目标和经济资本回报目标为年度预算的逻辑起点，据此确定增量经济资本额度，将其作为一种重要的资源进行分配，以此约束风险资产增长规模和确定税后净经营利润目标，再安排年度业务计划和其他财务收支计划。经济资本预算管理强化了资本对风险的防御和约束能力及资本的最低回报要求，不仅具备事后计量的功能，更加突出了资源配置和有效抵御经营风险的功能，强化了经济资本在经营管理与资源配置体系中的核心地位。

一是强调经济资本对风险资产总量的约束作用。以前的计划编制是以业务计划为出发点，各分行和业务部门先确定全年的业务增长速度，进而确定全年的业务总规模，最后汇总测算出全行需要多少经济资本和财务资源。这种模式没有充分发挥资本对业务扩张的约束作用，分行和业务部门往往根据自己的业务发展愿望等因素确定业务扩张速度，而且在执行中往往超计划扩张，资本无法事先约束风险资产的扩张，结果是风险资产的扩张往往超出了资本的承受能力。以经济资本预算为核心的综合经营计划管理模式，则彻底改变了这种状况。它首先根据银行的资本数量和资本充足率要求确定全行的经济资本总额和当年经济资本增量，在此基础上，再测算出全行全年可扩张的风险资产数量，从而事先确定了全行业务可能增长的速度，业务扩张始终受到可增加资本额的约束。

二是强调对业务结构调整的引导作用。通过经济资本的计量，传导出一个明确的政策信号，鼓励什么，限制什么，一目了然。要在经济资本总量有限的情况下，使效益和业务获得较好的增长，就需要促进信贷资源的优化配置，压缩高风险的资产，大力发展不需分配经济资本的中间业务，以节约经济资本，引导业务结构、资产结构和收支结构的调整，实现商业银行业务结构以价值创造为核心的优化调整，降低资产风险。

三是强化资本回报对经营管理的约束。对各行来说，经济资本既是激励，也是约束；既有动力，也有压力。从上级行获得经济资本，一方面意味着本行获得了资产业务发展的空间，另一方面则要满足上级行分配给本行的经济资本回报要求，明确经济资本与经济资本回报的内在关联，引导财务资源向经济增加值贡献大的行流动，从而建立起以资本为核心的激励约束机制。

二、我行经济资本预算管理中存在的问题与原因分析

（一）经济资本预算管理中存在的问题

1. 经济资本对风险资产总量增长的约束作用没有充分体现。资本是决定商业银行业务规模扩张的关键。在不同时期，银行应依据所拥有的资本量和风险承受能力，根据国家宏观经济政策变化，制定不同的风险资产总量增长政策。2003 年，全国货币信贷增长过快，对此，国家适时调整宏观经济政策，减少货币信贷供应。建设银行总行也积极调整信贷政策，在制定出台一系列信贷准入、退出、审批新办法进行结构调整的同时，采用经济资本预算管理的方式对各分行的信贷资产总量增长进行适当控制。从全国建设银行情况看，成效比较明显。

2. 经济资本对业务结构调整的引导作用发挥不够。对经济资本实行预算管理的初衷之一，就是通过对经济资本的合理分配，引导资源向资本回报率高、资产损失率低的地区流动，鼓励发展有效益、有质量、有竞争力和长远发展能力的业务及占用经济资本少的业务，从而促进业务品种结构、区域结构和资产结构的调整，以增强我行的可持续发展能力，最终实现银行价值最大化。对此，我行通过经济增加值挂钩分配人力费用的方式，从财务资源配置政策予以支持，加强对业务结构调整的引导。

3. 经济资本对效益增长的支撑作用不明显。银行与传统企业不同的是，它的发展往往是通过资本金的扩大来增大规模进而提高效益。充足的资本是支撑效益增长的原动力，而效益的增长又为资本的增加提供可靠而稳定的来源。因此，对统一法人体制下

的一级分行来说，提高效益不仅是经济资本约束的要求，也是自身发展的需要。但一个时期以来，部分行在加快业务发展、加强市场拓展的压力下，在发放贷款时，过度运用利率下浮这一手段，而下浮贷款利率将影响全年利润率。经济资本作为一种非常稀缺的资源，在此情况下，并没有使银行价值最大化，对效益增长没有发挥应有的作用。根据我们了解的情况，即便在经济非常发达、大客户很多的北京和浙江，对客户贷款下浮利率的情况也是很少见的，往往只有极少数大客户能享此殊遇。

（二）经济资本预算管理中存在问题的原因分析

1. 对经济资本预算硬约束认识不够，理解上出现偏差。2002 年初步建立经济资本分配方法后，各行对经济资本有了一定的认识，但 2003 年底以前的经济资本管理主要是对风险资产经济资本的事后计量，不具备资源配置和预算管理的功能。2004 年，总行不再仅仅是计量经济资本，还将其作为一种资源进行分配，实行预算硬约束，并以此作为编制综合经营计划的起点，约束风险资产总量。但部分行对经济资本预算硬约束认识不够，理解上出现偏差，不是根据经济资本增量确定业务增长计划，而是根据自己的业务发展愿望确定业务扩张速度，倒算需要多少经济资本和财务资源。也有的行片面理解经济资本预算硬约束，把它同业务发展对立起来，认为要约束就不能发展，要发展就应该少一些约束。这可能导致两个比较极端的结果，要么经济资本预算约束软化，在实际执行过程中超计划扩张，资本无法事先约束风险资产的扩张，结果是风险资产的扩张往往超出了资本的承受能力；要么片面地看待风险、畏惧风险，因此，在开展业务时缩手缩脚，贻误发展良机。

2. 多重考核目标的存在，形成政策抵减效应。根据管理的需要，湖北省分行建立了多层次的绩效评价体系，包括不同的考核办法。为考核二级分（支）行的经营贡献和经营责任，区别不同内部等级设定不同的经营管理权限和管理者年薪，省分行制定了等级行考核办法；为考核二级分（支）行领导班子成员履职情况，衡量当年经营好坏，省分行制定了核心目标考核办法；为准确反映经营绩效和员工薪酬的内在关联，省分行制定了绩效考评与人力费用挂钩分配办法。这些具体的考核办法相互补充，促进了全行业务的发展。但在这些考核办法中，有个别指标与经济资本预算管理的要求不一致，主要是生息资产总额指标。在等级行评定中，资产规模越大，得分越高。由于评定结果关系到分支行领导的年薪和授权，同时基于维护客户关系的需要，各行扩张生息资产、发放贷款的冲动很强烈，通过多放贷款增加生息资产总量，稀释不良贷款率和资产损失率，提升考核排名，从而弱化了经济资本对风险资产总量的约束，与经济资本的预算管理形成对冲效应。

3. 片面强调业务发展，对风险和效益关注不足。不少行还认为，只要业务发展了，规模增大了，效益就会增加。实际情况是什么样，可以算一笔账。假定发放一笔 1～3 年期的贷款 1 亿元，利率不下浮，为法定利率 5.49%，100% 收息，可实现利息收入 549 万元，减去 5.6% 的营业税金及附加 31 万元，机会成本 315 万元，可实现营业利润 203 万元；再减去 0.05% 的内部管理费、1% 的呆账准备金和应交所得税，可实现税后净利润 66 万元；3 年贷款期限内可累计实现税后净利润 332 万元，实现经济增加值 92 万元。如果利率下浮 5%，在 3 年贷款期限内，累计实现税后净利润 278 万元，实现经济增加值 38 万元。如果利率下浮 10%，在 3 年贷款期限内，累计实现税后净利润 227 万元，实现经济增加值 －13 万元。通过算账可以发现，即使降息，发放贷款也总是可以增加利润的，但一旦考虑了风险因素，就要区别对待了。但在实际工作中，部分行片面强调业务发展多，较少考虑资本成本和风险，对能真正体现效益的价值指标关注不足。通过降息等手段虽然使业务增长了，但并没有带来银行价值的增长，使得少数业务增量不增收（增加业务量但不增加收入）、增收不增利（增加收入不增加利润）、增利不增值（增加利润但不增加价值）。

三、加强经济资本预算管理的对策思路

（一）树立科学的发展观，提高对经济资本预算管理的认识

一是经济资本预算管理体现了科学发展观的要求，它要求我们准确把握规模与价值创造、风险与业务发展的关系。规模和速度是衡量银行发展的重要指标，但并不是越大越好，越快越好，如果管理水平跟不上，风险的积聚超过了自身的承受能力，结果

可能“欲速则不达”。实行经济资本预算管理是落实科学发展观的重要手段，它通过对风险的约束，控制规模和速度，以追求银行价值最大化为目标，从而实现规模、速度、风险和效益的有机协调，全面发展。

二是将经济资本作为一种稀缺资源进行预算管理，是建设银行管理机制改革的重大突破。目前，总行也将信用风险经济资本作为一项指令性指标进行管理，我们必须按照科学发展观的要求，从思想上高度重视，从行动上认真落实。加强经济资本预算管理，就是要以经济资本可增加额统领业务发展，算好效益账，搞好结构调整，把风险资产控制在与经济资本相适应的恰当比例范围内，把风险控制在可以承受的范围内，强化经济资本预算硬约束。

（二）科学谋划，合理安排经济资本预算

以银行价值最大化为目标，实行经济资本预算管理，其内涵十分丰富。实施经济资本预算管理，既融入了价值、价值创造、经济资本、经济资本回报等先进理念，又有科学的管理流程和操作方式，包括了经济资本预算编制、调整、监控、考核等过程。因此，制定一个科学合理的经济资本预算，是成功推行经济资本预算管理的重要前提。

一是要准确把握和测度风险，确定合理的经济资本总量。经济资本总量的确定要充分考虑资本充足率的要求和资本积累与筹集计划，要防止因经济资本总量偏低而约束业务发展，同时也要防止为满足加快业务发展的需要而放松对风险的控制，使风险超过资本的承受能力。

二是要逐步完善经济资本预算分配方法。2004 年，总行采用增量配置法分配经济资本额度，以各行的资本回报水平和资产质量作为主要依据，这是两个影响资本非常重要的指标，抓住了问题的主要矛盾。但增量配置法对各行存量业务结构调整指向不如经济资本计量清晰，联动效应不明显。在现阶段采用系数法计量经济资本时，可采取总量配置法分配经济资本额度，与经济资本计量保持相互呼应的关系，加大业务结构调整的力度。

三是要逐步完善经济资本的计量方法。总行经济资本的计量采用的是系数法。根据《巴塞尔新资本协议》的规定，非预期损失应采用内部评级法进行评价，对债项逐笔计算风险，但目前还不具备这种信息基础和认知基础。湖北省分行风险评价预警系统是按照内部评级法要求设计的，但目前仅处于初级内部评级法初期推广阶段，有效数据积累、数据准确性检验及全行对该系统设计原理及生成信息的接受程度还不够，因此还不具备从系数法过渡到直接采用系统数据的条件。采用系数法计量经济资本需求虽然不是最先进的办法，但适用于分行现状，并保持了与现行办法的衔接，因而是现阶段较可行的方法。从趋势看，在风险评级预警系统的数据积累已经能够使用，对风险资产的非预期损失能够准确计量的情况下，对信用风险经济资本的计量将会逐渐由系数法过渡到直接采用风险系统中风险资产的非预期损失数据。

（三）围绕价值目标，实施业务结构调整

经济资本预算管理的核心是对风险和效益的双重约束，银行开展经营活动，是必然要承担风险的，关键是要看承担风险所带来的效益增长能否抵偿承担风险所带来的损失，能否给银行创造价值。各行要按照价值管理的要求，围绕银行价值最大化目标，对现有业务进行全面梳理，在全面考察、充分估计风险因素后，全面算账，看看哪些业务是可以给银行带来价值的，哪些业务是不能增加银行价值的，哪些业务是会毁损银行价值的，进一步明确业务发展的重点和方向，有进有退，有保有压，分别制定鼓励、维持和退出的政策措施，实施业务重组，不能因为眼前的一点存款、一点贷款而迷惑，要以能否创造价值作为基本的衡量标准。

一是要大力发展中间业务，调整业务结构。在省分行的收入来源中，中间业务收入占比低，与国际先进银行差距很大，而该项业务具有成本低、占用经济资本少、对资本的要求相对较低的特点。在建设银行资本稀缺、盈利能力还不是很高的情况下，要按照经济资本预算管理的要求，大力发展中间业务，促进业务结构的调整。同时，随着我国银行业与国际惯例的逐步接轨，很多原来不收费的业务开始收费，中间业务发展前景广阔，大有可为。

二是要保持中长期信贷业务发展特色，重点发展基建贷款、个人住房贷款等占用经济资本少、风险较小的信贷业务，适当控制流动性贷款和房地产开发贷款，调整贷款结构。

（四）完善激励约束机制，形成政策协同效应

按照总行所确定的改革目标，在业绩评价方面要建立以经济增加值为核心的业绩评价体系。经过多年的改革探索，湖北省分行已基本形成了一套稳定且比较科学的业绩评价体系，核心目标考核、等级行评定、绩效考核三个办法互为补充，其中等级行评定和绩效考核主要以经济增加值为核心指标，充分体现了资本回报和风险约束要求，绩效考核更是直接将人力费用与经济增加值挂钩；核心目标考核以利润和业务指标为主，反映了当期工作情况。由于对新生事物的认知有一个过程，在当前各行对经济资本预算管理、经济增加值的认识还比较浅显的时候，省分行仍有必要保持三个考核指标互为补充的局面，但对具体的考核指标设置还是可以适当调整完善的，以形成政策合力。总行在进行2004年度等级行评定时，按照两种方法对一级分行等级进行排序，一种是按照《中国建设银行2004年等级行评定办法》规定的评价指标计分规则进行等级排序，作为内部等级行评定的依据；另一种是按照剔除资产规模指标后的指标计分进行等级排序，作为内部管理的参考。

关于提高资产保全业务对全行价值贡献的思考

总行资产保全部　张华清

在旧的会计核算制度下，资产保全工作的关注重点是不良资产物理量的变化，如余额、比率下降了多少。随着新《金融企业会计制度》的施行，不良资产的形态变化成为影响全行经营效益的重要因素，价值创造和提高贡献度成为资产保全工作的核心目标。

一、新《金融企业会计制度》实施后，资产保全业务对全行经营效益的影响分析

新的《金融企业会计制度》侧重会计计量和确认，会计核算突出谨慎性原则，对可能发生的各项资产损失足额计提减值准备。资产减值准备根据风险资产预期损失的变化情况在税前计提，作为风险成本在税前利润中扣减。减值准备来源于利润，预期损失越大，提取的准备就越多，直接抵扣当期利润就越多，从而创造的经济增加值就越少。如果预期损失大不仅发展谈不上，还会因减值准备的增加，蚕食业务规模扩张所带来的价值贡献。不良资产的“双降”（即降低不良资产额、降低不良资产率）并不一定意味着价值提升，关键是要改善不良资产结构，降低预期损失额。只有不良资产预期损失额的下降才会增加当期损益。

（一）不良资产形态变化对风险成本的影响

商业银行不良资产形态的变化直接影响着资产减值损失即风险成本和资本成本的大小，从而影响到经济增加值（EVA）的创造，因此，资产保全部门的经营业绩将直接影响到全行的利润和经济增加值；催收、盘活和处置存在损失（已计提损失准备）的存量不良资产，使不良贷款通过重组等升级，将直接减少当期应计提减值准备，增加当期效益，从而实现经济增加值的增加。

1. 现金回收不良资产。通过现金回收方式降低不良资产，则会相应减少当期应计提的减值准备总量，即降低了当期风险成本，从而增加当期利润，增加EVA；反之，因不良资产“冰棍现象”的存在，不良资产结构进一步恶化、预期损失加大，则会相应增加当期应计提的减值准备，即加大了当期风险成本，从而减少当期利润，减少EVA。若能实现不良资产的超值现金回收，则会直接回拨已计提的减值准备，增加当期利润，增加EVA；还有不良资产的催收利息回收，也会增加当期利润，从而增加EVA。

2. 非现金回收不良资产。如通过以物抵债的方式回收不良资产，则与该项不良资产对应的资产减值准备应转到抵债资产减值准备中。非现金回收不良资产是否改善了资产质量取决于对该项抵债资产减值准备的评估，如果应计提的减值准备小于对原不良

资产转入的减值准备，则增加当期损益；否则减少当期损益。如提高抵债资产、债转股资产等非信贷资产的处置变现率或回收率，直接回拨已计提的减值准备，则增加当期利润，从而增加EVA；反之，减少EVA。

3. 不良资产的盘活升级。通过将不良资产盘活、迁徙为正常类资产，或迁徙提升为上一风险级别，降低资产减值损失，则相应回拨已计提的减值准备或增加拨备总量，直接增加当期利润，从而增加EVA。

4. 资产核销对效益的影响。资产核销时冲销以往已计提形成的资产减值准备金（资产的备抵项目），不用成本科目核算，因此，不影响当期损益。核销虽然会降低不良资产余额，但实质上并没有改善资产质量，也没有改善拨备充足率。但现金回收损失类或已核销的呆账资产，则会直接回拨已计提的减值准备或增加减值准备，同样会增加当期利润和EVA。

同时，通过加强和延伸保全工作职能，提前识别并介入问题客户或问题资产的经营、盘活，避免造成更大损失从而提取大量拨备，最终避免经济增加值的减少。

（二）不良资产现金回收对经济增加值的边际贡献

以2005年上半年某分行不良资产现金回收为例，累计现金回收不良资产10亿元，其中现金回收催收利息2亿元，超值现金回收（即回拨已计提减值准备）1亿元。假设各项支出、成本因素不变，经济资本分配系数设为8%，经济资本期望回报率设为15%，剔除资产质量恶化而向下迁徙因素，那么可以估算第一季度不良资产现金回收所创造的边际贡献，即增加的经济增加值为：

Δ经济增加值 =（利息收入 - 资产减值损失）×（1 - 所得税率）- 经济资本×资本期望回报率 =（2 + 1）×（1 - 33%）-（- 10 × 8% × 15%）= 2.23（亿元）

综上所述，现金回收10亿元不良资产除可增加2.23亿元经济增加值外，还可获得以下直接或间接收益：第一，相当于150亿元企业活期存款全年所创造的经济增加值｛2.23/［（3.15% - 0.72%）×（1 - 33%）- 1% × 15%］｝。第二，大约相当于发放275亿元贷款全年所创造的经济增加值，按平均利差为3%进行匡算｛2.23/［3% ×（1 - 33%）- 8% × 15%］｝。第三，不良资产占用的资金，是无效占用，无法创造经济增加值。如按上存1年期定期资金利率3.15%计算，每年将由此减少经济增加值3 000万元。第四，资产质量高低与经济资本分配系数呈负相关，不良资产的压缩回收将带来经济资本占用的减少，在降低资本成本的同时，可以节约更多的经济资本用于发展盈利的业务。

二、围绕“价值最大化”目标，加快实现资产保全工作转型

（一）从以“不良资产为中心”向以“问题客户为中心”转变

现代商业银行经营理念的核心是客户，但在资产保全业务领域，往往仅从静态的资产形态角度来经营处置不良资产，而忽略对问题客户进行动态的专业化管理。实际上，不良贷款是表象，核心是客户出现了问题。树立“以问题客户为中心”的保全理念，要求商业银行关注的重点不仅是贷款的风险形态，更为重要的是借款客户的经营和财务状况，从源头上防止不良资产的产生或降低资产损失。解决问题贷款的关键是对问题客户进行专业化的经营管理，在不良贷款形成之前第一时间发现客户出现的风险，并迅速采取有效的保全盘活措施，可能使问题客户在一定时期内状况发生改善，进而保证贷款向好的方向发展。即使对于存量不良资产的催收处置，也要遵循“以客户为中心，以市场为导向”的原则，盘活处置方案的研究制订不能仅局限于对资产本身形态的判断和了解，而要建立在对问题客户的经营、管理、财务等信息进行充分挖掘和尽职调查的基础上，才能保证方案的科学化和最优化。

（二）从单纯追求不良资产“双降”向降低资产损失、提高现金回收转变

在过去的资产保全系统业务管理中，上级机构对下级机构主要采取计划驱动模式，即计划下达、工作指导和成果考核。这种体制比较简单直接，便于计量，但由于客户贷款是按账面价值移交，经营也是对不良资产账面金额进行回收处置，无法认定处置工作中所创造的效益和价值。虽然现金回收量很大，但既不考核资产损失率、资金成本和处置费用，也不考核盈利或亏损，很难

说是否实现了“终极回收价值最大化”。新《金融企业会计制度》施行后，不良资产形态的变化将直接影响银行的账面利润和经济增加值。因此，在不良资产总量明显减少的情况下，单纯的“双降”任务可能不再是衡量保全工作业绩的主要标准，取而代之的将是在保证合理的、符合监管要求的、不良资产率的前提下，降低不良资产损失额和损失率，加强对关注类贷款的细分和管理，防止次级类贷款和可疑类贷款质量的恶化和结构向下迁徙，加大向上盘活迁徙的工作力度，逐步实现资产保全管理模式由“计划驱动型”向“价值创造型”转变，实现不良资产回收价值最大化。

（三）从“小保全”向“大保全”转变

过去，由于不良资产存量庞大、历史包袱沉重，在人员和资源有限的情况下，保全业务范围往往只能局限在公司客户中损失率较大的可疑类贷款、损失类贷款，管理仅限于后半程，客观上因错过最佳清收处置时机，难以实现不良资产回收价值最大化。提高现金回收和减少风险损失将是今后保全工作的核心内容，充分发挥保全部门集中经营、专业处置不良资产的职能优势，前移资产保全关口，延伸资产保全职能，业务范围覆盖至“公司机构类和个人客户类”、“信贷类和非信贷类”等全口径不良资产，更便于建立区别化、专业化的催收处置体系和业务流程，统一处置政策和考核评价体系。

（四）从粗放式处置向精细化管理转变

实行精细化管理和运作是商业银行防范风险、实现价值最大化的必然选择。近年，在外部政策支持和自身努力下，全行不良资产总额和比率有了大幅度下降，但是，资产保全工作还存在着粗放经营的情况，不良资产处置手段和方法比较简单，风险管理和内控制度不够完善，尤其是缺乏标准化的、以定量分析为基础的、评估最有效的处置方法或方案。随着不良资产终极回收价值最大化目标的确立，资产保全业务必须扭转以往粗放式经营处置的方法和模式，加快建立以定量分析为基础的评估标准和决策规则，对不良资产按照风险级别、资产种类、紧急程度、经济效益、成功概率等因素制订催收、盘活和处置方案，并进行重要性、最优化排序。加强流程管理和再造，建立健全规章制度，规范业务操作程序，加快建立科技化、信息化和系统化的资产保全业务基础管理平台。通过专业化的运作方式、精细化的管理方法来降低不良资产的内在损失，提高终极回收价值。

（五）从传统保全手段向专业运作方式转变

过去，为了实现“双降”而加快处置，主要采取催收追讨、法律诉讼、以资抵债、呆账核销等传统手段，难以实现回收价值最大化的目标。从某种意义上说，不良资产实际是一种配置不合理的资源。要想提升不良资产处置回收的价值含量，必须加大金融创新，提升不良资产处置手段和方式的专业技术含量，更多依托债务重组、资产重组、招标拍卖、转让出售、资产证券化等市场化的处置手段，积极创新多样化的处置模式，包括不良资产处置的交易渠道、交易结构和交易机制的创新。

（六）从业务型向专家型的保全队伍转变

目前，建设银行已经初步形成了一支专业化的不良资产经营处置员工队伍，但队伍素质和专业技能与新体制、新目标的要求还有较大的差距。管理不良资产的员工既需要具备商业银行的业务经验，又要有资产处置、企业重组等投资银行的专业知识，还要懂得法律财务和企业的运作。因此，必须进一步加强保全队伍建设和专业催收处置技能方面的培训，增强不良资产市场化、专业化催收处置能力，不断提高资产处置的技术含量和知识含量。加快建立市场化的人力资源配置机制，可以根据不良资产项目处置的实际需要，实行行内外、部门间的人力资源共享，逐步锻炼和培养一支“专业型、专家型、技术型”的不良资产清收处置队伍。

三、以提高价值贡献为核心，稳步推进资产保全体制创新和机制转换

（一）建立高效独立的不良资产催收处置体系

不良资产处置是一种高风险业务，需要专门知识和技能。基于此，商业银行（特别是大型商业银行）需要建立高效的、独立的不良资产催收处置体系。它至少应具有以下几个特征：（1）组织机构的独立性，即应当设立独立的资产保全机构，在基层行不一定专设部门，但必须设立工作小组或岗位，专门负责不良资产的催收、经营和处置。保全人员应该独立于客户营销、信贷审批、

风险监管等职责，原则上不得兼职。(2) 处置流程的差异性，即根据对公、对私不良资产的特点，建立区别化的催收处置体系和业务流程。(3) 运作机制的商业化，即在现代商业银行体制下，为充分发挥市场机制在不良资产处置中的作用，资产保全部门可以作为相对独立的专业负责不良资产经营管理和提供资产处置服务的战略业务单元和利润贡献中心。业务单元制是一种高度市场化的组织模式，在实行过程中需要循序渐进，应本着“先易后难、先下后上”的原则，从业务垂直管理着手、从一级分行开始，分步实施。(4) 反应机制的及时性，即依托信息化管理手段建立及时识别、快速反应的风险预警和处置机制，保全部门根据客户的风险程度选择不同的介入方式：客户仍由原经办客户经理管理，但保全部门提供必要的支持；保全部门接管贷款管理，研究债务重组的可行性，客户联络及谈判工作由保全客户部门独立进行，也可连同原经办客户经理进行；将贷款直接转入保全部门，由保全人员专门负责催收处置。

（二）建立安全高效的问题资产处置审批决策机制

借鉴国际商业银行的最佳做法，不良贷款的期限重组应区别于正常信贷的审批机制，在审批标准和流程上保持相对独立，由专门负责审批问题贷款的人员审批；对于其他不良资产的清收、盘活和处置方案由不良资产部门自行分析判断和执行，但在部门内部应将方案审批和执行两种职能实行分离，以满足不良资产处置“独立性、安全性、高效性”的要求。为此，要加快建立资产保全业务授权等级评价制度，并在此基础上对分行实行差别化授权，进一步完善授权管理和风险控制机制，建立严密制衡的审批流程和权责对称的决策体系。加快建立不良资产处置的专家审批队伍，培养、选拔一批处置经验丰富、风险意识强、专业素质高、富有责任心的同志充实到专职审批岗位上来。

（三）建立以垂直管理为主的扁平化组织架构

在以层级管理为主的体制下，资产保全业务往往受到分支机构利润、责任、资源、领导人偏好等多种因素的共同制约。从提高效率和防范风险的角度出发，要按照由横向层级管理向纵向业务条线管理转变的改革方向，探索构建以业务单元制为基础的组织架构，逐步实现垂直管理。在加强一级分行资产保全机构建设的前提下，灵活建立多元化的不良资产催收处置网络（如外包等方式），根据不良资产余额和区域分布状况，可考虑在二级分行设置独立的保全机构，也可以设置跨区域的不良资产催收处置中心，或者由一级分行直接派出项目组，逐步建立资产保全业务的集中经营管理模式。首先，推行机构扁平化。根据剥离后不良资产的实际状况，资产保全部门应率先压缩管理层次，原则上只设总行和一级分行两级机构。其次，加大直接经营。将总行和一级分行的保全部门逐步改组为前台经营部门，由“管分行”转变为“管项目”，直接面对客户和市场，参与催收、处置不良资产。最后，实行垂直化管理。第一步实现向一级分行集中；第二步在条件成熟的前提下，逐步实现总行垂直管理。

（四）建立商业化的不良资产价值评估和内部移交机制

我国不良资产处置市场化程度较低，尚未形成统一的不良资产批发与交易市场。不良资产的价格发现机制缺失，是资产处置过程中极易产生道德风险的重要因素。在商业银行内部，要想进一步提高不良资产处置效率和效益，客观、合理地衡量和评价保全部门的经营业绩，需要着手研究不良资产的内在风险损失和价值评估模型，依托历史经验数据的积累和内部评级系统的支撑，参照市场同类交易价格，积极探索按照公平合理的内部转移价格解决不良资产的内部移交和成本分摊问题，逐步在公司业务单元、个人银行业务和资产保全业务单元之间形成商业化的不良资产移交、收购机制，有利于明晰不良资产的经营管理责任，合理分摊不良资产的减值损失，有效地促进内生的自我约束和监督机制的建立。

（五）建立以价值创造为导向的绩效评价体系和激励约束机制

在合理评估不良资产预期损失率或回收率的前提下，科学设置评价不良资产处置业绩的关键考核指标，逐步构建以增加现金回收、降低资产损失、提高价值贡献为导向的绩效管理体系，真实反映资产保全部门的实际经营成果和价值贡献。目前，设置资产保全部门关键业绩评价体系可以采取物理指标和价值指标并重的考核方式，包括不良资产降低额（剔除核销和当年新增部分）、不良资产现金回收额、不良资产超值现金回收额、不良资产向上盘活迁徙额等关键指标。在条件成熟时，资产保全部门可以改组为业务单元或利润中心，以效益指标和价值指标考核为主，逐步构建以经济增加值为核心指标的绩效评价体系。

借鉴国外商业银行的先进做法，对不良资产清收专家的激励主要来自奖金，业绩表现不同，奖金差距很大。过渡期内，可以尝试在保全系统内部引入市场竞争机制，探索建立以清收团队、项目小组等为对象的不良资产模拟招投标市场，承诺现金回收率最高和成本费用率最低者中标，并在此基础上，逐步建立和完善配套的“权责对称，风险自担，绩酬挂钩”的激励约束机制。

（六）建立良好的资源共享平台和内外协作机制

实现不良资产的加快处置和价值提升，需要一个积聚市场、人才、客户、信息等各种资源共享和交易协作的平台。首先，在银行内部，要加快研究开发以现代网络技术为支撑的不良贷款客户管理信息系统和资产处置流程管理系统，优化升级抵债资产管理信息系统，实现跨区域、跨系统、跨业务单元的信息共享，有利于提高多头授信客户、集团性客户、大型抵债资产和债转股资产项目的催收处置效果。其次，要充分借助和利用银行外部的专业服务资源，分类建立资产评估、法律服务、拍卖行、财务顾问、资产服务、投资者、行业专家、催收处置资源型人才和业务能手等中介服务资源库、客户资源库和人才资源库，建立相应的管理制度，提高资源利用效率，打造全方位、动态化的内外部催收、处置资源服务平台。最后，在加强与行内部门间协作的同时，还要与资产管理公司、国内外投资者、不良资产服务公司、产权交易中心、其他商业银行等机构建立长期稳定的协作关系，充分发挥合力优势，逐步建立一个有机的不良金融资产处置和交易的业务网络。

小额支付系统挑战传统观念和清算服务

贵州省分行　左亚琦

中国人民银行办公厅于2005年11月5日印发《小额支付系统业务处理办法（试行）》等三个办法，就如何运用小额支付系统进行了详细的规定。2005年11月28日，福建（含厦门）和天津正式上线运行小额支付系统，2006年6月末前完成小额支付系统在全国范围内推广应用，至此全国小额支付系统全面开通。

小额支付系统将提供低成本的跨行支付清算服务，特别是与老百姓生活息息相关的各种支付业务，包括为企事业单位发放工资，代收水、电、煤气等公用事业收费，税款缴纳，通存通兑等各种支付业务提供清算服务。每日日切之前的转账交易实时到账，全面实现银行间个人跨行转账业务。届时，客户可以选择任何一家协议银行作为代理行，办理跨行业务，跨银行通兑汇兑省去客户取现的麻烦，意味着今后客户买国债、买保险、买车、买房、还贷款不必存款“大搬家”。

一、小额支付系统功能

小额支付系统相对于大额支付系统具有业务种类多、业务量大、业务流程复杂的特点。它能提供以下跨行支付功能：

普通贷记业务、定期贷记业务、实时贷记业务、普通借记支付业务、定期借记支付业务、实时借记支付业务六大类十三项业务。银行业金融机构行内直接参与者之间的支付业务可以通过小额支付系统办理。

普通贷记支付业务，是付款行向收款行主动发起的付款业务，包括下列业务种类：汇兑、委托收款（划回）、托收承付（划回）、国库贷记汇划业务、网银贷记支付业务。

定期贷记支付业务，是付款行依据当事各方事先签订的协议，定期向指定收款行发起的批量付款业务，包括下列业务种类：代付工资业务、代付保险金、养老金业务。

实时贷记支付业务，是付款行接受付款人委托发起的、将确定款项实时贷记指定收款人账户的业务，包括下列业务种类：个人储蓄通存业务。

普通借记支付业务，是收款行向付款行主动发起的收款业务，包括下列业务种类：中国人民银行机构间的借记业务、国库借记汇划业务。

定期借记支付业务，是收款行依据当事各方事先签订的协议，定期向指定付款行发起的批量收款业务，包括下列业务种类：代收水、电、煤气等公用事业费业务，国库批量扣税业务。

实时借记支付业务，是收款行接受收款人委托发起的、将确定款项实时借记指定付款人账户的业务，包括下列业务种类：个人储蓄通兑业务、对公通兑业务、国库实时扣税业务。

通过该系统，与消费者关系密切的支付服务得到完善，例如为企事业单位发放工资、公用事业收费、税款缴纳、通存通兑等业务提供清算服务。

小额支付系统支撑多种支付工具的使用，24 小时不间断运行，批量处理支付指令，为社会提供功能齐全、安全高效和低成本的支付清算服务，满足社会各种支付需要。小额支付系统开通运行后，实现不同银行的网点之间的互联互通，企事业单位只要通过一家银行，就能向持有小额支付系统内任何一家银行的银行卡或存折的员工发放工资；企事业单位和个人只需在一家银行开户就可以完成煤、水、电、气等费用的缴纳；小额支付系统 24 小时处理业务，交易实现实时到账，日间 3 次轧差清算资金，加快了资金周转速度，大大提高了企业的资金使用效益；此外，小额支付系统功能完善后，跨银行的通存通兑也成为可能。

二、小额支付系统对观念和服务的冲击和影响

小额支付系统对传统观念和服务的冲击和影响主要体现在小额支付系统中的借记支付功能、独特的收费方式以及信用风险控制机制。

（一）借记功能开通既体现开户和代理业务的关系又比较了各家银行的服务

小额支付系统全面改变以往跨行交易只提供对公贷记汇划及个人 ATM 借记的状况，将行际间业务扩展到普通贷记、定期贷记、实时贷记、普通借记、定期借记、实时借记，全面开通跨行柜面单笔贷记借记业务及跨行批量贷记借记业务。客户可以任意选择银行办理各类账务性业务。

例一：如果居民的存款在工商银行，却要在建设银行还房贷，传统的做法是把钱从工商银行取出来，再到建设银行来还款。而小额支付体系建成后，只需在建设银行端发一条“指令”，就可直接借记工商银行账户调资金到建设银行来还房贷。

例二：如果居民所在单位的开户行在建设银行，他的工资卡就一定是建设银行龙卡，而他可能更喜欢用工商银行的牡丹卡。这样的矛盾在小额支付体系建成后会得到解决，持卡人可以要求建设银行直接把工资调到工商银行牡丹卡上，而无须办理建设银行龙卡。

（二）系统业务收费

收费范围：小额支付系统对直接参与者通过小额支付系统发起和接收的支付类业务和信息类业务进行计费。支付类业务，是通过小额支付系统处理的贷记支付业务和借记支付业务。信息类业务，是通过小额支付系统处理的信息服务业务。

收费规定：一是对规定报文容量以内的支付类业务，根据报文种类按包数和笔数收取汇划费用；二是对超过规定报文容量的支付类业务，除根据报文种类按包数和笔数收取汇划费用外，还需对超过部分按其流量收取发起方额外汇划费用；三是对业务处理状态为已清算的支付类业务收费；四是对信息类业务按流量收取汇划费用；五是对通过小额支付系统办理的支付业务，区分同城业务和异地业务进行收费；六是对不同的时间段、行别、直接参与者、月累计业务量采用不同的收费标准。收费标准如表 1 所示。

表 1　　收费标准

业务种类	时间段	收费标准	
		同城	异地
普通贷记业务	08:30～15:00	0.50 元/笔	0.75 元/笔
实时贷记业务	15:00～17:30	0.60 元/笔	0.90 元/笔
实时借记业务	17:30～08:30	0.40 元/笔	0.60 元/笔
定期贷记业务	08:30～15:00	0.08 元/笔	0.12 元/笔
普通借记业务	15:00～17:30	0.10 元/笔	0.14 元/笔
定期借记业务	17:30～08:30	0.06 元/笔	0.10 元/笔
通用信息业务	0.01 元/KB		
实时信息业务	1.00 元/KB		
支付业务包（不含以上信息业务）	5.00 元/包		
查询报文自由格式报文	1.00 元/笔		

注：见银办发［2005］299 号《中国人民银行办公厅关于印发小额支付系统收费试行标准的通知》。

（三）信用风险控制机制——净借记限额

中央银行要求直接参与者合理设置和调整净借记限额，加强可用额度预警监控。

小额支付系统采取定时清算的方式，业务的转发和资金的清算不同步，转发支付指令在前、资金清算在后，这样的模式容易产生信用风险和流动性风险。因此，小额支付系统的风险管理主要针对信用风险和流动性风险。其中信用风险体现为系统中的某个当事人既不能在预期时间也不能在以后的任何时间完全清偿其在系统范围内的债务所构成的风险。为控制信用风险，小额支付系统在信用风险管理中引入了净借记限额这一信用风险控制概念，采用以中央银行为直接参与者设置净借记限额的风险控制机制。

净借记限额对小额支付信用风险的控制主要是通过对在CCPC（城市处理中心）或NPC（国家处理中心）开立清算账户的直接参与者发生支付业务的净借记差额设置一个最高控制额度来实现的；中央银行在对直接参与者核定授信额度的同时选择直接参与者提供中央银行的票据和其他优质债券作为净借记限额的组成部分，并允许直接参与者的净借记限额在CCPC和NPC两节点使用，在两节点之间实现内部均衡；NPC对净借记限额中的授信额度和质押品直接进行控制，同时允许直接参与者对圈存资金进行调剂；通过对净借记限额的检查衡量直接参与者的付款能力；采取金额优先的方法进行排队业务的处理；系统还为直接参与者提供查询功能与风险预警提示。

直接参与者因净借记限额不足，导致支付业务未及时处理，延误客户和他行资金使用的，按规定依法承担赔偿责任。

三、小额支付系统上线后的应对措施

（一）高度重视小额支付系统上线对传统业务和传统观念的影响，把对存款账户和代理业务的同步营销作为应对小额支付系统上线后客户营销的重点

由于小额支付系统与生俱来的开放性和不具排他性，对账户规模和中间业务规模并不控制，大中小银行一视同仁，尤其以存款账户和中间业务都具规模的银行占尽先机。此前，部分机构在存款及存款账户工作方面，重在强调存款余额和市场占比，而对代理结算等中间业务没有引起足够重视。小额支付系统上线后，对同步开立存款账户和代理业务的竞争必将是各家银行业务发展战略的必争之地。因此，要充分认识到同步营销存款账户和代理业务的重要性，狠抓存款账户开立和代理业务同步营销工作，把对存款账户和代理业务的同步营销作为营销工作的重中之重，从资金源头和资金流向两个方面确保存款和中间业务市场份额。

（二）全面考核存款账户和中间业务，按月筛选营销目标

小额支付系统上线后，将存款账户和中间业务纳入考核体系，并赋予适当的权重。在考核的同时，要密切关注其中充满不确定因素的方面，如存款户虽然开立在建设银行，但存款余额、市场份额及中间业务却远远低于其他银行，或与建设银行的合作关系明显不及其他银行的存款户，或目前与建设银行的合作关系不错，但如果我们不加大营销力度，很可能流失的存款户。这些情况要予以高度重视，及时采取相应的对策，对这类客户要视为新客户一样进行营销，变被动为主动，做好这些客户存款账户的稳定并争办中间业务，确保存款客户不流失。有关部门要按月提出存款账户及中间业务营销的目标客户名单，有针对性地抓服务抓发展，将存款账户和中间业务目标客户的营销工作落实到个人，争取更多的存款账户和中间业务。

（三）抓住小额支付系统金额小、笔数多的特点，加大对行业客户的营销工作

积极采取有力措施，加强对行业客户的营销工作。要充分发挥建设银行遍布各地的网点优势和快捷的网络优势，通过为行业客户提供优质的结算服务、中间业务服务等方式，吸引行业客户到建设银行开立一般存款账户合作，办理结算和中间业务，增加行业客户在建设银行的结算业务量和资金沉淀量。

（四）有效防范假身份证件和异地开户的风险问题，确保建设银行资金安全

对假身份证件和异地开户所带来的风险问题，要引起高度重视，特别是在人民银行尚未建立起全国统一的银行账户管理系统之前，要利用小额支付系统上线的有利时机，按照人民银行的要求，积极组织客户签约，认真核实实名制有效证件。高度警惕一些不法分子利用银行工作人员对假身份证件、异地存款人资信状况调查核实比较困难而又急于拉存款的心理，违规开立银行结算账户进行票据诈骗、转移资金、套取现金等违法犯罪活动。对此，要严格按照相关规定，对存款人所提供的有效身份证件、开户申请书和证明文件的真实性、完整性与合规性进行认真审查；对新开立的异地银行结算账户，规定自开户之日起一段时期后方可办理付款业务，以便银行对存款人的资信情况进行调查核实。有关部门要积极做好对客户的相关宣传解释工作。

（五）抓住小额支付系统上线的有利时机，促进建设银行中间业务的快速发展

充分抓住小额支付系统上线的有利时机，大力开展公司业务和个人银行业务的联动营销，促进两部门在业务拓展、产品营销和客户服务方面全面满足客户的金融要求，有效整合全行资源，不断提升建设银行的市场竞争力。一是通过积极办理个人银行结算账户，扩大建设银行个人客户的市场份额；二是通过开立个人银行结算账户，完善建设银行现有的如代理证券资金清算系统、重要客户服务系统、代收费业务系统等网络，以加强与证券公司、财税部门、水电气等公用企事业单位的业务合作，密切与客户的联系，促进建设银行代理中间业务的快速发展；三是结合相关要求做好公司业务和个人银行业务联动营销工作。

（六）加强商业银行之间的相互代理业务合作

和大额支付系统一样，小额支付系统上线后，各商业银行之间所有通过中央银行 CCPC 或 NPC 的交易一律付费，增加了业务成本。过去行际间的相互代理业务受到严重影响，代理业务收入明显减少，有些行际代理业务甚至终结。因此，小额支付系统上线后，商业银行间应该加强合作，共同发展相互代理业务，共同寻找新的收入增长点。

（七）有效利用按时段收费的机制

针对小额支付系统 24 小时运行的特点，积极开发渠道业务，鼓励夜间业务，加强签约，增加后台批处理业务，有效利用按时段收费的机制。

（八）加强可用额度预警监控

由于小额支付系统与大额支付系统共用一个备付金账户，因此相关部门要加强对头寸的监控和管理，合理设置和调整净借记限额，加强可用额度预警监控。

关于优化建设银行资源配置的思考（节选）

新疆维吾尔自治区分行课题组

我国的金融资源配置和风险水平分布存在巨大的区域差距，建设银行在未来的发展中应将自身有限的资源投入到金融资源配置比较丰富，产业结构比较合理、经济发展较快，风险较小的区域、行业或客户，以期在激烈的市场竞争中立于不败之地和实现战略愿景。

一、资源配置应结合行业风险特点和国家相关政策

资源配置应结合行业风险特点、国家的产业发展政策、货币信贷政策和中国银监会的相关规定和要求，制定相关政策，有的放矢。对国家严格控制的“五大行业”，即钢铁、水泥、电解铝、房地产和汽车制造行业，应采取在保持现有规模的前提下，适度控制增量贷款，尤其要控制好东部沿海地区房地产开发贷款的增量投入，最大限度地保证我行资产的安全；要通过调高经济资本回报率和限制信贷规模来遏制严重污染环境、危害居民身体健康、已经形成产能过剩、技术含量低的低水平重复建设；对部分

行业或地区的无序竞争项目和盲目投资要进行合理调控和引导；对风险等级属于B～D级区间的一级分行要适度控制增量贷款，对风险等级为E级以下的省分行要严格控制贷款增量。

二、资源配置应适应区域经济金融特点和产业结构的调整

资源配置应根据区域经济金融特点和产业结构升级调整对金融结构产生的影响以及区域风险状况，提高资源的投入—产出比。建设银行应进一步加大对重点中心城市行的信贷资源、财务资源、人力资源、授权管理、科技投入等方面的倾斜力度，应通过业务单元制的条线管理模式，使有限的资源用在建设银行业务发展最需要的地方、业务和产品上来，以实现资源投入—产出最大化目标。目前，建设银行的存、贷款市场份额在东部地区各家金融机构排名均为第二，在中、西部地区各家金融机构排名均排名第三，与工商银行存在较大的差距，尤其在发达的东部地区。在目前我国商业银行仍以存贷差为主要盈利手段和国家在今后相当长的时期内仍将保持国民经济持续稳定发展势头的前提下，存贷款市场的竞争和瓜分仍将是商业银行生死存亡的关键。因此，建设银行应通过资源的有效配置，使东部发达地区，尤其是东部的中心城市行在确保资产质量和合理控制成本的前提下，大力吸收低成本的存款，努力扩大存贷款市场份额，不断提高存贷款比率，进一步缩小与工商银行在经营管理方面的差距。

三、资源配置应根据效益原则，对现有营业机构布局进行调整和重组

对于地理位置偏僻、当地经济不发达且无多大发展前景、业务量长期不饱和的机构，经过测算，凡属经营成本过高、亏损严重的机构要解散撤并，腾出人、财、物用于充实效益好的机构和发展新业务；对业务量大，效益好而现有规模又难以满足发展需要的东部地区营业网点机构，要及时扩展场地、充实人员、更新设备，使其上规模、上档次；对于中、西部地区要继续在优化营业机构网点的基础上，进一步加大向省会行和其他中心城市行的资源倾斜力度，不断扩大市场份额和提高资产质量。

四、资源配置应根据区域风险的特点，按照梯度原则，优先向重点区域倾斜

将长江三角洲及东部沿海地区、珠江三角州及东南沿海地区、环渤海地区作为重点区域，加大省级分行对重点客户的直接营销力度，提高建设银行在三大区域的市场份额和竞争能力。在结构调整、把握质量的基础上，有区别、有重点地发展东北、中部和西部地区的特色优势业务。

对于长江三角洲及东部沿海地区，有相当一部分省份已经进入了工业化后期，是我国产业结构水平较高的地区，其比较优势是高新技术产业和制造业。因此，资源要重点向上海、杭州、宁波、温州、南京、苏州等中心城市为倾斜，并以此为依托，重点拓展全国优势的电子信息、生物制药、光机电一体化、新兴材料产业、机械制造、钢铁和化工、纺织服装、轻工、港口、教育、卫生等产业和以金融、物流为代表的现代服务业优质客户群体，以全国文化体育界等领域知名人士、大型中外资企业和行业领先的民营企业员工为主的个人顶端、高端和中端客户群体。同时，大力发展机构业务，加快中间业务的快速发展。但是，要加强对该地区房地产行业的信贷控制和风险防范。对于东部地区资源枯竭或匮乏的省（市），要严格限制和削减高耗能、污染严重、技术含量不高、竞争能力一般的普通加工业和制造业的信贷投放。

对于珠江三角洲及东南沿海地区，其比较优势是资金、技术和拥有出海口，因此，建设银行在资源配置取向方面要向广州、深圳、福州、厦门等中心城市倾斜，重点拓展电子工业、家电、纺织服装、食品、外贸、石化、机械、先进装备制造等支柱产业优质客户群体和以大型中外资企业、行业领先的民营企业员工为主的个人顶端、高端和中端客户群体，并利用该地区良好的地缘优势，强化“9+2”泛珠三角的业务联动。同时，大力发展机构业务，加快中间业务的快速发展。但是，要加强对广东省分行房地产贷款的控制和风险防范，严格控制对高耗能以及普通加工业的增量贷款投放。

对于环渤海地区，大部分省份已经进入工业化中后期阶段，尤其是北京和天津，其比较优势是全国重要的制造业基地，产业

分布门类齐全、地域广泛，尤其具有发达的大型装备工业和机械制造业。因此，建设银行对该地区的资源配置应向北京、天津、河北、山东和青岛5家分行倾斜，充分发挥北京作为全国政治经济文化中心的优势，大力发展政府类客户、集团客户、行业性垄断性客户，重点拓展港口、生物医药、电子、汽车、石化、船舶、钢铁、教育卫生、文化、现代物流等支柱产业中的优质客户群体，以全国文化体育界等领域的知名人士、大型中外资企业员工和公职人员为主的个人顶端、高端和中端客户群体。加强牵头营销和区域联动营销，大力促进京津冀鲁等环渤海地区的协同发展；同时，大力发展机构业务，加快中间业务的快速发展。

对于东北地区，金融资源的配置要积极跟进国家振兴东北老工业基地的政策，重点向沈阳、大连、长春、哈尔滨等中心城市行倾斜，并以此区域的重点中心城市行为依托，稳健支持当地基础产业升级、经济结构调整和国有企业技术改造，加快信贷结构调整。要通过资源的有效配置，重点拓展国内优势的重装备制造、石油石化、教育、社保、冶金、汽车、医药、农产品加工等支柱产业的优质客户群体，以石油、汽车等垄断行业或领先企业员工和公职人员为主的个人高端及中端客户群体。

中部地区是全国重要的农产品生产基地、能源基地和重要的原材料基地，拥有比较雄厚的工业基础，具有科技、教育、人才优势，有着丰富的自然历史和文化资源。对于中部地区的资源配置，建议总行重点向陇海、京九、京广铁路干线和以长江为纽带的周边城市群倾斜，将资源有效配置到国家重点基础设施建设项目（如铁路、高速公路、干线公路、长江航运、民航等建设）、区域支柱产业、区域集群企业和制造业基地，重点拓展中部区域内矿产资源深加工、汽车、钢铁、物流、原材料等支柱产业的优质客户和以资源转型为主的煤—电联营、煤—焦—化—医药及煤—焦—电—冶金—机械制造—金属材料深加工一体化项目，以能源、制造业等垄断行业或领先企业员工和公职人员为主的个人高端及中端客户群体。与此同时，还应进一步加大对中部地区特色产业的信贷投入，如中部地区的农业产业、农产品加工业、旅游业和现代物流业。对于中部地区高消耗、高污染、高排放和“先污染、后治理”的传统型产业应严禁信贷投放；对于汽车新能源技术、通信新能源技术、能源深加工业、新能源科技工程以及长江中下游水资源高效综合利用项目要积极给予信贷支持；要积极支持资源消耗低、附加值高的第三产业和高新技术产业发展。

对于西部地区，目前相当多的省份还处于工业化初期，有的甚至还处于工业化发展的萌发阶段。为此，中央将继续加快西部地区重大基础设施建设，巩固和发展退耕还林的成果，继续推进退耕还草，支持石油、稀土、钾磷肥等特色资源加工基地，这将是未来几年西部的主攻方向。矿产资源作为西部地区的比较优势，中央将在继续加大西部地区政策性投资的基础上，进一步加大对该地区的资源开发风险投入。因此，我们建议总行在资源配置方面，一方面，要抓住西部大开发机遇，重点关注西部地区作为国家能源战略接替区和西部能源大通道，积极支持西部地区优势产业和特色经济发展，重点支持能源、交通、通讯等基础设施建设项目，并积极拓展资源精细开发与加工、国防工业、装备制造、石化、旅游等区域支柱产业优质客户群体，以能源、矿产等垄断行业或领先企业员工和公职人员为主的个人高端和中端客户群体；另一方面，对国家加大西部地区风险投资政策进行技术操作层面的研究和论证，在此基础上，加大资源勘探开发的信贷支持力度；对于具备资源环境承载能力的地方，要重点支持开发；在环境脆弱的地区，特别是大江大河源头、自然保护区、国家森林公园等地区，则要限制和禁止信贷投放；对资源储量虽然很大，但开发成本很高的项目，要严禁投放贷款；对东部发达地区转移来的淘汰建设项目，要严把信贷政策，禁止投放贷款，防止“东锭西移”的悲剧再度在西部重现。为避免西部地区分支机构出现粗放经营，建议总行加大东西部中、高层管理人员之间相互交流、相互学习的力度，并加强对西部地区广大干部员工的文化教育和业务素质培训，为西部培养更多的金融人才，不断提高西部地区各一级分行的经营管理能力。

课题组组长：吴建中

课题组成员：李忠华　孔建新　王新平

课题组执笔人：孔建新

商业银行流动性过剩的经济效应分析

总行研究部 董积生
常州培训中心 汪 莉

流动性是商业银行为了应付可能随时发生的提现而变现资产的能力，是商业银行的生命线。流动性不足会引发商业银行挤兑现象，严重的还会导致商业银行破产。流动性过剩则意味着商业银行持有的资金超过维持必要流动性所需的资金并为此承担较高的资金成本。

一、商业银行流动性过剩的显效应分析

（一）削弱了商业银行盈利能力

这主要体现在两个方面，其一，过剩流动性处置运用所得到的收益相比于商业银行贷款获益明显偏少；其二，在利率市场化和市场激烈竞争状况下，流动性过剩弱化了商业银行在与客户特别是大客户、优质客户谈判中的竞价能力，进而影响到商业银行的收益率。

在当前我国金融业分业经营体制下，商业银行过剩的流动性主要用在三个方面：一部分以准备金形式存于中央银行，一部分用于购买国债、中央银行票据、金融债券等，还有一部分用于银行间交易。目前，商业银行在人民银行的法定存款准备金和超额存款准备金余额约 2.3 万亿元，持有流动性较高的国债、中央银行票据、金融债券等资产达 7 万多亿元，2006 年 1 ~ 5 月银行间市场人民币月均成交量 2.42 万亿元。与存、贷款利率相比，这部分资产收益明显偏低。2006 年 4 月 28 日中央银行上调贷款基准利率 0.27 个百分点，调整 1 年期法定贷款利率至 5.85%，1 年期存款利率仍为 2.25%，商业银行在人民银行的法定存款准备金利率和超额存款准备金利率分别仅为 1.89% 和 0.99%，商业银行持有的 2006 年国债收益率也仅为 1.39% ~ 2.80%，中央银行票据收益率为 1.73% ~ 2.67%，2006 年 1 ~ 5 月银行间市场质押式债券回购月加权平均利率为 1.35% ~ 1.74%，银行间市场同业拆借月加权平均利率为 1.58% ~ 1.88%（见图 1）。此外，由于从 2004 年底开始，国内银行贷款利率已经放开，通过市场竞争来决定，在当前我国大多数商业银行市场定位和目标客户群相似、信贷产品高度同质化的状况下，流动性过剩还使得商业银行特别是中小银行在与客户尤其是大客户、优质客户谈判中处于博弈的弱势一方，被动接受客户的要价，这无疑也影响到商业银行的盈利能力。

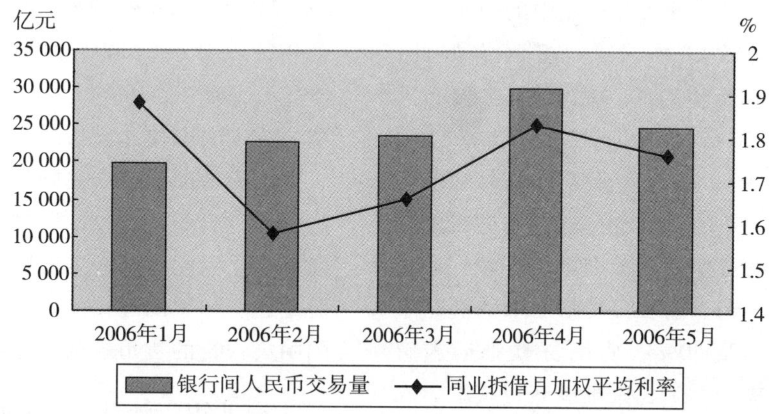

资料来源：根据中国人民银行资料整理。

图 1 银行间人民币交易示意图

（二）降低了金融资源配置效率

由于现阶段我国资本市场不发达，直接融资发挥作用有限，资金融通主要依赖商业银行进行，商业银行流动性过剩降低了我国有限金融资源的配置效率。与商业银行流动性过剩对应的是，我国中小企业尤其是竞争性行业中的中小企业贷款受阻；农村居民贷款极度萎缩，农村正规金融供给严重不足；欠发达经济区域

金融支持弱化，不少地区甚至出现金融空洞化局面。

与大企业相比，囿于自身条件的限制，中小企业很难通过资本市场直接融资，更多地依赖于商业银行的信贷支持。然而，由于中小企业规模小、抵押和担保能力不足、管理机制不健全、经营中存在诸多变数等，在商业银行信贷风险责任到人、信贷风险严格控制的情况下，很难获得银行贷款。根据国家统计部门对全国中小企业的调查，有近70%的企业急需贷款，20%的企业需要贷款，只有10%的企业不需要贷款。显然，为我国经济发展作出了突出贡献的中小企业并没有得到商业银行有效的信贷支持，而且有迹象表明，近年来，商业银行对大项目、大城市、大企业的贷款进一步增多，而对中小企业的贷款进一步压缩；对有政府背景的、有垄断色彩的行业贷款放松，而对一般制造业和竞争性激烈的行业贷款紧缩，处于制造业和竞争性激烈行业中的中小企业贷款更加困难。正因为如此，2005年7月，中国银监会发布了《银行开展小企业贷款指导意见》，鼓励商业银行加大对中小企业的贷款支持。在农村居民贷款方面，情况则更为严峻。据统计，当前农民贷款需求的满足率不及30%，农民贷款难远未解决。由于农民难以获得贷款，农村正规金融供给严重不足，农村非正规金融日益兴盛。至于欠发达经济区域金融支持弱化方面，目前全国有相当一部分经济欠发达地区当年新增存贷比低于10%，有的甚至为零或负增长，金融空洞化豁然存在于一些经济欠发达区域。在不能及时得到信贷资金支持的情况下，这些地区经济发展严重受阻。显然，商业银行流动性过剩制约了我国有限金融资源的应用。

（三）抑制了货币政策传导效力

一般来说，当中央银行实行宽松的货币政策时，流通中的货币量通常会增多；实行紧缩的货币政策时，流通中的货币量就会减少。中央银行的这一货币政策传导机制通常是通过商业银行这一重要资金融通渠道来进行的，因此，中央银行的货币政策传导效力与商业银行的实际执行有着密切的关系。由于我国资本市场不发达，经济发展中的资金融通80%以上都是通过商业银行来进行的，因此，中央银行的货币政策传导效力与商业银行的资产运作有着更为密切的关系。然而，由于多种因素的作用，我国商业银行出现了严重的流动性过剩，这一状况使得我国中央银行的货币政策传导效力深受影响，大打折扣。商业银行流动性过剩使得我国经济既面临着现实的通货紧缩压力，又面临着长期中的通货膨胀隐患。

在商业银行流动性过剩因素的作用下，大量的货币以金融资产的形式囤积于银行体系，游离于实体经济之外，不能在现实经济中流通，导致我国流通中的货币量 M_0 并不足以适应经济发展的需要。2001—2005年，我国 M_0/GDP 依次为16.12%、16.42%、16.82%、15.68%、15.99%，M_0/GDP 增幅微弱甚至在有些年份还呈下降之势，这一状况在很大程度上导致近年来我国消费价格指数低迷，通货紧缩的苗头在我国重新显现。不仅如此，商业银行流动性过剩还使得我国经济发展面临着严峻的通货膨胀压力。为了适应经济增长需要，近年来我国 M_2 的发行一直以较大幅度增长。2001—2005年，我国 M_2 的年增长率依次为17.60%、16.87%、19.58%、14.59%、17.99%，比同期GDP增长率高出7至9个百分点，2001—2005年，M_2/GDP 依次为163%、176%、189%、185%、199%，我国 M_2/GDP 的比例已高居世界前列。长期的较大幅度快速增长的 M_2 使得我国经济发展中面临的通货膨胀压力大为增加。由于我国的金融资源绝大部分是通过商业银行来配置的，商业银行流动性过剩使得 M_2 转化为流通中的 M_0 数量大为减少，因此我国经济发展中的通货膨胀压力不能缓慢释放出来，而是逐步积累向现实的通货膨胀演变。商业银行流动性过剩使我国中央银行的货币政策传导效力大打折扣。

二、商业银行流动性过剩的潜效应分析

（一）商业银行不良贷款反弹

根据银监会的公布，截至2006年3月底我国境内商业银行的不良贷款余额为1.3万亿元，不良贷款率为8%，我国商业银行严重的不良贷款状况得到了有效控制。但与不良贷款余额、不良贷款率大幅度下降对应的是，我国商业银行的存贷比不断下滑，存差规模快速扩大，收入增长减缓，盈利能力受阻。

由于中间业务、表外业务的开展落后，存贷利差收入仍是我国商业银行主要的获利手段，在过剩流动性的处置运用难以改善

商业银行的收益甚至难以弥补商业银行的负债成本时，为了保证业务增长和一定的盈利能力，商业银行就会存在盲目竞相追逐大客户、优质客户，非理性降低贷款条件的冲动，商业银行的不良贷款因此可能反弹。事实上，在不能为过剩的流动性找到出路时，我国商业银行不良贷款反弹情景日趋现实，特别是一些规模较小、非利差收入业务开展落后的商业银行在流动性过剩压力下更容易出现不良贷款反弹情况。

（二）产能过剩进一步激化

2005 年 12 月，国家发改委公布了我国 11 个行业存在着产能过剩问题。其中，钢铁、电解铝、铁合金、焦碳、电石、汽车和铜冶炼 7 个行业存在着严重的产能过剩问题，水泥、电力、煤炭和纺织 4 个行业也潜存着产能过剩问题。产能过剩给这些行业带来了严重亏损。自 2005 年以来，水泥行业亏损面达到 43% 以上，钢铁行业亏损面达 50% 以上，电解铝行业亏损面更是高达近 80%，其他行业也有着不同程度的亏损。

此次产能过剩源于 2003 年开始的贷款高速增长，2003 年下半年人民币贷款增速曾一度高达 24%，贷款高速增长导致投资过度，形成产能过剩，并导致商业银行大量不良贷款的产生。为了解决产能过剩问题，在国家相关部门的调整干预下，基于风险控制的需要，商业银行对产能过剩部门实行了信贷紧缩行为，严格控制这些行业的贷款，本来投资渠道就不多的商业银行流动性因此更为过剩。在当前我国商业银行房贷、车贷等大宗信贷资产运作受到严格控制，存贷差不断扩大，收益受到严重影响的情况下，基于流动性过剩的沉重压力，商业银行还是会自觉或不自觉地放松对我国这些重要行业的贷款条件，由此会进一步激化我国产能过剩矛盾。

（三）资本市场面临冲击

对于解决商业银行严峻的流动性过剩问题，很多人认为在当前我国资本市场低迷的情况下，应允许银行资金入市，此举一方面可解决我国资本市场资金不足问题，另一方面又可为商业银行过剩的流动性找到出路。其实尽管是在分业经营、分业监管的金融体制下，严峻的流动性过剩也在迫使着商业银行向资本市场进入。但对我国这样一个资本市场体制远不完善、股权分置改革尚未完成、不良贷款依旧严峻的发展中国家来说，贸然使商业银行资金进入股票市场，不但不利于股票市场优胜劣汰法则的作用、干扰正在平稳进行的股权分置改革，而且在投机性极强的中国股票市场还会诱发商业银行新一轮不良贷款的出现。在这方面，20 世纪 90 年代初期中国金融业的混乱局面带来的恶果可为前车之鉴。因此，在我国当前的经济形势下，商业银行流动性的解决应独辟蹊径，不可图一时之便盲目进入股市。

商业银行中间业务的国际比较与借鉴

辽宁省分行　石汉祥

中间业务可以向商业银行提供稳定增长的收入流，较少受到经济周期的波动性影响，有利于商业银行有效进行资源整合，发挥对传统存贷款业务的联动作用。中间业务的突出特征是：中间业务收入与总资产的比例随着银行规模而增加；增长速度远远超过银行资产的增长；国际大型银行的中间业务发展快于中、小银行。在 20 世纪的最后 50 年当中，商业银行的中间业务收入呈现出高速增长态势，占主营收入比重不断提高，世界前 50 名银行资产负债表中的“其他营业收入”对传统的存贷利差收入的比例，从 1991 年的 49.81% 提高到 1996 年的 67.06%，增加了 17.25 个百分点。

传统上以存贷款为主营业务的商业银行顺应时代发展潮流，要满足对商业银行业多元化的新需求。在金融需求与金融供给的均衡过程中，以扩大商业银行信用中介范围为主要内容和特征的代理、担保、承诺、信用证等逐渐发展起来，成为商业银行中间业务起步的标志。

一、国外银行业中间业务发展

通过金融制度和组织创新，新的银行经营业态促进了中间业务发展。美国银行业从20世纪90年代逐渐步入综合化发展时代。这使得中间业务类别不断扩大，涵盖了投资银行、交易收入、信托业务收入、存款账户服务费、手续费收入和其他非手续费收入。如在美国大通银行2000年的中间业务收入中，交易费和投资银行业务以及手续费收入之和几乎占到了中间业务收入总额的85%。在欧洲银行业，1990年到2000年，中间业务收入占总收入的比重由26%升至39%。以全能型银行为特征的德国银行业，证券业务收入占据了绝对优势，如德意志银行的证券业务手续费收入比高达42%；管理业务是德意志银行中间业务的又一主要内容，2000年这部分业务为德意志银行带来的手续费净收入为32亿欧元，占当年手续费净收入的28%。欧元诞生后，欧洲金融市场的深度和广度都得到加强，直接金融的比重加大，投资银行业务、资产管理业务等开始成为欧洲银行的业务重心，同时从收益性差的业务领域撤退的意向十分明显。日本以混业为主的方式增加中间业务收入。20世纪80年代初，日本银行业的中间业务收入占其收入的比重为20.4%，90年代初上升到35.9%，年均递增40%。1998年日本的银行、保险和证券可以进入同一业务领域，实现交叉经营。随着日本政府放松金融管制并推行存款有限保险制度，使日本金融机构进一步增强市场意识，走扩大中间业务收入之路。

2001年发布的《巴塞尔新资本协议》草案，将资本金约束的范围拓展到包括信用风险、市场风险和操作风险在内的三大风险。随着商业银行中间业务种类的不断扩大、产品复杂程度的提高，三大风险蕴藏于中间业务当中。西方商业银行为了控制中间业务收入的风险，开发了一系列测算和衡量风险的工具，比如对交易类业务的市场风险采用风险价值（Value at Risk，VaR）来测度。风险价值代表银行对于损失风险的最大准备，用来描述可以消化损失的最低资本要求。如果市场风险的收益比风险价值小，则说明该银行的风险控制情况较好。由于市场的变化特性，银行对于风险价值按日进行调整。随着商业银行以权益类交易业务为代表的中间业务市场风险总体上在提高，巴塞尔银行监管委员会和国际证券协会联合公布了“对衍生金融工具风险管理的指导方针”，在风险管理、内控等方面，要求银行建立健全内控机制。

二、我国商业银行中间业务发展

2001年中央银行出台《商业银行中间业务暂行规定》，标志着中国商业银行中间业务进入发展阶段。在我国商业银行中间业务发展过程中，国内银行业主要中间业务品种和收入结构相对单一，产品同质化明显，占营业收入比重偏低。随着我国资本市场发展速度的提高，商业银行不可避免地会受到金融“脱媒”和传统业务空间收窄问题的困扰。利率市场化与主营收入利差化的矛盾越发突出，资产和收入对利率的敏感性不断增强，利差空间将在发展中呈现下降趋势。现有的约束条件导致金融市场开放后的不公平竞争，国内分业经营模式下的银行业因缺乏竞争力而丧失利润空间。

从目前正在进行的国有商业银行股份制改造及提高我国商业银行整体竞争水平和实力的角度出发，应处理好以下几个问题：

第一，加速推进金融制度创新，创造中间业务收入的新空间。自2004年2月1日起，《银行业监督管理法》和新修改的《中国人民银行法》、《商业银行法》这三部法律正式施行。除了职能划分清楚明晰、监管机构协调机制确立、对银行服务收费以国家法律的形式正式予以保证外，更为重要的是为商业银行综合化经营留下了一定的法律空间。在中国目前实行严格的分业经营的现状下，深化与非银行金融机构在产品创新层面的合作是银行业中间业务收入结构调整的基础。由于在信息方面的优势，商业银行可在企业的资产管理、融资顾问、产业避险、保值服务等投资银行业务领域有所作为，同时通过代理结算、办理券商质押股票贷款、办理资金拆借、基金托管、代理销售基金和保险产品方面，与非银行金融机构开展广泛的合作，将通过丰富的中间业务收入结构实现收入的较大增长，同时，为在合业经营基础上实现金融服务功能的整合积累经营及风险控制经验。

第二，加速金融组织机构创新，在中国银行业境外机构业务领域推行全能银行制度。虽然目前我国全面实行混业经营的条件还不成熟，但以金融混业经营为形式的全能银行制度毕竟有其合理内核，全能经营和单一监管是未来大势所趋。现阶段我国实行分业的是境内业务，而对境外业务没有明确加以限制，故我国商业银行的境外分支机构可在境外发展全能银行业务，为国内机构适应未来金融混业经营积累经验。商业银行没有正式获准从事股票业务，但并没有限制商业银行从事与资本市场有关的其他中间业务，这已经为商业银行的全能化、扩大中间业务收入提供了相当广阔的空间。可在监管背景下成立由商业银行全资或参股的境外投资银行，如建设银行参股的中国国际金融有限公司，新近成立的建银国际（控股）有限公司，中国银行全资的中银国际（控股）有限公司等，可以为我国走向商业银行集团化模式下的混业经营积累经验。

此外，国有银行通过股份制改造，可以增强整体竞争力，更好地参与国内外金融机构间的合作，实现包括中间业务收入在内的收益结构的根本性改善；还可以通过效率改进、降低交易成本、增强市场势力、经营多样性提高、规模和范围经济，在同业间进行并购与重组，实现 1 +1 >2 的正向互动。

第三，制定我国中间业务产品创新战略。我国银行业应在产品创新战略的支撑下，发挥比较优势专门创新出更多地适合中国国情的中间业务收入产品。近年来国内银行共有约 32 项金融创新产品，其中中间业务创新产品 29 项，平均每月就有 2.4 项的创新中间业务产品推出。可以说，能否加快创新速度、不断推出符合市场需求的中间业务产品，已经成为衡量商业银行市场竞争力的重要标准。

第四，利用推进资本市场发展的契机做好货币市场与资本市场连接的组织结构设计和中间业务产品开发工作。从国际经验看，商业银行参与资本市场，可以有不同的路径和策略。如商业银行参与基金业务，不仅可以强调业务的交叉，而且越来越强调业务和机构的整合。商业银行作为托管人和销售渠道，实际上是将基金业务作为一种中间业务；而商业银行将基金业务进一步整合到内部的业务特别是资产管理业务时，这种业务合作对于商业银行来说就更为深入。如果商业银行可以入股基金管理公司，商业银行对基金市场的介入就深化到股权层面。随着这种商业银行和基金整合的不断深入，商业银行的渠道优势、客户优势和基金公司的产品优势得到了更好的发挥，以货币市场基金、不动产按揭证券基金等银行主导的基金获得了相当的发展。当然，在此过程中，还必须要防范各种可能的利益冲突（如银行对自身基金公司的产品与其他基金公司产品的销售态度，等等）和融资风险，建立严格的“防火墙”制度。从当前中国的基金市场看，商业银行设立或者参股基金公司，有利于充分利用商业银行的业务优势来支持基金市场的发展和金融结构的调整，拓展商业银行的多元化金融服务和新的盈利增长点，因而将成为未来基金市场发展的一个战略性的选择方向。

三、对几个问题的思考

解决好现行法规体系同中间业务发展的关系。从 1986 年全能型的交通银行组建到 1994 年人大立法实行分业经营，《商业银行法》、《证券法》、《保险法》、《信托法》等法规构成了我国分业经营的法规基础。任何组织和业务的创新必须符合现行法律法规。目前我国的银行法对金融机构间有效的资产重组、兼并、业务交叉等创新活动缺乏必要的法律支持，对新工具、新品种和新技术的推广、运用所引发的法律责任等缺乏应有的界定。这其中有很多困难，挑战也来源于金融机构自身创新动力不足的问题。我国作为发展中国家，现在急需建立的不是全能化的金融机构，而是如何重塑针对国有银行的市场导向型的微观金融基础。

金融监管尚存在一定的困难。在推动银证合作的背景下，如何实现各监管部门的有效合作与有序分工，对日益复杂、跨市场的界限和风险，难以测度的综合化金融服务体系进行有效的监管是一个全新课题。从金融监管上看，主要存在两个方面的问题：一是分业经营和分业管理限制了金融机构业务领域和业务规模的适度扩张；二是缺乏整体规划，监管、协调不力，人民银行没能充分发挥其中央银行职能，致使在金融创新方面经常出现联合不足、价格纷争、秩序紊乱等问题。未来的监管还将面临如何与 WTO、IMF、WB 等国际组织合作、磋商的问题。在我国银证合作过程中，有必要在银行业和证券业之间构建风险防火墙，以隔绝证券市场的过度波动或风险向银行的无序传导，避免金融风险在信贷、证券、外汇、金融衍生工具等市场的传导。

中国应该慎重思考“大则不倒”理论。中国银行业能否在未来很有可能进行的重组再造中，以规模带动成本的降低，真正实现中间业务收入的增长，应慎重考虑“有效兼并”的可移植性。在一般意义上，大而全的金融机构并不一定比小而专的金融机构享有更高的盈利率。比如美国银行与证券、保险混业经营并未出现市场在几年前预期的效果。当年勇为人先实行三业合并的花旗银行，2004 年已抛除了其财产和灾害保险业务。并且花旗银行和摩根大通银行都因为将公司贷款与投资银行业务一揽子经营给投资者带来损失，并因此遭受法律诉讼。混业经营的主要挑战在于三种行业在管理结构、企业文化、报酬形式和监管法规方面的差异，使产品之间难以协同一体化。尽管以全能型超级金融机构实现非利差业务收入增长是未来取向，但多功能银行合并毕竟有一个不稳定的转型和适应期，英国《经济学家》杂志甚至称“银行重组危机四伏”。对此，我们从审慎的角度作出系统性安排，在进行方案设计的过程中更应该注重整体性思考。

北京市土地储备和一级开发融资问题研究（节选）

——寻找政府房地产政策与金融政策的衔接点

北京市分行　郎理英　仇玉晓　姚蓟宇

一、政府应该切实发挥好主导土地储备和一级开发的作用，保证这一制度在实际操作中与初始设立的目标一致，从而为土地储备和一级开发融资创造长期稳定的政策基础

从上一部分的分析可以看出，土地储备和一级开发制度在国外是一种成功的模式，国内在设立这一制度时，也有理想的目标，但该制度在实际运行中的种种表现却令人质疑，从而对该制度的争论一直没有中断过。

土地储备和一级开发制度的本质是将土地这一最重要的资源进行垄断化经营，从而使政府对土地资源的控制更为紧密，能更有效地解决市场机制在土地资源分配中的非理性行为。但垄断就意味着权力集中，而权力集中如果没有有效的制约机制，就会滋生大量的腐败，有违公平和效率原则。因此，在我国土地储备和一级开发制度实施以来，房地产价格非但没有得到有效的控制，反而全国都进入了高速上涨时期。关于房价上涨的原因，相当重要的一点就是由于土地一级开发和“招拍挂”而带来的。事实上，政府在这里一直存在一个认识上的误区：企图用纯市场的方法（招标、拍卖和挂牌）来交易一个并非市场化的物品（土地使用权）。由于土地资源的稀缺性和不同质导致其价格缺乏参照，因此，在土地需求不断膨胀的状况下，供求之间的不平衡最终将导致土地价格的奇高。这样的例子比比皆是。例如，华润集团通过拍卖的方式取得了清河一处 50 多万平方米建筑面积的土地，拍卖价竟高达 25.7 亿元，平均每平方米楼面价格的地价就达 5 000 元左右。用这样的方式怎么可能不使最终的房价居高不下呢？这是事与愿违的事情，再加上一级开发所带来的野蛮拆迁、权钱交易等问题，严重地动摇了土地储备和一级开发制度的社会基础。因此，政府必须采取严格措施，保证该项制度以及为此而设立的机构在实际运行中不走偏，从追求较大经济效益真正向“非营利”转变，从而为其融资创造稳定的未来预期。

二、从国家金融安全角度着眼，把人民币升值、商业银行流动性过剩、房地产供求矛盾协调考虑，与土地储备融资相关的各个主管部门之间，应切实加强相互的协作和沟通，使相关融资政策具有统一性和可操作性

相互之间缺乏沟通和协调使各部门出现“各自为政”的局面，最终会使各种规章制度和政策文件的实际效力大打折扣，其弊端在上文已有论述。要解决在土地储备和一级开发融资中的协调问

题，应考虑以下几点建议：

1. 各个主管部门应紧密围绕国务院相关精神，摒弃各自为政的思想，从国家金融安全大局出发，对相关问题共同进行探讨，达成共识后采取联合行动或相辅相成的行动。

2. 各部门在制定相关政策时，要充分考虑到市场的反应和下级单位的实际可执行问题，防止上面的政策与下面的实际相脱节，导致政策的效力从客观上被削弱。

3. 政策下发后，各部门应从各自系统收集市场的反应和下级单位的反映，及时召开各个部门的沟通会，对遇到的问题进行分析，适时调整相关政策和窗口指导，而不要再出现类似人民银行2003年121号文件的情形。该文件出台后，各个商业银行反应强烈，人民银行各地分支机构也纷纷向上级反映，但从2003年至今，三年过去了，未见人民银行有任何调整政策的意向，使得这样一个政策在权力的保障下一意孤行地延续下去。

4. 政府部门在制定土地使用规划时，应考虑到其融资规模和相关金融政策许可，政府可以邀请金融监管部门和人民银行参与土地联审会或类似会议，使政府对最新的金融政策有所了解，也使金融监管部门和人民银行对政府下一步的土地储备计划以及由此可能带来的融资规模有所准备。

三、加强立法，为土地储备和一级开发制度提供法律基础，从而为其融资提供法律保障

1999年实施的新《土地管理法》，对城市政府如何建立土地储备机制、行使土地统一收购权并没有明确规定，因此需要从法制上对土地收购储备制度予以研究。《土地管理法》第五十八条规定："有下列情形之一的，由有关人民政府土地行政主管部门报经原批准用地的人民政府或者有批准权的人民政府批准，可以收回国有土地使用权：（一）为公共利益需要使用土地的；（二）为实施城市规划进行旧城改建，需要调整使用土地的；（三）土地出让等有偿使用合同约定的使用期限届满，土地使用者未申请续期或者申请续期未获批准的；（四）因单位撤销、迁移等原因，停止使用原划拨的国有土地的……"依照前款第（一）项和第（二）项的规定收回国有土地使用权的情况包括：（1）国家建设的需要；（2）实施城市规划和社会公益事业的需求；（3）土地使用期限届满，未批准续期使用的；（4）由于土地使用者的原因，如单位撤销、搬迁、破产，连续两年以上未使用土地或不按批准用途使用、违反土地使用权出让合同约定的；（5）其他非法用地的。但收购与收回从概念的内涵上不同，收回土地是一种行政行为，补偿是对地上建筑物、附着物获利能力的支付，与土地价格无关。而收购土地是一种经济行为，必然涉及土地价格，特别是这种收购是一种"强制性买卖关系"，不是一种经济主体间的平等经济关系，而现行法律法规并没有相应的法律规范，所以建立城市土地储备制度首先要解决立法和制度建设问题。由于从根本上没把问题说清楚，以致由此带来一系列的问题，包括在融资方面所遇到的法律障碍。这些问题的解决必须依赖于一个明确的法律基础。

四、拓宽融资渠道，加强金融创新

资金和土地是土地储备制度的两大基本要素，土地储备过程是土地流转过程，也是资金循环过程。目前无论是政府财政拨款还是银行贷款，都未形成有效的资金筹措机制，而且存在较大的风险，特别是统一收购制度实施后，客观上要求政府对需要盘活的土地实施敞开收购，资金需求量很大。但长期以来围绕着土地储备和一级开发制度所产生的融资问题，一直是各方面临的一个难题，究其原因，是没有真正理清土地储备融资行为的性质，导致在融资产品设计方面方向不清，融资主体模糊。在土地储备阶段拓宽融资渠道，加强金融创新，其意义不仅在房地产市场本身，更重要的是拓宽了民间资金投资渠道，将房地产消费领域的资金引导到开发阶段来，平衡了开发和消费环节的资金面，缓解了民间投资过度集中在房地产消费领域的局面，减缓了房价过快上涨的趋势，最终降低了商业银行流动性过剩的压力。

事实上，围绕着土地储备行为，有两个融资主体，一是土地储备中心，二是受托的房地产开发公司。前者为政府的派出机构，受政府委托进行土地储备行为，是财政的全额预算单位，其本质仍是政府的一种行为，对这样的一个机构，不能采取由商业性机构提供融资的做法，而必须由政府出面，通过政策性的手段来解决其融资问题；而受托的房地产开发公司，虽然其受托业务具有强烈的政策性，但其本质是一个能够独立承担民事责任的法人，其融资行为是一种政策性的商业行为，完全可以通过商业银行、

信托公司等商业性机构来解决。因此，必须改变目前两类主体不分、单凭银行贷款来筹措资金的做法，对土地储备机构和受委托的一级开发商采取不同的融资通道。

（一）关于土地储备中心的融资，可以采取以下几个渠道

1. 土地一级开发地方政府债券。这应该是政府进行土地一级开发融资的最重要途径。地方政府债券是由地方政府发行的债券，其目的在于筹集资金，用于在当地开发公共设施建设，如住宅、交通等。在2001年土地储备和一级开发制度实施后，北京市政府委托北京市土地储备中心负责区域内的土地储备工作，土地储备行为的性质是一种政府行为，因此，通过发行债券的方式投入到土地储备中是适合的。

一般地说，地方政府债券划分为一般责任债券和收益债券。一般责任债券由地方政府发行，以发行者的征税能力作保证，投资者基本能够按期收取本息，发行此种债券往往为了修建公路、市政设施等；收益债券是由地方政府的某一机构发行，以所建或所投项目本身的收益来偿还债券，多用于修建医院、大学、港口等项目。从这种划分可以看出，后者，即收益债券比较适合土地储备融资，也就是由土地储备中心来发行某一区域的一级开发债券，用该区域地块所获得的收益来偿还融资本息。采取这种方式有三方面的好处：

第一，地方政府债券的信誉度往往较高，本息安全较有保障，而且流通性好，变现能力强，投资人比较乐于接受。

第二，地方政府可以通过发行债券的规模，来调节当地土地市场的供应量、供应结构和供应价格，起到宏观调控的作用。

第三，地方政府债券可以由土地被征用人、被拆迁人购买，这样可以使他们享受土地未来价值增长所带来的收益，使拆迁等易于进行。

2. 政策性银行贷款。政策性银行贷款是与商业银行贷款相区别的一种信贷方式，是指根据国家经济政策，对某些行业、企业发放的低息或无息贷款，其目的主要是为了保证社会经济结构、产业结构的平衡和国家经济政策贯彻的需要，这其中就可以包括对政府土地储备的贷款。由于土地储备政策关系到整个国家房地产行业运行的状况，对国民经济稳定健康发展和金融运行安全具有重要的影响，而且土地储备贷款具有资金周转量大、回款时间不确定等特点，受政府的政策导向、政府信誉、当地经济形势等一系列因素的影响明显，因此非常适合采取政策性贷款的方式来解决其融资问题。

我国政策性银行始建于1994年，包括国家开发银行、中国农业发展银行和中国进出口银行三家。为政府的土地储备提供贷款，是国家开发银行的职能所在，通过它来为政府的土地储备和一级开发提供融资，益处有以下几点：

第一，由于土地储备贷款在许多政策方面还存在不明确之处，一些方面难以满足商业银行的要求，而国家开发银行是政策性银行，在许多方面要比商业银行具有政策上的优势，比较适合做土地储备和一级开发贷款。

第二，国家开发银行可以与政府一起，对房地产行业进行调控。国家开发银行可以从资金运用方面对区域内土地储备的信贷总量和结构进行控制和调节，以期达到政府设定的目标。

在具体操作中，除了政策性银行单独进行土地储备贷款外，也可以采取与商业银行进行联合贷款或间接银团贷款的方式来发放土地储备和一级开发贷款。

3. 土地资产证券化。由于国家在农业用地上实施严格的保护政策，目前土地储备和一级开发的重点是城市存量土地，所以，如何在政府现有的财政条件下和保证社会稳定的前提下盘活这些土地资源，保障城市发展建设的需要，不但关系到城市土地资源的优化利用，也关系到整个城市的可持续发展。在这种背景下，借鉴香港的经验，实施土地资产证券化，推行换地权益书制度，不失为缓解政府财政压力、盘活存量土地、优化土地资源的配置效率、保护土地原使用人的利益的一种办法。

从产生的背景来看，换地权益书是政府在城市化的推进过程中，为了解决征地资金不足，以政府信用为担保，向土地占有者发行的有价凭证。就其法律地位而言，换地权益书反映的是一种政府与土地占有者之间的债权债务关系。换地权益书代表了被征收土地的收益权和使用权，其价格等同于发放时所代表的土地价格。换地权益书可以在不同的主体之间流通，但与地方政府债券不同，换地权益书具有特异性，其发行和价格对应于特定土地，并且成为其交换的依据，这一事实也限定了换地权益书的交易范围。

实施换地权益书制度的意义显然是非常巨大的。长期以来，我国土地使用制度的不完善不仅造成了土地所有权收益的大量流失，而且形成了大量企业对土地的事实占有。要盘活闲置或隐性闲置土地，释放土地上积压的大量资金，解决银行的不良金融资产，就要从根本上使这些土地重新流入市场，同时建立政府掌握的具有一定容量的“土地储备库”，以此作为控制一级土地市场（包括供地量、供地结构、价格控制等）的基础，逐步激活存量土地。但根据当前的实际情况，通过收回及盘活处置大量闲置土地面临两难困境：一方面，若有偿收地，涉及大量资金，财政难以承担；另一方面，若无偿收地，不仅不可行，也会引发更多的矛盾。因此，若能以有效、等价的换地权益书换回闲置土地，无疑对政府、土地使用者以及相关第三方都有好处。

（二）关于受托的土地储备和一级开发商的融资，可以采取以下途径

1. 完善商业银行土地储备贷款。目前各家商业银行对于土地储备贷款都处在摸索阶段，遇到诸多问题难以解决，贷款风险控制尚难到位。人民银行（2003）121 号文特别指出，在土地储备机构贷款管理办法颁布前，审慎发放该类贷款。在这种情况下，我们要开展这种贷款，首先应明确贷款的对象只能是受托进行土地储备和一级开发的房地产开发商。在具体操作中，要争取政府土地管理部门的政策支持，加强与国土资源部门、财政部门的联系交流，共同研究土地储备机构的运作模式，在土地储备机构贷款管理办法颁布前，对土地未来“招拍挂”的预期、“招拍挂”后的资金流转方式、借款人的综合实力等情况进行分析，规范业务操作流程，趋利避害。具体包括以下几点：

（1）充分研究当地经济环境和土地市场发育状况。一个地区经济发展状况是土地市场能否活跃起来的前提条件，只有经济发展前景较好、土地市场日益活跃的地区，土地储备工作才有其存在的空间，否则土地储备工作就徒有虚名，依靠土地储备进行的融资风险就会增大。

（2）要充分了解开发商所要开发的不同地块的情况。由于大部分收购地块从收购到供出要经过一段时间，其中不确定的因素非常多，因此，在贷前调查中要关注借款人所储备土地的投资环境、市场开发潜力、未来土地出让的可能性和经济效益、地上物情况、拆迁的难易程度等。为安全起见，我行支持的储备地块必须是规划明确、将来拟在市场公开拍卖的经营性土地，而为招商引资所储备的地块，以及用于政府公共设施的土地提供的贷款不应涉足。

（3）关注当地政府是否具备一定的资金实力，有无承担未来土地交易失败的风险的能力。要关注地方政府有无对借款人土地出让收入分配的具体实施方案。在投放贷款之前我行要与借款人和同级财政部门协商，要求承诺将由财政局监管的“国有土地使用权有偿使用收入专户”在银行设立，尽可能实现资金的封闭运作，以便银行对土地出让收入资金的监管和风险控制，尽可能做到出让一宗，回收一笔，保证银行处于主动地位。

（4）关于第二还款来源问题，在考虑其开发土地的资金正常回收的情况下，还必须要分析情况的综合还款能力。要分析企业过去的经营情况、资金状况、在建项目情况、资金总体安排、银行资信情况等，同时，按照相关文件要求，土地储备贷款必须采用抵押方式，不能发放信用贷款。鉴于目前土地使用权抵押中存在的诸多法律空白，可以考虑用企业的其他资产，比如其他具备抵押条件的房产或土地作抵押。

2. 信托计划。

我国《信托法》所称信托，是指委托人基于对受托人的信任，将其财产权委托给受托人，由受托人按委托人的意愿以自己的名义，为受托人的利益或者特点目的，进行管理或者处分的行为。目前进入土地储备和一级开发领域的主要是房地产信托。指导房地产信托的主要法规有：《信托法》、中国人民银行《关于信托投资公司资金信托业务有关问题的通知》、中国银监会《关于进一步加强信托投资公司监管的通知》、中国银监会《关于进一步规范集合资金信托业务有关问题的通知》和《关于信托投资公司集合资金信托业务信息披露有关问题的通知》、中国银监会《信托投资公司房地产信托业务管理暂行办法（征求意见稿）》。房地产信托目前的主要形式有：①贷款型信托。由于受中国银监会要求此类信托计划比照商业银行房地产贷款标准执行，因此贷款型信托资金难以进入土地储备和一级开发领域，实际上已逐步萎缩。②股权证券化信托。此种信托由信托公司向不特定的社会投资者募集资金，收购开发商股权，并以开发商转让或溢价回购股权作为收益保证。股权信托直接扩大开发商资产负债表的所有者权益项，具备进入土地储备和一级开发市场的条件。通常开发商通过股权信托融资后开展土地储备和一级开发，待具备房地产开发条件后再向商业银行融资解决项目后续资金缺口，待项目进入销售期后，通过销售回款结利后逐步溢价回购信托公司股权。

如北京国际信托投资有限公司推出的CBD土地开发项目资金信托计划不但突破了信托业旧的经营模式，而且开创了信托参与首都建设的先河。它是将自然人和法人的盈余资金集合起来，委托给北京国际信托投资有限公司进行专业运作的一种资金信托方式。该信托计划期限为5年，加入信托计划的单笔资金数额最低为5万元人民币（包括5万元），每期信托计划不超过200份合同，分期发行，募集总规模不超过15亿元人民币。CBD信托计划自信托计划宣告成功设立之日起计算信托收益。北京国际信托投资有限公司作为受托人对信托资产实行单独立户、分账管理，按年度向投资者分配信托收益。

3. 房地产投资信托基金（REITs）。房地产同时具有消费和投资双重属性，具有保值增值的特性，能够产生投资收益，而且能够容纳的资金量非常大。因此，房地产成为社会资金投向的重要领域，在全球范围内，房地产也成为各类基金投资组合的重要组成部分。但同时，房地产业务又有很强的专业性，要求具备相当的专业知识和经验，这一切构成普通中小投资者难以克服的障碍。在解决这一矛盾的过程中，市场经济国家通过较为成熟的证券市场逐步发展了一种合理可行的房地产投资方式——房地产投资信托基金，并不断趋于完善。

房地产投资信托基金源于美国，从1960年起，距今已有40多年的历史。随着我国房地产业的发展和近来房地产融资政策的变化，“房地产投资信托”一词逐渐在业内和相关媒体流行。早在2002年，已有专业人士在探讨国内房地产商战略转型时就提出要逐步引入美国房地产投资信托的建议。北京国际信托投资有限公司也在2003年12月推出了内地首只房地产投资信托（法国欧尚天津第一店资金信托计划），被业内视为中国式房地产投资信托（C－REITs）的开端。

目前，境外房地产投资基金在境内的运作主要采取了直接购买房产、进行项目合作以及直接参股房地产公司三种模式。其中，后两种模式主要是通过成立外商房地产投资企业进行项目开发，而采用直接购买房产模式的，主要以选择收益稳定、租金回报高的中高档写字楼和住宅为主。境外房地产基金在完成交易后，往往会再将相关的物业进行打包，或采取直接向国外银行、保险公司私下配售进行套现，或通过REITs等在境外上市，融通大量资金再进行其他交易。

如新加坡GIC基金是亚洲著名的投资基金，下辖三家子公司：新加坡政府投资有限公司、GIC不动产投资有限公司以及GIC特殊投资公司，管理的资产超过1 000亿美元。首创置业在香港上市成功后，又通过与新加坡GIC基金合作开发，完成了“和平里小镇”和“缘溪堂”住宅项目的开发，由于境外基金投资房地产项目没有国内银行贷款条件苛刻，因此，首创置地通过与境外基金合作，避开了国内银行土地储备和一级开发融资方面的瓶颈，实现了一级开发和二级开发在融资上的联动，取得了较好的开发业绩。

经办三峡移民资金的收获与启示

重庆市分行　涂昭明　曾　隽　陈林华　钟兴玉　沈　凌

三峡工程，举世瞩目。其大坝工程建设、库区污染治理、地质灾害预防等都是中国工程建设史上的重大难题，而最难、最关键的当属百万移民。移民的重要环节之一是资金管理。建设银行作为三峡移民资金管理的监管银行和主要经办银行，为移民工程按计划顺利实施作出了重大贡献，得到了国务院、三峡工程建设委员会、重庆市政府和重庆市移民局的充分肯定。与此同时，在经办三峡移民资金过程中，建设银行也取得了巨大的综合效益，为营销重大项目资金管理提供了一个特殊的视角，带来了宝贵的经验和启示。

一、三峡移民资金管理的特殊性与难点

（一）三峡移民资金管理的特殊性

三峡移民工程从1985年起开始进行开发性移民试点，1993年正式启动，预计2009年结束。到2006年8月，三峡库区移民116万人，移民涉及重庆、湖北的19个县级行政区112个乡镇，其中重庆市移民数量占总数的90%。移民工程概算投资400亿元（静态），约占三峡工程总投资的45%。其使用实行“静态控制，动态管理”的投资管理办法和“统一计划、分级管理、专户储存、专款专用、专账核算”的资金财务管理办法，具有极强的政策性。

建设银行作为移民资金管理的主办银行和监管银行，为管好管住移民资金，在库区（重庆）专门设立了移民资金专管处室（或科室），并配备了专管人员。截至2006年6月末，国家三峡建委办公室拨出移民资金510.33亿元，其中经建设银行重庆市分行拨出的移民资金436.48亿元。

从经办过程看，三峡移民资金管理具有四个方面的特殊性。

1. 高度的政治性。三峡工程是国家跨世纪的重大决策。为了加大行政推动移民工程的力量及加强三峡库区的综合、全面治理，1997年成立了我国第四个直辖市——重庆市。移民问题不仅事关库区政治、经济和社会的稳定，而且也是世界舆论关注的焦点。因此，作为全面贯穿移民工作始终的移民资金管理，具有高度的政治性；全国人大还就此专门制定了《长江三峡移民条例》，从法律上明确规定了移民资金的特殊性并赋予移民资金管理法律地位。

2. 广泛的社会性。移民工程向上直接牵动国务院及国务院相关部委，向下涉及各级地方政府、成千上万移民单位及百万移民。移民安置不仅涉及库区城镇建设、产业结构调整及环境治理保护，也涉及百万移民能否在规定的时间内搬得出、住得下、安得稳，牵涉企业单位的关停并转，也直接影响到库区密集人口的就业问题；不仅给库区人民传统文化观念带来冲击，也对他们的生活环境、生活习惯、代代相传的地方语言等带来方方面面改变，具用广泛的社会性。

3. 情况的复杂性。多数移民区的社会经济环境比较闭塞，加上移民时间长、翻山越岭的空间跨度大、山区青年农民常年在外打工等因素，要把几百亿元的移民资金直接送到成百上千个迁建单位和个人手中，并非易事。这种头绪多、难度大、移民个人和单位千差万别的复杂性，是三峡移民资金管理工作中的又一突出特点。

4. 多发的风险性。从政策层面，移民资金管理的计划性约束是非常强的。一方面，由于移民资金管理的时间跨度大，情况千变万化，资金拨付的集中性、时效性与百万移民的高度分散性之间难免产生矛盾。另一方面，移民政策与相关法律法规也时有冲突，相关利益主体之间的博弈极其复杂，各种各样的矛盾相互交织在一起。这就使移民资金成为各种社会、经济矛盾冲突聚集的焦点。

（二）三峡移民资金管理的难点

移民资金如何交付到移民手中，是三峡移民资金管理的难点。大规模移民工作开始之前，当地移民局在建设银行的账户只是一个形式上的过渡性账户。当大量的移民资金顺利通过这个过渡环节而划到农村信用社的账户上时，移民资金“专款专用”的政策规定便被一些人忘到一边，抵扣贷款、抵扣拖欠农业税、扣划超生罚款、扣教育集资款等，一堆的陈年旧账统统被翻了出来，记到移民资金账户上。同时，一些基层政府人员，千方百计地挪用移民资金堵乡镇财政赤字的历史窟窿。如果任由这些中间环节截留移民资金，那么真正送到移民手中的移民补偿金将所剩无几，移民可能因此而对移民政策产生怀疑和抵触情绪。在这个节骨眼上，历史再一次选择了建设银行，建设银行负责管理移民资金支付全过程，为落实移民资金“专款专用”的政策规定，经办行要求自己的员工必须亲手一家一户地将移民款送到千千万万个移民家庭。

二、建设银行在三峡移民资金管理中的作用

在经办三峡移民资金的过程中，建设银行发挥传统优势，起

到了不可替代的作用。

（一）严守但又不死守“高压线”

对于移民资金，社会上流行一个非常形象的比喻：“高压线”，谁碰谁死。进一步的解释是，这根“高压线”不是不能碰，而是不允许“乱”碰。对于担负“高压线”守护任务的建设银行员工来说，难就难在这对个“乱”碰的准确把握。

建设银行重庆市分行各经办行在经办移民资金拨付过程中，既从政策和制度规定的方面，坚决维护移民资金拨付计划的严肃性，又能在深入实际的调研工作中，对超计划的真实原因进行实事求是的分析，并及时向上反映。面对众多突破资金计划的要求，建设银行工作人员翻山越岭，到成百上千个迁建单位和移民家庭中进行深入的调查，仔细核实。建设银行有长期经办投资管理的经验，从中沉淀下来的投资管理文化，已经浸入到了每个员工的灵魂深处，形成了一种宝贵的团队作风。

（二）优化组织机构与规章制度，为移民资金提供安全、快捷、及时、准确的结算通道

从1994年开始，重庆市分行就在库区各分支行成立了资金管理处（科）室，设立了移民资金结算专柜，成立了工程造价审查中心并配备了移民资金专管员，专职负责移民资金的拨付和管理工作。其内部的具体分工是：分支行长全面负责，分管行长具体负责，处（科）抓日常管理，专管员终身负责以及会计柜台全面监管。这样，在系统内部就形成了一个分工明确、各司其职、组织严密的机构管理体系，为确保移民资金的运行安全提供了组织保障。

在强化组织保障的同时，坚持制度先行，狠抓移民资金管理的规章制度建设。按照《三峡移民条例》、《三峡移民资金管理办法》等政策法规，在坚持以移民资金的资金流为主线的前提下，重庆市分行针对不同时期移民资金管理的特点及要求，先后制定了《移民资金联行管理制度》、《移民专管员制度》、《造价审查制度》、《移民资金管理实施细则》、《移民资金拨付工作流程》等一系列操作性强的管理制度和办法，为移民资金提供安全、快捷和及时的制度保证。

（三）成功控制移民资金总规模，为协助破解大工程“投资无底洞”难题作贡献

在强化移民资金管理过程中，建设银行通过“守计划，把口子”、严格工程造价、规范建设单位财务管理、认真履行监管职责等几个重要环节，主要发挥了4个方面的作用：一是作为经办行，协助三建委有效防止并在很大程度上制止了移民资金中的超计划甚至无计划行为；二是作为“移民资金监督管理网络”成员单位，在联合检查、专项检查和重点项目跟踪监督等监管活动中发挥骨干作用；三是充分借助随时、全面了解资金使用真实状况的优势，及时反映移民资金管理工作中出现的新状况、新问题、政策偏差以及移民迁建中的违法违规行为，并从加强移民资金管理的角度，提出了许多改进意见及政策调整建议，切实发挥了积极的监管作用；四是严格工程预决算审查，把好资金管理最后一道关口，为移民搬迁节约了大量资金。

（四）积极创新，提高效率，有效地保证了移民工作的进度

为了更加行之有效地服务于移民搬迁工作、提高办事效率，建设银行在项目管理方法上，独创出了以资金流为主线的项目管理办法；在产品创新方面，推出了搭桥贷款业务，有效地缓解了移民资金计划拨付滞后于实际工期的矛盾；在移民资金监管方面，推出了移民工程造价审查业务；成功开发了移民资金信息管理系统和网上银行发放乡镇移民补偿资金应用网络技术，大大提高了检索、查阅及利用移民资金管理资料的工作效率。

（五）为完善移民资金管理政策规定建言献策

移民资金与生产资金、企业改制资金等交织在一起，极大地增加了移民资金专款专用的难度。建设银行工作人员深入一线开展了范围广泛的调研活动，撰写有关移民工作的简报、报告和调研文章，分析矛盾、暴露问题、提出建议。与此同时，他们还通过各种渠道，特别是充分利用三建委领导以及三建委组织的各种专家组下基层调研的机会，客观真实地向上级反映移民资金管理工作中存在或新暴露出来的各种问题、政策执行偏差、调整的建议等，引起了三建委和专家的高度重视，为完善移民资金管理和不断充实移民政策规定，发挥了重要的作用，得到了有关方面的充分肯定。

（六）严格造价审查和财务监督，降低成本，节约投资

为了加强移民迁建项目工程造价管理，维护国家、移民、建设单位及施工企业的合法权益，保障移民资金的合理使用，1996年初，国家移民局和建设银行总行联合颁发了《关于长江三峡工程库区移民建设项目工程造价的通知》，委托建设银行按照有关法律法规、政策和标准对移民工程预算、结算、工程标底及承发包合同等影响造价的要素进行审查，未经建设银行审查不得拨付移民资金。为此，建设银行把移民项目造价审查工作作为监管和配套服务的重点来抓，不仅增加了人力投入，而且购买了软件系统，专门用于移民工程预决算审查，在审查中履行监督管理职责，严禁高估冒算，为降低成本、节约建设资金发挥了重要作用。

三、建设银行经办三峡移民资金的收获

对于建设银行来说，十几年的移民资金管理，不仅锻炼了队伍、培养了人才、拓宽了思路，而且极大地促进了建设银行在库区各项业务的全面开展，大大提升了建设银行在当地金融市场的竞争力。

（一）提升了建设银行的社会声誉

从移民工程启动之日起，建设银行作为唯一的银行服务机构，就被纳入了地方“移民工作小组成员”、“移民资金监督管理网络成员单位”等组织领导体系，在获得移民资金管理特定话语权的同时，也确立了管理库区金融服务领域的主导地位。

三峡移民前，库区经济和基础设施建设一直不发达，建设银行的社会知名度相对于其他银行较低。移民工作开始后，移民政策及相关制度就明确规定：“所有使用移民资金的单位必须在建设银行开立专户，并接受建设银行监管。”正是从那时开始，建设银行通过积极参与移民投资计划编制、资金管理、项目评审、财务检查、项目验收等全过程的移民资金管理活动，广泛接触到了不同行业、不同层次、不同需求的客户群体。这些客户既包括处于工程主导地位的三建委、各级政府、各级移民局及各相关管理部门，也包括成百上千、作为移民搬迁对象的迁建单位及成千上万的机关事业单位干部员工、城镇居民和农村移民，同时还包括为移民迁建提供综合服务的各类施工单位、设计单位及各类咨询中介服务机构等特殊客户群体。正是通过移民资金这根纽带，使得建设银行在库区的知名度得到了极大的提高。

（二）拓宽了资金来源渠道

移民工作初期，建设银行库区支行在当地金融市场的份额占比，基本是处于四大银行的末位，单个区县支行的绝对存款量平均仅为0.6亿元。经办13年的移民资金后，截至目前，库区的万州、涪陵、开县、奉节、云阳等分支行的业务发展直线上升，平均余额已超过15亿元，其中万州分行存款余额更达到前所未有的33.5亿元，其他县支行的存款余额也几倍于移民前。在库区行存款机构中，移民资金内循环的作用非常大，部门支行对公存款40%是直接来源于移民资金沉淀，另外的20%～30%来自于与移民有关的企业或单位存款。随着移民后库区产业结构的调整以及库区经济建设环境的明显改善，建设银行在库区的发展已经走上了良性循环的发展道路。

（三）丰富信贷品种，促进资产业务的健康发展

库区搬迁恢复建设中对资金的巨大需求，也为银行积极拓展资产业务提供了广阔的市场空间。特别在1995—1998年，国务院全面推进落实库区开发性移民政策，每年专门给予三峡库区15亿元联营专项贷款规模，建设银行以此为契机，积极介入了本不属于自己传统优势领域的一些大中型工矿企业，累计发放联营专项贷款20多亿元。1998年以后，虽然联营专项贷款被取消，但由于移民搬迁任务重、时间紧且资金到位慢，移民搬迁项目资金缺口巨大，移民资金计划安排与工程的实际进度之间在客观上存在相互脱节或连接不十分紧凑的问题，因此，以移民资金作为还款来源的零风险搭桥贷款应运而生，建设银行借经办移民资金的东风，累计发放搭桥贷款约13亿元。需要特别指出的是，发展建设银行信贷业务所面临的最大机遇还在于，由于前期大量介入了移民搬迁工程，并为库区移民后的经济发展以及库区产业结构的调整做了必要的前期准备，因此，库区建设银行通过并凭借移民资金的管理平台，顺理成章地将包括发展信贷业务等方面的经营管理活动，延伸到了库区移民后的经济发展方面，并由此带来了更大的业务发展空间。

（四）带动了中间业务快速发展

一是结算业务。移民资金平均每年直接带来了30多亿元的资金流量，高峰时期达到了近80亿元。二是造价咨询业务。库区分

支行充分发挥基本建设管理专业优势，在一期移民阶段迅速抢占了移民工程主要咨询业务市场，树立了建设银行移民造价咨询的权威地位，得到了良好发展。在二期移民后，由于移民主管部门引入了市场竞争机制，建设银行垄断移民工程造价咨询业务的局面被打破。尽管如此，建设银行在这方面的业务发展仍呈现出了较好态势。13 年来，全行累计受理各类造价咨询项目 8 000 余个，累计完成编审总额约 175 亿元，累计净核减 12.5 亿元，实现审价收入约 2 200 万元，并曾一度占据了审价收入总额的 90% 以上。这不仅帮助建设单位节约了投资，建设银行也从中取得了相当可观的收益。

（五）进一步调整和优化了客户结构

移民初期，库区建设银行除了"建"字客户外，机构客户、工商企业客户寥寥无几，尤其是机构客户几乎是一片空白，其市场竞争能力很弱。主办移民资金管理后，建设银行充分利用移民资金"专款专用"、"专户储存、专户核算"的政策及制度规定，以为搬迁单位开立移民资金专用账户为切入点，大面积地与库区各种类型的客户建立起了范围广泛的业务联系。与此同时，还充分利用管理移民资金的难得机会，积极进行攻关活动，有选择性地将部分重要机构和企业的基本结算户转进建设银行，不仅培育发展了一大批优质的客户群体，而且实现了客户结构的全面优化。初步统计，经过 13 年的移民资金管理，库区建设银行成功拓展了 1 994 户新客户，其中约 200 户为电力、交通、化工、财政、城建等重点机构及公司、企业客户。

（六）为实现库区建设银行业务发展战略转型奠定了良好的基础

在移民资金管理过程中，建设银行充分强调整体营销优势，加强了公司业务与个人业务的综合组合营销，积极拓展了一大批优质个人客户群体，特别是在个人住房金融业务和个人 VIP 客户发展方面，实现了个人金融业务的快速发展。经抽样调查，库区约 30% 的个人储蓄增长来源于移民资金的分流转化，约 90% 的住房金融业务与移民搬迁密切相关，约 80% 的个人 VIP 客户是通过从事移民搬迁有关的工程承包、个体经营等业务发展培育起来的。建设银行通过主办移民资金管理的优势，不仅获得了其中大部分份额，储蓄存款在当地金融市场占比大幅提高，而且也因为机构、公司客户结构的全面优化，进一步带动了个人客户群体的整体优化，从而为建设银行业务经营活动实现战略性转型奠定了前所未有的良好基础。

（七）库区建设银行的经营状况得到了根本改善

经办移民资金前，库区建设银行基本是处于全面亏损的状态。按照总行有关规定的标准，相当多数的支行处于被撤销的边缘，发展前景令人堪忧。经办移民资金后，库区绝大多数分支行不仅彻底扭转了长期经营亏损的被动局面，保住了库区分支行的生存权，而且全面实现了扭亏为盈，例如万州、涪陵、奉节、开县、云阳等分支行甚至已稳步跨入了年盈利千万元大关，职工的精神面貌也随之发生了很大的变化。

四、经办移民资金的启示

启示一：一如既往地积极为国家重点建设项目服务。不管是过去、现在还是在将来相当长的时间内，我国经济建设仍然是关乎国计民生的重点建设项目，其项目的上马所直接体现的是政府的决策行为，而不大可能是完全市场化的公司行为。不管是由中央宏观经济政策所引导的经济发展布局调整，还是由政府直接决定的重点建设项目，都必然会伴随有一个巨大的资源调整，其中往往包括一个巨大的现金流，给包括商业银行在内的诸多经济实体带来巨大商机。只要我们在纷繁复杂的改革过程中始终保持清醒的头脑，不论是出于何种考虑，即不论是出于国情和政体的考虑，还是出于自身经济利益或业务健康发展的考虑，建设银行都必须高度重视对三峡移民、西藏铁路等这一类重点建设项目服务的积极介入。

启示二：高度关注重点建设项目的前期介入，有利于充分利用项目建设的垄断性及派生性，不断拓宽客户的接触面，进一步优化客户结构群体。在经办移民资金过程中，建设银行有机会广泛接触到了一流的建设单位、一流的建筑公司、一流的工程规划设计院、一流的工程咨询监理公司以及世界一流的材料供应商等，在为它们提供服务的同时，既加深了相互之间的了解，又从根本上优化了自己的客户结构。在三峡工程这个龙头的牵引下，三峡移民后期的产业结构调整，必然要面临着新一轮的发展机遇。因此，对于建设银行来说，不仅在整个移民过程中发挥了重要作用，而且这个作用也必将通过移民资金管理平台顺理成章地进入产业结构的调整而得到更大程度的发挥。在这个调整过程中，建设银行的信贷结构也肯定会得到进一步的优化；而这个不争的事实，也已经在库区建设银行信贷结构的不断优化中，得到充分体现。

启示三：重点建设项目能够为建设银行业务的全面发展提供巨大的空间。经办三峡移民资金尽管在形式上并没有明确规定服务的有偿标准，在投资资金的拨付过程中体现的也是一种免费服务行为，但有一点可以肯定，建设银行在提供服务过程中也有不少收获。移民前，库区建设银行的业务发展大多处在委靡不振的状态中。经过十几年的移民资金管理，它们中的绝大多数已经在当地金融市场上拥有相当的影响力和竞争力，其根本的原因就在于，它们在资金结算、审价咨询、搭桥贷款以及大量低成本资金的沉淀中，获得了巨大的经济效益。目前，它们又通过移民资金管理过程中打下的基础，跟随着一大批已经相处十几年的迁建单位，开始了新一轮的生产建设合作关系，彼此之间都是知根知底的，继续合作的前景十分广阔。

启示四：范围广泛的社会影响，有利于提升建设银行的社会形象，打造知名的社会品牌。十几年的移民资金管理，给库区建设带来并留下了3个既发人深省又耐人寻味的结果：一是与其他3家国有商业银行相比，建设银行的机构网点和职工人数，不仅不占优势，而且总数的占比明显偏低，但在当地金融市场份额的占比方面，除了极个别的运行外，其占比都超过了25%，其中占比超过30%的不在少数，涪陵和奉节支行的占比更是高达40%以上。二是除了建设银行实现盈利外，当地包括国有银行在内的所有金融机构都处于全面亏损甚至是连年的巨额亏损之中。三是甚至包括公务员等在内的城镇居民，宁可在建设银行的营业网点排队等待办理业务，也不愿意到相距不是太远的其他银行去随到随办。在分析、总结其中的原因时，库区建设银行员工无一不将其归功于十几年移民资金的管理，正是得益于这个管理平台，建设银行不仅大幅度地拉升了在当地的社会形象，而且通过社会形象的拉升把“建设银行”品牌打进库区的千家万户，打进老百姓的心中。

建设银行发展结算业务的对策建议

总行研究部　刘秀华

结算业务是商业银行向客户提供支付中介、资金清算的服务，与银行的资产负债业务有着密切的关系。资产负债业务规模的扩大推动着结算业务的发展，而结算业务的发展又促使资产负债业务不断拓展，两者相辅相成，互相促进。同时，结算业务既是银行中间业务重要的组成部分和收入的主要来源之一，也是开展其他中间业务的桥梁和纽带。结算业务虽然发展多年，日益成熟，但仍是商业银行的支柱业务，更是商业银行品牌的象征和市场竞争力的体现。特别是随着国民经济的快速发展和支付环境的日益完善，对支付结算业务的要求更高，需求也更加强烈，支付结算业务甚至成为“锁定”客户和拓展业务的重要手段和支撑。加强对结算业务发展的重视程度，不断提高支付结算业务水平，不仅有助于为客户提供更好的金融服务，而且可以提高建设银行各项业务特别是中间业务的市场竞争力。

一、积极拓展现金管理等综合性结算产品，增强结算业务的核心竞争力

现金管理是一种集收付款管理、账户管理和流动性管理于一体的综合性结算产品，既可以提高企业客户资金的使用率和收益

率，实现有效财务监控，达到集约化管理的目的，又是商业银行产品创新的新举措。另外，它还是银行加强与企业深度合作的“黏合剂”，是稳定和争取大客户的有效手段，也是产品核心竞争力的体现。

现金管理等综合性结算产品已经成为国内外银行竞争的重要领域。汇丰、花旗、渣打等先进银行已将全球现金管理业务作为争夺中国市场的重要手段，它们具有丰富的产品和深厚的业务经验，优势显著。而国内银行中，工商银行和招商银行也表现突出。工商银行的现金管理业务品牌——财智账户可以帮助客户高效管理应收、应付款，归集调剂内部资金，提高资金回报，注重产品的开发和创新。招商银行除传统的账户结算服务外，还提供名义资金管理、集团支付、集团协议转账、人民币现金池、外币现金池、资金余额管理、财务管理平台等种类齐全的现金管理服务，追求横向细化和纵向延伸，为客户提供个性化全方位的现金管理服务。

建设银行应该紧紧抓住与美国银行战略合作的契机，积极吸取借鉴其先进的全球现金管理的丰厚经验，大力研发推广 GTS 项目，提高现金管理服务水平，增强产品竞争力。首先，依靠本行雄厚的技术实力，建立全行统一的全球现金管理平台，实现平台与各相关业务系统的联通，方便客户“一键式”统一操作。客户的财务系统专线与银行业务系统相连，必将大大提高客户的资金使用效率。对于有条件的大客户，可将客户服务终端与其 ERP 系统结合，充分实现客户日常的收付款、记账、对账等业务的自动化。现金管理平台界面不仅应友好便捷，还应提供相应的信息增值服务，如收付款情况、账户交易信息、余额情况等。

其次，加快对相关产品的梳理和整合，将收付款业务、账户管理、投融资、集团理财等功能集成，注重将本外币业务相结合，形成一体化一站式服务，同时将传统的柜面渠道和电子渠道完美结合，使操作手段更方便快捷，为客户提供全方位的现金管理服务。

最后，在设计现金管理方案时，应深入了解客户的业务流程、财务管理模式、资金流动特征等相关信息，设计出适用于不同客户的个性化产品。注重服务的后续监控，保证交易的成功性与准确性，以及信息反馈的及时性、时效性，如有问题反馈，相关的部门和专家团队应及时解决，并做好后续的回访。还要与其他银行保持竞争合作的关系，这样可以达到优势互补、经济双赢的目的。

二、强化支付结算业务开发创新和整合力度

在金融市场竞争日益激烈的今天，谁的支付结算产品创新能力强，谁无疑就能占领支付结算业务市场先机，谁的支付结算业务市场竞争力就强。先进银行不仅重视创新产品，而且还重视对传统产品的改良和整合，通过不同产品的组合，向客户提供全方位服务。建设银行应加强对支付结算业务市场需求的研究，不断拓展服务范围，积极创新支付结算业务，立足于开拓市场和提高综合收益水平。工商银行根据对公结算客户的不同群体偏好和不同区域经济特点制定了不同产品组合，推出中小企业结算产品等。中国银行利用自身外汇优势在 1999 年推出国内信用证，客户广泛，服务领域延伸到 20 多个行业，资金额逐年增长，市场反应良好。建设银行应推行差别化账户管理措施，为客户提供个性化支付结算服务；积极推广国内信用证业务和推行对公通存通兑、支付密码等业务，丰富对公结算业务功能；加快银行卡业务创新和推广力度，在扩大发卡规模的同时，注重提高单卡交易额和消费额，不断提高银行卡的综合效益；随着我国信用体系的不断完善，适时开展对商业承兑汇票的委托收款、贴现、保证等业务。同时，充分发挥网点柜面资源的优势，整合渠道建设，发展完善 ATM、POS 机、电话银行、网上银行、手机银行等渠道的金融服务，形成高技术、高素质和高效率的多元化结算服务体系，通过丰富的产品和优质的服务，提高业务处理效率和客户服务水平，增强客户的满意度。

三、积极推广网上支付、移动支付等新型支付方式，提高结算业务电子化程度

银行电子化程度的高低决定结算业务发展的效率和水平，先进的商业银行充分利用现代信息技术和电子网络手段，对结算业务的功能进行改良、创新，扩展结算业务的服务范围，提高了结

算业务的电子化程度。工商银行利用POS机网络开发出的支票直通车、为公司客户提供资金异地通存通兑服务的“即时通”、网上支付等特色产品，大大加快了结算的速度，提高了结算的安全性，深受市场与客户欢迎。中国银行的企业网上银行，可以提供报关即时通服务，用于进出口企业缴纳海关税费，只需在电子口岸查询税费通知并确认支付，即可通过中国银行企业网上银行与海关业务系统的连接自动完成缴纳税费，顺利通关。招商银行网上银行除网上支付外，近年来相继开发了银关通、票据通、网上信用证等功能，满足了不同规模和类型的企业对金融服务的个性化需求。

建设银行也应借助本行科技实力，不断提高支付结算类中间业务的科技含量，使之功能多样化、产品多元化，形成自身的独特优势和规模效应。首先，应大力发展网上支付、移动支付等新型支付方式，积极与大型电子商务机构直联，同时通过与第三方支付服务商合作来整合中小商户。网上支付的主导产品应以股票、基金、国债等金融产品为主，逐渐向电子商务领域扩张，尤其是电子客票、公共支付等低风险领域。其次，根据业务需要不断优化数据集中系统，完善业务功能，提高业务处理效率。此外，要加速传统结算业务的电子化，如完善网上银行的支票、汇票、国际结算等业务功能，以满足客户利用网上银行进行结算的业务需求。

四、积极运用新型国际结算方式，扩大国际结算业务的市场占有率

在充分运用和完善传统结算方式的同时，应在充分借鉴国外先进产品的基础上，结合建设银行具体实际情况加以运用，通过充分的市场调研和可行性分析研究后，积极推广新型国际结算方式，并开发新的结算产品，为客户提供全方位、多功能的金融服务，力争国际结算业务的新突破。

应注重开展以国际结算为目的的融资。融资越方便，银行对客户就越有吸引力，国际结算业务就越能得到较快发展。中国银行国际结算产品的优势不仅在于其产品设计，而且还与该行的贸易融资授权体制、贸易融资政策、客户定位、业务流程等方面密切相关。因此，建设银行应根据形势发展的需要，适时推出各种国际金融新业务，大力争取以结算单证为目的的融资新业务，拓展国际结算业务客户阵地。建设银行各相关部门应不断梳理业务流程，优化贸易融资审批业务流程，探索贸易融资的绿色通道，提高业务处理效率，提高客户满意度。要加快全国单证集中化进程，提高业务处理规范化、标准化和效率化，进一步提升建设银行国际结算业务的服务水平。非贸易结算也是国际结算业务的重要方面，应抓住加入世贸组织后国际交流不断增加的契机，不断增加非贸易结算业务品种。此外，还应积极地拓展境外市场和境外代理行网络，使国际结算业务能够实现跨越式发展。要充分发挥人民币信贷资金的杠杆作用，吸引更多的在建设银行得到人民币信贷资金支持的企业，如三资企业，有进出口经营权的民营、私营、股份制企业等，到建设银行办理相应的国际结算业务及其他国际业务。

时刻关注国际结算、国际贸易等方面最新出台和调整的相关政策，快速响应市场变化。一方面，结合我国出口退税政策的调整，对于受影响的企业，应加强与其沟通，了解其受政策调整影响的程度及其将采取的措施，尽量确保建设银行原有国际结算业务份额并控制操作风险；另一方面，对于受益于出口退税新政策的企业应加紧跟踪和营销，尽量扩大市场份额。

五、建立高效联动的结算业务营销机制

经济金融越发展，国际化程度越高，经济金融相关程度越高，各种金融工具及金融服务之间的连带性与相关度就越高。在结算业务市场拓展中，由于缺乏系统的营销策略，信贷业务与结算业务、个人结算与单位结算、本币结算与外币结算、贸易融资和国际结算业务等之间的交叉营销不够，不仅难以实现结算业务的跨越式发展，还将容易丢失结算业务的市场份额。只有将联动营销、整合营销、交叉营销等手段结合起来，积极开展全面业务系统的客户营销工作，才能为结算业务的稳定发展奠定坚实的客户基础。

为此，建设银行应采取灵活多样的宣传方式，充分利用各种媒体及各种业务推介会、上门专项业务介绍等方式，对企业和社会公众大力宣传建设银行支付结算业务的优势或潜在优势，突出宣传本行的特色支付结算产品，不断提高建设银行支付结算品牌

的社会认知度，从而达到提升整体形象的效应。

在先进商业银行的业务中，将信贷业务和结算业务相结合是普遍的做法。中国银行将国际结算与贸易融资相结合，大力开展国际贸易融资业务，同时还能不断地加强境内外分行之间的协作，发展更广阔的合作关系。建设银行在制定结算业务的营销策略时，应建立起信贷部门和结算部门联动的营销机制，将贸易融资、资金业务与结算业务紧密结合起来，以信贷业务来招揽结算客户，以结算业务来发展信贷客户，同时，积极探索和完善本外币统一管理模式，充分利用人民币业务资金实力雄厚、客户基础优良、网点覆盖广泛、核算制度健全等优势，做到以人民币业务带动外汇业务发展，实现高层次的本外币业务协调发展、互相促进，实现结算与信贷的整体营销，创造 1 + 1 > 2 的营销效果，为客户提供一体化、个性化和一站式的服务，最终形成本外币结算业务与各项金融业务的互动和协调发展。

六、通过加强客户关系管理，不断提高支付结算服务水平

支付结算业务记录和反映大量客户信息，是银行分析客户、细分客户、提供差别化服务和改进服务水准的重要基础。目前，各家商业银行都将“服务方式多元化，服务对象差别化”作为经营目标，追求个性化服务已是主流。为了提供个性化服务，必须对客户进行细分，对客户的需求及潜在的需求进行深层次挖掘。越来越多的银行将数据挖掘技术应用到客户关系管理、客户信用评级等方面，对客户群体需求和营销策略组合进行分析研究，将科技创新转化为自身的经营优势和竞争优势。汇丰银行、渣打银行等都建立了比较完善的客户管理信息系统、信用评级系统、账务处理系统等，依托先进的平台为扩展业务市场、风险管理和为客户提供差别化服务提供有利的决策依据。美国银行的电汇部门借助其强大的信息系统，能够了解汇款业务量、汇款地区分布等概况，为业务分析管理提供依据。

建设银行需要在大力改进支付结算系统的基础上，尽快完善客户关系管理系统，进一步提高客户关系管理能力，加强对客户信息的分析和客户潜在需求的深度挖掘工作，既要包括客户使用本行产品的情况、关联交易的信息、综合贡献率、风险度等方面，还要对客户使用同业产品情况、潜在业务需求等方面的衍生信息进行分析研究。同时，在完善客户关系管理系统的基础上，进一步提升建设银行支付结算水平，设计出符合不同客户结算需要的差异化、个性化产品和服务，提高客户的忠诚度。

七、加强内部控制，防范结算风险

支付结算是银行操作等风险的易发部位，也是银行防控各种案件及风险的重要环节。为保证结算业务健康稳定发展，应进一步加强支付结算的内控管理，不断规范完善各项规章制度和业务操作流程，切实落实岗位责任制，杜绝混岗或交叉操作。由于我国目前信用体系还不完善，更要加强票据结算业务的风险防范工作，要关注保证金存款账户、基金账户、各类挂账账户，对异常现象进行重点监控和跟踪，做好日常对账工作；要加强会计检查和监督的力度，定期向基层行发布业务风险提示，建立健全有效的支付结算监督制约机制；加强对支付结算业务人员的风险防范教育和风险防范知识培训。在结算业务电子化、网络化不断发展的今天，加强防范结算电子化风险更为重要。应进一步加大对电子支付结算业务操作规范性和网络安全性的管理力度，切实贯彻落实各项规章制度，不断加强技术开发，以提高电子化结算业务风险的防御能力。

经济转轨时期银行不良资产的产生与解决途径

总行资产保全部 谭兴民

从20世纪80年代后半期我国由计划经济向市场经济转轨以来，在短短的十几年中，我国四大国有银行（以下简称国有银行）的不良资产经历了快速积累、集中暴露和集中处置几个阶段，其间包括银行自身常规性处置工作。在国有银行不良资产最高峰的1999年之后短短的几年中，不良资产率由高到低不断下降。从最高不良率近40%降到2006年9月的7.8%，这一过程总共用了近八九年的时间。从宏观角度研究和总结这一经济现象对于我国以后的改革和发展以及银行管理工作具有十分重要的意义。

一、我国经济转轨时期银行不良资产形成的特点

我国国有银行不良资产形成有其特有的特征：

（一）形成时间集中，积累数额巨大。我国从1985年开始对预算内基本建设投资拨款改为贷款，之后逐渐将企业流动资金拨款也改为贷款。随着经济转轨的逐步推进，银行发放贷款的范围逐步扩大，数量增加，短短几年时间，银行贷款成为企业投资建设和日常经营最主要的资金来源。到1994年，四家银行贷款余额已达30 534亿元，比1985年增加24 646亿元，年均增长20%。到1998年，贷款余额更是达到61 300亿元。

固定资产拨改贷的还款日平均在拨款的5年以后，银行对企业其他的贷款也是在20世纪90年代以后发展起来的。因此，我国银行不良贷款产生的开始时间是在90年代初期，之后不断增加，快速积累起来。到1998年，我国银行不良贷款率高达近40%。

（二）形成原因复杂，但基本是由于经济转轨时期各方面发生变化所造成的。关于形成原因，业界有多种分析，归纳起来，主要有两种观点：一是构成说——认为不良资产形成是五个方面构成的；二是时间段说——“三三制”。人民银行在1998年进行的调查，认为不良资产形成过程主要有三个时间段。但是，笔者认为在经济转轨时期这个大背景下来进行分析，似乎更能揭示问题的本质。

在经济转轨时期（由计划经济向市场经济转变是一个长期过程，其间是两种状态并存的混合状态），社会经济的各个方面都在发生变化，特别是从20世纪80年代后期至今的近20年是一个剧烈的转变时期，这种不完善状态必然在银行资产质量上有所反映，由此构成国有银行不良资产成因的三个方面：

一是制度性不良资产。主要有：（1）国有企业经营方面的原因。在转轨时期，很多国有企业仍然沿用旧的管理制度，因此难以适应市场条件下的竞争环境，生产经营困难，效益低下，银行贷款难以偿还，形成银行不良资产。（2）行政干预下银行被动贷款。在转轨时期，四大银行的管理体制，尤其是干部管理体制从地方管理逐渐过渡到中央直接管理，直到1994年才由总行垂直管理，此后也还保留着浓厚的行政色彩。因此，政府对银行的干预机制还在发挥作用，特别是地方政府政绩推动下的投资冲动仍然十分强烈，行政干预下的银行被动贷款还比较严重。（3）国有企业改制形成银行不良资产。在转轨时期国有企业改制从始至终都是一个主题，其中实行分立破产、重组改制等方式将很多银行贷款甩在外面，由分立出来的经营不善或难以为继的部分承继，形成大量的银行不良资产。

二是结构性不良资产。结构性不良资产是在转轨时期，国家对经济结构进行主动或被动调整所形成的损失。主要有：（1）大、小三线的调整。“文革”时期为备战而建设的大、小三线项目，随

着改革开放、国际环境的变化，以及经济效益的要求，逐步从大山中搬迁出来，当时的迁建项目大多缺少资本金且包袱沉重，经营中形成的损失转化为银行不良资产。(2) 重点建设中的盲目投资及延迟建成所造成的损失。20世纪80年代后期至90年代初，国家为了解决国民经济中的短缺产品，集中资金进行重点建设，这是国民经济结构调整的重大举措，但是有些项目的确定具有盲目性，有些项目建成投产即成为淘汰对象。另外，在执行中由于资金的分散，很多国家重点建设项目资金到位率低，使项目工期拖长，财务成本提高，建成即亏损。由于重点建设主要是由银行提供贷款，由此形成了一批银行不良资产。(3) 军工企业搞民品的后遗症。为适应国防战略的调整、解决民用品生产能力不足、发挥军工企业作用的需要，80年代中后期及90年代前期我国实行了“军民结合，平战结合，军品优先，以军养民”的方针，在一定时期内，这一方针发挥了积极的作用。但是在90年代中后期，随着我国市场因素的逐渐增强，民品生产能力大大提高，市场竞争日趋激烈，在这种情况下，军工企业由于体制因素，适应市场能力明显不足，其民品生产逐渐被市场所淘汰，由此在前期投入的银行贷款形成不良。(4) 为大江大河上游水土保持实行了退耕还林、退工造林所造成的损失。90年代在上述范围内的森工企业和林业企业转型所形成的损失转化为银行不良资产。(5) 经济波动造成很多企业在衰退时期无法偿还银行贷款。在经济转轨时期，我国经历了较大的经济波动（1986—1987年、1990—1992年的两次快速增长时期以及1988—1989年、1992—1999年的低速增长时期），其间经济波动最大达10个百分点。剧烈的经济波动使很多不健康的企业难以承受，在衰退时期形成不良贷款。

三是银行经营性不良资产。所谓银行经营性不良资产，是指银行自身由于经营中存在问题导致出现不良资产。主要有：(1) 由于内控机制不到位，产生的人情贷款、内部关联贷款、盲目贷款等问题；(2) 银行由于管理制度的松弛，贷款管理混乱，放贷手续不健全，抵（质）押担保手续不完善比较普遍；(3) 在90年代国家实行贷款规模控制的体制下，不少银行为了局部利益，甚至私利而产生的大量账外经营；(4) 银行大办自办实体，并向自办实体发放大量贷款，这些贷款大部分形成不良贷款。

以上三类原因造成国有银行不良资产的数量各占多少比例无法作出准确的计算，笔者有一个粗略的判断，大致是4:4:2的比例。

二、我国银行不良资产的解决途径

到了20世纪90年代末期，我国银行不良资产已积累到2万多亿元，如此大量的不良资产实际上表明我国国有银行早已是破产银行，外国评论者大都惊呼中国经济处于崩溃边缘。国家从稳定经济发展、改革金融体制出发，在特殊时期采取了特殊手段，大刀阔斧地解决银行不良资产问题，主要采取的措施有：

（一）发行特别国债补充国有银行资本金。1998年国家定向发行2 700亿元特别国债补充四大国有银行资本金。

（二）资产剥离。1999年，国家决定从四大银行及其他银行剥离出不良资产1.4万亿元，交由新成立的4家资产管理公司处置。也就是将国家银行的不良资产中的近60%剥离出来，使银行不良率由39%降到大约15%，大大减轻了银行资产质量的压力（但之后由于种种原因银行不良率又大幅上升）。

为了支持国有银行改制上市，2003—2004年国家对三家银行（工商银行、中国银行和建设银行）实行二次剥离（市场化剥离7 374亿元，占64.3%）以及用资本金和利润核销呆账（4 095亿元，占35.7%），总计11 469亿元。以上两次剥离及用资本金和利润核销呆账共计2.5469万亿元。

（三）债转股。从2000年开始，国家对约500家的3 585亿元银行债权实行债转股，减轻企业的财务负担，据测算相当于每年企业免交银行利息230亿元。通过债转股，使银行账面不良资产进一步降低。

（四）对企业改制（包括企业兼并、破产和减员增效）所形成的不良资产进行核销处理。据统计，从1997年开始的政策性企业兼并、破产和减员增效，银行共核销债权4 509.6亿元。

（五）银行自身采取多种手段盘活、化解不良资产。各家银行在1996开始先后成立专门管理、盘活和处置不良资产的部门，积极采用上门催讨、法律诉讼，以资抵债、核销、打包处置等多种手段盘活、处置不良资产。据估算，在近 10 年的时间里，四大行自身采取多种手段盘活、处置（包括回收、核销和向上迁徙）不良贷款约 12 000 亿元。

粗略地计算，通过以上途径共处置国有银行不良资产超过 4.8 万亿元，其中近 75% 是国家采用特殊手段来完成的，另外 25% 是银行运用自身的力量处置盘活的。

三、我国解决银行不良资产的途径与反思

从我国转轨时期银行不良资产的形成、积累到成功处置，可以总结出以下经验：

（一）由银行来阶段性承担转轨时期的社会变革成本是一项正确的选择。不论主动与否，我国转轨时期的社会变革成本大部分是银行阶段性承担的。这种模式的好处在于在没有给当期的国家财政增加负担的情况下，使改革和调整照常进行。这实质上是在国家信用支持下，用银行信用代替国家延迟支付了社会变革的成本。最后当国家财力增强之后，由国家分次集中“埋单”（实际上大部分也是延迟支付的：用中央银行票据）。

（二）集中处置（包括剥离和债转股）使银行快速卸掉包袱，成为好银行，并通过改制、引进国外战略投资者实现上市，其价值在资产市场上得以体现，并大大超过国家的前期投入。

四大行中的 3 个行（工商银行、中国银行和建设银行）在卸掉包袱后进行了股份制改造，引进国外战略投资者，并在境内外上市，其价值在资产市场上得到了体现。经计算，这 3 个行在上市之后的几年时间里，其股市的价值得到了很大提升，与国家投入的资金相比有了很大的溢价。以中国建设银行为例，国家投入的资金（包括 1998 年以特别国债形式注资、两次剥离、消化历史包袱、核销）共约 6 723 亿元（其中有小部分的重复计算）。按照 2007 年 11 月 20 日 H 股股价 7.44 港元计算，其市值为 17 386.46 亿港元，折合人民币 16 560.60 亿元（按 100:95.25 计算），其中国有股占 85.11%，市值 14 094.73 亿元，相当于国家投入资金的 209.64%，即溢价约 7 371 亿元。

建设银行等三家国有大银行的成功上市并且得到市场的认可，充分证明了国家这一金融改革举措的正确，消化不良资产—改制—引进国外战略投资者—上市，是不可分割的四个环节，缺一不可。有人将其中的引进国外战略投资者批评为贱卖国有银行资产，笔者认为是不正确的。

（三）国家的集中投入，分次处置国有银行不良资产，使其在剔除政策性不良资产之后具备了正常经营的能力，有了与国外银行竞争的实力，从而保障了我国金融体制的健康和安全，进而维护了社会的稳定，保证了改革的深入。

（四）集中处置与日常盘活回收相结合，除运用国家的力量外，还发挥了银行自身的作用。前面提到，近 10 年银行运用自身的力量处置盘活约占 25%，特别是 2000 年以来，银行处置能力大大提高。这说明银行在先后两次剥离不良资产后，内部治理结构不断完善，内控机制得到加强，处置不良资产专业水平有了很大提高。

当然，在处置不良资产中也有值得总结的教训：一是资产管理公司处置不良资产节奏掌握不好，单纯任务观念，没有达到处置效益最大化。在“不良资产冰棍效应”及国外投资银行的鼓动下，国家有关部门强化了对资产管理公司处置不良资产的进度要求，使处置的进度与我国资本市场的价格恢复脱节，导致处置价格过低，没有达到处置效益最大化。二是在不良资产处置中没有适时强化市场因素，导致银行在不良资产处置中缺乏市场化手段。在国家集中处置不良资产以后，应适时给予银行处置不良资产的自主权，使之按市场化原则及时处置，提高处置效率。目前，多家银行虽然已经上市，但在处置不良资产上仍然有多种限制，这样，不利于银行按市场规则办事，阻碍银行的商业化发展方向。

建设银行汽车销售金融服务网络存在问题分析与对策建议

总行研究部　叶　翔

一、吉林省分行所反映的问题

1. 总行在下发的2006年综合经营计划中，对银行承兑汇票经济资本分配系数进行了调整。总行与一汽签订的网络合作协议约定保证金比例统一为20%，据此一汽网络汇票的经济资本分配系数就由3%调升至10%。按此测算，总金额为1亿元、期限为3个月的网络汇票，不考虑分摊折旧和费用因素，协办行经济增加值为-23.59万元（银行承兑汇票业务-24.33万元加保证金存款业务0.74万元），按年计经济增加值为-94.39万元。按2005年一汽网络实际开出汇票18亿元测算，经济增加值为-424.75万元；按2006年核定的网络汇票额度32亿元测算，仅周转1次，全国各协办行经济增加值就为-755.11万元，如周转4次，则为-3 020.45万元。

总行对经济资本分配系数进行调整后，协办行出于绩效考核的考虑，网络汇票的出票积极性大大降低。目前，已有多家协办行拒开甚至停办网络汇票业务，一些仍然维持网络汇票业务的协办行也纷纷限制开票金额，导致部分经销商转而加入到其他银行为一汽组建的汽车销售金融服务网络，总行一汽网络运行面临严重困难。

2. 总行在建总发［2006］109号文件中规定，对新增承兑业务除按规定收取银行承兑汇票手续费外，必须加收银行承兑汇票承诺费，承诺费率为2%。建总发［2006］158号将承诺费率调整为2.5%，各行可适度下浮，但最多下浮不得超过90%。如果依照最新的汇票承诺费基本费率2.5%执行，按1年周转4次计算，一汽汽车销售金融服务网络经销商相当于承担了融资额10%的利息支出，比1年期流动资金贷款利率（5.85%）还要高出近1倍，而据了解，其他同业网络的融资成本率仅为0.05%（即仅收取0.05%的银行承兑汇票手续费），这必然使经销商无法承受，转而选择使用其他银行（或内外资汽车金融公司）的同类网络进行融资。

以上两个方面导致内部没有办理此项业务的积极性，外部失去应有的业务市场，使此项业务和经销商客户流失，最终将导致一汽汽车销售金融服务网络无法运行。

一汽集团汽车销售金融服务网络是总行为强化与一汽集团的合作关系，解决其下游汽车经销商销售融资问题，于2000年7月为一汽集团而组建的金融性服务网络。一汽网络自运行以来，累计已有1 753家经销商（含各销售公司推荐经销商）加入该网络，全国建设银行有200余家协办行在为一汽经销商办理网络汇票业务。以一汽网络为依托，总行与一汽集团的整体合作成为一种战略伙伴合作关系，建设银行特别是吉林省分行在一汽的业务份额迅速增长并占据领先地位。截至2005年底，一汽集团在全国范围内对建设银行全行的综合贡献度累计达到7.14亿元。

吉林省分行认为，网络汇票是维系销售金融服务网络运营的重要基础性产品，作为建设银行与一汽集团合作的重要平台和为一汽全方位金融服务的重要环节，如果网络协办行和一汽经销商不再使用网络汇票产品，金融服务网络必将难以正常运行，带来的直接或间接损失都将是巨大的。首先，将直接导致建设银行对一汽集团的违约，损害我行与一汽集团优质客户的战略合作关系，影响建设银行的市场形象与竞争力。同时，导致全国建设银行优质汽车经销商客户流失和汽车消费信贷市场份额的下降。目前已有多家银行介入到一汽集团网络融资业务领域，争夺建设银行的市场份额。中信银行、深圳发展银行、光大银行、一汽财务公司、大众财务公司、农业银行等，都相继为一汽集团建立了类似的汽车销售金融服务网络。根据对2006年1～5月金融同业汽车销售金融服务网络出票总金额统计，建设银行排位已降至最后一位（不包括刚启动网络的大众财务公司及农业银行），建设银行因网络而形成的在一汽集团业务领域的优势，已面临现实危险。

二、总行有关部门的意见

吉林省分行于2006年1月9日以建吉报［2006］5号《关于申请调整总行一汽汽车销售金融服务网络银行承兑汇票经济资本分配系数的请示》，向总行申请将网络汇票经济资本分配系数统一调降至1.91%以下；总行集团客户部在建集签［2006］22号文《关于建议调整部分产品经济资本分配系数的请示》中也将吉林省分行提出的问题向总行计划财务部进行了反映，建议适度调低网络汇票的经济资本分配系数，以解决当前一汽金融服务网络及所面临的问题。

目前银行承兑汇票经济资本分配系数的设定，主要考虑了风险水平和价值创造两方面因素。总行计划财务部认为，从风险方面看，风险预警评级系统2005年对银行承兑汇票的风险评级为B级，而且风险有上升趋势，2005年底，全行银行承兑汇票垫款也有所增长。因此，虽然不能说银行承兑汇票的风险高于流动资金贷款，但从整体上判断，银行承兑汇票的风险低于流动资金贷款的依据也并不充分。保证金比例为50%～60%的银行承兑汇票的经济资本分配系数为6%，比具有担保的一般流动资金贷款的经济资本分配系数为8%还是要低的。从价值创造方面看，银行承兑汇票的收费比例很低，其收入难以覆盖营运成本和风险成本，而且它的过快增长可能会对能够带来较高收益的贷款业务产生不利影响，因此，从政策导向上，总行不应鼓励低保证金的银行承兑汇票增长，这也是对零保证金银行承兑汇票设置12%分配系数的原因。

同时，计划财务部也提出，对开出银行承兑汇票的经济资本系数，应结合客户保证金和客户评级作适当调整，但同时指出，即使客户信用评级高，如果除承兑汇票业务外，不能带来其他如结算、存款等方面的效益，对此类高信用等级客户的承兑汇票业务也不应给予鼓励。

银行承兑汇票的整体风险水平较高，业务本身价值创造能力低，因而，总行计划财务部从总体上未同意降低银行承兑汇票的经济资本分配系数。

三、需要深入关注的问题

研究部在经过调研之后，认为吉林省分行和总行计划财务部的考虑都有充分道理，总行计划财务部的有关政策制定，在总体上也是应该肯定的。但一汽集团汽车销售金融服务网络的存在，对于稳定和拓展我行与一汽集团的战略合作关系，又确实具有重要的意义，从一汽集团近年来对我行的利润贡献和未来合作发展潜力看，悉心维护和不断增强一汽汽车服务网络的服务功能，也应是我行的不二选择。为解决面临的问题，研究部认为需要就以下三个方面的问题进行深入一步的认识。

1. 有关经济资本分配系数政策的确定，需要对客户信用差异进行充分考量。不同的客户，由于其信用等级差异，同样的保证金比例，风险程度是不相同的。一汽集团是总行重点客户，信用等级为AAA级，资信良好。从网络运行实践看，5年来共开出网络汇票190亿元，2005年底时点的汇票垫款为零，网络一直处于低风险运行状态。就网络汇票业务而言，一汽集团承诺承担对网络汇票的回购责任，因此，为一汽集团服务的网络汇票敞口部分的风险程度应不高于AAA级客户信用方式下流动资金贷款。按照我行最新的经济资本分配系数确定方法，AAA级客户信用方式（可认为是零保证金）的流动资金贷款经济资本分配系数为5%，而同样是AAA级客户的一汽网络汇票业务，在还有20%保证金比例的情况下，经济资本分配系数为10%（零保证金的网络汇票业务经济资本分配系数为12%）。这说明我行在处理同等风险程度的业务方面，其风险承担与考核标准存在不一致。现行政策基本上是以保证金比例来划定银行承兑汇票经济资本分配系数的，而对客户信用等级的差异性则未能予以充分体现。实际上，计划财务部也已经考虑到了银行承兑汇票的经济资本分配系数需要结合客户评级进行适当调整，但就差提出具体针对客户评级进行调整的方法与规定了。因而，只要走出这一步，问题可能就解决了。

2. 银行承兑汇票承诺费定价相关政策的制定，需要反映市场竞争和我行经营方面的实际情况。国家对银行承兑汇票手续费实行政府定价，商业银行无权进行调整。但为弥补承兑汇票手续费较低而实施汇票承诺费2.5%的基本费率，实际上也无法实现增加收入的初衷。因为网络汇票承诺费的收取量取决于价格与销售量两种因素，在市场竞争激烈和网络汇票产品趋同的情况下，过高地提高费率将使客户转向他行寻求服务。虽然总行规定，银行承兑汇票承诺费率各行可以视情况以2.5%为基准最多可下浮90%，但在当前网络汇票经济资本分配系数偏高的情况下，也不具有实际意义。各网络参与行没有动力与意愿通过下浮承诺费率来吸引一汽经销商客户开展业务。

3. 对网络产生的综合性绩效及参与行的绩效贡献需要进行相应的计量与测评，以便对参与行实施有效激励。就网络汇票单项业务而言，的确存在着总行计划财务部所认为的回报较低和风险相对较高的问题，但从整体看，网络汇票通过带动相关业务发展及完善与优质客户关系，在促进综合收益增长方面的作用还是明显的。我行组建的一汽集团汽车销售金融服务网络，通过主办行与协办行的共同努力，为我行带来了可观的综合性收益，这在定性上也是肯定的。然而由于受核算与考评方式等诸多方面因素影响，目前仍未能对综合性收益（包括有形与无形收益）及各参与行的贡献度进行明确的计量与测评，因而，对此项业务的重要性程度也就难以有准确无误的认定，同样也就难以实施明确有效的激励。如果相关风险与收益在网络的各参与行之间不能进行合理分担，必然使有关参与行的积极性受到影响。总行调高经济资本分配系数后，又进一步强化了在绩效测评中本已存在的负面激励问题。这也就使得一些分行在政策实施征询阶段，就明确表示不开办网络业务，有些已签约行也出现拒绝开票、限制开票金额等不同程度违反协议的情况。

四、有关建议

从维护和不断加深我行与一汽集团的战略合作关系、强化我行对已承诺事项的履约责任、维护我行市场形象及兼顾网络各参与行利益的角度出发，按照市场竞争环境要求和我行经营条件，提出以下建议：

1. 适度降低经济资本分配系数。适度降低一汽网络汇票业务经济资本分配系数，鼓励协办行积极参与网络汇票业务。鉴于一汽网络汇票由一汽方面承担回购责任，加之有20%的初始保证金作为保障（且尚未考虑随着销售回款陆续进入保证金账户，风险将进一步降低），网络汇票业务风险应不高于AAA级信用贷款的风险。为此，建议将一汽汽车销售金融服务网络的网络汇票业务的经济资本分配系数调整为5%～6%，使得网络业务参与行经济增加值考核能够收支基本持平或略有盈利。

2. 降低并统一一汽集团汽车销售金融服务网络的网络汇票承诺费收费标准。为确保网络稳定运行，避免网络经销商客户流失，根据市场竞争和我行内部条件，完善一汽汽车销售金融服务网络的网络汇票承诺费收费标准，建议在适度调低一汽网络汇票业务经济资本分配系数的同时，将一汽集团汽车金融服务网络开出汇票承诺费的收费标准，由2.5%统一下浮90%，即0.25%，以使这一定价在满足我行内部相关经营要求的情况下，仍然具有一定的市场竞争力。

3. 进一步完善网络综合绩效、参与行绩效贡献测评体系与考核激励机制。通过逐步建立以产品为核心的绩效测评体系，精确计量网络整体以及分产品、客户、机构及人员的绩效和贡献，以进一步完善一汽汽车销售金融服务网络的绩效测评和激励机制，提升各分行参与网络业务和持续改善经营的内部驱动力。应在对网络整体绩效进行较为准确计量的基础上，明确主办行与协办行的绩效贡献度，并将相应的考核指标与主办行、协办行的业绩贡献及风险承担状况挂钩，确保绩效测评与相关激励政策的公平性和有效性，从而有效地提升一汽汽车销售金融服务网络主办与协办行参与网络业务的积极性。

银行业实行房产倒按揭贷款问题分析及对策研究[①]

重庆市分行 吴 陵 赖旭宏 王 莉

一、开展倒按揭业务的意义

（一）促进资金流动，扩大个人消费

同普通的房屋抵押贷款相比，倒按揭贷款最突出的优点是既能使倒按揭人拥有房屋的所有权，又使得其在经济上拥有自给自足的能力，提高房产所有人的生活质量，为个人养老提供了一个新途径，同时可以弱化存钱养老的观念，转变人们的消费意识。有了倒按揭贷款，买房不仅是一种消费行为，同时也成为了一种投资和积蓄行为。这样不仅刺激和挖掘了消费，拉动了内需，也促进了国民经济的增长。

开展倒按揭贷款业务，是一个多赢的选择：对个人而言，倒按揭业务可以将资产存量转化为收入存量，盘活固定资产，丰富融资手段；对社会而言，倒按揭业务会活跃个人消费市场，拉动国内需求，促进经济发展；对银行而言，倒按揭业务可以消耗沉淀的资金存量，加快资金周转速度，带来更好的效益。

（二）减轻社保压力，缓解养老金不足

老龄化社会已经到来，但是我国的养老制度却明显滞后于社会的发展。近年来，我国养老金制度不健全的问题逐步凸显，社会养老保险个人账户空账现象十分严重。我国退休职工的养老金由两部分组成：一部分是社会统筹金，也就是由国家和企业每年按一定比例拿出一部分钱，来支付养老金；另一部分是个人账户，参加养老保险的人开设个人银行户头，由职工和企业每月按比例共同交纳一定的保费存入个人账户，到退休后再支取。据劳动和社会保障部统计，我国养老金个人账户空账目前超过8 000亿元，并且以每年1 000亿元的速度增加，社会养老的压力非常大。

因此，倒按揭贷款业务对于那些老人自给有余、赡养老人困难的家庭的意义是显而易见的。老年人无须卖掉房子也能拥有一笔固定收入用于维持和改善晚年生活；它促进了社会福利制度的完善和发展，保证了社会弱势群体的生活安定，维护了社会稳定，是社会养老制度的一个有益补充。

（三）改善银行资产结构，促进银行业务多元化

目前，我国商业银行普遍利润手段单一、盈利模式简单，这正成为制约其进一步发展的一个严重问题。因此，银行必须转变经营观念，主动挖掘市场深层需求，加快资金周转，开拓新的业务领域。

倒按揭业务不仅仅是一个单纯的银行业务，它还能够与社会养老、住房公积金、消费贷款、个人融资以及旧城动迁等很多工作联系在一起，不但适应了银行业务多元化的发展趋势，使得金融机构将社会责任和盈利目标紧密结合在一起，同时也为解决我国当前的许多社会问题提供了一个新的途径。可以说，解决好倒按揭问题不单具有经济意义，同时也具有社会意义。

（四）缓解市场矛盾，带动房地产市场健康发展

在当前房屋价格涨幅较快的情况下，倒按揭贷款业务的推出，可以增加二手住房的上市量，活跃房地产二级市场，从而有效地缓解当前我国房地产市场的供需矛盾，抑制房价上涨，使房地产市场更加健康稳定地发展。

二、开展倒按揭贷款业务面临的难题

（一）确定倒按揭率的风险

由于倒按揭率的确定涉及房地产市场价格走势、人均预期寿

① 本文原载《重庆金融》2007年第8期。

命等因素，如果按揭率确定得偏高，银行的风险就会加大；而如果按揭率偏低，消费者就会觉得不合算，会影响业务的发展。因此，合理的倒按揭率需要在统计大量稳定可靠的数据后，经过精确计算才能确定。而目前我国的房地产市场价格变化和人民健康水平的提升都处于快速发展时期，变数很大，因此确定合理倒按揭率的难度很大。

（二）技术准备的期限

倒按揭的评估标准如何设定，这其中非常复杂，除了估算房屋价值以及未来房价走势，还要估算老人的寿命，这要求银行要培育出大量的类似精算师的房产估价师群体，要做到这点，不论是人才储备还是业务经验都需要有一个比较长时间的前期准备，不是一两年能解决的。

（三）市场容量的限制

从国外的实践来看，倒按揭主要适用于这样一些人群：退休的老人、失业者、行业人员、单身青年、特困户等。但是在目前的中国，从长期来看，房地产业正处于一个高速上升的通道中，房产增值的趋势明显，房屋二级市场处于活跃期。一方面，对于急需用钱的人来讲，出售或者出租房产比倒按揭业务的资金代价更小，变现速度更快，因此老人以外的房产所有者大都不太可能选择倒按揭；另一方面，我国老年人积累财富的方式与国外不一样，国外家庭大都非常独立，子女和父母的私人财产界限比较清楚，而在国内，一直都有父债子偿、子承父业的传统，父母的财富一般是留给子女的，因此，在我国，倒按揭贷款这种模式对于那些无子女或者子女在国外的老人而言还是比较合适的，在除此之外的家庭中，接受倒按揭的观念还需要时间和一定的条件。

（四）盈利空间的大小

银行做每笔业务都需要对盈利有相当的预期和把握，比如车贷的风险大，银行就不太愿意涉足，而倒按揭贷款要获得盈利需要的时间周期就更长，一般要十多年甚至二三十年后才能有回报，银行能否承担这样长时间的盈利成本是个问题。况且倒按揭随着时间的推移风险会越来越大，这也是银行需要考虑的问题。同时，目前大部分银行对经营部门的业绩考核是按年度进行的，倒按揭这种需要很长时间才能确定效益大小的贷款品种很难令银行业务部门产生兴趣。

（五）相关法律法规的配套

倒按揭还需要相应的法律、法规等配套制度，例如，倒按揭业务牵涉遗产税、交易税等的处理方法、相关社会保障制度的完善、保险公司对应险种的开设以及倒按揭期间产生的房产法律纠纷处理等许多问题都还有待明确。

三、倒按揭贷款模式辨析

（一）终生养老金抵押贷款模式

这是一种最标准的倒按揭模式，首先由倒按揭人将自己的房产抵押给银行，银行通过对房产价值的评估及对老人年龄及身体状况的调查，结合国家政策和经济形势，每月发放倒按揭金给倒按揭人。倒按揭人仍然住在已进行了倒按揭抵押的房产内，直至去世。去世之后，房产归银行所有。银行在二级市场上出售或者通过拍卖房产回收资金。

这种模式思路简单，操作方便，是一种比较完备的市场化运作方式。银行的利率相对比较高。从中国的传统生活方式来看，比较适合于老年人，尤其是退休金偏少、子女收入不高、家庭负担大、养老比较困难的老人，对无子女的鳏寡老人或者子女在国外的空巢老人来说可能更受欢迎。这种模式国外有相当成熟的经验可以借鉴，但是由于受传统观念的影响国内的市场容量可能偏小，这种纯市场化的运作模式还有待市场检验。

（二）证券化模式

资产证券化又叫 ABS，是源于项目管理的一种融资模式，是将缺乏流动性，但具有共同特征和稳定的未来现金收入流的信贷资产进行组合和信用增级，并依托该现金流发行可以在金融市场上出售和流通的证券。

其运作的基本方法是由地方政府牵头成立一家特殊目的机构（SPV），SPV 的启动基金可以依靠政府划拨。通过审查的倒按揭人，将自己的房屋所有权出让给 SPV，而房屋的使用权则根据其所签订合同的约定继续保留。SPV 根据房屋的价值和倒按揭期限或者倒按揭人的预期寿命，按月发放倒按揭金给倒按揭人。同时，SPV 公司再以收到房屋的预期现金收入作为偿债保证，利用一系列信用等级增级方式提高资产的资信等级，再以债券或期货的形式，向专门的投资者出售。当倒按揭期期满后，按契约出售住房，使证券持有人获得相应回报。

当然，实行证券化的倒按揭银行能够获得多少利益值得怀疑，要保证这种证券化模式的顺利实现离不开政府的大力扶持，在必要的时候还可能要对银行方进行补贴。这一倒按揭的养老模式应该得到政府相关机构的帮助，因为社会保障和养老本身是政府应该关注和提供配套的社会责任。政府从个人所得税中拿出一部分直接或者间接资助养老保险事业，比如购买证券化后的资产或者提供担保。

（三）规定年限模式

由房产所有者将房子抵押给银行，房子的产权属银行，原所有者只拥有一定年限的使用权（假设为30年），银行则按月付倒按揭人一定的倒按揭金；如果30年过后，老人仍然健在，房屋则由银行收回使用权，老人的居住问题可以通过以下途径解决：（1）子女解决；（2）由敬老院或老年公寓等社会福利机构解决；（3）老人拥有的其他房产。如果老人在很短的年限中去世，如低于十年，则可以（1）由老人的继承人按银行已付养老金退还银行，并支付一定的利息；（2）由银行将剩余金额一次性支付给老人事前指定的一个或若干财产继承人。这种模式，银行及房产继承人的风险相对都比较小，但是仍需要社会有一个比较完善的养老福利机制，例如80岁以上的无住房的老人由国家解决其养老问题。

（四）佣金模式

一方面，由老人向银行进行倒按揭，银行每月付老人一定的倒按揭金；另一方面，银行接受倒按揭业务后，并不实际拥有房产，每接到一批倒按揭业务申请，就委托专业公司定时定期在公开市场上举行拍卖会。例如设定一个起拍值，售后包租，在房产所有人生存期间，保证5%的年租回报，出价最高投资者获得。

比起第二种模式，这里面多了一个投资人的概念，投资人需要一次性付出一笔现金，以获得每年的固定收益加上继承权，这和购买房产后出租赚取租金的投资行为有点相似，但是由于有了银行包租，风险大大低于直接购买房产投资；而银行两边收取现金，风险也小，但是收益率明显小于第二种模式。

还有一个问题在于，银行只有在收到投资人的现金并用于其他贷款发放后，才能保证赚取差价，而目前建设银行存贷差比较大，这笔资金收入之后，很可能只是在存款数目上增加，并不会产生多少实际效益，这样的话能否盈利也成为疑问。

综上所述，这种模式收益较低但是相当稳定，风险宜于控制，但是在目前存贷差较大的时期没有实际意义。

（五）倒按揭业务与其他制度的创新结合

在实际操作中，倒按揭业务还可能有一些其他的模式，随着业务的发展，也会有一些新的方法更加适应新的经济形势。同时，这几种模式也可以组合使用，使倒按揭业务更具灵活性。除此之外，倒按揭业务还可以应用于一些其他领域，对我国的其他领域起到补充的作用。

1. 与基础养老制度结合

倒按揭贷款业务的初衷就是为了提高老年人的养老质量，为现有养老制度做一个有益的补充，所以它与养老制度是密不可分的。倒按揭制度可以保障有固定房产但是退休金比较少、负担比较重的老人生活的基本质量，也可以使一些生活基本无忧，但是需要钱提供旅游等消费需求的老人达到愿望；也可能使数位老人实现共同养老，首先共同出资购房，再以倒按揭金作为生活的费用，行集体养老之实。

2. 与住房公积金制度结合

刘志峰在南京举行的全国住房公积金经验交流会上说，截至2006年5月，全国住房公积金缴存总额、缴存余额分别达到10 831亿多元和6 864亿多元，住房公积金提取总额、贷款总额分别达到3 967亿多元和5 194亿多元。

住房公积金由缴存到提取，或由贷款到偿还是有一个时间差的，这个时间差使住房公积金形成大量沉淀资金，这些资金躺在住房公积金账户中睡觉实在是一种浪费。可以借鉴的是新加坡的经验，新加坡的住房公积金不是用于单纯的购买和装修住房，而是围绕住房开展系列配套工作，甚至范围已经扩大到可以供雇员买房、治病、养老、家庭保险、交子女学费等，把整个社会保障结合起来。我们完全可以通过住房公积金的沉淀资金将社会养老机构、银行、开发商和政府公益部门结合起来。

3. 与旧房拆迁制度相结合

目前，我国城市化的进程非常快，由于国家城市规划的需要，各大中城市普遍出现大量的旧城改造，旧的居民居住区拆迁改造量非常大。而这些老式居民区中拥有数量众多的老年住户，如果能使老年人把获得的拆迁款与倒按揭贷款融资相配合，既能顺利地取得新迁入区块的住房，又可以极大地改善自身的生活质量，还能顺利地推动拆迁工作的进行，达到三全其美的结果。

4. 与个人消费贷款制度相结合

一般来说，倒按揭贷款是以房屋的所有权为代价来换取按月的养老金，但也被视为以房屋为抵押的分期消费贷款。可以允许倒按揭人或者其继承人在倒按揭金发放超过一定时间后回购房屋（如两年后），只要按照消费贷款的利率支付银行前期发放的倒按揭金就可以了。这种制度既可以解决老人子女无力支付老人养老费用的问题，又提供给老人子女在经济压力缓解的时候赎回房产的机会，这无异于为消费者提供了一种利用房产融资变现的手段，将会大大加强消费者倒按揭的信心。对银行方来说，相比正常途径的倒按揭贷款，回购制度并没有增加任何风险，对推广业务是大有好处的。

四、现有政策框架下倒按揭贷款风险分析及控制手段

（一）倒按揭贷款业务银行面临的风险

1. 来源于倒按揭人的风险

（1）倒按揭人的欺诈行为。包括虚假的产权材料及虚假的共同财产所有人的认可声明等；故意虚报房屋的产权，例如故意隐瞒共同所有人，尤其是隐性的共同所有者，房产继承人；房屋所有者在倒按揭后将房屋再次出售、抵押等带来的法律纠纷；屋主不履行自己的义务，在房屋损坏后故意拖延维修所造成房屋的不当贬值等。

（2）倒按揭人经济恶化。倒按揭人由于经营不善、违法行为或其他经济问题，导致所拥有的资产被冻结、拍卖或者抵债。由于倒按揭是一个新生事物，法律上并无规定在对债务人进行资产处置时，提供倒按揭业务的银行具有优先受偿的权利，所以要和所有的债权人一起受偿，因此可能带来损失。

（3）倒按揭人超长寿命。由于倒按揭月供养老金是由我国的平均寿命确定的，一旦倒按揭人寿命超过预期值，会使银行付给倒按揭人的资金超过或大大超过房屋自身价值。

2. 来源于房屋本身及第三方的风险

（1）房屋本身的质量问题带来的风险。由于我国现行的设计规范规定住宅的设计年限一般为50～70年，进行倒按揭贷款的房屋往往可能是使用了很长时间的旧房，其质量问题会逐渐显现，而等到倒按揭人去世，银行拥有房屋的所有权时，可能因为房屋的质量无法保证而使银行利益受损。

（2）政策环境变化带来的风险。由于经济形势的变化，比如通货紧缩货币升值、房地产泡沫破灭造成的房屋价值下跌，或者由于国家经济调控，房屋买卖受到限制等造成房地产市场萎缩，房屋到期后积压长期无法变现等。

（3）由于不可抗力等因素带来的风险。如国家因公共利益和公共基础设施建设需要征用房屋使用范围内的土地，虽给房屋所有者一定的补偿金，但数额不足以清偿银行已付费用，银行先期支付的费用将处于无法收回的境地；因地震、火灾等难以预料的自然灾害导致楼房毁损、灭失而无法恢复原状；为房屋进行投保但保险公司因特殊原因破产或无力支付保险赔偿金从而使银行权益受到损害。

（4）由于相关产业的发展不能适应倒按揭业务的要求而带来的风险。如保险公司由于政策、资金或者技术原因，不能为倒按揭业务提供相应的险种，以致银行的风险不能得到有效地分担；又如，倒按揭贷款的推行需要一个成熟的住房二级市场，而目前我国除了少数大中城市以外的房屋二级市场普遍不够发达，抵押住房的处置就会面临更多困难，银行在倒按揭到期后收回的房屋难以迅速变现，资金占用风险加大。

3. 来源于银行自身的风险

（1）房产估价风险。由于在倒按揭时房产估价失误，估价严重偏离房产的真实价值，以致月付养老金过高。

（2）合同风险。银行在订立合同时因签章不规范导致合同未成立或者合同无效从而危及银行权益，合同条件有漏洞，或者合同条款在界定责任时含糊不清，导致法院作出不利于提供合同一方的解释。

（二）风险控制手段

1. 来源于倒按揭人的风险的控制手段

（1）对欺诈行为的控制。对于倒按揭人的欺诈行为，一是要

加强贷前的资格审查，对房屋的所有产权人调查清楚，必要时跟踪回访；二是要关注倒按揭人贷后的资产状况，每年通过会计师事务所对其进行资产评价，对于其恶意破坏或者不作为造成房屋贬值进行估价，扣除损失后重新评定其倒按揭金；三是规范合同形式，要求倒按揭人对房屋价值进行担保，或要求其财产继承人进行担保等。

（2）对房产债务情况的控制。对于倒按揭人经济恶化而导致房屋作为资产的情况，一是争取国家相关部门出台相应法规，规定已经进行倒按揭的房屋不能作为债务清偿的对象，或者银行可以得到房屋拍卖的优先偿付权；二是通过格式化的合同规定，由倒按揭人的财产继承人用其资产进行抵押担保等。

（3）对屋主寿命超长情况的控制。由于倒按揭月供养老金是由我国的平均寿命确定的，独立地看待一桩倒按揭业务，其风险是比较大的，但是一旦倒按揭业务开展的规模比较大，其风险会被稀释，从统计学的角度来看，样本容量越大其偏离平均值的可能性越小，风险也就越小，所以可以通过扩大业务的范围来减小风险。该项风险实际是一个双向风险，如果倒按揭人的寿命过短，银行的利润也比较高，可以通过双方参加保险，寿命过低或者过高带来的损失由保险公司承担。

2. 来源于房屋本身及第三方的风险的控制手段

（1）房屋本身的质量问题带来的风险的控制。必须在房屋估价时就开始关注房屋未来价值降低的风险，要对房屋进行专门的结构性检测，不仅要评定房屋的现实价值而且要评估房屋未来的价值或者房屋的价值的降低速度，将评估结果作为是否提供倒按揭的依据或者把评估结果反映在倒按揭金中。同时，可以与专业的房屋代理公司签订合同，将风险进行转移或分担。

（2）政策环境变化带来的风险的控制。对于这种风险，银行很难作出准确的预测，应尽量通过第三方来减轻或消除其不利影响。比如选择实力强的房屋中介商建立战略合作伙伴关系，就风险进行保险，在一定时期实行浮动倒按揭率等。

（3）不可抗力带来的风险。对于这种风险，在倒按揭期主要通过合同约定分担风险责任，倒按揭期满后主要是通过参加保险、设立风险准备金等措施来应对风险。

（4）相关产业发展不平衡带来的风险的控制。对相关产业的发展不能适应业务的倒按揭要求而带来的风险，要在开展倒按揭业务之前对市场进行仔细甄别，区分对待。制定在各地区开展业务的准入制度，先在条件比较成熟的地区进行试点，对于不成熟的地区首先注意与各相关产业部门或公司的谈判，慎重选择实力强、信誉好的合作伙伴，使金融业、房地产评估业、保险业、咨询机构、二手房中介、社会养老等各行业形成一个相关契合的大系统，从而提高共同抵抗风险的能力。

3. 来源于银行自身的风险的控制手段

（1）房产估价风险的控制。要降低该风险，首先是要与实力强的专业评估公司建立长期合作关系，其次是要培养一批有丰富经验和很强的业务能力的属于银行自己的评估师队伍，不仅进行贷前评估，也要进行贷后的跟踪考察。

（2）合同风险的控制。要规避合同风险，首先要建立规范的合同文本，要求严格合同签署制度，特别要重视签章问题，严格审查倒按揭人身份证明材料，不允许倒按揭委托—代理行为，对于作为合同附件的证件复印件必须要现场出示原件，同时要完善监督机制和合同资料管理工作。

我国宏观经济周期性变化及其对银行业的影响

湖南省分行　王文生　王晓胄　王天雷

一、我国宏观经济周期性波动概述

经济周期波动是现代经济社会具有的一种普遍现象。马克思在《资本论》中指出：经济周期是“现代工业特有的生活过程”。这种过程实质上反映了宏观经济在运行过程中反复出现的对其均衡状态的偏离与调整过程。按照西方经济学的理论，经济周期是指经济活动沿着经济发展的总体趋势所经历的有规律的扩张和收缩。经济周期大体经历周期性的四个阶段：繁荣、衰退、萧条和复苏。改革开放以来，因受世界经济格局、经济体制基础、经济运行机制、经济结构、宏观调控政策等内外部因素变化的影响，我国的经济周期性波动特征更加明显。

综合分析我国 GDP 增长率（见图 1），20 世纪 80 年代以来，我国大致经历了五次周期性波动（以波谷至波谷为一周期）。第一个周期是从 1981 年到 1986 年；第二个周期是从 1986 年到 1990 年；第三个周期是从 1990 年到 1999 年；第四个周期是从 1999 年至 2001 年；自 2001 年至今，处于第五个周期之中。

1978 年以来，我国的经济发展表现出“扩张—收缩”交替周期波动格局，在 1993 年前，波动明显，幅度较大；自 1993 年起，经济增长出现新的变化，波动趋缓，幅度较小。从总体趋势看，波谷的不断上升表明我国经济发展增强了抗衰退能力；波峰的不断下降表明我国的经济在一定程度上减少了扩张的盲目性，增强了发展的稳定性；平均位势的提高表明我国经济克服了“大起大落”，总体水平有了显著提高；周期的扩张表明我国经济发展有了更强的持续性。总的来说，我国经济的周期性波动在体制变革与经济增长的相互作用中，波动振幅趋于平缓，经济增长形态有了较大的改善。

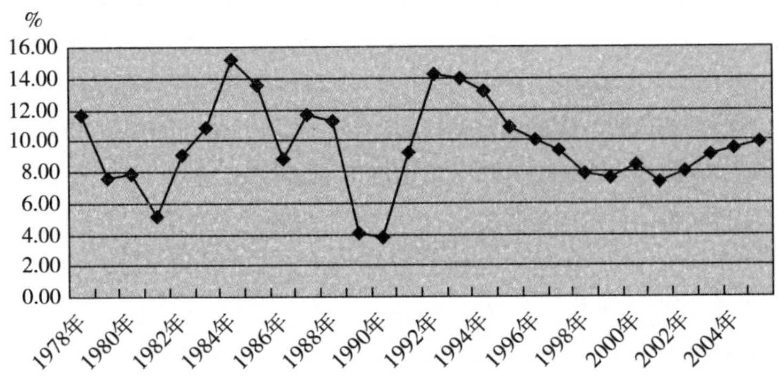

资料来源：相关年份的《中国金融年鉴》。

图 1　我国 GDP 增长率（1978—2004 年）

二、我国经济周期性波动与银行业的关系

随着我国社会主义市场经济体制的建设和完善，宏观经济与银行业之间的关系越加密切，相互作用越加明显。经济波动直接影响着银行业的发展，而金融体系的良好运行对经济增长产生积极的推动作用，同时，金融体系的脆弱性和不稳定性也会导致或加剧经济波动，甚至引发金融和经济危机，延缓经济增长。

（一）指标波动曲线对比分析

结合货币供给量、信贷及不良贷款率三项金融指标（1982—2005 年数据），我们对我国经济的周期性波动与银行业的关系进行对比和分析。

从 M_0、M_1、M_2 的增长率曲线与 GDP 增长率曲线对比（见图 2）及信贷增长率曲线与 GDP 增长率曲线对比（见图 3）可以看出，1994 年前，我国的货币供应量和信贷增长波动略先于经济周期性波动，货币供应量、信贷增长率对经济增长波动影响较强。

进入 1994 年，货币供应量、信贷增长与经济运行的关系发生了变化，波动相对于经济周期性波动从略有超前转变为同步甚至略有滞后，货币供应量和信贷增长率对经济周期性波动的影响由强转弱，经济周期性波动对货币供应量和信贷的影响开始显现。

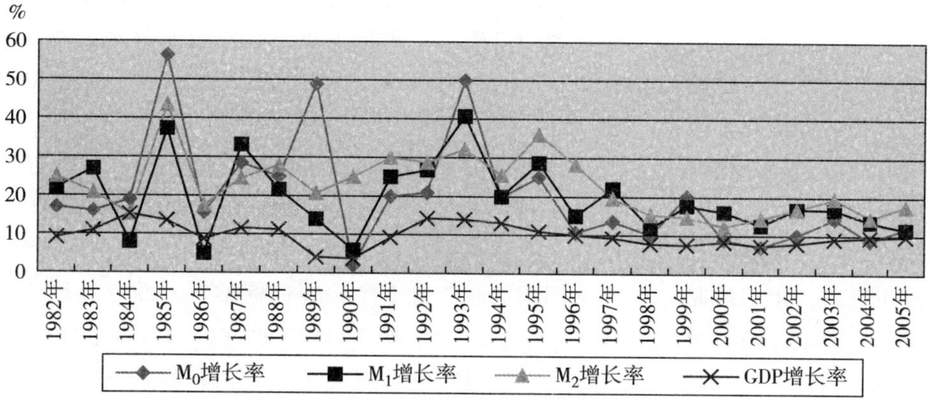

资料来源：相关年份的《中国金融年鉴》。

图 2　M_0、M_1、M_2 增长率与 GDP 增长率比较

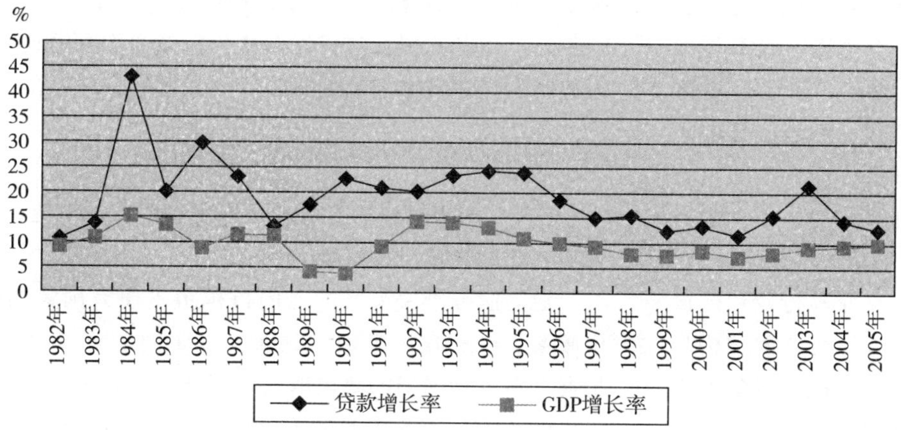

资料来源：相关年份的《中国金融年鉴》。

图 3　信贷增长率与 GDP 增长率比较

从历史数据来看，我国商业银行不良贷款率的变化相对于经济周期性波动明显滞后，经济周期性波动对不良贷款的影响不断增强。我国不良贷款增长主要集中在 20 世纪 80 年代至 90 年代初、90 年代初经济过热时期（4 家国有商业银行的不良贷款率从 1990 年的 10% 上升到 1993 年的 20% 左右）、90 年代中后期（主要是在 1997 年亚洲金融危机后）。3 次不良贷款大幅增加均受到了经济波动的影响，与经济周期性波动的轨迹十分吻合。改革开放 20 多年来，我国经济共经历了 5 次通货膨胀和 1 次通货紧缩态势，其传导模式十分相似，都是经济的大幅波动引起的，其过程是固定资产投资盲目扩大带动货币信贷的快速增长，货币供应量不断增加继而带动上、中、下游价格上涨。投资形成的生产能力大大超过实际需求，产品销不出去，企业资金链断裂，银行贷款形成不良贷款。

通过对比和分析，可以将经济周期性波动与银行业的关系概括为两个方面：一是当经济运行呈上升态势时，企业的投资需求增强，社会资金需求加大，货币供应量增加，银行相对放松信贷准入条件，信贷投放速度加快。持续的信贷增长会导致信贷膨胀，从而引发通货膨胀，产生经济泡沫。二是当经济运行开始转向下降趋势时，银行的信贷投放速度也开始放缓，此时，企业对外负债水平较高、经营收益减少，向银行再融资出现困难，按期偿债能力减弱，不良贷款开始逐步暴露，进而产生通货紧缩趋势，加剧不良贷款恶化的预期，进一步导致经济发展步入低迷。

（二）宏观经济政策变化对银行业产生重大影响

1. 银行信贷供求矛盾突出。国家实行宏观经济调控后，受国家宏观调控和产业政策调整的影响，银行在减缓发放贷款特别是流动资金贷款的同时，也加快了清收力度，银行的信贷供给受到压缩，但是市场上的信贷需求由于是刚性的并没有立即相应地缩减，这种供求矛盾必将影响企业的经营，影响银行的效益，银行的信贷风险加大。

2. 信贷结构不合理现象加剧。宏观调控实施后，出于控制风险考虑，银行将贷款营销对象进一步锁定在少数规模相对较大、当期效益较好的大型骨干企业。效益较好的企业随着行业景气度下降或新一轮宏观调控影响而出现问题，会给银行带来集中风险。并且，银行"扎堆"竞争营销大企业贷款，可能还会带来贷前调查的放松、贷款条件及流程的简化等违规行为。不少银行机构在贷款投向上，偏好电力、电信、教育、交通等行业和建设项目，各家商业银行贷款结构趋同现象加剧。这些授信对象大都具有项目工期较长、自有资本较少、资金需求量大、受政策影响较大等特点，存在着严重的风险隐患。"重营销、轻风险"、"重余额、轻结构"等状况给信贷资产带来隐患。

3. 不良贷款攀升，经营难度加大。银行新增贷款对不良贷款率的稀释作用明显减弱，企业资金紧张的心理预期，可能加剧信贷整体风险。在银根总体抽紧、流动资金供应相对减少的情况下，一些企业担心得不到银行稳定的资金支持，在有还贷能力的情况下"惜还"或"拒还"贷款，增加银行贷款风险。一些企业在银行收回贷款、原材料涨价和应收账款增加的夹击下，可能会产生资金链条断裂的危险，影响到企业的正常经营，进而影响到上下游企业和关联企业的经营，最终可能引起整个银行业金融机构不良贷款的上升。此外，银行受资本约束限制，正在或准备对部分授信客户实施压缩或退出，如果方式不当或力度过大，也可能产生连锁反应。同时，考虑到宏观调控措施对一些行业和企业影响的时滞因素，潜在风险将会在更长一段时间内逐步显现，不良贷款在一定范围内可能有所反弹。

通过分析，我们可以得出这样的结论：作为经营货币的特殊金融企业，银行是典型的宏观经济周期行业，不管是利率、汇率变动，或是全球经济波动，银行都首当其冲，暴露在风险之下。在我国间接融资占主体的融资框架下，商业银行信贷资产在经济繁荣时期，因为企业盈利情况良好，贷款质量往往不会发生问题；但在经济衰退时期，除直接影响银行经营收入外，还可能因为企业经营与效益受较大影响，给银行带来新一轮的不良资产。此外，商业银行贷款规模的扩大成为我国固定资产投资高速增长的重要推动力量，但随经济过热而来的宏观调控，又让银行成为了风险的重要承担者，银行信贷规模增长速度和投向受到"压制"，必将给银行的经营带来较大的风险。

三、银行业应对经济周期变化的对策

（一）加大对经济形势和国家宏观政策的研究，建立宏观经济周期变化的提前反应机制

建立服务于决策层的专门机构负责研究国家的财政政策、货币政策、产业政策等宏观政策。加强对宏观经济运行情况分析，把握金融监管当局的政策取向，了解全国各地区的经济发展情况，提出商业银行业务发展的重点区域、行业。密切关注国家产业政策的变化，加强对行业及其信贷投放的跟踪分析，准确把握贷款投放行业的发展前景、市场空间及市场容量，强化行业信贷授信的总量研究与控制，并以此为基础建立提前宏观经济变动的反应机制，化解宏观经济周期性波动造成的系统性风险，避免因与国家或监管当局的政策抵触而导致的政策风险，从战略高度确定银行业务发展的重点方向。

（二）调整优化信贷资产结构，建立适应宏观经济周期变化的"最优"资产组合

要减少宏观经济周期变化的冲击，关键要转换存量，优化增量，增加宏观政策支持或处景气上升期行业的信贷资产，减少受宏观调控影响大或处景气下降期的行业的信贷资产，建立一个多元化的有利于风险分散与效益最大化的资产组合。

从总量入手，着力解决结构性的问题，一方面控制部分行业的过度投资和盲目发展，另一方面大力支持和鼓励一些薄弱行业的发展。即使对于过热行业，在政策上也不搞"一刀切"，该控制的坚决控制，该支持的大力支持。结构调整主要从以下三个方面着手：行业结构调整、客户结构调整及资产结构调整。

对于经济周期转向萧条或者宏观调控而使得风险程度增加的

贷款要执行信贷退出政策，将风险性贷款转换为现金或者较为安全的贷款。对已经转化为不良资产的贷款要转入不良资产的处置程序。对风险程度较高、出现一定支付危机的企业，应果断对其停止贷款，并通过采取多种措施积极回收贷款，无法回收贷款的要采取资产保全措施。对出现风险因素但还有正常的现金流量和支付能力的企业，要本着以收回贷款为导向采取以进促退、逐渐退出的策略，通过增加贷款、增加抵押物和担保来保证贷款的安全。在信贷退出的时候，可以借鉴国外经验，采取贷款交易的形式，通过将贷款出售来实现。

（三）加强利率风险管理，构建顺应宏观经济形势的资产负债管理体系

强化利率管理分析，科学准确地预测利率变动方向、水平、结构和周期特点等，形成对金融市场的快速反应能力，尽量减少因利率变化而引起的负面影响。不断改进利率定价方式，根据金融市场总体利率水平，以及资本成本、贷款费用、贷款收益、风险差异、同业竞争情况等因素，确定全行的基准利率，并根据不同的市场及客户信用状况授权一定的浮动幅度，提高利率管理的效力。

强化管理，建立严格的利率管理规章制度，规范操作行为。加大对利率执行情况的调查、检查和监督力度，防范利率风险。

强化利率风险管理意识，逐步确立利率风险管理在资产负债管理中的核心地位，确保资产与负债总量平衡、结构对称。明确有关部门在利率风险管理规划、识别、计量、监控、评价等方面的权利和职责，引入利率敏感性分析和缺口管理技术，建立利率风险限额管理体系，确保利率风险头寸控制在可以接受的范围之内，把利率变动造成的负面影响降到最低，确保商业银行经济效益的稳步提高。

（四）建立全方位的风险监管体系，加强对宏观经济周期变化的风险控制

1. 建立前瞻性的风险监管体制，加强风险预测。以周期为基础来评估信贷资产的当前风险和未来风险，预测信贷项目的违约概率和未来可能发生的消极影响，并按照理性支持业务发展的要求，根据宏观经济形势、竞争态势及时调整风险管理政策、程序和方法，全面提高风险管理政策的前瞻性与适应性，提高风险管理的效率和有效性。

2. 建立立体化的风险监控体系，加强风险管理。进一步完善公司法人治理结构，明确董事会与经营层之间的权利和责任。董事会通过风险管理委员会实现对风险管理进行整体战略决策的管理，通过独立而权威的风险管理部门实现对银行内各机构风险的有机统一管理，通过科学完整的风险识别、衡量、监测、控制和转移实现对风险的全过程监理，通过合理明确的职能划分实现风险管理职责在各业务部门之间、上下级之间的有效协调和联动管理。

3. 建立完善的风险准备制度，提高抗风险能力。国际上的大银行都把风险准备制度作为防范风险损失的最后堤防和生存的保障。当前，我国商业银行的风险管理体系并不完整，风险管理水平也不高，风险准备制度对于银行的持续经营就更为重要。因此，商业银行应当利用宏观经济繁荣的有利时期，建立足够的风险准备金，抓住盈利空间扩大的机遇，提高拨备覆盖率和资本充足率，防止未来的风险损失给银行持续经营带来影响。

4. 利用经济周期变化，提高不良资产的处置回报率。经济衰退期，往往是不良资产大量暴露的时期，也是商业银行急于处置不良资产的时期。但是，有一个事实是客观存在的，一些行业或项目在这个经济周期是不良资产，到下一个经济周期可能又转化成了优良资产，这有一个不良资产处置的时机问题。以海南房地产业为例，20 世纪 90 年代泡沫经济发生后，房地产行业不良资产大量产生，各家银行急于回收资金，对一些项目不计成本盲目处置，有些项目的处置回收率不到 10%。但到 90 年代末，随着海南经济的好转，很多房地产商低价买入的房地产项目，短短几年，由不良资产很快又变成了优质资产，房地产商从中获取了巨额利益。因此，金融业必须要把握好经济周期变化的规律和特点，善于利用经济周期变化处置不良资产。要建立一种评估和盘活机制，对一些看准的行业或项目，宁可牺牲资金的时间价值，也不可盲目处置。

（五）加快金融创新，增强适应宏观经济周期变化的竞争能力

创新是企业生存与发展的动力。在传统的银行经营理念下，银行经营更多体现在存、贷款业务上，由于业务单一、产品匮乏，银行业受经济周期变化的影响极大，如果排除国家信誉这一保障因素，在经济剧烈波动的情况下，银行经营都将难以为继。因此，银行业必须加大业务创新的研究力度，不断探索出趋利避害的产品和措施，以更好地适应经济周期的变化。

1. 经营模式创新。简言之，就是要加快发展投资银行业务，实行“混业经营”。所谓“混业经营”是指商业银行经营保险、证券等金融业务；广义上是指银行除经营保险、证券等金融业务外，还持有非金融公司的股份。按照当前我国金融发展的实际，银行可以采用金融控股公司模式进行混业经营，满足多元化的经营需求。当务之急要大力发展投资银行业务，利用我国资本市场发展的有利时机，把证券筹资者、投资者、券商、基金及其他中介机构作为重点，为证券发行、证券交易、融资融券、委托—代理等方面提供服务，同时要注意为今后进一步的混业经营积累经验。时机成熟以后，有选择地通过控股子公司，经营保险、证券等金融业务。

2. 业务方式创新。随着外资银行的进入，国内银行垄断竞争的态势进一步被打破，传统资产负债业务的利润空间将进一步被压缩，银行不可避免地要进入微利时代。因此，必须加大业务创新力度，以创新应对经济周期的变化和市场竞争的变化。业务方式的创新包括资产业务创新、负债业务创新、表外业务创新等方面。

3. 品牌管理创新。现代金融市场竞争是品牌竞争。一般来说，品牌不随着经济周期的变化而变化，是银行刚性的竞争力，也是银行应对经济周期变化甚至是经济危机冲击的最稳定的基础。要想让品牌具有长久旺盛的生命力，要制定推广品牌战略，通过持续不断的创新，促进产品更新、换代升级，培育新的品牌增长点，不断提高银行的竞争力和品牌价值。

房地产市场宏观形势分析

总行住房金融与个人信贷部　李向峰

一、2006年房地产市场形势

1. 土地市场治理整顿成效显著

自国家于2004年开始实施针对土地市场的紧缩政策以来，近几年，全国土地购置面积增速迅速下滑。2004年下滑11.5%，2005年开始出现负增长，2006年土地购置面积在上年基数相对较低的基础上继续减少，1～11月全国土地购置面积同比下降5.2%。我国土地资源缺乏而需求十分巨大，但在一些地方却存在着土地闲置和浪费的情况。因此，国家在紧缩“地根”的同时加大了对闲置土地的处置力度，土地开发面积增速加快。2006年前11个月，土地开发面积同比增长38.1%，增长水平仅次于2001年。

2006年土地购置面积负增长和开发面积大幅增长的情况，说明国家宏观调控政策在把住了土地“闸门”的同时，并没有影响房地产开发土地供给，而是使土地资源得到了更加有效的利用。数据表明，土地开发面积占购置面积的比重恢复到67.4%，比前5年有较大的提高（见表1）。在新增建设用地受到严格限制的情况下，促进存量土地的合理利用和开发对于保障房地产供给发挥了至关重要的作用。

表1　1998—2006年购置土地面积与土地开发面积情况

单位：万平方米、%

年度	购置土地面积	增速	完成开发土地面积	增速	开发土地/购置土地面积
1998	10 109.3	52.2	7 730.1	4.9	76.5
1999	11 958.9	18.3	9 319.6	20.6	77.9
2000	16 905.2	41.4	11 666.1	25.2	69.0
2001	23 409.0	38.5	15 315.8	31.3	65.4
2002	31 356.8	34.0	19 416.0	26.8	61.9
2003	35 696.5	13.8	22 166.3	14.2	62.1
2004	39 784.7	11.5	19 740.2	-10.9	49.6
2005	38 253.7	-3.8	22 676.2	14.9	59.3
2006年11月	29 459.5	-5.2	19 844.3	38.1	67.4

注：表中数据来源于中国经济统计数据库。其中，年度数据为国家统计局调整后公布数据，月度数据未经调整，两者口径存在差异。

2. 房地产投资增速保持稳健增长

2005年4月以来，固定资产投资额增速开始高于房地产开发投资增速，2006年房地产开发投资增长21.8%，保持了自2000年以来20%左右的增速（见表2）。2006年住宅房地产开发投资增速为25.3%，高于同期固定资产投资增速和房地产开发投资增速，因此，住宅投资在整个房地产开发投资中的比重不断上升，2006年住宅投资在房地产开发投资的占比达到70.23%的历史最高点。同时，经济适用房开发投资增速扭转了2004年和2005年连续两年的负增长局面，前11个月同比增速达到10.4%。

表2　　1998—2006年房地产投资情况对比　　单位：万平方米、%

年度	固定资产投资总额	增速	房地产开发投资额	增速	住宅房地产开发投资额	增速	经济适用房开发投资额	增速
1998	28 406.2	13.9	3 614.2	13.71	2 081.60	35.22	270.85	46.02
1999	29 854.7	5.10	4 103.2	13.53	2 638.50	26.75	437.02	61.35
2000	32 917.7	10.3	4 984.1	21.47	3 312.00	25.53	542.44	24.12
2001	37 213.5	13.0	6 344.1	27.29	4 216.70	27.32	599.65	10.55
2002	43 499.9	16.9	7 790.9	22.81	5 227.80	23.98	589.04	-1.77
2003	55 566.6	27.7	10 153.8	30.33	6 776.70	29.63	621.98	5.59
2004	70 477.4	26.6	13 158.3	29.59	8 837.00	30.40	606.39	-2.51
2005	88 773.6	25.7	15 909.2	20.91	10 860.90	22.90	519.18	-14.38
2006	109 870	24	19 382	21.8	13 612	25.3	—	—
2006年11月							526	10.4

注：表中2006年年度数据来自2007年2月28日国家统计局公布的初步统计。

2006年经济适用房开发投资增幅由负转正，住宅投资占房地产开发投资的比重上升，表明受宏观调控政策影响和市场引导，住房供应结构调整有了良好的开端，正在向宏观调控预期的方向发展。

3. 商品房供求增速双双放缓，市场总体偏紧

2006年商品房竣工面积53 019.4万平方米，同比负增长0.6%，商品房销售面积60 628.1万平方米，同比增长12.2%，房屋竣工面积和销售面积的增速比上年都有大幅下降。

2006年，宏观调控的重点由控制房地产投资过快增长转变为抑制房地产投资和投机需求，税收、贷款利率、限制外资炒房等一系列政策措施不断出台，已经发挥了作用，影响了购房者的心态。据中国人民银行2006年第四季度全国城镇储户问卷调查显示，居民购房意愿从2005年的平均值19.7%下降到2006年的17.8%，降幅近2个百分点，北京、上海等大城市居民购房行为更趋于谨慎，购房意愿回落。

在房地产市场供求增速回落的形势下，商品房销售面积仍延续了2005年以来超过同期竣工面积的状况（见表3），这表明市场库存消化能力逐步加强，总体市场供求偏紧。

表3　　1998—2006年商品房竣工与销售情况对比

单位：万平方米、%

年度	商品房本年竣工面积	增速	商品房本年销售面积	增速
1998	17 566.6	11.0	12 185.30	35.2
1999	21 410.8	21.9	14 556.53	19.5
2000	25 104.9	17.3	18 637.13	28.0
2001	29 867.4	19.0	22 411.90	20.3
2002	34 975.8	17.1	26 808.29	19.6
2003	41 464.1	18.6	33 717.63	25.8
2004	42 464.9	2.4	38 231.64	13.4
2005	53 417.0	25.8	55 486.22	45.1
2006	53 019.4	-0.6	60 628.14	12.2

4. 房价上涨速度有所减缓

近几年房价上涨过快一直是房地产市场的突出矛盾，2004年高峰时期，房屋销售价格指数高达109.7，高于同期房屋租赁价格指数8.3个点；在宏观调控的干预下，2005年、2006年房屋销售价格指数开始下降，同时房屋租赁价格指数开始上升，2006年1～9月房屋销售价格指数降到105.5，与同期房屋租赁价格指数的差距只有3.4个点（见表4）。房屋销售价格增幅下降、租赁价格上升等表明住房市场正在不断完善，市场开始出现良性发展的势头。

表4　　1998—2006年房屋销售、租赁价格指数　　单位：%

年度	房屋销售价格指数	房屋租赁价格指数	商品房销售价格指数	住宅销售价格指数
1998	101.4	102.4	99.9	99.9
1999	100.0	98.5	100.3	100.4
2000	101.1	102.4	100.8	101.4
2001	102.2	102.8	101.8	101.9
2002	103.7	100.8	103.4	104.0
2003	104.8	101.9	105.0	105.7
2004	109.7	101.4	109.0	109.4
2005	107.6	101.9	107.7	108.4
2006年9月	105.5	102.1	106	106.7

5. 个人住房贷款增速趋缓

2006年底，全国各项贷款余额为23.85万亿元，增长14.7%，比各项存款增幅低1.36个百分点；全部金融机构人民币消费贷款2.4万亿元，增加2 068亿元。其中，个人住房贷款余额1.99万亿元，比年初增加1 439亿元，增长7.7%，同比少增1 005亿元，保持自2004年4月以来的增速下滑态势。而2006年城乡居民人民币储蓄存款达到16.16万亿元，增长14.6%。人民币消费贷款余额在储蓄存款的占比仅为14.85%。（本段数据来自2007年2月28日国家统计局公布的初步统计数据）

当前，经济增长过度依赖投资和出口，国内消费需求相对不足，储蓄率过高、消费率过低的结构性矛盾是我国经济难以在短期内迅速解决的突出问题。国家通过建立和完善各项社会保障制度、增加农民收入来鼓励消费，与此同时，商业银行改善金融服务、拓展消费信贷业务，既是自身发展的需要也是落实国家宏观政策的得力措施。

二、2007年房地产市场发展趋势

1. 房地产投资增速将维持在20%左右

随着国家和地方政府各项调控措施的不断落实，预计2007年房地产投资增速将与上年持平，其中，中小户型、中低价位的普通住房以及经济适用房投资规模有望扩大。

从短期看，房地产投资将继续保持增长势头，但增速难有大的提高。由于当前我国房地产投资增长已进入相对正常的增长空间，如果今后没有力度更大的调控措施出台，估计2007年房地产投资不会出现大幅度的降低或上升，增速将维持在20%左右。一方面，国家坚决控制固定资产投资过快增长，继续收紧土地、信贷闸门的宏观经济环境，将抑制房地产投资的过快增长，但是在我国金融整体面临流动性过剩压力的情况下，房地产信贷的减少未必能有效控制投资的增长，流动的资金可以通过房地产信托等金融创新形式进入投资领域；另一方面，为实现更加持久和高效的经济增长，国家将会继续实行扩大需求的消费政策，同时为满足广大中低收入群体的住房需求，国家还将继续加强对普通住房和经济适用房的投资建设。

2. 非理性需求继续减少，自住性需求将不断增加

一方面，投机性和投资性需求将下降。受税收政策限制、利率调整和外资准入门槛提高的影响，并随着调控政策在2007年的不断完善和落实，调控政策效力还会继续显现，投机性和投资性需求将继续减少。我国2006年股市的火暴以及理财渠道的多

样化，加之房地产价格涨幅减缓，也会转移大量的房地产投资资金。

另一方面，自住性需求将逐渐回升。首先，随着我国经济的连续快速增长，人民群众收入水平已经有了提高，居民消费结构的升级转型，将较大幅度地提高居民住房消费支出；其次，我国城镇化率以每年大约1个百分点的速度提高，大量农村人口流向城市，经济发达的大中城市还吸引各类人才聚集，都将形成巨大的住房消费需求。还有，随着宏观形势发展，具有真实需求的消费者心理预期开始恢复正常，观望态度会缓慢释放，延缓的住房需求将显现。

3. 房地产价格涨幅趋缓

2007年，我国将继续贯彻宏观调控政策，抑制投资需求，合理控制拆迁规模，减少被动性住房需求。同时，健全廉租住房制度，规范经济适用房的建设、销售和流通。加快户型结构调整进度，增加普通商品住房供应，进一步发展住房二级市场和租赁市场。

住房建设和消费模式的完善，宏观调控与市场机制相结合的住房调节体系，将会起到平抑商品房价格涨幅的作用。

三、2007年房地产市场值得关注的几个方面

1. 完善住房保障制度，满足中低收入阶层需要

住房保障是社会保障问题的重要内容，是建立和谐社会的一项重要的基础性工作。完善的住房保障体系包括经济适用房和廉租房的供给。针对经济适用投资增速前两年下降的状况，国家正在采取有力措施，推动地方政府增加安排经济适用房和廉租房建设。2006年9月，财政部会同建设部、国土资源部发出通知，要求各地从土地出让净收益中拿出一定资金，用于城镇廉租房建设，各地方政府已经在具体陆续落实这一政策。

2. 完善住房市场体系，盘活存量房地产

经济发达国家的实践证明，房地产市场越成熟，二手房交易量越大。在房地产市场成熟和规范的国家和地区，存量房交易达到总交易量的70%～85%。目前，我国住房二级市场发展很不平衡，二级市场的作用远远没有发挥出来。搞活住房二级市场有利于居民以旧换新、以小换大，促进一级市场的联动发展，起到改善住房供应结构、平抑房价的作用，使不同层次家庭购房有更多选择，真正实现住房的“梯级消费”。

3. 提高居民收入水平，增强住房消费能力

前不久，媒体从我国房价与收入之比高于其他国家角度对现阶段房价过高提出质疑，但是我们也应该看到另外一个方面，就是我国居民收入水平较低。长期以来，我国实行的都是低工资制度，以前，由于住房、医疗、教育等由政府和单位统管，低工资不存在问题。随着住房改革的推进，住房市场化转型起步期带来了房价快速上涨，而工资制度改革滞后，居民收入增长相对缓慢。2006年国内生产总值达到20.9万亿元，同比增长10.7%，税收总收入增长21.9%，而农民人均纯收入增长7.4%，城镇居民人均收入增长10.4%。对比我国经济和税收的高增长率，居民收入增长相对不足。因此，解决当前房地产市场的矛盾，一方面，要通过宏观调控，抑制房价过快上涨；另一方面，要通过提高居民收入，增强消费者的购房能力。

积极推进风险管理体制改革 构建垂直风险管理体制

总行风险管理部　刘桂峰　许建东　王　磊

风险管理体系是现代商业银行有效运行的基础，是提升银行价值创造力、打造核心竞争力的保障。为进一步完善建设银行公司治理结构，促进全行体制改革、机制创新和流程再造，全面提升风险与回报管理能力，在充分试点的基础上，2006年3月在全行实施了风险管理体制改革。

一、建设银行风险管理体制改革的主要背景

建设银行作为一家在境外挂牌上市的银行，面临着境内外两个市场、境内外两套标准、内外部两种压力，其风险管理也面临着在管理理念、基础管理、资本回报、全面提升风险管理能力、监管约束等方面的诸多压力和挑战。为此，建设银行充分学习和借鉴国外先进银行最佳实践经验，结合国内商业银行实际，在广泛调研、长期酝酿以及在江苏、厦门、湖北、广西四家分行试点的基础上，经过反复研究和慎重决策，制定颁发了《中国建设银行风险管理体制改革方案》，全面启动了风险管理体制改革。

风险管理体制设计的出发点主要有三个方面：一是解决层级体制下风险管理存在的弊端。在层级管理体制下，分支机构在处理经营利润与风险控制、业务发展与风险管理的关系上存在很多的矛盾和问题。同时，风险管理的层级体制也导致了总行统一的风险政策和制度在执行当中容易打折扣、出现偏差，风险管理的独立性和有效性受到很大影响。二是统一全行风险管理标准和要求。风险管理各种工具的运用和风险控制的专业化运作，都需要有全行统一的风险管理标准和要求。三是实现风险管理关口前移和过程控制。在原有风险管理体制下，风险管理尚未全面融入业务流程，风险缺乏全过程控制，客户的调查、评价、授信申报等工作由客户经理单独完成，风险经理、信贷审批人员远离市场和客户，出现了授信申报材料质量不高、信贷审批反复次数较多等问题，影响了对客户风险判断的准确性和市场响应速度。

二、风险管理体制改革的主要内容

（一）垂直管理

建立垂直的风险管理组织架构，总行设首席风险官，一级分行设风险总监，二级分行设风险主管，向县级支行派出风险经理。建立以纵向的“负责报告线”为主、以横向的“报告线”为辅的两维报告线路。风险总监由总行统一派出。

（二）平行作业

在大中型公司类客户授信业务领域，建立风险经理和客户经理平行作业机制，风险经理参与自贷前调查至贷后管理信贷业务全部环节的风险管理。在贷前环节，风险经理与客户经理共同参与客户评价和项目评估工作，对授信申报材料出具风险管理评价意见；在贷中环节，风险经理负责审核贷款条件的落实情况；在贷后环节，风险经理负责信贷风险的监测和预警。

（三）完善机制

建立健全风险条线人力资源管理、业绩考核、审批、授权管理等风险管理机制，细化和完善相关管理流程和业务流程，确保风险管理体制的有效运行。

（四）队伍建设

调整充实风险条线人员力量，大力推行风险经理制，加强人员培训，建立一支合格的专家型风险管理队伍，提升风险管理的专业化和精细化水平。

（五）实行专业化、集中化的风险管理

建立全面有效的市场风险和操作风险管理体系，建立对信用、市场和操作风险的专业化管理模式；完善风险管理与内控委员会职能，设立专门的风险监控部，负责业务过程的风险监控和资产质量真实性管理；进一步强化风险政策制度、计量分析、风险监控、信贷审批等在全行整体层次上的集中统一管理。

三、风险管理体制改革推进情况及主要成效

（一）集中、垂直的风险管理体制初步建立

2006 年 7 月，总行明确了风险管理部、风险监控部和信贷审批部的职责，并开始按照新组织体制运行，同时向 37 家一级分行派出了风险总监（西藏自治区分行风险总监于 2006 年底前到位）；2006 年底，各二级分支行风险主管派驻工作全部完成，县级支行风险经理也已逐步到位，全行集中、垂直的风险管理体制初步建立，风险管理人员的独立性得到切实增强，总行统一的风险政策和制度得以更加及时、有效地贯彻执行。

（二）平行作业稳步推进

为保证平行作业的顺利实施，2006 年总行出台了《中国建设银行大中型公司类客户授信业务平行作业办法（试行）》以及《关于进一步明确大中型公司类客户授信业务平行作业有关问题的通知》，对平行作业的范围、流程、风险经理职责、报告路径等作

出了制度安排。按照总行统一要求，各分行结合本行实际，分步实施、稳步推进了平行作业工作。通过开展平行作业，有效提升了业务运行质量和效率，风险管理价值创造作用逐步得到体现。

（三）推进改革配套制度建设

按照风险管理体制改革方案要求，2006 年 5 月，总行制定下发了《中国建设银行一级分行风险总监工作规则（试行）》、《中国建设银行一级分行风险总监绩效考核办法（试行）》、《中国建设银行二级分行风险主管选拔配备工作指导意见》等改革配套制度。8 月，为进一步保证风险总监工作职责的有效行使，总行下发了《关于明确风险总监授权权限的通知》。各一级分行根据总行统一要求，对相关制度办法进行了细化。部分分行还根据本行管理需要，制定了《风险主管工作指导意见》、《风险条线人员职业操守和行为准则》等相关制度。改革配套制度的逐步建立和完善，为新的风险管理体制的有效运行奠定了坚实基础。

（四）完善风险报告制度

为进一步规范和加强全行风险信息的有效归集、传递和利用，及时了解和掌握全行全面风险与内控管理状况，2006 年 7 月，总行下发了《关于进一步明确风险总监相关工作事项的通知》，对分行风险月报、季报、半年报、年报以及重大风险事项报告的内容、重点和要求进行了规范，各分行也按照总行要求建立了风险主管报告制度。垂直报告线路的建立，使风险信息在条线内的传递更加迅捷，在各条线之间的共享机制更加完善，风险信息的来源渠道进一步拓宽，信息量明显增加，风险报告的独立性、客观性和及时性进一步提高，风险判断的准确性和有效性全面提升。

（五）加强风险管理队伍建设

1. 风险管理队伍得到有效充实

改革推进以来，全行逐步建立了一支包括风险总监、风险主管和县级支行风险经理在内的风险管理队伍。截至 2006 年底，全行共配备风险条线人员 7 640 人，比改革前增加1 532 人。其中，风险总监 38 人，风险主管 538 人，风险经理 2 155 人，专职贷款审批人 1 576 人。

2. 全面加大培训力度

一是举办风险总监履职岗前培训。2006 年 6 月，总行举办了为期 17 天的风险总监培训班，此次培训是我行历史上第一次对分行行级管理人员进行的大规模岗前培训。培训工作得到了总行党委、董事会、监事会及高管层的高度重视，董事长、行长及监事长分别作了重要讲话，同时还聘请了国内监管机构和国际著名金融专家就风险理念、管理工具、素质修养、最佳实践等方面进行了全面、系统的讲授，有效提高了风险总监的专业理论和实践技能。

二是实施风险主管上岗培训。为有效提高风险主管的履岗能力，总行制定并下发了《关于进一步明确风险主管及其他风险管理人员岗前培训有关事项的通知》，明确提出风险主管培训内容应以岗位职责为重点，并且必须通过岗前培训才能上岗履职。各分行根据总行要求，组织完成了风险主管的岗前培训工作。同时，总行在武汉大学举办了第一期风险主管培训班，使风险主管的系统性培训工作取得了良好的开局。

三是全面启动风险经理、专职贷款审批人培训工作。为建立健全风险管理人员培训机制，总行实施了风险经理、专职贷款审批人培训教材开发与推广工作。通过借鉴国际上的一些先进经验和做法，建立了风险经理、专职贷款审批人胜任力素质模型，并根据素质模型编写完成了建设银行第一套风险经理能力培训教材和专职贷款审批人能力培训教材。依托能力培训教材，总行举办了风险经理、专职贷款审批人兼职师资培训班和能力提升培训班，为专业人才的系统性培训推广工作奠定了坚实基础。

（六）推进风险文化与理念建设

2006 年，在全行范围内积极推进了风险文化与理念建设，初步形成了“以客户为中心”、“了解客户、理解市场、全员参与、抓住关键”的基本风险理念，围绕“全面风险管理”、“风险收益平衡”、“边界管理”的思路，提炼形成了“统一、均衡、边界、独立、坦诚、宽容、暴露、审慎、无例外、真实、愧悔、警醒、务实、零容忍”14 个风险文化关键词，丰富和发展了建设银行风险文化与企业文化的内涵。

通过大力建设和积极倡导，风险文化与理念在全行上下得以广泛传播，很好地促进了前、中、后台风险共识以及共同价值观的形成，对改革的平稳有序推进和业务健康发展发挥了积极作用。一方面，业务条线的风险意识普遍增强，在业务管理和运作中更加注重了风险的防范和控制；另一方面，风险条线的先进风险文化和理念逐步形成，在有效防范风险的前提下，促进了业务健康持续发展。

电力行业周期性变化及对策研究

内蒙古自治区分行　马福熙　王新民

一、电力行业周期性变化特征及成因

电力行业是国民经济的基础产业，是其他工业经济和社会发展的必要基础和先决条件，电力行业的发展与宏观经济密切相关，并呈明显的周期性特点。一般来说，电力的发展应当快于国民经济的发展，也就是说电力应超前发展，即电力生产弹性系数（电力生产量年平均增长速度/国民经济年平均增长速度）应当大于1。电力行业的发展受经济周期的影响，社会对电力的需求量随着国民经济景气周期变动而变化：当国民经济处于稳定发展期，社会对电力的需求量增加；当国民经济增长缓慢或处于低谷时，社会对电力的需求量也相应减少。从电力供需的变化情况看，也大体反映了与宏观经济运行基本一致的波动态势。

从电力需求情况看，1994—1998年我国电力消费增长率逐年下降，分别为9.9%、8.2%、7.4%、4.8%、2.8%，1999年回升为6.1%。从2000年起，随着我国经济快速发展和人民生活水平的不断提高，电力需求大幅增长，电力消费也开始从低速增长转向高速增长。特别是进入2002年下半年以来，中国开始进入投资的高速增长期，从而引领了新一轮的以重化工业为主导的经济增长周期，工业用电的比重呈缓升之势，尤其是建材、化工、黑色和有色四大高耗电产业用电陡增，电力消费高速增长（见表1）。

表1　工业用电比重和四大耗电产业用电比重的变化情况表

单位：%

项目 / 年份	工业用电占全部用电比重	四大耗电产业用电占工业用电比重
2000	71.68	40.32
2001	71.44	40.69
2002	71.97	40.89
2003	72.83	41.60
2004	73.86	42.86
2005年1~9月	73.87	43.77

2002年工业用电中，用电增长第一位的是钢铁行业，增幅达20%，其次是有色、化工和建材，用电增幅均超过12%，四大行业用电增加量占工业用电增加量的41.8%，高耗电行业成为电力消费增长的主要行业。据统计，我国电力消费增速2001年为8.6%，2002年为11.6%，2003年猛增至16.5%，2004年仍达到14.5%。在这种形势下，电力供应日趋紧张，已成为我国经济社会生活中的主要矛盾之一，全国不少省区出现了拉闸限电的情况。2004年是20世纪90年代以来电力供应最为紧张的一年，全国共有24个省（自治区、直辖市）出现不同程度的缺电现象；迎峰度夏期间，全国电力日最大缺口超过3 000万千瓦，给经济和社会发展以及人民生活水平提高带来一定影响。

从电力供应情况看，“十五”期间电力工业实现跨越式发展。据统计，我国电力生产增速2001年为8.6%，2002年为11.5%，2003年猛增至16.5%，2004年仍达到14.5%。2001—2005年全国累计新增发电机组容量17 655万千瓦，其中2005年新增6 326

万千瓦（统计公报），全国电力装机容量2004年初达到4亿千瓦，2004年底达到4.4亿千瓦，2005年突破5亿千瓦达到50 841万千瓦，同比增长14.9%。同时，2005年国家核准电站项目139个，总规模11 800万千瓦（水电2 705万千瓦、火电8 715万千瓦、核电330万千瓦，风电50万千瓦），其中11 410万千瓦已开工建设。2006年新增发电装机将在7 500万千瓦左右，大部分机组将在下半年投产，预计是新中国成立以来发电机组投产最多的一年，预计到2006年底，总装机容量将达近6亿千瓦。因此，2006年将成为我国电力供需情况的转折点，有关部门预计：2006年电力供需矛盾将会大幅缓解；2006—2007年，全国电力供需形势由缺电向基本平衡过渡，除局部地区、高峰时段会出现不同程度的缺电外，我国电力供需形势将出现总体平衡。2007年以后，全国电力装机不足的局面将得到根本扭转，全国大部分地区可实现电力供需平衡，并略有盈余。我国的电力也告别了短缺——从“十五”初到2007年的7年间，全国电力供需将基本走完“供需基本平衡→局部地区季节性缺电→全国范围持续缺电→局部地区季节性缺电→供需基本平衡”的轮回。

通过以上分析表明：(1) 电力行业与宏观经济密切相关，并随宏观经济波动呈明显周期性变化。(2) 我国是发展中国家，正处在资源消耗型的工业化阶段，现阶段经济发展仍以能源消耗推动为主要特征，GDP增长主要依靠重工业增长拉动，重化工业和生活消费依然是拉动电力需求增长的主要因素，因此呈现并将在近期内继续呈现电力弹性系数大于1的趋势。(3) 电力供需矛盾有其客观必然性，一方面是宏观经济波动使然，另一方面是电力供需平衡不足，宏观调控存在滞后效应。“电荒”往往引发“电热”，在“电荒”的过程中，往往催生电力过度投资，而当电力供需矛盾趋缓，甚至有过剩的趋向时，如果控制不当，也可能引发电力短缺。根据电力行业周期性波动的特点，克服本轮“电荒”，实现电力供需的基本平衡后，也将不可避免地出现电力过剩的趋向。2006年2月27日，全球著名的管理咨询公司凯捷集团在北京向全球发布了其第四次全球电力行业调研成果——《在多重需求和放松管制条件下的中国电力行业投资》调研报告［由凯捷咨询（Capgemii）与法国公用事业公司法国电力公司（EDF）和中国电力企业联合会联合编制］，报告预测：“2006年底，中国大部分地区将实现电力供需的暂时平衡，随后将出现短期的电力过剩，但从长远看，这种平衡‘不久又会被新的电力短缺打破’，因此，中国电力行业投资机会仍然巨大，但对外资需求转向。”

实际上，电力过剩的趋向已逐步引起全社会的关注。目前电力过剩的趋向具体表现为：在电力供给增速加快的同时，电力需求增速却在下降。根据各种信息显示，目前全国在建装机容量估计还有3亿千瓦，大部分将在2008年内投产发电。有关部门预计，由于近两年电源建设速度较快，在建规模较大，投产比较集中，电力行业将出现产能过剩，2006年底部分地区将出现电力富余，2007年底装机容量将过剩10%。另据中国电力企业联合会《2005—2006年度全国电力供需与经济运行形势分析预测报告》显示：2005年工业用电量为18 056亿千瓦时，同比增长12.48%，比2004年回落4.27个百分点。其中轻、重工业用电量分别同比增长7.93%和13.85%，增幅分别回落5.87个和3.48个百分点。工业用电量增长减缓明显。主要原因是高耗能行业的压产，导致用电量的急剧下降。2005年工业用电量占全社会用电量的比重与2004年相比下降0.72个百分点，但仍比2003年高0.3个百分点，说明我国工业化特征明显，工业用电增长对全社会用电增长的贡献度很大。在以后相当长一段时间内，工业用电仍然是全社会用电的主要部分，对全社会用电量的影响也最大。

应对一些行业产能过剩问题，国家采取了一系列措施：2005年底，在国家发改委公布的7个已存在产能过剩行业和4个潜在产能过剩的行业中，一向紧缺的电力行业赫然出现在潜在产能过剩之列。2005年12月1日，中央经济工作会议结束，“产能过剩行业进行结构调整”被列为2006年经济工作的主要任务之一。2005年12月2日，国务院公开发布了《促进产业结构调整暂行规定》，明确了当前及今后一段时期产业结构调整的目标、原则、方向和重点，以及《产业结构调整指导目录》中鼓励、限制和淘汰三类目录的分类原则和配套政策措施，对国家鼓励类、限制类和淘汰类产业目录提出了明确要求；随后，经国务院批准，国家发展和改革委员会配套发布了《产业结构调整指导目录》（2005年本），《产业结构调整指导目录》涉及农业、水利、煤炭、电力、交通、信息产业、钢铁、有色金属、石油化工、建材、机械、轻纺、服务业、环境和生态保护、资源节约及综合利用等 20 多个行业，其中能源产业（含核能）列入鼓励类有 47 项、限制类 6 项、淘汰类 18 项，电力行业列入鼓励类、限制类和淘汰类的项目分别为 17 项、2 项和 3 项。2006 年 3 月 12 日，《国务院关于加快推进产能过剩行业结构调整的通知》（以下简称《通知》）出台，对产能过剩问题的重视程度上升到最高层。《通知》指出：钢铁、电解铝、电石、铁合金、焦炭、汽车等行业产能已经出现明显过剩；水泥、煤炭、电力、纺织等行业目前虽然产需基本平衡，但在建规模很大，也潜在着产能过剩问题。涉及的 10 个行业，除了没有直接提及铜冶炼行业外，与发展改革委的口径基本一致。《通知》并就推进产能过剩行业结构调整提出了总体要求、原则和重点措施。2006 年 4 月 18 日，国家发展改革委、国土资源部、铁道部、交通部、水利部、国家环保总局、银监会和电监会 8 部门发出《关于加快电力工业结构调整促进健康有序发展有关工作的通知》，提出了电力工业结构调整的具体措施和要求，推进电力行业的结构调整工作已迅速展开，结构调整、控制增能、扶优汰劣已成为电力行业及相关部门当前和今后一段时期改革发展的重要任务。

二、电力行业潜在产能过剩的特征及成因

在电力行业完成本轮一个周期性变化，供需矛盾已渐趋缓解，达到基本平衡，甚至出现潜在产能过剩趋向的情况下，我们不仅要对电力行业潜在产能过剩趋向引起足够的重视，还要对本次电力产能过剩趋向的表现形式及特征有清醒的认识，因此有必要对产能过剩趋向进一步作深层次分析。

（一）电力行业的周期性波动特点决定了由平衡到不平衡再到平衡是其运行的常态，电力行业产能过剩是其在周期性波动过程中不平衡的两种表现形式之一。电力作为其他工业经济和社会发展的必要基础和先决条件理应超前发展，而在市场经济条件下，供大于求和产能过剩是市场充分竞争的前提，适度的供大于求也有利于竞争和优胜劣汰，从一定意义上说产能过剩是不可避免的阶段。因此，目前电力行业潜在产能过剩具有阶段性的特征。

（二）从电力消费情况看，目前我国人均用电、人均装机和人均发电量仍属较低水平，电力供需处于低消耗水平下基本平衡状态。据有关资料显示：2000 年我国人均年用电量1 000 千瓦时，仅为世界平均用电水平的 40%，2000 年我国的城乡居民人均电费支出只占人均年收入的 2% ~3%。目前全国还有 5 000 万左右的居民没有用电。随着国民经济的发展、人民收入的提高，无论是城乡居民，还是企业和事业单位，在电力购买力方面，还存在着巨大的潜力，我国的电力市场仍有很大发展空间。虽然目前我国发电装机总量和发电量已居世界第 2 位，但是我国人均装机却仅为 0.34 千瓦，而美国是 3.2 千瓦，日本是 2 千瓦以上，世界平均也超过 0.5 千瓦。我国人均装机不仅远远低于发达国家水平，也低于世界平均水平。专家指出，世界经验表明，一个国家要基本实现现代化，人均装机必须达到 1 千瓦以上，即使到 2020 年预测装机 13 亿千瓦，按我国人口那时只达到 14 亿人计算，人均装机 1 千瓦还远远没有实现。我国平均的电力供应水平低，1999 年我国人均发电量 979 千瓦时，仅为世界平均水平 2 479 千瓦时的 39%，为 OECD 发达国家8 348 千瓦时的 12%。从这个角度来说，目前我国人均用电太少，今后社会电力需求还有巨大的增长空间。

据凯捷集团《在多重需求和放松管制条件下的中国电力行业投资》调研报告对中国未来 15 年内电力潜在需求的预测，中国需要将原先规划的 9.50 亿千瓦目标至少调整到 12.30 亿千瓦。这意味着电力总投资的规模将达到 5 900 亿美元，并连续 15 年年均投入 4 800 万千瓦装机容量，相当于英国目前总装机容量的 2/3，方能支撑 GDP 年均 6.5% 的增长率以及 2020 年人均 GDP 比 2000 年翻两番的目标。根据凯捷集团的这份研究报告测算，按这种速度发展到 2020 年，中国人均装机指标也仅仅能够达到美国 20 世纪 50 年代的水平。因此，目前电力行业潜在产能过剩具有消费低水平的特征。

（三）从电源结构看，当前电力行业潜在产能过剩实际上是在电力短缺条件下，盲目投资、低水平扩张导致的落后产能过剩。中国经济对煤炭的依赖度高，风能发电等绿色能源的发展缓慢，远远落后于德国、丹麦等国家，目前在我国电力装机容量中，火电机组占比超过 70%。据中国电力企业联合会 2005—2006 年度全国电力供需与经济运行形势分析预测报告显示：2005 年全国 6 000

千瓦及以上机组供电标准煤耗平均为374克/千瓦时。1990年，英国供电煤耗为360克/千瓦时，德国为309克/千瓦时，美国为374克/千瓦时。我国的火电供电煤耗远高于德国、英国等20世纪90年代的供电煤耗水平，勉强达到美国1990年的水平。而效率低、煤耗高的小火电机组占有很大的比例，这使得我国火电企业供电煤耗比国际先进水平高出50~60克/千瓦时。有的小火电机组供电煤耗达到700克/千瓦时，是高温超临界机组215克/千瓦时煤耗的3倍之多，造成了煤炭资源的极大浪费和严重的环境污染。

可以肯定，对目前电力行业产能过剩的趋向，如果控制不当或持久不能解决，将会给我国整个经济的增长带来一系列负面影响：资源浪费、生产能力浪费、企业效益下降、给商业银行带来信贷风险，影响社会稳定，相关部门对此应当予以足够的重视。同时也应当认识到，电力行业的问题实际上是近期（短期）落后产能过剩，远期（长期）先进产能短缺，而过剩与短缺并存，风险与机遇同在。目前的电力行业产能过剩趋向潜在风险的同时，无疑也为其调整结构、优化升级和淘汰落后产能带来良好机遇。

电力行业在国民经济中的重要地位决定了其过去是、现在是、将来也应当是我行信贷业务中的重点客户，支持和促进电力行业的发展过去是、现在是、将来也应当是我行的重要任务。在电力行业将完成一个波动周期、电力供需矛盾趋缓甚至潜在产能过剩的趋向下，我们要充分认识电力行业与国民经济发展的密切关系和其周期性波动的特点，不仅要高度重视并切实防范电力行业潜在产能过剩趋向可能会给我行带来的信贷风险，更要重视并抓住其调整结构、优化升级和淘汰落后产能带来的良好机遇，按照《国务院关于加快推进产能过剩行业结构调整的通知》要求、国家发展和改革委员会发布的《产业结构调整指导目录》（2005年本）和有关部门的产业政策、调控政策，认真研究、调整我行在电力行业的信贷投向和信贷策略，控制信贷风险，进一步促进电力行业的结构调整和健康发展。

三、建设银行在电力行业结构调整中应重点关注的问题

按照《国务院关于加快推进产能过剩行业结构调整的通知》中提出的推进产能过剩行业结构调整的总体要求和原则，建设银行在电力行业的结构调整中应重点处理好以下四个方面的问题。

（一）确定重点，区别对待，有保有压，有退有进，循序渐进，分类实施。按照国家发展和改革委员会发布的《产业结构调整指导目录》（2005年本）中所列电力行业内容和国家发展改革委、国土资源部、铁道部、交通部、水利部、国家环保总局、银监会、电监会八部门《关于加快电力工业结构调整促进健康有序发展有关工作的通知》要求，对我行电力贷款和电力项目投资状况进行调查分类，进一步摸清资产状况和风险情况，及时调整我行对电力行业的信贷策略和营销策略。

对列入《产业结构调整指导目录》（2005年本）中淘汰类的大电网覆盖范围内，服役期满的单机容量在10万千瓦以下的常规燃煤凝汽火电机组、单机容量5万千瓦及以下的常规小火电机组、以发电为主的燃油锅炉及发电机组（5万千瓦及以下）和“十一五”期间将要关停的5万千瓦及以下凝汽式燃煤小机组、老小燃油机组严禁信贷投放，并采取措施收回已发放的贷款。

对列入《产业结构调整指导目录》（2005年本）中限制类的单机容量在30万千瓦及以下的常规燃煤火电机组、发电煤耗高于300克标准煤/千瓦时的发电机组和空冷机组发电煤耗高于305克标准煤/千瓦时的发电机组的新建项目严禁信贷投放。对已经形成现有生产能力的项目，应当根据《促进产业结构调整暂行规定》并按照信贷原则继续给予支持，促进企业采取措施改造升级。

对列入《产业结构调整指导目录》（2005年本）中鼓励类的电力项目，应根据相关要求和实际情况，继续营销，予以信贷支持。

（二）按照“以大代小、上煤压油”，着力优化火电结构的要求，加大对大型高效机组的投资力度。我国能源资源的基本特点是贫油、少气和富煤。煤炭储量约占石化能源总储量的90%，已探明的地质储量为1万亿吨，占世界总储量的11%，石油占2.4%，天然气占1.2%。无论是从国家安全的角度还是从资源优势角度，煤炭在相当长的时间内仍将作为我国最可靠、最经济的能源来源。我国能源资源富煤的基本特点决定了在电力结构中，火电占比重大。据中国电力企业联合会统计，2005年全国发电装机容量中水电约占总容量的22.9%，同比增长10.7%；火电约占

总容量的75.6%，同比增长16.6%；核电约占总容量的1.35%，同比增长0.1%。2005年全国发电量达到24 747亿千瓦时，同比增加12.8%，与2004年相比回落了2.4个百分点。其中，水电发电量约占发电总量的16.0%，增速19.4%，是改革开放以来的最高值，这主要是得益于全国大部分地区水情况较好；火电发电量约占发电总量的81.5%，增速11.5%；核电发电量约占发电总量的2.1%，增速3.7%。从煤炭资源分布情况看，我国东部地区煤炭资源缺乏，环保压力大，土地资源紧张，运输成本高，在东部地区大规模开发火电难度很大。西部地区煤炭资源丰富，我国煤炭资源的2/3以上分布在山西、陕西和内蒙古，其中一部分是褐煤，只适合就地发电，这些地区具备开发大型煤电基地的客观条件。其中内蒙古开发大型煤电基地、建设大型坑口、路口火电基地的资源优势和区位优势尤为突出：有十分丰富的煤炭资源，预测煤炭储量为1.2万亿吨，累计探明储量2 400亿吨，均列全国第2位，煤炭资源赋存条件好，煤种较全，储量大、埋藏浅，适合露天或大型机械化井工开采，具有低成本优势；土地资源广阔，建设火力发电厂无须占用耕地，土地价格低廉；毗邻八省，地跨“三北”，承东启西，向京津唐地区送电经济便利；有稳固的电力东送通道，输出电力距离较短，成本较低。火电开发西移是符合国情的必然趋势，而大型煤电基地的开发，可以带动大容量超临界、超超临界机组的采用，大大降低煤耗，也符合“十一五”规划纲要草案中提出的到2010年单位GDP能耗降低20%的要求。因此，我行在对电力行业的信贷策略和营销策略的调整中，应当以西部地区特别是内蒙古的大型煤电基地建设为重点，对其予以足够的重视和支持。

（三）根据电网和电源应当同步协调发展的要求，加大对电网建设项目的投资力度。电力生产发、供、用瞬间同时完成的特性决定了电网和电源必须同步协调发展。中国电力工业长期存在电网投资不足、建设滞后的现象。据中电联初步统计，“九五”、“十五”期间，我国电网投资占电力工业总投资的比例分别为25.7%和34.7%，而发达国家一般超过55%。近两年随着电力再度紧张，有关部门和企业对电源建设、电源投资普遍关注和重视，而忽视了电网、电源应协调发展的要求，对电网建设和电网投资未引起足够的重视，同时合理的输配电价机制尚未形成，也造成电网收益率偏低，电网建设资金与自有资金严重不足，导致电网投资急剧下降。目前电网建设滞后、输电能力不足、输配电网建设比例不协调的矛盾更加突出，不仅跨省送电存在困难，连省内跨区送电能力也存在问题，出现了“窝电”和缺电并存的现象，配电“瓶颈”问题凸显。电网输电能力的增长能否跟上电源建设的速度，已成为保证电力供需特别是平衡不同区域电力供需的关键。为此，我行在对电力行业的信贷策略和营销策略调整中，应视输配电价改革的进展情况及相关影响，考虑适当加大对电网项目的投资力度和营销力度，重点支持跨区和跨省骨干电网尤其是西电东送“三大通道”建设，提高西电东送“三大通道”的电力资源配置能力，加大跨区送电尤其是扩大西电东送规模，以保证京津唐、华东、广东等经济负荷中心区域经济的持续发展。

（四）影响电力行业发展的相关因素多、变数大，而电力行业的发展也事关宏观经济运行，影响范围广，因此我行应当进一步加强对电力及相关行业的研究工作，要密切关注电力行业结构调整和体制改革的进展情况及相关影响，按照国家经济政策、产业政策和调控政策的导向，适时、适度调整信贷投向和信贷策略，控制信贷风险。产能过剩将造成一些企业利润大幅下降，结构调整也将引起行业内部重新“洗牌”。随着一次能源的紧俏、电力市场的逐步放开，以及国家对新建工程的审批放缓，能源企业间的竞争将转变为对存量的整合和并购。业内人士认为，从目前我国的电力市场来看，2007—2008年出现并购整合的概率较大。同时煤炭、电力行业的价格调整与体制改革也将对电力行业、电力市场产生一系列影响，并由此波及相关行业和企业，银行的信贷风险状况也将随电力行业结构调整和体制改革的相关影响而波动。对此，我行必须高度关注，适时、适度调整信贷投向和投放力度，把握工作的主动性，促进电力行业的结构调整，保证我行信贷业务的健康发展。

关于加快保险代理业务发展的几点思考

总行机构业务部　梅亚星

随着中国保险市场的蓬勃发展和金融一体化趋势的逐步增强，银行代理保险作为一项创新金融业务，近几年来在国内得到了快速的发展。它是一项低成本、低风险、高收益的中间业务产品，不仅为银行增加了可观的收入，推动了中国保险市场的发展，同时为客户提供了“一站式”金融服务，发展前景十分广阔。

一、建设银行保险代理业务的发展现状

建设银行自1997年全面开展保险代理业务，9年来一直保持着快速增长的态势，代理业务量和手续费收入以年均50%以上的速度增长，业务发展已初具规模，成效较为显著。

（一）与多家保险公司建立了良好的业务合作关系

总行先后与中国人保、中国人寿、平安、太平洋、新华人寿、泰康人寿、太平人寿、民生人寿、合众人寿、安邦财险、长城人寿11家保险公司签订了全面业务合作协议，各分行与40多家全国性、区域性的保险公司建立了业务代理关系。

（二）大力发展保险代理业务的观念和意识逐步增强

银行代理保险作为重要的中间业务产品，其优势十分明显，它具有低风险、高收入、与银行客户结合紧密的特点，已引起大部分分行的高度重视。在2005年秋季行长会议上，行领导指出：代理保险业务具有十分广阔的发展前景，要大力发展保险代理业务。

（三）管理与销售体系初步确立

据统计资料显示，到今年第一季度末，除总行设有专门的处室管理外，在38家一级分行中，5家分行设立了专门的管理科室，24家分行设有专人管理，9家分行只有兼职管理人员；全行有12 446个营业机构和网点开办了保险代理业务，占全行机构和网点总数的89%，其中“一对一”销售的网点数为4 184个，“一对多”销售的网点数为8 262个；出单网点数平均在8 952个，网点活动率为71.3%，季度网均产能在58.8万元（按出单网点数计算），年网均产能将突破200万元；全行通过保险代理资格考试的人员约为10 200人；管理机构与人员的初步到位，销售体系的初步建立，为全行保险代理业务的发展提供了保障。

（四）代理业务量和手续费收入快速增长

从1997—2005年，我行保险代理业务累计实现手续费收入15.2亿元，成为全行重要的中间业务产品（见表1）。

表1　1997—2005年保险代理业务量与手续费收入统计表

单位：亿元

项目＼年份	1997	1998	1999	2000	2001	2002	2003	2004	2005
代理业务量	8	15	27	59	101	136	298	293	346
手续费收入	0.1	0.2	0.35	0.81	1.38	1.62	3.47	3.33	3.94

注：代理业务总量包括代销保费和代收代付保险金。

（五）与保险公司的合作范围进一步拓宽

1997—2000年，双方的合作主要局限于财产保险业；2001年以后，随着真正的银行保险产品的诞生与丰富、保险公司业务规模的扩大与保险资金投资渠道的拓宽，双方业务合作的范围更加广泛，主要增加了代理销售个人寿险、家庭财产险、企业财产险与团体寿险、代收代付保险金、资金结算、协议存款、外汇结构性存款、基金销售、保险资产托管、次级债、联名卡、股权投资等方面。

（六）管理力度逐步加大，制度建设日益完善

1. 自2002年开始，总行将保险代理业务手续费收入正式列入

了全行的综合经营计划，并增设了代理保险收入一级会计科目，每年按代理财险业务收入和代理寿险业务收入进行考核。

2. 2002 年 7 月，以建总［2002］712 号文下发了全行统一的对柜面代销保险业务的激励文件，对业务的规范、快速发展起到了积极的作用。

3. 2003 年 8 月，以建总发［2003］181 号文下发了《中国建设银行保险代理业务管理暂行办法》，为进一步规范全行保险代理业务的发展起到了重要的作用。

4. 2004 年 8 月，以建总函［2004］814 号文下发了《关于将代销保险业务纳入存款业务进行考核的通知》，打消了一部分分支行认为卖保险分流存款的顾虑。

5. 确立代销保险产品的收费价格体系，2005 年，在做了大量调研、摸底的基础上，对全行代销保险产品的价格进行了认真梳理和反复研究，并根据市场和同业代理及保险公司的自身情况，对原有代销保险产品的价格进行了调整及细化，最终按产品种类制订了详细的收费标准，做到精细化管理。

6. 银保通系统（以下简称 BIS）上线推广，大大提升了全行保险代理业务的科技含量。经过两年的不懈努力，银保通系统的立项与开发工作已于 2005 年 10 月顺利完成，一期推广项目也于 2006 年 10 月顺利通过验收。目前，总行与 5 大寿险公司、3 大财产保险公司均签订了银保通使用协议，泰康、新华、太平洋人寿、平安人寿和中国人寿保险的业务培训、上线和推广工作正在按计划实施，到年底网点的覆盖率将接近 30%；“交强险”的培训工作也已完成，9 家分行已上线应用。银保通系统在全行的推广和使用，对提升我行保险代理业务的技术含量和客户服务能力、规范化经营和管理、提高网点产能等诸多方面均打下了牢固的基础。

二、业务发展中存在的主要问题

经过 9 年的努力，我行保险代理业务取得了较大成绩，但业务发展中仍存在不少的问题，需要引起我们的高度重视，问题主要表现在以下几个方面：

（一）认识不到位，机构不健全，管理人员匮乏

银行保险具有低成本、低风险、高收益、与银行客户结合紧密的特点，发展空间巨大，但由于目前中间业务对全行的贡献度还较低，银行保险在中间业务中的占比还不高，因此，大部分分行对该项业务的重视程度不够，一些分支机构还存在卖保险会分流储蓄存款的偏见，将保险与储蓄视为一对矛盾，在一定程度上影响了保险代理业务的发展。

目前在 38 家一级分行中，只有北京、辽宁、河南、广东、广西、云南、陕西 7 家分行在机构部设有保险代理科，22 家分行设专人管理，9 家分行只有兼职管理人员，一级分行本部从事保险代理业务的管理人员只有 70 余人，每家分行平均还不足 2 人，整个管理体系非常薄弱。随着全行代理业务规模的进一步扩大、合作主体的增加、合作层次的加深及业务管理的精细化，我行组织管理体系不完善、人员匮乏的矛盾也日益突出，这已成为制约全行保险代理业务发展的“瓶颈”，也是造成业务管理相对粗放的重要因素。

（二）保险公司及产品的准入、网点资源的管理还有待加强

目前与总行签约的 11 家保险公司中，主要是一些大中型保险公司，或在我行开立有关存款账户的小型保险公司；各分行签约的保险公司中，一般都涵盖了总行签约的保险公司，对其他小型保险公司的准入，大部分分行事先要做调研和效益测算，充分考虑对我行的综合贡献度，北京、广东等少数分行还制定了明确的准入标准，个别分行对合作对象的选择带有一定的随意性和人为因素。

由于代销的保险产品越来越多，各行合作的主体又有所差异，总行没有对各家公司的产品逐一审批。各分行之间做法也不尽相同，较规范的分行对拟上柜的保险产品，由省级分公司或二级分行向省行提出正式申请，经省行相关部门审查并正式下发文件后，方能在规定的网点进行销售，一部分分行由于人员的不足、保险知识的欠缺，只能被动地适应保险公司。据统计，31 家分行建立了产品准入机制，7 家分行没有明确的要求。

在网点资源的配置与管理上，由于各地情况差异较大，目前总行没有制定统一的管理办法，只是每年提出原则性的指导意见。网点的配置与管理主要集中在一级、二级分行，管理半径短的直辖市、计划单列市分行，管理权限大多集中在一级分行；管理半径长的省、自治区分行，管理权限大多集中在二级分行，在二级分行的网点资源配置中不排除存在一些不规范的行为，以及资源浪费的现象。

（三）激励机制不到位，手续费管理亟待规范

为了规范手续费的管理，总行早在2002年7月就下发了相关文件，要求全行柜面代销保险业务的手续费收入要全额入账，并制定了统一的激励政策。4年过去了，虽然大部分分行按照总行的要求，结合当地实际也制定了相应的激励文件，但由于我行现行财务管理体制的原因，很多基层行难以真正实施，操作难度较大，影响了一线人员的积极性。

去年总行组织的对12家分行的全面业务审计，以及今年初对10家分行保险代理业务的专项审计报告显示，目前全行保险代理业务管理中仍存在不少问题，其中手续费的问题最突出。如2006年初的专项审计中共发现各类问题29 836个，其中手续费的问题有28 072个，占比为94.1%。手续费的问题之所以这样突出，一方面受整个行业环境的影响，另一方面，有我们自身管理的问题：激励政策难以落实，致使一些分行为了完成任务，激励一线员工，被迫采取不正当的方式截留、挪用手续费收入，从而造成不规范的管理行为，加大了业务的操作性风险。

（四）协调不到位，思想不统一，造成财险代理业务的流失

业务开展初期，财险代理业务一直是收入的最主要来源，但近几年来，随着柜面代销寿险业务的发展，我行保险代理业务的收入结构也发生了根本性的变化。2004年财险、寿险业务的收入比例为33:67，2005年财险、寿险业务的收入比例为30:70。财险、寿险业务收入的结构性变化，固然有柜面代销寿险业务大幅增长的因素，但同财产保险业务发展缓慢、部门之间协调不利、信贷业务的优势没有充分发挥也有较大的关系。

在代销财产保险业务方面我行大有潜力。以2005年的数据为例，当年我行贷款的新增规模为2 306亿元，工商银行为2 050亿元，我行代销财产保险的业务量为11亿元，而工商银行为35亿元，二者相差24亿元，两行的差距是非常明显的，同时也说明我们的潜力是巨大的。

（五）业务规模小，市场占比低，销售渠道单一

最近几年，我行柜面代销保险业务的市场占比一直徘徊在12%左右，工商银行、农业银行、邮政储蓄银行排在前3名。2005年工商银行、农业银行、建设银行3行柜面代销保险的业务规模和市场占比分别为286亿元和32%、214亿元和24%、109.6亿元和12%；2005年工商银行、农业银行、建设银行3行保险代理业务所实现的手续费收入分别为8.6亿元、8.9亿元和3.94亿元。以上数据可以看出，我行与其他行无论在业务规模方面还是在手续费收入方面都存在明显的差距。

产生这种差距的原因是多方面的，网点数量的多少、网均产能的高低是其中最主要的原因。2005年工商银行、农业银行、建设银行3行的机构网点数分别为2.4万个、3.5万个和1.4万个，我行在网点上与工商银行、农业银行的差距为1万个和2.1万个；如果网点活动率按100%计算，以2005年工商银行、农业银行、建设银行3行柜面代销业务规模计算，3行的网均产能分别为119万元、61万元和78万元，工商银行的网均产能最高，比我行多41万元，我行比农业银行多17万元。另外，重视程度的不同及考核体制的差异，也是造成彼此差距的原因。如农业银行高度重视该项业务的发展，在总行设有专门的管理部门，37家一级分行中29家设有专门的处室，其余8家分行设有管理科室，在业务量大的二级分行也设有科室，组织体系的完善、管理人员的到位为业务的发展提供了保障。

目前我行保险代理业务销售的主渠道是储蓄网点，理财中心保险顾问、信涵、CALL CENTER、网银等渠道的销售还很少尝试，销售渠道相对单一。

三、加快业务发展的对策与建议

（一）设立专门的保险代理机构，完善组织管理体系

银行保险是一项低成本、低风险、高收入、与银行客户结合紧密的中间业务产品，为保障业务的快速、健康发展，进一步精细化管理，建议在总行与部分一级分行设立专门的机构，以加大管理的力度，充实管理人员。在机构业务部内设“保险代理中心”（二级部），中心下设4个处：寿险业务处、财险业务处、系统管理处和业务发展处。年度手续费收入超过2 000万元的一级分行应设分中心（挂靠在机构业务部，没设立机构业务部的可挂靠在主管该项业务的部门），收入在1 000万~2 000万元的一级分行须设立专门的科室，低于1 000万元的分行也应有专人管理；手续费收入超过200万元的二级分支行应设立独立的保险代理机构，手续费收入超过50万元的县级行及其他营业网点也须设专人管理。

（二）进一步落实激励机制，充分调动一线人员的积极性

代理保险业务激励不到位一直是全系统难以有效解决的问题。据统计，目前有33家分行下发了激励考核方面的办法或文件，但激励效果不明显，其根本原因在于总分行费用配置政策与薪酬分配没有有效衔接，因此，造成名义上人力费用直接与代理保险在内的部分产品挂钩，但实际上并没有相配套的薪酬政策所支撑，致使人力费用没有得到有效配置。我们建议：

一是2007年在总行层面继续加大对中间业务战略性人力费用投入的同时，对代理保险等主动营销型产品实行挂钩计价，按季兑现，以增强激励效果。

二是以“代理保险激励不到位”为切入点，深入研究中间业务有关激励政策。针对以代理保险为代表的主动营销型中间业务，在全行建立和推行以产品计价为基础的计件工资制，将配置到产品的人力费用更直接有效地分配到一线营销人员，充分调动前台人员的营销积极性，提高中间业务资源配置效率。

（三）加强协调，挖掘潜力，努力提升财险业务的贡献度

依托资产业务来拉动财险代理业务的发展，是我行推动银保业务发展、资源利用最大化、提高业务收入的重要措施。因此，发挥全行整体优势，加强内部协调，大力拓展对公贷款项目的保险代理业务，显得尤为重要。2006年我行贷款新增规模为3 800亿元，为依托资产业务来拉动财险代理业务提供了保障。2005年秋季行长会上行领导明确提出：“为提高我行贷款的安全性，贷款抵押物原则上必须办理保险，保险代理应由我行办理。”为落实行领导的讲话精神，2006年初，我们拟定了《关于进一步加强对公信贷抵（质）押物保险代理业务管理工作的通知》，通知中对业务范围、部门分工、操作流程等方面提出了明确的要求。

（四）进一步加强对保险公司和保险产品的准入管理，科学、合理地配置网点资源

目前保险市场上保险公司及产品众多，各地情况又千差万别，考虑到目前总行现有的管理能力和人员配备情况，我们认为，总行不宜对分行合作对象及代销的保险产品实行审批制。目前总行签约的保险公司只有11家，分行签约的保险公司有40多家，这40多家保险公司中许多是一些刚刚成立的小型保险公司，有些是区域性保险公司，因此，目前不宜规定：总行没有签约的，分行就不能与其建立合作关系。我们认为，对合作对象应该确定这样一条基本的原则：以大中型保险公司为主，以小型保险公司为辅；与小型保险公司的合作，要充分考虑对我行的综合贡献度及其市场发展潜力，在我行已开立全部账户的小型保险公司，总行可以与其签订全面业务合作协议。

（五）积极创新，扩大合作领域，寻找新的利润增长点

一是大力拓展资产业务方面的合作，拓宽盈利模式。2006年上半年，我们已经启动了保险公司对资产业务需求方面的研究和探索，积极营销了中国出口信用保险公司和平安保险集团公司，开创了建设银行和保险公司客户在资产业务领域合作的先例。目前，中国出口信用保险公司的评级工作已经完成，该企业被评为AAA级，相关授信材料也已上报，等待上会评审；平安保险集团的授信材料已征求了总行相关部门的意见，并已将相关意见反馈深圳市分行，在完善补充后尽快上报。随着国家对保险公司投资用途的放宽，保险公司在资产业务方面的需求会更加迫切，我们要积极营销，为更多的保险公司提供资产业务的服务，大大提高保险公司客户对我行的贡献度。

二是充分挖掘保险公司客户资源，积极推进双方在信用卡业务方面的合作。据统计，目前保险公司的个人客户资源超过1.5亿人，企业客户资源接近100万家，银行和保险公司作为两类不同的金融机构，在金融产品、服务和销售渠道上具有很强的互补性，我们要充分挖掘这些资源。目前深圳市分行和太平洋保险深圳市分公司已准备发行联名卡，下一步我们将加强与信用卡中心的合作，研究制订我行与保险公司开展信用卡业务方面的合作方案和实施计划。2007年选择一家大型保险公司先期进行联名卡的试点工作，交叉销售，尽快实现双方在信用卡业务合作方面的突破。

三是尽快推广保险理财顾问（IC项目）的销售模式。IC项目已经在深圳市分行和广东省分行先期进行了试点，它是一种全新的合作模式，也是今后双方合作的方向。我们于近期将对其试点情况认真总结，与高端客户部加强沟通，尽快在全行进行推广试点。

四是逐步建立起立体、全方位的网络销售体系。目前我行代销保险产品的主渠道是储蓄网点，其他渠道很少涉及。我们要充分发挥全行的整体优势，充分利用各种渠道销售保险产品，如网上银行、电话银行、信函等方式。鼓励分行积极创新，对于好的经验和做法尽快在全行进行宣传和推广，逐步在全行建立起立体的、全方位的营销网络体系，增加收入来源。

五是积极探寻与外资保险公司的合作。根据我国对世界贸易组织的承诺，2006 年底，我国金融业将全面对外开放，外资保险公司大举进入中国为时不远。外资保险公司有着雄厚的实力、悠久的历史、先进的管理经验及强大的产品开发能力，优势地位十分明显。如何加强与外资保险公司的合作，将作为我们今后研究的一个重点，经过评估，尝试与一家外资或合资保险公司进行实质性的合作，在实践中学习、总结，为今后更广泛地开展合作奠定基础。

六是积极配合基金部做好保险公司间接投资基础设施领域、保险资产托管的争办工作。基本建设、基础设施领域的投资与管理是建设银行的传统优势。自保监会下发《保险资金间接投资基础设施暂行办法》后，国内大中型保险公司已开始在铁路、公路等项目上积极推进。我们要发挥客户部门的优势，积极配合基金部开展营销工作，力争在京沪线等重大项目上拔得头筹，在保险公司资产托管业务上取得实质性进展。

（六）加强信息化建设，提高银行保险业务的科技含量

银保通系统的建设已经取得阶段性成果，下一步工作的重点是加大上线推广的工作力度，尽量降低手工操作的频率，在全行大幅度提高银保通的覆盖率，努力提高我行保险代理业务的科技含量。

推进个人银行业务事业部制的几点思考

重庆市分行　刘　理

事业部制管理是当今欧美商业银行的主流管理模式。随着建设银行改革发展的快速推进，对主要业务部门实行事业部制管理的条件已逐步具备。总行也于近期对个人金融业务率先实行事业部制管理作出了总体部署，这必将对全行的业务发展产生深远影响。

一、推进个人银行业务事业部制管理面临的几个问题

保障个人银行业务事业部制基本运转的信息管理系统有待进一步健全。目前建设银行开发上线的 DCC 等系统还无法满足这样的管理要求，正在推行的财务 ERP 系统有助于解决这一问题，但还有待实践的检验，正在推广上线的个人银行 OCRM 系统可以较好地提升建设银行客户关系管理能力，但从客户数据的完整性、及时性、有效性等方面来看，OCRM 系统还有待进一步完善。

现行一级分行个人银行业务管理职能与事业部制管理要求尚有较大差距。一是一级分行相关部分工作人员习惯于对基层行进行指挥和号令，难以对基层网点形成有力的服务支撑；二是事业部制要求各项政策措施和管理规定直接落实执行到基层网点和客户经理，当前一级分行相关部门履职仍然强调相对宏观的管理和业务指导，政策措施通常需经支行细化后才能落实执行，这也对当前一级分行部门履职能力形成了挑战；三是个人银行事业部制的推进必须以相关业务条线的高度集中化管理为基础。总行已明确部署了中心城市行要在 2007 年前实现综合型支行管理职能集中、对公业务营销集中、个人信贷业务中后台集中、网点管理集中、财务集中等十余项集中管理工作。上述集中化管理工作的进程也将对个人银行事业部制形成制约。此外，当前个人银行业务

管理的统一化和标准化程度不高，直接影响个人银行事业部制的推进。

二、推进个人银行业务事业部制管理改革的对策

第一，必须采取循序渐进的方式进行。可以先选取个别一级分行或先对部分一级分行内部个别分支行进行事业部制管理，再逐步扩大范围。试点行可按照“客户不丢，队伍不散，管理不乱”的原则大胆推进改革。

第二，加快各项管理信息系统的建设工作。在现有系统基础上加紧利用DCC、OCRM、ERP等系统实施信息资源整合和升级完善，以形成对业务经营管理和客户拓展维护的强大支撑。

第三，一级分行相关职能部门工作要加快进行“四个转变”。一是由重管理转变为管理与服务并重，逐步解决好上级为下级服务的问题；二是由粗放式管理转变为精细化管理，提高政策措施的穿透力和执行性；三是由分散式管理转变为集中式管理，以加强对基层业务发展支撑；四是由措施型管理转变为系统型管理，提高个人业务整体管理水平。

第四，研究确定个人银行业务队伍体系的基本建设标准，准确界定各类个人银行业务工作人员的基本要求和职责定位；制定统一的营业网点各岗位人员绩效考核办法；加强培训，提高员工业务技能和综合素质。

第五，在事业部制改革实施过程中要始终强调二级分支行的管理职责，尽可能发挥基层行管理人员的工作积极性。

新《公司法》对商业银行信贷经营的影响及对策

海南省分行　黄国华

2006年1月1日起正式施行的新《公司法》是对1993年《公司法》的全面修订，也是历年来规模最大的一次修订。新《公司法》不论是在立法理念上，还是在一些具体规则的制定上，都较过去作出了很大的变动。商业银行作为公司的主要债权人，修订必然对银行信贷业务产生重大影响，只有采取有效对策，才能推动商业银行信贷业务稳健地发展。

一、新《公司法》内容变化可能引发的信贷法律风险

1. 授信风险。降低了注册资本最低限额，弱化了注册资本对债权的保障能力，扩大了出资方式和允许分期到位，增加了银行审查和监控的难度。

2. 贷款企业逃避债务的风险。新《公司法》取消了公司对外投资比例的限制，有利于公司的再组合，但也为贷款企业逃避债务、转移有效资产提供了便利条件。

二、新《公司法》对企业自身经营的影响

1. 凸显了公司章程的重要性。新《公司法》加大了公司章程对经营管理的约束力度，显示了公司章程对信贷管理风险的影响度。但新《公司法》对信贷管理提出了更高的要求，无疑增加了信贷风险概率。

2. 变化了提供担保的限制性规定，使担保行为空间扩容，这对担保的审查提出了更高的要求。

3. 增加了股东的监督管理权利。有可能导致公司诉讼解散风险或企业法人代表的决策行为被否定。公司正常解散本属于市场主体退出市场竞争的正常情况，但是非正常解散则会给企业和银行带来风险。

4. 简化了公司合并、分立的程序，弱化了对债权人的保护。因此在贷后管理中要注意债权保全问题。

三、新《公司法》在维护商业银行信贷债权方面的规定

1. 对股东未缴足出资的责任追究，为股东套现其实物投资设

置了障碍。

2. 对中介机构的法律责任追究。要求中介机构在对公司进行注册验资和资产评估时要更具科学性、严谨性、合理性和准确性，否则在贷款形成风险时，银行就可以追究其失责法律责任。

3. 增加了公司法人人格否认的规定。这一制度为法院追究股东的连带责任提供了依据，也为银行防范股东滥用公司法人制度和股东有限责任制度维护信贷债权提供了新的依据，可以说是银行维护信贷资产的“利剑”。

4. 规范了关联交易行为。新《公司法》规定关联交易给公司造成损失时，关联方应对公司承担赔偿责任，有利于防范借款人公司的资产流失，间接维护了银行的信贷债权。

四、新《公司法》框架下对防范信贷法律风险的对策

1. 公司资本制度的修订。新《公司法》降低了公司的注册资本门槛，信贷人员在开展业务时，应重点关注公司现金流和其他有效资产的动态变化。

2. 公司章程的修订。银行信贷人员在调查和审查中应仔细研读公司章程，调查了解公司的治理结构和管理程序就显得尤为重要。注意公司向银行提供公司章程应与公司在公司登记机关所登记的版本一致，因为新《公司法》明确规定，一旦公司章程有变化，但没有在公司登记机关办理变更登记，这种变化是不能对抗第三人的。

3. 公司对外担保的修订。审查担保公司的章程，包括担保事项的决议机构、担保总额的规定、单笔担保限额的规定等，这直接影响到担保合同是否有效。审查公司股东（大会）、董事会决议在内容、召集程序、表决方式等方面是否符合法律、行政法规和章程的规定，签字是否真实，否则法院有权宣告该决议无效或撤销该决议，从而影响担保合同的法律效力。要求公司向银行出具相关决议时注明：“本股东（大）会（董事会）决议的作出符合《公司法》等相关法律及本公司章程的规定，所产生的所有法律责任概由我公司承担。”

4. 公司合并、分立、解散等的修订。在与公司签订合同中应当明确公司发生合并、分立、减资、解散、清算等情况时公司的书面通知义务，并强调银行享有宣布债权提前到期，要求债务人清偿债务或者提供相应担保，变更、中止直至解除合同的权利。银行应在贷后管理过程中密切关注客户在资本运作市场上的动作和变化，密切关注企业各类公告，尤其是企业合并公告，并在45天的公告期内做好债权借款主体转换工作，完善各项法律手续。

5. 公司法人人格否认的修订。银行利用公司法人人格否认制度维护信贷债权时，必须向法院举证股东具有滥用公司法人地位和有限责任的行为。

6. 公司关联交易的修订。银行仍需充分运用合同法框架下的合同无效请求权、撤销权、代位权及不安抗辩权等手段，维护信贷债权。银行信贷人员需要从公司的人事、财务、借款用途、机构及治理等多方面入手，掌握公司实际控制人的情况，及时采取各种措施，防范非公允关联交易危害信贷债权。

7. 中介机构法律责任的修订。在今后的评级、授信和贷款工作中可更大程度地利用经审计的会计报表，提高办贷效率。如因使用经审计的会计报表给银行信贷资产造成的损失可追究有关社会中介机构的法律责任。

8. 公司法定代表人制度的修订。使用代表公司对外签署文件如对外出具的授权书、合同等文件的情况下，应以工商登记载明的法定代表人为准。

基层网点柜面操作风险及其防范

广东省分行　钱用道

商业银行的操作风险，主要集中于基层网点的柜面操作。而基层网点的柜面操作风险，有九成以上源自于违规操作，违规操作风险的累积直接引发了基层网点的各种内外部案件。本文提出

了柜面操作风险的三大类型，即管理缺失型风险、操作违规型风险和道德失落型风险，揭示了多因一果的生成机理，对其主要表现和危害以图表的形式进行了归纳，并更多地从文化视角，提出了防范网点柜面操作风险的具体对策，以期在基本思路和基本方法上给基层行一些启迪和借鉴。

一、基层网点柜面操作风险的类型、表现与成因

（一）管理缺失型风险

1. 管理缺失型风险的概念与表现。管理缺失型风险是指基层管理者对商业银行经营活动中的人与事因疏于管理而引发、累积的风险，包括管理不到位（即管理的力度和频率不够导致未能及时发现、纠正下属在柜面业务操作中或与柜面业务相关事务处理中出现的一些显性和隐性差错）和管理不当（即管理的方法、手段、途径不当而导致管理失效或低效，使得潜在风险向现实风险转化）等造成的风险。表1列举了一些有代表性的现象。

表1　　管理缺失型风险一览表

管理类别	缺失描述	风险表现及可能导致的后果	备注
营业管理	平时对营业网点门和二道门等管理制度的执行情况检查不细，对存在问题整改不力，处罚不严。	营业网点门管理不严，会导致员工非营业时间潜入作案；二道门管理不严，抢劫分子进入柜台内部实施抢劫，对柜员生命安全构成威胁。	
	核心业务系统对柜员控制有漏洞，未能及时反映、修改和完善。	柜面核心业务系统对柜员非营业时间签到、多次日结等缺乏有效控制，便于内部员工作案。	
工卡管理	新柜员上岗没有组织学习相关规章制度；检查不细、不严；未按规定对工号实行登记管理；未按要求保管工卡，放置工卡的铁皮盒钥匙随意丢放。	柜员卡及密码保管不善，易被内部作案者盗用，或同事间混用等，使得岗位制衡失灵，某犯罪分子利用身边同事没有按规定使用、更换工卡和密码，轻易盗取操作密码，使作案得逞；放工卡的铁皮盒钥匙随意放在网点没有上锁的抽屉内，为作案提供便利。	
	网点主任对会计主管以及A、B岗的授权不清晰，且管理不严。	业务授权流于形式，未对交易真实性进行核查即授权，或将授权卡擅自交由他人代为授权。	
凭证管理	责任未落实到人；领用、收回等未严格执行规章制度，处罚不严。	重要空白凭证管理不严，极易被内部作案者利用，如空白支票被盗用、套打存单、存折从而套取重要空白凭证等，盗用或诈骗银行资金。	
	未按要求检查，发现问题没有及时上报和处理。	管理松散，使作案者产生侥幸心理，从而伪造、变造重要空白凭证以及涂改、伪造会计凭证进行虚假账务核算，内部或内外勾结作案。	
印章管理	未组织员工学习相关规章制度，责任不明确，尤其专职岗休假时替代人员执行制度不严。	公章和会计专用章保管不严，使用不规范；个人名章保管不善；易被盗用、易被内部作案者钻空子，内外作案成为可能。	
	客户的印鉴卡等未按要求专人保管或保管不严。	客户印鉴卡被内部作案者，内外勾结，仿刻客户公章，可用虚假承兑汇票等诈骗银行资金。	
账户管理	未组织员工学习相关规章制度，部分柜员不熟悉规定。	个人账户控制不严，就有可能被内部作案者借机作案，如盗支、截留储户存款等。	
	少数柜员不按规定操作，会计主管没有认真检查，处罚不严。	违规开户，如开户资料不齐全、虚假开户、代开户控制不严等，易内外勾结，实施金融诈骗	
	因同业竞争激烈，有时屈服于客户的要求，不能很好执行制度；检查不及时、不认真。	单位存款账户转出资金控制不严，如从长期不动户转出资金、硬下客户账、利用作废的支票号码转出资金、故意记串户等。	

续表

管理类别	缺失描述	风险表现及可能导致的后果	备注
尾箱管理	网点负责人或会计主管没有要求相关岗位按要求清点尾箱，日终清点不严，几日才清点一次。	某分行内部作案者只对尾箱内已记账复核部分的库存现金进行核查，未按要求，对寄存的现金和现金交款单进行检查核对，诱发盗用。	
收款管理	不符合规定就提供上门服务，不对上门收款人员进行相关教育，双人操作业务制度未落到实处，岗位互相监督制约机制失效。	某分行没有按双出纳、双经警专车上门收款的要求就上门收款，使得作案人每次上门收款仅与司机同往，实际上都由其单人点收、封箱上锁，导致贪污挪用客户资金。	
电银管理	从营销的角度，放宽对客户办理有关手续的要求。	某支行办事处柜员和综合会计员在客户办理柜台签约时，违规允许非本人办理电子银行签约业务，以致带来风险隐患。	
管理者的管理	没有很好地执行轮换、强制休假制度；因业绩突出，“一俊遮百丑”；上级行的各种检查走形式。	对网点负责人监控、制约不力，监管不严，使之受外界的诱惑，内外勾结作案，主要以票据诈骗为主，涉案金额一般都比较大。	
	对会计主管培训、监管、控制不力；没有很好地执行轮换、强制休假制度。	会计主管未由上级行异地委派，或由其他岗位人员（如副行长）兼任；对会计主管监管不严，使之直接参与作案；涉案问题较为突出。	

2. 管理缺失型风险的主要成因

（1）网点负责人管理的泛化。目前商业银行前台管理的规章和操作规程，数量既多又大，造成网点负责人没有时间和精力学习而导致管理的泛化，不能从细节上发现问题，有针对性地进行指导式管理，只能粗略地提些要求。网点负责人的收入未与基础管理挂钩，使之放松基础管理。

（2）会计主管管理的弱化。网点内部的管理由网点负责人负全责，但很多柜面业务操作管理是由会计主管负责的，信息、利益与责任的不对称制约着会计主管的管理。现在网点大多实行“卖单制”，会计主管的收入远少于网点负责人、客户经理和大堂经理，收入的较大差距弱化了会计主管严格管理的动力。

（3）网点员工管理的错位。只有让员工明白按制度、按流程操作，是自己平安作业的保护伞，他才能自觉地遵循和执行相关规章制度，才能对各种违规行为说“不”。然而，很多网点负责人不善于对员工进行这方面的教育，大多读一读规章制度，很少涉及员工的思想；而有的网点搞教育只重形式，不重效果，缺乏针对性和知识性，没有让员工入脑入心。

（4）考核激励机制的偏差。基层行对网点的考核激励过于向业绩指标倾斜，而对基础管理的考核比重很小，且定性成分较多，数据支持不足，定量简单化，操作性不强，使得网点负责人偏重业务发展，轻风险内控和基础管理，有的甚至为了完成业务指标而不惜违规操作。对柜台员工的考核也偏重于业务的数量而忽视对工作质量的考核，忽视对员工品行、业务技能和综合素养的考核。

（5）员工行为排查流于形式。一些网点的排查流于形式而走过场，发挥不出实际效果。在G分行发生的11件案件中，有7件作案人员分别涉及赌球、买六合彩、经商等，占比高达63.6%。而作案人员在案发前不良行为非常明显，可网点管理者却是视而不见，有的员工知道也不反映，都怕得罪人。

（二）操作违规型风险

1. 操作违规型风险的概念与表现。操作违规型风险是指商业银行基层网点办理各类业务的经办人员，在办理具体业务时未按规章制度办理业务（即办理业务时没有严格执行相关的规章制度，自行其是或擅自变通处理，以信任代替制度，以服从放弃原则、放弃制度，以“服务”迁就客户，以“发展”默认客户的违规等）和未按业务流程办理业务（即办理业务时没有按原来规定的业务流程办理，在办理业务的顺序上出现越程序、逆程序、颠倒程序、简化程序等方面的偏差）等而引发和累积的风险（见表2）。

表 2　　操作违规型风险一览表

违规类别		违规描述	风险表现及可能导致的后果	备注
未按规章制度操作	岗位制约制度	网点员工与管理者未能自觉、严格执行岗位制约制度，如双人经办制度、岗位授权制度、印押（压）证三分管制度、岗位分离制度、岗位轮换制度、离职离岗交接制度、岗位监督制度和主管岗位监督制度等；还有大额资金转账、取现未严格执行授权、双签等制度。	G分行有2个分支行发生柜员盗用银行资金案，都与此有关，如不按钱、账分管要求处理货币收付和相关账务，使得某个柜员临时或短期既管钱又管账，就会诱发其柜面收款不入账，或擅自垫付资金、空存现金、虚增存款，从而盗用银行资金。若严格按双人对账要求核对各种账务，由除账务经办员以外的人员进行逐笔勾对并签字确认，就会及早发现问题，但由于双人对账制度形同虚设，导致案发时间长、盗窃资金数额大。还有尾箱管理不严，日终（换班）碰库流于形式，涉案人直接从尾箱中盗取现金，有一柜员就从尾箱中抽取单张，用于消费，3个月就盗用尾箱资金3万多元。	
	对账制度	对账制度不落实；每旬未按规定向客户发送对账单，柜台风险经理没有执行在上门收款的次日与客户逐笔核对账务的规定，等等。	某分行未执行相关的规章制度，上门收款的对账工作由上门收、送款人员来做，网点其他员工送达客户的对账单，竟被作案者多次以银行对账单打印错误为由成功调换，致使其长期挪用贪污客户资金；某支行对缺少对账回单客户进行再次跟踪对账时，对账回单回收率低，致使作案者盗用客户资金未能及时发现。	
	网银制度	违反建设银行网上银行业务操作规范，擅自进行有关操作。	客户经理在营销电子银行产品的时候，违规帮客户下载电子交易证书，代替客户进行安装、导入证书的操作等。如果操作者想盗用客户资金，就会利用上门为客户示范之机，偷窥客户密码，从而盗用客户资金。某支行就发生过以服务客户为借口的类似案件。	
	信用卡制度	未严格执行相关的规章制度，如退卡登记制度和信用卡挂失规定等。	贷记卡开办之初，卡部人员对退卡处理操作没有执行卡片管理有关规定，建立邮件（包括成品卡、密码信封）退回登记制度，有关人员对过夜保管的退件没有视同成品卡管理，使作案者趁机盗用并作案得逞。	
未按业务流程操作	简化程序为企业开户	柜员怕麻烦省略开户的第2道程序。完整的开户程序是：1. 申请人提交开户申请书和相关资料；2. 开户行经办人上门核实情况；3. 经办人审核开户申请书和相关资料；4. 主管审核批准；5. 经办柜员登记开户登记簿；6. 由柜台风险经理授权经办柜员开立账户；7. 向开户申请人发放印鉴卡；8. 预留银行印鉴；9. 出售空白凭证；10. 准予办理结算。	不法分子为实施票据诈骗，以巨额存款为诱饵，到银行开立基本结算账户或结算账户，柜员在客户经理或网点负责人的要求下，在为客户开户过程中，省略了“上门核实情况”这道程序，就为客户开户；还有的柜员在审核开户申请书和有关证明文件时，发现有关文件和证明不符合规定，只是向网点负责人反映，网点负责人因多种原因而迁就客户，同意柜员省去第4道程序，柜员未经会计主管审核，就登记开户登记簿；有的未经主管在会计核算系统授权由网点负责人代为授权就为客户开立账户。当这些不符合条件的客户在银行开立基本账户或结算账户后，通过申请购买重要空白凭证后进行诈骗，银行要承担相关责任。某支行就因越程序操作，为不符合条件的客户开户，该客户通过虚假承兑汇票诈骗、套用银行资金，银行承担损失3 000多万元。	
	颠倒程序办理现金收付	办理现金收付和银行转账业务有其流程，颠倒、省略其中的某些步骤都有可能导致差错以及现金的长短款。如柜台收入现金应先收款后记账；付出现金应先记账后付款，两者颠倒就会出现已记账而未收款和已付款而未记账。	新柜员上岗为客户办理柜台现金收付业务时，经常会颠倒现金收付的程序，收入现金时，先忙着记账、开存折，然后再收钱、点钱；在一般情况下，不会发生差错，如果有其他事一打扰，就会发生没有收钱，就把存折给了客户，或收钱不足等情况；客户来柜台取钱时，有的柜员看到取款凭单就凑钱、数钱，甚至把钱付给客户，然后再记账。笔者在与柜台员工座谈时，就有员工说到此事，不过及时发现，大多数客户还是把钱退了回来。更多的现象是，柜员在为客户办理取款而点钱时，颠倒了“先整后零，先大后小”的顺序，因而发生长短款。	
	逆程序办理存款挂失	存款挂失业务流程如下：1. 客户填写“特殊业务申请书”；2. 经办人办理止付操作；3. 审核无误后办理挂失操作；4. 7天后，客户出示第二联“特殊业务申请书”；5. 经办员核实后办理挂失补发或取现手续。	柜员未按流程办理存款挂失业务。柜员受理客户遗失存折申请挂失后，未立即对账户作止付处理，而是先帮客户查询存款有无被人取走，然后再办理止付操作。有这个时间差，犯罪分子就可持客户被盗、被抢存单在其他网点利用银行的通存通兑功能取走到期存款。G分行某支行就发生过这样的事，最后客户要求银行赔偿他的存款，因为柜员帮他查询时存款尚未被取走。后来，客户与银行打官司，法院判银行赔偿。	

2. 操作违规型风险的主要成因

（1）制度建设的粗疏、庞杂和滞后。一些制度的制定者，对各项业务的操作缺乏实践的磨炼和积累，虽然也到基层作调研但毕竟是走马观花，知其一而不知其二。这就使得出台的一些规章制度，抓不到点子上，内容庞杂、条款多而针对性不强，系统性差，缺少简明的基本制度，存在重复、交叉甚至相互矛盾的缺陷，不利于基层员工在操作中执行。

（2）规章制度的学习考核不够。前台人员工作紧张，柜员接受培训机会较少，因而对部分规章制度不熟悉，理解不到位，转化为操作中的“应知”、“应会”不顺畅，在执行规章制度过程中易发生偏差，导致无意识违规。很多新柜员上岗和老柜员转岗，上级行和所在网点大多未对其进行相关制度的学习与培训，主要靠师傅带徒弟完成对规章制度的学习，在业务多元化的情况下，不能确保其效果。而上岗和转岗前的考核，对操作依据的考核偏弱。

（3）规章制度的执行力偏弱。执行主体在思想认识上有偏差，总觉得有些规章制度多此一举，因而弱化了自觉执行制度的意愿和动机。在理解把握上有漏洞，对自己有利的就执行，不利的就不执行；检查频繁的就执行，很少检查的就不执行；形式上执行而实际未执行。在检查考核上有短板，出了问题就检查，不出问题就不检查；检查问题也不按原来的制度处罚，因而导致规章制度执行不到位，存在着简单化、递减式、抵触性和选择性执行等现象。

（4）考核分配偏重于经营业绩。因考核有偏重业绩轻内控的倾向，部分柜员经办业务时更多注重业务办理速度，规范性操作的意识相对弱化，特别是经办业务速度要求与操作规范冲突时，随意简化操作流程以满足客户要求，而网点管理人员也片面认为规范性差错不会产生风险，疏忽了对柜员的监督管理和严格要求，没有利用考核手段引导网点加强基础管理、合规操作习惯。

（5）业务流程没有很好整合和优化。尚未完全建立按照统一的标准和方法对业务流程进行规范化定义、测量和控制的流程管理体系，业务流程存在重点不突出、跨部门流程责任人不明确的问题，多数流程没有分级概念，不利于明确诸多流程之间的界限和职责；个别产品实现流程所依据的规章制度多种多样，流程运行缺乏规范性、一致性和准确性，操作人员不易理解，增加了执行难度和复杂性。

（三）道德失落型风险

1. 道德失落型风险的概念与表现。道德失落型风险是特指商业银行基层网点从业人员受错误思想、错误价值取向等方面的影响，以及个人道德和职业道德修养的弱化，为了满足个人的不当需要或获得私利，在明知其职责、管理要求和相关规章制度的情况下，而未自觉履行其岗位职责，违反银行管理要求和相关规章制度所发生的行为以及其行为给银行带来的风险，即导致某些业务及经营处于风险状态或形成损失的可能性（见表3）。道德失落型风险是商业银行基层网点负责人或员工以放弃职业道德、有关法规制度和所在网点合规经营、规范操作等为代价，以谋取个人或小团体不当利益为价值取向造成的。

表3　　道德失落型风险一览表

失落类别	失落描述	风险表现及可能导致的后果	备注
管理者的道德失落	管理者以权谋私，为不符合条件的客户开立基本结算账户，或出售重要空白凭证，等等。作为条件，或安排自己的亲属在该企业任职，或私下收取好处费。	在G分行过去发生的一些案件中，网点负责人不讲职业道德，不按章办事，为不符合条件的企业开立账户，或提供汇票承兑服务，参与或协助企业进行金融票据诈骗，极大地损害了所在行的形象，并导致所在行陷于其中，损失资金达3 000多万元。	
	管理者职业道德失落所致的管理行为失察、处理问题失公，导致管理者威信下降，管理不力，引发和激化管理者与被管理者之间的矛盾，以致网点个别员工以违规、破坏行为对其报复。	管理者处事不公，轻则导致员工不满，自己的管理指令不能让员工有效执行；重则导致个别员工蓄意破坏和报复，增加网点经营的风险。某网点曾发生这样的事：某年轻员工极为不满网点负责人不公的处理和批评，就暗中破坏计算机设备，导致营业中断、部分数据丢失。	
	管理者收了客户的贿赂，导致利益主体错位，向上级行申报其贷款资料时，掩盖客户的真正情况，加剧了银行与客户的信息不对称，潜伏了信贷或其他风险。	网点负责人在向上级行推荐信贷客户时，明知该客户经营不善，或信用不好，或相关资料不实，而故意不向上级行反映客户的真实情况，而且指导客户搞虚假的申报材料，欺骗上级行，将贷款发放给客户，最后形成不良资产。	

续表

失落类别	失落描述	风险表现及可能导致的后果	备注
柜员的道德失落	网点柜员明知网点负责人或会计主管提出的要求不对，但为了自己的私利——或提高奖金系数，或得到领导表扬和重用，而不敢坚持原则，对领导的违规行为不抵制，并且服从领导，参与违规业务的操作。	柜员在办理业务操作过程中，对领导提出的违规要求，明知不对，也清楚其后果而不抵制，仍然盲从，按其不当要求操作，以避免领导报复，或给自己的绩效工资少等，而参与违规操作。某分行某分理处柜员对原会计主管利用两个客户身份证号码违规开立两个个人账户的要求，没有抵制和报告，为其作案转移资金提供便利，导致内部盗用银行资金案的发生。	
	柜员熟悉相关规章制度，但因个人的不当利益，或考虑与同事的关系、与客户的关系，等等，而不能坚持原则，做老好人，以信任代替制度，以“服务”为借口迁就客户，或超越程序，或放低标准，发生相关行为。	柜员熟悉相关规章制度，也知道应该怎么去做，但在工作中却没有按规章制度去做，自我保护意识不强，以信任代替制度。如某分行营业室员工对个人密码保密意识差，在录入密码或修改密码时未采取必要遮掩的保护措施，结果被作案人偷窥到柜员卡密码，利用其柜员卡及密码顺利进入系统作案。G分行发生过两起此类案件。	
	柜员的人生观、价值观受社会错误思潮的影响而逐渐变形、扭曲，或追求奢侈糜烂的生活，或沾染上黄赌毒，而利用职务之便牟取不当利益，或自己实施内部作案，或协同外部人员进行票据诈骗等。	一些柜员追求奢侈的生活，经常出入高档消费场所，当自己的收入不能承担这种消费时，或非法占有公家财物，盗用银行资金；或利用工作之便，收取客户的好处而为客户的违规开绿灯；或在业务操作中违规操作营私舞弊；或不正常“跳槽”，带走原有客户和商业秘密等，明知这些行为不对而自觉去做。	
	柜员不能自觉遵守职业道德规范，在业务操作过程中有欺骗客户的行为，以达到完成营销任务的目的。	现在很多网点的任务很重，因而分解到员工，一些员工在推销理财产品过程中故意夸大某些产品的收益，而不作风险提示，有的员工在推销代理保险业务时，向70岁以上老人推销20年后才能分红的保险产品，等等，这些都是有违职业道德的，会给银行带来有形资产和无形资产的损失。	

2. 道德失落型风险的主要成因

（1）长期放松对员工的“三观”教育。长期以来，商业银行的一些基层机构放松了对员工的“三观”教育，尤其是放松了对网点负责人的“三观”教育。笔者曾查阅了5个二级分支行2006年和2007年的培训安排，几乎都没有安排“三观”专题教育的内容或与此相关的培训内容。

（2）管理者的不良“示范”影响。很多基层行在对网点负责人的考察和使用上，重“能”轻“德”，重营销之能而轻综合素质之长，更多是看其经营业绩和营销能力，而对其道德品质、综合素养、管理能力等方面的考核、考察不够，基本没有量化和细化的考核指标，导致一些管理者在道德修养和道德实践等方面较差，以权谋私，或受惠于客户而为客户的违规行为开绿灯等，这些都给与其朝夕相处的基层员工带来极强的负面示范效应。

（3）对员工道德与职业道德素养的重视与考核不够。从源头看，招聘新行员，大多注重于其学历和经历，很少重视与银行这个特殊行业密切相关的道德品行，而对候选者道德与职业道德素养、品行的考察与评判，基本上都依据于个人档案，降低了商业银行这个道德风险较高的行业对员工道德品行的特殊要求。平时对员工的在岗考核，很少从银行这个特殊行业的要求去设计和细化不同岗位员工的道德品行考核指标。

（4）对不良员工缺乏有针对性的帮教。很多基层网点偏重于职业道德教育而偏轻于道德教育，偏重于职业道德教育中有关客户服务方面的内容而偏轻于合格职业人应具备的职业道德素养的教育，偏重于道德与职业道德教育中的“知其然”而偏轻于道德与职业道德教育中的“知其所以然”。一些基层管理者缺乏对所辖员工道德品行方面细微的关注，缺乏与员工八小时以外的沟通与了解，缺乏有针对性的帮教，从而导致一些员工在错误的道路上越走越远。

二、基层网点柜面操作风险的防范

（一）走出三个“误区”

1. 走出重制度轻执行的误区

长期以来，基层行偏重于对上级行所制定的规章制度的转发与细化，而不是根据所在行实际情况，有所侧重地补充具体的细则与规定。不同条线为防范各类风险而下发的规章制度，最后都集中到网点，加起来约有20万字，因为其烦琐到基层后大多“束之高阁”。案件的发生或违规现象的堆积，在一定程度上不是因为规章制度少，而是因为规章制度太多，导致下面难以执行。切实防范基层网点柜面操作风险，必须走出“重制度制定，轻制度执行”的误区，为基层员工减负而精简制度、简化规定，将着力点放在规章制度的执行上。

2. 走出重检查轻指导的误区

现在来自上级行各条线的检查太多、太频，多的一年中就有十几次，还有许多如“百日大清查”活动等、“员工八小时以外行为排查”活动等。这些频繁的检查与活动的开展，给基层带来沉重的压力，导致基层网点负责人的反感与抵触，因而检查的效果与组织者的初衷相悖。有的检查只是为了发现问题，而很少帮助网点来查找原因，指导网点进行整改，因而很多问题是屡查屡犯。要精简压缩不必要的检查，可将条线检查归并，向综合检查转变，把更多精力放在对网点存在问题整改的指导上，从而走出重检查轻指导的误区。

3. 走出重处罚轻教育的误区

一些基层网点负责人，把对柜台操作的风险管理简单化，只是想用经济手段来解决问题，而没有很好地在处罚之后，辅之于相关的思想教育，来帮助员工理解处罚的目的，以提高其对风险、对合规操作的认识，引导员工对规章制度的认同。笔者曾对一些网点一年中的处罚记录进行过分析，柜台员工受处罚的面居然高达78%。而这么高的处罚率并未从根本上解决问题，该网点差错率、违规率仍高于全行平均水平，这说明简单化的经济处罚并不能从根本上解决问题。

（二）夯实三个“基础”

1. 夯实管理者的思想基础

防范网点风险，重点在于柜面操作风险，其效果如何，责任在于网点负责人。要让网点负责人明白，员工出事，负责人有很大责任。而柜面操作风险的防范，应贯穿于银行各个业务领域和环节、渗透于每个员工思想和工作之中，要把案件防范变成每个人的自觉行动，这才是最好的防范。对不同岗位、不同业务、不同类型的风险防范，要有针对性，让每一个员工都清楚和明白“怎么做”。基层管理者思想上有了这根弦，才能晓之以理，授之以法。网点管理者要学会观察，善于分析，能见微知著，洞察秋毫，通过教育、引导，抑制风险于萌芽状态，以在其尚未出现症兆时就能除之。

2. 夯实制度建设的基础

要对现有的规章制度进行分类，从重要性、权威性等方面分为不同等级，明确不同等级的规章制度制定或修改的主体，确定制定者的权力和责任，参与规章制度的制定者应具备相应的资格，由规章制度的制定部门根据需要进行选择，以避免外行来规范、约束内行。同时，建立规章制度的评估和评价机制，对出台后的规章制度进行跟踪和评价，以检验规章制度与实践的相符性，规章制度评价的结果要与制定者挂钩。不同等级规章制度的制定与修改，事先都应向相应等级的“规章制度建设委员会”申报，经过相关专家的审定、论证和批准后，才能进入规章制度的制定程序。

3. 夯实制度执行的基础

梳理前台业务产品和服务流程，制定和完善标准化的操作手册，并根据业务变化，持续更新，实时发布。网点管理者应根据实际情况将规章制度分解到网点的各个岗位，逐一落实到人，同时跟踪检查执行情况，利用晨会的点评，提高员工的制度执行力。对基层网点的管理者，既要强化其对规章制度的执行意识，作执行规章制度的表率；还要强化其对员工执行制度的管理意识，帮助员工正确理解规章制度，及时发现、及时指导整改执行中的问题，以高密度的检查促使员工形成自觉执行规章制度的良好习惯。

（三）完善三个“机制”

1. 完善进人、用人的道德品行考评机制

招收新员工，都应通过笔试、面试和情景判断问答等方式，来了解和评价其潜在的道德价值取向、道德偏好和品行特征，并将考评结果作为是否录用的重要依据。根据不同岗位履岗履职的具体内容，设定职业道德品行的考核指标，要把对员工职业道德品行考核的内容、考核的办法、考核的流程、考核的依据以及考核结果的使用等，用制度的形式固定下来，不断地在考核过程中加以完善。考核结果是年度考评的重要组成部分，还可将道德品行考评的结果登记在册，作为员工换岗和晋升的重要依据。

2. 完善员工道德品行教育、帮教的长效机制

要以制度的形式，对员工“三观”、道德与职业道德教育的内容、培训形式、课时安排、递进路径、考核方法、学分累积、学分使用等方面统一并固定下来，成为伴随员工职业成长不可或缺的重要内容。同时，以制度的形式，界定帮教的范围、帮教的对象、帮教的主体、帮教的层级，明确帮教的内容、途径和方式等，使之规范化，真正体现以人为本。对员工的个性化帮教，要讲究方法和艺术，应在不公开状态下完成，以尊重被帮教对象，这样才能收到较好的效果。

3. 完善网点柜面操作风险的考核和奖惩机制

明确网点负责人和会计主管的风险管理责任，从动因上解决网点柜面操作风险内控管理薄弱的问题，要将网点柜面操作风险内控评价考核纳入对基层网点和业务条线的绩效考核体系之中，既重视对业务经营情况的考核，也重视对基础管理尤其是风险管理的考核，并把结果与网点绩效收入挂钩。柜面操作风险内控评价考核结果，可按照一定权重，分别与网点负责人和会计主管的绩效收入挂钩。同时对柜员要增加柜面操作差错率的考核，考核方式可根据会计稽核发现差错的数量、类别、性质、趋势等因素，重点考核实际差错发生与目标值之间的差距，促进柜员养成合规操作的习惯。

（四）注重三个“转变”

1. 由偏重于检查向检查与指导并重转变

检查者既要从检查中发现问题，更要帮助网点管理者找出形成问题的主要原因，提出解决的措施与办法，给基层管理者以具体、有针对性的指导；业务部门依据各类检查的内容，改变话语方式，变事后检查为事先指导，工作的重点变“查”为“教”，将柜面操作风险的防控前移，为基层网点办实事。

2. 由偏重于惩罚向惩罚与激励并举转变

对网点的各类违规行为若不追责、不处罚，或处罚不到位，再好的规章制度也会失去效力而流于形式。因此对违规问责一定要严查彻处，使惩罚与激励并举，纠错与扬先结合，这样所产生的效果则更好、更持久。

3. 由偏重于“警示教育”向“反面警示”与“正面引领”并重转变

防范和化解道德失落型风险，基层行大多习惯于采用“警示教育”的方式，确实能够起到很好的警示教育作用，但经常采用效果就会递减。可采取“正面引领”的方式，以先进典型、身边的优秀员工等的现身说法来教育引领员工，这样更能受到员工的欢迎。这种“正面引领”，一定要实事求是，不能夸张、拔高。

优化收益结构　加快战略转型

深圳市分行　张学庆

收益结构是指企业各产品线（业务部门）收益占总收益的比例。根据对收益范畴的不同理解，商业银行收益结构可以分为三个层次：首先是收入结构，仅仅考虑各业务线直接收入的结构；其次是利润结构，即各种产品对账面利润的贡献程度；最后是价值结构，考虑产品或业务

线对银行长期价值和竞争力的影响。不同层面的收益结构涉及不同的关注点，具有不同的意义。从可比较性、业务结构转换等角度看，收入结构是最直接、最为清晰的收益结构。本文则主要是指第一个层次的收益结构。

战略转型是企业发展宏观指导思想的调整，从落实层面上讲就是经营转型。商业银行经营转型是指经营模式和增长方式的转变，主要包括三方面的内容：一是结构优化，由单一的传统业务结构转向综合的现代金融结构。包括业务结构、客户结构和收入结构优化。二是资源优化，由粗放式经营转向集约化经营和精细化管理。包括以科技支撑优化整合服务渠道方式，在全球范围内寻找客户和发展机会、营销，运营体系和流程再造等。三是内控优化，实现商业银行在各种市场条件下，银行的安全运营。包括适应业务品种、经营范围和盈利来源的多元化，建立相应的全面风险管理体系。其中，业务发展结构优化经营转型的核心，资源优化和内控优化保障和服务于结构的优化。从优化收入结构入手，加快建设银行的战略转型应该是当前的重要策略选择。

1. 明确收益结构优化的目标。在《中国建设银行业务发展战略纲要》中提出了到2010年的收入结构优化目标。应该在此基础上完善和细化收入结构优化目标，进一步明确非利差收入和利差收入各自的结构指标，按年、按业务条线、按分行纳入中长期发展规划中，同时，制定相应的考核及资源配置政策，保证收入结构优化目标的实现。

2. 优化业务结构，实现均衡发展。建设银行优化业务结构主要内容包括：一是要逐步降低信贷资产占比，减轻对利差收入模式的依赖，立足境内外市场争取政策支持，着眼于综合化经营积极进行股权性投资，扩大业务范围。二是优化信贷结构，贷款优先向个人和中小企业倾斜。三是全力发展非利差业务，尤其是积极抢占与资本市场、直接融资相关的新型中间业务市场。同时，大力拓展国际结算、代理、银行卡等传统中间业务市场。四是积极探索适合电子银行发展的模式，提高电子银行业务占比。五是按照“做强亚洲、扩展欧非、突破美澳”的既定策略，推动境外业务健康快速发展。

3. 优化客户结构，提高可持续发展能力。基建和房地产客户是建设银行的特色优势业务，但是，房地产行业的周期性较强，政策性风险也较大，我们在继续发展基建和房地产行业优质客户的同时，必须大力发展第三产业等行业的客户，并从高耗能、高污染等不符合产业政策导向的行业客户中退出，保持适度均衡的行业客户结构，提高风险回报的稳定性。

4. 加快推进营销、运营体系和业务流程重组再造。首先需要总行高瞻远瞩，加强对运营体系和流程再造的研究和总体规划设计。其次，按照“前后台分离、前台延伸、后台集中”的思路，加快对原来层层递延、分散处理的业务流程进行重组，凡是可以集中处理的业务不放到前台，凡是能够集中的业务不分散处理。最后，加快推进信息技术的统一规划和垂直管理，形成与运营体系和流程再造相适应的IT支撑系统。

5. 积极推进管理转型，形成符合现代商业银行要求的管理机制。适应经营环境的变化，加快推进现代商业银行各项经营管理机制的建设，形成符合现代商业银行经营要求的资本、风险、内控和考核体系。

建设银行的战略和经营转型应该把握收益结构调整这条主线，以结构优化为核心，把总量增长与结构优化、传统优势与改革创新、整体推进与重点发展、业务发展与科学管理有机结合起来，处理好转型与发展的关系，做到在转型中发展，在发展中转型，实现可持续发展的战略远景。

中小企业信贷风险的防控措施

河北省分行　万志红　李凯华　王　勇

1. 加强对宏观经济和经济周期的研究，及时合理地调整中小企业信贷投放政策。加强对宏观经济和经济周期的研究就是为了发现和分析其对中小企业信贷造成的系统性风险，把这种系统性风险控制在可以接受的范围之内。从我国"十一五"发展规划来看，严格的土地政策、严格的环保政策以及严格的能源政策将决定今后相当长时期内国家经济发展的大方向和大格局。我行应对国家宏观经济政策进行深入研究和分析，在此基础上确立清晰明确的中小企业战略和制定各项信贷政策，信贷政策应划分为长期、中期和短期不同的层次以同国家宏观经济政策相协调，一定要把那些虽然暂时经营状况不错但却不符合国家宏观经济发展要求的企业和真正有发展潜力的企业区分开来。我行还应加强对我国经济周期的研究，尽早提前把握经济发展的拐点，使我行对中小企业信贷的投放和调整更有前瞻性。

2. 注意细分行业、区域和客户等级，实施动态的信贷限额管理。针对中小企业整体信贷风险比较分散，而在行业、区域和客户等级间信贷风险可能相对集中的特点，有必要实施动态的信贷限额管理。这种动态的信贷限额管理主要内容是：根据不同行业、区域和客户等级分别确定中小企业贷款所能占用的最大余额，在我行经济资本约束机制下，可分别限定最大的经济资本占用量，并根据风险和收益变化的情况适时作出相应调整。

3. 组建专业化、高素质的中小企业客户经理队伍。为提高客户经理对中小企业客户的信贷管理水平，我行可采取以下措施：一是组建专门从事中小企业信贷的客户经理队伍，对中小企业客户实施专业化的管理，进行独立的激励和考核；二是采取多种培训方式加强培训力度，通过有针对性的培训不断提高客户经理的专业技能和综合素质；三是充分利用计算机网络开发适应中小企业信贷管理要求的应用软件，通过科技手段提高客户经理对中小企业信贷管理的效能。

4. 建立符合中小企业特点的客户评价制度。我行现有的信贷评级主要是针对大企业的，比较注重行业、区域、财务等因素，而对产品、市场、管理、企业控制人等因素反映不够充分，而这恰恰是影响中小企业资信的主要因素，因此对中小企业应考虑采取以定性为主、定量为辅的客户评价内容，建立以风险经理为主的客户评级制度。我行可以充分借鉴国外先进商业银行对中小企业评级比较成功的打分卡制度，通过对中小企业各个方面设定不同的权重系数分别评价打分，以确定客户评价结果，这种评级方法的关键是设定详细全面的评价内容和根据实际情况对评价内容进行调整，通过这种打分评级可以更准确地反映中小企业的信用等级水平。

5. 在中小企业聚集地域建立专门的分支机构，进行专业化的信贷管理。河北省多个地市都存在特色中小企业经济发展区域，如清河羊绒、沙河玻璃、辛集皮革、白沟箱包、安平丝网等，这些中小企业经过多年的发展，已经具备了一定的市场竞争能力并拥有了一定的客户群。由于这些企业数量较大，在当地人脉较多，很多企业在当地具备了一定的信誉度，对这些企业风险的判断和识别有赖于对当地经济环境、企业和人际关系的了解和熟悉程度，因此我行要充分依托当地的分支机构，打造对中小企业专业化信贷管理的特色网点，培养和利用人才、专业和管理的优势，减少信息不对称的影响，提升信贷风险管理水平。

6. 加强贷款风险分类和到期、逾期管理。我行应对正常类和关注类的中小企业贷款进一步细化风险分类，重点加强对潜在风险相对较大贷款的监控，使贷后管理的重心更加明确，管理措施更有针对性，对已处于次级以下的贷款应移交新的客户经理或风险经理进行管理。

对于逾期贷款要重点做好早期的分析，针对不同的逾期原因分别采取不同的处理措施。客户经理对贷款逾期的真实原因进行客观深入的分析非常重要，众多的中小企业贷款逾期并不是因为其丧失了偿债能力，多数是因为暂时性因素所导致的。根据经验，由于暂时性原因导致的贷款逾期一般不会超过 3 个月，因此对这类贷款应安排展期，而对于那些经营恶化等非暂时性因素导致的贷款逾期，应立即调整风险分类，采取措施加大催收力度，争取尽早收回贷款，决不能犹豫拖延。

7. 建立对中小企业信贷人员科学合理的激励约束机制。对信贷人员的激励约束应坚持考核约束在前、激励在后的原则，简单说就是只有当贷款的收益能够基本确认、可有效覆盖风险后再实施相应的激励措施，避免因过于重视贷款增量激励在前而导致轻视风险的信贷投放短期行为。对短期贷款，可在贷款到期后落实有关激励约束措施；对于中长期贷款，可结合年度风险分类、还本付息等风险和收益情况分年落实激励约束措施，在贷款到期后或贷款发放一定期限内全部兑现。对由于信贷人员主观责任而形成贷款风险损失的，要实施严格的责任追究和扣减其绩效。另外，激励约束机制应以客户为中心进行考核，重点考核效益而不是贷款量，考核对象宜以人为主、以机构为辅，尽量避免单纯以单笔贷款的风险和收益为中心进行考核，以促进综合营销和业务的全面发展。

8. 加强信贷产品的研发和创新，积极引入符合中小企业风险特点的担保方式。信贷产品创新很重要的一个方面就是担保方式的创新，在现有法律框架和能够正确识别抵（质）押品价值的前提下，我行要积极研究和推广其他可行的担保方式，如应收账款质押、仓单质押、企业主要经营者个人承担连带责任担保、存货抵押、出口退税账户、股权质押、保理等。对担保公司的担保我行要审慎选择，争取尽早对担保公司实施评价准入制度，所选择的担保公司要实力较强、运作规范，能够缴存符合其担保额度的保证金或落实其他保证其履行担保能力的措施，要警惕担保公司超出其自身担保能力的对外担保行为。

产品创新　打开一片新天地

——厦门市分行外汇资金业务

厦门市分行

厦门市分行外汇资金业务的发展只是建设银行外汇资金业务发展的一个缩影，但它也折射出建设银行全行外汇资金业务迅速发展、壮大的历程。综合来看，厦门市分行外汇资金业务的发展思路可以概括为创新先行、营销有力、团队合作、分支联动。

一、创新是推动企业发展永远的原动力

作为一个金融资源和上海、浙江、广东等大行处于不同数量级的分行，厦门市分行的外汇资金业务能连续 3 年取得建设银行系统前 2 名的好成绩，主要是依靠创新，通过不断的组合创新，把一个个普通产品变为了一个个不普通的市场拓展的利器。2006 年，厦门市分行抓住开辟 NDF 的机遇，通过境外 NDF 和国内普通远期结汇、掉期业务的合理搭配、组合，在第一时间开发出“远期结汇差额对冲结汇方案”、“收支通”、“购汇通”、“差额人民币升值收益贴现对冲方案”等众多适用于不同客户、不同市场行情的创新产品，很受客户欢迎，从而带动了外汇资金业务的发展，分行外汇资金业务也一举冲破 10 亿美元大关，实现了一个质的飞跃，厦门市分行创新产品也在总行金融市场部十大创新产品评比中一举囊括 3 项大奖。

二、有力的营销是我行外汇资金业务的强力助推器

有了好的产品，还必须配合有效的营销才能创造出实实在在

的效益。在产品营销上，正是依靠多种形式、多种层次强力、有效营销，厦门市分行才得以实现外汇资金业务的有效突破。

从营销形式上讲，厦门市分行实现了两个转变：一是变“坐商”为“行商”；二是变“关系营销”为“知识营销”。为了打开金融衍生产品市场，外汇资金交易室的交易员变以前坐等客户上门的“坐商”，为主动出击、上门营销的“行商”。每个交易员每年至少都走访近 100 家客户，每周 5 天的工作日里几乎 3 天都泡在客户那里。

从营销层次上讲，我行针对不同类型的客户定制了不同层次的营销方案。对于总行和分行重点客户，除了采用点对点登门营销方式外，还辅助以“走出去、请进来”的高端营销方式强化营销效果。即组织重点客户参加总行组织的高端客户外汇资金业务推介会，同时充分利用总行资源，将总行外汇交易员请到厦门，与客户面对面交流，提高营销层次和效果。对于普通中小客户，则采用业务研讨会、交流会的形式扩大营销面，然后再进行对点营销，提高营销效率。

三、有效的团队合作，是推动厦门市分行外汇资金业务发展的基础

早在 2003 年厦门市分行就尝试在对公业务板块建立产品经理制，发挥产品经理在创新中的作用。外汇交易室除正副科室经理外，6 位科员中还有 1 名 5 级产品经理，1 名 6 级产品经理。在交易室的队伍中既有文科出身，也有工科出身；既有精于产品开发人员，也有长于营销的同志；既有经验丰富的资深交易员，也有头脑灵活、领悟力强的新锐力量。正是科学的人才培养和使用机制，才使得“人”在创新中的能动性得到了极大的发挥，正是有了这样一只专家队伍，交易室的创新才能够搞得红红火火、有声有色。

大力发展个人高端客户业务的对策思考

山东省分行　孙　飙　袁松江　杜显君

一、创造环境，提供支持，助推国内商业银行个人高端客户业务发展

国外个人高端客户服务成功的实践表明，针对不同层次个人高端客户的需求整合银行、保险、证券、旅游、高档消费等资源，搭建个人高端客户的投资和消费平台，并着力发展私人银行业务，是服务个人高端客户的必由之路。这不仅需要商业银行进一步增强专业服务能力，更需要社会、政治、经济、法律、金融等外部环境的配套支持。这对国内商业银行目前所处的监管环境、金融环境和消费环境都提出了迫切的改善要求：修改或摈弃现行的那些不合时宜的法律法规，大力推进商业银行的综合化经营步伐；改善有偿服务的金融消费环境，确立金融消费有偿服务意识；建立健全《商业银行私人银行业务风险管理指引》等有关金融法律体系、加强个人征信体系建设、实施现场与非现场检查等，构建一套行之有效的风险监管体系，有效防止业务发展中的法律纠纷、声誉风险以及洗钱风险。

二、明确定位，加快发展，提高个人高端客户业务竞争力

1. 研究市场，明确定位，确立适合本行特点的个人高端客户发展战略。客户是银行利润的源泉，个人高端客户是商业银行个人业务的核心资源。大力发展个人高端客户业务，提升对高端客户的服务品质，是贯彻价值最大化经营理念的必然选择。国内各商业银行要借鉴瑞银、花旗等外资银行个人高端客户服务的先进经营理念，认真分析研究本行客户结构特点、优势特长和战略发展趋向，详细分析现实的客户群体和潜在客户资源，同时结合现有的客户服务能力，确立适合本行特点的个人高端客户发展战略，依托国家宏观政策支持，加大 IT 支持力度，开发、完善客户关系

管理系统，整合服务渠道，优化服务流程，创新理财产品，识别并逐步扩大本行个人高端客户群体，建立完善的个人高端客户服务体系。

2. 流程再造，整合创新，培育打造服务个人高中端客户的顺畅流程和拳头产品。一是重视客户体验，提供简洁清晰的服务流程。二是产品创新。认真研究经济形势变化，深入探求金融政策取向，全面瞄准同业动态，充分利用商业银行系统优势和全行集成数据中心，推动产品和功能的创新，更好地满足客户需求。三是品牌塑造。品牌的打造是一个系统工程，一个强大的品牌体现着银行对客户的一种承诺，国内商业银行要树立个人高端服务品牌，必须密切关注个人高端客户的需求，按客户需要制订战略计划，做好客户财富管理的顾问，提供更贴身的服务，并对不同层次的市场提供不同的专业化服务，实现从以产品管理为主转向以客户管理为主，从无差异服务转变为差异化服务，塑造属于本行自己的高端客户业务品牌。

3. 引进培训，持续培养，打造个人高端客户服务队伍。在从境内外大力引进高素质的产品研发和理财专家的同时，优选一批具有良好的教育背景、一定的从业经验、丰富的客户资源、广泛的人际关系网络和团队合作意识及能力的精英员工，进行金融经济专业知识的强化培训。建立起一支全面掌握银行业务，同时具备各种投资市场知识，懂得营销技巧，又通晓客户心理的高素质个人高端客户服务人员队伍，为不同职业、不同消费习惯和不同文化背景的各类人士提供服务。在加强对客户经理队伍专业素质和软性技巧培养的同时，借鉴国外银行经验，设计建立有竞争力的薪酬体系和职业规划，提高个人高端客户服务队伍骨干的稳定性。

4. 发挥团队服务合力，重视服务细节，为个人高端客户提供“尽善尽美”的服务体验。在统一的服务流程控制下，发挥团队服务合力，通过便捷的服务渠道，建立对客户需求的快速响应机制，重视服务细节，引入了“隐秘化”、“模块化”、“人性化”概念，充分考虑客户自身的状况，包括年龄、性别、家庭人数、收入、职业、文化、宗教信仰及对金融产品的需求、爱好、使用频率等，为个人高端客户提供全方位的金融解决方案和个性化产品，并实现投资组合和现金管理的一站式服务，使客户得到“尽善尽美”的服务体验，大大提升客户对银行的忠诚度和信任感。

产品与服务品牌

鲁班驿站

江苏省分行

一、创建背景

建筑业是江苏国民经济重要的支柱产业，“十一五”期间江苏建筑业有较大的发展空间。“十五”期间江苏省建筑业年均增长23%，累计完成建筑业总产值14 874亿元，比“九五”期间增长了1倍多。“十一五”期间江苏将在率先全面建成小康社会的基础上，向率先基本实现现代化迈进，固定资产投资作为经济增长的主要拉动和调节手段，必将促进建筑业进一步的发展。

建筑业是建设银行的传统和优势行业，开展进一步合作的基础较好。建设银行江苏省分行一贯重点支持建筑业的发展，与700余家建筑施工企业建立了良好的合作关系。2000年以后，全分行累计投放建筑业贷款超过400亿元，建筑业存贷款市场份额一直高居同业首位。建设银行的一批优质建筑业客户群体占主导地位，其中建筑业总行级和省分行级重点客户达40多家。同时在与建筑业合作过程中，江苏省分行在工程建设领域形成了丰富的业务实践经验和突出的专业优势，得到了政府相关部门、建设单位和客户的高度认同，为与建筑业客户进一步开展合作创造了良好的条件。

建筑业对金融服务需求有新的变化。建筑业具有较强的上下游业务联动效应，蕴藏着巨大的中间业务和个人业务拓展空间。建筑业金融服务需求主要表现为：一是金融服务需求的多元化。建筑业客户除了要求加大信贷资金支持力度外，也希望银行能够按建筑业生产经营流程提供综合配套服务。另外，建筑企业高级管理人员和工程承包人的个人金融服务需求也不断提高。二是优质企业的差别化服务需求强烈。优质客户希望江苏省分行在产品价格、服务效率、担保方式、保证金比例等方面针对项目和市场情况，实施差别化服务。三是异地金融服务提出更高要求。江苏建筑业省外市场份额大，发展快。许多客户希望江苏省分行能够加强对异地分公司（项目）金融服务的协作与协调，进一步提高江苏省分行异地金融服务的质量与效率。

同业竞争日趋激烈。主要表现为贷款及保函等传统业务，由于这些服务具有很强的同质性，部分同业在授信额度、产品价格、担保条件等方面具备竞争力，江苏省分行在建筑业信贷业务领域的优势地位面临严峻挑战。

二、创建过程

2006年初，江苏省分行组织公司、风险、审批等部门对江苏建筑业进行深入的调查和研究。通过市场调研，对江苏建筑业的现状、发展趋势、客户需求及同业竞争有了新的认识和判断：一是江苏建筑业作为江苏国民经济的重要支柱产业，仍有较大的发展空间，江苏省分行应充分发挥和利用在建筑业信贷业务的传统优势，向客户提供优质高效的差别化和个性化服务，来提高客户满意度和忠诚度，增强市场竞争力。二是通过对现有产品、服务组合和流程重构，设计江苏省分行针对建筑业的行业服务品牌，在市场上树立有别于其他同业的新形象，形成客户的品牌偏好。

经过集思广益，建筑业全面金融服务定名为“鲁班驿站”，并向国家商标总局申请商标注册。“鲁班”象征江苏省一批体制完善、技术先进、管理规范、在国内外市场勇夺建筑业最高荣誉的优质建筑施工企业；“驿站”意为无论建筑业客户在何处承接施工任务，建设银行均可通过遍布全国各地和部分海外城市的机构网点，以及先进的电子化资金管理渠道，为其提供全方位、全过程、优质、高效、温馨的服务，支持客户发展壮大，实现“建筑有鲁班，服务有建行”。2006年7月18日，江苏省分行正式对外推出为建筑业全面提供金融服务的“鲁班驿站”。

三、服务内容

“鲁班驿站”建筑业全面金融服务根据建筑业生产流程特点，对江苏省分行现有投融资、资金理财、担保承诺、咨询顾问与投资银行业务、企业主高端服务等20多种公司和个人类银行产品和服务进行整合，力求为客户提供全过程、全方位的金融服务，满足建筑行业客户个性化、多元化和增值化的产品和服务需求。主要服务内容包括：

1. 融信类产品，包括保证业务、信贷证明业务、资信证明、出具信用等级证书等。

2. 融资类产品，包括建筑业流动资金贷款、商业汇票贴现、法人账户透支、银行承兑汇票、国内保理、商务卡等。

3. 资金管理类产品，包括资金结算网络现金管理代发工资等。

4. 咨询服务类产品，包括财务顾问、企业年金基金托管、境外上市咨询、业主资信调查等。

5. 异地延伸服务，即通过集团客户授信、组建内部银团等方式满足客户异地分、子公司以及项目部的金融需求。

6. 个人高端客户类产品，包括“乐当家”理财卡、个人消费额度贷款、个人助业贷款等。

四、服务举措

1. 提升对“鲁班驿站”服务客户的经营层次。由省分行（或二级分行）行领导或部门负责人担任首席客户经理，定期走访客户高层；每年将定期举办各类活动，增加银企互动与合作。

2. 开通审批绿色通道。推行重大项目内部会商制度、对公业务谈判机制等，提高“鲁班驿站”服务客户的服务水平和服务效率。

3. 适度扩大对“鲁班驿站”服务客户的授信额度。对其贷款利率、中间业务费率等，结合客户的信用等级、综合贡献度等因素进行综合定价，力争提供具有同业竞争力的价格。支持“鲁班驿站”服务客户做大做强。

4. 对“鲁班驿站”服务客户办理保证及信贷证明等业务。在提高业务办理效率的同时，享受收费、保证金和反担保的最优惠条件。另根据建筑施工企业的需求，积极协助办理境外保函和其他保函业务新品种。

5. 对“鲁班驿站”服务客户实行优先政策。办理集团授信、组建内部银团贷款和发展以资金结算网络为代表的电子银行产品，及时满足“鲁班驿站”服务客户异地信贷业务需求。

6. 对"鲁班驿站"客户实行差别化服务。股东、董事及高级管理人员在江苏省分行办理个人助业贷款、个人消费贷款、"乐当家"理财卡（白金卡或金卡）等信贷业务实行差别化服务。

五、社会影响

1. "鲁班驿站"得到主管部门和客户的高度认同。作为全国建设银行和全省金融同业第一个专门的行业服务品牌，"鲁班驿站"自推出以来，在行内外引起了强烈反响，《建设银行报》对此进行了专题报道；《金融时报》、《经济参考报》、《中国建设报》、《建筑时报》、《新华日报》等数十家中央级和省级新闻媒体都先后进行了宣传报道。先后在南通、扬州、泰州等施工企业较集中的地区举办了"鲁班驿站"服务客户的签约仪式，全省66家优质建筑施工企业成为"鲁班驿站"首批服务客户。

2. "鲁班驿站"得到行政主管部门——江苏省建筑工程管理局的高度认可。经沟通和协商，江苏省分行与江苏省建筑工程管理局决定建立长期合作关系，双方将充分发挥在各自领域的专长，定期交换行业和客户信息，共同促进江苏建筑企业做大做强。2007年1月，江苏省分行与江苏省建筑工程管理局共同成功举办了首届"'鲁班驿站'江苏建筑业金融论坛"，开创了银、政、企合作的新模式，在全省建筑行业形成较大影响。

六、经营成效

1. 促进了银企合作关系。截至2007年12月31日，全省25户特级施工企业（除苏州4户）70%以上的一级资质施工企业全部在建设银行江苏省分行开设基本账户，与江苏省分行保持了密切合作关系。

2. 企业存款稳步增长。"鲁班驿站"服务客户企业存款余额18亿元，比年初增长4.5亿元，增幅为33%。

3. 贷款结构进一步优化。重点保证了优质客户的信贷需求，截至2007年12月31日，"鲁班驿站"服务客户在江苏省分行授信额度达144亿元，比年初增长46.6亿元，增幅为48%。授信余额88亿元，比年初增长18亿元，增幅为25%。其中，建筑业流动资金贷款余额47亿元，已占全行建筑业贷款的36%，比上年同期增长12亿元，增幅为34%；保函及信贷证明业务余额38亿元，比年初增长2亿元，增幅为6%。

4. 通过集团授信、内部银团等方式积极满足客户异地金融业务需求。到2007年12月末，已累计向异地建设银行分割授信额度6亿元。

5. 大力推进了电子银行业务发展。"鲁班驿站"服务客户90%以上均使用江苏省分行各种网上银行服务，其中资金结算网络24条，网银交易量累计超过226亿元。

6. 公、私业务联动，拓展了个人金融服务。新增服务客户员工个人信贷业务授信约1.8亿元，向其员工新发放各类信用卡1万多张。

向党工作站

新疆维吾尔自治区分行　孔建新

一、创建概况

李向党是中国建设银行新疆维吾尔自治区分行营业部的一名普通员工，自觉实践党的宗旨，全心全意为人民服务，把客户当亲人，视奉献为快乐，真诚地为每一位客户提供"热情、周到、方便、快捷、高效"的服务，赢得了广大客户的高度信任和尊敬，被人民群众誉为金融理财的好帮手、贴心人。

李向党经手办理40多万笔业务，日均160笔，累计吸收存款5.47亿元，日均15.19万元，编制各类业务报表1 600多份，无一次长款短款，无一次违纪违规，无一次客户有效投诉。总结了

"接一、待二、招呼三"的服务模式，即为第一位客户办理业务的同时，热情接待第二位客户，招呼第三位客户，探索出人性化服务、个性化服务、差别化服务的方式方法。李向党先后获得总行"储蓄先进工作者"称号、"全国金融系统优秀共青团员"称号、总行"十大杰出青年"、全国金融系统"五一"劳动奖章。2002 年，李向党被选举为全国金融系统党代表、中共十六大代表。

李向党和向党工作站的事迹得到了中央金融工委领导的充分肯定和称赞，《人民日报》、新华社、中央电视台等中央媒体作了充分报道，在系统内乃至全国引起了较大反响，总行党委也及时下发《关于在全行系统开展向李向党和"向党工作站"学习的决定》，全系统内形成了向李向党看齐，创建"向党工作站"的热潮。向党工作站已成为新疆金融系统首个服务类注册商标，也是唯一的以先进典型称号命名的注册商标。

二、品牌延伸

为了充分发挥李向党的榜样和模范作用，使一个先进人物发展成为一个群体典型，促使全行的优质服务工作再上新台阶，建设银行新疆维吾尔自治区分行认为"一花独放不是春，百花齐放春满园"，提出在全行开展学习李向党和创建"向党工作站"，并把"向党工作站"的管理考核纳入 ISO9000 质量管理体系。

"向党工作站"是集营销、服务、管理和道德的综合意义上的先进集体，其定位是以优质服务明星李向党的名字命名，以向党标兵为代表的优秀员工组成的最佳服务团队，是为客户提供最佳增值服务的金融服务品牌。"向党工作站"的宗旨是：成就一流服务，培养优秀员工，打造卓越团队，实现最大价值。根据工作性质，"向党工作站"和"向党标兵"分为营业网点"向党工作站"、"向党标兵"和本部"向党工作站"、"向党标兵"。

自 2000 年新疆维吾尔自治区分行在全行开展学习李向党、创建"向党工作站"实践活动以来，新疆维吾尔自治区分行重点突出"以客户为中心"的服务理念，充分发挥"向党工作站"、"向党标兵"在服务文化建设中的典型示范作用，以促进全行服务文化建设深入开展。实践中，新疆维吾尔自治区分行逐步形成了一套评审、督导、考核、奖励、管理等具体措施和办法，建立了相应的激励约束机制，坚持把先进性与广泛性、思想教育与政策导向、原则要求与具体规范、精神鼓励与适当的物质奖励、社会效益与经济效益等有机地结合起来，充分调动基层负责人和广大员工学习李向党、争创先进的积极性、主动性和创造性。区分行营业网点"向党工作站"标准主要包括"向党工作站"必备条件、优质服务、业务营销、内部管理人员素质等五方面内容；区分行营业网点"向党标兵"标准则主要包括"向党标兵"必备条件、优质服务、营销能力、业务技能、个人素质五项内容；区分行系统本部"向党工作站"标准则主要包括"向党工作站"必备条件、优质服务、工作业绩、内部管理、人员素质等内容；区分行机关"向党标兵"标准包括"向党标兵"必备条件、优质服务、工作业绩、工作作风、个人素质等方面。

截至 2007 年底，新疆维吾尔自治区分行已经创建了 71 个"向党工作站"和 167 名"向党标兵"，"向党工作站"的服务在新疆的广大客户群体中赢得了良好的口碑。

三、品牌战略

1. 梳理形成"向党工作站"服务品牌的愿景、品牌核心价值和理念体系。使全体员工牢固树立"向党工作站"的服务品牌意识，进一步明确"向党工作站"在现代股份制商业银行新形势下的发展目标定位，统一品牌认知，明晰品牌战略方向，传导品牌核心理念，提升"向党工作站"的文化品位。

2. 建立健全"向党工作站"、"向党标兵"等级管理制度。与网点、行员等级管理制度紧密结合，探索建立"向党工作站"和"向党标兵"等级管理制度，以解决现有的"向党工作站"和"向党标兵"不断拓展发展空间的问题。各层级的"向党工作站"、"向党标兵"要严格区分评定标准，从软件、硬件各方面制定考核指标进行评定，在奖励方面制定配套措施，使每个层级的"向党工作站"和"向党标兵"都有不断进取努力的目标和动力。

3. 进一步明确"向党工作站"向营销式、理财式精品网点发展。"向党工作站"的创建和发展要做到和业务发展水乳交融，以客户为中心，以市场为导向，不断拓展新的领域，实现自我超越。重点应以个人银行业务、中间业务为工作重心，提高为个人客户尤其是高端客户理财服务的专业技能和水平，从为客户提供文明服务、热情服务向提供高效服务、增值服务的更高层次拓展。要建设一批能够给客户提供全功能、多层次、差别化服务的理财型的“向党工作站”，合理设置网点内部自助服务、电子银行服务、开放式柜台服务等功能区域，为客户创造一个方便舒适的、人性化的环境，实现网点功能由核算主导型向营销服务主导型的转变。

4. “向党标兵”发展方向向金融理财师、客户经理和大堂经理倾斜。围绕市场和客户需求，采取有效措施，加大培训力度，积极培养一批“向党标兵”成为具有职业任职资格的金融理财师。积极在大堂经理和客户经理群体中培育、发展“向党标兵”，规范和统一金融理财师、大堂经理及客户经理的服务标准和服务流程，提高服务水平和服务效率。完善金融理财师、大堂经理及客户经理绩效考核办法，在任职条件、素质要求、业务职责权限等方面加强管理。加强对金融理财师、大堂经理和客户经理的培训，提高他们的业务素质和服务技能。培养一批能够给客户创造价值的理财专家型的“向党标兵”。

5. 利用好“向党工作站”这个平台，培育和挖掘优秀员工典型。充分展示优秀员工的感人事迹，深入挖掘、提炼、总结、宣扬，加强评选表彰工作，调动广大员工的积极性和主动性，在服务创新方面想思路、找办法、出成果。把先进典型的培育、评选、表彰、宣传工作日常化、常态化，不仅要在一线培养典型，也要在中、后台部门发现和培养典型；不仅要组织学习上级行树立的先进典型，也要积极培育本行的先进典型，认真指导下级单位开展先进典型工作。使全行在分、支行各个层面，前、中、后台各个岗位，都能涌现出不同层面、各具特色的先进典型，把这些先进典型的工作技巧、模式和经验进行认真提炼、总结并广泛宣传推广，加强服务创新。让员工们都能看到自己身边的典型人物、典型事迹，使先进典型的示范带动作用不断扩大，全体员工都加入到工作争优、服务创新的行列中。

何晓工作法

山东省分行

“何晓工作法”是建设银行山东省济南市分行历下支行总结员工服务经验，研究探索服务理论和方法，创新推出的一套包括快乐服务、用心用情用智、注重细节、创新流程等内容的服务工作模式，并以济南历下支行优秀员工何晓的名字命名，经推广应用和不断完善发展而成建设银行一个服务品牌。

一、创立过程

发掘提出阶段（1998—2003年）。早在1998年初，济南市分行推出“三项承诺”服务，引起社会各界关注。济南历下支行朝山街分理处（现历下支行营业室）因工作突出，被命名为全国青年文明号，何晓被评为服务标兵。历下支行总结何晓“处处想得细、做得细”为“何晓标准工作法”。同年3月14日，《济南时报》刊登《有一种工作法叫“何晓”》专访；济南有线电视台制作专题片在“今晚20分”栏目播出，引起良好反响，1999年，何晓被评为济南市“文明市民标兵”。

培植提高阶段（2003—2005年）。2003年6月，历下支行调整领导班子，正值山东省分行组织开展“规范服务年”活动，为此，历下支行大力推进文明规范服务，确立“文化先导、典型引路、树立品牌、争创一流”的服务工作指导思想，在评比活动中，何晓因服务始终如一，连续五年被评为支行先进工作者，被省分行评为“百佳服务明星”。何晓这一典型被重新发现并加以重视，历下支行组织力量，对“何晓工作法”进行提炼、归纳，提出“快乐服务”、“用心、用情、用智”和细节服务的概念，确立

"何晓工作法"基本架构。

宣传推广阶段（2005—2006年）。"何晓工作法"在历下支行推出后，引起客户良好反响，也引起省分行领导的关注，指示宣传部加强指导，配合开展宣传工作。《建设银行报》专程派记者采访，整版对"何晓工作法"进行报道。2005年下半年，"何晓工作法"作为山东省分行的服务品牌重点培树，利用内部网和内刊扩大影响，并向总行积极推介。2005年12月，总行在常州举办企业文化建设培训班，"何晓工作法"的案例介绍和集体评议，获得服务文化成果第一名；何晓通过"明星面对面"活动的展示，在全国建设银行内逐步产生影响。2006年1月，省分行党委下发【建鲁发7号】文件《关于学习推广"何晓工作法"的决定》，引发了全分行范围的学习热潮。其间，何晓赴各分支行作报告40多场。与此同时，其他省市兄弟分行相继邀请交流学习，特别是与新疆维吾尔自治区分行开展了"品牌搭桥，服务连线"结对共建活动，借用李向党的品牌影响力，为何晓成长提供学习借鉴的平台。2006年，在总行团委组织的全国建设银行"十杰青年"评选中，何晓的网上得票遥遥领先。

二、品牌效应

随着"何晓工作法"在系统内外影响力的不断扩大，"何晓工作法"引起省委宣传部重视，指出在当前"树立社会主义荣辱观，积极构建和谐社会"的大背景下，何晓这一典型非常具有时代意义，要求作为山东省重大典型加以宣传。2006年8月，山东省分管金融的副省长林廷生、省委宣传部部长王敏分别作了重要批示，省委宣传部企业处领导到历下支行核实并给予指导。9月，省委宣传部将"何晓工作法"确定为践行"社会主义荣辱观"的重大典型向中宣部汇报，并组织省内各媒体进行集中报道，由省委宣传部牵头的宣传活动迅速在全省范围展开。在此期间，何晓从总行、省分行给予她本人"突出贡献奖"的奖金中拿出一部分，分别捐资"希望工程"和残疾人基金会，其社会影响力更为扩大。

2007年初，新华社山东分社《何晓工作法提升服务效率》一文在《内参》刊发，引起高层关注。银监会主席刘明康向省银监局和中国银行业协会作出重要批示：在中资银行与外资银行全面竞争的新形势下，提升服务水平至关重要，要求山东银监局对"何晓工作法"进行核实，如属实，则尽快研究推广运用好这一典型。随后，中央媒体主动介入，4月11—13日，中央电视台新闻中心派出记者到历下支行专题采访，并于5月10日在新闻联播"时代先锋"栏目播出。4月29日，何晓应邀参加中国银行业协会举办的文明规范服务表彰大会并作报告。在中国银行业协会"文明优质服务月"活动中，山东银行业协会将学习推广"何晓工作法"作为服务月的一项内容，招商银行济南分行、济南市商业银行、临沂银监局等单位邀请何晓分别作经验介绍。情况表明，何晓已成为全国金融系统的先进典型，"何晓工作法"已成为建设银行乃至中国金融行业的品牌。

2004—2007年，何晓先后被评为建设银行山东省分行"百佳服务明星"（2004年）、"巾帼建功十大标兵"（2004年）、第四届"十大杰出青年"（2005年）、总行第六届"十大杰出青年"（2006年）、省分行"感动建行十大人物"（2006年）、山东省第十七届"十大杰出青年"（2007年1月），获得全国金融"五一劳动奖章"（2006年）、山东省分行"突出贡献奖"（2006年）、总行首届"突出贡献奖"（2006年）、"全国金融系统职工创新能手"、中国青年"五四"奖章（2007年）。

三、主要内容

（一）快乐服务

● "我工作我幸福"，"我服务我快乐"，"我奉献创和谐"。以服务人民为荣，以服务客户为乐，敬业爱岗，忠于团队，和谐发展，快乐奉献。以客户满意为标准，以客户为中心，营造和谐快乐的氛围，提供具有文化审美价值的服务，让客户享受快乐服务。

快乐是一种人生态度，是一种心智模式，是一种处世哲学，是一种价值取向。

"何晓工作法"认为，员工情绪会影响到服务态度和服务质量，良好的心态是做好服务的前提和基础，保持积极乐观的态度才能把服务做得更好。提出"快乐服务"的理念，以"我服务我快乐"为座右铭，把"以客户为中心"的服务理念内植于心、外践于行，从心态入手，把职业作为事业，创造和谐快乐。

"何晓工作法"主张，员工要成为银行的"快乐员工"，银行要成为客户的“快乐银行”。

“何晓工作法”探索了“快乐服务”的原则、途径和形式。“快乐服务”是职业和岗位的要求，员工应当“在快乐中服务，在服务中体验快乐”。

第一，要选择快乐，打造一个快乐的自我。心态决定结果。“何晓工作法”认为，只有良好的心态，才能发挥出积极性、主动性和创造性，才能设身处地为客户着想，才能提供周到细致、以至超越客户期望的服务。“何晓工作法”认为，一个合格的员工，一个能够胜任服务工作的员工，应当能够把个人生活中的不快忘掉，调整好自己的心态，快乐地投入到服务工作之中。服务工作拒绝员工情绪化，员工在服务岗位上必须选择快乐，而不能把不良情绪带到岗位上和服务工作中。员工要学会自我调适，学会控制和转移不良情绪，保持心态平和。即使在自己感到不顺和烦躁的时候，仍能对客户保持积极热情的态度；遇到难以打交道的客户时不会产生消极情绪。

第二，要热爱自己的工作，学会在工作中享受快乐。把“我服务我快乐”作为座右铭，服务人员要调整心态，热爱服务工作，以服务人民为荣，以服务客户为乐，把服务当做无尚的荣幸。“我能够为他人服务，为客户服务，为社会大众服务，我感到无尚光荣，无限快乐，无比幸福！”在工作中，提供的服务质量越高，感觉越快乐；当客户对服务表示满意或称赞时，我们会感到加倍的快乐。

“何晓工作法”认为，工作着是快乐的，服务他人就是快乐。从工作中获得快乐、成功以及满足感的秘诀并不在于挑选自己喜欢的事情去做，而关键在于要有喜欢、热爱自己所从事工作的热情。真诚热情服务客户也会给自己带来快乐，在为客户提供全面细致服务时，自身的能力得到提高完善，自身的价值得到充分体现，从而变被动服务为主动服务，变“被动”服务为“自觉”服务，服务质量和效率就会不断提高。

第三，要传导快乐，营造和谐快乐的工作氛围。“何晓工作法”认为，服务可以传导快乐。如果服务做得好，就能让客户满意，感受到接受服务的快乐。传导快乐，是员工的责任。“何晓工作法”主张，用自己快乐、“阳光”的态度、发自内心的亲切微笑和优质高效的服务让客户感到满意和舒服；让客户在建设银行办业务如沐春风，如享甘醇，从而把建设银行当做自己的“快乐银行”。

第四，要重视服务场所建设。“何晓工作法”强调服务场所的环境美化，创造安全、舒适、整洁、亲和并具有浓郁文化气息的服务环境，让客户体验高品位的服务。“何晓工作法”提出，服务应遵循“6S”现场管理法，即整理（Seiri）、整顿（Seiton）、清扫（Seiso）、清洁（Seiketsu）、素养（Shitsuke）和安全（Safety）。按这个要求，员工要整理好工作现场，保持工作现场的清洁和卫生；根据银行服务的特点，高度重视服务场所的安全保障，发现安全隐患及时排除，保持安全设施的有效性，落实各项安全措施。

第五，要不断加强服务文化建设，让客户享受超出期望的服务。“何晓工作法”认为，服务状况反映了企业的员工素养和企业文化。只有靠高素养的员工，靠企业文化支撑，才能为客户提供文化气息浓郁的服务。

“何晓工作法”认为，企业必须重视服务管理，并把服务文化建设放在优先位置。拥有了先进的服务文化，才能造就一流的服务。快乐服务是对外服务的一个尺度，也是对内部运行机制和内部管理的高标准要求。树立“管理者的客户就是员工，管理者应该全心全意地为员工提供服务，让员工满意”的理念，善待员工，关心员工利益，多为员工着想，多为员工解决实际困难。只有营造和谐的氛围，才能使员工精神饱满、心情舒畅地投入到服务工作中，快乐服务，快乐奉献，最终达到员工与企业的共赢。因此，构建“领导为员工服务，机关为基层服务，二线为一线服务”的内部服务与“全行为客户服务”的外部服务并重的层次分明、梯队相连的服务大格局，是加强服务文化建设的核心内容。只有树立这种大服务观，构建大服务格局，才能更好地为客户提供方便、快捷、安全、高效的服务，才能立于竞争的不败之地。同时，要打造团结一致，密切协作，和谐快乐的团队，坚信团结协作必将带来最大的共同利益。

（二）用心、用情、用智

- 心系客户，至真至诚，有诺必践。主张用爱心、用真情、用智慧做服务，体现服务的人性化和专业精神。用爱经营，用心做事，用情创造感动，用智创造价值。发自内心地关爱客户，关心客户利益，尊重客户需求，超越客户期望。

用心、用情、用智服务，体现的是服务人性化和专业精神。

“何晓工作法”认为，建设银行“以客户为中心”的服务理念，体现在员工的服务过程中，就是必须“用心、用情、用智”，从客户始——为其谋、为其行，至客户终——求和谐、求共赢。

“何晓工作法”认为，从事服务工作，要有博大的爱心，用爱经营，用心做事，用情创造感动，用智创造价值。在服务过程中，要把客户摆在“舞台”的中心，站在客户的立场考虑问题，以客户满意为标准和宗旨，发挥主观能动性，体现真诚服务和高效服务。

用心，就是用爱心、用诚心、用真心、用热心、用关心为客户服务；要常怀对客户感恩之心，把客户当亲人，真正尊重客户。要特别关爱弱势群体，对老弱病残客户更要照顾好。充满爱心地服务才能越做越好。

用情，就是体现真诚，情系客户。要善于和客户交流感情，以情感人、以情动人，在服务中总是充满激情和热情。把服务的过程当做交流的机会，不断加深感情，与客户建立起融洽和谐的牢固关系。

用智，就是要在服务中发挥聪明才智，用智慧为客户创造价值，为客户谋利益。真正优质的服务，不仅是良好的态度，更重要的是增值服务和高效服务。要善于动脑，善于解决问题。客户想到的要坚决做到，客户没有想到的也要主动做好。

“何晓工作法”认为，“为客户服务好”是员工的本分。只有真正想为客户服务好，才能尽最大努力、想方设法去做好，才能真的服务好。动机很明确，坦坦荡荡，清澈见底。“既然我在这个岗位上，我就应该为客户服务好，也必须为客户服务好。”这样，一切行动就有了方向：该做什么，怎么做，如何才能做得更好，哪些不能做，哪些做法不好，都会有明确的判别。

“何晓工作法”总结了客户在接受银行服务时所重视的几个方面：一是经济利益；二是质量、效率；三是被尊重的感觉。要让客户感到自己与银行平等的人格，对所有客户都同样尊重，同样看待。因此，要在服务过程中做到尊重客户、坚决维护客户利益、提高服务效率、保持良好的服务态度、充分理解客户的需要、并立即响应，努力超越客户期望。

“何晓工作法”认为，银行差别化服务，是提供产品和服务品种的差别化，而不是服务态度和服务水平的差别化。尽管客户对银行的贡献度是有差别的，但我们的服务质量和服务水平没有差别，都是一样对待。这样做，才是真诚、才是诚信，才能赢得客户信赖。做个有心人，不断发现客户的服务需求，并尽量去满足客户的需求，客户的满意度就会提高。

用心用情用智是“何晓工作法”的精髓。只有爱心倾注、用心做事，才是我们所倡导的正确态度。用情，是用心的体现，是以情达意。用智，是用心用情的表现，也是达成服务的根本点和落脚点。银行业提供的知识型服务，非用智不能做服务，非用智不能做好服务。“爱心是能够换来真情的，微笑是可以得到回报的。”用心用情用智，是博爱与尊重，是诚信和专业，是技术和艺术。

“何晓工作法”重视不断提高员工的服务能力：一是要学习和运用先进的科学知识；二是学习和运用金融专业知识；三是学习和遵守各项规章制度、法律法规，遵纪守法，防范风险；四是学习和运用先进的服务手段和方法，不断提高服务水平。员工要刻苦钻研业务，不断提高技能，终身学习，与时俱进，不断超越自我，学以致用，把知识转化为能力，把服务技术上升为服务艺术。

（三）注重细节

• 严守规范，认真负责，周到细致。不断提高业务素质，认真学习业务知识，刻苦训练基本技能，严格执行各项规章制度和标准，为客户提供规范、高效的银行服务。运用重视细节、做精做细的细微服务方法，保证服务的高品质。

“何晓工作法”认为，细节决定成败，注重细节才能保证服务的高品质。服务过程是由众多细节所组成，每个细节都有可能影响服务效果，因此，每一个细节都必须认真对待。细节服务中孕育着宽阔的市场，细节服务中暗藏着巨大的商机。重视细节是服务的精髓，做好细节是服务成功的法宝。要养成关注细节、细微服务的习惯。

1. 把细节做精细，使整个工作的链条坚牢有力

“何晓工作法”认为，“细微之处见精神”。细节能体现出一个企业的精神风貌和服务理念。细节做好了，才会让客户感到我们的服务是无可挑剔的，才能体现服务的真诚和周到，体现服务的专业性。

服务中一件不起眼的小事，可能导致与客户关系的破裂，引

发客户的不满和投诉。一线员工每天都要面对大量各种各样的客户，一次微小的疏忽或一位客户的不满，就有可能给建设银行造成不可弥补的损失。服务中的100－1＝0的道理说明，我们一切工作的落脚点就在细节上。

何晓说：在我们接待客户的时候细微到一个手势，具体到一句文明用语都要根据客户的年龄、性别、职业等，用适宜的语言来表达，并配合形态、眼神和微笑的整体协调，自然而然地流露出欢迎之意。

2. 周到细致，提供超越客户期望的服务

“何晓工作法”认为，如果一切都按照常规去做，这虽然不会引起客户的不满，能一定程度上让客户满意，但并不足以让客户“感动”，也不足以培育客户的忠诚度。

在日常服务中，何晓会记住客户的姓名、体貌特征和喜好；逢年过节，主动准备号码吉利、票面崭新的钞票；客户油印按手印后，主动递上面巾纸；大客户余额查询或取现时，写一张小纸条隔着玻璃柜台示意客户而不是大声告诉客户，以免泄露客户信息；上柜前再补一次妆；接听电话时发自内心的微笑，才能向客户传导快乐……就是这样，何晓在日常工作中，把服务规范不折不扣地落实到自己的一言一行之中，用工作中的点滴细节，赢得了客户的认可。

“何晓工作法”认为，有些细节可能客户并不在乎，有些需求可能连客户本人都没有意识到。如果我们能够洞悉这些需求并满足他们，超出客户期望，适当展示自己的细心处，可能会带来意想不到的良好效果。

3. 细节无处不在，要把一切做得完美

“何晓工作法”认为，在我们的日常工作和服务中，每一位员工都要常怀敬业之心，把服务规范不折不扣地落实到自己的一言一行之中，用工作中的点滴细节，赢得客户的认可。成功的员工会把一切都做得完美，这种态度意味着对待小事和对待大事一样谨慎。竞争日趋激烈，服务本身已经成为一种营销的商品。

何晓说，我们接打电话的方式方法也体现了建设银行形象。在电话铃响时，心中就已经微笑，因为声音将告诉对方接电话人的表情。接电话应掌握在电话响完两声之后，第三声前。接早了，显得迫不及待，接晚了，显得对方要找的人没有在岗位上。接电话时，应停止口中、手中的任何活动。要等对方挂机后再轻轻挂断电话。

何晓说，我们在回答客户咨询的问题时，使用过多的专业术语和不能充分地解释，往往容易引起客户的不满，而这种不满客户却一般不表露出来。客户不是专家，再精明的客户也不如我们明白自己所从事的行业。客户来到我们这儿，最害怕我们说过多的专业术语，特别是面对一些对银行业务一知半解的人，我们接触起来更应注意，要维护客户的自尊心。

当遇到大额存款客户查询余额或取现时，为了保护客户的隐私，何晓会写一张小纸条，隔着柜台玻璃用手举到客户面前，让客户看个仔细，避免使用常规的唱收唱付，说话的声音也尽量放低。

4. 注意形象细节，努力培养良好的行为和气质

“何晓工作法”认为，手快、表情明朗、会笑、嘴甜、心眼活、善解人意的服务应该是受客户欢迎的，在我们与客户打交道的时候，客户会根据我们的衣着、姿态、言语、举动和表情来判断我们的业务能力。众目睽睽之下，我们就像演员，因此我们必须有意识地“自我呈现”，把我们的真心和诚意恰如其分地表达出来。人的个性和气质不会有完美的，但在短暂的与客户交流的瞬间，要让客户来发现我们是完美的服务人员。

“何晓工作法”认为，员工形象代表着建设银行的形象。健康的体态容貌能给客户以健康、乐观的心理感觉。得体的服饰穿着给客户以舒适、端庄的心理感觉。文雅的行为风度能给客户以亲切、可信的心理感觉。何晓每天上班前，都会认真地化好妆，总是把最完美的形象展示给客户。

（四）创新流程

● 勇于创新，立即响应，灵活变通。主张在执行好各项服务规范和标准的前提下，积极创新，善于处理规范之外的变化，用最适宜的方式为客户提供满意的服务，寻求最佳解决方案。不断优化服务流程，对客户需求迅速反应，提高服务效率，把服务由技术上升为艺术，不断提升服务境界。

“何晓工作法”认为，服务无止境，要注重执行过程中的创新与突破。不能满足于按部就班地做事，要比同行“多走一步”，这就是成功的秘诀。效率是赢得市场竞争的关键所在。服务效率决定着服务竞争力的高低。能否为客户提供尽可能多的便利，以及能否以最适宜的方式来为客户服务，取决于服务的流程是否科学合

理。客户要求不断提高，技术进步日新月异，因而，服务的流程必须不断优化，持续改进，变通再造，从而使服务效率不断提高。

“何晓工作法”认为，银行及其员工的经营和服务活动必须以合规为基本前提。建设银行的服务规范和标准，是员工做好服务工作的基本指南，每一个员工必须模范地执行这些规范和标准。

“何晓工作法”主张，在严格执行上级行各项规章制度的基础上，可以根据自己的实际工作环境加以细化和归纳，整理成符合实际需要的工作流程。

例如，“何晓工作法”将前台柜员一天的工作流程分为班前准备、快乐服务、繁忙服务、VIP 服务和班后清理五个部分：

1. 班前准备“一、二、三”

一净：指按照营业网点制定的“现场管理办法”中的具体分工，对自己所负责的卫生区域进行清洁、清扫，不留死角，为客户营造一个窗明几净的服务环境。

二查：检查为客户提供的自助服务设施。如 ATM、自助服务终端、点验钞设备、签字笔、老花镜、宣传资料、休息椅、其他便民设施等，检查是否到位并能够正常使用；检查柜内服务设施。如线路传输、终端、打印机、点验钞设备、凭证等有无损坏或缺失。

三到位：形象转换到位。按照营业网点服务规范的要求对自身形象进行上岗前的再梳理，尤其要注意工装是否整洁，工作牌佩戴、发型、化妆是否合适。心情调整到位。调整心态，铭记“我服务，我快乐”这一快乐服务理念。带着快乐的心情开始一天的工作，迎接第一个客户，做一个快乐服务的倡导者、传递者和受益者。物品摆放到位。准备好营业所需的凭条、现金、零钞、印章、印台、腰条、重要空白凭证等，在制度允许的范围之内，按照效率优先、符合习惯的原则摆放到位。

2. 热情服务“一、二、三”

一张笑脸：给客户一个自然、亲切、友好的微笑，把快乐的心情在第一时间传递出去，表达出我们对客户的欢迎之意。

两个主动：主动和客户打招呼。尽量做到能够准确叫出客户的姓名，让客户一开始就感觉受到重视和尊敬；主动了解客户需求。在与客户的接触中，主动与客户沟通，建立客户需求案卷并形成分析结果。把服务从“服从客户”变为“了解客户”，从而到“引导客户”这一质的转变。

三个一样：存款取款一样耐心、生人熟人一样热情、表扬批评一样诚恳。

3. 繁忙服务“一、二、三”

一快：当大厅里挤满客户时，客户的心情是焦躁不安的。要尽可能地提高效率，快捷高效地为客户办理业务。

二稳：心理稳，在众多客户期盼的眼神中，保持沉着冷静的头脑是非常必要的，越是在这种情况下，越要更加细心和耐心。举止稳，在提高工作效率的同时，举止要做到稳而不躁，快而不乱，给人一种训练有素的感觉，从而增强客户对我行员工的信任感。

三准确：准确识别客户需求；准确解答客户询问；准确处理业务操作。

4. VIP 服务“四个一”

一张名片心连心。对 VIP 客户及时地递上我们的网点名片，让他们了解我们的产品和联系电话，架起客户与银行之间沟通的桥梁。

一个案卷抓信息。建立大客户与目标客户工作案卷，记录他们的信息和需求，做到有的放矢。

一个祝福传真情。在 VIP 客户生日或其他节日到来的时候，一个电话或一个短信送去一个温暖的祝福，与人感动的同时也享受到赠与的快乐。

一次回访得双赢。一次上门服务或上门拜访，给客户带去的是我们的服务和产品信息，带回来的是客户的满意、信任和无限的商机。

5. 班后清理“一、二、三”

一清：清点现金和重要空白凭证，将账务轧平。

二整：整理凭证，打出凭证整理单，将凭证按照整理单流水号顺序和凭证整理的相关规定进行整理；整理工作现场，将办公桌上的物品放到抽屉中，保持桌面无杂物，地面无纸屑。

三记录：记录工作日志，将一天的工作情况进行记录和总结；记录大客户和目标客户表单；记录一天中遇到的特殊案例，分析服务中存在的不足和进步，以便今后的工作有所借鉴。

CHINA 中国建设银行年鉴 2007
CONSTRUCTION BANK ALMANAC

第八部分　大事记

领导重要活动类[①]

1月26日 行长常振明、副行长罗哲夫在总行参加中国建设银行加强小企业金融服务记者座谈会，并回答记者提问。会议还特别邀请国家发展改革委、银监会、国家工商联有关部门负责同志到会并作重要讲话。中央电视台、中央人民广播电台、第一财经时报等20余家新闻媒体的记者参加了座谈会。

2月21日至24日 董事长郭树清、副行长罗哲夫、董事张向东一行到江苏省分行和苏州市分行进行调研。其间董事长郭树清会见了江苏省委书记李源潮、省长梁保华等省领导。

3月18日至20日 行长常振明出席在印度孟买举办的美国亚洲协会第十六届亚洲公司会议。

3月30日 董事长郭树清赴香港参加瑞士信贷2006年亚洲投资大会并发表演讲。

4月3日至4日 董事长郭树清，监事长谢渡扬，副行长赵林，董事景学成、张向东一行到广东省分行调研。调研期间会见了广东省委、省政府和广州市委、市政府的主要领导。

4月6日至20日 董事长郭树清、行长常振明分别带队赴中国香港、日本、新加坡、英国、美国路演，共组织参加了九次早餐会和午餐会、32次一对一会谈，会见投资者及分析师300多位。

4月8日至16日 董事长郭树清率团赴韩国、日本、美国进行年度业绩路演。

4月10日至14日 董事长郭树清、副行长罗哲夫率队赴韩国，对三星电子、SK Corp.、浦项制铁、大宇国际商社、产业银行、新韩银行、韩国银行、国民银行、韩国金融监督院等企业和金融机构进行高层营销。

5月23日至24日 董事长郭树清出席在北京举行的2006年中国金融高峰会，并在会议上发表了题为“积极稳妥地推动中国金融业进一步对外开放”的演讲。

6月6日至7日 行长常振明到甘肃省分行进行工作调研，其间会见了甘肃省政府的主要领导。

7月7日至15日 行长常振明出席由香港交易所和日本大和证券在日本举办的“香港证券交易所投资研讨会”。

8月29日 行长张建国、副行长赵林到贵州省分行调研。其间会见了贵州省代省长林树森、副省长孙国强等省领导，与省有关部门负责人、部分省属重点企业（集团）负责人进行了座谈，出席了贵州省分行与贵州省重点企业、高校的合作签约仪式。

8月30日至31日 董事长郭树清到贵州省分行调研，其间分别会见了贵州省委书记、省人大主任石宗源，代省长林树森等省领导。

9月9日 行长张建国出席天津滨海新区开发“开放与金融改革创新高峰会”。

9月18日至20日 董事长郭树清赴德国参加中德住房储蓄银行第一届董事会第六次会议。会后郭树清赴英国会见战略投资者。

9月19日至20日 行长张建国率团赴新加坡出席2006年世行年会。之后，代表团访问澳大利亚、新西兰，对建设银行海外业务发展情况及在当地设立机构的可行性进行考察。

10月30日 董事长郭树清、董事王淑敏到郑州市分行调研。其间董事长郭树清与行长张建国、副行长罗哲夫会见了河南省委书记徐光春、省长李成玉等省领导。

11月3日 行长张建国在浙江省分行进行工作调研，并会见了浙江省省长吕祖善、省委常委兼杭州市委书记王国平等省领导。

---

① 注：为了方便查阅，本书大事记条目大致分为领导重要活动类、机构及人事类、业务类、会议类和综合类五个方面，有些类属不太明确的事件，是按其侧重分类的。如会议类主要收编的是建设银行内部的重要会议，而行领导参加的外部会议则列在“领导重要活动类”中。行领导参加的有关建设银行业务方面的签字仪式等则归集在“业务类”中。

11 月 30 日至 12 月 1 日　董事长郭树清到福建省分行进行调研，其间会见了福建省省长黄小晶、省委副书记王三运等省领导。

12 月 4 日　总行党委书记、董事长郭树清和厦门市分行党委书记、行长彭洪明同志参加了中共中央组织部、国务院国资委党委在北京召开的全国国有企业创建“四好”领导班子先进集体表彰暨经验交流会议，厦门市分行被授予全国国有企业创建“四好”领导班子先进集体的称号。

12 月 20 日　董事长郭树清，董事景学成、张向东到云南省分行调研，其间会见了云南省委书记白恩培、代省长秦光荣等省领导。

机构及人事类

1 月 19 日　中国建设银行国际贸易单证处理中心在上海正式揭牌成立。

3 月 2 日　以建总发［2006］52 号文印发《关于中国建设银行相关委员会组成人员的通知》，决定对总行原有的九个委员会进行调整。调整后，总行成立资产负债委员会、风险管理与内控委员会、公司与机构业务委员会、个人业务委员会、投资与理财业务委员会、信息技术委员会、人力资源与成本控制委员会七个委员会。

3 月 2 日　以建总发［2006］53 号文公布：中国建设银行资产负债委员会主任陈佐夫、常务副主任庞秀生、副主任王贵亚；中国建设银行风险管理与内控委员会主任罗哲夫、常务副主任朱小黄；中国建设银行公司与机构业务委员会主任赵林、常务副主任顾京圃；中国建设银行个人业务委员会主任范一飞、常务副主任杜亚军；中国建设银行投资与理财业务委员会主任常振明、常务副主任张龙；中国建设银行信息技术委员会主任常振明，副主任罗哲夫、范一飞；中国建设银行人力资源与成本控制委员会主任常振明，副主任孙志新、席德炎。

3 月 3 日　以建总发［2006］59 号文公布：总行撤销管理机制改革推进办公室，有关工作职责分解如下：战略协助项目办公室划转行长办公室，各领域关键管理项目由相应主管部门组织实施。总行本部内设机构日常管理及对系统内设机构设置指导的工作职责，划转人力资源部。向银监会、人民银行等部门联系和汇报管理机制改革和机制转换等相关事宜的工作职责，划转资产负债管理部。

3 月 8 日　印发《中国建设银行风险管理体制改革方案》（建总发［2006］67 号），对全行系统的改革推进工作作出部署：（1）在总行层面设置了首席风险官，设立风险监控部，形成了首席风险官领导下风险管理部、风险监控部和信贷审批部三位一体的风险管理体系，一级分行设风险总监，二级分行设风险主管，县级支行配备风险经理；（2）建立平行作业机制；（3）建立市场风险与操作风险管理体系；（4）建立风险条线人员管理体系；（5）包括选配人员、人员培训等在内的具体实施安排。截至 2006 年末，在首席风险官领导下的集中、垂直的风险管理架构初步形成。

3 月 28 日　以建总发［2006］86 号文公布：总行撤销重组改制办公室。

4 月 5 日　以建总发［2006］95 号文公布：成立质量效率管理部。

4 月 18 日　以建党函［2006］12 号文转发中共中央组织部《刘淑兰同志免职》的通知。同日，以建总发［2006］102 号文公布：经国务院决定，并根据中国建设银行股份有限公司董事会决议，刘淑兰不再担任中国建设银行股份有限公司执行董事、副行长职务，退休。

4 月 28 日　以建总发［2006］114 号文公布中国建设银行股份有限公司监事会相关委员会组成人员调整情况：金磐石担任中国建设银行股份有限公司第一届监事会履职尽职监督委员会委员，刘进、程美芬担任中国建设银行股份有限公司第一届监事会财务与内部控制监督委员会委员。

5 月 30 日　董事长郭树清，行长常振明，副行长赵林，董事朱振民、景学成、王淑敏、王永刚、刘向辉、张向东，董事会秘书宣昌能在北京信达大厦与银监会主席刘明康就如何建立良好的公司治理、进一步明确董事会的职责等问题进行了广泛深入的探讨与交流。

5 月 30 日 以建总发［2006］148 号文公布：庞秀生任中国建设银行股份有限公司首席财务官，朱小黄任中国建设银行股份有限公司首席风险官。以建总发［2006］149 号文公布：顾京圃任中国建设银行股份有限公司批发业务总监，杜亚军任中国建设银行股份有限公司零售业务总监，张龙任中国建设银行股份有限公司投资理财总监。

6 月 26 日 以建总发［2006］195 号公布：设立珠江三角洲地区协调委员会、环渤海地区协调委员会、长江三角洲地区协调委员会，主要负责地区内分行联动与合作的决策、协调工作等，以进一步加强重点区域内分行的横向合作与整体联动，增强建设银行的市场反应和竞争能力。

6 月 27 日 以建总发［2006］196 号文公布：成立风险监控部，成立投资银行部，成立营运管理部，撤销运行中心，公共关系部与企业文化部合并成立公共关系与企业文化部，离退休人员管理部与人力资源部合署办公，高级研修院与人力资源部培训管理中心合署办公。

7 月 13 日 《中国建设银行审计分部与驻地总审计室整合方案》印发，该方案将现有八个审计分部与驻地总审计室整合为新的八个审计分部，其中，撤销北京、大连审计分部，组建天津、沈阳审计分部。

7 月 13 日 总行下发《关于信息技术管理部下设北京、上海数据中心的通知》（建总发［2006］208 号），公布：北京、上海数据中心正式成立，运行中心承担的相关系统技术运行维护职责移交给信息技术管理部。

7 月 23 日 建设银行副董事长、执行董事、行长常振明调往中信集团工作，向董事会提出辞呈。

7 月 27 日 建设银行董事会于 7 月 27 日下午召开临时会议，宣布委任张建国担任中国建设银行行长，该委任需待中国银行业监督管理委员会核准。同时，宣布拟委任张建国担任建设银行的副董事长和执行董事，该项委任需待建设银行股东大会批准其执行董事的委任及银监会核准后方为有效。

7 月 27 日至 28 日 完成总行本部 2006 年新行员报到接收工作。共接收毕业生 243 人，其中：男 120 人，女 123 人；博士 4 人，硕士 133 人，大学本科 106 人。

8 月 2 日 以建总发［2006］226 号文公布：中国建设银行股份有限公司董事会组成人员增选情况：罗哲夫担任中国建设银行股份有限公司执行董事。

8 月 7 日 第七期"现代商业银行经营管理高级研修班"在高级研修院开班，监事长谢渡扬出席开班式，并作了开班动员讲话。总行本部部分总经理、一级分行行级领导、部分二级分行行长共 45 人参加了研修班。

8 月 20 日 在大连举办为期四天的建设银行与美国银行培训合作项目——人力资源管理培训班，各一级分行和哈尔滨、常州培训中心人力资源部门总经理及经办人员共 90 人参加了培训班，美国银行专家就人力资源战略、组织构架、薪酬设计和绩效管理等方面的内容进行了介绍和分析。

8 月 24 日 建设银行正式同美国银行签署了收购美国银行在港子公司——美国银行（亚洲）有限公司 100% 股权的协议。12 月 29 日，董事会宣布，建设银行收购美国银行亚洲的交易完成，自此美国银行（亚洲）有限公司成为建设银行全资子公司。该收购完成后，美国银行（亚洲）有限公司更名为中国建设银行（亚洲）股份有限公司。

8 月 30 日 以建总发［2006］246 号文公布：张建国兼任建设银行投资与理财业务委员会主任、信息技术委员会主任、人力资源与成本控制委员会主任；王贵亚任建设银行投资与理财业务委员会副主任，不再担任建设银行资产负债委员会副主任职务。

9 月 1 日 以建党发［2006］11 号文印发《关于进一步加强和改进基层党组织建设的意见》、《关于加强党员学习的意见》、《关于进一步加强发展党员工作的意见》、《民主评议党员实施细则》、《党员领导干部民主生活会实施细则》、《一级分行"四好"领导班子创建活动考核办法》六个文件，建立保持共产党员先进性的长效机制。

9 月 5 日 以建总发［2006］256 号文公布：中国建设银行股份有限公司董事会组成人员调整情况，Peter Keith Levene（Lord Peter Levene）担任中国建设银行股份有限公司独立非执行董事。

9 月 29 日 以建总发［2006］277 号文公布：宣昌能不再担任中国建设银行股份有限公司董事会秘书职务，调离中国建设银行。

10 月 10 日 以建总任［2006］303 号文、建党任［2006］42 号文公布：罗哲夫同志兼任中国建设银行北京市分行行长。

10 月 13 日 以建总发［2006］282 号文公布：根据中国建设银行股份有限公司第一届董事会第二十一次会议决议，并报中国银行业监督管理委员会核准，张建国任中国建设银行股份有限公司行长。

11 月 3 日 下发《关于设立电子银行研发中心的通知》（建总函［2006］871 号），并于 11 月 9 日在广州举办揭牌仪式。副行长范一飞、零售业务总监杜亚军出席了仪式。

12 月 26 日 以建总发［2006］339 号文下发通知：资金交易部更名为金融市场部。

12 月 29 日 以建总发［2006］353 号文下发通知：基金托管部更名为投资托管服务部。

业 务 类

1 月 16 日 行长常振明在太原与山西省政府代省长于幼军共同签署了银政合作协议，并在签字仪式上致辞。

1 月 18 日 建设银行“通知存款一户通”创新产品在全行推广。

1 月 23 日 中国建设银行与河北省政府在石家庄签署银政合作协议。董事长郭树清出席签字仪式并讲话，行长常振明代表建设银行与河北省省长季允石在协议书上签字。监事长谢渡扬，副行长罗哲夫，董事朱振民、王淑敏等出席。

2 月 20 日 建设银行向中国银行业监督管理委员会上报《关于明确中国建设银行直接持有并管理债转股股权资产的请示》，4 月 5 日，中国银行业监督管理委员会作出《关于中国建设银行直接持有并管理债转股股权资产问题的批复》，该批复明确：“同意你行阶段性持有并管理非剥离债转股资产，并应自本批复同意之日起 2 年内处置完毕。”

2 月 21 日 董事长郭树清、副行长罗哲夫、董事张向东与苏州市委、市政府主要领导就进一步加强银政合作进行会谈，副行长罗哲夫在建设银行与苏州市政府金融合作协议的签字仪式上致辞并签署协议。

2 月 23 日 董事长郭树清在南京出席建设银行与江苏省政府支持重点项目和企业战略合作协议的签字仪式。副行长罗哲夫代表建设银行签署协议。监事长谢渡扬、副行长辛树森、董事张向东、总审计师于永顺等出席。

2 月 24 日 建设银行银保系统在黑龙江省分行、浙江省分行完成中国人寿的系统上线工作；并在浙江、福建、山西、宁波、新疆、安徽、湖南等省分行完成与泰康人寿的第二批系统推广工作。

3 月 10 日 建设银行开通“速汇通”四期优化功能。增加了个人账户（或现金）到系统内单位账户的汇款、到系统外个人和单位账户的汇款，增加了礼仪汇款功能。

3 月 22 日 行长常振明在南宁出席了中国建设银行股份有限公司与广西壮族自治区政府银政合作协议签约仪式，并在仪式上致辞。

3 月 23 日 董事长郭树清在沈阳出席建设银行与辽宁省政府银政合作协议签约仪式并致辞，副行长赵林代表建设银行签署协议，董事朱振民、刘向辉，风险管理与内控委员会常务副主任朱小黄，个人业务委员会常务副主任杜亚军等出席。

3 月 27 日 董事长郭树清在北京钓鱼台国宾馆出席中国建设银行股份有限公司与国家开发银行全面合作协议签约仪式，并在仪式上致辞，行长常振明代表建设银行在全面合作协议上签字。

3 月 27 日 建设银行下发《关于梳理和优化住房公积金产品和服务流程工作的通知》（建总函

［2006］213号），组织全行开展梳理和优化住房公积金产品和服务流程工作，促进业务操作的标准化、程序化。

4月2日 行长常振明在厦门出席建设银行与厦门市人民政府签署支持厦门市“十一五”重点建设项目和企业发展合作协议的签字仪式并致辞，副行长范一飞代表建设银行签署协议，公司与机构业务委员会常务副主任顾京圃、个人业务委员会常务副主任杜亚军等出席。

4月3日 董事长郭树清在广州出席建设银行与广东省政府签署银政合作协议的签字仪式并致辞。行长常振明代表建设银行签署协议。监事长谢渡扬，副行长赵林，董事景学成、张向东，公司与机构业务委员会常务副主任顾京圃，个人业务委员会常务副主任杜亚军等出席。

4月6日 建设银行2005年度业绩发布会在香港香格里拉大酒店举行，会议全面披露建设银行2005年的经营成果、财务状况和资产质量等信息。董事长郭树清，行长常振明，副行长范一飞，董事会秘书宣昌能，董事景学成、王淑敏等出席了业绩发布会。

4月11日 建设银行CCI二期项目在海南省分行成功切换上线，开始全行推广。

4月13日 建设银行与德恒资产管理有限责任公司在北京签署关于部分“资产”回购及过户的补充协议。该协议约定：“国际包”项目部分资产在规定时间内完成过户存在困难，建设银行同意回购部分“一年期过户”资产，德恒资产管理有限责任公司同意放弃对其他“一年期过户”资产向建设银行主张“瑕疵”及要求回购的权利，建设银行对资产过户尽最大努力继续予以协助。

4月14日 建设银行与中国人寿保险股份有限公司签订银行保险业务系统使用协议。

4月17日 建设银行下发《关于将“假按揭”贷款还原为公司类贷款有关事项的通知》。该通知指出：符合一定条件的“假按揭”贷款可以还原为公司类贷款，并对“假按揭”贷款还原操作中的适用条件、风险分类、申报审批、责任认定等方面作出具体规定。

4月21日 建设银行信用卡中心呼叫中心苏州分中心建设项目成功完成数据库迁移和上线版本切换工作，进一步扩大了呼叫中心容量，提高了坐席服务接通量和服务水平。10月28日，CCI二期项目自助语音服务功能优化顺利上线。

4月21日 建设银行下发《关于在北京等四个分行进行“个人类贷款标准化催收作业流程体系”试点的通知》。该通知确定在北京、上海、四川和广东四个分行先行试点中国建设银行个人类贷款标准化催收作业流程体系。

4月25日 建设银行与太平洋人寿保险股份有限公司签订了银行保险业务系统使用协议，这是建设银行继泰康人寿、新华人寿、中国人寿之后的第四家签约公司。

4月26日 董事长郭树清、行长常振明在长沙出席湖南省银企合作座谈会暨签约仪式并分别做重要讲话。副行长赵林、董事王淑敏、公司与机构业务委员会常务副主任顾京圃及总行有关部门负责人出席。

4月 建设银行开通理财卡境外业务功能，并向持卡人提供自动购汇服务，在拓宽理财卡业务范围的同时为持卡人提供了便捷的服务。

4月 建设银行分行信息总线系统（EAIB）完成全国38个一级分行的部署。

4月 建设银行完成“乐当家”理财卡项目所有子项目的投产。

5月9日至16日 建设银行在香港培训中心举办国际不良资产处置培训班。参培人员为总行资产保全部业务骨干、总行法律部代表、2005年度资产保全“百佳工作者”代表及部分分行资产保全部门负责人，共35人。美国银行、渣打银行、德意志银行、戴德梁行、德勤会计师事务所和安永会计师事务所6家外部机构提供培训师资。

5月30日 行长常振明在总行与韩国产业银行签署全面业务合作协议。

6月2日 中国建设银行与美国DAC金融管理中国有限公司及法国东方汇理银行组成的投标团在广州签署广州抵债资产包资产转让协议。该协议约定：建设银行向美国DAC金融管理中国有限公司与法国东方汇理银行组成的投标团转让144项抵债资产，账面金额为9.6亿元。

6月2日 建设银行完成重要客户服务系统基线版本全行推广。

6月5日 建设银行下发《关于调整分行呆账贷款核销账务处理相关问题的通知》。该通知要求从6

月起，取消原分行在成本中计提准备金的同时核销呆账贷款的做法，改由总行统一计提，统一向分行拨付贷款损失准备金，专项用于核销分行的呆账贷款。

6月6日　建设银行与淡马锡控股私人有限公司旗下的全资子公司亚洲金融控股（私人）有限公司在北京举行中国建设银行股份有限公司与亚洲金融控股私人有限公司协助协议签字仪式。出席签字仪式的有行长常振明，副行长赵林，董事朱振民、景学成、王淑敏、王永刚，董事会秘书宣昌能，亚洲金融控股私人有限公司董事长胡赐道等。副行长赵林主持了签字仪式。

6月15日　建设银行与解放军第四军医大学签署全面合作协议，行长常振明和第四军医大学校长陈祥才少将出席签字仪式并致辞，副行长赵林和第四军医大学副校长朱应华少将代表双方签署了全面合作协议。

6月18日　建设银行在上海举行“汇聚建行，财通全球”——重要客户外汇产品推介会，副行长赵林参加会议并致辞，建设银行6家海外分行和2家海外代表处的负责人参加会议并做业务推介。中国国际石油化工联合有限责任公司及富士康集团下属鸿富锦精密工业（深圳）有限公司均参加了本次推介会。

6月20日　建设银行与安邦财产保险股份有限公司签订银保业务合作协议。

6月　建设银行与VISA国际卡组织签署了战略合作协议，从产品、营销、费用等方面赢得了国际组织的支持，并签署了为期三个财年的战略合作协议。

6月　建设银行操作型客户关系管理系统（OCRM）在全行范围内推广上线。

7月　建设银行成立了以行长张建国为组长的《巴塞尔新资本协议》和内部评级法推进领导小组，统筹规划并组织领导建设银行《巴塞尔新资本协议》实施和内部评级法推进工作。10月，完成了《中国建设银行实施〈巴塞尔新资本协议〉工作思路》，并启动实施《巴塞尔新资本协议》的整体规划项目的立项工作，推动《巴塞尔新资本协议》的研究与实施。

7月　建设银行非信贷资产管理系统（NARMIS）第一阶段功能在分行推广，并且实现了与ERPF的接口。8月，系统第二阶段维度分析、风险预警监控、灵活查询等功能释放，增强了系统的风险预警和分析功能，并在全国分行推广上线。11月10日，减值准备功能在4家分行上线试运行，随后在全国分行成功推广，实现了全行非信贷减值准备电子化管理功能。

7月　建设银行零售评分卡战略协助项目在北京正式启动，建设银行与美国银行派出业务专家，借助美国银行在零售评分卡方面的建设经验，在“六西格玛”质量管理模式下，在个人住房贷款申请评分卡、信用卡申请评分卡和信用卡行为评分卡建设方面开展工作。

7月　建设银行陕西省分行承担的国家“863”计划——“国产操作系统及硬件设备在金融领域的重大应用示范”课题顺利通过国家信息产业部科技成果鉴定。

8月7日　中国建设银行与乌克兰普利瓦特银行签署全面业务合作协议。

8月11日　建设银行企业资源计划财务系统（ERPF）正式运行。11月15日，副行长范一飞组织召开专项工作会议，部署ERPF系统推广和优化工作。11月27日，ERPF一期顺利通过总行验收。12月8日，首席财务官庞秀生主持召开视频会议，ERPF系统推广和优化项目全面启动。

8月11日　香港恒生指数服务有限公司宣布，自2006年9月11日开始，中国建设银行股份有限公司将成为恒生指数成分股。建设银行是第一家跻身恒生指数的H股公司，在指数中的占比为2.16%。

8月24日　建设银行在香港举行2006年中期业绩发布会，全面披露了建设银行2006年中期经营成果、财务状况、资产质量等信息。董事长郭树清，行长张建国，副行长赵林，董事朱振民、王淑敏、Gregory L. Curl，独立董事宋逢明、八城政基、谢孝衍、Elaine La Roche，首席财务官庞秀生，首席风险官朱小黄，投资理财总监张龙出席了会议。

8月24日　建设银行在香港与美国银行签署协议，收购美国银行在香港的全资子公司美国银行（亚洲）有限公司100%的股权。董事长郭树清，行长张建国，董事朱振民、王淑敏，首席财务官庞秀生，投资理财总监张龙出席了协议签署仪式。

8月24日　中国建设银行股份有限公司第一届董事会第二十四次会议原则通过《中国建设银行股

份有限公司海外发展战略纲要》。该纲要明确了建设银行海外发展的战略目标，近期建设银行海外设点的形式要求，以及现有海外经营性机构的目标定位，突出了在香港地区的重点发展战略，提出了改革现有管理体制等措施和建议。

8月28日 中国银行业协会银团贷款与交易专业委员会成立大会在北京金融街洲际酒店召开。建设银行当选为首届主任单位，副行长赵林当选为首任主任。

8月29日 行长张建国、副行长赵林在贵阳出席建设银行与贵州省政府领导座谈会及与贵州省重要客户合作协议签字仪式。

8月31日 副行长范一飞在北京双子大厦与LG化学（中国）投资有限公司举行战略合作协议签约仪式。

9月1日 建设银行与平安人寿保险股份有限公司签订了银保通系统使用协议，就产品销售、资金清算、使用功能、价格标准等问题达成一致。平安人寿是建设银行继泰康人寿、新华人寿、中国人寿、太平洋人寿之后的第五家签订银保通系统使用协议的公司。

9月25日 行长张建国一行出访澳新银行集团，并出席了澳元清算账户协议签字仪式，开立了建设银行的第二个澳元清算账户。

10月 中国建设银行与德意志银行签署全面业务合作协议。

10月11日 建设银行与中国远洋物流有限公司正式签订国际贸易货押授信业务战略合作协议。

10月12日 中国建设银行与国际金融公司（IFC）签订了全球贸易融资服务协议，成为第一家加入此计划的中资保兑行。

10月20日 建设银行资产保全业务管理系统（SARM系统）上线运行。SARM系统是建设银行第一个集信息和流程管理为一体，涵盖不良资产管理、处置、审批全流程的业务管理系统。

10月26日 建设银行与美国银行合作推出直联汇款业务。该项目针对外汇汇款业务量较大的北京、上海、广东、浙江、辽宁、厦门等分行推出，仅一个月试点行的汇出业务量就超过以往全年的总量。

10月27日 建设银行推出第一张在全国范围内发行的联名借记卡——支付宝龙卡。客户无须登录建行网上银行，直接登录支付宝账户，凭该账户支付密码即可使用支付宝龙卡的活期余额进行网上支付，并可直接查询支付宝龙卡账户余额和支付限额。

10月27日 建设银行新一代个人网上银行系统成功切换上线。

11月 建设银行推出国内首张第三方存管业务配套卡——国泰君安龙卡，集中了建设银行的银行金融服务和国泰君安证券公司的证券投资服务。

11月3日 建设银行与中国建银投资有限责任公司联合上报《关于解决建行股份对原建行自办实体不良债权问题的请示》。为加快原建设银行自办实体的处置进度，解决建设银行重组改制遗留问题，建设银行和中国建银投资有限责任公司协商制订了实体类不良债权整体转让方案，联合上报国有独资商业银行股份制改革试点工作领导小组办公室。

11月9日 建设银行与财政部、中国人民银行签署了2006—2008年中央国库现金管理商业银行定期存款主协议，取得2006—2008年中央国库现金管理存款业务参与银行资格。

11月15日 建设银行在北京协和医院基本账户开户银行招标中成功中标，成为北京协和医院的主要服务银行。

11月21日 建设银行与中国人民财产保险股份有限公司签订了交强险系统使用协议。

11月24日 建设银行下发《关于加快债转股资产处置的通知》。该通知要求：（1）年底前必须完成债转股资产的工商变更手续；（2）加大直接经营力度，加快处置进度；（3）做好明年债转股资产处置的准备工作。

11月28日 建设银行与中国平安财产保险股份有限公司签订了交强险系统使用协议。建设银行已与国内三家财险公司签订了协议，三家公司的市场占比超过65%。

12月1日 建设银行人力资源管理信息系统数据集中（HRDC）项目在所有分行完成推广上线。

12月6日 建设银行下发《关于开展跨区域公司类不良贷款联动处置工作的通知》。该通知规范了跨一级分行辖区公司类不良贷款的联动管理和处置行为。

12 月 7 日 行长张建国代表建设银行与中国建银投资有限责任公司共同签署中国建设银行股份有限公司与中国建银投资有限责任公司造价咨询类业务合作框架协议。

12 月 12 日 国家外汇管理局新版国际收支统计监测系统与建设银行第一个外汇业务信息全国集中管理系统——中国建设银行外汇业务信息管理系统（FIMS）在浙江省分行同步上线，建设银行成为国内首家使用外汇局新版国际收支统计监测系统的银行。

12 月 14 日 建设银行核心业务系统（CCBS）开通全部分行跨中心通兑功能。全行范围内 38 家省分行及总行营业部之间可以开展全国性跨分行的通存通兑业务。

12 月 18 日 《中国建设银行 2006 年至 2010 年审计工作规划》印发，该规划明确了未来五年内部审计工作的总体目标和主要任务。

12 月 31 日 《中国建设银行 2006 年至 2010 年审计人员职业培训规划》印发，该规划明确了 2006 年至 2010 年建设银行审计职业培训工作的总体目标和主要任务，优化了审计业务培训机制，拓宽了审计职业发展平台。

12 月 建设银行会计档案管理及会计稽核系统二期推广项目完成 V3.0 版本在全行 38 家分行推广上线，在全行共建设了 38 个存储中心、156 个稽核中心和 294 个分散扫描点，涉及 14 071 个网点。

2006 年 建设银行第一个运营中心——95533 客户服务成都中心正式挂牌成立，初步奠定了建设银行集中分布式的客户服务架构，标志着建设银行 95533 客户服务业务正式步入集中分布式管理、集约化经营、规模化发展的新阶段。

会　议　类

1 月 18 日 建设银行 2006 年海外工作座谈会在北京召开。会议由副行长罗哲夫主持，行长常振明、总行各主要部门负责人及各海外机构负责人出席了会议。行长常振明对新形势下如何充分发挥海外机构的作用和发展海外业务提出了要求，副行长罗哲夫对 2006 年海外业务工作进行了部署。

1 月 19 日 建设银行住房金融与个人信贷部工作会议在深圳召开。行长常振明、副行长陈佐夫到会并作重要讲话，会议对 2005 年全行住房金融与个人信贷业务工作进行了回顾总结，分析了 2006 年面临的形势和任务，安排部署了 2006 年主要工作，对“三比”营销活动和证券化推进工作进行了总结和表彰。

1 月 23 日至 25 日 建设银行 2006 年工作会议在河北省石家庄市召开。董事长郭树清出席会议并作重要讲话，行长常振明作工作报告，监事长谢渡扬主持会议并作会议总结。董事朱振民、景学成、王淑敏、王永刚、刘向辉、宋逢明，董事会秘书宣昌能出席了会议。

2 月 10 日 行长常振明主持建设银行与美国银行战略协助项目工作汇报会，董事长郭树清，董事景学成、王淑敏出席了会议。会议主要听取了有关项目进展情况、项目管理模式、项目管理方法及专家资源配置等方面的汇报，同时了解了 GTS、客户之声和客户满意度基础建设、呼叫中心改进项目的进展情况，并对 2006 年战略协助工作进行了部署并提出了明确要求。

2 月 16 日至 17 日 建设银行全国资产保全工作会议在海南召开，行长常振明出席会议并作了题为“深化改革　扎实工作　为改善全行资产质量作出更大贡献”的讲话。

2 月 28 日 中国建设银行股份有限公司第一届董事会第十六次会议召开，会议审议通过《关于审议〈中国建设银行股份有限公司董事、监事及高级职员责任保险方案〉的议案》等议案。

3 月 9 日 建设银行审计工作会议在厦门召开，会议总结 2005 年审计工作，贯彻落实 2006 年全行工作会议精神，全面部署2006年审计工作。监事长谢渡扬、总审计师于永顺出席会议并作了讲话。

4月5日至6日 中国建设银行股份有限公司2005年度业绩董事会会议在深圳召开，会议审议通过了《中国建设银行股份有限公司第一届董事会2005年度工作报告》、《中国建设银行股份有限公司股东大会对董事会补充授权方案》、《中国建设银行股份有限公司章程及相关议事规则修改建议》等22项议案。

4月26日至27日 建设银行分行行长春季座谈会在湖南省长沙市召开。董事长郭树清出席会议并作重要讲话，行长常振明作第一季度经营情况总结和会议总结，副行长赵林作了大会发言，董事朱振民、王淑敏、刘向辉、张向东、宋逢明，董事会秘书宣昌能出席了会议。

5月15日 中国建设银行股份有限公司第一届董事会第十八次会议召开，会议审议了《关于中国第一汽车集团公司债转股项目处置方案的议案》。

6月2日 建设银行2006年住房公积金高峰论坛在上海举行。副行长范一飞应邀出席并发表了题为“服务房改　服务百姓——建设银行与住房公积金制度携手十五周年”的主题演讲。

6月14日 中国建设银行股份有限公司第一届董事会第十九次会议在西安召开，会议审议通过《关于完善中国建设银行股份有限公司预算编审工作的议案》、《中国建设银行股份有限公司总行本部管理机构近期调整方案》、《中国建设银行股份有限公司员工股权激励方案》等议案。

6月15日 中国建设银行股份有限公司2005年股东周年大会在西安召开。董事长郭树清担任大会主席主持大会，公司董事、监事、董事会秘书以及见证律师等列席了会议。会议审议并以投票方式逐项表决通过了《以普通决议案批准本行2005年度董事会工作报告》、《以普通决议案批准本行2005年度监事会报告书》等18项议案。

6月20日至21日 建设银行国际业务工作会议在上海召开。行长常振明出席会议并作了重要讲话，副行长赵林和批发业务总监顾京圃在会上作了工作报告。

7月6日 建设银行政府特殊津贴专家委员会第一次会议在山东召开，产生建设银行享受政府特殊津贴侯选人。常振明、辛树森、庞秀生、于永顺、张龙、朱晓黄、张华建参加了会议。

7月13日至14日 建设银行资产保全业务单元制改革推进工作座谈会在太原召开，副行长罗哲夫出席会议并讲话。会议听取了部分分行对改革相关配套办法的意见和建议，并就下一阶段改革目标进行了安排部署。

7月23日 中国建设银行股份有限公司第一届董事会第二十次会议在北京召开，会议审议通过了常振明先生辞去公司副董事长、执行董事和行长职务的请求。

7月25日至26日 建设银行分行行长夏季座谈会在山东济南召开。董事长郭树清就加快产品创新、怎样当好一把手和全面做好人才培养等方面发表了重要讲话；即将离任的行长常振明对上半年全行经营情况进行了总结，对下半年主要工作进行了安排；监事长谢渡扬通报了上半年监事会工作情况，并对审计体制改革和内部审计工作提出了具体要求。副行长赵林，董事朱振民、景学成、王淑敏、王永刚、刘向辉、宋逢明，董事会秘书宣昌能等出席了会议。

7月27日 建设银行在山东济南举办“中国建设银行第一期一级分行行长及总行部门总经理‘六西格玛’专题研究班”。董事长郭树清、监事长谢渡扬出席。

7月27日 中国建设银行股份有限公司第一届董事会第二十一次会议在济南召开，会议审议了《关于建议提名张建国先生担任中国建设银行股份有限公司行长、执行董事、副董事长的议案》，通过如下决议：（1）同意聘任张建国先生担任中国建设银行股份有限公司行长；（2）同意提名张建国先生担任中国建设银行股份有限公司董事，并提交股东大会审议；（3）选举张建国先生担任中国建设银行股份有限公司副董事长，待其董事提名获股东大会审议通过后生效。

8月10日 中国建设银行股份有限公司第一届董事会第二十二次会议召开，本次会议审议通过了《关于中国建设银行股份有限公司与外部审计师签署2006年度审计服务合同的议案》。

8月16日 中国建设银行股份有限公司第一届董事会第二十三次会议召开，本次会议审议通过了如下议案：（1）审议通过《关于调整中国建设银行股份有限公司董事会有关专门委员会委员组成的议案》；（2）审议通过《关于调整中国建设银行股份有限公司董事会提名与薪酬委员会委员组成的议案》。

8月17日 建设银行召开全行网点建设与管理座谈会，副行长范一飞和零售业务总监杜亚军到会并作重要讲话，对全行网点建设与管理工作提出要求并作了部署。

8月24日 中国建设银行股份有限公司第一届董事会第二十四次会议在香港召开，会议审议通过《中国建设银行股份有限公司2006年中期报告、中期财务报表、中期业绩公告和中期业绩摘要》、《中国建设银行股份有限公司海外发展战略纲要》、《关于收购美国银行（亚洲）有限公司的议案》、《关于召集中国建设银行股份有限公司2006年第一次临时股东大会的议案》。

8月29日 中国建设银行股份有限公司第一届董事会第二十五次会议召开，会议审议通过《2006年度中国建设银行股份有限公司董事会对行长授权方案》、《2006年度中国建设银行股份有限公司董事会对行长关于国家电网公司、上海宝钢集团公司、中国长江电力股份有限公司三个关联方授信业务审批权的特别授权方案》。

9月12日 建设银行信贷审批和风险管理现场检查动员大会在北京召开。行长张建国、副行长罗哲夫和首席风险官朱小黄出席并讲话。会议要求：（1）加强信贷政策研究，严格控制政策性风险；（2）加大个贷风险管理力度，促进个贷业务健康、快速发展；（3）深化体制改革，提升经营层级，提高贷后管理水平；（4）加强计划考核管理，提升风险管理水平；（5）合理安排信贷投放，加快业务结构调整，防控不良贷款反弹，确保完成年度计划。

10月20日 中国建设银行股份有限公司2006年第一次临时股东大会在北京信达大厦召开，会议由董事长郭树清主持。会议通过如下决议：（1）同意委任建设银行行长张建国先生为执行董事。根据董事会第二十一次会议决议，张建国先生在获准执行董事的任职后，将同时出任建设银行副董事长。（2）审议通过了收购美国银行亚洲全部已发行股本的议案，同意以97.1亿港元收购美国银行在香港的全资子公司美国银行亚洲100%的股权。

10月29日至30日 建设银行分行行长秋季座谈会在河南省郑州市召开。董事长郭树清出席会议并作重要讲话；行长张建国总结了前三季度经营成果，部署了今年后两个月的工作；副行长罗哲夫作了大会发言；董事朱振民、景学成、王淑敏、王永刚、刘向辉、张向东、宋逢明，部分监事，高级管理人员等出席了会议。

10月30日 建设银行秋季行长会期间召开了海外业务座谈会，董事长郭树清、行长张建国、其他主要行领导、高管层、董事、监事、总行各主要部门负责人及各海外机构负责人出席了会议。董事长郭树清从地区推进战略、推进方式、管理体制、人才培养与引进、科技信息与后台支持、境内外联合营销等方面，对加快海外业务的发展提出了具体要求；行长张建国提出了建设银行“做强亚洲、巩固欧非、突破美澳”和“立足自身发展、抓住机遇并购、不断做大做强”的海外业务发展指导原则。

11月8日 建设银行召开“个人类贷款标准化催收作业流程体系试点总结暨推广工作视频会议”，正式启动中国建设银行个人类贷款标准化催收作业流程体系全行推广实施工作。副行长罗哲夫出席会议并讲话。

11月16日 建设银行风险总监座谈会在江西南昌召开。首席风险官朱小黄出席并讲话，部分董事、各一级分行风险总监和风险管理部门负责人及总行有关部门负责人出席了会议。会议要求：（1）要认真把握和应对，正确处理发展、效益和风险之间的关系，关注经济周期波动影响、协调规模增长和风险约束等问题；（2）风险总监和各级风险管理人员要充分认识到当前形势的复杂性，拓宽思路，采取一切措施，主动探索解决问题的有效途径。

11月21日 建设银行召开党的十七大代表选举工作会议，党委书记、董事长郭树清对全行党的十七大代表选举工作进行了动员部署，党委副书记、行长张建国传达了中央关于党的十七大代表选举工作的文件，党委副书记、监事长谢渡扬主持会议，党委委员、副行长赵林、罗哲夫出席了会议。

11月27日 中国建设银行股份有限公司第一届董事会第二十六次会议召开，会议审议通过《关于提名张建国先生担任董事会专门委员会委员的议案》等4项议案。

12月5日 中国建设银行股份有限公司第一届董事会第二十七次会议召开，会议审议通过了《整体转让建设银行实体类不良资产的方案》。

12 月 21 日 中国建设银行股份有限公司第一届董事会第二十八次会议在昆明召开，会议审议通过了《中国建设银行股份有限公司 2007 年经营计划》、《中国建设银行股份有限公司 2007 年资本性支出预算》等 5 项议案。

12 月 建设银行在珠海召开关于构建文化要素和修订员工行为规范专题研讨会。副行长辛树森，董事景学成、王淑敏，监事刘进等参加了研讨会。

综 合 类

1 月 19 日 《财资》杂志 2005 年 3A 奖颁奖典礼在香港隆重举行。中国建设银行荣膺“中国最佳国内银行奖”，并荣获亚洲地区“最佳交易奖”、“最佳首次公开发行奖”、“最佳股本奖”和“最佳发行人奖”四项大奖。此外，建设银行因 2005 年 12 月完成的 30 亿元人民币住房抵押贷款证券化项目被评为亚洲地区“最佳本地证券化发行银行奖”和“最佳本地证券化安排人奖”。建设银行同时荣获年度七项大奖，开创了《财资》杂志 3A 奖项年度颁奖的先河。

1 月 20 日 《亚洲金融》2005 年颁奖典礼在香港举行。中国建设银行荣膺 2005 年度最佳交易、最佳股权交易、最佳首次公开发行、最佳股份化和中国最佳交易等多项国际性大奖。董事长郭树清荣获“年度资本市场风云人物”奖，监事长谢渡扬出席了颁奖仪式。

1 月 建设银行获得《亚洲金融》杂志“年度最佳交易奖”、“最佳股权交易奖”、“最佳首次公开发行奖”。

1 月 建设银行住房抵押贷款证券化获《财资》杂志“亚洲最佳本地货币证券化发行奖”，建设银行代表到香港参加颁奖仪式。

2 月 7 日 《国际金融评论亚洲版》杂志 2005 年颁奖典礼在香港举行，建设银行荣获“年度最佳股权交易奖”，董事会秘书宣昌能代表建设银行出席仪式并接受颁奖。

2 月 22 日 2005 年度中国企业信息化 500 强颁奖典礼在北京隆重举行，建设银行荣膺“2005 年度中国企业信息化 500 强”第二名，获“中国企业信息化标杆企业”称号。行长常振明荣获“最具远见的信息化领导者”奖，张益民总经理荣获“杰出信息化主管”奖。同时，建设银行还荣获“集团信息化成就奖”、“最佳 IT 治理奖”、“最佳 IT 总体架构奖”及“最佳灾难恢复和业务连续性管理奖”。

2 月 建设银行获得《国际金融评论亚洲版》杂志“年度最佳股权交易奖”。

3 月 15 日 《亚洲银行家》杂志在泰国曼谷举行了 2005 年度颁奖活动，董事长郭树清荣膺“2005 年度亚太地区亚洲银行家领导成就奖”，这是该杂志设立的最高奖项。董事张向东出席了颁奖仪式并代为领取奖项。

3 月 建设银行获得《全球托管人》杂志“中国最佳托管银行奖”。

4 月 19 日 团中央再次认定中国建设银行北京市分行东四首都机场支行等 154 个青年集体为全国“青年文明号”，新命名中国建设银行北京市分行电子银行客户服务部（95533）等 32 个青年集体为全国“青年文明号”。建设银行全国级“青年文明号”单位达到 186 家。

6 月 13 日 英国《银行家》（*The Banker*）杂志在北京发布“中国银行业 100 强排行榜”，建设银行位居榜首。

6 月 22 日至 23 日 建设银行在大连成功举办“‘2006’中国房地产金融论坛暨第三届‘优质楼盘称心房’评选颁奖活动”，有 200 个住房楼盘获奖。

6 月至 7 月 总行公司业务部等 20 多个部门相继迁入长安兴融中心（北京市西城区闹市口大街 1 号）办公。

7月 建设银行捐助200万元，用于建设贵州省荔波县和黎平县的下白岩布依族水居文化博物馆、少寨长征与侗族文化博物馆，推动中国农村实现自然生态环境保护，传承民族文化。

7月 建设银行通过中国红十字总会向我国因受台风影响遭受洪涝灾害的湖南、广东、福建、广西、浙江、江西南方六省区捐款450万元，以帮助灾区群众渡过难关，重建家园。

7月 建设银行在英国《银行家》杂志公布的世界银行1 000强排名中列第十一位，居国内同业第一。

8月 建设银行获得《亚洲风险》杂志“中国最佳金融风险管理奖”。

9月至10月 建设银行以首席赞助商的身份与北京国际音乐节艺术基金会合作，成功举办了2006年北京国际音乐节。

9月12日 建设银行作为首席赞助商，赞助内蒙古广播电视艺术团人民币300万元，支持其民族音乐的创作与表演，弘扬民族传统文化，推动文化遗产的继承与发展。

9月19日 建设银行向司法部和中国残联共同发起的“心系残疾人，法律援助爱心”活动捐赠人民币100万元，呼吁全社会关注残疾人事业，维护残疾人的尊严和权利。

9月 在中国企业联合会、中国企业家协会公布的2006中国企业500强排名中，建设银行由上年的第十位升至第八位，在中国服务业企业500强中排名第六位。在新增的“2005年度中国企业效益200佳”和“年度中国企业纳税200佳”单项评选中，建设银行分列第二位和第十位，居国内同业首位和第二位。

10月17日 建设银行向中国扶贫基金会捐款人民币300万元，用于支持中国扶贫基金会的扶贫项目创新和项目宣传推广工作。中国扶贫基金会授予建设银行“第二届中国消除贫困特别贡献奖”和该会年度最高奖“扶贫中国行年度贡献奖”。

11月2日 建设银行以建总发［2006］287号文向全行印发《关于授予李向党等十二位同志“中国建设银行突出贡献奖”的决定》。

11月8日 建设银行入选中央电视台、北京大学民营经济研究院、《环球企业家》2006年度“中国企业社会责任调查百家优秀企业”，是荣获此项荣誉的唯一一家大型商业银行。

11月28日 “2006亚洲银行竞争力排名”在北京揭晓，建设银行名列亚洲第四位，在入选的中国内地商业银行中排名第一位，被评为中国内地银行中最具竞争力的商业银行。此外，建设银行还被评选为“2006年度亚洲商业银行成长性十佳”，并荣获“最佳投资者关系奖”。

11月 建设银行获得《财资》杂志“中国最佳银行奖”、“最佳交易奖”，行长张建国出席于2007年初举办的颁奖典礼并领奖。

11月 建设银行向清华大学捐赠100万元，设立奖（助）学金，用于资助品学兼优和家境贫困的学生。2006年度，有526名清华大学学生获得了该项奖（助）学金，其中128名学生获得奖学金，398名学生获得助学金。同期，建设银行还向清华大学捐赠200万元作为图书基金，用于购买经济管理、金融类中外文图书。

11月 建设银行在《21世纪经济报道》及香港中文大学工商管理学院等共同举办的“亚洲银行竞争力排名”中，列亚洲第四位，获得“中国内地最具竞争力商业银行”、“最佳投资者关系”等奖项。

12月28日 总行表彰第六届“中国建设银行十大杰出青年”，青岛市分行海尔路支行行长孙剑波等10名同志获得第六届“中国建设银行十大杰出青年”称号，黑龙江省分行公司业务部总经理李松等29名同志获提名奖。

2006年 建设银行“速贷通”业务荣获中国中小企业融资论坛“最佳中小企业融资方案奖”。

2006年 建设银行被国务院三峡建设委员会评为“三峡工程建设先进单位”。

2006年 在英国《银行家》杂志举办的2006年度科技奖评选活动中，建设银行国际卡系统“双币种架构及个人消费交易密码可选性验证功能”荣获“零售银行业付款方式创新奖”，“电子渠道服务创新整体解决方案”荣获“零售银行业跨渠道经验产品奖”。

CHINA 中国建设银行年鉴 2007
CONSTRUCTION BANK ALMANAC

第九部分　附　录

2006年中国建设银行董事、监事及高级管理层成员名录

董事

郭树清　董事长兼执行董事

常振明　副董事长、执行董事、行长（2004.9—2006.7）

张建国　副董事长、执行董事、行长（2006.7—　行长）（2006.10—　董事）

赵　林　执行董事、副行长

罗哲夫　执行董事、副行长（2006.6—　董事）

朱振民　非执行董事

景学成　非执行董事

王淑敏　非执行董事

王永刚　非执行董事

刘向辉　非执行董事

张向东　非执行董事

格里高利·L. 利尔　非执行董事

宋逢明　独立非执行董事

八城政基　独立非执行董事

谢孝衍　独立非执行董事

伊琳·若诗　独立非执行董事

彼得·列文爵士　独立非执行董事（2006.6—　）

监事

谢渡扬　监事长

刘　进　监事

金磐石　监事

陈月明　监事

程美芬　监事

孙志新　监事（2006.10—　）

宁黎明　监事（2006.10—　）

崔建民　监事

郭　峰　外部监事

高级管理层

张建国　副董事长、执行董事、行长（2006.7—　行长）（2006.10—　董事）

赵　林　执行董事、副行长

罗哲夫　执行董事、副行长（2006.6—　董事）

辛树森　副行长

陈佐夫　副行长

范一飞　副行长

庞秀生　首席财务官（2006. 4—　）

朱小黄　首席风险官（2006. 4—　）

于永顺　总审计师

张　龙　董事会秘书（2006. 12—　）投资理财总监（2006. 5—　）

顾京圃　批发业务总监（2006. 5—　）

杜亚军　零售业务总监（2006. 5—　）

公司秘书

夏耀辉　公司秘书

合资格会计师

袁耀良　合资格会计师

2006 年中国建设银行各分行班子成员名录

北京市分行

行长：	罗哲夫（2006 年 10 月兼任）
行长、党委书记：	张　民（2006 年 9 月免）
副行长、党委书记：	李卫平（2006 年 10 月任党委书记）
副行长、党委副书记：	章更生（2006 年 10 月任）
副行长、党委副书记：	方秋月（2006 年 10 月任）
副行长、党委委员：	秦仁文
副行长、党委委员：	梁　军
副行长、党委委员：	龚　毅
纪委书记、党委委员：	董建恒
风险总监：	邓艾兵（2006 年 6 月任）
工会主任：	王若梅（女）（2006 年 5 月免）
工会主任：	梁继生（2006 年 9 月任）
行长助理：	刘步其（2006 年 8 月免）
行长助理：	郎理英（女）（2006 年 7 月任）

天津市分行

行长、党委书记：	曾见泽
纪委书记、党委委员：	李　军（女）
副行长、党委委员：	邱书民
副行长、党委委员：	李云泽
副行长、党委委员：	刘步其（2006 年 8 月任）
副行长、党委委员：	王　斌（2006 年 8 月任）
工会主任：	张巨铠（2006 年 12 月免，退休）
资深专家：	贾祥玉（2006 年 6 月免）
风险总监：	詹毅文（2006 年 6 月任）
行长助理：	王　斌

河北省分行

行长、党委书记：	杜亚军（2006 年 3 月免）
行长、党委书记：	杨　毓（2006 年 7 月任）
副行长、党委副书记：	程双起（2006 年 3 月主持工作，2006 年 6 月任党委副书记）
副行长、党委委员：	王　斌
副行长、党委委员：	孙福州

副行长、党委委员：	姚仲友
纪委书记、党委委员：	傅永德
副行长、党委委员：	郭英辉（女）（2006 年 6 月任）
工会主任：	杜彦芳（女）（2006 年 9 月任）
风险总监：	王志宏（2006 年 6 月任）
行长助理：	尚朝晖（2006 年 6 月免）

山西省分行

行长、党委书记：	高德高
副行长、党委委员：	张斌政
副行长、党委委员：	李　惠
副行长、纪委书记、党委委员：	解陆一（2006 年 7 月兼任副行长）
副行长、党委委员：	斛文锋（2006 年 7 月任）
工会主任：	孟荣华
风险总监：	杨利亚（2006 年 6 月任）

内蒙古自治区分行

行长、党委书记：	李英俊（2006 年 6 月任）
副行长、党委副书记：	裴品才
副行长、党委委员：	张　勤
副行长、党委委员：	高升亮
风险总监：	王志雄（2006 年 6 月任）

辽宁省分行

行长、党委书记：	石汉祥
副行长、党委副书记：	李英俊（2006 年 6 月免）
副行长、党委委员：	马　卓
副行长、党委委员：	张　涛（女）
副行长、纪委书记、党委委员：	陈　利
风险总监：	刘　伟（2006 年 6 月任）
行长助理：	韩　民（2006 年 4 月任）
行长助理：	于宁哲（2006 年 4 月任）

大连市分行

行长、党委书记：	薛　峰（2006 年 10 月免）
行长、党委书记：	杨文升（2006 年 10 月任）
副行长、党委副书记：	程超英（女）
纪委书记、党委委员：	肖　青（女）
副行长、党委委员：	林忠治
副行长、党委委员：	王旭光（2006 年 12 月免，调离建行）
调研员：	谷大成
风险总监：	李明凯（2006 年 6 月任）
行长助理：	石新亭（2006 年 7 月任）
行长助理：	张喜军（2006 年 7 月任）

吉林省分行

行长、党委书记：王　毅
副行长、党委委员：杨文升（2006 年 10 月免）
副行长、党委委员：孙平生
纪委书记、党委委员：陈建华
副行长、党委委员：杨铁军
工会主任：姚殿英
风险总监：尹　君（2006 年 6 月任）

黑龙江省分行

行长、党委书记：刘铁彦（2006 年 10 月免）
行长、党委书记：薛　峰（2006 年 10 月任）
副行长、党委委员：于长利
副行长、党委委员：耿庆军
副行长、党委委员：姜鸿飞
工会主任：张慧敏（女）
风险总监：董发凯（2006 年 6 月任）

上海市分行

行长、党委书记：宁黎明（女）
副行长、党委副书记：忻明宝（2006 年 12 月任党委副书记）
副行长、党委副书记：田惠宇（2006 年 12 月由上海银行调入）
副行长、党委委员：张益民（2006 年 3 月任）
副行长、党委委员：沈芳珍（女）
副行长、党委委员：张忠德
副行长、党委委员：金　煜
副行长、党委委员：蒋志春
工会主任：盛德龙
巡视员：张宝根
风险总监：袁向东（2006 年 6 月任）

江苏省分行

行长、党委书记：张援朝
纪委书记、党委委员：王建国
副行长、党委委员：夏　平
副行长、党委委员：樊庆刚
副行长、党委委员：金扬统
副行长、党委委员：邵　斌
工会主任：郑从安
风险总监：武　莉（女）

苏州市分行

行长、党委书记：林少斌

副行长、纪委书记、党委委员： 吕伟民
副行长、党委委员： 黄松鹤
副行长、党委委员： 徐 挺（2006 年 8 月任）
工会主任： 凌洪兴
调研员： 蒋萱镛
风险总监： 陈慧芳（女）（2006 年 6 月任）

浙江省分行

行长、党委书记： 余静波
副行长、党委副书记： 苏 克（2006 年 9 月任党委副书记，2006 年 10 月任副行长）
副行长、党委委员： 沈 明（2006 年 7 月免）
副行长、党委委员： 侯建培
副行长、党委委员： 徐众华
纪委书记、党委委员： 张 民
工会主任： 傅春兰（女）
风险总监： 尚朝辉（2006 年 6 月任）

宁波市分行

行长、党委书记： 沈义明
副行长、党委委员： 张鹏群
副行长、党委委员： 葛王杰
副行长、党委委员： 沈业贵
纪委书记、党委委员： 郑顺年
调研员： 陈伟民（2006 年 11 月免，退休）
风险总监： 韩风林（2006 年 6 月任）
行长助理： 任国正

安徽省分行

行长、党委书记： 白国祥（2006 年 3 月任）
副行长、党委副书记（主持工作）： 段超良（2006 年 3 月免）
副行长、党委副书记： 李凤霞（女）（2006 年 3 月任党委副书记）
副行长、党委委员： 范绍杰
副行长、党委委员： 王晓昕
纪委书记、党委委员： 田苗根
工会主任： 徐明堑
风险总监： 高 强（2006 年 6 月任）

福建省分行

行长、党委书记： 陈 轼
副行长、党委副书记： 林青山（2006 年 4 月任）
纪委书记、党委委员： 张维禹
副行长、党委委员： 李文贤
副行长、党委委员： 吴炳康
副行长、党委委员： 林和发

风险总监：张　俊（2006 年 6 月任）
行长助理：丁保平（2006 年 9 月任）

厦门市分行

行长、党委书记：彭洪明
纪委书记、党委委员：丁嘉槐
副行长、党委委员：刘丽华（女）
副行长、党委委员：林顺辉
副行长、党委委员：生柳荣
风险总监：黄惠玲（女）

江西省分行

行长、党委书记：张卓群（2006 年 3 月免）
行长、党委书记：段超良（2006 年 3 月任）
副行长、党委委员：高根林
副行长、党委委员：余惠芳（女）
纪委书记、党委委员：易建荣
副行长、党委委员：冯春祥
副行长、党委委员：万国平
工会主任：张长生
风险总监：胡敏华（2006 年 6 月任）

山东省分行

行长、党委书记：王　军
副行长、党委委员：王　江
副行长、党委委员：李文达
纪委书记、党委委员：张维国
副行长、党委委员：刘振奇
工会主任：魏兆新
风险总监：姚启凡（2006 年 6 月任）
行长助理：路　民

青岛市分行

行长、党委书记：郭周祥（2006 年 10 月免，任资深专家）
行长、党委书记：刘铁彦（2006 年 10 月任）
副行长、党委委员：刘津南
副行长、党委委员：冯　涛
副行长、党委委员：王士清
副行长、党委委员：郭中华（女）
工会主任：林志敏（女）
风险总监：隋　岩（女）（2006 年 6 月任）
行长助理：刘从正（2006 年 10 月任）

河南省分行

行长、党委书记：许会斌（2006 年 5 月任）

副行长、党委副书记：　　杨　毓（2006年7月免）
纪委书记、党委委员：　　路建华
副行长、党委委员：　　张志军
副行长、党委委员：　　石永拴
巡视员：　　王仁宇（2006年6月免，退休）
风险总监：　　周鑫泉（2006年6月任）

湖北省分行

行长、党委书记：　　崔滨洲
副行长、党委副书记：　　康　义
副行长、党委委员：　　陈彬然（2006年3月免）
副行长、党委委员：　　张　进
副行长、党委委员：　　林　帆
纪委书记、党委委员：　　王继光
工会主任：　　卢久生
巡视员：　　陶恒喜（2006年7月任）
风险总监：　　梁德顺（2006年6月任）

三峡分行

行长、党委书记：　　陈汉华
副行长、党委委员：　　罗泽民
纪委书记、党委委员：　　佟晓林
副行长、党委委员：　　张家材
工会主任：　　宋文德
风险总监：　　汪兴全（2006年6月任）

湖南省分行

行长、党委书记：　　龚蜀雄
副行长、党委委员：　　刘力耕
副行长、党委委员：　　陈二尧
纪委书记、党委委员：　　廖金华
副行长、党委委员：　　王怀伟（2006年3月免）
副行长、党委委员：　　刘广良（2006年8月任）
风险总监：　　李华峰（2006年6月任）

广东省分行

行长、党委书记：　　吴建杭
副行长、党委副书记：　　李锦海（2006年6月任）
副行长、党委委员：　　沈奕明
副行长、党委委员：　　余　辉（2006年9月免，调离建行）
副行长、纪委书记、党委委员：　　王少先（2006年6月兼任副行长）
副行长、党委委员：　　陈翠芳（女）（2006年8月任）
副行长、党委委员：　　岳　鹰（2006年6月任）
风险总监：　　靳彦民（2006年6月任）

行长助理： 刘 军（2006年6月任）

深圳市分行

行长、党委书记： 曾俭华
副行长、党委副书记： 易景安
副行长、党委委员： 潘 京
副行长、纪委书记、党委委员： 刘占义（2006年4月兼任副行长）
副行长、党委委员： 张学庆
风险总监： 陈庆辉（2006年6月任）
行长助理： 祝九胜（2006年5月任）

广西壮族自治区分行

行长、党委书记： 袁 明
副行长、党委副书记： 陈万铭
副行长、党委委员： 魏振华
副行长、党委委员： 廖 林
纪委书记、党委委员： 李思影
风险总监： 喻金龙（2006年6月任）
行长助理： 梁建林（2006年7月任）
行长助理： 黄诚东（2006年7月任）

海南省分行

行长、党委书记： 刘秉升
副行长、党委副书记： 梁福成（2006年5月任）
副行长、党委副书记、纪委书记： 麦仲山
副行长、党委委员： 李 泉
副行长、党委委员： 赵永林
工会主任： 李冬生
风险总监： 李忠东（2006年6月任）
行长助理： 李明曦（2006年7月任）
行长助理： 石 滨（女）（2006年7月任）

四川省分行

行长、党委书记： 赵富高（2006年5月免）
行长、党委书记： 帅晋昆（2006年5月任）
纪委书记、党委委员： 刘锡成
副行长、党委委员： 李 果
副行长、党委委员： 杨丰来
副行长、党委委员： 万 鸿
风险总监： 邹大鹏（2006年6月任）
行长助理： 王 浩

重庆市分行

行长、党委书记： 黄叔平（女）

纪委书记、党委委员：	宁新民
副行长、党委委员：	赵　华
副行长、党委委员：	郑保钢
副行长、党委委员：	涂昭明
副行长、党委委员：	余　江
风险总监：	高永强（2006年6月任）

贵州省分行

行长、党委书记：	吴民豪
纪委书记、党委委员：	董秀玲（女）
副行长、党委委员：	潘念宁（女）（2006年5月免）
副行长、党委委员：	张民权
副行长、党委委员、工会主任：	蒋晓树（2006年7月任副行长、党委委员）
风险总监：	王黎川（2006年6月任）
行长助理：	杜　坚（2006年7月任）
行长助理：	许修智（2006年7月任）

云南省分行

行长、党委书记：	帅晋昆（2006年5月免）
行长、党委书记：	潘念宁（女）（2006年5月任）
副行长、党委委员：	范京云
副行长、党委委员：	马亦凌（女）
副行长、党委委员：	何　跃
纪委书记、党委委员：	董晓威
风险总监：	陈　义（2006年6月任）

西藏自治区分行

行长、党委书记：	颜克忠
副行长、党委委员：	罗文章
副行长、党委委员：	严仕成
纪委书记、党委委员：	次仁顿珠
副行长、党委委员：	韩文贞（2006年10月任）
工会主任：	杨培源
巡视员：	罗布桑珠
风险总监：	查克健（2006年11月任）

陕西省分行

行长、党委书记：	曾　益
副行长、党委委员：	高育昌
纪委书记、党委委员：	郭俊峰
副行长、党委委员：	魏承国
副行长、党委委员：	孟鸿康
副行长、党委委员：	刘红旗（2006年8月任）
风险总监：	曹建平（2006年6月任）

甘肃省分行

行长、党委书记：陈东平
副行长、党委副书记：徐香英（女）
副行长、党委委员：张宜临
副行长、党委委员：李　凡
副行长、党委委员：孙一顺（2006年7月任）
风险总监：杨仲元（2006年6月任）
行长助理：王文永（2006年8月任）

青海省分行

行长、党委书记：张柏良
副行长、党委副书记：郭继庄（2006年8月任）
副行长、党委委员：陈兴云
副行长、党委委员：张　海
副行长、党委委员：王正录
纪委书记、党委委员：卜建平
副行长、党委委员：郑海峰（2006年4月任）
风险总监：金大钊（2006年6月任）

宁夏回族自治区分行

行长、党委书记：魏兴富（2006年5月免）
行长、党委书记：李秀昆（2006年8月任，2006年5月任主要负责人、党委书记）
副行长、党委委员：刘海涛
副行长、党委委员：徐长宁（2006年7月任）
纪委书记、党委委员：袁　贵
风险总监：饶跃胜（2006年6月任）

新疆维吾尔自治区分行

行长、党委书记：吴建中
副行长、党委委员：艾尔肯·艾则孜
纪委书记、党委委员：曹式禹
副行长、党委委员：戴跃明
副行长、党委委员：李忠华
副行长、党委委员：王雪玲（女）（2006年8月任）
工会主任：刘佩方（女）
风险总监：田志军（2006年6月任）
行长助理：曹建平（2006年6月免）

哈尔滨培训中心

主任、党委书记：吕春光
副主任、党委委员：刘铁男
副主任、党委委员：孙耀河

纪委书记、党委委员：　　李　文

常州培训中心

主任、党委书记：　　江炳钰（2006 年 4 月任）

党委副书记：　　周国栋

副主任、纪委书记、党委委员：　　赵余分

在历史的殷鉴与鞭策中促进经营管理工作的不断发展

——写在建设银行年鉴首发之际

（代后记）

作为行史的续篇，建设银行有史以来的第一部年鉴即将面世。这部年鉴不仅得到总行领导的关心和指导，而且还饱含着总行各职能部门、各分行全体撰稿人员的辛勤汗水与智慧。手捧这部集体智慧的结晶，我们能够深刻地感受到全行经营管理人员和全行员工心系一处、共同直面千变万化市场的强烈感受。那么，这到底是一本什么样的年鉴？它能让有着严格使用范围和明确对象的使用者们感到满意吗？为方便读者使用年鉴，我们特撰写此文，权当导引。

一、坚持年鉴的历史资料性与现实应用性并重的编写原则

作为有文字记载的史存工具书，在中华民族上下五千年的历史长河中，其问世的时间可上溯到两千多年前。因此，着手进行史存资料性年鉴的编写，有其必须遵循的内在要求和规律：她既不以任何人的主观意志为转移，更不会任由编辑人员所左右，忠实于历史以及能够经得起历史的检验，这是对所有参与年鉴编写人员提出的基本要求。但是，年鉴编写也肯定不是历史资料的简单堆砌，尤其是作为一部单位年鉴，如果要求真正做到史料留存与应用工具两者兼而有之，那么，其历史的真实性、前瞻性、启发性和借鉴性就自然要对年鉴资料的收集、筛选和编辑整理提出更高的要求。毋庸讳言，在长达数月的编写过程中，我们在同时兼顾这两个方面作出了比较大的努力；在历史的殷鉴与鞭策中促进建设银行经营管理工作的不断发展，这既是我们在年鉴编写过程中的希望之所在，同时也是全体编辑人员孜孜以求的目标。诚然，我们还必须实事求是地承认，囿于我们有限的编辑水平和能力，年鉴中的不足之处在所难免，我们诚恳期待年鉴的使用者提出批评指正。

二、坚持求真务实的工作作风和明确的年鉴编写方向

求真，是年鉴编写的底色，在整个年鉴编写过程中，我们异常小心地着力维护这个底色不变。但真正使我们深有感触和颇受启发的是，年鉴编写仅有良好的愿望是远远不够的，没有和不坚持务实的工作作风，要真正实现年鉴编写的真实性，亦非易事。从某种意义上讲，务实的工作作风也在很大程度上决定了年鉴编写的水准和质量，对于我们来说，能有这样一种切身体会，主要得益于在整个编写过程中对以下环节的认真把握，即不管是在总行机关相关部门负责同志的座谈会上，还是在年鉴编写的研讨会及通稿会上，我们上手的第一件事，就是将郭树清董事长关于年鉴编写“要注意质量，要精一些，不要搞成大杂烩”，“要务实，不要形式主义”等的批示进行认真地贯彻、执行。实事求是地说，随着年鉴编写工作的全面展开和不断深入，我们不仅将这些批示当做工作上的严格要求加以认真落实，而且随着全体编辑人员在编写实践中认识、体会的加深，已经将其化为必须自觉坚持的编辑方向，来严格把关年鉴编写的全过程。正因为如此，尽管绝大多数同志是第一次从事年鉴的编辑工作，过程中遇到的难题也不算少，但我们始终没有迷失年鉴编写的这个基本方向，并一步一个脚印地扎实走完了年鉴编写的每一步。

三、理清年鉴编写的基本思路

在登门拜访、进行相关年鉴编写体例的学习、比较以及通过全体编辑人员集思广益的过程中，我们从中提炼出了年鉴编写的“五通过”，并以此梳理出了年鉴编写的基本思路。

——通过汇集总行最高决策层的相关文献，全面而真实地再现最高决策层对全行改革与发展工作所做的战略决策与战略部署。当然，在任何时候的任何情况下，通过内部信息管理系统查询这些文献资料并不难，尤其是随着科技的进步，电子文档已经将这些文献资料都做了方便、快捷的查询处理。但年鉴作为一种特殊的史料和应用工作，其存在的价值和存在形式，最少在年鉴所拥有的史料性、资料性、连续性、集中性、综合性和指导性的特点方面，是任何一种形式的查阅系统暂时无法替代的。对于建设银行有权使用这部年鉴的各级管理者来说，她不仅为其提供了最高决策层的战略部署和决策指导思想，而且通过各位主管行领导所作的专业工作报告，能够进一步帮助理清开展经营管理工作的思路。从这个意义上讲，一部年鉴在手，就如同最高决策层的集体在身边，并随时都可以根据工作的需要去从中寻找所需要的决策及管理工作指导。

——通过集中再现各分行对过去一年年度工作的高度概括，使其能够实现在行际之间进行主要业务发展指标、改革与发展举措、风险内控管理以及创新经营管理工作等方面的学习、比较与借鉴。作为一部比较重要的历史资料留存形式，我们相信，任何分行的各级管理者，是不可能不留心对其所在行的工作综述。因为，能不能最充分和最准确地再现所在行过去一年由全行员工共同用心血凝成的工作成果，这绝对不是文字功底的表现形式问题，尽管文字功底深厚能够为其增色。形式上，留存在年鉴中的一组组数字看起来单调而乏味，相对贫乏和大同小异的工作综述也肯定不倚重文字功底的深浅。但在他们的眼里，这些看似枯燥的一组组数字，所折射的是过去一年中他们带领广大员工开展一场场激烈的市场竞争和竞争中的较量；其工作举措又无一不是凝聚着全行员工的经营心血和各级管理者的管理智慧。由此，笔者断然相信，年鉴以这样一种方式将所在行过去一年的工作成绩定格下来，不可能不吸引所在行各级管理者关注的目光。

尤其值得一提的是，年鉴将 30 多家分行过去一年的工作成绩、工作举措和主要业务指标等平摊在一个审视平面上，既是一种无声的比较和交流，同时更是一种有形的激励、借鉴与促进：你可以因为在系统内的经营规模大而充满自信，但他却可能在为当地市场的份额占比而深感自豪，而我或许已经在人均的指标上求得了心理上的平衡。在经营业绩指标决定自己及全行员工切身利益水平的大背景下，相互之间的比拼既是客观的，同时也能在很大程度上进一步激发他们不断开拓市场和加强内部管理的斗志。与此同时，所有这些不同层面的指标比较，对通过与各项经营指标直接挂钩的资源分配模式，又未尝不是一种积极的促进。

——通过总行各职能部门对年度工作的梳理与总结，全面而真实地记录了各职能部门过去一年完成工作的主要内容、管理特点、创新举措及最终效果。在竞争激烈的国内外金融市场上，建设银行是作为一家上市公司的整体形象出现在广大客户的面前，而公司内部则是由各个分工明确、职责分明、运转自如、配合默契的不同职能部门组成。在这里，且不说广大客户对其内部的运转充满神秘感，即使是系统内的各级管理人员，同样会对总行机关各职能部门之间的管理流程怀有强烈的好奇心。否则，就决然不会有那么多的年轻员工因为获得一次参与总行职能部门的某个业务课题组而深感荣幸。概括起来，年鉴以历史定格的形式，锁定各职能部门过去一年的工作思路、工作举措和工作成果，其积极意义和作用主要体现在以下两个方面：一是各职能部门肯定会无一遗漏地将过去一年的管理工作梳理得清清楚楚，对已经实现的创新举措和强化经营管理的工作业绩进行毫无保留的历史交代。个中道理非常简单，即对于这样一部上至总行最高决策层、下到各级经营管理者随时都有可能因一时一事之需去对任何职能部门的管理工作进行查考的资料性年鉴，他们是不可能不引起必要的重视。二是对于建设银行各级经营管理者来说，一部年鉴在手，不仅随时都有可能根据工作的实际需要去从中寻找到实现工作沟通的渠道，而且一旦对拓展某个新业务领域深感无所适从时，也完全可以从总行相关职能部门年度工作总结的提示中去进一步发现并打开开展工作局面的思路。因此，年鉴所具有的高级应用工具的作用，是毋庸置疑的。

——通过筛选汇集具有年度特征、有一定深度和前瞻性的调研报告、经济金融理论文章及创新研究论文等，再现我行当年面对国内外金融市场变化及国家经济、金融宏观政策调整，对业务发展和经营管理工作中引发的一些热点、重点和难点问题所进行的理性思考和深入研究。

其一，由总行职能部门开展专题调研后所形成的专题调研报告。这类调研报告不仅有很强的针对性和专业性，而且在发现、分析和研究问题的基础上，就如何有效地适应不断发展变化的市场需求提出了操作性较强的应对措施。从中，我们可以进一步理清业务不断延伸发展的基本思路。尤其值得推荐的是，由建设银行独立董事们赴相关分行实地考察后撰写的专题调研报告，是很值得花一点时间认真研读的。因为，他们是肩负着进一步完善公司治理结构的历史使命，以其特别的身份和不受任何干扰、不带任何偏见的独立视角，去实事求是地发现问题、反映问题和分析研究问题。透过这个完全独立的、带有使命性质的监督窗口，我们不仅能非常及时地在已经习以为常的经营管理行为中发现隐存着的经营管理行为风险，而且使我们获取了一个凡事进行换位思考的平台，这对校正我们隐存在惯性思维和行为方式中的错误都有很大的帮助。

其二，由各级经营管理人员和普通员工紧密联系所从事工作中的热点、难点和重点问题撰写的研究论文。在汇集起来的这些研究论文中，有对经济周期变化、流动性过剩、节能减排、美国次债危机、经济转轨时期不良资产的产生等经济金融宏观层面变化，对我行业务发展带来直接影响的客观分析，也有对房地产市场、中小企业贷款、资产保全、小额支付系统、中间业务的国际比较、发展结算业务的对策建议等微观管理的探讨；有对经济资本预算管理、商业银行价值链优化、金融企业现代财务管理模式、银行的商业道德与社会责任等理性思考，也有对风险管理模式、商业银行可持续发展，基层网点柜面操作风险及防范、大型上市商业银行风险管理状况及比较、全面风险管理等深入研究。总之，所有这些工作研究论文，无一不是文章作者对所从事工作的理性思考。毫无疑问，对于一个大型上市公司来说，尤其是中间经营管理层能够养成贴近工作实际的分析、研究问题的良好习惯，对整体提高公司的市场竞争力、市场机遇的把控能力、复杂市场环境的应变能力以及执行制度的管控能力等，都有着非常现实的意义。再则，我们又有谁会怀疑他们中的一些善思者不是因为得益于这样一种持之以恒的努力而最终实现了人生轨迹的彻底改变。因为任何企业的发展，永远也离不开这样的一群勤奋善思者。

当然，从进一步提高年鉴编辑质量的角度，我们还须指出，在进行年鉴资料的收集过程中，我们发现年鉴编写存在这样一个比较现实的问题，即由于在为员工搭建一个分析和研究工作问题的平台方面稍显不足，对着力营造和形成崇尚工作研究的文化氛围还有待进一步完善，因此，从已经成为历史的年度中去收集这方面的资料，无异于无源之水、无本之木。这正是在我们接下来的工作中需要进一步加强和完善的地方。

其三，以专题文章的形式真实反映我行年度改革与发展过程中的品牌产品与特色业务。将当年具有广泛社会影响力和在系统内拥有榜样号召力的产品或服务品牌，以专题文章的形式收集到年鉴里面，这在我们看来，是年鉴编辑过程中一直引以自豪的新举措。因为，除了在类似的年鉴中比较鲜见这类资料的收集外，更为重要的是对类似于新疆维吾尔自治区分行的“向党”工作站、山西分行的“红梅理财室”、广东分行的“凯珊纪实”、山东分行的“何晓工作法”、浙江分行的网上银行以及江苏分行的“鲁班驿站”等服务或产品品牌的收集整理，不仅使我们获得了一次难得的学习和被感动的机会，而且从中看到了建设银行作为一家国际知名上市公司充满强大活力和竞争力的力量之源。对于一家社会服务型的公众公司来说，服务或产品品牌的创新打造，绝对是维系其旺盛生命力的希望之所在；而直接来自面向社会的柜面服务品牌，对树立公司良好的社会形象和由其带来的社会影响力，更是难能可贵和可遇而不可求的。在建设银行的年鉴资料中，哪怕每年能够高质量地收集三到五例这类服务或产品品牌，那么，在建设银行绵延不绝的历史发展过程中，就会结成一串璀璨夺目的服务与产品明星，一路照亮建设银行勇往直前。

——通过年度相关统计数据的归集，真实、准确和比较全面地反映当年的主要经营业绩和经营成果，为最高决策层的战略决策提供决策参考，为各分行提供相互比较、相互启发和相互促进的管理数据。不管年度统计数据因为统计口径的不同而存在数据统计差异，也不管上市公司对信息数据的要求从来都是谨言慎行、格外的小心，但年鉴对已成历史的年度经营数据的锁定，她既不会因为数据差异而除却了她的历史价值，也不会因为严格的信息披露制度而妨碍她从历史的角度去积极影响和进一步促进现实经营管理工作的不断提高，更不会因为统计数据处理的电子化而使纸质年鉴统计数据的功能及作用永远成为历史。

四、建立一支高素质的年鉴编辑人才队伍和坚持科学的年鉴审稿方法

为了使这部年鉴能够经受住历史的检验，我们从年鉴编写工作正式起步时起，就严格按照有较高的经济金融理论水平、较强的文字驾驭能力（或较丰富的编辑经验）和勤勉的工作态度三个基本条件，在总行机关和系统内物色年鉴兼职编辑人才。在一年多的年鉴编辑工作中，我们深刻体会到，正是因为有了这样一支高素质的年鉴编辑人才队伍，建设银行的首部年鉴才得以顺利出版发行。中国金融出版社在给我行的“审读报告”中，对年鉴质量和编辑水平给予了比较充分的肯定。

在年鉴通稿过程中，全体编辑人员经常工作到深夜，将两百多篇、两百多万字的年鉴稿件进行逐篇评改定稿，体现了高度负责的工作态度和高效率。就是每天下班前一个小时的碰头会，也因为交流充分，讨论热烈，碰头会没有一次不被拖延，有时甚至超过两个小时。正因为对每一篇稿件都做到了扎实认真，并坚持科学的审稿方法，我们才能够对两部年鉴的质量做到心中有数。

最后，需要特别强调的是，大事记作为年鉴不可或缺的重要组成部分，在其编写过程中自始至终得到了行长办公室相关同志的鼎立相助。这一线条清晰、要素齐全的大事实录，为首部建设银行年鉴增色不少。

涂昭明

2009 年 5 月 18 日